Essener Theaterring e. V. (Hg.)
Geschichte des Essener Theaters 1967 bis 2022

Essener Theaterring e. V. (Hg.)

Geschichte des Essener Theaters 1967 bis 2022

Förderer und Unterstützer:
Klaus Behrens + Marie-Luise Groß-Behrens
Marianne Kaimer
Dr. Anneliese Rauhut
Prof. Dipl.-Ing. Architekt Georg Ruhnau
Werner Sommer
Kulturstiftung der Stadt Essen
Sparkasse Essen

Titelabbildung:
Opernhaus um 1928 (Hintergrund / Staudt/Fotoarchiv Ruhr Museum, Essen);
Grillo-Theater (oben links / Bernadette Grimmenstein);
Aalto Theater, Opernhaus (oben rechts / Bernadette Grimmenstein)

1. Auflage November 2024

Herausgeber:
Essener Theaterring e. V., II. Hagen 2, 45127 Essen

Satz und Gestaltung:
Medienwerkstatt Kai Münschke (www.satz.nrw)

Umschlaggestaltung:
Volker Pecher, Essen

Druck und Bindung:
Print Media Group GmbH, Sankt-Reginen-Platz 5, 59069 Hamm

ISBN 978-3-8375-2266-5
Alle Rechte vorbehalten
© Klartext Verlag, Essen 2024

KLARTEXT
Jakob Funke Medien Beteiligungs GmbH & Co. KG
Jakob-Funke-Platz 1, 45127 Essen
info.klartext@funkemedien.de
www.klartext-verlag.de

Inhalt

Vorwort von Alfons Wafner 9

Vorhang auf für alle Schichten des Volkes!
In 100 Jahren ist der Theaterring eine feste Größe in Essen geworden
Von Wulf Mämpel 11

Das Theater als gesellschaftliche Aufgabe
Von Christian Tombeil 13

Vom „Schulmeister" zum Archivar
Von Werner Sommer 15

Grillo-Theater (alle Sparten)
Spielzeiten 1967/68 bis 1987/88 19

Aalto.Theater
Spielzeiten 1988/89 bis 2021/22 149

Programme für Kinder und Jugendliche
Spielzeiten 1981/82 bis 2021/22 339

Schauspiel im Aalto-Theater (1988/89–1989/90)
und im Grillo-Theater (ab 1990/91)
Spielzeiten 1988/89 bis 2021/22 387

Kinder- und Jugendtheater 1980–1998
Spielzeiten 1979/80 bis 1997/98 529

Opas Oper ist nicht tot
Es war ein langer Weg vom Aalto-Entwurf zu den „Meistersingern"
Philharmonie zählt zu den besten Konzerthäusern Europas
Von Wulf Mämpel 563

Grillo-Theater Essen
Umbau zum multifunktionalen Spielraum in 1990, Architekt Prof. Werner Ruhnau
Von Georg Ruhnau 571

Abkürzungen 574

Quellenverzeichnis 575

Theaterstiftung Essen
Der Stiftungszweck

Ein großer Teil der heutigen Theater, Schauspielhäuser und Konzertsäle wäre nicht existent, hätte es nicht immer wieder Mäzene gegeben, die deren Gründung ermöglichten oder den Fortbestand sicherten. Ihrem großzügigen Beispiel folgten oftmals Initiativen aus der Bürgerschaft, die sich zur Aufgabe machten, auch bescheidenere Zuwendungen einzusammeln, um so in der Summe eine wirkungsvolle Unterstützung des Theater- und Konzertwesens zu erreichen. Eine Aktivität, die heutzutage in vielen Bereichen als „Crowdfunding" praktiziert wird.

Der Essener Theaterring e. V. unterstützt seit 1922 (ehemals als Volksbühne Essen) die Essener Spielstätten, indem er unablässig bemüht ist, die Auslastungsquoten durch Gewinnung neuer Publikumskreise zu erhöhen. In sinnvoller Ausweitung dieser Zielsetzung war es nur folgerichtig, auch über eine nachhaltig in die Zukunft wirkende Fördermöglichkeit nachzudenken. So hat sich der Essener Theaterring entschlossen, auch für Essen eine Theaterstiftung zu initiieren und hierfür ein Startkapital einzubringen in der zuversichtlichen Erwartung, weitere Zustifter gewinnen zu können.

Die Theaterstiftung Essen möchte nun auch all jene Theaterfreundinnen und Theaterfreunde ermuntern, die nicht mit größeren Summen gezielt ein Projekt fördern wollen, dennoch einen Beitrag zu leisten. Letztlich wird die Stiftung ihre Ziele nur bei solidarischer Unterstützung durch Bürgerinnen und Bürger, Unternehmerinnen und Unternehmer erreichen können. Die Erlangung von Zustiftungen zum Kapitalstock ist zunächst das prioritäre Anliegen. Selbstverständlich können auch zweckgebundene Spenden entgegengenommen werden, die unmittelbar kurzfristig dem Stiftungszweck entsprechend verwendet werden. Ob Zustiftung oder Spende: In jedem Fall erhält der Zuwender eine steuerlich relevante Bescheinigung für das Finanzamt, da die Stiftung gemeinnützige, steuerbegünstigte Zwecke erfüllt. Zahlungen können auf folgendes Treuhandkonto erfolgen:

Empfänger: Stadt Essen – Stiftungsverwaltung
Konto: IBAN DE 45 3605 0105 0000 2950 30
Zweck: Zustiftung (bzw. Spende) Theaterstiftung Essen

Vorwort

Der Essener Theaterring hat als Interessenvereinigung der Theater- und Konzertbesucher in seiner mehr als hundertjährigen Geschichte das Essener Theater aufs Engste begleitet. Anlässlich des Jubiläums im Jahr 2022 hat der Vorstand des Theaterrings beschlossen, diese nicht nur für Historiker wertvolle Dokumentation aufzulegen.

Sie stellt die Fortsetzung dar des ebenfalls vom Essener Theaterring herausgegeben Buches „75 Jahre Städtische Bühnen Essen 1892–1967" (Autor Franz Feldens), das 2021 in einer Neuauflage erschienen ist. In der Tradition von Feldens hat Werner Sommer, Archivar der Essener Bühnen, in aufwendiger Recherche eine Chronologie der Geschehnisse am Essener Theater in den Jahren 1967–2022 entstehen lassen.

Diese Retrospektive erschöpft sich nicht in der katalogischen Auflistung von Daten und Namen, sondern macht auch die Bedeutung des Theaters im Zeitgeschehen und die Entstehung und Entwicklung des Aalto-Theaters und der Philharmonie sowie den Umbau des Grillo-Theaters zum Thema. Gedankt sei hier auch den Co-Autoren Wulf Mämpel, Georg Ruhnau und Christian Tombeil.

Ein weiterer Dank gilt den Freunden und Förderern des Projektes, ohne deren Unterstützung die Herausgabe des Buches nicht hätte realisiert werden können.

Selbstverständlich richtet der Essener Theaterring den Blick auch in die Zukunft. So hat er im Jahr 2018 die „Theaterstiftung Essen" gegründet, mit der eine langfristige Perspektive für die Theaterförderung geschaffen wurde.

Essen, im April 2024

Alfons Wafner
Vorsitzender des Essener Theaterring e. V.

Vorhang auf für alle Schichten des Volkes
In 100 Jahren ist der Theaterring eine feste Größe in Essen geworden

Von Wulf Mämpel

Die Schrecken des Ersten Weltkriegs waren mal gerade vier Jahre vorüber, als sich neues Leben aus den Ruinen entwickelte: Das Kaiserreich war ruhmlos untergegangen, in der neuen, noch jungen Weimarer Republik wuchs zunehmend die Erkenntnis, dass die Theaterkultur allen Schichten des Volkes zugänglich sein sollte. Eine Welle der Begeisterung wurde mit der Gründung der Volksbühnen entfacht, die eine eindeutige Intention verfolgten: Theaterkultur ist Menschenrecht.

Was Anfang der 1920er Jahre mit der Gründung der Essener Volksbühne begann, setzte sich nach dem Zweiten Weltkrieg mit der Arbeit der nun „Essener Theaterring" genannten Organisation fort: In der Erkenntnis, dass die Theaterkultur in ihrer Vielfalt allen Schichten des Volkes vermittelt, was uns vom Neandertaler unterscheidet: Als wichtiger Baustein des gesellschaftlichen Lebens und ein Beispiel dafür, wie der Mensch seinen Lebensraum gestaltet und formt. Kultur ist somit nicht elitär, wie immer behauptet wird, sondern allen Menschen – Jung und Alt – zugetan: Musik, Farben und Formen, die Sprache, Bewegung und Unterhaltung als ein bunter Mix und ein wichtiger Beitrag für die vielen Felder der Bildung. Freie Kultur für alle beginnt dort, wo Arroganz, Gewalt und Diktatur enden: wo Menschen zusammenleben, frei und neugierig, verantwortungsvoll und ebenbürtig.

Aus der dynamischen Volksbühnenbewegung der 20er Jahre entwickelte sich der Essener Theaterring – mit heute fast 2.000 Mitgliedern eine feste Größe unserer Stadt. Kultur ist nicht elitär, sie vermittelt vielmehr den Weg zum schöpferischen Arbeiten, Denken und Fühlen und ist damit ein wichtiger Teil der Persönlichkeitsbildung wie auch der beruflichen Aus- und Weiterbildung. Das erkannten die Väter und Mütter der Volkstheaterbewegung bereits vor einhundert Jahren. Und sie hatten Recht: Was wäre unser Leben ohne die Vielfalt der schönen Künste. Kultur muss uns aber auch etwas wert sein. Staat, Gesellschaft, Wirtschaft und die Kunstschaffenden selbst haben es zu allen Zeiten in der Hand, dafür zu sorgen, dass die Kultur so ausgestattet ist, dass sie atmen und expandieren kann. Denn es wird immer deutlicher, dass die Zukunft den Kreativen gehört!

Das Ruhrgebiet mit der Metropole Essen und viele andere Städte der Region haben seit weit über einhundert Jahren bewiesen, dass die Kultur einen hohen Stellenwert besitzt, denn sie ist ein harter Standortfaktor für jede Kommune. Doch es gibt immer wieder Zeiten, in denen es die Kultur schwer hat, denn es sind die Bürger, die sie prägen und bewundern. Jeder nach seiner Fasson. Also: Nichts ist stärker als eine Idee, deren Zeit gekommen ist! So lebt die Kultur nicht als eine nur verwaltete, verstaubte Institution, sondern ist als Spielfläche für kreative Visionen für unsere freie Zivilisation von großer Bedeutung. Die Frage: Sind wir noch auf einem richtigen Weg, mit den vorhandenen Pfunden unserer Kulturlandschaft zu wuchern?

Dass die Kulturangebote einer Stadt und einer Region dazu beitragen, als starke Standortfaktoren zu wirken, beweist sich in vielen Kommunen sehr eindrucksvoll seit vielen Jahrzehnten. Ich hoffe, die Politik ist sich dessen immer noch bewusst. Kulturelle Existenz in einer Stadt ist keine schmückende Ausstattung, sondern sie ist eine Vorleistung, die allen zugutekommt. Eine so verstandene Kultur ist kein dekorativer Luxus, sondern sie ist Ausdruck eines menschlichen Grundbedürfnisses, nicht allein Standortfaktor, sondern Ausdruck von Humanität, Kreativität und Wohlbefinden – kurz: Teil unseres Bildungskanons! Gerade Abiturienten sollten wissen, dass Oskar Kokoschka kein Mittelstürmer von Schalke 04 gewesen ist, sondern ein berühmter Maler.

Kultur, lokale Kultur und die eigene Stadtgeschichte sollten Bürger mit Stolz erfüllen, sie sind und bleiben originäres Menschenwerk. Sie sollten Pflichtstoff für Kinder und Erwachsene sein. Ohne Herkunft eben keine Zukunft! Denn es gibt auch noch ein Leben neben dem Alltag. Der Wandel durch Kultur und Kultur durch Wandel hat längst stattgefunden. Und doch steht das Thema zurzeit nicht oben auf der Agenda. Ich wünsche allen Entscheidern eine glückliche Hand im Rahmen der kulturpolitischen Arbeit, zu der die Theaterlandschaft, die Museen, Musik, die Literatur, die Vielfalt der schönen Künste ebenso zählen wie die Bildung, zu der ich auch die Herzensbildung zähle. Dieses riesige kulturelle Spektrum innerhalb unserer internationalen Gemeinschaft unterscheidet uns vom Affen. Es schafft Freiheit, einen offenen Geist und Toleranz und muss daher immer verteidigt, gefordert und gefördert werden! Denn der egomanische Putinismus wird scheitern.

Das wussten auch die Väter der Ruhrfestspiele, als sie 1947/48 die Idee der Ruhrfestspiele als „Arbeiterfestspiele" ins Leben riefen, die sich sehr schnell zum europäischen Festival erster Güte entwickelten. Alls, was Rang und Namen im deutschsprachigen Raum auf der Bühne hatte, pilgerte zum Grünen Hügel nach Recklinghausen. Und die Kumpel eroberten sich ihren Spielort mit Bravour. Als Beweis, dass Theaterkultur ein klassenloses Lebenselixier darstellt. Als der Vorhang aufging, staunten die Menschen, genossen für eine kurze Zeit das Auftreten der Stars und waren nach wenigen Spielzeiten Stolz auf „ihre Festspiele".

Qualität aber hat ihren Preis! Kultur muss uns immer auch etwas wert sein. Billig, billiger, am liebsten umsonst – das geht auch künftig bei der Kultur wie im täglichen Leben nicht. Es kann nicht sein, dass Künstler an der Grenze zur Armut leben, von der Hand in den Mund. Kultur beginnt beim Händewaschen, sie ist Teil unseres humanen Zusammenlebens und damit etwas sehr Wertvolles. Damit Kultur ein harter Standortfaktor bleibt, müssen Politik, Wirtschaft, Wissenschaft, private Mäzene, Vereine und Bürger sich darüber im Klaren sein: Ohne Kultur sind wir künftig nur wohlhabende Neandertaler!

Denn noch immer gilt: Die Kultur führt zu einem Miteinander von Menschen unterschiedlicher Herkunft und von Menschen mit ihrer Umwelt, es bildet sich eine Gemeinschaft in einer Vielfalt. In dieser Gemeinschaft ist es von großer Bedeutung, immer wieder für neue Kulturen offen zu sein, Kultur weiterzugeben und zu verbreiten, denn dadurch entstehen humane Kulturräume und es gewinnt die Idee an Bedeutung, dass Kultur die Würde eines Menschen prägt.

Von Mark Twain stammt der Satz: „Kultur ist das, was übrigbleibt, wenn der letzte Dollar ausgegeben ist". Kultur ist eben mehr als alles andere ein Wert an sich. Wir sollten uns darüber immer im Klaren sein! Das ideologiefreie Ziel der Kultur ist die Aktivierung des Zuschauers zur Veränderung der Welt – also kein Stillstand. „Kultur für alle!" Das ist bis heute das Ziel der Volksbühnen-Bewegung. Und schon die ersten Volksbühnen, die sich Ende des 19. Jahrhunderts gründeten, forderten: Der Theaterbesuch sollte für Menschen aus allen gesellschaftlichen Schichten erschwinglich sein. Und das Theater sollte auch die Lebensrealitäten aller Schichten auf der Bühne verhandeln. Die Berliner Volksbühne baute 1914 sogar ein eigenes Theater für diese Zwecke: Die heutige Volksbühne am Rosa-Luxemburg-Platz. In der Weimarer Republik dann hatte die Volksbühnen-Bewegung zeitweise mehr als 500.000 Mitglieder. 1920 gründeten die Vereine schließlich die erste Dachorganisation. Im Zuge der Gleichschaltung im Nationalsozialismus ab 1933 wurden die Theaterbesucherorganisationen jedoch zerschlagen und ihre Aktivitäten verboten. Unmittelbar nach dem Zweiten Weltkrieg leisteten die rasch wiedergegründeten Vereine einen entscheidenden Beitrag zum Wiederaufbau und zur Neugestaltung der Kulturlandschaft im zerstörten Deutschland. 1948 wurde auch die Dachorganisation der Volksbühnen-Bewegung wiedergegründet.

Als Partner der Theater und Philharmonie Essen ist der Essener Theaterring mit seiner inzwischen 100-jährigen Geschichte die traditionsreichste Besucherorganisation in der Stadt Essen. Tausende Theaterbesucher und Theaterbesucherinnen wissen die Vorteile einer Mitgliedschaft zu schätzen, die selbstverständlich nicht nur preisgünstige Abonnements – auch im Spartenmix – bietet. Bei regelmäßigen „Ring-Treff-Abenden" wird der Dialog zwischen Publikum und Theaterschaffenden gepflegt, und die exklusiven Gruppenreisen zu bedeutenden europäischen Kulturstätten und Kulturereignissen sind längst kein Geheimtipp mehr. Unter dem Motto: Vorhang auf für alle Schichten des Volkes!

Das Theater als gesellschaftliche Aufgabe
Von Christian Tombeil

Die Essener Theatergeschichte ist eine lange und geht zurück auf christliche Mysterienspiele, die schon um das Jahr 1000 herum aus Werden belegt sind.

Außergewöhnlich aber ist zu benennen, was 1864 geschah. In einer durch hart arbeitende Bevölkerung geprägten Region rückte die Kultur und Freizeitgestaltung in den Brennpunkt (Zentrum/Mittelpunkt). „Der Abgeordnete im preußischen Landtag, der Essener Belange im Parlament zu vertreten hatte, Friedrich Hammacher, führte in seiner Heimatstadt nach dem Bericht der Essener Zeitung bei der Grundsteinlegung für den städtischen Saalbau am 23. Juni 1864 aus: ‚Das, was die Grundlage der Arbeit, der Geschäfte und des Wohlstands der hiesigen Gegend bildet, der Bergbau und die Eisenindustrie, hat unvermeidlich große Unzuträglichkeiten für die Bevölkerung im Gefolge.‘ Hammacher kannte noch nicht die Begriffe gewachsene (natürliche) und produzierte Infrastruktur, aber er handelte schon Mitte des 19. Jahrhunderts nach der Maxime, dass Kultur und Natur auf einem Umweg wichtige Grundlagen für die Rentabilität gerade auch der Industrieproduktion schaffen, indem sie Menschen natürliche und kulturelle Freiräume zur Erholung und Bildung anbieten." Welch ein visionärer Gedanke von der Wirkung von Kultur (Genuss) auf die Bevölkerung.

Diese Entwicklung setzt sich in Essen fort, nur 23 Jahre später, am 14. Oktober 1887, verkündete Friedrich Grillo in der Stadtverordnetenversammlung, dass er eine halbe Million Mark für den Bau eines Theaters stiften wolle. Dass er durch seinen baldigen Tod nicht mehr dazu kam, aber seine Frau Wilhelmine in die Bresche sprang, passt in die durch Frauen geprägte Geschichte Essens.

Bemerkenswert für den zwar noch immer zum Teil diskriminierenden Umgang mit einzelnen Bevölkerungsschichten war die Ausschreibung im Centralblatt der Bauverwaltung vom 18. Mai 1889 über diese Handhabung: „Die Stadt Essen gehört zu den bedeutendsten Industriestädten Rheinlands und Westfalens und besitzt 74.000 Einwohner, von denen etwa 44.000 dem Arbeiterstande angehören. Das Programm spricht deutlich aus, dass auf eine so erhebliche Arbeiterbevölkerung Rücksicht genommen werden solle. Durch die Bestimmung, dass die Zugänge zum 1. und 2. Platz gemeinschaftlich sei können, dagegen von den Zugängen zum 3. und 4. Platz vollständig getrennt werden sollen, werden die Besucher des Theaters von vornherein in zwei Hauptgruppen zu etwa 300 bis 350 Personen geteilt, von denen die kleinere den bemittelten Teil der Bevölkerung enthält, die größere hauptsächlich durch den Arbeiterstand gebildet wird. Die weitere Trennung der ersten Gruppe in zwei Ränge, von denen der erste 80 Personen, der zweite 220 bis 260 Personen aufnehmen soll, lässt darauf schließen, dass der zweite Rang durchweg für die bemittelte Klasse bestimmt ist, während der erste Rang mit seiner geringen Zahl von Plätzen einzelne reiche Familien der Stadt und hochstehende fremde Personen, welche häufig die Kruppsche Gußstahlfabrik besuchen, aufnehmen soll. Die Teilung der zweiten Gruppe in einen 3. Und 4. Platz für 200 und 300 Personen beabsichtigt jedenfalls die Trennung der Meister und sonstigen Vorgesetzten der Arbeiter, sowie des weniger bemittelten Bürgerstands von Arbeitern."

So entstand mit dem Grillo-Theater gegen den Trend der Zeit ein Haus, das mehr Plätze der günstigen Kategorie anbieten konnte als jedes Hoftheater. Diese weitsichtigen Grundlagen führten dann tatsächlich auch dazu, dass die Immobilien genutzt wurden. Stellvertretend seien hier nur einige wenig genannt wie z. B. das Rheinische Chorfest mit der Uraufführung von Gustav Mahlers 6. Sinfonie im Saalbau und den ersten acht Spielzeiten im Grillo mit 1.657 Aufführungen und ca. 900.000 Zuschauenden. Hier ist durchaus noch die Idee Schillers eines Nationaltheaters im Sinne einer „Schaubühne als moralische Anstalt", einer Schule und Universität für alle Bürger*innen zu erkennen.

Leider wurde durch die 2. Sozialisierungskommission der Reichsregierung der Tendenzschutzparagraph für Kunst gekippt und somit auch die sozialdemokratische Idee, die durch Kommunalisierung die Existenz des Theaters als öffentliches Volksbildungsinstitut sichern wollte: „Die Gemeinschaft der Staatsbürger, die letztendlich schon bei den Hoftheatern qua Steuern für die Privatschule ihrer monarchischen Repräsentanten Theater finanzierte, versäumte es, die Bühnen nach 1918 bei der Übernahme in Landes- und kommunale Obhut zugleich auch als Pflichtaufgabe des Staates zu deklarieren. Gerade Städte mit überregionaler Funktion und Ausstrahlung wie die Ruhrmetropole Essen hätten einer solchen gesetzlichen Unterstützung bedurft, um ihre Urbanität durch kulturelle Investition zu steigern. Dass Oberbürgermeister Luther dieses Grundgesetz kommunaler Lebensfähigkeit kannte, geht aus einer anderen Aktivität hervor, als es ihm nämlich gelang, anstelle der ebenfalls wach gewordenen Düsseldorfer Stadtväter die reiche Privatsammlung des Hagener Kunsthistorikers Karl Ernst Osthaus in seinem privaten Folkwang-Museum für den Kaufpreis von 15 Millionen Mark nach Essen zu ziehen. Als er es 1922 einweihen konnte, formulierte er einen Wahlspruch, der heute noch gilt: „Wo Arbeit ist, muss auch Kultur sein!"

Was darauf folgte, war die vielleicht künstlerisch produktivste und avantgardistischste Phase des Grillo-Theaters mit Namen wie Kurt Jooss, Hein Heckroth und Rudolph Schulz-Dornburg – und der Gründung des Essener Theaterrings!

Wie in der gesamten Kulturszene Deutschlands bedeutete auch in Essen der zweite Weltkrieg eine tiefe Zäsur. Zwar wurde das zerstörte Grillo schon 1950 – mit weniger Plätzen – wiedereröffnet, der Rausch der zwanziger und dreißiger Jahre aber war unwiderruflich verflogen.

Trotzdem waren es wieder die Essener*innen selbst, die in einem endlos scheinenden Prozess die Realisierung des Aalto-Theaters „erzwangen", ebenso wie die Sanierung des Grillo-Theaters um die 1990er Jahre und die des Saalbaus zu Beginn des neuen Jahrtausends.

Glücklicherweise war fast immer auch die Nachfrage in einer nach wie vor durch Arbeiterschaft geprägten Gesellschaft da. So können wir heute rückblickend feststellen, dass die Investitionen in die Kultur an sich, die dazu gehörenden Immobilien und die Umwidmung ehemaliger Industrie- zu Kultur- und Begegnungsstätten eine einmalige Symbiose bildet und ihre Faszination auf ihre Besucher*innen nach wie vor ausstrahlt.

Und so erfüllt auch das Theater neben der Zerstreuung die überaus wichtige Aufgabe, für gesellschaftlichen Zusammenhalt und kulturelle Bildung zu sorgen.

Vom „Schulmeister" zum Archivar
Von Werner Sommer

Nach meinen ersten Vorstellungs-Besuchen im Bereich des Kinder-Theaters (1947: „König Drosselbart" im Waldtheater; 1949: „Peterchens Mondfahrt" im Circus-Bügler-Bau/Limbecker Platz) lernte ich in der Spielzeit 1953/54 das Erwachsenen-Theater kennen. Meine erste Oper war Webers „Freischütz", meine erstes Schauspiel „Ein Glas Wasser" von Scribe (Ruhrkohlehaus). 1954/55 folgte die erste Operette („Der Vogelhändler"), 1955/56 der erste Ballettabend (Kammertanzabend) und 1956/57 schließlich das erste Musical („Kiss me, Kate"). Nach dem Abitur studierte ich ab 1959–1961 in München, wo ich viele eindrucksvolle Theatervorstellungen erlebte, und anschließend in Köln Deutsch, Geschichte und Theaterwissenschaft, wo ich im Dezember 1964 mein erstes Staatsexamen schaffte. Trotz meiner anhaltenden Begeisterung für das Theater begann ich damit, meine Staatsexamensarbeit „Der Ruhrkampf in Essen" (Der passive Widerstand 1923 gegen die Besetzung des Ruhrgebiets durch die Franzosen) zu einer Gesamtdarstellung zu erweitern, um zu promovieren. Dazu besuchte ich weiterhin das Staatsarchiv in Kalkum und zusätzlich das Bundesarchiv in Koblenz und das Archiv des Auswärtigen Amtes in Bonn.

Aus finanziellen Gründen suchte ich seit etwa Mitte 1966 nach einer Beschäftigung und „landete" eher zufällig am kurz zuvor gegründeten Gymnasium am Stoppenberg, der ersten Tagesheimschule in NRW, die sich vorerst in einem Katernberger Provisorium befand. Dort arbeitete ich ab 1. Dezember 1966 als „Schulassistent" bzw. als „Aushilfslehrer"; da ich sehr großen Gefallen an dieser Tätigkeit fand, die sehr zeitaufwändig war, blieben meine wissenschaftlichen Ambitionen „auf der Stecke". Nach einem Jahr begann ich meine Referendar-Zeit am Staatlichen Gymnasium in Mülheim und wurde 1969 der erste Referendar am Stoppenberg, wo ich nach einem halben Jahr das zweite Staatsexamen ablegte. Mit Beginn des Schuljahrs 1969/70 bezog das Gymnasium seinen Neubau in Stoppenberg. Aber erst im Mai 1972 war auch die „Große Halle" fertig, sodass im Rahmen einer Festwoche die feierliche Eröffnung stattfinden konnte, die ich mitgestalten durfte. Als „Hallenmeister" konnte ich meine Theaterinteressen endlich verwirklichen. So war es kein Zufall, dass die erste Abendveranstaltung vom Essener Ballett unter Leitung von Boris Pilato gestaltet wurde. Den Kontakt verdankte ich einer Solotänzerin, deren Sohn Schüler unserer Schule war. In einem Elternbrief hatte ich um Kostüme aller Art gebeten; die Tänzerin meldete sich und verschaffte mir Zugang zum Fundus des Essener Theaters, sodass ich meine Schauspieltruppe komplett einkleiden konnte. Wir zeigten das Kammerspiel „So war Herr Brummell" von Ernst Penzoldt. 25 Jahre betreute ich das Schultheater, das es am Ende auf 35 Inszenierungen gebracht hatte.

Im Rahmen der Eröffnungswoche gastierte das Schauspiel mit Bertolt Brechts „Flüchtlingsgesprächen"; das Theater Oberhausen stellte sich im Oktober 1972 mit dem Kinderstück „Maximilian Pfeiferling" vor, und 1973 spielten Mitglieder des Essener Orchesters unter Leitung von Gustav König, gefolgt vom Chanson-Abend mit Brigitte Lebaan und Alfons Nowacki. Auch zwei Schauspiel-Premieren gab es als mobile Produktionen: „Krieg im dritten Stock" von Pavel Kohout (Januar 1975) und „Eisenwichser" von Heinrich Henkel (April 1982).

Noch bevor es die offizielle „Breitenarbeit" gab, folgte Prof. Heinz Wallberg meiner Einladung zum Stoppenberg, wo er von 1981 bis 1988 neunmal gastierte; das Ballett unter Leitung von Boris Pilato gastierte 1975 und 1979 zwei weitere Male bei uns; und Heidrun Schwaarz gab uns von 1981 bis 1993 zwölfmal der Ehre, wobei die beiden letzten Veranstaltungen sogar Premieren mit Uraufführungen Junger Choreografen waren. Auch Kontakte zu den Nachbarbühnen gehörten zum Programm. So gastierte das Theater Oberhausen 1979 mit der Oper „Pimpinone" von Telemann und 1980 mit den beiden Einaktern „Das

Telefon" von Menotti und „Trouble in Tahiti" von Bernstein; das von Claus Leininger geleitete Gelsenkirchener Musiktheater im Revier bot 1981 und 1982 im Musiksaal musikalische Raritäten.

Viele Eindrücke konnte ich gewinnen und auch praktische Erfahrungen sammeln, als ich mich während der Proben und bei Aufführungen im Bühnenbereich des Grillo-Theaters aufhalten durfte, denn bei vier Inszenierungen betreute ich Statisten des Gymnasiums. Unterstufenschüler/innen wirkten bei Dürrenmatts „Besuch der alten Dame" (Regie: David Esrig, 1981/82/83, 26 Vorstellungen) und in Smetanas Oper „Die verkaufte Braut" mit (Regie: Kai Braak, 1982/83/84, 19 Vorstellungen). Oberstufenschüler waren bei zwei Produktionen beteiligt: bei Brechts „Schweyk im zweiten Weltkrieg" (Regie: David Esrig, 1980/81/82, 26 Vorstellungen) und bei Goethes „Götz von Berlichingen (Regie: Harry Buckwitz, 1982/83, 22 Vorstellungen).

Als 1986 Karl Heinrich Brokerhoff, der Gründungsdirektor, in den Ruhestand trat, verlor ich meinen eifrigsten „Mitstreiter", sodass das von der Presse als „Kulturelles Zentrum im Essener Norden" bezeichnete Gymnasium etwas an Bedeutung einbüßte. Im Kulturamt war man schon früher auf uns aufmerksam geworden, sodass ich 1979 „Programmreferent für den Stadtbezirk VI" (Stoppenberg/Schonnebeck/Katernberg) wurde. Meine Aufgabe, die ich bis 1992 erfüllte, bestand darin, möglichst viele Kulturträger der drei Stadtteile für gemeinsame Projekte zu gewinnen, z. B. für Stadtteilkonzerte. Bei den Programm-Konferenzen wurde darüber abgestimmt, welche Projekte als förderungswürdig eingestuft wurden.

Meine Zeit als „Schulmeister" beendete ich im Juli 2001, sodass ich mich einer neuen Aufgabe zuwenden konnte, indem ich ein Versprechen einlöste, das ich der oben erwähnten Tänzerin vor längerer Zeit gegeben hatte, nämlich ihre Biografie zu schreiben. Ihre Stationen waren nach ihrer Ausbildung an der Folkwangschule die Bühnen Wuppertal, Köln und von 1963–1975 Essen. Anschließend studierte sie an der Folkwang Hochschule Tanzpädagogik. Nach ihrer Tätigkeit im Essener Ballett-Studio Roehm unterrichtete sie ab 1977 in ihrem eigenen Ballett-Studio in Bottrop, das sie 1993 an ihre Schwiegertochter übergab.

In zahlreichen Gesprächen erfuhr ich Einzelheiten ihres Werdegangs und besuchte mit ihr mehrere Male das Tanzarchiv in Köln. Auch in vielen anderen Archiven in NRW sah ich mich um, da es während ihrer Essener Zeit immer wieder Gastspiele des Balletts in Nachbarstädten gab. Natürlich wandte ich mich auch an das Archiv des Aalto-Theaters, das Gerard Kohl, der langjährige Leiter des Künstlerischen Betriebsbüros, seit Beginn seines Ruhestands 1997 betreute. Ihn kannte ich wegen der intensiven Kontakte unserer Schule zum Essener Theater schon lange. Er beklagte seine Situation, denn in seinem Raum im 3. Untergeschoss sah es chaotisch aus. Der Inhalt von zig Kartons mit Materialien aus der Grillo-Zeit wartete auf seine Sichtung und mögliche Verwendung. Auf seinen Seufzer „Wenn ich jemand hätte …", sagte ich: „Frag' mich doch mal!" So begann am 7. November 2001 unsere gemeinsame Archiv-Arbeit. Da so viele Materialien zu sichten und zu ordnen waren, trafen wir uns in den ersten drei Jahren wöchentlich zweimal, danach einmal dienstags. Eine interessante Aufgabe bestand und besteht immer noch darin, Anfragen zu bearbeiten, die von Wissenschaftlern, Studenten oder Privatpersonen stammen, aber auch hausinterne Fragen werden beantwortet. Fehlende Kritiken aus der Zeit vor 1945, aber auch aus den ersten Jahren der Nachkriegszeit konnte ich in der Stadtbibliothek mit Unterstützung eines hilfsbereiten Archivars aus Zeitungsbeständen kopieren.

Schon vor einigen Jahren regte Gerard Kohl an, eine Fortsetzung der bis 1967 reichenden Dokumentation von Franz Feldens über das Essener Theater vorzunehmen. Daraufhin habe ich Material bis 1988 zusammengetragen. Aber erst als mich Alfons Wafner, der Vorsitzende des Essener Theaterrings, im Archiv aufsuchte, wurde der Plan konkret. Leider musste ich dabei auf die Mithilfe von Gerard Kohl verzichten, der wegen seiner Krankheit und schließlich wegen seines Todes als wichtiger Zeitzeuge ausfiel. Da ich wegen der Pandemie seit März 2020 meine zahlreichen Theaterreisen absagen musste, konnte ich mich häufiger im Archiv des Aalto-Theaters aufhalten. Trotz intensiver Recherchen waren nicht alle Fakten zu ermitteln, da offensichtlich nicht immer systematisch gesammelt worden ist, sodass sich gelegentlich Lücken ergeben und auch Fehler nicht auszuschließen sind. (Übrigens ist auch Franz Feldens trotz aller bewundernswerter Akribie davor nicht verschont geblieben.)

Für wertvolle Hilfe möchte ich mich namentlich bedanken bei Marie-Helen Joël (Theaterpädagogik), Jeannine Grüneis/Christoph Grasse (Betriebsbüro), Maria Hilber (Presse- und Öffentlichkeitsarbeit), Andrea Nippold (Orchesterbüro) und besonders bei meiner Kollegin Christiane Kühner, die die Nachfolge des im Januar 2020 verstorbenen Gerard Kohl angetreten hat.

Grillo-Theater (alle Sparten)
Spielzeiten 1967/68 bis 1987/88

Spielzeit 1967/68

Dr. Erich Schumacher
Generalintendant (Fortsetzung 1967–1974)

Während im Opernbereich bis auf eine neue „Lulu"-Inszenierung (1967) und das 1966 in Hamburg uraufgeführte Werk „The Visitation" von Gunther Schuller (1970) durchweg gängiges Repertoire vorherrschte, kam es im Bereich des Schauspiels und des Balletts zu bemerkenswerten personellen Veränderungen, denn mit der Verpflichtung von Claus Leininger als Oberspielleiter des Schauspiels und von Boris Pilato als neuer Ballettmeister bewies Schumacher viel Geschick. Unter Leininger erlebte das Schauspiel einen deutlichen Aufschwung. Er inszenierte u. a. „Draußen vor der Tür" von Wolfgang Borchert (1968), „Die Lehrlinge" von Peter Terson" (1970), „Mutter Courage" (1971), „Die Küche" von Arnold Wesker (1973). Aber auch Erich Schumachers Inszenierungen dreier Hochhuth-Stücke fanden Beachtung. Nach „Der Stellvertreter" (1964) folgten 1968 „Soldaten", 1972 die Uraufführung der Komödie „Die Hebamme" (mit Ursula von Reibnitz) und 1974 als weitere Uraufführung „Lysistrate" (mit Ellen Schwiers). Und auch Gastregisseure wurden verpflichtet, u. a. Roger Blin, der 1967 mit Jean Genets Stück „Die Wände" schockierte. Der junge Regisseur Hans Neuenfels betreute 1971 die späte Uraufführung des bereits 1952 entstandenen Stücks „Die Versicherung", das der Kritiker Dr. Hans Jansen eine „Sexrevue im Irrenhaus" nannte (Waidelich, Essen spielt Theater, Bd. 2, S. 273) und es nur auf vier Vorstellungen brachte. Eine positive Resonanz dagegen erzielte Dramaturgin Ilka Boll mit ihrem Mysterienspiel „Das Spiel von der Auferstehung", das sie auf Anregung des polnischen Regisseurs Kasimir Dejmek schrieb, der das Stück 1972 als Uraufführung auch einstudierte.

Die Berufung von Boris Pilato als Chef des Essener Balletts erwies sich als Glücksfall, denn trotz namhafter Vorgänger (Marcel Luipart 58/59, Otto Krüger 59/60–62/63, Roger George 63/64–66/67) fristete das Ballett ein eher kümmerliches Dasein. Mehr als vier bis

sechs Ballett-Vorstellungen pro Spielzeit gab es nicht; 66/67 wirkte die Truppe nur in Opern und Operetten mit. Boris Pilato brachte es in seiner ersten Spielzeit immerhin auf 12 Vorstellungen eines mehrteiligen Ballettabends und auf zwei Kammertanz-Aufführungen. Daneben glänzte seine Compagnie mit ausgedehnten Einlagen in Operetten. (1967/68 gab es dazu 41-mal Gelegenheit in „Gräfin Mariza" und 30-mal im „Zigeunerbaron".)

Generalintendant: Dr. Erich Schumacher; *Disposition:* Hans-Carl Toelke, Maren Paasch
Chefdramaturgin: Dr. Ilka Boll; *Dramaturg:* Dr. Peter Maenner

Musiktheater

Musikalischer Oberleiter: Prof. Gustav König, GMD; *Dirigenten:* Rainer Koch, 1. Kapellmeister; Leo Plettner*, Kapellmeister; Städtisches Orchester; *Repetitoren:* Wolf Hiltl, Studienleiter; Konrad Haenisch, Gunther Hauer, Leo Plettner*, Wolfgang Schulz
Chordirektor: Josef Krepela; *Choreografen:* Boris Pilato*, Anton Vujanic*

Regisseure der Neuinszenierungen: Paul Hager; *Gäste:* Wolf-Dieter Ludwig, Hellmuth Matiasek, Jürgen Müller, Günter Roth, Werner Saladin, Kurt Leo Sourrisseaux

Technischer Direktor: Karl Reiß; *Atelierleiter:* Walter Götting
Ausstatter der Neuinszenierungen: Fritz Riedl
Gäste: Hans Aeberli, Leni Bauer-Escy, Philipp Blessing, Ekkehard Grübler, Dieter Hartmann, Ottowerner Meyer, Haidi Schürmann, Wolfram Skalicki

Ensemble: Carol Bauer*, Jean Cook*, Käthe Graus, Doris Herbert, Anni Körner, Ingeborg Luttenberger, Elsie Maurer*, Lisa Penting, Anni Student, Elisabeth Szemzö, Ingeborg Tömp, Luisa Velasco; Harald Adler, Carlos Barrena*, Hans-Walter Bertram, Willi Dams, Robin Fairhurst, Ulrich Hielscher*, Rudolf Holtenau*, Joseph Hopferwieser*, Horst Hüskes, Karl-Heinz Lippe, Hans Nowack, Rolf Oberste-Brink*, Dan Richardson, Erwin Roettgen, Hendrikus Rootering, Walter-Reinhold Schaefer, Heinrich Semmelrath, Karl-Heinz Thiemann, Hugo Zinkler

Chorsolisten (Wiederaufnahmen nicht erfasst): Jadwiga Miklavic; Erich Bär, Alfred Doetsch, Heinz Felis, Alfons Hellersberg, Arno Klees, Karl-Heinz Thomamüller

Gäste/Teilspielzeit (unvollständig): Sylvia Anderson, Sonja Cervena, Gloria Davy, Maria Michels, Elisabeth Pack, Trude Roesler, Renate Salinger, Annik Simon, Ditha Sommer, Ingrid Steger, Iris Velleur, Ingeborg Ziersch; Klaus Bertram, Caspar Bröcheler, Manfred Capell, Amadeo Casanovas, Ratko Delorko, Anonimo Fiorentino, Wilfrid Jochims, Gerhard Kiepert, Gotthard Kronstein, Manfred Lehnert, Veijo Varpio
Schauspieler: Fritz Doege (Essen); *Gäste:* Werner Gaefke, Wolfgang Odenthal

■ **Opern (N)**

16.09.67	„Lulu" von Alban Berg (6) – ML: König, I: Hager, A: Bauer-Escy
30.09.67	„Otello" von Giuseppe Verdi (11+1) – ML: Koch, I: Matiasek, A: Grübler
05.11.67	„Die Italienerin in Algier" von Gioacchino Rossini (8+2) – ML: Koch, I: Roth, A: Meyer
04.02.68	„André Chénier" von Umberto Giordano (9+1) – ML: Koch, I: Ludwig, A: Hartmann
10.03.68	„Gianni Schicchi" von Giacomo Puccini/„Die Kluge" von Carl Orff (8), weitere 5× nur Orff – ML: Koch, I: Hager, A: Skalicki
15.04.68	„Figaros Hochzeit" von Wolfgang A. Mozart (7+1) – ML: König, I: Hager, A: Bauer-Ecsy
26.05.68	„Der Wildschütz" von Albert Lortzing (5+1) – ML: Plettner, I: Müller, A: Riedl

■ **Operetten (N)**

17.09.67	„Gräfin Mariza" von Emmerich Kálmán (41) [25.05.: 40×] – ML: Plettner, I: Saladin, B: Blessing, K: Schürmann, Ch: Pilato/Vujanic
31.12.67	„Der Zigeunerbaron" von Johann Strauß (28+2) – ML: König/Plettner, I: Sourrisseaux, A: Aeberli, Ch: Pilato/Vujanic

■ **Opern (WA)**

24.09.67	„Boris Godunow" von Mussorgsky (3+5)
26.09.67	„Der Liebestrank" von Donizetti (20)
14.10.67	„La Traviata" von Verdi (8+7)
22.10.67	„Salome" von Strauss (6)
24.10.67	„Tosca" von Puccini (3)
25.02.68	„Carmen" von Bizet (7)

■ **Abstecher**
- „André Chénier" (Lünen 30.04.68)
- „Boris Godunow" (Oberh. 08.12.67; 03.01./23.02./16.03/28.05.68)
- „Der Wildschütz" (Bottrop 06.06.68)
- „Der Zigeunerbaron" (Bottrop 15.02, Bad Godesberg 21.02.68)
- „Die Italienerin in Algier" (Lünen 06.12.67, Bottrop 28.03.68)
- „Figaros Hochzeit" (Bottrop 10.06.68)
- „La Traviata" (Lünen 06.12.67; Oberhausen 20.10.68./02.02./05.03./04.05./22.05.; Bottrop 25.01.68)
- „Otello" (Lünen 28.10.67)

Ballett

Boris Pilato
Choreograf 1967–1981

Boris Pilato, 1921 in Görz/Italien geboren, studierte an der Belgrader Opern-Ballett-Schule und debütierte beim dortigen Opernballett als Tänzer. 1940 wirkte er als Solotänzer in Danzig, anschließend in Ljubljana. 1943 war er in Teplitz-Schönau auch Ballettmeister, dann Choreograf in Berlin am Plaza-Varieté und in Paris am Théâtre Mogador. Nach Kriegsende folgten die Stationen Wiener Volksoper (45/46), Innsbruck (47), dann bis 1953 verschiedene Städte in der Schweiz. Von 1953–1956 war er Ballettchef in Bonn, wo er gleich zu Beginn die erste Nachkriegs-Einstudierung von „Giselle" im deutschsprachigen Raum herausbrachte. Dort stellte er 1956 auch Prokofjews „Romeo und Julia" erstmals in Westdeutschland vor.

Von 1956–1959 setzte er seine Karriere in Lübeck fort; danach wirkte er bis 1967 in Gelsenkirchen, ehe er nach Essen wechselte. Er folgte damit einer Einladung des Essener Generalintendanten Dr. Schumacher. Alle Choreografien seiner Essener Zeit stammten von Boris Pilato selbst, meist in Zusammenarbeit mit seinem Stellvertreter Anton Vujanic. Das galt auch für die zahlreichen Operetten-Auftritte, „die er häufig und in der Regel zu ihren Gunsten in einen Ballettabend mit Operetteneinlage ummünzte". (H.-Th. Wohlfahrt, Ballett-Journal 3/84)

Zum ersten Mal gab es in Essen eine jahrelange positive Entwicklung des Balletts, nachdem es bis dahin mehrere meist kurzfristige Engagements gegeben hatte. 1951 fand der erste Ballettabend seit Kriegsende statt („Der Zauberladen" von Rossini/Respighi in der Choreografie von Heinrich Trapp, 6 Vorstellungen im Saalbau). Von 1953–1958 leitete Alfredo Bortoluzzi das Essener Ballett; dabei erlebte der Ballettabend 1953/54 nur drei Aufführungen, 1954/55 drei Wiederholungen. Der neue Ballettabend 1955/56 war viermal zu sehen. 1956/57 gab es zwei Strawinsky-Ballette (5×) und einen Kammertanz-Abend (3×). Der Ballettabend 1957/58 („Coppélia"/„Phantastische Symphonie") stand nur 3× auf dem Programm.

Bortoluzzis Nachfolger wurde Marcel Luipart, dessen mehrteiliger Ballettabend (mit drei Uraufführungen) es 1958/59 immerhin auf 8 Aufführungen brachte. Bereits 1959/60 stellte sich ein neuer Ballettmeister vor: Otto Krüger, der zwei Ballettabende vorweisen konnte (5 bzw. 2 Aufführungen), 1960/61 nur 5, 1961/62 nur 4, 1962/63 nur 5 Vorstellungen. Es folgte Roger George, dessen Ballettabend 1963/64 nur viermal gegeben wurde. Wegen eines Unfalls des Ballett-Chefs bot der Ballettabend 1964/65 zwei Choreografen von Kurt Jooss („Persephone" und „Der grüne Tisch", 5×). Während es 1965/66 sechs Aufführungen gab, wartete das Ensemble 1966/67 vergeblich auf einen neuen Abend. Als Begründung nannte die Theaterleitung laut Roger George Geldmangel und hinreichende Beschäftigung in Oper und Operette. Daraufhin kündigte der frustrierte Ballettmeister, sodass der Weg für Boris Pilato frei war, dem immerhin meist 12 Abende ermöglicht wurden.

„Mit seiner Truppe, der leistungsfähigsten und der einzigen im strengen Sinn klassischen des Revierraums, erschloss Boris Pilato die Klassik-Literatur, mehr noch, er zog sich und seinem Haus systematisch ein Ballettpublikum aus dem gesamten umliegenden Territorium heran. Die großen Ballette des klassischen Repertoires ... gingen überwiegend zum ersten Mal in vollgültiger Interpretation über die Essener Bühne. An ihnen hat Pilato nach heute kaum noch geübtem Brauch und mit einer Meisterschaft, die, so steht zu befürchten, im Aussterben begriffen ist, demonstriert, was klassische Tanzkunst heißt. So bedingungslos er sich aber auch in ihren Dienst stellte, so aufgeschlossen weitete er andererseits das Repertoire aus: Die Klassiker der Moderne, ob Strawinsky oder Bartók, behaupteten sich – und zwar durchaus nicht an zweiter Stelle – in seinem Spielplan, und dem Versuch, dem Unerprobten, dem Risiko (Uraufführungen der Werke junger Ballett-Komponisten) ist er bis zu seinem letzten Essener Jahr niemals ausgewichen." (Käthe Flamm, Boris Pilato und das Essener Ballett '67–'81, S. 2 f.)

Umso mehr musste es Boris Pilato treffen, dass Generalintendant Ulrich Brecht ihm 1981 eine Vertragsverlängerung verweigerte mit der Bemerkung, es müsse Schluss sein mit dem „Ballettplüsch der fünfziger Jahre".

Ballett-Leitung: Boris Pilato*, Ballettmeister und Choreograf; *Stellvertretender BM:* Anton Vujanic*; *Trainingsleiterin:* Erna Mohar-Pilato*; *Repetitor:* Hein Siepmann; *Dirigent:* Rainer Koch
Ausstatter der Neuinszenierungen: Hans Aeberli, Fritz Riedl
Compagnie: Michèle Poupon*, *Primaballerina;* Erna Mohar-Pilato*, Annemarie Nikisch*, Adele Zurhausen, *Solo*
Vanja Bourgoudjieva*, Elke von Coburg*, Gudrun Henke*, Renate Iben, Elke Köhler, Heike Petersen*, Christa Piroch*, Barbara Schmidt*, Brigitte Stürmer, Rajka Trbovic*, *Gruppe*
Uwe Evers*, Boris Pilato*, Ulrich Roehm, Henk van der Veen*, *Solo*
Heinz Dressler*, Gustav Hempel, Wolfgang Scharfenberger*, *Gruppe*
Gast: Denise Laumer

■ Ballette (N)
Grillo
03.12.67   „Les Demoiselles de la Nuit" von Jean Françaix/„Joan von Zarissa" von Werner Egk/„Le Boléro" von Maurice Ravel (12) – Ch: Pilato, ML: Koch, A: Aeberli

Humboldtaula
20.06.68   *Kammertanzabend* (2) „Papillons" von Robert Schumann/„Apollon und Daphne" (U) von Hermann Naß/„Sonate für Klavier" von Béla Bartók – Ch: Pilato, A: Riedl

■ Gastspiele
Grillo
28.03.68   Brasiliana 1968 – Ballett mit der Show „Karneval in Rio"
06.05.68   Western Theatre Ballet, London: „Ephemeron" (Milhaud)/„Sonate à trios" (Bartók)/Jeux" (Debussy/„Street Games" (Ibert)

Schauspiel

Regisseure der Neuinszenierungen: Claus Leininger*, *Oberspielleiter*; Gerd Heinz*, Erich Schumacher, Bernhard Wilfert; *Gäste:* Roger Blin, Walter Knaus, Hagen Mueller-Stahl, Paul Vasil, Edgar Walther
Ausstatter der Neuinszenierungen: Fritz Riedl, Lioba Winterhalder*, Erwin W. Zimmer; *Gäste:* Hans Aeberli, André Acquart
Leiter der Schauspielmusik: Alfons Nowacki; *Gast:* Lou Bloom; *Choreografie:* Anton Vujanic

Ensemble: Ilse Anton, Christa Bernhardt, Ilka Boll, Eva Garg*, Hildegard Jacob, Barbara Klein, Brigitte Lebahn, Gabriele Marti, Ute Meinhardt*, Hilde Plaschke, Anneliese Rehse, Annemarie Saul*, Irmgard Tömmler, Thekla Carola Wied*, Gisela Zülch; Klaus Abramowsky, Wolf-Dietrich Berg*, Alfred Böckel, Werner Brunn, Rudolf Cornelius, Fritz Doege, Michael Enk, Hellmuth Erdmann, Friedrich Gröndahl, Alfred Hansen, Gerd Heinz*, Willy Herzig, Helmuth Hinzelmann, Wolfgang Hofmann, Peter Hohberger, Günter Lamprecht, Claus Leininger*, Wolff Lindner, Lucian Lübke, Manfred Melz, Uwe-Jens Pape, Rainer Pigulla*, Arno Piotr, Theo Pöppinghaus, Axel Radler, Hans-Christian Rudolph, Wolfgang Schwalm*, Rolf Sebastian, Richard Steppat, Karl Stroth, Hans Wehrl, Bernhard Wilfert
Gäste/Teilspielzeit (unvollständig): Gaby Blum, Ingrid Braun, Kristina de Châtel, Heidi de Vries, Irma Kappert, Ingeborg Kloiber, Eva Kramer, Edith Lechtape, Helga Schiereck, Julie Stachelhausen, Barbara Stea, Ingeborg Storck, Edith Strüngmann, Dorothea Warmulla; Ulrich Düwert, Klaus-Dieter Enskat, Werner Gaefke, Günter Gube, Dietrich Hollinderbäumer, Rolf Idler, Dieter Janke, Sigurd Lohde, Wolfgang Odenthal, Ottokar Panning, Friedo Pliester, Lothar Rehfeldt, Heribert Schäfers, Hans Schlick, Horst Wittinghoff
Tänzer/innen („Der Froschkönig"): Renate Iben; Heinz Dressler, Gustav Hempel, Wolfgang Scharfenberger (Essen)

■ Schauspiele (N)
Grillo
- 21.09.67 „Der aufhaltsame Aufstieg des Arturo Ui" von Bertolt Brecht (28+3) – I: Mueller-Stahl, A: Aeberli, M: Nowacki
- 07.10.67 „Maß für Maß" von William Shakespeare (26+4) – I: Leininger, A: Zimmer, M: Nowacki
- 18.11.67 „Die Wände" (Westdt.E) von Jean Genet (17+2) – I: Blin, A: Acquart
- 10.12.67 „Der Froschkönig" von Ilka Boll (24+1) – I: Wilfert, A: Winterhalder, M: Nowacki, T: Vujanic
- 21.01.68 „Ballade vom Eulenspiegel, vom Federle und von der dicken Pompanne" von Günther Weisenborn (13+2) – I: Schumacher, A: Aeberli, M: Nowacki
- 23.03.68 „Fink und Fliederbusch (DE) von Arthur Schnitzler (14) – I: Leininger, A: Zimmer
- 13.06.68 „Das Finanzgenie" von Honoré de Balzac (4) – I: Vasil, A: Aeberli, M: Bloom/M: Nowacki

Humboldtaula
- 17.09.67 „So ist es – ist es so?" von Luigi Pirandello (14+1) – I: Leininger, A: Riedl
- 30.09.67 „Halb auf dem Baum" von Peter Ustinov (39+1) – I: Walther, A: Riedl, M: Nowacki
- 28.01.68 „Die Einladung" von Jochen Ziem (11) – I: Heinz, A: Riedl
- 24.02.68 „Draußen vor der Tür" von Wolfgang Borchert (15+2) – I: Leininger, A: Zimmer, M: Nowacki
- 10.03.68 „Endstation Sehnsucht" von Tennessee Williams (13) – I: Knaus, A: Riedl
- 05.05.68 „Soldaten" von Rolf Hochhuth (14+1) – I: Schumacher, A: Riedl

Studio
- 11.10.67 „Die Käfige" („Schnee-Engel"/„Epiphanie" von Lewis John Carlino (7) – I: Leininger, A: Riedl, M: Nowacki

■ Schauspiele (WA)
Grillo
- 26.09.67 „Finsternis bedeckt die Erde" von Andrzejewski (0+1)

Humboldtaula
- 02.11.67 „Barfuß im Park" von Simon (12+1)

■ Abstecher
- „Ballade vom Eulenspiegel" (Warschau 26./27.03.68)

- „Barfuß im Park" (Bottrop 04.04.68)
- „Der aufhaltsame Aufstieg des Arturo Ui" (Lünen 12.12.67, Marl 24.01., Recklinghausen 12.03.68)
- „Der Froschkönig" (Bottrop 19.12.67)
- „Die Wände" (Theatertreffen Berlin 27./28.05.68)
- „Draußen vor der Tür" (Warschau 28./29.03.68)
- „Finsternis bedeckt die Erde" (Bad Godesberg 26.09.67)
- „Halb auf dem Baum" (Recklinghausen 25.10.67)
- „Maß für Maß" (Bottrop 09.11.67/02.05.68, Recklinghausen 09./10.01.68)
- „So ist es – ist es so?" (Bottrop 09.11.67)
- „Soldaten" (Bottrop 16.05.68)

■ **Sonderveranstaltungen/Gastspiele**

Grillo

25.11.67 „Glückliche Maschinen" (politisch-satirisches Kabarett „Die Wühlmäuse", Berlin)

19.01.68 „Der Prozess" von Franz Kafka" (Theater am Geländer, Prag)

11.02.68 „Flüchtlingsgespräche" von Bertolt Brecht (Theater am Turm, Frankfurt/Main)

23.02.68 „Liiiiiebe" von Murray Schisgal (Berliner Tournee-Theater)

Studio

05.01.68 „Die Wände – Ärgernis oder Kunstwerk?" (Vortrag mit anschließender Diskussion mit Dr. Hannes Schmidt)

20.01.68 Günther Weisenborn liest aus seinem Erlebnisbericht „Memorial", Dokument des antifaschistischen Widerstands, und aus seinem Roman „Der gespaltene Kontinent"

18.06.68 Podiumsdiskussion über Rolf Hochhuths „Soldaten" mit Johannes Jacobi/Die Zeit

■ **Ausstellungen**
- 75 Jahre Essener Opernhaus (September 67)
- Illustrationen zum Werk des Stückeschreibers Bert Brecht (10.02.–03.03.68)
- Kollektion ausgezeichneter polnischer Theaterplakate (ab 25.04.68)

Spielzeit 1968/69

Generalintendant: Dr. Erich Schumacher;
Disposition: Hans-Carl Toelke, Maren Paasch
Chefdramaturgin: Dr. Ilka Boll, *Dramaturg:*
Dr. Peter Maenner
Technischer Direktor: Karl Reiß; *Ausstattungsleiter:* Erwin W. Zimmer*; *Atelierleiter:* Walter Götting

Musiktheater

Musikalischer Oberleiter: Prof. Gustav König, GMD; *Dirigenten:* Rainer Koch, 1. Kapellmeister; Wolf Hiltl, Leo Plettner, Kapellmeister; *Gast:* Hans-Martin Rabenstein; Städtisches Orchester; *Repetitoren:* Wolf Hiltl, Studienleiter; Konrad Haenisch, Gunther Hauer, Leo Plettner, Wolfgang Schulz
Chordirektor: Josef Krepela

Regisseure der Neuinszenierungen: Paul Hager; *Gäste:* Franz Fischer, Wolf-Dieter Ludwig, Günter Roth, Werner Saladin, Horst Alexander Stelter
Ausstatter der Neuinszenierungen: Fritz Riedl; *Gäste:* Hans Aeberli, Leni Bauer-Escy, Philipp Blessing, Ottowerner Meyer, Günther Schneider-Siemssen, Haidi Schürmann, Wolfram Skalicki

Ensemble: Carol Bauer, Jean Cook, Marita Dübbers*, Käther Graus, Doris Herbert, Anni Körner, Lisa Penting, Helly Sapinski*, Anni Student, Elisabeth Szemzö; Harald Adler, Carlos Barrena, Hans-Walter Bertram, Robin Fairhurst, Ulrich Hielscher, Rudolf Holtenau, Josef Hopferwieser, Horst Hüskes, Karl-Heinz Lippe, William Neill*, Hans Nowack, Rolf Oberste-Brink, Dan Richardson, Hendrikus Rootering, Walter-Reinhold Schaefer, Heinrich Semmelrath, Robert Williams*, Hugo Zinkler
Chorsolisten (Wiederaufnahmen nicht erfasst): Catharina Appelman, Christel Baum, Willemina Ebbink, Doris Frank, Carla Fritsch, Ingeborg Kabon, Doris Krebs, Käthe Lippel, Jadwiga Miklavcic, Gynna Probst, Lieselotte Schreiber, Elsa Schulz, Charlotte Vogel; Heinrich Bergmann, Rudolf Braun, Alfons Hellersberg, Gerard S. Kohl, Paul Lessmöllmann, Karl-Heinz Thomamüller

Gäste/Teilspielzeit (unvollständig): Marlies Alt, Sylvia Anderson, Shari Boruvka, Sona Cervena, Philis Curtin, Helga Dernesch, Gloria Davy, Lilo Ehret, Jean Evans, Renate Fack, Rose Marie Freni, Jutta Heller, Sakiko Kanamori, Doris Krebs, Fei Shen Lim, Else Maurer, Maria Michels, Eleonore Morvaya, Thea Mutz, Beate Preuss, Renate Salinger, Ditha Sommer, Liane Synek, Hildegunt Walther; Klaus Bertram, Manfred Capell, Luis Glocker, Donald Grobe, Gotthard Kronstein, Friedrich Melzer, Günter Morbach, Veijo Varpio, Erich Weckbrodt, Erich Winkelmann

Schauspieler: Eva Garg, Anneli Granget, Brigitte Lebahn, Gabriele Marti, Inga Neubeck, Anneliese Rehse, Regine Vergeen, Gisela Zülch; Alfred Böckel, Werner Brunn, Matthias Gnädinger, Friedrich Gröndahl, Alfred Hansen, Hans-Walter Hirt, Wolfgang Hofmann, Hermann Lause, Wolff Lindner, Theo Pöppinghaus, Axel Radler, Rolf Sebastian, Hans Wehrl, Bernhard Wilfert (alle Schauspiel Essen)
Inga Neubeck; Horst Fechner, Michael Temme (Oper)
Gäste: Hellmuth Erdmann, Werner Gaefke, Manfred Lichtenfeld, Wolfgang Odenthal

Tänzer/innen ("Die Feenkönigin"): Vanja Bourgoudjieva, Michèle Poupon, Brigitte Stürmer, Adele Zurhausen; Uwe Evers, Gustav Hempel, Ulrich Roehm
Gäste: Pina Bausch, Hiltrud Blanck, Viera Marković, Bernhild Thormaehlen, Monika Wacker Michael Diekamp, Russell Falen, Rainer Köchermann, Konstantin Patsalas

■ **Opern (N)**

21.09.68 „Der fliegende Holländer" von Richard Wagner (19+1) – ML: König, I: Ludwig, A: Schneider-Siemssen
29.09.68 „Aufstieg und Fall der Stadt Mahagonny" von K. Weill (7+2) – ML: Koch, I: Hager, A: Aeberli
10.11.68 „Madame Butterfly" von Giacomo Puccini (20+1) – ML: Plettner, I: Roth, A: Meyer
16.02.69 „Die Macht des Schicksals" von Giuseppe Verdi (10+1) – ML: König, I: Hager, A: Skalicki, Ch: Pilato/Vujanic
03.05.69 „Die Sache Makropulos" von Leos Janáček (3) – ML: Koch, I: Hager, A: Bauer-Ecsy

■ **Operetten (N)**

22.09.68 „Giuditta" von Franz Lehár/Musikalische Einrichtung: Charly Schneider (26+1) – ML: Plettner, I: Fischer, A: Aeberli, Ch: Pilato/Vujanic
28.03.69 „Die Dubarry" von Karl Millöcker (17) – ML: Plettner, I: Stelter, A: Aeberli, Ch: Pilato/Vujanic

■ **Musical (N)**

31.12.68 „My Fair Lady" von Frederick Loewe (38) – ML: Plettner, I: Saladin, B: Blessing, K: Schürmann, Ch: Pilato/Vujanic

■ **Opern (WA)**

27.09.68 „Figaros Hochzeit" von Mozart (9+2)
08.10.68 „Der Wildschütz" von Lortzing (7+4)
15.10.68 „André Chénier" von Umberto Giordano (2+2)
12.12.68 „Otello" von Verdi (3+6)
18.01.69 „Carmen" von Bizet (7)
25.01.69 „Tosca" von Puccini (3)
01.02.69 „Lulu" von Berg (0+2)
25.05.69 „Die Feenkönigin" von Purcell (2+5)

■ **Operette (WA)**

25.01.69 „Der Zigeunerbaron" von Strauß (0+4)

■ **Abstecher**

– „André Chénier" (Bad Godesberg 21.01., Bottrop 08.05.69)
– „Aufstieg und Fall der Stadt Mahagonny" (Marl 17.12.68; Bad Godesberg 09.04.69)
– „Der Wildschütz" (Oberhausen 30.10.68, 20.02./17.06.69)
– „Der Zigeunerbaron" (Barcelona 25./28./30.01.68 und 02.02.69)
– „Die Feenkönigin" (Schwetzingen 05./06./07./08./09.06.69)
– „Die Macht des Schicksals" (Lünen 13.05.69)
– „Figaros Hochzeit" (Bottrop 17.10., Lünen 11.12.68)
– „Giuditta" (Bad Godesberg 06.11.68)
– „Lulu" (Barcelona 01./04.02.69)
– „Madame Butterfly" (Bottrop 03.04.69)
– „Otello" (Oberhausen 26.10./1.11.68/28.03./11.06., Marl 12.04.69)

■ **Gastspiele**

13.10.68 Raffaello de Benfield, „Alissa"/Luciano Chailly, „Una Domanda di matrimonio" in Anwesenheit beider Komponisten (Teatro Regio di Parma „Italienischen Woche)
23.10.68 Verdi, „La Traviata" (Teatro Regio di Parma, im Rahmen der „Italienischen Woche")
27.10.68 Donizetti, „Der Liebestrank" (Teatro Regio di Parma, „Italienische Woche") – ML: Francesco M. Martini, I: Giuseppe de Tomasi; Solisten: Parma; Chor/Orchester: Essen

Ballett

Ballett-Leitung: Boris Pilato, Ballettmeister und Choregraf; *Stellvertretender BM:* Anton Vujanic
Trainingsleiterin: Erna Mohar-Pilato; *Repetitor:* Hein Siepmann; *Dirigent:* Rainer Koch
Ausstatter der Neuinszenierung: Ottowerner Meyer

Compagnie: Michèle Poupon, *Primaballerina*; Erna Mohar-Pilato, Annemarie Nikisch, Adele Zurhausen, *Solo*
Nora Bendig*, Vanja Bourgoudjieva, Edith Förste*, Felizitas Hannack*, Ilse Mayen*, Christa Piroch, Sigrid Plickat*, Gudrun Richter*, Brigitte Stürmer, Rajka Trbovic

Uwe Evers, Boris Pilato, Ulrich Roehm, Henk van der Veen, *Solo*
Heinz Dressler, Gustav Hempel, Edgar Kunzi*, Enrique Larraguibel*, Wolfgang Scharfenberger
Gast: Vjera Markovic
Irma Doege, Inga Neubeck; Fritz Doege, Gerard S. Kohl, Anton Vujanic („Romeo und Julia", Essen)

■ Ballette (N)

01.12.68 „Symphonie in C" von Georges Bizet/ „Romeo und Julia" von Sergej Prokofjew (10) – Ch: Pilato, ML: Koch, A: Meyer

Schauspiel

Regisseure der Neuinszenierungen: Claus Leininger, Oberspielleiter; Friedrich Gröndahl, Bernhard Wilfert; *Gäste:* Martin Ackermann, Dieter Dorn, Jean Launey, Werner W. Malzacher, Hans-Reinhard Müller, Paul Mundorf, Peter Schreiber
Ausstatter der Neuinszenierunge: Walter Götting, Fritz Riedl, Erwin W. Zimmer; *Gäste:* Toni Businger, Ernst Ockhardt
Leiter der Schauspielmusik: Alfons Nowacki; *Choreografen:* Boris Pilato, Anton Vujanic; *Tänzer:* Michèle Poupon, Uwe Evers

Ensemble: Ilse Anton, Christa Bernhardt, Eva Garg, Hildegard Jacob, Brigitte Lebahn, Gabriele Marti, Ute Meinhardt, Hilde Plaschke, Anneliese Rehse, Annemarie Saul, Nina Skaletz*, Regine Vergeen*, Thekla Carola Wied, Gisela Zülch; Klaus Abramowsky, Alfred Böckel, Werner Brunn, Rudolf Cornelius, Peter Danzeisen*, Fritz Doege, Michael Enk, Matthias Gnädinger*, Friedrich Gröndahl, Alfred Hansen, Willy Herzig, Hans-Walter Hirt*, Wolfgang Hofmann, Peter Hohberger, Hermann Lause*, Wolff Lindner, Peter Maenner, Hermann Motschach*, Reinhard Papula*, Rainer Pigulla, Theo Pöppinghaus, Friedo Pliester, Axel Radler, Wolfgang Schwalm, Rolf Sebastian, Richard Steppat, Kurt Stroth, Hans Wehrl, Bernhard Wilfert, Manfred Zapatka*
Gäste/Teilspielzeit (unvollständig): Ingrid Braun, Barbara Hammer, Katharina Herberg, Karin Hoffknecht, Eva Kramer, Renate Meuter, Daphne Wagner; Norbert Beilharz, Hellmuth Erdmann, Werner Gaefke, Uli Krohm, Lucian Lübke, Reinhard Musik, Wolfgang Odenthal, Uwe-Jens Pape, Dieter Prochnow, Lothar Rehfeld, Hendrik Vögler, Egbert von Klitzing, Michael Wolf

■ Schauspiele (N)

Grillo

25.09.68 „Der seidene Schuh" von Paul Claudel (14+1) – I: Leininger, A: Zimmer, M: Nowacki *(Vorpremiere: 05.09 für Katholikentag)*

18.10.68 „König Richard II." von William Shakespeare (18+1) – I: Leininger, A: Zimmer, M: Nowacki

20.11.68 „Der kurze Prozess" von Arnold Wesker (14+1) – I: Leininger, A: Zimmer, M: Nowacki

08.12.68 „Der Sandmann mit dem bunten Schirm" von Ilka Boll (24+1) – I: Wilfert, A: Götting, – M: Nowacki, Tänze: Vujanic

04.02.69 „Liebe für Liebe" von William Congreve (17+1) – I: Müller, A: Businger, M: Nowacki

24.02.69 „Ankje und das Schiff in der Flasche" von Klaus Reuter (13+1) – I: Gröndahl, A: Riedl, – M: Nowacki

27.04.69 „Nach Damaskus" von August Strindberg (9) – I: Leininger, A: Zimmer, M: Nowacki

Humboldtaula

22.09.68 „Liola" (Westdt.E) von Luigi Pirandello (14) – I: Launay, A: Zimmer

12.10.68 „Der Biberpelz" von Gerhart Hauptmann (30+1) – I: Mundorf, A: Riedl

22.11.68 „Wind in den Zweigen des Sassafras" von René de Obaldia (23+2) – I: Schreiber, A: Riedl

09.02.69 „Amphitryon" von Peter Hacks (27+2) – I: Ankermann, A: Zimmer

22.03.69 „Der Hausfreund" (U) von Thomas Valentin (14+1) – I: Leininger, A: Zimmer

13.04.69 „Davor" von Günther Grass (6+3) – I: Malzacher, A: Zimmer

12.06.69 „Lux in tenebris" (U)/„Die Kleinbürgerhochzeit" von Bertolt Brecht (3) – I: Dorn, A: Riedl, M: Nowacki

Studio

08.02.69 „Songs für M (S)ündige" *Maulfaule Balladen und Badewannenlieder für Ungewaschene und Dickfellige* von Fritz Graßhoff (3) – ML: Nowacki, A: Ockhardt, Ch: Pilato

09.05.69 „Autobus S" von Raymond Queneau (5+6 in Schulen) – I: Dorn, A: Riedl, M: Nowacki

■ Schauspiele (WA)
Grillo
04.10.68 „Das Finanzgenie" von Balzac (26)
Humboldtaula
28.09.68 „Draußen vor der Tür" von Borchert (10+3)

■ Abstecher
- „Amphitryon" (Bottrop 20.03., Soest 06.05.69)
- „Ankje und das Schiff in der Flasche" (Marl 01.07.69)
- „Davor" (Bottrop 24.04., Köln 02./03.07.69)
- „Der Biberpelz" (Bottrop 12.12.68)
- „Der Hausfreund" (Bottrop 22.05.69)
- „Der kurze Prozess" (Recklinghausen 20.12.68)
- „Der Sandmann mit dem bunten Schirm" (Bottrop 19.12.68)
- „Der seidene Schuh" (Recklinghausen 22.01.69)
- „Draußen vor der Tür" (Paris 25.11., Lyon 26.11., Recklinghausen 04.12.68)
- „König Richard II." (Lünen 16.01.69)
- „Liebe für Liebe" (Recklinghausen 12.03.69)
- „Wind in den Zweigen des Sassafras" (Bottrop 09.01., Velbert 17.05.69)

■ Sonderveranstaltungen/Gastspiele
Grillo
31.03.69 Pantomimen-Abend mit Marcel Marceau
28.04.69 „Das Mündel will Vormund sein" von Peter Handke (Theater am Turm, Frankfurt)
11.05.69 „Es geht um den Kopf" (Kom-(m)ödchen, Düsseldorf)
Studio
04.10.68 „Begegnungen mit Gustaf Gründgens" (Vortrag mit Tondokumenten von Dr. Hannes Schmidt)
09.06.69 „Notstand oder Das Straßentheater kommt" von Max von der Grün (Westfälisches Landestheater, Castrop-Rauxel)
Humboldtaula
06.11.68 „Die Komödie von den drei Ohrfeigen" von Jan Vladislaw (Ostböhmische Marionetten-Theater Königgrätz)
02.02.69 Kabarett „Lebenshilfe" (Die Wühlmäuse, Berlin)
Altstadthaus
20.03.69 Thomas Valentin liest aus seinem Roman „Die Unberatenen" und aus Erzählungen „Nachtzüge" anlässlich der Uraufführung seines Stücks „Der Hausfreund"

■ Ausstellungen
- Claudel auf deutschsprachigen Bühnen (September 68)
- Erwin Piscator – seine Theaterarbeit in Essen von 1957–1965 (Dezember 68/Januar 69)
- Scherenschnitte von Ernst Moritz Engert (zur Premiere „Nach Damaskus" (ab 27. April 69)

Spielzeit 1969/70

Generalintendant: Dr. Erich Schumacher; *Disposition:* Horst Fechner*, Maren Paasch
Chefdramaturgin: Dr. Ilka Boll; *Dramaturg:* Dr. Peter Maenner
Technischer Direktor: Karl Reiß; *Ausstattungsleiter:* Erwin W. Zimmer; *Atelierleiter:* Walter Götting

Musiktheater

Musikalischer Oberleiter: Prof. Gustav König, GMD; *Dirigenten:* Rainer Koch, 1. Kapellmeister; Wolf Hiltl, Leo Plettner, Kapellmeister; *Gast:* Klaus Weise; Städtisches Orchester; *Repetitoren:* Wolf Hiltl, Studienleiter; Konrad Haenisch, Richard Keller*, Leo Plettner, Wolfgang Schulz
Chordirektor: Josef Krepela; *Choreografen:* Boris Pilato, Anton Vujanic

Regisseure der Neuinszenierungen: Paul Hager; *Gäste:* Vilmos Désy, Wolf-Dieter Ludwig, Günter Roth, Werner Saladin, Horst Alexander Stelter
Ausstatter der Neuinszenierungen: Fritz Riedll, Erwin W. Zimmer
Gäste: Hans Aeberli, Ursula Amann, Ottowerner Meyer, Werner Skalicki, Paul Walter, Hiltraud Warndorf

Ensemble: Carol Bauer, Marita Dübbers, Käther Graus, Doris Herbert, Sakiko Kanamori*, Anni Körner, Marita Napier*, Lisa Penting, Elisabeth Szemzö; Carlos Barrena, Hans-Walter Bertram, Klaus Bertram*, Robin Fairhurst, Luis Glocker*, Heinz Heck*, Ulrich Hielscher, Rudolf Holtenau, Josef Hopferwieser, Horst Hüskes, Karl-Heinz Lippe, Hans Nowack, Rolf Oberste-Brink, Dan Richardson, Hendrikus Rootering, Heinrich Semmelrath, Robert Williams, Hugo Zinkler

Chorsolisten (Wiederaufnahmen nicht erfasst): Christel Baum, Helga Bremer, Hermengilde Doetsch, Doris Frank, Cäcilia Gräf-Klees, Jadwiga Miklavcic, Irmgard Op den Orth, Gynna Probst, Lieselotte Schreiber, Elsa Schulz; Heinrich Bergmann, Rudolf Braun, Alfred Doetsch, Gerrit Eubel, Manfred Grohnert, Peter Günther, Alfons Hellersberg, Gerard S. Kohl, Paul Lessmöllmann, Günter Marx, Helmut Rose, Karl-Heinz Simon, Karl-Heinz Thomamüller

Gäste/Teilspielzeit (unvollständig): Elke Büchler, Ellen Dorn, Gaby Erler, Marie-Luise Gilles, Mailing Konga-Pizarro, Jane Marsh, Leonore Morvaya, Renate Salinger, Ditha Sommer, Ingrid Steger, Felicia Weathers; Manfred Capell, Willy Caron, Dieter Ellenbeck, Herbert Grabe, Kurt Moll, Hans-Georg Moser, William Neill, Bernd Weikl
Schauspieler: Inga Neubeck, Horst Fechner, Michael Temme (Oper); Alfred Hansen, Hans-Walter Hirt, Bernhard Wilfert (Schauspiel Essen)
Gäste: Brigitte Weckelmann; Horst Badson, Hans-Jürgen Jaschinski, Wolfgang Odenthal, Olaf Ploetz, Teddy Weinberger
Tänzerinnen: Uta Ollertz, Brigitte Stürmer, Rajka Trbovic (Essen); *Gast:* Emilia Bigottini

■ Opern (N)

20.09.69 „Falstaff" von Giuseppe Verdi (12+2) – ML: König, I: Hager, A: Skalicki, Ch: Pilato
28.09.69 „Lohengrin" von Richard Wagner (13+1) – ML: Koch, I: Ludwig, A: Meyer
16.11.69 „Manon Lescaut" von Giacomo Puccini (12+4) – ML: Koch, I: Ludwig, A: Aeberli *(Abbruch der Premiere wg. Erkrankung von Carlos Barrena; neu: 07.12.)*
08.02.70 „Così fan tutte" von Wolfgang Amadeus Mozart (8) – ML: König, I: Hager, A: Aeberli
29.03.70 „Der Freischütz" von Carl Maria von Weber (11+1) – ML: König, I: Hager, B. Walter, K: Amann, Ch: Pilato/Vujanic

03.05.70 „Don Paquale" von Gaëtano Donizetti (11) – ML: Koch, I: Hager, A: Aeberli
04.07.70 „The Visitation" von Gunther Schuller (0+3) – ML: Weise, I: Hager, A: Zimmer, Ch: Pilato/Vujanic

■ **Operette (N)**
21.09.69 „Wiener Blut" von Johann Strauß (33+1) – ML: Plettner, I: Désy, B: Aeberli, K: Warndorf, Ch: Pilato/Vujanic
31.12.69 „Orpheus in der Unterwelt" von Jaques Offenbach (8) – ML: Koch, I: Hager, A: Aeberli, Ch: Pilato/Vujanic

■ **Opern (WA)**
01.10.69 „Die Sache Makropulos" von Janáček (2)
09.10.69 „Die Macht des Schicksals" von Verdi (10+1)
11.10.69 „Der fliegende Holländer" von Wagner (2+1)
16.10.69 „Madame Butterfly" von Pucini (3)
27.02.70 „Figaros Hochzeit" von Mozart (5+2)

■ **Musical (WA)**
25.10.69 „My Fair Lady" von Loewe (26+1) [08.03.: 50×]

■ **Abstecher**
– „Der fliegende Holländer" (Lünen 10.12.69)
– „Der Freischütz" (Lünen 16.04.70)
– „Die Macht des Schicksals" (Bottrop 20.11.69)
– „Falstaff" (Bad Godesberg 27./28.01.70)
– „Figaros Hochzeit" (Marl 11./14.03.70)
– „Lohengrin" (Lünen 19.02.70)
– „Manon Lescaut" (Lünen 29.11., Bad Godesberg 16./17.12.69; Bottrop 17.03.70)
– „My Fair Lady" (Bad Godesberg 22.04.70)
– „The Visitation" (Recklinghausen 04./05./07.07.70)
– „Wiener Blut" (Bad Godesberg 05.11.69)

■ **Sonderveranstaltungen**
15.02.70 Konzert in der Essener Strafvollzugsanstalt: Lieder und Arien mit Käthe Graus/Sakiko Karamori; Karl-Heinz Lippe; Josef Krepela; Wolff Lindner
28.06.70 Konzert in der Strafvollzugsanstalt Werl: Arien und Duette von Mozart/ aus „Kiss me, Kate"/„My Fair Lady"/ Lieder von Schubert/Wolf/Brahms mit Käthe Graus/Marita Dübbers/ Sakiko Karamori/Regine Vergeen; Josef Krepela; Wolff Lindner („Halunkenpostille" von Graßhoff)

Ballett

Ballett-Leitung: Boris Pilato, Ballettmeister und Choreograf; *Stellvertretender BM:* Anton Vujanic *Trainingsleiterin:* Erna Mohar-Pilato; *Repetitor:* Hein Siepmann; *Dirigent:* Leo Plettner
Ausstatter der Neuinszenierung: Jean-Pierre Ponnelle
Compagnie: Michèle Poupon, *Pimaballerina*;
Annemarie Nikisch, Adele Zurhausen, *Solo*
Vanja Bourgoudjieva, Edith Förste, Felicitas Hanack, Ilse Mayen, Uta Ollertz*, Sigrid Plickat, Christa Piroch, Gudrun Richter, Brigitte Stürmer, Rajka Trbovic
Uwe Evers, Janez Samec*, Henk van der Veen, *Solo*
Gustav Hempel, Edgar Kunzi, Wolfgang Scharfenberger, *Gruppe mit Solo*
Heinz Dressler*, *Gruppe*
Gäste: Yvonne Vendrig; Rainer Köchermann *(Solisten);* Enrique Larraguibel

■ **Ballett (N)**
29.11.69 „Serenade E-Dur op. 22 für Streichorchester" von Antonin Dvořák/„Der Mohr von Venedig" von Boris Blacher (10) – Ch: Pilato, ML: Plettner, A: Ponnelle

■ **Gastspiel**
07.11.69 Susanna y Josè auf ihrer letzten gemeinsamen Welttournee

Schauspiel

Regisseure der Neuinszenierungen: Claus Leininger, Oberspielleiter; Dieter Dorn*, Spielleiter des Schauspiels; Erich Schumacher, Bernhard Wilfert; *Gäste:* Helm Bindseil, Kasimierz Demjek, Joachim Fontheim, Andreas Gerstenberg, Zbynek Kolar, Georg Montfort, Hagen Mueller-Stahl, Jean Soubeyran, Shuji Terayama, Helge Thoma, Georges Wilson
Ausstatter der Neuinszenierungen: Walter Götting, Fritz Riedl, Erwin W. Zimmer; *Gäste:* Hans Aeberli, Zbynek Kolar, Jacques Le Marquet, Hans-Peter Schubert, Akira Uno
Leiter der Schauspielmusik: Alfons Nowacki

Ensemble: Ilse Anton, Christa Bernhardt, Eva Garg, Hildegard Jacob, Brigitte Lebahn, Gabriele Marti, Ute Meinhardt, Inga Neubeck, Anemarie Saul, Nina Skaletz, Regine Vergeen; Alfred Böckel, Werner Brunn, Rudolf Cornelius, Peter Danzeisen, Fritz Doege, Michael Enk, Matthias Gnädinger, Friedrich Gröndahl, Alfred Hansen, Hans-Walter Hirt, Wolfgang Hofmann, Peter Hohberger, Uli Krohm*, Hermann Lause, Wolff Lindner, Peter Maenner, Hermann Motschach, Rainer Pigulla, Arno Piotr, Theo Pöppinghaus, Wolfgang Schwalm, Rolf Sebastian, Hendrik Vögler*, Hans Wehrl, Bernhard Wilfert, Manfred Zapatka

Gäste/Teilspielzeit (unvollständig): Gabriele Badura, Sigrid Bode, Renate Dissel, Irma Doege, Ursula Dördelmann, Sascha Gemic, Beate Gödde, Barbara Hammer, Petra Lang, Elisabeth Opitz, Anneliese Rehse, Anne Walkenhorst, Claudia Walkenhorst, Brigitte Weckelmann Ludwig Anschütz, Gerd Baehr, Harald Baender, Herbert Behrend, Peer Brensing, Willy Elsner, Werner Gaefke, Sascha Gemic, Bernd Gibas, Heinz Gibas, Jörg Gottschalk, Karl Gröning, Hermann Hartmann, Gottfried Herbe, Gerhard Just, Manfred Kaninski, Jürgen Kloth, Reinhard Münchenhagen, Reinhard Musik, Kurt Norgall, Wolfgang Odenthal, Friedo Pliester, Peter Pützer, Lothar Rehfeld, Dieter Reinholtz, Alfred Rupprecht, Ernst-August Schepmann, Rainer Schramm, Conrad Sevens, Herbert Stass, Waldemar Stutzmann, Karl-Heinz von Hassel, Lorenz Weisz, Günther Wille

Chorsolisten („Kiss me, Kate"): Helga Bremer, Doris Frank, Cäcilia Gräf-Klees, Hermengilde Krebs, Irmgard Op den Orth, Gynna Probst; Rudolf Braun, Peter Günther, Helmut Rose, Karl-Heinz Simon, Karl-Heinz Thomamüller
Tänzer/innen („Kiss me, Kate"): Vanja Bourgoudjieva, Ute Lichtenthäler, Christa Piroc, Adele Zurhausen; Janez Samec/Ensemble

■ Schauspiele (N)
Grillo

24.09.69 „Die Jungfrau von Orléans" von Friedrich Schiller (15+3) – I: Leininger, A: Zimmer, M: Nowacki

02.10.69 „August, August, August" von Pavel Kohout (21+1) – I: Fontheim, A: Kolar, M: Nowacki, Ch: Doege

01.11.69 „Eiche und Angora" von Martin Walser (20 +2) – I: Wilson, A: Le Marquet

07.12.69 „Das tapfere Schneiderlein" nach den Brüdern Grimm von Gisela Schwarz-Marell (24+1) – I: Dorn, A: Zimmer, M: Nowacki

21.01.70 „Toller" von Tankred Dorst (15+1) – I: Bindseil, A: Schubert, M: Nowacki

19.04.70 „Die Möwe" von Anton Tschechow (14+3) – I: Demjek, A: Aeberli

Humboldt-Aula

21.09.69 „Lysistrata" von Aristiphanes (21+1) – I: Dorn/Soubeyran, A: Zimmer, M: Nowacki

18.10.69 „Tango" von Slawomir Mrozek (22+1) – I: Thoma, A: Riedl, M: Nowacki

12.12.69 „Der zerbrochene Krug" von Heinrich von Kleist (23+2, weitere 3 im Grillo) – I: Gerstenberg, A: Zimmer

30.01.70 „Das Orchester" von Jean Anouilh (17+1) – I: Dorn, A: Riedl (mit „Die Kleinbürgerhochzeit" von Bertolt Brecht/WA)

10.03.70 „Der Floh im Ohr" von Georges Feydeau (25+2, weitere 4 im Grillo) – I: Montfort, A: Riedl

08.06.70 „Die Lehrlinge" von Peter Terson (6) – I: Leininger, A: Zimmer

21.06.70 „Das Verhör von Habana" (U) von Hans Magnus Enzensberger (2+2) – I: Mueller-Stahl. A: Zimmer, Moderation: Reinhard Münchenhagen (WDR)

Studio

08.11.69 „Marie im Pelz" von Shuji Terayama (Europ.EA, *in Anwesenheit des Autors*) – I: Terayama, A: Uno, M: Nowacki
„Unsere Zeit reitet auf dem Rücken eines Zirkuselefanten" (Europ.EA) von Sh. Terayama – I: Leininger, A: Uno, M: Nowacki (22× beide Stücke; ab 17.01. nur „Marie im Pelz" = 19+2)

■ Musical (N)
Grillo

05.03.70 „Kiss me, Kate" von Cole Porter (29) – ML: Nowacki, I: Leininger, A: Zimmer, Ch: Pilato

■ Schauspiele (WA)
Humboldtaula

23.10.69 „Die Kleinbürgerhochzeit" von Brecht (1)

30.01.70 „Die Kleinbürgerhochzeit" von Brecht (mit „Das Orchester" von J. Anouilh, 17+1)

Studio
Datum nicht bekannt
„Autobus S" von Queneau (3+3)

■ Abstecher
– „August, August, August" (Recklinghausen 07.01.70)
– „Autobus S" (Bottrop 15./29.10, Mädchen-Gymnasium Borbeck 11.11.69)
– „Das Orchester"/„Die Kleinbürgerhochzeit" (Bottrop 12.03.70)
– „Das tapfere Schneiderlein" (Bottrop 14.12.69)
– „Das Verhör von Habana" (Recklinghausen 08./09.06.70)
– „Der Floh im Ohr" (Bottrop 30.04., Lünen 05.05.70)
– „Der zerbrochene Krug" (Bottrop 26.03., Velbert 18.04.70)
– „Die Jungfrau von Orléans" (Recklinghausen 04./12.11., Marl 11.12.69)
– „Die Möwe" (Bottrop 23.04., Bad Godesberg 28.04., Marl 20.05.70)
– „Eiche und Angora" (Bad Godesberg 13.01., Recklinghausen 07.03.70)
– „Lysistrata" (Velbert 01.10.69)
– „Marie im Pelz" (Dortmund 18.03., Bielefeld 31.05.70)
– „Tango" (Bottrop 27.11.69)
– „Toller" (Recklinghausen 12.02.70)

■ Sonderveranstaltung
Studio

10.10.69 Einführung zur Inszenierung „Tango" (Vortrag: Dr. Ilka Boll)

■ Gastspiele
Grillo

04.05.70 „Leonce und Lena" von G. Büchner (Rumänisches Theater Sturdza Bulandra, Bukarest)

24.05.70 „Von der Freiheit eines Christenmenschen" (Düsseldorfer Kom-(m)ödchen)

Humboldtaula

04.04.70 „Amerika, hurra" von Jean-Claude van Itallie (Städtische Bühnen Dortmund)

08.06.70 „Die Verbrecher" von Ferdinand Bruckner, Neufassung von Rainer Maria Fassbinder („antitheater" München zur Jahreshauptversammlung des Dt. Bühnenvereins)

Studio

16.05.70 „Lebende Tote Vampire" – Lieder von Toten, Lebenden und Vampiren (W&W Pop-Kabarett)

Spielzeit 1970/71

Generalintendant: Dr. Erich Schumacher; *Disposition:* Horst Fechner, Maren Paasch *Chefdramaturgin:* Dr. Ilka Boll; *1. Dramaturg und persönlicher Referent des Generalintendanten:* Heiner Bruns*; *Dramaturgie-Assistent:* Ion Bric*
Technischer Direktor: Karl Reiß; *Ausstattungsleiter*: Erwin W. Zimmer; *Atelierleiter:* Walter Götting

Musiktheater

Musikalischer Oberleiter: Prof. Gustav König, GMD; *Dirigenten:* Klaus Weise*, 1. Kapellmeister; Wolf Hiltl, Leo Plettner, Kapellmeister; Städtisches Orchester; *Repetitoren:* Wolf Hiltl, Studienleiter, Konrad Haenisch, Wolfgang Schulz, Hans-Joachim Willrich*
Chordirektor: Josef Krepela; *Choreografen:* Fritz Doege, Boris Pilato, Anton Vujanic

Regisseure der Neuinszenierungen: Paul Hager; *Gäste:* Vilmos Désy, Wolf-Dieter Ludwig, Günter Roth, Werner Saladin
Ausstatter der Neuinszenierungen: Fritz Riedl, Erwin W. Zimmer; *Gäste:* Ursula Amann, Philipp Blessing, Ottowerner Meyer, Roberto Oswald, Haidi Schürmann, Günther Schneider-Siemssen, Wolfram Skalicki, Marie-Luise Walek, Paul Walter

Ensemble: Pauline Domanski*, Marita Dübbers, Käther Graus, Joann Grillo*, Doris Herbert, Sakiko Kanamori, Anni Körner, Marita Napier, Lisa Penting, Linda Trotter*; Hans-Walter Bertram, Robin Fairhurst, Horst Fechner, Luis Glocker, Ulrich Hielscher, Rudolf Holtenau, Joseph Hopferwieser, Horst Hüskes, Karl-Heinz Lippe, Hans Nowack, Rolf Oberste-Brink, Dan Richardson, Hendrikus Rootering, Hugo Zinkler Inga Neubeck; Michael Temme („The Visitation")

Chorsolisten (Wiederaufnahmen nicht erfasst): Doris Frank, Irmgard Op den Orth, Maria Rogall, Rossi, Charlotte Vogel; Erich Bär, Heinrich Bergmann, Rudolf Braun, Alfred Doetsch, Manfred Grohnert, Alfons Hellersberg, Josef Kistermann, Gerard S. Kohl, Günter Marx, Helmut Rose, Karl-Heinz Simon, Karl-Heinz Thomamüller, Willi van Rickelen

Gäste/Teilspielzeit (unvollständig): Carol Bauer, Joana Friedrichs, Joann Brillo, Lili Hoffmann, Elisabeth Ksoll, Ingrid Liljeberg, Birgit Linden, Jane Marsh, Leonore Morvaya, Renate Salinger, Traute Schmidt, Margarita Turner; Elmar Adler, Hans-Dieter Bachmann, Heinz Eickhoff, Dieter Ellenbeck, Romano Emili, Richard Evans, Michael Fuger, Werner Funke, Günther George, Herbert Grabe, Hans Hofmann, William Holley, Carl Kaiser, Matthieu Laguerre, Juan Lloveras, Hans-Georg Moser, Boleslav Pawlus, Roderick Ristow, Heribert Steinbach, Robert Thomas, Bernd Weikl
Gäste/Schauspieler: Brigitte Weckelmann; Artur Seeger, Teddy Weinberger; Fritz Doege (Essen)
Tänzerinnen („The Visitation"): Uta Ollertz, Brigitte Stürmer, Rajka Trbovic (Essen)

■ Opern (N)
19.09.70 „Don Carlos" von Giuseppe Verdi (19+4) – ML: König, I: Ludwig, B: Schneider-Siemssen, K: Walek
27.09.70 „The Visitation" von Gunther Schuller (5) – ML: Weise, I: Hager, A: Zimmer, Ch: Pilato/Vujanic
01.11.70 „Zar und Zimmermann" von Albert Lortzing (21+3) – ML: Plettner, I: Ludwig, A: Meyer, Ch: Vujanic
31.01.71 „Tiefland" von Eugen d'Albert (10) – ML: Weise, I: Hager, B: Walter, K: Amann
07.03.71 „Ariadne auf Naxos" von Richard Strauss (6) – ML: König, I: Hager, A: Skalicki
18.04.71 „Cavalleria rusticana" von Pietro Mascagni/„Der Bajazzo" von Rug-

giero Leoncavallo (7) – ML: Weise, I: Hager, A: Oswald
30.05.71 „Margarete" von Charles Gounod (4) – ML: Weise, I: Roth, A: Meyer, Ch: Pilato/Vujanic

▪ Operetten (N)
20.09.70 „Eine Nacht in Venedig" von Johann Strauß (24+1) – ML: Plettner, I: Saladin, B: Blessing, K: Schurmann, Ch: Pilato/Vujanic
31.12.70 „Die keusche Susanne" von Jean Gilbert (22) – ML: Plettner, I: Désy, A: Zimmer, Ch: Pilato/Vujanic

▪ Opern (WA)
22.09.70 „Don Pasquale" von Donizetti (5+1)
11.10.70 „Der Freischütz" von Weber (8)
14.10.70 „Così fan tutte" von Mozart (9+2)
15.10.70 „Lohengrin" von Wagner (2)
08.01.71 „Lulu" von Berg (0+4)
20.03.71 „Falstaff" von Verdi (2+1)

▪ Abstecher
– „Così fan tutte" (Recklinghausen 15.12.70, Bottrop 09.02.71)
– „Don Carlos" (Lünen 01.12.70/12.02.71, Bad Godesberg 04./05.05.71)
– „Don Pasquale" (Bottrop 29.04.71)
– „Eine Nacht in Venedig" (Bad Godesberg 27.01.71)
– „Falstaff" (Leverkusen 25.03.71)
– „Lulu" (Triest 08./10./12./14.01.71)
– „Zar und Zimmermann" (Bottrop 26.11.70, Bad Godesberg 17./18.02.71)

▪ Sonderveranstaltungen
09.03.71 Konzert, veranstaltet von den Mitgliedern des Städtischen Orchesters zugunsten des Opernhaus-Neubaus, Mussorgsky, „Eine Nacht auf dem kahlen Berge"; Mozart, „Bella nia fiamma", Szene für Sopran und Orchester (Margarita Turner); Wagner, „Wotans Abschied und Feuerzauber" aus „Die Walküre" (Rudolf Holtenau); Dvořák, Sinfonie Nr. 9 „Aus der Neuen Welt" – ML: Klaus Weise

Jugendzentrum
12.09.70 Theaterfest, u. a. mit Arien aus Oper und Operette

Ballett

Ballett-Leitung: Boris Pilato, Ballettmeister und Choreograf; *Stellvertretender BM* Anton Vujanic
Trainingsleiterin: Erna Mohar-Pilato; *Repetitor:* Hein Siepmann; *Dirigent:* Klaus Weise
Ausstatter der Neuinszenierungen: Ottowerner Meyer

Compagnie: Ute Lichtenthäler*, Annemarie Nikisch, Michèle Poupon, Adele Zurhausen,
Solo; Vanja Bourgoudjeva, Edith Förste, Hilde Koch*, Uta Ollertz, Svetlana Pakaski*, Christa Piroch, Gudrun Richter, Brigitte Stürmer, Rakja Trbovic, Christa Wrobel*
Uwe Evers, Janez Samec*, Henk van der Veen,
Solo
Gustav Hempel, Edgar Kunzi, Enrique Larraguibel*, Wolfgang Scharfenberger
Gäste: Rainer Köchermann, Ulrich Völker

▪ Ballette (N)
07.01.71 „Abbandonate" von Boris Pilato// Miko Kelemen/„Der Teufel im Dorf" von Boris Pilato//Fran Lhotka (8) – ML: Weise, A: Meyer

▪ Matinee
25.10.70 Ballett-Matinee: Ilka Boll, „Geschichte und Bedeutung des klassischen Tanzes"
Ballett-Training mit Boris Pilato; Proben-Ausschnitte „Der Teufel im Dorf"/„Abbandonate"; „Spirituals" von Morton Gould/„Soirée musicale" (Einlage aus „Eine Nacht in Venedig"), auch 25.04.71

▪ Gastspiele
29.01.71 Karneval in Rio (Brasiliana)
14.03.71 Folkwang-Ballett mit neuen Choreografien
„Im Wind der Zeit" von Pina Bausch// Mirko Dorner; „Poème dansé" von Jean Cebron//Egdar Varèse; „Nachtnull" von Pina Bausch//Ivo Malec; „575 Riverside-Drive" von Anna Mittelholzer//François Bayler; „Recueil" von Jean Cebron//Juan Allende-Blin; „Songs of Encounter" von Lucas Hoving//Dmitri Wiatowitsch

Schauspiel

Regisseure der Neuinszenierungen: Claus Leininger, Oberspielleiter; Erich Schumacher, Bernhard Wilfert; *Gäste:* Martin Ankermann, Gregor Bals, Kasimir Demjek, Andreas Gerstenberg, Alfred Kirchner, Kraft-Alexander, Werner Malzacher, Hans Neuenfels
Ausstatter der Neuinszenierungen: Fritz Riedl, Erwin W. Zimmer; *Gäste:* Hans Aeberli, Wilfried Minks, Walter Schwab, Herbert Stahl, Jürgen Uhlmann, Erich Wonder
Leiter der Schauspielmusik: Alfons Nowacki; *Choreograf (Gast):* Hans Kresnik

Ensemble: Ilse Anton, Gabriela Badura*, Christa Bernhardt, Anke Hartwig*, Hildegard Jacob, Brigitte Lebaan, Gabriele Marti, Annemarie Saul, Nina Skaletz; Alfred Böckel, Werner Brunn, Rudolf Cornelius, Peter Danzeisen, Peter Dirschauer*, Fritz Doege, Michael Enk, Matthias Gnädinger, Friedrich Gröndahl, Alfred Hansen, Gottfrfied Herbe*, Manfred Hilbig*, Hans-Walter Hirt, Wolfgang Hofmann, Uli Krohm, Hermann Lause, Wolff Lindner, Hermann Motschach, Rainer Pigulla, Theo Pöppinghaus, Arno Piotr, Rolf Sebastian, Hans Wehrl, Bernhard Wilfert, Manfred Zapatka
Gäste/Teilspielzeit (unvollständig): Eva Garg, Ute Meinhardt, Franzi Norwidat, Regine Vergeen, Brigitte Weckelmann; Horst Badson, Werner Gaefke, Hermann Kurtenbach, Jochen Nix, Yoyo Petit, Peter Pützer, Lothar Rehfeld, Conrad Sevens, Hansi Waldherr, Ulrich Wildgruber Winnie Schneider; Hans-Walter Bertram, Horst Fechner, Hendrikus Rootering, Jörg Tennigkeit (Essen)
Gesangssolisten („Der Sturm"): Pauline Domanski, Sakiko Kanamori; Ulrich Hielscher (Essen)
Chorsolisten („Guys and Dolls"): Hermengilde Doetsch, Willemina Ebbink, Doris Frank, Anna Rossi, Charlotte Vogel; Erich Bär, Heinrich Bergmann, Rudolf Braun, Manfred Gronert, Josef Kistermann, Günter Marx, Helmut Rose, Karl-Heinz Simon, Willi van Rickelen

■ Schauspiele (N)

Grillo

24.09.70	„Der Sturm" von William Shakespeare (14+2) – I: Leininger, A: Zimmer, M: Nowacki
04.10.70	„Italienische Nacht" von Ödön von Horváth (11+3) – I: Gerstenberg, A: Zimmer
08.11.70	„Der Räuber Hotzenplotz" von Otfried Preußler (45+2) – I: Wilfert, A: Riedl, M: Nowacki
29.11.70	„Gesellschaft" von John Galsworthy (15+4) – I: Schumacher, A: Aeberli
16.01.71	„Mutter Courage und ihre Kinder" von Bertolt Brecht (22) – I: Leininger, A: Zimmer, M: Nowacki
08.04.71	„Die Versicherung" (U) von Peter Weiss (4) – I: Neuenfels, A: Minks, M: Nowacki
15.05.71	„Martin Luther & Thomas Münzer oder Die Einführung der Buchhaltung" von Dieter Forte – I: Leininger, A: Zimmer, M: Nowacki (13)

Humboldtaula

20.09.70	„Mirandolina" von Carlo Goldoni (19+3) – I: Bals, A: Riedl
27.11.70	„Das Geld liegt auf der Bank" von Curth Flatow (48) – I: Kraft-Alexander, A: Aeberli
11.03.71	„Gespenster" von Henrik Ibsen (24+1Grillo+1) – I: Ankermann, A: Zimmer

Studio

26.09.70	„Die Nonnen" (DE) von Eduardo Manet (9) – I: Leininger, A: Stahl, M: Nowacki
06.01.71	„Die Zimmerschlacht" von Martin Walser (13+1) – I: Malzacher, A: Riedl
29.05.71	„Die Zofen" von Jean Genet (7) – I: Gerstenberg, A: Stahl

■ Musical (N)

14.02.71	„Guys and Dolls" von Frank Loesser (18+2) – ML: Nowacki, A: Kirchner, B: Schwab/Wonder, K: Schwab/Uhlmann, Ch: Kresnik

■ Musical (WA)

11.10.70	„Kiss me, Kate" von Cole Porter (20+1)

■ **Abstecher**
- „Der Räuber Hotzenplotz" (Bottrop 17.12.70./3.02.71)
- „Der Sturm" (Velbert 19.01., Bottrop 21.01.71)
- „Die Zimmerschlacht" (Bottrop 17.03.71)
- „Gesellschaft" (Recklinghausen 25.02., Marl 27.02., Bad Godesberg 03./04.03.71)
- „Gespenster" (Bottrop 13.05.71)
- „Guys and Dolls" (Recklinghausen 09.03., Bad Godesberg 06.04.71)
- „Italienische Nacht" (Marl 24.10.70, Lünen 12.01., Bottrop 28.01.71)
- „Kiss me, Kate" (Marl 01.03.71)
- „Mirandolina" (Marl 21.11., Velbert 07.12., Bottrop 10.12.70)

■ **Gastspiele**

Grillo

18.10.70	Prager Marionetten-Theater mit Speibl & Hurvenek (2×, nm für Kinder)
22.04.71	Jürgen von Manger, „Schöne Probleme" (2×)
05.05.71	Pantomimen-Abend mit Marcel Marceau
12.06.71	„Das Traumspiel" von Strindberg (Königlich-Dramatisches Th. Stockholm), auch 13.06.

Humboldt-Aula

16.03.71	„Améritume"/„Le Vivarium"/„Béguin's Story" von Gilbert Léautier (Ch: Pierrette Dupoyet) Théâtre du Béguin, Lyon)

Studio

22.05.71	„Frauenvolksversammlung" von Aristophanes (Die Katakombe/Frankfurt am Main)
04.06.71	„Hinter den Kulissen: Ingmar Bergman", Vortrag: Verner Arpe

Spielzeit 1971/72

Generalintendant: Dr. Erich Schumacher;
Disposition: Horst Fechner, Maren Paasch
Chefdramaturgin: Dr. Ilka Boll, *1. Dramaturg und Leiter der Öffentlichkeitsarbeit:* Hans Eckardt*,
Dramaturgie-Assistent: Klaus Rohr*

Technischer Direktor: Karl Reiß; *Ausstattungsleiter:* Erwin W. Zimmer; *Atelierleiter:* Walter Götting

Musiktheater

Musikalischer Oberleiter: Prof. Gustav König, GMD; *Dirigenten:* Klaus Weise, 1. Kapellmeister; Leo Plettner, 2. Kapellmeister; Städtisches Orchester; *Repetitoren:* Tassilo Jelde*, Studienleiter; Konrad Haenisch, Gerhard Schneider*, Wolfgang Schulz
Chordirektor: Josef Krepela; *Choreografen:* Boris Pilato, Anton Vujanic

Regisseure der Neuinszenierungen: Paul Hager; *Gäste:* Winfried Bauernfeind, Heinz Lukas-Kindermann, Werner Saladin
Ausstatter der Neuinszenierungen: Fritz Riedl, Erwin W. Zimmer; *Gäste:* Hans Aeberli, Philipp Blessing, Haidi Schürmann, Wolfram Skalicki, Paul Walter, Ursula Walter-Amann

Ensemble: Marita Dübbers, Käthe Graus, Doris Herbert, Sakiko Kanamori, Anni Körner, Marita Napier, Lisa Penting, Linda Trotter, Margarita Turner*, Maria Zahlten-Hall*; Alois Eichhorn*, Hans-Walter Bertram, Richard Evans*, Robin Fairhurst, Luis Glocker, Ulrich Hielscher, Rudolf Holtenau, Horst Hüskes, Karl-Heinz Lippe, Juan Lloveras*, Hans Nowack, Rolf Oberste-Brink, Boleslaw Pawlus*, Dan Richardson, Roderick Ristow*, Hendrikus Rootering, Hugo Zinkler
Chorsolisten (Wiederaufnahmen nicht erfasst): Renate Glöckner, Cäcilia Gräf-Klees, Ingeborg Kabon, Lieselotte Schreiber, Charlotte Vogel; Heinrich Bergmann, Rudolf Braun, Gerard S. Kohl, Günter Marx, Manfred Pilgrim, Karl-Heinz Simon

Gäste/Teilspielzeit (unvollständig): Doris Bierett, Birgit Linden, Liselotte Rebmann, Renate Salinger, Eva Tremper; Hans-Dieter Bachmann, Oswaldo di Pianduni, Günther George, Herbert Grabe, Sepp Spangler, Robert Thomas
Schauspieler („Can-Can"): Katja Kersten; Wolff Lindner (Essen)
Gäste/Schauspieler: Werner Gaefke, Klaus Rafalski
Tänzer/innen („Ein Makenball"): Ann Carman, Svetlana Pakaski, Christa Piroch, Brigtitte Stürmer, Regine Trefny; Enrique Larraguibel, Janez Meglic, Wolfgang Scharfenberger, Leo Stepanczik, Anton Vujanic (Essen)

■ Opern (N)

18.09.71 „Pelléas und Mélisande" von Claude Debussy (4) – ML: König, I: Hager, A: Skalicki

26.09.71 „Ein Maskenball" von Giuseppe Verdi (13+1) – ML: Weise, I: Bauernfeind, A: Zimmer, Ch: Vujanic

07.11.71 „Fra Diavolo" von Daniel François Esprit Auber (7+3) – ML: Plettner, I: Lukas-Kindermann, A: Aeberli

30.01.72 „Pique Dame" von Peter I. Tschaikowsky (7+1) – ML: Weise, I: Hager, A: Skalicki

20.02.72 „La Bohème" von Giacomo Puccini (17) – ML: König, I: Hager, B: Walter, K: Walter-Amann

■ Operette (N)

19.09.71 „Die lustige Witwe" von Franz Lehár (36+1)[23.02.: 25×] – ML: Plettner, I: Saladin, B: Blessing, K: Schürmann, Ch: Pilato/Vujanic

■ Musical (N)

31.12.71 „Can-Can" von Cole Porter (29+1) – ML: Plettner, I: Saladin, B: Blessing, K: Schürmann, Ch: Pilato/Vujanic

▪ Opern (WA)
21.09.71 „Ariadne auf Naxos" von Strauss (5+6)
28.09.71 „Margarete" von Gounod (6+1)
29.09.71 „Tiefland" von d'Albert (5)
02.10.71 „Cavalleria rusticana" von Mascagni/ „Der Bajazzo" von Leoncavallo (11)
02.04.72 „Figaros Hochzeit" von W. A. Mozart (5+1)

▪ Operette (WA)
09.10.71 „Eine Nacht in Venedig" von Strauß (2)

▪ Abstecher
– „Ariadne auf Naxos" (Recklinghausen 05.10., Leverkusen 15.10., Bad Godesberg 16./17.11., Marl 02.12.71, Heerlen 18.05.72)
– „Can-Can" (Recklinghausen 02.03.68)
– „Figaros Hochzeit" (Lünen 26.04.72)
– „Die lustige Witwe" (Bottrop 16.03.72)
– „Ein Makenball" (Bottrop 04.05.72)
– „Fra Diavolo" (Bottrop 10.11., Recklinghausen 15.12.71, Bad Godesberg 08.02.72)
– „Margarete" (Lünen 02.02.72)
– „Pique Dame" (Bergisch-Gladbach 18.04.72)

▪ Sonderveranstaltung
Gruga/Musikpavillon
29.09.71 Werbeveranstaltung mit dem Ruhrlandorchester, Solisten und dem Opernchor

▪ Gastspiele
09.05.72 „Jutro („Der Morgen"), von Tadeusz Baird/„Julia i Romeo" von Bernadette Matuszczak (Staatsoper Warschau)
10.05.72 „Der Konsul" von Gian-Carlo Menotti (Staatsoper Warschau)

Ballett

Ballett-Leitung: Boris Pilato, Ballettmeister und Choreograf; *Stellvertretender BM:* Anton Vujanic
Trainingsleiterin: Erna Mohar-Pilato; *Repetitor:* Hein Siepmann; *Dirigent:* Klaus Weise
Ausstatter der Neuinszenierung: Ottowerner Meyer

Ensemble: Michèle Poupon, *Primaballerina*; Ute Lichtenthäler, Annemarie Nikisch, Rajka Trbovic, Adele Zurhausen, *Solo*
Vanja Bourgoudjeva, Thérèse Cantine*, Ann Carman*, Edith Förste, Svetlana Pakaski, Christa Piroch, Edith Probst, Jacqueline Savage*, Brigitte Stürmer, Regine Trefny*
Uwe Evers, 1. Solotänzer; Carlos Serano*, Henk van der Veen, *Solo*
Enrique Larraguibel, Janez Meglić*, Wolfgang Scharfenberger, Leo Stipanczic*

▪ Ballette (N)
05.12.71 „Giselle" von Adolphe Adam/„Musik für Saiteninstrumente, Schlagzeug und Celesta" von Béla Bartók (11) – Ch: Pilato, ML: Weise, A: Meyer

▪ Sonderveranstaltung
24.04.72 Ballett-Matinee zu „Giselle"

▪ Abstecher
– „Giselle", 2. Akt/„Musik für Saiteninstrumente, Schlagzeug und Celesta" (Gymnasium am Stoppenberg 29.05.72)

▪ Gastspiele
Grillo
25.01.72 Ballet-Théâtre Contemporain, Amiens
02.03.72 Eurythmie-Künstler-Gruppe am Goetheanum Dornach/Schweiz
09.06.72 „Xtabay" von Alicia Goldfarb// Michael Jüllich; „Aktionen für Tänzer" von Pina Bausch//Günther Becker; „Malade imaginaire" von Gerhard Bohner//Luc Ferrari (Folkwang-Ballett)

Schauspiel

Regisseure der Neuinszenierungen: Claus Leininger, Oberspielleiter; Andreas Gerstenberg, Erich Schumacher, Bernhard Wilfert; *Gäste:* Kazimierz Dejmek, Hans Gaugler, Alois Heigl, Pierre Léon, Werner Malzacher, Hans Quest
Ausstatter der Neuinszenierungen: Walter Götting, Fritz Riedl, Erwin W. Zimmer; *Gäste:* Hans Aeberli, Christian Bussmann, Ottowerner Meyer, Herbert Stahl, Andrzej Stopka
Leiter der Schauspielmusik: Alfons Nowacki

Ensemble: Ilse Anton, Gabriela Badura, Christa Bernhardt, Anke Hartwig, Hildegard Jacob, Katja Kersten*, Brigitte Lebaan, Gabriele Marti, Annemarie Saul, Nina Skaletz; Alfred Böckel, Werner Brunn, Rudolf Cornelius, Peter Danzeisen, Peter Dirschauer, Fritz Doege, Michael Enk, Reinhart Firchow*, Matthias Gnädinger, Friedrich Gröndahl, Alfred Hansen, Gottfried Herbe, Manfred Hilbig, Hans-Walter Hirt, Wolfgang Hofmann, Uli Krohm, Claus Leininger, Wolff Lindner, Hermann Motschach, Rainer Pigulla, Theo Pöppinghaus, Arno Piotr, Lothar Rehfeld*, Rolf Sebastian, Hans Wehrl, Bernhard Wilfert, Manfred Zapatka
Gäste/Teilspielzeit (unvollständig): Ursula Dördelmann, Ruth Hausmeister, Andrea Holko, Hildegard Raupach, Edith Strüngmann, Friederike Tröscher, Regine Vergeen, Ursula von Reibnitz; Horst Babson, Peter Bauer, Peter Ertelt, Aart Feder, Alois Garg, Werner Gaefke, Bernd Gibas, Heinz Gibas, Joachim Hildebrandt, Michael Kaufmann, Hannes Messemer, Yoyo Petit, Peter Pützer, Wolf Roth, Volker Spahr, Conrad Sevens, Dietmar Tröscher, Aart Veder, Thomas Wenske

■ Schauspiele (N)
Grillo
23.09.71 „Ein Sommernachtstraum" von William Shakespeare (14+2) – I: Leininger, A: Zimmer, M: Nowacki
01.11.71 „Herr Puntila und sein Knecht Matti" von Bertolt Brecht (24+3) – I: Leininger, A: Zimmer, M: Nowacki
19.11.71 „Neues vom Räuber Hotzenplotz" von Otto Preußler (40+3) – I: Wilfert, A: Riedl, M: Nowacki
16.01.72 „Hölderlin" von Peter Weiss (13+2) – I: Malzacher, A: Zimmer, M: Nowacki
06.03.72 „Kaspar" von Peter Handke (8+2) – I: Gerstenberg, A: Stahl
09.04.72 „Das Spiel von der Auferstehung" (U) von Ilka Boll (5) I: Dejmek, A: Stopka, M: Nowacki
04.05.72 „Die Hebamme" (U) von Rolf Hochhuth (9) – I: Schumacher, A: Zimmer
10.06.72 „Der Wald" von Alexander Ostrowski (5) – I: Leininger, A: Zimmer, M: Nowacki

Humboldtaula
19.09.71 „Monsieur Chasse oder Wie man Hasen jagt" von Georges Feydeau (30+1) – I: Léon, A: Meyer
15.10.71 „Die Kassette" von Carl Sternheim (18+2) – I: Gerstenberg, A: Stahl
17.02.72 „Seid nett zu Mr. Sloane" von Joe Orton (5+5 Grillo) – I: Quest, A: Bussmann *(Gemeinschaftsproduktion mit der Berliner Tournee Erich Kuhnen)*
05.03.72 „Der eingebildete Kranke" von Molière (34) – I: Heigl, A: Zimmer, M: Nowacki

Studio
18.02.72 „Flüchtlingsgespräche" von Bertolt Brecht (7+17) – I: Gaugler, A: Riedl
26.02.72 „Bericht für eine Akademie" von Franz Kafka, inszeniert und gespielt von Manfred Hilbig
„Josefine, die Sängerin" von Franz Kafka, gelesen von Friedrich Gröndahl (7+6)
06.05.72 „Glückliche Tage" von Samuel Beckett (10) – I: Leininger, A: Zimmer
14.06.72 „Die Menschen sind lustige Leut', ha, ha!" (7+4) – Songical mit Brigitte Lebaan, ML: Nowacki

■ Schauspiele (WA)
Grillo
01.10.71 „Martin Luther und Thomas Münzer" von Forte (12+4)
04.10.71 „Mutter Courage und ihre Kinder" von Brecht (6)

Humboldtaula
28.11.71 „Das Geld liegt auf der Bank" von Flatow (6)

■ Musical (WA)
30.10.72 „Guys and Dolls" von Loesser (7)

■ **Abstecher**
- „Der Räuber Hotzenplotz" (Bottrop 16.12., 2×, Lünen 25.02.72)
- „Die Kassette" (Bottrop 09.12.71)
- „Ein Sommernachtstraum" (Velbert 04.12.71, Lünen 25.02.72)
- „Flüchtlingsgespräche" (Recklinghausen 17./18.03, Gütersloh 22.04.72 und an Schulen)
- „Herr Puntila und sein Knecht Matti" (Recklinghausen 23.10./13.12.71, Lünen 09.02.72)
- „Hölderlin" (Recklinghausen 24.02., Marl 24.05.72)
- „Kaspar" (Velbert 19.04.72, Müchner Kammerspiele, o. D.)
- „Monsieur Chasse oder Wie man Hasen jagt" (Bottrop 28.10.72)
- „Martin Luther/Thomas Münzer" (Bad Godesberg 28.09/04.11.71, Bottrop 20.04.72)

■ **Gastspiel**

Grillo

20.01.72 „Meine Frau, das unbekannte Wesen"/„Vom künstlichen Kotelett zum trockenen Sekt"/„Die Eroberung des Vollmonds" mit Jürgen von Manger

Spielzeit 1972/73

Generalintendant: Dr. Erich Schumacher; *Disposition:* Horst Fechner, Maren Paasch *Chefdramaturgin:* Dr. Ilka Boll; *1. Dramaturg und Leiter der Öffentlichkeitsarbeit*: Hans Eckardt; *Dramaturgie-Assistent:* Klaus Rohr

Technischer Direktor: Karl Reiß; *Ausstattungsleiter:* Erwin W. Zimmer; *Atelierleiter:* Walter Götting

Musiktheater

Musikalischer Oberleiter: Prof. Gustav König, GMD; *Dirigenten:* Klaus Weise, 1. Kapellmeister; Leo Plettner, 2. Kapellmeister; Städtisches Orchester; *Repetitoren:* Konrad Haenisch, Johannes Horneber*, Wolfgang Schulz *Chordirektor:* Josef Krepela; *Choreografen:* Boris Pilato, Anton Vujanic

Regisseure der Neuinszenierungen: Paul Hager; *Gäste:* Friedrich Meyer-Oertel, Werner Saladin *Ausstatter der Neuinszenierungen (Gäste):* Philipp Blessing, Ottowerner Meyer, Roberto Oswald, Haidi Schürmann, Amrei Skalicki, Wolfram Skalicki, Paul Walter, Ursula Walter-Amann

Ensemble: Käthe Graus, Doris Herbert, Anni Körner, Linn Maxwell*, Lisa Penting, Margarita Turner, Karin Westermeier*, Maria Zahlten-Hall; Alois Aichhorn, Hans-Walter Bertram, Richard Evans, Robin Fairhurst, Horst Fechner, Luis Glocker, Ulrich Hielscher, Rudolf Holtenau, Horst Hüskes, Karl-Heinz Lippe, Juan Lloveras, Hans Nowack, Rolf Oberste-Brink, Boleslaw Pawlus, Dan Richardson, Hendrikus Rootering, Hugo Zinkler
Chorsolisten (Wiederaufnahmen nicht erfasst): Renate Glöckner, Cäcilia Gräf-Klees; Rudolf Braun, Alfred Doetsch, Gerard S. Kohl, Paul Lessmöllmann

Gäste/Teilspielzeit (unvollständig): Doris Bierett, Elena Carcaleanu, Linda Cook, Marita Dübbers, Margarete Einarson, Joana Friedrichs-Wethmar, Dorothea Fürstenberg, Birgit Linden, Marita Napier, Liselotte Rebmann, Brenda Roberts, Brigitta Seidler-Winkler, Bogna Sokorska, Annemarie Steffens, Erika Uphagen; Willy Caron, Wolfgang Frey, Robert Hoyem, Richard Panzner, Willibald Schwister, Harald Stamm, Manfred von der Herberg
Gast (Schauspieler): Werner Gaefke; Fritz Doege (Essen)

■ Opern (N)

09.09.72 „Die Zauberflöte" von Wolfgang Amadeus Mozart (26+2) – ML: König, I: Hager, A: Skalicki,
17.09.72 „Turandot" von Giacomo Puccini (13+2) – ML: Weise, I: Meyer-Oertel, A: Meyer
12.11.72 „Die verkaufte Braut" von Bedrich Smetana (14) – ML: Weise, I: Saladin, B: Blessing, K: Schürmann, Ch: Pilato/Vujanovic
04.02.73 „Der Barbier von Sevilla" von Gioacchino Rossini (15) – ML: Plettner, I: Hager, B: Walter, K: Walter-Amann
18.03.73 „Macbeth" von Giuseppe Verdi (5) – ML: König, I: Hager, B: W. Skalicki, K: A. Skalicki, Ch: Pilato
29.04.73 „Hoffmanns Erzählungen" von Jacques Offenbach (8+1) – ML: Weise, I: Hager, A: Oswald, Ch: Pilato/Vujanic

■ Operette (N)

10.09.72 „Der Bettelstudent" von Carl Millöcker (23+2) – ML: Plettner, I: Saladin, B: Blessing, K: Schürmann, Ch: Pilato/Vujanic

■ Opern (WA)

12.09.72 „La Bohème" von Puccini (6)
15.10.72 „Figaros Hochzeit" von Mozart (2)
28.09.72 „Ein Makenball" von Verdi (2+1)

■ Musical (WA)
24.09.72 „Can-Can" von Porter (7)

■ Abstecher
– „Der Bettelstudent" (Leverkusen 10./11.03.73)
– „Die Zauberflöte" (Lünen 29.09., Recklinghausen 17.10.72)
– „Ein Maskenball" (Gütersloh 31.03.73)
– „Hoffmanns Erzählungen" (Leverkusen 26.05.73)
– „Turandot" (Recklinghausen 03.11.72/20.01.73)

■ Gastspiele
Grillo
11.03.73 „Goldfadens Traum" – Musikalische Geschichte nach Abraham Goldfaden (Jüdisches Theater Warschau)

Humboldtaula
21.01.73 „Der Igel als Bräutigam" von Cesar Bresgen" (Folkwang Hochschule Essen)

Ballett

Ballett-Leitung: Boris Pilato, Ballettmeister und Choreograf; *Stellvertretender BM:* Anton Vujanic *Trainingsleiterin:* Erna Mohar-Pilato; *Repetitor:* Hein Siepmann; *Dirigent:* Leo Plettner *Ausstatter der Neuinszenierung:* Ottowerner Meyer

Compagnie: Michèle Poupon, *Primaballerina*; Vanja Bourgoudjeva, Ute Lichtenthäler, Annemarie Nikisch, Rajka Trbovic, Adele Zurhausen, *Solo*
Thérèse Cantine*, Ann Carman, Edith Förste-Schröder, Christa Piroch, Edith Probst, Jacqueline Savage, Brigitte Stürmer, Regine Trefny
Uwe Evers, Lajos Horváth*, Henk van der Veen, *Solo*
Ferid Akin*, Enrique Larraguibel, Zivko Radonjic*, Gabriel Sapciyan, Wolfgang Scharfenberger
Gast: Rainer Köchermann

■ Ballette (N)
03.12.72 „Symphonie classique" von Pilato//Sergej Prokofjew/„Hamlet" von Pilato//Boris Blacher – ML: Plettner, A: Meyer (13+1)

■ Ballette (WA)
– „Giselle" von Pilato//Adam und „Symphonie classique" von Pilato//Berlioz (0+2)

■ Abstecher
– „Giselle" (Marl 09.01., Gütersloh 21.04.73) „Symphonie classique"/„Hamlet" (Gütersloh 17.05.73)

■ Sonderveranstaltung
25.03.73 Matinee mit „Pas de Quatre" von Cesare Pugni/„Sterbender Schwan" von Camille Saint-Saëns und mit Ausschnitten aus dem aktuellen Ballettabend

■ Gastspiel
27.01.73 Afrikanisches Ballett (National-Ensemble aus der Republik Senegal)

Schauspiel

Regisseure der Neuinszenierungen: Claus Leininger, Oberspielleiter; Alois Maria Heigl*, Bernhard Wilfert; *Gäste:* Arturo Corso, Günter Fischer, Knut Koch, Gene Reed, Dieter Stürmer, Walter Tillemans
Ausstatter der Neuinszenierungen: Erwin W. Zimmer, Fritz Riedl; *Gäste:* Hans Aeberli, Sybille Alken, Arturo Corso, Winnie Schneider
Leiter der Schauspielmusik: Alfons Nowacki; *Gast:* Wannes Vandevelde
Choreograf (Gast): Gene Reed
Ensemble: Ilse Anton, Gabriela Badura, Christa Bernhardt, Anke Hartwig, Hildegard Jacob, Jutta Kästel*, Katja Kersten, Brigitte Lebaan, Gabriele Marti, Annemarie Saul; Alfred Böckel, Rudolf Cornelius, Peter Dirschauer, Fritz Doege, Sebastian Dominik*, Edwin Dorner*, Michael Enk, Peter Ertelt*, Matthias Gnädinger, Friedrich Gröndahl, Manfred Hilbig, Wolfgang Hofmann, Heiner Kollhoff*, Claus Leininger, Wolff Lindner, Volkert Martens*, Rainer Pigulla, Arno Piotr, Theo Pöppinghaus, Kurt Prawitt*, Klaus Rohr, Rolf Sebastian, Reinhart von Stolzmann*, Berthold Toetzke*, Aart Veder*, Bernhard Wilfert, Peter Wilhelm*
Doris Frank, Renate Glöckner, Cäcilia Gräf-Klees, Anni Körner; Alois Aichhorn, Rudolf Braun, Richard Evans, Gerard S. Kohl (Oper Essen)
Tänzer/innen („Funny Girl"): Ute Lichtenthäler, Annemarie Nikisch ; Lajos Horvath, Enrique Larraguibel, Essen

Gäste/Teilspielzeit (unvollständig): Ursula Dördelmann, Eva Garg, Uta in der Au, Annette Hollensteiner, Katharina Krüger, Ute Lichtenthäler, Marinanne Mendt, Johanna Mertinz, Angelika Norwidat, Karin Schroeder, Edith Strüngmann, Regine Vergeen, Brigitte Sonnewald, Vera Tolksdorf, Irmgard Verhoeven, Kristina Walk; Horst Babson, Willi Elsner, Werner Gaefke, Wolfgang Heßler, Joachim Hildebrandt, Hartmut Irowski, Yoyo Petit, Lothar Rehfeld, John Schapar, Conrad Sevens, Friedrich Theuring, Thomas Wenske

■ Schauspiele (N)

Grillo

14.09.72 „Troilus und Cressida" von William Shakespeare (9) – I: Leininger, A: Zimmer, M: Nowacki

17.10.72 „Scherz, Satire und tiefere Bedeutung" von Christian Grabbe (15+2) – I: Heigl, A: Zimmer, M: Nowacki

17.11.72 „Die Reise nach Pitschepatsch" von Rainer Hachfeld/Volker Ludwig (39+3) – I: Wilfert, A: Riedl, M: Nowacki

20.01.73 „Der Selbstmörder" von Nikolai Erdmann (13) – I: Heigl, A: Alken, M: Nowacki

25.02.73 „Glaube, Liebe, Hoffnung" von Ödön von Horváth (15) – I: Fischer, A: Zimmer, M: Nowacki

19.05.73 „Die Komödie der Irrungen" von William Shakespeare (7+2) – I: Leininger, A: Zimmer, M: Nowacki

10.03.73 „Die Sendung des Las Casas" von Reinhold Schneider (1+2) – I: Schumacher, Raum: Zimmer, M: Nowacki (P: 07.03. in Köln zum „Aschermittwoch der Künstler")

Humboldtaula

10.09.72 „Der Snob" von Carl Sternheim (20+1) – I: Heigl, B: Riedl, K: Schneider

24.09.72 „Freitag" (DE) von Hugo Claus (2) – I: Tillemans, A: Zimmer

16.11.72 „Arsen und Spitzenhäubchen" von Joseph Kesselring (32+2) – I: Leininger, A: Zimmer

08.02.73 „Liiiebe" von Murray Schisgal (31) – I: Stürmer, A: Riedl

Studio

25.09.72 „Bremer Freiheit" von Rainer Werner Fassbinder (14+1) – I: Leininger, A: Zimmer, M: Nowacki

02.12.72 „Der Ignorant und der Wahnsinnige" von Thomas Bernhard (8) – I: Koch, A: Zimmer

18.05.73 „Franziska" von Frank Wedekind (7) – I: Heigl, A: Zimmer, M: Nowacki

Jugendzentrum

28.03.73 „Mistero Buffo" (DE) von Dario Fo (12) – I/A: Corso, M: Vandevelde

■ Musical (N)
31.12.72 „Funny Girl" (DE) von Jule Styne (35+5) – ML: Nowacki, I/Ch: Reed, A: Aeberli

■ Schauspiele (WA)
Grillo
19.09.72 „Der Wald" von Ostrowsky (12+2)
23.09.72 „Die Hebamme" von Hochhuth (14+6)
03.11.72 „Kaspar" von Handke (2+3)- 17.05.73 „Das Spiel von der Auferstehung" von Ilka Boll (3)
Studio
17.09.72 „Glückliche Tage" von Beckett (5)
28.10.72 „Die Menschen sind lustige Leut', haha!" (7+5)
08.11.72 „Josefine, die Sängerin"/„Bericht für eine Akademie" von Kafka (3+1 HA +4)

■ Abstecher
– „Bericht für eine Akademie" (4× in Schulen)
– „Bremer Freiheit" (Leverkusen 12.05.73)
– „Der Snob" (Recklinghausen 20.09.72)
– „Der Wald" (Marl 08.12.72, Bottrop 10.05.73)
– „Die Hebamme" (Velbert 26.09.72/31.01.73, Bottrop 19.10., Marl 13.12.72, Recklinghausen 10.01./19.03.73)
– „Die Menschen sind lustige Leut', ha, ha" (Bonn 05.11., 4×; Düsseldorf Ende Februar/Anfang März 73)
– „Die Reise nach Pitschepatsch" (Bottrop 18.12., Recklinghausen 20.12.72, 1× offen)
– „Die Sendung des Las Casas" (Köln 07.03., Gütersloh 18.04.73)
– „Funny Girl" (Köln 23./25./26./27./29.03.73)
– „Kaspar" (München 01./02.09., Marl 04.12.72)
– „Komödie der Irrungen" (Marl 24.05., Bottrop 29.05.73)
– „Scherz, Satire und tiefere Bedeutung" (Antwerpen 04./05.06.73)
– „Spitzenhäubchen und Arsenik" (Lünen 03.01., Bottrop 25.01.73)

■ Sonderveranstaltung
– „Faszination der Bühne" (Werbeaktion bei Karstadt, 15.–30.09.72)

■ Gastspiele
Grillo
10.10.72 „Harlekijn: Kies je Meester" von Arturo Corso nach Carlo Goldonis „Diener zweier Herren" (Schauspielhaus Antwerpen)
26.04.73 „Als die Preise laufen lernten" (Kom(m)ödchen Düsseldorf)
24.05.05 „Revanche" von Anthony Shaffer (Berliner Tournee)
31.05.73 „A Slight Ache" („Ein leichter Schmerz") und „Landscape" („Landschaft") von Harold Pinter (Royal Shakespeare Company London)
Burgplatz (Zelttheater)
04.05.73 „Unter dem Wind der Balearen", 4. Tag aus „Der seidene Schuh" von Paul Claudel (Ensemble Renaud-Barrault), auch 05.05.

Spielzeit 1973/74

Generalintendant: Dr. Erich Schumacher; *Disposition:* Horst Fechner, Maren Paasch *Chefdramaturgin:* Dr. Ilka Boll, *1. Dramaturg und Leiter der Öffentlichkeitsarbeit:* Dr. Fritzdieter Gerhards*; *Dramaturg:* Dr. Klaus Rohr *Technischer Direktor:* Karl Reiß; *Atelierleiter:* Walter Götting

Musiktheater

Musikalischer Oberleiter: Prof. Gustav König, GMD; *Dirigenten:* Prof. Klaus Weise, 1. Kapellmeister; Leo Plettner, 2. Kapellmeister; *Gäste:* Sergio Albertini, Gerhard Geist, Imre Palö, Hans Werner Pintgen, Robert Satanowski, Roland Voigtländer; Städtisches Orchester; *Repetitoren/Dirigenten:* Konrad Haenisch, Wolfgang Schulz; *Chordirektor:* Josef Krepela; *Choreografen:* Boris Pilato, Anton Vujanic

Regisseure der Neuinszenierungen: Paul Hager; *Gäste:* Rolf Lansky, Pierre Léon, Friedrich Meyer-Oertel, Hermann Wedekind
Ausstatter der Neuinszenierungen: Fritz Riedl; *Gäste:* Hans Aeberli, Ottowerner Meyer, Amrei Skalicki, Wolfram Skalicki, Paul Walter, Ursula Walter-Amann

Ensemble: Monique Brynnel*, Käthe Graus, Doris Herbert, Anni Körner, Linn Maxwell, Margarita Turner, Karin Westermeier, Maria Zahlten-Hall; Hans-Walter Bertram, Robin Fairhurst, Horst Fechner, Siegfried Ferlin*, Luis Glocker, Ulrich Hielscher, Rudolf Holtenau, Horst Hüskes, Karl-Heinz Lippe, Juan Lloveras, Hans Nowack, Rolf Oberste-Brink, Hendrikus Rootering, Ion Soanea*, Hugo Zinkler
Chorsolisten: Helga Bremer, Hermengilde Doetsch, Doris Frank, Renate Glöckner, Cäcilia Gräf-Klees, Jadwiga Miklavcic, Gynna Probst, Anita Rödiger, Maria Rogall, Anna Rossi, Elsa Schulz; Erich Bär, Heinrich Bergmann, Rudolf Braun, Alfred Doetsch, Gerrit Eubel, Heinz Felis, Manfred Grohnert, Peter Günther, Alfons Hellersberg, Arno Klees, Josef Kistermann, Gerard S. Kohl, Paul Lessmöllmann, Günter Marx, Manfred Pilgrim, Oskar Schlingmann, Werner Schuh, Willi van Rickelen

Gäste/Teilspielzeit: Marga Apkalns, Adriana Ciani, Angela Claer, Grace de la Cruz, Doris Denzler, Marianne Dorka, Margaret-Ann Drummond, Alexandra Duszewska, Yvonne Eckenstein, Lilo Ehret-Bachmann, Regina Fonseca, Joana Friedrich-Wethmar, Dorothee Fürstenberg, Elfi Gerhards, Marie-Luise Gilles, Ursula Grüters, Ingrid Haubold, Inghild Horysa, Ingrid Karrasch, Christa Keller, Bärbel Kleibner, Maria-Despina Koromantzou, Joke Kramer, Ella Lee, Birgit Linden, Mija Majima, Regina Marheinke, Rachel Mathes, Maura Moreira, Annika Melén, Marita Napier, Paula Page, Dorothea Palade, Elisabeth Payer, Brenda Roberts, May Sandoz, Helga Schmidt, Trudeliese Schmidt, Wilma Schmidt, Brigitte Seidler-Winkler, Margrit Schramm, Bogna Sokorska, Ingrid Steger, Roswitha Steube, Ilona Szamos, Helga Thieme, Erika Uphagen, Keiko Yano, Ursula Weberling, Angelika Wehbeck, Meredith Zara; Alois Aichhorn, Joannis Anifantakis, Willi Badorek, Manfred Baisch, Fred Banse, Reinhold Bartel, Andreas Becker, Helmut Berger, Danny Brees, Dieter Bundschuh, Anton de Ridder, Oswaldo di Pianduni, Gale Doss, Constantin Dumitru, Josef Ellmauer, Karl Fäth, Erich Fiala, Wolfgang Frey, Ulrich Gentzen, Günther George, Werner Götz, Michael Greif, Erwin Hartung, Klaus Hoins, Hans Hofmann, Robert Hoyem, Manfred Jung, Dietmar Kühnel, Ralf Lansky, Adair McGowen, Willi Nett, Georg Paskuda, Boleslaw Pawlus, Peter Pietzsch, Raffaele Polani, Dan Richardson, Karl Ridderbusch, Matti Salminen, Manfred Schmidt, Martin-Matthias Schmidt, Walter Schürmann, Siegfried Schmidt, Willibald Schwister, Dieter Slembeck, Ion Soanea, Edward Sooter, Harald Stamm, Carl-Henning Steinhaus, Erik Stumm, Wilhelm Teepe, Josef Tessenyi, Istvan Tréfas

Schauspieler: Peter Ertelt (Essen), *Gäste:* Werner Gaefke, Manfred Lichtenfeld

■ Opern (N)

08.09.73	„Der Rosenkavalier" von Richard Strauss (12+1) – ML: König, I: Hager, B: W. Skalicki, K: A. Skalicki
16.09.73	„Aida" von Giuseppe Verdi (16+2) – ML: Weise, I: Meyer-Oertel, A: Meyer, Ch: Pilato/Vujanic
21.11.73	„Martha" von Friedrich von Flotow (13+1) – ML: Plettner, I: Wedekind, B: Walter, K: Walter-Amann
10.03.74	„Lucia di Lammermoor" von Gaëtano Donizetti (7) – ML: Weise, I: Léon, A: Meyer, Ch: Vujanic
26.06.74	„Elektra" von Richard Strauss (3) – ML: Satanowski, I: Hager, B: W. Skalicki, K: A. Skalicki

■ Operetten (N)

09.09.73	„Das Land des Lächelns" von Franz Lehár (33+1) – ML: Plettner, I: Lansky, A: Aeberli, Ch: Pilato/Vujanic
31.12.73	„Die Fledermaus" von Johann Strauß (26) – ML: Weise, I: Hager, B: P. Walter, K: U. Walter-Amann, Ch: Pilato/Vujanic

■ Opern (WA)

11.09.73	„Macbeth" von Verdi (1)
26.09.73	„Hoffmanns Erzählungen" von Offenbach (18)
30.09.73	„Die Zauberflöte" von Mozart (11+1)
10.10.73	„Die verkaufte Braut" von Smetana (4)
18.10.73	„Der Barbier von Sevilla" von Rossini (12)
27.01.74	„Turandot" von Puccini (4)

■ Operette (WA)

13.10.73	„Der Bettelstudent" von Millöcker (6+2)

■ Abstecher

- „Aida (Recklinghausen" 05.12.73, Lünen 10.01.74)
- „Das Land des Lächelns" (Bottrop 25.10.73)
- „Der Bettelstudent" (Heiligenhaus 20.02., Lünen 27.03.74)
- „Der Rosenkavalier" (Recklinghausen 04.01.74)
- „Martha" (Recklinghausen 19.01.74)

■ Sonderveranstaltungen

27.10.73	Tag der offenen Tür
21.06.74	Gala-Abend der Oper zur Verabschiedung von Dr. Erich Schumacher Wagner, Ouvertüre zum „Tannhäuser" und Arie der Elisabeth „Dich teure Halle" (Ute Vinzing, Wuppertal); Wagner, Monolog des Holländers „Die Frist ist um" (Rudolf Holtenau) aus „Der fliegende Holländer"; Verdi, Duett Amelia/Riccardo „Ich bin dir nah" (Marita Napier/Juan Lloveras) aus „Ein Maskenball"; Wagner, „Wach auf"-Chor aus „Die Meistersinger von Nürnberg" (Opern- und Extrachor); Beethoven, Arie des Pizarro „Ha, welch ein Augenblick" (Gerd Feldhoff) aus „Fidelio"; Tschaikowsky, Arie des Lenski „Wohin, wohin, wohin seid ihr entschwunden?" (Donald Grobe) aus „Eugen Onegin"; Donizetti, Cavatine der Lucia „Tiefe, dunkle Nacht" (May Sandoz) aus „Lucia di Lammer-moor"; Verdi, Stretta des Manrico „Lodern zum Himmel" (Juan Lloveras und Herrenchor) aus „Der Troubadour"; Wagner, Isoldes Liebestod „Mild und leise" (Marita Napier) aus „Tristan und Isolde"; Wagner, Arie des Hans Sachs „Verachtet mir die Meister nicht" (Karl Ridderbusch, Opern- und Extrachor) aus „Die Meistersinger von Nürnberg" – ML: Klaus Weise, Conférence: Rolf Buttler

Saalbau

17.08.73	Konzert für Jung und Alt Bizet, Orchester-Suite „Carmen"; Gounod, Arie der Margarethe „Es war ein König in Thule" (Margaret Turner) aus der gleichnamigen Oper; Berlioz, „Ungarischer Tanz" aus „Fausts Verdammnis"; Suppé, Ouvertüre zu „Leichte Kavallerie"; Strauß, Lieder der Adele „Mein Herr Marquis" und „Spiel' ich die Unschuld vom Lande" (Doris Herbert) aus „Die

Fledermaus"; Lehár, Walzer „Gold und Silber" – ML: Konrad Haenisch/Leo Plettner

Ballett

Ballett-Leitung: Boris Pilato, Ballettmeister/Choreograf; *Stellvertretender BM:* Anton Vujanic
Repetitor: Hein Siepmann; *Dirigent:* Leo Plettner
Ausstatter der Neuinszenierung: Ottowerner Meyer

Compagnie: Michèle Poupon, *Primaballerina*; Annemarie Nikisch, Rajka Trbovic, Adele Zurhausen, *Solo*
Vanja Bourgoudjeva, Thérèse Cantine, Anna Carman, Edith Förste Schröder, Marion Pilch*, Christa Piroch, Maria Christina Robles*, Jacqueline Savage, Brigitte Stürmer, Regine Trefny
Uwe Evers; Henk van der Veen, *Solo*
Ferit Akin, Sascha Alexander*, Robert Alliot*, Enrique Larraguibel, Zivko Radonic, Wolfgang Scharfenberger

■ Ballette (N)
03.03.74 „1. Sinfonie op. 10" von Boris Pilato//Dmitri Schostakowitsch „Der verdorrte Zweig" von Boris Pilato//Milko Kelemen; „La Valse" von Boris Pilato//Maurice Ravel (11) ML: Plettner, A: Meyer

■ Sonderveranstaltungen
28.10.73 Tag der offenen Tür – Das Ballett zeigt Ausschnitte aus Inszenierungen und aus der täglichen Probenarbeit
24.03.74 Matinee mit Beispielen aus der Arbeit vom täglichen Training bis zum fertigen Werk
26.05.74 Matinee mit Ausschnitten aus der Probenarbeit zum Ballett „Cinderella" [Saison 74/75]

Schauspiel

Oberspielleiter: Claus Leininger
Regisseure der Neuinszenierungen: Ilka Boll, Alois Michael Heigl, Erich Schumacher, Jörg Tennig Keit; *Gäste:* Werner Kraut, Reinhold K. Olszewski
Ausstatter der Neuinszenierungen: Fritz Riedl; *Gäste:* Hans Aeberli, Sybille Alken, Erwin W. Zimmer
Leiter der Schauspielmusik: Alfons Nowacki

Ensemble: Ilse Anton, Gabriela Badura, Christa Bernhardt, Anke Hartwig, Hildegard Jacob, Katja Kersten, Katharina Krüger*, Brigitte Lebaan, Gabriele Marti, Annemarie Saul, Karin Schroeder*, Renate Terint, Dorota Wojsyk*; Alfred Böckel, Cay Calov*, Rudolf Cornelius, Fritz Doege, Sebastian Dominik, Michael Enk, Peter Ertelt, Fritzdieter Gerhards*, Matthias Gnädinger, Friedrich Gröndahl, Manfred Hilbig, Joachim Hildebrandt*, Heiner Kollhoff, Claus Leininger, Wolff Lindner, Volkert Martens, Arno Piotr, Theo Pöppinghaus, Kurt Prawitt, Rolf Sebastian, Reinhart von Stolzmann, Berthold Toetzke, Aart Veder, Bernhard Wilfert, Klaus-Peter Wilhelm;
Gäste/Teilspielzeit: Ursula Dördelmann, Christel Foertsch, Hannelore Freimiller, Eva Garg, Barbara Hagin, Ulla Hardt, Annette Hollensteiner, Uta in der Au, Ute Lichtenthäler, Johanna Mertinz, Marianne Mendt, Ursula Mörger, Franziska Neff, Hildegard Raupach, Ellen Schwiers, Edith Strüngmann, Vera Tolxdorf, Berthe Trüb, Irmgard Verhoeven, Esther Zellweger; Rudolf Brand, Werner Gaefke, Hans Hinrich, Wolfgang Hofmann, Joachim Kollenda, Edgar Kunzi, Werner Kuske, John Schapar, Conrad Sevens, Rainer Straehler-Pohl, Thomas Kümmel, Rik van Uffelen, Oswald Weißendorn
Tänzer („Das Wintermärchen"): Maria Christina Robles, Wolfgang Scharfenberger (Essen)

■ Schauspiele (N)
Grillo
13.09.73 „Die Küche" von Arnold Wesker (22+6) – I: Leininger, A: Zimmer
25.10.73 „Die Trauung" von Witold Gombrowicz (9) – I: Leininger, A: Zimmer, M: Nowacki

17.11.73	„Jim Knopf und Lukas der Lokomotivführer" von Ilka Boll/Michael Ende (48+2) – I: Boll, A: Riedl, M: Nowacki
02.12.73	„Valentin und Valentina" (Westdt.E) von Michail Rostschin (12+3) – I: Heigl, A: Alken, M: Nowacki
22.04.74	„Lysistrate" (U) von Rolf Hochhuth (22) – I: Schumacher, A: Aeberli
03.04.74	„Das Wintermärchen" von William Shakespeare (13+1) – I: Heigl, A: Zimmer, M: Nowacki
17.05.74	„Minna von Barnhelm" von Gotthold Ephraim Lessing (14+1) – I: Leininger, A: Zimmer

Humboldtaula

16.09.73	„Der Geizige" von Molière (35+1) – I: Heigl, A: Zimmer
30.09.73	„Der widerspenstige Heilige" von Vincent Carroll (37+2) – I: Olszewski, A: Riedl, M: Nowacki
21.12.73	„Die neuen Leiden des jungen W." von Ulrich Plenzdorf (14+5) – I: Leininger, A: Zimmer, M: Nowacki
25.05.74	„Sechs Personen suchen einen Autor" von Luigi Pirandello (15) – I: Kraut, A: Riedl

Studio

17.04.74	„Nächtliche Huldigung" von Lars Gustafsson (8) – I: Tennigkeit, A: Riedl, M: Nowacki

■ **Schauspiele (WA)**

Grillo

26.09.73	„Komödie der Irrungen" von Shakespeare (7)

Studio

27.09.73	„Franziska" von Wedekind (12)
14.06.74	Chansonabend „Die Menschen sind lustige Leut' ha, ha!" mit Brigitte Lebaan/Alfons Nowacki (3+3)
22.06.74	„Bericht für eine Akademie"/„Josefine, die Sängerin" von Kafka (3)

■ **Musical (WA)**

22.09.73	„Funny Girl" von Jules Styne (1+2)

■ **Abstecher**

– Chansonabend „Die Menschen sind lustige Leut', haha!" (Berlin „Wühlmäuse"/München „Renitenz-Theater"/Düsseldorf „Kom-(m)ödchen")

– „Das Wintermärchen" (Marl 06.04.74)
– „Der Geizige" (Velbert 09.01.74)
– „Der widerspenstige Heilige" (Lünen 26.11.73, Bottrop 18.03.74)
– „Die Küche" (Mannheim 2×; Marl; Recklinghausen, Ruhr-Festspiele, 01./02./03.07.74)
– „Die neuen Leiden des jungen W. (Velbert 23.01., Marl 02.03., Gütersloh 13.03., Leverkusen 30.03., Bottrop 05.05.74)
– „Funny Girl" (Leverkusen 04.10., Recklinghausen 08.10.73)
– „Jim Knopf und Lukas der Lokomotivführer" (Bottrop 04.12.73, 2×)
– „Minna von Barnhelm" (Marl 08.06.74)
– „Valentin und Valentina" (Lünen 12.12.73, Velbert 06.03., Bottrop 04.04.74)

■ **Sonderveranstaltungen**

VHS

14.12.73	Erwin Piscator-Gedenk-Ausstellung
16.12.73	„Politisches Theater damals – politisches Theater heute" (Diskussion mit Tankred Dorst/Heinar Kipphardt/George Tabori/Günther Rühle/A. Müller, Leitung: Walther Schmieding)

Haus des Ministerpräsidenten in Düsseldorf

10.04.74	Förderpreis des Landes NRW an junge Künstler für Aart Veder

■ **Ausstellung**

Foyer

21.06.74	Rückblick auf 16 Jahre Ära Schumacher: 60 Großfotos zu Inszenierungen

■ **Gastspiele**

Grillo

27.03.74	„Phädra" von Racine (Thalia-Theater Zürich), u. a. mit Maria Wimmer
29.04.74	„Schluck und Jau" von Gerhart Hauptmann (Berliner Tournee), u. a. mit Wolfgang Reichmann

Spielzeit 1974/75

Jürgen-Dieter Waidelich
Generalintendant 1974–1978

Jürgen-Dieter Waidelich, am 23. Mai 1931 in Berlin geboren, wuchs in seiner Heimatstadt, dann in Freudenstadt und Stuttgart auf. Nach dem Abitur (1951) studierte er bis 1956 Theaterwissenschaft in München. Dort war er Assistent von Arthur Kutscher. Bei ihm promovierte er 1957 mit dem Thema „Vom Stuttgarter Hoftheater zum Württembergischen Staatstheater 1908–1933". Von 1957–1959 war er als Dramaturg am Staatstheater Stuttgart engagiert und war dort u. a. auch Regieassistent von Wieland Wagner. Ab 1959 wirkte er als Chefdramaturg am Stadttheater Braunschweig; dort inszenierte er auch Schauspiele von Carl Sternheim und Bertolt Brecht („Der kaukasische Kreidekreis"). Von 1967 bis 1974 war Waidelich Intendant am Stadttheater Bremerhaven (Wikipedia).

Bei der Suche nach einem geeigneten Nachfolger für Erich Schumacher stellten sich neben Hans-Jürgen Waidelich mit den Regisseuren Joachim Fontheim, Paul Hager und Claus Leininger drei Bewerber mit „Essener Vergangenheit" vor. Mit den Stimmen der SPD machte schließlich Waidelich das Rennen, was diesem den Vorwurf einbrachte, wegen seines Parteibuches gewählt worden zu sein. „Nun tricksen sie wieder" lautete die Überschrift in den Ruhrnachrichten (12. März 1973). „Trauerspiel, Komödie oder Farce? Wie immer man das Puzzle-Spiel um die Neubesetzung des Intendanten-Postens in Essen bezeichnen will, es gereicht der Stadt nicht zur Ehre. Kommunalpolitscher Hochmut spielt mit, parteiliche Selbstherrlichkeit und jene immer wieder kritisierte Ignoranz, bei der sich Leichtfertigkeit, Unwissenheit und mangelnde Weitsicht aufs Innigste verschwistern."

Zwar konnte Waidelich in seiner ersten Spielzeit einige Erfolge verzeichnen (z. B. mit der Uraufführung „Die Republik der Arbeit" von Alexander Solschenizyn und mit der deutschsprachigen Erstaufführung „Elisabeth Eins" von Paul Foster, die vom ZDF aufgezeichnet wurde,

aber bereits im Oktober 1975 wurde der Vorwurf laut, der Intendant habe den Etat deutlich überschritten, was bei den Ratsfraktionen der CDU und der SPD zur Forderung nach einer fristlosen Kündigung führte, die jedoch abgemildert wurde Die Kündigung zum 31. August 1978 wollte Waidelich nicht hinnehmen und ging vor Gericht. Da am 14. August 1978 noch kein Urteil gefällt war, kam es an diesem Tag zu der grotesken Situation, dass Waidelich um 10 Uhr auf der Bühne das Ensemble begrüßte und nach 5 Minuten wieder verschwand, da kurz darauf Ulrich Brecht, der neue Generalintendant, auf eben dieser Bühne 25 Minuten später mit den Proben zur Eröffnungspremiere zur Oper „Boris Godunow" begann. Beim Düsseldorfer Arbeitsgericht kam es schließlich zum Vergleich: Mit einem halben Jahresgehalt von 55.000 DM wurde Waidelich abgefunden.

Generalintendant: Dr. Jürgen-Dieter Waidelich*
Chefdisponent: Horst Fechner; *Stellvertreterin:* Jutta Goll*
Künstlerischer Beirat: Dr. Ilka Boll; *Sachbearbeiter für Dramaturgie/Organisation*: Gerard S. Kohl*
Technischer Direktor: Karl Reiß; Siegfried Ehrenberg* (ab 01.01.75); *Atelierleiter:* Walter Götting

■ Musiktheater

Referent für das Musiktheater: Reinhald Heissler-Remy*
Musikalischer Oberleiter: Prof. Gustav König, GMD
Dirigenten: Hans-Werner Pintgen*, 1. Kapellmeister; Leo Plettner, 2. Kapellmeister; Helge Dorsch*, Konrad Haenisch; *Gäste:* Caspar Richter, Hans-Joachim Willrich; Städtisches Orchester; *Repetitoren:* Leo Plettner, Studien-leiter; Helge Dorsch*, Wolfgang Schulz
Chordirektor: Josef Krepela
Choreografen: Uwe Evers, Boris Pilato, Anton Vujanic, *Gast:* Gene Reed

Regisseure der Neuinszenierungen: Nikolaus Sulzberger*, Leitender Regisseur; Henri Hohenemser*
Gäste: Dieter Bülter-Marell, Gene Reed, Sepp Spangler
Ausstatter der Neuinszenierungen: Günter Walbeck*, 1. Bühnenbildner; Fritz Riedl, Herbert Scherreiks*; *Gäste:* Roland Aeschlmann, Ingeborg Kettner, Gesina Seldte

Ensemble: Monique Brynell, Doris Herbert, Anni Körner, Christina Kubelka*, Bogna Sokorska*, Margarita Turner, Maria Zahlten-Hall; Joannis Anifantakis*, Manfred Baisch*, Hans-Walter Bertram, Horst Fechner, Horst Hüskes, Karl-Heinz Lippe, Richard Medenbach*, Hans Nowack, Rolf Oberste-Brink, Hendrikus Rootering, Wicus Slabbert*, Hugo Zinkler
Chorsolisten (Wiederaufnahmen nicht erfasst): Hermengilde Doetsch, Doris Frank, Cäcilia Gräf-Klees, Renate Glöckner, Ingeborg Kabon, Gisela Schroeter; Heinz Bergmann, Rudolf Braun, Alfred Doetsch, Peter Günther, Arno Klees, Wulf Moller, Helmut Rose
Gäste (nicht alle Wiederaufnahmen erfasst): Berenice Bibiana, Deborah Cook, Linda Cook, Josephine Engelskamp, Marie-Luise Gilles, Jutta Gleue, Ingrid Karrasch, Christina Kubelka, Birgit Linden, Vivien Martin, Dorothea Palade, Lucile Perret, Waltraud Pusch, Anita Salta, May Sandoz, Trudeliese Schmidt, Astrid Schirmer, Brigitta Seidler-Winkler, Gwendolyn Walters, Colette Warren, Mary Williams; Karl-Walter Böhm, Charles Berrry, Maurice Brown, Danny Brees, Martin Chambers, Dieter Cordan, Loren Driscoll, Allan Evans, Robin Fairhurst, Wilfried Gamlich, Ferdinand Hall, Rudolf Holtenau, Herbert Manke, Helmut Meutsch, Jean Petit, William Ray, Willibald Schwister, Jörg Vorpahl, Charles Williams
Folkwang-Studenten („Die Bettleroper"): Shu-Ju Chen, Ismolde Ismael, Jutta Gleue, Angelika Norwidat, Gudrun Pass, Gabriele Proft, Theodor Giese, Eberhard Hoff, Helmut Lehberger, Jan Lindell, Hermann Wohlgemuth
Schauspieler: Jutta Boll, Jutta Goll; Cay Calov, Fritz Doege, Friedrich Gröndahl, Joachim Hildebrandt, Walter-Reinhold Schaefer, Rolf Sebastian; *Gäste:* Werner Gaefke, Hans Lobitz

■ Opern (N)

Grillo

15.09.74 „Fidelio" von Ludwig van Beethoven (17) – ML: König, I: Sulzberger, A: Walbeck

14.11.74 „Rigoletto" von Giuseppe Verdi (16+1) – ML: Pintgen, I: Sulzberger, A: Walbeck, Ch: Evers

16.02.75 „Der junge Lord" von Hans Werner Henze (10+1) – ML: Pintgen, I: Bülter-Marell, A: Scherreiks, Ch: Pilato/Vujanic

30.03.75 „Die Dorfsängerinnen" von Valentino Fioravanti (8+3) – ML: Willrich, I: Hohenemser, B: Aeschlmann, K. Seldte

18.05.75 „Porgy und Bess" von George Gershwin (14) – ML: Willrich, I/Ch: Reed, A: Scherreiks

29.06.75 „Die spanische Stunde" von Maurice Ravel (mit dem Ballett „Der Feuervogel", 3×) ML: Pintgen, I: Sulzberger, A: Walbeck

Haus Industrieform

04.06.75 „Die Bettleroper" von Benjamin Britten nach John Gray/Christoph Pepusch (5) ML: Richter, I: Sulzberger, A: Walbeck

◼ Operette (N)
29.09.74 „Die Csárdásfürstin" von Emmerich Kálmán (40+3) – ML: Plettner, I: Spangler, A: Riedl, Ch: Pilato/Vujanic

◼ Opern (WA)
17.09.74 „Lucia di Lammermoor" von Donizetti (11+2)
02.10.74 „Aida" von Verdi (10)
20.10.74 „Der Rosenkavalier" von Strauss (6)

◼ Operette (WA)
2.09.74 „Das Land des Lächelns" von Lehár (3)

◼ Abstecher
- „Der junge Lord" (Recklinghausen 04.03.75)
- „Die Csárdásfürstin" (Nettetal 23.10.74, Bottrop 13.03., Heiligenhaus 26.04.75)
- „Die Dorfsängerinnen" (Marl 14.04., Lünen 07.05., Velbert 28.05.75)
- „Lucia di Lammermoor" (Leverkusen 25./27.11.74)
- „Rigoletto" (Recklinghausen 08.01.75)

◼ Sonderveranstaltungen
Grillo
13.10.74 Tag der offenen Tür

Mädchengymnasium Borbeck
07.12.74 Opern- und Operettenkonzert Wagner, Lied des Wolfram „O du mein holder Abendstern" (Karl-Heinz Lippe) aus „Tannhäuser"; Mozart, Arie des Osmin „Solche hergelauf'nen Laffen" (Hans Nowack) und Duett Osmin/Pedrillo „Vivat Bacchus!" (Hans Nowack/Horst Hüskes) aus „Die Entführung aus dem Serail"; Mozart, Arie des Cherubin (Christina Kubelka) aus „Figaros Hochzeit"; Mozart, Arie des Tamino „Dies Bildnis ist bezaubernd schön" (Manfred Baisch) aus „Die Zauberflöte"; Saint-Saëns, Arie der Dalilah „Sieh, mein Herz erschließet sich" (Marie Zahlten-Hall) aus „Samson und Dalilah"; Lortzing, Arie des Zaren „Sonst spielt' ich ..." (Karl-Heinz Lippe) aus „Zar und Zimmermann"; Verdi, Arie der Gilda „Teu'rer Name, dessen Klang" (Bogna Sokorska) und Entführungschor (Herrenchor) aus „Rigoletto"; Beethoven, Gefangenenchor (Manfred Baisch/Herrenchor) aus „Fidelio"; Prokofjew, aus „Cinderella" (Ballett); Gershwin, Song der Serena „My Man Is Gone Now" (Maria Zahlten-Hall) und Song der Bess „Summertime" (Margarita Turner) aus „Porgy and Bess"; Lehár, Lied der Li „Im Salon zur blauen Pagode" (Birgit Linden) aus „Das Land des Lächelns"; Kálmán, Auftrittslied der Sylvia (Monique Brynell), Duett Stasi/Edwin „Machen wir's den Schwalben nach" (Birgit Linden/Jörg Vorpahl); Duett Stasi/Boni „Das ist die Liebe" (Birgit Linden/Horst Hüskes); Duett Sylvia/Edwin „Tanzen möcht' ich" (Monique Brynell/Jörg Vorpahl) und Lied des Boni „Ganz ohne Weiber ..." (Horst Hüskes/Ballettdamen) aus „Die Csárdásfürstin"; Herman, Chor aus „Hello, Dolly!", ML: Helge Dorsch/Konrad Haenisch (Klavier) Moderation: Hendrikus Rootering

Saalbau
19.09.74 Konzert für ältere Bürger Mendelssohn Bartholdy, „Ein Sommernachtstraum op. 21"; Chorstücke von Schubert/Brahms u. a. (Steeler Kinderchor); ML: Hans-Werner Pintgen

Ballett

Ballett-Leitung: Boris Pilato, Ballettmeister/Choreograf; *Stellvertretender BM:* Anton Vujanic
Repetitor: Hein Siepmann; *Dirigent:* Hans-Werner Pintgen
Ausstatter der Neuinszenierung: Herbert Scherreiks, Günter Walbeck; *Gast:* Ingeborg Kettner

Compagnie: Michèle Poupon, *Primaballerina*; Annemarie Nikisch, Rajka Trbovic, Adele Zurhausen, *Solo*
Solo mit Gruppe Vanja Bourgoudjeva, Regine Trefny *Solo mit Gruppe*
Thérèse Cantine, Maria Christina Robles, Brigitte Stürmer, *Gruppe mit Solo*
Stephanie Bassett-Jones*, Anna Carman, Inta Leja*, Annette May*, Marion Pilch, Edith Probst, *Gruppe*
Uwe Evers, Manfred Fahrer*, Henk van der Veen, *Solo*
Ferit Akin, Sascha Alexander, Edgar Kunzi, Enrique Larraguibel, Zivko Radonjic, Wolfgang Scharfenberger, *Gruppe mit Solo*
Gäste/Teilspielzeit: Jacqueline Savage; Klaus ten Hünfeld (Solo)

■ **Ballette (N)**
24.09.74 „Cinderella" von B. Pilato//Sergej Prokofjew (16+2) – ML: Pintgen, B: Scherreiks, K: Kettner
29.06.75 „Der Feuervogel" von Boris Pilato//Igor Strawinsky (mit „Die spanische Stunde" von Maurice Ravel), 3× – ML: Pintgen, A: Walbeck

■ **Sonderveranstaltung**
09.03.75 Ballett-Impressionen: Josip Fribec, „Jochanaan" (U); Cesare Pugni, „Pas de Quatre"; Francis Poulenc, „Konzert für Pauke, Orgel und Orchester" – Ch: Boris Pilato (6)

■ **Abstecher**
– „Cinderella" (Marl 17.12., Lünen 18.12.74)
– 1. Satz aus „Konzert für Pauke, Orgel und Orchester"/Ausschnitte aus „Cinderella"/ „2. Ungarische Rhapsodie" von Franz Liszt (Gymn. am Stoppenberg 24.04.75)
– „Carmina burana" von Carl Orff (Teheran 30.05, 01./03./07.06.75)

Schauspiel

Dramaturg und Leiter der Öffentlichkeitsarbeit: Herbert Hauck*; *Dramaturgen:* Henri Hohenemser*, Dr. Walter Gontermann*
Leiter der Schauspielmusik: Alfons Nowacki

Regisseure der Neuinszenierungen: Lothar Trautmann*, Leitender Regisseur; Gregor Bals*, Ilka Boll, Henri Hohenemser*; *Gäste:* Liviu Ciulei, Werner Kraut, Paul Pörtner, Helmut Qualtinger, Wolf Seesemann
Ausstatter der Neuinszenierungen: Günter Walbeck; Hans Aeberli, Gudrun Flaskämper, Richard Pitsch, Fritz Riegl, Herbert Scherreiks; *Gäste:* Dieter Bode, Joana Gardescu, Ilona Freyer, Hanna Jordan, Ekkehard Kröhn, Gesine Seldte

Ensemble: Gabriela Badura, Christa Bernhardt, Jutta Boll*, Jutta Eckhardt*, Jutta Goll*, Anke Hartwig, Steffy Helmar*, Hildegard Jacob, Katharina Krüger, Brigitte Lebaan, Gabriele Marti, Annemarie Saul, Dorota Wojsyk; Alfred Böckel, Gerd Braese*, Cay Calov, Rudolf Cornelius, Fritz Doege, Sebastian Dominik, Ferdinand Dux*, Michael Enk, Rainer Goernemann*, Walter Gontermann*, Friedrich Gröndahl, Herbert Hauck, Manfred Hilbig, Joachim Hildebrandt, Gerhard Hinze*, Heiner Kollhoff, Hans Kretzschmar*, Horst Kroll*, Mathias Lange*, Wolff Lindner, Joachim Luger*, Theo Pöppinghaus, Kurt Prawitt, Adrian Rufer*, Rolf Sebastian, Sascha Scholl*, Roland Seiler*, Klaus-Peter Wilhelm
Gäste/Teispielzeit (unvollständig): Ingeborg Biermann, Eva Garg, Anni Körner (Oper Essen), Doris Nierendorf, Hildegard Raupach, Ebba Reiter, Alberta Schatz, Else Sprenger, Edith Strüngmann; Walter Bluhm, Gerald Bunge, Martin Deuter, Werner Gaefke, Wolgang Heßler, Jochem Köpser, Peter Lieck, Hans Lobitz, Gerhard Müller, Yoyo Petit, Heinz Schacht, Geriet Schieske, Friedrich Schwartzkopf, Conrad Sevens, Friedrich Theuring, Hans Wehrl, Bernhard Wilfert

■ Schauspiele (N)

Grillo

21.09.74 „Barbaren" von Maxim Gorki (14+1) – I: Trautmann, B: Kröhn, K: Gardescu

28.10.74 „Der Fächer" von Carlo Goldoni (13+2) – I: Bals, A: Scherreiks, M: Nowacki

07.12.74 „Die Republik der Arbeit" (U) von Alexander Solschenizyn (16) – I: Trautmann, B: Jordan, K: Pitsch/Flaskämper, ML: Nowacki

09.12.74 „Die verzauberten Brüder" von Jewgenij Schwarz (41+2) – I: Bals, A: Seldte, M: Nowacki

28.01.75 „Elisabeth Eins" (DtsprE) von Paul Foster (20+2) – I/B: Ciulei, K: Gardescu, ML: Nowacki, Ch: Doege

20.04.75 „Vor Sonnenaufgang" von Gerhart Hauptmann (14+3) – I: Seesemann, A: Freyer

07.06.75 „Der Hauptmann von Köpenick" von Carl Zuckmayer (10) – I: Trautmann, A: Kröhn, M: Nowacki

Humboldtaula

26.09.74 „Sonny Boys" von Neil Simon (24) – I: Kraut, A: Riedl

05.11.74 „Nora oder Ein Puppenheim von Henrik Ibsen" (31+1× Grillo+3) – I: Hohenemser, B: Bode, K: Seldte, M: Nowacki

08.03.75 „Rosenmontag" (U) von Karl Otto Mühl (12) – I: Seesemann, A: Walbeck, M: Nowacki

08.05.75 „Das Fenster zum Flur" von Curt Flatow/Horst Pillau (27) – I: Bals, A: Riedl

Studio

28.09.74 „Der unterbrochene Akt"/„Auf allen Vieren" von Tadeusz Rózewicz (8) – I: Boll, A: Aeberli, M: Nowacki

02.10.74 „Der Architekt und der Kaiser von Assyrien" von Fernando Arrabal (12+1) – I: Bals, A: Scherreiks

16.12.74 „Die Unbekannte aus der Seine" von Ödön von Horváth (15+1) – I: Qualtinger, B: Riedl, K: Flaskämper

20.03.75 „Polizeistunde" (U) von Paul Pörtner (9) – I: Pörtner, A: Riedl, ML: Nowacki

13.06.75 „Nachtgeläster" – *Chansons* von Fritz Grasshoff/Liselotte Rauner (6) – ML/I/A: Nowacki mit Brigitte Lebaan/Mathias Lange/Wolff Lindner

mobil

21.09.74 „Kikerikiste" von Paul Maar (Studio 6×, mobil 51×+2) – I: Hohenemser, A: Scherreiks (P: Kennedyplatz, 2×)

16.01.75 „Krieg im dritten Stock" von Pavel Kohout (5) – I: Trautmann, A: Kröhn (P: Gymnasium am Stoppenberg 2×; Burggymnasium 1×, Studio 2×)

■ Musical (N)

31.12.74 „Hallo, Dolly" von Jerry Herman (26) – ML: Nowacki, I/Ch: Mann, A: Scherreiks

■ Schauspiel (WA)

Humboldtaula

06.10.74 „Sechs Personen suchen einen Autor" von Pirandello (4+2)

■ Abstecher

– „Barbaren" (Recklinghausen 15.10.74)
– „Bericht für eine Akademie" (Manfred Hilbig, Tampere/Finnland, August 74)
– „Der Architekt und der Kaiser von Assyrien" (Recklinghausen 06.03.75)
– „Der Fächer" (Recklinghausen 18.01., Marl 18.02.75)
– „Die Unbekannte aus der Seine" (Bottrop 23.04.75)
– „Die verzauberten Brüder" (Bottrop 12.12.74)
– „Elisabeth Eins" (Recklinghausen 19./20.06.75)
– „Kikerikiste" (Bottrop, 2×)
– „Nora" (Lünen 26.11., Velbert 28.11.74, Bottrop 03.02.75)
– „Sechs Personen suchen einen Autor" (Marl 20.11.74, Düsseldorf o. D.)
– „Vor Sonnenuntergang" (Lünen 30.04./11.06., Marl 14.05.75)

ZDF

– 30.05.75. („Elisabeth Eins", Sendung der Aufzeichnung aus den Spielhallen am Gasometer)

■ **Sonderveranstaltungen**
Grillo
13.10.74 Tag der offenen Tür
Studio
12.03.75 Diskussion mit dem Autor Paul Pörtner („Polizeistunde")

■ **Gastspiele**
Grillo
02.11.74 „Dante" von József Szajna nach Dantes „Göttliche Komödie" (Studio-Theater Warschau) – I/A: József Szajna, Musik: Krzyszof Penderecki, auch 03.11.
06.11.74 Die polnische Popgruppe „Bractwo Kurkowe 1791" und Chansons mit Ewa Demarczyk und ihrem Ensemble aus Krakau
Volkshochschule
01.11.74 „Replika" von József Szajna, auch 03.11.
Museum Folkwang
09.11.74 „Die Schönen und die Schlampen" von Stanislaw Ignacy Witkiewicz (Cricot 2 Teatr, Krakau), auch 10.11.
Studio
08.12.74 Helmut Qualtinger liest aus „Die letzen Tage der Menschheit" von Karl Kraus, Prosa von Ödön von Horváth, „Der ewige Österreicher" von Anton Kuh und „Schwarze Wiener Messe" von Helmut Qualtinger, auch 12./14.12.74., 27./28.03.75
24.04.75 „Mimen und Clowns", Pantomimenstudio Folkwang Leitung: Günter Titt/Bettina Falckenberg, auch 25.04.

■ **Ausstellungen**
Grillo
– Ausstellung polnischer Theaterplakate im Rahmen der Polmischen Woche (November 1974)
– „Folter der Welt": Ausstellung von Amnesty International aus Anlass der Uraufführung von
– „Republik der Arbeit" (Dezember 74/Januar 75)
– Französische Bühnenbilder („Maquettes des Decors de Théâtre"), in Zusammenarbeit mit dem deutsch-französischen Kulturzentum (März/April 75)

Spielzeit 1975/76

Heinz Wallberg
Generalmusikdirektor 1975–1991

Heinz Wallberg, 1923 in Herringen bei Hamm geboren, studierte in Dortmund und Köln Violine, Trompete, Klavier und Komposition. 1940/41 war er als Solotrompeter im Rheinischen Landesorchester Köln engagiert, ehe er 1942 nach einer Funkergrundausbildung vom Musikcorps der Luftwaffe als erster Trompeter und erster Geiger übernommen wurde, bis es wegen der Kriegsereignisse aufgelöst wurde und Wallberg wieder zu den Funkern kam. 1945 wurde er für zwei Jahre Sologeiger am Landestheater Darmstadt, 1947/48 war er Solorepetitor und Kapellmeister am Stadttheater Münster. Weitere Stationen als Kapellmeister waren die Theater Trier (1948–1951), Flensburg (1951/52) und Hagen (1952–1954). Als Generalmusikdirektor wirkte Heinz Wallberg für eine Spielzeit (1954/55) in Augsburg, anschließend bis 1961 in Bremen und von 1961 bis 1973 in Wiesbaden. Schon während seiner Bremer Zeit wurde er ständiger Gastdirigent im Wiener Musikverein, und ab 1959 ständiger Gastdirigent an der Wiener Staatsoper, wo er bis 1976 über 450 Vorstellungen geleitet hat. Von 1964 bis 1975 war Wallberg Künstlerischer Leiter des Niederösterreichischen Tonkünstlerorchesters in Wien und von 1975 bis 1981 Chefdirigent des Münchner Rundfunkorchesters. Zeitgleich zum Münchner Angebot zeigte auch Essen Interesse an einer Verpflichtung des gefragten Dirigenten. Wallberg: „Da mein Vertrag als Chefdirigent in München nur drei Monate Präsenz beinhaltete, schien mir das Angebot aus Essen sehr erstrebenswert, zumal der Bau des neuen Opernhauses nach den preisgekrönten Entwürfen von Alvar Aalto genehmigt war. Ich handelte einen sehr großzügigen Vertrag aus, der mir reichlich Gastierurlaub einräumte. Außerdem hatte ich die alleinigen Entscheidungsbefugnisse über sämtliche Programme, Solisten und Gastdirigenten. Zusätzlich erhielt ich die Verantwortung für die Kammermusikreihe und die Werkwahl für die Oper. Außerdem standen mir

ein ausgezeichnetes Orchester, das mich als Chef wünschte, und ein wunderbarer Chor zur Verfügung." (Wulf Mämpel in: Johannes K. Glauber/Wulf Mämpel, Heinz Wallberg, Düsseldorf 1997)

Generalintendant: Dr. Jürgen-Dieter Waidelich; *Chefdisponent:* Horst Fechner
Künstlerischer Beirat: Dr. Ilka Boll; *Sachbearbeiter für Dramaturgie/Organisation:* Gerard S. Kohl

Technischer Direktor: Siegfried Ehrenberg
Leitender Bühnen- und Kostümbildner: Ekkehard Kröhn*; 1. Bühnenbildner: Günter Walbeck; Herbert Scherreiks; *Bühnenbild-Assistent:* Dieter Bode*

■ **Musiktheater**
Referent für das Musiktheater: Reinald Heissler-Remy; *Dramaturg für das Musiktheater:* Dr. Franz-Peter Kothes*

Orchester: Bezeichnung ab 25. 05.76 „Philharmonisches Orchester der Stadt Essen"
Musikalischer Oberleiter: Prof. Heinz Wallberg*, Generalmusikdirektor
Dirigenten: Hans-Werner Pintgen, 1. Kapellmeister; Helge Dorsch, Eugen Epplée*, Konrad Haenisch, Heinz Sosnitza*; *Gäste:* Matthias Aeschbacher, Uwe Mund, Caspar Richter, Hans-Joachim Willrich
Repetitoren: Heinz Sosnitza*, Studienleiter; Eugen Epplée, Stellvertretender Studienleiter; Helge Dorsch, Wolfgang Schulz
Chordirektor: Konrad Haenisch; *Choreografen:* Uwe Evers, Boris Pilato, Anton Vujanic

Regisseure der Neuinszenierungen: Nikolaus Sulzberger, Leitender Regisseur; Henri Hohenemser
Gäste: Hans-Peter Lehmann, Sepp Spangler
Ausstatter der Neuinszenierungen: Ekkehard Kröhn; Dieter Bode, Gudrun Flaskämper, Walter Götting, Günter Walbeck, Herbert Scherreiks; *Gäste:* Ekkehard Grübler, Hainer Hill, Jiri Janecek, Gesine Seldte, Dieter Stegmann

Ensemble: Friedhilde Filser*, Adelheid Krauss*, Christina Kubelka, Waltraud Pusch*, Miriam Robbins*, Anita Salta*, Bogna Sokorska, Margarita Turner; Joannis Anifantakis, Manfred Baisch, Dietmar Cordan*, Horst Hüskes, Ivo Ingram*, Karl-Heinz Lippe, Herbert Manke*, Richard Medenbach, Hans Nowack, Rolf Oberste-Brink, Jean Petit*, Hendrikus Rootering, Walter-Reinold Schaefer, Wicus Slabbert, Hugo Zinkler
Chorsolisten (Wiederaufnahmen nicht erfasst): Marie-Luise Bruns, Hermengilde Doetsch, Theodora Frank, Renate Glöckner, Kotoe Kaneko, Hildegard Kuschmierz, Jaswiga Miklaviic, Ortrud Radke, Anita Rödiger, Elsa Schulz, Charlotte Vogel; Erich Bär, Harry Brandert, Rudolf Braun, Alfred Doetsch, Gerrit Eubel, Heinz Felis, Manfred Grohnert, Peter Günther, Josef Kistermann, Horst Kohl, Arno Klees, Günter Marx, Wulf Möller, Werner Schuh

Gäste/Teilspielzeit (unvollständig): Erika Ahsbahs, Berenice Bibiana, Monique Brynnel, Astrid Heli, Anni Körner, Birgit Linden, Vivian Martin, May Sandoz, Hara Savino, Brigitta Seidler-Winkler, Astrid Schirmer, Bogna Sokorska, Roswitha Steube, Gwendolyn Walters, Colette Warren; Allan Evans, Charles Berry, Karl-Walter Böhm, Maurice Brown, Reid Bunger, Allen Evans, Robin Fairhurst, Rudolf Holtenau, Bent Norup, Norbert Orth, William Ray, Karl Ridderbusch, Will Ribbert, Karl Sablotzke, Heribert Steinbach, Michail Swetlev, Charles Williams
Schauspieler: Jutta Boll, Hildegard Jacob; Cay Calov, Sebastian Dominik, Fritz Doege, Ferdinand Dux, Rainer Goernemann, Hans Lobitz, Klaus-Peter Wilhelm; *Gast:* Werner Gaefke

■ **Opern (N)**

14.09.75 „Die Meistersinger von Nürnberg" von Richard Wagner (7+1) – ML: Wallberg, I: Lehmann, A: Grübler

26.10.75 „Tosca" von Giacomo Puccini (18+1) – ML: Aeschbacher, I: Sulzberger, A: Hill

01.02.76 „Die Entführung aus dem Serail" von W. A. Mozart (17+1) – ML: Pintgen, I: Sulzberger, A: Walbeck

12.05.76 „Salome" von Richard Strauss (8) – ML: Pintgen, I: Sulzberger, A: Walbeck

20.06.76 „Die lustigen Weiber von Windsor" von Otto Nicolai (2) – ML: Willrich, I: Hohenemser, B: Bode, K: Seldte, Ch: Pilato/Vujanic

■ **Operetten (N)**

21.09.75 „Der Graf von Luxemburg" von Franz Lehár (36) – ML: Dorsch, I: Spangler, B: Scherreiks, K: Flaskämper, Ch: Pilato/Vujanic

11.07.76 „Der Zarewitsch" von Franz Lehár (3) – ML: Dorsch, I: Spangler, B: Stegmann, K: Flaskämper, Ch: Pilato/Vujanic

■ **Musical (N)**

31.12.75 „Annie Ger Your Gun" von Irving Berlin (18+2) – ML: Willrich, I: Spangler, B: Janecek, K: Flaskämper, Ch: Pilato/Evers

- **Opern (WA)**
19.09.75 „Die Dorfsängerinnen" von Fioravanti (14+3)
26.09.75 „Rigoletto" von Verdi (6)
04.10.75 „Porgy und Bess" von Gershwin (11)
22.11.75 „Die spanische Stunde" von Ravel (6)

- **Operette (WA)**
23.09.75 „Die Csárdásfürstin" von Kálmán (4+3) [25.06.: 50×]

- **Abstecher**
– „Annie Get Your Gun" (Lünen 16.03.76, Recklinghausen)
– „Die Csárdásfürstin" (Bottrop 06.05.76, Leverkusen, Lünen)
– „Die Dorfsängerinnen" (Heiligenhaus, Recklinghausen 08.01.76, Velbert)
– „Die Entführung aus dem Serail" (Marl)
– „Die Meistersinger von Nürnberg" (Leverkusen)
– „Tosca" (Recklinghausen 30.03.76)
– 20.05.76: Deutscher Beitrag beim Ausklang eines interationalen Unternehmerkongresses in Dubrovnic Puccini, Arie der Butterfly (Margarita Turner); Arie des Wolfram „Blick ich umher …" (Karl-Heinz Lippe) aus „Tannhäuser"); Mozart, Duett Zerlina „Reich mir die Hand, mein Leben" (Margarita Turner/Karl-Heinz Lippe) aus „Don Giovanni" Renate Deppisch/Uwe Evers (Minkus, Pas de deux aus „Don Quixote"); Strauß, „Der Kaiserwalzer"; Josef Krepela (Klavier)

- **Sonderveranstaltungen**
Grillo
26.10.75 Tag der offenen Tür („So arbeiten wir")
Saalbau
06.02.76 Sonderkonzert: Ein Wiener Abend Strauß, Ouvertüre „Die Fledermaus"/„Seid umschlungen, Millionen"/„Im Krapfenwald"/„Perpetuum mobile"/„Geschichten aus dem Wiener Wald"/„Auf der Jagd"; Ouvertüre „Der Zigeunerbaron"/Walzer aus „Indigo und die 40 Räuber"/„Annen-Polka"/„Neue Pizzicato-Polka"/„An der schönen blauen Donau" Städtisches Orchester, ML: Heinz Wallberg

02.07.76 „Die schönsten Melodien aus Oper und Operette" Nicolai, „Die lustigen Weiber von Windsor" (Ouvertüre; Margarita Turner; Karl-Heinz Lippe/Hans Nowack); Mozart, „Die Entführung aus dem Serail"/„Don Giovanni" (Miriam Robbins; Dietmar Cordan/Ivo Ingram); Verdi, „Rigoletto" (Joannis Anifantakis/Wicus Slabbert); Puccini, „Tosca" (Anita Salta; Joannis Anifantakis/Wicus Slabbert); Lortzing, „Der Wildschütz" (Christina Kubelka/Waltraud Pusch; Rolf-Oberste Brink); Kálmán, „Die Csárdásfürstin" (Friedhilde Filser/Herbert Mahnke); Strauß, Ouvertüre „Der Zigeunerbaron"
ML: Heinz Wallberg

Ballett

Ballett-Leitung: Boris Pilato, BM und Choreograf; *Stellvertretender BM und Trainingsleiter:* Anton Vujanic; *Probenleiter und Choreograf:* Uwe Evers
Repetitor: Hein Siepmann; *Dirigent:* Hans-Werner Pintgen
Ausstatter der Neuinszenierung: Ingeborg Kettner, Herbert Scherreiks

Compagnie: Michèle Poupon, Primaballerina; Annemarie Nikisch, Rajka Trbovic, *Solo*
Vanja Bourgoudjeva, Regine Trefny, *Solo mit Gruppe*
Annette May, Christa Piroch, Brigitte Stürmer, *Gruppe mit Solo*
Ingrid Heinze*, Christine Hildebrand*, Jacqueline Savage, Glenette Jeffrey*, Maria Lanman*, Marion Pilch, Edith Probst, Ingrid Sehorsch*, *Gruppe*
Uwe Evers, Manfred Fahrer, Henk van der Veen, *Solo*
Wolfgang Scharfenberger, *Solo mit Gruppe*
Sascha Alexander, Frank Bern*, Edgar Kunzi, Enrique Larraguibel, Klaus ten Hünfeld, *Gruppe mit Solo*
Abelardo Carrasco*, *Gruppe*
Gäste/Teilspielzeit: Renate Deppisch; Hilal Aysü, Anne Carman

- **Ballett (N)**
20.03.76 „Coppélia" von Boris Pilato/ Anton Vujanic//Léo Delibes (15+2) ML: Pintgen, B: Scherreiks, K: Kettner

- **Ballette (WA)**
29.10.75 „Cinderella" von Pilato//Prokofjew (5)
22.11.75 „Der Feuervogel" von Pilato//Strawinsky (6)

- **Abstecher**
– „Coppélia" (Leverkusen 12./19.06.76)

- **Sonderveranstaltung**
Grillo
14.03.76 Einführungs-Matinee zur Premiere „Coppélia"

- **Ausstellung**
Foyer
22.11.75 „Das Essener Ballett" – Gemälde und Zeichnungen mit Porträts der Essener Tänzer und Tänzerinnen von Hannelore Roth (bis 26.12.)

- **Gastspiel**
Grillo
07.03.76 „Eurythmie" (Goetheanum Dornach)

Brigitte Lebaan, Gabriele Marti, Annemarie Saul, Dorota Wojsyk, Ursula Wolcz*; Karl-Heinz Angermeyer*, Alfred Böckel, Gerd Braese, Cay Calov, Rudolf Cornelius, Fritz Doege, Sebastian Dominik, Ferdinand Dux, Michael Enk, Rainer Goernemann, Friedrich Gröndahl, Manfred Hilbig, Joachim Hildebrandt, Mathias Lange, Wolff Lindner, Joachim Luger, Yoyo Petit, Theo Pöppinghaus, Kurt Prawitt, Rolf Sebastian, Roland Seiler, Sasch Scholl, Tilo Weber*, Klaus-Peter Wilhelm

Chorsolisten („Cabaret"): Petra Bergfeld, Helga Bremer, Hermengilde Doetsch, Renate Glöckner; Cäcilia Gräf-Klees, Kotoe Kaneko, Gertud Rimkus, Gisela Schroeter; Erich Bär, Rudolf Braun, Gerrit Eubel, Josef Kistermann, Horst Kohl, Paul Lessmöllmann, Heinz Potztal, Helmut Rose, Werner Schuh

Tänzer/innen („Cabaret"): Ingrid Heinze, Christine Hildebrand, Jacqueline Horn-Savage, Glenette Jeffrey, Annette May, Marion Pilch, Christa Piroch, Edith Probst, Ingeborg Sehorsch, Brigitte Stürmer; Sasha Alexander, Frank Bern, Enrique Larraguibel, Wolfgang Scharfenberger (Essen)

Gäste/Teilspielzeit (unvollständig): Bianca Cavallini, Joana-Maria Gorvin, Anneliese Rehse, Else Sprenger; Werner Gaefke, Peter Lieck, Hans Lobitz, Heinz Schacht, Friedrich Schwarzkopf, Bernhard Wilfert

Schauspiel

Referent für das Sprechtheater und Leiter der Öffentlichkeitsarbeit: Herbert Hauck; *Dramaturg:* Helmar von Hanstein*
Regisseure der Neuinszenierungen: Lothar Trautmann; Herbert Hauck, Henri Hohenemser; *Gäste:* Liviu Ciulei, Werner Kraut, Helmut Polixa, Roland Seiler, Rüdiger Tuchel
Ausstatter der Neuinszenierungen: Günter Walbeck; Dieter Bode, Gudrun Flaskämper, Ekkehard Kröhn, Herbert Scherreiks; *Gäste:* Liviu Ciulei (Künstlerischer Beirat), Joana Gardescu, Gesine Seldte
Schauspielmusik: Alfons Nowicki; *Choreografen:* Fritz Doege; *Gast:* John Grant

Ensemble: Helga Bährens*, Christa Bernhardt, Jutta Boll, Jutta Eckhardt, Anke Hartwig, Steffy Helmar, Hildegard Jacob, Katharina Krüger,

- **Schauspiele (N)**
Grillo
30.09.75 „Was ihr wollt" von William Shakespeare (18+2) – I: Hohenemser, B: Kröhn, K: Seldte, M: Nowacki
12.10.75 „Der Kirschgarten" von Anton Tschechow (15+1) – I/B: Ciulei, K: Gardescu, M: Nowacki
09.11.75 „Der kleine dicke Ritter" von Robert Bolt (41) – I: Polixa, A: Scherreiks, M: Nowacki
12.12.75 „Armer Mörder" von Pavel Kohout (12+1) – I/B: Trautmann, K: Gardescu
22.02.76 „Einer muss der Dumme sein" von Georges Feydeau (17) -I: Hohenemser, B: Bode, K: Seldte
11.04.76 „Woyzeck" von Georg Büchner (18+1) – I: Trautmann, A: Kröhn, M: Nowacki

Humboldtaula

19.09.75 „Frauen, Frauen übe alles!" *Kabarett-Revue* von Herbert Hauck (23+1) – I: Hauck, ML: Nowacki, A: Kröhn, Ch: Doege

21.11.75 „Fräulein Julie" von August Strindberg (31) – I: Hohenemser, A: Bode, M: Nowacki

14.02.76 „Komödie im Dunkeln" von Peter Shaffer (21+1) – I: Trautmann, A: Kröhn

Studio

08.10.75 „Die vier Lumpenhändler" von Robert Galve (15+mobil 51) – I: Seiler, K: Flaskämper

04.01.76 „Eine Stadt wird vernommen" von David Hare (5+2) – I: Tuchel, A: Walbeck

31.03.76 „Damenbekanntschaften" – Vier szenische Moritaten von Lotte Ingrisch (9+13 HA +1) – I: Kraut, A: Scherreiks, M: Nowacki

■ Musical (N)

28.05.76 „Cabaret" von John Kander (Recklinghausen 8×) – ML: Nowacki, I: Trautmann, A: Kröhn, Ch: Grant

■ Schauspiele (WA)

Grillo

18.09.75 „Der Hauptmann von Köpenick" von Zuckmayer (6+6)

Humboldtaula

04.10.75 „Das Fenster zum Flur" von Flatow/Pillau (4)

Studio

26.11.75 „Nachtgeläster" *Lästerlieder* von Grasshoff/Liselotte Rauner (7)

■ Abstecher

– „Armer Mörder" (Velbert)
– „Cabaret" (Recklinghausen., ab 28.05.76, 8×)
– „Damenbekanntschaften (Bottrop 12.05.76)
– „Der Hauptmann von Köpenick" (Brüssel 28.11.75, Leverkusen 25.03. und 2×, Lünen, Oberhausen)
– „Der Kirschgarten" (Marl 03.12.75)
– „Die Menschen sind lustige Leut', haha!" (in 6 Städten Finnlands, November 75; Leverkusen Dez; Recklinghausen 12.06., Künstlerlokal „Milieu", Düsseldorf, 03.07.; Theater Münster 09.07.76)
– „Eine Stadt wird vernommen" (Bottrop 10.01.76, Recklinghausen)
– „Frauen Frauen über alles" (Marl 22.01.76)
– „Komödie im Dunkeln" (Lünen)
– „Was ihr wollt (Marl 20./22.10.75)
– „Woyzeck" (Oberhausen)

■ Sonderveranstaltungen

Grillo

26.10.75 Tag der offenen Tür

Café im Grillo

12.10.75 Einführungs-Matinee zur Inszenierung „Der Kirschgarten" mit Texten von Tschechow: „Seht doch, wie langweilig ihr lebt!", gelesen von Anke Hartwig/Friedrich Gröndahl/Roland Seiler

05.04.76 Einführung zur Inszenierung „Woyzeck" („Die Zurechnungsfähigkeit des Mörders Johann Christian Woyzeck") mit Katharina Krüger; Rudolf Cornelius/Manfred Hilbig/Wolf Lindner/Roland Sailer und Helmar von Hanstein (Dramaturg)

Studio

19.11.75 Joana Maria Gorvin liest Lyrik und Prosa von Heinrich Heine

14.04.76 Lotte Ingrisch liest aus ihren dramatischen Werken

Volkshochschule

06.12.75 Einführungs-Soiree zur Premiere „Armer Mörder"

■ Ausstellung

Foyer

Anfang Januar 76
   Regine Zweig, Lichtbilddokumentation – Proben- und Aufführungsfotos zu „Armer Mörder"

■ Gastspiele

Studio

07.02.76 „Josef Lang – K. u. K. Scharfrichter" von Gerhard Dorfer/Anton Zettel mit Sascha Scholl, 4×

11.06.76 „Pfui! – Deutsche über Deutsche": Politische Lyrik des 19. und 20. Jahrhunderts (Spielschar des Helmholtzgymnasiums), auch 12.06.

Spielzeit 1976/77

Verwaltungsdirektor: Lutz Beutling*

Generalintendant: Dr. Jürgen-Dieter Waidelich; *Leiter KBB:* Siegfried Wittig*
Dramaturgie: Dr. Ilka Boll, *Dramaturgin und Künstlerischer Beirat*; *Sachbearbeiter für Dramaturgie und Organisation:* Gerard S. Kohl
Ausstattungsleiter: Ekkehard Kröhn

Musiktheater

Referent für das Musiktheater: Reinald Heissler-Remy; *Dramaturg:* Herrmann Götz-Grabner*

Generalmusikdirektor: Prof. Heinz Wallberg; *Dirigenten:* Matthias Aeschbacher*, 1. Kapellmeister; Helge Dorsch, Konrad Haenisch, Heinz Sosnitza; *Gast:* Hans-Joachim Willrich Philharmonisches Orchester; *Repetitoren:* Heinz Sosnitza, Studienleiter; Helge Dorsch, Konrad Haenisch, Wolfgang Schulz
Chordirektor: Konrad Haenisch; *Choreografie:* Irene Mann *(Gast)*

Regisseure der Neuinszenierungen: Nikolaus Sulzberger, Oberspielleiter; Henri Hohenemser; *Gäste:* Hans-Peter Lehmann, Irene Mann
Ausstatter der Neuinszenierungen: Ekkehard Kröhn; Dieter Bode, Gudrun Flaskämper, Horst Hagenström; *Gäste:* Heinz Balthes, Gottfried Pilz, Günter Walbeck

Ensemble: Friedhilde Filser, Adelheid Krauss, Christina Kubelka, Birgit Linden*, Waltraud Pusch, Miriam Robbins, Anita Salta, Margarita Turner; Joannis Anifantakis, Manfred Baisch, Dietmar Cordan, Horst Hüskes, Ivo Ingram, Karl-Heinz Lippe, Herbert Manke, Richard Medenbach, Hans Nowack, Rolf Oberste-Brink, Jean Petit, Hendrikus Rootering, Wicus Slabbert, Siegfried Wittig*
Chorsolisten (Wiederaufnahmen nicht erfasst): Petra Bergfeld, Helga Bremer, Hermengilde Doetsch, Theodora Frank, Renate Glöckner, Cäcilia Gräf-Klees, Ingeborg Kabon, Kotoe Kaneko, Charlotte Vogel; Rudolf Braun, Gerrit Eubel, Manfred Grohnert, Arno Klees, Paul Lessmöllmann, Heinz Potztal

Gäste/Teilspielzeit (unvollständig): Erika Ahsbahs, Herta Fischer, May Sandoz, Astrid Schirmer, Anny Schlemm, Czeslawa Slania, Carol Smith; Andreas Becker, Karl-Walter Böhm, Reid Bunger, Hermin Esser, Robin Fairhurst, Bent Norup, Will Ribbert, Horst Rüther, Karl Sablotzke, Willi Schell, Heribert Steinbach, Michail Swetlev, Karl-Heinz Thiemann, Bengt Wisten, Hugo Zinkler
Schauspieler(innen): Jutta Boll; Gerd Braese, Fritz Doege, Götz Herrmann-Grabner, Hans Lobitz, Joachim Luger, Siegfried Wittig (Essen); *Gäste:* Sonja Böckstiegel; Werner Gaefke

■ Opern (N)

19.09.76 „Tannhäuser" von Richard Wagner (10) – ML: Wallberg, I: Lehmann, A: Kröhn, Ch: Pilato
28.11.76 „Der Troubadour" von Giuseppe Verdi (10+1) – ML: Aeschbacher, I: Sulzberger, A: Walbeck
27.02.77 „Don Giovanni" von Wolfgang A. Mozart (10) – ML: Aeschbacher, I: Sulzberger, A: Walbeck
24.04.77 „Der Wildschütz" von Albert Lortzing (11) – M: Willrich, I: Sulzberger, A: Pilz
05.06.77 „Jenufa" von Leoš Janáček (3) – ML: Aeschbacher, I: Hohenemser, A: Bode
06.07.77 „Bastien und Bastienne" von W. A. Mozart/„Herzog Blaubarts Burg" von Béla Bartók (2) ML: Aeschbacher *(konzertant)*

■ Operette (N)

31.12.76 „Im weißen Rössl" von Ralph Benatzky (22) – ML: Dorsch, I/

Ch: Mann, B: Balthes/Hagenström, K: Flaskämper

■ Opern (WA)

26.09.76 „Die lustigen Weiber von Windsor" von Nicolai (17+3)
07.10.76 „Tosca" von Puccini (9+2) [14.05.: 30×]
21.10.76 „Die Entführung aus dem Serail" von Mozart (6+2)
23.10.76 „Salome" von Strauss (6)
30.01.77 „Die Meistersinger von Nürnberg" von Wagner (4)

■ Operetten/Musical (WA)

22.09.76 „Der Zarewitsch" von Lehár (24)
24.09.76 „Annie get your Gun" von Berlin (3)
07.11.76 „Der Graf von Luxemburg" von Lehár (+1)

■ Abstecher

– „Der Graf von Luxemburg" (Heiligenhaus 07.11.76)
– „Der Troubadour" (Marl 03.05.77)
– „Die Entführung aus dem Serail" (Recklinghausen 15.02./22.03.77)
– „Die lustigen Weiber von Windsor" (Heiligenhaus 16.03.77, Lünen Dez. 2×)
– „Tosca" (Leverkusen 21.12.76, Recklinghausen 11.03.77)

■ Sonderveranstaltungen

Grillo
18.09.76 Öffentliche Arbeitsprobe „Der Zarewitsch" (im Rahmen der Essener Woche „E'76")
10.10.76 „So arbeiten wir" (Tag der offenen Tür)

Kennedyplatz
16.09.76 Heiterer Melodienstrauß aus Oper und Operette, auch 17.09. (im Rahmen der Essener Woche „E'76")

Saalbau
27.09.76 Wiener Abend mit Werken von Johann Strauß Ouvertüre „Die Fledermaus"/Walzer „Seid umschlungen, Millionen"/„Im Krapfenwald"/„Perpetuum mobile"/Walzer „Geschichten aus dem Wiener Wald"/„Auf der Jagd"/Ouvertüre „Der Zigeunerbaron"/Walzer „Tausendundeine Nacht" aus „Indigo und die 40 Räuber"/„Annen-Polka"/„Kaiserwalzer"/„Neue Pizzicato-Polka"/„Unter Donner und Blitz"
ML: Heinz Wallberg

19.10.76 Wiener Abend mit Werken von Johann Strauß Ouvertüre „Eine Nacht in Venedig"/„Ägyptischer Marsch"/„Annen-Polka"/Walzer „Rosen aus dem Süden"/„Vergnügungszug"/Walzer „Tausendundeine Nacht" aus „Indigo und die 40 Räuber"/„Tritsch-Tratsch-Polka"/Walzer „Wo die Zitronen blühn"/Walzer „Seid umschlungen, Millionen"/„Frisch in Feld"/Ouvertüre „Der Zigeunerbaron"; Strauß (Vater), „Champagner-Galopp"
ML: Heinz Wallberg

06.04.77 Die schönsten Melodien aus Oper und Operette, auch 10.04. Wagner, Ouvertüre „Die Meistersinger von Nürnberg"; Wagner, Arie der Elisabeth „Dich, teure Halle, grüß' ich wieder" (Margarita Turner) aus „Der Tannhäuser"; Puccini, Arie des Cavaradossi „Und es blitzten die Sterne" (Joannis Anifantakis) aus „Tosca"; Verdi, Kerker-Arie der Leonore (Anita Salta) aus „Der Troubadour"; Mozart, Arie des Blondchen „Welche Wonne, welche Lust" (Miriam Robbins) und Arie des Osmin „O, wie will ich triumphieren" (Hans Nowack) aus „Die Entführung aus dem Serail"; Mozart, Arie des Figaro „Ach, öffnet eure Augen" (Rolf Oberste-Brink), Arie des Cherubin „Sagt, holde Frauen" (Christina Kubelka) und Arie des Grafen „Der Prozess ist schon gewonnen" (Wicus Slabbert) aus „Figaros Hochzeit"; Lortzing, Arie der Baronin „Auf des Lebens raschen Wogen" (Waltraud Pusch) und Arie des Baculus „Fünftausend Taler" (Richard Medenbach) aus „Der Wildschütz"; Lehár, Duett Sonja/Zarewitsch (Friedhilde Filser/Herbert Manke) aus „Der Zarewitsch"; Benatzky, Duett „Die ganze Welt ist himmelblau" (Friedhilde Filser/Herbert Manke); Lied des Leopold „Zuschau'n kann i net" (Horst Hüskes) und Duett Ottilie/ Dr. Siedler „Mein Liebeslied muss ein Walzer sein" (Friedhilde Filser/Herbert Manke) aus „Im weißen Rössl"; Strauß, Ouvertüre „Die Fledermaus" ML: Matthias Aeschbacher

Gruga (Musikavillon)
22.05.77 Beliebte Melodien aus Oper und Operette Musik von Mozart/Tschaikowsky/Verdi/Lehár/Millöcker/Strauß
Solisten: Friedhilde Filser/Christina Kubelka; Joannis Anifantakis/Richard Medenbach/Siegfried Wittig; Ruhrland-Orchester, ML: Josef Krepela

Montage-Halle bei AEG-Kanis,
15.09.76 „Strauß-Konzert" (im Rahmen der Essener Woche „E'76") „Fledermaus"-Ouvertüre/„Kaiserwalzer"/„Pizzicato-Polka"/„Zigeunerbaron"-Ouvertüre ML: Heinz Wallberg

■ Ausstellung
19.09.76 Dokumentation über frühere Aufführungen der Oper „Tannhäuser" in Essen mit alten Theaterzetteln, Programmen, Zeichnungen und Fotos (Materialen des Theaterwissenschaftlichen Instituts der Universität Köln; Einrichtung: Ekkehard Kröhn, Assistentin Regina Freise und Regie-Assistent Götz Herrmann-Grabner)

■ Gastspiel
Grillo
06.03.77 „Die Insel Tulipatan" – A big show with music, dance, songs von Jacques Offenbach (Folkwang Hochschule, Fachbereich Schauspiel), auch 07.03./27.06.77

Ballett

Ballett-Leitung: Boris Pilato, BM und Choreograf; *Stellvertretender BM und Trainingsleiter:* Anton Vujanic; *Probenleiter und Choreograf:* Uwe Evers
Repetitor: Hein Siepmann; *Dirigenten:* Matthias Aeschbacher, Heinz Sosnitza
Ausstatter der Neuinszenierungen: Ekkehard Kröhn, Ingeborg Kettner

Compagnie: Michèle Poupon, *Primaballerina*; Renate Deppisch*, *Primaballerina*; Annemarie Nikisch, Rajka Trbovic, *Solo*
Hilal Aysü*, Vanja Bourgoudjeva, Regine Trefny, *Solo mit Gruppe*
Annette May, Christa Piroch, Brigitte Stürmer, *Gruppe mit Solo*
Ingrid Heinze, Christine Hildebrand, Jacqueline Savage, Glenette Jeffrey, Maria Lanman, Marion Pilch, Edith Probst, Ingrid Sehorsch, *Gruppe*
Uwe Evers, Eugeniusz Jakobiak*, Henk van der Veen, *Solo*
Wolfgang Scharfenberger, Heiner Schunke, *Solo mit Gruppe*
Sascha Alexander, Frank Bern*, Abelardo Carrasco*, Edgar Kunzi, *Gruppe mit Solo*
Elevin: Anette Gajewski, *Gruppe mit Solo*
Gast/Teilspielzeit: Anne Carman

■ Ballette (N)
20.03.77 „Schwanensee" von Boris Pilato/ Eugeniusz Jakobiak//Peter I. Tschaikowsy (12) – ML: Sosnitza, B: Kröhn, K: Kettner
26.06.77 „Orpheus"/„Le sacre du printemps" von Boris Pilato//Igor Strawinsky (2) – ML: Aeschbacher, B: Kröhn, K: Kettner

■ Ballett (WA)
29.09.76 „Coppélia" von Pilato//Delibes (11+1)

■ Abstecher
– „Coppélia" (Hamm 04.11.76)

■ Sonderveranstaltung
Grillo
13.03.77 Matinee zur Premiere „Schwanensee"

■ **Gastspiele**
Grillo
08.11.76 Eurythmie Stuttgart unter Mitwirkung der Rumänischen Philharmonie Arad
14.11.76 Ballett-Studio Roehm stellt sich vor (auch 15.11.)
1. Teil: Demonstrationen aus dem Lehrplan der Royal Academy of Dancing London
2. Teil: Folkloristische Ballett-Tänze: Dvořák, „Slawischer Tanz Nr. 7"; Smetana, Polka aus „Die verkaufte Braut"; Tschaikowsky, „Blumenwalzer" aus „Der Nussknacker"

Schauspiel

Dramaturg für das Sprechtheater und Leiter der Öffentlichkeitsarbeit: Herbert Hauck
Mitarbeiter der Dramaturgie: Heiko Holefleisch*

Regisseure der Neuinszenierungen: Henri Hohenemser*, Oberspielleiter; Gerd Braese, Friedrich Gröndahl, Rainer Goernemann, Willy Herzig, Wolff Lindner, Alfons Nowacki, Nikolaus Wolcz*
Gäste: Kazimierz Dejmek, Wolfgang Forester, Lothar Trautmann, Irene Mann, Edgar Mandel, Dieter Reible
Ausstatter der Neuinszenierungen: Dieter Bode, Gesine Seldte, Gudrun Flaskämper, Horst Hagenström, Heinz Balthes, Regine Freise, Willy Herzig, Ekkehard Kröhn, Rainer Goernemann
Gäste: Andrzej Majewski, Edgar Mandel, Thomas Rother, Herbert Scherreiks, Ulrike Tannert

Schauspielmusik: Alfons Nowacki; *Gäste:* Michael Behr, Tomasz Kiesewetter, Reinhard Kretzschmar, Jozef Matuszewski; *Choreografie:* Hans Lobitz (Essen); John Grant *(Gast)*

Ensemble: Helga Bährens, Christa Bernhardt, Ingrid Birkholz*, Jutta Boll, Irmentraut Conradt, Jutta Eckhardt, Steffy Helmar, Hildegard Jacob, Katharina Krüger, Brigitte Lebaan, Gabriele Marti, Annemarie Saul, Ursula Wolcz; Karl-Heinz Angermeyer, Alfred Böckel, Gerd Braese, Cay Calov, Rudolf Cornelius, Fritz Doege, Sebastian Dominik, Michael Enk, Werner Gaefke*, Rainer Goernemann, Friedrich Gröndahl, Götz Herrmann-Grabner*, Manfred Hilbig, Hans Kretzschmar, Abdul-M. Kunze, Hans Lobitz*, Mathias Lange, Wolff Lindner, Hans Lobitz, Joachim Luger, Yoyo Petit, Kurt Prawitt, Konrad Scheuer*, Tilo Weber, Klaus-Peter Wilhelm, Siegfried Wittig*, Nikolaus Wolcz*
Chorsolisten („Cabaret"): Petra Bergfeld, Helga Bremer, Hermengilde Doetsch, Renate Glöckner, Cäcilia Gräf-Klees, Kotoe Kaneko, Gertud Rimkus, Gisela Schroeter; Erich Bär, Rudolf Braun, Gerrit Eubel, Josef Kistermann, Horst Kohl, Paul Lessmöllmann, Heinz Potztal, Helmut Rose, Werner Schuh
Tänzer/innen („Cabaret"): Ingrid Heinze, Christine Hildebrand, Jacqueline Horn-Savage, Glenette Jeffrey, Annette May, Marion Pilch, Christa Piroch, Edith Probst, Ingeborg Sehorsch, Brigtte Stürmer; Sasha Alexander, Frank Bern, Enrique Larraguibel, Wolfgang Scharfenberger (Essen)

Gäste/Teilspielzeit (unvollständig): Ilse Anton, Charlotte Asendorf, Sonja Böckstiegel, Bianca Cavallini, Joana-Maria Gorvin, Anke Hartwig, Ellen Müller, Hildegard Raupach; Ellis ben Smith, Johann Adam Oest, Theo Pöppinghaus, Guido Rieger, Eckard Rühl

■ **Schauspiele (N)**
Grillo
30.10.76 „Die Ratten" von Gerhart Hauptmann (24+4) – I: Hohenemser (Abschlussproben: Waidelich), B: Bode, K: Seldte
07.11.76 „Rotkäppchen" von Jewgenij Schwarz (33+6) – I/M: Nowacki, A: Bode
23.01.77 „Kabale und Liebe" von Friedrich Schiller (19) – I: Trautmann, A: Kröhn
10.04.77 „Operette" von Witold Gombrowicz (10) – I: Dejmek, A: Majewski, M: Kiesewetter, ML: Nowacki, Ch: Matuszewski
04.06.77 „Hurra, wir sterben" *Antikriegs-Revue* von Klaus Buszinski (0+10) – I: Reible, ML: Nowacki, A: Kröhn, Ch: Lobitz, M: Kiesewetter *(Ruhrfestspiele Recklinghausen)*
Humboldtaula
23.09.76 „Die Vögel" von Aristophanes/Textfassung und Bearbeitung: Ilka Boll

	(20+6) – I: Wolcz, A: Scherreiks, Chöre und Musik: Kretzschmar
20.11.76	„Richards Korkbein" von Brendan Behan (8+1 Grillo) – I: Lindner, A; Kröhn, M: Nowacki Tanz-Einstudierung: Lobitz
11.12.76	„Das Jahrmarktsfest zu Plunderweilern" von Peter Hacks nach Goethe (22+1) – I: Wolcz, A: Seldte
19.02.77	„Tartuffe" von Molière (15+1 Grillo+1) – I: Wolcz, A: Seldte
23.05.77	„Der Gutshof" von David Storey (7) – I: Forester, A: Kröhn

Studio

29.09.76	„Pong" (U) von Th. Rother/Rainer Goernemann (14+ 74 mobil +4; VA: Kennedyplatz 16./17.09., je 2×) – I: Braese/Goernemann, A: Goernemann/Rother/Tannert, M: Kretschmer/Behr
13.11.76	„Spiel ohne Worte"/„Das letzte Band" von Samuel Beckett (9) – I: Wolcz (Spiel ohne Worte), I/A: Mandel (Das letzte Band)
13.05.77	„Geliebter Lügner" von Jerome Kilty (4+2 Grillo+9 HA) – I: Gröndahl, B: Freise, K: Flaskämper *(Grillo 04.07.: Abschiedsvorstellung für Hildegard Jacob)*

mobil

13.05.77	„Robinson lernt tanzen" Kinderstück von Hansjörg Schneider (31) – I/A: Herzig (P: Hauptschule an der Beisingstraße)

■ Musical (N)

21.09.76	„Cabaret" von John Kander (21+2) [08.04.77: 30×] – ML: Nowacki, I: Trautmann, A: Kröhn, Ch: Grant

■ Schauspiele (WA)

Grillo

27.09.76	„Einer muss der Dumme sein" von Feydeau (7+1)
11.10.76	„Der Kirschgarten" von Tschechow (3+1)

Humboldtaula

19.10.76	„Damenbekanntschaften" von Ingrisch (10+2) [07.04.77: 35×]

■ Abstecher

– „Cabaret" (Leverkusen 2×)
– „Chansons" mit Brigitte Lebaan/Alfons Nowaki (1 Woche München; Stockholm/Malmö; Aula des Burggymnasiums anlässlich der „Woche des Friedens" 11.12.76; Bottrop 29.04.77)
– „Damenbekanntschaften (Marl 17.03., Folkwang-Hochschule 10.07.77)
– „Das Jahrmarktsfest zu Plundersweilern" (Bottrop 28.04.77)
– „Der Kirschgarten" (Leverkusen)
– „Die Ratten" (Bottrop 13.01., Recklinghausen 15.01., Bottrop 23.03., Velbert 20.04.77)
– „Die Vögel" (Bottrop 05.01., Lünen, Velbert, Gütersloh 30.04./09.06.77, Oberhausen)
– „Einer muss der Dumme sein" (Lünen)
– „Hurra, wir sterben" (Recklinghausen ab 04.06. 8×)
– „Pong" (Duisburg 2×, Hamm 2×)
– „Rotkäppchen" (Bottrop 06.12.76 2×, Gruga 07./08., 09./10.07.77)
– „Tartuffe" (Marl 18.04.77)
– Ausschnitte aus „Cabaret" mit Solisten und der Band Alfons Nowacki (Abfüllanlage von Coca Cola im Gewerbegebiet Katharina, 13.09.76, im Rahmen der Essener Woche „E'76")

■ Sonderveranstaltungen

Grillo

19.09.76	Öffentliche Probe „Cabaret" (im Rahmen der Essener Woche „E'76")
10.10.76	„So arbeiten wir" (Tag der offenen Tür), u.a. Ausschnitte aus „Die Vögel" und „Pong"
08.05.77	„Jazz & Chanson" – anlässlich des 25-jährigen Bühnenjubiläums von Brigitte Lebaan Chansons von Brecht/Grasshoff/Heine/Hollaender/Kästner/Mehring/Morgan/Neumann/Rauner/Tucholsky mit Alfons Nowacki (Klavier)und seiner Musical-Band

Museum Folkwang

15.05.77	„Die Deutschenämmerung – Im Vorfeld des Nationalsozialismus", Gereimtes und Ungereimtes von Blut und Seele, Gott und Vaterland, zusammengestellt und kommentiert von Ilka Boll (anlässlich der Ausstellung „Die Kunst der dreißiger Jahre")

Stadtkneipe „Tintenburg"/Kennedyplatz
11.09.76 Künstlerstammtisch – Diskussion über das Essener Kulturleben mit Dr. Jürgen-Dieter Waidelich/Dramaturg Herbert Hauck/GMD Heinz Wallberg/Verwaltungsdirektor Lutz Beutling u. a.; Leitung: Hartmut W. Redottée (Tatkreis Kunst der Ruhr) (im Rahmen der Essener Woche „E'76")

▪ Gastspiele
Humboldtaula
13.11.76 Prager Marionettentheater Spejbl & Hurvinek „Hurvinek unter den Käferchen" (für Kinder); „Spejbl contra Dracula" (für Erwachsene)
Studio
18.02.77 „Die ehrbare Birne" – Literarisches Kabarett von und mit Martin Rosenstiel, auch 11.06.77

Spielzeit 1977/78

Verwaltungsdirektor: Lutz Beutling

Generalintendant: Dr. Jürgen-Dieter Waidelich; *Künstlerisches Betriebsbüro:* Siegfried Wittig; Renate Voß*, Mitarbeiterin
Dramaturgin und künstlerischer Beirat: Dr. Ilka Boll; *Sachbearbeiter für Dramaturgie und Organisation:* Gerard S. Kohl
Technischer Direktor: Siegfried Ehrenberg; *Ausstattungsleiter:* Ekkehard Kröhn

Musiktheater

Musiktheaterdramaturg- Assistent: Reinhard Ermen*
Musikalischer Oberleiter: Matthias Aeschbacher; *Dirigenten:* Prof. Heinz Wallberg, GMD; Eberhard Dietz*, Konrad Haenisch, Heinz Sosnitza; Philharmonisches Orchester; *Repetitoren:* Heinz Sosnitza, *Studienleiter;* Thomas Uhlmann*, Wolfgang Schulz, *Gast:* Helge Dorsch; *Chordirektor:* Konrad Haenisch

Regisseure der Neuinszenierungen: Nikolaus Sulzberger, Oberspielleiter; Boris Pilato, Brigitte Gaudszuhn*, Götz Herrmann-Grabner*; *Gast:* Michael Wedekind
Ausstatter der Neuinszenierungen: Ekkehard Kröhn; *Gäste:* Ingeborg Kettner, Theodor Lau, Regine Freise, Günter Walbeck

Ensemble: Barbara Carter*, Friedhilde Filser, Herta Fischer*, Christina Kubelka, Birgit Linden, Miriam Robbins, Anita Salta, Dagmar Trabert*, Margarita Turner; Joannis Anifantakis, Manfred Baisch, Dietmar Cordan, Horst Hüskes, Ivo Ingram, Karl-Heinz Lippe, Herbert Manke, Richard Medenbach, Hans Nowack, Rolf Oberste-Brink, Hendrikus Rootering, Wicus Slabbert, Siegfried Wittig
Chorsolisten (Wiederaufnahmen nicht erfasst): Gertrud Brand-Rimkus, Hermengilde Doetsch, Renate Glöckner, Cäcilia Gräf-Klees, Ingeborg Kabon, Jadwiga Miklavcic, Anita Rödiger, Gisela Schroeter, Elsa Schulz, Charlotte Vogel; Heinrich Bergmann, Rudolf Braun, Alfred Doetsch, Gerrit Eubel, Manfred Grohnert, Peter Günther, Arno Klees, Horst Kohl, Paul Lessmöllmann, Günter Marx, Heinz Potztal, Helmut Rose, Jan Thompson

Gäste/Teilspielzeit (unvollständig): Gabriele Corsten, Ruthild Engert, Linda Karèn, Elke Krampen, Elsi Maurer, May Sandoz, Astrid Schirmer, Anny Schlemm, Teresa Seidl, Eva Tamulénas, Bianca von Zambelly; Karl-Walter Böhm, Reid Bunger, Hermin Esser, Dietmar Kühnel, Bent Norup, Jean Petit, Karl Sablotzke, Heribert Steinbach, Michail Swetlew, Hans Wegmann, Hugo Zinkler
Schauspieler („My Fair Lady"/„Die Zirkusprinzessin"): Ilse Anton, Sonja Böckstiegel, Gabriele Marti; Gerd Braese, Fritz Doege, Werner Gaefke, Götz Herrmann-Grabner, Friedrich Gröndahl, Michael Oenicke, Yoyo Petit, Tilo Weber, Siegfried Wittig (alle Schauspiel Essen)

■ Opern (N)

18.09.77 „Otello" von Giuseppe Verdi (14) – ML: Wallberg, I: Sulzberger, A: Walbeck

27.11.77 „Hänsel und Gretel" von Engelbert Humperdinck (11+1) – ML: Dietz, I: Gaudszuhn. A: Kröhn

05.02.78 „Figaros Hochzeit" von Wolfgang Amadeus Mozart (8) – ML: Aeschbacher, I: Sulzberger, A: Walbeck, Tanz: Jakobiak

21.05.78 „Ariadne auf Naxos" von Richard Strauss (5) – ML: Aeschbacher, I: Sulzberger, A: Walbeck

30.06.78 „Ero der Schelm" von Jakov Gotovač (2) – ML: Dietz, I/Ch: Pilato, B: Lau, K: Kettner

Casa Nova

09.06.78 „Bastien und Bastienne" von Wolfgang Amadeus Mozart (3) – Szenische Realisation: Dietz „Die Kaffee-Kantate" von Joh. Sebastian Bach – ML: Dietz, I: Herrmann-Grabner, A: Freise

■ **Operette (N)**
16.10.77 „Die Zirkusprinzessin" von Emmerich Kálmán (18+2) – ML: Sosnitza, I: Pilato, B: Lau, K: Kettner, Ch: Pilato/Evers/Jakobiak

■ **Musical (N)**
31.12.77 „My Fair Lady" von Frederick Loewe (16) – ML: Dietz, I: Wedekind, A: Kröhn, Ch: Pilato

■ **Opern (WA)**
20.09.77 „Der Wildschütz" von Lortzing (5+2)
25.09.77 „Fidelio" von Beethoven (3)
01.10.77 „Die Entführung aus dem Serail" von Mozart (3)
09.10.77 „Don Giovanni" von Mozart (2)
30.10.77 „Der Troubadour" von Verdi (4)
10.11.77 „Jenufa" von Janáček (4)
16.12.77 „Salome" von Strauss (2)
18.12.77 „Tannnhäuser" von Wagner (4+4)

■ **Operette (WA)**
21.09.77 „Im weißen Rössl" von Benatzky (9)

■ **Abstecher**
– „Der Wildschütz" (Recklinghausen 08.10., Lünen)
– „Die Zirkusprinzessin" Witten 17.03., Mülheim 22.04.78)
– „Hänsel und Gretel" (Witten 24.01.78)
– „Tannhäuser" (Barcelona 15./18./21.02., Recklinghausen 16.02.78)
– „Musik und Freude" Ausschnitte aus „Im weißen Rössl"/„Die Zirkus-prinzessin" (Coca Cola 15.09., Karstadt 08.09.77, 08.05.78)

■ **Sonderveranstaltungen**
Grillo
16.10.77 „So arbeiten wir" (Tag der offenen Tür)
Casa Nova
11.12.77 Opern-Workshop „Hänsel und Gretel": Interessantes, Amüsantes, Wissenswertes
02.06.78 Theaterfest '78 unter Mitwirkung des Orchesters, der Sänger, Schauspieler, Tänzer und aller Abteilungen der Bühnen in Essen
26.06.78 Einführung zur Inszenierung „Ero der Schelm"
Saalbau
10.09.77 Konzert im Rahmen der Essener Woche „E'77" Strauß, Ouvertüre „Der Zigeunerbaron"; Gershwin, „Rhapsody in Blue" (Rudolf Buchbinder); Tschaikowsky, „Klavierkonzert Nr. 1" (1. Satz, Rudolf Buchbinder); Dvořák, „Slawische Tänze op. 46" Nr. 1/2/3; Strauß, „Auf der Jagd"/„An der schönen blauen Donau"; Joh. Strauß (Vater), „Radetzky-Marsch"
ML: Heinz Wallberg
24.02.78 „Wiener Abend" Suppé, Ouvertüre „Leichte Kavallerie"; Strauß, Walzer „Rosen aus dem Süden"/„Leichtes Blut"/Euzugsmarsch aus „Der Zigeunerbaron"/„Alte Pizzicato-Polka"/„Tritsch-Tratsch-Polka"/Ouvertüre „Eine Nacht in Venedig"/Walzer „Wiener Blut"/„Csárdás"; Strauß (Vater), „Champagner-Galopp"; Josef Strauß, „Auf Fereinreisen"; Karl Komzák, Walzer „Bad'ner Mad'ln"; Lehár, Walzer „Gold und Silber"
ML: Heinz Wallberg
08.06.78 Die schönsten Melodien aus Oper und Operette mit Ausschnitten aus Wagner, „Tannhäuser"; Mozart, „Figaros Hochzeit"; Verdi, „Der Troubadour"; Strauss, „Ariadne und Naxos"; Strauss, „Die Fledermaus; Kálmán, „Die Csárdásfürstin"; Loewe, „My Fair Lady"
ML: Aeschbacher
Grugahalle
23.09.77 „Wiener Abend" mit Lydia Popp/René Kollo Lucia Popp: Lehár, „Vilja-Lied" aus „Die lustige Witwe"/Strauß, „Draußen in Sievering …" aus „Die Tänzerin Fanny Elssner"; René Kollo: Ledár, „Freunde, das Leben ist lebenswert" aus „Giuditta" und „Es steht ein Soldat am Wolgastrand" aus „Der Zarewitsch" *(unvollständig)*
ML: Heinz Wallberg
Montagehalle Krupp Industrie- und Stahlbau
13.12.77 „Wien bleibt Wien" mit Ausschnitten aus „Die Zirkusprinzessin"/„Im

weißen Rössl"/„My Fair Lady" und Mitwirkung des Balletts – ML: Heinz Sosnitza

Grillo
01.03.78 „La Cenerentola" von Gioacchino Rossini (Musiktheater im Revier), auch 03./14./15.03.

Cas Nova
12.02.78 „Das befreite Schlagzeug": Avantgarde – Musik – Workshop mit Michael Jüllich
12.02.78 „Die Lukas-Passion" von Krzyszof Penderecki – Einführungsvortrag von Prof. Lindlar

Ballett

Ballett-Leitung: Boris Pilato, BM und Choreograf; *Stellvertretender BM und Trainingsleiter:* Anton Vujanic; *Probenleiter und Choreograf:* Uwe Evers
Repetitor: Hein Siepmann; *Dirigent:* Eberhard Dietz
Ausstatter der Neuinszenierung: Ingeborg Kettner, Theo Lau *(Gäste)*

Compagnie: Renate Deppisch, Michèle Poupon, Primaballerinen; Annemarie Nikisch, Rajka Trbovic, *Solo*
Hilal Aysü, Vanja Bourgoudjeva, Regine Trefny, *Solo mit Gruppe*
Annette May, Christa Piroch, Brigitte Stürmer, *Gruppe mit Solo*
Ingrid Heinze, Jacqueline Savage, Glenette jeffrey, Maria Lanman, Marion Pilch, Edith Probst, Ingrid Sehorsch, Gloria Valente*, *Gruppe*
Uwe Evers, 1. Solotänzer; Eugeniusz Jakobiak, Henk van der Veen, *Solotänzer*
Wolfgang Scharfenberger, *Solo mit Gruppe*
Sascha Alexander, Abelardo Carrasco, Edgar Kunzi, Alfonso Rousseau*, *Gruppe mit Solo*
Elevin: Anette Gajewski
Teilspielzeit: Anne Carman; Zdravko Halatschev, Stanislaw Iskra, Heiner Schunke

■ **Ballett (N)**
26.03.78 „Abraxas" von Boris Pilato//Werner Egk (7) – ML: Dietz, B. Lau, K: Kettner

■ **Ballette (WA)**
28.09.77 „Schwanensee" von Pilato//Tschaikowsky (12+5)
04.11.77 „Orpheus/„Le sacre du printemps" von Pilato//Strawinsky (4)

■ **Abstecher**
– „Schwanensee, 2.+4. Akt" (Baldeneysee, 11.09.77)
– „Schwanensee" (Recklinghausen 30.11.77, Leverkusen 04./05.01., Lünen 05.03.78)

■ **Sonderveranstaltungen**
Grillo
05.03.78 Ballett-Matinee
12.03.78 Ballett-Soiree: Pilato//Tschaikowsky, „4. Akt „Schwanensee"; Fokin//Saint-Saëns, „Der sterbende Schwan" mit Michèle Poupon; Pilato//Fribec, „Vibrationen"; Pilato//Strawinsky, „Le sacre du printemps"
02.04.78 Ballett-Soiree (Wiederholung vom 12.03.)

Casa Nova
23.04.78 Ballett-Workshop über „Abraxas" in Anwesenheit des Komponisten Werner Egk
Moderation: Horst Koegler
11.05.78 „Faust" – Stummfilm-Klassiker von Friedrich Wilhelm Murnau (1926) Begleit-Programm zum Faust-Ballett „Abraxas"

■ **Gastspiele**
Grillo
08.10.77 Lotte Goslar's New Yorker Pantomime-Cirkus
05.03.78 Matinee mit Solisten der Pariser Oper anlässlich der Mitgliederversammlung des Verbandes der Ballettschulen in Deutschland
10.05.78 Eurythmie (Eurythmeum Stuttgart)
Casa Nova
20.05.78 „Die Hochzeit" (Freies Tanztheater Purr Purr)

■ **Ausstellung**
Casa
23.02.78 „Kompositionen" – Gemälde der Solotänzerin Rajka Trbovic

Schauspiel

Dramaturg und Leiter der Öffentlichkeitsarbeit: Herbert Hauck; *Dramaturg:* Heiko Holefleisch
Kommissarischer Leiter des Kinder- und Jugendtheaters: Wolfgang Erwig*

Regisseure der Neuinszenierungen: Gerd Braese, Herbert Hauck, Wolff Lindner, Nikolaus Wolcz
Gäste: Gregor Bals, David Esrig, Henri Hohenemser, Werner Kraut, Dieter Reible, Karl Vibach, Volker Wiese
Ausstatter der Neuinszenierungen: Gudrun Flaskämper, Ekkehard Kröhn; *Gäste:* Herbert Scherreiks, Dieter Bode, Regine Freise, Gesina Seldte, Helmut Stürmer, Ilse-Marianne Wittneben
Schauspielmusik: Alfons Nowacki; *Gast:* Lothar Knepper; *Ch:* Hans Lobitz (Essen); Helga Wolf (*Gast*)

Ensemble: Ilse Anton*, Helga Bährens, Ingrid Birkholz, Sonja Böckstiegel*, Jutta Boll, Julia Eckhardt, Steffy Helmar, Katharina Krüger, Brigitte Lebaan, Gabriele Marti, Sabine Postel*, Ursula Wolcz; Karl-Heinz Angermeyer, Alfred Böckel, Gerd Braese, Cay Calov, Rudolf Cornelius, Fritz Doege, Sebastian Dominik, Michael Enk, Werner Gaefke, Friedrich Gröndahl, Götz Herrmann-Grabner, Herbert Hauck, Manfred Hilbig, Mathias Lange, Wolff Linder, Hans Lobitz, Joachim Luger, Gerhard Müller, Yoyo Petit, Kurt Prawitt, Konrad Scheuer, Klaus David Schulz*, Tilo Weber, Klaus-Peter Wilhelm, Siegfried Wittig, Nikolaus Wolcz

Gäste/Teilspielzeit (unvollständig): Charlotte Asendorf, Christa Bernhardt, Bianca Cavallini, Margarete Erwig, Lieselotte M. Hilbig, Hildegard Jacob, Heide Reinhold, Maria Weeting de Salbach; Dieter Brammer, Rainer Goernemann, Albert Kitzl, Gerhard Müller, Michael Oenicke, Johann Adam Oest, Theo Pöppinghaus, Eckehard Schardt, Ellis ben Smith, Willi Tomczyk

■ **Schauspiele (N)**
Grillo
10.09.77 „Hurra – Wir sterben!" *Satirische Antikriegs-Revue* von Klaus Budzinski (19+1) – I: Reible, ML: Nowacki, A: Kröhn, Ch: Lobitz
25.10.77 „Der Widerspenstigen Zähmung" von William Shakespeare (23+2) – I: Wolcz, B: Kröhn, K: Seldte, M: Nowacki
06.11.77 „Hakims Geschichten" *Kinderstück* von Norberto Avila/Thomas Brasch (31+2) – I: Lindner, A: Seldte, M: Nowacki
22.01.78 „Der Florentiner Hut" von Eugène Labiche (11+1) – I: Bals, A: Scherreiks, M: Knepper
26.02.78 „Travestien" von Tom Stoppard (10) – I: Hohenemser, A: Bode, M: Nowacki
30.03.78 „Helden" von George Bernard Shaw (15) – I: Wolcz, A: Stürmer, M: Nowacki
14.06.78 „Die Späße des Scapin" von Molière (4) – I: Esrig, A: Stürmer
Humboldtaula
09.10.77 „Ein Volksfeind" von Henrik Ibsen (16) – I: Hohenemser, B: Bode, K: Seldte
11.12.77 „Nathan der Weise" von Gotthold Ephraim Lessing (30+3) – I: Bals, A: Scherreiks
08.04.78 „Die Buhlschwester" Lustspiel nach Plautus von Jacob Michael Reinhold Lenz (12+2) – I: Bals, A: Scherreiks, M: Nowacki
Studio
22.09.77 „Hallo und Adieu" von Athol Fugard (5) – I: Wiese, B: Bode, K: Flaskämper
Casa Nova
28.11.77 „Theater über Theater" – *Turbulente* Bühnen-Show von Herbert Hauck/Alfons Nowacki (9) – I: Hauck, ML: Nowacki, K: Flaskämper *(Eröffnung der neuen Spielstätte „Casa Nova")*
04.12.77 „Auf dem Chimborazo" von Tankred Dorst (6+2HA+2) – I: Kraut, B: Freise
10.02.78 „Die Moritat von den 3 Scharlatanen" (U) von und mit Pino/Bippo/Willi (16+6 mobil)
28.02.78 „Leerlauf" (U) von Willi Tomczyk (27+2) – I: Braese, A: Kröhn
24.05.78 „Schwarzer Jahrmarkt" Eine Revue der Stunde Null von Günter Neumann (12+1 Grillo) (neu eingerichtet von Tatjana Sais/Karl Vibach) –

I: Vibach, ML: Nowacki, B: Kröhn, K: Wittneben, Ch: Wolf
mobil
18.03.78 „Spiel mit Hotzenplotz" nach dem Kinderstück „Der Räuber Hotzenplotz" von Ottfried Preussler von und mit Yoyo Petit (Premiere: Bürgerhaus Oststadt) (Casa 9 + 8× mobil)
10.05.78 „Philipp Lämmerzahl" Mit-Spielstück von Rita Ziegeler/Kristov Brändli (34) – I/A: Cornelius/Margarete und Wolfgang Erwig/Lieselotte M. Hilbig/Ellis ben Smith (P: Evangelischer Kindergarten Bredeney)

■ Schauspiele/Musical (WA)
Grillo
29.10.77 „Kabale und Liebe" von Schiller (4)
14.02.78 „Cabaret" von Kander (4+4)
Humboldtaula
16.10.77 „Geliebter Lügner" von Kilty (6+1, WA: Bürgerzentrum Kray 13.10.77)
28.12.77 „Tartuffe" von Molière (3+1, WA: Gymnasium Borbeck, 08.11)
29.11.77 „Der Gutshof" von David Storey (8)
mobil
05.09.77 „Robinson lernt tanzen" von Hansjörg Schneider (152 mobil, WA: Bürgerhaus Oststadt)
03.11.77 „Pong" von Thomas Rother/Rainer Goernemann (3 Casa+11 mobil, (WA: Mercator-Halle Duisburg 2×)

■ Abstecher
– „Auf dem Chimborazo" (Mädchen-Gymnasium Borbeck, Steeler Stadtgarten)
– „Cabaret" (Gelsen-kirchen 01./03./14./15.03.78)
– „Der Florentinerhut" (Recklinghausen 13.03.78)
– „Der Widerspenstigen Zähmung" (Recklinghausen 19.11.77, Lünen 09.01.78)
– „Die Buhlschwester" (Duisburg 13.04., Bottrop 22.05.78)
– „Geliebter Lügner" (Bürgerzentrum Kray 13.10.77)
– „Hakims Geschichten" (Bottrop 2×)
– „Hurra, wir sterben" (Lünen 22.11.77)
– „Leerlauf" (Mülheim 08.05.78, 2×)
– „Nathan der Weise" (Bottrop 03.04., Duisburg 16.04., Augustinum Essen 16.05.78)
– „Pong" (Dusiburg 2×)
– „Spiel mit Hotzenplotz" (Hattingen)
– „Tartuffe" (Mädchengymnasium Essen-Borbeck 08.11.77)

■ Sonderveranstaltungen
Casa Nova
17.03.78 „Wenn Sie mich fragen …" – Jazz, Literatur, Chansons mit Brigitte Lebaan/Liselotte Rauner/Alfons Nowacki mit seiner Jazz-Combo
Volkshochschule
30.02.78 „Die Deutschendämmerung – Im Vorfeld des Nationalsozialismus" von Ilka Boll Sprecher: Mathias Lange/Tilo Weber/Klaus-Peter Wilhelm

■ Gastspiele
Grillo
04.10.77 „König Lear" von William Shakespeare (Teatr Dramatyczny, Warschau)
05.10.77 „Der Schlachthof" von Slavomir Mrozek (Teatr Dramatyczny, Warschau)
23.10.77 „Der große Gott Brown" von Eugene O'Neill (Folkwang-Jubiläums-Veranstaltung)
13.04.78 „Lauf doch nicht immer weg" von Philip King (Schauspielhaus Bochum)
16.0478 „Die schmutzigen Hände" von Jean-Paul Sartre (Schauspielhaus Düsseldorf)
Casa Nova
02.12.77 Tankred Dorst liest aus seinen Werken (zum Thema „Chimborazo")
08.12.77 „Essener Treff": Talk-Show mit Alfred Biolek – Teilnehmer: Dr. Waidelich/Kulturausschuss-Mitglieder Aschenbach/Rolf Drewel; Irmentaut Conradt (Soufleuse)/Boris Pilato Ausschnitte aus dem Casa-Eröffnungsprogramm „Theater über Theater"; Tangoparodie mit Christa Piroch/Uwe Evers; Brigitte Lebaan mit Erfolgs-Chansons; Alfons Nowacki und seine Musical-Band
09.12.77 „Juke-Box" – Eine Rock-Show von und mit der WAS-TUN-BAND, auch 17.12.
10.01.78 „Les Poupées Terribles" mit ihrer Revue Burlesque, täglich bis 20.01.

14.02.78	„Pädagogical" – Kabarett rund um die Schule (Viktoriaschule), auch 16.02.
17.02.78	„Rock im Theater" mit der Rock-Gruppe „Virgin"
25.02.78	„Lieder aus Lateinamerika – Lieder aus dem Exil" mit Daniel Viglietti, Uruguay
02.03.78	„Gewalt eins", szenische Collage aus Texten von Handke/Brecht/Vogt/Mrzozek (Spielschar des Helmholtz-Gymnasiums), auch 03.03.
09.03.78	„Bogners Clown-Theater" mit Franz-Josef Bogner, auch 10.03.
07.04.78	„Jazz Live" – Workshop und Konzert mit den „Bob Cats", auch 08.04.
19.04.78	Autoren im Revier – Literatur und Musik: Max von der Grün liest, Frank Baier singt Bergmannslieder und Lieder aus dem Ruhrgebiet
12.05.78	Konzertanter Lyrik-Rock mit „Kobold-Live"
17.05.78	„Kalte Ente", kabarettistische Revue (Luisenschule), auch 18.05.
20.05.78	Experimentelles Tanztheater mit der Gruppe Purr Purr
04.06.78	Walter Mossmann singt Flugblatt-Lieder (zum Tag des Umweltschutzes)
16.06.78	Der argentinische Gitarrist, Dichter Musiker Atahualpa Yupanqui singt lateinamerikanische Folklore
17.06.78	„Die Mutter" von Bertolt Brecht/Hans Eisler (Freie Gruppe „Roter Wecker", München)

Spielzeit 1978/79

Verwaltungsdirektor: Lutz Beutling

Ulrich Brecht
Generalintendant 1978–1983

Ulrich Brecht, am 8. Oktober 1927 in Wertheim geboren, studierte von 1946–1948 in Heidelberg und Göttingen Jura, Philosophie und Kunstgeschichte. Nebenher ließ er sich 1947/48 in Hamburg von Gustav Rudolf Sellner in Schauspielkunst und Dramaturgie unterrichten. Von 1949 bis 1951 war er Regieassistent in Heidelberg, Schauspieler und Dramaturg in Kiel. Unter Sellner, inzwischen Intendant am Landestheater Darmstadt, war Brecht von 1951–1953 als Spielleiter für Oper und Schauspiel tätig. Es folgten Engagements am Hessischen Staatstheater Wiesbaden (1953/54, Regisseur und Dramaturg), am Theater Luzern (1954–1957, Oberspielleiter der Oper und des Schauspiels, Chefdramaturg und stellvertretender Direktor), am Staatstheater Oldenburg (1957–1959 als Oberspielleiter des Schauspiels und Spielleiter der Oper) sowie am Theater Lübeck (1959–1962 als Oberspielleiter des Schauspiels und Regisseur der Oper).

1962 wurde Ulrich Brecht erstmals Intendant; bis 1966 leitete er das Ulmer Theater, bis er von 1966 bis 1972 Chef des Theaters Kassel wurde. Als Generalintendant wurde er 1972 als Nachfolger von Karl Heinz Stroux mit der Leitung des Düsseldorfer Schauspielhauses betraut, das er 1976 nach Angriffen in der Presse und Vorwürfen von offizieller Seite wegen finanzieller Fehldisposition und der Spielplankonzeption verließ.

Anschließend inszenierte er als Gast an verschiedenen Theatern mehrere Opern, bis er 1978 Generalintendant am Essener Theater wurde, und zwar gewählt von allen Rats-Fraktionen der Stadt Essen. Trotz anfänglicher Erfolge in der Oper („Boris Godunow") und im Schauspiel („Geschichten aus dem Wiener Wald", Regie: Wolf Seesemann) stellten sich kritische Stimmen ein, die von einer „Talfahrt des Essener Theaters" (WAZ, 03. Februar 1979) sprachen, und auch

Friedel Hanster, der Vorsitzendes des Essener Theaterrings, äußerte sich besorgt über die Situation; er beklagte „den bisherigen Spielplan und einige Erscheinungen am Rande, die befürchten lassen, dass unsere Mitglieder unzufrieden werden…Aber schon jetzt ist zu sagen, dass auch nur eine schlechte Aufführung stärker in Erinnerung der Besucher haften bleibt als zwei interessante". (Aus einem Brief an die Kultursprecher der Ratsfraktionen vom 9. Februar 1979, hier zitiert bei Waidelich, Bd. 2, S. 489 f.) In der Spielzeit 1979/80 kam es schon im Oktober zum „Knall", als beide Oberspielleiter zum Ende der Saison kündigten und einige Schauspieler das Essener Theater verlassen wollten. Und auch die sinkenden Besucherzahlen gaben Anlass zur Besorgnis. Da war es für Brecht wenigstens ein kleiner Trost, dass seine Inszenierung von Kleists „Prinz von Homburg" (16. März 1980) Beifall erhielt. Gleich zu Beginn von Brechts 3. Spielzeit gab es Aufregung wegen des vom Theaterring boykottierten Stücks „Rosa Winkel" von Martin Sherman, das im KZ spielt und die Verfolgung von Homosexuellen thematisiert. Grund war die Angst vor einem weiteren Rückgang der Mitgliederzahlen, zumal am Ende der Saison 1979/80 bereits über 1000 Abmeldungen zu verzeichnen waren. Dabei gab es durchaus Positives zu vermelden: Brecht hatte in der Casa Nova Erfolg mit dem Stück „Ist das nicht mein Leben?" von Brian Clark sowie in einer Messehalle mit Schillers „Wallenstein-Trilogie" (in der Hauptrolle Hans Korte), und Dietrich Hilsdorf, erstmals in Essen, wurde im Rathaus-Theater für seine Inszenierung „Eines langen Tages Reise in die Nacht" von O'Neill gefeiert. Schlimm allerdings erging es Rudolf Rach, dem Künstlerischen Betriebsdirektor, mit seinem Stück „Blut fließt. Räuber" (Casa Nova, 10. Mai 1981), das nach massiven Protesten von Mitwirkenden und Publikum schnell abgesetzt wurde. Inzwischen hatte Ulrich Brecht im Januar 1981 einen neuen Schauspieldirektor vorgestellt, nämlich ab 1981/82, den Rumänen David Esrig, der noch in der laufenden Saison Bertolt Brechts „Schweyk im zweiten Weltkrieg" inszenierte.

Trotz diverser Spannungen – Brecht führte Prozesse gegen Leserbriefschreiber und vor Bühnenschiedsgerichten – fanden ab Mai 1981 Gespräche über dessen Vertragsverlängerung statt, wobei die SPD sich für zwei Jahre aussprach, während Brecht fünf Jahre wünschte. Aber es kam alles ganz anders: Am 13. Januar 1982 teilte Kulturdezernent Godde dem Kulturausschuss mit, Brecht habe den ihm vorgelegten Vertragsentwurf abgelehnt. Brecht weigerte sich nach eigenen Angaben, „eine Klausel ... zu unterschreiben, wonach Dispositionen wie Spielplan, Ensemblebildung, Besetzungen, Regieverpflichtungen, Dirigieraufgaben, Choreografien und Urlaubsgewährung vom Verwaltungsdirektor gegenzuzeichnen sind und dem Kulturdezernenten zur Genehmigung vorgelegt werden müssen". In Grenzfällen werde Godde auch nicht zögern, „Genehmigungen zu versagen" (WAZ, 14. Januar 1982). Darin sah Brecht eine Beschneidung seiner künstlerischen Freiheit.

Auf der Suche nach einem Nachfolger kursierten mehrere Namen, darunter auch die zweier ehemaliger in Essen tätiger Künstler: Claus Leininger, jetzt Intendant in Gelsenkirchen, und Günter Roth, langjähriger Opern-Regisseur am Grillo-Theater, der vom Ensemble unterstützt wurde. Völlig überraschend schlug Kulturdezernent Godde Nando Schellen, den Leiter der Amsterdamer Oper, vor, der jedoch ablehnte, weil er befürchtete, zu wenig Unterstützung von den Essener Mitarbeitern zu erhalten (November 1982). Und dann wurde der Aachener Intendant Manfred Mützel erkoren.

Generalintendant: Ulrich Brecht*; *Künstlerischer Betriebsdirektor:* Dr. Rudolf Rach*
Chefdisponent und Leiter KBB: Gerard S. Kohl*; *Disponentin* Renate Voß
Chefdramaturgin: Dr. Ilka Boll
Technischer Direktor: Siegfried Ehrenberg; *Leitender Bühnen- und Kostümbildner:* Ekkehard Kröhn

Musiktheater

Dramaturg für das Musiktheater und Produktionsleiter: Leon Schoenmakers*; *Dramaturg für das Musiktheater und Leiter der Reihe „Musiktheater Extra":* Eberhard Streul*
Dirigenten: Prof. Heinz Wallberg, GMD; *Musikdirektor und Stellvertreter des GMD*: Prof. Helmut Wessel-Therhorn*; *Dirigenten:* Eberhard Dietz, Heinz Sosnitza, Ann Schornick*; Philharmonisches Orchester; *Repetitoren:* Heinz Sosnitza, Studienleiter; Gary Gromis*, Ann Schornick*, Wolfgang Schulz
Chordirektor: Konrad Haenisch; *Choreograf:* Boris Pilato

Regisseure der Neuinszenierungen: Ulrich Brecht*, Brigitte Gaudszuhn, Eberhard Streul*; *Gäste:* Heinz Bonnet, Birke Bruck, Jaroslav Chundela, Götz Fischer, Giancarlo del Monaco
Ausstatter der Neuinszenierungen: Gudrun Flaskämper, Ekkehard Kröhn; *Gäste:* Dominik Hartmann, Thomas Richter-Forgách, Helmut Stürmer

Ensemble: Barbara Carter, Friedhilde Filser, Herta Fischer, Christina Kubelka, Birgit Linden, Miriam Robbins, Anita Salta, Dagmar Trabert, Margarita Turner; Joannis Anifantakis, Manfred Baisch, Dietmar Cordan, Horst Hüskes, Ivio Ingram, Karl-Heinz Lippe, Herbert Manke,

Richard Medenbach, Hans Nowack, Rolf Oberste-Brink, Hendrikus Rootering, Wicus Slabbert, Siegfried Wittig
Chorsolisten (Wiederaufnahmen nicht alle erfasst): Marie-Luise Bruhns, Renate Glöckner, Cäcilia Gräf-Klees, Claudia Hummel, Ingeborg Kabon, Kotoe Kaneko, Hildegard Kuschmierz, Jadwiga Miklavic, Ortrud Radke, Anita Rödiger, Gisela Schroeter, Alina Wolowik; Erich Bär, Heinrich Bergmann, Josef Böckmann, Alfred Doetsch, Gerrit Eubel, Manfred Grohnert, Peter Günther, Josef Kistermann, Arno Klees, Günter Marx, Heinz Potztal, Jan Thompson
Gäste/Teilspielzeit (unvollständig): Ursula Berg, Stephanie Bogle, Angela Claer, Hebe Dijkstra, Ruthild Engert, Julie Griffith, Gail Gilmore, Mechthild Kassenberg, Marianne Knör-Dorka, Elke Krampen, Elsie Maurer, Annemonika Meusel, Bianca von Zambelly; Andreas-Camillo Agrelli, Helmut Böhm, Mario Brell, Dieter Bundschuh, Karl Fäth, Robert Fischer, Gordon Greer, Günther George, Vittorio Giammarrusco, Peter Jagasich, Franz-Josef Kapellmann, Gerd King, Willem Laakmann, Peter Lütke, Walter Maurer, Gerhard Müller, Jean Petit, John Pickering, Berthold Possemeyer, Steven Rowland, Andrzej Saciuk, Hans-Josef Schmitz, Alexander Senger, Alfred Stark, Wolfgang Vater, Stan Unruh, Hugo Zinkler
Schauspieler: Helga Bährens, Sonja Böckstiegel, Anneliese Rehse; Fritz Doege, Gerard S. Kohl, Wolff Lindner, Hans Lobitz, Michael Oenicke, Jocky Wulkow (Essen); *Gast:* Werner Gaefke

■ Opern (N)
Grillo
16.09.78 „Boris Godunow" von Modest Mussorgsky (13+1) – ML: Wallberg, I: Brecht, A: Richter-Fórgach
12.11.78 „La Traviata" von Giuseppe Verdi (16+5) – ML: Wessel-Therhorn, I: del Monaco, A: Hartmann, Ch: Pilato
25.02.79 „Carmen" von Georges Bizet (12) – ML: Wessel-Therhorn, I: Fischer, A: Kröhn, Ch: Pilato
21.04.79 „Der Mantel"/„Gianni Schicchi" von Giacomo Puccini (7) – ML: Wessel-Therhorn, I: Gaudszuhn/Brecht, A: Kröhn

10.06.79 „Der gestiefelte Kater" von Günter Bialas (2) – ML: Dietz, I: Chundela, A: Stürmer
mobil
11.11.78 „Pimpinone" von Georg Philipp Telemann (P: Mädchengymnasium Borbeck; Casa 6+7) – ML: Dietz, I: Streul, A: Kröhn
Casa Nova
09.12.78 „Die geliebte Stimme" von Francis Poulenc (mit „Pimpinone" 4×+2) – ML: Schornick, I: Streul, A. Kröhn
Humboldtaula
11.05.79 „Wir machen eine Oper" von Benjamin Britten (5+1) – ML: Schornick, I: Streul, B: Kröhn, K: Flaskämper

■ Operetten (N)
24.09.78 „Gräfin Mariza" von Emmerich Kálmán (19) – ML: Dietz, I: Bruck, A: Kröhn, Ch: Jakobiak
25.12.78 „Die Fledermaus" von Johann Strauß (16+3) – ML: Wallberg, I: Bonnet, A: Kröhn, Ch: Pilato

■ Opern (WA)
21.09.78 „Ero der Schelm" von Gotovać (2)
12.10.78 „Figaros Hochzeit" von Mozart (5)
26.11.78 „Hänsel und Gretel" von Humperdinck (7)

■ Musical (WA)
04.10.78 „My Fair Lady" von Loewe (14+2)

■ Abstecher
– „Boris Godunow" (Recklinghausen 27.09.78)
– „Die Fledermaus" (Leverkusen 03./04.01.79, Mülheim 06.03.79)
– „Geliebte Stimme" (Gelsenkirchen 26.01.79, Gymnasium Werden 14.03.79)
– „My Fair Lady" (Leverkusen 19./23.01.79)
– „La Traviata" (Mülheim 29.11.78, 26.01./28.03. Leverkusen 30./31.05.79)
– „Pimpinone" (Borbeck 11.11., Jugendzentrum 02.12., JVA Essen 28.12.78, Bürgerzentrum Überruhr 07.02., Augustinum 14.02., Klinikum 16.02., Gymn. Werden 14.03., Kray 21.03.79)
– „Wir machen eine Oper" (Kupferdreh 11.06.79)

■ Sonderveranstaltungen

Grillo

31.12.78 Einlage in der Silvester-Aufführung der „Fledermaus" mit John Wandell/Charles Williams: Ausschnitte aus ihrer Broadway-Show; Alfons Nowacki (Klavier)

Saalbau

31.08.78 Konzert für Bürger/innen mit Behinderung (im Rahmen der Essener Woche „E'78")
Mozart, „Serenade Nr. 13 Es-Dur"; Schubert, „Sinfonie Nr. 8"; Leoncavallo, Prolog des Tonio (George Fortune) aus „Der Bajazzo"; Mascagni, Intermezzo aus „Cavalleria rusticana"; Verdi, Arie der Leonora „Pace …" (Arabelle Bernard) aus „Die Macht des Schicksals"; Verdi, Vorspiel zum 3. Akt „La Traviata"; daraus Arie des Germont „Di Provenza il mar" (George Fortune); Verdi, Duett Leonora/Graf Luna „Mira, di acerbe lagrime" (Arabelle Bernard/George Fortune) aus „Der Troubadour"
ML: Heinz Walllberg

23.05.79 Die schönsten Melodien aus Oper und Operette (auch 24.05.)
Mozart, Ouverüre zu „Die Zauberflöte"; Arie des Sarastro „In diesen heil'gen Hallen (Hans Nowack), Arie der Königin der Nacht „Der Hölle Rache kocht in meinem Herzen" (Barbara Carter) und Duett Papagena/Papageno „Bei Männern, welche Liebe fühlen" (Miriam Robbins/Karl-Heinz Lippe); Giordano, Arien aus „André Chénier" (Anita Salta/Wicus Slabbert); Puccini, Arie „Sie nennen mich Mimi" (Anita Salta), Arie des Rodolfo „Wie eiskalt ist dies Händchen" (Joannis Anifantakis) und Schlussduett 1. Akt Mimi/Rodolfo (Anita Salta/Joannis Anifantakis) aus „La Bohème"; Strauß, Ouvertüre „Der Zigeunerbaron"; Strauß, Terzett Rosalinde/Alfred/Frank „Trinke, Liebchen, trinke schnell" (Friedhilde Filser/Manfred Baisch/Richard Medenbach) aus „Die Fledermaus"; Strauß (Vater), „Radetzky-Marsch"
ML: Helmut Wessel-Therhorn

Casa Nova

08.10.78 „Iwan der Schreckliche", Film von Sergej Eisenstein (zur Inszenierung „Boris Godunow")

26.11.78 „La Traviata", Film von Walter Brockmayer, anschließend Diskussion mit Walter Brockmayer und Werner Schroeter; Leitung: Rudolf Rach

Baldeneysee

03.09.78 Ausschnitte aus der Operette „Im weißen Rössl" von Ralph Benatzky
Introduktion; „So schön ist St. Wolfgang" (Renate Glöckner/Cäcilia Gräf-Klees); Ankunft der Gäste (Fritz Doege/Horst Hüskes/Chor); „Wenn das Barometer wieder Sommer macht" (Friedhilde Filser/Herbert Manke/Chor und Ballett); Granichstaedten, „Zuschau'n kann i net" (Horst Hüskes); Stolz, „Die ganze Welt ist himmelblau" (Birgit Linden/Herbert Manke/Ballett); „Es muss was Winderbares sein" (Friedhilde Filser/Horst Hüskes); „Wenn es hier mal richtig regnet" (Horst Hüskes/Chor); Auftrittsmusik (Christa Piroch/Joachim Luger/Ballett); Gilbert, „Was kann der Sigismund dafür …" (Christa Piroch/Joachim Luger; Stolz, „Mein Lieblingslied muss ein Walzer sein" (Friedhilde Filser/Herbert Manke)/Lehár, „Schön ist die Welt" (Friedhilde Filser/Siegfried Wittig/Chor/Ballett); Finale III (Ensemble)
Moderation: Siegfried Wittig (Musik vom Band)

Grugahalle

05.05.79 Festveranstaltung „50 Jahre Grugapark"
Mitwirkung: Solisten/Chor/Ballett
ML: Heinz Wallberg
Programm: Strauß, „Fledermaus-Melodien" und Strauß (Vater), „Radetzkymarsch"

Werkshof Krupp

01.09.78 Werkskonzert Strauß, „Ouvertüre „Der Zigeunerbaron"/„Im Krapfenwald"/„Frisch ins Feld"/„An der schönen blauen Donau"; Gershwin, Song der Bess „Summertime" (Arabelle Bernard); Duett Porgy/Bess „You Is My Woman" (Arabelle Bernard/George Fortune); Song des Porgy „I Got Plenty" (George Fortune) aus „Porgy and Bess"; Arie des Germont „Di Provenza il mar" (George Fortune) aus „La Traviata"; Verdi, Arie der Leonora „Pace …" Arabelle Bernard/aus „Die Macht des Schicksals"; Gershwin, Auszüge aus „Ein Amerikaner in Paris"; Joh. Strauß (Vater), Radetzky-Marsch" ML: Heinz Wallberg

Ballett

Ballettmeister und Choreograf: Boris Pilato; *Stellvertreter des Ballettmeisters:* Anton Vucanic *Repetitor:* Hein Siepmann; *Dirigenten:* Eberhard Dietz, Helmut Wesel-Therhorn
Ausstatter der Neuinszenierungen: Hans Aeberli, Ingeborg Kettner, Theo Lau

Compagnie: Michèle Poupon, *Primaballerina*; Jeane Ingels*, Annemarie Nikisch, Rajka Trobic, *Solo*
Vanja Borgoudjieva, Regine Trefny, *Solo mit Gruppe*
Annette May, Marion Pilch, Christa Piroch, Brigitte Stürmer, *Gruppe mit Solo*
Edeltraut Doan*, Ingrid Heinze, Glenette Jeffrey, Ingrid Sehorsch, Gloria Valente, Isolde Völkel*, *Gruppe*
Uwe Evers, Eugeniusz Jakobiak, Hen van der Veen, *Solo*
Wolfgang Scharfenberger, *Solo mit Gruppe*
Sasha Alexander, Abelardo Carrasco, Stanislaw Iskra*, Edgar Kunzi, Alfonos Rousseau, *Gruppe mit Solo*
Konstantin Halatschev*, *Gruppe*
Gäste/Teilspielzeit: Ann Carman, Anne Croszey, Renate Deppisch, Jacqueline Savage; Heinz-Otto Burmeister, Ralf Doege, Andreas Mickeleit, Heiner Schunke

■ Ballette (N)
15.10.78 „Dornröschen" von Boris Pilato/Eugeniusz Jakobiak//Peter I. Tschaikowsky (23+2) – ML: Dietz, B: Lau, K: Kettner

01.04.79 „Medea" (U) von Kresimir Fribec und „Petruschka" von Igor Strawinsky (6) – Ch: Pilato/Vujanic/Jakobiak, ML: Wessel-Therhorn, A: Aeberli

■ Ballett (WA)
04.11.78 „Schwanensee" von Pilato//Tschaikowsky (4+2)

■ Sonderveranstaltungen
19.11.78 Ballett-Matinee mit Ausschnitten aus „Schwanensee"/„Sterbender Schwan" von Camille Saint-Saëns u. a.
04.05.79 Ballett-Soiree mit dem 2. Akt „Schwanensee"/„Petruschka"

■ Abstecher
– Ballett-Höhepunkte (Gruga, Dahlienarena, 27.08.78 mit dem 2. Akt „Schwanensee"/„Sterbender Schwan"/„Maskerade"/Pas de deux aus „Don Quichote"/Kolo aus „Ero der Schelm")
– „Dornröschen" (Recklinghausen 15.12.78, Lünen 18.04.79)
– „Schwanensee" (Witten 18./19.03.79)
– Ausschnitte aus „Schwanensee"/„Romeo und Julia"/„Medea" von Kresimir Fribec/Walzer, Romanze und Finale aus „Maskerade" von Chatschaturjan (Tampere/Finnland 10.04.79) Cesare Pugni, „Pas de quatre"/Tschaikowsky, zwei Pas de deux aus „Schwanensee"/Pas de deux aus „Dornröschen"/Pas de deux aus „Romeo und Julia"/Kresimir Fribec, „Medea"/Chatschaturjan, Walzer, Nocturno und Galopp aus „Maskerade" (Tampere/Finnland 11.04.79)
– Ausschnitte aus „Schwanensee"/„Maskerade" (Gymnasium am Stoppenberg 27.04.79)
– „Der Zarewitsch" von Franz Lehár (Gießen, Choreografie: Boris Pilato; bei der Premiere am 24.09.78 tanzten Renate Deppisch/Uwe Evers)

■ Gastspiele
Grillo
29.10.78 „Eurythmie" (Dornacher Goetheanum)
04.01.79 „Die Nächste bitte" von Susanne Linke, Musik: Amerikanische Schlager der 50er Jahre (Folkwang-Tanzstudio)

Schauspiel

Dramaturgen für das Schauspiel: Heiko Holefleisch, Rolf Leibenguth*
Regisseure der Neuinszenierungen: Carsten Bodinus*, Ulrich Brecht*, Wolfgang Seesemann* Mani Wintsch*; *Gäste:* Hans Peter Blumer, Peter Chatel, Edgar Cox, Willy Herzig, Henri Hohenemser, Joachim Preen, Yvonne Sturzenegger, Jörn van Dyck
Ausstatter der Neuinszenierungen: Ekkehard Kröhn; *Gäste:* Dietrich Bode, Pit Fischer, Regine Freise, Renate Kalanke, Jiri Kotlar, Erich Offermann, Thomas Richter-Fórgach, Hans-Georg Schäfer, Helmut Stürmer, Kazubo Watanabe
Schauspielmusik: Alfons Nowacki; Reinhard Firchow, Peter Klocke

Ensemble: Ilse Anton, Helga Bährens, Katja Bechtolf*, Ingrid Birkholz, Sonja Böckstiegel, Irmentraut Conradt, Jutta Eckhardt, Steffy Helmar, Ulrike Hussack, Katharina Krüger, Brigitte Lebaan, Gabriele Marti, Claudia Nolte*, Sabine Postel, Petra Stöver; Karl-Heinz Angermeyer, Alfred Böckel, Gerd Braese, Friedrich Briesemeister, Cay Calov, Rudolf Cornelius, Fritz Doege, Sebastian Dominik, Michael Enk, Werner Gaefke, Friedrich Gröndahl, Götz Herrmann-Grabner, Manfred Hilbig, Mathias Lange, Hans Lobitz, Yoyo Petit, Michael Oenicke, Werner Possardt*, Kurt Prawitt, Konrad Scheuer, Jakob Schmid*, Klaus David Schulz, Tilo Weber, Klaus-Peter Wilhelm, Mani Wintsch*, Siegfried Wittig
Gäste/Teilspielzeit (unvollständig): Ellen Bittmann, Sibylle Canonica, Jutta Hahn, Antje Roosch, Brita Sommer, Julia von Sell, Ilona Wiedem, Christiane Wolff, Ursula Wolcz; Dieter Andreas, Reinhard Firchow, Adalbert Kitzl, Albi Klieber, Wolff Lindner, Joachim Luger, Michael Mendl, Thomas Neumann, Klaus Palastis (Musiker), Theo Pöppinghaus, Rainer Staehler-Pohl, Nikolaus Wolcz
Gesangssolisten („Gas"): Hildrud Dohmes; Robin Fairhurst, Barry Mora, Rolf Oberste-Brink

■ Kinder- und Jugendtheater (erstmals fest engagiertes Ensemble)
Leiter: Rudolf Cornelius; *Dramaturg und Organisationsleiter:* Wolfgang Erwig; *Musik:* Peter Klocke

Ensemble: Margarete Erwig*, Lieselotte M. Hilbig*, Heide Reinhold*; Rudolf Cornelius, Ellen Ben Smith*, Willi Thomszyk*

■ Schauspiele (N)
Grillo
17.09.78 „Die Dreigroschenoper" von Kurt Weill/Bertolt Brecht (30+3) – I: Seesemann, ML: Nowacki, A: Schäfer
02.12.78 „Das Sparschwein" von Eugène Labiche (17) – I: Chatel, A: Kröhn
24.02.79 „Gas" von Georg Kaiser (12) – I: Bodinus, A: Kotlar, M: Nowacki
18.03.79 „Equus" von Peter Shaffer (20) – I: Preen, A: Fischer
19.05.79 „Geschichten aus dem Wiener Wald" von Ödön von Horváth (5) – I: Seesemann, A: Richter-Forgách, M: Nowacki

Humboldtaula
30.09.78 „Der zerbrochene Krug" von Heinrich von Kleist (18) – I: Bodinus, A: Offermann
16.11.78 „Die Bremer Stadtmusikanten" von Friedrich Karl Waechter (54+2) [20.03.: 50×] – I: Herzig, A: Stürmer, M: Nowacki
13.12.78 „Fünf Frauen" von Björk Vik (20+1) – I: Sturzenegger, A: Kröhn
29.05.79 „Wasser im Eimer" von Reiner Lücker/Stefan Reisner (8) – I: Blumer, A: Freise, M: Klocke

Casa Nova
07.10.78 „Sind Sie jetzt oder waren Sie jemals …" (DtsprE) von Eric Bentley (7+2 Grillo) – I: van Dyck, A: Kröhn
03.12.78 „Abgespielt" (DE) von Yvonne Keuls (34) [10.03.: 25×] – I: Cox/Wintsch, A: Richter-Forgách
27.01.79 „Furcht und Elend des Dritten Reiches" von Bertolt Brecht (12+1) – I: Hohenemser, A: Bode, M: Nowacki
24.02.79 „Frankenstein – Aus dem Leben der Angestellten" von Wolfgang Deichsel (11) – I: Seesemann, A: Watanabe, Musik und Geräusche: Reinhard Firchow
28.04.79 „Hamletmaschine" (DsprE) von Heiner Müller (8) – I: Bodinus, A: Kalanke

■ **Schauspiel (WA)**
Grillo
06.10.78 „Die Späße des Scapin" von Molière (9+1)
Casa Nova
18.10.78 „Leerlauf" von Thomczyk (5)
Humboldtaula
28.12.78 „Chanson-Abend" mit Brigitte Lebaan (Ausfall „Fünf Frauen"), auch 29.12.
mobil
12.09.78 „Philipp Lämmerzahl" von Ziegeler/Brändli (116)

■ **Abstecher**
– „Brecht liest Brecht – Gedichte und Balladen" (Gymnasium am Stoppenberg 08.12.78)
– „Die Bremer Stadtmusikanten" (Bottrop 18.12.78, 2×)
– „Die Dreigroschenoper" (Recklinghausen 12.12.78 und 01.03.79; Lünen 27.05.79)
– „Die Späße des Scapin" (Recklinghausen 30.10.78)
– „Die zehnte Muse/Kabarett-Programm mit Brigitte Lebaan (Kleines Theater Am Gänsemarkt Essen und JVA Gelsenkirchen, November 78; Essener JVA 16.12.78; Kamen Februar; Museum Folkwang 09.03.79)
– „Fünf Frauen" (Bottrop 08.01.79)
– „Furcht und Elend des Dritten Reiches" (Bottrop 21.05.79)
– „Songs, Verse und Balladen" von Brecht (Landesvertretung NRW Düsseldorf mit Brigitte Lebaan; Tilo Weber/Alfons Nowacki/Ulrich Brecht, Ende März 1979)

■ **Sonderveranstaltungen**
Casa Nova
10.10.78 „In der Asphaltstadt bin ich daheim" (Songs und Gedichte zur Inszenierung „Die Dreigroschennoper", weitere 3×)
13.10.78 Brecht liest Brecht – Gedichte und Balladen von Bertolt Brecht
14.10.78 Kleist – Träume eines Preußen (zur Inszenierung „Der zerbrochene Krug", weitere 3×)
17.10.78 „Heinrich" (Film von Helga Sanders, zur Inszenierung „Der zerbrochene Krug")
07.11.78 „Strafpark" (Film von P. Watkins, zur Inszenierung „Sind Sie jetzt oder waren Sie jemals")
11.11.78 „Der Händler der vier Jahreszeiten" (Film von R. W. Fassbinder zu „Das Sparschwein")
19.11.78 „Sonntagsabends" – Essener Szene (Talk-Show mit Jochem Schumann), weitere 7×
22.11.78 „M" (Film von Fritz Lang zur Inszenierung „Die Dreigroschenoper")
24.11.78 Filme von Buster Keaton und Charly Chaplin mit Alfons Nowacki am Piano
19.12.78 „Familienleben" (Film von Kenneth Loach zur Inszenierung „Abgespielt")
13.01.79 „Belle de jour" (Film von Luis Bruñuel zur Inszenierung „Fünf Frauen")
15.01.79 „Wenn die Lichter ausgehen" (Beiprogramm zur Inszenierung „Gas", auch 08.02)
06.02.79 „Lieber heute aktiv als morgen radioaktiv" (Film von Nina Glawitz zu „Gas")
08.02.79 „Wenn die Lichter ausgehen" (Beiprogramm zu „Gas")
25.02.79 Horror-Film-Nacht zur Inszenierung „Frankenstein – Aus dem Leben der Angestellten" („Das Phantom der Oper"/„Network"/„Psycho")
02.03.79 „Nacht und Nebel" (Film von Alain Resnais zur Inszenierung „Furcht und Elende des Dritten Reiches")
03.03.79 „War Games" (Anti-Kriegsfilm von Paul Watkins, nach der Vorstellung von „Gas"
06.03.79 „Der Nürnberger Prozess" (Dokumentarfilm, Schweden 1967)
27.03.79 „Hiroshima mon amour" (Film von Alain Resnais zur Inszenierung „Gas")
01.04.79 „Rotation" (Film von Wolfgang Staudte zur Inszenierung „Furcht und Elend …")
15.04.79 Oster-Film-Nacht („Ärger im Paradies" von Ernst Lubitsc/„Der Bankdetektiv" von Esward Cline/„Leoparden küsst man nicht" von Howard Hawks)
04.05.79 „Amarcord" (Film von Federico Fellini zur Inszenierung „Hamletmaschine")

13.05.79	„Eins plus eins" (Film von Jean-Luc Godard zur Inszenierung „Hamletmaschine")
21.05.79	Schauspieler lesen von Schülergruppen geschriebene Fortsetzungsgeschichten zu den „Bremer Stadtmusikanten"
24.05.79	„Jagdszenen aus Niederbayern" (Film von Martin Sperr zur Inszenierung „Geschichten aus dem Wiener Wald")
05.06.79	„Die Anstalt" (Film Hans-Rüdiger Minow zur Inszenierung „Frankenstein")
19.06.79	„Der junge Törless" (Film von Volker Schlöndorff)

■ Ausstellung
Foyer

17.09.79	„Brecht in Essen" – Szenenfotos, Bühnenbilder und Kostümentwürfe; Dokumente zur Uraufführung „Lux in tenebris" (1968/69); Dokumente einer Beinahe-Uraufführung („Ruhrepos, 1928)

■ Gastspiele
Casa Nova

15.11.78	„Männercharme" (Theatergruppe „Brühwarm", auch 17./18.11.)
15.12.78	„Liebe, Tod Hysterie – Ein Zirkus" (Freie Theatergruppe „Rote Rübe", 2×)
13.02.79	„Ella" von Herbert Achternbusch (Schaubühne am Halleschen Ufer, Berlin), 2×
31.03.78	„Monstershow" (Was-Tun-Band, U)
18.05.79	„Das letzte Band"/„Endspiel" von Samuel Beckett (St. Quentin Drama Workshop)
19.05.79	„The Wall is Mama" von Rick Cluchey (St. Quentin Drama Workshop)
20.05.79	„Nostalgie Macabre" (Resistentie-Orchest, Amsterdam)
30.05.79	„Rock'n Roll auf Sendung" (Kamikaze Orkester, U), auch 31.05.
01.06.79	„Menschen, Tiere, Arbeitslose" („Zirkus Capitalini")

Spielzeit 1979/80

Verwaltungsdirektor: Lutz Beutling

Generalintendant: Ulrich Brecht; *Künstlerischer Betriebsdirektor:* Dr. Rudolf Rach
Chefdisponent und Leiter KBB: Gerard S. Kohl; *Disponentin*: Renate Voß
Chefdramaturgin: Dr. Ilka Boll
Technischer Direktor: Siegfried Ehrenberg; *Leitender Bühnen- und Kostümbildner:* Ekkehard Kröhn

Musiktheater

Dramaturg des Musiktheaters und Leiter der Reihe „Musiktheater Extra": Eberhard Streul
Dirigenten: Prof. Heinz Wallberg, GMD; *Musikdirektor und Stellvertreter des GMD:* Prof. Helmut Wessel-Therhorn; *Dirigenten:* Eberhard Dietz, Konrad Haenisch, Alfons Nowacki, Baldo Podic*, Heinz Sosnitza; *Gäste:* Eberhard Bäumler, Christian Fröhlich, Helmut Imig, Rainer Koch, Bodo Reinke, Klaus Rohra, Gerhard Schäfer, Edwin Scholz; Philharmonisches Orchester; *Repetitoren:* Heinz Sosnitza, Studienleiter; Gary Gromis, Baldo Podic*, Wolfgang Schulz, Lance Williams*; *Chordirektor:* Konrad Haenisch

Regisseure der Neuinszenierungen: Ulrich Brecht, Brigitte Gaudszuhn, Eberhard Streul; *Gäste:* Peter Kertz, Gioncarlo del Monaco, Friedrich Petzold, Andreas Prohaska
Ausstatter der Neuinszenierungen: Gudrun Flaskämper, Ekkehard Kröhn, Eberhard Streul; *Gäste:* Jürgen Dreier, Sieglinde Fuchsius, Dominik Hartmann, Hannes Meyer, Anuschka Meyer-Riehl, Thomas Richter-Forgách, Wanda Richter-Forgách, Joachim Streubel

Ensemble: Jessica Burri*, Dolores Cambridge*, Barbara Carter, Friedhilde Filser, Herta Fischer, Christina Kubelka, Birgit Linden, Margaret Russell*, Margarita Turner; Joannis Anifantakis, Manfred Baisch, Dieter Cordan, Richard Curtin*, Horst Hüskes, Karl-Heinz Lippe, Herbert Manke, Richard Medenbach, Hans Nowack, Rolf Oberste-Brink, Hendrikus Rootering, Wicus Slabbert, Siegfried Wittig
Chorsolisten (Wiederaufnahmen nicht erfasst): Jadwiga Miklavcic, Charlotte Vogel; Erich Bär, Josef Böckmann, Alfred Doetsch, Gerrit Eubel, Josef Kistermann, Günter Marx, Heinz Potztal

Gäste (unvollständig): Vera Baniewicz, Ursula Berg, Stephanie Bogle, Margrit Caspari, Heide Christians, Dorothea Chryst, Gabriele Juster, Mechthild Kassenberg, Elisabeth Ksoll, Audrey Michael, Mary Riesterer, Miriam Robbins, Anita Salta, Roswitha Steube, Katherine Stone, Eva Tamulenas, Bianca von Zambelly, Csilla Zentai; Hubert Bischof, David Borgeson, Francesco Chico-Bonet, Connell Byrne, Karl Fäth, Ulrich Gentzen, Michael Grabow, Richard Greager, Manfred Illing, Peter Jagasich, Franz-Josef Kapellmann, Peter Lütke, Bernhard Lyon, Hans-Georg Moser, Elliot Palay, Peter Petrov, John Pickering, Bernd Possemeyer, Alejandro Ramirez, Steven Rowland, Siegfried Schmidt, Jerrold van der Schaaf, Wolfgang Vater, Hugo Zinkler
Gäste (Schauspieler): Fritz Doege, Hans Lobitz (Schauspiel Essen); *Gast:* Werner Gaefke

■ Opern (N)
Grillo

08.09.79	„Così fan tutte" von Wolfgang Amadeus Mozart (16+4) – ML: Wallberg, I: Brecht, B: Meyer, K: Meyer-Riehl, Ch: Pilato
11.11.79	„Arabella" von Richard Strauss (7) – ML: Wessel-Therhorn, I: Prohaska, A: Streubel
25.12.79	„Die Macht des Schicksals" von Giuseppe Verdi (17+2) – ML: Wessel-Therhorn, I: Petzold, A: Th. Richter-Forgách, K: W. Richter-Forgách, Ch: Pilato
20.04.80	„Der Barbier von Sevilla" von Gioacchino Rossini (9) – ML: Wessel-Ther-

horn, I: del Monaco, B: Hartmann, K: Fuchsius

Casa Nova
08.06.80 „Die Kluge" von Carl Orff (mit Ballett „Eine kleine Nachtmusik" von W. A. Mozart) (3) – ML: Wessel-Therhorn, I: Brecht, A: Dreier

■ Operetten (N)
Grillo
16.09.79 „Wiener Blut" von Johann Strauß (26) – ML: Dietz, I: Kertz, A: Kröhn, Ch: Pilato/Vujanic

Casa Nova
16.02.80 „Rufen Sie Herrn Plim" von Michael Spoliansky (5+2) – ML: Dietz, I/B: Streul, K. Flaskämper
22.03.80 „Die beiden Blinden"/„Ritter Eisenfraß" von Jacques Offenbach (7) – ML: Nowacki, I/B: Gaudszuhn, K: Kröhn

■ Opern (WA)
29.09.79 „Der Mantel"/„Gianni Schicchi" von Puccini (5+1)
07.10.79 „La Traviata" von Verdi (3+1)
09.10.79 „Carmen" von Bizet (3)
14.10.79 „Der gestiefelte Kater" von Bialas (2)
09.12.79 „Hänsel und Gretel" von Humperdinck (4)

mobil
19.09.79 „Wir machen eine Oper" von Britten (16)
24.10.79 „Pimpinone" von Telemann (7)

■ Operetten (WA)
Grillo
28.09.79 „Die Fledermaus" von Strauß (4+1)
31.10.79 „Gräfin Mariza" von Kálmán (5+5)

■ Musical (WA)
15.11.79 „My Fair Lady" von Loewe (11)

■ Abstecher
– „Così fan tutte" (Mülheim 16.10., Recklinghausen 23.11., Witten 04.12., Lünen 11.12.79)
– „Der Mantel"/„Gianni Schicchi" (Recklinghausen 12.02.80)
– „Die Fledermaus" (Lünen 26.09.79)
– „Die Macht des Schicksals" (Leverkusen 06./07.02.80)
– „Gräfin Mariza" (Mülheim 22./23.01., Recklinghausen 04.03., Mülheim 10.04., Witten 16.05.80)
– „La Traviata" (Witten 11.10.79)
– „Pimpinone" (Altenessen 24.10., Recklinghausen 14.11/06.12., Bockmühle 05.12.79, Borbeck 21.02., Recklinghausen 30./31.05.80)
– „Rufen Sie Herrn Plim" (Gelsenkirchen 13.06., Wolfskuhle/Steele 14.06.80)
– „Wir machen eine Oper" (Überruhr 19./20./21.09, Kettwig 24.09., Gymnasium Stoppenberg 01.10., Borbeck 20.10., Werden 30./31.10.79/je 2×, Oststadt 16.01., 2×, Oststadt 22./29.04.80, je 2×)

■ Sonderveranstaltungen
Casa Nova
07.03.80 *Beiprogramm zu „Rufen Sie Herrn Plim"* (nach der Vorstellung) Lieder und Chansons aus den 20er Jahren von Michael Spoliansky/Friedrich Hollaender/Otto Reuter mit Renate Franken/Margaret Russell; Gerd Braese/Gustav Gromer/Karl Heinz Lippe; Gary Gromis (Klavier)

Saalbau
30.08.79 Konzert im Rahmen der Essener Woche „E'79"
Dvořák, 2./3. Satz aus der „Sinfonie Nr. 9"; Nikolai, Ouvertüre „Die lustigen Weiber von Windsor" und Arie der Frau Flut „Nun eilt herbei" (Sylvia Geszty); Tschaikowsky, Walzer aus der „Streicherserenade C-Dur op. 48"; Rossini, Ouvertüre „Der Barbier von Sevilla"; Bizet, Vorspiel zum 3. Akt „Carmen"; Bizet, 1. Satz aus der L'Arlesienne-Suite; Lehár, „Vilja-lied (Sylvia Geszty) aus „Die lustige Witwe"; Luigi Arditi, „Kusswalzer" (Sylvia Geszty); Offenbach, Ouvertüre „Orpheus in der Unterwelt"
ML: Heinz Wallberg
01.01.80 Neujahrskonzert: Beethoven, „9. Sinfonie" ML: Ellahu Imbal; Solisten: Dolores Cambridge/Margaret Russell; Thomas Moser/Ivo Ingram
Chöre: Musikverein/Schubertbund/ Extrachor des Theaters
22.05.80 Die schönsten Melodien aus Oper und Operette

Weber, Ouvertüre zu „Der Freischütz", Arie des Kaspar „Schweig', damit dich niemand warnt" (Hans Nowack) und Arie der Agathe „Wie nahte mir der Schlummer" (Margarita Turner) aus „Der Freischütz"; Mozart, Arie des Papageno „Ein Mädchen oder Weibchen" (Karl-Heinz Lippe) und Duett Papagena/Papageno (Jessica Burri/Karl-Heinz Lippe) aus „Die Zauberflöte"; Rossini, Arie des Basilio „Die Verleumdung, sie ist ein Lüftchen" (Richard Curtin) und Arie der Rosina „Eine Stimme hört' ich eben" (Barbara Carter) aus „Der Barbier von Sevilla"; Verdi, Arie des Renato „Du warst's, der diese Seele befleckte" (Wicus Slabbert) aus „Ein Maskenball"; Verdi, Arie der Aida „Als Sieger kehre heim" (Dolores Cambridge); Giordano, Arie des Chénier (Joannis Anifantakis) aus „Andrea Chénier"; Verdi, Ouvertüre „Die Macht des Schicksals"; Lehár, Ouvertüre „Die lustige Witwe" und „Vilja-Lied" (Friedhilde Filser); Strauß, Lied des Szupan „Ja, das Schreiben und das Lesen" (Richard Medenbach) aus „Der Zigeunerbaron"; Strauß, „Tritsch-Tratsch-Polka"; Strauss, Duett Saffi/Barinkay „Wer uns getraut" (Friedhilde Filser/Herbert Manke) aus „Der Zigeunerbaron"; Strauß, „Frühlingsstimmen-Walzer"
ML: Helmut Wessel-Therhorn; Moderation: Siegfried Wittig

Grughalle
17.10.79 Galakonzert „Zauber der Musik" (im Rahmen der Ausstellung „Mode+Heim")
Anneliese Rothenberger: Mozart, Arie der Susanna „Endlich naht sich die Stunde" aus „Figaros Hochzeit"; Verdi, Arie der Violetta „È strano" aus „La Traviata"); Dostal, Lied der Janka „Spiel mir das Lied von Glück und Treu" aus „Die ungarische Hochzeit"; Gershwin, Song „Summertime" aus „Porgy and Bess" Iwan Rebroff: Nicolai, Arie des Falstaff „Als Büblein klein an der Mutterbrust" aus „Die lustigen Weiber von Windsor"; Mozart, Arie des Sarastro „In diesen heil'gen Hallen" aus Die Zauberflöte; Strauß, Auftrittslied des Zsupan „Ja, das Schreiben und das Lesen …" aus „Der Zigeunerbaron"; Jerome Kern, Song des Joe „Ol' Man River"aus dem Musical „Show Boat"; Porter, Song des Petruccio „Wo ist die liebestolle Zeit?" aus „Kiss me, Kate"; Jerry Bock, Song des Tevje „Wenn ich einmal reich wär" aus dem Musical „Anatevka" Nicolai, Ouvertüre „Die lustigen Weiber von Windsor"; Verdi, Ouvertüre „Die Macht des Schicksals"; de Falla, Finale aus „Der Dreispitz"; Strauß, „Neue Pizzicato-Polka"
ML: Heinz Wallberg

Gruga (Musikpavillon)
09.09.79 Sonderkonzert Strauß, Ouvertüre „Eine Nacht in Venedig"/Walzer „Wo die Zitronen blühn"; Mozart, Ouvertüre „Figaros Hochzeit"; Brahms, „Ungarische Tänze Nr. 1/3/10"; Strauß, „Tritsch-Tratsch-Polka"/Einzugsmarsch „Der Zigeunerbaron"; Suppé, Ouvertüre „Leichte Kavallerie"; Lehár, Walzer „Gold und Silber"; Josef Strauß, Polka „Auf Ferienreisen"; Strauß, Ouvertüre „Der Zigeunerbaron"; Joh. Strauß (Vater), „Radetzky-Marsch"
ML: Heinz Wallberg

Zeche Zollverein
31.08.79 Werkskonzert
Strauß, Ouvertüre „Die Fledermaus"/Walzer „Wiener Blut"/„Im Krapfenwald"/„Perpetuum mobile"/„Geschichten aus dem Wiener Wald"/„Auf der Jagd"/Ouvertüre „Der Zigeunerbaron"/Walzer aus „Tausendundeine Nacht"/„Annen-Polka"/„Neue Pizzicato-Polka"/„An der schönen blauen Donau"
ML: Heinz Wallberg

Baldeneysee
02.09.79 Szenen aus „My Fair Lady" und Ballett-Probe (Ende der Essener Woche „E'79")

VHS

30.10.79 Eberhard Streul zur Konzeption der Inszenierung „Così fan tutte" im Gespräch mit dem Regisseur Ulrich Brecht

20.11.79 Eberhard Streul im Gespräch mit Margaret Russell über die Gestaltung ihrer Rolle in „Così fan tutte" (Reihe „Musiktheater Extra")

19.02.80 Eberhard Streul im Gespräch mit Barbara Carter (Reihe „Musiktheater Extra")

■ Gastspiel
Casa Nova

07.05.80 „Café-Concert": „Wie eine Nachtigall mit Zahnschmerzen" – Chancons und Klavierstücke von Erik Satie (Musiktheater-Werkstatt des Musiktheaters im Revier, Gelsenkirchen)

Ballett

Ballettmeister und Choreograf: Boris Pilato; *Stellvertreter des Ballettmeisters:* Anton Vucanic *Repetitor:* Lance Williams; *Dirigenten:* Eberhard Diez, Rainer Koch, Helmut Wessel-Therhorn; *Gast:* Ljubomir Romansky
Ausstatter der Neuinszenierungen (Gast): Hans Aeberli

Compagnie: Michèle Poupon, *Primaballerina*; Renate Deppisch*, *Primaballerina*; Jeane Ingels, Annemarie Nikisch, Rajka Trobic, *Solo* Vanja Borgoudjieva, Regine Trefny, *Solo mit Gruppe*
Annette May, Marion Pilch, Christa Piroch, *Gruppe mit Solo*
Ovti Arvola*, Edeltraut Doan, Ingrid Heinze, Birgit Helbig*, Glenette Jeffrey, Isolde Völkel*, *Gruppe*
Uwe Evers, Eugeniusz Jakobiak, Hen van der Veen, *Solo*
Sasha Alexander, Abelardo Carrasco, Werner Rainer Haida*, Stanislaw Iskra, Alfonos Rousseau, *Gruppe mit Solo*
Helge Degel*, Konstantin Halatschev, *Gruppe*

Gäste/Teilspielzeit: Ann Carman, Ann Croszey, Jacqueline Savage, Eva Stolz, Monika Swienty Heinz-Otto Baumeister, Ralf Doege, Ingo Groth, Andreas Mickeleit, Heiner Schunke,
Gesangssolisten: Manfred Baisch, Dietmar Cordan, Karl-Heinz Lippe, Rolf Oberste-Brink

■ Ballette (N)
Grillo

06.10.79 „Romeo und Julia" von Boris Pilato/Eugeniusz Jakobiak//Sergej Prokofjew (19+1)
„Il combattimento di Tancredi e Clorinda" von Boris Pilato//Claudio Monteverdi – ML: Dietz, A: Aeberli (ab 21.02.80 nur „Romeo und Julia", 10×)

Casa Nova

15.12.79 „Peter und der Wolf" von Sergej Prokofjew/„Der Liebeszauber" von Manuel de Falla (8) – Ch: Pilato, A: Aeberli

08.06.80 „Eine kleine Nachtmusik" von Wolfgang A. Mozart (mit „Die Kluge" von Carl Orff (3) – Ch: Pilato, ML: Wessel-Therhorn, A: Aeberli

■ Ballette (WA)

13.09.79 „Medea" von Pilato//Fribec und „Petruschka" von Pilato//Strawinsky (6)

26.12.79 „Dornröschen" von Boris Pilato//Tschaikowsky (6)

■ Abstecher

– Ballett-Höhepunkte (Dahlienarena in der Gruga, 27.08.79, mit Tschaikowsky, 2. Akt „Schwanensee"/Saint-Saëns, „Sterbender Schwan"/Katschaturian, „Maskerade"/Minkus, Pas de deux aus „Don Quichote"/Gotovac Kolo aus „Ero der Schelm")

– „Romeo und Julia" (Leverkusen 11.03.80)

■ Sonderveranstaltungen

23.03.80 Ballett-Matinee

27.04.80 Ballett-Matinee

18.05.80 Ballett-Matinee mit Britten, „Variationen über ein Thema von Frank Bridge" (erstmals); Ausschnitt aus Mozart, „Eine kleine Nachtmusik"; „Tango-Parodie" mit Michèle Poupon/Uwe Evers; Folklore-Tanz aus der Oper Bizet „Carmen"

▪ **Gastspiel**
Casa Nova
15.03.80 Jahreshauptversammlung des Verbandes der Ballett-Schulen in Deutschland mit Demonstration eines für Privatschulen entwickelten pädagogischen Programms, das von der „Stella Mann School of Dancing" aufgeführt wird, auch 16.03.
20.06.80 „Bano de Tumba" (U) von Marilen Breuker; „In Bade Wannen" von Susanne Linke//Eric Satie; „Wowerwiewas" (U) von Susanne Linke//Eric Satie/Giuseppe Verdi/Wassergeräusche (Folkwang-Tanz-Studio)

Schauspiel

Dramaturgen: Heiko Holefleisch, Rolf Leibenguth, Dr. Albert Tisal*
Dramaturg des Kinder- und Jugendtheaters: Wolfgang Erwig
Oberspielleiter: Carsten Bodinus, Wolf Seesemann; *Regisseure der Neuinszenierungen:* Carsten Bodinus, Jakob Schmid, Wolf Seesemann; *Gäste:* Walter Bockmayer, Kazimierz Dejmek, Miguel Garrido, Joachim Preen, Peter Schwab
Ausstatter der Neuinszenierungen: Ekkehard Kröhn; *Gäste:* Peter Bissegger, Tabea Blumenschein, Pit Fischer, Gralf-Eduard Habben, Karolus Lodenkämper, Andrzey Majewski, Jakob Niedermeier, Thomas Richter-Forgách, Kazubo Watanabe
Schauspielmusik: Alfons Nowacki; *Choreograf:* Hans Lobitz

Ensemble: Ilse Anton, Ulrike Barthruff*, Sonja Böckstiegel, Sybille Brunner*, Irmentraut Conrad, Renate Franken*, Heide Reinhold, Ulrike Hussack, Brigitte Lebaan, Gabriele Marti, Claudia Nolte, Christiane Wolff*; Karl-Heinz Angermeyer, Ulrich Beseler*, Roland-Stephan Blezinger*, Alfred Böckel, Gerd Braese, Friedrich Briesemeister*, Cay Calov, Rudolf Cornelius, Fritz Doege, Sebastian Dominik, Michael Enk, Hans Jörg Frey*, Friedrich Gröndahl, Gustaf Gromer*, Manfred Hilbig, Till Krabbe*, Hans Lobitz, Yoyo Petit, Werner Possardt, Kurt Prawitt, Dr. Albert Tisal*, Tilo Weber, Klaus-Peter Wilhelm, Siegfried Wittig
Gäste/Teilspielzeit: Babett Arens, Katja Bechtolf, Jutta Bryde, Gabi Dauenhauer, Barbara Falter, Bernadette Heinen, Sue Hürzeler, Marita Marschall, Rotraut Rieger, Antje Roosch, Brita Sommer, Noëmi Steuer, Julia von Sell; Stefan Bissmeier, Franz Boehm, Helmut Füllerth, Werner Gaefke, Paco Gonzalez, Friedhelm Grube, Ernst-Richard Köper, Wolff Lindner, Hans-Joachim Millies, Theo Pöppinghaus, Andres Schreiber, Decoven Washington

▪ **Kinder- und Jugendtheater (bis 31.12.79)**
Leiter: Rudolf Cornelius
Dramaturg und Organisationsleiter: Wolfgang Erwig
Ensemble: Margarete Erwig, Lieselotte M. Hilbig, Heide Reinhold; Rudolf Cornelius, Ellen ben Smith, Willi Thomszyk; *Gäste:* Achim Brock, Karl-Heinz Heidecker, Peter Klocke, Thomas Moench

▪ **Schauspiele (N)**
Grillo
09.09.79 „Maria Stuart" von Friedrich Schiller (21+3) – I: Bodinus, A: Habben, M: Nowacki
25.11.79 „König Ubu" von Alfred Jarry (19) – I: Dejmek, A: Majewski, M: Nowacki
16.03.80 „Der Prinz Friedrich von Homburg" von Heinrich von Kleist (16+2) – I: Brecht, A: Lodenlämper/Kröhn
28.05.80 „Der stramme Max" (U) von Franz Xaver Kroetz (P: 22.05. in Recklinghausen (4+3) – I: Seesemann, A: Richter-Forgách
Casa Nova
29.09.79 „Frühlingserwachen" von Frank Wedekind (16+4) – I: Seesemann, A: Watanabe
02.12.79 „Gerettet" von Edward Bond (9) – I: Seesemann, A: Watanabe
27.01.80 „Allmächtiger Himmel" (DsprE) von Nary O'Malley (20+1) – I: Wintsch, A: Bissegger, M: Nowacki, Ch: Lobitz
17.05.80 „Feuerkarussell" (U) von Willi Thomczyk (9) – I: Bodinus, A: Niedermeier, M: Nowacki

Humboldtaula
22.09.79 „Stinkwut" von Fitzgerald Kusz (23) – I: Cox, A: Kröhn
16.11.79 „Das Honigfass" von Lew Ustinov (22) – I: Schmid, A: Niedermeier, M: Nowacki

Rathaus-Theater
07.11.79 „Das Mündel will Vormund sein" von Peter Handke (1, Casa 9× +1) – I: Garrido, A: Niedermeier, M: Nowacki
15.01.80 „Wer hat Angst vor Virginia Woolf …?" von Edward Albee (18+Grillo 2× +3) – I: Bodinus, A: Kröhn
08.03.80 „Schlafzimmergäste" von Alan Ayckbourn (26+3 Grillo+1) – I: Preen, A: Fischer

mobil
06.12.79 „Toni's Club" (DsprE) von Louis Lemaire (P: Albert-Schweitzer-Schule (85) – I: Schwab, ML: Nowacki, A: Kröhn, M: Klocke

▪ Musical (N)
20.01.80 „The Rocky Horror Picture Show" (DsprE) von Richard O'Brien (26) – ML: Nowacki, I: Bockmayer, B: Kröhn, K: Blumenschein

▪ Schauspiele (WA)
Grillo
18.09.79 „Geschichten aus dem Wiener Wald" von Horvath (13)
03.10.79 „Die Dreigroschenoper" von Brecht/Weill (4)

Casa Nova
09.10.79 „Hamletmaschine" von Heiner Müller (3)
10.10.79 „Abgespielt" von Keuls (5)

Humboldtaula
03.10.79 „Wasser im Eimer" von Lücker/Reisner (2)

Mobil
01.10.79 „Philipp Lämmerzahl" von Ziegeler/Brändi (30)

▪ Abstecher
– „Allmächtiger Himmel" (Bottrop 12.05.80)
– „Das Mündel will Vormund sein" (Leverkusen 18.12.79)
– „Der stramme Max" (Recklinghausen 22./23./24.05.80)
– „Frühlingserwachen" (Leverkusen 04.10., Gelsenkirchen 15./16./17.11.79)
– „Maria Stuart" (Lünen 31.10./08.11.79, Mülheim 04.01.80)
– „Prinz Friedrich von Homburg" (Mülheim 15./29.04.80)
– „Schlafzimmergäste" (Mülheim 10.06.80)
– „Wer hat Angst vor Virginia Woolf …?" (Mülheim 06./24.03., Gelsenkirchen 04./11.04.80)

▪ Sonderveranstaltungen
Casa-Nova
02.09.79 Sonntagabends mit Jochem Schumann, weitere 5×
13.10.79 „If", Film von Lindsay Anderson (zur Inszenierung „Frühlings Erwachen")
20.10.79 „Ein Mann zu jeder Jahreszeit", Film von F. Zinnemann (zur Inszenierung „Maria Stuart")
24.10.79 „Das goldene Zeitalter"/„Der andalusische Hund", Filme von Luis Buñuel
29.10.79 „Recht auf Arbeit – Recht auf Kultur?" Diskussion mit dem Kulturdezernenten Hilmar Hoffmann, Frankfurt, über Alternativen kommunaler Kulturpolitik
09.11.79 „Verbotene Spiele", Film von René Clément (zur Inszenierung „Frühlings Erwachen")
20.11.79 „So ein Theater"/„Beim Nervenarzt", Filme von K. Valentin (zur Inszenierung „Stinkwut")
29.12.79 „Denn sie wissen nicht, was sie tun", Film von Nicholas Ray (zur Inszenierung „Frühlings Erwachen")
15.02.80 „Love me tender" – Über Religionen, Sekten und die Liebe (zur Inszenierung „Allmächtiger Himmel"), auch 02.03.
17.02.80 Horror-Film-Nacht: „King Kong und die weiße Frau" von Merian C. Cooper; „A + C treffen Frankenstein" von Charles T. Barton; „Carrie – Des Satans jüngste Tochter" von Brian de Palma
30.03.80 „Cabaret" mit Spiderwoman, auch 31.03.

■ **Kinder- und Jugendtheaterwoche**

Wiener Platz

29.09.79 Eröffnung mit den Gruppen „Air"/„Sheer Madness"/„Paco & Willi"/„Grüner Frosch"

Casa

30.09.79 „Frühlings Erwachen" von Frank Wedekind (Theater Essen), auch 02.10.

01.10.79 „Clown in der Klemme" von Pablo Gonzales

03.10.79 „Eins-Zwei-Drei: Wer sich nicht versteckt, ist frei" (Wiedustheater Rotterdam)

04.10.79 „Schöne Bescherung" von (Theater der Jugend, Bonn)

05.10.79 „Was heißt hier Liebe?" (Theaterwerkstatt Hannover)

06.10.79 „Kleine Tiere" (Theaterworkgroep Spektakel, Niederlande), 2×

07.10.79 „Nachtclub für Kinder" (Theater Wunderwurm, Hamburg)

Humboldtaula

01.10.79 „Stinkwut" von Fitzgerald Kusz (Theater Essen)

03.10.79 „Wasser im Eimer" von Reiner Lücker/Stefan Reisner (Theater Essen), auch 04.10.

mobil

30.09.79 „Clown in der Klemme" von Pablo Gonzales (Gesamtschule Bockmühle)

01.10.79 „Philipp Lämmerzahl" von Rita Ziegler/Kristov Brändli (Kindergarten Altenessen), 2×

01.10.79 „Wir machen eine Oper" von Benjamin Britten (Gymnasium am Stoppenberg)

02.10.79 „Philipp Lämmerzahl" von Rita Ziegler/Kristov Brändli (Kindergarten Stoppenberg), 2×

05.10.79 „Philipp Lämmerzahl" von Rita Ziegler/Kristov Brändli (Kindergarten Fischlaken), 2×

07.10.79 „Nachtclub für Kinder", Theater Wunderwurm, Hamburg (Altenessen)

Jugendzentrum

02.10.79 „Ein Tag mit dem Wind", Kinderfilm

04.10.79 „Paule Pauländer", Kinderfilm

■ **Gastspiele**

Casa Nova

10.11.79 „Mongomo in Lapislazuli" mit Hinz & Kunst (Hamburger Musicalgruppe)

30.03.80 „Cabaret" (New Yorker Frauen-Theater-Gruppe „Spider Woman)

31.03.80 „Woman in Violence" (New Yorker Frauen-Theater-Gruppe „Spider Woman")

07.05.80 „Cafe-Concert": „Wie eine Nachtigall mit Zahnschmerzen" – Chansons und Klavierstücke von Erik Satie/„Sports et Divertissements" von Erik Satie

Humboldtaula

27.01.80 Paco der Clown, auch 28.01.

VHS

03.05.80 „Die Deutschen-Dämmerung – Im Vorfeld des Nationalsozialismus", Gereimtes und Ungereimtes von Blut und Seele, Gott und Vaterland, zusammengestellt und kommentiert von Ilka Boll, dargeboten von der VHS-Spielgruppe (szenische Lesung)

Spielzeit 1980/81

Verwaltungsdirektor: Lutz Beutling

Generalintendant: Ulrich Brecht; *Künstlerischer Betriebsdirektor:* Dr. Rudolf Rach
Chefdisponent und Leiter KBB: Gerard S. Kohl; *Disponentin:* Renate Voß
Chefdramaturgin: Dr. Ilka Boll; *Dramaturg:* Rolf Leibenguth
Referentin für Presse- und Öffentlichkeitsarbeit: Vera Noll*
Technischer Direktor: Siegfried Ehrenberg; *Ausstattungsleiter:* Ekkehard Kröhn

Musiktheater

Dramaturg für das Musiktheater und Leiter der Reihe „Musiktheater Extra": Eberhard Streul
Dirigenten: Prof. Heinz Wallberg, GMD; *Musikdirektor und Stellvertreter des GMD*: Prof. Helmut Wessel-Therhorn; *Dirigenten:* Helmut Imig*, 1. Kapellmeister; Ulrich Nolte*; Philharmonisches Orchester; *Repetitoren:* Heinz Sosnitza, Studienleiter; Ulrich Nolte*, Anna Schornick, Wolfgang Schulz, Lance Williams
Chordirektor: Konrad Haenisch

Regisseure der Neuinszenierungen: Ulrich Brecht, Eberhard Streul; *Gäste:* Hans Bonnet, Kasimir Demjek, Hans Korte, Hans Neugebauer/Willy Decker, Ernst Sagemüller, Siegfried Schoenbohm
Ausstatter der Neuinszenierungen: Eckehard Kröhn; *Gäste:* Hans Aeberli, Achim Freyer, Brigitte Friesz, Renate Schmitzer, Werner Schulz

Ensemble: Jessica Burri, Dolores Cambridge*, Friedhilde Filser, Herta Fischer, Birgit Linden, Ellen Phillips*, Margaret Russell, Margarita Turner, Bianca von Zambelly*; David Borgeson*, Richard Curtin, Michael Grabow*, Horst Hüskes, Karl-Heinz Lippe, Herbert Manke, Richard Medenbach, Hans Nowack, Rolf Oberste-Brink, Karl-Heinz Offermann*, Bernd Possemeyer*, Hendrikus Rootering, Jerrold van der Schaaf*, Siegfried Wittig
Chorsolisten (Wiederaufnahmen nicht alle erfasst): Marie-Luise Bruns, Cäcilia Gräf-Klees, Sigrune Greitschus, Claudia Hummel, Jadwiga Miklavcic, Gisela Schroeter, Elsa Schulz, Charlotte Vogel, Alina Wolowik; Josef Böckmann, Rudolf Braun, Alfred Doetsch, Heinz Potztal, Wieland von Missenbach
Elke Bühler, Barbara Schiweck (Extrachor)

Gäste/Teilspielzeit: Stephanie Bogle, Angela Claer, Magdalena Cononovici, Clara Dohmes, Reingard Didusch, Nancy Henninger, Elfriede Höbarth, Elisabeth Kohl, Elisabeth Lachmann, Ilse List, Gerlinde Lorenz, Virginia Love, Kirsten, Maiwald, Annemonika Meusel, Monika Pick-Hieronimi, Mary Riesterer, Anita Aalta, May Sandoz, Elke Schmidt, Ariane Stahl, Gail Steiner, Eva Tamulenas; Joannis Anifantakis, Helge Bömbches, Mario Brell, Dietmar Cordan, Hans-Hermann Ehrich, Karl Fäth, Erich Fiala, Ulrich Gentzen, Martin Häusler, Horst Hoffmann, Ulrich Hielscher, Franz-Josef Kapellmann, Otto Kneidinger, Peter Lüthke, Siegfried Schmidt, David Sundquist, Alejandro Vasquez, Günter Wewel, Peter Winter
Schauspieler/Teilspielzeit: Sonja Böckstiegel, Elsa Tuerschmann; Fritz Doege, Werner Gaefke, Hans Lobitz, Walter-Reinhold Schaefer (Essen)

■ Opern (N)
Grillo

13.09.80	„Die Zauberflöte" von Wolfgang Amadeus Mozart (21) – ML: Wallberg, I: Dejmek, A: Aeberli
09.11.80	„Der Freischütz" von Carl Maria von Weber (15+6) – ML: Imig, I: Korte, A: Kröhn
25.12.80	„Macbeth" von Giuseppe Verdi (9) – ML: Wallberg, I: Schoenbohm, B: Friesz, K: Schnitzer
22.02.81	„Don Pasquale" von Gaëtano Donizetti (7+1) – ML: Wessel-Therhorn, I: Bonnet, A: Schulz

04.04.81 „Orpheus und Eurydike" von Christoph Willibald Gluck (2) – ML: Imig *(konzertant)*
14.06.81 „Wozzeck" von Alban Berg (6) – ML: Wessel-Therhorn, I: Neugebauer/Decker, A: Freyer

Casa Nova
17.10.80 „Papageno spielt auf der Zauberflöte" von W. A. Mozart/Eberhard Streul (26+12 mobil) – ML: Gromis, I: Streul

Rathaus-Theater
16.05.81 *Szenisches Konzert (Motto: „Handwerk und Genie – Musikalische Auffassungen von Salieri einerseits und Mozart/Beethoven andererseits"* (2) Beethoven, Konzert-Arie für Sopran „Non, non turbati"; Salieri, Langsame Sätze aus dem „Klavierkonzert C-Dur" sowie aus Mozart, „Klavierkonzert A-Dur (KV 488)"; Mozart, „Ein musikalischer Spaß" (KV 522); Nikolai Rimsky-Korsakow „Mozart und Salieri" (2) – ML/Klavier: Helmut Imig, Szene: Eberhard Streul; Solisten: Margarita Turner; Michael Grabow/Horst Hüskes/Karl-Heinz Lippe/Rolf Oberste-Brink

■ **Operette N)**
26.04.81 „Viktoria und ihr Husar" von Paul Abraham (14+1) – ML: Imig, I: Sagemüller, A: Kröhn, Ch: Grant

■ **Opern (WA)**
18.09.80 „Der Barbier von Sevilla" von Rossini (10)
25.10.80 „Die Kluge" von Orff mit „Eine kleine Nachtmusik" von Mozart (4)
31.01.81 „La Traviata" von Verdi (4)
28.02.81 „Così fan tutte" von Mozart (2)

■ **Operette (WA)**
20.09.80 „Gräfin Mariza" von Kálmán (7+5)

■ **Musical (WA)**
12.10.80 „My Fair Lady" von Loewe (10) [11.02.: 50×]

■ **Abstecher**
– „Der Freischütz" (Leverkusen 02./04.12.; Mülheim 09.12.; Lünen 12.12.80; Mülheim 14./15.01.81)
– „Don Pasquale" (Witten 06.03.81)
– „Gräfin Mariza" (Baldeneysee 31.08.; Witten 09.10., Ludwigshafen 27.10.80, Leverkusen 24./25.02.81)
– „Rufen Sie Herrn Plim"/„Pimpinone" (Grenoble 30./31.01.81)
– „Viktoria und ihr Husar" (Mülheim 04.06.81)

■ **Sonderveranstaltungen**
Saalbau
28.08.80 Konzert im Rahmen der Essener Woche „E'80"
Weber/Berlioz, „Aufforderung zum Tanz"; Mozart, „Konzert für Klavier und Orchester Nr. 20 d-Moll (Claudius Tanski); Rossini, Ouvertüre „Die diebische Elster"; Massenet, Meditation aus „Thaïs"; Elgar, „Festlicher Marsch Nr. 1" aus „Pomp and Circumstance"; Tschaikowsky, „Capriccio italien"
ML: Heinz Wallberg
01.01.81 Neujahrskonzert: Beethoven, 8. und 9. Sinfonie ML: Heinz Wallberg; Solisten: Sabine Haas/Cornelia Wulkopf; Gordon Greer/Artur Korn Chöre: Städt. Musikverein/Schubertbund/Extrachor des Musiktheaters
19.06.81 Die schönsten Melodien aus Oper und Operette (auch 21.06.)
Verdi, Ouvertüre zu „Nabucco"; Verdi, Szene und Kavatine des Silva „Unglücksel'ger, der darauf baute …" (Richard Curtin) aus „Ernani"; Puccini, Arie der Tosca „Vissi d'arte" (Dolores Cambridge); Puccini, Arie des Kalaf „Nessun dorma" (David Borgeson) aus „Turandot"; Puccini, Arie der Lauretta „Väterchen, teures, höre" (Ellen Phillips) aus „Gianni Schicchi"; Donizetti, Kavatine der Norina „Auch ich versteh' die feine Kunst …" (Jessica Burri) und Finale II aus „Don Pasquale" (Jessica Burri/Jerrold van der Schaaf/Rolf Oberste-Brink/Richard Medenbach) Offenbach, Can-Can aus „Orpheus in der Unterwelt"; Abra-

ham, Duett Viktoria/John Cunlight „Pardon, Madame" (Friedhilde Filser/Karl-Heinz Lippe), Duett Viktoria/Husar „Reich mir zum Abschied noch einmal die Hände" (Friedhilde Filser/Jerrold van der Schaaf) und Duett Riquette/Jancsi „Ja, so ein Mädel, ungarisches Mädel" (Birgit Linden/Horst Hüskes) aus „Viktoria und ihr Husar"; Duett Mariza/Zsupán „Komm mit nach Varasdin" (Friedhilde Filser/Horst Hüskers) und Duett Lisa/Tassilo „Schwesterlein, sollst mir fein glücklich sein" (Birgit Linden/Jerrold van der Schaaf) aus „Gräfin Mariza"; Lehár, Lied der Zorika „Hör ich Cymbnalklänge" (Friedhilde Filser) aus „Zigeunerliebe"; Can-Can aus dem Ballett „Die Dame und der Narr" Verdi//John Cranko
ML: Helmut Imig

15.07.81 Konzert für Bürger/innen mit Behinderung
Mozart, Ouvertüre „Figaros Hochzeit"; Mozart, „Konzert für Klarinette und Orchester A-Dur, KV 622" (Toni Langen); Stolz, Marsch „Gruß aus Wien" und Marsch aus „Frühjahrsparade"; Suppé, Ouvertüre „Dichter und Bauer"; Karel Komzák, Walzer „Bad'ner Mad'ln"; Strauß, Ouvertüre „Eine Nacht in Venedig"
ML: Heinz Wallberg

16.07.81 Konzert für Senioren (Programm wie 15.07.)

Grugahalle

16.09.80 Opern-Gala im Rahmen der internationalen Sicherheits-Fachmesse
Wagner, Vorspiel zum 3. Akt „Lohengrin"; Verdi, Ouvertüren zu „Der Troubadour" und „Die Macht des Schicksals"
Pilar Lorengar mit Arien von Wagner (Elsa aus „Lohengrin") und Verdi (Desdemona aus „Otello")
Pilar Lorengar/Spas Wenkoff mit Duetten von Wagner (Elsa/Lohengrin) und von Verdi (Desdemona/Otello)
Spas Wenkoff mit Arien von Wagner (Gralserzählung aus „Lohengrin") und von Verdi („Otellos Tod")
Bernd Weikl mit Arien von Verdi (Posas Tod aus „Don Carlos" und René aus „Ein Maskenball") und von Wagner („O, du mein holder Abendstern" und „Blick' ich umher in diesem edlen Kreise" aus „Tannhäuser")
ML: Heinz Wallberg

Gruga (Musikpavillon)

28.06.81 Melodien aus Oper und Operette,
ML: Helmut Imig

Schlosspark Borbeck

23.08.80 Eröffnung der Essener Woche „E'80"
Bizet, „Farandole" aus der „L'Arlesienne-Suite"; Mozart, Arie des Sarastro „In diesen heil'gen Hallen" (Hans Nowack); Arie des Tamino „Dies Bildnis …" (Michael Grabow)/Arie des Papageno „Der Vogelfänger bin ich" (Karl-Heinz Lippe); Duett Pamina/Papageno „Bei Männern …" (Margarita Turner/Karl-Heinz Lippe) und Terzett Pamina/Sarastro/Tamino „Soll ich dich, Teurer, nicht mehr seh'n" (Margarita Turner/Hans Nowack/Michael Grabow) aus „Die Zauberflöte"); Strauß, Ouvertüre „Der Zigeunerbaron"/Walzer „Wiener Blut"/„An der schönen blauen Donau"
ML: Heinz Wallberg

Stern-Brauerei

29.08.80 Werkskonzert
Strauß, Ouvertüre „Der Zigeunerbaron"/Walzer „Wiener Blut"/„Auf der Jagd"/Walzer „Tausendundeine Nacht" aus „Indigo und die 40 Räuber"/„An der schönen blauen Donau"/„Unter Donner und Blitz"; Offenbach „Barcarole" aus „Hoffmanns Erzählungen"/Ouvertüre „Orpheus In der Unterwelt"; Stolz, Marsch aus „Frühjahrsparade"/Walzer „Wiener Café"/Marsch „Gruß aus Wien"
ML: Heinz Wallberg

Baldeneysee

31.09.80 Seefest am Baldeney im Rahmen der Essener Woche „E'80"
Ausschnitte aus „Gräfin Mariza"

VHS
28.10.80 Einführungsabend mit Musikbeispielen und Gesprächen zur Inszenierung „Der Freischütz" Mitwirkende: Hans Korte (Regisseur)/Helmut Imig (Dirigent); Dolores Cambridge/Richard Curtin (Gesang); Moderation: Eberhard Streul (Reihe „Musiktheater Extra")

Ballett

Ballettmeister und Choreograf: Boris Pilato; *Stellvertreter des Ballettmeisters:* Anton Vucanic
Repetitor: Emil Bodo*; *Dirigenten:* Helmut Imig, Helmut Wessel-Therhorn; Peter Baberkoff (1×);
Gast: Ljubomir Romansky
Ausstatter der Neuinszenierungen: Hans Aeberli

Compagnie: Michèle Poupon, *Primaballerina*; Renate Deppisch, *Primaballerina*; Jeane Ingels, Annemarie Nikisch, *Solo*
Vanja Borgoudjieva, Regine Trefny, *Solo mit Gruppe*
Annette May, Marion Pilch, Christa Piroch, *Gruppe mit Solo*
Ovti Arvola, Ingrid Heinze, Birgit Helbig, Glenette Jeffrey, Michelle Metz*, Claudia Ricker*, Eva Stolz*,
Monika Swienty*, *Gruppe*
Uwe Evers, *1. Solotänzer*, Eugeniusz Jakobiak, *Solo*
Sasha Alexander, Abelardo Carrasco, Stanislaw Iskra, *Gruppe mit Solo*
Konstantin Halatschev, Helge Degel, Manuel Fernandez*, Enrique Larraguibel*, *Gruppe*
Gäste/Teilspielzeit: Ann Carman, Jacqueline Savage, Isolde Völkel; Ralf Doege, Rainer Köchermann, Werner Rainer Haida, Andreas Micheleit, Heiner Schunke, Janusz Wojchichowski

Gesangssolisten: Ellen Philipps, Margarita Turner; Horst Hüskes, Karl-Heinz Offermann, Bernd Posse-meyer, Johannes van der Schaaf; *Gäste:* Franco Carreira, Clark Dunbar

■ **Ballette (N)**
05.10.80 „Variationen über ein Thema von Frank Bridge" von Benjamin Britten/ „Auferstehung" (U) von Peter Baberkoff/„Carmina burana" von Carl Orff (13+1) Ch: Pilato, ML: Wessel-Therhorn, A: Aeberli [ab 16.12.80 wegen Überlänge ohne Britten, 7×]
(*02.07.81 Letzte Vorstellung; danach Auszeichnungen (goldene Ehrennadel für 25 Jahre Mitgliedschaft in der Bühnengenossenschaft) an Michele Poupon/Christa Piroch/Boris Pilato/Anton Vujanic)*

■ **Ballette (WA)**
25.10.80 „Eine kleine Nachtmusik" von Pilato// Mozart (mit „Die Kluge" von Orff (4)
07.12.80 „Dornröschen" von Pilato//Tschaikowsky (4+1)
25.01.81 „Romeo und Julia" von Pilato//Prokofjew (6+1) [25.03.: 25×]
29.01.81 „Eine kleine Nachtmusik" von Pilato// Mozart und „Carmina burana" von Pilato//Orff (1)

■ **Ballett-Matineen**
21.09.80 Ausschnitte aus den drei Premieren-Werken *(Boris Pilato begrüßt seine Nachfolgerin Heidrun Schwaarz)*
12.04.81 Bournonville, Pas de deux aus „Blumenfest von Genzano" (Glenette Jeffrey/Abelardo Carrasco); Prokofjew, Balkonszene aus „Romeo und Julia"; 2 Pas de deux aus Tschaikowsky, „Schwanensee" (Renate Deppisch/ Uwe Evers); Pas de deux aus Tschaikowsky, „Dornröschen" (Jeane Ingels/ Janusz Wojchichowski); Prokofjew, Mandolinentanz (Christa Piroch/ Gruppenmitglieder) aus „Romeo und Julia"; Bizet, Intermezzo aus „Carmen" (Christa Piroch); „Die Vision der Kameliendame" zu Sibelius, „Valse triste" (Renate Deppisch/Uwe Evers)
31.05.81 Abschieds-Matinee
Tschaikowsky, Blumenwalzer aus „Dornröschen"/Pas de deux aus „Schwanensee"; Bournonville, Pas de deux aus „Blumenfest von Genzano";

Sibelius, „Valse triste"; Orff, „Auf dem Anger" aus „Carmina burana"

■ **Abstecher**
– „Dornröschen" (Witten 12.11.80)
– „Romeo und Julia" (Recklinghausen 22.01.81)
– „Carmina burana" (Kennedyplatz 16.05.81)

■ **Gastspiele**
Casa Nova
17.01.81 Folkwang-Tanzstudio: „Schwelle" von Marilen Breuker//Egberto Gismonti (U), „Mudanza" („Beim Umzug") von Marilen Breuker//verschiedene Jazz-Kompositionen (U), „Frauenballett" von Susanne Linke//Teile aus „Magnificat" von Kristof Penderecki und einige mittelalterliche Gitarrenstücke
08.02.81 Ballett-Studio Roehm, auch 09.02.
Rathaus-Theater
24.06.81 „Spanische Folklore" (Folkwang)

Schauspiel

Dramaturg: Rolf Leibenguth
Regisseure der Neuinszenierungen: Ulrich Brecht, Mani Wintsch; *Gäste:* Tim Albery, Pavel Cerny, David Esrig, Dietrich Hilsdorf, Paris Kosmidis, Joachim Preen, Robert Walker
Ausstatter der Neuinszenierungen: Ekkehard Kröhn, Hannah Feldhammer*; *Gäste:* Hans Aeberli, Miecky Baerwish, Veronika Dorn, Ana Jebens, Renate Kalanke, Thomas Richter-Forgách, Christian Schickel
Schauspielmusik: Alfons Nowacki; *Choreografie:* Rajka Trbovic; Hans Lobitz; *Gäste:* Stewart Hopps, Heiner Schunke; *Pantomime:* Paco Gonzales

Ensemble: Ilse Anton, Ulrike Barthruff, Sybille Brunner, Sybil Buri*, Irmentraut Conradt, Bernadette Heinen*, Ukrike Hussack, Brigitte Lebaan, Andrea Linau*, Gabriele Marti, Margot Nagel*; Karl-Heinz Angermeyer, Alfred Böckel, Gerd Braese, Cay Calov, Rudolf Cornelius, Sebastian Dominik, Michael Enk, Friedrich Gröndahl, Gustaf Gromer*, Manfred Hilbig, Till Krabbe, Hans Lobitz, Klaus Lochthove*, Detlev Lutz*, Miro Nemec*, Yoyo Petit, Kurt Prawitt, Bernd Rademacher*, Volker Risch*, Tilo Weber, Klaus-Peter Wilhelm, Siegfried Wittig
Gäste/Teilspielzeit: Angelika Bartsch, Katja Bechtolf, Sonja Böckstiegel, Andrea Gowin, Jutta Hahn, Anna Looser, Fritz Doege, Oswald Gayer, Andreas Kunze, Volker Lippmann, Wolff Lindner, Abu Homas Magid, Theo Pöppinghaus, Bernd Rexing, Hanfried Schüttler
Gäste/Teilspielzeit (Tänzerinnen „Darling Joe"): Françoise André, Christine Brunel, Anne Carman, Kyomi Ichida, Uli Naumann, Isolde Völkel

■ **Schauspiele (N)**
Grillo
14.09.80 „Wie es euch gefällt" von William Shakespeare (21+2) – I: Walker, B: Baerwish, K: Jebens, M: Nowacki
27.09.80 „Rosa Winkel" von Martin Sherman (12) – I: Preen, A: Kröhn
22.01.81 „Lauf doch nicht immer weg" von Philip King (26) – I: Cerny, A: Kröhn, M: Nowacki, Ch: Lobitz
21.03.81 „Romulus der Große" von Friedrich Dürrenmatt (19) – I: Kosmidis, A: Schickel
26.05.81 „Schweyk im zweiten Weltkrieg" von Bertolt Brecht (7) – I: Esrig, B: Esrig/Feldhammer, K: Dorn, M: Nowacki, Ch: Schunke
Casa Nova
13.09.80 „Judiths Party" (DSprE) von Mike Leigh (26+1) – I: Albery, A: Richter-Forgách
06.12.80 „Ist das nicht mein Leben?" von Brian Clark (35) – I: Brecht, A: Feldhammer
07.02.81 „Fegefeuer in Ingolstadt" von Marieluise Fleißer (16) – I: Wintsch, A: Kalanke
10.05.81 „Blut fließt, Räuber" (U) von Rudolf Rach/Jakob Schmidt (6) – I: Albery, A: Jebens
Rathaustheater
20.09.80 „Zum goldenen Anker" von Marcel Pagnol (22+3 Grillo+1) – I: Wintsch, A: Kröhn
13.12.80 „Eines langen Tages Reise in die Nacht" von Eugene O'Neill (24) – I: Hilsdorf, A: Kröhn
14.03.81 „Das Glas Wasser" von Eugène Scribe (16) – I: Cerny, A: Kröhn, M: Nowacki, Ch: Trobic, Pantomime: Gonzales

■ **Musical (N)**

21.10.80 „Darling Joe" (DsprE) von Richard Rodgers (24) – ML: Nowacki, I: Walker, A: Jebens, Ch: Hopps

■ **Abstecher**

– „Judiths Party" (Bottrop 12.01.81)
– „Wie es euch gefällt" (Lünen 06.10.80; Duisburg 07.05.81)
– „Zum goldenen Anker" (Lünen 06.11.80)

■ **Sonderveranstaltungen**

Casa Nova

25.09.80 Erich Fried liest „Angst vor Auschwitz" (zur Inszenierung „Rosa Winkel")

21.09.80 Sonntagabends mit Jochem Schumann, weitere 7×

25.02.81 Das „Mobile Einsatztheater" spielt und liest einige Szenen aus „Mephisto" von Ariane Mnouchkine (nach Klaus Mann), und Berthold Spangenberg berichtet von der Geschichte des Romans und seines Verbots

28.02.81 Chansonabend „Ich weiß nicht, was soll es bedeuten …" mit Brigitte Lebaan/Miro Nemec/Alfons Nowacki

27.05.81 Diskussion über „Ist das nicht mein Leben?" (nach der Vorstellung) mit einem Arzt, zwei Seelsorgern und dem Juristen Dr. Peter Heinemann sowie mit Ulrich Brecht und den Schauspielern)

Humboldt-Aula

27.10.80 Diskussion über „Rosa Winkel" (Veranstaltung des Essener Theaterrings)

■ **Ausstellung**

26.05.81 „Diktatur und Unterdrückung" (zur Premiere „Schweyk im zweiten Weltkrieg")

■ **Gastspiele**

Grillo

22.10.80 „Amleto"/„Hamlet" von William Shakespeare (La Compagnia del Collectivo di Parma)

24.10.80 „Wer geht, kehrt nicht so schnell zurück" (Schaubühne am Halleschen Ufer, Berlin)

26.10.80 „Die Intrigantin Baghat" (Türkisches Staatstheater Ankara) *(Theaterfestival für ausländische Mitbürger)*

02.05.81 Theaterfest für ausländische Mitbürger mit internationalen Gruppen

07.05.81 „Illiad-Play for Play" frei nach Homer (The International Theatre of the Deaf)

Casa Nova

18.10.80 Internationaler Folklore-Abend *(Theaterfestival für ausländische Mitbürger)*

19.10.80 Internationaler Filmtag *(Theaterfestival für ausländische Mitbürger)*

20.10.80 Los Mozos/Spanuen *(Theaterfestival für ausländische Mitbürger)*

23.10.80 The Athenias/Griechenland *(Theaterfestival für ausländische Mitbürger)*

24.10.80 „Soske?"/„Warum" (Romano Theater Rahim Burhan und Kompanie/Jugoslawien)

25.10.80 „Auf der Lauer" und „Bürgerspiel" (Türkisches Theater im Künstlerhaus Bethanien, Berlin) *(Theaterfestival für ausländische Mitbürger)*, 2×

18.02.81 „Das Medea-Spiel" nach Euripides von Dieter Reible mit Beatrice Maurer (auch 19./20.02.)

10.03.81 „Mimen – Masken – Pantomimen" (Folkwang-Pantomimen-Studio, auch 11.03.)

12.03.81 „Oberkasseler Musik-Lesung" (Lyrische Texte von Schiller/Goethe bis Lasker-Schüler)

14.06.81 „Comeback mit Schiller": 20 Jahre Amnesty International (Kabarett mit Robert Freitag)

Rathaus-Theater

19.05.81 „Sie sagten Nein" (Szenische Text-Collage von Ilka Boll mit der VHS-Spielgruppe)

20.05.81 Musikalisches Puppenkabarett mit dem Pianisten und Puppenspieler Norman Shetler

23.05.81 „Pools Paradise" (Drama-Club Sunderland)

Alte Synagoge

29.11.80 „Sie sagten Nein" (Text-Collage von Ilka Boll mit der VHS-Spielgruppe, U), auch 06.03.81

Spielzeit 1981/82

Verwaltungsdirektor: Lutz Beutling

Generalintendant: Ulrich Brecht
Chefdisponent und Leiter KBB: Gerard S. Kohl; *Disponentin:* Renate Voß
Chefdramaturgin: Dr. Ilka Boll; *Gast:* Prof. Gert Kalow
Leiterin der Presse- und Öffentlichkeitsarbeit: Vera Noll
Technischer Direktor: Siegfried Ehrenberg; *Leitender Bühnen- und Kostümbildner:* Ekkehard Kröhn

Musiktheater

Dramaturgie-Assistent für das Musiktheater Michael Stadje*
Musikalische Oberleitung; Prof. Helmut Wessel-Therhorn; *Dirigenten:* Helmut Imig, 1. Kapellmeister; Ulrich Nolte, Heinz Sosnitza, GMD Prof. Heinz Wallberg; Philharmonisches Orchester; *Repetitoren:* Heinz Sosnitza, Studienleiter; Gary Gromis, Ulrich Nolte, Wolfgang Schulz: *Chordirektor:* Konrad Haenisch

Regisseure der Neuinszenierungen: Ulrich Brecht, Brigitte Gaudshn; *Gäste:* Günther Fleckenstein, Ekkehard Grübler, Heinz-Lukas Kindermann, Uwe Kreyssig
Ausstatter der Neuinszenierungen: Ekkehard Kröhn; Hannah Feldhammer*; *Gäste:* Ekkehard Grübler, Ottowerner Meyer, Walter Perdacher, Thomas Richter-Forgách, Christian Schieckel, Helmut Stürmer
Choreografie: Ali Pourfarrokh, Heidrun Schwaarz

Ensemble: Jessica Burri, Friedhilde Filser, Herta Fischer, Margrit Göpke, Birgit Linden, Ellen Phillips, Margaret Russell, Margarita Turner, Bianca von Zambelly*; Giorgio Aristo*, David Borgeson, Michael Grabow, Horst Hüskes, Karl-Heinz Lippe, Richard Medenbach, Hans Nowack, Rolf Oberste-Brink, Karl-Heinz Offermann, Berthold Possemeyer, Hendrikus Rootering, Jerrold van der Schaaf, Norman Smith*
Chorsolisten (nicht alle Wiederaufnahmen erfasst): Marie-Luise Bruns, Hermengilde Doetsch, Renate Glöckner, Ingeborg Kabon, Jadwiga Miklavcic, Anita Rödiger, Gisela Schroeter, Elsa Schulz, Charlotte Vogel; Erich Bär, Josef Böckmann, Rudolf Braun, Alfred Doetsch, Manfred Grohnert, Horst Kohl, Josef Kistermann, Arno Klees, Heinz Potztal

Gäste/Teilspielzeit: Nasrim Azarmi, Ursula Bartels, Magdalena Cononovoci, Clara Dohmes, Lilo Ehret, Ruth Folkert, Arne Funkemeyer, Astrid Heli, Nancy Henninger, Janet Jacques, Brenda Jackson, Antje Jansen, Petra Kaus, Elisabeth Lachmann, Virginia Love, Fran Lubahn, Carmen Mammoser, Sue Patchell, Erica Pilari, Eleonora Regis, Eva-Christine Reimer, Mary Riesterer, Anita Salta, May Sandoz, Annelie Siebert, Annemarie Steffens, Eva Tamulenas, Jean-Anne Teal, Rose Wagemann, Elisabeth Werres; Gabor Andrasy, Hubert Bischof, Thomas Booth, Bernhard Bruckboeg, Leo Decker, Karl Fäth, Ulrich Gentzen, Michael Glücksmann, Horst Hoffmann, George Ionescu, Monte Jaffe, Franz-Josef Kapellmann, Willem Laakmann, Richard Lindskog, Willi Nett, Claudio Nicolai, Jean Petit, John Pflieger, Walter-Reinhold Schaefer, Theo van Gemert, Siegfried Wittig
Tänzer/innen („Die lustige Witwe"): Outi Arvola, Edeltraut Doan, Birgit Helbig, Marion Pilch, Claudia Ricker, Astrid Sackewitz, Eva Stolz; Madgy El-Leisy (Essen)
(„Die Geschichte vom Soldaten"): Emese Schaper-Gaal, Anna Serafinas (Essen)
Schauspieler/innen: Ilse Anton, Gabriele Marti, Margot Nagel; Gerd Braese, Fritz Doege, Gustaf Gromer, Hans Lobitz, Klaus Lochthove, Yoyo Petit, Tilo Weber (Schauspiel Essen); *Gast:* Werner Gaefke

■ Opern (N)
Grillo

26.09.81 „Cavalleria rusticana" von Pietro Mascagni/„Der Bajazzo" von Ruggiero Leoncavallo (11) – ML: Wallberg, I: Kindermann, A: Perdacher

29.11.81 „Zar und Zimmermann" von Albert Lortzing (13) – ML: Imig, I: Kreyssig, B: Kröhn, K: Meyer, Ch: Pourfarroukh/Schwaarz

25.12.81 „Nabucco" von Giuseppe Verdi (8+1) – ML: Wessel-Therhorn, I/A: Grübler

18.04.82 „Albert Herring" von Benjamin Britten (8) – ML: Imig, I: Fleckenstein, A: Richter-Forgách

30.05.82 „Eugen Onegin" von Peter I. Tschaikowsky (6) – ML: Wessel-Therhorn, I: Gaudszuhn, A: Schieckel

Casa Nova

27.10.81 „Die Gärtnerin aus Liebe" von Wolfgang Amadeus Mozart (1) – ML: Imig, I: Gaudszuhn, A: Feldhammer

31.01.82 „Die Geschichte vom Soldaten" von Igor Strawinsky (8+4) – ML: Wessel-Therhorn, I: Gaudszuhn, A: Kröhn, Ch: Pourfarrokh

■ Operette (N)

21.02.82 „Die lustige Witwe" von Franz Lehár (15+1) – ML: Imig, I: Brecht, A: Stürmer, Ch: Schwaarz/Pourfarrokh

■ Opern (WA)
Grillo

03.10.81 „Don Pasquale" von Donizetti (7)
09.10.81 „Die Zauberflöte" von Mozart (8)
17.10.81 „Der Freischütz" von Weber (5+1)
27.02.82 „Der Barbier von Sevilla" von Rossini (4)
14.02.82 „Macbeth" Verdi (2+2)

Casa Nova

14.01.81 „Papageno spielt auf der Zauberflöte" von Streul/Mozart (22+3)

■ Operette (WA)

04.10.81 „Viktoria und ihr Husar" von Abraham (18)

■ Musical (WA)

17.11.81 „My Fair Lady" von Loewe (7)

■ Abstecher

– „Der Freischütz" (Lüdenscheid 15.01.82)
– „Die lustige Witwe" (Leverkusen 07.04.82)
– „Die Geschichte vom Soldaten" (Borbeck 17.03., Stoppenberg 24./25.06., Gelsenkirchen 30.06.82)
– „Macbeth" (Leverkusen 21./24.03.82)
– „Nabucco" (Recklinghausen 10.02.82)
– „Papageno spielt auf der Zauberflöte" (Gymnasium Werden 17.12.81, Altenessen 08.01.82, 2×)

■ Sonderveranstaltungen
Grillo

05.09.81 Tag der offenen Tür: So arbeiten wir
26.06.82 Tag der offenen Tür: Besichtigung der Werkstätten; Ausschnitte neuester Produktionen

Saalbau

01.01.82 Neujahrskonzert: Beethoven, „9. Sinfonie d-moll" ML: Hiroshi Wakasugi; Solisten: Sylvia Geszty/Virginia Love; Jerrold van der Schaaf/Jan-Hendrik Rootering; Städtischer Muisikverein/Schubertbund/Extrachor des Aalto-Theaters

30.04.82 Arbeitnehmer-Empfang: Mitwirkung des Philharmonischen Orchesters Strauß, Ouvertüre „Wiener Blut"/„Tritsch-Tratsch-Polka"; Suppé, Ouvertüre „Leichte Kavallerie"; Stolz, „Gruß aus Wien"
ML: Heinz Wallberg

06.05.82 Sonderkonzert (Essener Maitember): Beethoven, „Egmont op. 84", Musik zu dem Trauerspiel von Goethe; Beethoven, Sinfonie Nr. 3 „Eroica"
ML: Heinz Wallberg; Margarita Turner (Gesang)/Wolff Lindner (Sprecher)

12.06.82 Die schönsten Melodien aus Oper und Operette (auch 13.06.)
Reznićek, Ouvertüre zu „Donna Diana"; Rossini, Arie des Figaro „Ich bin das Faktotum …" (Berthold Possemeyer) aus „Der Barbier von Sevilla"; Rossini, Arie der Angelina „Non più mesta …" (Margaret Russell) aus „La Cenerentola"; Lortzing, Arie des van Bett „O sancta Justitia" (Hans Nowack) aus „Zar und Zimmer-

mann"; Leoncavallo, Intermezzo aus „Der Bajazzo"; Verdi, Arie des Luna „Der Glanz ihres Lächelns" (Karl-Heinz Offermann) aus „Der Troubadour"; Verdi, Quartett Gilda/Maddalena/Herzog/Rigoletto „Schöne Dienerin der Liebe" (Jessica Burri/Bianca von Zambelly; Giorgio Aristo/Rolf-Oberste Brink) aus „Rigoletto"; Tschaikowsky, Arie des Lenski „Wohin, wohin seid ihr entschwunden?" (Johannes van der Schaaf), Briefarie der Tatjana (Margarita Turner) und Arie des Fürsten Gremin „Ein jeder kennt die Lieb' auf Erden" (Norman Smith) aus „Eugen Onegin"; Ausschnitte aus Lehár, „Das Land des Lächelns"/„Paganini"/„Die lustige Witwe" (Friedhilde Filser; Josef Böckmann/Fritz Doege/Horst Hüskes/Karl-Heinz Lippe/Hans Lobitz/Hendrikus Rootering); Strauß, „Radetzky-Marsch"
ML: Wessel-Therhorn, Moderation: Hendrikus Rootering

Grugahalle
18.09.81 Gala-Konzert im Rahmen der Messe „Schweißen & Schneiden mit Solisten des Bolschoi-Theaters Moskau Tamara Milaschkina: Verdi, Romanze der Aida „O patria mia!" aus der gleichnamigen Oper; Tschaikowsky, Brief-Szene der Tatjana aus „Eugen Onegin" Tamara Sinjawskaya: Bizet, Seguidilla und Habanera aus „Carmen"; Verdi, Arie der Azucena „Stride la vampa" aus „Il Trovatore"; Mussorgsky, Arie der Marfa aus „Chowantschina" Wladimir Atlanow: Tschaikowsky, Arie des Lenski „Wohin, wohin…" aus „Eugen Onegin"; Bizet, „Blumenarie des Don Cosé aus „Carmen" Jury Masurok: Verdi, Arie des René aus „Un ballo in maschera" Tamara Milaschkina/Wladimir Atlanow: Duett Tosca/Cavaradossi aus „Tosca"
ML: Heinz Wallberg

Kaserne Essen-Kray
11.09.81 Werkskonzert: Fernmeldebataillon Stolz, Marsch „Gruß aus Wien"; Strauß, Walzer „Wiener Blut"/„Im Krapfenwald"/„Auf der Jagd"; Lehár, Walzer „Gold und Silber"; Suppé, Ouvertüre „Leichte Kavallerie"; Strauß, „Unter Donner und Blitz"; Strauß (Vater), „Radetzky-Marsch"
ML: Heinz Wallberg

Essen-Haarzopf
26.09.81 Stadtteilfest (Konzert)
Lortzing, Arie des Baculus „5000 Taler" (Hans Nowack) aus „Der Wildschütz; Mozart, Arie des Papageno „Ein Mädchen oder Weibchen" (Karl-Heinz Lippe) aus „Die Zauberflöte"; Nicolai, Duett Fluth/Falstaff „In einem Wäschekorb" (Karl-Heinz Lippe/Hans Nowack) aus „Die lustigen Weiber von Windsor"; Lehár, Lied des Danilo „Jetzt geh' ich ins Maxim" (Giorgio Aristo") und Duett Lisa/Danilo (Friedhilde Filser/Giorgio Aristo) „Lippen schweigen" aus „Die lustige Witwe"; Bock, Lied des Doolittle „Mit 'nem kleee'n Stückchen Glück" (Gerd Braese) aus „Anatevka"; Otto Reutter, Chanson „In 50 Jahren ist alles vorbei" (Gerd Braese); Abraham, Duett Viktoria/Cunlight „Pardon, Madame" (Friedhilde Filser/Karl-Heinz Lippe) und Duett Viktoria/Koltay „Reich mir zum Abschied noch einmal die Hände" (Friedhilde Filser/Giorgio Aristo) aus „Viktoria und ihr Husar" Wolfgang Schulz (Klavier), Gerd Braese (Moderation)

Mädchen-Gymnasium Borbeck
11.10.81 Opernkonzert mit Annemarie Steffens (Cavatine der Agathe „Und ob die Wolke sie verhülle" aus „Der Freischütz"; Wagner, Arie der Elisabeth „Dich, teure Halle …" aus „Tannhäuser") und mit Jan-Hendrik Rootering; Männerchor „Apollo" (Frintrop)
ML: Helmut Imig

■ **Gastspiel**
02.06.82 „Tannhäuser oder Die Keilerei auf der Wartburg" von Johann Nestroy/Richard Wagner (Musiktheater im Revier, Gelsenkirchen)

Ballett

Heidrun Schwaarz
Ballettdirektorin 1981–1992,
Ballettintendantin 1992–1995

Heidrun Schwaarz, 1943 in München geboren, studierte an der Ballettschule der Bayerischen Staatoper und erhielt 1959 dort ihr 1. Engagement unter Leitung von Heinz Rosen. In der Spielzeit 1964/65 war sie 1. Solistin am Théâtre Municipal Strasbourg, von 1965–1970 an den Städtischen Bühnen Frankfurt (unter Leitung von Tatjana Gsovsky, Todd Bollender und John Neumeier) und von 1970–1980 an der Deutschen Oper Berlin unter Leitung von Gerd Reinholm. Mit der Deutschen Oper Berlin nahm sie an Gastspielen in New York, Chicago, Washington, Asien und in allen großen Städten Europas teil. Bei den Salzburger Festspielen choreografierte und tanzte sie 1978 auf Einladung von Heribert von Karajan „Salomes Tanz" in der Oper „Salome" von Richard Strauss; 1981 schuf sie dort die Choreografie zu Giuseppe Verdis Oper „Falstaff".

1981 wurde Heidrun Schwaarz in Essen Nachfolgerin von Boris Pilato. Hier brachte sie viele eigene Choreografien heraus, verstand es aber auch, etliche berühmte Gäste zu gewinnen: vor allem Hans van Manen, ferner Birgit Cullberg, Nils Christe und Robert North; auch bewährte Choreografien von Kurt Jooss, George Balanchine, Frederick Ashton und Glen Tetley bot sie ihrem Essener Publikum.

Ballettdirektorin: Heidrun Schwaarz*, Choreografin; *Ballettmeister:* Ali Pourfarrokh*, Choreograf und Stellvertreter der Ballettdirektorin
Ballettrepetitor: Antona Keith Kinsella*; Gary Gromis (Klavier); *Dirigenten:* Helmut Imig, Helmut Wessel-Therhorn; *Gastchoreograf:* Hans van Manen
Ausstatter der Neuinszenierungen: Jean-Paul Vroom, Friederike Singer

Compagnie: Renate Deppisch, Jeane Ingels, Nina Brzorad*, *Solo*
Astrid Sackewitz*, *Solo mit Gruppe*
Emese Schaper-Gaal*, Anna Serafinas*, Marion Pilch, *Gruppe mit Solo*
Outi Arvola, Edeltraut Doan, Ingrid Heinze, Birgit Helbig, Glenette Jeffrey, Annette May, Claudia Ricker, Astrid Sackewitz*, Eva Stolz, Monika Swienty, *Gruppe*
Uwe Evers, Igor Kosak*, John Trent Gray*, *Solo*
Magdy El-Leisy*, *Solo mit Gruppe*
Werner Rainer Haida, Roland Pfeifer*, *Gruppe mit Solo*
Hendrik Boerboom*, Abelardo Carrasco, Assim El Henedy*, Francis R. Sweeney*, *Gruppe*
Gäste: Dianne Bell; Gary Davis, François Gagnon

■ **Ballette (N)**
01.11.81 „Italienische Sinfonie" (U) von Ali Pourfarrokh//Felix Mendelssohn Bartholdy (21) – ML: Wessel-Therhorn, A: Singer
„Lieder ohne Worte" von Hans van Manen//Felix Mendelssohn Bartholdy (DE) – A: Vroom; Gromis (Klavier)
„Das Bildnis des Dorian Gray" (U) von Heidrun Schwaarz//Richard Strauss – ML: Wessel-Therhorn, A: Singer

28.03.82	„Syrinx" (U) von Ali Pourfarrokh// Claude Debussy (4) „Begegnungen" von Heidrun Schwaarz//Leos Janáček (U) „Dance to the Drums" (U) von Ali Pourfarrokh/Heidrun Schwaarz//Jolly Kunjappu A: Singer
08.06.82	*Klassisches Ballett* (4) Glasunow, Pas de deux aus „Raymonda", aus Chopin „Les Sylphides", aus Drigo „Der Korsar"; aus Minkus, „Don Quichotte", Tschaikowsky, Diverissement aus „Der Nussknacker" Einstudierung: Heidrun Schwaarz/Ali Pourfarrokh, ML: Helmut Imig
24.06.82	Kombination aus den Ballettabenden I/II/III

■ **Abstecher**

– Weihnachtsfeier der Christophorus-Werkstätten (Fokine//Chopin, Pas de deux aus „Les Sylphides" (Emese Schaper-Gaal/Uwe Evers); Tschaikowsky, Pas de trois aus „Schwanensee" (Anna Serafinas/Marion Pilch/Magdy El-Leisy); Petipa//Minkus, Pas de deux aus „Don Quichotte" (Jeane Ingels/John Trent Gray); Tschaikowsky, Pas de deux aus „Dornröschen" (Renate Deppisch/Igor Kosak); Drigo, Pas de deux aus „Le Corsaire" (Nina Brzorad/Roland Pfeifer, Saalbau 23.12.81) Mendelssohn Bartholdy, „Italienische Sinfonie", 4. Satz (Jeane Ingels/John Trent Gray/Ensemble) Fokine//Chopin, Pas de deux aus „Les Sylphides"; Petipa//Minkus, Pas de deux aus „Don Quichotte"; Heidrun Schwaarz/Ali Pourfarrokh//Tschaikowsky, Blumenwalzer aus „Der Nussknacker"; Hans van Manen//Mendelssohn Bartholdy, „Lieder ohne Worte" (Gymnasium am Stoppenberg, 04.06.82)

Schauspiel

Schauspieldirektor: Prof. David Esrig*
Dramaturgin: Olympia Esrig*; *Dramaturgie-Assistentinnen:* Beátrice Aebi*, Hildegard Toma*

Regisseure der Neuinszenierungen: Ulrich Brecht, David Esrig, Gabriel Reinking*, Mani Wintsch
Gäste: Günter Fischer, Friedrich Grossart, Günther Penzoldt, Holger Scharnberg
Aussatter der Neuinszenierungen; Ekkehard Kröhn; Hannah Feldhammer, Horst Hagenström

Gäste: Hans Aeberli, Ulla Blum-Deuter, Katharina Eberstein, Hans-Georg Schäfer, Peter Sykora, Holger Scharnberg, Frank Schultes, Helmut Stürmer
Schauspielmusik: Alfons Nowacki; *Choreografie:* Ali Pourfarrokh; *Pantomime:* Günther Titt (Gast)

Ensemble: Ilse Anton, Sybille Brunner, Sybil Buri, Irmentraut Conradt, Barbara Grimm*, Bernadette Heinen, Dinah Helal*, Ulrike Hussack, Brigitte Lebaan, Andrea Linau, Anna Looser*, Gabriele Marti, Margot Nagel; Alfred Böckel, Gerd Braese, Cay Calov, Rudolf Cornelius, Fritz Doege, Sebastian Dominik, Michael Enk, Oswald Gayer*, Günter Gräfenberg*, Friedrich Gröndahl, Gustaf Gromer, Manfred Hilbig, Till Krabbe, Hans Lobitz, Klaus Lochthove, Detlev Lutz, Yoyo Petit, Kurt Prawitt, Bernd Rademacher, Volker Risch, Tilo Weber, Klaus-Peter Wilhelm
Raika Trbovic, Hildegard Toma*; Ion Cristian Toma*
Gäste/Teilspielzeit: Dagmar Dibowski; Nico Grüneke, Hans Korte, Wolff Lindner, Max Rossmer, Theo Pöppinghaus, Stephan Stephan

■ **Schauspiele (N)**

Grillo

11.10.81	„Der Schlachthof" (DtsprE *in Anwesenheit des Autors*) von Slavomir Mrzozek (20) – I: Esrig, A: Sykora, Pantomimr: Titt
24.01.82	„Der Alpenkönig und der Menschenfeind" von Ferdinand Raimund (22) – I: Grossart, A: Aeberli, M: Nowacki

05.03.82 „Mandragola" von Niccolo Machiavelli (10+1) – I: Esrig, B: Stürmer, K: Eberstein, M: Nowacki
21.03.82 „Ärztinnen" von Rolf Hochhuth (13) – I: Fischer, A: Kröhn
20.05.82 „Der Besuch der alten Dame" von Friedrich Dürrenmatt (5) *in Anwesenheit des Autors* – I: Esrig, B: Sykora, K: Eberstein, M: Nowacki

Rathaus-Theater
17.10.81 „Liebst Du mich?" *Chansonabend* von Alfons Nowacki/Mani Wintsch (29+6) – ML: Nowacki, I: Wintsch, A: Feldhammer
19.12.81 „Gin-Rommé" von Donald L. Coburn (28+1Grillo) – I: Penzoldt, A: Schultes
28.02.82 „Der Entertainer" von John Osborne (20) – I: Wintsch, A: Schäfer, M: Nowacki, Ch: Pourfarrokh

Casa Nova
03.10.81 „Das Frauenfreudenfest" (U) von Ilka Boll (18) – I: Scharnberg, B: Kröhn, K: Eberstein
23.12.81 „Draußen" von Marsha Norman (21+1) – I: Wintsch, A: Kröhn [12.04.82: WDR zeigt Aufzeichnung]
02.06.82 „Nur Kinder, Küche, Kirche" von Dario Fo (6) – I: Wintsch, A: Feldhammer

Messehalle
07.11.81 „Wallenstein-Tragödie" von Friedrich Schiller (7× Trilogie, je 1× Teile I/II und Teil III) – I: Brecht, B: Stürmer, K: Blum-Deuter

Gymnasium am Stoppenberg
29.04.82 „Eisenwichser" von Heinrich Henkel (2+4 Casa+3) – I: Reinking, A: Hagenström

■ Schauspiel (WA)
Grillo
27.09.81 „Schweyk im zweiten Weltkrieg" von Brecht (19)

■ Abstecher
– „Die Menschen sind lustige Leut', haha" (Lebaan-Abend, Düsseldorf 22./23./24.01.82)
– „Draußen" (Leverkusen 15.02.82)
– „Eisenwichser" (Berufsschule Gärtnerstraße 27./28.05./03.06.82)
– „Liebst Du mich?" (Düsseldorf 8./9./14./15./16.05.; Augustinum 28.06.82)
– „Mandragola" (Wuppertal 11.06.82)

■ Sonderveranstaltungen
Grillo
05.09.81 Tag der offenen Tür: So arbeiten wir
10.01.82 „Zur Freiheit geboren – Zum Leiden bestimmt" – Das Schicksal der Polen im Spiegel seiner Dramen Verdi, Gefangenenchor aus „Nabucco" (Opernchor/Extrachor; Philharmoniker, ML: Helmut Wessel-Therhorn); Ilka Boll: Einleitung und Ausführungen über die Gründung des polnischen Nationaltheaters und die polnische Freiheits-Literatur; Lesung: Szenen aus bisher noch nicht übersetzten Stücken polnischer Klassiker (Adam Mickiewicz, „Die Totenfeier"; Zygmunt Krasinski, „Die ungöttliche Komödie"; Stanislaw Witkiewicz, „Wahazar oder im Engpass des Unsinns", 1931; Czeslaw Milosz, „Das Gesicht der Freiheit"; Jerzy Andrzejewski, „Finsternis bedeckt die Erde"; Slawomir Mrzozek, „Die Polizei" (Rudolf Cornelius/Sebastian Dominik/Detlef Lutz/Volker Risch/Klaus-Peter Wilhelm); zwei Darbietungen des Chors „Dzwon Gwiaszda" vom Bund der Polen „Zgoda"

Casa
25.10.81 Sonntagabends mit Jochem Schumann (Talkshow), weitere 7×
14.03.82 Rund ums Theater: „Theaterneubau ja oder nein?" mit SPD-Ratsherr Rolf Drewel/SPD-Fraktionschef Robert Malone/Friedel Hanster (Theaterring) Thema „Künstlerische Freiheit" („soziale Akzeptanz"): Vorige und SPD-Ratsfrau Anneliese Dether; Thema „Theaterehe Essen/Gelsenkirchen": Vorige und Manfred Krause (WAZ)/Ludwig Wintzenburg (NRZ)
03.05.82 Schauspieler lesen Arbeiterliteratur: Andrea Linau/Margot Nagel; Michael Enk/Manfred Hilbig/Till Krabbe

Rathaus-Theater

18.09.81 Ulrich Brecht liest aus Mozart-Briefen; Mozart-Kammermusik (Solisten der Philharmoniker)

19.05.82 Friedrich Dürrenmatt über seine Werke und Stellungnahme zu Fragen des zeitgenössischen Theaters

Kennedyhaus

14.01.81 Intendantengespräch mit Dr. Erich Schumacher/Dr. Jürgen-Dieter Waidelich/Ulrich Brecht und NRZ-Redakteur Ludwig Wintzenburg/Friedel Hanster (Theaterring)

27.03.82 „Ich hab' mein Käppi in den Käfig getan …" – Jaques Prévert-Abend mit der Schauspielerin Ingeborg Wolff (Wuppertal) und vier Musikern; musikalische und szenische Vorstellung von Prévert-Texten, nachgedichtet von Kurt Kusenberg

Alte Synagoge

09.11.81 „Sie sagten Nein – Essener Frauen und Männer im Kampf gegen das Hakenkreuz" (Text-Collage von Ilka Boll mit der VHS-Spielgruppe) [auch 21.04.82: Grashoff-Gymnasium]

▪ Ausstellungen

Foyer

– September/Oktober 81 (anlässlich der Erstaufführung „Der Schlachthof"): 35 Plakate und 60 Szenenfotos des Polnischen Nationaltheaters Warschau
– Januar 82: Bühnenbildentwürfe von Hans Aeberli (anlässlich der Premiere „Alpenkönig")
– März 82 (anlässlich der Aufführung „Mandragola"): Fotos und Zeichnungen von Studenten des Fachbereichs „Gestaltung/Kunsterziehung" aus der Probenzeit in einer Halle des Universitätsgeländes; Commedia dell'arte-Figuren (Leihgaben der Nymphenburger Porzellanmanufaktur)
– Mai/Juni 82 (anlässlich der Aufführung „Der Besuch der alten Dame): Grafiken und Ölbilder von Friedrich Dürrenmatt

▪ Gastspiele

Grillo

02.11.81 „Umzingelt" (Münchner Lach- und Schießgesellschaft)

26.04.82 „Ende der Spielzeit" (mit den Kabarettisten Werner Schneyder/Dieter Hildebrand)

02.05.82 Internationales Frühlingsfest mit bekannten Gruppen aus verschiedenen Ländern

Rathaus-Theater

22.01.82 „Der Widerspenstigen Zähmung" von William Shakespeare (Folkwang Hochschule, 4×)

Casa Nova

31.10.81 „Macbeth" von William Shakespeare (Compagnia del collectivo, Parma)

Spielzeit 1982/83

Verwaltungsdirektor: Lutz Beutling

Generalintendant: Ulrich Brecht
Chefdisponent und Leiter KBB: Gerard S. Kohl; *Disponentin:* Renate Voß
Disponent für Zusammenarbeit Schule und Jugend: Wolfgang Erwig
Chefdramaturgin: Dr. Ilka Boll; *Leiterin der Öffentlichkeitsarbeit:* Vera Noll
Technischer Direktor: Siegfried Ehrenberg; *Ausstattungsleiter:* Ekkehard Kröhn

Musiktheater

Dramaturg: Dr. Franz-Peter Kothes*; Michael Stadje, Assistent
Musikalische Oberleitung: Prof. Helmut Wessel-Therhorn; *Dirigenten:* Helmut Imig, 1. Kapellmeister; Alfons Nowacki, Ulrich Nolte, Heinz Sosnitza, GMD Heinz Wallberg; Philharmonisches Orchester; *Repetitoren:* Heinz Sosnitza, Studienleiter; Gary Gromis, Ulrich Nolte, Wolfgang Schulz
Chordirektor: Konrad Haenisch; *Choreografie:* Ali Pourfarrokh, Heidrun Schwaarz

Regisseure der Neuinszenierungen: Ulrich Brecht, Brigitte Gaudszuhn; *Gäste:* Kai Braak, Uwe Kreyssig, Karel Nemec, Günther Roth
Ausstatter der Neuinszenierungen: Ekkehard Kröhn, Brigitte Gauszuhn; *Gäste:* Ottowerner Meyer, Thomas Richter-Forgách, Wanda Richter-Forgách, Helmut Stürmer, Peter Sykora

Ensemble: Friedhilde Filser, Juliane Janes*, Birgit Linden, Catherine Occhiato*, Margaret Russell, Margarita Turner, Bianca von Zambelly; Giorgio Aristo, David Borgeson, Michael Grabow, Horst Hüskes, Karl-Heinz Lippe, Richard Medenbach, Hans Nowack, Rolf Oberste-Brink, Karl-Heinz Offermann, Berthold Possemeyer, Hendrikus Rootering, Norman Smith

Chorsolisten (Wiederaufnahmen nicht erfasst): Sigrune Greitschus, Marie-Luise Bruns, Hermen-gilde Doetsch, Renate Glöckner, Anita Rödiger, Gisela Schroeter, Charlotte Vogel, Alina Wolonik; Erich Bär, Rudolf Braun, Alfred Doetsch, Gerrit Eubel, Peter Günther, Arno Klees, Krystian Polus, Gerhard Wachowiak
Tänzer/innen: Cheryl Bernardi, Sharon Burnett, Carmen Fermin, Glenette Jeffrey, Annette May, Claudia Ricker; Paul Carr, Franz Hujer, Joszef Rajesánij, Madgy El-Leisy, Mikháil Veselov, Davis Slack (Essen); *Gast:* Eva Hartmann

Gäste/Teilspielzeit (unvollständig): Janice Alford, Margarete Ast, Nasrin Azarmi, Elena Bajew, Jessica Burri, Christina Dahlin, Clara Dohmes, Lilo Ehret, Constanze Fee, Ruth Folkert, Nancy Henninger, Janet Jacques, Virginia Love, May Sandoz, Mac Sweeney, Krystyna Michalowska, Paula Page, Anita Salta, Helen Silver, Eva Tamulenas, Dagmar Trabert, Rose Wagemann, Sandra Walker, Ernie Wolff, Eva-Maria Wolff, Cornelia Wulkopf, Janice Yoes; Rainer Buese, Arnold Busshoff, Allen Cathcart, Mirano Cavaljeti, Werner Compes, Franco Careccia, Donald Clark, Herbert Egberg, Alfons Eberz, Karl Fäth, Walter Gabriel, Ulrich Gentzen, Michael Glücksmann, Jan Hammar, Horst Hoffmann, Franz-Josef Kapellmann, Georg Kloss, Manfred Niemann, Ronald Pries, Peter Prior, Hans Scheyen, Edward Sooter, Wolfgang Vater, Jerrold van der Schaaf, Jef Vermeersch
Schauspieler: Hans Lobitz (Essen)

■ Opern (N)

26.09.82 „Tristan und Isolde" von Richard Wagner (6) – ML: Wessel-Therhorn, I: Brecht, A: Sykora
25.12.82 „Falstaff" von Giuseppe Verdi (10) – ML: Wallberg, I: Roth, A: Th. Richter-Forgách/W. Richter-Forbách
13.02.83 „Die verkaufte Braut" von Bedrich Smetana (12) – ML: Wessel-Therhorn, I: Braak, B: Th. Richter-Forgách, K: W. Richter-Forbách, Ch: Schwaarz

15.04.83 „Aufstieg und Fall der Stadt Mahagonny" von Kurt Weill (7) – ML: Imig, I/B: Gaudszuhn, B: Stürmer

12.06.83 „La Cenerentola" von Gioacchino Rossini (4) – ML: Wessel-Therhorn, I: Kreyssig, A: Meyer

■ Operetten (N)

10.10.82 „Das Land des Lächelns" von Franz Lehár (25) – ML: Imig, I: Nemec, A: Kröhn, Ch: Pourfarrokh

Casa

02.11.82 „Saison in Dingsda" *Operetten-Collage* von Franz-Peter Kothes (4+5) – ML: Nowacki, I/A: Gaudszuhn

■ Opern (WA)

06.10.82 „Eugen Onegin" von Tschaikowsky (8)
07.10.82 „Zar und Zimmermann" von Lortzing (7)
22.10.82 „Nabucco" von Verdi (3)
03.11.82 „Die Zauberflöte" von Mozart (7)
25.11.82 „Cavalleria rusticana" von Mascagni/ Der Bajazzo" von Leoncavallo (4)

Casa Nova

21.10.82 „Die Geschichte vom Soldaten" von Strawinsky (2)
26.04.83 „Papageno spielt auf der Zauberflöte" von Streul/Mozart (6+4) [29.04.: 75×]

■ Operette (WA)

30.10.82 „Die lustige Witwe" von Lehár (16)

■ Abstecher

– „Papageno spielt auf der Zauberflöte" (Karnap 14./15.03, Kupferdreh 16.03.83, 2×)
– „Saison in Dingsda" (Werden 16.12.82, Altenessen 12.01., Augustinum 03.03., Margarethenhöhe 07.06., Kupferdreh 15.06.83)

■ Sonderveranstaltungen

Grillo

25.09.82 Tag der offenen Tür, auch 26.09.

Café im Grillo

27.03.83 Matinee zur Inszenierung „Aufstieg und Fall der Stadt Mahagonny"

Casa Nova

17.09.82 Einführung in den Spielplan der neuen Saison mit Hildegard Bergfeld/ Dr. Ilka Boll/Dr. Franz-Peter Kothes/ Heidrun Schwaarz; Programm-Beiträge: Catherine Occhiato/Juliane Janes/Cornelia Wulkopf; Karl-Heinz Lippe (Oper); Uwe Evers/Hendrik Boerboom (Ballett); Alfred Böckel (Schauspiel); Ensemble des Jungen Theaters; Gary Gromis (Klavier)

Rathaus-Theater

26.06.83 Bernd Possemeyer singt Goethe-Vertonungen von Joh. Richard Reichhardt/Zelter/Beethoven/Schubert; Till Krabbe liest aus Goethes „Die Leiden des jungen Werther"; Thomas Palm (Klavier)

Festzelt Emscherpark

11.09.82 Eröffnungskonzert „650 Jahre Carnap" mit dem Blechbläser-Ensemble des Philharmonischen Orchesters und Opern-Solisten Lehár, Lied des Prinzen Sou-Chong „Dein ist mein ganzes Herz" (Giorgio Aristo) aus „Das Land des Lächelns"; Millöcker, Lied der Dubarry „Ich schenk' mein Herz" (Catherine Occhiato) aus der gleichnamigen Operette; Strauß, Lied der Adele „Mein Herr Marquis" (Julia Janes) aus „Die Fledermaus"; Strauß, Lied des Szupan „Ja, das Schreiben und das Lesen" (Richard Medenbach) aus „Der Zigeunerbaron"; Loewe, Lied der Eliza „Ich hätt' getanzt heut' Nacht" (Julia Janes) aus „My Fair Lady"; Bock, Lied des Tevje „Wenn ich einmal reich wär'" (Richard Medenbach) aus „Anatevka"; Lehár, Duett Lisa/Sou-Chong „Wer hat die Liebe uns ins Herz gesenkt?" (Catherine Occhiato/Giorgio Aristo) aus „Das Land des Lächelns" Heinz Sosnitza (Klavier)

Saalbau

08.09.82 Konzert für Bürger/innen mit Behinderung (im Rahmen des Essener Maitember „E'82") Leoncavallo, Prolog des Tonio (Karl-Heinz Offermann) aus „Der Bajazzo"; Puccini, Arie der Musette „Quando me'n vo" (Melody Kielisch) aus „La Bohème"; Verdi, Vorspiel zum 1. Akt und Duett Violetta/Alfredo (Melody Kielisch/Giorgio Aristo) aus „La Traviata"; Brahms, „Ungarischer Tanz

Nr. 5"; Mozart, Duett Giovanni/Zerlina „Là ci darem la mano" (Melody Kielisch/Karl-Heinz Offermann) aus „Don Giovanni"; Beethoven, „Egmont"-Ouvertüre; Brahms, Ungarischer Tanz Nr. 6"; Zeller, Duett Kurfürstin/Adam „Schenkt man sich Rosen …" (Melody Kielisch/Giorgio Aristo) aus „Der Vogelhändler"; Lehár, Lied des Sou-Chong „Dein ist mein ganzes Herz" (Giorgio Aristo) aus „Das Land des Lächelns"; Strauß, Duett Saffi/Barinkay „Wer uns getraut …" (Melody Kielisch/Giorgio Aristo) aus „Der Zigeunerbaron"; Stolz, Marsch „Grüße aus Wien"
ML: Heinz Wallberg

09.09.83 Konzert für Senioren (Programm wie 08.09.)

01.01.83 Neujahrskonzert: Beethoven, „9. Sinfonie d-moll op 125"
Solisten: Norma Sharp/Hildegard Hartwig; Johannes van der Schaaf/Roland Bracht; Städtischer Muisikverein/Schubertbund/Extrachor des Aalto-Theaters
ML: Heinz Wallberg

22.06.83 Die schönsten Melodien aus Oper und Operette, auch 23.06.
Ausschnitte aus Mozart, „Die Zauberflöte" und „Figaros Hochzeit"; Lortzing, „Zar und Zimmermann"; Nicolai, „Die lustigen Weiber von Windsor"; Smetana, „Die verkaufte Braut"; Verdi, „La Traviata"; Puccini, „La Bohème"; Strauß, „Der Zigeunerbaron" Solisten: Friedhilde Filser/Juliane Janes/Catherine Occhiato/Margarita Turner/Bianca von Zambelly; Giorgio Aristo/Horst Hüskes/Karl-Heinz Lippe/Richard Medenbach/Hans Nowack/Karl-Heinz Offermann/Berthold Possemeyer
ML: Helmut Wessel-Therhorn, Moderation: Hendrikus Rootering

Grugahalle
20.10.82 Gala-Abend mit Agnes Baltsa/Piero Cappuccilli
Mozart, Ouvertüre „Die Zauberflöte"; Mozart, Arie „Wohl denn, wohl denn …" des Sextus (Agnes Baltsa) aus „Titus"; Verdi, Arie „Erhebe dich" des René (Piero Cappuccilli) aus „Ein Maskenball"; Rossini, Ouvertüre zum „Barbier von Sevilla" sowie Arie und Rondo der Elena (Agnes Baltsa) aus „La Donna del Lago"; Verdi, Arie „Schändlich! Mit England habt Ihr Euch verbunden" des Macbeth (Piero Cappuccilli) aus der gleichnamigen Oper; Rossini, Rondo-Finale der Cenerentola (Agnes Baltsa) aus der gleichnamigen Oper; Verdi, Arie des Grafen Luna „Ihres Augen himmlische Strahlen" (Piero Cappuccilli) aus „Der Troubadour"; Verdi, Ouvertüre zu „Nabucco"; Verdi, Arie des Jago „Ich glaube an einen Gott" (Piero Cappuccilli) aus „Otello"; Mascagni, Intermezzo aus „Cavalleria rusticana"; Mercadante, Arie der Bianca (Agnes Baltsa) aus „Il Giuramento"/„Der Schwur"; Verdi, Arie „Feile Slaven" des Rigoletto (Piero Cappuccilli); aus der gleichnamigen Oper; Donizetti, Rezitativ und Arie „O mein Fernando" der Leonora (Agnes Baltsa) aus „Die Favoritin"; Verdi, Ouvertüre „Die Macht des Schicksals"
ML: Heinz Wallberg

10.09.82 *Ruhrlandkaserne Essen-Kupferdreh*
Die Philharmoniker zu Gast beim 1. Bataillon des Luftwaffenausbildungs Regiments
Stolz, Marsch „Grüße aus Wien"; Strauß, Walzer „Wiener Blut"/„Im Krapfenwald"/„Auf der Jagd"; Lehár, Walzer „Gold und Silber"; Suppé, Ouvertüre „Leichte Kavallerie"; Strauß, „Unter Donner und Blitz"
ML: Heinz Wallberg

Gruga (Musikpavillon)
03.07.83 Die schönsten Melodien aus Oper und Operette Arien und Duette;
ML: Helmut Wessel-Therhorn (Programm wie 22./23.06)

Altenessener Einkaufszentum
10.01.83 Werbeaktion des Theaters: „Theater zum Anfassen"
Schönste Melodien aus Oper und Operette mit Margarita Turner; Giorgio Aristo/Gerd Braese/Karl-Heinz

Lippe – ML: Heinz Sosnitza (während der ganzen Woche)

■ Ausstellungen
Foyer
– September 82: Bild- und Tondokumente zur Premiere „Tristan und Isolde", u. a. aus dem Archiv der Bayeuther Festspiele – Einblicke in die Entstehungs- und Aufführungsgeschichte
– Juni 83: Ausstellung anlässlich der Premiere „La Cenerentola" (Übernahme von der Partnerstadt Grenoble)
– Fotodokumentation: im Mittelpunkt Rossini und der französische Dichter und Rossini-Bewunderer Stendhal

■ Gastspiel
Grillo
22.06.83   „Gianni Schicchi" von Giacomo Puccini (Folkwang Hochschule), 2×

Ballett

Ballettdirektorin: Heidrun Schwaarz, Choreografin; *Ballettmeister:* Ali Pourfarrokh, Choreograf und Stellvertreter der Ballettdirektorin
Ballettrepetitor: Leslie B. Louis*; Gary Gromis (Klavier); *Dirigent:* Helmut Imig
Gast-Choreograf: Hans van Manen
Ausstatter der Neuinszenierungen: Friederike Singer; Jean-Paul Vroom

Compagnie: Nina Brzorad, Renate Deppisch, *Solo*
Laura Atwood*, *Solo mit Gruppe*
Emese Schaper-Gaal, Anna Serafinas, Marion Pilch, *Gruppe mit Solo*
Cheryl Bernardi*, Sharon Burnett*, Edeltraut Doan, Carmen Fermin*, Glenette Jeffrey, Annette May, Claudia Ricker, Astrid Sackewitz, Eva Stolz, Monika Swienty, *Gruppe*
Uwe Evers, John Trent Gray, Igor Kosak, Roland Pfeifer, *Solo*
Magdy El-Leisy, *Solo mit Gruppe*
Franz Hujer*, *Gruppe mit Solo*
Hendrik Boerboom, Paul D. Carr*, Assim El Henedy, Jozef Rajesányi*, David Slack*, *Gruppe*
Gäste/Teilspielzeit: N. Ch. Lomanto, I. S. Hadi Soetrisno, Mikhail Veselov

■ Ballette (N)
17.10.82   „Konzert für Klavier und Orchester Nr. 2" (U) von Ali Pourfarrokh//Frédéric Chopin (21) Klavier: Gromis
„Der wunderbare Mandarin" von Heidrun Schwaarz//Béla Bartók
„Kadettenball" von Davide Lichine/Ali Pourfarrokh//Johann Strauß – ML: Imig; A: Singer
27.02.83   „Bach Dances" (U) von Ali Pourfarrokh//Johann Sebastian Bach (4+2) – A: Singer
„Twlight" von Hans van Manen//John Cage – A: Vroom
„4+1" (U) von Heidrun Schwaarz//Jolyon Brettingham Smith – A: Singer
ML: Imig
15.06.83   Fokine//Chopin, „Les Sylphides"; Fokine//Saint-Saëns, „Der sterbende Schwan"; Fokine//Weber, „Der Geist der Rose"; Pourfarrokh//Tschaikowsky (U), „Tschaikowsky-Walzer" (Suite Caracteristique/Valse mélancholique aus der Suite Nr. 3/Walzer As-Dur und Barcarole aus „Die Jahreszeiten"/Walzer aus dem 2. Akt der Oper „Eugen Onegin") (4+1); Einstudierung: Schwaarz/Pourfarrokh – ML: Imig; Johannes Wohlmacher (Violoncello)/Gary Gromis (Klavier)

■ Abstecher
– „Kadettenball" (Grugahalle, Polizeischau, 23.04.83)
– „Lieder ohne Worte"/„Kadettenball"/„Dance to the Drums" (Gymnasium am Stoppenberg 10.12.82)
– „Bach Dances"/„Twilight"/„4+1" (Frankfurt am Turm, 29.04.83)
– „Lieder ohne Worte"/„Mandarin"/„Dance to he Drums" (Frankfurt am Turm, 30.04.83; Hannover (10.05.83)

■ Sonderveranstaltungen
Grillo
31.10.82   Matinee: Training; „Begegnungen" von Schwaarz//Janáček; „Dance to the Drums" von Schwaarz/Pourfarrokh//Kanjappu u. a.

- 21.11.82 Matinee: Training; Ausschnitte aus „Raymonda"/„Les Sylphides"/„Der Nussknacker"
- 30.01.83 Matinee: Training; Probe und Aufführung „Lieder ohne Worte" von Hans van Manen
- 13.03.83 Matinee: Probe und Aufführung „Begegnungen" von Schwaarz//Janáček
- 24.04.83 Matinee: Von der Klassik zur Moderne – Geschichte der Choreografie und Entwicklung der Tanzschrift (Beispiele: Tschaikowsky, „Die vier kleinen Schwäne"/Schwanensee; van Manen//Beethoven, „Adagio Hammerklavier"; Béjart//Ravel, „Bolero")

Casa Nova
- 20.02.83 Einführung zum Ballettabend II („Bach Dances"/„Twilight"/„4+1")

■ Ausstellungen

Foyer
- 27.02.83 Dokumente zum Werk von Tatjana Gsovsky/Gret Palucca (Preisträgerinnen des am 06.03. erstmals verliehenen Deutschen Tanzpreises, Saalbau)

Schauspiel

Schauspieldirektor: Prof. David Esrig
Dramaturgin: Olympia Esrig; *Dramaturgie-Assistentinnen:* Beátrice Aebi, Hildegard Toma
Schauspielmusik: Alfons Nowacki; *Gäste:* Martin Hesselbach, Heribert Schiffer; *Choreografie:* Hans Lobitz; Ali Pourfarrokh (Aalto); *Gast:* Fritz Doege; *Fechtszenen:* Klaus Figge

Regisseure der Neuinszenierungen: David Esrig, Gabriel Reinking, Ioan C. Toma, Mani Wintsch
Gäste: Kazimierz Dejmek, Harry Buckwitz, Otto Schnelling, Dominique Serreau
Ausstatter der Neuinszenierungen: David Esrig, Hannah Feldhammer, Ekkehard Kröhn
Gäste: Gäste: Hans Aeberli, Anne Dietzi, Veronika Dorn, Katharina Eberstein, Chantal Montellier, Peter Sykora, Ioan Toma, Hella Wolter

Ensemble: Ilse Anton, Ilka Boll, Sybille Brunner, Barbara Grimm, Bernadette Heinen, Dinah Helal*, Ulrike Hussack, Brigitte Lebaan, Andrea Linau, Gabriele Marti, Margot Nagel, Hildegard Toma; Alfred Böckel, Gerd Braese, Cay Calov, Rudolf Cornelius, Sebastian Dominik, Michael Enk, Oswald Geyer, Günter Gräfenberg, Friedrich Gröndahl, Gustaf Gromer, Heiko Grosche*, Niko Grüneke*, Manfred Hilbig, Stefan Hunstein*, Till Krabbe, Hans Lobitz, Detlev Lutz, Zoltan Paul*, Yoyo Petit, Kurt Prawitt, Gabriel Reinking, Max Rossmer*, Ioan C. Toma, Thilo Weber, Klaus-Peter Wilhelm
Gäste/Teilspielzeit: Susanne Bentzien, Petra Constanza, Gabi Dauenhauer, Marlise Fischer, Gabriele Fritsche, Hildegard Jacob, Adele Neuhauser, Ingrid Storz
Kurt Ackermann, Peter Maria Anselstetter, Günther Delarue, Fritz Doege, Wolf Lindner, Theo Pöppinghaus, Walter-Reinhold Schaefer, Michael Schreiner, Adisat Semenitsch, Dominique Serreau Uwe Wilhelm

■ Schauspiele (N)

- 29.09.82 „Götz von Berlichingen" von Johann Wolfgang Goethe (22) – I: Buckwitz, A: Kröhn, M: Hesselbach/Schiffer
- 13.03.83 „Majakowskis Schwitzbad" (U) von Ilka Boll (19) – I: Dejmek, A: Kröhn, M: Nowacki, Ch: Lobitz
- 22.05.83 „Hamlet" von William Shakespeare (7+1) – I/B: Esrig, K: Dietzi, M: Nowacki, Fechten: Figge

Rathaus-Theater
- 10.10.82 „Josef und Maria" von Peter Turrini (25) – I: Wintsch, A: Wolter, Ch: Pourfarrokh
- 08.12.82 „Die Erbschaft" von Reiner Lücker/Stefan Reisner (26+1Grillo) – I: Wintsch, A: Kröhn
- 31.03.83 „Endstation Sehnsucht" von Tennessee Williams (27) – I: Wintsch, A: Kröhn, M: Nowacki

Casa Nova
- 11.12.82 „George Dandin" von Molière (16) – I: Serreau, A: Montellier, M: Nowacki
- 04.06.83 „Vor dem Ruhestand" von Thomas Bernhard (9) – I: Reinking, B: Feldhammer

Zeche Carl
23.01.83 „Nachtasyl" von Maxim Gorki (32) – I: Esrig, B: Sykora, K: Eberstein
Museum Folkwang
17.10.82 „4 kleine Mädchen" von Pablo Picasso (10) – I: Esrig, A: Dorn *(Eine Aufführung im Entstehen)*

■ Musical (N)
23.01.83 „Das Feuerwerk" von Paul Burkhard (18) – ML: Nowacki, I: Schnelling, A: Kröhn, Ch: Doege
mobil
28.06.83 „Satyros" von Johann Wolfgang Goethe (2) – I/A: Toma *(P: Viktoria-Schule)*

■ Schauspiele (WA)
Grillo
20.10.82 „Der Besuch der alten Dame" von Dürrenmatt (21)
11.11.82 „Mandragola" von Machiavelli (5)
24.02.83 „Chanson-Abend" [statt „Besuch der alten Dame"] (1+1)
Casa Nova
08.10.82 „Nur Kinder, Küche, Kirche" von Dario Fo (13)

■ Abstecher
– „Brecht liest (noch einmal) Brecht" – Texte von Brecht (Gymnasium am Stoppenberg 29.10.82)
– „Chansonabend" („Senftöpfchen" Köln, ab 10.09.82, 10×; Hörsaalzentrum der Gesamthochschule Essen 12.10.82/11.01.83; Düsseldorf, Th. an der Luegallee 24.–31.03., 7. Duisburger Akzente 14.05.; Rathaus 25.06.83, EDEKA-Tagung)
– „Eisenwichser" (Huttrop 22./23./25./26.02, Bockmühle 03./04./07./08.03, VHS 07.05., Leibniz-Gymasium 31.05./01.06.83)
– „Hamlet" (Bochum 02.06.83)

■ Sonderveranstaltungen
Grillo
25.09.82 Tag der offenen Tür, auch 26.09.
Casa Nova
28.11.82 David Esrig gibt eine Einführung in die Geschichte und den Stil der Comedia dell'Arte
16.01.83 Sonntagabends mit Jochem Schumann (Talkshow), weitere 4×
27.05.83 Szenen aus „Endstation Sehnsucht", dazu Szenen, Erzählungen, Blues und Lyrik aus dem amerikanischen Süden (anschließend Diskussion mit dem Regisseur und den Schauspielern)
11.06.83 Szenenausschnitte aus „Nachtasyl" und erläuternde und ergänzende Lektüren aus Gorkis literarischem Werk, danach Diskussion mit dem Regisseur und den Schauspielern)
24.06.83 „Hamlet" – Szenen aus verschiedenen Stücken Shakespeares zu Hauptthemen seines Werkes; Schauspieler singen Shakespeare-Songs (anschließend Diskussion mit dem Regisseur und den Schauspielern)
VHS
14.11.82 Matinee zur Inszenierung „Die Erbschaft"
12.12.82 Lesung und Probenausschnitte „Nachtasyl"
06.02.83 Matinee zur Inszenierung „George Dandin"
13.03.83 Schauspieler lesen Szenen aus Stücken von Tennessee Williams und Erzählungen aus dem amerikanischen Süden; danach Diskussion mit Mani Winsch/Schauspielern
08.05.83 Schauspieler lesen Szenen aus verschiedenen Shakespeare-Stücken zu Hauptthemen seines Werkes; dazu Szenen-Ausschnitte aus der „Hamlet"-Inszenierung und Diskussion mit dem Regisseur und den Schauspielern
12.06.83 Matinee zur Inszenierung „Satyros" – Texter von Goethe/Thomas Mann/Eduard Castle/Thomas Bernhardt/Richard Friedenthal u. a.; Leitung: Ion C. Toma (Regisseur)

■ Ausstellung
Kennedyhaus
– September: „Wenn der Vorhang fällt"
– Künstlerische Arbeiten von Bühnenbildnern und Malern des Essener Theaters: Hans Aeberli/Ekkehard Kröhn/Alfred Wittwar u. a.

■ **Gastspiele**

Grillo

25.10.82	„Wir werden weniger" (Münchner Lach & Schießgesellschaft)
06.12.82	Schwarzes Theater Prag
18.04.83	„Solo mit Quartett" – Kabarettist Werner Schneyder mit dem Christoph-Pauli-Quartet
02.05.83	Theaterstück „Ferhad und Schirin" von Nazim Hikmet (Schaubühne Berlin), *Internationales Frühlingsfest*

Casa Nova

30.01.83	„Sie sagten Nein – Essener Frauen und Männer im Kampf gegen das Hakenkreuz" (Text-Collage von Ilka Boll mit der VHS-Spielgruppe) *(inzwischen als Aufzeichnung vom WDR gesendet; Gastspiele u. a. in Köln, Hagen Kassel, Duisburg, Mülheim)*
11.02.83	Szenen aus „Die Olympiasiegerin" von Herbert Achternbusch, 7× – I: Eva Diamantstein; Mitwirkende: u. a. Barbara Englert; Stefan Hunstein (Essen)
08.04.83	„Die Zoogeschichte" von Edward Albee (I: Eva Diamantstein; Mitwirkende: Detlef Lutz/Stefan Hunstein (Schauspiel Essen), 7×; Essener Justizvollzugsanstalt 07./08.05.)
02.05.83	Kinderstück „Sarkaca" von Fakir Baykurt (Schaubühne Berlin), *Internat. Frühlingsfest*
04.05.83	Chansonabend mit Léo Ferré
06.05.83	Theatergruppe „I Macap" (Italien) mit Komödien im Stil der Commedia dell'arte und Musikgruppe „A Girandola" (Portugal) *Internationales Frühlingsfest*
07.05.83	Gruppe „Bradja Ivanovic" (Jugoslawien)/Gruppe „Ruhr-Rock-City", *Internat. Frühlingsfest*
08.05.83	Paco Ibanez und The Athenians, *Internationales Frühlingsfest*
03.06.83	„Rosa Luxemburg" – Szenische Montage mit Sonja Kehler

Rathaus-Theater

07.09.82	Die Kulisse, auch 20.04.83
30.01.82	Gerd Fröbe, auch 31.01.
16.02.83	„Der spielende Mensch" mit Michael Jüllich
28.05.83	„Nevergreens" – Satirisch-Kabarettistische Chansons (Die „Kettwichte"), auch 29.05.

Spielzeit 1983/84

Verwaltungsdirektor: Lutz Beutling

David Esrig
Kommissarischer Gesamtleiter
August 1983–14. Mai 1984

David Esrig wurde am 23. September 1935 in Haifa geboren; 1938 zog er nach Rumänien, dem Heimatland seiner Eltern. Nach dem Abitur (1953) studierte er in Bukarest Regie; zum Abschluss (Staatsdiplom) inszenierte er 1958 „Die Streiche des Scapin" von Molière. Anschließend war er wissenschaftlicher Assistent für Schauspielkunst und Theaterwissenschaft in Bukarest, wo er 1960 „Der Lügner" von Goldoni inszenierte. Während seiner Tätigkeit als Regisseur am Bukarester „Teatrul de Comedie" (1961–1968) führten ihn mehrere Gastspiele ins Ausland. 1967 promovierte Esrig mit dem Thema „Groteske und Tragik in Shakespeares Werk". 1968 machte er auf Einladung von „Internationes" eine Informationsreise durch die Bundesrepublik; am Stadttheater Bonn inszenierte er „Der Schatten" von Jewgeni Schwarz. 1969 habilitierte er sich in Bukarest. 1970 inszenierte er am Kölner Schauspielhaus „Und das Licht scheint in der Finsternis" nach Tolstoi in einer Bearbeitung von Heinrich Böll. Eine weitere Station war 1972 München, wo er am Residenztheater im Rahmen des kulturellen Programms der Olympischen Spiele „Troilus und Cressida" von Shakespeare herausbrachte. Kurz nach seiner Ernennung zum Professor (1973) kündigte er seine langjährige Zugehörigkeit am Bukarester Nationaltheater und übersiedelte 1974 mit seiner Familie in die Bundesrepublik, wo er ein Jahr später die deutsche Staatsangehörigkeit erhielt. In Bremen inszenierte er „Meister Pathelin" nach alten französischen Farcen (1974) und Brechts „Die Dreigroschenoper" (1975), am Residenztheater München „Ein wahrer Held" von Synge und „Die Späße des Scapin" von Molière (1976) und am Theater am Gärtnerplatz in München erstmals mit „Madame Butterfly" eine Oper (1977).

1976 erhielt er an der Universität München einen Lehrauftrag mit dem Thema „Einführung in die Dramaturgie von Shakespeares Sturm"; im Juni 1978 erwarb er dort den akademischen Grad eines Dr. phil. habil. Fast zeitgleich inszenierte er erstmals in Essen, und zwar wieder einmal „Die Späße des Scapin" von Molière, die er 1980 auch als Schauspieldirektor (bis 1981) in Bern darbot. Dort zeigte er u. a. übrigens auch das Stück „Nachtasyl" von Gorki, das er am 23. Januar 1983 in der Zeche Carl in Essen herausbrachte, wo er seit der Spielzeit 1981/82 als Schauspieldirektor engagiert war. Bereits im Mai 1981 inszenierte er „Schweyk im zweiten Weltkrieg" von Brecht. Es folgten u. a. „Der Schlachthof" von Mrozek, „Der Besuch der alten Dame" von Dürrenmatt, „Mandragola" von Machiavelli, „Hamlet" von Shakespeare, „Vier kleine Mädchen" von Picasso und „Die Soldaten" von Lenz. (D. Esrig (Hrsg.):

Die Commedia dell'arte. Eine Bildgeschichte der Kunst des Spektakels, Nördlingen 1985, S. 251 f.)

Da Generalintendant Ulrich Brecht am Ende der Saison 1982/83 ausschied und man sich seitens der Stadt um eine Fusion mit dem Theater Gelsenkirchen bemühte, wurde David Esrig mit der kommissarischen Theaterleitung betraut, wobei dieser die Eigenverantwortung der Spartenleiter betonte. Schon bald gab es zunehmend atmosphärische Störungen zwischen den Beteiligten, die Mitte Februar 1984 dazu führten, dass die Spartenleiter Heidrun Schwaarz (Ballett), Hildegard Bergfeld (Kinder- und Jugendtheater), Prof. Helmut Wessel-Therhorn (Musiktheater) sowie Siegfried Ehrenberg (Technischer Direktor) und Gerard S. Kohl (Leiter des Künstlerischen Betriebsbüros) in einem offenen Brief an Oberstadtdirektor Busch ihre Vorbehalte gegenüber dem kommissarischen Leiter äußerten: „Seit der Übernahme der kommissarischen künstlerischen Gesamtleitung durch Herrn Prof. Dr. David Esrig wird unsere Arbeit in allen Bereichen empfindlich gestört. Damit unserem Hause keine weiteren, nicht wieder gut zu machenden Schäden entstehen, erklären wir, unter dieser Leitung unserer Verantwortung nicht mehr gerecht zu werden" (WAZ, 17.02.84). Einige Wochen später erklärte Alfons Nowacki, der langjährige und erfolgreiche Leiter der Schauspielmusik, in einem Brief an Esrig seine sofortige Kündigung. (Allerdings gab es im Schauspiel auch eine kleine Gruppe, die ihre Loyalität mit dem Kritisierten bekundete.) Als die Vorwürfe gegen ihn immer massiver wurden, teilte Esrig dem Oberstadtdirektor am 7. Mai 1984 seine fristlose Kündigung mit, die von diesem abgelehnt wurde. Am 15. Mai gab es nach langen Verhandlungen einen Kompromiss: Das Wort „fristlose Kündigung" wurde vermieden, und Esrig stimmte dem Vorschlag der Stadt zu, bis Ende der Saison 1984/85 einen Beratervertrag zu erhalten, sodass er die Arbeit an seiner Inszenierung zu Goldonis Komödie „Der Krieg" fortsetzen konnte, die am 12. Juni 1984 in der Zeche Bonifacius ihre Premiere und 7 Vorstellungen erlebte und auch in der folgenden Saison weiter auf dem Spielplan stand.

Am 15. Mai 1984 wurde Ilka Boll mit der Kommissarischen Künstlerischen Geschäftsführung betraut. (Am 19. Mai wurde Manfred Mützel, bis jetzt Generalintendant in Aachen, vom Aufsichtsrat einstimmig zum neuen Künstlerischen Geschäftsführer gewählt.) Im Rahmen seiner „Beratertätigkeit" erhielt David Esrig Gelegenheit zu einer letzten Inszenierung in Essen. Am 1. Dezember 1984 stellte er im Ruhrlandmuseum seine szenische Bearbeitung von Denis Diderods „Brief über die Blinden zum Gebrauch für die Sehenden" vor.

Dr. Ilka Boll
Kommissarische Gesamtleiterin
15. Mai 1984 – Ende 1983/84

Ilka Boll wurde am 3. Januar 1923 in Oppeln/Oberschlesien geboren und wuchs in Krakau auf. Schon während ihrer Schulzeit wurde sie zweimal polnische Meisterin im Brustschwimmen. Als Vertreterin Polens nahm sie dann an den Olympischen Spielen 1936 in Berlin teil. Noch während ihrer Schulzeit begann sie mit einer Tanzausbildung.

Nach dem Abitur nahm sie Schauspielunterricht bei Lucie Höflich in Berlin. Ihr erstes Engagement als Tänzerin erhielt sie beim Oberschlesischen Landestheater in Beuthen. Nach Kriegsende arbeitete sie zeitweilig als Reporterin und Redakteurin bei der ersten deutschsprachigen Zeitung, der „Lüneburger Post". In Berlin, Göttingen und

Köln studierte Ilka Boll Germanistik, Anglistik, Philosophie und Theaterwissenschaft. In Köln promovierte sie mit dem Thema „Tanz und Artistik auf der altenglischen Bühne". In Köln lernte sie während ihres Studiums Dr. Erich Schumacher kennen, der dort als Lehrbeauftragter tätig war. In der Spielzeit 1951/52 holte er sie als Dramaturgin an die Bühnen Krefeld. Nach fünf Jahren ging sie als Chefdramaturgin nach Lübeck, anschließend nach Wiesbaden, ehe sie von Schumacher 1958 nach Essen verpflichtet wurde.

Schon Anfang der sechziger Jahre nahm sie Kontakt mit dem polnischen Theater auf und brachte das dramatische Schaffen dieses Landes sowie polnische Regisseure nach Essen. Am 26. April 1964 gastierte erstmals ein polnischer Theatermann mit seinem Warschauer Nationaltheater-Ensemble in der BRD; zur Aufführung kam Kazimierz Dejmeks Mysterienspiel-Inszenierung „Historie von der glorreichen Auferstehung unseres Herrn". 1968 war es dann durch ihre Vorarbeit möglich geworden, dass erstmalig nach 1945 mit den Essener Bühnen ein Theater in Warschau in deutscher Sprache spielen durfte (26./27. März „Ballade von Eulenspiegel" von Günther Weisenborn; 28./29. März „Draußen vor der Tür" von Wolfgang Borchert). Bolls Spürsinn für außergewöhnliche Theaterereignisse führte auch dazu, dass sie nach einem Paris-Besuch ihrem Intendanten begeistert von einer Aufführung von Paul Claudels „Das Buch von Christoph Columbus" in einer Inszenierung von Jean-Louis Barrault erzählte und mit diesem Kontakt aufnahm. Und tatsächlich kam der berühmte Regisseur nach Essen, wo seine Claudel-Einstudierung bei der Premiere am 24. Februar 1961 zu einem triumphalen, weithin beachteten Erfolg wurde.

1961 erhielt Ilka Boll den Ehrenpreis der Dramaturgischen Gesellschaft für die bestgestalteten Theater-Programmhefte („das stichwort"). 1975 begann sie an der Volkshochschule, mit jungen Menschen eine Theaterspielgruppe aufzubauen, und erarbeitete mit ihr drei Stücke. In dieser Zeit begann auch ihre Dozententätigkeit an der Folkwang Hochschule. Und auch sowohl als Autorin („Das Frauenfreudenfest" nach Aristophanes, 1. Oktober 1981; „Talk-Show mit dem großen Bruder", 10. November 1984) als auch als Regisseurin konnte man Ilka Boll erleben („Der unterbrochene Akt"/„Auf allen Vieren" des polnischen Autors Tadeusz Rózewicz, 28. September 1974).

Nach David Esrigs „Abgang" wurde Ilka Boll am 15. Mai 1984 bis zum Ende der laufenden Saison Kommissarische Leiterin des krisengeschüttelten Essener Theaters – eine Aufgabe, die sie nach eigenem Bekunden nur schweren Herzens angenommen hatte; nach der Wahl von Manfred Mützel zum Künstlerischen Gesamtleiter blieb sie weiter für das Schauspiel verantwortlich. Nach schwerer und langer Krankheit starb die verdienstvolle Theaterfrau am 18. Juni 1985. Ihr Nachfolger Hansgünther Heyme schrieb ihr nach ihrer Kontaktaufnahme: „Sie waren, sind mir immer ein Beispiel. Ohne Sie wäre ich nicht ab Dezember in Essen." (Herbert Somplatztki, Ilka Boll – Theater-Brennpunkt Essen, S. 162 f., gekürzt)

Chefdisponent und Leiter KBB: Gerard S. Kohl; *Disponentin:* Renate Voß
Chefdramaturgin: Dr. Ilka Boll, *Dramaturgin:* Dr. Christa-Renate Thutwohl*
Disponent für Zusammenarbeit Schule und Theater: Wolfgang Erwig
Leiter derr Öffentlichkeitsarbeit: Konrad Ch. Göke* (von David Esrig zweimal fristlos gekündigt, vorübergehend von Dr. Christa-Renate Thutewohl ersetzt)
Technischer Direktor: Siegfried Ehrenberg; *Ausstattungsleiter:* Peter Sykora*

Musiktheater

Dramaturg für das Musiktheater: Arthur C. Intelmann*
Musikalische Oberleitung: Prof. Helmut Wessel-Therhorn; *Dirigenten:* Helmut Imig, 1. Kapellmeister; Heinz Soznitza GMD Heinz Wallberg; *Gast:* Rainer Koch; Philharmonisches Orchester; *Repetitoren:* Heinz Sosnitza, Studienleiter; Gary Gromis, Ulrich Nolte, Wolfgang Schulz
Chordirektor: Konrad Haenisch; *Choreograf:* Ali Pourfarrokh

Regisseure der Neuinszenierungen (Gäste): Günther Fleckenstein, Brigitte Gaudszuhn, Karl-Heinz Hundorf, Heinz Lukas- Kindermann, Uwe Kreyssig, Gerhard Platiel
Ausstatter der Neuinszenierungen: Ekkehard Kröhn; *Gäste:* Gerd Krauss, Ottowerner Meyer,

Thomas Richter-Forgách, Wanda Richter-Forgách, Dieter Schoras

Ensemble: Friedhilde Filser, Juliana Janes, Catherine Occhiato, Margaret Russell, Margarita Turner, Bianca von Zambelly; Walter Gabriel*, Horst Hüskes, Karl-Heinz Lippe, Richard Medenbach, Hans Nowack, Rolf Oberste-Brink, Karl-Heinz Offermann, Berthold Possemeyer, Peter Prior*, Hendrikus Rootering, Hans Scheyen*
Chorsolisten (Wiederaufnahmen nicht alle erfasst): Theodora Frank, Renate Glöckner, Jadwiga Miklavcic, Anita Rödiger, Gisela Schroeter, Charlotte Vogel; Josef Böckmann, Gerrit Eubel, Manfred Grohnert, Karl-Heinz Heckmann, Josef Kistermann, Arno Klees, Horst Kohl, Michael Kühner, Günter Marx, Manfred Pilgram, Krysrian Polus, Heinz Potztal, Gerhard Wachowiak

Gäste/Teilspielzeit (unvollständig): Nasrin Azarmi, Elena Bajew, Hildegard Bobb, Mileva Buljubasic, Christina Dahlin, Clara Dohmes, Gudrun Gregori, Jane Henschel, Antje Jansen, Hedi Klebl, Birgit Linden, Ingrid Luttenberger, May Sandoz, Annemarie Steffens, Ilona Szamos, Dagmar Trabert, Claudia Visca, Rose Wagemann, Sandra Walker; Giorgio Aristo, Robert Bruins, Franco Careccia, Allen Cathcart, Karl Fäth, Josef Hilger, Oskar Hillebrandt, Alexandru Ionita, Richard Kogel, Bernhard Lion, Peter Lüthke, Michail Milanow, Andreas Näck, Berthold Possemeyer, Ronald Pries, Jürgen Rust, Jorma Silvasti, Hartmut Singer, Hans Sisá, Rainer Stevens, Eberhard Storz, Zachos Terzakis, Jerold van der Schaaf, Theo van Gemert, Jef Vermeersch, Drummond Walker, Adalbert Waller, Daniel Washington, Paul Winter

■ Opern (N)
17.09.83 „La Bohème" von Giacomo Puccini (15) – ML: Wallberg, I: Hundorf, A: Krauss
25.12.83 „Simone Boccanegra" von Giuseppe Verdi (7) – ML: Wessel-Therhorn, I: Lukas-Kindermann, A: Schoras
26.02.84 „Martha" von Friedrich von Flotow (11) – ML: Imig, I: Gaudszuhn, A: Kröhn
22.04.84 „Die vier Grobiane" von Ermanno Wolf-Ferrari (9) – ML: Wessel-Therhorn, I: Kreyssig, A: Meyer
10.06.84 „Cardillac" von Paul Hindemith (5) – ML: Wessel-Therhorn, I: Fleckenstein, B: Th. Richter-Forgách, K: W. Richter-Forgách

■ Operette (N)
09.10.83 „Der Zigeunerbaron" von Johann Strauß (24) – ML: Imig, I: Platiel, A: Kröhn, Ch: Pourfarrokh

■ Opern (WA)
01.10.83 „La Centerentola" von Rossini (5)
18.10.83 „Die verkaufte Braut" von Smetana (7)
04.12.83 „Tristan und Isolde" von Wagner (2)
15.01.84 „Falstaff" von Verdi (3)
20.01.84 „Die Zauberflöte" von Mozart (6) *mobil*
16.12.83 „Papageno spielt auf der Zauberflöte" von Streul/Mozart (10) [16.12.: 50×]

■ Operette (WA)
29.09.83 „Das Land des Lächelns" von Lehár (10)

■ Sonderveranstaltungen
Grillo
04.09.83 Tag der offenen Tür
Auftritt der „Disharmoniker"; Proben-Ausschnitt aus dem 4. Akt „La Bohème" u.a.
Saalbau
25.08.83 Konzert für Bürger/innen mit Behinderung
Haydn, „Sinfonie Nr. 45 fis-Moll"; Mozart, „Konzert für Flöte und Orchester Nr. 1 G-Dur (Gunhild Klein); George Enescu, „Rumänische Rhapsodie op. 11 Nr. 1 A-Dur"; Strauß, „Kaiserwalzer"
ML: Heinz Wallberg
26.08.83 Konzert für Senioren: Programm wie 25.08.
01.01.84 Ludwig van Beethoven, „9. Sinfonie"
ML: Heinz Wallberg; *Solisten:* Agnes Habereder/Hildegard Hartwig; Aldo Baldin/Harald Stamm; *Chöre:* Städ-

tischer Musikverein/Schubertbund/Extrachor des Musiktheaters

17.05.84 Die schönsten Melodien aus Oper und Operette
Mozart, Ouvertüren „Die Entführung aus dem Serail", „Figaros Hochzeit"; Mozart, Duett aus „Don Giovanni"; außerdem: Musik von Lortzing/Verdi/Strauß
ML: Horst Wessel-Therhorn; Solisten: Friedhilde Filser/Juliana Janes/Catherine Occhiato/Margaret Russell; Walter Gabriel/Richard Medenbach/Karl-Heinz Offermann/Peter Prior; Moderation: Konrad Ch. Göke

Grugahalle

23.10.83 Gala-Konzert zum 25-Jahr-Jubiläum der Grugahalle mit Stars der Mailänder Scala/Verona
Leoncavallo, „Prolog aus „Der Bajazzo" (Giuseppe Scandola); Rossini, Ouvertüre zu „Die diebische Elster"; Mascagni, Arie der Iris aus der gleichnamigen Oper (Maria Chiara); Cilea, Arie der Prinzessin aus „Adriana Lecouvreur" (Bruna Baglioni); Giordano, Arie des Andrea Chénier aus der gleichnamigen Oper (Nicola Martinucci); Donizetti, Ouvertüre zu „Don Paquale"; Rossini, Ouvertüre zur „Semiramis"; Verdi, Arie der Eboli aus „Don Carlos" (Bruna Baglioni); Verdi, Großer Ausschnitt aus dem 3. Akt der Oper „Aida" (Maria Chiara/Giuseppe Scandola/Nicola Martinucci)
ML: Heinz Wallberg

Gruga (Pavillon)

03.06.84 Die schönsten Melodien aus Oper und Operette, ML: Horst Wessel-Therhorn

Goldschmidt AG

30.08.83 Werkskonzert
Stolz, Marsch „Grüße aus Wien"; Strauß, „Im Krapfenwald"/„Auf der Jagd"/„Unter Donner und Blitz"; Lehár, Walzer „Gold und Silber"; Suppé, Ouvertüre „Leichte Kavallerie"
ML: Heinz Wallberg

■ **Gastspiele**

Grillo

26.11.83 Volkskunstensemble SLUK, Chor (Kulturtage der CSSR)

Rathaus-Theater

28.11.83 „Visionaten und Sehlieder" und Live-Objekte für Kunst und Klavier von Vridolin Enxing

Ballett

Ballettdirektorin: Heidrun Schwaarz, Choreografin; *Ballettmeister:* Ali Pourfarrokh, Stellvertreter der Ballettdirektorin und Choreograf
Ballettrepetitor: Steven Vosatka*; Klavier: Gary Gromis; *Dirigent:* Helmut Imig
Choreografen: Ali Pourfarrokh, Heidrun Schwaarz
Gast-Choreografen: Patricia Neary/George Balanchine, Hans van Manen/Maria Arade
Ausstatter der Neuinszenierungen: Friederike Singer, Jean-Paul Vroom

Compagnie: Laura Atwood, Nina Brzorad, Anna Serafinas*, *Solo*
Anke Lehmann*, Emese Schaper-Gaal, *Solo mit Gruppe*
Cheryl Bernardi, Astrid Sackewitz, *Gruppe mit Solo*
Sharon Burnett, Carmen Fermin, Tamara Gibson*, Eva Hartmann*, Martina Horstmann*, Glenette Jeffrey, Anke Lehmann*, Annette May*, Claudia Ricker, Eva Stolz, *Gruppe*
Magdy El-Leisy, John Trent Gray, Igor Kosak, William A. Santillo*, *Solo*
Franz Hujer*, Jozef Rajcsányi, *Gruppe mit Solo*
Hendrik Boerboom, Paul D. Carr, Adil Laraki*, David Slack, Joel Terrier*, Andrew J. Warth*, *Gruppe*
Gast: Janet Popeleski

■ **Ballette (N)**

30.10.83 „Lyrische Tänze" von Ali Pourfarrokh//Josef Suk (20+1) „Der Feuervogel" von Heidrun Schwaarz//Igor Strawinsky – ML: Imig, A: Singer [26.12.: Zu Ehren des am 25.11.83 verstorbenen Choreografen Sir Anton Dolin 1. Teil „Les Sylphides"/„Der

sterbende Schwan"/„Der Geist der Rose"]
01.04.84 „Gaspard de la Nuit" von Ali Pourfarrokh//Maurice Ravel (3) „Adagio Hammerklavier" von Hans van Manen/Maria Aradi//Ludwig van Beethoven – A: Vroom; Vasatka (Klavier); „2 Stühle, 1 Tisch" von Heidrun Schwaarz//George Crump A: Singer
15.06.84 „Der Dämon" von Heidrun Schwaarz//Paul Hindemith (3) „Die vier Temperamente" von George Balanchine/Patricia Neary//Paul Hindemith – ML: Imig, A: Singer; Gromis (Klavier)

■ Ballette (WA)
15.10.83 „Les Sylphides"/„Der sterbende Schwan"/„Der Geist der Rose"/„Tschaikowsky-Walzer" (2)
06.01.84 „Bach Dances"/„Twilight"/„4+1" (2+1)
29.01.84 „Klavierkonzert Nr. 2"/„Der wunderbare Mandarin"/„Kadettenball" (3)

■ Sonderveranstaltungen
Grillo
04.09.83 Tag der offenen Tür: Probe und Einführung „Von der Klassik zur Moderne"
„Der sterbende Schwan" (mit Emese Schaper-Gaal) u. a.
23.10.83 Einführungsmatinee zur Premiere „Lyrische Tänze"/„Der Feuervogel"
11.12.83 Matinee: Das romantische Ballett: Chopin, „Les Sylphides"/Saint-Saëns, „Der sterbende Schwan"/Weber, „Der Geist der Rose"
15.01.84 Matinee: Von der Klassik zur Moderne: Ausschnitte aus Glasunow, „Raymonda"; Tschaikowsky, „Schwanensee"/„Der Nussknacker"
Moderation: Heidrun Schwaarz/Konrad C. Göke
05.02.84 Matinee: Neue Wege des Balletts und Modern Dance: Training (Ali Pourfarrokh); Modern Dance am Beispiel Mary Wigman/Kurt Jooss); Eifman-Film „Wenn das Feuer zwischen zwei Polen tanzt"
Moderation: Heidrun Schwaarz/Konrad C. Göke
03.06.84 Matinee: „Von der Klassik zur Moderne"; Einführung in das Ballett „Die vier Temperamente"

Kennedyhaus
12.03.84 „Am Abend vor der Premiere": Informationen zum 2. Ballettabend Konrad C. Göke: „Gaspard de le Nuit"; Heidrun Schwaarz; „Adagio" Hammerklavier"; Gary E. Gromis: „Der Komponist George Trump" (Theaterring)

■ Abstecher
– „Lyrische Tänze"/„Der Feuervogel" (Lüdenscheid 24.11.83)
– „Les Sylphides"/„Bach Dances"/„Kadettenball" (Gymnasium am Stoppenberg", 09.12.83)
– „Bach-Dances"/„Twilight"/„4+1" (Iserlohn 14.03.84)

■ Ausstellung
Foyer
30.10.83 „Ballett- Impressionen" von Gerd Szymanski und Bühnenbild- und Kostümentwürfe von Friederike Singer (bis 13.11., Fortsetzung im Dezember)

■ Gastspiele
23.11.83 Kammerballett Pavel Smok, Prag (Kulturtage der CSSR) Smetana, „Streichquartett Nr. 1 a-Moll Aus meinem Leben"; Suchon, „Serenade für Streich-Instrumente op. 5"; Zeljenka, „Pas de deux „Musica Slawa"; „Mozart-Klänge"
11.03.84 Josédé Udaeta: Die Welt Kastagnetten in Konzert und Tanz
17.06.84 „Zwei Stunden durch die Welt des Tanzes" – 10 Jahre Ballett-Studio Roehm, auch 18.06.

Schauspiel

Dramaturginnen: Olympia Esrig, Hildegard Toma; *Assistentin:* Beátrice Aebi,
Regisseure der Neuinszenierungen: David Esrig, Gabriel Reinking, Ioan C. Toma
Gäste: Anna Badora, Harry Buckwitz, Gabriele Jacobi, Karl-Heinz Kubik, Paul Roland, Janez Samec, Olaf Tschierschke, Mani Wintsch
Ausstatter der Neuinszenierungen: Peter Sykora, Hannah Feldhammer, Ekkehard Kröhn; *Gäste:* Monika Bauert, Hartmut Krügener, Jules Perahim, Michael G. Peter, Michail Tschernaev, Harry Zaugg
Schauspielmusik: Alfons Nowacki; *Gäste:* Chris Evans, Dieter Schönbach; Theo König/Vridolin Enxing/Dirk Städtler (Floh de Cologne); *Choreografie:* Janez Samec; *Tänze:* Bettina und Michael Schneider

Ensemble: Ilse Anton, Marlise Brülhart*, Gabi Daubenhauer*, Erika Eller*, Gabriele Fritsche*, Barbara Grimm, Dinah Helal, Ulrike Hussack, Brigtte Lebaan, Gabriele Marti, Margot Nagel, Adele Neuhauser*, Adisat Semenitsch*; Peter Maria Anselstetter*, Alfred Boeckel, Gerd Braese, Rudolf Cornelius, Sebastian Dominik, Michael Enk, Hans-Jürgen Frintop*, Oswald Gayer, Günter Gräfen-berg, Nico Grüneke, Manfred Hilbig, Stefan Königshofen*, Jürgen Lorenzen*, Christian Pätzold*, Zoltan Paul, Kurt Prawitt, Max Rossmer, Emmerich Schäffer*, Michael Schreiner*, Tilo Weber, Walter Wigand*, Klaus-Peter Wilhelm
Gäste/Teilspielzeit (unvollständig): Hannelore Albus, Gabriele Bernstein, Carol St. Clair, Petra Constanza, Gudrun Geier, Doris Merz, Janina Milota, Christiane Stolte, Anuschka Renzi, Antje Schmädeke, Christine Schrader, Elisa Tuerschmann; Friedrich Gröndahl, Christian Hoening, Wolff Lindner, Heinrich Pachl, Konrad Scheuer, Sieghold Schröder

■ Schauspiele (N)
Grillo
22.09.83 „Die Soldaten" von Jakob Michael Reinhold Lenz (18) – I: Esrig, A: Sykora
27.11.83 „Das Labyrinth der Träume" (DE) von Dieter Forte (10) – I: Tschierschke, A: Krügener, M: Schönbach
04.03.84 „Der Revisor" von Nikolai Gogol (15) – I: Esrig, A: Sykora
25.03.84 „Bernarda Albas Haus" von Federico Garcia Lorca (18) – I: Buckwitz, A: Bauert, M: Nowacki
Rathaus-Theater
01.10.83 „Der große Gott Brown" von Eugene O'Neill (21) – I: Roland, A: Zaugg, M: Nowacki
17.12.83 „Der Tod eines Handlungsreisenden" von Arthur Miller (32+4 Grillo+1) – I: Reinking, A: Kröhn, M: Nowacki
28.04.84 „In der Sache J. Robert Oppenheimer" von Heinar Kipphardt (12) – I: Wintsch, A: Feldhammer
Casa Nova
16.09.83 „Bekannte Gesichter, gemischte Gefühle" von Botho Strauß (20) – I: Jacobi, A: Peter, Einstudierung der Tänze: B. und M. Schneider
10.12.83 „Nachtkind" – Fantastical von Chris Evans (Musik)/Walter Wigand (Buch) (50) – ML: Evans, I: Kubik/Samec, A: Tschernaev, Ch: Samec
26.02.84 „Tagebuch eines Wahnsinnigen" von Nikolai Gogol (20) – I/A: Toma
Zeche Bonifacius
12.06.84 „Der Krieg" von Carlo Goldoni (9+1) – I: Esrig, A: Perahim, M+ML: König/Enxing/Städtler
Ruhrlandmuseum
28.01.84 „Auf in den Westen, wo schwarz ist das Gold" von A. Nowacki (18+2Grillo+4 RH+6 mobil +2) – I/A: Nowacki
mobil
09.06.84 „Nicht Fisch, nicht Fleisch" von Franz Xaver Kroetz (5) – I: Badora, A: Feldhammer (Premiere: Ruhrkolleg)

■ Schauspiele (WA)
Grillo
27.09.83 „Hamlet" von Shakespeare (16)
11.10.83 „Das Feuerwerk" von Burkhard (10)
14.10.83 „Der Besuch der alten Dame" von Dürrenmatt (3)
Zeche Bonifacius
03.01.84 „Nachtasyl" von Gorki (22) [23.02.: 50×]

mobil

05.11.83 „Mandragola" von Machiavelli (Kruppschule, auch 06.11.)

17.11.83 „Satyros" von Goethe (Ruhrkolleg; Zeche Carl 07.12.82; Burggymnasium 04.04.; Berufsschule Knaudtstraße 29.05.83, 2×)

■ **Abstecher**
- „Chansons" mit Brigitte Lebaan/Alfons Nowacki (Zeche Carl 18.03.; Wuppertal, Volksbühnentag 15.06.84)
- „Der Krieg" (Paderborn 14.06.84)
- „Der Tod eines Handlungsreisenden" (Oberhausen 06.04.84)
- „Nachtkind" (Ausschnitte in der „Aktuellen Stunde", WDR 3, 12.12.; Schluss-Szene im WWF-Klub des WDR, 16.12.; Planetarium Bochum bei „Kosmostraum" mit Kostproben 17.12.83)
- „Ruhrballade" (Oberhausen 06.04., Bochum 29.05.84)

■ **Sonderveranstaltungen**

Grillo

04.09.83 Tag der offenen Tür u. a. Clown-Szene „Das Feuerwerk" mit Gerd Braese/Michel Enk/Manfred Hilbig; Fechtszene aus „Hamlet"

31.12.83 Einlagen in der Vorstellung „Das Feuerwerk": Petra Constanza mit Song aus „Sweet Charity"; Gabriele Fritsche/Barbara Grimm/Adisat Sementisch; Peter Maria Anselstetter/Hans-Jürgen Frintrop/Oswald Gayer: Rock-Rhythmen während ihrer Pause in „Nachtkind"

Casa Nova

04.09.83 Tag der offenen Tür: Chansons mit Brigitte Lebaan/Alfons Nowacki; Rezitationen mit Gerd Braese (Auszüge aus seinem Programm „Berliner Weiße mit Schuss")

30.09.83 „Lange Nacht": Mitternachtsfest des Schauspielensembles (14 neue Mitglieder)

02.10.83 Sonntgabends (Essener Szene mit Jochem Schumann), weitere 6×

21.10.83 Casa-Nova-Fest

16.12.83 Einladung von Ensemblemitgliedern an Gewerkschaftsfunktionäre: Werksbesichtigung; Diskussionsrunde; Sketch „Gesetzlicher Zwang zum Theaterbesuch" von Karl Valentin; Gerd Braese, Heitere Texte von Otto Reuter; „Hamlet"-Probe u. a.

23.12.83 Ausschnitte aus „Nachtkind" (Ausfall der Vorstellung)

Mai 84 Manfred Hilbig, Kurzgeschichten von Thomas Schmich; Herbert Somplatzki, „Schrumpfstorys" (musikalisch untermalt von Thomas Pfeiffer, Klavier); Stadtschreiber Wilfried Bienek; Musik: Jazz-Quartett Thomas Hufschmidt

Café im Grillo

04.11.83 Michel Bataillon über die Entwicklung des französischen Theaters seit 1945

24.11.83 Literarischer Abend (Ersatz für den Ausfall „Hamlet")

Rathaus-Theater

29.09.83 „Kreuzverhör" – Diskussion über den Spielplan 83/84 (Veranstaltung des Theaterrings)
Teilnehmer: David Esrig/Heinz Wallberg/Horst Wessel-Therhorn/Heidrun Schwaarz; Johannes R. Glauber (NRZ); Leitung: Horst Maenner (WDR)

01.11.83 Lesung „Der große Gott Brown" (statt der Vorstellung)

VHS

25.09.83 Matinee zu den Inszenierungen „Die Soldaten"/„Bekannte Gesichter – Gemischte Gefühle"

23.10.83 Matinee zur Inszenierung „Der große Gott Brown"

13.11.83 Matinee: Lesung aus dem literarisch-theatralischen Programm der Casa-Nova-Nächte
Texte/Lieder/Szenen von Brecht bis Strauß

11.12.83 Lesung zur Inszenierung „Das Labyrinth der Träume"

15.01.84 Lesung zur Inszenierung „Der Tod eines Handlungsreisenden"

12.02.84 Matinee zur Inszenierung „Nachtasyl": Politische, soziale und religiöse Aspekte in Gorkis Weltanschauung und das Verhältnis von Mensch und Gesellschaft, auch Texte anderer

18.03.84 Schauspieler lesen aus Gogols Romanen und Novellen
29.04.84 Lesung zu Garcia Lorcas Stück „Bernarda Albas Haus" mit Texten von Garcia Lorca/Calderon de la Barca/Tirso de Molina/Lope de Vega u. a.
27.05.84 Lesung zur Inszenierung „Nicht Fisch, nicht Fleisch" (Prosa und Theatertexte des Autors)
17.06.84 Lesung zur Inszenierung „Der Krieg": „Goldoni und seine Theaterreform" und erläuternde Lektüre aus Goldonis Hauptwerken; Schauspieler präsentieren Songs aus „Der Krieg" mit der Musik von „Floh de Cologne"

Zeche Bonifacius
08.01.84 Lesung zur Inszenierung „Nachtasyl" (Prosatexte von Maxim Gorki)

Zeche Carl
07.12.83 Lieder und Texte zum Spielplan

Krupp-Schule
Workshop zu „Mandragola"
31.10.83: Öffentliche Generalprobe; 03.11.83: u. a. Vortrag mit Diaprojektionen über die Commedia dell'arte von David Esrig; 04.11.83: Maskenübungen mit den Zuschauern; 05.11.83: WA; 06.11.83: Vorstellung und Diskussion

Kennedyhaus
09.04.84 Alfons Nowacki über die „Ruhrballade" und Diskussion mit dem Publikum (Theaterring)

Casa Nova
16.05.84 „Un Brasseur de Lunes" von Jean Laugier mit Bertrand Espouy

Rathaus-Theater
24.11.83 Theater „Am Spagat" (Kulturtage der CSSR), auch 25.11.
02.02.84 „Kein Krieg in Troja" von Jean Giraudoux (Folkwang Hochschule), auch 03./04./05.02.

■ Ausstellungen

Foyer
– November 83: Litografien und Dokumentarfotos von Sonia Delaunay

Rathaus-Theater
– April 84: Holzschnitt in Collage-Technik mit heutigen aktuellen Motiven, ausgehend von Albrecht Dürers Holzschnitt „Vier apokalyptische Reiter

■ Gastspiele

Grillo
31.10.83 „Pinks an die Macht" (Münchner Lach- und Schießgesellschaft)

Spielzeit 1984/85

13.08.84 *Umwandlung der Städtischen Bühnen in eine Theaterbetriebsgesellschaft (Theater & Philharmonie Essen), Kaufmännischer Geschäftsführer:* Hermann Hartwich*

Manfred Mützel
Künstlerischer Geschäftsführer 1984/85 bis 17. September 1985

Manfred Mützel, geboren am 20. Mai 1943, begann nach dem Studium von Kunstgeschichte, Philosophie und Musik seine Laufbahn mit 21 Jahren am Staatstheater seiner Heimatstadt Darmstadt als Regieassistent und wurde dort 1968 Leiter des Künstlerischen Betriebsbüros. Von 1970 bis 1972 wirkte er als Chefdramaturg an der Staatsoper Hannover, anschließend für ein Jahr als Schauspiel-Betriebsdirektor in Frankfurt. Von 1973 bis 1975 war Mützel am Theater Münster als Chefdisponent und Vertreter des Generalintendanten engagiert, ehe er 1975 Intendant und künstlerischer Gesamtleiter am Theater Trier wurde; 1981 wurde er Generalintendant, Geschäftsführer und Musikdirektor in Aachen, wo er im Oktober 1983 seinen Vertrag bis zur Saison 1986/87 verlängerte.

Am 21. Mai 1984 wurde Manfred Mützel vom Aufsichtsrat des Essener Theaters einstimmig für fünf Jahre zum neuen Theaterleiter gewählt; dank einer Klausel in seinem Aachener Vertrag (kurzfristige Kündigung beim Vorliegen eines besseren Angebots) konnte Mützel sein Amt sofort antreten. Der Spielplan für die Saison 1984/85 war zu diesem Zeitpunkt bereits von Dirigent Helmut Wessel-Therhorn, dem Musikalischen Oberleiter, und von Ilka Boll, der Kommissarischen Schauspieldirektorin, zusammengestellt worden, sodass sich Mützel um die Vorbereitung der Spielzeit 1985/86 kümmerte, deren Musiktheater-Pläne er bereits im Dezember 1984 vorstellte. Zum Beginn der Saison 1985/86 versprach Mützel, bis zur Eröffnung des Aalto-Theaters „das gestrandete Essener Theaterschiff wieder flottgemacht und an die deut-

sche Spitzenklasse herangeführt zu haben" (RN, 16. August 1985).

Am 15. September 1985 wurde die Spielzeit mit einer Neuinszenierung von Bizets „Carmen" eröffnet, und schon zwei Tage später gab es die nächste Krise am Essener Theater: Vermutlich waren private Geldschwierigkeiten, die noch aus seiner Aachener Zeit stammten, dafür ausschlaggebend, dass die „Ära-Mützel" bereits am 17. September 1985 jäh endete. Mützel bat um sofortige Auflösung seines Vertrages. In einer gemeinsamen Erklärung der Vertragspartner hieß es: „Die Gründe für das Ausscheiden liegen ausschließlich im persönlichen und nicht im künstlerischen Bereich." Mützel selbst erklärte gegenüber der Aachener Volkszeitung (20. September 1985): „Mein Ausscheiden hat weder etwas mit der noch ungeklärten Situation in Aachen zu tun, wo es um eine angebliche Überziehung meinerseits in Sachen Theateretat geht, noch mit privaten Gründen. Das Wort persönlich ist nicht gleichbedeutend mit privat! Die Ursachen sind persönlicher Natur und liegen im Essener Theater, aber sie haben nichts mit Kunst zu tun." Der Vertrag endete am Jahresende – mit einer hohen Abfindung für den gescheiterten künstlerischen Geschäftsführer, der das Theater „erhobenen Hauptes" verließ, aber dafür sorgte, dass drei Jahre vor Eröffnung des Aalto-Theaters wieder die Suche nach einem geeigneten Nachfolger beginnen musste.

Künstlerischer Geschäftsführer: Manfred Mützel*
Chefdisponent und Leiter KBB: Gerard S. Kohl,
Disponentin-Assistentin: Christine Thomas*
Chefdramaturgin: Dr. Ilka Boll
Leiterin der Öffentlichkeits- und Pressearbeit: Dr. Christa-Renate Thutewohl* (kommissarisch); ab 01.03.85: Wolfgang Oberender*
Theaterpädagoginnen: Ulla Gilbert*, Jutta Helmig-Molitor* (ab 01.11.84)
Technischer Direktor: Siegfried Ehrenberg

Musiktheater

Dramaturg des Musiktheaters: Arthur C. Intelmann
Musikalischer Oberleiter: Helmut Wessel-Therhorn; *Dirigenten:* GMD Heinz Wallberg; Helmut Imig, Xaver Poncette; *Gäste:* Ulf Schirmer, Robert Maxym; Essener Philharmoniker; *Repetitoren:* Heinz Sosnitza, Studienleiter; Gary Gromis, Xaver Poncette*, Wolfgang Schulz
Chordirektor: Konrad Haenisch; *Choreografie:* Franz Hujer, Heidrun Schwaarz

Regisseure der Neuinszenierungen (Gäste): Gilbert Deflo, Hans Hartleb, Gerhard Hofer, Bernd Palma, Günter Roth
Ausstatter der Neuinszenierungen: Ekkehard Kröhn; *Gäste:* Ottowerner Meyer, Thomas Richter-Forgách, Wanda Richter-Forgách, Carlo Tommasi

Ensemble: Friedhilde Filser, Margrit Göpke, Marianne Hirsti*, Melody Kielisch*, Catherine Occhiato, Magaret Russell, Margarita Turner, Bianca von Zambelly; Walter Gabriel, Horst Hüskes, Karl-Heinz Lippe, Richard Medenbach, Antonius Nicolescu*, Hans Nowack, Rolf Oberste-Brink, Karl-Heinz Offermann, Peter Prior, Claus-Peter Schweickart*
Nebenrollen: Fritz Doege, Gerard S. Kohl, Siegfried Wichert (Essen)
Chorsolisten: Marie-Luise Bruns, Theodora Frank, Renate Glöckner, Claudia Hildebrand, Claudia Hummel, Jadwiga Miklavcic, Anita Rödiger, Gisela Schroeter, Charlotte Vogel; Josef Böckmann, Alfred Doetsch, Gerrit Eubel, Manfred Grohnert, Josef Kistermann, Horst Kohl, Arno Klees, Michael Kühner, Günter Marx, Manfred Pilgrim, Alfred Heinz Potztal, Christian Polus, Wieland von Massenbach, Gerhard Wachowiak
Tänzer/innen: Tamara Gibson, Martina Horstmann, Raphaela Lecharpentier, Annette May, Wiveca Sjögren, Eva Stolz; Magdy El-Leisy, Adil Laraki (Essen)

Gäste/Teilspielzeit: Kyoko Akiba, Annette Biswenger, Lisbeth Brittain, Jessica Burri, Veronika Diefenbacher, Clara Dohmes, Rosanne Duncombe, Melissa Evans, Erika Florack, Judith Gillies, Gudrun Gregori, Elisabeth Hallberg, Ingrid Haubold, Julia Janes, Karen Johnson, Ilse Köhler, Zofia Lis, Virginia Love, Ingrid Luttenberger, Cynthia Makris, Marita Napier, Anita Salta, May Sandoz, Marita Napier, Gudrun Schäfer, Wakoh Shimada, Ilona Szamos, Anita Terzian, Gudrun Volkert, Csilla Zentai; Joannis Anifantakis, Giorgio Aristo, Danny Brees, Hans-Hermann Ehrich, Werner Götz, Jan Hammar, Oskar Hillebrandt, Alexandru Ionita, Peter Jagasich, Manfred Jung, Byung Woon Kang, Michael Klein, Janos Korda, Peter Kovac, Jonathan Mack, Michail Milanow, Hans-Georg Moser, James O'Neal, Glyn Paul, Karl Ridderbusch, Willy Schell, Hans Scheyen, Rainer Scholze, Werner Schürmann, Dieter Schweikart, Carl-Henning Steinhaus, Christoph Stephinger, Horst Vladar, Hartmut Welker, Neil Wilson, Werner Schürmann, Peter Zeug

■ Opern (N)

15.09.84 „Don Giovanni" von Wolfgang Amadeus Mozart (11+2) – ML: Wessel-Therhorn, I: Roth, B: Th. Richter-Forgách, K: W. Richter-Forgách, Ch: Hujer

25.12.84	„Der fliegende Holländer" von Richard Wagner (11) – ML: Wallberg, I: Hartleb, A: Kröhn *(Vor der Vorstellung: Ernennung von Karl-Heinz Lippe zum 1. Kammersänger)*	31.08.84	Konzert für Senioren: Programm wie 29.08.
24.02.85	„Werther" von Jules Massenet (9) – ML: Wessel-Therhorn, I: Deflo, A: Tommasi *(konzertant wegen Erkrankung von Margaret Russell/ Antonius Nicolescu; szenisch: 27.02)*	14.11.84	„Herbststrauß beliebter Melodien" mit Solisten des Essener Theaters – Gala-Veranstaltung der AWO (Anlass: 20 Jahre Konzerte für Senioren in Alten- und Seniorenheimen)
14.04.85	„Die tödlichen Wünsche" von Giselher Klebe (8) – ML: Wessel-Therhorn. I: Roth, A: Meyer, Ch: Schwaarz *(in Anwesenheit des Komponisten anlässlich seines 60. Geburtstages)*	01.01.85	Ludwig van Beethoven, „9. Sinfonie" – ML: Heinz Wallberg; Solisten: Edith Wiens/Hanna Schaer; Alexander Ionita/Karl-Heinz Stryczek; Chöre: Städtischer Musikverein/ Schubertbund/Extrachor de Musiktheaters
16.06.85	„Der Wildschütz" von Albert Lortzing (4) – ML: Imig, I: Palma, A: Meyer	25.05.85	„Die schönsten Melodien aus Konzert, Oper und Operette" Solisten: Friedhilde Filser/Julia Janes/ Catherine Occhiato/Margaret Russell; Walter Gabriel/Richard Medenbach/ Karl-Heinz Offermann/Peter Prior ML: Helmut Wessel-Therhorn; Moderation: Manfred Mützel

■ **Operette (N)**
07.10.84 „Der Vogelhändler" von Carl Zeller (26) – ML: Imig, I: Hofer, A: Kröhn

■ **Opern (WA)**
29.09.84 „Martha" von Flotow (7)
27.10.84 „La Bohème" von Puccini (5)
11.11.84 „Die Zauberflöte" von Mozart (6)
25.11.84 „Die vier Grobiane" von Wolf-Ferrari (6)

■ **Operette (WA)**
25.09.84 „Der Zigeunerbaron" von Strauß (12)

■ **Abstecher**
– „Don Giovanni" (Leverkusen 09.10., Velbert 30.11.)

■ **Sonderveranstaltungen**
Grillo
02.09.84 Tag der offenen Tür
Saalbau
29.08.85 Konzert für Essener Bürger/innen mit Behinderung
Mozart, „Deutsche Tänze Nr. 1/2/6"; Beethoven, „Mödlinger Tänze"; Schubert, „8. Sinfonie" („Unvollendete"); Sibelius, „Valse triste"; Josef Strauß, „Delirien-Walzer"; Tschaikowsky, Walzer aus „Eugen Onegin"; Lehár, Walzer „Gold und Silber"
ML: Heinz Wallberg

Neues Messehaus
26.04.85 Lieder- und Opernabend mit Essener Künstlern (Melody Kielisch/Karl-Heinz Lippe) und ehemaligen Ensemble-Mitgliedern (Barbara Carter/ Giorgio Aristo)
Kammermusikalische Werke von Schubert/Beethoven mit Adolph Böhm (Violoncello)/Julius Berger/ Helge Dorsch, Klavier) Arien und Duette aus Mozart, „Die Entführung aus dem Serail"; Puccini, „Tosca"; Donizetti, „Don Pasquale"; Verdi, „La Traviata"/„Rigoletto"; Donizetti, „Linda di Chamounix" (Barbara Carter); Lehár, „Die lustige Witwe"/ „Das Lande des Lächelns"; Strauß, „Der Zigeunerbaron" (Julius Berger/Helge Dorsch, Klavier)

Gruga
25.05.85 Die schönsten Melodien aus Konzert, Oper und Operette
Humperdinck, Vorspiel zur Oper „Hänsel und Gretel" und Duett Hänsel/Gretel (Margaret Russell/Catherine Occhiato); Lortzing, Arie des Grafen (Claus-Peter Schweikart), Arie der Baronin (Catherine Occhiato) und Duett Gretchen/Baculus (Melody

Kielisch/Richard Medenbach) aus „Der Wildschütz"; Verdi, Vorspiel zum 1. Akt „La Traviata", Arie des Alfred (Antonius Nicolescu) und Arie des Germont (K.-H. Offermann); Verdi, Ballettmusik aus „Aida" Strauß, Intermezzo aus „Tausenundeine Nacht"; Zeller, Lied „Ich bin die Christel von der Post" (Marianne Hirsti), Lied der Kurfürstin „Als geblüht der Kirschenbaum" (Friedhilde Filser), Duett Christel/Stanislaus (Marianne Hirsti/Peter Prior) und Terzett Christel/Stanislaus/Adam (Marianne Hirsti/Peter Prior/Walter Gabriel), Duett Christel/Stani und Terzett Christel/Stanislaus/Adam aus „Der Vogelhändler"; Strauß, „Perpetuum mobile"; Kálmán, Lied der Sylvia (Friedhilde Filser), Duett Sylvia/Edwin (Friedhilde Filser/Peter Prior), Duett Stasi/Edwin (Melody Kielisch/Peter Prior) und Terzett Sylvia/Boni/Feri „Kämpfe nie mit Frau'n" (Friedhilde Filser/Horst Hüskes/Walter Gabriel) aus „Die Csárdásfürstin" ML: Helmut Wessel-Therhorn; Moderation: Manfred Mützel

Burgplatz

18.05.85 „Gott Amor tischt alte und neue Liebesgeschichten aus Oper, Operette und Musical auf", eingeladen von Yoyo Petit mit Künstlern des Essener Theaters sowie den Ballettsolisten Renate Deppisch/Uwe Evers (Theater Dortmund), auch 19.05., jeweils 2×

▪ Gastspiel

Rathaus-Theater

15.11.84 „Mannequins", Kammeroper von Zbigniew Rudzinski (im Rahmen der Polnischen Woche)

Casa Nova

20.03.85 „... von heut' auf (ein anderes) Morgen", auch 22.03. Uraufführungen mit Werken Essener Komponisten: Nikolaus A. Huber/Wolfgang Hufschmidt//Dieter Schnebel/Gerhard Stäbler; ML: Jörg Iwer (*Festival der Künste – '85*)

Ballett

Ballettdirektorin: Heidrun Schwaarz, Choreografin; *Stellvertreter und Ballettmeister:* Igor Kosak
Ballettrepetitor: Daniel Kottnauer*; *Dirigent:* Helmut Imig

Choreografen der Neuinszenierungen: Germinal Casado/Yolande Straudo, Birgit Cullberg/Jeremy Leslie-Spinks, Kurt Jooss/Anna Markard, Antony Tudor/Airi Hynninen
Ausstatter der Neuinszenierungen: Germinal Casado, Sven Erixson, Hein Heckroth/Hugh Stevenson, Sigurd Leeder, Hermann Markard, Aino Siimola

Compagnie: Laura Atwood, Astrid Sackewitz, Emese Schaper-Gáal, Vanessa Ortiz*, *Solo* Nicole Boerree*, Carmen Fermin, Tamara Gibson, Diane Hopper*, Martina Horstmann, Raphaela Lecharpentier*, Anke Lehmann, Annette May, Wiveva Sjögren*, Eva Stolz, *Gruppe*
Magdy El-Leisy, John Trent Gray, Edgardo Lattes*, William A. Santillo, *Solo* Cyrille Dauboin*, Franz Hujer*, *Solo mit Gruppe* Alberto Barboza*, Hendrik Boerboom, Paul D. Carr, Adil Laraki, Dacid Slack, Joël Terrier*, Andrew J. Warth, *Gruppe*
Gäste/Teilspielzeit: Jeanette Vondersaar; Christian Holder, Jean-Yves Lormeau, Ireneusz Wisniewski

▪ Ballette (N)

21.10.84 „Der Liebeszauber"/„7 spanische Volkslieder"/„Der Dreispitz" von Germinal Casado//Manuel de Falla (11+1) ML: Imig, A: Casado/Straudo; Gesang: Christel Borchers, Gitarre: Susanne Hilker

16.03.85 *Ballets Jooss '32 [Eröffnungsvorstellung des „Festivals der Künste – Folkwang '85"]* Ch: Jooss/Markard, Klavier: Daniel Kottnauer/Lance Williams (7) „Großstadt" von Alexandre Tansman, K: H. Markard; „Pavane auf den Tod einer Infantin" von Maurice Ravel, K: Leeder; „Ein Ball in Alt-Wien" von Josef Lanner, B: H. Markard, K: Sii-

mola; „Der grüne Tisch" von Fritz Cohen, A: Heckroth
28.04.85 „Adam und Eva" von Birgit Cullberg/Jeremy Leslie-Spinks//Hilding Rosenberg (7)
„Der Fliedergarten" von Antony Tudor/Airi Hynninen//Ernest Chausson A: nach Hugh Stevenson „Fräulein Julie" von Birgit Cullberg/Jeremy Leslie-Spinks//Ture Rangström ML: Imig, A: Erixson

▪ Ballette (WA)
04.10.84 „Adagio Hammerklavier"/„Der Dämon"/„Die vier Temperamente" (5)
26.01.85 „Die vier Temperamente"/„Der Feuervogel" (3)

▪ Abstecher
– Ballett I (Lüdenscheid 30.10.84)
– „Der sterbende Schwan"/„Der Geist der Rose"/„Adagio Hammerklavier"/„Der Dämon" (Gymnasium am Stoppenberg 07.12.84)
– „Ballett II/Jooss" (Aachen 01.04., Wuppertal 11.05.85)
– „Adagio Hammerklavier"/„Der wunderbare Mandarin"/„Die vier Temperamente" (Ljubljana 02.07.85)

▪ Sonderveranstaltungen
Grillo
24.02.85 Einführungs- Matinee zum Jooss-Abend
21.04.85 Einführungs-Matinee zum 3. Ballettabend

▪ Ausstellung
Rathaus-Foyer
15.03.85 Dokumentation „Essener Ballett" – Überblick über die Arbeit des Ballett-Ensembles

▪ Gastspiele
Grillo
15.11.84 „Zwei Stunden durch die Welt des Tanzes" (10 Jahre Ballett-Studio Roehm), auch 18.11.
17.03.85 „Café Müller" von Pina Bausch//Henry Purcell (Tanztheater Wuppertal)*

23.03.85 „Woyzeck" von Günter Pick/teils musik- und tonlos, teils volksliedhafte und walzerselige Leierkastenmusik (Theater Aachen)*
31.03.85 „Wir können nicht alle Schwäne sein" von Susanne Linke//Peter I. Tschaikowsky* „Frauenballett" von Susanne Linke//Krzysztof Penderecki und Gitarrenmusik

Casa Nova
17.03.85 Tanzpädagogisches Forum „Bestandsaufnahme und Ausblick auf die Zukunft der Ballettensembles im Opernbetrieb" mit Anna Markard-Jooss/Heidrun Schwarz/Manfred Mützel/Tanzarchivchef Kurt Peters (Köln)/Ballettdirektor Gerd Reinholm (Berlin)/Ulrich Roehm/Kritiker Jochen Schmidt/Generalintendant Arno Wüstenhöfer (Bremen)/Veit Betke (Stockholm)* u.a.
26.03.85 „Schalen und andere Reste" von Marilen Breuker (Solo)*
„Solitudes"/„Einsamkeiten" von Marilen Breuker (Pas de deux mit Luc Petton) „Wenn die Wände sprechen" von Marilen Breuker//Belá Bartók)
(* *„Festival der Künste – Folkwang '85"*)

Schauspiel

Kommissarische Schauspieldirektorin: Dr. Ilka Boll; *Stellvertreter:* Rudolf Cornelius
Dramaturgin des Schauspiels: Dr. Christa-Renate Thutewohl
Schauspielmusik: Alfons Nowacki; *Gast:* Serge Weber; *Choreografie:* Janez Samec

Regisseure der Neuinszenierungen (Gäste): Anna Badora, David Esrig, Konrad Christian Göke, Michael Günther, Gerhard Hess, Hermann Kleinselbeck, Serge Roon, Dominique Serreau, Josef Szajna, Olaf Tschierschke, Karl Vibach, Mani Wintsch
Ausstatter der Neuinszenierungen: Ekkehard Kröhn, Claudia Kühnel; *Gäste:* Hans Aeberli, David Esrig, Hannah Feldhammer, Dieter Klaß, Malte Marcks, Thomas Richter-Forgách, Josef Szajna, Erwin W. Zimmer

Ensemble: Ilse Anton, Marlise Brülhart, Gabi Dauenhauer, Erika Eller, Gabriela Fritsche, Gudrun Geier*, Ulrike Hussack, Brigitte Lebaan, Gabriele Marti, Margot Nagel, Maria von Bismarck*; Peter Maria Anselstetter, Alfred Boeckel, Gerd Braese, Rudolf Cornelius, Sebastian Dominik, Michael Enk, Hans-Jürgen Frintrop, Günter Gräfenberg, Friedrich Gröndahl, Manfred Hilbig, Stefan Koenigshofen, Jürgen Lorenzen, Christian Pätzold, Kurt Prawitt, Horst Schily*, Michael Schreiner, Ioan C. Toma, Thomas Waldkircher*, Tilo Weber, Walter Wigand, Klaus-Peter Wilhelm

Gäste/Teilspielzeit: Roswitha Ballmer, Ursula Groote, Geeske Hof-Helmers, Hildegard Jacob, Dorin Kroll, Imma Kroneberg, Tessy Kuhls, Sabina Langer, Adele Neuhauser, Naemi Priegel, Adisat Seme-nitsch, Hanna Steidle, Christiane Stolte, Margret van Münster; Matthias Brüggemann, Cay Calov, Günther Dicks, Fritz Doege, Dirk Galuba, Oswald, Gayer, Ulrich Gentzen, Mario Gonzales, Georg Habertheuer, Christian Hoening, Immo Kroneberg, Wolff Lindner, Joachim Luger, Gottfried Mehlhorn, Erdal Merdan, Zoltan Paul, Domenico Pecoraio, Yoyo Petit, Theo Pöppinghaus, Max Rossmer, Vincent Rouch, Emmerich Schäffer, Konrad Scheuer, Hilmar Vehse
Studierende der Folkwang Hochschule/Schauspiel: Susanne Brandt, Katharina Rupp, Caroline Schreiber, Hanna Steidle; Volker Dirkes, Carsten Klemm, Harry Nehring, Antonio Paradiso
Gäste („Luna-Girls"): Ursula Claus, Brigitte Crone, Clausia Fehr, Iris Frerichs, Susanne Haug, Judith Holste, Hedi Kellermann, Andrea Plickat, Anke Schmidt, Martina Seidel, Monika Swienty, Annegret Tentrup, Erika Winkler

■ Schauspiele (N)
Grillo
21.09.84 „Der Frieden" von Aristophanes (20) – I: Kleinselbeck, A: Aeberli M: Nowacki
27.01.85 „Dante" (DE) von Josef Szajna (7) – I/A: Szajna
10.03.85 „Der Biberpelz" von Gerhard Hauptmann (16) *[27.06.: letzte Vorstellung für Brigitte Lebaan]* – I: Vibach, A: Marcks
19.05.85 „Moral" von Ludwig Thoma (11 + 1VP) – I: Günther, A: Kröhn
Rathaus-Theater
22.09.84 „Einmal Moskau und zurück" von Alexander Galin (40+1 Grillo) – I: Badora, A: Kröhn
19.01.85 „Die Wildente" von Henrik Ibsen (22) – I: Wintsch, A: Richter-Forgách
30.03.85 „Wir sind noch einmal davongekommen" von Thornton Wilder (13) – I: Badora, A: Klaß, M: Nowacki
Casa Nova
10.11.84 „Talkskow mit dem großen Bruder" (U) von Ilka Boll (19+1) – I: Hess, A: Aeberli
07.03.85 „Lämmermann" von Ludwig Fels (9) – I: Roon, A: Feldhammer
13.04.85 „Philoktet" von Heiner Müller (10) – I: Göke, A: Feldhammer, M: Weber
26.05.85 „Kaspar Hauser" (DE) von Geneviève Serreau (7) – I: Serreau, A: Kühnel
Ruhrlandmuseum
01.12.84 „Brief über die Blinden zum Gebrauch für die Sehenden (U) von Denis Diderot (15) – I/A: Esrig *(Szenische Bearbeitung von David Esrig/Jan Schmidt-Garré)*

■ Operette (N)
Grillo
24.11.84 „Frau Luna" von Paul Lincke (16) – ML: Nowacki, I: Tschierschke, A: Zimmer, Ch: Samec
(30.11.: Abbruch der Vorstellung nach Umsturz einer fahrbaren Treppe. Verletzung von 7 Mitwirkenden: Marlise Brülhart/Geeske Hof-Helmers/Kurt Prawitt im Krankenhaus; Cay Calov/Michael Enk/Joachim Luger/Maria von Bismarck mit ambulanter Behandlung WA: 06.02.85)

■ Schauspiele (WA)
Grillo
16.09.84 „In der Sache J. Robert Oppenheimer" von Kipphardt (16)
Casa Nova
29.09.84 „Nicht Fisch, nicht Fleisch" von Kroetz (17+ 3 Grillo)
Zeche Bonifacius
17.08.84 „Der Krieg" von Goldoni (42)

- **Abstecher**
- „Berliner Weiße mit Schuss" mit Gerd Braese (Museum Folkwang, 10.06.85 für den Theaterring)
- „Talkskow mit dem großen Bruder" (Krefeld, NRW-Theatertreffen 25.04.85)
- „Wegen Emil seiner unanständigen Lust"
- Claire Waldorff-Abend mit Brigitte Lebaan (Makadam-Theater Hamburg, November 84; München, Anfang Februar 85; Museum Folkwang, 18.05.85 für den Theaterring)

- **Sonderveranstaltungen**

Grillo
02.09.84 Tag der offenen Tür
25.06.85 Gedenkveranstaltung für Dr. Ilka Boll

Casa Nova
28.10.84 Essener Szene (Talkshow mit Jochem Schumann), weitere 7× [19.05.: 50×]
16.02.85 Lesung Christian Pätzold: „Deutschland, ein Wintermärchen" von Heinrich Heine
13.06.85 „Wegen Emil seine unanständigen Lust" – Claire Waldorff-Abend mit Brigitte Lebaan/Michael Carleton (Klavier)

Porschekanzel
18.05.85 „Dichtiges und Wichtiges vom Mai" von Walter Wigand mit Gabi Dauenhauer/Kleopatra Kurtenback/Peter Maria Anselstetter/Yoyo Petit, auch 19.05.

- **Ausstellungen**

Foyer
14.11.84 Fotos, Objekte, Collagen, Materialbilder, Grafiken, Zeichnungen von Josef Szajna (Polen)
Vor den Fenstern der Opernhaus-Fassade: Riesige Dias zu den Inszenierungen „Replika"/„Dante"/„Cervantes" von Josef Szajna *(im Rahmen der Polnischen Woche)*
16.03.85 „Totentanz" – Hozlstiche von Hermann Schardt; „Torso eine Tänzers" und veränderbare Plastiken von Franz Josef Kampmann

- **Gastspiele**

Grillo
24.09.84 „Auf Nummer Sicher" (Münchner Lach- und Schießgesellschaft), auch 29.10.
10.12.84 „Die Zeit, der weise Althändler" von Jiri Srnec (Schwarzes Theater Prag)
03.02.85 Lutz Görners Rezitheater: Balladen für Kinder
29.04.85 „Satz für Satz" – Kabarett mit Werner Schneyder

Casa Nova
06.10.84 Erich Fried liest aus seinen Werken
12.11.84 „Dialoge mit dem Gewissen" – Lieder- und Schauspielabend von Iga Cembrzynska *(im Rahmen der Polnischen Woche)*
17.11.84 Bert-Brecht-Liederabend mit Roswitha Drexler/DDR
Lieder, Songs, Moritaten von Bert Brecht zur Musik von Franz S. Brunier/Kurt Weill u. a. aus dem großen Bert-Brecht-Liederbuch
23.03.85 „Nacht der Poeten" – Schriftsteller und Jazz mit der Formation „Zappes ab"
Wolfgang Komm/WAZ-Redakteur Werner Streletz/Jugendbuchautor Heinz Knappe/Filmautor Wilhelm Domwerth/Lyriker Renée Zey/Romanschriftstellerin Katrin Hampel-Loos/Satiriker Werner Schlegel; zu Bilder-Tafeln der Malerin Tamara Mende Fiori liest Inge Meyer-Dietrich eigene Texte; Moderation: Herbert Somplatzki *(„Festival der Künste")*
20.04.85 „So schlecht war mir noch nie" – Lesung Curt Bois (Schauspieler)

Rathaus-Theater
17.11.84 „Les exercices de style" von Raymond Queneau (Compagnie Jacques Seiler)
05.02.85 „Der Gefesselte" und andere Pantomimen (Folkwang Pantomimenstudio), weitere 3×

Alte Synagoge
15.11.84 „Replika" von Josef Szajna (Studio-Theater Warschau), 6× *(im Rahmen der Polnischen Woche)*

Spielzeit 1985/86

Geschäftsführer: Hermann Hartwich
Künstlerische Gesamtleitung: Manfred Mützel
(bis 17.09.85)

Dieter Wilhelmi
Kommissarischer Gesamtleiter 20. September 1985–31. Juli 1986

Dieter Wilhemi, 1942 in München geboren, studierte an der dortigen Staatlichen Hochschule für Musik das Fach „Schlagzeug". Nach seinem Engagement am Münchener Staatstheater am Gärtnerplatz (1961) und beim Philharmonischen Orchester Wintherthur (1962) wurde er 1963 Erster Solopauker des Niedersächsischen Symphonieorchesters in Hannover. 1965 wechselte er nach Esssen, wo er seit 1980 als „Orchesterdirektor" tätig war. (WAZ, 17.06.81)

Nach Manfred Mützels unrühmlichem Abgang wurde Dieter Wilhelmi zum kommissarischen Künstlerischen Geschäftsführer berufen. Im „Theater-Journal" (Oktober 1985) meldete er sich zu Wort: „Liebe Theaterfreunde, vorweg eine ganz herzliche Bitte: Lassen Sie Ihr eben wieder zu unserem Theater zurückgewonnenes Vertrauen nicht durch die zweifellos unerfreulichen Ereignisse der letzten Wochen erschüttern, denn wir alle – im künstlerischen wie im technischen und Verwaltungsbereich – sind mehr denn je bemüht, für Sie optimales Theater zu machen ... Wir hoffen, dass wir Sie durch unsere Arbeit auch weiterhin überzeugen können, und wünschen uns ein Publikum, das unsere Arbeit mit kritischem Interesse und Sympathie verfolgt."

Auf der Suche nach einem neuern Künstlerischen Gesamtleiter kam man auf den Bielefelder Intendanten Heiner Bruns, der jedoch seinen am 13. Mai 1986 ausgehandelten Vertrag (Laufzeit 1. August 1987 bis 31. Juli 1992) wegen Nichtberücksichtigung etlicher Änderungswünsche ablehnte, sodass die Wahl schließlich auf den Hagener Intendanten Manfred Schnabel fiel.

Künstlerische Betriebsdirektorin: Marietheres List*; *Leiter KBB:* Björn Peleikis*; Gerard S. Kohl, Werbeleiter; *Presse- und Öffentlichkeitsarbeit:* Wolfgang Oberender*
Technischer Direktor: Siegfried Ehrenberg

Musiktheater

Dramaturgie: Karin Heindl-Lau*, *Dramaturgin des Musiktheaters*
Musikalischer Oberleiter: Prof. Helmut Wessel-Therhorn; *Dirigenten:* Helmut Imig, 1. Kapellmeister; Xaver Poncette*, GMD Prof. Heinz Wallberg; *Gäste:* Robert Maxym, Guido Ajmone-Marsan, Ulf Schirmer; Essener Philharmoniker; *Repetitoren:* Xaver Poncette*; Studienleiter; Leann Hillmer*, Wolfgang Schulz
Orchesterdirektor: Dieter Wilhelmi; *Chordirektor:* Konrad Haenisch
Choreografie: Franz Hujer, Heidrun Schwaarz

Regisseure der Neuinszenierungen (Gäste): Gilbert Deflo, Karlheinz Hundorf, Petrika Ionesco, Nicolas Joël, Giancarlo del Monaco, Bernd Palma
Ausstatter der Neuinszenierungen (Gäste): Petrika Ionesco, Pet Halmen, Florica Malureanu, Heidi Salzer, Heidrun Schmelzer, Michael Scott, Carlo Tommasi, Wolf Wanninger

Ensemble: Janice Baird*, Annette Biswenger*, Friedhilde Filser, Jane Giering*, Marianne Hirsti, Melody Kielisch, Catherine Occhiato, Magaret Russell, Margarita Turner; Walter Gabriel, Horst Hüskes, Karl-Heinz Lippe, Richard Medenbach, Antonius Nicolescu, Hans Nowack, Rolf Oberste-Brink, Karl-Heinz Offermann, Claus-Peter Schweikart, Károly Szilágyi*
Chorsolisten: Cäcilia Gräf-Klees, Claudia Hildebrand; Erich Bär, Josef Böckmann, Horst Kohl, Arno Klees, Günter Marx, Jacek Pazola, Manfred Pilgrim, Christian Polus, Heinz Potztal, Jan Thompson, Wieland von Massenbach
Schauspieler: Ilse Anton; Franz Hujer, Gerard S. Kohl (Essen); *Gast:* Bernd Palma
Tänzer/innen („Csárdásfürstin"): Nicolette Bouree, Tamara Gibson, Diane Hopper, Martina Horstmann, Raphaela Lecharpentier, Annette May, Adelina Nigra, Wivceca Sjögren, Eva Stolz

Paul D. Carr, Cyrille Dauboin, Adil Laraki, David Slack, Joël Terrier, Andrew J. Warth (Essen)
Gäste/Teilspielzeit: Maria Abajan, Renate Behle, Lisbeth Brittain, Mileva Buljabasic, Jessica Burri, Julia Conwell, Nadine Denize, Béatrice Haldas, Ingrid Haubold, Ingrid Kremling, Robin Lee, Zofia Lis, Cynthia Makris, Annemonika Meusel, Geertje Nissen, Lubica Orgonasova, Margareta Orvelius, Therese Renick, Brenda Roberts, Suzanne Sonnenschein, Kristin Theisen, Uta Trexler, Camilla Ueberschaer, Astrid Varnay, Bianca von Zambelly, Karin Zelles; James Anderson, Armand Arapian, Giorgio Aristo, Peter Bahrig, Roland Bracht, Danny Brees, Hannes Brock, José Carreras, Sigmund Cowan, James Dietsch, Constantin Dumitru, Hermin Esser, Aldo Filistad, Emil Gherman, David Griffith, Ronald Hamilton, Josef Hilger, Oskar Hillebrandt, George Ionescu, Peter Jagasich, Manfred Jung, Joachim Keuper, Peter Koll, Hans-Jürgen Lazar, Mario Malagnini, Roelof Oostwood, Norbert Orth, John Pickering, Imre Remenyi, Karl Ridderbusch, Marcel Rosca, Andrzey Saciuk, Willy Schell, Rainer Scholze, Fred Silla, Martin Stamos-Vogiatzis, Frieder Sticker, Zacho Terzakis, Lawrence Vincent, Günter Wewel

■ Opern (N)

14.09.85 „Carmen" von Georges Bizet (14) – ML: Wallberg, I/B: Ionesco, K: Malureanu, Ch: Schwaarz

25.12.85 „Tosca" von Giacomo Puccini (15) – ML: Ajmone-Marsan, I: Deflo, A: Tommasi

16.02.86 „Hoffmanns Erzählungen" von Jacques Offenbach (11) – ML: Wessel-Therhorn, I: Hundorf, B: Wanninger, K: Salzer, Ch: Schwaarz

06.04.86 „Rigoletto" von Giuseppe Verdi (11) – ML: Wessel-Therhorn, I: del Monaco, A: Scott

22.06.86 „Salome" von Richard Strauss (5) – ML: Imig, I: Joël, A: Halmen, Ch: Schwaarz

■ Operette (N)

09.10.85 „Die Csárdásfürstin" von Emmerich Kálmán (38) – ML: Imig, I: Palma, A: Schmelzer, Ch: Hujer

■ Opern (WA)
Grillo
26.09.85 „Der Wildschütz" von Lortzing (11)
13.10.85 „Werther" von Massenet (5)
03.11.85 „Der fliegende Holländer" von Wagner (5)
Casa
21.04.86 „Papageno spielt auf der Zauberflöte" von Streul/Mozart (11) – (09.07.86: 100×)

■ Sonderveranstaltungen
Grillo
01.09.85 Tag der offenen Tür
Disharmoniker; Lortzing, Jägerchor aus „Der Wilschütz; Verdi, Arie der Gilda aus „Rigoletto" (Jane Giering); Puccini, Arie des Rodolfo aus „La Bohème" (Antonius Nicolescu)
08.09.85 Einführungsmatinee zur Premiere „Carmen"
22.12.85 Einführungsmatinee zur Premiere „Tosca"
09.02.86 Einführungsmatinee zur Premiere „Hoffmanns Erzählungen"
17.06.86 Einführungsmatinee zur Premiere „Salome" (im Rahmen einer Projektwoche)
Casa Nova
08.12.85 „Musikalische und literarische Kostbarkeiten zur Weihnachtszeit" Sebastian Dominik (Schauspiel) liest „Christkindbetrachtung" von K. H. Waggerl und „Die drei dunklen Könige" von Wolfgang Borchert"; Gerd Braese (Schauspiel) liest Texte von Kästner/Tucholsky; Peter Cornelius, Sechsteiliger „Weihnachtsliederzyklus (Catherine Occhiato/Margaret Russell/Margarita Turner/Karl-Heinz Lippe; Xaver Poncette, Klavier), auch 22.12.
31.03.86 Einführungssoiree zur Inszenierung „Rigoletto"
01.04.86 Victor Hugo – Revolutionär der Worte (Filme)
04.04.86 Victor Hugo – „Ein König amüsiert sich" (Szenen aus einem verbotenen Stück)
Lesung mit Christa-Renate Thutewohl; Sebastian Dominik/Klaus-Peter Wilhelm (Schauspiel); Xaver Poncette (Klavier) mit Passagen aus der Bühnenmusik „Le roi s'amuse" von Léo Delibes
07.04.86 Giuseppe Verdi, Evolutionär des Gefühls (Filme)
08.04.86 Rigoletto – made in Italy (Rom 1946, Film)
10.04.86 Rigoletto – made in little Italy (London 1962, Film)
Rathaus-Theater
15.06.86 Lesung „Salome" von Oscar Wilde und andere Texte
20.06.86 „Salome" (Film), auch 21.06.
Messe Essen
12.09.85 Gala-Konzert im Rahmen der Messe „Schweißen & Schneiden"
Verdi, Ouvertüre zu „Die sizilianische Vesper"; Bizet; Seguidilla der Carmen „Draußen am Wall von Sevila" (Tamara Siniawskaja); Verdi, Arie der Azucena „Lodernde Flammen" (Tamara Siniawskaja), Duett Azucena/Manrico (Tamara Siniawskaja/Lando Bartolini); Arie des Manrico (Lando Bartolini) aus „Der Troubadour"; Donizetti, Arie des Alfonso (Giorgio Zancanaro) aus „Die Favoritin"; Puccini, Arie der Cio-Cio-San „Eines Tages sehen wir" (Martina Arroyo) aus „Madama Butterfly"; Puccini, Vorspiel zum 3. Akt „Manon Lescaut"; Puccini, Arie des Rodolfo „Wie eiskalt ist dies Händchen" (Lando Bartolini) aus „La Bohème"; Verdi, Sterbeszene des Posa (Giorgio Zancanaro) aus „Don Carlos"; Verdi, Terzett Amelia/Riccardo/Renato (Martina Arroyo/Lando Bartolini/Giorgio Zancanaro) aus dem 2. Akt „Ein Makenball"
ML: Michael Plasson
Saalbau
22.08.85 Konzert für Bürger/innen mit Behinderung
Mozart, Ouvertüre „Die Zauberflöte"; Strauss, „Konzert für Horn und Orchester Nr. 1 (Clara-Christine Hohorst); Mozart, Ouvertüre „Figaros Hochzeit"; Verdi, Arie des Ford (Karl-Heinz Offermann) aus „Falstaff"; Verdi, Arie der Gilda (Jane Giering)

		aus „Rigoletto"; Verdi, Ouvertüre „Die sizilianische Vesper" ML: Heinz Wallberg
	23.08.85	Konzert für Senioren (Programm wie 22.08.)
	01.01.86	Neujahrskonzert: Ludwig van Beethoven, „9. Sinfonie" ML: Michael Plasson; *Solisten:* Jane Mengedoht/Kyoko Akiba; Wolfgang Neumann/Alfred Muff; *Chöre:* Musikverein/Schubertbund/Extrachor des Musiktheaters
	22.05.86	„Die schönsten Melodien aus Konzert, Oper und Operette" Solisten: Annette Biswenger/Jane Giering/Melody Kielisch/Catherine Occhiato/Margaret Russell/Margarita Turner; Stephen Algieri/Walter Gabriel/Horst Hüskes/Karl-Heinz Lippe/Richard Medenbach/Antonius Nicolescu/Hans Nowack/Karl-Heinz Offermann/Claus-Peter Schweikart/Károly Szilágyi; ML/Moderation: Helmut Imig

Gruga-Pavillon

| | 13.07.86 | „Die schönsten Melodien aus Oper/Operette/Musical" Ausschnitte aus Verdi, „Ein Maskenball"/Giordano, „Andrea Chénier"/Mozart, „Figaros Hochzeit"/Strauß, „Eine Nacht in Venedig" (Vorgeschmack auf die Saison 86/87) Melodien von Bizet („Die Perlenfischer") bis Webber („Memory" aus „Cats") Philharmoniker, ML/Moderation: Helmut Imig; Solisten: Annette Biswenger/Friedhilde Filser/Jane Giering/Melody Kielisch/Catherine Occhiato/Margaret Russell/Margarita Turner; Stefano Algieri/Walter Gabriel/Horst Hüskes/Karl-Heinz Lippe/Richard Medenbach/Antonius Nicolescu/Hans Nowack/Karl-Heinz Offermann/Claus-Peter Schweikart, Károly Szilágyi |

EVAG (Betriebshof Ruhrallee)

| | 21.08.85 | Werkskonzert Dvořák, „Slawische Tänze op. 46 Nr. 1/2/3"; Strauß, Walzer „Seid umschlungen, Millionen"; Lehár, Walzer „Gold und Silber"; Bizet, „Farandole" aus der „L'Arlésienne-Suite Nr. 2" |

■ Ausstellungen

Grillo-Foyer

14.09.85	Theater und Fotografie – mit dem Deutsch-Französischen Kulturzentrum, bis 29.09.
20.01.86	Dokumente zum Aalto-Theater von den ersten Presseberichten bis zum Richtfest, auch im Foyer des Rathaus-Theaters

■ Abstecher

– Muskalisch-literarisches Programm mit Margaret Russell/Margarita Turner; Karl-Heinz Lippe/Richard Medenbach/Károly Szilágyi i; Xaver Poncette (Klavier); Sebastian Dominik/Klaus-Peter Wilhelm (Essener Justizvollzugsanstalt, 08.06.86)

Ballett

Ballettdirektorin: Heidrun Schwaarz, Choreografin
Stellvertreter der Ballettdirektorin und Ballettmeister: Igor Kosak
Ballettrepetitor: Daniel Vincent Kottnauer; *Dirigenten:* Helmut Imig, Helmut Wessel-Therhorn
Choreografen: John Trent Gray, Franz Hujer, Edgardo Lattes, Heidrun Schwaarz
Ausstatter der Neuinszenierungen: Germinal Casado, John Trent Gray, Franz Hujer, Edgardo Lattes, Friederike Singer
Compagnie: Laura Atwood, Anke Lehmann, Astrid Sackewitz, Emese Schaper-Gaal, *Solo*
Nicolette Boërée, Carmen Fermin, Tamara Gibson, Diane Hopper, Martina Horstmann, Raphaela Lecharpentier, Annette May, Adelina Nigra*, Wivceca Sjögren, Eva Stolz, Sophie van Wassenhove*, *Gruppe*
Magdy El-Leisy, John Trent Gray, Edgardo Lattes, William A. Santillo, *Solo*
Cyrille Dauboin, Franz Hujer, Massimiliano Moretti*, *Gruppe mit Solo*
Adil Laraki, David Slack, Joël Terrier, Andrew J. Warth, *Gruppe*
Gäste/Teilzeit: Joyce Cuoco, Marie-Françoise Géry, Hiro Kurosaki, Judit Muranyi, Galina Palova
Paul J. D. Carr, Lubomir Kafka, Jean-Yves Lormeau, Ireneusz Wisniewski

■ **Ballette (N)**

27.10.85 „Der Nussknacker" von Heidrun Schwaarz//Peter I. Tschaikowsky (15) – ML: Wessel-Therhorn, A: Casado

13.04.86 *Junge Choreografen stellen sich vor* (4)
„Peter Schlemihl" (U) von Franz Hujer//Peter I. Tschaikowsky; A: Hujer
„Sinfonia India" (U) von Edgardo Lattes//Carlos Chavez; A: Lattes
„In Love There Is no East nor West" (U) von John T. Gray//John Fahey/Leo Kottke; A: Gray

29.05.86 „Empty Spaces" (U), *Rock-Ballett* von Heidrun Schwaarz//Chris Evans; Story und deutsche Texte: Walter Wigand; A: Singer (6)

■ **Ballette (WA)**

28.09.85 „Adam und Eva" von Cullberg/Rosenberg (4+1)
„Der Fliedergarten" von Tudor//Chausson (+1)
„Fräulein Julie" von Cullberg//Rangström

19.11.85 *Ballets Jooss '32* (4)*
„Großstadt" von Jooss/Tansman
„Pavane auf den Tod einer Infantin" von Jooss//Ravel
„Ein Ball in Alt-Wien" von Jooss//Lanner (+1)
„Der grüne Tisch" von Jooss//Cohen (+2)

■ **Abstecher**

– „Ein Ball in Alt-Wien"/„Adam und Eva"/„Der wunderbare Mandarin" (Stoppenberg 13.12.85)
– Ballets Jooss '32 (u. a. „Der grüne Tisch" (Iserlohn 29.12.85)
– „Mandarin"/„Adagio Hammerklavier"/„Der grüne Tisch" (Baden/Schweiz 28.02.86)
– „Der Fliedergarten"/„Die vier Temperamente"/„Lieder ohne Worte" (Leverkusen 15.06.86)

■ **Sonderveranstaltungen**

Grillo

01.09.85 Tag der offenen Tür: Ballett-Training

13.10.85 Einführungs-Matinee zur Premiere „Der Nussknacker"

01.12.85 Das dramatische Ballett – Vortrag und Demonstration aus „Fräulein Julie"/„Der Fliedergarten"/WA „Der wunderbare Mandarin"

06.04.86 Einführungs-Matinee zur Premiere „Junge Choreografen"

25.05.86 Einführungs-Matinee zur Uraufführung „Empty Spaces"

Casa Nova

06.04.86 Einführungs-Matinee zur Premiere „Junge Choreografen"

■ **Gastspiele**

Grillo

02.04.86 „Das trunkene Schiff" – Ch: Mitsuru Sasaki (Folkwang-Tanztheater), auch 03.04.86

21.04.86 „Schritte verfolgen" – Solo-Abend Susanne Linke (Musik: Berlioz/Chopin/Grieg u. a.)

07.07.86 „Swamp" von Michael Clark//Bruce Gilbert; „Soda Lake" von Richard Alston//Solo ohne Musik; „Dangerous Liaisons" von Richard Alston//Simon Waters; „Five Brahms Waltzes In the Manner of Isadora Duncan" von Frederick Ashton/Brahms; „Death and the Maiden" von Robert North//Schubert *(Ballet Rambert im Rahmen des 2. Internationalen Tanzfestifals NRW)*

Casa Nova

06.11.85 „Oder nur noch ein Traum" (Musik: Ravel) und „Ausschnitte" (Musik: Tschaikowsky/Bernd Alois Zimmermann), Tanztheater Christine Brunel, auch 07.11.85

25.03.86 „Die Geschichte vom Soldaten" von Strawinsky (Tanzth. Christine Brunel), auch 26.03.86

Schauspiel

Hansgünther Heyme
Schauspieldirektor 1985/86–1991/92

Hansgünther Heyme, am 22. August 1935 in Bad Mergentheim geboren, studierte zwei Semester lang Architektur in Karlsruhe; ab 1956 studierte er 7 Semester Germanistik, Philosophie und Soziologie in Heidelberg. 1955/57 war er Regieassistent bei Erwin Piscator in Berlin und Mannheim, wo er 1957/58 auch kleine Rollen erhielt. Von 1958–1963 wirkte er in Heidelberg, wo er auch Spielleiter wurde. Seine erste wichtige Inszenierung war 1959 „Hinkemann" von Ernst Toller". 1963 wechselte er an das Staatstheater Wiesbaden, wo er von 1964–1968 Oberspielleiter des Schauspieles war. Dort begann seine Auseinandersetzung mit Friedrich Schiller („Wilhelm Tell", 1965; „Die Räuber", 1966). „Politisches Bewusstsein, aktuelle Deutungen und historische Analysen bildeten von Anfang an die Grundmotivation von Heymes Theaterarbeit." (Theaterlexikon, hrsg. Von C. Bernd Sucher, München 1999, S. 296)

1968 wechselte Heyme nach Köln und wurde dort 1972 Schauspieldirektor, 1975 Intendant des Schauspiels. Hier widmete er sich mehreren Antiken-Projekten und beschäftigte sich mit weiteren Stücken Schillers („Wallenstein", 1969; „Fiesco", 1970). 1979 verabschiedete er sich aus Köln mit einer umstrittenen „Hamlet"-Inszenierung (mit ihm und Wolfgang Robert als Doppel-Hamlet).

Volker Canaris meinte: „Die Stücke der deutschen Klassik, Schillers, Goethes, Hebbels, wurden zum Zentrum von Heymes Kölner Arbeit. Glanz und Elend dieser Arbeit lassen sich daran genau ablesen. Der Glanz: Die Klassiker wurden auf der Bühne einer ideologiekritischen Untersuchung unterzogen ... Das Elend: Heyme hat seine Methode zwar immer weiter perfektioniert, aber nie wirklich unter sich verändernden gesellschaftlichen und also auch theatralischen Voraussetzungen verändert...Der Begriff vom politischen Theater als moralischer Anstalt erstarrte, wurde selbst zur Ideologie ..." (Der Spiegel, 26.02.1979, hier zitiert aus Sucher, S. 296)

Als Nachfolger von Claus Peymann war Heyme von 1979–1985 Schauspieldirektor am Staatstheater Stuttgart. Dort schuf er viele umstrittene, von der Lokalpresse vernichtend verrissene Inszenierungen, darunter immer wieder Werke von Schiller, z. B. „Don Carlos", 1979; „Demetrius", 1982; „Die Braut von Messina", 1984; „Wilhelm Tell", 1984).

Am 13. Januar 1985 wählte der Aufsichtsrat der Essener Theater-GmbH einstimmig Hansgünther Heyme, den noch amtierenden Stuttgarter Schauspieldirektor, in gleicher Funktion zum Nachfolger von David Esrig. (Mitbewerber war Ernst Wendt, Regisseur am Hamburger Schauspielhaus, gewesen.) Sein Vertrag war zunächst bis zum Ende der Spielzeit 1987/88 befristet; seinen weiteren Verbleib machte Heyme „von der finanziellen und räumlichen Situation für das Schauspiel abhängig", da dem Schauspiel nach Eröffnung des Aalto-Theaters im September 1988 das Grillo-Theater zur alleinigen Nutzung zur Verfügung stehe (WAZ, 18. Januar 1985). Wie vorher schon in Köln und Stuttgart sollte auch in Essen ein „Jugendclub Kritisches Theater" gegründet werden.

Aus Stuttgart brachte Heyme nicht nur etliche Schauspieler/innen mit, sondern auch Inszenierungen, die beim Essener Publikum wesentlich besser ankamen, so auch Lessings „Nathan der

Weise" und Schillers „Wilhelm Tell". Neue Inszenierungen waren im März 1986 „Iphigenie" und „Die Troerinnen" von Euripides. Ein geteiltes Echo erzielte Heyme in der Saison 1986/87 mit seiner Inszenierung der Oper „Andrea Chénier" von Umberto Giordano; stärker fielen die Vorbehalte beim „Faust" aus (Koproduktion mit den Ruhrfestspielen, Mai 1987). Zu Beginn der Saison 1987/88 präsentierte Heyme in Berlin als Freiluft-Veranstaltungen die Revue „Hoppla, wir leben" und eine „Nathan-Collage", die von der Berliner Kritik überhaupt nicht gut aufgenommen wurden. In Essen begann Heyme mit der Uraufführung des Stücks „Passage" von Christoph Hein. Als Deutsche Erstaufführung erarbeitete er für den 30. April 1988 das sechsstündige Spektakel „Die schreckliche, aber unvollendete Geschichte von Norodom Sihanouk, König von Kambodscha" von Hélène Cixous. Da das Musiktheater sich inzwischen auf die Eröffnung des Aalto-Theaters vorbereitete, hatte man das Grillo-Theater völlig „umgekrempelt": Gespielt wurde im leer geräumten Zuschauerraum, über dem ein Hubschrauber hing, während die Zuschauer auf der Bühne Platz nahmen. Die Kritik fiel weitgehend moderat aus.

Mit seiner Forderung nach einem Umbau des Grillo-Theaters, mit der er sein Bleiben in Essen von Anfang an abhängig gemacht hatte, setzte sich Hansgünther Heyme schließlich durch, und Architekt Walter Ruhnau konnte seine Pläne verwirklichen. Daher musste Heyme 1988 bis 1990 notgedrungen einige Inszenierungen im neuen, von ihm schon früh despektierlich als „Protz- und Betontheater" bezeichneten Aalto-Theater herausbringen: „Die Orestie" von Aischylos" und „Amphitryon" von Kleist. Bei seiner „Ilias"-Produktion wich er an das Düsseldorfer Schauspielhaus aus (Koproduktion). In der Saison 1989/90 gab es – in Koproduktion mit dem Theater an der Ruhr – nochmals eine Inszenierung im Aalto-Theater, und zwar Schillers „Kabale und Liebe", ferner Shakespeares „König Lear" in einer Inszenierung von Herbert König.

Das umgebaute Grillo-Theater wurde endlich am 23. September 1990 mit Shakespeares „Ein Sommernachtstraum" eröffnet; gespielt wurde auf der von Heyme beim Umbau geforderten Raumbühne, bei der das Publikum sich in zwei Blöcken gegenübersaß. Ein Erfolg wurde die Produktion nicht, und die Raumbühne wurde nie mehr genutzt. Als zweite Produktion im neuen Haus war Heymes zuvor bei den Ruhrfestspielen Recklinghausen gezeigte Version von Goethes „Ur-Götz" zu sehen. In der Saison 1991/92 stellte Heyme als Deutschsprachige Erstaufführung (in Koproduktion mit den Ruhrfestspielen, deren Leiter er inzwischen war) das Stück „Moskauer Gold" von Tariq Ali//Howard Brenton vor, und als Uraufführung präsentierte er „King Kongo" von Gaston Salvatore. Eine weitere Uraufführung war schließlich Hans Magnus Enzensbergers „Die Tochter der Luft" nach Calderon, für die Gudrun Landgrebe engagiert worden war. Während für dieses Stück und auch für Heymes „Kiss me, Kate" hohe Besucherzahlen erreicht wurden, blieben diese bei „King Kongo", „Moskauer Gold" und selbst bei Heymes „Zerbrochener Krug" nur knapp über 50 Prozent.

Bereits Anfang März 1991 deutete sich das vorzeitige Ende von Heymes Essener Intendanz an, als bekannt wurde, er sei zum Generalintendanten des Drei-Sparten-Hauses des Theaters der Freien Hansestadt Bremen gewählt worden. Auf Heymes vorzeitigen Abgang aus Essen bezog sich ein Kommentar von Ludwig Winzenburg (NRZ) vom 9. März 1991: „… Man mag Heyme ‚Treulosigkeit' und ‚Unredlichkeit' vorwerfen. Eines kann man ihm allerdings nicht nachsagen: Er hat das Essener Schauspiel nicht vernachlässigt: Im Gegenteil. Als man dabei war, das Essener Theater bundesweit mit Spott und Hohn zu überschütten, hat Heyme das in nur einer Spielzeit vergessen lassen. Essen tauchte nicht mehr nur in beißenden Glossen auf, sondern endlich wieder in fundierten Theaterkritiken aller bundesdeutschen Blätter."

Aber auch in Bremen beendete Heyme seine Tätigkeit vorzeitig – „aus künstlerischen Gründen", wie er sagte, allerdings hatte man ihm zuvor vorgeworfen, den Etat erheblich überzogen zu haben.

Kommissarische Leiterin: Dr. Ilka Boll
Schauspieldirektor: Hansgünther Heyme*
(ab 01.12.85)
Persönlicher Referent des Schauspieldirektors: Bernd Bruns* (ab 01.02.86)
Dramaturgie: Dr. Christa-Renate Thutewohl; Dr. Hanns-Dietrich Schmidt* (ab 01.12.85), Gundula Reinig* (ab 01.02.86)
Schauspielmusik: Alfons Nowacki; *Gäste:* Diether de la Motte, Werner Haentjes, Peer Raben

Regisseure der Neuinszenierungen: Barbara Esser*, Jürgen Esser*, Georg Habertheuer*, Hansgünther Heyme*, Thomas Waldkircher*; *Gäste:* Günter Ballhausen, Christina Crist, Peter Fey, Imo Moszkowicz, Hans-Dieter Schwarze, Günther Tabor
Ausstatter der Neuinszenierungen: Ekkehard Kröhn, Claudia Kühnel, Gerda Nuspel; *Gäste:* Hans Aeberli, Wolf Münzner, Dorothea Schröder-Rüggeberg, Hanna Wartenegg

Ensemble: Inge Andersen*, Ilse Anton, Marlise Brülhart, Margit Carstensen*, Gabi Dauenhauer, Erika Eller, Gudrun Geier, Gabriele Fritsche, Brigitte Horn*, Ulrike Hussack, Juliane Janzen*, Gabriele Marti, Caroline Schreiber*, Maria von Bismarck; Peter Maria Anselstetter, Volker K. Bauer*, Gerd Braese, Rudolf Cornelius, Sebastian Dominik, Michael Enk, Jürgen Esser*, Günter Gräfenberg, Friedrich Gröndahl, Georg Habertheuer*, Manfred Hilbig, Peter Kaghanovitch*, Chjim A. Koenigshofen, Norbert Lamla*, Volker Lippmann*, Karl-Heinz Pelser*, Kurt Prawitt, Wolfgang Robert*, Horst Schily, Michael Schreiner, Klaus von Mirbach*, Thomas Waldkircher*, Tilo Weber, Walter Wigand, Klaus-Peter Wilhelm, Tom Witkowski*
Gäste/Teilspielzeit: Roswitha Ballmer, Margret Bertram, Ursula Collas, Venoos Eischabadi, Susanne Erner, Juliane Fastenrath, Juliane Janzen, Roswitha Konnegen, Ulrike de Kruijf-Rebhan, Thessy Kuhls, Lin Lougear, Chantal Le Moign, Karin Nennemann, Maria Neumann, Heidrun Petersen-Römer, Elke Petri, Naemi Priegel, Andrea Rieger, Sylvia Schlunk, Petra Schlüter, Hanna Steidle, Christiane Stolte, Sarah Brigitte-Thomsen, Dorothea Walda, Karin Wirz; Dietrich Adam, Ellen ben Smith, Alfred Böckel, Günther Dicks, Fritz Doege, Kambis Eischabadi, Michael Gödecke, Wolfgang Hagemeister, Andreas Hartmann, Walter Kreye, Wolff Lindner, Artus-Maria Matthiessen, Yoyo Petit, Theo Pöppinghaus, Reent Reins, Uwe Sagel, Konrad Scheuer, Michael Seuring, Jochen Schmid, Udo Thies, Günter Waidacher, Ulrich Wiggers

▪ Schauspiele (N)

Grillo
22.09.85 „Die Nashörner" von Eugène Ionesco (14) – I: Ballhausen, A: Kröhn, M: Nowacki
23.11.85 „Ein Sommernachtstraum" von William Shakespeare (19) – I: Moskowisz, A: Wartenegg, M: Nowacki
09.01.86 „Nathan der Weise" von Gotthold Ephraim Lessing (19+1) – I: Heyme, A: Münzner, M: Raben
16.03.86 „Iphigenie in Aulis" von Friedrich Schiller/Euripides/„Die Troierinnen" von Euripides (3+1) – I: Heyme, A: Münzner, Chöre: Nowacki (nur Iphigenie: 11+1, nur Troierinnen: 7)
18.05.86 „Wilhelm Tell" von Friedrich Schiller (5+1) – I: Heyme, A: Münzner, M: Raben

Rathaus-Theater
28.09.85 „Der Raub der Sabinerinnen" von Franz und Paul Schönthan (31+2 Grillo) – I: Tabor, A: Kröhn, M: Nowacki
30.11.85 „Nora oder Ein Puppenheim" von Henrik Ibsen (37) – I: B. und J. Esser, A: Kühnel
05.04.86 „Die Physiker" von Friedrich Dürrenmatt (30) – I: Schwarze, A: Aeberli

Casa Nova
14.12.85 „Sophonisbe" von Daniel Caspar von Lohenstein (11+2) – I: Heyme, A: Münzner
26.01.86 „Die Insel" von Athol Fugard/John Kani/Winston Nishona (18) – I: Habertheuer, B: Kröhn
17.06.86 „Urfaust" von Johann Wolfgang Goethe (5) – I: Crist/Heyme, K: Schröder-Rüggeberg, Kompositionen: de la Motte *(Schauspielgruppe Düsseldorf in Zusammenarbeit mit dem Schauspiel Essen)*
25.06.86 „Kassandra", Bearbeitung einer Erzählung von Christa Wolf von Th. Waldkircher (4+1)

▪ Schauspiele (WA)
Grillo
10.10.85 „Moral" von Thoma (9)
Casa Nova
09.12.85 „Kaspar Hauser" von Serreau (2)

▪ Abstecher
– „Alles beim Alten – Alles in Ordnung" (Köln 12.07.86)
– „Iphigenie in Aulis/Die Troierinnen" (Duisburg 08.05.86)
– „Iphigenie in Aulis" (Leverkusen 30.05.86)
– „Kassandra" (Köln 12.07.86)
– „Nathan" (Mülheim 12.06.85)
– „Sophonisbe" (Leverkusen 19.03., Münster 13.06.86)
– „Wilhelm Tell" (Mannheim 23.05.86)

▪ Sonderveranstaltungen/Beiprogramme
Grillo
01.09.85 Tag der offenen Tür: u. a. Proben-Ausschnite „Der Raub der Sabinerinnen"; Gerd Braese mit Otto-Reuter-Couplets und Endrikat-Gedichten
10.04.86 „Alles beim Alten – Alles in Ordnung": Lessings „Die Juden" und andere Texte (2+1) – Ltg: Heyme, K: Nuspel, M: Nowacki (auch 09.05., jeweils nach „Iphigenie in Aulis") Texte von Moses Mendelssohn/Johann Gottlieb Fichte/Friedrich dem Großen/Heinrich Himmler/Hermann Göring/Max Horkheimer

Foyer
08.06.86 „Ruhr-Kampf" – Leben und Denken der Bergleute in Gedichten und Liedern von Heinrich Kämpchen und anderen mit Juliane Janzen; Sebastian Dominik/Klaus-Peter Wilhelm; Wolfgang Schulz (Klavier); Realisierung: Peter Fey/Thomas Waldkircher

Casa Nova
26.09.85 Gabriele Wohmann liest aus ihren neuen Erzählungen
10.11.85 Essener Szene: Talk-Show mit Jochem Schumann, weitere 5×
01.12.85 „Berliner Weiße mit Schuss" – Gerd Braese mit Chansons, Couplets und Texten von und nach Otto Reutter; Xaver Poncette *(Klavier)*, auch 07.12.

05.01.86 Matinee zur Inszenierung „Die Insel" (auch 12.01./16.02./13.04.86)
01.03.86 Hans-Dieter Schwarze liest aus dem satirischen Roman „Sieben Tage Ruhe auf dem Lande. Aus den Tagebuchnotizen eines Versicherungsvertreters" und aus den beliebten „Caspar Clan"-Büchern
25.04.86 Gerhard Zwerenz liest aus seinem Roman „Die Erde ist unbewohnbar wie der Mond"

▪ Gastspiele
Grillo
28.10.85 „Jugend raus" (Münchner Lach- und Schießgesellschaft), auch 25.11.
Casa Nova
05.05.86 Essener Schultheatertage (bis 16.05.)
28.05.86 Brigitte Lebaun: „Ach Jott, watt sind die Männer dumm": Abend über Claire Waldorf, auch 05.07.
05.07.86 „Heute Abend: Lola Blau" von Georg Kreisler mit Maria Mallé; Werner Schieke (Klavier) (Rahmenprogramm „Barock in Dresden")
11.07.86 „Die Hure und die Lebedame", Stück von und mit Iris Disse nach dem Roman „Anita Drögemüller oder Die Ruhe an der Ruhr" von Jürgen Lodemann
Rathaus-Theater
02.03.86 Neues Programm von und mit dem Kabarettisten Hans Scheibner

Spielzeit 1986/87

Kaufmännischer Geschäftsführer: Hermann Hartwich (auch kommissarischer Leiter bis 31.10.86)

Manfred Schnabel
Kommissarischer Gesamtleiter der TUP ab 01.11.1986, Künstlerischer Gesamtleiter: 01.04.1987 bis 31.07.1992

Manfred Schnabel wurde am 2. März 1927 in Gelsenkirchen geboren. Seine „Liebe zum Theater wurde schon als Kind geweckt, als er beim Eisenbahnerverein in Geilenkirchen mit dem Theaterspielen anfing. Als er aus der Schule in Celle wegen eines Heine-Zitats flog, öffnete sich für ihn die Tür zur Schauspielschule im dortigen Barocktheater". (Stadt Düren, Tucholsky-Abend als Geburtstagsgeschenk für Manfred Schnabel, Februar 2019)

Nach dem Krieg studierte er in Münster fünf Semester Germanistik, Kunstgeschichte und Zeitungswissenschaften, ehe er über das Theater seiner Heimatstadt, wo er als Schauspieler und Regieassistent tätig war, nach Ost-Berlin ging. Dort war er an der Komischen Oper Assistent des Intendanten [Walter Felsenstein]. Es folgten Engagements an die Theater in Augsburg, Zürich, Heidelberg und Mannheim, „wo er als Schauspieler, Regisseur, Dramaturg, Chefdisponent und Stellvertretender Intendant tätig war".

1973 wurde er Intendant der Städtischen Bühne Hagen. Als Intendant widmete sich Schnabel intensiv der Nachwuchspflege; darüber hinaus hatte er von 1974 bis 1993 eine Professur an der Kölner Musikhochschule inne. „1986 wechselte er als Künstlerischer Gesamtleiter zur Theater und Philharmonie Essen GmbH (damals umfasste diese das Grillo-Theater mit Oper, Schauspiel und Ballett, das Rathaustheater, die Casa Nova 1 und 2) und eröffnete dann 1988 mit ‚Die Meistersinger von Nürnberg' erfolgreich das Aalto-Theater, das er bis zu seinem altersbedingten Ausscheiden 1992 als Intendant leitete. Bereits in der ersten Spielzeit katapultierte sich das neue

Essener Haus in die Riege der ersten Opernhäuser Deutschlands. Die provozierenden Inszenierungen der Verdi-Opern ‚Don Carlos', ‚Aida' und ‚Il ltrovatore!' von Dietrich W. Hilsdorf erhitzten die Gemüter, es kam zu öffentlichen Protesten und Podiumsdiskussionen … Heftig umstritten in Manfred Schnabels Intendanz war auch ‚Die Zauberflöte' in der Regie von Jaroslav Chundela. Die geistreichen Bühnenbild- und Kostümentwürfe des polnisch-französischen Malers und Zeichners Roland Topor wurden vom Land NRW für die Theaterwissenschaftliche Sammlung Schloss Wahn erworben. Aufsehen erregten in der ersten Spielzeit auch die von namhaften Künstlern gestalteten Opernplakate wie das von Johannes Grützke zur ‚Meistersinger'-Eröffnungspremiere." (25 Jahre Aalto-Theater, S. 174 f.)

Persönlicher Referent des Künstlerischen Gesamtleiters: Christoph Schwandt*
(ab 01.05.87)
Künstlerischer Betriebsdirektor: Albert Neffgen*
(ab 01.12.86)
Künstlerisches Betriebsbüro: Gerard S. Kohl; Björn Peleikis, Leiter des KBB
Presse- und Öffentlichkeitsarbeit; Wolfgang Oberender

Technischer Direktor: Siegfried Ehrenberg; *Ausstattungsleiter:* Wolf Münzner

Musiktheater

Guido Ajmone-Marsan
Opern-Generalmusikdirektor 1986–Ende 1990

Der 1947 in Turin geborene Dirigent Guido Ajmone-Marsan erhielt seine umfassende musikalische Ausbildung (Dirigieren, Klarinette, Klavier) an der Eastman School of Music in Rochester/USA. Die Fachwelt wurde auf ihn aufmerksam, als er bei wichtigen, international besetzten Wettbewerben den 1. Preis gewann. 1973 wurde er Sieger beim „Georg-Solti-Wettbewerb" des Chicago Symphony Orchestra, das

er seitdem mehrmals leitete. Seine internationale Karriere führte ihn in zahlreiche Musikzentren der Welt, wo er als Konzert- und Operndirigent gleichermaßen gefragt ist. Dazu gehörten sowohl eine ausgedehnte Australien-Tournee (1983) als auch Vorstellungen am Royal Opera House Covent Garden, der Welsh Opera und am Opernhaus in San Francisco (Theater Essen).

Von London aus, wo Guido Ajmone-Marsan bis zu seinem Essener Engagement wohnte, betreute er vier Jahre lang als Chefdirigent das Arnheimer Sinfonieorchester. Essen kannte er bereits von zwei Konzert-Dirigaten: Am 7. und 8. Januar 1982 sprang er für den erkrankten W. Lutoslawski ein (Werke von Bartók, Haydn und Dvořák); am 6./7. Januar 1983 dirigierte er Werke von Webern, Bloch und Schumann. Und in der Saison 1985/86 stand er ab 25.12. im Grillo-Theater am Pult bei „Tosca".

Bei seinem Essener Amtsantritt 1986 erklärte Guido Ajmone-Marsan: „Mit großer Freude habe ich die Spielzeit 1986/87 als Generalmusikdirektor der Oper begonnen. Mein Ziel ist es, den Standard der Vorstellungen hier in Essen weiter zu steigern und unseren Zuschauern ein interessantes und abwechslungsreiches Repertoire zu bieten. Ich habe hier die Möglichkeit, mit einem wunderbaren Orchester zu arbeiten und mit einem im Augenblick noch kleinen Ensemble guter Sänger sowie einem ausgezeichneten Chor. Wir werden dieses Ensemble noch verbessern und vergrößern und dadurch noch flexibler bei der Besetzung und Disposition unserer Aufführungen werden. Das Repertoire wird sich ebenso aus bekannten wie seltener aufgeführten Meisterwerken der Opern- und Operettenliteratur zusammensetzen." (Theater-Journal Nr. 1, Oktober 1986, S. 1)

Dramaturgie: Karin Heindl-Lau, Dr. Christa-Renate Thutewohl
Dirigenten: Guido Ajmone-Marsan*, GMD des Musiktheaters; Robert Maxym*, 1. Kapellmeister; Xaver Poncette, Prof. Heinz Wallberg; *Gäste:* Norbert Neukamp, Prof. Helmut Wessel-Therhorn
Essener Philharmoniker; *Repetitoren:* Xaver Poncette, Studienleiter; Leann Hillmer, Nancy Lynn Rice*, Wolfgang Schulz

Chordirektor: Konrad Haenisch; *Choreografie:* John Trent Gray, Franz Hujer (Essen); *Gast:* Alberto Alarcon

Regisseure der Neuinszenierungen (Gäste): Ekkehard Grübler, Hansgünther Heyme, Hans-Peter Lehmann, Georg Malvius, Giancarl del Monaco, Bernd Palma
Ausstatter der Neuinszenierungen: Wolf Münzner; *Gäste:* Ekkehard Grübler, Martin Rupprecht, Michael Scott, Heidrun Schmelzer, Olaf Zombeck

Ensemble: Annette Biswenger, Jane Giering, Melody Kielisch, Robin Lee*, Catherine Occhiato, Margaret Russell, Margarita Turner; David Griffith*, Horst Hüskes, Robert Künzli*, Karl-Heinz Lippe, Joachim Maaß-Geiger*, Richard Medenbach, Hans Nowack, Rolf Oberste-Brink, Karl-Heinz Offermann, Robert Riener*, Marcel Rosca*, Claus-Peter Schweickart, Károly Szilágyi, Tord Wallström
Chorsolisten: Kotoe Drün-Kaneko, Sigrune Greitschus, Claudia Hildebrand, Claudia Hummel, Christiane Kühner, Dianne van den Eijnden; Erich Bär, Peter Holthausen, Christian Polus, Heinz Potztal, Jan Thompson

Gäste/Teilspielzeit: Maria Abajan, Janice Baird, Judith Beckmann, Renate Behle, Nelly Boschkova, Milena Buljabasic, Maria Francesca de Carazza, Daphne Evangelatos, Friedhilde Filser, Lia Frey-Rabine, Gail Gilmore, Agnes Habereder, Pamela Hamblin, Jane Henschel, Celina Lindsey, Virginia Love, Kathleen Martin, Christine Millinger, Mircea Neculcea-Simpetrean, Liljana Nejceva, Deborah Polaski, Carol Richardson-Smith, Suzanne Sonnenschein, Miltred Tyree, Astrid Varnay, Christine Weidinger, Bianca von Zambelly, Mara Zampieri; Stefano Algieri, Giacomo Aragall, Giorgio Aristo, Volker Bengl, Danny Brees, Hannes Brock, Tamás Darróczi, Hermin Esser, Wolfgang Fassler, Salvatore Fisichella, Arthur Friesen, Walter Gabriel, Oskar Hillebrandt, Horst Laubenthal, Franz-Ferdinand Nentwig, Antonio Nicolescu, William Oberholtzer, Roelof Oostwood, Norbert Orth, Helmut Pampuch, John Pickering, Peter Prior, Imre Remenyi, Karl Ridderbusch, Raimo Sirkiä, Cornelius Sullivan, Franz Supper, Martino Stamos-Vogiatzis, Frieder Stricker, Zachos Terzakis, Fritz Uhl, Hartmut Welke

Tänzer/innen („Un ballo in maschera"): Laura Atwood; Franz Hujer, Adil Laraki, Massimiliano Moretti, William A. Santillo (Essen)
(„Andrea Chénier"): Carmen Fermin; Magdy El-Leisy, Joël Terrier (Essen)
Gäste („Lucia di Lammermoor"): Johannes Kasperczyk, Bernd Marszan, Joachim Schlömer, Gregor Zöllig
Schauspieler: Franz Hujer, Gerard S. Kohl, Björn Peleikis (Essen); Ilse Anton; Rudolf Cornelius (Schauspiel Essen)

■ Opern (N)
21.09.86 „Un ballo in maschera" von Giuseppe Verdi (14) – ML: Ajmone-Marsan, I/A: Grübler, Ch: Gray
25.12.86 „Le nozze di Figaro" von Wolfgang Amadeus Mozart (14) – ML: Wallberg, I: Lehmann, A: Zombeck
15.02.87 „Andrea Chénier" von Umberto Giordano (10) – ML: Ajmone-Marsan, I: Heyme, A: Münzner, Ch: Hujer
19.04.87 „Le Roi Béranger" von Heinrich Sutermeister (7) – ML: Maxym, I: Malvius, A: Rupprecht *(Premiere in Anwesenheit des Komponisten)*
21.06.87 „Lucia di Lammermoor" von Gaëtano Donizetti (6) – ML: Maxym, I: del Monaco, A: Scott, Ch: Alarcon

■ Operette (N)
12.10.86 „Eine Nacht in Venedig" von Johann Strauß (30) – ML: Maxym, I: Palma, A: Schmelzer, Ch: Hujer

■ Opern (WA)
26.09.86 „Salome" von Strauss (3)
26.10.86 „Rigoletto" von Verdi (9)
20.02.87 „Carmen" von Bizet (7)
18.03.87 „Hoffmanns Erzählungen" von Offenbach (4)
21.03.87 „Der fliegende Holländer" von Wagner (6)

Casa Nova
31.03.87 „Papageno spielt auf der Zauberflöte" von Streul/Mozart (6)

■ **Sonderveranstaltungen**

Grillo

14.09.86	Einführungs-Matinee zur Premiere „Un ballo in maschera"
05.10.86	Tag der offenen Tür
14.12.86	Einführungs-Matinee zur Premiere „Le nozze di Figaro"
12.04.87	Einführungs-Matinee zur Premiere „Le Roi Béranger"

Casa Nova

15.12.86	„Der tollste Tag" von Peter Turrini: Lesung mit Mitgliedern des Schauspiels, eingerichtet und moderiert von Karin Heindl-Lau (zur Inszenierung „Andrea Chénier") mit Barbara Esser/Juliane Janzen/Sarah Brigitte Thomsen; Alfred Böckel/Gerd Braese/Rudolf Cornelius/Sebastian Dominik/Michael Enk/Jürgen Esser/Manfred Hilbig/Dietmar Klinge
16.12.86	„Le nozze di Figaro" in Glyndebourne 1973 (Videofilm-Abend)
21.12.86	„Musikalische und literarische Kostbarkeiten zur Weihnachtszeit" mit Margaret Russell/Margarita Turner/Karl-Heinz Lippe (Gesang), Gerd Braese/Sebastian Dominik (Sprecher), Dieter Meßlinger (Violoncello), Xaver Poncette (Klavier)
08.02.87	Einführungs-Matinee zur Premiere „Andrea Chénier"
14.02.87	Lesung: Texte von André Chénier und zur französischen Revolution mit Hansgünther Heyme und Mitgliedern des Schauspiels Essen; Einrichtung und Moderation: Karin Heindl-Lau; Texte von André Chénier und zur Französischen Revolution; Revolutionslieder von und mit Dieter Süverkrüp; Brigitte Hen (Leiterin des deutsch-französischen Kulturinstituts) mit Lyrik von André Chénier
06.04.87	„Heinrich Sutermeister als Opernkomponist", Vortrag: Robert Maxym
08.04.87	Szenische Lesung: Texte, Materialien und Szenen zu „Der König stirbt" von Ionesco, Gastspiel einer freien Dortmunder Theatergruppe
14.06.87	Einführungsmatinee zur Premiere „Lucia di Lammermoor"
16.06.87	Chajim S. Koenigshofen liest aus Walter Scotts Roman „Die Braut von Lammermoor"

Rathaus-Theater

15.09.86	Film „Die Jahre des Maskenball" (im Rahmen der Projektwoche)
18.09.86	„Gustav III. – Abschied von einem Theaterkönig" (Film/Schweden)
19.09.86	Aufzeichnung einer „Maskenball"-Aufführung der Königlichen Oper Stockholm
27.09.86	Liederabend Jürgen Kurth
03.02.86	Film-Abend: „Die Franz. Revolution – Der letzte Morgen André Chéniers" (5 Kurzfilme)
07.02.87	Film „Die Flucht nach Varennes" (zur Inszenierung „Andrea Chénier") mit Jean-Louis Barrault/Marcello Maetroianni/Hanna Schygulla u. a., Regie: Ettore Scola
08.02.87	Film „Danton" mit Gérard Depardieu/Patrice Chéreau/Angela Winkler u. a., Regie: A. Wajda
13.02.87	Video-Film „Andrea Chenier" (Mailander Studioproduktion 1955) mit Mario del Monaco/Antoinette Stella/Giuseppe Taddei
07.04.87	Film „La Vase" („Der Schlamm") nach einer Erzählung von Ionesco und Video-Film „Le roi se meurt", Inszenierung der Comédie Française, Regier: Jörge Lavelli

Saalbau

10.09.86	Konzert für Bürger/innen mit Behinderung Dvořák, Konzert-Ouvertüre „Karneval"; Verdi, Arie der Amalia (Janice Baird) und Duett Amalia/Riccardo (Janice Baird/Stefano Algieri) aus „Ein Makenball"; Verdi, Ouvertüre „Die Macht des Schicksals"; Mozart, „Eine kleine Nachtmusik"; Rossini, Arie des Figaro „Ich bin das Faktotum" (Ted Wallström) und Arie des Don Basilio „Die Verleumdung …" (Marcel Rosca) aus „Der Barbier von Sevilla"; Weber, Ouvertüre „Oberon" ML: Guido Ajmone-Marsan
11.09.86	Konzert für Senioren (Programm wie 10.09.)

01.01.87 Neujahrskonzert: Ludwig van Beethoven, „9. Sinfonie"
Solisten: Ingrid Haubolf/Jane Henschel; Wolfgang Schmidt/Roland Bracht
ML: Heinz Wallberg; Chöre: Musikverein/Schubertbund/Extrachor des Musiktheaters

29.05.87 „Die schönsten Melodien aus Oper und Konzert
Mozart, Ouvertüre und Arien/Duette aus „Figaros Hochzeit" (Melody Kielisch/Margaret Russell; Karl-Heinz Offermann/Ted Wallström); Bizet, Vorspiel zum 1. Akt „Carmen"; Smetana, „Die Moldau"; Dvořák, „Slawischer Tanz op. 46 Nr. 3"; Bizet, Farandole aus der „L'Arlésienne-Suite Nr. 2"
ML: Heinz Wallberg

Gruga (Pavillon)
31.05.87 „Die schönsten Melodien aus Oper und Konzert (Programm wie 29.05.)

Ballett

Ballettdirektorin: Heidrun Schwaarz, Choreografin
Stellvertreter der Ballettdirektorin und Ballettmeister: Igor Kosak
Ballettmeisterin: Yolande Straudo
Ballettrepetitor: Daniel Vincent Kottnauer; *Dirigenten:* Robert Maxym, Helmut Wessel-Therhorn

Choreografen der Neuinszenierungen: Hans van Manen/Mea Venema, Ferenc Barbay/Peter Marcus, Heidrun Schwaarz
Ausstatter der Neuinszenierungen: Ulrich Franz, Friederike Singer, Jean-Paul Vroom

Compagnie: Laura Atwood, Anke Lehmann, Judith Muranyi*, Astrid Sackewitz, *Solo*
Sylvie Bertine*, Nicolette Boërée, Carmen Fermin, Tamara Gibson, Martina Horstmann, Annette May, Alejandra Neumann*, Adelina Nigra, Jutta Schwantes*, Eva Stolz, Sophie van Wassenhove, *Gruppe*
Cyrille Dauboin, Edgardo Lattes, William A. Santillo, *Solo*
Magdy El-Leisy, John Trent Gray, *Solo mit Gruppe*
Franz Hujer, Andrew J. Warth, *Gruppe mit Solo*
Adil Laraki, Massimiliano Moretti, Joël Terrier, *Gruppe*
Gäste/Teilspielzeit: Eva Evdokimova, Susan Hippe, Lydia Mila, Alejandra Neumann; Paul D. Carr, Lubomir Kafka, Ireneusz Wisniewski

Hofgesellschaft („Giselle"): Vanja Bourgoudjieva, Susan Hippe, Lucia Lambach, Christa Piroch, Sonja Servaty; Paul D. Carr, Axel Jonas, Gerard S. Kohl, Enrique Larraguibel, Ansgar Roehrbein
„Max und Moritz": Gerar S. Kohl, Daniel V. Kottnauer

■ Ballette (N)
16.11.86 „Giselle" von Heidrun Schwaarz nach Jean Coralli/Jules Perrot//Adolphe Adam (10) ML: Maxym, A: Singer
15.03.87 „Max und Moritz" von Peter Marcus/Ferenc Barbay//Gioacchino Rossini (11) B: Franz, K: Singer
31.05.87 „Lieder ohne Worte" von Hans van Manen/Mea Venema//F. Mendelssohn Bartholdy (4)
„Situation", Klang-Collage von Hans van Manen/Mea Venema
„Fünf Tangos" von Hans van Manen/Venema//Astor Piazzolla A: Vroom

■ Ballette (WA)
28.09.86 „Ballets Jooss '32" (5+2)
23.11.86 „Empty Spaces" von Schwaarz//Evans (5)
29.11.86 „Der Nussknacker" von Schwaarz//Tschaikowsky (6)

■ Abstecher
– „Ballets Jooss '32" (Lyon 25./26.09.86)
– Ausschnitte aus „Der Nussknacker" und aus „Empty Spaces" (Gymnasium am Stoppenberg 12.12.86)
– Ausschnitte aus „Empty Spaces" (Philharmonie Köln, Abschlussveranstaltung zum „Aktionstag für den Frieden", 27.06.87)
– Sommer 87: Tänzer als Choreografen beim Wettbewerb in Köln – Essener Teilnehmer: Franz Hujer//Ernst Malek, „Die Unruh kommt von dir" (Laura Atwood/Judith Muranyi/Adelina Nigra; Massimiliano

Morette/Joël Terrier) und John Trent Gray// Ralf Towner, „Rumours" (Laura Atwood/ Alejandra Neumann; William A. Santillo/ Andrew J. Warth sowie u. a.

■ **Sonderveranstaltungen**
Grillo
09.11.86 Einführungsmatinee zur Premiere „Giselle"
28.02.87 Einführungsmatinee zur Premiere „Max und Moritz"
20.03.87 Verleihung des Deutschen Tanzpreises 1987 an José de Udaeta (Matinee) Kastagnetten-Konzert (Hommage à Antonia „La Argentina") „Cordoba" von Isaac Albéniz (de Udaeta); „Fandango" von Antonio Saler (Udaeta/ Heidi Hase, Klavier); „Sonata" von Domenico Scarlatti (de Udaeta/Heidi Hase, Klavier); „Castilla" von Isaac Albéniz (de Udaeta/Heidi Hase, Klavier); „Zapateado" von Jaime Padrós (Udaeta); „Crótalos" von Emilio de Diego (de Udaeta/Azucena Flores, Tänzerin/Emilio de Diego, Gitarre); „Viva Navarra" von Joaquin Larreglia (de Udaeta/Heidi Hase, Klavier); „Sevillanas" (de Udaeta/Azucena Flores, Tänzerin/Emilio de Diego, Gitarre) (*Die Kastagnetten-Komposition von „Castilla" ist von Emma Maleras, de Udaetas Lehrerin,* alle anderen von José de Udaeta)
10.05.87 Einführungsmatinee zur Premiere „Hans van Manen" (zum Ballett „Situation": Schauspieler Chajim S. Koenigshofen mit erläuternden Texten von Joachim Schmidt)

Casa Nova
13.11.86 Film: Ballettklassiker in verschiedenen Interpretationen, u. a. „Giselle", auch 14./15.11.)
08.03.87 Zum Ballett „Max und Moritz": Gerd Braese liest Wilhelm Busch (auch Gedichte und der „Heilige Antonius"), auch 05./26.04.

■ **Ausstellungen**
Foyer
November 86: Schwarzweiß- und Farbfotos von Jochen Schneider (Bottrop), entstanden während der Probenarbeit zum Ballett „Giselle"
22.03.87 Mary-Wigman
31.05.87 „Begegnungen", Hans van Manen gewidmet – Fotos von Peter Maria Schäfer

■ **Gastspiele**
Rathaus-Theater
24.10.86 „Die Geschichte vom Soldaten" von Strawinsky (Tanztheater Christine Brunel), auch 25.10.
01.04.87 „Verletzte Natur"/„Der Walzer der Chrysothemis" von Christine Brunel//Bernd Alois Zimmermann, auch 02.04.

Schauspiel

Schauspieldirektor: Hansgünther Heyme; *Persönlicher Referent des Schauspieldirektors:* Bernd Bruns
Dramaturgie: Hanns-Dietrich Schmidt, Gundula Reinking
Schauspielmusik: Alfons Nowacki, *Gäste:* Werner Haentjes, Peer Raben; *Choreografie:* Franz Hujer

Regisseure der Neuinszenierungen: Bernd Bruns, Hansgünther Heyme; *Gäste:* Henning Brockhaus, Barbara Esser, Jürgen Esser, Herbert König
Ausstatter der Neuinszenierungen: Wolf Münzner, *Ausstattungsleiter;* Günter Hellweg, Gerda Nuspel; *Gast:* Heiko Zolchow

Ensemble: Inge Andersen, Roswitha Ballmer*, Irmentraut Conadt, Erika Eller, Brigitte Horn, Juliane Janzen*, Gabriele Marti; Volker K. Bauer, Alfred Boeckel, Gerd Braese, Rudolf Cornelius, Sebastian Dominik, Michael Enk, Friedrich Gröndahl, Hansgünther Heyme, Manfred Hilbig, Peter Kaghanovitsch, Norbert Lamla, Volker Lippmann, Wolfgang Robert, Horst Schily, Michael Seyfried*, Tilo Weber, Klaus-Peter Wilhelm, Tom Witkowski
Gäste/Teilspielzeit: Susanne Batteux, Margit Carstensen, Judith Diamantstein, Iris Disse, Venoos Eischabadi, Karin Nennemann, Maria Neumann, Heidrun Petersen-Römer, Elke Petri,

Lina Rose, Caroline Schreiber, Sarah Brigitte Thomsen, Barbara vom Baur, Maria von Bismarck, Sylvia Weithe, Ute Zehlen, Marianne Zilles; Ellis ben-Smith, Christian Berker, Franz Boehm, Kambis Eischabadi, Jürgen Esser, Klaus Herm, Christoph Hermann, Walter Kreye, Daniel Letmathe, Wolff Lindner, Artus-Maria Matthiessen, Karl-Heinz Pelser, Ernst-August Schepmann, Walter Spiske, Klaus von Mirbach, Ulrich Wiggers
Mitglieder des Jugendclubs Kritisches Theater („Faust")

■ Schauspiele (N)
Grillo
22.09.86 „Die Braut von Messina" von Friedrich Schiller (11) – I: Heyme, A: Münzner, Chöre: Heintjes
24.10.86 „Cromwell" (Westdt.E) von Christoph Hein (10) – I: Heyme, A: Münzner, M: Nowacki, Ch: Hujer
01.11.86 „Die Dreigroschenoper" von Kurt Weill/Bertolt Brecht (18+1VA+2) – I: Heyme, ML: Nowacki, A: Münzner
16.01.87 „Der Kirschgarten" von Anton Tschechow (6) – I: König, A: Zolchow
17.05.87 „Faust I" von Johann Wolfgang Goethe (5+11) – I: Heyme, A: Münzner, M: Raben *(07.05.87 Premiere in Recklinghausen/Ruhrfestspiele)*

Rathaus-Theater
31.12.86 „Der nackte Wahnsinn" von Michael Frayn (32+5) – I: Bruns, B: Hellweg, K: Nuspel
06.03.87 „Eine Weltkarte" (DsprE) von David Hare (28) – I: B. und J. Esser, B: Hellweg, K: Nuspel

Casa Nova
09.11.86 „Mauser"/„Bildbeschreibung" von Heiner Müller (8+2) – I: B. und J. Esser, A: Hellweg
05.06.87 „Der Beistrich oder Katharina Botticelli in Gelsenkirchen-Bulmke" (U) von J. Lodemann (8) – I: Brockhaus, B: Hellweg, K: Nuspel *(Am 26. Oktober 86 war der vom Essener Theaterring gestiftete Dramatikerpreis an Jürgen Lodemann überreicht worden.)*

■ Schauspiele (WA)
Grillo
11.10.86 „Die Troierinnen" von Euripides (8+2)
18.11.86 „Wilhelm Tell" von Schiller (11+1)
22.11.86 „Nathan der Weise" von Lessing (3+1)
28.11.86 „Iphigenie in Aulis" von Schiller/Euripides (5+1)
12.12.86 „Iphigenie in Aulis"/„Die Troierinnen" (2)

Casa Nova
12.11.86 „Sophonisbe" von Lohenstein (5)
23.01.87 „Urfaust" von Goethe (3)

■ Abstecher
– „Der nackte Wahnsinn" (Schaan/Liechtenstein 20.–23.03., Oberhausen 17.06.87)
– „Die Braut von Messina" (Leverkusen 09.10.86)
– „Die Dreigroschenoper" (Leverkusen 27.01., Düsseldorf 19.05.87)
– „Die Troierinnen" (Leverkusen 15.10.86, Witten 01.03.87)
– „Faust I" (Recklinghausen 07.–11.05., 01.–04.06, 14./16.06.87 = 11×)
– „Iphigenie in Aulis" (Witten 09./10.02.87)
– „Kassandra" (Th. Freudenhaus Essen 25.10.86 bis 24.05.8 = 24×)
– „Mauser"/„Bildbeschreibung" (Leverkusen 24.02., Oberhausen 17.06.87)
– „Nathan der Weise" (Belgrad 28.09.86)
– „Wilhelm Tell" (Leverkusen 18.12.86)

■ Sonderveranstaltungen
Grillo
05.10.86 Tag der offenen Tür
13.12.86 „Vom Werden der Vernunft" von Hartmut Lange mit Michael Enk (Ordinow)/Hansgünther Heyme (sein Gastgeber)
08.03.87 „Denn die einen sind im Dunkeln …" – Gespräch über Theaterarbeit und Kultur in Essen
Leitung: Hansgünther Heyme (im Anschluss an die Aufführung der „Dreigroschenoper")

Casa Nova
20.09.86 Lesung mit Schlagern aus den 50er Jahren: Walter Wehner liest aus „Essen-Altstadt – Geschichten und Bilder vom alten Wachowski"

10.10.86	Jurek Becker liest aus seinem Roman „Bronsteins Kinder"
19.10.86	Sonntagabends (Talkshow mit Jochem Schumann), weitere 6×
24.11.86	„Über die Städte ..." – Lieder und Texte von Brecht mit Alfons Nowacki und Mitgliedern der Folkwang Hochschule, auch 27.11./26.01.87
14.01.87	„Der Prozess gegen den Schriftsteller Wei Jingsheng" von Ariane Mnouchkine mit Barbara und Jürgen Esser (Leitung)/Peter Kaghanovitch/Manfred Hilbig/Michael Seyfried
10.01.87	„Ella" von Herbert Achternbusch, I: Kay Metzger, Regieassistent für das Musiktheater („Junge Regisseure stellen sich vor"), A: Norbert Hoffmann; Ella: Josef Parzefall
17.05.87	„Störfall" nach Christa Wolf mit Alfons Nowacki/Brigitte Horn/Juliane Janzen/Hansgünther Heyme, auch 20.06.
05.06.87	Jürgen Lodemann liest aus „Siechfried"
13.06.87	„Die Krise der Sozaldemokratie – Rosa Luxemburg" mit Barbara und Jürgen Esser (Leitung)/Karin Nennemann

Heinrich-Heine-Buchhandlung

26.10.86	Gespräch Autor – Regisseur: Hansgünther Heyme/Christoph Hein („Cromwell")

Saalbau (Weißer Saal)

06.06.87	Brigitte Horn liest Texte von Ingeborg Bachmann/Tania Blixen/Marguerite Duras u. a.

VHS (Filme zum Spielplan)

23.10.86	„Cromwell" (1970, mit Alec Guiness)
04.11.86	„Kuhle Wampe oder Wem gehört die Welt" (1932, mit Ernst Busch)
05.11.86	„Nach meinem letzten Umzug" (1971, mit Helene Weigel/Curt Bois)
06.11.86	„Mutter Courage und ihre Kinder" (1961, mit Helene Weigel/Angelika Hurwicz)

Dampfbierbrauerei Borbeck

13.12.86	„Kennen Sie Tell?" – Talk-Show mit Hansgünther Heyme/Hans-Dietrich Schmidt und Zeugen aus der Zeit des Ruhrkampfs, Moderation: Historiker Dr. Ernst Schmidt (Veranstaltung der „Theater-Rampe", AWO)

AWO-Heim (Rellinghausen)

04.06.87	„Kennen Sie Faust?" – Talk-Show mit Hansgünther Heyme und Dr. Ernst Schmidt/Alfons Wafner (Moderation)
13.11.86	„Förderpreis des Landes NRW für junge Künstler an Inge Andersen, die wegen der Vorstellung „Cromwell" an der persönlichen Übergabe verhindert war

■ Gastspiele

Grillo

15.10.86	„Tartuffe" von Molière (Theater an der Ruhr, Mülheim)
17.10.86	La Otra Orilla: „Erinnerung an das Vergessen" nach Motiven des Romans „Hundert Jahre Einsamkeit" von Gabriel Garcia Marquez
24.11.86	„Mustermann" (Münchner Lach- und Schießgesellschaft), auch 01.12.
30.03.87	„Doppelt besetzt", Kabarett mit Werner Schneyder
28.05.87	Antike Entdeckungen: „Iphigenie in Aulis" von Euripides/Friedrich Schiller; „Die Troerinnen" von Euripides/Jean-Paul Sartre; „Die Acharner oder Der private Friede" von Aristophanes/Kurt Bartsch (Mecklenburgisches Staatstheater Schwerin)

Casa Nova

03.07.87	„Sombrio", eine bitter-komische Szenenfolge von Paco Gonzales/Gustav Gisiger
10.07.87	„Mein Onkel der Jaguar" nach der Novelle von Joao Guimaraes mit Iris Disse, auch 11.07.

Rathaus-Theater

23.09.86	„Zufällig eine Frau: Elisabeth" von Dario Fo (Ruhrfestspiele Recklinghausen), auch 14.10.
04.10.86	„Ein Gespräch im Hause Stein über den abwesenden Herrn von Goethe" von Peter Hacks (Staatsschauspiel Dresden, mit Traute Richter), auch 05.10.
23.06.87	„Shooting Rats" („Rattenjagd") von Peter Turrini (Elysium Theatre Company, New York)

Spielzeit 1987/88

Kaufmännischer Geschäftsführer: Hermann Hartwich

Künstlerischer Gesamtleiter: Prof. Manfred Schnabel; *Künstlerischer Betriebsdirektor/Stellvertreter des Künstlerischen Gesamtleiters:* Alfred Neffgen
Persönlicher Referent des Künstlerischen Gesamtleiters und Leiter der Öffentlichkeitsarbeit: Christoph Schwandt; *Leiter des KBB:* Gerard S. Kohl

Technische Direktoren: Siegfried Ehrenberg, Dietrich Wagenbauer*

Musiktheater

Leiter des Musiktheaters: Prof. Manfred Schnabel; *Dramaturgie:* Karin Heindl-Lau; Dr. Christa-Renate Thutewohl
Theaterpädagoge und Werbeleiter für das Musiktheater: Andreas Büchel*

Dirigenten: Guido Ajmone-Marsan, GMD des Musiktheaters; Robert Maxym, 1. Kapellmeister; Konrad Haenisch, Xaver Poncette, GMD Prof. Heinz Wallberg; Essener Philharmoniker; *Repetitoren:* Xaver Poncette, Studienleiter; David Levi, Ralph Richey*, Wolfgang Schulz; *Chordirektor:* Konrad Haenisch,
Gast: Julius Asbeck; Choreografie: Heidrun Schwaarz, Yolande Straudo

Regisseure der Neuinszenierungen: Michael Temme, Szenischer Oberleiter (ab 01.03.88)
Gäste: Igor Folsill, Brian Michaels
Ausstatter der Neuinszenierungen (Gäste): Roland Aeschlimann, Ekkehard Kröhn, Heidrun Schmelzer

Ensemble: Jane Giering, Melody Kielisch, Robin Lee, Catherine Occhiato, Margaret Russell, Margarita Turner; Hannes Brock*, Horst Hüskes, Hans-Jürgen Lazar*, Karl-Heinz Lippe, Joachim Maaß-Geiger, Richard Medenbach, Hans Nowack, Rolf Oberste-Brink, Karl.Heinz Offermann, Robert Riener, Marcel Rosca, Claus-Peter Schweickart, Károly Szilágyi, Tord Wallström
Chorsolisten: Hermengild Doetsch, Cäcilia Gräf-Klees; Josef Böckmann, Rudolf Braun, Gerrit Eubel, Manfred Grohnert, Peter Günther, Arno Klees, Manfred Pilgrim, Jan Thompson

Gäste/Teilspielzeit: Annette Biswenger, Doris Brüggemann, Pamela Geddes, Mechthild Georg, Annette-Yasmin Glaser, Joneva Kaylen, Gabriele Lechner, Celina Lindsay, Silvia Mosca, Regina Mauel, Kathleen McCalla, Janice Meyerson, Marita Napier, Lubica Organasova. Lani Poulson, Carol Richardson, Tamar Rachum, Romana Rombach, Claudia Visca, Karin Zelles; Robert Bruins, David Crawford, Robert Dumé, Arthur Friesen, Walter Gabriel, Ronald Hamilton, Horst Hoffmann, Udo Holdorf, Emil Ivanov, Juan Lloveras, Antonius Nicolescu, Roelof Oostwoud, Norbert Orth, Oswaldo di Pianduni, Ronald Pries, Karl Ridderbusch, Jürgen Sacher, Wolfgang Schmidt

Tänzer/innen („Un ballo in maschera"): Laura Atwood; Adil Laraki, Massimiliano Moretti, Julio Rodriguez, Mike van Loon (Grillo)
Schauspieler: Gerard S. Kohl, Michael Temme, Siegfried Wichert (Aalto); Gerd Braese, Rudolf Cornelius (Schauspiel Essen)

■ Opern (N)

06.09.87 „Fra Diavolo" von Daniel François Esprit Auber (8) – ML: Wallberg, I: Folwill, A: Schmelzer
25.12.87 „Ariadne auf Naxos" von Richard Strauss (4) – ML: Ajmone-Marsan, I: Michaels, A: Aeschlimann
Saalbau
16.03.88 „Boris Godunow" von Modest Mussorgsky (3) – ML: Ajmone-Marsan *(konzertant)*

11.05.88	„Ernani" von Giuseppe Verdi (3) – ML: Ajmone-Marsan *(konzertant)*
16.06.88	„Die Hugenotten" von Giacomo Meyerbeer (3) – ML: Maxym *(konzertant)*

■ Operette (N)

20.09.87	„Der Bettelstudent" von Carl Millöcker (18) – ML: Poncette, I: Temme, A: Kröhn, Ch: Straudo

■ Opern (WA)

Grillo

24.09.87	„Un ballo in maschera" von Verdi (7)
11.10.87	„Rigoletto" von Verdi (8)
01.11.87	„Hoffmanns Erzählungen" von Offenbach (8)

Aalto

21.05.88	„Lucia di Lammermoor" von Donizetti *(Akkustikprobe)*

■ Sonderveranstaltungen

Grillo

30.08.87	Matinee zur Premiere „Fra Diavolo"
13.09.87	Tag der offenen Tür (u. a. öffentliches Training des Balletts, „Vorhang auf …" mit Opern-, Operetten- und Musicalmelodien, Moderation: Karl-Heinz Lippe
13.12.87	Matinee zur Premiere „Ariadne auf Naxos"
17.01.88	Willkommen und Abschied *Das Musiktheater verlässt das Grillo-Theater* Halévy, Ouvertüre zur Oper „Die Jüdin"; Giordano, Arie des Chénier „Un di all'azzuro spazio" (Juan Lloveras) und Arie des Gérard „Nemico della patria" (Karl-Heinz Offermann) aus „Andrea Chénier"; Puccini, Arie der Tosca „Vissi d'arte" (Marita Napier) aus der gleichnamigen Oper; Mozart, Arie des Papageno „Der Vogelfänger bin ich ja" (Karl-Heinz Lippe) und Arie des Sarastro „In diesen heil'gen Hallen" (Hans Nowak) aus „Die Zauberflöte"; Verdi, „Gefangenenchor aus „Nabucco"; Wagner, Arie der Elisabeth „Dich teure Halle …" (Marita Napier) aus „Tannhäuser"; Wagner, Schlussansprache des Hans Sachs „Verachtet mir die Meister nicht" (Karl Ridderbusch) aus „Die Meistersinger von Nürnberg"; Puccini, Arie der Turandot „In questa reggia" (Marita Napier) und Arie des Kalaf „Nessun dorma" (Juan Lloveras) aus „Turandot"); Zwei Ballett-Beiträge (siehe unten); Lortzing, Arie des Grafen „Heiterkeit und Fröhlichkeit" (Claus-Peter Schweikart) aus „Der Wildschütz"; Lortzing, Singschule mit Van Bett „Den hohen Herrscher würdig zu empfangen" (Karl Ridderbusch/Opernchor) aus „Zar und Zimmermann"; Rossini, „Verleumdungs-Arie" des Basilio (Marcel Rosca) aus „Der Barbier von Sevilla"; Offenbach, Arie der Olympia (Jane Giering) aus „Hoffmanns Erzählungen"; Orff, Auftrittslied der Strolche (Rolf Oberste-Brink/Horst Hüskes/Richard Medenbach) aus „Die Kluge" Kálmán, Duett Komtesse Stasi/Graf Boni „Das ist die Liebe" (Karin Zelles/Horst Hüskes) aus „Die Csárdásfürstin"; Loewe, Lied des Freddy „In der Straße, mein Schatz …" (Robert Riener) und Lied der Eliza „Ich hätt' getanzt heut' Nacht" (Karin Zelles) aus „My Fair Lady"; Kern, Lied des Joe „Ol' Man River" (Joachim Maaß-Geiger) aus „Show Boat"; Bernstein, Lied des Tony „Maria, Maria" (Hannes Brock) aus „West Side Story"; Strauß, Finale II „Im Feuerstrom der Reben" (Jane Giering/Carol Richardson; Hans- Jürgen Lazar/Opernchor) aus „Die Fledermaus"; Ballett-Beiträge (siehe unten) – ML: Guido Ajmone-Marsan/Robert Maxym (Xaver Poncette Szenische Einrichtung: Kay Metzger; Moderation: Manfred Schnabel

Aalto-Foyer

13.03.88	Einführungsmatinee zur Aufführung „Boris Godunow"
16.04.88	Die „Disharmoniker"
07.05.88	Soirée zur Aufführung „Ernani"
08.05.88	Matinee zur Aufführung „Ernani" (Inszenierung der Mailänder Scala 1985, Film)
10.06.88	Big Band „Swing Revival"

11.06.88	Soirée zur Aufführung „Die Hugenotten"

Casa Nova

05.12.87	„Weihnachten – Fest der Völker" (Sonderveranstaltung für den Essener Theaterring) mit Melody Kielisch/Ildiko Szylágyi; Karl-Heinz Lippe/Robert Riener, Marcel Rosca/Károly Szilágyi (Gesang); Gerd Braese/Sebastian Dominik (Sprecher); David Levi/Xaver Poncette (Klavier)
15.12.87	Ariadne – Versuch eines literarisch-musikalischen Poträts von Catull bis Milhaud
16.12.87	Molière – das wildbewegte Porträt eines Mannes und seines Jahrhunderts, Videofilm von Ariane Mnouchkine
21.12.87	Molière, „Le bourgeois gentilhomme", Film von Roger Coggio/Bernard Landry

Saalbau

09.09.87	Konzert für Bürger/innen mit Behinderung: „Aus Konzert und Oper" Schubert, „Sinfonie Nr. 7"/„Unvollendete"; Mozart, „Konzert für Flöte, Harfe und Orchester D-Dur, KV 299 (Klaus Schönlebe/Gabriele Bamberger); Auber, Ouvertüre „Fra Diavolo"; Mascagni, Intermezzo aus „Cavalleria rusticana"; Bizet, „Vier Carmen-Vorspiele"; Verdi, Ouvertüre „Nabucco" ML: Heinz Wallberg
01.01.88	Neujahrskonzert: Ludwig van Beethoven, „9. Sinfonie" ML: Heinz Wallberg; Solisten: Sylvia Geszty/Renate Behle; Hermin Esser/Hans Sotin Chöre: Musikverein/Schubertbund/Extrachor des Musiktheaters

■ Abstecher

15.09.:	„Zu Gast im Kaufhaus Karstadt" *(Werbeveranstaltung, 15.–19.09.87)* „Ich hätt' getanzt heut' Nacht" – Melodien aus Oper/Operette/Musical Leoncavallo, Prolog aus „Der Bajazzo" (Karoly Szilagyi); Rossini, Arie des Figaro (Tord Wallström) und „Verleumdungsarie" des Basilio (Marcel Rosca) aus „Der Barbier von Sevilla"; Bizet, Seguedilla der Carmen (Margaret Russell); Offenbach, Barcarole (Margaret Russell/Joneva Kaylen) aus „Hoffmanns Erzählungen"; Lehár, „Vilja-Lied" (Melody Kielisch) aus „Die lustige Witwe"; Rossini, „Katzenduett" (Margaret Russell/Margarita Turner); Gershwin, „Summertime" (Margarita Turner) aus „Porgy and Bess"; Ferdinand Raimund, Auftrittslied des Rappelkopf (Sebastian Dominik); „Ja, das kann nicht mehr so bleiben" und Aschenlied „So mancher steigt herum" aus der „Bauer als Millionär"; Künneke, Lied der Julia „Strahlender Mond" (Robin Lee) aus „Der Vetter aus Dingsda"; Millöcker, Auftrittslied des Oberst Ollendorf „Und da soll man noch galant sein …" (Richard Medenbach) aus „Der Bettelstudent"); Bock, Lied des Tevje „Wenn ich einmal reich wär" (Richard Medenbach) aus „Anatev ka"); Kander, „New York, New York" (Hannes Brock) aus dem gleichnamigen Film; Gershwin, Arie des Sporting Life (Hannes Brock) aus „Porgy and Bess"; Walter Mendelssohn, „Warum soll er nicht mit ihr?" (Gerd Braese) aus der Revue „An alle"; Fredy Sieg, „Hochzeit bei Zickenschulze" (Gerd Braese); Loewe, Lied der Eliza (Robin Lee) „Ich hätt' getanzt heut' Nacht" aus „My Fair Lady" Klavier: Xaver Poncette; Moderation: Karl-Heinz Lippe, auch 19.09.
16.09.	„Können Menschen Affen sein …?" – Ein Maskenbildner und seine Tricks, Günther Johannes „Papageno spielt auf der Zauberflöte" von Eberhard Streul nach Mozart mit Melody Kielisch/Margarita Turner; Horst Hüskes/Karl Heinz Lippe; Klavier: Wolfgang Schulz Öffentliches Training des Balletts – Moderation: Heidrun Schwaarz; Klavier: D. Kottnauer
17.09.	The Daniel Trio mit einem Potpourri aus Operetten/Musicals und Jazz „Geschichten für große und kleine

	Kinder" mit dem Ensemble des Kinder-/Jugendtheaters
18.09.	„Dies Bildnis ist bezaubernd schön …" – Beim Schminken zugeschaut, Moderation: Günther Johannes
	Berliner und Wiener Salonmusik mit Orchestermitgliedern, Moderation: Gerard S. Kohl
	Öffentliches Training des Balletts – Moderation: Heidrun Schwaarz; Klavier: D. Kottnauer
19.09.	Die „Disharmoniker" spielen auf, Moderation: Gerard S. Kohl

Ballett

Ballettdirektorin: Heidrun Schwaarz, Choreografin
Stellvertreter der Ballettdirektorin und Ballettmeister: Igor Kosak
Ballettmeisterin: Yolande Straudo*
Ballettrepetitor: Daniel Vincent Kottnauer; *Dirigenten:* Robert Maxym, Xaver Poncette
Choreograf und Ausstatter der Neuinszenierung: Germinal Casado

Ensemble: Laura Atwood, Anke Lehmann, Judith Muranyi, Gorica Stanković*, *Solo*
Astrid Sackewitz*, *Solo mit Gruppe*
Martina Horstmann, Veronika Nagy*, Alejandra Neumann*, Sophie van Wassenhove, *Gruppe mit Solo*
Sylvie Bertine*, Nicolette Boeree, Karine Guinkamp*, Susanne Hippe*, Annette May, Adelina Nigra, Jutta Schwantes, Eva Stolz, *Gruppe*
Ismini Bettenhausen*, Yvetta Duchoslav*, *Elevinnen*
Pierre Béguin*, Edgardo Lattes, Zlatlo Panić*, *Solo*
Cyrille Dauboin, Magdy El-Leisy, Koji Sawada*, *Solo mit Gruppe*
Björn Bettenhausen*, Csaba Kvas*, Adil Laraki, Massimiliano Moretti, *Gruppe mit Solo*
Mike van Loon*, Julio Rodriguez*, *Gruppe*
André Possél*, *Eleve*
Hofgesellschaft („Giselle"): Christa Piroch, Alexandra Riehl; Gerard S. Kohl, Enrique Larraguibel, Siegfried Wichert

„Max und Moritz": Gerard S. Kohl, Igor Kosak

Gäste/Teilspielzeit: Karine Guinkamp; Ference Barbay, Ireneusz Wisniewski (*Solo*); Tomasz Kajdanski, Kurt Smyrek, Attila Nemeth, Roberto Rigamonti
Gesangssolisten („Ein Sonnernachtstraum"): Robin Lee, Margarita Turner

■ **Ballett (N)**

15.11.87	„Ein Sommernachtstraum" von Germinal Casado/Yolande Straudo// Felix Mendelssohn Bartholdy – A: ML: Maxym (7+1)

■ **Ballette (WA)**

01.10.87	„Lieder ohe Worte"/„Situation"/„Fünf Tangos" von van Manen (2)
06.10.87	„Giselle" von Schwaarz//Adam (4)
05.12.87	„Der Nussknacker" von Schwaarz//Tschaikowsky (6)
02.03.88	„Max und Moritz" von Marcus/Rossini (11)
10.06.88	„Ballets Jooss '32" 3. Internationales Tanzfestival NRW (1+2)

■ **Abstecher**

– „Fünf Tangos"/„Situation"/„Der grüne Tisch" (Hannover 23.09.87, Ljubljana 12.06., Belgrad 15.06.88)
– „Ein Sommernachtstraum" (Gymnasium am Stoppenberg 11.12.87)
– „Der grüne Tisch" (Recklinghausen 01.05.88)
– Jooss-Ballette „Großstadt"/„Pavane"/„Ein Ball in Alt-Wien"/„Der grüne Tisch" (Ljubljana 13.06., Belgrad 16.06.88)

■ **Sonderveranstaltungen**

Grillo

01.11.87	Matinee zur Premiere „Ein Sommernachtstraum"
17.01.88	Willkommen und Abschied *Das Musiktheater verlässt das Grillo-Theater*
	Schwaarz//Adam, Pas de deux aus „Giselle" (Gorica Stancovic/Zlatko Panic); Schwaarz//Evans, „Pandoras Tanz" (Anke Lehmann; Magdy el Leisy/Björn Bettenhausen/Csaba Kvas/Adil Laraki) aus „Empty Spaces"; van Manen//Piazzolla, 5. Tango

(Anke Lehmann/Edgardo Lattes; Astrid Sackewitz/Cyrille Dauboin; Sophie von Wassenhove/Pierre Béguin; Alejandra Neumann/Massimiliano Moretti; Eva Stolz/Adil Laraki; Nicolette Boeree/Magdy el-Leisy) aus „5. Tangos"; Lichine// Strauß, „Mazurka Coquette" (Ensemble; ML: Xaver Poncette)

05.03.88 Ballett-Gala zur Verleihung des Deutschen Tanzpreises 1988 an John Neumeier
Elevinnen/Eleven der Hamburger Ballettschule mit klassischen und modernen Tanz-Etüden John Neumeier//Musikcollage, „Shakespeares Liebespaare"; Michael Tippett, „Hamlet"; Prokofjew, „Romeo und Julia"; Mendelssohn Bartholdy, „Ein Sommernachtstraum"; Pärt/Schnittke u. a., „Othello"; Mozart, „Wie es euch gefällt"; John Cranko//Scarlatti, „Der Widerspenstigen Zähmung"; Maurice Béjart//Richard Wagner, „Die Stühle" (mit Marcia Haydee/John Neumeier) Hamburg Ballett, Solisten: Mette Bødtcher/Anna Grabka/Gigi Hyatt; Peter Bo Bendixen/Gamal Gouda/ Ivan Liska u. a.

■ Gastspiele
Grillo
27.02.88 25 Jahre Ballett-Studio Ulrich Roehm, auch 28.02./12.06.
11.06.88 „Angika": Chandralekha Culturel Centre Madras, Indien (3. Internat. Tanzfestival NRW)
14.06.88 „Abstrakte Tänze – Bauhaustänze" von Gerhart Bohner//Roland Pfrengle/Paul Hindemith
„Schwarz weiß zeigen" von Gerhart Bohner//Georg Friedrich Händel/ Glenn Branca (3. Internat. Tanzfestival NRW)

Aalto-Foyer
30.04.88 „Der Liebeszauber" von Manuel de Falla, u. a. mit dem Flamenco-Duo Rosa Montes/Alberto Alarcon, mit Mitgliedern der Folkwang-Flamenco-Klasse sowie Gesangs- und Instrumentalsolisten

Schauspiel

Schauspieldirektor: Hansgünther Heyme; *Persönlicher Referent des Schauspieldirektors:* Bernd Bruns
Dramaturgie: Hanns-Dietrich Schmidt, Gundula Reinking
Regisseure der Neuinszenierungen: Bernd Bruns, Hansgünther Heyme, Volker Lippmann, Michael Ritz*; *Gäste:* Herbert König, Brian Michaels
Ausstatter der Neuinszenierungen: Andreas Jander, Wolf Münzner, Gerda Nuspel, Gundula Reinig, Michael Ritz*; *Gäste:* Roland Aeschlimann Wilhelmine Bauer, Hans Brosch, Jürgen Lancier
Schauspielmusik: Alfons Nowacki; *Gäste:* Peer Raben, Caspar Richter

Ensemble: Inge Andersen, Margit Carstensen, Brigitte Horn, Juliane Janzen, Gabriele Marti, Marina Matthias*; Volker K. Bauer, Alfred Boeckel, Gerd Braese, Rudolf Cornelius, Sebastian Dominik, Martin Dudeck*, Michael Enk, Friedrich Gröndahl, Hansgünther Heyme, Manfred Hilbig, Peter Kaghanovitsch, Volker Lippmann, Wolfgang Robert, Horst Schily, Michael Seyfried*, Klaus von Mirbach*, Ulrich Wiggers*, Klaus-Peter Wilhelm
Gäste/Teilspielzeit: Roswitha Ballmer, Magdalena Eberle, Barbara Esser, Susanne Flury, Astrid Gorvin, Elisabeth Krejcir, Karin Nennemann, Fee Sachse, Sarah Brigitte Thomsen, Maria von Bismarck, Sylvia Weithe, Ute Zehlen; Dietrich Adam, Angelo Akuite-Amorin, Franz Boehm, Achim Buch, Carsten Eichler, Jürgen Esser, Friedrich Gaus, Jochen Giese, Heinz-Günter Kilian, Walter Kreye, Norbert Lamla, Martin Lindow, Artus-Maria Matthiessen, Karl-Heinz Pelser, Roland Reber, Michael Ritz*, Thorsten Schade, Frank Watzke
Jugendclub „Kritisches Theater"
Sängerin („Von deutscher Größe"): Joana Friedrichs-Wethmar

■ Schauspiele (N)
Grillo
25.10.87 „Passage" (U) von Christop Hein (14+1) – I: Heyme, A: Münzner

21.01.88 „Die falsche Zofe" von Pierre C. de Marivaux (17+5) – I: König, B: Brosch, K: Bauer
30.04.88 „Sihanouk" (DtsprE) von HeLène Sixous (Teile 1+2: 3×, Teil 1: 8×, Teil 2: 7×) – I: Hayme, A: Münzner, M: Nowacki

Rathaus-Theater
10.10.87 „Der Kontrabass" von Patrick Süskind (42) – I: Bruns, A: Nuspel
17.12.87 „Von deutscher Größe" *Leseabend* mit Texten von Peter Sichrosky/Friedrich Schiller (23) Musik der 30er und 40er Jahre sowie mit historischem Filmmaterial – I: Bruns, ML: Nowacki, A: Nuspel
27.03.88 „Die Bucht von Nizza"/„Einfach Eier" (DtsprE) von David Hare (17+2) – I: Michaels, A: Aeschlimann

Casa Nova
12.09.87 „Schauspieler erarbeiten Fräulein Julie" von August Strindberg (10) – I: Lippmann, B: Jander, K: Nuspel
13.11.87 „Das Trauerspiel des Heinrich von Kleist: Penthesilea" (9) – I: Heyme, B: Jander, K: Nuspel, M: Richter *(Vorprogramm I zur „Ilias" des Homer)*
10.06.88 „Die Saurier" (U) von Hans Peter Renfranz (9) – I: Ritz, A: Ritz/Reinig *(Beiprogramm zu „Faust I")*

■ Schauspiele (WA)
29.09.87 „Faust I" von Goethe (8+1)
09.12.87 „Wilhelm Tell" von Schiller (8)
22.12.87 „Nathan der Weise" von Lessing (2+2)
12.02.88 „Die Dreigroschenoper" von Weill/Brecht (5+1)

■ Berliner Festspiele
Großer Stern Berlin
07.08.87 „Hoppla, wir leben" – Die Goldenen Zwanziger in Zusammenarbeit mit RIAS – ZDF (Regie: Hansgünther Heyme, ML: Caspar Richter, Buch: Herbert Kundler, Mitwirkende: Margit Carstensen; Frank Boehm/Wolfgang Robert (Schauspiel Essen); Milva/Katja Epstein/Romy Haag/Evelyn Künneke/Sissy de Maas; Harald Juhnke/Hellmut Lange/Will Quadflieg/Carl Raddatz/Helmut Zacharias u. a., Jugendclub „Kritisches Theater"

Tiergarten Berlin
16.08.87 „Nathan im Tiergarten" – Stationen zwischen deutschem Geist und deutschem Ungeist
Regie: Hansgünther Heyme; Buch/Konzeption: Hansgünther Heyme/Dietrich Schmidt
Kostüme: Wolf Münzner, Musik: Peer Raben

■ Abstecher
– „Bucht von Nizza"/„Einfach Eier" (Düsseldorf 04.06.88)
– „Die Dreigroschenoper" (Auszüge, Bonn, NRW Landesvertretung 24.05.88)
– „Die falsche Zofe" (Düsseldorf 17./18./21./22./23.03.88)
– „Faust I" (Leverkusen 15.12.87)
– „Kassandra" (Th. Freudenhaus 07./08./09.01 und 03./04./05.93.88)
– „Mauser"/„Bildbeschreibung (Neuss 26.10.87, Castrop 10.06., Berlin 26./27./28.06.88)
– „Nathan" (Berlin 16.08., Minden 02.10.87)
– „Passage" (Witten 05.12.87)
– „Ruhrepos" (Stadtbibliothek 23.02., Zeche Carl 01.05.88)
– „Lesung Wilhelm Busch" (Gymnasium am Stoppenberg 27.05.88)

■ Sonderveranstaltungen
Grillo
13.09.87 Tag der offenen Tür („Lernen Sie Theater kennen"): u. a. Szenen aus Goethes „Faust", Moderation: Hansgünther Heyme; Gerd Braese liest Fred Endrikat
13.03.88 Gegen den Theatertod in NRW (Veranstaltung der Intendantengruppe des Landes), Redner/Moderator: Max von der Grün; Teilnehmer: Hans Herdlein (Präsident der Gewerkschaft Deutscher Bühnenangehöriger)/Manfred Beilhart (Kassel)/Kultusminister Hans Schwier/Dr. Waidelich (Volksbühnen)/Manfred Schnabel/Hansgünter Heyme/Hildegard Bergfeld/OB Reuschenbach und Kollegen aus den Nachbarstädten

Casa Nova

11.10.87	Essener Szene (Talkshow mit Jochem Schumann), weitere 6×
19.10.87	Hans Wollschläger liest aus den Schriften von Karl Kraus
07.11.87	„Der politsche Heine" – Lesung mit Christoph Quest, Düsseldorf
16.01.88	Kultur am Ende? Zur gegenwärtigen Kulturpolitik in NRW (Mitglieder des „Jugendclub Kritisches Theater")
06.02.88	Liedermacher Reinhold Andert (DDR) singt politische Lieder
10.02.88	„Gloria, Historia! Mit Herz und Hand für's Vaterland" (Beiprogramm der Folkwang Hochschule zu „Sihanouk")
14.02.88	Das Ruhrepos, Dokumentation eines gescheiterten Projektes von Bertolt Brecht/Kurt Weill (Mitglieder des „Jugendclub Kritisches Theater")
05.06.88	Gedenklesung aus Anlass des Todes von Reinhard Knoll Wilfried Bienek/Inge Meyer-Dietrich/Herbert Somplatzki lesen Texte von Reinhardt Knoll
12.06.88	„Der Taler in kleinen Münzen" – Ein Gespräch mit Pierre Carlet de Marivaux, zusammengestellt von Gerda Scheffel, gelesen von Ursula Illert/Jochen Nix

Aalto-Foyer

10.04.88	Musikalisches Solo-Kabarett mit Felix Janosa
14.04.88	Brigitte Kronauer liest aus ihren Werken
29.04.88	Chansonabend auf Texte von Heinrich Heine/Bertolt Brecht/Kurt Tucholsky mit Elsi Hufschmidt (Gesang)/Gabriele Müller (Klavier)
19.05.88	Ralf Thenior liest aus seinem neuen Roman „Ja, mach nur einen Plan"
09.06.88	Ingomar von Kieseritzky liest aus seinem neuen Werk „Das Buch der Desaster"
30.06.88	Autorenlesung Christof Wackernagel/Ernst Müller

Heinrich-Heine-Buchhandlung

20.11.87	Marina Matthias liest Texte von Sylvia Plath
01.12.87	Inge Andersen liest Auszüge aus „Mein Weg über die Pyrenäen" von Lisa Fittko

Museum Folkwang

01.03.88	„Sündenfallobst" – Liederliches und Lyrisches von Fred Endrikat, auch 07.03. Höchst moralische und unmoralische Verse und Lieder vom vergnüglichen Leben mit Gerd Braese; Musik: Josef Krepela/Xaver Poncette

■ **Ausstellung**

Foyer
ab 04.10.87
Über das Leben von P. Walter Jacob, 1932/33 Regisseur in Essen, am 29.03.1933 von seinen Dienstfunktionen beurlaubt [Seine letzte Inszenierung war die Oper „Salome", die einen Tag nach seiner Beurlaubung Premiere hatte.]

■ **Gastspiele**

Grillo

23.11.87	„Wir setzen uns ab" – Münchner Lach- und Schießgesellschaft, auch 30.11.

Casa Nova

17.03.88	„Penelope" – Monolog der Molly Blue aus „Ulysses" von James Joyce mit Barbara Nüsse – I: Ulrich Weller, A: Gisela Köster, M: Hans-Peter Ströer (Vorprogramm II zur „Ilias" des Homer), 2×

Rathaus-Theater

19.09.87	„Zufällig eine Frau: Elisabeth" von Dario Fo (Ruhrfestspiele Recklinghausen), auch 20.09.
02.10.87	„Österreich wie es beißt und lacht" – Ein Abend mit Fritz Muliar
09.03.88	„Gyubal Wahazar" von Stanislaw Witkiewicz (Staatliches Figurentheater Wroclaw)

Aalto.Theater
Spielzeiten 1988/89 bis 2021/22

Spielzeit 1988/89

Geschäftsführer: Hermann Hartwich

Musiktheater

Künstlerischer Gesamtleiter: Prof. Manfred Schnabel; *Persönlicher Referent* des *Künstlerischen Gesamtleiters und Leiter der Öffentlichkeitsarbeit:* Christoph Schwandt
Künstlerischer Betriebsdirektor: Albert Neffgen, Vertreter des Künstlerischen Gesamtleiters
Stellvertretender Künstlerischer Betriebsdirektor und Leiter des KBB: Gerard S. Kohl
Dramaturgie: Karin Heindl-Lau; *Gäste:* Norbert Grote, Prof. Dr. Eckart Kröplin, Rüdiger Meinel
Theaterpädagoge für das Musiktheater: Andreas Büchel; Mitarbeiter: Gernot Wojnarowicz*

Dirigenten: Guido Ajmone-Marsan, GMD des Musiktheaters; Robert Maxym, 1. Kapellmeister; David Levi, Xaver Poncette, Prof. Heinz Wallberg, GMD; *Gäste:* Jean-Pierre Faber, Andreas Kowalewitz, Siegfried Kurz, Christian Pollack, Klaus Wilhelm
Essener Philharmoniker; *Repetitoren:* Xaver Poncette, Studienleiter; David Levi, Ralph Richey, Wolfgang Schulz
Chordirektor: Konrad Haenisch; David Levi
Choreografie: Heidrun Schwaarz, Yolande Straudo; *Gast:* Janez Samec

Regisseure der Neuinszenierungen (Gäste): Jaroslav Chundela, Dietrich Hilsdorf, Elisabeth Navratil, Ernst Poettgen, Detlef Rogge, Siegfried Schoenbohm
Ausstatter der Neuinszenierungen (Gäste): Roland Aeschlimann, Heinz Balthes, Johannes Leiacker, Carl-Friedrich Oberle, Walter Perdacher, Heidrun Schmelzer, José-Manuel Vazquez
Technischer Direktor: Dietrich Wagenbauer

Ensemble: Melody Kielisch, Monique Krüs, Catherine Occhiato, Margaret Russell, Margarita Turner; Hannes Brock, Horst Hüskes, Hans Jürgen Lazar, Karl-Heinz Lippe, Joachim Maaß-Geiger, Richard Medenbach, Hans Nowack, Marcel Rosca*, Károly Szilágyi
Künftige Ensemble-Mitglieder („Graf Mirabeau"): Izabel Labuda, Therese Renick, Marina Sandel
Chorsolisten: Hermengilde Doetsch, Kotoe Drün-Kaneko, Claudia Hildebrand, Christiane Kühner, Anita Rödiger, Marion Thienel, Diane van den Eijnden, Charlotte Vogel; Erich Bär, Rudolf Braun, Gerrit Eubel, Manfred Grohnert, Johannes Groß, Arno Klees, Michael Kühner, Jacek Pazola, Manfred Pilgrim, Heinz Potztal, Christian Polus, Hiroshi Saito
Gäste/Teilspielzeit: Martina Borst, Doris Brüggemann, Josefine Engelskamp, Gabriele Fontana, Miriam Gauci, Mechthild Georg, Jane Giering, Sabine Hogrefe, Rachel Joselson, Julie Kaufmann, Robin Lee, Eva Lind, Celina Lindsley, Martha Marquez, Janice Meyerson, Kathleen McCalla, Beatrice Niehoff, Clara O'Brien, Margareta Orvelius, Sue Patchell, Lucy Peacock, Gudrun Pelker, Lani Poulson, Tamar Rachum, Marina Sandel, Nathalias Troitskaya, Elisbath-Maria Wachutka, Elisabeth Werres; Francesco Araiza, Kenneth Bannon, Peter Benecke, Roland Bracht, Victor C. Braun, Robert Bruins, Florian Cerny, David Crawdord, Nicolas Christou, Michail Davidson, Oscar Garcia de Grazia, Karl Diekmann, Karsten Drewing, Alfons Eberz, Wolfgang Frey, Arthur Friesen, Eberhard Georgi, Wolfgang Glashof, Wilhelm Hartmann, Josef Hilger, Oskar Hillebrandt, Werner Hollweg, Alexandru Ionitza, Emil Ivanov, Steven Kimbrough, Zenon Kosnowski, Johann Martin Kränzle, Robert Künzli, Juan Lloveras, Matthias Mann, Willi Nett, Norbert Orth, Erich Joey Pflüger, Ronald Pries, Alejandro Ramirez, Neil Rosenshein, Manfred Schenk, Anton Schmautz, Claus-Peter Schweickart, Joachim Seipp, Raimo Sirkiä, Thomas Thomaschke, Georgi Tscholakov, Axel Wagner, Tord Wallström, Rainer Worms

Tänzer/innen („Manon"): Ismini Bettenhausen, Yvetta Duchoslav, Annette May, Adelina Nigra,

Caterina Salvatori, Jutta Schwantes; Adil Laraki, Massimiliano Moretti, Julio Rodriguez, André Possél, Koji Sawada (Essener Ballett)
Tänzer/innen („Die Fledermaus"): Nicolette Boëree, Yvetta Duchoslav, Karin Guinkamp, Martina Horstmann, Anke Lehmann, Veronika Nagy, Astrid Sackewitz; Pierre Béguin, Björn Bettenhausen, Magdy El Leisy, Christophe Ferrari, Csaba Kvas, Massimiliano Moretti, Julio Rodriguez, André Possél, Koji Sawada, Joël Terrier (Essener Ballett)
Schauspieler: Gerard S. Kohl, Johannes Koegel-Dorfs, Michael Temme (Aalto*);* Gerd Braese, Rudolf Cornelius (Grillo), *Gast:* Josef Meinertzhagen

Musical „West Side Story" (Ensemble-Mitglieder): Monique Krüs; Hannes Brock, Horst Hüskes, Richard Medenbach (Sänger); Gerd Braese, Rudolf Cornelius (Schauspieler); *Gäste:* Herwig Lucas, Paul Schmidkonz
Essener Ballett: Ismini Bettenhausen, Nicolette Boerree, Diana Dragos, Yvetta Duchoslav, Karine Guinkamp, Martina Horstmann, Michaela Kolarova, Annette May, Veronika Nagy, Adelina Nigra, Sanne Reus, Caterina Salvatori, Jutta Schwantes; Björn Bettenhausen, Christophe Ferrari, Csaba Kvas, Adil Laraki, Magdy El Leisy, Massimiliano Moretti, André Possél, Julio Rodriguez, Koji Sawada, Joël Terrier
Gäste: Tatjana Clasing, Marina Edelhagen, Carolin Fortenbacher, Verena Hahn, Ellen Kärcher, Renée Knapp, Anja Launhardt, Angela Pfützenreuter, Alexandra Riehl, Gudrun Schade; Arnoldo Alvarez, René Pierre Chiata, Ulf Dietrich, George Giraldo, Holger Hauer, Mark Hoskins, Eugene Johnson, Peter Kapusta, Herwig Lucas, Olaf Meyer, Piotr Powlawski, Bernard Rüfenacht, Götz van der Heyden, Franz von Breukelen, Andreas Zaron

■ **Opern (N)**

25.09.88 „Die Meistersinger von Nürnberg" von Richard Wagner (9) – ML: Wallberg, I: Chundela, A: Oberle
08.10.88 „Don Carlos" von Giuseppe Verdi (12) – ML: Ajmone-Marsan, I: Hilsdorf, A: Leiacker
28.01.89 „Manon" von Jules Massenet (10) – ML: Ajmone-Marsan, I: Navaratil, A: Schmelzer, Ch: Straudo
15.07.89 „Mirabeau" (U) von Siegfried Matthus (1) – ML: Kurz, I: Rogge, A: Aeschlimann

■ **Operette (N)**

20.12.88 „Die Fledermaus" von Johann Strauß (12) – ML: Ajmone-Marsan, I: Poettgen, B: Balthes, K: Vazquez, Ch: Schwaarz

■ **Musical (N)**

11.03.89 „West Side Story" von Leonard Bernstein (21) – ML: Maxym, I: Schoenbohm, A: Perdacher, Ch: Samez

■ **Opern (WA)**

28.09.88 „Ariadne auf Naxos" von Strauss (8)
12.10.88 „Le nozze di Figaro" von Mozart (8)
08.04.89 „Lucia di Lammermoor" von Donizetti (10)

■ **Operette (WA)**

09.10.88 „Der Bettelstudent" von Millöcker (9)
(10.09.88 Voraufführung für alle am Neubau beteiligten Mitarbeiter*)*

■ **Abstecher**

– Duett aus „Le nozze di Figaro"/zwei Szenen aus „Graf Mirabeau" („Kultur-Nacht", Landesvertretung NRW in Bonn, 40 Jahre Grundgesetz, 22.05.89)

■ **Sonderveranstaltungen**

Aalto-Theater

17.09.88 Ein Theater öffnet sich (nur Veranstaltungen im Aalto-Theater)
19 Uhr: „Rund um die Oper" Wagner, „Wacht auf!"-Chor aus „Die Meistersinger von Nürnberg" (Opernchor/Extrachor/Schubertbund, ML: Heinz Wallberg); Donizetti, Szene und Wahnsinnsarie der Lucia aus „Lucia di Lammermoor" (Celina Lindsley; Károly Szilágyi/Marcel Rosca; Opernchor, ML: Robert Maxym); Adam, Pas de deux aus „Giselle" (Gorica Stankovic/Zlatko Panic, ML: Robert Maxym); Millöcker, II. Akt/Finale 2 aus der Operette „Der Bettelstudent" (Melody Kielisch/Monique Krüs/Catherine Occhiato/

Margarita Turner; Hannes Brock/Horst Hüskes/Karl-Heinz Lippe/Joachim Maaß-Geiger/Rolf Oberste Brink/Ronald Pries; Rudolf Braun/Gerrit Eubel/Gerard S. Kohl//Opernchor/Ballett, ML: Xaver Poncette); Verdi, Duett Carlos/Posa aus „Don Carlos" (Emil Ivanov/Károly Szilágyi, ML: Guido Ajmone-Marsan); Wagner, Lied des Walther Stolzing (Norbert Orth)/Schlussansprache des Sachs (Victor C. Braun)/Finale aus „Die Meistersinger von Nürnberg", ML: Heinz Wallberg)
Conférence: Diether Krebs/Manfred Schnabel; Spielleitung: Michael Temme

Malersaal
17.09.88 „Hin und zurück" von Paul Hindemith/„Des Telefon" von Giancarlo Menotti, Kurzopern (3×)

Aalto-Theater (nur Veranstaltungen im Aalto-Theater)
18.09.88 11 Uhr: „Was wird hier eigentlich gespielt?" – Podiumsdiskussion mit namhaften Vertretern aus Kulturpolitik und Presse, Leitung: Dr. Emil Obermann
20 Uhr: „Selbstanmache" – Rhetorische Oper zur Erzwingung der Gefühle von und mit Prof. Bazon Brock

Malersal
18.09.88 „Hin und zurück" von Paul Hindemith/„Des Telefon" von Giancarlo Menotti, Kurzopern (2×)

Aalto-Theater
25.09.88 Festakt zur Eröffnung des Aalto-Theaters (15 Uhr)
14.10.88 Musikthater total (im Rahmen der Anschlussveranstaltung Kultur '90) Mozart, Ouvertüre „Figaros Hochzeit"/Finale 2. Akt (Rachel Joselson/Melody Kielisch/Margarita Russell/Margaret Turner; Hannes Brock/Richard Medenbach/Karl-Heinz Offermann/Marcel Rosca/Tord Wallström, ML: Heinz Wallberg); Millöcker, Auftrittslied des Ollendorf (Johannes Maass-Geiger) und Lied des Symon „Ich hab' kein Geld ..." (Hans Jürgen Lazar) aus „Der Bettelstudent", ML: Xaver Poncette; Verdi, Duett Carlos/Posa (Emil Ivanow/Károly Szilágyi) und Arie des Philipp „Sie hat mich nie geliebt" (Marcel Rosca) aus „Don Carlos", ML: Guido Ajmone-Marsan; Bernstein, Lied „Maria, Maria"" des Tony (Hannes Brock) aus „West Side Story", ML: Charles B. Axton; Hans van Manen//Piazzolla „Fünf Tangos" (Essener Ballett); Wagner, Ouvertüre „Die Meistersinger von Nürnberg" ML: Heinz Wallberg; Moderation: Dr. Richter/Manfred Schnabel
26.12.88 Bolschoi Don Kosaken: Sänger, Tänzer, Balalaika-Ensemble
31.12.88 Großer Silvester-Ball
04.06.89 Opern-Matinee aus Anlass des 100-jährigen Jubiläums des DRK-Kreisverbandes Essen
Verdi, Arie des Fiesco (Marcel Rosca) aus „Simon Boccanegra"; Donizetti, Arie „Una furtiv lacrima" (Hans-Jürgen Lazar) aus „Der Liebestrank"; Tschaikowsky, Arie des Fürsten Gremin (Hans Nowack) aus „Eugen Onegin"; Giordano, Arie des Gérard (Károly Szilágyi) aus „Andrea Chénier"; Smetana, Duett Hans/Kezal (Hans-Jürgen Lazar/Joachim Maaß-Geiger) aus „Die verkaufte Braut"; Händel, Arie aus „Arianna" (Hannes Brock); Strauss, Überreichung der silbernen Rose aus „Der Rosenkavalier" (Monique Krüs/Margaret Russell); Mozart, Arie des Grafen (Karl-Heinz Offermann) aus „Figaros Hochzeit"; Weber, Trinklied des Kaspar „Hier im ird'schen Jammertal" (Joachim Maass-Geiger) aus „Der Freischütz"; Mozart, Duett Papagena/Papageno (Monique Krüs/Karl-Heinz Lippe) aus „Die Zauberflöte"; Lortzing, Arie des Veit „Vater, Mutter, Schwestern, Brüder" (Horst Hüskes) aus „Undine"; Lortzing, Arie des Bacchus „Fünftausend Taler" (Richard Medenbach) aus „Der Wildschütz"; Verdi, Quartett „Bella figlia dell'amore" (Melody Kielisch/Margaret Russell; Hans-

	Jürgen Lazar/Károly Szilágyi) aus „Rigoletto" ML: Xaver Poncette/David Levi (Klavier), Moderation: Andreas Büchel	
12.07.89	Hauptprobe zu „Graf Mirabeau" (mit Zuschauern)	
13.07.89	Film „Danton" von Andrzej Wajda, Polen 1982 (rechte Seitenbühne)	

Foyer

20.11.88	Die Essener „Meistersinger" in der Diskussion, Gesprächsleitung: Christoph Schwandt
04.12.88	Der Essener „Don Carlos" in der Diskussion – Gesprächsrunde mit Dietrich Hilsdorf, dem Produktionsdramaturgen Norbert Grote und den Journalisten Ulrich Schreiber/Klaus Leymann unter Einbeziehung des Publikums, Gesprächsleitung: Christoph Schwandt
02.07.89	„Der Komponist im Gespräch": Prof. Siegfried Matthus/Prof. Dr. Eckart Kröplin
07.07.89	Einführung in die szenische Probe zu „Graf Mirabeau" mit Regisseur Detlef Rogge, anschließend Teilnahme an einer szenischen Probe
09.07.89	Vortrag „Graf Mirabeau" von Prof. Dr. Eckart Kröplin in Anwesenheit des Komponisten
10.07.89	Lesung aus Dokumenten von und zu „Graf Mirabeau"/Französische Revolution mit Hannes Brock (Aalto)/Michael Enk (Grillo)

Saalbau

01.09.88	„Aus Konzert, Oper und Operette" – Konzert für Bürger/innen mit Behinderung Weber/Berlioz, „Aufforderung zum Tanz"; Mozart, „Konzert für Violine und Orchester Nr. 5 A-Dur", KV 215; Strauß, Ouvertüre zur Operette „Die Fledermaus"/„Annenpolka"/„Kaiserwalzer"; Borodin, Polowetzer Tänze aus der Oper „Fürst Igor" ML: Heinz Wallberg; Magda Senn-Sarbu (Violine)
16.10.88	Galakonzert zum 90. Jahrestag der Gründung der Essener Philharmoniker Schubert, „5. Sinfonie; Beethoven, „Leonore-Ouvertüre Nr. 3; Strauss, „Don Quixote" (Magda Senn-Sarbu, Violine/Wolfram Christ, Viola)/Mstislav Rostropowitsch, Violoncello) ML: Heinz Wallberg
01.01.89	Neujahrskonzert: Beethoven, „Sinfonie Nr. 9" ML: Oleg Caetani; Solisten: Silvia Herman/Margaret Russel; Tachos Terzakis/Hans Tschammer Essener Musikverein/Extrachor (Konrad Haenisch), Schubertbund (Armold Kempkens

■ **Gastspiele**

Aalto

08.01.89	Bundesjazzorchester
11.01.89	Duke Ellington's Sophisticated Ladies (New York Harlem Theatre Production*)*, auch 12.01.
17.06.89	„Harawi" – Lieder der Liebe und des Todes *(Zyklus für Gesang und Klavier von Oliver Messiaen)* mit Sigune von Osten (Gesang)/Günter Reinhold (Klavier)

Foyer

04.09.88	Erna Berger liest aus ihren Memoiren
16.04.89	Liedermatinee: Gertrud Maetz-Winterscheid singt Operettenmelodien

Ballett

Ballettintendantin und Choreografin: Heidrun Schwaarz
Ballettmeister und stellvertretender Ballettintendant: Igor Kosak; *Ballettmeisterin:* Yolande Straudo
Ballettrepetitor: Daniel Vincent Kottnauer; *Dirigenten:* Matthias Aeschbacher, Robert Maxym, Xaver Poncette
Choreografen der Neuinszenierungen: Heidrun Schwaarz; *Gast:* Valery Panov
Ausstatter der Neuinszenierungen (Gäste): Günther Schneider-Siemssen, Dieter Schoras, Friederike Singer, Dietmar A. Solt

Compagnie: Astrid Sackewitz, Gorica Stankovic, Anke Lehmann, *Solo*

Karine Guinkamp*, Marina Horstmann, Veronika Nagy, *Solo mit Gruppe*
Nicolette Boëree, Yvetta Duchoslav, Susan Hippe, Michaela Kolarova, Annette May, Adelina Nigra, Sanne Reus, Caterina Salvadori*, Jutta Schwantes, Eva Stolz, *Gruppe*
Ismini Bettenhausen, *Elevin*
Pierre Bequin, Cyrille Dauboin, Magdy El Leisy, Christophe Ferrari*, Edgardo Lattes, Zlatko Panic, Koji Sawada*, *Solo*
Björn Bettenhausen, Csaba Kvas, Adil Laraki, Massimiliano Moretti, *Gruppe mit Solo*
Julio Rodriguez, Joël Terrier*, *Gruppe*
André Possél, *Eleve*
Hofgesellschaft („Giselle"): Vanja Bourgoudjieva, Christa Piroch, Yolande Straudo; Igor Kosak, Enrique Larraguibel
Gäste/Teilspielzeit: Diane Bell, Diana Dragos, Fara Grieco, Katharina Heidicke, Caroline Iura, Ellen Kärcher, Julia Lawrenz, Galina Panova, Sophie-Anne Seris, Maria Torija Arnoldo Alvarez, Fred Berlips, René Pierre Chiata, George Giraldo, Holger Hauer, Peter Kapusta, Jean-Jacques Pomperski, Piotr Poplawski, Stefan Zeromski

■ Ballette (N)
05.11.88 „Romeo und Julia" (U) von Heidrun Schwaarz//Peter I. Tschaikowsky (16) – ML: Maxym, B: Schoras, K: Singer
13.05.89 „Josephs Legende" von Heidrun Schwaarz//Richard Strauss (9) „Le sacre du printemps" von Valery Panov//Igor Strawinsky – ML: Aeschbacher, B: Schneider-Siemssen, K: Solt

■ Ballette (WA)
01.12.88 „Giselle" von Schwaarz//Adam (7)
23.03.89 „Empty Spaces" von Schwaarz//Evans (10)
25.03.89 „Lieder ohne Worte" von Hans van Manen//Mendelssohn Bartholdy (4) – „Fünf Tangos" von Hans van Manen//Piazzolla – „Situation" von Hans van Manen//Klang-Collage
29.03.89 „Fünf Tangos" von Hans van Manen// Piazzolla (3) – „Die vier Temperamente" von Balanchine//Hindemith – „Der wunderbare Mandarin" von Schwaarz//Bartók
01.04.89 „Lieder ohne Worte" von Hans van Manen//Mendelssohn Bartholdy (2) – „Percussions für six men" von Nebrada//Gurst – „Fünf Tangos" von Hans van Manen//Piazzolla
14.04.89 „Lieder ohne Worte" von Hans van Manen//Mendelssohn Bartholdy (1) – „Die vier Temperamente" von Balanchine//Hindemith – „Der wunderbare Mandarin" von Schwaarz//Bartók

■ Abstecher
– Ausschnitte aus „Romeo und Julia"/„Empty Spaces" (Gymnasium am Stoppenberg 17./18.02.89)

■ Sonderveranstaltungen
Aalto-Theater
17.09.88 Ein Theater öffnet sich
Training mit Übergang zu einer Ballettprobe; Pas de deux aus „Giselle" von Heidrun Schwaarz//Adolphe Adam mit Gorica Stankovic/Zlatko Panic
18.09.88 Ein Theater öffnet sich
16.30 Uhr: Flamenco-Duo Rosa Montes/Albert Alarcon
19 Uhr: Ballett „Fünf Tangos" von Hans van Manen//Astor Piazzolla
14.10.88 Musikthater total (im Rahmen der Anschlussveranstaltung Kultur '90) Hans van Manen//Astor Piazzolla, „Fünf Tangos"
16.10.88 Einführungs-Soiree zur Premiere „Romeo und Julia", u. a. Lesung mit Gerd Braese
04.03.89 Verleihung des Deutschen Tanzpreises 1989 an Marcia Haydée
Mitwirkende: Stuttgarter Staatsballett Robert North//Bob Downes/Batucada „Troy Game" (Roland Vogel/Bruno Amilhastre/Bertrand Perreau/Thierry Guiderdoni); Jiří Kylián//Janáček, „Rückkehr ins fremde Land" (Marion Gärtner/Annie Mayer/Jean-Christophe Blavier/Antti Honkanen/Vladimir Klos/Wolfgang Stollwitzer); Marcia Haydée//Vangelis Papathanassiou, „Enas (Eins)" John Cranko//Skrjabin, „Poème de l'extase" (Birgit Keil/Jean-Christophe Blavier/Tamas

	Dittrich/Antti Honkanen/Vladimir Klos/Ugur Seyrek/Gruppe); Maurice Béjart//Schubert, „Moment musical" aus dem Ballett „Isadora" mit der im Rollstuhl sitzenden Preisträgerin
26.03.89	*Gala-Abend* (auch 27.03) Vicente Nebrada//Lee Gurst, „Percussions for six men" (Björn Bettenhausen/Cyrille Dauboin/Csaba Kvas/Edgardo Lattes/Zlatko Panic, Aalto/Stefan Zeromski (Dt. Oper Berlin); Ben Stevenson//Rachmaninoff, „Trois Préludes" (Elisabeth Platel/Jean-Yves Lormeau, Oper Paris); Valery Panov//Wagner, „Liebestod" (Galina Panova, Antwerpen); Maurice Béjart//Mahler, „Adagietto" (Jorge Donn, Lausanne); Kevin Haigen//Bela Bartók/Ives, „Beyond Jocaste" (Adrienne Matheson/Kevin Haigen (beide London); Roland Petit//Bach, „Le jeune homme et la mort" (Carlotta Zamparo/Jan Broeckx (Marseille); George Balanchine//Ravel, „Sonatine" (Elisabeth Platel/Jean-Yves Lormeau (Paris); Maurice Béjart//Ravel, „… et valse" (Jorge Donn, Lausanne)/Kevin Haigen, (Hamburg); Hans van Manen//Piazzolla, „5 Tangos" (Jan Broeckx, Marseille/Essener Ensemblemitglieder)
07.05.89	Einführungsmatinee zur Premiere „Josephs Legende"/„Le sacre du printemps"

■ Gastspiele

18.03.89	„Khatakali" – Klassisches Tanztheater aus Kerala (Südindien)
21.03.89	Jiři Kylián//Maki Ishi, „Kaguyahime" (Nederlands Dans Theater), auch 22.03.
29.04.89	Flamenco-Abend mit Rosa Montes//Alberto Alarcon sowie Gesangs- und Instrumentalsolisten, auch 30.04.
03.06.89	*Hommage à Dore Hoyer* (Tanztheater Susanne Linke) Dore Hoyer//Dmitri Wiatowitsch (Rekonstruktion), „Afectos Humanos"; Susanne Linke//Mahler, „Dolor"; Susanne Linke/Ur Dietrich//Geräuschcollage, „Affekte"; „The Onckekoza", japanische Kodo-Trommeln

Spielzeit 1989/90

Kaufmännischer Geschäftsführer: Hermann Hartwich

Musiktheater

Künstlerischer Gesamtleiter: Prof. Manfred Schnabel
Persönlicher Referent des Künstlerischen Gesamtleiters: Christoph Schwandt
Künstlerischer Betriebsdirektor und Vertreter des Künstlerischen Gesamtleiters: Albert Neffgen
Leiter KBB und Stellvertretender Betriebsdirektor: Gerard S. Kohl
Dramaturgie: Anja Gewalt*, Gäste: Norbert Grote, Rüdiger Meinel, Monika Rothmaier-Szúdy
Theaterpädagogik: Wolfgang Pütz*, Gernot Wojnarowicz
Öffentlichkeitsarbeit: Andreas Büchel*

Dirigenten: Guido Ajmone-Marsan, GMD des Musiktheaters; Robert Maxym, 1. Kapellmeister; Xaver Poncette, GMD Prof. Heinz Wallberg; *Gäste:* Frank Kramer, Siegfried Kurz, David Levi, Christian Pollack, Klaus Wilhelm; Essener Philharmoniker; *Repetitoren:* Xaver Poncette, Studienleiter; Stephen Marinaro*, Ralph Richey, Wolfgang Schulz; *Gast:* Janina Pawluk; *Chordirektor:* Konrad Haenisch, *Gast:* Julius Asbeck
Choreografie: Yolande Straudo; *Gast:* Janez Samec

Regisseure der Neuinszenierungen: Michael Temme, Szenischer Oberleiter; *Gäste:* Dietrich Hilsdorf, Johannes Koegel-Dorfs, Wolfgang Kreppel, Wolfgang Quetes, Georg Rootering, Bertrand Saufat
Ausstatter der Neuinszenierungen (Gäste): Heinz Balthes, Petra Buchholz, Gabriele Frey, Ute Frühling, Jürgen Hassler, Benedikt Herforth, Gabriele Jaenecke, Jana Karen, Bernd Kistner, Johannes Leiacker, Ulderico Manani, Martina Mogilka, Christoph Wagenknecht

Technischer Direktor: Dietrich Wagenbauer

Ensemble: Rachel Joselson*, Melody Kielisch, Monique Krüs*, Izabel Labuda*, Therese Renick*, Margaret Russell, Marina Sandel*, Margarita Turner; Hannes Brock, Horst Hüskes, Hans Jürgen Lazar, Karl-Heinz Lippe, Joachim Maaß-Geiger, Alexander Marco-Buhrmester*, Richard Medenbach, Hans Nowack, Marcel Rosca, Franz-Josef Selig*, Károly Szilágyi
Chorsolisten: Christa Bode, Marie-Luise Bruns, Renate Glöckner, Irmgard Hecker, Claudia Hildebrand, Claudia Hummel, Anita Rödiger, Cosima Schnurer, Marion Thienel, Charlotte Vogel; Erich Bär, Rudolf Braun, Manfred Grohnert, Johannes Groß, Peter Günther, Arno Klees, Horst Kohl, Michael Kühner, Jacek Pazola, Heinz Potzal, Manfred Pilgrim, Christian Polus, Hiroshi Saito, Marcel Schmitz

Gäste/Teilspielzeit: Livia Budai, Birgit Buske, Josefine Engelskamp, Elena Filipova, Miriam Gauci, Mechthild Georg, Valerie Girard, Christiane Götz, Birgit Greiner, Jane Henschel, Sabine Hogrefe, Susanne Klare, Jolanta Teresa Kuznik, Erika Maria Lehmann, Ingrid Lehmann-Bartz, Martha Mödl, Liljana Nejceva, Lucy P. Peacock, Gudrun Pelker, Erica Pilari, Suzanne Rhodas, Anja Seeger, Jagna Sokorska-Kwika, Miltred Tyree, Awilda Verdejo, Elisbeth Werres; Fabio Armiliato, Keneth Bannon, Hugh Beresford, Martin Blasius, Roland Bracht, Robert Bruins, Karl Diekmann, Karsten Drewing, Michael Fellmann, Wolfgang Frey, Wilhelm Hartmann, Emil Ivanov, Guido Jentjens, Jaroslav Kachel, Stephen Kimbrough, Giorgio Lamberti, Riccardo Lombardi, Matthias Mann, Matteo Manuguerra, Günter Missenhardt, Willi Nett, Nobert Orth, Erik Joey Pflüger, Manfred Schenk, Wolfgang Schmidt, Joachim Seipp, Rainer Worms
Schauspieler: Johannes Koegel-Dorfs (Aalto); Gerd Braese *(Grillo);* Marion Hanke; Ralf Kissel, Helmut Mielke *(Gäste)*
Gäste/Tänzerinnen ("Aida"): Ilse Dekker, Petra Dekker

Tänzer/innen („Die Fledermaus"): Nicolette Boërée, Yvetta Duchoslav, Martina Horstmann, Michael Kolarova, Annette May, Veronika Nagy, Adelna Nigra; Marco Dekker, Oliver Detelich, Magdy El Leisy, Csaba Kvas, Massimiliano Moretti, Julio Rodriguez, Joël Terrier (Essener Ballett)

Tänzer/innen („Orpheus in der Unterwelt"): Ismini Bettenhausen, Nicolette Boërée, Diane Dragos, Annette May, Azusa Mori, Adelina Nigra, Caterina Salvadori, Julia Schwantes, Eva Stolz; Pierre Béguin, Cyrille Dauboin, Marco Dekker, Oliver Detelich, Magdy El Leisy, Csaba Kvas, Adil Laraki, Massimiliano Moretti, Julio Rodriguez, Joel Terrier (Essener Ballett)

Gäste: Ilse Dekker, Petra Decker, Dawn Fraser, Michaela Kolarova, Annemie van Raemdonck, Anja Röttgerkamp, Ilona Zülich; Helmut Zedler

Musical „West Side Story" (Ensemble-Mitglieder): Monique Krüs; Hannes Brock, Horst Hüskes, Richard Medenbach (Sänger); *Schauspieler:* Gerd Braese, Rudolf Cornelius (Grillo); *Gäste:* Dieter Hönig, Berthold Korner, Herwig Lucas, Paul Schmidkonz

Essener Ballett: Ismini Bettenhausen, Nicolette Boërée, Yvetta Duchoslav, Martina Horstmann, Annette May, Veronika Nagy, Adelina Nigra, Jutta Schwantes, Caterina Salvatori; Björn Bettenhausen, Marco Dekker, Olaf Detelich, Mady El Leisy, Csaba Kvas, Adil Laraki, Massimiliano Moretti, Julio Rodriguez, Joël Terrier

Gäste/Teilspielzeit: Isabel Broders, Tatjana Clasing, Diana Dragos, Alexandra Fabeck, Carolin Fortenbacher, Ellen Kärcher, Sigrid Grau, Renée Knapp, Michaela Kolarova, Anja Launhardt, Angela Pützenreuter, Judy Pyanowski, Annemie van Raemdonck, Gudrun Schade, Catherine Swanson; Detlef Alexander, Arnoldo Alvarez, René Pierre Chiata, F. Dion Davis, George Giraldo, Holger Hauer, Jonathan Hubbard-Barfuß, Eugene Johnson, Gregory Jones, Peter Kapusta, Paul Lorenger, Olaf Meyer, Piotr Poplawski, Bernhard Rüfenacht, Sigold Stahl, Andreas Zaron

■ Opern (N)

Aalto-Theater

16.09.89 „Mireille" von Charles Gounod (12) – ML: Ajmone-Marsan, I: Saufat, A: Manani *(14.09: GP und Voraufführung anlässlich der Messe „Schweißen & Schneiden")*

09.12.89 „Aida" von Giuseppe Verdi (16) – ML: Ajmone-Marsan, I: Hilsdorf, A: Leiacker

20.01.90 „Die lustigen Weiber von Windsor" von Otto Nikolai (9) – ML: Maxym, I: Rootering, B: Hassler/Herforth/Karen, K: Jaenecke (nach einer Inszenierung von Peter Beauvais für die Bayerische Staatsoper 1983)

07.04.90 „Die Fastnachtsbeichte" von Giselher Klebe (8) – ML: Maxym, I: Temme, A: Wagenknecht
(Premiere in Anwesenheit des Komponisten)

02.06.90 „Pique Dame" von Peter I. Tschaikowsky (6) – ML: Wallberg, I: Kreppel, B: Kistner, K: Frey, Ch: Straudo

Humboldtaula

05.09.89 „Hin und zurück" von Paul Hindemith/„Das Telefon" von Gian Carlo Menotti (5) – ML: Poncette (Klavier), I: Temme, B: Buchholz, K: Mogilka

28.05.90 „Eine Entführung aus dem Serail" nach Wolfgang Amadeus Mozart (4) – ML: Poncette, I: Koegel-Dorfs, B: Buchholz, K: Mogilka

■ Operette (N)

14.10.89 „Orpheus in der Unterwelt" von Jacques Offenbach (18) – ML: Cramer, I: Quetes, B: Balthes, K. Frühling, Ch: Samec

■ Opern (WA)

10.11.89 „Graf Mirabeau" von Matthus (7)

25.12.89 „Die Meistersinger von Nürnberg" von Wagner (4)

15.04.90 „Don Carlos" von Verdi (5)

■ Musical (WA)

12.05.90 „West Side Story" von Bernstein (14)

■ Sonderveranstaltungen

Aalto-Theater

27.08.89 Tag der offenen Tür: „The Show must go on"
„Modern Jazz" mit dem Stephan-Bauer-Quartett; Daniel-Trio; Talkshow mit Ensemblemitgliedern;

„Kastagnetten-Konzert" mit Alberto Alarzon Mozart, Arie des Sarastro „In diesen heil'gen Hallen" (Franz-Josef Selig) aus „Die Zauberflöte"; Puccini, Arie der Liù „Tu che di gel sei cinta" (Izabela Labuda) aus „Turandot"; Gounod, Rondo des Mepisto (Marcl Rosca) aus „Margarethe"; Verdi, Arie der Eboli „O don fatale, o don crudel" (Therese Renick) aus „Don Carlos"; Rossini, Auftrittsarie des Figaro „Ich bin das Faktotum …" (Alexander Marco-Buhrmester) aus „Der Barbier von Sevilla"; Nicolai, Eröffnungsduett Frau Fluth/Frau Reich „Nein, das ist wirklich doch zu keck" (Izabela Labuda/Marina Sandel) aus „Die lustigen Weiber von Windsor"; Strauß, Couplet der Adele „Mein Herr Marquis" (Melidy Kielisch) aus „Die Fledermaus"; Gershwin, Song „I Got Plenty o' Nuttin" des Bess (Joachim Maaß-Geiger) aus „Porgy and Bess"); Bernstein, Song „Glitter and be gay" der Kunigunde (Monique Krüs) aus „Candide"; Bernstein, Song „Maria, Maria" des Tony (Hannes Brock), Song „I feel pretty" der Maria (Renée Knapp) und Duett Tony/Maria „Tonight" (Renée Knapp/Hannes Brock) aus „West Side Story"; Gounod, Arie des Ourrias „Si les filles d'Arles sont reines" (Karl-Heinz Offermann) und Arie der Mireille (Rachel Joselson) aus der gleichnamigen Oper (2×)
Stephen Marinaro (Klavier)

31.12.89	Nightshow (nach der Vorstellung „Orpheus in der Unterwelt")
01.01.90	Mitterachtsprogramm mit Melody Kielisch/Barbara Krabbe/Catherine Swanson/Margarita Turner; Hannes Brock/Alexander Marco-Buhrmester/Hans Nowack/Piotr Poplawski/Peter Zeug Ballett: Ismini Bettenhausen/Diana Dragos/Yvetta Duchoslav/Michaela Kolarova/Annette May/Adelina Nigra/Jutta Schwantes/Eva Stolz; Magdy El Leisy/Joël Terrier – ML: Ralph Richey, I/Ch: Janez Samec, A: Wolfgang O'Kelly
23.06.90	Haus der offenen Tür mit Musik und Attraktionen, u. a. Broadway-Melodien (Terrasse 2×): am Abend: „Heiterer Kehraus" mit Solisten und Opernchor, anschließend Tanz auf der Bühne

Foyer

Mehrfach Einzeltermine	Jazz im Café; Musik im Café
10.09.89	Einführungsmatinee zur Premiere „Mireille"
24.09.89	Ein Jahr Aalto: Journalisten ziehen Bilanz „Leere Versprechungen oder Essener Theaterwunder?" – Gesprächsleitung: Wulf Mämpel Teilnehmer: Klaus Kirchberg (WAZ), Johannes K. Glauber (NRZ), Ulrich Schreiber (FAZ u. a.), Prof. Gerd Schönfelder (Generalintendant der Semper-Oper Dresden), Manfred Schnabel, Kulturdezernent Uwe Beyer, OB Peter Reuschenbach, Rolf Holtkamp (Vorsitzender des Aufsichtsrates), Dr. Heinrich Wieneke (Stellvertretender Vorsitzender des Aufsichtsrates)
08.10.89	Einführungsmatinee zur Premiere „Orpheus in der Unterwelt"
12.11.89	„Die Winterreise" von Schubert mit Hans Nowack (Bass)/Konrad Haenisch (Klavier)
21.11.89	Hannes Brock (Tenor) singt Lieder französischer Komponisten; Paula Domstreich-Röhrig (Klavier)
03.12.89	„… singen in der Fremde" – Matinee zur Essener Aufführung von Verdis „Aida" mit den Solisten Awilda Verdejo/Therese Renick; Emil Ivanov/Marcel Rosca/Károly Szilágyi sowie mit Guido Ajmone-Marsan (Dirgent)/Dietrich Hilsdorf (Regisseur)
14.01.90	Einführungsmatinee zur Premiere „Die lustigen Weiber von Windsor"
25.03.90	Einführungsmatinee zur Premiere „Die Fastnachtsbeichte"
06.04.90	Jazz im Café: Die Disharmoniker (Mitglieder der Philharmoniker)
20.05.90	Einführungsmatinee zur Premiere „Pique Dame"

10.06.90	Opernmatinee zugunsten der Heimkinder in Rumänien mit Solisten des Aalto-Theaters	19.11.89	Christa Ludwig singt Lieder von Schubert/Brahms/Mahler/Strauss; Charles Spencer (Klavier)
15.06.90	Salon-Orchester Essen – Mitglieder der Essener Philharmoniker spielen Berliner und Wiener Caféhaus-Musik	11.03.90	Theo Adam singt Lieder von Beethoven/Schubert/Strauss/Schumann; Rudolf Dunckel (Klavier)
23.06.90	Haus der offenen Tür mit Musik und Attraktionen, u. a. Broadway-Melodien mit Hannes Brock (Gesang/Conference)/Tatjana Clasing/Judy Pyanowski/Catherine Swanson; Holger Hauer/George Giraldo/Gregory Jones	26.04.90	Bernd Weikl singt Lieder von Schubert/Hermann Reutter/Rimsky-Korsakow/Hugo Wolf/Strauss Cord Garben (Klavier)

Saalbau

08.06.90 Margaret Price singt Lieder von Liszt/Hugo Wolf/Peter Cornelius/Wagner; Iain Burnside (Klavier)

25.08.89 Konzert für Bürger/innen mit Behinderung
Haydn, „Konzert für Violoncello C-Dur" (Armin Fromm); Tschaikowsky, „Nussknacker-Suite"
ML: Heinz Wallberg

Foyer

20.10.89 „Die Seidentrommel" von Paavo Heininen (Opernfilm)

30.10.89 „Streifzug durch Lied und Oper des 20. Jahrhunderts mit Gertrud Maetz-Winterscheid; Helge Dorsch (Klavier)

01.01.90 Neujahrskonzert: „Beethoven, 9. Sinfonie"
ML: Heinz Wallberg; Solisten: Gabriele Lechner/Brigitta Svenden; Norbert Orth/Hans Tschammer; Musikverein/Extrachor/Schubertbund

27.11.89 Liederabend mit Helma Schwigat (Sopran)/Christian de Breun (Klavier): „Marienleben" von Paul Hindemith" unter Mitwirkung von Agnes Giebel

05.03.90 Salon-Matinee mit den „Madämchen", Köln

Gruga (Musikpavillon)

03.09.89 Sommerserenade
Mozart, „Ein kleine Nachtmusik"; Tschaikowsky, „Streicherserenade C-Dur"
ML: Heinz Wallberg

■ Abstecher

18.11.89 Konzerte Essener Künstler für Senioren in Heimen und Freizeiteinrichtungen, beginnend im Friedrich-Ebert-Sozialzentrum, etwa 20 weitere Veranstaltungsorte

■ Gastspiele

Aalto

18.10.89 Jorma Hynninen singt Lieder von Schumann/Yrjö Kilpinen/Sibelius; Eero Heinonen (Klavier)

21.10.89 „Eugen Onegin" von Peter I. Tschaikowsky (Finnische Nationaloper Helsinki)

22.10.89 „Juha" von Aarre Merikanto (Finnische Nationaloper Helsinki)

Ballett

Ballettintendantin und Choreografin: Heidrun Schwaarz
Ballettmeister und stellvertretender Ballettintendant: Igor Losak
Ballettmeisterin: Yolande Straudo; *Ballettrepetitor*: Daniel Vincent Kottnauer

Dirigenten: Matthias Aeschbacher, Robert Maxym, Xaver Poncette; Ralf Richey (Klavier)
Choreografen der Neuinszenierungen: Heidrun Schwaarz; *Gäste:* Sir Frederick Ashton/Faith Worth, Nils Christe
Ausstatter der Neuinszenierungen (Gäste): Keso Dekker, Osbert Lancaster, Friederike Singer

Compagnie: Ryoko Akiyama*, Laura Atwood*, Anke Lehmann, Astrid Sackewitz, Gorica Stankovic, *Solo*
Nicolette Boeree, Marina Horstmann, Veronika Nagy, *Gruppe mit Solo*
Ismini Bettenhausen, Diana Dragos*, Yvetta Duchoslav, Annette May, Azusa Mori*, Adelina Nigra, Caterina Salvadori, Jutta Schwantes, Eva Stolz, *Gruppe*
Pierre Beguin, Björn Bettenhausen, Cyrille Dauboin, Magdy El Leisy, Christophe Ferrari, Csaba Kvas, Edgardo Lattes, Zlatko Panic, *Solo*
Adil Laraki, Massimiliano Moretti, Joel Terrier, *Gruppe mit Solo*
Marco Dekker*, Oliver Detelich*, Julio Rodriguez, *Gruppe*
Christa Piroch, Yolande Straudo; Gerard S. Kohl, Igor Kosak, Enrique Larraguibel, Jan Thompson

Gäste: Monika Dehnert, Birgit Dittrich, Katrin Dreier, Julia Finsterwalder, Karine Guinkamp, Virginia Heinen, Kerstin Hörner, Marcia Junqueira, Ellen Kärcher, Michaela Kolarova, Nayoung Kim, Miriam Leisner, Amaja Lubeight, Sandra Sadgwick, Maria Michala, Birgit Relitzki, Viola Röger, Anja Röttgerkamp, Cristina Ruiz, Annemie van Raemdonck, Ilona Züllich; Arnoldo Alvarez, Ives Bastos de Araujo, Jan Broeckx, René-Pierre Chiata, Oded Hubermann, Peter Jolesch, Tadeusz Matacz, Henk Moens, Christian Piechaczek, Jean-Jacques Pomperski, Piotr Poplawski, Antrifo Sanches, Stephan Rieb, Enrico Tedde, Daniel Thomas

■ Ballette (N)

04.11.89 „La fille mal gardée" von Frédéric Ashton/Worth//Louis Joseph F. Hérold/John Lanchbery – ML: Maxym, A: Lancaster (15)
03.03.90 „Der Feuervogel" von Heidrun Schwaarz//Igor Strawinsky (8) – ML: Maxym, A: Singer
„Before Nightfall" (DE) von Nils Christe//Bohuslav Martinů – ML: Maxym, A: Dekker

■ Ballette (WA)

30.09.89 „Josephslegende" von Schwaarz//Strauss – „Le sacre du printemps" von Panov//Strawinsky (3)
07.10.89 „Romeo und Julia" von Schwaarz//Tschaikowsky (3)
25.11.89 „Percussion für six men" von Nebrada//Gurst (2)
„Die vier Temperamente" von Balanchine//Hindemith
„Der wunderbare Mandarin" von Schwaarz//Bartók
20.04.09 „Ein Sommernachtstraum" von Casado//Mendelssohn Bartholdy (6)

■ Sonderveranstaltungen

Aalto-Theater

27.08.89 Tag der offenen Tür: Öffentliches Training (Leitung: Yolande Straudo) und Proben-Ausschnitte
01.11.89 Einführungsmatinee zur Premiere „La Fille mal gardée"
18.02.90 Einführungsmatinee zur Premiere „Der Feuervogel"/„Before Nightfall"
19.05.90 Gala zur Verleihung des Deutschen Tanzpreises 1990 an Prof. Karl Heinz Taubert
Das „Ensemble Historischer Tanz Berlin" zeigt historische Tänze aus vier Jahrhunderten (Renaissance/Barock/Rokoko/Empire/Romantik), begleitet von der Instrumentalgruppe „Alte Musik"; Solisten der „Bournonville-Group" des Königlich Dänischen Balletts zeigen – mit 1846 beginnend – Choreografien von Bournonville (Leitung: Ballerina Donna Björn) [Anstelle des unerwartet verstorbenen Preisträgers nimmt das

von Taubert gegründete „Ensemble Historischer Tanz Berlin" den Preis entgegen]

■ Gastspiel
01.01.90 Sterne des Bolschoi-Balletts, präsentiert von Primaballerina Maria Brissonskaya
Tschaikowsky, Pas de deux aus „Dornröschen" (Eugenia Kostileva/Sergey Kravetz); Løvenskiold, Pas „La Sylphide" (Loretta Bartusyavichute/Vitali Voloshin); Adam, Pas de deux aus „Der Korsar" (Maria Brisssonskaya/Tamas Tengler); Adam, Pas de deux aus „Giselle" (Marina Leonkina/Nikolai Fedorov); Saint-Saëns, „Der sterbene Schwan" (Maria Brissonskaya); Solovvoy-Sedoi, „Gopak" aus dem Ballett „Taras Bulba" (Vitali Voloshin); Béjart//Bach, „Die schöne Helena und Paris" (Nelli Beredina/Piatras Skirmantas); Cernishov//Albinoni, „Adagio" (Natalia und Witalij Yakovlev)

Spielzeit 1990/91

Geschäftsführer: Hermann Hartwich

Musiktheater

Künstlerischer Gesamtleiter: Prof. Manfred Schnabel
Persönlicher Referent des Künstlerischen Gesamtleiters: Andreas Büchel*
Künstlerischer Betriebsdirektor und Vertreter des Künstlerischen Gesamtleiters: Albert Neffgen
Künstlerische Betriebsdirektorin: Ingrid Gradel* (ab 01.04.91)
Künstlerisches Betriebsbüro: Gerard S. Kohl, Leiter KBB
Dramaturgie: Marion Grundmann*, Gernot Wojnarowicz; *Gäste:* Rüdiger Meinel, Karl Vondrasek
Öffentlichkeitsarbeit: Andreas Büchel; *Theaterpädagogik:* Wolfgang Pütz, Gernot Wojnarowicz

Dirigenten: Robert Maxym, Musikalischer Oberleiter; GMD Prof. Heinz Wallberg; *Gäste:* Will Humburg, Toshiyuki Kamioka, Siegfried Kurz, Uwe Mund, Konstantin Schenk, Klaus Weise, Klaus Wilhelm
Repetitoren: Xaver Poncette, Studienleiter; Stephen Marinaro, Ralph Richey, Wolfgang Schulz
Gast: Wolfgang Heinz
Essener Philharmoniker; *Gast-Orchester:* Philharmonia Hungarica („Die lustige Witwe")
Chordirektor: Konrad Haenisch; *Choreografie:* Yolande Straudo; *Gast:* Janez Samec

Regisseure der Neuinszenierungen: Manfred Schnabel, Michael Temme; *Gäste:* Marc Adam, Jaroslav Chundela, Günther Roth, Janez Samec, Thomas Wagner
Ausstatter der Neuinszenierungen (Gäste): Roland Aeschlimann, Johannes Leiacker, Wolfgang O'Kelly, Ingrid Rahaus, Sibylle Schmalbrock, Harald Bernhard Thor, Roland Topor, José-Manuel Vazquez, Jörg Zimmermann
Technischer Direktor: Dietrich Wagenbauer

Ensemble: Rachel Joselson, Melody Kielisch, Monique Krüs, Izabel Labuda, Therese Renick, Marina Sandel, Margarita Turner; Hannes Brock, Michael Fellmann*, Horst Hüskes, Hans Jürgen Lazar, Karl-Heinz Lippe, Joachim Maaß-Geiger, Alexander Marco-Buhrmester, Richard Medenbach, Hans Nowack, Rolf Oberste-Brink, Karl-Heinz Offermann, Marcel Rosca, Franz-Josef Selig, Károly Szilágyi
Johannes Koegel-Dorfs, Gerard S. Kohl
Chorsolisten: Roswitha Bischof, Christa Bode, Sabine Brunke-Proll, Claudia Hummel, Cosima Schnurer, Marion Thienel; Manfred Grohnert, Johannes Groß, Peter Günther, Peter Holthausen, Josef Kistermann, Arno Klees, Horst Kohl, Jacek Pazola, Heinz Potztal, Manfred Pilgrim, Christian Polus, Marcel Schmitz, Werner Schuh, Jan Thompson, Wieland von Massenbach

Gäste/Teilspielzeit: Sabine Al-Massoudy, Ilena Belova, Gunnel Bohmann, Regine Böhm, Margrit Caspari, Tina Chivazde, Cornelia Dietrich, Marita Dübbers, Diane Elias, Ellen Fitts, Andrea Frei, Mechthild Georg, Pamela Hamblin, Nancy Johnson, Julie Kaufmann, Uta Keemss, Hellen Kwon, Gabriele Lechner, Celina Lindsley, Regina Mauel, Fionnuala McCarty, Martha Mödl, Renée Morloc, Gudrun Pelker, Erica Pilari, Ana Pusar, Suzanne Schwarz-Rodas, Maria Schwöllinger, Eva Tamulenas, Andrea Trauboth, Mildred Tyree, Dagmar von Bronewski, Silke Weisheit, Elisabeth Werres, Karin Zelles; Guido Baehr, Mark Bowman-Hester, Alberto Cupido, Karl Diekmann, Martin Finke, Arthur Friesen, Wolf-gang Glashof, Peter Gougaloff, Helmut Guhl, Ulrich Hielscher, Wolfgang Holzmair, Emil Ivanov, Jaroslav Kachel, Jozef Kundlak, Heinz Leyer, Zwetan Michailow, David Midboe, Günter Missenhardt, Kurt Moll, Norbert S. Nagerl, Ronald Pries, Neil Rosenshein, Wolfgang Schmidt, Christopher Scholl, Neil Schwantes, Jorma Sivasti, Alexander Spemann, Alexander Steblianko, Ion Tudoroiu, Malcom Walker, Peter Weber

Gäste (Musical): Celeste Barrett, Angelica Camm, Ilse Dekker, Petra Dekker, Monika Dehnert, Diana Dragos, Karin Fich, Irene Fleischer, Carolin Fortenbacher, Kerstin Hörner, Ellen Kärcher, Hanna Koller, Anja Röttgerkamp, Annika Sundström; Matthias Davids, F. Dion Davis, Joël De Tiege, Eric Freese, Helmut Ehmig, Marijan Grćic, Holger Hauer, T. J. Hee, Jimmy Jillebo, Jens Krause, Dirk Mestmacher, Laurent, N'Diaye, Frank Ojidja, Düncan Pettigrew, Piotr Poplawski, Jean Schmiede, Klaus Seiffert, Christian Struppeck, Peter Zeug
*Tänzer/innen (*Operetten): Ismini Bettenhausen, Nicolette Boërée, Yvetta Duchoslav, Martina Horstmann, Annette May, Azusa Mori, Adelina Nigra, Veronika Nagy, Astrid Sackewitz, Caterina Salvadori, Bozena Szymanska, Eva Stolz; Björn Bettenhausen, Zygniew Czapski-Kloda, Cyrille Dauboin, Mario Dekker, Oliver Detelich, Magdy El Leisy, Adil Laraki, Edgard Lattes, Massimiliano Moretti, Julio Rodriguez, Joël Terrier (Essener Ballett)
Gäste: Margarethe Dekker, Monika Dehnert, Diana Dragos, Karin Fich, Irene Fleischer, Carolin Fortenbacher, Kerstin Hörner, Ellen Kärcher, Hanna Koller, Anja Röttgerkamp; Xin-Peng Wang, Helmut Zedler
Tänzerinnen („Aida"): Ilse Dekker, Petra Dekker
Schauspieler (Gäste): Marion Hanke; Stefan Gille, Carlo Lauber, Helmut Mielke, Thomas Müller

■ Opern (N)
08.09.90 „Pelléas et Mélisande" von Claude Debussy (11) – ML: Wallberg, I: Adam, A: Leiacker
27.10.90 „Die Zauberflöte" von Wolfgang Amadeus Mozart (13+1) (VA am 25.10., *Jubiläum 150 Jahre Industrie- und Handelskammer*) – ML: Mund, I: Chundela, A: Topor
01.12.90 „Der Rosenkavalier" von Richard Strauss (15) – ML: Humburg, I: Schnabel, A: Aeschlimann
30.05.91 „Das schlaue Füchslein" von Leoš Janáček (7) – ML: Maxym, I: Temme, A: Thor, Ch: Straudo
Rathaus-Theater
31.05.91 „Die Sternstunde des Josef Bieder" von Eberhard Streul (11) – ML: Marinaro (Klavier), I: Wagner, B: Schmalbrock *(P: Augustinum 12.05.)*

■ Operette (N)
30.12.90 „Die lustige Witwe" von Franz Lehár (24) – ML: Wilhelm, I: Roth, B: Zimmermann, K: Rahaus, Ch: Samec

■ Musical (N)
13.04.91 „La Cage aux Folles" von Jerry Herman (20) – ML: Wilhelm, I/Ch: Samec, B: O'Kelly, K: Vazquez

■ Opern (WA)
Aalto-Theater
05.01.91 „Die lustigen Weiber von Windsor" von Nikolai (7)
16.03.91 „Pique Dame" von Tschaikowsky (6)
18.04.91 „Aida" von Verdi (5)
Humboldt-Aula
01.03.91 „Eine Entführung aus dem Serail" von Mozart (5)

■ Operette (WA)
16.09.90 „Orpheus in der Unterwelt" von Offenbach (7)

■ Sonderveranstaltungen
Aalto-Theater
26.08.90 Auftakt: Kostproben aus dem Programm der neuen Spielzeit
Foyer
Mehrfach Jazz im Café; Musik im Café
Einzeltermine
02.09.90 Einführungsmatinee zur Premiere „Pélleas et Mélisande"
11.09.90 Izabel Labuda singt Lieder von Purcell/Fernando Obradors/Rachmaninov und Arien von Puccini/Verdi; Stephen Marinaro (Klavier)
21.09.90 Musik im Café: Gildehof-Trio spielt Wiener und Berliner Salonmusik, auch 23.01.91
03.10.90 Monique Krüs singt Lieder von Debussy; Ralph Richey (Klavier)
14.10.90 Einführungsmatinee zur Premiere „Die Zauberflöte"
22.10.90 Susanne Carroll singt Opern- und Operettenmelodien; Walter Börner (Klavier)
31.10.90 Hans Nowack singt Lieder und Balladen von Schumann/Schubert/Carl Loewe; Lieselotte Nowack trägt Balladen von Goethe/Schiller/Meyer/

	Uhland/Münchhausen/Rückert/Fontane vor; Konrad Haenisch (Klavier)
18.11.90	Einführungsmatinee zur Premiere „Der Rosenkavalier"
09.12.90	Verleihung des Bühnenpreises an Renée Knapp (Freundeskreis Theater & Philharmonie)
28.01.91	Hannes Brock singt Lieder von Schubert/Schumann; Friedel Becker-Brill (Klavier)
07.04.91	Einführungsmatinee zur Premiere „La Cage aux Folles"
06.05.91	Musik im Café: Das „Salonorchester Essen" (Mitglieder der Philharmoniker) spielt Wiener und Berliner Salonmusik
12.05.91	Einführungsmatinee zur Premiere „Das schlaue Füchslein"
12.06.91	Jazz im Café: Daniel Kottnauer (Gesang und Klavier) mit Evergreens aus England und Amerika von 1920 bis heute

Saalbau
10.08.90	Konzert für Bürger/innen mit Behinderung Tschaikowsky, „Konzert für Violine und Orchester D-Dur op. 35" (Torsten Jaenicke); Strauß, Ouvertüre „Die Fledermaus"/„Kaiserwalzer"/„Tritsch-Tratsch-Polka"/„Neue Pizzicato Polka"/„Unter Donner und Blitz" ML: Heinz Wallberg

Gruga (Musikpavillon)
11.08.90	Open-Air-Konzert Strauß, Ouvertüre „Die Fledermaus"/„Kaiserwalzer"/„Tritsch-Tratsch-Polka"/„Neue Pizzicato-Polka"/Walzer „Rosen aus dem Süden"/Ouvertüre „Der Zigeunerbaron"/„Unter Donner und Blitz"; Joh. Strauß (Vater), „Radetzky-Marsch" ML: Heinz Wallberg
01.01.91	Neujahrskonzert: Beethoven, „9. Sinfonie" Solisten: Edith Wiens/Jane Henschel; Raimo Sirkiä/Kristinn Sigmundsson; Opern und Extrachor (Konrad Haenisch)/Schubertbund (Arnold Kempkens) ML: George Alexander Albrecht

Grugahalle
22.06.91	Galakonzert zum Abschied von GMD Prof. Heinz Wallberg Verdi, Ouvertüre „Nabucco"; Giordano, Arie des Carlo Gerard „Nemico della patria" (Sherrill Milnes) aus „Andrea Chénier"; Verdi, Arie der Leonora „Pace, pace" (Maria Chiara) aus „Die Macht des Schicksals"; Puccini, Arie des Kalaf „Nessun dorma" (Giorgio Lamberti) aus „Turandot"; Mascagni, Intermezzo/Romanze „Voi lo sapete"der Santuzza (Bruna Baglioni) aus „Cavalleria rusticana"; Puccini, Duett „Viene la sera" (Maria Chiara/Giorgio Lamberti) aus „Madama Butterfly"; Donizetti, Arie der Leonora „O mio Ferrando" (Bruna Baglioni) aus „Die Favoritin"; Verdi, Duet Amelia/Riccardo „Teco io sto" (Maria Chiara/Giorgio Lamberti)/Terzett Amelia/Riccardo/Renato „Ahimè, s'appressa alcun " (Maria Chiara/Giorgio Lamberti/Sherrill Milnes) aus „Ein Maskenball"; Bizet, Vorspiel zum 3. und 1. Akt „Carmen"; Leoncavallo, Arie des Canio „Recitar! – Vesti la giubba" (Giorgio Lamberti);aus „Der Bajazzo"; Verdi, Arie der Eboli „O don fatala" (Bruna Baglioni) aus „Don Carlos"; Verdi, Arie des Jago „Vanne – Credo" (Sherrill Milnes) aus „Otello"; Verdi, Duett Aida/Amonasro Ciel, mio padre" (Maria Chiara/Sherrill Milnes), Duett Aida/Radames „Pur ti riveggo, ma dolce Aida" (Maria Chiara/Giorgio Lamberti)/Szene „Di Nàpata le gole" und Finale 3. Akt (Bruna Baglioni/Maria Chiara/Giorgio Lamberti Sherrill Milnes) aus „Aida"; Verdi, Ouvertüre zu „Die Macht des Schicksals" ML: Heinz Wallberg

■ Gastspiele

Aalto-Theater
09.09.90	„Magie der Musik" – Highlights aus Musical/Film und amerikanische Evergreens Love Songs/Marilyn Monroe Medley/The Musical World/Soundtrack

	Special/A Standard Hit Album/ Finale mit Angelika Milster/Günther Emmerlich/dem Kölner Rundfunkorchester/WDR Big Band, Leitung: André Bauer
28.09.90	„Der feurige Engel", Oper von Sergej Prokofjew (Oper Tiflis), auch 29.09.
21.10.90	„Wir stoßen an" – 25 Jahre Kabarett „Die Kettwichte"
29.10.90	Théâtre fantastique, Paris: Pantomimen-Theater
16.11.90	Helen Donath singt Lieder von Pfitzner/Strauss/Schubert u. a.; Klaus Donath (Klavier)
17.11.90	„Alles oder nichts" (Münchner Lachund Schießgesellschaft), auch 18.11.
16.12.90	Hermann Prey singt Schuberts „Die Winterreise"; Helmut Deutsch (Klavier)
24.01.91	Nicolai Gedda singt Lieder von Schubert/Wolf/Strauss; Giovanni Bria (Klavier)
26.04.91	Kurt Moll singt Lieder von Haydn/Hugo Wolf/Strauss u. a.; Cord Garben (Klavier)
29.05.91	Lucia Popp singt Lieder von Mahler/Hugo Wolf/Strauss/Dvořák; Irwin Gage (Klavier)
04.06.91	„Fidelio" von Ludwig van Beethoven *(konzertant)* Solisten: Linda Blech/Teresa Ringholz; Albert Dohmen/Christoph Erpenbeck/Hans-Jürgen Lazar/Franz-Josef Selig/Jorma Silvasti; Sprecher: Kurt Meisel (Zwischentexte: „Roccos Erzählung" von Walter Jens) Bayer Philharmoniker, ML: Rainer Koch
03.07.91	Liederabend „So haltet die Freude recht fest" (Mecklenburgisches Staatstheater), auch 04.07. *(Theater der Welt Essen 1991)*
Foyer	
22.10.90	Susanne Caroll singt Melodien aus Operette und Film; Walter Börner (Klavier)
30.10.90	„Tango Brasileiro": Südamerikanische Folklore
06.11.90	„Tucholsky: Texte und Lieder" mit Rolf Berg
04.12.90	Liederabend: „Die Frau im Lied" mit Elisabeth Merten-Bähr (Sopran)/Peter Imo (Klavier), mit Mitgliedern der Gruppe „Motivconcert; Moderation: Thomas Merten

Ballett

Ballettintendantin und Choreografin: Heidrun Schwaarz
Ballettmeister und stellvertretender Ballettintendant: Igor Kosak
Ballettmeisterin: Yolande Straudo; *Ballettrepetitor:* Daniel Vincent Kottnauer
Dirigenten: Robert Maxym, Xaver Poncette (auch Klavier), *Gast:* Klaus Wilhelm
Choreografen der Neuinszenierungen: Heidrun Schwaarz; *Gäste:* Rudi van Dantzig/Joanne Zimmermann, Hans van Manen, Toer van Schayk/Malin Thoors Watt, Gray Veredon/Rita Lussi
Ausstatter der Neuinszenierungen (Gäste): Kristian Frederikson, Toer van Schayk, Jean-Paul Vroom

Compagnie: Ryoko Akiyama, Anke Lehmann, Gorica Stankovic, *Solo*
Nicolette Boërée, Marina Horstmann, Azusa Mori, Veronika Nagy, Bozena Szymanska*, *Gruppe mit Solo*
Ismini Bettenhausen, Yvetta Duchoslav, Annette May, Adelina Nigra, Caterina Salvadori, Eva Stolz, *Gruppe*
Björn Bettenhausen, Cyrille Dauboin, Magdy El Leisy, Christophe Ferrari, Csaba Kvas, Edgardo Lattes, Zlatko Panic, *Solo*
Adil Laraki, Massimiliano Moretti, Julio Rodriguez, *Gruppe mit Solo*
Zbygniew Czapoki-Kloda Marco Dekker, Oliver Detelich*, Joël Terrier, *Gruppe*
Christa Piroch, Yolande Straudo; Igor Kosak, Enrique Larraguibel

Gäst/Teilspielzeit: Tanja Berg, Sonja Clasen, Monika Dehnert, Diana Dragos, Birgit Dittrich, Julia Finsterwalder, Ingrid Häde, Virginia Heinen, Kerstin Hörner, Amaja Lubeight, Maria Michala, Birgit Relitzki, Viola Röger, Anja Röttgerkamp, Cristina Ruiz, Caroline Seyu-Jura, Irene Zabel

Ives Bastos de Araujo, Wim Broeckx, René Pierre Chiata, Yurdakul Ersarasoglu, Clint Farha, Kevin Cregan, Oded Hubermann, Patrick Marvin, Christian Piechaczek, Jan-Jacques Pomperski, Piotr Poplawski, Stephan Rieb, Jorge Rondinelli, Antrifo Sanches, Enrico Tedde, Daniel Thomas, Xin Peng Wang, Christoph Wenzel
Gesangssolistinnen („Vier letzte Lieder"): Betrice Niehoff, Young Hee Kim, Elaine Woods

■ Ballette (N)

06.10.90 „Adagio Hammerklavier" von Hans van Manen/Schwaarz/Kosak//Ludwig van Beethoven (13+1) – A: Vroom, Klavier: Poncette
„Vier letzte Lieder" Rudi van Dantzig/Zimmermann//Richard Strauss – ML: Maxym, A: van Schay
„7. Symphonie" von Toer van Schayk/Thoors Watt// Ludwig van Beethoven – ML: Maxym, A: van Schayk

09.02.91 „Der Diener zweier Herren" von Gray Veredon/Lussi//Vivaldi (14) – ML: Wilhelm, A: Frederikson

■ Ballette (WA)

19.08.90 „La Fille mal gardée" von Ashton//Hérold/Lanchbery (6)
07.03.91 „Romeo und Julia" von Schwaarz//Tschaikowsky (6)

■ Abstecher

– Öffentliches Training und Ausschnitte aus verschiedenen Produktionen: Pas de deux aus „Schwanensee" und aus „Les Sylphides"/Fee Mab aus „Romeo und Julia"/2. Satz aus der 7. Symphonie/Beethoven/aus
– „5 Tangos"/„Empty Spaces"/aus „La Fille mal garde" (Gymnasium am Stoppenberg 26.04.91)
– „Adagio Hammerklavier"/„Vier letzte Lieder"/„7. Symphonie" (Mönchengladbach 05.06.91)

■ Sonderveranstaltungen

Aalto-Theater
30.09.90 Einführungsmatinee zur Premiere „Adagio Hammerklavier"/„Vier letzte Lieder"/„7. Symphonie"

27.01.91 Einführungsmatinee zur Premiere „Der Diener zweier Herren"
09.03.91 Gala zur Verleihung des Deutschen Tanzpreises 1991 an Konstanze Vernon
Hans van Manen//Haydn/Bach, „Unisono" (Schüler/Studenten der Bayer. Ballettakademie) Heinz Manniegel//mehrere Kompositionen, „Hermann, der Traumtänzer" (Schüler und Studenten der Ballettakademie des Freistaates Bayern); Hans van Manen//Satie, „Trois Gnossiennes" (Christina McDermott/Robert Machherndl); August Bournonville//Holger Simon/Edvard Hellsted, „Blumenfest in Genzano" (Tina-Kay Bohnstedt/Patrick Teschner); Jiří Kylián//Debussy, „Nuages" (Paola Frigotto/Robert Machherndl); Viktor Gsovsky//Auber „Grand Pas Classique" (Christina McDermott/Oliver Wehe); Ulysses Dove//Laurie Anderson „Bad Blood" (alle Beiträge mit Solisten des Bayerischen Staatsballetts)

■ Gastspiele

Aalto
23.09.90 „Garth Fagan Dance" (Modern Dance Ensemble, USA) – 4. Internationales Tanzfestival NRW
Garth Fagan//Abdullah Ibrahim/Max Roach, Prelude „Discipline is Freedom"; Garth Fagan//Dvořák, „Oatka Trail"; Garth Fagan//Miles Davis, „Telling a Story", 2 Teile; Garth Fagan//Art Ensemble Chicago, „Time After Bevore Place"
04.11.90 Moskauer Staatsballett mit Deldevez//Minkus, „Paquita"; Chopin, Les Sylphides" und mit Ausschnitten aus Tschaikowsky-Balletten
11.11.90 „Romeo und Julia" von Tom Schilling//Prokofjew (Komische Oper Berlin)
09.12.90 Nederlands Dans Theater: „L'enfant et les Sortilèges" von Jiří Kylián//Ravel; „Forgotten Land" von Jiří Kylián//Britten

01.01.91	„Souls in Motion" – Musical- und Tanzshow Ch: Claude Paul Henry/Theresa Kerr/Anthony van Laast
27.01.91	Pantomimentheater Milan Sládek
24.03.91	„Passion 2000" – Musik: Johann Sebastian Bach/Gabor Presser (Staatsoper Lodz)
20.04.91	„Iwan der Schreckliche" von Juri Grigorowitsch//Prokofjew (Bolschoi-Ballett)
31.05.91	„Eurythmie" (Eurythmeum Stuttgart) und Kammerorchester Minsk
27.06.91	„Que Paso con las Magdalenas" von Ramón Oller//Oscar Ruig (Metros/Spanien)
09.07.91	„Megadance" – 6 Choreografien von 6 verschiedenen Ensembles und Choreografen aus New York, auch 10.07. *(Theater der Welt Essen)*
11.07.91	„Essener Blüten" – „Solos" von Susanne Linke//Schubert/Satie/Xenakis/Fauré; „Das Erbe der Tiamat" von Christine Brunel//Peter Kowald *(Theater der Welt Essen)*
13.07.91	„Affekte" von Susanne Linke//Teh Ondekoza/Bach; „Effekte" von Susanne Linke//Elektronische Musik/Pierre Henry/Mozart *(Theater der Welt)*

Foyer

06.12.90	Flamenco-Abend – Tanz, Gesang und Gitarrenmusik mit der Gruppe Medina
22.03.91	Flamenco-Abend: Flamenco Marcato (Raughi Ebert/Rafael Cortès, Gitarre)

Spielzeit 1991/92

Geschäftsführer: Otmar Herren*

Musiktheater

Leiter des Musiktheaters: Prof. Manfred Schnabel
Persönlicher Referent des Künstlerischen Gesamtleiters: Andreas Büchel
Künstlerische Betriebsdirektorin: Ingrid Gradel; *Künstlerisches Betriebsbüro:* Gerard S. Kohl
Dramaturgie: Wolfgang Haendeler*, Gernot Wojnarowicz; *Gast:* Norbert Grote
Öffentlichkeitsarbeit: Andreas Büchel; *Theaterpädagogik:* Othmar Zernikow*

Wolf-Dieter Hauschild
Generalmusikdirektor 1. August 1991–1996/97; 1992/93 bis 1996/97 auch Opernintendant

Der aus Greiz/Thüringen stammende Dirigent Wolf-Dieter Hauschild (Jahrgang 1937) war u. a. Schüler des Gewandhauskapellmeisters und ehemaligen Essener Musikdirektors Hermann Abendroth. Er begann seine Dirigentenlaufbahn am National-Theater Weimar, wechselte dann als Chefdirigent an das Kleist-Theater Frankfurt/Oder. Die weiteren Stationen waren Berlin, wo er von 1973 bis 1976 stellvertretender Chefdirigent des Rundfunksinfonieorchesters Berlin war, sowie Leipzig, wo er 1978 als Chefdirigent das Rundfunksinfonieorchester sowie den Rundfunkchor übernahm. (Aalto-Theater)

„Dass Wolf-Dieter Hauschild auch als Gastdirigent tätig war, versteht sich nahezu am Rande. Eine schöne, eine erfolgreiche Zeit, wie Hauschild betonte. Doch dann kam es zum Konflikt. Als er 1985 bei den Stuttgarter Philharmonikern ein Engagement antreten wollte, spielte die DDR-Kulturbürokratie trotz früher gegebener Zusagen plötzlich nicht mehr mit. Hauschild blieb also im Westen. Zum Wohl des Stuttgarter Orchesters, das in der Schwaben-Metropole jahrelang das Dasein einer ‚grauen Maus' führte, plötzlich jedoch zum international gefragten Klangkörper avancierte. Hauschild war es auch, der in Stuttgart die von Loriot inszenierte Flotow-Oper ‚Martha' dirigierte. Und kurz vor seinem Wechsel in den Westen wurde ihm die Ehre zuteil, bei der Eröffnung der Dresdner Semperoper Webers ‚Freischütz' musikalisch zu betreuen."

Hauschild: „Ich freue mich auf meine Essener Jahre und auf die Zusammenarbeit mit diesem erstklassigen Orchester. Für die Unterzeichnung dieses Fünf-Jahres-Vertrags war es entscheidend, auch die Leitung der Oper übernehmen zu können. Allein das neue Haus ist ja von besonderem Reiz." (Essener Revue, Juni 2/89, gekürzt)

Aus dem Vorwort Hauschilds im Theater-Prospekt 1992/93 zu seiner ersten Spielzeit als Opernintendant: „Ein so einmaliges, architektonisch, akustisch und technisch gelungenes Haus wie das Aalto-Theater setzt Maßstäbe, die uns verpflichten, einem hohen Anspruch auch an die künstlerische Qualität des Hauses gerecht zu

werden. Grundlage dafür ist sicherlich zunächst ein farbiges, anspruchsvolles und umfangreiches Repertoire … Wenn am Ende meiner ersten Saison 17 Werke den Spielplan füllen, scheint mir eine Basis für dieses langfristige Ziel geschaffen zu sein … Ein großes Repertoire allein bürgt freilich noch nicht für Qualität. Wichtiger Faktor für die adäquate Umsetzung ist ein Team, das zusammenpasst und auf hohem Niveau arbeitet. Mit einem wesentlich größeren Ensemble, renommierten Gästen, einem ebenfalls erweiterten Chor, dem Philharmonischen Orchester, den künstlerischen Vorständen, der Technik und dem übrigen Personal haben wir die Voraussetzungen dafür geschaffen. Schließlich soll die Farbigkeit des Spielplans auch von der Seite der Interpretation her gewährleistet sein."

Generalmusikdirektor: Prof. Wolf-Dietrich Hauschild*
Persönlicher Assistent des GMD: Eugen Epplée*
Dirigenten: Matthias Aeschbacher, Wolf-Dietrich Hauschild*, Xaver Poncette; *Gäste:* Guido Ajmone-Marsan, Achim Gieseler, Walter E. Gugerbauer, Will Humburg, Toshiyuki Kamioka, Siegfried Kurz, Günther Neuhold, Peter Sommer, Hans Urbanek, Neil Varon, Klaus Wilhelm Essener Philharmoniker; *Repetitoren:* Xaver Poncette, Studienleiter; Wolfgang Heinz, Stephen Mariano, Wolfgang Schulz; *Gast:* Wolfgang Wilger („Starmania"); *Chordirektor:* Konrad Haenisch
Choreografie (Gäste): Joel Schnee, Saba Pedük, Jürgen Schwalbe

Regisseure der Neuinszenierungen: Manfred Schnabel; *Gäste:* Jaroslav Chundela, Dietrich Hilsdorf, Jürgen Schwalbe, Marcus Weber
Ausstatter der Neuinszenierungen (Gäste): Roland Aeschlimann, Robert Ebeling, Johannes Leiacker, Carl-Friedrich Oberle, Walter Perdacher
Technischer Direktor: Dietrich Wagenbauer

Ensemble: Efrat Ben-Nun*, Izabela Labuda, Theres Renick, Suzanne Rodas*, Marina Sandel, Margarita Turner; Hannes Brock, Horts Hüskes, Karl-Heinz Lippe, Joachim Maass-Geiger, Alexander Marco-Buhrmester, Richard Medenbach, Hans Nowack, Karl-Heinz Offermann, Marcel Rosca, Franz-Josef Selig, Károly Szilágyi
Chorsolisten: Cosima Amlinger, Christine Bastardie, Christa Bode, Sigrune Greitschus, Sabine Brunke-Proll, Marie-Luise Bruns, Kotoe Drün-Kaneko, Wilhelmina Ebbink, Theodora Frank, Uta Frieß, Renate Glöckner, Irmgard Hecker, Gerwita Hees, Cäcilia Gräf-Klees, Claudia Hummel, Angela Meyer, Kirsti Palomäki, Anita Rödi-ger, Gisela Schroeter, Marion Thienel, Charlotte Vogel, Barbara Widmann, Alina Wolowik, Ginette Willaerts, Wieslawa Ziola; Erich Bär, Johannes Groß, Manfred Grohnert, Peter Günther, Peter Holthausen, Josef Kistermann, Arno Klees, Michael Kühner, Jacek Pazola, Manfref Pilgrim, Christian Polus, Heinz Potztal, Hiroshi Saito, Marcel Schmitz, Werner Schuh, Jan Thompson

Gäste/Teilspielzeit: Sabine Al-Massoudy, Vera Baniewicz, Barbara Berens, Helen Bickers, Susanne Bieber, Kirsten Blanck, Livia Budai, Tina Chivadze, Beate Conrads, Lona Culmer-Schellbach, Cornelia Dietrich, Isolde Elchlepp, Teresa Erbe, Andrea Frei, Maria Freund, Miriam Gauci, Mechthild Georg, Heike Gierhardt, Karen Huffstodt, Julia Juon, Uta Keemss, Monique Krüs, Annette Küttenbaum, Hellen Kwon, Elisabeth Lachmann, Celina Lindsay, Penelope Luisi, Angelika Luz, Beatrice Niehoff, Erica Pilari, Carla Pohl, Rossella Ragatzu, Gabriele Reinholz, Gabriele Maria Ronge, Claudia Rüggeberg, Margaret Russell, Isolde Siebert, Renate Spingler, Silke Weisheit, Dorothea Wirtz, Cornelia Wulkopf, Ute Vinzing, Irmentraud Zehrer, Ingeborg Zwitzers; Kenneth Bannon, Rüdiger Baumann, Andreas Bausdorf, Roland Bracht, Karl-Heinz Brandt, Victor C. Braun, Salvatore Champagne, Mario di Marco, Osvaldo di Pianduni, Matthias Dworzack, Wolfgang Fassler, Gerhard Faulstich, Martin Finke, Wolfgang Frey, Arthur Friesen, Ulrich Gentzen, Wilhelm Hartmann, Horst Hoffmann, Matthias Hölle, Peter Jagasich, Franz-Josef Kapellmann, Otto Kneidinger, Johannes Martin Kränzle, Helmut Kummer, Robert Künzli, Jürgen Kurth, Justin Lavender, Hans Jürgen Lazar, James McLean, Mathias Mann, Urs Markus, Zwetan Michailov, David Midboe, Günter Missenhardt, Olaf Nollmeyer, Rolf Oberste-Brink, Norbert Orth, Roelof Oostwoud, Konstantin Pluznikov, Philipp

Schepmann, Wolfgang Schmidt, Neil Schwantes, Bruno Sebastian, Stefan Sevenich, Jorma Silvasti, Raimo Sirkiä, Harald Stamm, Alexej Steblianko, Zelotes Edmund Toliver, Burkhard Ulrich, Bernd Valentin
Tänzerinnen („Aida"): Ilse Dekker, Petra Dekker
Gäste („La Cage aux Folles"): Angelica Camm, Ilse Dekker, Petra Dekker, Annika Sundström, Jean Schmiede; F. Dion Davis, Joël deTiege Helmut Ehmig, Eric Freese, George Giraldo, Paul Glaser, Marijan Grřić, Jimmy Jillebo, Jens Krause, Carlo Lauber, Dirk Mestmacher, Frank Odjidja, Duncan Pettigrew, Jonathan Rant, Jean Schmiede, Klaus Seiffert, Christian Struppek, Peter Zeug
Annette May, Massimiliano Moretti (Essener Ballett)
Gäste („Starmania"): Gundula Bartsch, Annika Bruhns, Pamela Falcon (Oona), Vasiliki Rouddi, Andrea Weiss; Erwin Bruhn, Paul Kribbe, Uwe Kröger, Carlo Lauber; Blackstars: Marion Hägele; Oliver Bethke, Trevor Hodge (Heaven), René-Pierre Chiata, Thomas Rascher

▪ Opern (N)
02.11.91 „Il Trovatore" von Giuseppe Verdi (17) – ML: Humburg, I: Hilsdorf, A: Leiacker
07.12.91 „Così fan tutte" von Wolfgang Amadeus Mozart (15) – ML: Gugerbauer, I: Schnabel, A: Aeschlimann
01.02.92 „Parsifal" von Richard Wagner (5) – ML: Hauschild, I: Chundela, A: Oberle

▪ Operette (N)
26.12.91 „Der Graf von Luxemburg" von Franz Lehár (23) – ML: Wilhelm, I: Weber, A: Perdacher, Ch: Schnee

▪ Rockoper (N)
14.02.92 „Starmania" (DE) von Michel Berger/Luc Plamondon (20) – ML: Gieseler, I: Schwalbe, A: Ebeling, Ch: Schwalbe/Pedük *(Koproduktion des Musiktheaters und des Essener Kinder- und Jugendtheaters)*

▪ Opern (WA)
14.09.91 „Don Carlos" von Verdi (4)
04.10.91 „Die Zauberflöte" von Mozart (12)
22.02.92 „Das schlaue Füchslein" von Janáček (6)
07.03.92 „Der Rosenkavalier" von Strauss (4)
05.04.92 „Aida" von Verdi (6)
31.05.92 „Die Meistersinger von Nürnberg" von Wagner (3)

▪ Musical (WA)
19.09.91 „La Cage aux Folles" von Herman (13)

▪ Sonderveranstaltungen
Aalto-Theater
07.09.91 Tag der offenen Tür
Ballett-Training; bekannte Melodien aus Musicals mit Joanne Bell/Angelica Camm; Hannes Brock/Hans Nowack/Peter Zeug; Klaus Wilhelm (Klavier)
„Ein Strauß bunter Melodien aus Oper/Operette/Ballett" mit Efrat Ben-Nun/Uta Keemss/Monique Krüs/Izabela Labuda/Therese Renick/Marina Sandel; Hannes Brock/Joachim Maaß-Geiger/Alexander Marco-Buhrmester/Hans Nowack/Karl-Heinz Offermann/Marcel Rosca und den Ballett-Solisten Veronika Nagy/Gorica Stankovic; Cyrille Dauboin/Zlatko Panic
Opernchor, ML: Matthias Aeschbacher/Xaver Poncette/Klaus Wilhelm
Moderation: Andreas Büchel
Garderobenhalle: Tanz mit dem Kalifornia-Sextett (nach dem Konzert)
Cafeteria: Am runden Tisch: Der Intendant im Gespräch mit dem Publikum
08.09.91 *Aalto:* Matinee mit arabischer Folklore; 16 Uhr: Wiederholung des Konzerts
Cafeteria: Daniel Vincent Kottnauer mit einem musikalischen Programm
Aalto
31.12.91 Nach der Vorstellung „Der Graf von Luxemburg": Tanz und Musik aus dem Aalto-Theater mit dem „Daniel-Trio" und Musical-Star Renée Knapp
23.05.92 Wagner Konzert [Wegfall der geplanten Produktion „Die Frau ohne Schatten"]
Ouvertüre „Der fliegende Holländer"; Monolog des Holländers „Die Frist

ist um" (Victor Braun Elsas Traum „Einsam an trüben Tagen" (Karen Huffstodt) und Vorspiel zum Akt aus „Lohengrin"; Schluss des 1. Aufzugs „Ein Schwert verhieß mir der Vater" (Karen Huffstodt/Horst Hoffmann) aus „Die Walküre"; Vorspiel zum 3. Aufzug und „Walkürenritt" aus „Die Walküre"; Erzählung der Waltraute „Seit er von dir geschieden" (Cornelia Wulkopf), „Trauermarsch" und Schlussszene der Brünnhilde/3. Aufzug aus „Götterdämmerung" (Carla Pohl)
ML: Wolf-Dietrich Hauschild, auch 28.05./03.06./18.07. [18.07.: statt Pohl/Wulkopf: Ute Vinzing; statt Horst Hoffmann: Wolfgang Fassler]

10.06.92 Bühne: Mitgliederversammlung des Freundeskreises
Wulf Mämpel im Gespräch mit Jürgen Bosse, dem künftigen Schauspiel-Intendanten
Dankesworte an die ausscheidenden Intendanten Prof. Manfred Schnabel und Hansgünter Heyme

12.07.92 Benefiz-Konzert zugunsten der Flüchtlinge aus den ehemaligen jugoslawischen Republiken
Mozart, Ouvertüre „Così fan tutte"; Wagner, Hallenarie (Margarita Turner) aus „Tannhäuser"; Leoncavallo, Prolog des Tonio (Károlyi Szilágyi) aus „Der Bajazzo"; Rossini, Verleumdungs-Arie (Marcel Rosca) und Arie der Rosina (Margaret Russell) aus „Der Barbier von Sevilla"; Lortzing, Arie des van Bett (Richard Medenbach) aus „Zar und Zimmermann"; Schubert, Lied „Frühlingsglaube" (Karl-Heinz Lippe); Suite aus Purcell, „Die Feenkönigin"; Zwei Gedichte von Bert Brecht, vorgetragen von Ilse Anton (Schauspiel Essen); Verdi, Szene und Arie der Violetta (Izabella Labuda") aus „La Traviata"; Saint-Saëns, Ballett: „Der sterbende Schwan" (Gorica Stankovic; Armin Fromm, Violoncello); Verdi, Arie des Fiesco (Marcek Rosca) aus „Simone Boccanegra"; Gounod, Arie des Valentin (Károlyi Szilágyi) aus „Faust"; Fauré, „Elégie für Violoncello und Klavier" (Armin Fromm, (Violoncello)/Stephen Marinaro, Klavier); Strauß, Csárdás aus „Die Fledermaus" (Izabella Labuda); Strauß, Auftrittslied des Zsupan (Richard Medenbach) aus „Der Zigeunerbaron"; Chopin, „Der siebte Walzer" (Gorica Stankovic/Zlatko Panic); Mozart, Lesung aus einem Brief Mozarts an seinen Vater, vorgetragen von Ilse Anton; J. Reyaux/C. François, „May Way" (Karl-Heinz Lippe); Rossini, „Katzenduett" (Margaret Russell/Margarita Tuner); Herman, „Ich bin, was ich bin" (Hannes Brock) aus „La Cage aux Folles"
ML: Stephen Marinaro/Xaver Poncette (Klavier), Moderation: Hannes Brock

13.07.92 Opern-Gala Junge Stimmen – Arien und Duette aus französischen und italienischen Opern
Mozart, Duett Graf/Susanne (Rossella Ragatzu/Alexander Marco-Buhrmester) aus „Figaros Hochzeit"; Duett Blonde/Osmin (Penelope Lusi/Franz-Josef Selig) aus „Die Entführung aus dem Serail"); Bizet, Habanera (Therese Renick) aus „Carmen"); Gounod, Valentins Gebet (Alexander Marco-Buhrmester) und Arie des Faust (Zwetan Michailov) aus der gleichnamigen Oper; Massenet, Briefszene der Charlotte (Marina Sandel) aus „Werther"; Verdi, Mono-log des Fiesco (Franz-Josef Selig) aus „Simon Boccanegra"; Donizetti, Kavatine des Nemorino (Hans Jürgen Lazar) aus „Der Liebestrank"); Bellini, Arie der Julia (Penelope Lusi) aus „Die Capulets und Montagues"; Verdi, Arie der Violetta (Izabela Labuda) aus „La Traviata"; Puccini, Arie der Mimi (Rossella Ragatzu) aus „La Bohème"; Ouvertüren zu Mozart, „Figaros Hochzeit" und Rossini, „Wilhelm Tell"; Puccini, Intermezzo zum 3. Akt „Manon Lescaut"
ML: Matthias Aeschbacher, Moderation: Wolf-Dieter Hauschild

19.07.92 Ausklang – Das Ensemble verabschiedet seinen Intendanten
Mozart, Ouvertüre zu „Così fan tutte; Arie der Fiordiligi „Come scoglio …" (Teresa Erbe)/Arie des Ferrando „Un' aura amorosa" (Justin Lavender) und Quartett-Finale „E nel tuo" (Teres Erbe/Marina Sandel; Justin Lavender/Alexander Marco-Buhrmester); Strauss, Duett Octavian/Sophie „Mir ist die Ehre widerfahren …" (Marina Sandel/Penelope Lusi) aus „Der Rosenkavalier"; Mozart, Arie des Tamino „Dies Bildnis ist bezaubernd schön" (Hans Jürgen Lazar)/Duett Pamina/Papageno (Izabela Labuda/Alexander Marco-Buhrmester) und Arie des Sarastro „In diesen heil'gen Hallen" (Franz-Josef Selig) aus „Die Zauberflöte"; Tschaikowsky, Arie des Jeletzki „Ich liebe Euch" (Alexander Marco-Buhrmester) aus Pique „Dame"; Wagner, Monolog des Hans Sachs „Wahn, Wahn … (Victor Braun) aus „Die Meistersinger von Nürnberg"
Lehár, „Kolo" (Ballett-Ensemble/Kroatisch-Deutsche Folkloregruppe), Duett Valencienne/Rossignol „Komm in den kleinen Pavillon" (Uta Keemss/Hans Jürgen Lazar) und Vilja-Lied „Es lebt' eine Vilja …" (Izabela Labuda) aus „Die lustige Witwe"; Lehár, Duett Juliette/Armans „Wir bummeln durchs Leben" (Uta Keemss/Burkhard Ulrich), Duett Angèle/René „Lieber „Freund …" (Izabela Labuda/Hannes Brock) und Walzer (Ballett-Ensemble) aus „Der Graf von Luxemburg"; Strauß, Finale 2. Akt „Die Fledermaus" (Susanne Bieber/Irmgard Hecker/Uta Keemss/Izabela Labuda; Alexander Marco-Buhrmester/Richard Medenbach/Burkhard Ulrich/Opernchor
ML: Matthias Aeschbacher (1. Teil)/Klaus Wilhelm (2. Teil), Moderation: Hannes Brock

Foyer
Mehrfach Jazz im Café
Einzeltermine
11.09.91 Jessica Burri singt Spirituals und traditional Songs
25.09.91 Marina Sandel/Alexander Marco-Buhrmester singen Werke von Brahms/de Falla/Busoni/Fauré; Carl Davis (Klavier)
20.10.91 Einführungsmatinee zur Premiere „Il Trovatore"
22.10.91 „Russischer Lieder-Abend" – Alexander Naumenko (Bass) singt Werke von Tschaikowsky/Rachmaninow/Schostakowitsch
19.11.91 Hans Nowack (Bass)/Lieselotte Nowack (Rezitation) mit Liedern und Gedichten aus zwei großen Religionen; Ralph Richey (Klavier)
24.11.91 Einführungsmatinee zur Premiere „Così fan tutte"
26.01.92 Einführungsmatinee zur Premiere „Parsifal"
11.02.92 Franz-Josef Selig (Bass) singt Werke von Schubert/Schumann/Mendelssohn Bartholdy Stephen Marinaro (Klavier)
17.03.92 Hannes Brock singt „Die Winterreise" von Franz Schubert; Jonathan Alder (Klavier)
29.06.92 Das Salonorchester[Mitglieder der Philharmoniker] spielt Wiener und Berliner Salonmusik
19.07.92 „Ein Intendant stellt sich" – Podiumsdiskussion mit Ulrich Schreiber/Klaus Leymann/Dr. Konrad Schilling; Moderation: Dr. Dietmar N. Schmidt

Gruga (Musikpavillon)
31.08.91 „Und es blitzen die Sterne" – Italienischer Opern-Arien-Abend
Verdi, Vorspiel zu „La Traviata" und Arie „Lunge da lei" des Alfredo (Raimo Sirkiä); Verdi, Arie des Radames „Celeste Aida" (Raimo Sirkiä) aus „Aida"; Puccini, Walzer der Musette (Elisabeth Werres)/Arie des Colline „Vecchia zimarra senti" (Marcel Rosca)/Arie der Mimi „Mi chiamano Mimi" (Heike Gierhardt)/Walzer der Musette (Elisbeth Werres) und Arie des Colline (Marcel Rosca) aus „La

Bohème"; Verdi, Romanze des Radames „Celeste Aida" (Raimo Sirkiä) aus „Aida"; Verdi, Arie des Rigoletto „Cortigiani, vil razza dannata" (Károly Szilágyi) aus der gleichnamigen Oper; Puccini, Arie des Cavaradossi „E lucevan le stelle" (Raimo Sirkiä)) aus „Tosca"; Franz Schmidt, Zwischenspiel aus „Notre Dame"; Puccini, Arie der Lauretta „O mio babbino caro" (Elisabeth Werres) aus „Gianni Schicchi"; Verdi, Arie des Grafen Luna „Il balen del suo sorriso" (Károly Szilágyi) aus „Der Troubadour"; Donizetti, Duett Lucia/Edgardo „Sulla tomba" (Elisabeth Werres/Raimo Sirkiä) aus „Lucia di Lammermoor"; Verdi, Monolog „Ella giammai m'amo" des Philipp (Marcel Rosca) aus „Don Carlos"; Verdi, Ouvertüren „Die sizilianische Vesper"
ML: Toshiyuki Kamioka

Saalbau
05.09.91 Konzert für Bürger/innen mit Behinderungen (Programm wie 31.08.)
01.01.92 Neujahrskonzert
Schönberg, „Ein Überlebender aus Warschau"; Beethoven, „Sinfonie Nr. 9"
Solisten: Tomoko Nakamura/Helene Schneiderman; Wolfgang Schmidt/Wolfgang Schöne; Rainer Lüdeke (Sprecher); Musikverein/Extrachor; ML: Wolf-Dietrich Hauschild

■ **Ausstellung**
Grillo (Café Central)
23.09.91 Opernsänger Erwin Roettgen (geb. 27. Juli 1901) – Erinnerungen zum 90. Geburtstag und an seine künstlerische Tätigkeit von 1927 bis 1967 im Grillo-Theater (Eine Dokumentation des Essener Theaterring e. V. und der „Theater-Rampe" der AWO)

■ **Gastspiele**
Aalto-Theater
08.11.91 „Alice im Wunderland" (Schwarzes Theater Prag)

23.11.91 „Alle Ächtung" (Münchner Lach- und Schießgesellschaft), auch 24.11.
23.03.92 „Armer Columbus", Oper von Erwin Dressel (Theater Bielefeld)
29.03.92 Der Polizeichor Essen: Querschnitt durch die Opern- und Operettenliteratur
31.03.92 „Der Besuch der alten Dame", Oper von Gottfried von Einem (Musiktheater im Revier, Gelsenkirchen)
04.04.92 „Vincent", Oper von Einojuhani Rautavaara (Theater Hagen)
07.04.92 „Die Flut" von Boris Blacher/„Faust und Yorick" von Walter Rihm (Opernstudio der Deutschen Oper am Rhein)
Foyer
04.02.91 „Unter die Haut" – Lieder – Theater – Musik – Leben (Gruppe Ufermann)

Ballett

Ballettintendantin und Choreografin: Heidrun Schwaarz
Ballettmeister und stellvertretender Ballettintendant: Igor Losak
Ballettmeisterin: Yolande Straudo; *Ballettrepetitor:* Daniel Vincent Kottnauer
Dirigent: Matthias Aeschbacher, *Gäste:* Toshiyuki Kamioka, Klaus Wilhelm
Gast-Orchester: Philharmonia Hungarica („Apollon Musagète"/„Daphnis und Chloë")
Choreografen der Neuinszenierungen: Oliver Detelich, Christophe Ferrari, Julio Rodriguez, Heidrun Schwaarz, Yolande Straudo, Xin Peng Wang; *Gäste:* George Balanchine/Patricia Neary
Ausstatterin der Neuinszenierungen (Gast): Friederike Singer

Compagnie: Anke Lehmann, Raffaela Renzi*, Gorica Stancovic, *Solo*
Nicolette Boëree, Martina Horstmann, Azusa Mori, Veronika Nagy, Bozena Szymanska, *Gruppe mit Solo*
Ismini Bettenhausen, Maria-Helena Buckley*, Yvetta Duchoslav, Maike Günther* (ab Februar), Manami Hannya*, Annette May, Viara Natcheva*, Adelina Nigra, Caterina Salvadori, Eva Stolz, *Gruppe*

Björn Bettenhausen, Christophe Ferrari, Csaba Kvas, Edgardo Lattes, Zlatko Panic, *Solo*
Cyrille Dauboin, Magdy El Leisy, *Solo mit Gruppe*
Adil Laraki, Massimiliano Moretti, Julio Rodriguez, *Gruppe mit Solo*
Zbygniew Czapoki-Kloda, Marco Oranje*, Oliver Detelich, Xin Peng Wang*, *Gruppe*

Vanja Bourgoudjieva, Christa Piroch, Yolande Straudo; Igor Kosak, Enrique Larraguibel, Alexander Thompson
Gäste/Teilspielzeit: Martine Berlant, Monika Dehnert, Birgit Dittrich, Marie-Françoise Géry, Maike Günther, Valerie Valentine; Jorge Rondinelli, Nicolas van Heems

■ Ballette (N)

12.10.91 „Apollon Musagète" von George Balanchine/Patricia Neary//Igor Strawinsky (15+1)
„Daphnis und Chloë" von Heidrun Schwaarz//Maurice Ravel – ML: Aeschbacher, A: Singer
21.03.92 „Coppélia" von Heidrun Schwaarz//Léo Delibes (15) – ML: Wilhelm, A: Singer
08.05.92 *Junge Choreographen* (U), Gymnasium am Stoppenberg, auch 09.05.
„Fragmento" von Julio Rodriguez//Wolfgang Amadeus Mozart – „Resurrection" von Oliver Detelich//Vangelis – „Elégie" von Yolande Straudo//Antonio Vivaldi – „Concerto" von Xinpeng Wang//Maurice Ravel – „Hamlet" von Christophe Ferrari//Sir William Walton/Dmitri Schostakowitsch

■ Ballett (WA)

09.11.91 „Giselle" von Schwaarz//Adam (7+1)

■ Abstecher

– „Apollon Musagète/„Daphnis und Chloë" (Leverkusen 15.01.92)
– Junge Choreografen (Gymnasium am Stoppenberg, 08./09.05.92)

■ Sonderveranstaltungen

29.09.91 Einführungsmatinee zur Premiere „Apollon Musagète"/„Daphnis und Chloë"
18.01.92 Gala zur Verleihung des Deutschen Tanzpreises 1992 an Horst Koegler
José de Udaeta//J. Giminez, Zarzuela „La boda de Luis Alonso"; José de Udaeta//Scott Joplin, „Stop Time"; Heinz Spoerli//Pärt, „Blue Light" (Fabriccio Betti/Dandy Delasalle, Deutsche Oper am Rhein); Hans van Manen//Mendelssohn Bartholdy, „Lieder ohne Worte" (Essener Ballett); José Limón//Purcell, „The Moore' Pavane" (Tatjana Berini/Dinko Bogdanić (Ballett des Staatstheaters am Gärtnerplatz, München); Renato Zanella//Strawinsky, „Stati d'animo" (Marcia Haydée/Richard Cragun, Stuttgarter Ballett); John Neumeier//Debussy, „Haiku (Stefanie Arndt/Bettina Beckmann/Jean Laban, Hamburg Ballett); Neumeier//Mahler, „Adagietto" (Gigi Hyatt/Ivan Liska (Hamburg Ballett); Heinz Spoerli//Brahms, „Fantasien" (Simona Noja/Irek Wisniewski, Düsseldorf); Hans van Manen//Sibelius „Sonntag" (Marcia Haydée/Vladimir Klos, Stuttgart)
08.03.92 Einführungsmatinee zur Premiere „Coppélia"

■ Gastspiele

Aalto-Theater
27.10.91 „Sanguis" – Meeting Neuer Tanz NRW 1991 Ch: Urs Dietrich//Bach/David Bowie (Folkwang Tanzstudio)
01.01.92 Bolschoi-Stars tanzen „Schwanensee" von Tschaikowsky
Solisten: Bolschoi-Ballett; Corps de ballet: Staatsballett Sankt Petersburg
26.01.92 Tanzabend der Tanzklassen des Gymnasiums Werden mit Choreografien von John Blickendaal/Patricia Kopp/Renate Romp/Alberto Alarcon/Rosa Montez
07.02.92 „Tangos und Gauchos" (Danza Teatro de Argentina)
26.03.92 „Celestina" – Flamencos en Route

24.06.92	Susanne Linke//Ludger Brümmer, „Ruhr-Ort"

Foyer

05.12.91	„Flamenco-Abend" – Gesang, Tanz und Gitarrenmusik mit der Gruppe „Medina"
05.03.92	„Flamenco-Abend" Flamenco con Jazz mit Raughi Ebert/Rafael Cortés (Gitarre)

Spielzeit 1992/93

Geschäftsführer: Otmar Herren

Musiktheater

Opernintendant: GMD Prof. Wolf-Dietrich Hauschild*; *Persönlicher Assistent des GMD:* Eugen Epplée
Direktor des Musiktheaters und stellvertretender Opernintendant: Dieter Wilhelmi
Künstlerischer Betriebsdirektor: Künstlerische Betriebsdirektorin: Ingrid Gradel; *Leiter des Künstlerischen Betriebsbüros und stellvertretender* Gerard S. Kohl

Dramaturgie: Dr. Wolfgang Binal*; Rainer Neumann*; *Gast:* Klaus Bertisch
Presse- und Öffentlichkeitsarbeit: Claudia Fromm*

Dirigenten: Matthias Aeschbacher, Eugen Epplée, Wolf-Dietrich Hauschild, Toshiyuki Kamioka*, Xaver Poncette; *Gäste:* Rainer Koch, Georg Leopold, Heinz Wallberg, Klaus Weise, Klaus Wilhelm
Essener Philharmoniker; *Gast-Orchester:* Südwestfälische Philharmonie („Der Zigeunerbaron")
Repetitoren: Xaver Poncette, Studienleiter; Georg Leopold*, Stephen Marinaro, Klaus Sallmann*, Wolfgang Schulz; *Chordirektor:* Konrad Haenisch
Choreografie: Yolande Straudo; *Gäste:* Alberto Alarcon, Karsten Itterbeck

Leiter der szenischen Einstudierung: Georg Rootering*
Regisseure der Neuinszenierungen: Georg Rootering*; *Gäste:* Gerd Heinz, Dieter Kirst, Marco Arturo Marelli, Jürgen Tamchina, Wolf Siegfried Wagner
Ausstattungsdirektor: Manfred Gruber*
Ausstatter der Neuinszenierungen (Gäste): Roland Aeschlimann, Frank Hänig, Marco Arturo Marelli, Wolf Münzner, Dagmar Niefind, Christian Rätz, Rudolf Rischer, Ella Späte, Beate Tamchina, Florence von Gerkan, Bettina J. Walter
Technischer Direktor: Matthias Nitsche*

Ensemble: Teresa Erbe*, Inga Fischer*, Veronica Cangemi*, Heike Gierhardt*, Theodora Hanslowe*, Izabela Labuda, Therese Renick, Rachel Robins*, Claudia Rüggeberg*, Marina Sandel, Eva-Maria Tersson*, Margarita Turner; Paul Brodene-Smith*, Horts Hüskes, Robert Künzli*, Hans Jürgen Lazar, Karl-Heinz Lippe, Joachim Maaß-Geiger, Juha Kotilainen*, Alexander Marco-Buhrmester, James McClean*, Richard Medenbach, Michael Nelle*, Hans Nowack, Rolf Oberste-Brink, Karl-Heinz Offermann, Marcel Rosca, Johannes Schmidt*, Ferdinand Seiler*, Franz-Josef Selig, Károly Szilágyi
Chorsolisten: Cosima Amlinger, Marie-Cécile Balzer-Wehr, Vera Balzer-Haase, Christine Bastardie, Christa Bode, Sabine Brunke-Proll, Marie-Luise Bruns, Theodoa Frank, Renate Glöckner, Cäcilia Gräf- Klees, Irmgard Hecker, Gerwita Hees, Claudia Hummel, Agnes Ocsenás, Anita Rödiger, Gisela Schroeter, Marion Thienel, Barbara Widmann, Ginette Willaerts, Heike Wittlieb, Alina Wolowik, Johanna Brigitte Young, Wieslawa Ziola; Manfred Grohnert, Peter Günther, Peter Holthausen, Arno Klees, Stoyan Milkov, Heinz Potztal, Christian Polus, Manfred Pilgrim, Marcel Schmitz, Werner Schuh, Karl-Ludwig Wissmann, Ulrich Wohlleb

Gäste/Teilspielzeit: Sabine Al-Massoudy, Lisbeth Balslev, Vera Baniewicz, Cornelia Berger, Susanne Blattert, Sonja Borowski-Tudor, Beate Conrads, Andrea Frei, Miriam Gauci, Jane Giering, Roxana Incontrera, Julia Juon, Ingrid Kaltenegger, Uta Keemss, Yelda Kodalli, Celina Lindsey, Fionnuala McCarthy, Eva Mei, Tomoko Nakamura, Beatrice Niehoff, Rachel L. Perri, Janet Perry, Therese Renick, Suzanne Rodas, Gabriele Maria Ronge, Margaret Russell, Ingrid Thissen, Dagmar von Bronewski, Beate-Maria Vorwerk, Veronika Waldner, Silke Weisheit,

Heike Wittlieb, Cornelia Wosnitza, Dagmar von Broweski, Bianca von Zambelly, Sonia Zlatkova; Kenneth Bannon, Rüdiger Baumann, Andreas Bausdorf, Andreas Becker, Peter Benecke, Bodo Brinkmann, Hannes Brock, Rainer Büsching, Jürgen Commichau, Wolfgang Fassler, Gerd Feldhoff, Artur Friesen, Heinz Göhrig, Thomas Harper, Wilhelm Hartmann, Christian Hees, Matthias Hölle, Philip Kang, Eberhard Katz, Peter Kovacs, Gunnar Kolb, Peter Lindroos, Karl-Heinz Lippe, Juan Lloveras, Mathias Mann, Zwetan Michailov, Günter Missenhardt, Antonius Nicolescu, Antonio Ordoñez, Johannes Preißinger, Alejandro Ramirez, Kurt Rydl, Andrzey Saciuk, Vicente Sardinero, Philipp Schepmann, Stefan Sevenich, Wicus Slabbert, Harald Stamm, Raimo Sirkiä, Heiki Siukola, Thomas Sunnegårdh, Zelotes Esmund Toliver, Rolf Tomaszewski, Burkhard Ulrich, Jan Vacik, Bernd Valentin, Jörn W. Wilsing, Marek Wojciechowski

Ballett-Solisten („Der Zigeunerbaron"): Marie-Helen Buckley, Adelina Nigra; Christoph Ferrari, Nicolas van Heems (Essen); *Schauspieler (Gast):* Michael Flöth

■ Opern (N)
03.10.92 „Tristan und Isolde" von Richard Wagner (7) – ML: Hauschild, I: Wagner, A: Münzner
07.11.92 „Hänsel und Gretel" von Engelbert Humperdinck (17) – ML: Aeschbacher, I: Rootering, B: Rätz, K: Walter
25.12.92 „La Traviata" von Giuseppe Verdi (18) – ML: Kamioka, I: Heinz, B: Rischer, K: von Gerkan, Ch: Straudo
13.02.93 „Die verkaufte Braut" von Bedřich Smetana (19) – ML: Hauschild, I/B: Marelli, K: Niefind, Ch: Alarcon
17.04.93 „Die Entführung aus dem Serail" von Wolfgang Amadeus Mozart (10) – ML: Aeschbacher, I: Kirst, A: Hänig
05.06.93 „Die Liebe zu den drei Orangen" von Sergej Prokofjew (7) – ML: Aeschbacher, I: Herz, A: Späte, Ch: Itterbeck

■ Operette (N)
17.10.92 „Der Zigeunerbaron" von Johann Strauß (21) – ML: Kamioka, I: J. Tamchina, B: Aeschlimann, K: B. Tamchina, Ch: Christophe Ferrari

■ Opern (WA)
25.10.92 „Don Carlos" von Verdi (11)
27.03.93 „Parsifal" von Wagner (4)
08.05.93 „Die Zauberflöte" von Mozart (5)
26.06.93 „Der Rosenkavalier" von Strauss (3)

■ Operette (WA)
21.02.93 „Der Graf von Luxemburg" von Lehár (8)

■ Sonderveranstaltungen
Aalto-Theater
13.09.92 Auftakt: „Ein Ensemble stellt sich vor" Liszt, Lied „Die drei Zigeuner" (Claudia Rüggeberg; Toshiyuki Kamioka (Klavier); Cilea, Arie aus „Adriana Lecouvreur" (Teresa Erbe); Strauß, Duett „Wer uns getraut" (Heike Gierhardt/Robert Künzli) aus „Die Fledermaus"; Smetana, Arie des Hans" (Jan Vacik) aus „Die verkaufte Braut"; Brahms, Lieder mit Inga Fischer/Theodora Hanslowe; Ferdinand Seiler/Johannes Schmidt; Georg Leopold (Klavier); Arien und Duette aus Opern von Mozart/Rossini/Thomas mit Rachel Robins/Eva-Maria Tersson; Paul Brodeme-Smith/Michael Nelle; Klaus Sallmann (Klavier) Modertion: Wolf-Dieter Hauschild
20.12.92 *Essener Theater gegen Gewalt – Tanz, Musik, Literatur für Toleranz, Miteinander, Verständigung*
Smetana, Eingangschor aus der Oper „Die verkaufte Braut" (Opernchor; Wolf-Dieter Hauschild/Konrad Haenisch, Klavier); Rachmaninow, „Drei Lieder" (Teresa Erbe, Gesang; Stephen Marinaro, Klavier); Tschaikowsky, „Trepak", Russischer Tanz aus dem Ballett „Der Nussknacker" (Oliver Detelich/Xin Peng Wang; Choreografie: Heidrun Schwaarz); „Der Spitzel" aus „Furcht und Elend des 3. Reiches" von Bertolt Brecht und „Wacht auf, denn eure Träume sind schlecht" von Günter Eich (Christiane Heinicke; Carlo Lauber/Clemens

Richert, Junges Theater Casa Nova); Scheidt, „Suite für Blechbläser-Quintett" (Essener Philharmoniker); Tango „El Choclo", Pas de deux aus Argentinien (Gorica Stankovic/Cyrille Dauboin; Choreografie: Yolande Straudo); Halévy, Kavatine des Kardinals Brogni aus der Oper „Die Jüdin" (Marcel Rosca; Stephen Marinaro, Klavier); Salzedo „Chanson in der Nacht für zwei Harfen" (Nora Baldini/Gabriele Bam berger); Verdi, Quartett aus dem 3. Akt der Oper „Rigoletto" (Rachel Robins/Theodora Hanslowe; Robert Künzli/Károly Szilágyi; Klaus Sallmann, Klavier); Arabisch-libanesischer Stiefeltanz, „Dabka" (Mitglieder des Essener Balletts); Textcollage aus Lyrik von Gottfried Keller/ Franz Xaver Kroetz/Bertolt Brecht/ Erich Fried sowie aus Nachrichtentexten (Juliane Janzen/Gabriele Marti; Rudolf Cornelius/Klaus-Peter Wilhelm (Schauspiel Essen); Sibelius, Lied „An den Abend" und Lied „An das Leben" von Oskar Merikanto (Juha Kotilainen; Stephen Marinaro, Klavier); Grieg, Zwei Sätze aus der „Holberg-Suite" (Streicher; ML: Toshiyuki Kamioka)
Moderation: Wolf-Dieter Hauschild/ Jürgen Schwalbe

25.04.93 „100 Jahre Oper in Essen" mit Ausschnitten aus Werken, die in 100 Jahren Essener Operngeschichte von besonderer Bedeutung waren Beethoven, Ouvertüre zu „Fidelio" (Wolf-Dieter Hauschild); Halévy, Arie des Kardinals Brogni (Franz-Josef Selig) aus „Die Jüdin" (ML: Rainer Koch); Boieldieu, Arie des George Brown „Komm, holde Dame" (Paul Brodeme-Smith) aus „Die weiße Dame" (ML: Toshiyuki Kamioka); Offenbach, „Spiegelarie" (Wikus Slabbert) aus „Hoffmanns Erzählungen" (ML: Kamioka); Alban Berg, Adagio aus der „Lulu-Suite" (ML: Koch); Saint-Saëns, Arie der Dalila „Sieh, mein Herz erschließt sich dir" (Eva-Maria Tersson) aus „Samson und Dalila" (ML: Hauschild); Ouvertüre/ Arioso/Finale aus „Fünf Orchestersätze" von Johannes Schüler [*Musikdirektor der Stadt Essen 1933–1936*], ML: Hauschild); Weber, Arie des Kaspar (Gerd Feldhoff) aus „Der Freischütz" (ML: Matthias Aeschbacher); Hindemith, Chorszene aus dem 1. Bild „Cardillac" (ML: Hauschild); Verdi, Ouvertüre zu „Die Macht des Schicksals" (ML: Heinz Wallberg); Verdi, Arie der Gilda (Jane Giering) und Quartett (Rachel Robins/Theodora Hanslowe; Jan Vacík/Károly Szilágyi aus „Rigoletto" (ML: Guido Ajmone-Marsan); Giordano, Arie des Chénier (Juan Lloveras) aus „Andrea Chénier" (ML: Ajmone-Marsan); Orff, Terzett der Strolche (Ferdinand Seiler/Michael Nelle/Joachim Maaß-Geiger) aus „Die Kluge" (ML: Heinz Wallberg); Weill, Auftrittsquartett der Holzfäller (Horst Hüskes/Robert Künzli/Karl Heinz Lippe/Richard Medenbach) aus „Aufstieg und Fall der Stadt Mahagonny" (ML: Aeschbacher); Mozart, Sextett (Heike Gierhardt/Margarita Turner; Juha Kotilainen/Robert Künzli/ Marcel Rosca/Johannes Schmidt) aus „Figaros Hochzeit" (ML: Aeschbacher); Strauss, Terzett und Schlussduett (Veronica Congemi/Teresa Erbe/ Marina Sandel) aus „Der Rosenkavalier" (ML: Wallberg); Wagner, „Verachtet mir die Meister nicht!" (Victor C. Braun/Chor) aus „Die Meistersinger von Nürnberg" (ML: Hauschild)
Moderation: Ulrich Brecht

Foyer

11.09.92 Verleihung des Aalto-Bühnenpreises 1992 an Natalia Christina Scheurer (Violine) und Franz-Josef Selig (Bass)
27.09.92 Einführungsmatinee zur Premiere „Tristan und Isolde"
28.09.92 Liederabend und Lektüre: Claudia Rüggeberg singt fünf Lieder auf Gedichte von Matthilde Wesendonck von Wagner; Michael Nowack liest Auszüge aus Richatd Wagners „Tagebuch seit meiner Flucht aus dem

	Asyl" (1858/59); Stephen Marinaro (Klavier)
11.10.92	Einführungsmatinee zur Premiere „Der Zigeunerbaron"
01.11.92	Einführungsmatinee zur Premiere „Hänsel und Gretel"
20.12.92	Einführungsmatinee zur Premiere „La Traviata"
07.02.93	Einführungsmatinee zur Premiere „Die verkaufte Braut"
15.03.93	Eva Maria Tersson singt Werke skandinavischer Komponisten; Ilmo Ranta (Klavier)
05.04.93	Einführungsmatinee zur Premiere „Die Entführung aus dem Serail"
15.04.93	Mozart-Soirée – Harmonie-Musik aus „Die Entführung aus dem Serail" und Mozart-Briefe, gelesen von Horst A. Fechner (Bielefeld)
19.04.93	Johannes Schmidt singt Lieder von Schubert/Wolfgang Rihm; Wolfgang Rieger (Klavier)
30.05.93	Einführungsmatinee zur Premiere „Die Liebe zu den drei Orangen"
07.06.93	Rachel Robins/James McLean/Franz-Josef Selig singen Lieder von Prokofjew/Schostakowitsch; Eugen Epplée (Klavier)
14.06.93	Mitgliederversammlung des Freundeskreises: Musikalische Kostproben mit Opernsängerin Inga Fischer

Saalbau

04.09.92	Konzert für Bürger/innen mit Behinderung Rossini, Ouvertüre „Wilhelm Tell"; Strauß, „Ägyptischer Marsch"; Josef Strauß, „Moulinet-Polka"/Walzer „Dorfschwalben"; Dvořák, „Slawische Tänze" op. 46 (Nr. 1/8)/op. 72 (Nr. 2/7) ML: Wolf-Dieter Hauschild
01.01.93	Neujahrskonzert Penderecki, „Threnos. Den Opfern von Hiroshima für 52 Streicher"; Beethoven, „9. Sinfonie" Solisten: Julie Kaufmann/Theodora Hanslowe; Jorma T. Silvasti/Roand Bracht; ML: Kazimierz Kord; Musikverein/Extrachor/Schubertbund (Konrad Haenisch/Michael Rinscheid)

■ Ausstellungen
Foyer

07.03.93	„Denkmalschutz für Wagner?" – Wieland Wagners künstlerische Arbeit für die Bayreuther Festspiele (bis 12.04.) Einführungsvortrag: Prof. Oswald Georg Bauer (Generalsekretär der Bayerischen Akademie der Schönen Künste); Musikalisches Rahmenprogramm: Wagner, „Siegfried-Idyll"; Chabrier „Souvenirs de Munich"; ML: Wolf-Dieter Hauschild
25.04.93	„100 Jahre Oper" (bis 05.05. und 28.05 bis zum Ende der Spielzeit)
09.05.93	Max-Reger-Ausstellung im Rahmen der Reger-Tage 1993 (bis 23.05.)

■ Gastspiele
Aalto

04.10.92	„Reich ins Heim" (Münchner Lach- und Schießgesellschaft)
02.04.93	Kathleen Battle singt Lieder von Purcell/Strauss/Bizet/Previn (geschlossene Vorstellung)

Ballett

Ballettintendantin und Choreografin: Heidrun Schwaarz
Ballettmeister und stellvertretender Ballettintendant: Igor Kosak; *Ballettmeisterin:* Yolande Straudo
Ballettrepetitor: Konstantin Paleev*
Dirigenten: Matthias Aeschbacher, Toshiyuki Kamioka, Xaver Poncette; *Gast:* Klaus Wilhelm
Gastorchester: Philharmonia Hungarica („Apollon Musagète"/„Daphnis und Chloë"; „Coppélia", 2×)

Choreografen der Neuinszenierungen: Christophe Ferrari, Veronika Nagy, Julio Rodriguez, Yolande Straudo, Xin Peng Wang; *Gäste:* Patrice Montagnon, Glen Tetley/Britt Friberg
Ausstatter der Neuinszenierungen (Gäste): Nadine Baylis, Ferrial Simon, Michel Simon

Compagnie: Raffaela Renzi, Gorica Stankovic, Solo

Nicolette Boëree, Marina Horstmann, Virginia Long*, Hannya Manami, Veronika Nagy, Bozena Szymanska, *Gruppe mit Solo*
Ismini Bettenhausen, Marie-Helen Buckley, Yvetta Duchoslav, Maike Günther, Natalia Kirijenko*, Annette May, Viara Natcheva, Adelina Nigra, Philippa Ward*, *Gruppe*
Björn Bettenhausen, Cyrille Dauboin, Christophe Ferrari, Csaba Kvas, Zlatko Panic, *Solo*
Oliver Detelich, Adil Laraki, Marko Omerzel*, Marco Oranje, Julio Rodriguez, Nicolas van Heems* *Gruppe mit Solo*
Zbygniew Czapoki-Kloda, Xin Peng Wang, *Gruppe*

Gäste: Marie Françoise Géry, Valerie Valentine; George Giraldo, Mark Hoskins, Henry Rushing
Gesangs-Solisten (Gäste): Beret Arcaya, Debra Gomez, Jung Hee Kang, Young-Hee Kim; Bernhard Spingler; Michael Nelle (Aalto)
Gitarre: Antonio Madigan

■ Ballette (N)

28.11.92 „Der Sturm" von Glen Tetley/Friberg//Arne Nordheim (11) – ML: Kamioka, A: Baylis
06.03.93 „Carmencita" von Patrice Montagnon//Antonio Madigan (14) – ML: Poncette, B: M. Simon, K: F. Simon
07.05.93 *Junge Choreographen* (U) „Regenbogen" von Yolande Straudo//Georg Friedrich Händel – „Quelque part dans le temps" von Christophe Ferrari//Erik Satie/Gustaf Mahler – „Larghetto" von Julio Rodriguez//Sergej Prokofjew – „Der Witz" von Yolande Straudo//Dmitrij Schostakowitsch – „Der Flirt" von Veronika Nagy//Astor Piazzolla – „Looking Back" von Xin Peng Wang//Les Tambours du Bronx/Samuel Barber *(Gymnasium am Stoppenberg, auch 08.05, 04./05.06.; 27.06.: Aalto-Theater)*

■ Ballette (WA)

05.10.92 „Apollon Musagète" von Balanchine//Strawinsky (8)
„Daphnis und Chloë" von Schwaarz//Ravel
18.10.92 „Coppélia" von Schwaarz//Delibes (5)

■ Abstecher

– „Ballett ernst und heiter" mit den Solisten Raffaela Renzi/Gorica Stanković; Cyrille Dauboin/Christophe Ferrari/Csaba Kvas: „Sterbender Schwan"/Pas de deux aus „Giselle" und aus „Hamlet"/Solo aus „Empty Spaces"/„2 Stühle, 1 Tisch"/„Max und Moritz"/Tanz der Puppe aus „Coppélia" (Reichenbach-Gymnasium Iserlohn 26.03.93)

■ Sonderveranstaltungen

Aalto-Theater
23.01.93 Gala zur Verleihung des Deutschen Tanzpreises 1993 an Hans van Manen Hans van Manen//Satie, „Trois Gnossiennes" (Caroline Sayo Iura/Robert Bell, Het Nationale Amsterdam); Hans van Manen//Prokofjew, „Sarkasmen" (Rachel Beaujan/Clint Fatha, Ballet Amsterdam); Hans van Manen//Grazyna Bacewicz, „Three Pieces" (Alicia Oletta/Irek Wisniewski u. a., Deutsche Oper am Rhein; Hans van Manen//Strawinsky, „Shorthand" (Tessa Cook/Yvonne Jacob/Yolande Martin/Urtzi Aranburo/Dylan Newcomb/Miguel Rodriguez, Nederlands Dans Theater 2); Hans van Manen//Sibelius, „Sonntag" (Marcia Haydee/Vladimir Klos, Stuttgarter)

Foyer
22.11.92 Einführungsmatinee zur Premiere „Der Sturm"
21.02.93 Einführungsmatinee zur Premiere „Carmencita"

■ Gastspiele

22.11.92 Souls in Motion II – Musical- und Tanz-Show
01.01.93 Marius Petipa/Tschaikowsky, „Dornröschen" (Staatsballett St. Petersburg)
02.02.93 Théâtre Fantastique – Pantomimen-Theater aus Paris mit dem Programm „Matrix"
12.03.93 Rumänische Folklore – Tanz, Musik und Gesang mit dem Staatlichen Folklore-Ensemble Cununa Carpatilor
16.03.93 „Viva la Fiesta!" – Musik und Tanz aus Süd-Amerika („amerika latina")
20.06.93 Flamenco-Abend mit Rosa Montes/Alberto Alarcon

Spielzeit 1993/94

Geschäftsführer: Otmar Herren

Musiktheater

Opernintendant: GMD Prof. Wolf-Dietrich Hauschild; *Persönlicher Assistent des GMD:* Eugen Epplée
Direktor des Musiktheaters und stellvertretender Opernintendant: Dieter Wilhelmi
Künstlerische Betriebsdirektorin: Ingrid Gradel; *Leiter des KBB und stellvertretender Künstlerischer Betriebsdirektor:* Gerard S. Kohl
Dramaturgie: Dr. Wolfgang Binal, Rainer Neumann; *Gast:* Klaus Bertisch
Presse- und Öffentlichkeitsarbeit: Claudia Fromm

Dirigenten: Matthias Aeschbacher, Wolf-Dieter Hauschild, Toshiyuki Kamioka, Georg Leopold, Xaver Poncette; *Gäste:* Guido Ajmone-Marsan, Gabriel Feltz, Konstantin Gourzi, Judith Kubitz, Thorsten Schmid-Kapfenburg, Muhai Tang, Eckhard Wagner, Hans E. Zimmer
Essener Philharmoniker; *Gast-Orchester:* Philharmonia Hungarica („Hänsel und Gretel", 5×); Südwestfälische Philharmonie („Hänsel und Gretel", 3×); Westfälisches Sinfonieorchester („Der Zigeunerbaron")
Repetitoren: Xaver Poncette, Studienleiter; Joachim Arnold*, Georg Leopold, Stephen Marinaro, Wolfgang Schulz; *Chordirektor:* Konrad Haenisch

Regisseure der Neuinszenierungen (Gäste): Michael Bogdanov, Nikolas Broadhurst, Jaroslav Chundela, Georg Rootering, Andreas Homoki, Jürgen Tamchina, Peter Wunderlich
Ausstatter der Neuinszenierunen: Manfred Gruber, Ausstattungsleiter; *Gäste:* Roland Aeschlimann, Wolfgang Gussmann, Simon Higlett, Gabriele Jaenecke, Herbert Kapplmüller, Ralph Koltai, Astrid Pflanz, Irene Suhr, Beate Tamchina, Kendra Ullyart

Technischer Direktor: Matthias Nitsche

Ensemble: Susanne Blattert*, Veronica Cangemi, Teres Erbe, Inga Fischer, Heike Gierhardt, Marina Ivanova*, Elmira Kuguschewa*, Rachel Robins, Margaret Russell, Claudia Rüggeberg, Marina Sandel, Eva Maria Tersson, Margarita Turner; Paul Brodene-Smith, Horst Hüskes, Juha Kotilainen, Robert Künzli, Hans Jürgen Lazar*, Karl-Heinz Lippe, Joachim Maaß-Geiger, James McLean, Richard Medenbach, Michael Nelle, Hans Nowack, Karl-Heinz Offermann, Marcel Rosca, Johannnes Schmidt, Ferdinand Seiler, Franz-Josef Selig, Károly Szilágyi
Chorsolisten: Cosima Amlinger, Marie-Cécile Balzer-Wehr, Vera Balzer-Haase, Christine Bastardie, Sabine Brunke-Proll, Marie-Luise Bruns, Irmgard Hecker, Renate Glöckner, Sigrune Greitschus, Claudia Hummel, Ursula Jochmus, Kyoto Kano, Sylvia Kottke, Nadja Krasnogorzeva, Agnes Ocsenas, Suzanne Pye, Anita Rödiger, Karin Rohde, Gisela Schroeter, Marion Thienel, Ginette Willaerte, Johanna Brigitte Young; Andreas Baronner, Bruce Cox, Manfred Grohnert, Johannes Groß, Peter Günther, Peter Holthausen, Josef Kistermann, Arno Klees, Horst Kohl, Norbert Kumpf, Stoyan Milkov, Manfred Pilgrim, Christian Polus, Heinz Potztal, Marcel Schmitz, Werner Schuh, Jan Thompson, Karl-Ludwig Wissmann, Ulrich Wohlleb

Gäste/Teilspielzeit: Sabine Al-Massoudy, Vera Baniewicz, Lisbeth Balslev, Petra Baumann, Kirsten Blanck, Sonja Borowski-Tudor, Kristine Ciesinski, Pauletta de Vaughn, Anneliese Fried, Mechthild Georg, Cornelia Götz, Marion Hanke, Roxana Incontrera, Annette Jahns, Nancy Johnson, Julia Juon, Yelda Kodalli, Uta Keems, Ines Krome, Ursula Kunz, Rosemarie Lang, Celina Lindsley, Carmen Mammoer, Susanne Merle, Elena Mosuc, Hiroko Nishida, Therese Renick, Margaret Russell, Yvonne Schiffelers, Ingrid Steiner, Roswitha Steube, Helga Termer, Beate-Maria Vorwerk, Silke Weisheit, Heike Wittlieb, Cornelia Wosnitza, Elena

Zaremba; Christian Baus, Hannes Brock, Florian Cerny, Matthias Dworzack, Tadeusz Galczuk, Donald George, Marcus Haddock, Thomas Harper, Oskar Hillebrandt, Horst Hoffmann, Matthias Hölle, Udo Hol-dorf, Adam Hollmann, Emil Ivanov, Doug Jones, Gunnar Kolb, Peter Kovacs, Carlos Krause, Johannes Martin Kränzle, Zwetan Michailov, Günter Missenhardt, Norbert Orth, Karl-Heinz Lippe, Alejandro Ramirez, Rainer Maria Röhr, Philipp Schemann, Hans-Josef Schmitz, Enric Serra, Alexej Steblianko, Helge Termar, Burk-hard Ulrich, Jan Vacik, Siegfried Vogel, Daniel Lewis Williams, Marek Wojciechowsky, Alan Woodrow
Gäste (Schauspieler): Michael Flöth, Franz-Josef Steffens
Tänzerinnen: Maria-Helena Buckley, Raffaela Renzi; Nicolas van Heems (Aalto); *Gäste:* Ilse Dekker, Petra Dekker, Anne Uringa

■ Opern (N)

02.10.93	„Madama Butterfly" von Giacomo Puccini (18) – ML: Kamioka, I: Homoki, B: Gussmann, K: Jaenecke
25.12.93	„Eugen Onegin" von Peter I. Tschaikowsky (10) – ML: Tang, I: Chundela, B: Kapplmüller, Ch: Schmitt
29.01.94	„Herzog Blaubarts Burg" von Béla Bartók (8) – I: Rootering, B: Gruber, K: Pflanz
	„Der Zwerg" von Alexander Zemlinsky – I: Wunderlich, B: Gruber, K: Suhr, ML: Aeschbacher
02.04.94	„Il barbiere di Siviglia"von Gioacchino Rossini (8) – ML: Kamioka, I: Broadhurst, A: Higlett
08.05.94	„Così fan tutte" von Wolfgang A. Mozart (5) – ML: Hauschild, I: J. Tamchina, B: Aeschlimann, K: B. Tamchina
11.06.94	„Otello" von Giuseppe Verdi (5) – ML: Aeschbacher, I: Bogdanov, B: Koltai, K: Ullyart, Ch: Alarcon

■ Opern (WA)

08.09.93	„Der Rosenkavalier" von Strauss (4)
10.09.93	„Die Zauberflöte" von Mozart (6)
18.09.93	„Die Liebe zu den drei Orangen" von Prokofjew (5)
19.09.93	„La Traviata" von Verdi (10)
26.09.93	„Die Entführung aus dem Serail" von Mozart (11)
23.10.93	„Tristan und Isolde" von Wagner (5)
18.11.93	„Hänsel und Gretel" von Humperdinck (8)
25.11.93	„Die verkaufte Braut" von Smetana (9)
12.02.94	„Aida" von Verdi (7)
12.03.94	„Parsifal" von Wagner (4)

■ Operette (WA)

07.10.93	„Der Zigeunerbaron" von Strauß (13)

■ Sonderveranstaltungen

Foyer

12.09.93	„Was Sie schon immer wollten … aber bisher nicht zu fragen wagten": Das Leitungsteam des Hauses lädt zum Gedankenaustausch über den Spielplan ein
19.09.93	Einführungsmatinee zur Premiere „Madama Butterfly"
20.09.93	Rachel Robins; James McLean/Franz-Josef Selig singen Lieder von Sergej Prokofjew/Dmitri Schostakowitsch; Eugen Epplée (Klavier)
06.12.93	Marina Sandel singt Lieder von Beethoven/Brahms/Marcel Delannoy/Hugo Wolf (Niklas Schwarz, Viola); Toshiyuki Kamioka, Klavier)
12.12.93	Einführungsmatinee zur Premiere „Eugen Onegin"
23.01.94	Einführungsmatinee zur Premiere „Herzog Blaubarts Burg"/„Der Zwerg"
31.01.94	James McLean singt Lieder von John Barlett/John Dowland/Britten/Schubert/Schumann/Ravel; Glanetta Baril (Harfe)
21.03.94	Juha Kotilainen singt Lieder von Yrjä Kilpinen/Sibelius/Strauss; Ilmo Rantta (Klavier)
27.03.94	Einführungsmatinee zur Premiere „il barbiere di Siviglia"
24.04.94	Einführungsmatinee zur Premiere „Così fan tutte"
29.05.95	Mitgliederversammlung des Freundeskreises: Musikalische Beiträge von Susanne Blattert/Rainer Maria Röhr; Alexander Eberle (Klavier)
30.05.94	Franz-Josef Selig singt „Die Winterreise" von Schubert; Stephen Marinaro (Klavier)

05.06.94 Einführungsmatinee zur Premiere „Otello"

Studio des Grillo-Theaters
20.06.94 Marina Sandel singt Lieder von Theodor W. Adorno (Bendikt Wehr, Klavier; Adam Diehr (Moderation)

Saalbau
28.08.93 Konzert für Bürger/innen mit Behinderung
Mozart, Ouvertüre „Die Entführung aus dem Serail", Arien des Osmin „Solche hergelauf'nen Laffen" und „Ha, wie will ich triumphieren" (Marcel Rosca); Haydn, „Konzert für Trompete und Orchester Es-Dur" (Jörg Lopper); Schubert, Zwischenaktmusik Nr. 3 zur Schauspielmusik „Rosamunde"; Strauß, „An der schönen blauen Donau"
ML: Wolf-Dieter Hauschild
01.01.94 Neujahrskonzert
Beethoven, „Egmont-Ouvertüre"; Bach, „Suite Nr. r D-Dur"; Bach, Canonische Veränderungen über das Weijnachtslied „Vom Himmel hoch, da komm ich her"; Strawinsky, Choral-Variationen für Chor und Orchester über „Vom Himmel hoch, da komm ich her" (Musikverein, Konrad Haenisch; Sieglinde Ahrens, Orgel); Beethoven, „Egmont"-Schauspielmusik (Heike Gierhardt als Klärchen; Hilmar Thate als Sprecher)
ML: Wolf-Dieter Hauschild

■ **Gastspiele**
Aalto-Theater
10.08.93 „42nd Street", Musical von Harry Warren (Original Broadway-Produktion), bis 05.09.
19.11.93 „Requiem für einen Wurstel" (Münchner Lach- und Schießgesellschaft), auch 20.11.
14.03.94 Traumspiele („Die Ballade von Norbert Nackendick"/„Der Lindwurm und der Schmetterling"/„Der hungrige Wolf"), Opern von Wilfried Hiller/Michael Ende (Text)
(Inszenierungen des Prinzregententheaters München)

Ballett

Ballettintendantin und Choreografhin: Heidrun Schwaarz
Ballettmeister und stellvertretender Ballettintendant: Igor Kosak; *Ballettmeisterin:* Yolande Straudo
Ballettrepetitor: Konstantin Paleev; *Dirigenten:* Matthias Aeschbacher, Toshiyuki Kamioka, Xaver Poncette
Gast-Orchester: Westfälische Philharmonie („Der wunderbare Mandarin")

Choreografen der Neuinszenierungen: Heidrun Schwaarz; *Gäste:* Nils Christe/Annegien Sneep, Hans van Manen/Rachel Beaujean, Robert North/Julian Moss
Aussatter der Neuinszenierungen (Gäste): Keso Dekker, Peter Farmer, Hans van Manen, Robert North, Paul van Vroom, Friederike Singer

Compagnie: Marie-Françoise Géry*, Manami Hannya, Raffellea Renzi, Gorica Stankovic, *Solo*
Nicolette Boeree, Martina Horstmann, Veronika Nagy, Adelina Nigra, Bozena Szymanska, *Gruppe mit Solo*
Maria-Helena Buckley, Yvetta Duchoslav, Maike Günther, Helena Klasić*, Natalia Kirjienko, Marina Melnikova*, Viara Natcheva, Philippa Ward, *Gruppe*
Cyrille Dauboin, Christophe Ferrari, Czaba Kvas, Zlatko Panic, *Solo*
Oliver Detelich, Nicolas von Heems, Mark Hoskins*, Marko Omerzel, Julio Rodriguez, *Gruppe mit Solo*
Zbygniew Czapski-Kloda, Xin Peng Wang, *Gruppe*
Gerard S. Kohl, Igor Kosak; Jorge Rondinelli
Gesangssolistin: Beret Arcaya; *Gitarre:* Antonio Madigan

■ **Ballette (N)**
13.11.93 „Der Tod und das Mädchen" (DE) von Robert North/Moss//Franz Schubert (8) – A: North
„Sarkasmen" von Hans van Manen/Beaujean//Sergej Prokofjew – A: van Manen, Kl: Poncette
„Pub" von Nils Christe/Sneep//Bohuslav Martinů – A: Dekker
„Troy Game" von Robert North/

	Moss//Batucada/Bob Downes – B: Farmer
05.03.94	„D. C." von Nils Christe/Sneep//Igor Strawinsky (8) – ML: Aeschbacher, A: Dekker
	„Twilight" von Hans van Manen/ Schwaarz/Kosak//John Cage – A: Vroom, Klavier: Rainer Klaas
	„Der wunderbare Mandarin" von Heidrun Schwaarz//Béla Bartók – ML: Aeschbacher, A: Singer

■ Ballette (WA)

21.09.93	„Carmencita" von Montagnon// Madigan (2)
17.10.93	„Der Nussknacker" von Schwaarz// Tschaikowsky (7)
02.11.93	„Max und Moritz" von Gleede//Rossini (17)
15.04.94	„Lieder ohne Worte" von van Manen//Mendelssohn Bartholdy (5)
	„2 Stühle, 1 Tisch" von Schwaarz/ Crumb
	„Fünf Tangos" von van Manen//Piazzolla

■ Sonderveranstaltungen

Aalto

06.11.93	Öffentliche Arbeitsprobe (Programm der Premiere vom 13.11.)
01.01.94	*Ballett Hommage*
	George Balanchine//Strawinsky, „Apollon Musagète" (Aalto-Ballett); George Balanchine//Tschaikowsky, „Tschaikowsky- Pas de deux" (Anna Seidl/John Magnus Johanson, Het National Ballett Amsterdam); Sir Anton Dolin//Marguerite Keogh, „Variations for four" (DE, Aalto-Ballett); Michail Fokine//Weber „Der Geist der Rose" (Monique Janotta, Düsseldorf/Vladimir Karakulev Moskau); Michail Fokine//Saint-Saens, „Der sterbende Schwan" (Marina Melnikova, Aalto; Michail Fokine// Chopin, Pas de deux aus „Les Sylphides" (Gorica Stankovic/Oliver Detelich, Aalto; Serge Lifar//Debussy, „Der Nachmittag eines Fauns" (Cyrille Atanassoff, Paris); Michail Fokine// Rimsky-Korsakoff, Pas de deux aus „Scheherazade" (Monique Janotta, (Düsseldorf)/Vladimir Karakulev, Moskau); Frederick Ashton//Hérold („Holzschuhtanz"mit dem Aalto-Ensemble und „Fanny-Elsner"- Pas de deux (Sandra Madgwick/Michael O'Hare, Birmingham) aus „La fille mal gardée"; Sir Kenneth McMillan// Schostakowitsch, „Concerto/2. Satz" (Raffaela Renzi/Christophe Ferrari, Aalto); Heidrun Schwaarz nach Tajana Gsovsky//Glasunow, „Raymonda-Divertissement" (Aalto-Ballett)
19.03.94	Verleihung des Deutschen Tanzpreises 1994 an Maurice Béjart (Motto: Maurice Béjart, „Die Kunst des Pas de deux")
	Hugues Le Bars/Minkus/Adam „Le Concours"; Schönberg/Joël Engel und traditionelle jüdische Musik, „Dibouk"; „Bhakti" mit traditioneller Musik Indiens; Bach/Tangomusik, „Notre Faust"; Rota, „Amo Roma"; Rossini, „Rossiniana"; Bartók, „Der wunderbare Mandarin" (gesamte Compagnie)
	Mitwirkende: Solisten und Compagnie des Béjart Ballet Lausanne
28.05.94	*Ballett Hommage zum Gedenken an die großen im Laufe der vergangenen 10 Jahre verstorbenen Choreografen und Tänzer*
	Programm wie 01.01.94 (ohne „La fille mal gardée")

Foyer

31.10.93	Einführungsmatinee zur Premiere „Der Tod und ..."/„Sarkasmen"/„Pub"/ „Troy Game"
27.02.94	Einführungsmatinee zur Premiere „D. C:"/„Twilight"/„Der wunderbare Mandarin"

ZDF

23.05.94	„Der Nachmittag eines Fauns" von Heidrun Schwaarz//Debussy mit Vladimir Karakulev (Sendung „Achtung! – Klassik" von und mit Justus Frantz)

■ **Gastspiele**

09.02.94	Lan Yang Dancers – Chinesisches Volkstanz-Ensemble aus Taiwan
24.02.94	Naiden Kirow Ballett – Folklore-Ensemble aus Bulgarien
09.04.94	„Entlang der Spree" – Ballett-Folkloreprogramm mit dem Sorbischen Nationalensemble
29.05.94	Jiří Kylián//Ravel, „Un Ballo"; Ohad Naharin//Irische Volksmusik, „Passomezzo"; Jiří Kylián//Toru Takemitsu, „November Steps"; Jiří Kylián//Carlos Chavez, „Stamping Ground" (Nederlands Dans Theater)

Spielzeit 1994/95

Geschäftsführer: Otmar Herren

Musiktheater

Opernintendant: GMD Prof. Wolf-Dietrich Hauschild; *Persönlicher Assistent des GMD:* Eugen Epplée
Direktor des Musiktheaters und stellvertretender Opernintendant: Dieter Wihlelmi
Künstlerische Betriebsdirektorin: Ingrid Gradel (Klaus Schlegel*, ab 01.05.95); *Leiter des Künstlerischen Betriebsbüros und stellvertretender Künstlerischer Betriebsdirektor:* Gerard S. Kohl
Dramaturgie: Dr. Wolfgang Binal, Rainer Neumann, *Gast:* Norbert Grote
Presse- und Öffentlichkeitsarbeit: Claudia Fromm

Dirigenten: Matthias Aeschbacher, Günther Albers*, Joachim Arnold, Eugen Epplée, Wolf-Dieter Hauschild, Toshiyuki Kamioka, Michael Korth; *Gäste:* Guido Ajmone-Marsan, Georg Leopold, Mujhai Tang
Essener Philharmoniker; *Gast-Orchester:* Südwestfälische Philharmonie („Hänsel und Gretel", 4×), Philharmonia Hungarica („Hänsel und Gretel", 1×)
Repetitoren: Stephen Marinaro (Studienleiter); Günther Albers*, Joachim Arnold, Alexander Eberle*, Michael Korth*; *Chordirektor:* Konrad Haenisch; *Choreograf (Gast):* Janez Samec

Leiter der szenischen Einstudierung: Christian Tombeil*
Regisseure der Neuinszenierungen (Gäste): Dietrich Hilsdorf, Klaus-Dieter Kirst, Janez Samec, Jürgen Schwalbe, Tom Toelle
Ausstatter der Neuinszenierungen: Manfred Gruber, Ausstattungsleiter; Richard Pitsch; *Gäste:* Frank Hänig, Kathrin Kegler, Wolf-Eckard Lange, Johannes Leiacker, Brigitte Otto, Gudrun Schretzmeier
Technischer Direktor: Matthias Nitsche

Ensemble: Susanne Blattert, Veronica Congemi, Teresa Erbe, Inga Fischer, Heike Gierhardt, Marina Ivanova, Elmira Kuguschewa, Rachel Robins, Margaret Russell, Claudia Rüggeberg, Marina Sandel, Eva Maria Tersson, Margarita Turner; Jeffrey Dowd*, Horst Hüskes, Juha Kotilainen, Robert Künzli, Hans Jürgen Lazar, Karl-Heinz Lippe, Joachim Maaß-Geiger, James McLean, Richard Medenbach, Michael Nelle, Hans Nowack, Karl-Heinz Offermann, Rainer Maria Röhr*, Marcel Rosca, Franz-Josef Selig, Károly Szilágyi
Chorsolisten: Cosima Amlinger, Marie-Cécile Balzer-Wehr, Vera Balzer, Christine Bastardie, Sabine Brunke-Proll, Drün-Kotoe Kaneko, Sigrune Greitschus, Irmgard Hecker, Claudia Hummel, Ursula Jochmus, Marie-Helen Joël, Kotoe Kaneko, Kyoko Kano, Sylvia Kottke, Nadja Krasnogorzeva, Agnes Ocsenas, Suzanne Pye, Anita Rödiger, Gisela Schroeter, Marion Thienel, Sabine Wehlte, Ginette Willaerte, Johanna Brigitte Young; René Aguilar, Bruce Cox, Andreas Baronner, Seiichi Furukawa, Norbert Kumpf, Joost Meijs, Stoyan Milkov, Manfred Pilgrim, Heinz Potztal, Christian Polus, Thomas Sehrbrock, Jan Thompson, Karl-Ludwig Wissmann, Ulrich Wohlleb

Gäste/Teilspielzeit: Marina Anghelowa, Kirsten Blanck, Sabine Brohm, Sonja Borowski-Tudor, Helen Centner, Pauletta de Vaughn, Miriam Gauci, Mechthild Georg, Barbara Hoene, Christiane Hossfeld, Roxana Incontrera, Annette Jahns, Julia Juon, Ingrid Kaltenegger, Elise Kaufman, Melanie Koch, Gabriele Künzler, Celina Lindsley, Carmen Mammoser, Elena Mosuc, Hiroko Nishida, Gudrun Pelker, Carla Pohl, Therese Renick, Suzanne Rodas, Gabriele Maria Ronge, Leonid Savitzki, Larissa Schewtchenko, Marta Szirmay, Roswitha Steube, Ingrid Thissen, Manuela Uhl, Graciela von Gyldenfeldt, Linda Watson, Silke Weisheit, Ortrun Wenkel, Heike Wittlieb, Cornelia Wosnitza; Fred Banse, Jochen Bauer, Mirko Bott, Jochen Bräuker, Mario Brell, Paul Brodene-Smith, Rainer Büsching, Florian

Cerny, Constantin Dumitru, Matthias Dworzack, Karl Fäth, Caspar Fawden, Donald George, Vidar Gunnarsson, Marcus Haddock, Robert Heimann, Adam Hollmann, Horst Hiestermann, Horst Hoffmann, Robert Höhler, Emil Ivanov, Frederic Kalt, Mario Klein, Peter Kovacs, Friedemann Kunder, Jerzy Kwika, Siegfried Lorenz, Martin Lukas, Zwetan Michailov, Antonius Nicolescu, Siegmund Nimsgern, Richard Panzner, Ki-Chun Park, Holger Penno, Leonard Savitzki, Markus Schäfer, Philipp Schepmann, Johannes Schmidt, Jacques Schwarz, Ferdinand Seiler, Enric Serra, Fred Silla, Alexej Steblianko, Burkhard Ulrich, Jan Vacik, Siegfried Vogel, Ekkehard Wlaschiha, Alan Woodrow, Nobuaki Yamamasu

Sprecher („Das Verhör des Lukullus"): Sandra Borgmann, Valerie Bruhn, Eva Bühler, Melanie Koch, Katja Schönberg, Elisabeth Striewe; Jochen Bauer, Jörg Bräuker, Jens Uwe Lidy, Axel Röhrle, Axel von Aswege

Gäste (Schauspieler): Michael Autenrieth, Thomas Krause, Carlo Lauber, Jürg Löw, Franz-Josef Steffens

■ Opern (N)

24.09.94	„Das Rheingold" von Richard Wagner (7) – ML: Hauschild, I: Kirst, B: Kegler, K: Hänig
22.10.94	„Die Verurteilung des Lukullus" von Paul Dessau (12) – ML: Hauschild, I: Hilsdorf, A: Leiacker
18.02.95	„Simon Boccanegra" von Giuseppe Verdi (8) – ML: Aeschbacher, I: Toelle, B: Gruber, K: Schretzmeier
24.02.95	„Der Schauspieldirektor" von Wolfgang Amadeus Mozart (3) – ML: Kamioka, I: Schwalbe, B: Gruber, K: Pitsch
20.05.95	„Die Walküre" von Richard Wagner (5) – ML: Hauschild, I: Kirst, B: Kegler, K: Hänig

■ Operette (N)

25.12.94	„Der Vogelhändler" von Carl Zeller (16) – ML: Kamioka, I/Ch: Samec, B: Lange, K: Otto

■ Opern (WA)

03.09.94	„Otello" von Verdi (10)
04.09.94	„Herzog Blaubarts Burg" von Bartók/ „Der Zwerg" von Zemlinsky (2)
09.09.94	„Eugen Onegin" von Tschaikowsky (7)
17.09.94	„Die Entführung aus dem Serail" von Mozart (8)
28.09.94	„Madama Butterfly" von Puccini (14)
26.10.94	„La Traviata" von Verdi (7)
04.11.94	„Così fan tutte" von Mozart (9)
10.11.94	„Hänsel und Gretel" von Humperdinck (7)
20.11.94	„Il barbiere di Siviglia" von Rossini (14)
27.11.94	„Die Zauberflöte" von Mozart (4)
14.01.95	„Die verkaufte Braut" von Smetana (4)
02.04.95	„Parsifal" von Wagner (3)
21.04.95	„Die Liebe zu den drei Orangen" von Prokofjew (6)
10.06.95	„Don Carlos" von Verdi (5)

■ Sonderveranstaltungen

Aalto-Theater

28.08.94	Tag der offenen Tür
09.12.94	Operngala aus Anlass des EU-Gipfels Montserrat Caballé: Verdi, „Das Lied von der Weide" aus „Otello"; Puccini, Arie der Lauretta aus „Gianni Schicchi"; Miguel Nieto, Arie aus der Zarzuela „Der Barbier von Sevilla" Bruna Baglioni (Mezzo): Mascagni, Romanze der Santuzza aus „Cavalleria rusticana"; Verdi, Arie der Eboli aus „Don Carlos"; Bizet, Habanera der Carmen aus der gleichnamigen Oper Nicolai Ghiraurov (Bass): Verdi, Arie des Philipp aus „Don Carlos; Rachmaninow, Arie des Aleko aus der gleichnamigen Oper Opernchor: Chöre aus Wagner, „Tannhäuser"/Verdi, „Nabucco" und „Die Macht des Schicksals"/Weber, „Der Freischütz" ML: Wolf-Dieter Hauschild; Moderation: Wilhelm Wieben

Foyer

18.09.94	Einführungsmatinee zur Premiere „Das Rheingold"
16.10.94	Einführungsmatinee zur Premiere „Die Verurteilung des Lukullus"
17.10.94	Begleitprogramm zu Richard Wagners „Der Ring des Nibelungen": Prof.

	Hans Mayer spricht über Richard Wagners „Tetralogie"
21.11.94	Teresa Erbe (Sopran) singt Lieder von Berlioz/Liszt/Massenet; Stephen Marinaro (Klavier)
18.12.94	Einführungsmatinee zur Premiere „Der Vogelhändler"
23.01.95	Susanne Blattert singt Lieder von Brahms/Clara Schumann/Mahler/Enrique Granados und den Liederzyklus „Frauenliebe- und leben" von Schumann; W.-D. Hauschild (Klavier)
12.02.95	Einführungsmatinee zur Premiere „Simon Boccanegra"
06.03.95	Joachim Maaß-Geiger (Bass) singt Lieder von Mussorgsky, Franz-Josef Selig Lieder von Schostakowitsch; Eugen Epplée (Klavier)
24.04.95	Elmira Kuguschewa singt Lieder von Glinka/Rimsky-Korsakow/Tschaikowsky; A. Urvalov (Klavier)
14.05.95	Einführungsmatinee zur Premiere „Die Walküre"
22.05.95	Begleitprogramm zu Richard Wagners „Der Ring des Nibelungen" – Joachim Kaiser: „Charme und Abgründe des jungen Siegfried"
29.05.95	Veranstaltung des „Freundeskreis Theater & Philharmonie" Lieder, Arien und Duette aus dem Repertoire mit Susanne Blattert/Rainer Maria Röhr (Gesang)/Alexander Eberle (Klavier)
19.06.95	Rachel Robins/James McLean singen Lieder von Britten/Gerald Finzi/Vaughan Williams; Xaver Poncette (Klavier)

Saalbau

19.08.94	Konzert für Bürger/innen mit Behinderung Rossini, Ouvertüre zu „Die Belagerung von Korinth"; Rossini, Arie „Nacqui all'affanno" der Angelina (Susanne Blattert) aus „La Cenerentola"; Verdi, Vorspiel zum 3. Akt „La Traviata" und Arie der Violetta „È strano …" (Marina Ivanova); Tschaikowsky, „Capriccio italien" ML: Wolf-Dieter Hauschild

Gruga-Pavillon

28.08.94	Russischer Abend mit populären Melodien aus Balletten und Opern Glinka, Ouvertüre zu „Ruslan und Ludmilla" und Kavatine der Ludmilla „Vater mein …" (Marina Ivanowa); Tschaikowsky, „Marsch/Arabischer Tanz/Blumenwalzer aus „Der Nussknacker"; Tschaikowsky, Szene und Arioso der Lisa „Bald schlägt es Mitternacht" (Elmira Kuguschewa) aus „Pique Dame"; Tschaikowsky, „Capriccio italien"; Prokofjew, Ballettsuite Nr. 2" aus „Romeo und Julia" (Die Montagues und die Capulets); Rimsky- Korsakow, Wikinger-Arie „Am Felsenufer toben ungestüm die Wellen" (Marcel Rosca) aus „Sadko"; Strawinsky, „Wiegenlied und Finale" aus der Ballett-Suite „Der Feuervogel"; Borodin, „Polowetzer Tänze" aus „Fürst Igor" ML: Wolf-Dieter Hauschild
01.01.95	Neujahrskonzert Strawinsky, „Feuervogel-Suite"; Händel, „Feuerwerksmusik"; Beethoven, „Leonoren-Ouvertüre Nr. 3" und „Fantasie für Klavier, Chor und Orchester c-Moll op. 80" (Boris Bloch/Opernchor/Musikverein) ML: Wolf-Dieter Hauschild

■ **Gastspiele**

Aalto-Theater

11.11.94	„Als Verwählte grüßen" (Münchner Lach- und Schießgesellschaft), auch 12.11.
03.03.95	„Peter Pan" – Schwarztheatervariationen über Motive von J.M. Barrie (Prag)

Ballett

Ballettintendantin und Choreografin: Heidrun Schwaarz
Ballettmeister und stellvertretender Ballettintendant: Igor Kosak
Ballettmeisterin: Yolande Straudo; *Ballett-Repetitor:* Konstantin Paleev
Dirigenten: Matthias Aeschbacher, Toshiyuki Kamioka, Xaver Poncette
Gast-Orchester: Westfälisches Sinfonieorchester („Vier letzte Lieder"/„7. Sinfonie"/„D. C."/„Mandarin")

Choreografen: Heidrun Schwaarz; *Gäste:* Nils Christe/Agneta Stjernlöft-Valcu/Annegien Sneep, Rudi van Dantzig/Joanne Zimmermann, Kurt Jooss/Anna Markard, Hans van Manen/Mea Venema, Toer van Scheyk/Malin Thoots Watt
Ausstatter (Gäste): Keso Dekker, Hein Heckroth, Dietrich Schoras, Friederike Singer, Toer van Scheyk/Jean-Paul Vroom

Ensemble: Manami Hannya, Marina Melnikova, Gorica Stancovic, Yolanta Valeikaite*, *Solo* Nicolette Boeree, Stefania Brianzi*, Paula de Castro*, Martina Horstmann, Veronica Nagy, Adelina Nigra, Bozena Szymanska, *Gruppe mit Solo* Pascale Chevroton*, Yvetta Ducheslav, Maike Günther, Helena Klasić, Natalia Kirienko, Philippa Ward, *Gruppe* Cyrille Dauboin, Vladimir Karakulev*, Csana Kvas, Zlatko Panic, *Solo* Oliver Detelich, Marko Omerzel, Julio Rodriguez, Nicolas van Heems, *Gruppe mit Solo* Zbygniew Czapski-Kloda, Xin Peng Wang, *Gruppe*

Hofgesellschadt („Giselle"): Vanja Bourgoudjeva, Christa Piroch, Yolande Straudo; Gerard S. Kohl, Igor Kosak, Enrique Larraguibel

Gäste: Naomi d'Amour, Rachel Beaujean, Anja Findorff, Monique Janotta, Jane Lord, Rachel Neville, Lilian Streuli, Violaine van de Velde; James Amar, Philip Bergmann, Kevin Cregan, Clint Farha, Alexander Gouliaev, Thomas Hartmann, Mark Hoskins, Daniel Hütten, John Magnus Johansen, Michael Klingenberg, Jean-Pierre Lamperti, Felix Landerer, Ivan Liska, Jorge Rondinelli, Riivo Sillak
Gesangs-Solisten („Vier letzte Lieder"): Beatrice Niehoff, Young-Hee Kim

▌ Ballette (Premieren der Neueinstudierungen)

Retrospektive der Ära Heidrun Schwaarz

19.11.94 „Giselle" von Jean Corelli/Jules Perrot/Marius Petipa/Heidrun Schwaarz//Adam) ML: Poncette, A: Singer (7)

03.11.94 „Before Nightfall" von Nils Christe/Stjernlöft-Valcu/Sneep//Bohuslav Martinů (5) – A: Dekker
„Der grüne Tisch" von Kurt Jooss/A. Markard//Fritz A. Cohen – A: Heckroth/H. Markard Renate und Xaver Poncette (Klavier)
(13.11.94: Matinee mit „Der grüne Tisch")

03.02.95 „Adagio Hammerklavier" von Hans van Manen/Schwaarz/Kosak//Beethoven (5) A: Vroom; Xaver Poncette (Klavier)
„Vier letzte Lieder" von Rudi van Dantzig/Zimmermann//Strauss – ML: Kamioka, A: van Schayk „Siebte Symphonie" von Toer van Schayk//Beethoven – Ch/A: van Schayk/Thoors Watt, ML: Kamioka

09.03.95 „Lieder ohne Worte" von Hans van Manen//Mendelssohn Bartholdy (7) – A: Vroom; Kl: Poncette
„In and Out" von Hans van Manen/Menema//Anderson/Hagen – A: Dekker
„Fünf Tangos" von Hans van Manen/Venema//Piazzolla – A: Vroom

25.03.95 „Romeo und Julia" von Heidrun Schwaarz//Tschaikowsky (7) – ML: Poncette, B: Schoras, K: Singer

■ Ballette (WA)

10.09.94 „Der Tod und das Mädchen" von North//Schubert (6) – „Sarkasmen" von van Manen//Prokofjew – „Pub" von Christe//Martinů – „Troy Game" von North//Batacuda/Bob Downes
(5. Vorstellung: „Adagio Hammerklavier" statt „Der Tod und das Mädchen")

16.09.94	„Der Nussknacker" von Schwaarz//Tschaikowsky (6)
01.02.95	„D. C." von Christe//Strawinsky (4) – „Twilight" von van Manen//Cage – „Der wunderbare Mandarin" von Schwaarz//Bartók
24.05.95	„Max und Moritz" von Marcus//Rossini (6)

■ **Sonderveranstaltungen**
Aalto-Theater

13.11.94	Einführungsmatinee zur Premiere „Der grüne Tisch" (mit Aufführung)
01.01.95	Ballettgala – Klassische und moderne Choreografien mit internationalen Solisten Marius Petipa//Tschaikowsky, Pas de deux aus „Dornröschen" (Fiona Chadwick, Royal Ballet London/Stanislav Tschassow, Bolschoi Moskau; Marius Petipa//Drigo, Pas de deux aus „Le Corsaire" (Elena Pankova, St. Petersburg/München/Vladimir Karakulev, Aalto); Robert North//Batacuda/Bob Bownes, „Troy Game" (Essener Solisten); Hans van Manen//John Cage, „Twilight" (Gorica Stankovic/Cyrille Dauboin, Aalto); Roland Petit//Fauré, Pas de deux „Der Kampf der Engel" aus „Les Intermittences du Cœur" (Jan Broeckx, Marseille/Wim Broeckx (Amsterdam); Heidrun Schwaarz//Debussy, „Der Nachmittag eines Fauns" (Vladimir Karakulev, Aalto); Roland Petit//Jean-Michel Jarre, Pas de deux aus „Notre-Dame-de-Paris" (Monique Loudières/Cyrille Atanassoff, Opéra de Paris); Heidrun Schwaarz//Evans, Pas de deux „Die Hoffnung" aus „Empty Spaces" (Marina Melnikova/Vladimir Karakulev, Aalto); Roland Petit//Bach, „Ma Pavlova" – Pas de deux „Leda und der Schwan" (Dominique Khalfouni/Jan Broeckx (Marseille); Marius Petipa//Minkus, Pas de deux aus „Don Quichotte" (Fiona Chadwick, Royal Ballet London/Stanislav Tschassow, Bolschoi Moskau)
04.02.95	Gala zur Verleihung des Deutschen Tanzpreises 1995 an Pina Bausch Daniel Goldin//Emilio Cao/Galizische Folklore/Antonio Seoane, „La Sombra y la Luna" (Lara Martelli/Daniel Goldin, Folkwang-Tanzstudio); Urs Dietrich//Vogelstimmen, „… und der Sommer zog gen Süden" (Urs Dietrich/Thomas Stich); John Neumeier//Tschaikowsky, Pas de deux aus „Der Nussknacker" (Christina McDermott/Oliver Wehe, München); Jiří Kylián//Debussy, „Nuages" (Kiki Lammersen/Kirill Melnikow, Bayerisches Staatsballett München); Dietmar Seyffert//Mahler, „Fein's Liebchen's leiser Schrei" (Alma Munteanu/Gregor Seyffert, Tanztheater der Komischen Oper Berlin); Stephan Thoß//Claude François/Jacques Revaux, „My Way" (Raymond Hilbert/Stephan Thoß, Staatsoper Dresden); John Neumeier//Debussy, „Daphnis und Chloë" (Silvia Azzoni/Ivan Urban, Hamburg Ballett); Hans van Manen//Irving Fine, „Nacht" (Christina McDermott/Oliver Wehe (Bayerisches Staatsballett München); Marius Petipa/Patrice Bart//Minkus, Grand Pas de deux aus „Don Quixote" (Beatrice Knop/Raimondo Rebeck, Ballett der Staatsoper Berlin); Tom Schilling//Musikcollage Siegfried Matthus, „Match" (Angela Reinhardt/Mario Perricone, Tanztheater der Komischen Oper/Staatsoper Berlin)
19.03.95	Einführungsmatinee zur Premiere „In and Out"
14.05.95	Ballett-Gala – Essener Erstaufführungen von weltbekannten Choreografen mit internationalen Gästen sowie dem Ensemble des Essener Balletts Heidrun Schwaarz/Ravel, Pas de deux und „Pan & Syrinx" aus „Daphnis und Chloë" (Essener Solisten); Hans van Manen//Saint-Saëns/J. Peyronnin/Heitor Villa-Lobos, „Evergreens" (Sabine Kupferberg/Gérard Lemaitre, Nederlands Dans Theater); George Balanchine//Ravel, „Tzigane" (Isabell Guérin/Cyril Atanassof, Opéra Paris); Renato Zanella//Jon Hassel, „Empty Place" (Brigitte Stad-

ler/Tamás Solymosi, Wien); Heidrun Schwaarz//George Crumb, „2 Stühle, 1 Tisch" (Gorica Stankovic/Cyrille Dauboin (Essen); William Forsythe//Thom Willems, Pas de deux aus „Hermann Schmerman" (Deborah Bull/Adam Cooper, Royal Ballet London); Hans van Manen//Laurie Anderson/Nina Hagen, „In and Out" (Essener Ballett)

ZDF
17.04.95 Pas de deux zur „Carmen"-Bearbeitung von Rodin Schtschedrin/Georges Bizet mit Raffaela Renzi/Vladimir Karakulev (Aalto) und „Blumenwalzer" aus „Der Nussknacker" von Peter I. Tschaikowsky mit Paula de Castro (Aalto) und Ballett-Schülerinnen des Gymnasiums Essen-Werden; Ch: Heidrun Schwaarz (Sendung „Achtung! – Klassik" von und mit Justus Frantz)

26.05.95 Albanisches National Ensemble mit Volksliedern und Tänzen

■ Ausstellungen
Foyer
04.02.95 Pina Bausch: Fotos von Ursula Kaufmann und Claude Gafner (Frankreich) sowie Gemälde von Bettina Mauel (bis 17.02)
08.06.95 Retrospektive mit Fotos und Plakaten zur Ära Heidrun Schwaarz (bis zum Ende der Saison)

■ Gastspiele
Aalto-Theater
13.09.94 Grupo Corpo (Brazilian Dance Theatre) mit europäischen und deutschen EA, auch 14.09.
06.10.94 „Denn ein für alle Male ists Orpheus, wenn es singt" (Reinhild Hoffmann//Renaissancemusik, Tanztheater Bochum) *Tanzmesse NRW*
07.10.94 „Goldberg-Variationen" von Heinz Spoerli/Joh. Sebastian Bach (Deutsche Oper am Rhein)

Tanzmesse NRW
29.10.94 Buenos Aires Tango mir dem Tango-Tanz-Theater aus Argentinien
05.04.95 „Das Brautopfer", eine Tanzlegende (Deutsche Tanzkompanie Neustrelitz)

Spielzeit 1995/96

Geschäftsführer: Otmar Herren

Musiktheater

Opernintendant: Wolf-Dieter Hauschild; *Persönlicher Assistent des GMD:* Eugen Epplée
Direktor des Musiktheaters und stellvertretender Opernintendant: Dieter Wilhelmi
Künstlerischer Betriebsdirektor: Klaus Schlegel; *Leiter des Künstlerischen Betriebsbüros und stellvertretender Künstlerischer Betriebsdirektor:* Gerard S. Kohl
Dramaturgie: Dr. Wolfgang Binal, Rainer Neumann; *Presse- und Öffentlichkeitsarbeit:* Claudia Fromm

Dirigenten: Günther Albers, Matthias Aeschbacher, Alexander Eberle, Wolf-Dieter Hauschild, Toshiyuki Kamioka, Michael Korth; *Gäste:* Howard Arman, Martin Fratz, Thomas Gabrisch, Julia Jones, Daniel Kleiner, Anton Marik, Rainer Mühlbach
Repetitoren: Dr. Stephen Marinaro, Studienleiter; Günther Albers, Joachim Arnold, Alexander Eberle, Michael Korth; *Chordirektor:* Konrad Haenisch
Essener Philharmoniker; *Gast-Orchester:* Westfälisches Sinfonieorchester Recklinghausen („Madama Butterfly", 3×; „Hänsel und Gretel", 4×; „Der Vogelhändler")

Leiter der szenischen Einstudierung: Christian Tombeil
Regisseure der Neuinszenierungen: Christian Tombeil; *Gäste:* Klaus Bertisch/Marcel Sijm, Nicholas Broadhurst, Pet Halmen, Klaus Dieter Kirst, Tom Toelle, Francesca Zambello
Ausstatter der Neuinszenierungen: Manfred Gruber, Ausstattungsdirektor; Ulrich Lott; Gäste: Pet Halmen, Frank Hänig, Simon Higlett, Kathrin Kegler, Bettina Munzer, Gudrun Schretzmeier, Irene Suhr
Technischer Direktor: Matthias Nitsche

Ensemble: Susanne Blattert, Teresa Erbe, Inga Fischer, Heike Gierhardt, Marina Ivanova, Rachel Robins, Claudia Rüggeberg, Marina Sandel, Margarita Turner; Jeffrey Dowd, Vidar Gunnarsson*, Horst Hüskes, Juha Kotilainen, Hans Jürgen Lazar, Joachim Maaß-Geiger, James McLean, Richard Medenbach, Michael Nelle, Hans Nowack, Karl-Heinz Offermann, Rainer Maria Röhr, Marcel Rosca, Károly Szilágyi
Chorsolisten: Cosima Amlinger, Sabine Brunke-Proll, Sigrune Greitschus, Irmgard Hecker, Marie- Helen Joël, Kyoko Kano, Nadja Krasnogorzeva, Agnes Ocsenas, Suzanne Pye, Gisela Schroeter, Marion Thienel, Ginette Willaerts, Johanna Brigitte Young; René Aguilar, Andreas Baronner, Bruce Cox, Seiichi Furukawa, Johannes Groß, Marc Hermans, Kyung-Guk Kim, Norbert Kumpf, Stefan Lascu, Joost Meijs, Stoyan Milkov, Manfred Pilgrim, Christian Polus, Heinz Potztal, Wieland von Massenbach, Thomas Sehrbrock, Jan Thompson, Karl-Ludwig Wissmann, Ulrich Wohlleb

Gäste/Teilspielzeit: Olga Alexandrowa, Sonja Borowski-Tudor, Lucy Coleby-Long, Pauletta de Vaughn, Hebe Dijkstra, Marina Edelhagen, Christina Hagen, Julia Juon, Elise Kaufman, Melanie Koch, Yelda Kodalli, Elmira Kuguschewa, Annette Küttenbaum, Celina Lindsley, Carmen Mammoser, Elena Mosuc, Ildiko Nagy, Liljana Nejceva, Beatrice Niehoff, Adina Nitescu, Ildiko Nagy, Karen Notare, Vlatka Oršanić, Carla Pohl, Margaret Russell, Therese Renick, Suzanne Rodas, Anne Schwanewilms, Ingrid Thissen, Graciela von Gyldenfeldt, Linda Watson, Ortrun Wenkel, Gabriele Wunderer; Kenneth Bannon, Fred Banse, Jochen Bauer, Mirko Bott, Hannes Brock, Paul Brodene-Smith, Bruno Caproni, Barry Coleman, Edward Cook, Andrzej Dobber, Karl Fäth, Erwin Feith, Thomas Harper, Robert Heimann, Horst Hiestermann, Horst Hoffmann, Michael Howard, Emil Ivanov, Axel Köhler, Peter Kovacs, Heinz Kruse, Robert Künzli, Bernhard Landauer, Zwetan Michailov, Wolfgang Neumann, Siegmund Nimsgern,

Richar Panzner, Johannes Preißinger, David Rendall, Andrzej Saciuk, Franz-Josef Selig, Enric Serra, Alexej Steblianko, Burkhard Ulrich, Hubert Wild
Sprecher („Das Verhör des Lukullus"): Sandra Borgmann, Valerie Bruhn, Eva Bühler, Melanie Koch, Katja Schönberg, Elisabeth Striewe; Jochen Bauer, Jörg Bräuker, Jens Uwe Lidy, Axel Röhrle, Axel von Aswege
Gäste/Tänzerinnen („Aida"): Ilse Dekker, Petra Dekker
Gäste (Schauspieler): Astrid Weigel; Michael Autenieth, Jürg Löw

■ Opern (N)
07.10.95 „Don Giovanni" von Wofgang Amadeus Mozart (11) – ML: Hauschild, I/A: Halmen
16.12.95 „Lady Macbeth von Mzensk" von Dmitri Schostakowitsch (7) – ML: Aeschbacher, I: Toelle, B: Gruber, K: Schretzmeier
03.03.96 „Giulio Cesare" von Georg Friedrich Händel (10) – ML: Arman I: Broadhurst, A: Higlett
30.03.96 „Siegfried" von Richard Wagner (6) – ML: Hauschild, I: Kirst, B: Kegler, K: Hänig
15.06.96 „Hoffmanns Erzählungen" von Jaques Offenbach (4) – ML: Kamioka, I: Zambello, A: Munzer, Ch: Wang

Casa Nova
12.04.96 „Fräulein Julie"- Kammeroper von Antonio Bibalo *off opera* (5) – ML: Korth, I: Tombeil, A: Suhr

■ Opern (WA)
02.09.95 „Die Verurteilung des Lukullus" von Dessau (5)
08.09.95 „Il barbiere di Siviglia" von Rossini (9)
10.09.95 „Simon Boccanegra" von Verdi (11)
14.10.95 „Die Walküre" von Wagner (7)
18.10.95 „La Traviata" von Verdi (4)
05.11.95 „Die Zauberflöte von Mozart (7)
15.11.95 „Madama Butterfly" von Puccini (9)
26.11.95 „Hänsel und Gretel" von Humperdinck (5)
06.01.96 „Otello" von Verdi (7)
17.01.96 „Das Rheingold" von Wagner (4)
13.04.96 „Aida" von Verdi (7)
27.04.96 „Die Entführung aus dem Serail" von Mozart (6)

■ Operette (WA)
09.09.95 „Der Vogelhändler" von Zeller (17)

■ Sonderveranstaltungen
Aalto
03.09.95 Tag der offenen Tür
Bühne: Technik-Show, Ballett-Training, Ballett-Probe, Auftritt des Opernchores, Opernproben Foyer: Blechbläser der Philharmoniker, Disharmoniker; Juha Kotilainen/Marina Sandel (Gesang); Günther Albers/Toshiyuki Kamioka (Klavier); Margarita Turner/James Mclean (Gesang)/Alexander Eberle/Günther Albers (Klavier); Marcel Rosca/Teresa Erbe (Gesang)/Alexander Eberle/Günther Albers (Klavier); Disharmoniker mit Dixieland; Rainer Maria Röhr/Rachel Robbins (Gesang)/Alexander Eberle (Klavier); „Souvenir de Bayreuth" mit Wolf-Dieter Hauschild/Stephen Marinaro; „Songs zur Gitarre" mit Jeffrey Dowd; Moderation: Wolfgang Binal
05.09.95 Gala-Abend „Kraftwerk" mit den Solisten Susanne Blattert/Inga Fischer und dem Opernchor
12.11.96 Ernennung der ersten vier Ehrenmitglieder für ihre künstlerischen Leistungen und Verdienste: Gerd Braese (Schauspiel), Josef Krepela (Chordirektor), Kal-Heinz Lippe und Hans Nowack (Aalto)
20.11.95 „Dankeschön"-Abend für die Mitglieder des Freundeskreises
1. Teil: Bühnenmaschinerie und Scheinwerfer in Bewegung; Probe zur Oper „Lady Macbeth von Mzensk", Moderation: Tom Toelle (Regisseur)
2. Teil: Vorstellung des neuen Ballettdirektors Martin Puttke und Aufführung des Balletts „El Canto Despedia" von Maryse Delente
01.01.96 Neujahrskonzert
Vivaldi, „Der Winter" aus „Die vier Jahreszeiten"; Händel, „Wassermusik" und „Halleluja" aus dem Oratorium „Der Messias" (Musikverein/

	Extrachor); Brahms, „Sinfonie Nr. 2" (statt der angekündigten „Peer-Gynt-Musik" von Edward Grieg) ML: Heinz Wallberg (anstelle des erkrankten Wolf-Dieter Hauschild)
14.03.96	„Damit Kindern Leben gelingt" – Benefiz-Konzert für Kinder in Not Mozart, Ouvertüre zur Oper „Die Zauberflöte"/Chor der Priester/Arie der Pamina (Inga Fischer; ML: Wolf-Dieter Hauschild); Rossini, Arie der Angelina (Susanne Blattert) aus „La Cenerentola" (ML: Matthias Aeschbacher); Rossini, Kavatine des Figaro (Michael Nelle) aus „Der Barbier von Sevilla" (ML: Toshiyuki Kamioka); Mozart, Quartett Konstanze/Blonde/Belmonte/Pedrillo (Heike Gierhardt/Rachel Robins; James McLean/Rainer Maria Röhr) aus „Die Entführung aus dem Serail" (ML: Aeschbacher); Verdi, Chor der Gefangenen aus „Nabucco" (ML: Hauschild); Verdi, Szene und Gebet des Fiesco (Vidar Gunnarsson) aus „Simon Boccanegra" (ML: Aeschbacher); Tschaikowsky, Arie des Lenski (James McLean) aus „Eugen Onegin" (ML: Kamioka); Offenbach, Arie des Dapertutto (Károly Szilágyi) aus „Hoffmanns Erzählungen" (ML: Kamioka); Strauß, Auftrittslied des Zsupán (Richard Medenbach) aus „Der Zigeunerbaron" (ML: Hauschild); Strauß, Couplet der Adele (Rachel Robins) aus „Die Fledermaus" (ML: Aeschbacher); Zeller, Finale I „Schenkt man sich Rosen in Tirol" (Teresa Erbe/Inga Fischer; James McLean/Rainer Maria Röhr aus „Der Vogelhändler" (ML: Kamioka) Philharmoniker, Opernchor; Moderation: Wolf-Dieter Hauschild
24.03.95	Opernkonzert *(statt der Vorstellung „Don Giovanni"; Programm wie beim Benefiz 14.03.)*

Foyer

03.09.95	Tag der offenen Tür: Disharmoniker mit Dixieland; Gesangssolisten
01.10.95	Einführungsmatinee zur Premiere „Don Giovanni"
23.10.95	Marina Sandel singt Werke von Berg/Mahler/Schubert/Strauss/Weill; Toshiyuki Kamioka (Klavier)
04.12.95	Marina Ivanova singt Lieder russischer Komponisten; Lisa Abuliak (Klavier)
10.12.95	Einführungsmatinee zur Premiere „Lady Macbeth von Mzensk"
28.01.96	Einführungsmatinee zur Premiere „Giulio Cesare"
04.03.96	Rachel Robins/Susanne Blattert; Rainer Maria Röhr/Hans Christoph Begemann (Wuppertal) singen Lieder von Haydn/Rossini/Brahms/Schumann/Dvořák/Janáček; Günther Albers (Klavier)
24.03.96	Einführungsmatinee zur Premiere „Siegfried"
01.04.96	„Lichtalben. Schwarzalben – Charakterisierung der Hauptfiguren in Wagners Ring", Vortrag: Prof. Peter Wapnewski
15.04.96	Susanne Blattert singt Lieder von Henri Duparc/Fauré/Rossini/Debussy und Federico Garcia Lorca; Alexander Eberle (Klavier)
13.05.96	Edith Wiens singt Lieder von Reger/Strauss/Zemlinsky; Rudolf Jansen (Klavier)
03.06.96	James McLean singt Lieder von Beethoven/Schumann; Michael Korth (Klavier)
09.06.96	Einführungsmatinee zur Premiere „Hoffmanns Erzählungen"
10.06.96	„Die Sternstunde des Josef Bieder" von Eberhard Streul; Konrad Haenisch (Klavier) (*Abschiedsvorstellung* für Hans Nowack)
17.06.96	Mitgliederversammlung des Freundeskreises, anschließend im Aalto Show der Bühnentechnik

Zeche Zollverein

01.06.96	„Verschollen" – Opernprojekt von Klaus Bertisch/Marcel Sijm [off opera], 4× Szenische Collage nach Liederzyklen „The Andrée Expedition" von Dominick Argento und „Tagebuch eines Verschollenen" von Leoš Janáček – I: Bertisch/Sijm, K: Lott Markus Müller (Deutsche Oper

am Rhein), Melanie Koch (Gast am Aalto)//Joachim Bauer (Gast am Aalto), Paul Brady (Student), Michael Nelle (Aalto); ML: Günther Albers (Aalto)

Saalbau

01.09.95 Konzert für Bürger/innen mit Behinderung
Marc Antoine Charpentier, „Marche des triomphe" aus „Te deum"; Mozart, Adagio aus dem Klavierkonzert A-Dur", KV 622 (Harald Hendrichs); Dvořák, Slawischer Tanz op. 46 Nr. 8 g-Moll; Saint-Saëns, Introduction et Rondo capriccioso für Violine und Orchester (Henry Raudales); Rossini, Ouvertüre zu „Die diebische Elster"; Elgar, Marsch Nr. 1 aus „Pomp and Circumstance"
ML: Wolf-Dietrich Hauschild; Moderation: Ludger Stratmann

Recklinghausen

29.06.96 Förderpreis des Landes NRW an junge Künstler für Inga Fischer

■ Gastspiele

Aalto

28.09.95 Liederabend: „O Malvina!" – Dame Gwyneth Jones als Malvina Schnorr von Carolsfeld – Die „erschütternde" Biografie der Uraufführungs-Isolde von und mit Klaus Geitel;
Musik: Weber/Malvina Garragues/Carl Loewe/Wagner; Ronald Schneider (Klavier)

20.10.95 Clowns and Comedy: Ein Freudenfest der Spaßmacher und Komödianten aus aller Welt
Roncalli: Letzte Konferenz der Komischen Männer

24.11.95 „Seife im Hirn" (Münchner Lach- und Schießgesellschaft), auch 25.11.

19.04.96 „Oh, happy day" – The Golden Gospel Singers

02.07.96 „A Chorus Line", Musical von Marvin Hamlisch (bis 27.08, 31×)

Ballett

Martin Puttke
Ballettdirektor des „aalto ballett theater essen" 1995–2008

Martin Puttke, 1943 in Breslau geboren, floh 1945 mit seiner Mutter und den Geschwistern nach Kronach in Niederbayern. 1955 zog die Familie nach Dortmund, wo sein Vater eine Arbeit als Maschinenschlosser gefunden hatte. „Martin spielte Klavier, Zither und Blockflöte – bis er als Heranwachsender in einer Kneipe eine Live-Übertragung vom Eiskunstlauf sah. Puttke: Das hat mich fasziniert: körperliches Selbstbewusstsein und die Überwindung der Schwerkraft. Mit der mittleren Reife ging er vom Gymnasium ab, wollte zum Ballett … Damals hatte sich bis in den Ruhrpott herumgesprochen, dass die Ballettschule in Ost-Berlin ein großes Renommee hatte. Mit dem Fahrrad radelte Puttke zwei Wochen vor dem Mauerbau durchs Brandenburger Tor. Gewohnt hat er aber in Stralsund, bei einem seiner Brüder. Dort ging er ins Kinderballett und bekam prompt einen Elevenvertrag. Erst über Umwege fand er zur Staatlichen Ballettschule Berlin." [1962–1996] (Gisela Sonnenburg, Der pädagogische Revolutionär. Martin Puttke zum 70. Geburtstag, Oper & Tanz, Ausgabe 2013/14)

„Ein Perfektionist comme il faut, wurde ihm bei seinem anschließenden Engagement an der Berliner Staatsoper Unter den Linden bald klar, dass er es als Spätberufener nie zu der absoluten Meisterschaft bringen würde, mit der die sowjetischen Tänzer bei ihren Gastspielen brillierten. Deswegen ging er 1970 zu einem komplementären Pädagogik-Anschlussstudium nach Moskau an die GITIS, das in aller Welt berühmte Theaterausbildungsinstitut, zu Nikolai Tarasov, dem damals prominentesten Pädagogen für den Männertanz. Puttke wurde dessen Vorzugsschüler und erwarb sich bei ihm die Praxis und das Wissen, um nach dem Abschlussexamen 1975 nach Ostberlin zurückzukehren und dort als Übersetzer der Tarov'schen Lehrmethodik und als Pädagoge an der Staatlichen Ballettschule so rasch Karriere zu machen, dass er schon 1979 zu deren Künstlerischem Leiter und 1981 zu ihrem Direktor berufen wurde.

Ein Pädagoge von Format ... sah er an der Ostberliner Schule bei allen ideologischen Schwierigkeiten doch Möglichkeiten, die ihn zum Bleiben bewogen, obgleich es ihm bei seinen zahlreichen Berufungen in die Jury internationaler Wettbewerbe an Angeboten nicht fehlte, führende Positionen im Westen zu übernehmen ... Die politische Wegscheide von 1989 führte zu seiner vorübergehenden Doppelfunktion von Schule und als Chef des Staatopernballetts [1990–1992], als der er Rudolf Nurejew, Maurice Béjart und Patrice Bart nach Berlin holte – eine Doppelbelastung, die auch einen Mann mit seiner scheinbar unerschöpflichen Energie überforderte. Hinzu kamen Querelen mit der Senatskulturverwaltung und ihren undurchschaubaren, ständig revidierten Restrukturierungsplanungen der Opern- und Ballettszene, die ihn schließlich veranlasste, Berlin den Rücken zuzukehren, stattdessen zur Spielzeit 1995/96 die Direktion des neu formierten ‚aalto ballett theater essen' zu übernehmen." (Horst Koegler, Ein Ballettmann, der heute bereits das Europa von morgen verkörpert. Zum Abschied des Essener Ballettdirektors Martin Puttke, in: Martin Puttke, Ballettdirektor in Essen 1995–2008, S. 16 ff.)

In Essen gewann Martin Puttke, der selbst nicht als Choreograf in Erscheinung trat, das Publikum sowohl mit klassischen Handlungsballetten als auch mit mehrteiligen modernen Programmen, wobei er vor allem jungen Choreografen eine Chance gab, z. B. Daniela Kurz, Birgit Scherzer, Stefan Lux, Mario Schröder, Stephan Thoss, Richard Wherlock und besonders Christian Spuck („Endless Waltz", „Die Kinder" und „Leonce und Lena", alle drei als Uraufführung). Am Ende der Puttke-Ära zog Wulf Mämpel (WAZ, 6.12.2006) Bilanz: „Er hat das Aalto-Ballett-Theater in der Ballett-Stadt Essen zu einer Blüte verholfen ... Er war der Macher, der Pädagoge, der Intendant, der Solisten ans Haus holte, der den Nachwuchs trainierte, der Choreografen von Weltniveau verpflichtete. Die Vielfalt der Stilrichtungen – vom rein klassischen bis hin zum modernen Tanz – bot eine hochinteressante Palette an, die das Publikum honorierte ..."

Ballettdirektor: Prof. Martin Puttke*; *Persönliche Mitarbeiterin des Ballettdirektors:* Annette Elleisy*
Ballettmeister und stellvertretender Ballettdirektor: Hervé Palito*; *Ballettmeisterin:* Larissa Dobrojan*; *Ballettrepetitor:* Konstantin Paleev; *Dirigenten:* Toshiyuki Kamioka, Michael Korth

Choreografen der Neuinszenierungen: Xin Peng Wang; *Gäste:* Maurice Béjart, Marc Bogaerts, John Cranko/Marilyn Vella-Gatt, Maryse Delente, José de Udaeta, Alexander Gorsky, Victor Gsovsky, José Limon, Stefan Lux, Ramón Oller, Rostislaw Sacharow, Birgit Scherzer/Sven Grützmacher
Ausstatter der Neuinszenierungen (Gäste): Alexander Bentele, Roberta Guidi di Bagno, Maryse Delente, Knut Hetzer, Ramón Oller, Pier Luigi Samaritani

Compagnie: Beatrice Knop*, Brit Rotemund*, Gorica Stankovic, *Solo*
Yolanta Valeikaite, *Solo mit Gruppe*
Marina Melnikova, Adelina Nigra, Margareta Trofil*, *Gruppe mit Solo*

Irina Dimova*, Maike Günther, Meret Hagenbüchle*, Philippa Ward, *Gruppe*
Zlatko Panic, Mario Perricone*, *Solo*
Mathias Brühlmann*, Cyrille Dauboin, *Solo mit Gruppe*
Oliver Detelich, Jarkko Niininen*, Vladislav Solounov*, *Gruppe mit Solo*
Claus Irsa*, Christoph Klaus*, Markus Knopp*, Nicolas Philippe Maire*, Xin Peng Wang, *Gruppe*
Praktikanten: Taciana Cascelli*, Katrin Kirchschlager*, Angela Rogers*, Andrea Shaw*, Sandra Wildemann*; Daniel Heinrich*
Gäste/Teilspielzeit: Helena Klasic, Annette May, Bozena Szymanska; Raimondo Rebeck; Zbygniew Czapski-Kloda, Daniel Hütten, Csaba Kvas, Adil Laraki

■ **Ballette (N)**

17.09.95   *Visitenkarte* I (2)
Marius Petipa//Drigo, „Mazurka"; Victor Gsovsky//Auber, „Grand Pas Classique"; José de Udaeta//spanische Folklore, „Farruca"; Alexander Gorsky//Minkus, „Variation der Kitri" aus „Don Quixote"; Rostislaw Sacharow//Solowjow-Sedoj, „Gopak"; Stefan Lux//Glasunow, „Die Versuchung des hl. Antonius"; Stefan Lux//Lakomy, „Variation NM '94"; Marc Bogaerts//Grieg, „Eine Liebesgeschichte"; Xin Peng Wang//Abraham Daus u. a., „Facing in-between"; Maryse Delente//Wim Mertens, „Solitude"; Maryse Delente//Flamenco, „El Canto de Despedita"

11.11.95   „Onegin" von John Cranko/Vella-Gatt//Peter I. Tschaikowsky (15)
ML: Kamioka, K: Samaritani, K: die Bagno

25.01.96   *Visitenkarte* II (1)
Bournonville//Helstedt, Pas de deux aus „Das Blumenfest in Genzano"; Petipa//Tschaikowsky, Variation des Blauen Vogels aus „Dornröschen"; Petipa//Minkus, Variation aus „Paquita"; Marc Bogaerts//Grieg, „Eine Liebesgeschichte"; Birgit Scherzer//Joplin, „Allein"; Xin Peng Wang//Abraham Daus u. a., „Facing in-between"; Alexander Gorsky//Minkus, Pas de deux aus „Don Quixote"; José Limon//Vivaldi, „Concerto grosso"; Maryse Delente//Wim Mertens, „Solitude"; Maurice Béjart//Bartók „Sonate à trois"

17.02.96   *Lieder vom Diesseits* (10)
„Sols a soles" von Ramón Oller//René Aubry/Michael Nyman – A: Oller
„El Canto de Despedita" von Maryse Delente//Gino D'Auri/Paco Peño – A: Delente

05.05.96   „Kaspar Hauser" von Birgit Scherzer/Grützmacher//George Crumb/Meredith Monk/Arvo Pärt u. a. (10) – B: Hetzer, K: Bentele

■ **Sonderveranstaltungen**

Aalto

20.11.95   Veranstaltung für den Freundeskreis: Ballett „El Canto de Despedita"

02.03.96   Gala zur Verleihung des Deutschen Tanzpreise 1996 an Tom Schilling
Tom Schilling//Schubert, „Die Wahlverwandtschaften" (Tanztheater der Komischen Oper Berlin)

Foyer

25.09.95   Martin Puttke gibt anhand von Video-Aufnahmen Einblicke in die harte Arbeit und den Werdegang einzelner Solisten (Beatrice Knop/Mario Perricone)
Veranstaltung im Rahmen „Meeting Tanz NRW '95"

05.11.95   Einführungsmatinee zur Premiere „Onegin"

28.04.96   Einführungsmatinee zur Premiere „Kaspar Hauser"

Europahaus

24.09.95   Diskussionsrunde über Möglichkeiten der Tanzförderung und -ausbildung von Kindern und Jugendlichen mit Oliver Scheytt/Martin Puttke/Prof. Lutz Förster (Folkwang Hochschule)
Eröffnungsveranstaltung „Meeting Tanz NRW '95"

■ **Gastspiele**

06.10.95   Mexiko lindo: Mariachi und Tanz-Ensemble Tequila „Mexico lindo"

27.05.96	Het Nationale Ballett George Balanchine//Tschaikowsky, „Thema und Variationen" (Larissa Lezhnina/Wim Broeckx u. a.); Hans van Manen//Jean Yves Daniel-Lesur, „Metaforen" (Nathalie Caris/Larissa/ Jahn Magnus Johansen/Boris de Leeuw); Kurt Jooss//Friedrich Cohen, „Der grüne Tisch" (Coleen Davis/Jane Lord/Valerie Valentine/Robert Bell/ Bruno Barat/Kevin Cregan/Jahn Magnus Johansen/Leon Pronk)
06.06.96	Merce Cunningham Dance Company: Das New Yorker Ensemble kreiert ein „Event", Auszüge aus verschiedenen Stücken, die so und nicht anders nur an diesem Ort und an diesem Abend zu sehen sind
22.06.96	„In 80 Tänzen um die Welt" (Danstheatre International Amsterdam)

Spielzeit 1996/97

Geschäftsführer: Otmar Herren

Musiktheater

Opernintendant: GMD Wolf-Dieter Hauschild; *Persönlicher Assistent des GMD*: Eugen Epplée
Direktor des Musiktheaters und stellvertretender Opernintendant: Dieter Wilhelmi
Künstlerischer Betriebsdirektor: Klaus Schlegel; *Leiter des KBB und stellvertretender* Künstlerischer Betriebsdirektor: Gerard S. Kohl
Dramaturgie: Andreas Wendholz*, Rainer Neumann
Presse- und Öffentlichkeitsarbeit: Dr. Franz-Peter Kothes*

Dirigenten: Matthias Aeschbacher, Günther Albers, Alexander Eberle, Eugen Epplée, Wolf-Dieter Hauschild, Michael Korth; *Gäste:* Howard Arman, Roger Epple, Toshiyuki Kamioka; *Repetitoren:* Dr. Stephen Marinaro, Studienleiter; Alexander Eberle, Michael Korth: *Chordirektor:* Konrad Haenisch
Essener Philharmoniker; *Gast-Orchester:* Westfälisches Sinfonieorchester („Madama Butterfly"/„Hänsel und Gretel")

Leiter der szenischen Einstudierung: Christian Tombeil
Regisseure der Neuinszenierungen: Christian Tombeil; *Gäste:* Nick Broadhurst, Joachim Herz, Klaus Dieter Kirst, Christine Mielitz
Ausstattungsdirektor: Manfred Gruber
Ausstatter der Neuinszenierungen (Gäste): Frank Hänig, Simon Higlett, Susanne Hubrich, Kathrin Kegler, Peter Sykora, Reinhard Zimmermann
Technischer Direktor: Thomas Mohrbacher*

Ensemble: Susanne Blattert, Teresa Erbe, Inga Fischer, Heike Gierhardt, Marina Ivanova, Rachel Robins, Claudia Rüggeberg, Marina Sandel, Margarita Turner; Paul Brodene-Smith, Jeffrey Dowd, Vidar Gunnarsson, Horst Hüskes, Juha Kotilainen, Joachim Maaß-Geiger, James McLean, Richard Medenbach, Michael Nelle, Hans Nowack, Karl-Heinz Offermann, Rainer Maria Röhr, Marcel Rosca, Károly Szilágyi
Chorsolisten: Cosima Amlinger, Marie-Cécile Balzer-Wehr, Christine Bastardie, Sabine Brunke-Proll, Marie-Luise Bruns, Michaela Cenkier, Sigrune Greitschus, Irmgard Hecker, Claudia Hummel, Ursula Jochmus, Marie-Helen Joël, Kotoe Kaneko, Kyoko Kano, Sylvia Kottke, Nadeja Krasnogoreva, Agnes Ocsenas, Suzanne Pye, Gisela Schroeter, Marion Thienel, Sabina Wehlte, Ginette Willaerts, Johanna Brigitte Young; René Aguilar, Andreas Baronner, Bruce Cox, Seiichi Furukawa, Johannes Groß, Marc Hermans, Peter Holthausen, Norbert Kumpf, Joost Meijs, Stoyan Milkoy, Manfred Pilgrim, Christian Polus, Heinz Potztal, Thomas Sehrbrock, Jan Thompson, Karl-Ludwig Wissmann, Ulrich Wohlleb

Gäste/Teilspielzeit: Marina Anghelowa, Vera Baniewicz, Barbara Berens, Cornelia Berger, Kirsten Blanck, Sonja Burowski-Tudor, Mariana Cioromila, Alexandra Coku, Lucy Colecby-Long, Marcela de Loa, Inessa Galante, Mechthild Georg, Lisa Griffith, Ulla Gustafsson, Ingrid Haubold, Evelyn Herlitzius, Dorothee Jansen, Julia Juon, José Kalthof, Elise Kaufman, Elena Kuguschewa, Ursula Kunz, Gabriele Künzler, Xenia Maria Mann, Marta Marquez, Hana Minutillo, Elena Mosuc, Andrea Müller, Daniela Nedialkova, Liljana Nejceva, Beatrice Niehoff, Hiroko Nishida, Vlatka Orsanić, Birgit Pehnert, Maria Petrasovská, Carla Pohl, Margret Russell, Dalia Schaechter, Dagmar Schellenberger, Sally Stevens, Caren van Oijen, Therese Waldner, Linda Watson, Ortrun Wenkel, Yvonne Wiedstruck, Gabriele Wunderer; Stefan Adam, Jochen Bauer, Clemens Bieber, Sibrand Basa, Hans-Jörg Bock, Mirko Bott, Jörg Bräuker, Nicolas Christou, Edward Cook, Andrzej Dobber, Martin Endrös, Wolfgang Fassler, Alexander Fedin, Martin Finke, Andreas Förster, Jürgen Freier, Alexander Günther, Thomas

Harper, Marc Hermans, Karl-Heinz Herr, Horst Hiestermann, Oskar Hillebrandt, Omar Jara, Philipp Joll, Peter Keller, Sergej Khomov, Heikko Kilpelainen, Axel Köhler, Rudolf Kostas, Heinz Kruse, Robert Künzli, Bernhard Landauer, Stefan Lascu, Hans Jürgen Lazar, Siegfried Lorenz, Wolfgang Neumann, Antonius Nicolescu, Siegmund Nimsgern, Johannes Preißinger, Johannes Riley-Schofield, Andrzej Saciuk, Wolfgang Schöne, Bruno Sebastian, Franz-Josef Selig, Enric Serra, Fred Silla, Christoph Stephinger, Harald Stamm, Alexej Steblianko, Antti Suhonen, Zelotes Edmund Toliver, Boris Trajanov, Hans Tschammer, Jan Vacik, Ikka Vihavainen, Max Wittges, Peter Weber, Simon Yang

Sprecher („Das Verhör des Lukullus"): Sandra Borgmann, Valerie Bruhn, Eva Bühler, Melanie Koch, Katja Schönberg, Elisabeth Striewe, Astrid Weigel; Jochen Bauer, Jörg Bräuker, Martin Endrös, Jens Uwe Lidy, Axel Röhrle, Axel von Aswege
Schauspieler (Gäste): Michael Autenrieth, Jürg Löw, Hans Teuscher

■ Opern (N)

05.10.96 „Götterdämmerung" von Richard Wagner (8) – ML: Hauschild, I: Kirst, B: Kegler, K: Hänig
21.12.96 „Rusalka" von Antonin Dvořák (13) – ML: Aeschbacher, I: Herz, A: Sykora
22.03.97 „Tosca" von Giacomo Puccini (10) – ML: Aeschbacher, I: Mielitz, B: Zimmermann, K: Hubrich
19.04.97 „The Rake's Progress" von Igor Strawinsky (6) – ML: Epplée, I: Broadhurst, A: Higlett
21.06.97 „Fidelio" von Ludwig van Beethoven (3) – ML: Hauschild, I: Tombeil *(halbszenisch)* A: Gruber

■ Opern (WA)

30.08.96 „Die Entführung aus dem Serai" von Mozart (6)
31.08.96 „Simon Boccanegra" von Verdi (7)
06.09.96 „Der Barbier von Sevilla" von Rossini (9)
08.09.96 „Hoffmanns Erzählungen" von Offenbach (14)
14.09.96 „Julius Caesar" von Händel (8)
08.10.96 „Madama Butterfly" von Puccini (5)
17.10.96 „Don Giovanni" von Mozart (10)
03.11.96 „Das Rheingold" von Wagner (6)
21.11.96 „Lady Macbeth von Mzensk" von Schostakowitsch (5)
06.12.96 „Hänsel und Gretel" von Humperdinck (2)
05.01.97 „Parsifal" von Wagner (3)
17.01.97 „Die Zauberflöte" von Mozart (8)
26.01.97 „Siegfried" von Wagner (4)
22.02.97 „Otello" von Verdi (5)
02.03.97 „Die Walküre" von Wagner (2)
22.05.97 „Die Verurteilung des Lukullus" von Dessau (3)

■ Sonderveranstaltungen
Aalto-Theater

25.08.96 Tag der offenen Tür, u. a. öffentliche Ballettproben
01.12.96 Festliche Musik aus dem Aalto-Theater (UNICEF-Gala)
Weber, Ouvertüre zur Oper „Der Freischütz"/Arie des Max „Durch die Wälder, durch die Auen" (Francisco Araiza); Saint-Saëns, „Introduction et Rondo Capriccioso für Violine und Orchester" (Maxim Vengerov); Grieg, 1. Satz (Allegro) aus dem „Konzert für Klavier und Orchester a-moll" (Tzimon Barto); Strauss, Lied „Morgen" (Francisco Araiza); Massenet, „Méditation" aus der Oper „Thaïs"; Strawinsky, Suite „Der Feuervogel" (1919)
Philharmoniker, Dirigent: Wolf-Dieter Hauschild; Moderation: Christian Quadflieg
01.01.97 Neujahrskonzert
Johann Sebastian Bach, „C-Dur-Orchestermusik"/Edward Grieg, „Peer Gynt"
ML: Wolf-Dieter Hauschild; Inga Fischer (Gesang), Sprecher: Vadim Glowna als Peer Gynt
20.06.97 Abschiedsvorstellung „Giulio Cesare" für die Sängerinnen Susanne Blattert und Marina Ivanova und Verleihung der Ehrenmitgliedschaft an den in den Ruhestand tretenden Gerard Kohl, den langjährigen Leiter des Künstlerischen Betriebsbüros

Foyer

16.09.96 Rachel Robins/Susanne Blattert; Rainer Maria Röhr/Hans-Christoph Begemann (Wuppertal) singen Lieder, Duette und Quartette von Haydn/Schumann/Brahms/Rossini/Dvořák/Janáček
Günther Albers (Klavier)

29.09.96 Einführungsmatinee zur Premiere „Götterdämmerung"

14.10.96 Teresa Erbe singt Lieder von Henri Duparc/Wagner/de Falla/Joaquin Turina; A. Eberle (Klavier)

15.12.96 Einführungsmatinee zur Premiere „Rusalka"

03.02.97 Inga Fischer singt Lieder von Schubert/Brahms/Berg/Mahler; Alexander Eberle (Klavier)

16.03.97 Einführungsmatinee zur Premiere „Tosca"

24.03.97 Susanne Blattert singt Lieder von Mozart/Spohr/Wolf/Ravel/Vera Stanojević
Instrumentalisten: Günther Albers (Klavier), Dejan Gaurić (Flöte), Thomas Adamsky (Klarinette), Walter Godde (Cello)

13.04.97 Einführungsmatinee zur Premiere „The Rake's Progress"

21.04.97 Marina Ivanova (Sopran) singt „Kinderlieder" von Schumann/Mussorgsky/Sara Levina/Bernstein; Günther Albers (Klavier)

26.05.97 Mitgliederversammlung des „Freundeskreis Theater & Philharmonie"
Verabschiedung von Wolf-Dieter Hauschild und Vorstellung seines Nachfolgers Stefan Soltesz
Musikalische Beiträge: Annabelle Stratenwerth (Gesang)/Christian Nagel (Klavier), Folkwang-Studenten

15.06.97 Einführungsmatinee zur Premiere „Fidelio"

16.06.97 Tutto Verdi – Sämtliche Liedkompositionen Giuseppe Verdis (Benefizkonzert für den Wiederaufbau des Teatro La fenice, Venedig)
Laura Alonso/Susanne Blattert/Teresa Erbe/Marina Ivanova/Marina Sandel; Hans-Christoph Begemann/Jeffrey Dowd/Thomas Jesatko/Marcel Rosca/Alexander Eberle/Michael Korth/Stephen Marinaro (Klavier)

Saalbau

22.08.96 Konzert für Bürger/innen mit Behinderung
Charpentier, „March de triomphe" aus „Te Deum"; Mozart, „Rondo für Horn und Orchester Es-Dur" (Clara-Christine Hohorst); Rossini, Ouvertüre „Die Italienerin in Algier"; Donizetti, Szene und Kavatine der Giovann Seymour „Ah! Parea che per incanto" (Susanne Blattert) aus „Anna Bolena"; Brahms, „Ungarischer Tanz Nr. 5"; Wieniawski, „Faust-Fantasie op. 20" (Henry Raudales, Violine); de Falla, „Jota" aus der „Dreispitz-Suite"
ML: Wolf-Dieter Hauschild

Gruga (Musikpavillon)

24.08.96 Werke berühmter europäischer Komponisten
Charpentier, „March de triomphe" aus „Te Deum"; Mozart, „Rondo für Horn und Orchester Es-Dur" (Clara-Christine Hohorst); Weber, „Jägerchor" aus „Der Freischütz" (Herren des Opern-Chors); Rossini, Ouvertüre „Die Italienerin in Algier"; Verdi, „Gefangenenchor" aus „Nabucco" (Opernchor); Brahms, „Ungarischer Tanz Nr. 5"; Dvořák, Arie der Rusalka „Silberner Mond" (Inga Fischer) aus der gleichnamigen Oper; Wieniawski, „Faust-Fantasie" (Henry Randaules, Violine); de Falla, „Jota" aus der „Dreispitz-Suite"; Grieg, „Solveigs Lied" (Inga Fischer) aus der „2. Peer-Gynt-Suite"; Elgar, „March Nr. 1" aus „Pomp and Circumstance"
ML: Wolf-Dieter Hauschild; Opernchor (Konrad Haenisch)

November 96
Ernennung der Sänger Karl-Heinz Lippe und Hans Nowack sowie des langjährigen Chordirektors Josef Krepela zu Ehrenmitgliedern der Theater & Philharmonie Essen

■ Ausstellung
Foyer
24.04.97 Plakat-Ausstellung zum „Ring"-Zyklus – Plakate zu Wagbers „Ring" aus der Sammlung von Prof. Heinz Lukas-Kindermann (bis 11.05.)

■ Gastspiele
Aalto
15.11.96 „Verrückt bleiben, Türen schließen" (Münchner Lach- und Schießgesellschaft), auch 16.11.
05.04.97 „Alle Messen sind gesungen" – Kabarettprogramm mit der Leipziger Pfeffermühle

Foyer
28.04.97 „Fülle des Wohllauts" aus dem Roman „Der Zauberberg" von Thomas Mann mit dem Schauspieler Friedrich-Wilhelm Junge (Dresden)

Zeche Carl (Maschinenhaus)
09.08.96 „The Fall oft the House of Usher" Kammeroper von Philip Glass [off opera], auch 10.08. – ML: Manfred Schreier, I: Christoph Loy, A: Elisabeth Pedross, Ch: Jacqueline Davensport („Musik der Jahrhunderte", Stuttgart)

Ballett

Ballettdirektor: Prof. Martin Puttke; *Persönliche Mitarbeiterin des Ballettdirektors:* Annette El-Leisy
Ballettmeister und stellvertretender Ballettdirektor: Hervé Palito; *Ballettmeisterin:* Larissa Dobrojan
Ballettrepetitor: Konstantin Paleev; *Dirigenten:* Michael Korth; *Gast:* Alexander Winterson

Choreografen der Neuinszenierungen (Gäste):
Maurice Béjart/Hervé Palito, Maryse Delente, Nacho Duato/Tony Fabre, Diane Elshout, Michail Fokine, Anke Glasow, Frank Händeler, Conny Janssen, Daniela Kurz/Hilke Rath, Nicolas Philippe Maire, Jörg Mannes, Marius Petipa, Wassili Wainonen

Ausstatter der Neuinszenierungen (Gäste):
Nacho Duato, Johannes Leiacker, Stefan Morgenstern

Compagnie: Brit Rotemund, Gorica Stancovic, *Solo*
Yolanta Valeikaite, *Solo mit Gruppe*
Meret Hagenbüchle, Adelina Nigra, Margarita Trofil, *Gruppe mit Solo*
Taciana Cascelli*, Irina Dimova, Katrin Kirchschlager, Andrea Shaw*, Philippa Ward, *Gruppe*
Zlatko Panic, Mario Perricone, *Solo*
Mathias Brühlmann, Cyrille Dauboin, *Solo mit Gruppe*
Oliver Detelich, Nicolas Philippe Maire, Vladislav Solounov, *Gruppe mit Solo*
Daniel Heinrich, Claus Irsa, Christoph Klaus, Markus Knopp, *Gruppe*
Annette El-leisy; Adil Laraki

Praktikantinnen: Alexandra Milne*, Ai Mochida*, Chiara Olocco*, Mami Shimazaki*
Praktikanten: Christoph Hegewald*, Christian Meier*
Ständiger Gastsolist: Raimondo Rebeck
Gäste/Teilspielzeit: Maria Eichwald, Daniela Kassell, Veronika Nagy, Ilana Orlova
Can Arslan, Daniel Hütten, Toby Kassell, Nicolas van Heems, Marc Pace, Alexey Tursan, Xin Peng Wang

■ Ballette (N)
10.11.96 „Aschenputtel" (U) von Daniela Kurz/Katharina Bader//Sergej Prokofjew (15 mit VA 08.11.) – ML: Winterson, A: Leiacker
08.02.97 *Geschlossene Gesellschaften* (8) „Jardi Tancat" von Nacho Duato/Fabre//Maria del Mar Bonet – A: Duato „Sonate à trios" von Maurice Béjart/Palito//Béla Bartók „Ashes" (U) von Daniela Kurz/Rath// Michael Torke – A: Morgenstern
09.05.97 *Visitenkarte III* (2) Fokine//Chopin, „Chopiniana"; Assaf Messere//Rachmaninow, „Frühlingsgewässer"; Conny Janssen// Steve Reich u.a., „Haven't I met you somewhere before?"; Nicolas Philipe Maire//Le Mystère des Voix Bulgare/ (Los Incas, „Satsang" (U); Wassili

Waininen//Tschaikowsky, Grand Pas de deux aus „Der Nussknacker"; Agrippina Waganowa//Drigo, „Diana und Acteon"; Jörg Mannes//Beethoven, „Sieben" (U); Anke Glasow//Schumann u. a., „Grenzen oder Die Bereitschaft zu lieben"; Diane Elshout/Frank Händeler//Lucid Terror, „E. D. G. E."; Maryse Delente//Gino D'Auri/Paco Peño, „El Canto de Despedida"

■ Ballette (WA)
01.09.96 „Onegin" von Cranko//Tschaikowsky (10)
20.09.96 „Sols a Soles von Oller//Aubry/Nyman (4) „El Canto de Despedida" von Delente//D'Auri/Peño
17.11.96 „Kaspar Hauser" von Scherzer//Crumb/Schubert u. a. (6)

■ Sonderveranstaltungen
28.09.96 Aalto-Bühnenpreis für junge Künstler an Brit Rodemund/Raimondo Rebeck (vor „Onegin")
15.02.97 Gala zur Verleihung des Deutschen Tanzpreises 1997 an Philipp Braunschweig
Jean-Christophe Maillot//John Adams, „Vers un Pays Sage" (Monte Carlo Ballett); Adam, Pas de deux aus „Giselle" (Paola Cantalupo/Raimondo Rebeck, Berlin); Marius Petipa//Tschaikowsky, Pas de deux aus „Dornröschen"/Blauer Vogel/Prinzessin Florine (Christina McDermott/Stuart Cassidy, Royal Ballet London); Roland Petit//Alban Berg, „Lustmord" aus „Eros und Tod" (Beatrice Knop/Raimondo Rebeck, Berlin); Dietmar Seyffert//Strawinsky, „Clown Gottes" von (Gregor Seyffert, Berlin)

Foyer
03.11.96 Einführungsmatinee zur Premiere „Aschenputtel"
02.02.97 Einführungsmatinee zur Premiere „Geschlossene Gesellschaften"

■ Gastspiele
04.04.97 Lausitzer Jahreskreis – Lieder und Tänze der Lausitz mit dem Sorbischen Ensemble
14.05.97 Mazowsze – Polnisches Folklore-, Tanz- und Gesangsensemble, auch 15.05.

Spielzeit 1997/98

Stefan Soltesz
Generalmusikdirektor und Intendant des
Musiktheaters 1997/98–2012/13

Stefan Soltesz wurde am 6. Januar 1949 in Ungarn geboren. 1956 zog die Familie nach Wien; von 1959 bis 1963 gehörte er den Wiener Sängerknaben an. Anschließend studierte er von 1993 bis 1972 an der Wiener Hochschule für Musik und darstellende Kunst Komposition, Klavier und Orchesterleitung. Nach einem ersten Engagement am Theater an der Wien als Studienleiter und Dirigent (1971/72) begann Soltesz 1972 an der Wiener Staatsoper als Korrepetitor und dirigierte dort bis 1983 sämtliche Ballett-Vorstellungen, erstmals am 16. Dezember 1972 „Die Puppenfee" von Josef Bayer und „Hotel Sacher" von Josef Hellmesberger/Max Schönherr.

1978/1979/1983 war er Assistent von Herbert von Karajan bei den Salzburger Festspielen. Noch während seiner Tätigkeit an der Wiener Staatsoper wurde Soltesz ständiger Gastdirigent am Grazer Opernhaus (1979–1981), ehe er in gleicher Position von 1983 bis 1985 an der Hamburger Staatsoper und von 1985 bis 1997 an der Deutschen Oper Berlin tätig war. Von 1988 bis 1993 war Soltesz Generalmusikdirektor in Braunschweig und von 1992 bis 1997 Chefdirigent der Flämischen Oper Antwerpen/Gent.

1997 trat Stefan Soltesz in Essen sein Amt als Opernintendant und Generalmusikdirektor an. Gleich zu Beginn versprach er Regisseure, die „uns mit neuen szenischen Sehweisen konfrontieren sollen und somit wesentlich dazu beitragen, dass Sie, unser Publikum, unterhaltsames, anregendes, manchmal vielleicht auch aufregendes, in jedem Fall aber lebendiges Musiktheater erleben". Dazu bot der viel-seitige Spielplan reichlich Gelegenheit, der ein immer größer werdendes Repertoire ermöglichte, darunter mehrere Werke von Richard Strauss. In der Soltesz-Ära schenkten überregionale Kritiker dem Aalto-Theater immer häufiger Beachtung. Dank der Kritikerumfrage der Zeitschrift „Opernwelt"

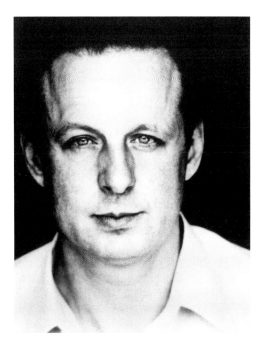

wurde das Aalto-Theater 2008 zum „Opernhaus des Jahres" gewählt, 2003 und 2008 wurden die Essener Philharmoniker als „Orchester des Jahres" ausgezeichnet. Trotz seiner vielfältigen Gast-Auftritte im In- und Ausland war Soltesz in seinem Aalto-Theater ein überaus eifriger Dirigent. Nach 16 Jahren endete sein Vertrag 2013. Hein Mulders, sein Nachfolger in der Intendanz, engagierte ihn für drei Wiederaufnahme-Vorstellungen von Richard Wagners „Tristan und Isolde", doch ehe es im November dazu kam, sagte Soltesz ab, zu sehr war er offensichtlich darüber enttäuscht, dass man ihm den Titel „Ehren-Dirigent" versagte. Aber trotz aller künstlerischen Erfolge hatte er in menschlicher Hinsicht wohl doch zu viele Wunden bei Mitarbeitern hinterlassen. (Reinhard Beuth: Stefan Soltesz, in: 25 Jahre Aalto-Theater, Essen 2913, S. 168 ff.; Alain Pârism Lexikon der Interpreten klassischer Musik im 20. Jahrhundert, Kassel 1992, S. 688; Archiv der Wiener Staatsoper)

Geschäftsführer: Otmar Herren

Musiktheater

Opernintendant: GMD Stefan Soltesz*; *Persönliche Referentin des Intendanten:* Frauke Debusmann*
Chefdisponentin: Juliane Pschigode*; *Künstlerisches Betriebsbüro:* Stephan Wasenauer*
Dramaturgie: Dr. Kerstin Schüssler*, Ina Wragge*; *Gäste:* Norbert Grote, Werner Hintze, Wolfgang Willaschek
Presse- und Öffentlichkeitsarbeit: Andreas Wendholz*

Dirigenten: Alexander Eberle, Dr. Dietrich Gerpheide*, Michael Korth, Stefan Soltesz*; *Gäste:* Jonas Alber, Michael Halasz, Philip Jordan, Kevin Rhodes, Patrik Ringborg, Myron Romanul, Lodovico Zocche
Repetitoren: Dr. Stephen Marinaro, Studienleiter (bis 28.02.98); Nachfolger: Helmut Weese* (ab 01.03.98); Juriko Akimoto*, Alexander Eberle, Michael Korth, Mark Lawson*
Chordirektor: Dr. Dietrich Gerpheide*; *Choreografen (Gäste):* Alberto Alarcon, Winfried Schneider
Essener Philharmoniker; *Gast-Orchester:* Neue Philharmonie Westfalen („My Fair Lady")

Leiter der szenischen Einstudierung: Michael Schulz*
Regisseure der Neuinszenierungen: Michael Schulz*; *(Gäste):* Adolf Dresen, Dietrich Hilsdorf, Silviu Purcarete, Johannes Schaaf, Karl Wesseler
Ausstattungsdirektor: Manfred Gruber
Ausstatter der Neuinszenierungen (Gäste): Matthias Fischer-Dieskau, Johannes Leiacker, Michael Scott, Marie-Luise Strandt, Susanne Thaler, Ezio Toffolutti, Bettina J. Walter
Technischer Direktor: Thomas Mohrbacher

Ensemble: Laura Alonso*, Zsuzsanna Bazsinka*, Birgit Beer*, Heike Gierhardt, Milena Kitic*, Olatz Saitua-Iribar*, Galina Simkina*, Ildiko Szönyi*, Margarita Turner; Richard Curtin*, Jeffrey Dowd, Herbert Hechen-berger*, Gedvidas Lazauskas*, Richard Medenbach, Claudio Otelli*, Francesco Petrozzi*, Rainer Maria Röhr*, Marcel Rosca, Dario Schmunck, Almas Svilpa*, Károly Sziiágyi
Chorsolisten: Christa Bode, Sabine Brunk-Proll, Marie-Luise Bruns, Michaela Cenkier, Sigrune Greitschus, Francisca Hahn, Irmgard Hecker, Marie-Helen Joël, Kyoko Kano, Mila Kocherscheidt, Nadeja Krasnogorzeva, Agnes Ocsenas, Gisela Schroeter, Marion Thienel, Sabina Wehlte, Johanna Brigitta Young; René Aguilar, Erich Bär, Andreas Baronner, Rudolf Braun, Bruce Cox, Luis del Rio, Seiichi Furukowa, Marc Hermans, Peter Holthausen, Kyung-Guk Kim, Arno Klees, Norbert Kumpf, Michael Kühner, Joost Meijs, Stoyan Milkov, Manfred Pilgrim, Christian Polus, Heinz Potztal, Thomas Sehrbrock, Jan Thompson, Wieland von Massenbach Karl-Ludwig Wissmann, Ulrich Wohlleb
Gäste/Teilspielzeit: Sonja Borowski-Tudor, Lioba Braun, Luana DeVol, Susanne Elmark, Vera Fischer, Elena Filipova, Miriam Gauci, Valerie Girard, Gritt Gnauck, Rita Gorr, Michaela Kaune, Eilana Lappalainen, Claire Larcher, Elena Mosuc, Daniela Nedialkova, Hasmik Papian, Rachel Robins, Gabriele Maria Ronge, Margaret Russell, Marina Sandel, Petra Maria Schnitzer, Svetlana Sidorova, Sharon Spinetti, Malgorzata Walewska, Nina Warren, Jutta Winkler, Bianca von Zambelly; Daniel Böhm, Albert Bonnema, Andrew Collis, Bruce Cox, Mikhail Davidoff, Emil Ivanov, Franz-Josef Kapellmann, Rudolf Kostas, Janez Lotric, Tomas Möwes, Maurizio Muraro, Hartmut Nasdala, Ki-Chun Park, Ron Peo, Albrecht Pöhl, Latchezar Pravtchev, Jeffrey Ray, Bernhard Schneider, Christian Theodoridis, Jan Vacik, Piet Vansichen, Andreas Winkler
Gäste (Musical/Schauspieler): Maria Alexander, Cornelia Froboess, Stella Fürst, Angela Pschigode; Michael Autenrieth, Charles Brauer, Theo Weber-Schallauer, Ulrich Wildgruber
Gäste (Tänzer/innen): Dagmar Claus, Maike Günther, Veronika Nagy, Dagmar Opsölder, Julia Schreiber
Martina Skiback; Daniel Hütten, Hendrik Lindner, Jan Pruditsch

■ **Opern (N)**
13.09.97 „Arabella" von Richard Strauss (9) – ML: Soltesz, I: Dresen, B: Fischer-Dieskau, K: Walter

30.09.97	„Fidelio" von Ludwig van Beethoven (11) – ML: Soltesz, I: Hilsdorf, A: Leiacker
15.11.97	„La Bohème" von Giacomo Puccini (16) – ML: Soltesz, I: Purcarete, B: Leiacker, K: Strandt
14.02.98	„Dialogues des Carmélites" von Francis Poulenc (7) – ML: Romanul: I: Schulz, A: Scott
28.03.98	„Carmen" von Georges Bizet (11) – ML: Soltesz, I: Hilsdorf, A: Leiacker
30.05.98	„Le nozze di Figaro" von Wolfgang Amadeus Mozart (6) – ML: Soltesz, I: Schaaf, A: Toffolutti, Ch: Alarcon

▪ Musical (N)

04.10.97	„My Fair Lady" von Frederick Loewe (26) – ML: Eberle, I: Wesseler, A: Thaler, Ch: Schneider

▪ Opern (WA)

27.09.97	„Tosca" von Puccini (8)
26.10.97	„Die Zauberflöte" von Mozart (5)
19.12.97	„Hoffmanns Erzählungen" von Offenbach (6)
04.01.98	„La Traviata" von Verdi (5)
11.01.98	„Aida" von Verdi (5)
11.04.98	„Don Carlos" von Verdi (4)
17.04.98	„Rusalka" von Dvořák (6)

▪ Sonderveranstaltungen

Aalto

31.08.97	Einführungsmatinee zur Premiere „Arabella"
07.09.97	Tag der offenen Tür
09.09.97	Konzert für die Delegierten der „Conference of Coal Science": Programm wie 22.08 im Saalbau mit der Abänderung vom 30.08. beim Open-Air-Konzert
09.11.97	Einführungsmatinee zur Premiere „La Bohème"
30.11.97	Festliche Musik aus dem Aalto-Theater (Unicef-Gala) Strauß, Ouvertüre zur Operette „Der Zigeunerbaron"; Strauß, Couplet des Orlowsky „Ich lade gern mir Gäste ein" (Jochen Kowalski) aus „Die Fledermaus"); Dvořák, „Lied an den Mond" (Michaela Kaune) aus „Rusalka"; Wagner, „Flieder-Monolog des Hans Sachs" (Wolfgang Brendel) aus „Die Meistersinger von Nürnberg"; Strauss, Lied „Zueignung" (Siegfried Jerusalem); Strauss, Duett Arabella/Mandryka „Und du sollst mein Gebieter sein" (Michaela Kaune/Wolfgang Brendel) aus „Arabella"; Strauß, Ouvertüre zur Operette „Die Fledermaus"; Lehár, Lied des Armand „Hab' ein blaues Himmelbett" (Jochen Kowalski) aus der Operette „Frasquita"; Strauß, Csárdás der Rosalinde „Klange der Heimat" (Inga Nielsen); Rosalinde/Eisenstein „Uhrenduett" (Inga Nielsen/Siegfried Jerusalem); „Im Feuerstrom der Reben" (Michaela Kaune/Jochen Kowalski/Siegfried Jerusalem/Opernchor; Dui-di"- Finale (alle Solisten/Opernchor) aus „Die Fledermaus" ML: Stefan Soltesz, Moderation: Nina Ruge
01.01.98	Neujahrskonzert Strauß, Ouvertüre „Der Zigeunerbaron"/„Tritsch-Tratsch-Polka"/„Im Krapfenwald"/„Perpetuum mobile"/„Kaiserwalzer"/Ouvertüre „Die Fledermaus"/„Eljen Magyar"/„An der schönen blauen Donau"; Johann und Josef Strauss, „Pizzicato-Polka" ML: Stefan Soltesz
08.02.98	Einführungsmatinee zur Premiere „Dialogues des Carmélites"
15.03.98	Einführungsmatinee zur Premiere „Carmen"
17.05.98	Einführungssoirée zur Premiere „Le nozze di Figaro"

Zollverein

28.09.97	Einführungsmatinee zur Premiere „My Fair Lady"

Saalbau

22.08.97	Konzert für Bürger/innen mit Behinderung Die neu engagierten Ensemblemitglieder stellen sich vor Strauß, Ouvertüre „Die Fledermaus"; Arie der Adele „Spiel ich die Unschuld vom Lande" (Olatz Saitua-Iribar), Uhrenduett Rosalinde/Eisenstein (Zsuzsanna Bazsinka/Herbert Hechenberger); Puccini, Kanzone der Magda aus dem 1. Akt „La Ron-

dine" (Zsuzsanna Bazsinka); Mozart, Ouvertüre „Figaros Hochzeit"; Arie des Doktor Bartolo „La vendetta" (Richard Curtin); Verdi, Ouvertüre „Die Macht des Schicksals"; Verdi, Duett Aida/Amneris (Galina Simkina/Ildiko Szönyi) aus „Aida"; Rossini, Arie des Basilio „La calunnia…" (Almas Svilpa) aus „Der Barbier von Sevilla"; Puccini, Duett Rodolfo/Marcello (Dario Schmunck/Gedvidas Lazauskas) aus „La Bohème"; Puccini, Arie der Lauretta „O mio babbino caro (Laura Alonso) aus „Gianni Schicchi"; Augustin Lara, „Granada" (Francesco Petrozzi) Philharmobiker, ML: Stefan Soltesz

Gruga (Musikpavillon)
23.08.97 Programm wie 22.08. (Saalbau)
Kennedyplaz
30.08.97 Open-Air-Konzert: Programm wie 22.08. (ohne „La Rondine"; Birgit Beer für Zsuzsanna Bazsinka)

■ **Gastspiele**
Aalto-Theater
21.11.97 „Die Polka-Krise" (Münchner Lach- und Schießgesellschaft), auch 22.11.
14.01.98 „Spejbls sinnvoller Unsinn" (Kabarett-Programm des Prager Marionetten-Theaters mit Spejbl & Hurvinek), auch 15./16.01.
15.01.98 „Hurvineks Spiegel" (Märchen-Programm des Prager Marionetten-Theaters mit Speibl & Hurvinek), auch 16.01.
Museum Folkwang
11.09.97 „Die Feuersbrunst" von Josef Haydn – Singspiel für Handpuppen und Sänger [off opera] (5×) – ML: Günther Albers, I: Christian Tombeil, A: Ella Späte
Mitwirkende: Rachel Robins; Daniel Böhm/Andreas Winkler (Sänger), Volkmar Funke (Puppen-Spieler), Prometheus-Kammerorchester

Ballett

Künstlerischer Leiter: Prof. Martin Puttke; *Persönliche Mitarbeiterin des Ballettdirektors:* Annette El-Leisy
Ballettmeister(in): Larissa Dobrojan, Robert Poole*; *Ballettpianist:* Konstantin Paleev
Dirigenten: Alexander Eberle, Michael Korth, Myron Romanul; *Gäste:* Davor Krnjak, James Tuggle
Gast-Orchester: Neue Philharmonie Westfalen („Der Nussknacker")

Choreografen der Neuinszenierungen (Gäste): John Cranko/Jane Bourne, Diana Elshout, Frank Händeler, Stefan Lux/Anja Fischer
Ausstatter der Neuinszenierungen: Manfred Gruber; *Gäste):* Elisabeth Dalton, Madeleine Hümer, Monique Koster, Bartel Meyburg, Sandra Meitinger, Irene Suhr

Compagnie: Brit Rodemund, Gorica Stanković, *Solo*
Taciana Cascelli, Irina Dimova, Adelina Nigra, Svetlana Phechtchenko*, *Gruppe mit Solo*
Daniela Kassell*, Katrin Kirchschlager, Chiara Olocco*, Philippa Ward, *Gruppe*
Mario Perricone, Zlatko Panić, *Solo*
Matthias Brühlmann, Cyrille Dauboin, Wladislaw Solounov, *Solo mit Gruppe*
Oliver Detelich, Marat Ourtaev*, *Gruppe mit Solo*
Christoph Hegewald*, Claus Irsa, Toby Joe Kassell*, Christian Maier, *Gruppe*
Praktikanten: Sandra Gärtner*, Emi Hariyama*, Einstudierung: Leslie-Spinks*; Ben Holder*, Adam Ster*
Hospitantinnen: Marieke Fransen*, Lotte Gores*, Martine Lange*, Jiska Nooijen*, Ilfa Schlebos*; Cleiton Diomkinas*
Vanja Bourgoudjieva, Annette El-leisy, Anja Fischer; Adil Laraki, Zivko Radonijc

Gäste: Lynne Charles, *Solo;* Eva Bauer, Julia Eisele, Sandy Erdmann, Caroline Lux, Veronika Nagy, Dominica Posor, Julia Röhrsheim, Cynthia Samchee, Swantje Weiters, Irina Zavialova; Vladimir Grigoriev, Raimondo Rebeck, *Solo*; Matthias Deckert, Patrick Entat, Sebastian Gehrke, Daniel Hütten, Gerd Maier, Massimiliano

Moretti, David Nondorf, Johann Persson, Xin Peng Wang; Henri van Zanten (Erzähler) Mitglieder der Tanzakademie Arnheim, der Staatlichen Ballettschule Berlin, der Ballettklasse des Gymnasiums Essen-Werden, des Ballettstudios Roehm, der Folkwang Musikschule und der Ballettschule Studio M)

■ Ballette (N)

18.10.97 „Der Widerspenstigen Zähmung" von John Cranko/Bourne//Kurt-Heinz Stolze nach Scarlatti (14) ML: Krnjak, A: Dalton

06.12.97 „Der Nussknacker" von Stefan Lux/Anja Fischer nach Marius Petipa//Peter I. Tschaikowsky (14) ML: Korth, B: Gruber/Meitinger, K: Suhr

02.05.98 „Gedankensprünge" (U) von Diane Elshout/Frank Händeler//Gruppe Lucid Terror, live (4) B: Meyburg, K: Hümer/Koster

06.06.98 *Visitenkarte IV (1)*
Jörg Mannes//Fauré, „Afaureo" (U); Unbekannt//Massenet, „Katalani"; Petipa//Minkus, „Paquita" (Solo); Alexander Gorsky//Minkus, Variation der Kitri aus „Don Quixote"; Balanchine//Tschaikowsky, „Tschaikowsky-Pas de deux" (Variation); Torsten Händeler//Schtschedrin, „Carmen"; Pedro Perdayes//Martin Vondse, „Kissing the Rain"; Roberto de Oliviera//Debussy, „L'Après-midi d'un Faune"; Kirsten Debrock//Vladimir Tarnapolsky, „27ste verdieping"; Petipa//Drigo, Pas de deux aus „Le Corsaire"; Stefan Lux//Jean Françaix, „Die fromme Helene"; Assaf Messerer//Rachmaninow, „Frühlingsgewässer"; Béjart//Ravel/Manos Hadjidakis, „Manulamu" aus „Dionysos"; Maryse Delente//Wim Mertens, „Solitude"; Susanne Mundorf//Strauß, „Accelerationen"; Grete Wiesenthal//Strauß, „Wein, Weib und Gesang"; Susanne Mundorf//Khatchaturian, „Valse"

■ Ballette (WA)

14.09.97 „Aschenputtel" von Kurz//Prokofjew (5)

07.11.97 *Geschlossene Gesellschaften* (5): „Jardi Tancat"von Duato//del Mar Bonet – „Sonate à trios" von Béjart//Bartók – „Ashes" von Kurz//Torke

07.03.98 „Kaspar Hauser" von Scherzer//Crumb/Schubert (3)

11.06.98 „Onegin" von Cranko//Tschaikowsky (3)

■ Sonderveranstaltungen

Aalto

28.02.98 Gala zur Verleihung des Deutschen Tanzpreises an Birgit Keil
John Neumeier//Stephen C. Foster, „Yondering" (Absolventen der Hamburger Ballettschule); John Neumeier//Beatles, „Yesterday" (Silja Schandorff/Sebastian Kloborg, Königliches Ballett Dänemark); Renato Zanella//Mozart, „Triptychon" (4 Stipendiaten der Birgit-Keil-Stiftung); Hans van Manen//Strawinsky/Mozart/Górecki, „The Old Man and Me" (Sabine Kupferberg/Gérard Lemaitre, Nederlands Dans Theater); Renato Zanella//Mahler, „Adagietto" (Eva Petters/Christian Rovny, Staatsoper Wien); Petipa//Tschaikowsky, Pas de deux Blauer Vogel/Florine aus „Dornröschen" (Alicia Amatriain/Mikhail Kaniskin, Ballett St. Petersburg); Dietmar Seyffert, „Mittagspause" (Gregor Seyffert, Komische Oper Berlin); Petipa//Drigo, Pas de deux aus „Le Corsaire" (Zuzanna Zahradnikova/Lukás Slavicky, Tanzkonservatorium Prag); Richard Wherlock//Klazmer-Klänge, „Transit Dances" (Schüler der Hochschule Heidelberg-Mannheim); Dietmar Seyffert, „Auflauf" (mit Gregor Seyffert, Komische Oper Berlin); Uwe Scholz//Mozart, „Jeunehomme" (Steffi Scherzer/Oliver Matz, Staatsoper Berlin); Petipa//Minkus, Pas de deux aus „Don Quixote" (Steffi Scherzer/Oliver Matz, Staatsoper Berlin)

Foyer

12.10.97 Einführungsmatinee zur Premiere „Der Widerspenstigen Zähmung"

23.11.97 Einführungsmatinee zur Premiere „Der Nussknacker"
26.04.98 Einführungsmatinee zur Premiere „Gedankensprünge"

■ Gastspiele

02.10.97 *Eröffnung der Tanzmesse NRW*
Nacho Duato//Maria del Mar Bonet, „Jardi Tancat"; Daniela Kurz//Michael Torke, „Ashes" (Ballett des Aalto-Theaters); Youri Vàmos//Bartók, „Der holzgeschnitzte Prinz" (Ballett der Deutschen Oper am Rhein)

03.10.97 Susanne Linke//Roland Steckel, „Hamletszenen" (Bremer Tanztheater)

06.06.98 *Im Rahmen des 8. Internationalen Tanzfestivals NRW*
Stephen Petronio//David Linton & Sheila Chandra, „Not Garden" (St. Petronio Company, USA)

19.06.98 *Im Rahmen des 8. Internationalen Tanzfestivals NRW*
Twyla Tharp//Bach, „The Fugue"; Twyla Tharp//Roy Eldridge, „Roy's Joys"; Twyla Tharp//Afro-kubanisch, „Yemaya" (Twyla Tharp Dance Company, USA)

23.06.98 *Getanzte Sinfonien*
B. D. Ayhan//Schubert, „7. Sinfonie" („Unvollendete"); Uğur Seyrek//Ravel „Bolero"; Uwe Scholz//Beethoven, „7. Sinfonie" (Türkisches Staatsballett Ankara)

Spielzeit 1998/99

Geschäftsführer: Otmar Herren

Musiktheater

Opernintendant: GMD Stefan Soltesz;
Persönliche Referentin des Intendanten: Frauke Debusmann
Chefdisponentin: Juliane Pschigode; *Künstlerisches Betriebsbüro:* Stephan Wasenauer
Dramaturgie: Dr. Kerstin Schüssler, Ina Wragge; *Gäste:* Norbert Grote, Werner Hintze
Presse- und Öffentlichkeitsarbeit: Dr. Anna Linoli*; Anke Meis* (Mitarbeiterin)

Dirigenten: Stefan Soltesz; Myron Romanul*, 1. Kapellmeister; Alexander Eberle, Dietrich D. Gerpheide
Gäste: Howard Arman, Christoph Campestrini, Patrik Ringborg, Johannes Willig
Repetitoren: Oliver Malitius*, Studienleiter; Juriko Akimoto, Rasmus Baumann*, Alexander Eberle, Michael Korth, Mark Lawson; *Gäste:* Philipp Armbruster, Christian Glinz, Philip van Buren, Helmut Weese
Chordirektor: Dr. Dietrich Gerpheide; ab 15.03.99: Alexander Eberle*
Essener Philharmoniker; *Gast-Orchester:* Neue Philharmonie Westfalen („My Fair Lady")

Leiter der szenischen Einstudierung: Michael Schulz
Regisseure der Neuinszenierungen: Michael Schulz; *Gäste:* Franz Berndt, Adolf Dresen, Elmar Gehlen, Peter Konwitschny, Anselm Weber
Ausstattungsdirektor: Manfred Gruber
Ausstatter der Neuinszenierungen (Gäste): Heinz Balthes, Raimund Bauer, Franz Berndt, Mario Braghieri, Matthias Fischer-Dieskau, Johannes Leiacker, Thomas Richter-Forgàch, Dorothée Uhrmacher, Bettina J. Walter
Technischer Direktor: Thomas Mohrbacher

Ensemble: Laura Alonso, Zsuzsanna Bazsinka, Heike Gierhardt, Gritt Gnauck*, Milena Kitic, Olatz Saitua-Iribar, Galina Simkina, Ildiko Szönyi, Margarita Turner; Richard Curtin, Mikhail Davidoff*, Jeffrey Dowd, Herbert Hechenberger, Gedvidas Lazauskas, Richard Medenbach, Francesco Petrozzi, Jeffrey Ray*, Rainer Maria Röhr, Marcel Rosca, Dario Schmunck, Almas Svilpa, Karoly Szilagyi
Chorsolisten: Christa Bode, Sabine Brunke-Proll, Marie-Luise Bruns, Michaela Cenkier, Sigrune Greitschus, Francisca Hahn, Irmgard Hecker, Marie-Helen Joël, Kyoko Kano, Mila Kocherscheidt, Nadeja Krasnogortseva, Ildiko Nagy, Agnes Ocsenas, Gisela Schroeter, Marion Thienel, Sabina Wehlte; René Aguilar, Andreas Baronner, Erik Bär, Bruce Cox, Luis del Rio, Seiichi Furukawa, Manfred Grohnert, Peter Holthausen, Kyung-Guk Kim, Arno Klees, Michael Kühne, Norbert Kumpf, Stoyan Milkov, Holger Penno, Christian Polus, Manfred Pilgrim, Heinz Potztal, Thomas Sehrbrock, Wieland von Massenbach, Jan Thompson, Karl-Ludwig Wissmann, Ulrich Wohlleb

Gäste/Teilspielzeit: Susan Anthony, Graciela Araya, Ulrike Bartusch, Birgit Beer, Georgina Benza, Birgit Binnewies, Kirsten Blanck, Nelly Boschkova, Luana DeVol, Silvana Dussmann, Hanna Fahlbusch-Wald, Vera Fischer, Valerie Girard, Rita Gorr, Elisabeth Hornung, Roxana Incontrera, Michaela Kaune, Astrid Kropp, Eilana Lappalainen, Rebecca Littig, Jill-Maria Marsden, Daniela Nedialkova, Hiroko Nishida, Machiko Obata, Nidia Palacios, Hasmiak Papian, Margaret Russell, Nina Warren, Bianca von Zambelly, Wessela Zlateva; Joannis Anifantakis, Alexandru Badsea, Martin Blasius, Albert Bonnema, Victor Braun, Wolfgang Brendel, Mario Carrara, Marc Clear, Thomas de Vries, Christoph Erpenbeck, Peter Galliard, Ludwig Grabmeier, Berthold Hirschfeld, Alexandru Ionitza, Franz-Josef Kapellmann, Jon Ketilsson, Axel Köhler, Andreas Kohn, Ude Krekow, Bernhard Landauer, Sami Luttinen, Tom Martinsen,

Mehrzad Montazeri, Thomas Mohr, Tomas Möwes, Maurizio Muraro, Claudio Otelli, Ki-Chun Park, Ron Peo, Thomas Piffka, Latchezar Pravtchev, Roman Sadnik, Kurt Schreibmayer, Stefan Sevenich, Wicus Slabbert, Ulrich Studer, Heiko Trinsinger, Piet Vansichen, Alexandre Vassiliev, Rainer Zaun
Gäste (Musical): Maria Alexander, Stella Fürst; Michael Autenrieth, Charles Brauer, Hannes Houska, Wolfgang Ostberg, Theo Weber-Schallauer, Uwe Schönbeck, Ulrich Wildgruber
Tänzerinnen: Anja Fischer, Lotte Gores (Aalto), *Gäste:* Veronika Nagy, Dagmar Opsölder, Jörg Bunke, Daniel Hütten

■ Opern (N)

12.09.98	„Die Frau ohne Schatten" von Richard Strauss (7) – ML: Soltesz, I/B:Berndt, K: Uhrmacher
09.01.99	„Rigoletto" von Giuseppe Verdi (11) – ML: Romanul, I: Weber, B: Bauer, K: Walter
13.02.99	„Viva la mamma" von Gaëtano Donizetti (9) – ML: Ringborg, I: Gehlen, A: Richter-Forgàch
20.03.99	„Peter Grimes" von Benjamin Britten (8) – ML: Soltesz, I: Dresen, B: Fischer-Dieskau, K: Walter
29.05.99	„Daphne" von Richard Strauss (4) – ML: Soltesz, I: Konwitschny, A: Leiacker

■ Operette (N)

17.10.98	„Die Fledermaus" von Johann Strauß (15) – ML: Soltesz, I: Schulz, B: Balthes, K: Braghieri

■ Opern (WA)

29.08.98	„Giulio Cesare" von Händel (5)
04.09.98	„Le nozze di Figaro" von Mozart (13)
17.09.98	„Carmen" von Bizet (10)
02.10.98	„Fidelio" von Beethove (8)
04.10.98	„Tosca" von Puccini (6)
06.11.98	„La Bohème" von Puccini (6)
21.11.98	„Arabella" von Strauss (5)
25.11.98	„Die Zauberflöte" von Mozart (3)
24.01.99	„Dialogues des Carmélites" von Poulenc (4)
29.04.99	„Madama Butterfly" von Puccini (5)

■ Musical (WA)

23.10.98	„My Fair Lady" von Loewe (19)

■ Sonderveranstaltungen

Aalto-Theater

06.09.98	Einführungsmatinee zur Premiere „Die Frau ohne Schatten"
25.09.98	Verleihung des Aalto-Bühnenpreises 1998 an Laura Alonso (Sopran)/ Alexander Eberle (Dirigent/Pianist); Laudatio: Wulf Mämpel, anschließend Darbietung der Preisträger und Gratulation mit Mitgliedern des Ensembles
26.09.98	Festkonzert „10 Jahre Aalto-Theater" Joonas Kokkonen, „Konzert für Violoncello und Orchester", Alvar Aalto gewidmet (Marko Ylönen); Sibelius, „Sieben Lieder" (Jorma Hynninen, Bariton); Sibelius, Tondichtung „Finlandia" ML: Stefan Soltesz
27.09.98	Festakt: u. a. mit Prof. Manfred Schnabel (Festvortrag)/Mannheimer Streichquartett/Finnischer Jugendchor Sympaatti/Tampere
29.11.98	Festliche Musik aus dem Aalto-Theater (Unicef-Gala) Beethoven, „Ouvertüre zum Trauerspiel Coriolan"; Mendelssohn Bartholdy, „Konzert für Violine und Orchester e-Moll" (Akiko Ono); Haydn, „Konzert für Trompete und Orchester Es-Dur" (Håkan Hardenberger); Mozart, „Sinfonie D-Dur" („Haffner") ML: Sir Yehudi Menuhin; Moderation: Senta Berge
01.01.99	Neujahrskonzert (2× und Voraufführung 31.12.98) Wagner, Ouvertüre zur „Rienzi"; Strauß, Ouvertüre zu „Indigo und die vierzig Räuber"/Walzer „An der schönen blauen Donau"; Ausschnitte aus Kálmán, „Die Csárdásfürstin" mit Zsuzsanna Bazsinka/Gritt Gnauck/ Ildiko Szönyi; Mark Hamm/Rainer Maria Röhr ML: Stefan Soltesz
03.01.99	Einführungsmatinee zur Premiere „Rigoletto"

07.02.99	Einführungsmatinee zur Premiere „Viva la mamma"
14.03.99	Einführungsmatinee zur Premiere „Peter Grimes"
04.04.99	Festliche Musik aus dem Aalto-Theater, Oster-Gala zugunsten der Gründung der Orchester-Akademie der Essener Philharmoniker Smetana, „Tanz und Einzug der Komödianten" aus dem 3. Akt der Oper „Die verkaufte Braut"; Glinka, Ouvertüre zu „Ruslan und Ludmilla"; Chopin, „Andante spianato" und „Grande Polonaise brillante Es-Dur op. 22 für Kalvier und Orchester" (Anna Kravtchenko); Bizet, Vier Vorspiele zur Oper „Carmen"; Bizet, Farandole aus der „L'Arlésienne-Suite Nr. 2"; Lalo, 1. Satz aus der „Symphonie espagnole d-Moll für Violine und Orchester" (Henry Raudales); Strauß, Ouvertüre „Indigo und die vierzig Räuber"; Strauss, „Tanz der sieben Schleier" aus „Salome" ML: Stefan Soltesz; Moderation: Werner Schneyder
10.04.99	100 Jahre Essener Philharmoniker: Festkonzert Liszt, „Fantasie über Ungarische Volksmelodien" (Gerhard Oppitz, Klavier); Beethoven, „Leonoren-Ouvertüre Nr. 3"; Henri Wieniawski, „Fantasie op. 20 über Motive aus Gounods Oper „Faust" (Sergej Stadler, Violine); Ravel, „Bolero" – ML: Heinz Wallberg/Stefan Soltesz; Festrede: Rolf Boldwin (Deutscher Bühnenverein)
23.05.99	Einführungsmatinee zur Premiere „Daphne"
06.06.99	„Einhundert werden 100" – Orchesterfest mit vielen Attraktionen; zum Abschluss: Konzert mit Highlights aus berühmten Filmusiken Max Steiner, „Vom Winde verweht"; Miklós Rósza, „Ben Hur"; Alan Silvestri, „Forest Gump"; John Berry, „James Bond" (007-Medley); James Horner, „Titanic"; John Williams, „Star Wars"; Lalo Schiffrin, „Mission Impossible Philharmoniker, ML: Stefan Soltesz

Foyer

11.09.98	Das Blaue Sofa: Plaudereien und Informationen zur Premiere „Die Frau ohne Schatten" Ina Wragge im Gespräch mit Luana DeVol
18.10. 98	„Falsetto grazioso" – Liederabend mit Axel Köhler; Werke des Barock, Rokoko und der Wiener Klassik; Jobst Schneiderat (Cembalo/Klavier)
18.12.98	Das Blaue Sofa: Weihnachtslieder bei Kerzenschein mit Ina Wragge/Kerstin Schüssler
22.01.99	Das Blaue Sofa: Klosterkitsch und Nonnenkrimi? Nonnen auf der Opernbühne mit Laura Alonso/ Zuszsanna Bazsinka; Dario Schmunck; Kerstin Schüssler (Moderation)
12.02.99	Das Blaue Sofa: Elmar Gehlen, Regisseur von „Viva la mamma", bei Ina Wragge/Michael Schulz
19.03.99	Das Blaue Sofa: Plaudereien und Hintergrundinformationen zur Neuinszenierung „Peter Grimes" mit Kerstin Schüssler
16.04.99	Das Blaue Sofa: Ulrich Wildgruber, Moderation: Michael Schulz
11.06.99	Das Blaue Sofa: „Mit Faust auf den Maskenball – Ensemblemitglieder servieren Appetithäppchen für die neue Spielzeit, Moderation: Ina Wragge/Kerstin Schüssler/Michael Schulz; Oliver Malitius (Klavier)

Saalbau

13.08.98	„Von Johann Strauß zu Star Wars" – Konzert für Bürger/innen mit Behinderung Rossini, Ouvertüre zur Oper „Wilhelm Tell"; Bizet, „Habanera" der Carmen (Milena Kitic) aus der gleichnamigen Oper; Puccini, Arie der Butterfly „Un bel di vedremo" (Galina Simkina) aus „Madama Butterfly"; Verdi, Duett Gilda/Rigoletto „Tutte le feste al tempio" (Zuszsanna Baszinka/ Károly Szilágyi) aus „Rigoletto"; Sarasate, „Zigeunerweisen" (Henry Raudales, Violine); Strauß, „Ägyptischer Marsch"/„Tritsch-Tratsch-Polka"/ „An der schönen blauen Donau"; Williams, Titelmelodie zum Film

„Star Wars"; Zugabe: Strauß (Vater), „Radetzy-Marsch"
ML: Stefan Soltesz

Kennedyplatz
15.08.98 Open-Air-Konzert: Ensemblemitglieder und Philharmoniker präsentieren Ausschnitte aus Opern und Operetten, ML: Stefan Soltesz (Programm wie 13.08.)

Zeche Zollverein
11.10.98 Einführungsmatinee zur Premiere „Die Fledermaus"

■ Ausstellung

Foyer
25.09.98 „Das Aalto-Theater in Essen" – Einführende Worte: Prof. Manfred Schnabel

■ Gastspiele

13.11.98 „Das vertanzt sich" (Münchner Lach- und Schießgesellschaft)

Foyer
31.01.99 Salonorchester „Alsterbrunnen" mit Werken von Corelli bis Piazzolla
11.06.99 „Der Golem – Wie er in die Welt kam" – Stummfilm von Paul Wegener Live-Musik mit Betty Olivero, gespielt von Giora Feldman/Seraphin Quartett Dresden

Ballett

Künstlerischer Leiter: Prof. Martin Puttke;
Persönliche Mitarbeiterin des Ballettdirektors: Annette El-Leisy
Ballettmeister: Lynne Charles*, Jeremy Leslie-Spinks*; *Ballettmeister-Assistentin:* Anja Fischer*
Ballettpianist: Konstantin Paleev; *Dirigenten:* Alexander Eberle, Michael Korth, Myron Romanul; *Gast:* Davor Krnjak
Gast-Orchester: Philharmonisches Orchester Südwestfalen („Romeo und Julia"); Neue Philharmonie Westfalen („Der Nussknacker")

Choreografen der Neuinszenierungen: Giuseppe Bucci, Lynn Charles, Sergej Gordiyenko, Jeremy Leslie Spinks; *Gäste:* Jean-Christophe Maillot/ Giovanna Lorenzoni, Richard Wherlock/Jane Hoppert/Kathleen Inerney
Ausstatter der Neuinszenierungen: Manfred Gruber; *Gäste:* Jérôme Kaplan, Ernest Pignon-Ernest

Compagnie: Lynne Charles*, Gorica Stankovic, *Solo*
Taciana Cascelli, *Solo mit Gruppe*
Adelina Nigra, Ludmila Nikitenko*, *Gruppe mit Solo*
Katrin Kirchschlager, Caroline Lux*, Jiska Nooijen*, Chiara Olocco, Ana Sànchez Portales*, Philippa Ward, *Gruppe*
Sergey Gordiyenko*, Cyrille Dauboin, Zlatko Panic, Wladislaw Solounov, *Solo mit Gruppe*
Giuseppe Bucci, Claus Irsa, Marat Ourtaev, Khoussan Ousmanov*, *Gruppe mit Solo*
Cleiton Diomkinas*, Dezideriu Oltean*, Dragan Selacovic*, *Gruppe*
Annette El-Leisy, Vanja Bougoudjieva; Adil Laraki, Jeremy Leslie-Spinks, Gerd Maier, Zivko Radonijc

Praktikanten: Sandy Erdmann*, Lotte Gores*, Julia Röhrsheim*, Slobodan Jovic*, Mikko Matinvesi*, Frederic Schoetschel*,
Hospitanten: Jelena Ivanovic, Danielle Tunnissen, Eva van der Zee; Sebastian Gehrke, Tobias Kühn
Gäste: Eva Maria Bauer, Bernice Coppieters, Julia Eisele, Veronika Nagy, Dagmar Opsölder, Cynthia Samchee, Yulia Tsoi; Jörg Bunke, Patrick Entat, Vladimir Grigoriev, Daniel Hütten, Francesco Nappa, Mario Perricone, Raimondo Rebeck, Chris Roelandt
Henri van Zanten (Erzähler)

■ Ballette

14.11.98 „Romeo und Julia" von Jean-Christophe Maillot/Lorenzoni//Sergej Prokofjew (16) – ML: Romanul, B: Pignon-Ernest, K: Kaplan
18.02.99 *Visitenkarte V* (3)
Lynne Charles//Adiemus „Ich habe geliebt, aber …"; Fokine//Saint-Saëns, „Der sterbende Schwan"; Giuseppe Bucci//Michel Portal, „1 + 1 = 1"; Anton Dolin//Pugni, „Pas de quatre"; Jeremy Leslie-Spinks//Afrikanische Volksmelodien/Schlagwerkmusik,

„N'TOUM"; Sergej Gordiyenko//Altspanische Gitarrenmusik, „Bernardas Haus" Überraschung = Parodistischer Pas de deux mit Lynne Charles/Sergej Gordiyenko

17.04.99 *Anmut sparet nicht noch Mühe* (7)
„(No) Brathing Spaces" von Richard Wherlock/Hoppert/Inerney//Antonio Vivaldi
„Bolero" von Richard Wherlock// Maurice Ravel – A: Gruber

■ Ballette (WA)

30.08.98 „Der Widerspenstigen Zähmung" von Cranko//Stolze nach Scarlatti (7)
24.09.98 „Gedankensprünge" von Elshout/Händeler//Terror (6)
04.12.98 „Der Nussknacker" von Lux//Tschaikowsky (10)

■ Sonderveranstaltungen

Aalto-Theater
08.11.98 Einführungsmatinee zur Premiere „Romeo und Julia"
06.03.99 Gala zur Verleihung des Deutschen Tanzpreises 1999 an Uwe Scholz (Leipzig)
Uwe Scholz//Udo Zimmermann, „Dans la Marche" (Roser Muñoz/Christoph Böhm); Uwe Scholz//Rachmaninow, „Suite für zwei Klaviere Nr. 2" (Solisten: Roser Muñoz/Sebastian Chalwell//Louse Angermaier/Richard Bowman/Michael Goldhahn/Vincent Gros); Uwe Scholz//Rachmaninow, „Klavierkonzert Nr. 3" (Solisten: Kristina Bernewitz/Louise Chalwell/Gloria Grigolato/Yukari Hatano/Emmanuelle Huybrechts/Kiyoko Kimura, Roser Muñoz/Sibylle Naundorf/Marina Otto/Irina Schebolenkowa//Jean-Baptiste Biosnon, Christoph Böhm, Richard Bowman/Steffen Fuchs/Mario Schröder/Michael Veit/Ensemble)
11.04.99 Einführungsmatinee zur Premiere „Anmut sparet nicht noch Mühe"
19.03.99 3. Konzert für junge Leute: Lynne Charles/Jeremy Leslie-Spinks/Martin Puttke erläutern und demonstrieren verschiedene Formen und Sprache des Tanzes und geben Einblicke in die Berufswelt des Tanzes; Ausschnitte aus „Visitenkarte V"

Cafeteria
13.11.98 Das Blaue Sofa: Ballettdirektor Martin Puttke zu Gast bei Ina Wragge
28.05.99 Das Blaue Sofa: Die Ballettmeister J. Leslie-Spinks/S. Gordiyenko zu Gast bei Ina Wragge

Spielzeit 1999/2000

Geschäftsführer: Otmar Herren

Musiktheater

Opernintendant: GMD Stefan Soltesz; *Persönliche Referentin des Intendanten:* Frauke Debusmann
Chefdisponentin: Juliane Pschigode; *Künstlerisches Betriebsbüro:* Stephan Wasenauer
Dramaturgie: Dr. Kerstin Schüssler, Ina Wragge; *Gäste:* Norbert Grote, Wolfgang Willaschek
Presse- und Öffentlichkeitsarbeit: Dr. Anna Linoli; Anke Meis (Mitarbeiterin)

Dirigenten: Stefan Soltesz; Patrik Ringborg, 1. Kapellmeister; Christoph Campestrini, 1. Koordinierter Kapellmeister; Rasmus Baumann, Alexander Eberle, Myron Romanul; *Gast:* Enrico Dovico
Repetitoren: Oliver Malitius, Studienleiter; Juriko Akimoto, Rasmus Baumann, Werner Lemberg*, Helmut Weese*;
Chordirektor: Alexander Eberle; *Choreograf:* Jeremy Leslie-Spinks
Essener Philharmoniker; *Gast-Orchester:* Philh. Orchester Südwestfalen („Die Fledermaus"/ „Viva la Mamma"), Neue Philharmonie Westfalen („My Fair Lady")

Regisseure der Neuinszenierungen: Michael Schulz, Oberspielleiter; *Gäste:* Nicolas Brieger, Dietrich Hilsdorf, Hellmuth Matiasek, Johannes Schaaf
Ausstattungsdirektor: Manfred Gruber
Ausstatter der Neuinszenierungen (Gäste): Kathrin Susann Brose, Alois Gallé, Johannes Leiacker, Hans Dieter Schaal, Michael Scott, Monika von Zallinger, Uta Winkelsen
Technischer Direktor: Georg Michahelles* (kommissarisch)

Ensemble: Zsuzsanna Baszinka, Silvia Colombini*, Gritt Gnauck, Marie-Helen Joël*, Olatz Saitua-Iribar
Galina Simkina, Ildiko Szönyi, Margarita Turner; Mikhail Davidoff, Jeffrey Dowd, Herbert Hechenberger, Thomas Piffka* (ständiger Gast), Rainer Maria Röhr, Marcel Rosca, Almas Svilpa, Károly Szilágyi, Heiko Trinsinger*

Chorsolisten: Christa Bode, Sabine Brunke-Proll, Marie-Luise Bruns. Michaela Cenkier, Sigrune Greitschus, Francisca Hahn, Irmgard Hecker, Kyoko Kano-Wellers, Mila Kocherscheidt, Susanne Kohnke, Nadeja Krasnogortseva, Agnes Ocsenas, Melanie Scholzen, Gisela Schroeter, Marion Thienel, Sabina Wehlte; René Aguilar, Andreas Baronner, Bruce Cox, Friedrich Darge, Friedemann Hecht, Peter Holthausen, Jae-Kwan Kim, Kyung-Guk Kim, Norbert Kumpf, Michael Kühner, Stoya Milkov, Holger Penno, Heinz Potztal, Markus Seesing, Thomas Sehrbrock, Jan Thompson, Wieland von Massenbach, Karl-Ludwig Wissmann, Ulrich Wohlleb

Gäste/Teilspielzeit: Susan Anthony, Ulrike Bartusch, Birgit Beer, Renate Behle, Nicola Beller Carbone, Luana DeVol, Silvana Dussmann, Hanna Fahlbusch-Wald, Heike Gierhardt, Eteri Gvasava, Elisabeth Hornung, Michaela Kaune, Sophie Koch, Astrid Kropp, Anne Lafeber, Elena Lappalainen, Marquita Lister, Rebecca Littig, Jill-Maria Marsden, Susan Owen, Hasmik Papian, Theresa Ringholz, Martina Serafin, Iano Tamar, Tatjana Zaharchuk, Wessela Zlateva; Wolfgang Biebuyck, Martin Blasius, Peter Bording, Victor Braun, Wolfgang Brendel, Mario Carrara, Marc Clear, John Cogram, Philip Doghan, Alexander Fedin, Renato Girolami, Ludwig Grabmeier, Berthold Hirschfeld, Thomas Holzapfel, Stefan Ignat, Emil Ivanov, Matthias Klink, Benedikt Kobel, Armin Kolarczyk, Arutjun Kotchinian, Tom Erik Lee, Karl-Heinz Lehner, Herbert Lippert, Jeff Martin, Richard Medenbach, Thomas Mohr, Michael Kupfer, Sami Luttinen, Zwetan Michailov, Jean Fran-

çois Monvoisin, Igor Morosow, Tomas Möwes, Bent Norup, Claudio Otelli, Ron Peo, Mauricio Picconi, Markus Schäfer, Norbert Schmittberg, Dario Schmunck, Kurt Schreibmayer, Piet Van-sichen, Alexandre Vassieliev, Peter Weber, Robert Woroniecki, Rainer Zaun
Gäste („Anatevka"): Maria Alexander, Cornelia Berger, Cornelia Froboess, Kathrin Marén Enders, Mechthild Großmann, Stefanie Kirsten, Marion Schüller; Charles Brauer, Harald Dietl, Frank Ferner, Henning Gödderz, Adi Hirschal, Manfred Krasky, Adrian Kroneberger, Christian Lugerth, Wolfram Mucha, Andreas Scherer, Uwe Schönbeck, Franz Tscherne, Peter von Fontano, Frank Watzke, Thomas Weber-Schallauer, Hans-Werner Zebunke
Thilo Borowczak, Michel Schulz (Aalto)
Tänzer/innen: Anja Fischer (Aalto), *Gäste:* Ilse Dekker, Petra Dekker, Veronika Nagy; Jörg Bunke, Cyrille Dauboin, Daniel Hütten

■ Opern (N)
18.09.99 „Così fan tutte" von Wolfgang Amadeus Mozart (14) – ML: Soltesz, I: Schaaf, A: Brose
20.11.99 „Un ballo in maschera" von Giuseppe Verdi (13) – ML: Soltesz, I: Hilsdorf, A: Leiacker
22.01.00 „Elektra" von Richard Strauss (9) – ML: Soltesz, I: Brieger, B: Schaal, K: Winlesen
20.05.00 „Faust" von Charles Gounod (7) – ML: Ringborg, I: Schulz, B: Scott

■ Musical (N)
19.02.00 „Anatevka" von Jerry Bock (17) – ML: Campestrini, I: Matiasek, B: Gallé, K: von Zallinger, Ch: Leslie-Spinks

■ Opern (WA)
28.08.99 „Die Frau ohne Schatten" von Strauß (6)
04.09.99 „Viva la Mamma" von Donizetti (11)
12.09.99 „Rigoletto" von Verdi (9)
25.09.99 „Daphne" von Strauss (5)
06.11.99 „La Bohème" von Puccini (3)
03.12.99 „Die Entführung aus dem Serail" von Mozart (3)
28.01.00 „Le nozze di Figaro" von Mozart (6)
11.03.00 „Peter Grimes" von Britten (5)
26.03.00 „Otello" von Verdi (4)
16.06.00 „Aida" von Verdi (3)

■ Operette (WA)
15.10.99 „Die Fledermaus" von Strauß (12)

■ Musical (WA)
24.11.99 „My Fair Lady" von Loewe (4)

■ Abstecher
– „So machen es alle" – Ein buntes Opernspektakel mit Solisten/Chor/Orchester des Aalto-Theaters – ML: Christoph Campestrini; Szenische Realisation: Michael Schulz; Bühnenbild: Prof. Jörg Immendorff Fernsehaufzeichnung: Prof. Alexander Kluge *[Sendung: 31.12.1999 bei VOX]* Moderation: Thomas Weber-Schallauer
– Mozart, Ouvertüre zur Oper „Figaros Hochzeit"; Loewe, „Ascot-Chor" aus dem Musical „My Fair Lady"; Beethoven, Arie des Rocco „Hat man nicht auch Gold beineben" (Marcel Rosca) aus „Fidelio"; Mozart, Arie des Figaro „Se vuol balllare" (Almas Svilpa) und Arie des Cherubino „Voi, che sapete" (Grit Gnauck) aus „Figaros Hochzeit"; Rossini, Auftrittsarie der Mamma aus „Viva la Mamma" (Martin Blasius); Verdi, „È strano … Follie, follie" (Zsuzsanna Bazsinka; Mikail Davidoff/Herbert Hechenberger/Rainer Maria Röhr) aus „La Traviata"; Puccini, Arie des Cavaradossi „Und es blitzten die Sterne" (Mikhail Davidoff) aus „Tosca"; Mozart, Duett Pedrillo/Osmin „Vivat Bacchus! Bacchus lebe!" (Herbert Hechenberger/Martin Blasius) aus „Die Entführung aus dem Serail"); Strauß, Ouvertüre zur Operette „Die Fledermaus": „Ich lade gern mir Gäste ein"/„Spiel ich die Unschuld vom Lande"/„Ich seh, dass sich die Paare gefunden"/„Brüderlein fein"/Finale (Zsuzsanna Bazsinka/Silvia Colombini/Grit Gnauck; Martin Blasius/Rainer Maria Röhr/Heiko Trinsinger/Thomas Weber Schallauer/Opernchor) (Gastspiel im Haus der Bezirksregierung Düsseldorf, 09./10.10.)

■ Sonderveranstaltungen
Aalto-Theater
22.08.99 Tag der offenen Tür
12.09.99 Einführungsmatinee zur Premiere „Così fan tutte"

17.09.99	Gala-Benefiz-Konzert des Lions-Club Essen-Werden Mozart, Ouvertüre zur Oper „Figaros Hochzeit"; „Klavierkonzert KV 466" (Gerhard Oppitz); Beethoven, „Klavierkonzert Nr. 3" (Gerhard Oppitz) ML: Stefan Soltesz
14.11.99	Einführungsmatinee zur Premiere „Ein Maksenball"
28.11.99	Festliche Musik aus dem Aalto-Theater (Unicef-Gala) Mozart, Ouvertüre „Così fan tutte"; „Klavierkonzert C-Dur KV 467" (Rudolf Buchbinder) Strauss, Szenen aus dem „Rosenkavalier" (Sophie Koch/Fionnuala McCarthy/Petra-Maria Schnitzer) ML: Stefan Soltesz; Moderation: Maximilian Schell
31.12.99	Silvester 2000/Start ins neue Jahrtausend (ab 18 Uhr): Muikalische Begrüßung mit dem Nora-Baldini-Duo (Saxofon/Harfe); Klassische Tafelmusik mit den „Philharmonischen Solisten Essen"; Orientalische Tanzshow mit „Azza & Magdy"; Musical- und Broadwayhits mit dem Trio „Swingin' Broadway" und der Sängerin Margaret Russell; Silvesterkonzert der Philharmoniker mit Mitgliedern des Gesangsensembles und des „aalto ballett theaters essen" Operettenmelodien und Walzer von Franz Lehár („Die lustige Witwe"/„Das Land des Lächelns"/„Der Graf von Luxemburg"/„Giuditta"), Robert Solz („Der Favorit"), Johann Strauß („Der Zigeunerbaron"); Franz von Suppé/Carl Michael Ziehrer ML: Heinz Wallberg; Moderation: Martin Puttke/Michael Schulz Salonmusik mit dem Damen- Salonorchester „Pomp-A-Dur"; Dixieland mit den „Disharmonikern"; „Perlen der Tonkunst" – Chansons mit Schulz & Baumann; Mitternächtliche Bläserserenade zu Feuerwerk und Lasershow Ab 0.30 Uhr: Rauschende Ballnacht mit den Philharmonikern (ML: Stefan Soltesz), den Bands „Final Try (Rock/Pop), John de Silva (Latin) und dem Damen- Salonorchester „Pomp-A-Dur"
01.01.00	Neujahrskonzert Strauß, Ouvertüre zur Operette „Eine Nacht in Venedig"; Lehár, Lied des Octavio „Freunde, das Leben ist lebenswert" (Rainer Maria Röhr) aus „Giuditta"; Stolz, Lied „Du sollst der Kaiser meiner Seele sein" (Grit Gnauck) aus der „Favorit"; Strauß, „Kaiserwalzer"; Lehár, Lied der Giuditta „Meine Lippen, sie küssen so heiß" (Galina Simkina) aus der gleichnamigen Operette; Millöcker, Lied des Fremden „Dunkelrote Rosen" (Károly Szilágyi) aus „Gasparone"; Strauß, Ouvertüre zu „Der Zigeunerbaron"; Suppé, Ouvertüre zu „Leichte Kavallerie"; Lehár, Lied der Mi „Im Salon zur blau'n Pagode" (Olatz Saitua-Iribar) aus „Das Land des Lächelns"; Strauß, Auftrittslied des Zsupán „Ja, das Schreiben und das Lesen" (Marcel Rosca) aus „Der Zigeunerbaron"; Strauß, „Champagner-Polka"; Lehár, Lied des Danilo „O Vaterland …" (Heiko Trinsinger); Duett Hanna/Danilo „Lippen schweigen" (Zuszsanna Baszinka; Heiko Trinsinger)/Weibermarsch „Ja, das Studium der Weiber ist schwer" (alle Solisten) aus „Die lustige Witwe" ML: Heinz Wallberg
16.01.00	Einführungsmatinee zur Premiere „Elektra"
13.02.00	Einführungsmatinee zur Premiere „Anatevka"
24.04.00	Oster-Gala zugunsten der Orchester-Akademie der Essener Philharmoniker Smetana, „Einzug der Komödianten" aus „Die verkaufte Braut"; Mozart, „Serenata notturna D-Dur, KV 229; Beethoven, Schlusssatz aus dem „Klavierkonzert Nr. 2 B-Dur" (Sanja Bizjak); Prokofjew, Suite „Die Liebe zu den drei Orangen"; Grieg, Schlusssatz aus dem „Klavierkonzert a-Moll op. 19" (Yun-Yang Lee); de Falla, Ausschnitte aus dem Ballett „Der Dreispitz"; Strauss, Liebesszene aus der Oper „Feuersnot"

	ML: Stefan Soltesz, Moderation: Kabarettist Werner Schneyder
14.05.00	Einführungsmatinee zur Premiere „Faust"
22.05.00	Mitgliederversammlung des Freundeskreises Abschied der Pianistin Paula Dohmstreich-Röhrig von der Bühne mit Werken von Bach/Mozart/Debussy/Ravel

Cafeteria

24.09.99	Das Blaue Sofa: „Kleider machen Leute" – Thomas Kaiser und Ulrich Lott, der Leiter der Kostümabteilung, u. a. zu Gast bei Kerstin Schüßler
19.11.99	Das Blaue Sofa: „Mezzo-Voce" – Musik und Plaudereien mit Grit Gnauck/Ildiko Szönyi/Margarita Turner; Gastgeber: Michael Schulz
10.12.99	Das Blaue Sofa: Weihnahtszauber auf dem Blauen Sofa – Lieder und Geschichten zur Weihnachtszeit mit Ensemblemitgliedern
21.01.00	Das Blaue Sofa: „Alles nur Theater?" – Cornelia Froboess/Helmuth Matiasek zu Gast bei Michael Schulz
18.02.00	Das Blaue Sofa: „Geht all's recht am Schnürll" – GMD und Intendant Stefan Soltesz zu Gast bei Kerstin Schüßler/Ina Wragge
17.03.00	Das Blaue Sofa: „Auf dem Weg nach Salzburg" – Der Komponist und Dirigent Peter Ruzicka zu Gast bei Ina Wragge
19.05.00	Das Blaue Sofa: zur Premiere „Faust", Moderation: Ina Wragge
09.06.00	Das Blaue Sofa: „Von Schwanenrittern, Lebkuchenkindern und Königsnarren" – Überblick über die neue Spielzeit mit Ensemblemitgliedern; Moderation: Ina Wragge/Kerstin Schüßler; Oliver Malitius (Klavier)

Saalbau

| 12.08.99 | Konzer für Bürger/innen mit Behinderung Wagner, Ouvertüre zu „Rienzi"; Mendelssohn Bartholdy, „Konzert für Violine und Orchester e-Moll" (2./3. Satz, Tom Keller); Bizet, Vier Vorspiele zu „Carmen"; Bizet, „Farandole" aus der „L'Arlesienne-Suite"; Miklós Rósza, Prelude aus dem Film „Ben Hur"; Alan Dilvestri, Filmmusik „Forrest Gunp"; Calvin Custers, „007-Medley ML: Stefan Soltesz |

Gruga (Musikpavillon)

14.08.99	Programm wie 12.08.
15.08.99	Open-Air-Konzert (Kennedyplatz): Programm wie 12.08.

■ Gastspiele

Aalto

09.10.99	„Kein Schwein ruft mich an" – Schlager der zwanziger Jahre Das Palast-Orchester mit seinem Sänger Max Raabe
30.10.99	„Deutsch mit Schuss" (Münchner Lach- und Schießgesellschaft)

Foyer

| 05.03.00 | Salonorchester „Die Madämchen" |

Ballett

Künstlerischer Leiter: Prof. Martin Puttke;
Persönliche Mitarbeiterin des Ballettdirektors: Annette El-Leisy
Ballettmeister: Lynne Charles, Jeremy Leslie-Spinks; *Ballettmeister-Assistentin:* Anja Fischer
Ballettpianist: Konstantin Paleev; *Dirigenten:* Patrik Ringborg, Myron Romanul, Stefan Soltesz; *Gast:* Davor Krnjak
Dramaturgie: Kerstin Schüßler, Ina Wragge
Gast-Orchester: Philharmonisches Orchester Südwestfalen („Romeo und Julia"/„Der Nussknacker", 4×)
Choreografen der Neuinszenierungen: Jeremy Leslie-Spinks/Anja Fischer; *Gäste:* José de Udaeta, Sergej Gordiyenko/Lynne Charles
Ausstatter der Neuinszenierungen: Manfred Gruber

Compagnie: Lynne Charles, Gorica Stankovic, Svitlana Tolstopiatova*, *Solo*
Taciana Cascelli, *Solo mit Gruppe*
Adelina Nigra, Ludmila Nikitenko, Philippa Ward, *Gruppe mit Solo*
Katrin Kirchschlager, Caroline Lux, Jiska Nooijen, Chiara Olocco, Ana Sànchez Portales*, *Gruppe*
Cyrille Dauboin, Sergej Gordiyenko, Zlatko Panič, Wladislaw Solounov, *Solo mit Gruppe*

Giuseppe Bucci, Claus Irsa, Marat Ourtaev, Khoussan Ousmanov, *Gruppe mit Solo*
Cleiton Diomkinas, Skobodan Jovič*, Dezideriu Oltean, Frederic Schoetschel*, Dragan Selakovič, *Gruppe*
Prakikanten/-innen: Aurélie Cayla*, Stefanie Hess*, Asako Tanaka*, Rachael Waldron*; Adrian Robos*, César Rubio Sancho*
Vanja Bourgoudjieva, Annette El-Leisy; Adil Laraki, Jeremy Leslie-Spinks

Gäste: Brit Rodemund, Daniela Severian; Mario Perricone, Raimondo Rebeck *(Solo)*
Elena Butrimovich, Veronika Nagy, Yulia Tsoi; Jörg Bunke, Daniel Hütten, Gerd Maier
Studentinnen der Tanzakademie Prag; Gymnasium Essen-Werden, Studio M, Ballett-Studio Roehm, Folkwang Musikschule
Sänger/innen („Carmina burana"): Silvia Colombini/Olatz Saitua-Iribar/Heidi Wolf (Gast); Peter Bording/Heribert Hechenberger/Rainer Maria Röhr/Heiko Trinsinger

■ **Ballette (N)**

23.10.99 „Don Quixote" von José de Udaeta/Sergej Gordiyenko/Lynne Charles//Ludwig Minkus (13) – ML: Krnjak, A: Gruber
22.04.00 „Carmina Burana" von Jeremy Leslie-Spinks/Fischer//Carl Orff (8) – ML: Soltesz, A: Gruber

■ **Ballette (WA)**

29.08.99 „Romeo und Julia" von Maillot//Prokofjew (7)
29.09.99 *Anmut sparet nicht noch Mühe* (5): „(No) Breathing Spaces" von Wherlock//Vivaldi – „Bolero" von Wherlock//Ravel
11.12.99 „Der Nussknacker" von Lux//Tschaikowsky (7)
09.06.00 „Kaspar Hauser" von Scherzer//Schubert/Piazzolla u. a. (3)

■ **Sonderveranstaltungen**
Aalto-Theater

17.10.99 Gala- Matinee „Kastagnetten heute" – mit José de Udaeta, der Tänzerin Bélen Cabanes und der Pianistin Marai Rodriguez im Rahmen der Einführung zu „Don Quixote"
16.04.00 Einführungsmatinee zur Premiere „Carmina Burana"
10.06.00 Gala zur Verleihung des Deutschen Tanzpreises 2000 an Fritz Höver
John Neumeier//Mozart, „Mozart 338" (Ballettschule des Hamburg Ballett); Uwe Scholz//Bruckner, 3. Satz aus der „Sinfonie Nr. 8" (Kiyoko Kimura/Christoph Böhm u. a., Leipziger Ballett); Christian Spuck//Rossini; „Le Grand Pas de deux" (Julia Krämer/Robert Tewsley, Stuttgarter Ballett); Wiliam Forsyte//Thom Willems, „The second detail" (Marie-Laure Briane/Silvia Confalonieri/Lisa-Maree Cullum/Irina Dimova/Valentina Divina/Beate Vollack//Marc Geifes/Norbert Graf/Christoph Klaus/Roland Podar/Patrick Teschner/Alexander Vacheron/Oliver Wehe, Staatsballett München); Renato Zanella//Strauß Sohn/Josef Strauß/Mahler, Pas de deux aus „Alles Walzer" (Solisten: Simone Noya/Christian Rovny; Alessandra Pasquali/Gregor Hatala; Dagmar Kronberger/Christian Musil, Staatsoper Wien)

Cafeteria

15.10.99 Das Blaue Sofa: Der Tänzer, Choreograf und Kastagnettenvirtuose Jose de Udaeta zu Gast bei Ina Wragge
14.04.00 Das Blaue Sofa: „Step by Step – Wie entsteht eine Choreografie?" Jeremy Leslie-Spinks (Ballettmeister)/Anja Fischer (Assistentin) bei Kerstin Schüssler

■ **Gastspiel**
Aalto-Theater

08.06.00 Zeitgenössische Tanz-Gala (*Eröffnung der 3. Internationalen Tanzmesse NRW*)
Richard Wherlock//Ravel, „Bolero" (aalto ballett theater); Hans van Manen//Collage, „Black Cake" (Ballett der Deutschen Oper am Rhein); William Forsythe//Bach, „Steptext" (Ballett der Staatsoper Berlin); Nacho Duato//Enrique Granados, „Remanso" (Hamburg Ballett)

Spielzeit 2000/01

Geschäftsführer: Otmar Herren

Musiktheater

Opernintendant: GMD Stefan Soltesz; *Persönliche Referentin des Intendanten:* Frauke Debusmann
Chefdisponentin: Juliane Pschigode; *Leitung KBB:* Claudia Schmitz*; Ute Loos*
Dramaturgie: Dr. Kerstin Schüssler, Ina Wragge; *Gäste:* Norbert Grote, Werner Hintze
Presse- und Öffentlichkeitsarbeit: Dr. Anna Linoli; Anke Meis (Mitarbeiterin)

Dirigenten: Stefan Soltesz; Patrik Ringborg, 1. Kapellmeister; Christoph Campestrini, 1. Koordinierter Kapellmeister; Rasmus Baumann, Myron Romanul; *Gast:* Ira Levin
Repetitoren: Oliver Malitius, Studienleiter; Juriko Akimoto, Rasmus Baumann, Boris Gurevich*, Werner Lemberg; *Chordirektor:* Alexander Eberle
Essener Philharmoniker; *Gast-Orchester:* Philharmonisches Orchester Südwestfalen („Anatevka")

Regisseure der Neuinszenierungen: Michael Schulz, Oberspielleiter; *Gäste:* Nicolas Brieger, Elmar Gehlen, Dietrich Hilsdorf, Thorsten Schröder, Anselm Weber
Ausstattungsdirektor: Manfred Gruber
Ausstatter der Neuinszenierungen (Gäste): Raimund Bauer, Martina Feldmann, Gisbert Jäkel, Jorge Jara, Johannes Leiacker, Dieter Richter, Thomas Richter-Forgàch, Renate Schmitzer, Heidrun Schüler, Bettina J. Walter
Technischer Direktor: Georg Michahelles

Ensemble: Zsuzsanna Baszinka, Silvia Colombini, Gritt Gnauck, Olatz Saitua-Iribar, Marie-Helen Joël, Sylvia Koke*, Galina Simkina, Ildiko Szönyi; Peter Bording*, Mikhail Davidoff, Jeffrey Dowd, Herbert Hechenberger, Rainer Maria Röhr, Marcel Rosca, Almas Svilpa, Károly Szilágyi, Heiko Trinsinger
Chorsolisten: Sabine Brunke-Proll, Marie-Luise Bruns, Michaela Cenkier, Susanne Kohnke, Nadejda Krasnogortseva, Agnes Oscenas, Melanie Scholzen, Karin Süß, Marion Thienel, Sabine Wehlte; René Aguilar, Andreas Baronner, Bruce Cox, Friedrich Darge, David Frazier, Friedemann Hecht, Peter Holthausen, Jae-Kwan Kim, Kyung-Guk Kim, Norbert Kumpf, Michael Kühner, Holger Penno, Heinz Potztal, Thomas Sehrbrock, Karl-Ludwig Wissmann, Harald Wittkop, Ulrich Wohlleb

Gäste/Teilspielzeit: Janice Baird, Renate Behle, Carol Byers, Birgit Binnewies, Jayne Casselman, Luana DeVol, Silvana Dussmann, Hanna Fahlbusch-Wald, Carole FitzPatrick, Miriam Gauci, Heike Gierhardt, Anne Gjevang, Astrid Kropp, Rita Gorr, Amanda Halgrimson, Elisabeth Hornung, Michaela Kaune, Milena Kitic, Sylvia Koke, Elena Mosuc, Marisca Mulder, Mzia Nioradze, Vlatka Orsanic, Margret Russell, Martina Serafin, Michal Shamir, Anja Silja, Iano Tamar, Rachel Olivia Tucker, Margaret Turner, Anja Vincken, Viktoria Vizin, Nina Warren, Tatjana Zaharchuk; Albert Bonnema, Wolfgang Brendel, Wolfgang Bünten, Mario Carrara, Marc Clear, David Cordier, Philip Doghan, Uwe Eikötter, Julian Gavin, Renato Girolami, Udo Holdorf, Tommi Hakala, Klaus Höne, Dieter Hönig, Andreas Joost, Matthias Klink, Karl-Heinz Lehner, Antonio Lotti, Andreas Macco, Harald Martini, Richard Medenbach, Zwetan Michailov, Tomas Möwes, Claudio Otelli, Kwang-Woo Park, Ron Peo, Thomas Piffka, Latchezar Pravtchev, William S. Pugh, Michael Rabsilber, Markus Schäfer, Frank Schneiders, Egil Silins, Alexandre Vassiliev, Ilkka Vihavainen
Gäste („Anatevka"): Kathrin Marén Enders, Cornelia Froboess, Mechthild Großmann, Stefanie Kirsten, Astrid Kropp, Joesfine Merkatz, Julia Stelter; Michael Autenrieth, Harald Dietl, Frank Ferner, Henning Gödderz, Adi Hirschal, Manfred Krasky, Adrian Kroneberger, Christian

Lugerth, Michael Ophelders, Andreas Scherer, Uwe Schönbeck, Franz Tscherne, Frank Watzke
Tänzer/innen: Anja Fischer; Cleiton Diomkinas (Aalto), *Gäste:* Kristin Josefiak; Cyrille Dauboin

■ Opern (N)

16.09.00	„Don Paquale" von Gaëtano Donizetti (15) – ML: Ringborg, I: Schröder, A: Schüler
21.10.00	„Lohengrin" von Richard Wagner (14) – ML: Soltesz, I: Weber, B: Bauer, K: Walter
09.12.00	„Hänsel und Gretel" von Engelbert Humperdinck (14) – ML: Ringborg, I: Gehlen, B: Richter-Forgàch, K: Feldmann
10.02.01	„Luisa Miller" von Giuseppe Verdi (10) – ML: Soltesz, I: Hilsdorf, B: Richter, K: Schmitzer
21.04.01	„Jenufa" von Leoš Janáček (10) – ML: Soltesz, I: Brieger, B: Jäkel, K: Jara
02.06.01	„Lear" von Aribert Reimann (6) – ML: Soltesz, I: Schulz, A: Leiacker

■ Opern (WA)

17.09.00	„Die Frau ohne Schatten" von Strauss (4)
23.09.00	„Un ballo in maschera" von Verdi (8)
29.09.00	„Faust" von Gounod (6)
08.10.00	„Elektra" von Strauss (6)
13.12.00	„Rigoletto" von Verdi (6)
(10.06.01	*Ernennung zu Kammersängern: Margarita Turner/Károly Szilágyi)*
30.12.00	„Carmen" von Bizet (6)
13.01.01	„Così fan tutte" von Mozart (6)
24.03.01	„Dialogues des Carmélites" von Poulenc (4)
22.06.01	„Don Carlos" von Verdi (4)

■ Musical (WA)

03.09.00	„Anatevka" von Bock (18)

■ Abstecher

Bezirksregierung Düsseldorf

05.05.01	„Im Romantischen Café" mit Texten und Songs der 20er Jahre – Mitwirkende u. a. Tänzer/innen des Aalto-Theaters und Mitglieder der Essener Philharmoniker; Regie/Moderation: Thomas Schendel, B: Jörg Immendorff, Ch: Jeremy Leslie-Spinks, auch 06.05.

■ Sonderveranstaltungen

Aalto-Theater

26.08.00	Aalto-Preis-Verleihung an Konzertmeister Tomo Keller (Bach, Violinkonzert a-moll BWV 1041) ML: Stefan Soltesz
27.08.00	Tag der offenen Tür
10.09.00	Einführungsmatinee zur Premiere „Don Paquale"
08.10.00	Einführungsmatinee zur Premiere „Lohengrin"
26.11.00	Einführungsmatinee zur Premiere „Hänsel und Gretel"
03.12.00	Festliche Musik aus dem Aalto-Theater (Unicef-Gala) Berlioz, Ouvertüre zur Oper „Benevenuto Cellini"; Boieldieu, Arie des Georges „Komm, holde Dame" (Bruce Fowler) aus „Die weiße Dame"; Bizet, Habanera der Carmen „Ja, die Liebe hat bunte Flügel" (Ann Murray/Opernchor) aus der gleichnamigen Oper; Offenbach, Auftritt Hoffmanns „Es war einmal am Hofe von Eisenack" (Bruce Fowler) aus „Hoffmanns Erzählungen"; Saint-Saëns, Arie der Dalila „Sieh, mein Herz erschließt sich dir" (Ann Murray) aus „Samson und Dalila"; Berlioz, „Reigen der Bauern" (Bruce Fowler/Opernchor)/ „Ungarischer Marsch"/Romanze der Marguerite „Meine Ruh' ist hin" (Ann Murray) aus „Fausts Verdammnis"; Adam, Romanze des Chapelou „Freunde, vernehmet die Geschichte" (Bruce Fowler/Opernchor) aus „Der Postillon von Lonjumeau"; Bizet, Seguidilla und Duett Carmen/Don Jose „Draußen am Wall von Sevilla" (Ann Murray/Bruce Fowler) aus „Carmen"; Berlioz, „Großes Fest bei Capulet" aus der dramatischen Sinfonie „Roméo et Juliette" ML/Moderation: Sir Roger Norrington
01.01.01	Neujahrskonzert Verdi, Ouvertüre „Die Macht des Schicksals"; Bruch, 2 Sätze aus „Schottische Fantasie"; Ravel, „La Valse"; Strauß, Ouvertüre „Die Fledermaus"/„Maskenball-Quadrille"/„Kai-

	serwalzer"/„Unter Donner und Blitz"; Strauß Vater, „Radetzky-Marsch" ML: Stefan Soltesz; Henry Raudales (Violine)/Gabriele Bamberger (Harfe)
04.02.01	Einführungsmatinee zur Premiere „Luisa Miller"
13.03.01	Waltraud Meier singt Werke von Schubert/Mahler; Nicholas Carthy (Klavier)
08.04.01	Einführungsmatinee zur Premiere „Jenufa"
16.04.01	Festliche Musik aus dem Aalto-Theater (Oster-Gala) zugunsten der Orchesterakademie Verdi, Ouvertüre „Luisa Miller"; Beethoven, „Romanze F-Dur für Violine und Orchester (Julia Fischer); Franz Krommer, „Konzert F-Dur für Oboe und Orchester" (Dmitri Bulgakow); Bartók, „Bilder aus Ungarn"; Ravel, „Tzigane, Rhapsodie für Violine und Orchester" (Julia Fischer); Ravel, „La Valse" ML: Stefan Soltesz; Moderation: Erika Pluhar
27.05.01	Einführungsmatinee zur Premiere „Lear"
28.05.01	Mitgliederversammlung des Freundeskreises Musikalische Beiträge: Vier Geschwister der Familie Gerassimez (Geigerin/Cellist/Pianist/Schlagzeuger) mit Werken von Carl Stamitz bis Elliot Carter

Foyer

20.11.00	Benefiz-Konzert für aidskranke Kinder zugunsten des St. Laurence Children's Hospiced in Cernavoda/Rumänien Beethoven, „Sonate c-Moll op. 30 (Monique Mead, Violine), Opernarien und Duette mit Valerie Bruhn/Grit Gnauck; Mark Adler/Marcel Rosca/ Károly Szilágyi; Hans Bruhn/Helmut Weese (Klavier); Moderation: Maria Sand-Kubow
16.02.01	„Der schönste Mann von Wien" – „Tevje" Adil Hirschal singt „Wiener-Lieder ziemlich anders"

Cafeteria

15.09.00	Das Blaue Sofa: zur Premiere „Don Paquale"
27.10.00	Das Blaue Sofa: Der Allround-Tenor: Jeffrey Dowd bei Kerstin Schüssler/ Ina Wragge
15.12.00	Das Blaue Sofa: Weihnachtszauber – Lieder und Geschichten zur Weihnachtszeit mit Ensemble-Mitgliedern, dem Opernchor, Oberspielleiter Michael Schulz, Dramaturgin Ina Wragge und Studienleiter Oliver Malitius
12.01.01	Das Blaue Sofa: „Ich bin kein Clown des Publikums mehr" – Giuseppe Verdi zum 100. Todestag mit Mitgliedern des Ensembles, Oliver Malitius (Klavier); Moderation: Kerstin Schüssler
09.02.01	Das Blaue Sofa: mit Dietrich Hilsdorf (Regisseur „Luisa Miller") und Michael Schhulz
20.04.01	Das Blaue Sofa: „Saitenspiel und Äolsklang" – Gabriele Bamberger stellt die Harfe vor
11.05.01	Das Blaue Sofa: „Meister der Sprachmelodie" – Leoš Janáček und seine Werke mit Ina Wragge
15.06.01	Das Blaue Sofa: Aribert Reimann im Gespräch mit Kerstin Schüssler

Saalbau

25.08.00	Konzert für Bürger/innen mit Behinderung: Orff, „Carmina Burana" ML: Stefan Soltesz

Kennedyplatz

02.09.00	„Carmina Burana" von Carl Orff, ML: Stefan Soltesz (Open-Air-Konzert)

■ Gastspiel

14.01.01	Salon-Matinee mit „Pomp-A-Dur" – Operetten-Potpourris, Schlager aus der Berliner Tonfilmzeit und sonstige Ohrwürmer; Rainer Maria Röhr (Tenor, Aalto-Theater)

Ballett

Künstlerischer Leiter: Prof. Martin Puttke; *Persönliche Mitarbeiterin des Ballettdirektors:* Annette El-leisy
Ballettmeister: Jeremy Leslie-Spinks; *Ballettmeister-Assistentin:* Anja Fischer
Ballettpianist: Konstantin Paleev; *Dirigenten:* Rasmus Baumann, Christoph Campestrini, Myron Romanul, Stefan Soltesz; *Gäste:* Davor Krnjak, Friedrich Lehn, Boris Spassov
Dramaturgie: Ina Wragge
Gast-Orchester: Bochumer Symphoniker („Carmina Burana"), Philharmonisches Orchester Südwestfalen („Romeo und Julia"), Nordwestdeutsche Philharmonie („Der Widerspenstigen Zähmung", „Don Quixote", 5×)

Choreografen der Neuinszenierungen (Gäste): Stefan Lux, Birgit Scherzer, Mario Schröder, Silvana Schröder, Christian Spuck/Anja Fischer, Eva Zamazalová
Ausstatter der Neuinszenierungen (Gäste): Miro Paternostro, Paul Zoller

Compagnie: Taciana Cascelli, Gorica Stankovic, *Solo*
Ludmila Nikitenko, Ana Sanchez Portales, Yulia Tsoi*, Philippa Ward, *Gruppe mit Solo*
Aurélie Cayla, Stephanie Hess*, Jiska Nooijen, Chiara Olocco, *Gruppe*
Zlatko Panič, Wladislaw Solounov, *Solo*
Claus Irsa, Marat Ourtaev, Khoussan Ousmanov, Zong Yi Shi*, *Gruppe mit Solo*
Cleiton Diomkinas, Skobodan Jovič, Dezideriu Oltean, Georges Prunier*, Frederic Schoetschel, Dragan Selakovič, *Gruppe*
Annette El-leisy, Adelina Nigra; Adil Laraki, Jeremy Leslie-Spinks
Prakikanten/-innen: Emma Cheers*, Larissa Forte*, Keiko Nisugi*, Yvonne Wadewitz*; Tobias Ehinger*, Alexander Teutscher*
Hospitant: Michel Vogt
Gäste: Marina Antonova, Daniela Severian, Alicia Olleta, Brit Rodemund, Svetlans Tolstopiatova, *Solo*
Vladimir Grigoriev, Pascal Molat, Mario Perricone, Raimondo Rebeck, *Solo*
Eva Brauer, Nadine Cadowinous, Elena Butrimovich, Jana Griess, Svenja Höhle, Anais Luecken, Caroline Lux, Daphne Markaki, Veronika Nagy, Kira Wortmann; Cyrill Dauboin, Daniel Hütten, Rudolf Kubicko, Erkan Kurt, Simon Lackmann

Gesangssolisten: Silvia Colombini/Sylvia Koke; Peter Bording/Herbert Hechenberger/Thomas Piffka/Rainer Maria Röhr/Heiko Trinsinger (Aalto); *Gäste:* Henryk Böhm/Peter Paul

■ Ballette (N)
18.11.00 „Das Lied von der Erde" von Mario und Silvana Schröder//Gustav Mahler – ML: Soltesz, A: Zoller
„Endless Waltz" (U) von Christian Spuck/Fischer//Heinrich Ignaz Franz Biber/Corelli/Marylin Manson u. a.; A: Paternostro (7)
17.03.01 *Vistenkarte VI* (5)
Stefan Lux//Paganini/Korngold/Grieg u. a, „Teufelstriller – La leçon de danse" (U); Birgit Scherzer//Nina Hagen „Abgeschminkt"; Eva Zamazalová//Janáček, „Otčenás" („Vaterunser"); Balanchine//Tschaikowsky, „Tschaikowsky-Pas de deux"; Birgit Scherzer//Keith Jarrett, „Keith"
Moderation: Martin Puttke

■ Ballette (WA)
10.09.00 „Don Quixote" von Gordiyenko/de Udaeta//Minkus (8)
04.01.01 „Romeo und Julia" von Prokofjew//Maillot (5)
23.02.01 „Der Widerspenstigen Zähmung" von Cranko//Stolze nach Scarlatti (5)
04.05.01 „Carmina Burana" von Leslie-Spinks//Orff (9)

■ Sonderveranstaltungen
Aalto-Theater
06.11.00 Einführungssoirée zur Premiere „Das Lied von der Erde"/„Endless Waltz"
Cafeteria
17.11.00 Das Blaue Sofa: Raimondo Rebeck, 1. Solist der Dt. Oper Berlin, zu Gast bei Ina Wragge
16.03.01 Das Blaue Sofa: Drei Choreografen präsentieren ihre Visitenkarte: Brigtte Scherzer/Eva Zamazalová/Stefan Lux; Moderation: Kerstin Schüssler

▪ Gastspiele

Aalto-Theater

05.11.00	Jubiläums-Gala: „Flamenco gestern, heute, immer" mit Rosa Montes/Alberto Alarcón
11.11.00	„Gitanos del agua" – Flamenco-Abend mit Rafael Cortés y Grupo und Tänzern

Spielzeit 2001/02

Geschäftsführer: Otmar Herren

Musiktheater

Opernintendant: GMD Stefan Soltesz; *Persönliche Referentin des Intendanten:* Frauke Debusmann
Chefdisponentin: Juliane Pschigode; *Leiterin KBB:* Claudia Schmitz; Maren Hofmeister*
Dramaturgie: Dr. Kerstin Schüssler, Ina Wragge; *Gäste:* Norbert Grote, Wolfgang Willaschek
Presse- und Öffentlichkeitsarbeit: Christina Söder*; Anke Meis (Mitarbeiterin)

Dirigenten: Stefan Soltesz; Patrik Ringborg, 1. Kapellmeister; Rasmus Baumann, Alexander Eberle; *Gast:* Andreas Spering; *Repetitoren:* Oliver Malitius, Studienleiter; Juriko Akimoto, Rasmus Baumann, Bendix Dethleffsen*, Boris Gurevich
Chordirektor: Alexander Eberle; *Choreograf (Gast):* Bambi Uden
Essener Philharmoniker; *Gast-Orchester:* Bergische Symphoniker („Anatevka")

Regisseure der Neuinszenierungen: Michael Schulz, Oberspielleiter; *Gäste:* Dietrich Hilsdorf, Philipp Himmelmann, Guy Joosten, Johannes Schaaf
Ausstattungsdirektor: Manfred Gruber
Ausstatter der Neuinszenierungen (Gäste): Dirk Becker, Petra Bongard, Kathrin-Susanne Brose, Klaus Bruns, Hermann Feuchter, Johannes Leiacker, Renée Listerdal
Technischer Direktor: Georg Michahelles

Ensemble: Zsuzsanna Bazsinka, Christina Clark*, Silvia Colombini, Gritt Gnauck, Sylvia Koke, Marie-Helen Joël, Olatz Saitu-Iribar, Ildiko Szönyi, Margarita Turner; Peter Bording, Mikhail Davidoff, Jeffrey Dowd, Herbert Hechenberger, Almas Svilpa, Károly Szilágyi, Heiko Trinsinger

Chorsolisten: Sabine Brunke-Droll, Marie-Luise Bruns, Michaela Cenkier, Francisca Hahn, Anne Katrin Ossenkop, Stefanie Rodriguez, Melanie Scholzen, Marion Thienel, Natacha Valladares, Helga Wachter; René Aguilar, Andreas Baronner, Bruce Cox, David Frazier, Friedemann Hecht, Peter Holthausen, Jae-Kwan Kim, Kyung-Guk Kim, Michael Kühner, Norbert Kumpf, Heinz Potztal, Thomas Sehrbrock, Karl-Ludwig Wissmann, Haradl Wittkop, Ulrich Wohlleb

Gäste/Teilspielzeit: Susan Anthony, Snejinka Avramova, Andrea Baker, Anna Katharina Behnke Yvonne, Blunk, Jayne Casselman, Marcela de Loa, Luana DeVol, Silvana Dussmann, Hanna Fahlbusch-Wald, Miriam Gauci, Cornelia Götz, Yanyu Guo, Elizabeth Hagedorn, Daniella Halbwachs, Jane Henschel, Elisabeth Hornung, Michaela Kaune, Stella Kleindienst, Ildiko Komlosi, Anke Krabbe, Astrid Kropp, Annelisa Victoria Loukianetz, Cynthia Makris, Elena Mosuc, Vlatka Orsanic, Francesca Patané, Jindřiška Rainerova, Raspagliosi, Julia Rempe, Sabine Ritterbusch, Elisabeth Scholl, Anne Schwanewilms, Martina Serafin, Michal Shamir, Galina Simkina, Hege Gustava Tjønn, Anja Vincken, Victoria Vizin, Nina Warren, Katharina Wingen, Mariana Zvetkova; Viktor Afanasenko, Magnus Baldvinsson, Hermann Becht, Albert Bonnema, Wolfgang Brendel, Martin Busen, Vladimir Chmelo, David Cordier, Bruno Caproni, Uwe Eikötter, Jochen Elbert, Burkhard Fritz, Renato Girolami, Gerd Grochowski, Oskar Hillebrandt, John Holyoke, Klaus Höne, Dieter Hönig, Karl Humi, Phillip Joll, Dietmar Kerschbaum, Günter Kiefer, Karl-Heinz Lehner, Harald Martini, Richard Medenbach, Axel Mendrok, Zwetan Michailov, Tomas Möwes, Mauro Nicoletti, Claudio Otelli, Kwang-Woo Park, Thomas Piffka, Michael Rabsilber, Andreas Scheidegger, Frank Schneider, Wolfgang Schöne, Stefano Secco, Boris Statsenko, Piet Vansichen, Jan Vacik, Ilkka Vihavainen, Axel Wagner, Corby Welch, Mario Zeffiri, Boiko Zvetanov

Gäste („Anatevka"): Kathrin Marén Enders, Cornelia Froboess, Mechthild Großmann, Stefanie Kirsten, Astrid Kropp, Jenna Oste, Nate Seids; Michael Autenrieth, Harald Dietl, Frank Ferner, Henning Gödderz, Adi Hirschal, Manfred Krasky, Adrian Kroneberger, Andreas Scherer, Uwe Schönbeck, Hans Schulze, Franz Tscherne, Frank Watzke

Michael Schulz, Alexander Thompson (Aalto)

■ Opern (N)

20.10.01	„Ottone in villa" von Antonio Vivaldi (11) – ML: Spering, I: Himmelmann, B: Feuchter, K: Bongard
25.11.01	„Il Trovatore" von Giuseppe Verdi (13) – ML: Soltesz, I: Hilsdorf, A: Leiacker
09.02.02	„Ariadne auf Naxos" von Richard Strauss (9) – ML: Soltesz, I: Schaaf, A: Brose, Ch: Uden
10.03.02	„La fanciulla del West" von Giacomo Puccini (11) – ML: Soltesz, I: Joosten, B: Leiacker, K: Bruns – *(20.05. Nach der Vorstellung Ernennung von Richard Medenbach zum Kammersänger)*
18.05.02	„Der Freischütz" von Carl Maria von Weber (8) – ML: Ringborg, I: Schulz, B: Becker, K: Listerdal
29.06.02	„Norma" von Vincenzo Bellini (5) – ML: Soltesz *(konzertant)*

■ Opern (WA)

09.09.01	„Lohengrin" von Wagner (8)
22.09.01	„Il barbiere di Siviglia" von Rossini (4)
30.09.01	„Luisa Miller" von Verdi (9+1)
07.10.01	„Don Carlos" von Verdi (4)
27.10.01	„Jenufa" von Janáček (8)
24.11.01	„Hänsel und Gretel" von Humperdinck (16)
09.12.01	„Die Frau ohne Schatten" von Strauss (3)
16.03.02	„Lear" von Reimann (4)
02.06.02	„Tosca" von Puccini (4)
13.06.02	„Le nozze di Figaro" von Mozart (3)

■ Musical (WA)

06.10.01	„Anatevka" von Bock (11)

■ Abstecher

– „Lusia Miller" (Dresden 31.05.02)

■ Sonderveranstaltungen

Aalto-Theater

30.08.01	Konzert für Bürger/innen mit Behinderung, auch 28.10. „Verdi totale" – Highlights aus „La Traviata"/„Luisa Miller"/„Nabucco"/„Rigoletto"/„Don Carlos"/„Der Troubadour"/„Ein Maskenball"/„Aida" Zsuzsanna Bazsinka/Gritt Gnauck/Ildiko Szönyi; Marcel Rosca/Norbert Schmittberg (Dortmund)/Almas Svilpa/Károly Szilágyi; Opern- und Extrachor (Alexander Eberle) ML: Stefan Soltesz
02.09.01	Tag der offenen Tür, u. a. „Verdi totale"
29.09.01	Das Blaue Sofa „spezial" – Stefan Soltesz/Ensemblemitglieder bei Kerstin Schüssler/Ina Wragge
14.10.01	Einführungsmatinee zur Premiere „Ottone in villa"
18.11.01	Einführungsmatinee zur Premiere „Il Trovatore"
03.12.01	Festliche Musik aus dem Aalto-Theater (Unicef-Gala) Bruch, „Violinkonzert Nr. 1" (Vadim Repin); Sergej Rachmaninow, „Rhapsodie über ein Thema von Paganini" (Gerhard Oppitz, Klavier); Kodály, Suite aus dem Singspiel „Háry János"; Wagner, Vorspiel zum 3. Akt der Oper „Lohengrin" ML: Stefan Soltesz; Moderation: Jan Hofer
31.12.01	Silvester-Gala-Konzert Gershwin, „Cuban Overture"; Franz Waxmann, „Carmen-Fantasie für Violine und Orchester (Tomo Keller); Strauß, „An der schönen blauen Donau" Nach der Pause: Highlights aus bekannten Musicals mit Angelika Milster ML: Stefan Soltesz (auch 01.01.02, 2×)
20.01.02	Gala-Konzert des Lions-Club „Kettwig auf der Höhe" zugunsten „Domi-Ziel" Mozart, „Exultate, jubilate"; Beethoven, „7. Sinfonie"; Strauss, „Vier letzte Lieder" ML: Stefan Soltesz; Solistin: Elena Mosuc (Sopran)

03.02.02	Einführungsmatinee zur Premiere „Ariadne auf Naxos"
03.03.02	Einführungsmatinee zur Premiere „Das Mädchen aus dem goldenen Westen"
21.04.02	Benefizkonzert zugunsten der World Childhood Foundation in Anwesenheit der schwedischen Königin Silvia Wagner, Ouvertüre zur Oper „Die Meistersinger von Nürnberg"; Preislied des Walther von Stolzing (Jeffrey Dowd) aus „Die Meistersinger"; Wagner, Vorspiel zum 3. Akt zur Oper „Lohengin"; Gralserzählung des Lohengrin" aus der gleichnamigen Oper (Jeffrey Dowd); Beethoven, Konzert für Klavier und Orchester Nr. 5 (Rudolf Buchbinder) Philharmoniker, ML: Stefan Soltesz
12.05.02	Einführungsmatinee zur Premiere „Der Freischütz"
21.05.02	Gala-Benefiz-Konzert zugunsten aids- und krebskranker Kinder (50 Jahre Lions-Club in Deutschland) Beethoven, „Sinfonie Nr. 4"/„Konzert für Violine und Orchester op. 61" (Frank Peter Zimmermann) ML: Stefan Solesz
07.06.02	Festabend „150 Jahre Theaterförderung in Essen" Festvortrag: Uwe Knüpfer, Chefredakteur der WAZ; Verleihung des „Aalto-Bühnenpreis für junge Künstler" an Sabine Osthoff/Anja Schiffel (Schauspiel Essen)

Foyer

11.11.01	„Im Gegenwärtigen Vergangenes?" – Schubertiade mit Herren des Opernchors und dem Schauspieler Claus Boysen (Grillo), ML: Alexander Eberle
14.11.01	Podiumsdiskussion im Rahmen des Internationalen Kongresses „Richard Strauss und das Musiktheater – Dramaturgie – Inszenierung – Rezeption" (Veranstaltung der Ruhruniversität Bochum) mit Inge Borgh (Sängerin)/Hans-Jürgen von Bose (Komponist)/Will Humburg (Dirigent)/Johannes Schaaf (Regisseur)/Ulrich Schreiber (Kritiker)/Wolfgang Schreiber (Kritiker) Moderation: Bodo Bermbach
05.12.01	Heiko Trinsinger singt „Die Winterreise" von Franz Schubert; Oliver Malitius (Klavier)
06.04.02	Grit Gnauck singt „Zigeunerlieder" von Brahms/Schumann/Dvorák/Tschaikowsky/Wagner-Régeny/Liszt; Klaus Sallmann (Klavier)
18.06.02	Liederabend: American Songbook – From Art Song to the Art of Song mit Christina Clark/Peter Bording; Rasmus Baumann (Klavier)

Cafeteria

19.10.01	Das Blaue Sofa: Christina Clark/Herbert Hechenberger zu Gast bei Kerstin Schüssler
09.11.01	Das Blaue Sofa: zur Premiere „Il Trovatore" mit Kerstin Schüssler/Ina Wragge
14.12.01	Das Blaue Sofa: Lieder und Geschichten zur Weihnachtszeit mit Ensemblemitgliedern Moderation: Kerstin Schüssler/Ina Wragge
01.02.02	Das Blaue Sofa: Johannes Schaaf (Regisseur)/Wolfgang Willaschek (Dramaturg) zur Premiere „Ariadne auf Naxos" zu Gast bei Kerstin Schüssler
01.03.02	Das Blaue Sofa: zur Premiere „La fanciulla del West" mit Ina Wragge
10.05.02	Das Blaue Sofa: Thomas Piffka/Karl-Heinz Lehner („Der Freischütz") bei Ina Wragge
28.06.02	Das Blaue Sofa: Von der Magie des Gesangs – Belcanto, Bellini und seine „Norma" mit beteiligten Sängern und Kerstin Schüssler/Ina Wragge

Probebühne

28.06.02	Verabschiedung von Norbert Velten, dem langjährigen Vorsitzenden des Betriebsrates, zugleich Ernennung zum Ehrenmitglied

Kennedyplatz

01.09.01	„Verdi totale" -Highlights aus „La Traviata"/„Luisa Miller"/„Nabucco"/„Rigoletto"/„Don Carlos"/„Der Troubadour"/„Aida"/„Die Macht des Schicksals" Zsuzsanna Bazsinka/Grit Gnauck/Ildiko Szönyi; Marcel Rosca/Norbert Schmittberg (Dortmund)/

Almas Svilpa/Károly Szilágyi; Opernchor (Alexander Eberle)
ML: Stefan Soltesz

Gruga-Halle
08.06.02 Konzert anlässlich des Jubiläums „150 Jahre Theaterförderung in Essen" Wagner, Ouvertüre „Die Meistersinger von Nürnberg"; Verdi, Arie des Philipp (Marcel Rosca) aus „Don Carlos"; Arie des Radames (Mikhail Davidoff) und Duett Aida/Radames (Marquita Lister/Mikhail Davidoff) aus „Aida"; Puccini, Duett Tosca/Cavaradossi (Marquita Lister/Mikhail Davidoff) aus „Tosca"; Jean-Christophe Maillot//Prokofjew, Balkonszene (Taciana Cascelli/Marat Ourtaev) aus „Romeo und Julia"; Marius Petipa/Alexander Gorsky//Minkus, Grand Pas de deux (Alicia Oletta/Wladislaw Solounov) aus „Don Quixote" Musicalhits und beliebte Songs mit Angelika Milster: Jerry Herman, Lied des Albin „Ich bin, was ich bin" aus „La cage aux folles"; La vie en rose"; Jule Styne, Lied der Fanny Brice „Kind Nummer 10" aus „Funny Girl; Webber, Song der Grizabella „Erinnerung" aus „Cats"; Gassenhauer „Egon"; Weill, Song des Mackie Messer „Und der Haifisch, der hat Zähne" aus „Die Dreigroschenoper"; Sondheim, Song des Robert „Being alive" aus „Company"
ML: Stefan Soltesz; Moderation: Jan Hofer

■ **Gastspiele**
Aalto-Theater
16.06.02 A Cappella Group „Hudson Shad" – singing Comedian Harmonies and more …
28.06.02 „The Sound of Music" – Rundfunkorchester des WDR
06.07.02 „Israel in Agypt" von Georg Friedrich Händel (ChorWerkRuhr, ML: Frieder Bernius)
28.07.02 Musical-Konzert zum 100. Geburtstag von Richard Rodgers (Gemeinschaftskonzert von WDR 4 und Essener Theaterring)

Foyer
09.06.02 „Creme de Cologne" – Das Salonorchester (Köln) spielt Caféhausmusik, Evergreens, Operettenmelodien und Tonfilmschlager

Ballett

Ballettdirektor: Prof. Martin Puttke; *Persönliche Mitarbeiterin des Ballettdirektors:* Annette El-Leisy
Ballettmeister: Jeremy Leslie-Spinks; *Ballettmeister-Assistentin:* Anja Fischer
Ballettpianist: Konstantin Paleev; *Dirigenten:* Rasmus Baumann, Patrik Ringborg; Renate/Xaver Poncette (Klavier)
Choreografen der Neuinszenierungen (Gäste): Boris Eifman/Olga Kalmikowa, Kurt Jooss/Anna Markard, Birgit Scherzer, Heinz Spoerli/Chris Jensen, Eva Zamazalová
Ausstatter der Neuinszenierungen (Gäste): Randi Bubat, Ernst Peter Hebeisen, Hein Heckroth, Hermann Markard, Watscheslaw Okunjew

Compagnie: Taciana Cascelli, Alicia Olletta*, *Solo*
Ludmila Nikitenko, Yulia Tsoi, Philippa Ward, *Gruppe mit Solo*
Aurélie Cayla, Stefanie Hess, Keiko Nisugi, Chiara Olocco, Ana Sànchez Portales, Yvonne Wadewitz, *Gruppe*
Zlatko Panic, Wladislaw Solounov, *Solo*
Claus Irsa, Marat Ourtaev, Khoussan Ousmanov, *Gruppe mit Solo*
Cleiton Diomkinas, Tobias Ehinger, Yi Yi Guan*, Skobodan Jovič, Dezideriu Oltean, Tomás Ottych*, Georges Prunier, Frederic Schoetschel, Dragan Selakovič, Alexander Teutscher*, Gruppe
Praktikanten/innen: Camille Andriot*, Katri Siipola*, Renata Vellosa de Almeida*, Rebecca Wield*; Adrian Navarro Both*
Hospitantin: Yasmin Pahnke
Gäste (Solotänzer/innen): Margaret Illmann, Heike Keller, Brit Rodemund; Sylvain Boruel, Raimondo Rebeck, Gregor Seyffert; Elena Butrimovic, Svetlana Elentsova, Yasmin Pahnke, Dominika Posor; Stein Fluyt, Rudolf Kubicko, Anton Rudakov, Jörg Simon

Sänger/innen („Carmina"/„Das von der Erde"): Christina Clark; Peter Bording/Jeffrey Dowd/Herbert Hechenberger/Thomas Piffka/Rainer Maria Röhr/Heiko Trinsinger; *Gäste:* Uwe Eikötter/Tobias Scharfenberger

■ Ballette (N)

16.09.01	„Orpheus" von Heinz Spoerli/Jensen//Hans Werner Henze (5) – ML: Ringborg, B: Hebeisen, K: Bubat
19.01.02	„Die Brüder Karamasow" von Boris Eifman/Kalmikowa//Rachmaninow/Wagner/Mussorgsky A: Okunjew
20.04.02	„Otčenáš" („Vaterunser") von Eva Zamazalová//Leoš Janáček – „Keith" von Birgit Scherzer//Keith Jarrett – „Der grüne Tisch" von Kurt Jooss/Anna Markard//Fritz A. Cohen (7) – A: Heckroth/H. Markard, Klavier: Renate und Xaver Poncette

■ Ballette (WA)

13.12.01	„Carmina Burana" von Leslie-Spinks//Orff (5)
21.03.02	„Das Lied von der Erde" von Mario und Silvana Schröder//Mahler (6) – „Endless Waltz" von Spuck//Corelli u. a.

■ Abstecher

11.07.02	Die Brüder Karamasow (Düsseldorf 11.07.02)

■ Sonderveranstaltungen

Aalto-Theater

09.09.01	Einführungsmatinee zur Premiere „Orpheus"
15.09.01	Gala zur Verleihung des Deutschen Tanzpreises 2001 an Hans Werner Henze mit einer Gala- Aufführung des Balletts „Orpheus" (Essener Ballett)
01.11.01	„Der grüne Tisch" von Kurt Jooss//Fritz A. Cohen „States" („Körperperformance über Zustände") von und mit Torsten Konrad/Anneliese Soglio und „Lilja" von Samir Akika, den Preisträgern des erstmals verliehenen „Kurt-Jooss-Förderpreis" (Folkwang Fest der Künste, Tanz)
07.01.02	Einführungsmatinee zur Premiere „Die Brüder Karamasow"
01.07.02	Design Award 2002; Mitwirkung des Balletts („Endless Waltz")

Cafeteria

14.09.01	Das Blaue Sofa: zur Ballettpremiere „Orpheus"
18.01.02	Das Blaue Sofa: „Tänzer der Extreme": Gregor Seyffert im Gespräch mit Kerstin Schüssler
19.03.02	Das Blaue Sofa: zur Premiere „Der grüne Tisch" – Anna Markard bei Ina Wragge

Grugahalle

08.06.02	Konzert anlässlich des Jubiläums „150 Jahre Theaterförderung in Essen", u. a. mit Taciana Cascelli/Marat Ourtaev (Balkonszene aus „Romeo und Julia" von Jean Christophe Maillot//Prokofjew) und Alicia Olleta/Wladislaw Solounov (Grand Pas de deux aus „Don Quixote" von Marius Petipa/Alexander Gorsky//Minkus)

Spielzeit 2002/03

Geschäftsführer: Otmar Herren

Musiktheater

Opernintendant: GMD Stefan Soltesz; *Persönliche Referentin des Intendanten:* Frauke Debusmann
Chefdisponentin: Juliane Pschigode; *Leiterin KBB:* Christiane Küppers*; Maren Hofmeister
Dramaturgie: Dr. Kerstin Schüssler, Ina Wragge; *Gäste:* Bettina Bartz, Alexander Meier-Dörzenbach
Presse- und Öffentlichkeitsarbeit: Christina Söder; Melanie Paßmann* (Mitarbeiterin)

Dirigenten: Stefan Soltes; Patrik Ringborg, 1. Kapellmeister; Rasmus Baumann, 2. Kapellmeister; Bendix Dethleffsen, Alexander Eberle; *Gäste:* Alexander Drcar, Robert Reimer, Pietro Rizzo, Rastislav Stur, Willem Wentzel; *Repetitoren:* Oliver Malitius, Studienleiter; Juriko Akimoto, Rasmus Baumann, Bendix Dethleffsen, Boris Gurevich; *Gast:* Christian Nagel
Chordirektor: Alexander Eberle; *Choreografen:* Jeremy Leslie-Spinks; *Gast:* Joachim Siska
Essener Philharmoniker; *Gast-Orchester:* Bergische Symphoniker („Hänsel und Gretel")

Regisseure der Neuinszenierungen: Michael Schulz; *Gäste:* Stefan Herheim, Gottfried Pilz, Anselm Weber
Ausstatter der Neuinszenierungen (Gäste): Raimund Bauer, Klaus Bruns, Johannes Leiacker, Gottfried Pilz, Dieter Richter, Renate Schmitzer, Bettina J. Walter
Technischer Direktor: Georg Michahelles

Ensemble: Zsuzsanna Bazsinka, Christina Clark, Gritt Gnauck, Marie-Helen Joël, Astrid Kropp*, Olatz Saitua-Iribar, Ildiko Szönyi, Margarita Turner; Peter Bording, Mikhail Davidoff, Jeffrey Dowd, Michael Haag*, Herbert Hechenberger, Karl-Heinz Lehner*, Rainer Maria Röhr, Almas Svilpa, Károly Szilágyi, Heiko Trinsinger

Chorsolisten: Sabine Brunke-Proll, Michaela Cenkier, Francisca Hahn, Susanne Kohnke, Ildiko Nagy-Szilágyi, Stefanie Rodriguez, Anne Katrin Rosenstock, Marion Steingötter, Marion Thienel, Natascha Valladares, Helga Wachter, Sabina Wehlte; René Aguilar, Andreas Baronner, Ernesto Binondo, Bruce Cox, Martin Endrös, André Fox, David Frazier, Peter Holthausen, Jae-Kwan Kim, Kyung-Guk Kim, Norbert Kumpf, Heinz Potztal, Markus Seesing, Thomas Sehrbrock, Karl-Ludwig Wissmann, Haradl Wittkop, Ulrich Wohlleb

Gäste/Teilspielzeit: Elzbieta Ardam, Karine Babajanyan, Anna-Kathrin Behnke, Yvonne Blunk, Frederica Brillembough, Elena Brilova, Fiorella Burato, Doris Dornelies de Almeida, Marcela de Loa, Luana DeVol, Helen Donath, Silvana Dussmann, Hanna Fahlbusch-Wald, Serena Farnocchia, Uta Christina Georg, Riki Guy, Danielle Halbwachs, Evelyn Herlitzius, Elisabeth Hornung, Bettina Jensen, Ildiko Komlosi, Anja Kampe, Michaela Kaune, Stella Kleindienst, Yelda Kodalli, Marquita Lister, Victoria Loukianetz, Elisbeth Meyer-Topsoe, Aga Mikolaj, Elena Mosuc, Hasmik Papian, Francesca Patané, Annalisa Raspagliosi, Anne Schwanewilms, Barbara Schneider-Hofstetter, Anja Vincken, Viktoria Vizin, Nina Warren, Mariana Zvetkova; Viktor Afanasenko, Albert Bonnema, Wolfgang Brendel, Matthew Bridle, Vladimir Chmelo, Jochen Elbert, Petteri Falck, Stefan Fiehn, Burkgard Fritz, Julian Gavin, Renato Girolami, Thilo Himstedt, John Hölyoke, Franz Hawlata, Patrick Henckens, Torsten Hofmann, Peter Nikolaus Kante, Dietmar Kerschbaum, Günter Kiefer, Friedemann Kunder, Marc Laho, Raimo Laukka, Paul Lyon, Gregory Macleod, Richard Meden-bach, Trond Halstein Moe, Thilo Himstedt, Tomas Möwes, Sergey Nayda, Claudio Otelli, Francesco Palmieri, Thomas Piffka, André Post, Latchezar Pravtchev, Johannes Preißinger, Stephan Rügamer, Esa Ruuttunen, Markus Schäfer, Tobias Scharfenberger, Wolfgang Schöne, Patrick Simper, Wojtek Smilek, Boris Statsenko, Jacek Strauch, Torsten Süring, Axel Wagner, Franz van Aken, Michael Vaccaro, Marcel Vanaud, Piet Vansichen, Volker Vogel, Hendrik Vonk, Corby Welch, Endrik Wottrich, Mario Zeffiri

Tänzerinnen: Anja Fischer (Aalto); *Gäste:* Elena Butramovich, Ilse Dekker, Petra Dekker, Jorinde Messlinger
Gäste (Schauspieler): Michael Autenrieth, Hans Schulze

■ Opern (N)

09.11.02 „I Puritani" von Vincenzo Bellini (12) – ML: Soltesz, I: Herheim, B: Richter, K: Schmitzer, Ch: Leslie-Spinks
08.02.03 „Andrea Chénier" von Umberto Giordano (13) – ML: Ringborg, I: Schulz, B: Leiacker, K: Bruns
13.04.03 „Die Meistersinger von Nürnberg" von Richard Wagner (10) – ML: Soltesz – I: Weber, B: Bauer, K: Walter
14.06.03 „Die ägyptische" Helena von Richard Strauss (7+1) – ML: Soltesz, I/A: Pilz, Ch: Siska

■ Opern (WA)

07.09.02 „Il barbiere di Siviglia" von Rossini (5)
13.09.02 „Il Trovatore" von Verdi (11)
14.09.02 „Der Freischütz" von Weber (11)
19.09.02 „Luisa Miller" von Verdi (8)
04.10.02 „Fidelio" von Beethoven (7)
09.10.02 „La fanciulla del West" von Puccini (8)
(18.03.03 Nach der Vorstellung Ernennung von Prof. Heinz Wallberg zum Ehrenmitglied)
28.10.02 „Lohengrin" von Wagner (4)
25.11.02 „Hänsel und Gretel" von Humperdinck (8)
22.12.02 „Carmen" von Bizet (8)
11.01.03 „Così fan tutte" von Mozart (4)
23.01.03 „Ariadne auf Naxos" von Strauss (5)
27.04.03 „Aida" von Verdi (4)

■ Abstecher

– „Die ägyptische Helena" (Garmisch-Partenkirchen, konzertant, 19.06.02)

■ Sonderveranstaltungen

Aalto-Theater
05.09.02 Konzert für Bürger/innen mit Behinderung
Beethoven, „Sinfonie Nr. 9"
Solisten: Yoon Cho Cho/Grit Gnauck; Burkhard Fritz/Almas Svilpa
ML: Stefan Soltesz; Opern- und Extrachor/Philharmonischer Chor (Alexander Eberle)
03.11.02 Einführungsmatinee zur Premiere „I Puritani"
01.12.02 Festliche Musik aus dem Aalto-Theater (Unicef-Gala)
Bellini, Ouvertüre zur Oper „Norma"; Bellini, Szene und Arie „O rendetemi la sempre" der Elvira (Elena Mosuc) aus „Die Puritaner"; Verdi, Ouvertüre zur Oper „Die sizilianische Vesper"; Verdi, Arie „Tu che le vanita" der Elisabeth (Miriam Gauci) aus „Don Carlos"; Verdi, Duett Luisa Miller „Pallida! Mesta sei" (Elena Mosuc/Károly Szilágyi) aus „Luisa Miller"; Puccini, Preludio sinfonico; Puccini, „Povera gente …", Schlussszene des 1. Aktes aus „Das Mädchen aus dem Goldenen Westen (Francesca Patané/Mikail Davidoff/Herrenchor); Puccini, Arie „Un bel di vendremo" der Co-Co-San (Miriam Gauci) aus „Madama Butterfly"; Puccini, Finale des 2. Bildes aus „La Bohème" (Miriam Gauci/Francesca Patané; Peter Bording/Michael Haag/Marcel Rosca/Heiko Trinsinger/Opernchor); Trinklied „Libiamo, ne lieti calici" aus „La Traviata" (alle Solisten)
ML: Stefan Soltesz; Moderation: Michael Heltau
15.12.02 Barockmusik und Geschichten zur Adventszeit mit den Essener Barocksolisten, ML: Rasmus Baumann; Lesung: Christian Quadflieg
31.12.02 Silvesterkonzert
Strauß, Ouverüre „Der Zigeunerbaron"; Auftrittslied des Barinkay „Als

flotter Geist" (Burkhard Fritz); Millöcker, Auftrittslied des Ollendorf „Ach, ich hab' sie ja nur ..." (Marcel Rosca) aus „Der Bettelstudent"; Zeller, Lied „Ich bin die Christel von der Post" (Christina Clark) aus „Der Vogelhändler"); Millöcker, Lied des Fremden „Dunklerote Rosen ..." (Heiko Trinsinger) aus „Gasparone"); Lehár, Lied der Giuditta „Meine Lippen, sie küssen so heiß" (Astrid Kropp); Stolz, Lied der Fürstin Jadja „Spiel auf deiner Geige ..." (Grit Gnauck) aus „Venus in Seide"; Zeller, Duett Süffle/Würmchen „Ich bin der Prodekan" (Peter Bording/Heiko Trinsinger) aus „Der Vogelhändler"; Offenbach, „Can-Can" aus „Orpheus in der Unterwelt"; Suppé, Duett Diametta/Boccaccio „Florenz hat schöne Frauen" (Grit Gnauck/Heiko Trinsinger) aus „Boccaccio"; Lehár, Lied des Prinzen Sou-Chong „Dein ist mein ganzes Herz" (Burkhard Fritz) aus „Das Land des Lächelns"; Lehár, Lied der Ilona „Hör ich Cymbalklänge" (Ildiko Szönyi) aus „Zigeunerliebe"; Lehár, Auftrittslied des Danilo „O Vaterland ..." (Peter Bording) aus „Die lustige Witwe"; Strauß, Finale II: „Im Feuerstrom der Reben/„Brüderlein ..." (alle Solisten) aus „Die Fledermaus"
ML: Stefan Soltesz (auch 01.01.03, 2×)

02.02.03 Einführungsmatinee zur Premiere „Andrea Chénier"

16.02.03 Benefiz-Konzert (Lions-Club) Mozart, „Sinfonie Nr. 35; Strauss, „Konzert für Violine und Orchester d-Moll (Ingolf Turban); Beethoven, „Sinfonie Nr. 5"
ML: Heinz Wallberg

06.04.03 Einführungsmatinee zur Premiere „Die Meistersinger von Nürnberg"

08.06.03 Einführungsmatinee zur Premiere „Die ägyptische Helena"

Cafeteria

25.10.02 Das Blaue Sofa: zur Premiere „I Puritani", Károly Szilágyi zu Gast bei Kerstin Schüssler

13.12.02 Das Blaue Sofa weihnachtet sehr

31.01.03 Das Blaue Sofa: „Regiebuch und Rouladenbraten" – Zur Neuinszenierung „Andrea Chénier" plaudert Regisseur Martin Schulz mit Dramaturgin Kerstin Schüssler

07.03.03 Das Blaue Sofa: „Alles Blech" – von der Piccolotrompete bis zur Basstuba: Die Blechbläser der Philharmoniker zu Gast bei Ina Wragge

25.04.03 Das Blaue Sofa: „Der Singer Meisterschlag gewinnt sich nicht an einem Tag" – Rainer Maria Röhr („David" in „Die Meistersinger") zu Gast bei Kerstin Schüssler/Ina Wragge

06.06.03 Das Blaue Sofa: Die Sopranistin Helen Donath zu Gast bei Ina Wragge

Foyer

11.11.02 Benefiz-Konzert für Flüchtlingskinder in Rumänien

19.11.02 Almas Svilpa singt Lieder von Mussorgsky/Tschaikowsky/Sviridov; Boris Gurevich (Klavier)

30.11.02 Chorkonzert zum 1. Advent mit Mitgliedern des Opernchores, Leitung: Alexander Eberle

Kennedyplatz

30.08.02 Open-Air-Konzert: Beethoven, „Sinfonie Nr. 9"
Solisten: Yoon Cho Cho/Grit Gnauck; Burkhard Fritz/Almas Svilpa
ML: Stefan Soltesz

12.07.03 Open-Air-Konzert: Highlights aus Oper/Musical/Konzert
Rossini, Ouvertüre „Der Barbier von Sevilla"; Mascagni, „Intermezzo" aus „Cavalleria rusticana"; Stolz, Lied der Fürstin Jadja „Spiel auf deiner Geige" (Grit Gnauck) aus „Venus in Seide"; Offenbach, „Can-Can" aus „Orpheus in der Unterwelt"; Gershwin, „Summertime" (Christina Clark) aus „Porgy and Bess"; Loewe, Lied der Eliza „Ich hätt' getanzt heut Nacht" (Astrid Kropp); Lied des Freddy „In der Straße, mein Schatz, in der du lebst" (Heiko Trinsinger) aus „My Fair Lady"; Carl Schifrin, Filmmusik „Mission Impossible"; Mitch Leigh, Lied des Don Quixote „The Impossible Dream" (Günter Kiefer) aus „Der Mann von La Mancha"; Bern-

stein, Duett Maria/Tony „Tonight" (Christina Clark/Heiko Trinsinger) aus „West Side Story"; Lehár, Duett Hanna/Danilo „Lippen schweigen …" (Astrid Kropp/Günter Kiefer) und Finale aus „Die lustige Witwe"; Zugaben: Strauß (Sohn), „Unter Donner und Blitz"; Strauß (Vater); „Radetzkymarsch"
ML: Stefan Soltesz

■ Gastspiele

Aalto-Theater
23.02.03 „Wochenend und Sonnenschein" mit Max Raabe und seinem Palastorchester
25.05.03 Die German Tenors (Johannes Groß/Luis del Rio/Christian Polus) mit Arien aus berühmten Opern, Operetten und Musicals

Foyer
09.02.03 Salonkonzert mit den „Madämchen": Caféhausmusik, Tonfilmschlager und Operettenmelodien
Leitung: Dorota Lesch

Ballett

Ballettdirektor: Prof. Martin Puttke; *Persönliche Mitarbeiterin des Ballettdirektors:* Annette El-Leisy
Ballettmeister: Jeremy Leslie-Spinks; *Ballettmeister-Assistentin:* Anja Fischer
Ballettpianist: Konstantin Paleev; *Dirigenten:* Rasmus Baumann, Xaver Poncette, Patrik Ringborg
Gast-Orchester: Bergische Symphoniker („Don Quixote")

Choreografen der Neuinszenierungen (Gäste): Boris Eifman/Olga Kalmikuva, Birgit Scherzer/Anja Fischer, Mario Schröder/Anna Trévien, Heinz Spoerli/Katleen Mc Nurney
Ausstatter der Neuinszenierungen: Manfred Gruber; *Gäste:* Andreas Auerbach, Alexandra Bentele, Florian Etti

Compagnie: Taciana Cascelli, Alicia Olleta, *Solo*
Philippa Ward, *Solo mit Gruppe*
Ludmila Nikitenko, Chiara Olocco, *Gruppe mit Solo*
Stefanie Hess, Keiko Nisugi, Ana Sànchez Portales, Yulia Tsoi, Yvonne Wadewitz, Claude Yammin*, *Gruppe*
Marat Ourtaev, Wladislaw Solounov, *Solo*
Cleiton Diomkinas, Tomas Ottych, Khoussan Ousmanov, Dragan Selakovič, *Gruppe mit Solo*
Marco Boschetti*, Yi Yi Guan, Slobodan Jovič, Dezideriu Oltean, Georges Prunier, Anton Rudakov*, Gruppe

Gäste (Solo): Margaret Illmann; Raimondo Rebeck, Gregor Seyffert
Elena Butrimovich, Doris Dornelles der Almeida, Rebecca Gladstone, Sonja Nolte, Anne-Marie Warburton
Thomas Ehinger, Sergej Gordiyenko, Vladimir Karakulev, Rudolf Kubicko, Stefan Späti, Vassili Troubnikov, Andreas von Arb
Praktikanten/innen: Aleksandra Bykova*, Svetlana Elentsova*, Dominika Anna Posor*; Alexander Andreyev*
Hospitant: Stein Flujit
Anja Fischer; Adil Laraki, Jeremy Leslie-Spinks

Sänger („Requiem"): Christina Clark/Marie-Helen Joël/Grit Gnauck; Aga Mikolaj (Gast); René Aguilar/Michael Haag/Almas Svilpa

■ Ballette (N)
28.09.02 „The Wall"von Mario Schröder/Trévien//Roger Waters/Joh. Sebastian Bach (9) – A: Auerbach
07.12.02 „Requiem" von Boris Eifman/Kalmikuva//Wolfgang A. Mozart (10) – ML: Soltesz, A: Gruber
„Le sacre du printemps" von Heinz Spoerli/McNurney//Igor Strawinsky – ML: Soltesz, A: Etti
10.05.03 „Mein Ithaka" (U) von Birgit Scherzer/Fischer//William Byrd/Henry Purcell/Tom Waits u. a. (8) – B: Gruber, K: Bentele

■ Ballette (WA)
15.09.02 „Der grüne Tisch" von Jooss//Cohen (2+2) – „Keith" von Scherzer//Jarrett – „Otčenáš" („Vaterunser) von Zamazalová//Janáček

25.12.02 „Die Brüder Karamasow" von Eifman//Rachmaninow/Wagner/Mussorgsky (7)
13.02.03 „Orpheus" von Spoerli//Henze (4)
13.03.03 „Don Quixote" von Gordiyenko/de Udaeta//Minkus (5)

■ Abstecher
– „Der Grüne Tisch"/„Keith" (Casablanca 09.10., Rabat 11.10.02)

■ Sonderveranstaltungen
Aalto-Theater
15.09.02 Einführungsmatinee zur Premiere „The Wall"
17.11.02 Einführungssoiree zur Premiere „Requiem"/„Le sacre du printemps"
22.03.03 Gala zur Verleihung des Deutschen Tanzpreises 2003 an Gregor Seyffert Christel Wirsching/Harry Müller/Henry Will//Glinka, „Polonaise" (Staatliche Ballettschule Berlin); Robert North//Batacada-Musik/Bob Downes, „Troy Game" (Staatliche Ballettschule Berlin); Juan Carlos Garcia//Jian Daura/Xavier Maristany, „Landschaft mit Schatten" (Gregor Seyffert u. a.); Dietmar Seyffert//Strawinsky, „Clown Gottes" (Gregor Seyffert)
30.06.03 Design Preis 2003: Mitwirkung des Balletts („Mein Ithaka")

Cafeteria
20.09.02 Das Blaue Sofa: zur Premiere „The Wall" mit Ina Wragge
14.12.02 Publikumsgespräch mit Choreograf Mario Schröder (im Anschluss an „The Wall")
09.05.03 Das Blaue Sofa: Heimat – Fremde, ewige Reise: „Mein Ithaka – Odysseus" Einführungsgespräch mit Birgit Scherzer (Ch)/Manfred Gruber (B)/Kerstin Schüssler

Spielzeit 2003/04

Geschäftsführer: Otmar Herren

Musiktheater

Opernintendant: GMD Stefan Soltesz; *Persönliche Referentin des Intendanten:* Maren Hofmeister*
Künstlerische Betriebsdirektorin: Juliane Pschigode; *Leiterin KBB:* Christiane Küppers; Jorinde Meßlinger*
Dramaturgie: Dr. Kerstin Schüssler, Ina Wragge; *Gäste:* Norbert Grote, Luc Joosten, Wolfgang Willaschek
Presse- und Öffentlichkeitsarbeit: Azita Mortazawi-Izadi*; Melanie Paßmann (Mitarbeiterin)

Dirigenten: Stefan Soltesz; Pietro Rizzo*, 1. Kapellmeister; Bendix Dethleffsen, Alexander Eberle
Gäste: Rasmus Baumann, Paul Goodwin; *Repetitoren:* Oliver Malitius, Studienleiter; Juriko Akimoto, Bendix Dethleffsen, Boris Gurevich, Florian Ziemen*
Chordirektor: Alexander Eberle; *Choreografen:* Jeremy Leslie-Spinks, *Gäste:* Bernd Schindowski, Andrew George
Essener Philharmoniker; *Gast-Orchester:* Bergische Symphoniker („Rigoletto")

Regisseure der Neuinszenierungen: Wolfgang Gruber*; *Gäste:* Dietrich Hilsdorf, Tilman Knabe, Guy Joosten, Johannes Schaaf, Ezio Toffolutti
Ausstattungsdirektor: Manfred Gruber
Ausstatter der Neuinszenierungen: Thorsten Macht*; *Gäste:* Nicol Baumann, Klaus Bruns, Johannes Leiacker, Brigitta Lohrer-Horres, Alfred Peter, Dieter Richter, Hans Dieter Schaal, Reanate Schmitzer, Marie-Luise Strandt, Ezio Toffolutti
Technischer Direktor: Georg Michahelles

Ensemble: Zsuzsanna Bazsinka, Christina Clark, Gritt Gnauck, Marie-Helen Joël, Astrid Kropp, Olatz Saitu-Iribar, Ildiko Szönyi, Margarita Turner; Peter Bording, Mikhail Davidoff, Jeffrey Dowd, Michael Haag, Herbert Hechenberger, Günter Kiefer*, Karl-Heinz Lehner, Thomas Piffka*, Rainer Maria Röhr, Marcel Rosca, Almas Svilpa, Károly Szilágyi, Heiko Trinsinger
Chorsolisten: Sabine Brunke-Proll, Michaela Cenkier, Susanne Kohnke, Kyung Nan Kong, Ildiko Nagy-Szilágyi, Agnes Ocsenas, Stefanie Rodriguez, Anne Katrin Rosenstock, Marion Thienel, Helga Wachter, Sabina Wehlte, Ginette Willaerts, Johanna Britta Young; René Aguilar, Andreas Baronner, Ernesto Binondo, Bruce Cox, Martin Endrös, André Fox, David Frazier, Peter Holthausen, Jae-Kwan Kim, Ji-Woon Kim, Kyung-Guk Kim, Wolfgang Kleffmann, Holger Penno, Heinz Potztal, Markus Seesing, Thomas Sehrbrock, Sven Westfeld, Karl-Ludwig Wissmann, Harald Wittkop, Ulrich Wohlleb

Gäste/Teilspielzeit: Susan Anthony, Karine Babajanyan, Renate Behle, Nicola Beller-Carbone, Claudia Braun, Jana Büchner, Michèle Crider, Marcela de Loa, Luana DeVol, Helen Donath, Lisa Graf, Julia Juon, Michaele Kaune, Yelda Kodalli, Sylvia Koke, Anja Krampe, Nadja Krasteva, Melanie Kreuter, Marquita Lister, Lisa Livingston, Aga Mikolaj, Elena Mosuc, Francesca Patané, Martina Serafin, Ausrine Stundyte, Iano Tamar, Uransetseg Urtnasan, Anja Vincken, Therese Waldner; Michail Agafonov, Vladimir Baikov, Simon Bailey, Christian Baumgärtel, Andreas Becker, Wolfgang Brendel, Mathew Bridle, Jean Carpentier, Andrew Collis, Denis Combe-Chastel, Fabrice Dalis, Ignacio Encinas, Norbert Ernst, Stefan Fiehn, Burkhard Fritz, Renato Girolami, Thomas Greuel, Franz Grundheber Thorsten Gümbel, Patrick Henckens, Oskar Hillebrandt, Theo Himstedt, Berthold Hirschfeld, Torsten Hofmann, Albrecht Kludszuweit, Peter Anton Ling, Peter Marsh, Richard Medenbach, Chris Merritt, Tomas Möwes, Jürgen Müller, Markus Müller, Sergey

Nayda, Gunter Neumann, André Post, Johan Reuter, Jan-Henrik Rootering, Mark Rosenthal, Tobias Schäfer, Tobias Scharfenberger, Wolfgang Schöne, Marwan Shamiyeh, Torsten Süring, Michael Vaccaro, Hendrik Vonk, Kip Wilborn, Robert Wörle, Mario Zeffiri
Gäste (Schauspieler): Peter Maria Anselstetter, Michael Autenrieth, Volker Laube
Gäste (Tänzer/innen): Elena Butrimovich, Gabi Dauenhauer, Ilse Dekker, Petra Dekker, Ramona Kunze
Rolf Gildenast, Daniel Sander; Anja Fischer, Jorinde Meßlinger (Aalto)

■ Opern (N)
Aalto
25.10.03 „Die Zauberflöte" von Wolfgang Amadeus Mozart (18) – ML: Goodwin I/A: Toffolutti
31.01.04 „Salome" von Richard Stauss (12) – ML: Soltesz, I: Knabe, B: Peter, K: Lohrer-Horres, Ch: Leslie-Spinks
13.03.04 „Cavalleria rusticana" von Pietro Mascagni/„I Pagliacci" von Ruggero Leoncavallo (12) – ML: Rizzo, I: Joosten, B: Leiacker, K: Bruns, Ch: George
26.06.04 „Wozzeck" von Albert Berg (7) – ML: Soltesz, I: Schaaf, B: Schaal, K: Strandt

Freie Waldorfschule Essen
28.09.03 „Das Traumfresserchen" von Wilfried Hiller (14) – ML: Dethleffsen, I: Gruber, B: Macht, K: Baumann

■ Operette (N)
06.12.03 „Die lustige Witwe" von Franz Lehár (18) – ML: Soltesz, I: Hilsdorf, B: Richter, K: Schmitzer, Ch: Schindowski

■ Opern (WA)
09.11.03 „Il barbiere di Siviglia" von Rossini (3)
14.11.03 „Norma" von Bellini (2)
10.12.03 „La Bohème" von Puccini (4)
20.12.03 „Carmen" von Bizet (3)
01.01.04 „Le nozze di Figaro" von Mozart (3)
17.01.04 „I Puritani" von Bellini (4)
20.03.04 „Rigoletto" von Verdi (6)
28.03.04 „Die Meistersinger von Nürnberg" von Wagner (6)
23.04.04 „Die Frau ohne Schatten" von Strauss (3)
30.04.04 „Andrea Chénier" von Giordano (5)
21.05.04 „Die ägyptische Helena" von Strauss (4)

■ Sonderveranstaltungen
Aalto
19.10.03 Einführungsmatinee zur Premiere „Die Zauberflöte"
23.11.03 Einführungsmatinee zur Premiere „Die lustige Witwe"
30.11.03 Festliche Musik aus dem Aalto-Theater (Unicef-Gala)
Barber, „Adagio for Strings"; Resphigi, „Feste Romana"; Strauss, „Vier letzte Lieder"
ML: Simone Young; Solistin: Anne Schwanewilms (Sopran); Moderation: Christine Neubauer
25.01.04 Einführungsmatinee zur Premiere „Salome"
07.03.04 Einführungsmatinee zur Premiere „Cavalleria rusticana"/„I Pagliacci"
25.04.04 Gala-Benefiz-Konzert, veranstaltet vom Lions Club Essen-Bredeney in Verbindung mit der TUP
Wagner, Ouvertüre „Die Meistersinger von Nürnberg"; Max Bruch, „Konzert für Violine und Orchester Nr. 1" (Arabella Steinbacher); Mendelssohn Bartholdy, „Sinfonie Nr. 4"
ML: Stefan Soltesz
20.06.04 Einführungsmatinee zur Premiere „Wozzeck"

Foyer
17.11.03 Benefiz-Konzert zugunsten aidskranker Kinder in Rumänien
19.11.03 Litera-TON: Wolf Wondratschek liest „Mozarts Friseur" und „Mara – die abenteuerliche Geschichte eines Cellos, von ihm selbst erzählt" – Musikalische Kostproben aus „Die Zauberflöte mit Christina Clark/Heiko Trinsinger (Gesang); Bendix Dethleffsen (Klavier)
02.02.04 Konzertabend für den Freundeskreis mit Solisten, Boris Gurevich (Klavier) und Ina Wragge
17.02.04 Litera-TON: „Wie schön ist die Prinzessin Salome heute Nacht!" – Isis Krüger (Grillo) liest ausgewählte

	Texte zum Mythos „Salome"; Christina Clark/Michael Haag singen Lieder des Fin de siècle von Fauré/Alma und Gustav Mahler/Strauss u. a.; Boris Gurevich (Klavier)
03.06.04	Michael Haag singt „Lieder von Liebe und Sehnsucht" mit Werken von Schubert/Schreker/Wolf/Guy Ropartz; Gabriel Dobner (Klavier)
18.06.04	„Blue Notes" – Jazz mit Jeffrey Dowd und Band (Kulturpfadfest 2004)

Cafeteria

10.10.03	Das Blaue Sofa: Ezio Toffolutti, Regisseur „Die Zauberflöte, zu Gast bei Ina Wragge
19.12.03	Das Blaue Sofa weihnachtet sehr mit Ensemblemitgliedern und Kerstin Schüssler/Ina Wragge
23.01.04	Das Blaue Sofa: „Ein Römer aus Helsinki" – Pietro Rizzo im Gespräch mit Kerstin Schüssler
20.02.04	Das Blaue Sofa: Bariton Peter Bording im Gespräch mit Kerstin Schüssler
21.02.04	„Nachtcafé": Jazz 'round midnight mit Jeffrey Dowd (Tenor, Gitarre) u. a.
26.03.04	Das Blaue Sofa: Bassist Almas Svilpa im Gespräch mit Kerstin Schüssler
07.05.04	Das Blaue Sofa: Rüstmeister Volker Wuttke zu Gast bei Ina Wragge
06.07.04	Die Essener „Lulu" von 1953 – Kerstin Schüssler stellt den historischen Audio-Mitschnitt der Oper von Alban Berg vor
09.07.04	Nachtcafé – Jazz 'round midnight mit Margaret Russell/Jeffrey Dowd u. a.

Grugahalle

11.09.03	Verdi, „Requiem" – Solisten: Francesca Scaini/Ildiko Szönyi; Mikhail Davidoff/Marcel Rosca ML: Stefan Soltesz; Philharmonischer Chor, Opern- und Extrachor

■ **Gastspiel**

Aalto

10.01.04	Finnisches Gala-Konzert – Philharmonisches Orchester Tampere Strauss; „Don Juan"; Sibelius, „5. Sinfonie"/„Sinfonische Dichtung „Luonnotar" ML: John Storgård; Riika Hakola (Sopran)

Foyer

31.05.04	Salon-Matinee mit dem Damen-Salon-Orchester „Pomp-A-Dur"

Ballett

Ballettdirektor: Prof. Martin Puttke; *Persönliche Mitarbeiterin des Ballettdirektors:* Annette El-Leisy
Ballettmeister: Jeremy Leslie-Spinks; *Ballettmeister-Assistentin:* Anja Fischer
Ballettpianist: Konstantin Paleev; *Dirigenten:* Rasmus Baumann, Pietro Rizzo; Renate & Xaver Poncette (Kl)
Gast-Orchester: Bergische Symphoniker („Diaghilew"/„Requiem"/„Sacre")

Dramaturgie: Ina Wragge; *Gast:* Jens Schroth
Choreografen der Neuinszenierungen (Gäste): Christian Spuck/Anja Fischer, Jochen Ulrich
Ausstatter der Neuinszenierungen (Gäste): Dirk Becker, Alfio Giuffrida, Iris von Lölhöffel, Bianca Ursulov

Compagnie: Taciana Cascelli, Alicia Olleta, *Solo*
Ludmila Nikitenko, Philippa Ward, *Solo mit Gruppe*
Chiara Olocco, Yulia Tsoi, *Gruppe mit Solo*
Stefanie Hess, Dominika Posor, Ana Sànchez Portales, Yvonne Wadewitz, Claude Yammin*, *Gruppe*
Marat Ourtaev, Wladislaw Solounov, *Solo*
Cleiton Diomkinas, Tomás Ottych, *Solo mit Gruppe*
Khoussan Ousmanov, Dragan Selaković, *Gruppe mit Solo*
Alexander Andreyev, Marco Boschetti, Tobias Ehinger, Skobodan Jovič, Oliver Paul Lewis*, Dezideriu Oltean, Georges Prunier, Anton Rudakov Gruppe
Praktikanten/innen: Anique Maria Bosch*, Maria Hoshi*, Yoo-Jin Jang*, Valeria Lampadova*; Yusuke Hikichi*
Gäste: Raimondo Rebeck, *Solo;* Elena Butrimovic; Rudolf Kubicko, Denis Untila
Sänger/innen: Christina Clark, Gritt Gnauck, Marie-Helen Joël; René Aguilar, Michael Haag, Ji-Woon Kim

Schauspieler: Emilia Blumenberg; Christian Ingo Mar, Karsten Gaul

■ Ballette (N)

08.11.03	„Diaghilew: Die Favoriten" von Jochen Ulrich//Nikolai Rimsky-Korsakow/Gavin Bryars (11) – ML: Rizzo, B: Giuffrida, K: Ursulov
10.04.04	„Die Kinder" (U) von Christian Spuck/Fischer//Martin Donner (9) – B: Becker, K: von Lölhöffel

■ Ballette (WA)

07.01.04	„The Wall" von Schröder//Waters (7+1)
05.02.04	„Mein Ithaka – Odysseus" von Scherzer//Byrd/Purcell (5)
07.05.04	„Requiem" von Eifman//Mozart – „Le sacre du printemps" von Spoerli//Strawinsky (7)
10.06.04	„Der grüne Tisch" von Jooss//Cohen – „Endless Waltz" von Spuck//Biber/Corelli u. a. (3)

■ Abstecher

– „The Wall" (Brünn 17.05.04)

■ Sonderveranstaltungen

Aalto-Theater

02.11.03	Einführungsmatinee zur Premiere „Diaghilew: Die Favoriten"
04.04.04	Einführungsmatinee zur Premiere „Die Kinder"
14.02.04	Gala zur Verleihung des Deutschen Tanzpreises 2004 an William Forsythe William Forsythe//Gavin Bryars, „Quintett" (Frankfurter Ballett); William Forsythe//Thom Willems, „N. N. N. N." (Frankfurter Ballett); William Forsythe//Thom Willems, „The Room as it was" (Frankfurter Ballett)
05.07.04	Design Preisverleihung 2004 – Mitwirkung des Balletts (1. Akt „Diaghilew: Die Favoriten")

Cafeteria

07.11.03	Das Blaue Sofa: Choreograf Jochen Ulrich im Gespräch mit Kerstin Schüssler
02.04.04	Das Blaue Sofa: Choreograf Christian Spuck/Solotänzer Wladislaw Solounov bei Ina Wragge

Spielzeit 2004/05

Geschäftsführer: Otmar Herren

Musiktheater

Opernintendant: GMD Stefan Soltesz; *Persönliche Referentin des Intendanten:* Maren Hofmeister
Künstlerische Betriebsdirektorin: Juliane Pschigode; *Leiterin KBB:* Christiane Küppers; Jorinde Meßlinger
Dramaturgie: Dr. Kerstin Schüssler, Ina Wragge; *Gäste:* Dr. Norbert Abels, Bettina Bartz
Presse- und Öffentlichkeitsarbeit: Azita Mortazawi-Izadi; Melanie Paßmann (Mitarbeiterin)

Dirigenten: Stefan Soltesz; Pietro Rizzo, 1. Kapellmeister; Bendix Dethleffsen; *Gast:* Heribert Feckler
Repetitoren: Oliver Malitius, Studienleiter; Juriko Akimoto, Bendix Dethleffsen, Boris Gurevich, Florian Ziemen; *Chordirektor:* Alexander Eberle
Choreografen: Jeremy Leslie-Spinks, *Gäste:* James de Groot, Paul Kribbe
Essener Philharmoniker; *Gast-Orchester:* Bergische Symphoniker („Kiss me, Kate")

Regisseure der Neuinszenierungen: Wolfgang Gruber, Michael Schulz; *Gäste:* Dietrich Hilsdorf, Roman Hovenbitzer, Anselm Weber
Ausstatter der Neuinszenierungen: Manfred Gruber, *Ausstattungsdirektor; Gäste:* Dick Becker, Henrike Bromber, Thomas Dreißigacker, Johannes Leiacker, Renée Listerdal, Dieter Richter, Renate Schmitzer, Bettina J. Walter
Technischer Direktor: Daniel Kaiser*

Ensemble: Christina Clark, Gritt Gnauck, Marie-Helen Joël, Astrid Kropp, Ildiko Szönyi, Margarita Turner; Peter Bording, Mikhail Davidoff, Jeffrey Dowd, Michael Haag, Andreas Hermann*, Günter Kiefer, Albrecht Kludszuweit*, Diogenes Randes*, Rainer Maria Röhr, Marcel Rosca, Almas Svilpa, Károly Szilágyi, Heiko Trinsinger
Chorsolisten: Sabine Brunke-Proll, Michaela Cenkier, Christina Hackelöer, Claudia Hummel, Susanne Kohnke, Kyung-Nan Kong, Ildiko Nagy-Szilágyi, Agnes Ocsenás, Stefanie Rodriguez, Uta Schwarzkopf, Anne Kathrin Rosenstock, Marion Steingötter, Marion Thienel, Helga Wachter, Sabina Wehlte, Ginette Willaerts, Johanna Brigitta Young; René Aguilar, Andreas Baronner, Ernesto Binondo, Bruce Cox, Martin Endrös, Anfré Fox, Peter Holthausen, Jae-Kwan Kim, Ji-Woon Kim, Kyung-Kuk Kim, Wolfgang Kleff-mann, Michael Kühner, Norbert Kumpf, Stoyan Milkov, Holger Penno, Heinz Potztal, Markus Seesing, Thomas Sehrbrock, Sven Westfeld, Klaus-Ludwig Wissmann, Harald Wittkop, Ulrich Wohlleb

Gäste/Teilspielzeit: Andrea Andonian, Karine Babajanyan, Zsuzsanna Bazsinka, Anna Katharina Behnke, Nicola Beller Carbone, Michelle Breedt, Jana Büchner, Marcela de Loa, Luana DeVol, Uta Christina Georg, Danielle Halbwachs, Rachel Harnisch, Maria Hilmes, Elisabeth Hornung, Isabelle Kabatu, Anja Kampe, Michaela Kaune, Melanie Kreuter, Mary Anne Kruger, Claudia Mahnke, Cynthia Makris, Iride Martinez, Aga Mikolaj, Corinna Mologni, Marcelli Orsatti, Francesca Patané, Marlis Petersen, Alessandra Maria Rezza, Olga Romanko, Olatz Saitua-Iribar, Francesca Scaini, Martina Serafin, Urantsetseg Urtnasan, Anja Vincken, Astrid Weber; Michail Agafonov, Guillaume Antoine, Mikael Babajanyan, Kenneth Bannon, Matthew Bridle, Erin Caves, Marco Chingari, David Dayang-Kim, Timm de Jong, Thomas Diestler, Algirdas Drevinskas, Kor-Jan Dusseljee, Ignacio Encinas, Petteri Falck, Stefan Fiehn, Rüdiger Frank, Renato Girolami, Blazey Grek, Thomas Greuel, Thorsten Grümbel, Oliver Haux, Franz Hawlata, Thilo Himstedt, Torsten Hofmann, Yosep Kang, Attila B. Kiss, Arutjun Kotchinian, Bernhard Landauer, Hans-Jürgen Lazar, Assaf Levitin, Tor Lind, Janez Lotric, Richard Meden-

bach, Tomas Möwes, Martin Müller-Gärtner, Hannu Niemelä, Jörge Perdigon, George Petean, Markus Petsch, Thomas Piffka, André Post, Jan-Hendrik Rootering, Markus Schäfer, Tobias Scharfenberger, Marwan Shamiyeh, Boris Trajanov, Michael Vaccaro, Bernd Valentin, Radoslaw Wielgus, Gerd Wiemer, Robert Wörle
Gäste (Tänzer/innen): Gabi Dauenhauer, Petra Dekker, Ilse Dekker, Sabine Dittmar, Deborah Formica, Daniela Günther, Ramona Kunze, Birgit Mühlram, Heather Shockley, Karin van Sijda; Rolf Gildenast, Andrea Martini, Carlos Sampaio, Daniel Sander, Florian Theiler, Steven Timmerman
Jorinde Meßlinger; Cleiton Diomkinas (Aalto)
Gäste (Schauspieler): Peter-Maria Anselstetter, Petter Bjällö, James de Groot, Rolf Gildenast, Guildo Horn, Volker Laube, Japhet Myers, Andreas Wolfram, Gustav Peter Wöhler, Andreas Wolfram
Alexander Thompson (Aalto)

▪ Opern (N)

20.11.04 „Der Rosenkavalier" von Richard Strauss (10) – ML: Soltesz, I: Weber, B: Dreißigacker, K: Walter
22.01.05 „A Midsummer Night's Dream" von Benjamin Britten (12) – ML: Rizzo, I: Schulz, B: Becker, K: Listerdal
05.03.05 „Manon Lescaut" von Giacomo Puccini (10) – ML: Soltesz, I: Hovenbitzer, B: Richter, K: Bromber, Ch: Leslie-Spinks
23.04.05 „Falstaff" von Giuseppe Verdi (11) – ML: Soltesz, I: Hilsdorf, B: Leiacker, K: Schmitzer

▪ Musical (N)

16.10.04 „Kiss me, Kate" von Cole Porter (21) – ML: Feckler, I: W. Gruber, A: M. Gruber, Ch: de Groot/Kribbe

▪ Opern (WA)

12.09.04 „Das Traumfresserchen" von Hiller (13)
26.09.04 „Die Zauberflöte" von Mozart (9+1)
10.10.04 „Cavalleria rusticana" von Mascagni/ „I Pagliacci" von Leoncavallo (8)
24.10.04 „Un ballo in maschera" von Verdi (6
16.12.04 „Andrea Chénier" von Giordano (5)
23.12.04 „Così fan tutte" von Mozart (5)
15.01.05 „Die Meistersinger von Nürnberg" von Wagner (4)
11.02.05 „Salome" von Strauss (4)
12.03.05 „Daphne" von Strauss (3)
27.04.05 „Il barbiere di Siviglia" von Rossini (3)
07.05.05 „Wozzeck" von Berg (4)
26.05.05 „Norma" von Bellini (3)

▪ Operette (WA)

02.10.04 „Die lustige Witwe" von Lehár (11)

▪ Abstecher

– „Die Zauberflöte" (Mannheim im Rahmen der „4. Mozart-Woche", 09.12.04)
– Ausschnitte aus „Kiss me, Kate" mit Christina Clark/Astrid Kropp; Peter Maria Anselstetter/Guildo Horn/Paul Kribbe; Bergische Symphoniker, ML: Heribert Feckler; Boris Gurevich (Klavier) [Zusammen mit „Häuptling Abendwind" von Jacques Offenbach/Johann Nestroy, Theater an der Ruhr] (Düsseldorf, beim Regierungspräsidenten, 03.04.05)

▪ Sonderveranstaltungen

Aalto-Theater
19.09.04 Tag der offenen Tür (u. a. „Das Traumfresserchen"; szenische Chorprobe; Ausschnitte aus dem Ballett „Romeo und Julia")
10.10.04 Einführungsmatinee zur Premiere „Kiss me, Kate"
11.10.04 Trauerfeier für Heinz Wallberg, ML: Stefan Soltesz; Rede: Wulf Mämpel
08.11.04 Einführungssoiree zur Premiere „Der Rosenkavalier"
16.01.05 Einführungsmatinee zur Premiere „A Midsummer Night's Dream"
31.01.05 Benefiz-Konzert zugunsten der Tsunami-Flutopfer
Mozart, Ouvertüre „Die Zauberflöte"; Chor der Priester; Duett Papagena/ Papageo „Ein Mädchen oder Weibchen …" (Christina Clark/Peter Bording); Rossini, Ouvertüre „Der Barbier von Sevilla"; „Verleumdungs"-Arie des Basilio (Diogenes Randes); Arie des Figaro „Ich bin das Faktotum …" (Peter Bording); Strauß, Ouvertüre „Die Fledermaus"; Verdi, Zigeuner-

chor und Arie der Azucena „Stride la vampa" (Ildiko Szönyi/Chor) aus „Der Troubadour"; Verdi, Arie des Renato „Eri tu …" (Károly Szilágyi)/Arie des Oscar „Saper vorreste" (Christina Clark) aus „Ein Maskenball"; Puccini, Arie der Manon Lescaut „Sola, perduta" (Karine Babajanyan); Mascagni, „Intermezzo" aus „Cavalleria rusticana"; Giordano, Schluss-Duett Maddalena/Gérard (Karine Bab janyan/ Mikhail Davidoff) aus „Andrea Chénier"; Wagner, „Wach auf!"-Chor aus „Die Meistersinger von Nürnberg" (Opern-und Extrachor)
ML: Stefan Soltesz; Moderation: Kerstin Schüssler

27.02.95 Einführungsmatinee zur Premiere „Manon Lescaut"
17.04.05 Einführungsmatinee zur Premiere „Falstaff"
24.06.05 Veranstaltung für den Freundeskreis mit Solisten, Opernchor und Ballett-Compagnie
Christina Clark/Gritt Gnauck; Perer Bording/Jeffrey Dowd/Michael Haag/Andreas Hermann/Albrecht Kludszuweit/Károly Szilágyi; Alicia Olleta/Mario Perricone/Wladislaw Solounov//Corps de ballet; Boris Gurevich (Klavier); Moderation: Ina Wragge

Cafeteria

24.09.04 Das Blaue Sofa: Die Sopranistin Astrid Kropp zu Gast bei Dramaturgin Ina Wragge
22.10.04 Das Blaue Sofa: Die Sopranistin Martina Serafin zu Gast bei Dramaturgin Kerstin Schüssler
19.11.04 Das Blaue Sofa: Anselm Weber zu Gast bei Kerstin Schüssler/Ina Wragge
16.12.04 Das Blaue Sofa weihnachtet sehr – Lieder und Geschichten zur Weihnachtszeit mit Solisten des Aalto-Theaters und dem Aalto-Kinderchor; Moderation: Kerstin Schüssler/Ina Wragge
17.12.04 Nachtcafé – Swingin' Christmas mit Margarita Turner/Jeffrey Dowd u. a.
28.01.05 Das Blaue Sofa: Der Tenor Andreas Hermann zu Gast bei Kerstin Schüssler
25.02.05 Das Blaue Sofa: Roman Hovenbitzer, Regisseur von „Manon Lescaut", bei Ina Wragge
15.04.05 Das Blaue Sofa: Requisiteur Albert Pfaffenbeger zu Gast bei Ina Wragge
13.05.05 Das Blaue Sofa: Der Tenor Albrecht Kludszuweit zu Gast bei Kerstin Schüssler
14.05.05 Jazz 'round midnight: Puck Waits For You (Songs von Tom Waits), Rüdiger Frank und seine Band „Romeo is bleeding" (nach der Vorstellung „A Midsummer Night's Dream")
25.06.05 „Jazz 'round midnight" mit Christina Clark/Jeffrey Dowd u. a.

Foyer

08.10.04 Spezial-Sofa: Guildo Horn zu Gast bei Ina Wragge
22.11.04 Benefiz-Konzert zugunsten rumänischer Straßenkinder
23.11.04 Litera_TON: „Die Zeit ist ein sonderbar Ding" – Karl Michael Vogler liest Texte und Briefe von Hugo von Hofmannsthal/Richard Strauss; Christina Clark/Gritt Gnauck; Andreas Hermann (Gesang) Boris Gurevich (Klavier)
13.03.05 Salonkonzert: Café 1930 – Konzertante Tangomusik für Bandoneon und Gitarre
Helena Rüegg (Bandoneon)/Christian Kiefer (Gitarre)
05.04.05 Litera_TON: „Sie küssten und sie schlugen sich" – Shakespeares wildeste Paare mit Charis Nass/Ingo Biermann (Schauspieler), Astrid Kropp/Marie-Helen Joël; Michael Haag (Gesang), Boris Gurevich (Klavier)

Philharmonie

09.09.04 Konzert für Bürger/innen mit Behinderung
Mozart, Ouvertüre „Figaros Hochzeit"; Mozart, Arie des Tamino „Dies Bildnis ist bezaubernd schön" (Andreas Hermann); Arie des Papageno „Ein Mädchen oder Weibchen…" (Heiko Trinsinger); Duett Papagena/

Papageno „Pa-pa-pa" (Cristina Clark/ Heiko Trinsinger) aus „Die Zauberflöte"; Rossini, Arie des Figaro „Ich bin das Faktotum …" (Peter Bording); Arie des Basilio „Die Verleumdung …" (Diogenes Randes); Duett Rosina/Figaro „Dunque io son" (Christina Clark/Peter Bording) aus „Der Barbier von Sevilla"; Mascagni, „Intermezzo" aus „Cavalleria rusticana"; Verdi, Arie des Renato „Eri tu …" (Károly Szilágyi) aus „Ein Maskenball"; Verdi, „Zigeunerchor" aus „Der Troubadour"; Verdi, „Gefangenenchor" aus „Nabucco" Lehár, Auftrittslied des Danilo „O Vaterland …" (Peter Bording); Duett Valenciennes/Rosillon „Sieh dort den kleinen Pavillon (Astrid Kropp/Andreas Hermann) aus „Die lustige Witwe"; Wagner, „Wach auf"- und Schlusschor aus „Die Meistersinger von Nürnberg" (Chor)
ML: Stefan Soltesz; Opern- und Extrachor

11.09.04 „Dankeschön"-Konzert für Berthold Beitz
Mendelssohn Bartholdy, „Sinfonie Nr. 4"; Gershwin, „Rhapsody in Blue" (Boris Bloch, Klavier); Chopin, „Valse brillante As-Dur"/„Mazurka b-Moll"/„Ballade As-Dur" (Boris Bloch); Sarasate, „Zigeunerweisen" (Roky Lakatos, Klavier); Jenö Hubay, „Auf den Wellen des Plattensees op. 33"; Vittorio Monti, „Csárdás" (Ernest Bango, Zymbal)
ML: Stefan Soltesz

28.11.04 Festliche Musik (Unicef-Gala)
Strauss, „Festliches Präludium für großes Orchester und Orgel"; Mahler, „Lieder eines fahrenden Gesellen" (Thomas Mohr, Bariton), Bartók, 3. Klavierkonzert; Enescu, „Rumänische Rhapsodie Nr. 1 A-Dur" (Deszö Ranki, Klavier)
ML: Stefan Soltesz; Moderation: Petra Gerster

24.06.05 Die schönsten Opernchöre
Mozart, Ouvertüre zur Oper „Figaros Hochzeit"; Beethoven, Gefangenenchor aus „Fidelio"; Weber, Brautjungfernchor aus „Der Freischütz"; Wagner, Einzug der Gäste aus „Tannhäuser", Wagner, Matrosenchor aus „Der fliegende Holländer"; Wagner, Vorspiel zum 3. Akt und Brautchor aus „Lohengrin"; Wagner, Chor und Finale aus „Die Meistersinger von Nürnberg"; Rossini, Ouvertüre zur Oper „Der Barbier von Sevilla"; Bizet, Zigarettenchor und Finale aus „Carmen"; Leoncavallo, Glockenchor aud „Der Bajazzo"; Puccini, Intermezzo aus „Manon Lescaut"; Puccini, Auftritt der Henker und Mondchor aus „Turandot"; Verdi, Gefangenenchor aus „Nabucco"; Verdi, „Gloria all'Egitto, ad Iside" und Triumphmarsch aus „Aida"
ML: Stefan Soltesz; Opernchor/Extrachor/Philharmonischer Chor (Alexander Eberle)/Kinderchor des Aalto-Theaters (Maria Grün)

09.10.04 Förderpreis des Landes NRW an junge Künstler für Almas Svilpa

Ballett

Ballettdirektor: Prof. Martin Puttke; *Persönliche Mitarbeiterin des Ballettdirektors:* Annette El-Leisy
Ballettmeister: Jeremy Leslie-Spinks; *Ballettmeister-Assistentin:* Anja Fischer
Ballettpianist: Konstantin Paleev; *Dirigenten:* Bendix Dethleffsen, Pietro Rizzo
Gast-Orchester: Bergische Symphoniker („Die Favoriten"/„Der Nussknacker")

Dramaturgie: Ina Wragge
Choreografen der Neuinszenierungen: Davide Bombana, Ralf Dörnen/Sabrina Sadowska, Robert North/Sheri Cook
Ausstatter der Neuinszenierungen: Manfred Gruber; Dorin Gal, Hans Winkler
Compagnie: Taciana Cascelli, Alicia Olleta, *Solo*
Ludmila Nikitenko, Philippa Ward, *Solo mit Gruppe*
Chiara Olocco, Yulia Tsoi, *Gruppe mit Solo*
Stefanie Hess, Dominika Posor, Ana Sànchez Portales, Yvonne Wadewitz, *Gruppe*

Cleiton Diomkinas, Tomás Ottych, Marat Ourtaev, Wladislaw Solounov, *Solo*
Khoussan Ousmanov, Dragan Selakovič, Arij van Giesen*, Yusuke Hikichi, *Gruppe mit Solo*
Alexander Andreyev, Marco Boschetti, Tobias Ehinger, Skobodan Jovič, Oliver Lewis, Dezideriu Oltean, Anton Rudakov, *Gruppe*
Vanja Bourgoudjeva, Annette El-Leisy, Anja Fischer; Adil Laraki, Jeremy Leslie-Spinks (Aalto)

Praktikanten/innen: Corinne Emmenegger*, Hiroko Furusawa*. Alena Gorelciková*, Claire Hill*, Minji Nam*; Andrea Constanzo Martini*
Gäste: Mario Perricone, Raimondo Rebeck (*Solo)*; Elena Butrimovic, Svetlana Elentsova, Maria Hoshi, Yoo-Jin Jang, Brigitte Mühlram; Rudolf Kubicko, Gerd Maier (Studio M), Jörg Simon
Schauspieler Gäste): Emilia Blumenberg; Christian Ingomar

■ Ballette (N)

02.04.05 „Verklärte Nacht" von Ralf Dörnen/Sadowska//Arnold Schönberg (11) – Ch: A: Winkler
„Wie ihr's wollt" (U) von Robert North/Cook//Richard Wagner/David Byrne u. a. – A: Gruber

18.06.05 „Cinderella" von Davide Bombana//Sergej Prokofjew (7) – ML: Rizzo, A: Gal

■ Ballette (WA)

24.09.04 „Romeo und Julia" von Maillot//Prokofjew (5)
21.10.04 „Die Kinder" von Spuck//Donner (3)
10.12.04 „Der Nussknacker" von Lux/Tschaikowsky (7)
09.01.05 „Die Brüder Karamasow" von Eifman//Rachmaninow/Wagner u. a. (4)
05.02.05 „Diaghilew: Die Favoriten" von Ulrich//Rimsky-Korsakov (5)

■ Abstecher

– Schlussduett aus „Die Kinder" mit Cascelli/Solounov (Moskau, beim Grand Pas, 26.04.05)

■ Sonderveranstaltungen

Aalto-Theater

11.11.04 Verleihung des Aalto Bühnenpreises an Taciana Cascelli/Wladislaw Solounov (im Rahmen der Aufführung „Die Kinder")

26.02.05 Gala zur Verleihung des Deutschen Tanzpreises 2005 an Hans Herdlein (Zukunftspreis: Polina Semionova/Flavio Salamanka/Thiago Bordin) George Balanchine//Strawinsky, „Apollon Musagète" (Flavio Salamanka als „Apoll", Karlsruhe); Thiago Bordin//Vivaldi u. a., „Lieder" (Flavio Salamanka als „Meng Cui", Karlsruhe); Marius Petipa//Tschaikowsky, Pas de deux aus „Dornröschen" (Polina Semionova/Ronald Savkovic, Staatsballett Berlin); Uwe Scholz//Mozart, Adagio und Fuge aus „Die Große Messe" (Ballett Leipzig); Jörg Mannes//Händel/Purcell u. a., Pas de deux aus „Gefährliche Liebschaften" (Anaïs Chalendard/Flavio Salamanka, Karlstuhe); John Neumeier//Dvořák, Duett aus „Spring and Fall" (Thiago Bordin/Hélène Bouchet, Hamburg Ballett); Birgit Keil//Johann Strauß, „Kaiserwalzer" (Karlsruhe)

28.03.05 Einführungsmatinee zur Premiere „Verklärte Nacht"/„Wie ihr's wollt"

12.06.05 Einführungsmatinee zur Premiere „Cinderella"

04.07.05 Verleihung des Design Preises 2005 – Mitwirkung des Balletts (Ausschnitte aus „Wie ihr's wollt")

Cafeteria

18.03.05 Das Blaue Sofa: Taciana Tascelli/W. Solounov, Aalto-Preisträger, zu Gast bei Kerstin Schüssler

12.06.05 Das Blaue Sofa: David Bombana, Choreograf von „Cinderella", zu Gast bei Ina Wragge

Spielzeit 2005/06

Geschäftsführer: Otmar Herren

Musiktheater

Opernintendant: GMD Stefan Soltesz;
Persönliche Referentin des Intendanten: Frauke Burmeister*
Künstlerische Betriebsdirektorin: Juliane Pschigode; *Leiterin KBB:* Anja Brunsbach*; Jorinde Meßlinger
Dramaturgen: Dr. Kerstin Schüssler-Bach, Ina Wragge; *Gast:* Wolfgang Willaschek
Presse- und Öffentlichkeitsarbeit: Azita Mortazawi-Izadi; Sarah Schmiedgen* (Mitarbeit)

Dirigenten: Stefan Soltesz; Pietro Rizzo, 1. Kapellmeister; Bendix Dethleffsen, 2. Kapellmeister; *Gast:*
Alessandro De Marchi; *Repetitoren:* Oliver Malitius, Studienleiter; Juriko Akimoto, Bendix Dethleffsen, Boris Gurevich, Florian Ziemen; *Chordirektor:* Alexander Eberle
Choreografen (Gäste): James de Groot, Paul Kribbe
Essener Philharmoniker; *Gast-Orchester:* Bergische Symphoniker („Hänsel und Gretel"/„Kiss me, Kate")

Regisseure der Neuinszenierungen: Carsten Kirchmeier; *Gäste:* Dietrich Hilsdorf, Tilman Knabe, Barrie Kosky, Johannes Schaaf, Enzo Toffolutti
Ausstattungsdirektor: Manfred Gruber
Ausstatter der Neuinszenierungen: Thorsten Macht; *Gäste:* Klaus Grünberg, Johannes Leiacker, Renée Listerdal, Alfred Maierhofer, Alfred Peter, Gabriele Rupprecht, Silke Rekort, Dieter Richter, Hans Dieter Schaal, Renate Schmitzer, Enzo Toffolutti
Technischer Direktor: Daniel Kaiser

Ensemble: Christina Clark, Marie-Helen Joël, Astrid Kropp, Bea Robein*, Ildiko Szönyi, Margarita Turner, Peter Bording, Mikhail Davidoff, Jeffrey Dowd, Michael Haag, Andreas Hermann, Günter Kiefer, Albrecht Kludszuweit, Thomas Piffka, Diogenes Randes, Rainer Maria Röhr, Marcel Rosca, Almas Svilpa, Károly Szilágyi, Heiko Trinsinger
Chorsolisten: Sabine Brunke-Proll, Mila Kocherscheidt, Kyung-Nan Kong, Agnes Ocsenas, Anne Kathrin Rosenstock, Stefanie Rodriguez, Michaela Sehrbrock, Marion Thienel, Helga Wachter, Ginette Willaerts; René Aguilar, Andreas Baronner, Ernesto Binondo, Bruce Cox, André Fox, Peter Holthausen, Jae-Kwan Kim, Ji-Woon Kim, Wolfgang Kleffmann, Michael Kühner, Norbert Kumpf, Michael Kunze, Stoyan Milkov, Heinz Potztal, Holger Penno, Thomas Sehrbrock, Markus Seesing, Mario Tardivo, Swen Westfeld, Karl-Luwig Wissmann, Harald Wittkop, Ulrich Wohlleb

Gäste/Teilspielzeit: Anja-Nina Bahrmann, Anna-Katharina Behnke, Simona Bertini, Michelle Breedt, Jana Büchner, Fiorella Burato, Francisca Devos, Barbara Dobrzanska, Hanna Fahlbusch-Wald, Sabine Flack, Olive Fredricks, Julia Glrnjuk, Grit Gnauck, Olive Fredricks, Alina Gurina, Danielle Halbwachs, Ann Hallenberg, Rachel Harnisch, Barbara Heising, Anke Herrmann, Sabine Hogrefe, Julia Grinjuk, Isabelle Kabatu, Margareta Klobucar, Ha Young Lee, Hyon Lee, Katharina Leitgeb, Emily Magee, Claudia Mahnke, Iride Martinez, Aga Mikolaj, Katherina Müller, Olga Mykytenko, Francesca Patané, Rebecca Rashid, Agnete-Munk Rasmussen, Anna Raspagliosi, Olatz Saitua-Iribar, Marie-Belle Sandis, Daniela Schillaci, Eva Tamulenas, Urantsetseg Urtnasan, Anja Vincken, Astrid Weber, Elisabeth Wiles, Barbara Zechmeister; Antonio Abete, Oliver Aigner, Vladimir Baikov, Evan Bowers, Marco Chingari, Thorsten Diestler, Algirdas Drevinskas, Thomas Fleischmann, Rüdiger Frank, Peter Gaillard, Wojciech Halicki, Franz Hawlata, Torsten Hofmann, Christoh Homberger, Atilla B. Kiss, Wolfgang Koch, Richard Medenbach, Luiz Molz, Tomas

Möwes, Alfred Muff, Markus Pelz, Felipe Rojas, Victor Sawaley, Christian Stadlhofer, Christoph Stephinger, Alexander Wawiloff, Kip Wiborn, Robert Wörle
Schauspieler/Gäste („Bastien und Bastienne"): Sarah Viktoria Frick, Katja Heinrich, Sierk Radzei (Grillo)
Gäste (Schauspieler): Gabi Dauenhauer, Peter-Maria Anselstetter, Michael Autenrieth, James de Groot, Uwe-Tobias Hieronimi, Guildo Horn, Japhet Myers, Andreas Wolfram Nils Cooper, Alexander Thompson (Aalto)
Gäste (Tänzer/innen): Corinne Emmenegger, Deborah Formica, Ekatherina Khozieva, Valentina Khozieva, Ramona Kunze, Heather Shockley, Karin van Sijda; Carlos Sampaio, Steven Timmerman; Jorinde Meßlinger, Birgit Mühlram; Andrea Constanzo Martini (Aalto)

■ Opern (N)
Aalto-Theater
18.09.05 „Rienzi" von Richard Wagner (4) – ML: Soltesz *(konzertant)*
15.10.05 „Orlando" von Georg Friedrich Händel (9) – ML: De Marchi, I: Knabe, B: Peter, K: Rupprecht
04.03.06 „Lucia di Lammermoor" von Gaëtano Donizetti (12) – ML: Rizzo, I/A: Toffolutti
09.04.06 „Der fliegende Holländer" von Richard Wagner (11) – ML: Soltesz, I: Kosky, B: Grünberg, K: Maierhofer
04.06.06 „Die Nase" von Dmitri Schostakowitsch (7) – ML: Soltesz, I: Schaaf, B: Schaal, K: Listerdal
Casa Nova
15.01.06 „Bastien und Bastienne" von Wolfgang Amadeus Mozart (21) – ML: Dethleffsen, I; Kirchmeier, B: Macht, K: Rekort *(Koproduktion mit dem Schauspiel Essen)*

■ Operette (N)
03.12.05 „Orpheus in der Unterwelt" von Jacques Offenbach (17) – ML: Soltesz, I: Hilsdorf, B: Richter, K: Schmitzer, Ch: de Groot/Kribbe

■ Opern (WA)
25.09.05 „Die Zauberflöte" von Mozart (6)
03.10.05 „A Midsummer Night's Dream" von Britten (6)
09.10.05 „Manon Lescaut" von Puccini (7)
29.10.05 „Der Rosenkavlier" von Strauss (6)
11.11.05 „Hänsel und Gretel" von Humperdinck (5)
11.12.05 „Carmen" von Bizet (5)
16.12.05 „La Bohème" von Puccini (3)
22.12.05 „Falstaff" von Verdi (5)
04.02.06 „Luisa Miller" von Verdi (7)
09.03.06 „Le nozze di Figaro" von Mozart (4)

■ Musical (WA)
23.09.05 „Kiss me, Kate" von Porter (8)

■ Sonderveranstaltungen
Aalto-Theater
04.09.05 Tag der offenen Tür – u. a. Ausschnitte aus dem Musical „Kiss me, Kate" und Probe zum Ballett „Wie ihr's wollt"; Schauspiel zu Gast mit Ausschnitten aus „Die Vollbeschäftigten"
09.10.05 Einführungsmatinee zur Premiere „Orlando"
27.11.05 Einführungsmatinee zur Premiere „Orpheus in der Unterwelt"
27.01.06 „Zu Hilfe, zu Hilfe, sonst bin ich verloren" – Solo-Abend über „Die Zauberflöte" mit Christoph Homberger (zum 250. Geburtstag von Mozart)
26.02.06 Einführungsmatinee zur Premiere „Lucia di Lammermoor"
02.04.06 Einführungsmatinee zur Premiere „Der fliegende Holländer"
28.05.06 Einführungsmatinee zur Premiere „Die Nase"
Cafeteria
16.09.05 Das Blaue Sofa: zur Premiere „Rienzi" mit Dramaturgin Ina Wragge
21.10.05 Das Blaue Sofa: Der Bass Diogenes Randes zu Gast bei Dramaturgtn Kerstin Schüssler-Bach
10.12.05 Jazz 'round midnight – Swingin' Christmas mit Christina Clark/Bea Robein/Diogenes Randes u. a.
17.02.06 Das Blaue Sofa: „Figaro"-Graf, Danilo, Jochanaan": Heiko Trinsinger bei Ina Wragge

17.03.06	Das Blaue Sofa: Geschäftsführer Otmar Herren bei Kerstin Schüssler-Bach
28.04.06	Das Blaue Sofa: Rollentausch – Ballettdirektor Martin Puttke befragt die Dramaturginnen Kerstin Schüssler-Bach und Ina Wragge
12.05.06	Das Blaue Sofa: Astrid Weber (Senta) im Gespräch mit Kerstin Schüssler-Bach
16.06.06	Das Blaue Sofa: Ina Wragge im Gespräch mit Mitgliedern der Maskenabteilung

Foyer

14.11.05	Benefiz-Konzert zugunsten des „Arbeitskreises Straßenkinder in Rumänien" mit Solisten des Aalto-Theaters
15.11.05	Litera_TON: „Liebe bis zum Wahnsinn" – Musik und Dichtung rund um „Orlando" mit Isis Krüger (Auszüge aus Ariosts Versdichtung „Der rasende Roland"), Bea Robein/Diogenes Randes (Arien von Haydn/Händel/Vivaldi); Florian Ziemen (Cembalo)
16.12.05	Das Blaue Sofa weihnachtet sehr – Lieder und Geschichten zur Weihnachtszeit Moderation: Kerstin Schüssler-Bach/Ina Wragge
05.02.06	Salonkonzert: „Träumerei im Kaffeehaus" mit dem Bremer Kaffeehaus-Orchester
12.06.06	Litera_TON: „Die Nase" – Gogol und Schostakowitsch: Thomas Goritzki/Rezo Tschchikwischwili – (Grillo) lesen Gogols Novelle; Boris Gurevich (Klavier) spielt Musik von Schostakowitsch

Philharmonie

08.09.05	Konzert für Bürger/innen mit Behinderung Mozart, Ouvertüre „Così fan tutte"; Mozart, Duett Susanne/Figaro „Cinque, dieci, venti" (Christina Clark/Diogenes Randes); Arie des Ferrando (Andreas Hermann) aus „Figaros Hochzeit"; Bizet, „Habanera" der Carmen (Bea Robein); Strauss, Lied „Zueignung" (Andreas Hermann); Wagner, Ouvertüre „Rienzi"; Wagner, „Einzug der Gäste" (Opern- und Extrachor/Philharmonischer Chor) aus „Tannhäuser"; Puccini, „Intermezzo" aus „Manon Lescaut"; Leoncavallo, „Glockenchor" aus „Der Bajazzo"; Strauß, Ouvertüre „Die Fledermaus" und Couplet des Orlowsky „Ich lade gern mir Gäste ein" (Bea Robein) ML: Stefan Soltesz
27.11.05	Festliche Musik (Unicef-Gala) Liszt, „1. Klavierkonzert Es-Dur" (Konstantin Lifschitz); Bloch, „Schelomo für Violoncello und Orchester" (Mischa Maisky); Copland, „Klarinettenkonzert" (Sabine Meyer); Bruch, „Romanze für Viola und Orchester" (Julian Rachlin); Schostakowitsch, 2 Sätze aus dem „Violonkonzert Nr. 1 a-Moll" (Julian Rachlin) ML: Stefan Soltesz; Moderation: Desirée Nosbusch

Kennedyplatz

08.09.05	Open-Air-Konzert Tschaikowsky, „Sinfonie Nr. 4" (Ausschnitte); Rachmaninoff, Auszüge aus „Klavierkonzert Nr. 3" (Olga Kern) Philharmoniker, ML: Stefan Soltesz

Ballett

Ballettdirektor: Prof. Martin Puttke, *Persönliche Mitarbeiterin des Ballettdirektors:* Annette El-Leisy
Ballettmeister: Raimondo Rebeck*; *Ballettmeister-Assistentin:* Anja Fischer
Ballettpianist: Victor Rodriguez Olano*; *Dirigenten:* Bendix Dethleffsen, Pietro Rizzo, Florian Ziemen
Gast-Orchester: Bergische Symphoniker („Cinderella"/„Diaghilew: Die Favoriten"), Bochumer Symphoniker („Die roten Schuhe")

Choreografen der Neuinszenierungen (Gäste): Stephan Thoss, Jochen Ulrich
Ausstatter der Neuinszenierungen (Gäste): Tina Kitzing, Stephan Mannnteuffel

Compagnie: Taciana Cascelli, Alicia Olleta, *Solo*
Ludmila Nikitenko, Yulia Tsoi, Philippa Ward, *Solo mit Gruppe*
Chiara Olocco, *Gruppe mit Solo*
Yoo-Jin Jang, Dominika Posor, Ana Sánchez Portales, *Gruppe*
Tomás Ottych, Marat Ourtaev, Raimondo Rebeck*, Wladislaw Solounov, *Solo*
Cleiton Diomkinas, *Solo mit Gruppe*
Alexander Andreyev, Dragan Selakovič, *Gruppe mit Solo*
Marco Boschetti, Oliver Lewis, Andrea Constanzo Martini, Dezideriu Oltean, Anton Rudakov, Özgür Tuncay*, *Gruppe*
Praktikanten/innen: Katharina Diedrich*, Julia Kostka*, Katharina Kostka*, Birgit Mühlram*, Emily Rooke*; Igor Volskovskyy*
Anja Fischer; Jeremy Leslie-Spinks

Gäste: Corinna Emmenegger, Svetlana Gileva, Alena Gorelcikovà, Ana Carolina Reis; Zoran Markovic, Mario Perricone, Sandro Westphal (*Solo);* Philip Bergmann, Deniz Cakir, Uwe Fischer, Nwarin Gad, Slobodan Jovic, Vardan Kchachatryan, Rudolf Kubicko, Jörg Simon, Gregor Thieler, Denis Veginy

■ Ballette (N)
21.01.06 „Schwanensee – Zwischen Mitternacht und Morgen" von Stephan Thoss//Peter I. Tschaikowsky – ML: Rizzo, A: Kitzing (16)
06.05.06 „Die roten Schuhe" (U) von Jochen Ulrich//Dmitri Schostakowitsch/Benjamin Britten (9) – ML: Rizzo, A: Mannteuffel

■ Ballette (WA)
14.09.05 „Verklärte Nacht" von Dörnen//Schönberg – „Wie ihr's wollt" von North//Bach/Wagner (6)
19.10.05 „Cinderella" von Bombana//Prokofjew (5)
17.03.06 „Diaghilew: Die Favoriten" von Ulrich//Rimsky-Korsakow/Gavin Bryars (3)
10.06.06 „Die Brüder Karamasow" von Eifman//Rachmaninow/Wagner/Mussorgsky (3)

■ Abstecher
– Solisten des Balletts bei einer Internationalen Ballett-Gala im Rahmen der Kieler Woche, 20.06.06)

■ Sonderveranstaltungen
Aalto-Theater
15.01.06 Einführungsmatinee zur Premiere „Zwischen Mitternacht und Morgen: Schwanensee"
11.02.06 Gala zur Verleihung des Deutschen Tanzpreises 2006 an Reid Anderson, Stuttgart
(Zukunftspreis: Alicia Amatriain/Jason Reilly/Christian Spuck)
Christian Spuck//Rossini, Grand Pas de deux zur Ouvertüre „Die diebische Elster" (Alicia Amatriain/Jason Reilly, Stuttgarter Ballett); Itzik Galili//Thomas Hofs, Pas de deux aus „Mona Lisa" (Alicia Amatriain/Jason Reilly, Stuttgarter Ballett); Uwe Scholz//Beethoven. „Siebte Sinfonie" (Stuttgarter Ballett)
30.04.06 Einführungsmatinee zur Premiere „Die roten Schuhe"
26.06.06 Preisverleihung „Red Dot Award 2000" – Mitwirkung des Balletts (Ausschnitte aus „Die Brüder Karamasow")

Cafeteria
18.11.05 Das Blaue Sofa: „Die ersten Tage im Traumberuf?" – Die Praktikantinnen des Balletts stellen sich im Gespräch mit Ina Wragge vor
13.01.06 Das Blaue Sofa: „Die Mutter der Compagnie" – Annette El-Leisy, persönliche Mitarbeiterin in der Ballettdirektion, im Gespräch mit Kerstin Schüssler-Bach

Spielzeit 2006/07

Geschäftsführer: Otmar Herren

Musiktheater

Opernintendant: GMD Stefan Soltesz; *Persönliche Referentin des Intendanten:* Frauke Burmeister
Künstlerische Betriebsdirektorin: Juliane Pschigod;: *Leiterin KBB:* Jorinde Meßlinger; Sabine Schittek*
Dramaturgen: Dr. Kerstin Schüssler-Bach, Ina Wragge; Nils Szczepanski* (ab 01.03.06 für Kerstin Schüssler-Bach)
Gäste: Norbert Grote, Dr. Alexander Meier-Dörzenbach, Wolfgang Willaschek
Presse- und Öffentlichkeitsarbeit: Azita Mortazawi-Izadi; Sarah Schmiedgen (Mitarbeit)

Dirigenten: Stefan Soltesz; Pietro Rizzo, 1. Kapellmeister; Florian Ziemen; *Gäste:* Evan Christ, Alessandro De Marchi, Herbert Feckler, Rasmus Baumann, Noam Zur; *Repetitoren:* Oliver Malitius, Studienleiter; Juriko Akimoto, Boris Gurevich, Volker Perplies*, Florian Ziemen; *Chordirektor:* Alexander Eberle
Choreografen (Gäste): James de Groot, Paul Kribbe
Gast-Orchester: United Rock Orchestra („Jesus Christ Superstar"); Folkwang Hochschule („Aladin")

Regisseure der Neuinszenierungen: Michael Schulz; *Gäste:* Andreas Baesler, Henning Bock (Grillo), Dietrich Hilsdorf, Stefan Herheim, Barrie Kosky
Ausstattungsdirektor: Manfred Gruber
Ausstatter der Neuinszenierungen (Gäste): Kathrin-Suann Brose, Klaus Bruns, Hermann Feuchter, Klaus Grünberg, Gabriele Heimann, Jörg Kiefel, Johannes Leiacker, Alfred Mayerhofer, Katharina Meintke, Thomas Schuster
Technischer Direktor: Daniel Kaiser

Ensemble: Christina Clark, Marie-Helen Joël, Astrid Kropp, Bea Robein*, Ildiko Szönyi, Margarita Turner; Peter Bording, Mikhail Dawidoff, Jeffrey Dowd, Rüdiger Frank*, Michael Haag, Andreas Hermann, Günter Kiefer, Albrecht Kludszuweit, Thomas Piffka, Diogenes Randes, Rainer Maria Röhr, Marcel Rosca, Almas Svilpa, Károly Szilágyi, Heiko Trinsinger
Chorsolisten: Sabine Brunke-Proll, Julia Ehlers, Irmgard Hecker, Kyoko Kano, Mila Kocherscheidt, Susanne Kohnke, Kyung-Nan Kong, Stefanie Rodriguez, Anne Kathrin Rosenstock, Uta Schwarzkopf, Michaela Sehrbrock, Marion Steingötter, Marion Thienel, Sabina Wehlte, Ginette Willaerts, Johanna Brigitta Young; André Aguilar, Andreas Baronner, Ernesto Binondo, Bruce Cox, André Fox, Peter Holthausen, Ji-Woon Kim, Kyung-Guk Kim, Wolfgang Kleffmann, Norbert Kumpf, Michael Kunze, Stoyan Milkov, Holger Penno, Heinz Potztal, Markus Seesing, Thomas Sehrbrock, Michael Siemon, Hwang Yu Sun, Mario Tardivo, Sven Westfeld, Karl-Ludwig Wissmann, Harald Wittkop, Sven Wohlleb

Gäste/Teilspielzeit: Karine Babajanyan, Yvonne Berg, Michèle Crider, Francisca Devos, Sarah Dierkes, Silvana Dussmann, Helen Donath, Hanna Fahlbusch-Wald, Sabine Flack, Ann Hallenberg, Anke Hermann, Evelyn Herlitzius, Elisabeth Hornung, Petya Ivanova, Yaroslava Kozina, Nadia Krasteva, Melanie Kreuter, Aga Mikolaj, Elena Mosuc, Hyun-Seung Oh, Netta Or, Marcella Orsatti Talamanca, Hasmik Papian, Soo-Jin Park, Francesca Patané, Katharina Peetz, Margaret Russell, Carolina Sandgren, Simona Saturova, Eva Tamulenas, Irene Theorin, Kirsi Tiihonen, Urantsetseg Urtnasan, Natalia Ushakova, Marina Vyskvorkina, Astrid Weber, Barbara Zechmeister, Asta Zubaite; Antonio Abete, Oliver Aigner, Ewan Bowers, Wolfgang, Brendel, Pablo Cameselle, Erin Caves, Marco Chingari, Philippe Ducloux, Cornel Frey, Burkhard Fritz, Renato Girolami, Franz Grundheber, Wojciech Halicki, Oskar Hillebrandt, Dimitry Ivashenko, Heikki

Kilpaläinen, Stefan Kocan, Wolfgang Koch, Sami Luttinen, Richard Medenbach, Soo-Jin Park, Frank Porretta, Mark Rosenthal, Alexander Mayr, Hannu Niemelä, Hyun Seung Oh, Victor Sawaley, Andrzej Saciuk, Kurt Schreibmayer, Christian Stadelhofer, Boris Statsenko, Uwe Stickert, Andrej Telegin, Matias Tosi, Melih Tepretmez, Axel Wagner, David Yim, Mario Zeffiri
Gäste/Musical („Jesus Christ Superstar"): Valerie Scott; Michael Bergmann, Erin Caves, James de Groot, Philippe Ducloux, Rüdiger Frank, Kai Hüsgen, Serkan Kaya, Japhet Myers, Henrik Wager
Gäste (Tänzer/innen): Gabi Dauenbauer, Corinne Emmenegger, Michelle Escano, Debora Formica, Claudia Hauf, Mirjam Hofer, Krisin Josefiak, Ekaterina Khozieva, Valentina Khozieva, Raquel Lopez, Ramona Kunze, Heather Shockley, Karin von Sijda; Cyrille Daubouin, Rolf Gildenast; Jorinde Meßlinger (Aalto)
Gäste (Schauspieler): Gabi Dauenhauer; Peter-Maria Anselstetter, Manfred Schanz; Siegfried Gressl, Rezo Tschchikwischwili (beide Grillo); Nils Cooper (Aalto)

■ Opern (N)
Aalto-Theater
09.12.06 „Tristan und Isolde" von Richard Wagner (9) – ML: Soltesz, I: Kosky, B: Grünberg, K: Mayerhofer
27.01.07 „Don Giovanni" von Wolfgang Amadeus Mozart (13) – ML: Soltesz, I: Herheim, A: Schuster
10.03.07 „La forza del destino" von Giuseppe Verdi (13) – ML: Soltesz, I: Hilsdorf, A: Leiacker
26.05.07 „L'italiana in Algeri" von Gioacchino Rossini (7) – ML: Rizzo, I: Baeseler, B: Feuchter, K: Heimann
Grillo-Theater
02.12.06 „Aladin und die Wunderlampe" von Nino Rota (21) – ML: Ziemen, I: Bock, B: Kiefel, K: Meintke *(Koproduktion mit dem Schauspiel Essen und der Folkwang Hochschule)*

■ Musical (N)
09.09.06 „Jesus Christ Superstar" von Andrew Lloyd Webber (23) – ML: Feckler, I: Schulz, B: Drose, K: Bruns, Ch: de Groot/Kribbe

■ Opern (WA)
01.09.06 „Tosca" von Puccini (3)
15.09.06 „Die Frau ohne Schatten" von Strauss (2)
01.10.06 „Lucia di Lammermoor" von Donizett (7)
14.10.06 „Hänsel und Gretel" von Humperdinck (6)
27.10.06 „La fanciulla del West" von Puccini (4)
01.11.06 „Die Zauberflöte" von Mozart (4)
12.11.06 „Orlando" von Händel (3)
22.12.06 „Aida" von Verdi (3)
07.01.07 „Die Nase" von Schostakowitsch (3)
15.02.07 „Der fliegende Holländer" von Wagner (5)
17.03.07 „Falstaff" von Verdi (4)

■ Operetten (WA)
10.11.06 „Orpheus in der Unterwelt" von Offenbach (7)
20.04.07 „Die lustige Witwe" von Lehár (3)

■ Sonderveranstaltungen
Aalto-Theater
20.08.06 Tag der offenen Tür: Musikalische Streifzüge durch Oper, Operette & Musical; öffentliche Probe „Jesus Christ Superstar"; Jazz in Concert – Duke Ellington mit den Essener Philharmonikern ML: Rasmus Baumann; öffentliche Ballettprobe u. a.
03.09.06 Einführungsmatinee zur Premiere „Jesus Christ Superstar"
10.09.06 *Lions Gala 2006* (Benefiz-Konzert zugunsten der Lions-Programme für Kinder und Jugendliche) Wagner, Vorspiel und Liebestod aus „Tristan und Isolde"; Strauss, Sinfonische Dichtung „Don Juan"; Grieg, „Klavierkonzert a-Moll (Olga Kern) ML: Stefan Soltesz
08.11.06 Aalto-Bühnenpreis für junge Künstler an Nicolai Gerassimez (Klavier)/Alexej Gerassimez (Schlagzeug)/Wassily Gerassimez (Violoncello)
03.12.06 Einführungsmatinee zur Premiere „Tristan und Isolde"
31.12.06 Silvester-Konzert Mozart, Ouvertüre „Figaros Hochzeit"; Duett Susanna/Figaro „Cin-

que … dieci" (Christina Clark/Almas Svilpa); Arie der Gräfin „E Susanna non vien" (Danielle Halbwachs); Briefduett Gräfin/Susanna „Canzonetta sull'aria" (Danielle Halbwachs/Christina Clark); Arie des Figaro „Non più andrai" (Almas Svilpa); Kanzone des Cherubino „Voi che sapete" (Bea Robein); Mozart, Arie des Don Ottavio „Dalla sua pace" (Andreas Hermann); Registerarie des Leporello (Almas Svilpa); Duett Zerlina/Don Giovanni „Là ci darem la mano" (Christina Clark/Heiko Trinsinger) aus „Don Giovanni"; Mozart, Ouvertüre zu „Die Zauberflöte"; Arie des Papageno „Ein Mädchen oder Weibchen" (Heiko Trinsinger); Duett Papagena/Papageno „Pa, Pa, Pa, Papagena" (Christina Clark/Heiko Trinsinger) Suppé, Ouvertüre „Leichte Kavallerie"; Lehár, Duett Valencienne/Rossillon „Komm in den kleinen Pavillon" (Astrid Kropp/Andreas Hermann); Weibermarsch „Ja, das Studium der Weiber ist schwer" (Markus Kiefer/Richard Medenbach/Heiko Trinsinger/Chorsolisten André Fox/Heinz Potztal/Mario Tardivo/Sven Wohlleb) aus „Die lustige Witwe"; Lehár, Lied der Giuditta „Meine Lippen, sie küssen so heiß" (Astrid Kropp) aus der gleichnamigen Operette; Strauß, Ouvertüre zu „Die Fledermaus"; Couplet des Fürsten Orlowsky „Ich lade gern mir Gäste ein" (Bea Robein); Csárdás der Rosalinde „Klänge der Heimat" (Danielle Halbwachs); Finale 2. Akt „Im Feuerstrom der Reben"/„Brüderlein und Schwesterlein" (Danielle Halbwachs/Astrid Kropp/Bea Robein; Andreas Hermann/Günter Kiefer/Richard Medenbach/Heiko Trinsinger)
ML: Stefan Soltesz; Opernchor (Alexander Eberle)
21.01.07 Einführungsmatinee zur Premiere „Don Giovanni"
04.03.07 Einführungsmatinee zur Premiere „La forza del destino"
17.05.07 Einführungsmatinee zur Premiere „L'italiana in Algeri"
04.06.07 Das Jubiläums-Sofa: 10 Jahre Stefan Soltesz in Essen: Stefan Soltesz im Gespräch mit Kerstin Schüssler-Bach/Ina Wragge; Mitwirkende: Bea Robein/Ildiko Szönyi; Jeffrey Dowd/Rainer Maria Röhr/Almas Svilpa/Heiko Trinsinger; Opern-, Extra- und Kinderchor (Alexander Eberle)

Cafeteria
01.09.06 Das Blaue Sofa: Serkan Kaya/Henrik Wager („Jesus Christ Superstar") bei Ina Wragge
17.11.06 Das Blaue Sofa: Essens Isolde zu Gast: Opernstar Evelyn Herlitzius bei Ina Wragge
08.12.06 Das Blaue Sofa: Lieder und Geschichten zur Advents- und Weihnachtszeit Moderation: Kerstin Schüsselr-Bach/Ina Wragge
10.12.06 Swingin' Christama – Jazz in der Cafeteria mit Christina Clark/Bea Robein/Jeffey Dowd und dem Aalto-Jazz -Trio, auch 15.12.
05.01.07 Das Blaue Sofa: „Von Hänsel bis Donna Elvira": Bea Robein bei Kerstin Schüssler-Bach
09.02.07 Das Blaue Sofa: Die Stipendiaten der Orchesterakademie im Gespräch mit Ina Wragge
20.04.07 Das Blaue Sofa: „Malsaal"-Vorstand Meinhard Groos bei Ina Wragge
18.05.07 Das Blaue Sofa: Mezzosopranistin Ann Hallenberg bei Ina Wragge/Nils Szczepanski

Foyer
20.11.06 Benefizkonzert „Arbeitskreis Straßenkinder in Rumänien"
Ein bunter Strauß aus Opern/Operetten/Musicals mit Marcel Rosca/Károly Szilágyi und den Gästen Richetta Manager/Sue Patchell/Claudia Schill/Eeva Tenkanen/Brett Hamilton/Stefan Lex u. a.
08.01.07 LITERA_TON: „Sag, welch wunderbare Träume …" – Richard Wagner und Matthilde Wesendonck mit Bea Robein und 6 Instrumentalisten; Lesung: Gisela Claudius/Bodo Primus

19.03.07	Liederabend: „Die schöne Magelone" von Johannes Brahms/Ludwig Tieck mit Heiko Trinsinger (Bariton)/Cornelis Witthoefft (Klavier)/Ute Zehlen (Erzählerin)
09.06.07	Summertime – Jazz im Aalto-Theater mit Margaret Russell/Diogenes Randes (Gesang) und dem Aalto-Jazz-Trio

Philharmonie

17.08.06	Konzert für Bürger/innen mit Behinderung: Beliebte Ouvertüren Mozart, „Die Zauberflöte"; Verdi, „Die Macht des Schicksals"; Wagner, „Der fliegende Holländer"; Rossini, „Der Barbier von Sevilla"; Strauß, „Der Zigeunerbaron"/„Die Fledermaus" ML: Stefan Soltesz
25.11.06	Festliches Gala-Konzert zugunsten der Deutschen AIDS-Stiftung Händel, „La Rejouissance" aus „Feuerwerksmusik"; Suppé, Ouvertüre „Leichte Kavallerie"; Strauß, Polka „Unter Donner und Blitz"; Mascagni, Arie der Santuzza „Voi lo sapete" (Agnes Baltsa) aus „Cavalleria rusticana"; Puccini, Arie der Lauretta „O mio babbino caro" (Agnes Baltsa) aus „Gianni Schicchi"; Mozart, Rondo der Vitellia aus „La clemenza di Tito" (Silvana Dussmann); Tchaikowsky, Arie der Jeanne d'Arc „Adieu forêts" (Grace Bumbry) aus der gleichnamigen Oper; Fernado Ortega, „Give me Jesus" (Denyce Graves); Saint-Saëns, Arie der Dalila „Mon cœur s'ouvre à ta voix" (Denyce Graves) aus „Samson et Dalila"; Puccini, Walzer der Musette (Naraliya Kovalova) aus „La Bohème"; Lehár, Lied der Giuditta „Meine Lippen sie küssen so heiß" (Naraliya Kovalova) aus „Giuditta"; Strauß, Lied des Orlowsky „Ich lade gern mir Gäste ein" (Antigone Papoulkas) aus „Die Fledermaus"; Giordano, Arie der Maddalena „La mamma morta" (Sylvie Valayre) aus „Andrea Chénier"; Millöcker, Lied „Dunkelrote Rosen" (Wolfgang Brendel) aus der Operette „Gasparone"; Puccini, Arie des Kalaf „Nessun dorma" (Alberto Cupido) aus „Turandot;" Rossini, Arie des Figaro „Ich bin das Faktotum …" (Adrian Eröd aus „Der Barbier von Sevilla"; Mozart, Arie des Figaro „Non più andrai" (Diogenes Randes) aus „Figaros Hochzeit"; Puccini, Finale 2. Akt „La Bohème" (Nataliya Kovalova/ Sylvie Valayre; Wolfgang Brendel/ Alberto Cupido/Heiko Trinsinger/ Diogenes Randes/Marcel Rosca); Strauß, Duett „Dieser Anstand …" (Silvana Dussmann/Wolfgang Brendel); Finale 2. Akt „Die Fledermaus" (Silvana Dussmann/Naraliya Kovalova/Antigone Papoulkas; Wolfgang Brendel/Alberto Cupido/Heiko Trinsinger) ML: Stefan Soltesz; Extrachor und Kinderchor des Aalto-Theaters (Alexander Eberle); Moderation: Edda Moser; Künstlerische Leitung: Dr. Alard von Rohr

Kennedyplatz

27.08.06	*Open-Air-Konzert* Die Essener Philharmoniker unter Stefan Soltesz spielen beliebte Ouvertüren Mozart, „Die Zauberflöte"; Verdi, „Die Macht des Schicksals"; Wagner, „Der fliegende Holländer"; Rossini, „Der Barbier von Sevilla"; Strauß, „Der Zigeunerbaron"/„Die Fledermaus"
12.07.07	Opern-Air-Konzert (Essen Original) Lao Schifrin, „Mission Impossible"; Rossini, Ouvertüre „Der Barbier von Sevilla" und Arie des Figaro (Heiko Trinsinger); Offenbach, „Can-Can" aus „Orpheus in der Unterwelt"; Gershwin, „Summertime" (Christina Clark) aus „Porgy and Bess"; Musik von Stolz (Gritt Gnauck); Mascagni, Intermezzo aus „Cavalleria rusticana"; Lehár, Ausschnitte aus „Die lustige Witwe" (Christina Clark/Astrid Kropp/Gritt Gnauck; Jeffrey Dowd/ Heiko Trinsinger); Strauß (Vater), „Radetzky-Marsch" ML: Stefan Soltesz

Zeche Zollverein
02.09.06 A(a)L(to)LERLEI – Die TUP zu Gast beim WDR 3 Kulturpartnerfest Marie-Helen Joël/Astrid Kropp; Aalto-Spatzen/Aalto-Kinderchor (Alexander Eberle); ML: Heribert Feckler

■ Gastspiele
Aalto
31.08.06 „WDR 50 – Die amtliche Geburtstagsshow" – Revue mit der WDR Big Band und vielen prominenten Gästen (Götz Alsmann/Thomas Freitag/Chris Howland u. a.) Moderation: Christine Westermann/Jörg Thadeusz
24.11.06 Verleihung Deutscher Theaterpreis DER FAUST
Cafeteria
18.02.07 Die Rheinsirenen: „Keine Angst vor Liebe ..." – Tango, Charleston, Boogie, Walzer und mehr

Ballett

Ballettdirektor: Prof. Martin Puttke; *Persönliche Mitarbeiterin des Ballettdirektors:* Annette El-Leisy
Ballettmeister: Raimondo Rebeck; *Ballettmeisterin:* Mia Johansson*
Ballettpianist: Victor Rodriguez Olano; *Dirigenten:* Rasmus Baumann, Pietro Rizzo, Florian Ziemen
Gastorchester: Bergische Symphoniker („Der Nussknacker"), Bochumer Symphoniker („Die roten Schuhe"/„Schwanensee")

Choreografen der Neuinszenierungen (Gäste): Ralf Dörnen, Stefan Lux, Stephan Thoss
Ausstatter der Neuinszenierungen: Manfred Gruber; *Gäste:* Dirk Becker, Claudia Kuhr, Renée Listerdal, Stephan Thoss
Dramaturgie: Ina Wragge

Compagnie: Taciana Cascelli, Alicia Olleta, *Solo* Ludmila Nikitenko, Yulia Tsoi, Philippa Ward, *Solo mit Gruppe*
Yoo-Jin Jang*, Ana Sànchez Portales, *Gruppe mit Solo*
Alena Gorelcikova*, Valeria Lampadova*, Michelle Yamamoto* *Gruppe*
Tomás Ottych, Marat Ourtaev, Raimondo Rebeck, *Solo*
Cleiton Diomkinas, Dragan Selakovič, *Solo mit Gruppe*
Vardan Khachatryan*, Denis Untila*, Denis Veginy*, *Gruppe mit Solo*
Deniz Cakir*, Nwarin Gad*, Zherlin Ndudi*, Anton Rudakov, Igor Volkovskyy*, *Gruppe*
Vanja Bourgoudjeva, Mia Johansson, Annette El-Leisy, Jorinde Messlinger, Gorica Stankovic; Adil Laraki
Praktikanten/innen: Elsa Fraschetti*, Eve Ganneau*, Marta Pellizzari*, Ana Carolina Reis*; Malthe Clemens*, Olexandre Shyryayev*
Gäste: Iana Salenko, Mario Perricone, *Solo;* Paula Archangelo, Ina Brütting, Maria Deller-Takemura, Katharina Diedrich, Corinne Emmenegger, Svetlana Gileva, Valeria Lampadova, Raquel Lopez, Birgit Mühlram, Emily Rooke; Apolo Franca, Slobodan Jovic, Rudolf Kubicko, Gerd Maier, Justo Moret Ruiz

Gesangssolisten: Astrid Kropp; Albrecht Kludszuweit, Heiko Trinsinger („Carmina burana")

■ Ballette (N)
07.10.06 „Solitaire" von Stephan Thoss//Béla Bartók – ML: Baumann, A: Thoss – „Carmina burana" von Ralf Dörnen// Carl Orff – ML: Baumann, B: Gruber, K: Kuhr (10)
14.04.07 „Dornröschen" von Stefan Lux//Peter I. Tschaikowsky (12) – ML: Rizzo, B: Becker, K: Listerdal

■ Ballette (WA)
03.09.06 „Die Brüder Karamasow" von Eifman//Rachmaninow/Wagner/Mussorgsky (4+2)
16.11.06 „Der Nussknacker" von Lux//Tschaikowsky (7)
01.02.07 „Schwanensee – Zwischen Mitternacht und Morgen" von Thoss// Tschaikowsky (8)
14.06.07 „Die roten Schuhe" von Ulrich// Schostakowitsch/Britten (3)

■ **Abstecher**
– „Die Brüder Karamasow" (St. Pölten: öffentliche GP 19.01., Vorstellung 20.01.07)

■ **Sonderveranstaltungen**
Aalto-Theater
01.10.06 Einführungsmatinee zur Premiere „Solitaire"/„Carmina burana"
09.04.07 Einführungsmatinee zur Premiere „Dornröschen"
28.04.07 Gala zur Verleihung des Deutschen Tanzpreises an Susanne Linke (Deutscher Tanzpreis „Zukunft" an Katja Wünsche, Stuttgart)/Martin Walter, Berlin/Terence Kohler, Karlsruhe)
Susanne Linke//Kurtag/Sciarrino, „Extreme Beauty" (Limón Dance Company, New York); Susanne Linke//Schubert, „Wandlung" (Roxane d'Orláns); Susanne Linke//Tomasz Sikorski; „Fragmente – Skzzen" (Absolventen-Tanz 2006 der Folkwang Hochschule); John Cranko//Prokofjew, Pas de deux aus „Romeo und Julia" (Katja Wünsche/Jason Reilly, Stuttgarter Ballett); Marco Goecke//Johnny Cash, „Äffi" (Welt-Uraufführung der weiblichen Interpretation mit Katja Wünsche, Stuttgarter Ballett); Guala Pandi//Mozart, „Lacrimosa" (Marian Walter, Berlin); Jules Perrot/Pugni, Pas de deux aus „Esmeralda" (Marian Walter/Iana Salenko, Staatsballett Berlin); Terence Kohler//Schostakowitsch, „Intermezzo für 20" (Ballett Karlsruhe)
25.06.07 Red Dot Award 2007 – Mitwirkung des Balletts (3. Akt „Dornröschen")
Cafeteria
20.10.06 Das Blaue Sofa: Die neuen Tänzer stellen sich vor; Kerstin Schüssler-Bach
09.03.07 Das Blaue Sofa: Choreograf Stefan Lux im Gespräch mit Ina Wragge

Spielzeit 2007/08

Musiktheater Opernhaus des Jahres und Philharmoniker Orchester des Jahres (Kritiker-Umfrage September 2008)

Geschäftsführer: Otmar Herren

Musiktheater

Opernintendant: GMD Stefan Soltesz; *Persönliche Referentin des Intendanten:* Constanze Beck*
Künstlerische Betriebsdirektorin: Juliane Pschigode; *Leiterin KBB:* Jorinde Meßlinger; Sabine Schittek
Dramaturgen: Ina Wragge (Leitung); Nils Szczepanski; *Gast:* Norbert Grote
Presse- und Öffentlichkeitsarbeit: Azita Mortazawi-Izadi, Kristina Scharmacher* (Mitarbeit)

Dirigenten: Stefan Soltesz; Florian Ziemen, 2. Kapellmeister; Volker Perplies; *Gäste:* Rasmus Baumann, Evan Christ, Herbert Feckler, Pietro Rizzo, Jos van Veldhoven, Noam Zur; *Repetitoren:* Oliver Malitius, Studienleiter; Juriko Akimoto, Boris Gurevich, Volker Perpies, Florian Ziemen; *Chordirektor:* Alexander Eberle
Choreografen (Gäste): James de Groot, Paul Kribbe
Essener Philharmoniker; *Gast-Orchester:* United Rock Orchestra („Jesus Christ Superstar"); Bergische Symphoniker („Das Feuerwerk")

Regisseure der Neuinszenierungen (Gäste): James de Groot, Dietrich Hilsdorf, Tilman Knabe, Barrie Kosky, Paul Kribbe, Hans Neuenfels, Anselm Weber
Ausstattungsdirektor: Manfred Gruber
Ausstatter der Neuinszenierungen (Gäste): Martina Feldmann, Manfred Gruber, Jörg Kiefel, Kathi Maurer, Alfred Mayerhofer, Alfred Peter, Dieter Richter, Renate Schmitzer, Reinhard van der Thannen, Ralph Zeger
Technischer Direktor: Daniel Kaiser

Ensemble: Christina Clark, Marie-Helen Joël, Astrid Kropp, Bea Robein, Ildiko Szönyi, Margarita Turner; Peter Bording, Jeffrey Dowd, Rüdiger Frank, Michael Haag, Andreas Hermann, Günter Kiefer, Albrecht Kludszuweit, Thomas Piffka, Diogenes Randes, Rainer Maria Röhr, Marcel Rosca, Almas Svilpa, Károly Szilágyi, Heiko Trinsinger
Chorsolisten: Sabine Brunke-Proll, Julia Ehlers, Irmgard Hecker, Kyoko Kano, Yan Kocherscheidt, Susanne Kohnke, Kyung Nan Kong, Agnes Ocsenas, Stefanie Rodriguez, Anne Kathrin Rosenstock, Melanie Scholzen, Uta Schwarzkopf, Michaela Sehrbrock, Marion Steingötter, Marion Thienel, Helga Wachter, Sabina Wehlte, Ginette Willaerts, Johanna Brigitta Young; René Aguilar, Andreas Baronner, Ernesto Binondo, Bruce Cox, André Fox, Peter Holthausen, Ji-Woon ing, Gyung-Guk Kim, Wolfgang Kleffmann, Norbert Kumpf, Michael Kunze, Joo Youp Lee, Stoyan Milkov, Holger Penno, Heinz Potztal, Markus Seesing, Thomas Sehrbrock, Michael Siemon, Hwang Yu Sun, Mario Tardivo, Sven Westfeld, Karl-Ludwig Wissmann, Harald Wittkop, Ulrich Wohlleb

Gäste/Teilspielzeit: Nassrin Azarmi, Irena Bespalovaite, Kirsten Blanck, Michèle Crider, Luana DeVol, Francisca Devos, Helen Donath, Silvana Dussmann, Leah Gordon, Stella Gregorian, Danielle Halbwachs, Ann Hallenberg, Barbara Haveman, Evelyn Herlitzius, Franziska Hösli, Iveta Jiříková, Christiane Kohl, Nataliya Kovalova, Barbara Kozelj, Yaroslava Kozina, Nadia Krasteva, Melanie Kreuter, Judith Kuhn, Katarzyna Kuncio, Cathrin Lange, Ha Young Lee, Alexandra Lubschansky, Heidi Elisabeth Meier, Aga Mikolaj, Olga Mykytenko, Ramona Noack, Marcella Orsatti Talamanca, Hasmik Papian, Olga Pasichnyk, Marie-Belle Sandis, Galina Shesterneva, Dunja Simic, Iréne Theorin, Kirsi Tiihonen, Urantsetseg Urtnasan, Anna Virovlansky, Monika Walerowicz, Luise Winter, Caroline Whisnant, Barbara Zechmeister, Elene Zhidkova; Ewan Bowers, Mikail Babjanyan, Wolfgang Brendel, Stefan Kocán, Thomas Diestler, Daniel Djambazian, Franco Fagioli, Burkhard Fritz, Renato Girolami, Stephen Gould, Dimitry Ivashenko, Daniel Kirch, Stefan Kocan, Armin Kolarzyk, Antonios Koroneos, Loren Lang, Janez Lotric, Orlando Mason, Scott McAllister, Michael McCown, Richard Medenbach, Luiz Molz, Tomas Möwes, Frank Porretta, Mark Rosenthal, Tobias Scharfenberger, Werner Sindemann, Uwe Stickert, Rolf Tomaszewski, Matias Tosi, Alexander Vassiliev, Dario Volonté, Martin Winkler, Robert Wörle, David Yim, Mario Zeffiri

Gäste („Das Feuerwerk"): Eva Aasgaard, Susanna Panzner, Gudrun Schade; Andreas Bieber, Reinhard Brussmann, Markus Liske, Richard Panzner („Jesus Christ Superstar"): Valerie Scott; Michael Bergmann, Erin Caves, Jeremy Cummins, James de Groot, David Michael Johnson, Serkan Kaya, Jeremy Scott, Japheth Myers, Tom Tucker, Deimos Virgillito, Henrik Wager

Gäste/Tänzer/innen („Das Feuerwerk"): Ramona Kunze, Karin von Sijda; Jeremy Cummins, Hilton Ellis, Andrew Waters; Raquel Lopez (Aalto), Olexandre Shyryayev (Aalto)

Gäste/Tänzer/innen („Jesus Christ Superstar"): Paula Archangelo, Michelle Escano, Debora Formica, Claudia Hauf, Mirjam Hofer, Kristin Josefiak, Heather Shockley; Natalya Hovhannisyan; Jorinde Meßlinger (Aalto)

Schauspieler: Michael Autenrieth

■ Opern (N)
Aalto-Theater
23.09.07 „Turandot" von Giacomo Puccini (12) – ML: Soltesz, I: Knabe, B: Peter, K: Maurer
26.01.08 „Aufstieg und Fall der Stadt Mahagonny" von Kurt Weill (14) – ML: Soltesz, K: Kosky, B: Zeger, K: Mayerhofer
29.03.06 „Tannhäuser" von Richard Wagner (10) – ML: Soltesz, I: Neuenfels, A: van der Thannen
(Nach der Premiere: Ernennung von Marcel Rosca zum Kammersänger)
25.05.08 „Semele" von Georg Friedrich Händel (8) – ML: van Veldhoven, I: Hilsdorf, B: Richter, K: Schmıtzer

Grillo-Theater
26.04.08 „Die arabische Nacht" (U) von Christian Jost (8) – ML: Soltesz, I: Weber, B: Kiefer, K: Bartels *(Auftragswerk; Koproduktion mit dem Schauspiel Essen)*

■ Musical (N)
03.11.07 „Das Feuerwerk" von Paul Burkhard (14) – ML: Ziemen, I/Ch: de Groot/Kribbe, B: Gruber, K: Feldmann

■ Opern (WA)
18.08.07 „Fidelio" von Beethoven (4)
01.09.07 „Norma" von Bellini (3)
07.10.07 „Tristan und Isolde" von Wagner (3)
13.10.07 „L' Italiana in Algeri" von Rossini (6)
28.10.07 „La forza del destino" von Verdi (6)
22.11.07 „La Bohème" von Puccini (5)
08.12.07 „Die Zauberflöte" von Mozart (4)
06.01.08 „A Midsummer Night's Dream" von Britten (5)
17.01.08 „Don Giovanni" von Mozart (6)
16.02.08 „Elektra" von Strauss (4)
21.02.08 „Carmen" von Bizet (6)
05.04.08 „Tosca" von Puccini (4)
14.06.08 „Die Frau ohne Schatten" von Strauss (3)

■ Musical (WA)
23.08.07 „Jesus Christ Superstar" von Webber (11)

■ Sonderveranstaltungen
Aalto-Theater
26.08.07 Tag der offenen Tür (u. a. szenische Probe „Fidelio"; Aufführung „Carmina burana")
16.09.07 Einführungsmatinee zur Premiere „Turandot"
28.10.07 Einführungsmatinee zur Premiere „Das Feuerwerk"
31.12.07 Silvesterkonzert (Ausfall der Vorstellung „Das Feuerwerk")
Rossini, Ouvertüre zur Oper „Wilhelm Tell"; Addinsell, „Warschauer Konzert" (Gerhard Oppitz, Klavier); Miklós Rósza, „Spellbound Concerti" (Gerhard Oppitz); Bernstein, Ouvertüre zum Musical „Candide"; Tschaikowsky, „Capriccio italien"; Auszüge aus den Operetten „Die Csárdásfürstin" (Kálmán) und „Das Land des Lächelns" (Lehár) mit Evelyn Herlit-

	zius/Jeffrey Dowd; Strauß, „Kaiserwalzer"
	ML: Stefan Soltesz
20.01.08	Einführungsmatinee zur Premiere „Aufstieg und Fall der Stadt Mahagonny"
24.03.09	Einführungssoiree zur Premiere „Tannhäuser"
18.05.08	Einführungsmatinee zur Premiere „Semele"

Cafeteria

07.09.07	Das Blaue Sofa: Bühnenbildner Alfred Peter im Gespräch mit Dramaturg Nils Szczepanski
19.10.07	Das Blaue Sofa: Die Multitalente James de Groot/Paul Kribbe im Gespräch mit Ina Wragge
09.12.07	Swingin' Christmas mit Christina Clark/Margaret Russell/Peter Bording (Gesang) und dem Alto- Jazz-Trio, auch 15.12.
14.12.07	Das Weihnachtssofa: Lieder und Geschichten zur Advents- und Weihnachtszeit mit Gesangssolisten, Ina Wragge/Nils Szczepanski
11.01.08	Das Blaue Sofa: Ensemblemitglied Rüdiger Frank im Gespräch mit Nils Szczepanski
15.02.08	Das Blaue Sofa: Die Aalto-Souffleure Karen Stone/Dario Pangrazi bei Nils Szczepanski
07.03.08	Das Blaue Sofa: Hans Neuenfels, Regisseur des „Tannhäuser", zu Gast bei Ina Wragge
08.03.08	Jazz im Aalto-Theater mit Christina Clark/Marie-Helen Joël/Jeffrey Dowd/Aalto-Jazz-Trio
16.05.08	Das Blaue Sofa: Zum Abschied aus dem Festengagement: Fagottistin Judy Plikett und Sopranistin Margarita Turner zu Gast bei Ina Wragge
06.06.08	Das Blaue Sofa: Der neue 1. Kapellmeister Noam Zur im Gespräch mit Nils Szczepanski

Foyer

12.11.07	Benefizkonzert zugunsten von Straßenkindern in Rumänien mit Sue Patchell/Stefanie Schaefer; Gerhard Le Roux/Marcel Rosca/Károly Szylágyi (Gesang)/Susanne Wohlmacher (Flöte)/Carsten Link (Gitarre)/Erika Le Roux/Hans Bruhn (Klavier)/Horst Schroth (Moderation)
10.03.08	„Sprich leise, wenn du Liebe sagst" – Der Briefwechsel Kurt Weill/Lotte Lenya Marie-Helen Joël/Frank Dolphin Wong (Gesang)/Andreas Grothgar/Bettina Engelhardt (Lesung), Oliver Malitius (Klavier), Leitung: Nils Szczepanski (Reihe „Litera_Ton)
17.04.08	„Vom Ärger der Opernliebhaber über provozierende Regisseure" (Oder: Das sog. Regie-Theater und die Erwartung von „Werktreue") mit Stefan Soltesz/Anselm Weber/Dietrich Hilsdorf/Steven Sloane/Christine Mielitz/Hans Schippmann/Wulf Mämpel/Wolfram Goetz Diskussionsleiter: Dr. Gerd Stein
16.06.08	Verabschiedungsfeier für Geschäftsführer Otmar Herren und Ballettdirektor Martin Puttke mit Chor/Philharmonikern/Mannheimer Streichquartett, ML: Stefan Soltesz

Grillo-Theater

20.04.08	Einführungssoiree zur Premiere „Die arabische Nacht" mit dem Komponisten Christian Jost/Stefan Soltesz/Regisseur Anselm Weber und Mitwirkenden; Moderation: Ina Wragge

Philharmonie

16.08.07	Konzert für Bürger/innen mit Behinderung:Beethoven, Querschnitt durch „Fidelio" Solisten: Christina Clark/Kirsi Tiihonen; René Aguilar/Jeffrey Dowd/Rainer Maria Röhr/Marcel Rosca/Thomas Sehrbrock/Almas Svilpa/Heiko Trinsinger ML: Stefan Soltesz; Opern und Extrachor (Alexander Eberle)
24.11.07	Festliches Gala-Konzert zugunsten der AIDS-Stiftung Mozart, Ouvertüre „Figaros Hochzeit"; Bernstein, Ouvertüre „Candide"; Massenet, Arie der Salome „Il est doux, il est bon" (Grace Bumbry) aus „Hérodiate"; Puccini, Arie der Tosca „Vissi d'arte, vissi d'amore" aus der gleichnamigen Oper; Gershwin, Serenas Klage „My Man's Gone Now"

(Michèle Crider) aus „Porgy and Bess"; Puccini, Arie der Mimi „Mi chiamano mimi" (Nataliya Kovalova) aus „La Bohème"; Mozart, „Rache-Arie" der Königin der Nacht" (Ekaterina Lekhina) aus „Die Zauberflöte"; Offenbach, Arie der Olympia „Les oiseaux dans la charmille" (Ekaterina Lekhina) aus „Hoffmanns Erzählungen"; Wagner, „Winterstürme" *(Burkhard Fritz)* aus „Die Walküre"; Lehár, Lied „Dein ist mein ganzes Herz" *(Burkhard Fritz)* aus „Das Land des Lächelns"; Verdi, Arie des Herzogs „La donna è mobile" (Wookyung Kim) aus „Rigoletto"; Wagner, „Fliedermonolog" des Hans Sachs (Wolfgang Koch) aus „Die Meistersinger"; Arie des Riccardo „Ma se m'è forza perdeti" (Massimiliano Pisapia) aus „Un ballo in maschera"; Puccini, Arie des Kalaf „Nessun dorma" (Massimiliano Pisapia) aus „Turandot"; Mozart, Arie des Grafen „Hai già vintra la causa" (Luca Pisaroni) aus „Figaros Hochzeit"; Gershwin, Lied „Embraceable you" (Luca Pisaroni); Finale: Verdi, „Trinklied" aus „La Traviata" (alle Mitwirkenden) ML Stefan Soltesz; Extrachor des Aalto-Theaters (Alexander Eberle) Moderation: Edda Moser; Künstlerische Leitung: Dr. Alard Rohr

01.01.08 Neujahrskonzert
Rossini, Ouvertüren „Wilhelm Tell"; Addinsell, „Warschauer Konzert für Klavier und Orchester" (Gerhard Opitz); Gershwin, Song „Embraceable You"; Rózsa, „Spellbound – Concerto für Klavier, Theramin und Orchester (Gerhard Opitz; Carolina Eyck); Tschaikowsly, „Capriccio italien" Kálmán, Auftrittslied der Sylvia „Heia, heia …" (Evelyn Herlitzius); Duett Sylvia/Edwin „Mädchen gibt es wunderfeine" und „Weißt du es noch?" (Evelyn Herlitzius/Jeffrey Dowd) aus „Die Csárdásfürstin); Lehár, Lied des Sou-Chong „Dein ist mein ganzes Herz" (Jeffrey Dowd) aus „Das Land des Lächelns"; Strauß, „Kaiserwalzer" ML: Stefan Soltesz

Kennedyplatz
19.08.07 Opern-Air-Konzert: Programm wie 16.08. (Philharmonie)

■ Gastspiel
Foyer
03.02.08 Salonkonzert: „Kann denn Liebe Sünde sein?" mit dem Ensemble Pomp-A-Dur und Stefan Lex (Tenor und Moderator)

Ballett

Ballettdirektor: Prof. Martin Puttke; *Persönliche Mitarbeiterin des Ballettdirektors:* Annette El-Leisy
Ballettmeister: Raimondo Rebeck; *Ballettmeisterin:* Anja Fischer
Ballettpianist: Victor Rodriguez Olano; *Dirigenten:* Rasmus Baumann, Xaver Poncette, Florian Ziemen
Gast-Orchester: Bochumer Symphoniker („Schwanensee"/„Dornröschen"); Bergische Symphoniker („*Leonce* und Lena"); Renate und Xaver Poncette, Klavier („Der grüne Tisch")
Dramaturgie (Gast): Esther Dreesen

Choreografen der Neuinszenierungen: Johan Inger/Carolina Armenta, Kurt Jooss/Anna Markard/Jeannette Vondersaar, Susanne Linke, Christian Spuck
Ausstatter der Neuinszenierungen: Myla Ek, Hein Heckroth, Johan Inger, Susanne Linke, Emma Ryott

Compagnie: Taciana Cascelli, Alicia Olleta, *Solo*
Ludmila Nikitenko, Yulia Tsoi, Philippa Ward, *Solo mit Gruppe*
Yoo-Jin Jang, Ana Sànchez Portales, Svetlana Gileva, *Gruppe mit Solo*
Elsa Fraschetti, Alena Gorelcikova, Valeria Lampadova, Michelle Yamamoto*, *Gruppe*
Tomás Ottych, Marat Ourtaev, Raimondo Rebeck, *Solo*
Cleiton Diomkinas, *Solo mit Gruppe*
Nwarin Gad, Vardan Khachatryan, Ivan Korneev*, Dragan Selakovič, Denis Untila, Denis Veginy, *Gruppe mit Solo*

Deniz Cakir, Malthe Clemens, Olexandre Shyryayev, Igor Volovskyy, Bjarte Wedervang Bruland, *Gruppe*
Praktikanten/innen: Jessica de Fanti-Teoli*, Ezra Houben*, Natalya Hovhannisyan*, Sayako Kado*, Racquel López-Organo*
Annette El-Leisy, Gorica Stanković

Gäste: Paula Archangelo, Maria Deller-Takemura, Eva Ganneau, Natalia Korneeva, Ana Carolina Reis; Alexander Andreyev, Diego Brichese, Apolo Franca, Davit Jeyranyan, Slobodan Jovic, Rudolf Kubicko, Mario Perricone, Justo Moret Ruiz, Manuel Vaccari
Gäste (Abschieds-Gala für Martin Puttke): Marina Antonova, Monica Fotescu-Uta, Mia Johansson, Beatrice Knop, Brit Rodemund; Mark Radjapov, Ronald Savkovic Wladislaw Solounov, Marian Walter
Absolventen der Tanzakademie Arnheim; Ansolventen der Tanz Akademie Zürich

Gesangssolisten: Astrid Kropp; Albert Kludszuweit, Rainer Maria Röhr, Heiko Trinsinger; Tobias Scharfenberger (Gast)
Schauspieler: Bettina Engelhardt (Grillo); Mark Oliver Bögel *(Gast)*

■ Ballette (N)

01.12.07 „Home and Home" von Johan Inger/Armenta//Amon Tobin/André Ferrari u. a. (10) – B: Inger, K: Ek
„Kaikou" (U) von Susanne Linke//Mahler; K: Linke
„Der grüne Tisch" von Kurt Jooss/Markard/Vondersaar//Fritz A. Cohen; A: Heckroth
27.04.08 „Leonce und Lena" (U) von Christian Spuck//Johann Strauß/Martin Donner u. a. (9) – ML: Ziemen, A: Ryott

■ Ballette (WA)

29.08.07 „Solitaire" von Thoss//Bartók – „Carmina Burana" von Dörnen//Orff (7)
12.10.07 „Schwanensee – Zwischen Mitternacht und Morgen" von Thoss//Tschaikowsky (6+2)
29.02.08 „Dornröschen" von Lux//Tschaikowsky (7)
20.06.08 „Die Kinder" von Spuck//Donner (2)

■ Abstecher
– „Schwanensee – Zwischen Mitternacht und Morgen" (St. Pölten, 19./20.01.08)

■ Sonderveranstaltungen
Aalto-Theater
25.11.07 Einführungsmatinee zur Premiere „Home and Home"/„Kaikou"/„Der grüne Tisch"
01.03.08 Gala Verleihung des Deutschen Jubiläums-Tanzpreises 2008 an John Neumeier
John Neumeier//Stephen C. Foster, „Yondering" (Ballettschule des Hamburger Balletts); John Neumeier//Gershwin, „Shall wie dance?" (Silvia Azzoni/Alexandre Riablo, Hamburger Ballett); John Neumeier//Beatles, „Yesterday" (Silja Schwandoff/Sebastian Kloborg, Royal Danish Ballet); John Neumeier//Chopin, „Pas de deux aus „Die Kameliendame" (Sue Jin Kang/Marijn Rademaker, Stuttgarter Ballett); John Neumeier//Schostakowitsch/Tschaikowsky/Skrjabin, Pas de deux aus „Die Möwe" (Valeria Mukhanova/Dmitry Khamzin, Moskauer Stanislavsky-Theater); John Neumeier//Prokofjew, Pas de deux aus „A Cinderella Story" (Ivy Amista/Lukáš Slavicky, Ballett der Bayerischen Staatsoper); John Neumeier//Delibes, Pas de deux aus „Sylvia" (Laëtitia Pujol/Manuel Legris, Ballet de l'Opéra de Paris); John Neumeier//Prokofjew/Schnittke, Pas de deux aus „Endstation Sehnsucht" (Katja Wünsche/Jason Reilly, Stuttgarter Ballett); John Neumeier//Chopin „Pas de deux aus „Die Kameliendame" (Lucia Lacarra, München/Roberto Bolle, Mailand); John Neumeier//Auerbach, Pas de deux aus „Die kleine Meerjungfrau" (Silvia Azzoni/Carsten Jung, Hamburger Ballett); John Neumeier//Simon & Garfunkel, „Opus 100 – for Maurice" (Alexandre Riabko/Peter Dingle, Hamburg Ballett)
20.04.08 Einführungsmatinee zur Premiere „Leonce und Lena"

27.06.08 Abschieds-Gala für Ballettdirektor Martin Puttke mit dem Ensemble und Gästen
Ausschnitte aus „Dornröschen"/„Die Brüder Karamasow"/„Der Nussknacker"/„Die Kinder"/„Schwanensee"/ „Leonce und Lena"/„Romeo und Julia"/„Don Quixote" sowie Boris Eifman//Rachmaninow, „Gopak"; Grete Wiesenthal//Strauß, „Wein, Weib und Gesang"; Ronald Savkovic//Ghalumyan, „Transparente"; Wassili Wainonen//Assafjew, „Flamme von Paris"; Sara Lorenzo//Chico Cesar/Slagerij van Kampen, „Beijos" (Absolventen der Tanzakademie Arnheim); Mario Schröder//Zap Mama, „Erdbeermund" (Absolventen der Tanz Akademie Zürich) – Künstlerische Leitung: Raimondo Rebeck, ML: Florian Ziemen, Moderation: Ina Wragge

(ohne Datum: Ernennung von Martin Puttke zum Ehrenmitglied der Theater & Philharmonie Essen)

23.06.08 Red Dot Award 2008 – Mitwirkung des Balletts (2. Akt „Leone und Lena")

Cafeteria

23.11.07 Das Blaue Sofa: Tänzerin und Choreografin Susanne Linke zu Gast bei Ina Wragge

18.04.08 Das Blaue Sofa: Ballettdirektor Martin Puttke zum Abschied im Gespräch mit Ina Wragge

■ Gastspiele

Aalto

17.06.08 Ballett-Studio Roehm: „Coppélia" von Léo Delibes, auch 19.06. Ch: Cheryl und Jeremy Leslie-Spinks u. a.; in den Hauptrollen: Elisa Fraschetti/Ivan Korneev (Aalto-Ballett)

Spielzeit 2008/09

Geschäftsführer: Berger Bergmann*

Musiktheater

Opernintendant: GMD Stefan Soltesz; *Assistent der Intendanz:* Klaus Kröhne*
Künstlerische Betriebsdirektorin und Stellvertreterin des Intendanten: Juliane Pschigode
Leiterin KBB: Jorinde Meßlinger; Sabine Schittek
Dramaturgen: Ina Wragge (Leitung); Nils Szczepanski; *Gäste:* Wilfried Bruis, Wilfried Buchholz, Andreas Wendholz
Presse- und Öffentlichkeitsarbeit: Azita Mortazawi-Izadi, Kristina Scharmacher

Dirigenten: Stefan Soltesz; Noam Zur*, 1. Kapellmeister; Florian Ziemen, 2. Kapellmeister; Volker Perplies; *Gäste:* Heribert Feckler, Jos van Veldhoven; *Repetitoren:* Oliver Malitius, Studienleiter; Juriko Akimoto, Boris Gurevich, Volker Perpies, Florian Ziemen
Chordirektor: Alexander Eberle; *Chorinspizientin und Assistentin des Chordirektors:* Inna Batyuk*
Choreografen (Gäste): James de Groot, Paul Kribbe
Essener Philharmoniker; *Gastorchester:* United Rock Orchestra („Chess"); Bergische Symphoniker („Das Feuerwerk", 10×)

Regisseure der Neuinszenierungen (Gäste): Andreas Baesler, James de Groot, Dietrich Hilsdorf, Tilman Knabe, Paul Kribbe, Andejs Žagars
Ausstattungsdirektor: Manfred Gruber
Ausstatter der Neuinszenierungen (Gäste): Dirk Becker, Martina Feldmann, Kathi Maurer, Alfred Mayerhofer, Alexander Orlov, Kristine Pasternaka, Alfred Peter, Dieter Richter, Renate Schmitzer, Harald Thor
Technischer Direktor: Daniel Kaiser

Ensemble: Christina Clark, Francisca Devos*, Marie-Helen Joël, Astrid Kropp, Olga Mykytenko*, Jeva Prudnikovaite*, Bea Robein, Ildiko Szönyi; Peter Bording, Jeffrey Dowd, Michael Haag, Andreas Hermann, Günter Kiefer, Albrecht Kludszuweit, Rainer Maria Röhr, Marcel Rosca, Almas Svilpa, Károly Szilágyi, Heiko Trinsinger
Chorsolisten: Sabine Brunke, Julia Ehlers, Yan Kocherscheidt, Kyung-Nan Kong, Anne Rosenstock, Michaela Sehrbrock, Marion Thienel, Sabine Wehlte, Ginette Willaerts; René Aguilar, Andreas Baronner, Ernesto Biondo, Bruce Cox, Andre Fox, Peter Holthausen, Wolfgang Kleffmann, Norbert Kumpf, Michael Kunze, Joo Youp Lee, Arman Manukyan, Stoyan Milkov, Holger Penno, Markus Seesing, Thomas Sehrbrock, Michael Siemon, Mario Tardivo, Sven Westfeld, Karl-Ludwig Wissmann, Harald Wittkop, Ulrich Wohlleb

Gäste/Teilspielzeit: Irena Bespalovaite, Jana Büchner, Helen Donath, Catherine Foster, Nina Gravrok, Danielle Halbwachs, Franziska Hösli, Petya Ivanova, Natalie Karl, Inga Kalna, Michaela Kaune, Barbara Kozelj, Yarislava Kozina, Melanie Kreuter, Inna Los, Alexandra Lubchansky, Aga Mikolaj, Katherina Müller, Sorina Munteanu, Sandrina Ost, Francesca Patané, Margaret Russell, Simone Schneider, Yekaterina Shimanovich, Annette Seiltgen, Michaela Selinger, Ljubov Sokolova, Margarita Turner, Urantsetseg Urtnasan Cozzoli, Anna Virovlansky, Jacquelyn Wagner, Elena Zhidkova; Shavleg Armasi, Hans-Christoph Begemann, Arnold Bezuyen, Jean-François Borras, Ewan Bowers, Marco Chingari, Daniel Djambazian, Franz Hawlata, Patrick Henckens, Narkus Liske, Scott MacAllister, Andreas Macco, Thomas J. Mayer, Richard Medenbach, Thomas Mehnert, Johannes Preißinger, Diogenes Randes, Matthias Rexroth, Felipe Rojas Velozo, Mark Rosenthal, Michail Ryssov, Alex Sanmarti, Victor Sawaley, Tobias Scharfenberger, Jochen Schmeckenberger, Egil Silins, Werner Sindemann, Terjc Stens-

vold, Uwe Stickert, Alexei Tanovitzki, Matias Tosi, Dario Volonté, Hartmut Welker
Gäste („Chess"): Ann Christin Elverum, Claudia Dilay Hauf, Femke Soetenga; Kai Hüsgen, Serkan Kaya, Romeo Salazar, Kristian Vetter, Henrik Wager
Gäste („Das Feuerwerk"): Eva Aasgaard, Gudrun Schade, Karin Velinova; Andreas Bieber, Reinhard Brussmann, Mark Murphy, Richard Panzner; *Tänzer/innen:* Ramona Kunze, Karin van Sijda; Hilton Ellis, Andrew Waters; Oleksandre Shyryayew (Aalto)

■ **Opern (N)**

08.11.08	„Das Rheingold" von Richard Wagner (10) – ML: Soltesz, I: Knabe, B: Peter, K: Maurer
31.01.09	„Fürst Igor" von Alexander Borodin (12) – ML: Zur, I: Žargars, B: Orlov, K: Pasternaka
1.04.09	„Nabucco" von Giuseppe Verdi (12) – ML: Zur, I: Baesler, B: Thor, K: Mayerhofer
24.05.09	„Die Walküre" von Richard Wagne (7) – ML: Soltesz, I: Hilsdorf, B: Richter, K: Schmitzer

■ **Musical (N)**

13.09.08 „Chess – Das Musical" von Benny Andersson/Björn Ulvaeus (21) – ML: Feckler, I: de Groot/Kribbe B: Becker, K: Feldmann

■ **Opern (WA)**

07.09.08	„Semele" von Händel (5)
20.09.08	„Don Giovanni" von Mozart (5)
03.10.08	„Turandot" von Puccini (4)
16.10.08	„Hänsel und Gretel" von Humperdinck (4)
02.11.08	„Die Zauberflöte" von Mozart (7)
30.11.08	„La Bohème" von Puccini (5)
23.12.08	„Tannhäuser" von Wagner (6)
08.01.09	„Aufstieg und Fall der Stadt Mahagonna" von Weill (3)
12.02.09	„Lucia di Lammermoor" von Donizetti (7)
14.03.09	„Der Rosenkavalier" von Strauss (4)
22.03.09	„Le nozze di Figaro" von Mozart (5)

■ **Musical (WA)**

17.10.08 „Das Feuerwerk" von Burkhard (12)

■ **Sonderveranstaltungen**
Aalto-Theater

31.08.08 Tag der offenen Tür – 20 Jahre Aalto-Theater (u. a. öffentliche Probe des Balletts; Probe zum Musical „Chess"; Bühnentechnik-Show; Abschlusskonzert mit den Philharmonikern)

07.09.08 Einführungsmatinee zur Premiere „Chess – Das Musical"

25.09.08 Zwanzig Jahre Aalto-Theater – Jubiläumskonzert
Wagner, Vorspiel zu „Die Meistersinger von Nürnberg"; Mozart, Arie „Hai già vinta la causa" des Grafen (Heiko Trinsinger) aus Figaros Hochzeit"; Mozart, Arie „Ein Mädchen oder Weibchen" des Papageno (Peter Bording) und Duett Papagena/Papageno „Pa-Pa-Pa-Pa" (Christina Clark/Peter Bording) aus „Die Zauberflöte"; Puccini, „Henkerchor" und „Mondchor" (Opern-, Extra- und Kinderchor) aus „Turandot"; Puccini, „Te Deum" (Rainer Maria Röhr/Károly Szilagyi/Opern-, Extra- und Kinderchor) aus „Tosca"; Tschaikowky, Pas de deux aus „Dornröschen" (Yoo-Jin Lang/Vardan Khachatryan); Ben Van Cauwenbergh, Ausschnitte aus „La vie en rose" (Adeline Pastor; Nwarin Gad/Marat Ourtaev/Denis Untila); Burkhard, „Ponny-Lied" (Francisca Devos) aus „Das Feuerwerk"; Joh. Strauß, „Im Feuerstrom der Reben"; „Brüderlein, Schwesterlein" (Christina Clark/Francisca Devos/Bea Robein; Peter Bording/Heiko Trinsinger (Opernchor) aus „Die Fledermaus"; Verdi, Ouvertüre „La forza del destino"; Verdi, Arie „Vieni, o Levita …" des Zacharias (Marcel Rosca) und Gefangenenchor (Opern- und Extrachor) aus „Nabucco"; Strauss, italienische Arie des Sängers (Andreas Hermann) aus „Der Rosenkavalier"); Strauß, „Tanz der sieben Schleier" aus „Salome"; Wagner, Finale aus „Das Rheingold" (Irena Bespalovaite/Barbara Kozelj/Bea Robein/Ildiko Szönyi; Andreas Hermann/Rainer Maria Röhr/Almas Svilpa/Heiko Trinsinger); Wagner,

	„Einzug der Gäste" (Opern- und Extrachor) aus „Tannhäuser" ML: Stefan Soltesz/Florian Ziemen/Noam Zur; Chöre: Alexander Eberle
02.11.08	Einführungsmatinee zur Premiere „Das Rheingold"
18.01.09	Einführungsmatinee zur Premiere „Fürst Igor"
05.04.09	Einführungsmatinee zur Premiere „Nabucco"
14.05.09	Festlicher Abend für den „Freundeskreis Theater und Philharmonie Essen" Verdi, Ouvertüre zu „Die Macht des Schicksals"; Verdi, Gefangenenchor aus „Nabucco" (Opern- und Extrachor); Puccini, „Henkerchor" und „Mondchor aus „Turandot" (Opern und Extrachor/Kinderchor); Wagner, „Lied an den Abendstern" (Heiko Trinsinger) aus „Tannhäuser"; Wagner, „Winterstürme …" (Danielle Halbwachs/Jeffrey Dowd) aus „Die Walküre" Strauß, „Ouvertüre zu „Die Fledermaus"; Kálmán, „Weißt du es noch" (Bea Robein/Peter Bording) aus „Die Csárdásfürstin; Strauß, Polka „Eljen a Magyar"; Burkhard, „O mein Papa" (Christina Clark) aus „Feuerwerk"; Strauß, „Im Feuerstrom der Reben"/„Brüderlein, Schwesterlein" (Christina Clark/Francisca Devos/Bea Robein; Peter Bording/Heiko Trinsinger/Opernchor) aus „Die Fledermaus"; Wagner, „Einzug der Gäste" (Opern- und Extrachor) aus „Tannhäuser" ML: Stefan Soltesz; Alexander Eberle (Chor); Moderation: Ina Wragge/Stefan Soltesz
17.05.09	Einführungsmatinee zur Premiere „Die Walküre"

Cafeteria

17.10.08	Das Blaue Sofa: Stefan Soltesz/Andreas Weber im Gespräch mit Ina Wragge
28.11.08	Das Blaue Sofa: Das neue Ensemblemitglied Francisca Devos zu Gast bei Nils Szczepanski
19.12.08	Das Weihnachtssofa – Lieder und Geschichten zur Advents- und Weihnachtszeit mit Gesangssolisten und den Dramaturgen Ina Wragge/Nils Szczepanski
21.12.08	Swingin' Christmas mit Christina Clark/Claudia Hauff, Peter Bording und dem Aalto-Jazz-Trio
16.01.09	Das Blaue Sofa: Die Sopranistin Danielle Halbwachs im Gespräch mit Ina Wragge
13.02.09	Das Blaue Sofa: Nils Szczepanski trifft sich mit Schlagzeugern und Paukern der Philharmoniker
27.03.09	Das Blaue Sofa: Kostümdirektor Ulrich Lott zu Gast bei Ina Wragge
15.05.09	Das Blaue Sofa: Catherine Foster im Gespräch mit Nils Szczepanski
30.05.09	Swingin' Spring: Jazz in der Cafeteria mit Claudia Hauf, dem Aalto-Jazz-Trio, Andreas Laux

Foyer

10.11.08	Jubiläums-Benefizgala zugunsten des „Arbeitskreises Straßenkinder in Rumänien s. V." Mitwirkende: Christina Linke/Richetta Manager; Stefan Lex/Marcel Rosca/Károly Szilágyi (Gesang); Vokalensemble Stefan Lex (Chormusik); Sigrid Althoff/Mariko Ashikawa/Hans Brun (Klavier) Moderation: Jöeg Thadeusz
20.11.08	Einführung in „Das Rheingold" von Richard Wagner mit Prof. Wolfram Steinbeck
19.06.09	Jazz-Session mit Christian Clark (Gesang) und dem Aalto-Jazz-Trio

Philharmonie

21.08.08	Konzert für Bürger/innen mit Behinderung Wagner, Ouvertüre „Der fliegende Holländer"; Bernstein, „Symphonische Tänze" aus „West Side Story"; Dvořák, „Slawischer Tanz" op. 46 (Nr. 7); Resphigi, „Pini di Roma" ML: Noam Zur
01.01.09	Neujahrskonzert Lalo Schifrin, „Mission Impossible" (Thema); Benny Andersson/Björn Ulvaeus/Tim Rice, „Instrumental"; Song der Florence „You and I"; Song des Frederick Trumper „Pity the Child" aus dem Musical „Chess"; Cole

Porter, Ouvertüre „Kiss me, Kate"; Song der Ann Lane „Wann kann ich dir trau'n?" und „Treu bin ich nur dir"; Duett Lilli Vanessi/Fred Graham, „So in Love"; Monty Norman/Bill Conti/Paul McCartey/John Barry, Themes from „007" (Medley); John Williams, „Star Wars"; „Imperial March"; Herman Hüpfeld, „A Time Goes By" aus dem Film „Casablanca"; Gershwin, Duett Porgy/Bess „You is my woman now";Song der Bess „Summertime"; Song des Sporting Life „It Ain't Necessary" aus „Porgy and Bess"; James Horner, „My Heart Will Go on", Titelsong aus dem Film „Titanic"; Henry Mancini, „The Pinc Panther"; Elton John/Tim Price, „Can You Feel the Love Tonight?" aus „Der König der Löwen"
ML: Heribert Feckler; Solisten: Christina Clark/Anna-Christin Elverum/Marie-Helen Joël; David Michael Johnson/Henrik Wager

Kennedyplatz
24.08.08   Opern-Air-Konzert: Programm wie 21.08. (Philharmonie)

■ **Gastspiel**
Foyer
22.02.09   „Rendezvous im Kaffeehaus" mit dem Bremer Kaffeehausorchester

Ballett

Ben Van Cauwenbergh
Ballettdirektor 2008–2012, Ballettintendant seit 2013

Der Belgier Ben Van Cauwenbergh wurde in Antwerpen geboren (Jahrgang 1958). Als Sohn der Tänzerin Anna Brabants („Geschwister Brabants") erhielt er bereits frühzeitig Ballettunterricht und trat nach seiner Ausbildung am Staatlichen Institut für Ballett sein erstes Engagement beim Königlichen Ballett von Flandern an. 1976 errang er beim internationalen Ballettwettbewerb von Varna die Silbermedaille und gewann noch im selben Jahr die Goldmedaille des renommierten „Prix de Lausanne". Von 1978 bis 1984 war Ben Van Cauwenbergh Erster Solist des Londoner Festival Ballet (heute English National Ballet) und tanzte unter der Direktion von Beryl Grey und John Field zahlreiche Hauptrollen in Balletten wie „Dornröschen", „Giselle" und „Schwanensee" sowie gemeinsam mit Rudolf Nurejew in dessen Produktion von „Romeo und Julia". Valery Panov schuf für ihn die Rolle des „Hamlet" in seinem gleichnamigen Ballett.

1984 kehrte Van Cauwenbergh an das Königliche Ballett von Flandern zurück und wurde im selben Jahr vom Magazin „Dance and Dancers" zum Tänzer des Jahres gewählt. Drei Jahre später wechselte er als Erster Solist zum Ballett von Bern und wurde dann 1989 Ballettdirektor und Chefchoreograf in Luzern. Von 1992 bis 2007 arbeitete er als Ballettdirektor und Chefchoreograf am Hessischen Staatstheater Wiesbaden. (Dramaturgie des Aalto-Theaters, Spielzeit 2008/09)

Ben Van Cauwenbergh im Vorwort des Spielzeit-Prospekts 2008/09: „Mein Hintergrund als klassischer Balletttänzer lässt sich bei meiner Arbeit nicht verleugnen. Diese war immer schon von der klassischen Ästhetik geprägt, und das soll auch so bleiben. Ich möchte eine ausgewogene Symbiose aus klassischem und zeitgenössischem Tanz anbieten und so ein möglichst breites Publikum ansprechen … Ich habe dieses Stück [„La Vie en Rose"] absichtlich ausgewählt, zeigt es doch am charakteristischsten meine Handschrift und gibt mir so die Möglichkeit, mich hier als Choreograf vorzu-stellen…Mit diesem generationsübergreifenden Werk [„Tanzhommage an

che galt auch für Armen Hakobayan, der mit Denis Untila den Abend „Moving Colours" gestaltete. (Hakobayan ist inzwischen am Aalto-Theater Ballettmeister.) Auch Gastspielreisen u. a. nach Japan, Korea, Spanien und nach Winterthur/Schweiz zeigen die Wertschätzung der Essener Compagnie und ihres Ballettintendanten.

Ballettdirektor: Ben Van Cauwenbergh*; *Stellvertretender Ballettdirektor:* Marek Tuma*
Persönliche Mitarbeiterin des Ballettdirektors: Annette El-Leisy
Ballettmeisterin: Anja Fischer; *Ballettmeisterassistentin:* Alicia Olleta*
Ballettpianist: Victor Rodriguez Olano; *Dirigenten:* Florian Ziemen, Noam Zur
Gast-Orchester: Bochumer Symphoniker (WA „Dornröschen")

Queen"] möchte ich auf eine leicht verständliche Art und Weise vor allem (aber nicht nur) dem jüngeren Publikum das Ballett von einer anderen Seite präsentieren, mit Tanz begeistern und zu weiteren Theaterbesuchen ermutigen."

Mit „La vie en rose", mehr noch mit „Tanzhommage an Queen" hat van Cauwenbergh vor allem junges Publikum gewinnen können, sodass es regelmäßig Wiederaufnahme-Aufführungen gibt. Dass ihm sie „Nachwuchs"-Förderung sehr am Herzen liegt, beweist er mit seinem Education-Projekt, das dreimal unter dem Titel „Queeny" bzw. „Queeney Unplugged" mit Essener Schülern und Schülerinnen auf der Bühne des Aalto-Theaters realisiert wurde. Außerdem gab es gekürzte Fassungen der Handlungsballette „Max und Moritz" sowie „Don Quichote".

Die meisten Einstudierungen – oft schon in Wiesbaden erprobt – stammen vom Ballettchef, aber er hat auch mehrere berühmte Gastchoreografen gewinnen können, z. B. Roland Petit („Coppélia"), Peter Schaufuss („La Sylphide"), Heinz Spoerli („Ein Sommernachtstraum") und Alexander Ekman („3 by Ekman").

Mit der Ballett-Reihe „PTAH" ermöglichte van Cauwenbergh es Ensemblemitgliedern viermal, eigene Choreografien vorzustellen. Dabei überzeugten Michelle Yamamoto/Denis Untila so sehr, dass der Chef ihnen mit „Othello" sogar einen ganzen Ballettabend anvertraute; das glei-

Choreografen der Neuinszenierungen: Ben Van Cauwenbergh; Deniz Cakir, Cleiton Diomkinas, Nwarin Gad, Adelina Pastor, Denis Untila, Michelle Yamamoto; *Gäste:* André Baeta/Marcelo Moraes, John Inger, Roland Petit/Jan Broeckx, Young Soon Hue, Tenald Zace
Ausstatter der Neuinszenierungen: Ben Van Cauwenbergh, Ulrich Lott; *Gäste:* Mylla Ek, Enzo Frigerio, John Inger, Danielle Laurent, Dmitri Simkin, Sylvia Zuhr

Compagnie: Taciana Cascelli, Alicia Olleta, *Solo*
Yoo-Jin Jang, Ludmila Nikitenko, Adelina Pastor*, Yulia Tsoi, Philippa Ward, *Solo mit Gruppe*
Ana Sánchez Portales, *Gruppe mit Solo*
Elisa Faschetti, Alena Gorelcikova, Natalia Korneeva*, Michelle Yamamoto, *Gruppe*
Tomás Ottych, Marat Ourtaev, *Solo*
Cleiton Diomkinas, *Solo mit Gruppe*
Nwarin Gad, Vardan Khachatryan, Ivan Korneev, Dragan Selakovič, Denis Untila, *Gruppe mit Solo*
Deniz Cakir, Malthe Clemens, Davit Jeyranyan*, Wataru Shimizu*, Olexandre Shyryayev, Igor Volkovskyy, *Gruppe*
Annette El-Leisy, Gorica Stancovic; Marek Tuma
Gäste: Giulina Behnen, Paula Archangelo, Maria Deller-Takemura, Luna Johanna Erdmann,

Jessica de Fanti-Teoli, Eva Ganneau Valeria Lampadova, Ana Carolina Reis, Raquel López Ogando, Svetlana Schenk, Katharina Vlasova; Luigi Bonino, Emil Wedervang Bruland, Luke Aaron Forbes, Robert Kubicko, Fabien Pinot, Justo Moret Ruiz
Schauspieler: Zygmunt Apostol

■ Ballett (N)

- 11.10.08 „La vie en rose" von Ben Van Cauwenbergh//John Adams/Französische Chansons (15) – B: Simkin, K: Laurent
- 07.03.09 „Tanzhommage an Queen" von Ben Van Cauwenbergh//Queen (13+8) – B: Simkin, K: Van Cauwenbergh
- 18.04.09 „Home and Home" von John Inger// Joh. Sebastian Bach/Amon Tobin/ André Ferrari u. a. (3) – B: Inger, K: Ek
Ptah „Erlösung" (U) von Cleiton Diomkinas//Clint Mansell – „Circle of Life (U) von Nwarin//Declan Galbraith/Lisa Gerrard – „Cube" (U) von Deniz Cakir//Linkin Park – „Somehow" (U) von Adeline Pastor//Arno Babajanyan – „Maquete" (U) von Michelle Yamamoto//Múm/Michel Colombier – „Game (U) von Denis Untila//Múm/Lali Puna – „A Motherless Child" von André Baeta/Marcelo Moraes//Van Morrison – „La voce di due mandolin!" von Tenald Zace//Antonio Vivaldi – „This is Your Life" von Young Soon Hue//Astor Piazzolla/Jacob Gade, K: Ulrich Lott/ Sylvia Zuhr
- 21.06.09 „Coppélia" von Roland Petit/Broeckx//Léo Delibes (5) – ML: Zur, A: Frigerio

■ Ballett (WA)

- 13.11.08 „Dornröschen" von Lux//Tschaikowsky (6)
- 14.11.08 „Dornröschen für Kinder" (5)

■ Abstecher

- Ausschnitte aus „La vie en rose"/„Tanzhommage an Queen" (Korea, August 2008, 10 Mitglieder)
- „Tanzhommage an Queen" (Palma di Mallorca 21./22./23./24.01.09; Seoul/Daegu/ Ulsan/Chang-Won, Ende 04./Anfang 05., 4×)
- Gala „Dance open" (Adelina Pastor, St. Petersburg, April 09)

■ Sonderveranstaltungen

Aalto-Theater

- 05.10.08 Einführungsmatinee zur Premiere „La vie en rose"
- 01.03.09 Einführungsmatinee zur Premiere „Tanzhommage an Queen"
- 21.03.09 Gala zur Verleihung des Deutschen Tanzpreises 2009 an Heinz Spoerli (Zukunftspreis: Tänzer Marijn Rademaker, Stuttgart)
  Heinz Spoerli//Brahms, Händel-Variationen auss „Brahms – ein Ballett" (Zürcher Ballett); Heinz Spoerli// Bach, Choreografische Uraufführung (Arman Grigoryan/Vahe Martirosyan/Yan Han (Zürcher Ballett) Wegen einer Verletzung von Marijn Rademaker entfiel die geplante Aufführung des Spoerli-Balletts „Peer Gynt"; stattdessen wurden sowohl Filmausschnitte aus der Zürcher Aufführung als auch aus Rademakers Rollen beim Stuttgarter Ballett gezeigt. Heinz Spoerli//Skrjabin, „Les débauches du rêve" (Zürcher Ballett); Heinz Spoerli//Bach, Choreografische Uraufführung (Zürcher Ballett, Bochumer Symphoniker); Heinz Spoerli//Glass, Ausschnitte aus „Ein Sommernachtstraum" (Zürcher Ballett) Bochumer Symphoniker
- 07.06.09 Einführungsmatinee zur Premiere „Coppélia"
- 29.06.09 Red Dot Award: Mitwirkung des Balletts (Ausschnitte aus „Tanzhommage an Queen")

Cafeteria

- 19.09.08 Das Blaue Sofa: Der neue Ballettdirektor Ben Van Cauwenbergh im Gespräch mit Ina Wragge
- 24.04.09 Das Blaue Sofa: Ballettdirektor Ben Van Cauwenbergh/Nils Szczepanski im Gespräch mit jungen Choreografen des „Aalto Ballett Theater"

19.06.09 Das Blaue Sofa: Roland Petit im
          Gespräch mit Ben Van Cauwenbergh/
          Ina Wragge

■ Abstecher
– Kurzfassungen von „La vie en rose"/„Tanzhommage an Queen" mit 10 Mitgliedern der Compagnie (Südkorea, August 2008)
– „Tanzhommage an Queen" (Korea, Mai 09, 4×)

■ Gastspiele
21.11.08 „Nefés", ein Stück von Pina Bausch//
          Astor Piazzolla/Tom Waits u. a.
          (Tanztheater Wuppertal) *Internationales Tanzfestival NRW
          2008–3 Wochen mit Pina Bausch*
23.11.08 „Masurca Fogo", ein Stück von
          Pina Bausch//Duke Ellington u. a.
          *(Internationales Tanzfestival NRW
          2008–3 Wochen mit Pina Bausch)*

Spielzeit 2009/10

Geschäftsführer: Berger Bergmann

Musiktheater

Opernintendant: GMD Stefan Soltesz; *Assistent der Intendanz:* Klaus Kröhne
Künstlerische Betriebsdirektorin und Stellvertreterin des Intendanten: Juliane Pschigode
Künstlerisches Betriebsbüro: Corinna Volke*, Thomas Böckstiegel*
Dramaturgen: Ina Wragge, Nils Szczepanski; *Gäste:* Bettina Bartz, Norbert Grote Alexander Meier-Dörzen-bach; *Presse- und Öffentlichkeitsarbeit:* Reinhard Beuth*, Kristina Scharmacher

Dirigenten: Stefan Soltesz, GMD; Noam Zur, 1. Kapellmeister; Alexander Eberle, Volker Perplies
Gäste: Heribert Feckler, Guillermo Garcia Calvo, Christoph Poppen, Jan van Veldhoven
Repetitoren. Oliver Malitius, Studienleiter; Jurika Akimoto, Boris Gurevich, Volker Perplies, Wolf-Maria Märtig*
Chordirektor: Alexander Eberle; *Chorinspektorin und Assistentin des Chordirektors:* Elena Pierini
Choreograf (Gast): Craig Revel Horwood
Essener Philharmoniker; *Gast-Orchester:* United Rock Orchestra („Chess"/„Jesus Christ Superstar")

Leiter der szenischen Einstudierung: Wolfgang Gruber*
Regisseure der Neuinszenierungen (Gäste): Karoline Gruber, Dietrich Hilsdorf, Michael Sturminger, Anselm Weber
Ausstattungsdirektor: Manfred Gruber
Ausstatter der Neuinszenierungen (Gäste): Raimund Bauer, Andreas Donhauser, Johannes Leiacker, Renate Martin, Renate Schmitzer, Mechthild Seipel, Roy Span, Bettina J. Walter
Technischer Direktor: Daniel Kaiser

Ensemble: Bea Robein, Christina Clark, Franzcisca Devos, Marie-Helen Joël, Astrid Kropp, Olga Mykytenko, Ieva Prudnikovaite, Ildiko Szönyi; Mikael Babajanyan*, Peter Bording, Jeffrey Dowd, Michael Haag, Andreas Hermann, Günter Kiefer, Albrecht Kludszuweit, Thomas Piffka, Rainer Maria Röhr, Marcel Rosca, Almas Svilpa, Heiko Trinsinger
Chorsolisten: Susanne Brunke, Julia Ehlers, Irmgard Hecker, Kyoko Kano-Wellers, Susanne Kohnke, Kyung-Nan Kong, Agnes Ocsenas, Anne Rosenstock, Uta Schwarzkopf, Michaela Sehrbrock, Maria Steingötter, Marion Thienel, Helga Wachter; René Aguilar, Andreas Baronner, Ernesto Binondo, Bruce Cox, Peter Holthausen, Yu Sun Hwang, Mateusz Kabala, Kyung-Guk Kim, Wolfgang Kleffmannm Michael Kunze, Joo Youp Lee, Sang-Yun Lee, Arman Manukyan, Stoyan Milkov, Holger Penno, Markus Seesing, Thomas Sehrbrock, Mario Tardivo, Edward Unruh, Karl-Ludwig Wissmann, Sven Westfeld, Harald Wittkop, Ulrich Wohlleb

Gäste/Teilspielzeit: Adina Aaron, Julia Bauer, Tanja Ariane Baumgartner, Laura Brioli, Luana DeVol, Helen Donath, Silvana Dussmann, Catherine Foster, Anett Fritsch, Stella Grigorian, Danielle Halbwachs, Almuth Herbst, Franziska Hösli, Petya Ivanova, Barbara Kozelj, Oksana Kramareva, Inna Los, Sorina Munteanu, Renée Morloc, Katherina Müller, Sandrina Ost, Francesca Patané, Olga Pasichnyk, Kismara Pessatti, Joslyn Rechter, Simone Schneider, Galina Shesterneva, Marie-Belle Sandis, Ljubov Sokolova, Kirsi Tiihonen, Uran Urtnasan Cozzoli, Anna Virovlanski, Caroline Whisnant, Stephanie Woodling; Mikhail Agafonov, Michael Baba, Wolfgang Brendel, Erin Caves, Marco Chingari, Oskar Hillebrandt, Bernd Hofmann, Michele Kalmandi, Alfred Kim, Wolfgang Koch, Tomasz Konieczny, Antonis Koroneos, Andreas Macco, Thomas Mehnert, Claudio Otelli, George Petean, Matthias Rexroth, Felipe Rojas Velozo, Jochen Schmeckenbecher, Werner Sindemann, Ljubov Dokolova, Uwe Stickert, Frieder Stricker,

Johnny van Hal, Victor von Halem, Mario Zeffiri, Zurab Zurabishvili

Gäste („Chess"): Claudia Dilay Hauf, Femke Soetenga; Romeo Salazar

Gäste („Jesus Christ Superstar"): Peti van der Velde; Martin Berger, Michael Bergmann, Marco A. Billep, Rüdiger Frank, Serkan Kaya, Hans Steunzer, Henrik Wager

Tänzer/innen („Jesus Christ Superstar"): Paula Archangelo, Michelle Escaño, Debora Formica, Claudia Dilay Hauf, Kristina Josefiak, Heather Shockley

Tänzer/innen („Die Csárdásfürstin"): Paula Cabral, Pavlína Cerná, Jessica de Fanti-Teoli, Michelle Escaño, Debora Formica, Gilda Rebello, Heather Shockley, Monika Stahler, Karin van Sijda; Jan Nicolas Bastel, Joeri Burger, Ivaldo de Castro, Maik Heinze, Justo Moret Ruiz, Claudio Gustavo Romero, Jason Sherri

Tänzer/innen: Kirstin Josefiak, Ana Carolina Reis, Anna Roura Maldonado; Oleksandr Shyryayev (Aalto)

Tämzerinnen („Aida"): Paula Cabral, Raquel Lopéz-Ogando

Gäste (Schauspieler): Ute Zehlen; Reinhard Brussmann, Carsten Faseler, Thorsten Krohn, Steffen Scheumann, Mark Weigel

■ **Opern (N)**

10.10.09 „Siegfried" von Richard Wagner (7) – ML: Soltesz, I: Weber, B: Bauer, K: Walter
23.01.10 „Lulu" von Albert Berg (11) – ML: Soltesz, I: Hilsdorf, B: Leiacker, K: Schmitzer
24.04.10 „Elegie für junge Liebende" von Hans Werner Henze (7) – ML: Zur, I: Gruber, B: Spahn K: Seipel
24.05.10 „Die Perlenfischer" von Georges Bizet (9) – ML: Zur *(konzertant)*

■ **Operette (N)**

20.03.10 „Die Csárdásfürstin" von Emmerich Kálmán (11) – ML: Soltesz, I: Sturminger, A: Martin/Donhauser, Ch: Horward

■ **Opern (WA)**

12.09.09 „Un ballo in maschera" von Verdi (5)
04.10.09 „Semele" von Händel (5)
24.10.09 „I Puritani" von Bellini (5)
28.10.09 „Nabucco" von Verdi (8)
29.10.09 „Don Giovanni" von Mozart (5)
03.12.09 „Die Zauberflöte" von Mozart (5)
04.12.09 „Carmen" von Bizet (8)
29.01.10 „Turandot" von Puccini (5)
20.02.10 „Tosca" von Puccini (4)
13.05.10 „Die Walküre" von Wagner (3)
04.06.10 „Die Frau ohne Schatten" von Strauss (2+1)
10.06.10 „Das Rheingold" von Wagner (3)
02.07.10 „Aida" von Verdi (4)

■ **Musicals (WA)**

13.09.09 „Chess" von Andersson/Ulvaeus (7)
21.02.10 „Jesus Christ Superstar" von Webber (9)

■ **Abstecher**

– Garmisch-Partenkirchen („Die Frau ohne Schatten", *konzertant,* 16.06.10)

■ **Sonderveranstaltungen**

Aalto-Theater

06.09.09 Tag der offenen Tür (19 Uhr): „As you like it" mit Solisten/Ballett/Philharmonikern/United Rock Orchestra, ML: Volker Perplies/Heribert Feckler
04.10.09 Einführungsmatinee zur Premiere „Siegfried"
17.01.10 Einführungsmatinee zur Premiere „Lulu"
14.03.10 Einführungsmatinee zur Premiere „Die Csárdásfürstin"
18.04.10 Einführungsmatinee zur Premiere „Elegie für junge Liebende"
13.06.10 Von „Aida" bis „Walküre" – Festliche Veranstaltung für den „Freundeskreis" Wagner, „Walkürenritt" (Orchesterfassung) aus „Die Walküre"; Bizet, Duett Zurga/Nadir „Au fond du temple saint" (Heiko Trinsinger/Andreas Hermann); Arie der Leila „Me voilà seule fans la nuit" (Olga Mykytenko); Chor „Dès que le soleil dans le ciel vermeil" (Opernchor/Extrachor) aus „Die Perlenfischer"; Delibes, Tanz mit der Puppe „Coppélia" (Tomás Ottych); Bizet, „Les voici!" (Opernchor/Extrachor) aus „Carmen"; Verdi, Arie des Renato „Eri tu" (Mikael Babajanyan) aus „Ein Maskenball";

Wagner, Finale aus „Das Rheingold" (Francisca Devos/Marie-Helen Joël/Bea Robein/Ildiko Szönyi; Andreas Hermann/Rainer Maria Röhr/Almas Svilpa/Heiko Trinsinger); Wagner, Arie der Elisabeth „Dich teure Halle" (Luana DeVol) aus „Tannhäuser"; Van Cauwenbergh//Edith Piaf, „Non, je ne regrette rien" aus „La Vie en Rose" (Adeline Pastor); Van Cauwenbergh//Queen, „Love of my life" aus „Tanzhommage an Queen" (Yulia Tsoi/Tomás Ottych); Kálmán, Lied des Boni „Aus ist's mit der Liebe …" (Albrecht Kludszuweit/Opernchor); Duett Stasi/Edwin „Machen wir's den Schwalben nach" (Francisca Devos/Peter Bording; Duett Sylvia/Edwin „Weißt du es noch?" (Bea Robein/Peter Bording); Duett Stasi/Boni „Mädel guck, das ist die Liebe" (Francisca Devos/Albrecht Kludszuweit) aus „Die Csárdásfürstin"); Verdi, Triumphmarsch und Ballettmusik aus „Aida" (Opernchor/Extrachor)
ML: Stefan Soltesz/Noam Zur; Moderation: Ina Wragge/Stefan Soltesz

Cafeteria

09.10.09 Das Blaue Sofa: Bühnenbildnerin Bettina Walter im Gespräch mit Ina Wragge

30.10.09 Das Blaue Sofa: Ki-Ka-Moderator Juri Tetzlaff zu Gast bei Dramaturg Nils Szczepanski

13.12.09 Swingin' Christmas mit Christina Clark/Claudia Hauf/Henrik Wager (Gesang), dem Alto-Jazz-Trio und Andreas Laux (Saxofon), auch 19.12.

15.01.10 Das Blaue Sofa: Sopranistin Julia Bauer zu Gast bei Ina Wragge

01.02.10 Hör-Stunde – Kerstin Schüssler über die Deutsche Erstaufführung von „Lulu" in Essen 1953

26.02.10 Das Blaue Sofa: Die Orchesterstipendiaten im Gespräch mit Nils Szczepanski

05.03.10 Das Blaue Sofa: Regisseur Michael Sturminger („Die Csárdásfürstin") zu Gast bei Ina Wragge

09.04.10 Das Blaue Sofa: Beleuchtungschef Jürgen Nase zu Gast bei Nils Szczepanski

21.05.10 Das Blaue Sofa: Sopranistin Olga Mykytenko zu Gast bei Nils Szczepanski

Foyer

14.10.09 Kammersänger Marcel Rosca singt Arien aus Opern von Verdi/Wagner/Boito und aus dem Musical „Anatevka" O. Malitius (Klavier)/Ina Wragge (Moderation)

04.11.09 Vortrag zum „Ring": Siegfried – Wotans letzte Karte? – Mit Prof. Dr. Udo Bermbach

16.11.09 Benefizgala für rumänische Straßenkinder

11.12.09 Das Weihnachtssofa – Lieder und Geschichten zur Advents- und Weihnachtszeit mit Gesangssolisten und dem Kinderchor des Aalto-Theaters, Ina Wragge/Nils Szczepanski

Philharmonie

27.08.09 Konzert für Bürger/innen mit Behinderung
Lalo Schifrin, „Mission Impossible" (Hauptthema); Gershwin, Song der Bess „There's a Boat" (Christina Clark); Beatles-Medley; Bernstein, Song Maria/Tony „Tonight" (Christina Clark/Henrik Wager) aus „West Side Story"; James-Bond-Medley; Guy Chambers/Robbie Williams, „I Will Talk and Hollywood Will Listen"; John Williams, „Imperial March" und Main Title („Star Wars")
ML: Heribert Feckler

01.01.10 Neujahrskonzert
Schubert, „Sinfonie Nr. 5"; Mozart, Klavierkonzert d-Moll, KV 466" (Lisa de la Salle); Strauß (Sohn), „Im Krapfenwald"/„Ägyptischer Marsch"/„Eljen a Magyar"/„Unter Donner und Blitz"/„Kaiserwalzer"/Ouvertüre „Die Fledermaus"/„An der schönen blauen Donau"; Strauß (Vater), „Radetzky-Marsch"
Stefan Soltesz

Kennedyplatz

29.08.09 Open-Air-Konzert: Programm wie 27.08. (Philharmonie)

■ **Gastspiel**
Foyer
14.02.10 „Südliche Nächte oder Granada ist überall" – Salonkonzert mit den Rheinnixen

Ballett

Ballettdirektor: Ben Van Cauwenbergh; *Stellvertretender Ballettdirektor und Ballettmeister:* Marek Tuma
Persönliche Mitarbeiterin des Ballettdirektors: Annette El-Leisy; *Ballettmeisterassistentin:* Alicia Olleta;
Ballettpianist: Victor Rodriguez Olano; *Dirigenten:* Volker Perplies, Florian Ziemen, Noam Zur
Gast-Orchester: Bochumer Symphoniker („Coppélia"/„Architectureof Silence"); Bergische Symphoniker („Leonce und Lena")

Choreografen der Neuproduktionen (Gäste): Edward Clug, Patrick Delcroix, Peter Schaufuss/Marilyn Vella-Gatt
Ausstatter der Neuproduktionen (Gäste): Patrick Delcroix, Marko Japelj, Leo Kulaš, David Walker

Compagnie: Taciana Cascelli, Alicia Olleta, *Solotänzerinnen*
Yoo-Lin Jang, Ludmila Nikitenko, Miho Ogimoto*, Adeline Pastor, Yulia Tsoi, *Solo mit Gruppe*
Natalia Korneeva, Ana Sánchez Portales, Maria Lucia Segalin*, *Gruppe mit Solo*
Elisa Fraschetti, Alena Gorelcikova, Michelle Yamamoto, *Gruppe*
Breno Bittencourt*, Tomás Ottych, Marat Ourtaev, *Solotänzer*
Cleiton Diomkinas, Denis Untila, *Solo mit Gruppe*
Nwarin Gad, Davit Jeyranyan, Vardan Khachatryan, Ivan Korneev, Dragan Selakovic, Wataru Shimizu, *Gruppe mit Solo*
Deniz Cakir, Olexandre Shyryayev, Igor Volkovskyy, *Gruppe*
Gäste: Paula Archangelo, Giuliana Behnen, Luisa Brebeck, Paula Cabral, Vivian de Britto Schiller, Jessica de Fanti-Teoli, Raquel Lopéz Ogando, Ana Carolina Reis, Svetlana Schenk, Katharina Vlasova; Jan Bastel, Nikolas Gläsmann, Fabien Pinot, Justo Moret Ruiz, Simon Schilgen
Schauspieler: Zygmunt Apostol

Gesangssolisten („Architectureof Silence"): Francisca Devos, Marie-Helen Joël Astrid Kropp, Ieva Prudnikovaite; Michael Haag, Andreas Hermann, Albrecht Kluddzuweit, Marcel Rosca

■ **Ballette (N)**
14.11.09 „La Sylphide" von Peter Schaufuss nach Bournonville/Vella-Gatt//Hermann von Løvenskjold – ML: Zur, A: Walker (12+2)
13.02.10 *Lichtblicke* (9)
„Cherché Trouvé Perdu" von Patrick Delcroix//Arvo Pärt – A: Deldroix
„Architecture of Silence" von Edward Clug//Wolfgang Amadeus Mozart/Zbigniew Preisner – B: Japelj, K: Kulaš

■ **Ballette (WA)**
04.09.09 „Tanzhommage an Queen" von Van Cauwenbergh//Queen (15+3)
26.09.09 „Coppélia" von Petit//Delibes (4)
21.12.09 „Leonce und Lena" von Spuck//Strauß/Donner (6)
31.03.10 „La vie en rose" von Van Cauwenbergh//Adams u. a. (8)

■ **Abstecher**
– „La Sylpide" (Winterthur 12./13.03.10)
– „Tanzhommage an Queen" (Coesfeld 13.04., Viersen 08./09.06.10)
– „Coppélia" (Teatro Regio di Parma 06./07.05.10)

■ **Sonderveranstaltungen**
Aalto-Theater
01.11.09 Einführungsmatinee zur Premiere „La Sylphide"
07.02.10 Einführungsmatinee zur Premiere „Lichtblicke"
27.02.10 Gala zur Verleihung des Deutschen Tanzpreises 2010 an die Choreologin Georgette Tsinguirides (Zukunftspreis: Tänzerin Iana Salenko; Anerkennungspreis: Christine Eckerle/Susanne Menck, Choreologen)
George Balanchine//Tschaikowsky,

„Tschaikowsky-Pas de deux" (Iana Salenko, Berlin/Breno Bittencourt, Essen); Pas de deux aus „Romeo und Julia" von John Cranko//Prokofjew (Zhang Jian/Hao Bin, Chinesisches Nationalballett); John Cranko//Tschaikowsky, Pas de deux aus „Onegin" (Iana Salenko, Berlin/Marijn Rademaker, Stuttgart); John Cranko//Tschaikowsky, Pas de deux aus „Onegin"/3. Akt (Alicia Amatriain/Filip Barankiewicz, Stuttgart); John Cranko//Verdi, „The Lady and the Fool" (Egon Madsen/Eric Gauthier, Stuttgart); John Cranko//Skrjabin, „Poème l'exstase" (Sue Lin Kang/Marijn Rademaker, Stuttgart); John Cranko//Wieniawski, Pas de deux „Legende" (Sue Jin Kang/Jason Reilly, Stuttgart); John Neumeier//Chopin/Schumann u. a., Solo aus „Nijinsky" (Otto Bubeniček, Hamburg); John Neumeier//J. S. Bach. Solo aus „Matthäuspassion" (Peter Dingle, Hamburg)

26.05.10 Ballett für junge Leute: Making of „La vie en rose"/„Tanzhommage an Queen"

19.06.10 SMA-Benefizgals zugunsten an spinaler Muskelatrophie erkrankter Menschen mit Ballett/Opernchor/den Philharmonikern/Percussiongruppe „4 Elements"; Moderation: Ben Van Cauwenbergh, ML: Volker Perplies/Heribert Feckler
Ben Van Cauwenbergh//Knudåge Riisager nach Czerny, „Ouvertüre" (Ensemble); Van Cauwenbergh//Ich&Ich/(U), „Für Soshua" (Davit Jeyranyan (Tanz)/Henrik Wager (Gesang) u. a.; Deniz Cakir/Linkin Park, „Cube" (Deniz Cakir/Tomás Ottych/Oleksandr Shyryayev); Rostislaw Sacharow//Wassilij Solowjow-Sedoj, „Gopak" (Nwarin Gad); Van Cauwenbergh//Brel, „Et maintenant", „Nathalie", „Les bourgeois" aus „La vie en rose" (Denis Untila/Alena Gorelcikova/Wataru Shimizu); Peter Schaufuss//Løvenskjold, Pas de deux aus „La Sylphide" (Maria Lucia Segalin/Nwarin Gad); Marius Petipa//Minkus, „Hochzeits-Pas-de-deux" Kiri/Basil aus „Don Quixote" (Adeline Pastor/Breno Bittencourt); Edward Clug//Mozart, „Rex tremendae"/„Dies irae" aus „Architecture of Silence" (Ensemble/Opernchor); Van Cauwenbergh//Queen, „The Invisible Man" aus „Tanzhommage an Queen" (Wataru Shimizu); Van Cauwenbergh//Charles Dumont, „Non, je ne regrette rien" aus „La vie en rose" (Adeline Pastor); Van Cauwenbergh//Queen, „Love of My Life"aus „Tanzhommage an Queen" (Yulia Tsoi/Tomás Ottych (Tanz)/Henrik Wager (Gesang)/Heribert Feckler (Klavier); Ben & Boys//„4 elements", „Percussion", (Deniz Cakir/Davit Jeyranyan/Vardan Khachatryan/Marat Ourtaev/Simon Schilgen/Dragan Selakovic/Wataru Shimizu/Oleksandr Shyryayev/Denis Untila/Igor Volkovskyy); Roland Petit//Delibes, „Tanz der Puppe" aus „Coppélia" (Cleiton Diomkinas); Christian Spuck//Martin Donner u. a., „Pas de deux aus „Leonce und Lena" (Ludmila Nikitenko/Tomás Ottych); Jean-Christophe Maillot//Prokofjew, Balkonszene aus „Romeo und Julia" (Taciana Cascelli/Marat Ourtaev); Van Cauwenbergh//Queen, „The Show Must Go On" aus „Tanzhommage an Queen" (Ensemble/Henrik Wager, Gesang/Opernchor)
„Der andere Körper" – Ausschnitte aus dem Dokumentarfilm von Gerhard Schick über die Arbeit der DIN A 13 tanzcompany, zu deren Mitgliedern Tänzerinnen und Tänzer mit und ohne körperliche Behinderungen zählen

05.07.10 Red Dot Award Design 2010: Mitwirkung des Balletts (Auszüge aus „La vie en rose")

Cafeteria

13.11.09 Das Blaue Sofa: Miho Ogimoto/Breno Bittencourt zu Gast bei Dramaturg Nils Szczepanski

25.06.10 Das Blaue Sofa: Choreograf Stijn Celis zu Gast bei Ina Wragge

Foyer

02.03.10 Aalto Ballett Garten: „Der Zoo tanzt" – „Der Karneval der Tiere" von Camille Saint-Saëns (18) – Ch: Deniz Cakir, Moderation: Burkhard Lücking

Spielzeit 2010/11

Geschäftsführer: Berger Bergmann

Musiktheater

Opernintendant: GMD Stefan Soltesz; *Assistentin des Intendanten:* Susanne Adam*
Künstlerische Betriebsdirektorin und Stellvertreterin des Intendanten: Juliane Pschigode
Künstlerische Betriebsbüro: Corinna Volke, Thomas Böckstiegel
Dramaturgen: Ina Wragge (Leitung); Nils Szczepanski; *Gäste:* Norbert Abels, Ulrich Lenz
Presse- und Öffentlichkeitsarbeit: Reinhard Beuth, Kristina Scharmacher

Dirigenten: Stefan Soltesz; Guillermo Garcia Calvo*, Alexander Eberle, Wolf-Maria Märtig, Volker Perplies, Jos van Veldhoven
Essener Philharmoniker; *Repetitoren:* Oliver Malitius, Studienleiter; Jurika Akimoto, Boris Gurevich, Wolf-Maria Märtig, Volker Perplies
Chordirektor: Alexander Eberle; *Chorinspektorin und Assistentin des Chordirektors:* Elena Pierini*

Leiter der szenischen Einstudierung: Wolfgang Gruber
Regisseure der Neuinszenierungen: Marie-Helen Joël; *Gäste:* Andreas Baesler, Dietrich Hilsdorf, Tilman Knabe, Barrie Kosky, Jos van Veldhoven
Ausstattungsleiter: Thorsten Macht

Ausstatter der Neuinszenierungen Thorsten Macht; *Gäste:* Klaus Bruns, Klaus Grünberg, Gabriele Heimann, Alfred Peter, Gabriele Rupprecht, Dieter Richter, Renate Schmitzer, Harald Thor
Technischer Direktor: Daniel Kaiser

Ensemble: Liana Aleksanyan*, Christina Clark, Franzcisca Devos, Marie-Helen Joël, Astrid Kropp, Olga Mykytenko, Ieva Prudnikovaite, Michaela Selinger*, Ildiko Szönyi; Mikael Babajanyan, Peter Bording, Jeffrey Dowd, Michael Haag, Andreas Hermann, Günter Kiefer, Albrecht Kludszuweit, Rainer Maria Röhr, Ks. Marcel Rosca, Almas Svilpa, Heiko Trinsinger, Zurab Zurabishvili*
Chorsolisten: Sabine Brunke, Kyung-Nan Kong, Uta Schwarzkopf, Marion Steingötter, Marion Thienel René Aguilar, Andreas Baronner, Peter Holthausen, Mateusz Kabala, Michael Kunze, Joo Yoop Lee, Arman Manukyan, Markus Seesing, Thomas Sehrbrock, Sven Westfeld, Karl-Ludwig Wissmann, Harald Wittkop, Ulrich Wohlleb

Gäste/Teilspielzeit: Adina Aaron, Julia Bauer, Laura Brioli, Helen Donath, Sandra Fechner, Catherine Foster, Mandy Fredrich, Danielle Halbwachs, Ursula Hesse von den Steinen, Petya Ivanova, Dshamilja Kaiser, Barbara Kozelj, Yaroslava Kozina, Oksana Kramareva, Annemarie Kremer, Tatjana Lisnic, Katherina Müller, Sorina Munteanu, Judith Nagyova, Irina Oknina, Kismara Pessatti, Marina Prudenskaja, Maria Radner, Joselyn Rechter, Bea Robein, Marie-Belle Sandis, Ina Schlingensiepen, Galina Shesterneva, Julie-Marie Sundal, Kirsi Tiihonen, Anja Fidelia Ulrich, Ursan Urtnasan Cozzoli, Anna Virovlansky, Monika Walerowicz, Caroline Whisnant; Tansel Akzeybek, Carlo Vincenzo Allemanno, Roman Astakhov, Erin Caves, Derrick Ballars, Arnold Bezuyen, Rúni Brattaberg, Luis Chapa, Ho-Yoon Chung, Joachim Gabriel-Maaß, Thomas Gazheli, Tommi Hakala, Oskar Hillebrandt, Bernd Hofmann, Martin Homrich, Attila Jun, Michele Kalmandi, Tomasz Konieczny, Horst Lamnek, Andreas Macco, Kiril Manolov, Richard Medenbach, Thomas Mehnert, Marlin Miller, Shalva Mukeria, George Petean, Thomas Piffka, Patrick Pobeschin, Boris Statsenko, Felipe Rojas Velozo, Tobias Scharfenberger, Johnny van Hal, Dmitri Vargin, Corby Welch, Oliver Zwarg
Schauspieler/innen: Ute Zehlen; Burkhard Brussmann, Carsten Faseler, Steffen Scheumann, Mark Wiegel

Gäste (Tänzer/innen): Paula Cabral, Pavlína Cerná, Jessica de Fanti-Teoli, Michelle Escaño, Debora Formica, Kirstin Josefiak, Raquel Lopéz Ogando, Ana Carolina Reis, Gilda Rebello, Heather Shockley, Monika Stahler, Karin van Sijda;Jan Nicolas Bastel, Joeri Burger, Ivaldo de Castro, Maik Heinze, Claudio Gustavo Romero, Justo Moret Ruiz, Jason Sherri; Oleksandr Shyryayev (Aalto)

■ Opern (N)

Datum	
10.10.10	„Götterdämmerung" von Richard Wagner (7) – ML: Soltesz, I: Kosky, B: Grünberg, K: Bruns
04.12.10	„Hercules" von Georg Friedrich Händel (12) – ML: van Veldhoven, I: Hilsdorf, B: Richter, K: Schmitzer
16.02.11	„Die Zeitmaschine" (U) von Joh. Seb. Bach/Mozart/Irving Berlin u. a. (14) – ML: Märtig, I: Joël, B: Macht
06.03.11	„I Capuleti e i Montecchi" von Vincenzo Bellini (9) – ML: Soltesz *(konzertant)*
21.04.11	„Madama Butterfly" von Giacomo Puccini (11) – ML: Soltesz, I: Knabe, B: Peter, K: Rupprecht
02.07.11	„L'elisir d'amore" von Gaëtano Donizetti (5) – ML: Calvo, I: Baesler, B: Thor, K: Heimann

■ Opern (WA)

Datum	
19.09.10	„Un ballo in maschera" von Verdi (3)
13.10.10	„Nabucco" von Verdi (5)
14.10.10	„I Puritani" von Bellini (4)
22.10.10	„Carmen" von Bizet (4)
05.11.10	„La Bohème" von Puccini (4)
14.11.10	„Lulu" von Berg (2)
20.11.10	„Die Zauberflöte" von Mozart (5) [23.12.: 60. Vorstellung]
18.12.10	„Lusia Miller" von Verdi (5)
29.12.10	„Così fan tutte" von Mozart (6)
27.02.11	„Tosca" von Puccini (4)
12.03.11	„Aida" von Verdi (4)
26.03.11	„Siegfried" von Wagner (3)
15.04.11	„Das Rheingold" von Wagner (3)
15.05.11	„Die Walküre" von Wagner (3)
21.05.11	„Don Giovanni" von Mozart (3)

■ Operette (WA)

24.10.10	„Die Csárdásfürstin" von Emmerich Kálmán (6)

■ Sonderveranstaltungen

Aalto-Theater

Datum	
25.09.10	Einführungssoiree zur Premiere „Götterdämmerung"
15.10.10	Aalto-Preis-Gala: Eine Veranstaltung des Freundeskreises anlässlich des Jubiläums „20 Jahre Verleihung des Aalto-Bühnenpreises", Preis an Ieva Prudnikovaite (Gesang)/Tomás Ottych (Solotänzer, jetzt Leipzig)/ Lucja Madziar (1. Konzertmeisterin)/ Matthias Eberle (Schauspieler, jetzt Bochum) Musikalische Beiträge: Opern- und Extrachor (Alexander Eberle); Renée Knapp mit „Memory" aus „Cats"; Ieva Prudnikovaite (Gesang), begleitet von Boris Gurevich (Klavier); Lucja Madziar, Bach-Solo; Taciana Cascelli/ Tomás Ottych (Ballett) (Anwesenheit früherer Preisträger/innen: Laura Alonso/Taciana Cascelli/Tatjana Clasing/Alexej, Nicolai und Wassily Gerassimez/Renée Knapp/ Sabine Osthoff/Brit Rodemund/ Manami Sano/Anja Schiffel; Torsten Kerl/Nicola Mastroberardino/Tomás Ottych/Franz-Josef Selig/Wladislaw Solounov)
28.11.10	Einführungsmatinee zur Premiere „Hercules"
17.04.11	Einführungsmatinee zur Premiere „Madama Butterfly"
19.06.11	Einführungsmatinee zur Premiere „L'elisir d'amore"

Foyer

Datum	
15.11.10	Benefizkonzert für rumänische Straßenkinder mit Anna Agathonos/ Cristian Lanza (Gäste) und Maria Ferenick; Günter Kiefer/Marcel Rosca (Aalto); Nora Baldini (Harfe)/Juriko Akimoto/Hans Bruhn (Klavier); Moderation: Ralph Caspers (WDR)

Cafeteria

Datum	
10.09.10	Das Blaue Sofa: Regisseur Barrie Kosky im Gespräch mit Dramaturgin Ina Wragge
03.10.10	Jazz im Nachtcafé: „Autumn Leaves" (Claudia Dilay Hauf/Henrik Wager (Gesang); Aalto-Jazz-Trio und Andreas Laux (Saxofon)

22.10.10	Das Blaue Sofa: Daniel Kaiser, der Technische Direktor, im Gespräch mit Nils Szczepanski
25.10.10	„Ring"-Einblicke – „Wagners Welten im Kaleidoskop der Kunst: Motive in Kunst und Malerei" Bebilderter Vortrag von Prof. Dr. Alexander Meier-Dörzenbach
12.11.10	Das Blaue Sofa: Mezzosopranistin Michaela Selinger im Gespräch mit Ina Wragge
17.12.10	Das Weihnachtssofa mit Ina Wragge/ Nils Szczepanski und Ensemblemitgliedern
18.12.10	Swingin' Christmas mit dem Aalto-Jazz-Trio und Gesangssolisten
18.02.11	Das Blaue Sofa: Die Klarinettisten der Philharmoniker im Gespräch mit Ina Wragge
04.03.11	Das Blaue Sofa: Bellinis „I Capuleti e i Montecchi" – Stefan Soltesz bei Ina Wragge
15.04.11	Das Blaue Sofa: Regisseur Tilman Knabe („Madama Butterfly") im Gespräch mit Nils Szczepanski
17.06.11	Das Blaue Sofa: Sängerin Liana Aleksanyan im Gespräch mit Nils Szczepanski
24.06.11	Summertime-Jazz – Gershwin and friends (Christina Clark/Jeffrey Dowd, Aalto-Jazz-Trio und Andreas Laux, Saxofon)
08.07.11	Das Blaue Sofa: Wolfram-Maria Märtig/Volker Perplies, Dirigenten und Solorepetitoren, im Gespräch mit Ina Wragge

Philharmonie

02.09.10	Konzert für Bürger/innen mit Behinderung Ausschnitte aus der Operette „Die Csárdásfürstin" von Emmerich Kálmán Solisten: Astrid Kropp/Bea Robein; Peter Bording/Michael Haag/Albrecht Kludszuweit ML: Stefan Soltez
01.01.11	Neujahrskonzert Weber, Ouvertüre „Oberon"; Bruch, „Kol Nidrei", Konzertstück für Violoncello und Orchester d-Moll (Heinrich Schiff); Glinka, Ouvertüre „Ruslan und Ljudmila"; Rachmaninow, „Vocalise op. 34" (Bearbeitung für Violoncello und Orchester, Heinrich Schiff); Dvořák, „Slawische Tänze op. 72 Nr. 2 und 7"; Fritz Kreisler, „Liebesleid" (Alt-Wiener Tanzweise, Bearbeitung für Violoncello, Harfe und Orchester, Heinrich Schiff/Gabriele Bamberger); Lanner, Walzer „Die Schönbrunner"; Strauß, „Tritsch-Tratsch-Polka"/Ouvertüre „Der Zigeunerbaron"/„An der schönen blauen Donau" ML: Heinrich Schiff

Kennedyplatz

11.09.10	Open-Air-Konzert: Programm wie 02.09, Philharmonie

Stadtgarten (Parkfest), wegen regnerischen Wetters in der Philharmonie

25.06.11	Konzert-Beiträge: Mahler, Langsamer Satz aus der „3. Sinfonie"; Strauss, Suite „Der Rosenkavalier"; Wagner, „Isoldes Liebestod" (Christiane Libor, Gesang) WDR-Sinfonieorchester, ML: Ariane Matiakh

■ Gastspiele

Aalto-Theater

27.11.10	Theaterpreisverleihung „Der Faust"

Foyer

27.03.11	Salonkonzert – Spritzige und beschwingte Musikarrangements mit dem Bremer Kaffeehaus-Orchester

Ballett

Ballettdirektor: Ben Van Cauwenbergh; *Stellvertretender Ballettdirektor und Ballettmeister:* Marek Tuma
Persönliche Mitarbeiterin des Ballettdirektors: Annette El-Leisy
Ballettmeister: Michael Kropf*; *Ballettassistentin:* Alicia Olleta
Ballettpianist: Günther Plöger*; *Dirigenten:* Alexander Eberle, Volker Perplies
Gastorchester: Bochumer Symphoniker („Undine"/„Coppelia"/„Lichtblicke"); Live-Band („Irish Soul")
Dramaturgie: Nils Szczepanski, Ina Wragge

Choreografen der Neuproduktionen: Ben Van Cauwenbergh; Deniz Çakir, Armen Hakobyan, Oleksandre Shytyayev, Denis Untila, Michelle Yamamoto; *Gäste:* Stijn Celis, Jessica De Fanti-Teoli, Eva Dewaele
Ausstatter der Neuproduktionen: Ulrich Lott, Ben Van Cauwenberg; *Gäste:* Jérôme Kaplan, Jann Messerli, Dmitri Simkin, Catherine Voeffray

Compagnie: Adeline Pastor, *Solo*
Yoo-Lin Jang, Yulia Tsoi, *Solo mit Gruppe*
Natalia Korneeva, Ana Sánchez Portales, Marie Lucia Segalin, *Gruppe mit Solo*
Paula Archangelo*, Elisa Fraschetti, Alena Gorelcikova, Maria Pia Hernandez*, Ana Carolina Reis*, Michelle Yamamoto, *Gruppe*
Breno Bittencourt, Marat Ourtaev, *Solo*
Nour Eldesouki*, Denis Untila, *Solo mit Gruppe*
Nwarin Gad, Arman Hakobyan*, Davit Jeyranyan, Vardan Khachatryan, Dragan Selakovic, Wataru Shimizu, Igor Volkovskyy, *Gruppe mit Solo*
Christopher Parker*, Simon Schilgen*, Olexandre Shyryayev, Davit Vardanyan*, *Gruppe*

Gäste: Luisa Brebeck, Paula Cabral, Jessica de Fanti-Teoli, Racquel Lopéz Ogando, Svetlana Schenk, Nina Zaera; Jan Bastel
Praktikantinnen: Bianca Fucsko, Elitsa Zafirova
Schauspieler: Zygmunt Apostol
Gesangssolisten: Francisca Devos, Marie-Helen Joël, Ieva Prudnikovaite; René Aguilar, Michael Haag, Andreas Hermann, Albrecht Kludszuweit

■ Ballette (N)

18.09.10 „Undine" von Stijn Celis//Hans Werner Henze (7) – ML: Perplies, B: Messerli, K: Voeffrey
12.02.11 „Carmen/Bolero" von Ben Van Cauwenbergh//Bizet/Wolfgang Rihm/Ravel (10) – ML: Perplies, B: Simkin, K: Kaplan
28.05.11 „Irish Soul" von Ben Van Cauwenbergh//Brian O'Connor u. a. sowie irische Volksweisen (11) – B: Van Cauwenbergh, K: Van Cauwenbergh/Lott

Grillo
16.06.11 *PTAH II Junge Choreografen* (4) „Game" (U) von Denis Untila//Múm/Lali Puna; „Unspoken Movement" (U) von Eva Dewaele//Franz Schubert; „The Looking Glass" (U) von Jessica De Fanti-Teoli/Oleksandre Shytyayev//DJ Fresh/Linkin Park; „Nuvole Bianche" (U) von Armen Hakobyan//Ludovico Einaudi, „Cube" von//LinkinPark; „Alice" (U) von Michelle Yamamoto & Denis Untila//Max Richter/Thomas Newman u. a.

■ Ballette (WA)

27.10.10 „Tanzhommage an Queen" von Van Cauwenbergh//Queen (8)
04.11.10 „La Sylphide" von Schaufuss//Løvenskjold (5)
09.12.10 „Coppélia" von Petit//Delibes (5)
07.01.11 *Lichtblicke* „Cherché, trouvé, perdu" von Delcroix//Pärt (3) „Architecture of Silence" von Clud//Mozart/Preisner
17.03.11 „La vie en rose" von Van Cauwenbergh//Adams u. a. (5)

■ Sonderveranstaltungen

Aalto-Theater
12.09.10 Einführungsmatinee zur Premiere „Undine"
06.02.11 Einführungsmatinee zur Premiere „Carmen/Bolero"
26.02.11 Gala zur Verleihung des Deutschen Tanzpreises 2011 an Egon Madsen, Stuttgart
(Zukunftspreis: Eric Gauthier/Daniel Camargo (Stuttgart); Anerkennungs-

preis: Achim Thorwald, Intendant des Staatstheaters Karlsruhe)
Uwe Scholz//Pierre Boulez, „Notations" (Daniel Camargo, Stuttgart); Eric Gauthier//Beethoven, „Orchestra of Wolves" (Eric Gauthier und 6 Tänzer); Marius Petipa//Minkus, Pas de deux aus „Don Quichotte" (Elisa Badenes/Daniel Camargo, Stuttgart); Eric Gauthier//Toncollage von Eric Gauthier Jens Peter Abele, „101" (Jason Reilly); Eric Gauthier//Rainhardt Albrecht-Herz, auch Schlagzeug, „Bang" (Armando Braswell/Garazi Perez Oloritz, Stuttgart); Christian Spuck//Minkus, Ausschnitte aus „Don Q." (Egon Madsen/Eric Gauthier)

22.05.11 Einführungsmatinee zur Premiere „Irish Soul"
04.07.11 Red Dot Design Award 2011 – Mitwirkung des Balletts (Aufführung „Bolero")

Cafeteria

14.01.11 Das Blaue Sofa: Bühnenbildner und Video-Künstler Dmitrij Simkin im Gespräch mit Ben Van Cauwenbergh/Nils Szczepanski
06.05.11 Das Blaue Sofa: Nils Szczepanski und die Mitwirkenden stimmen ein auf das Familienkonzert mit Igor Starwinskys „Die Geschichte vom Soldaten" (17)

Foyer

08.10.10 *Aalto Ballett Garten:* „Der Zoo tanzt": „Karneval der Tiere" (16) – Ch: Deniz Cakir//Camille Saint-Saëns, Moderation: Burkhard Lücking

Stadtgarten (Parkfest, wegen regnerischen Wetters in der Philharmonie)

25.06.11 Auszüge aus „La vie en rose"

Spielzeit 2011/12

Geschäftsführer: Berger Bergmann

Musiktheater

Opernintendant: GMD Stefan Soltesz; *Persönlicher Referent des Intendanten:* Reinhard Beuth*
Assistentin der Intendanz: Susanne Adam
Künstlerische Betriebsdirektorin und Stellvertreterin des Intendanten: Juliane Pschigode
Künstlerische Betriebsbüro: Corinna Volke, Thomas Böckstiegel
Dramaturgen: Ina Wragge (Leitung); Nils Szczepanski; *Gast:* Norbert Abels
Presse- und Öffentlichkeitsarbeit: Azit Mortazavi-Izadi*, Kristina Scharmacher

Dirigenten: Stefan Soltesz; Guillermo Garcia Calvo*, Alexander Eberle, Wolf-Maria Märtig, Volker Perplies
Gäste: Srboljub Dinić, Gabriel Feltz, Christoph Poppen
Essener Philharmoniker; *Repetitoren:* Oliver Malitius, Studienleiter; Juriko Akimoto, Boris Gurevich, Wolf-Maria Märtig, Volker Perplies
Chordirektor: Alexander Eberle; *Choreograf (Gast):* Kati Farkas

Leiter der szenischen Einstudierung: Wolfgang Gruber
Regisseure der Neuinszenierungen (Gäste): Dietrich Hilsdorf, Josef Ernst Köpplinger, Gil Mehmert, Jetske Mijnssen, Michael Sturminger
Ausstattungsleiter: Thorsten Macht
Ausstatter der Neuinszenierungen (Gäste): Susanne Danz, Arien de Vries, Andreas Donhauser, Jens Kilian, Johannes Leiacker, Renate Martin, Alfred Mayerhofer, Dagmar Morell
Technischer Direktor: Daniel Kaiser

Ensemble: Liana Aleksanyan, Christina Clark, Franzcisca Devos, Marie-Helen Joël, Astrid Kropp, Olga Myky-tenko, Ieva Prudnikovaite, Michaela Selinger, Ildiko Szönyi; Roman Astakhov*, Mikael Babajanyan, Jeffrey Dowd, Michael Haag, Andreas Hermann, Günter Kiefer, Albrecht Kludzuweit, Thomas Piffka, Rainer Maria Röhr, Marcel Rosca, Almas Svilpa, Heiko Trinsinger, Zurab Zurabishvili
Chorsolisten: Sabine Prunke, Julia Ehlers, Kyung-Nan Kong, Uta Schwarzkopf, Michaela Sehrbrock, Marion Steingötter, Marion Thienel, Sabina Wehlte, Ginette Willaerts; René Aguilar, Andreas Baronner, Enesto Binondo, Peter Holthausen, Mateusz Kabala, Wolfgang Kleffmann, Norbert Kumpf, Michael Kunze, Yoo Youp Lee, Arman Manukyan, Stoyan Milkov, Holger Penno, Markus Seesing, Thomas Sehrbrock, Mario Tardivo, Eduard Unruh, Swen Westfeld, Karl-Ludwig Wissmann, Harald Wittkop, Ulrich Wohleb

Gäste/Teilspielzeit: Karine Babajanyan, Antje Bitterlich, Anke Briegel, Martina Dike, Catherine Foster, Danielle Halbwachs, Edith Haller, Yara Hassan, Almuth Herbst, Evelyn Herlitzius, Ursula Hesse von den Steinen, Michaela Kaune, Barbara Kozelj, Yaroslava Kozina, Annemarie Kremer, Yamina Mammar, Monika Mascus, Renée Morloc, Katherina Müller, Rebecca Nelsen, Stephanie Maria Ott, Marina Prudenskaja, Susanna Pütters, Rebecca Raffell, Bettina Ranch, Alexandra Reinprecht, Bea Robein, Hulkar Sabirova, Marie-Belle Sandis, Simona Šaturova, Ina Schlingensiepen, Anja Schlosser, Ljubov Sokolova, Susanne Sommer, Ausrine Stundyte, Julie-Marie Sundal, Rebecca Teem, Kirsi Tiihonen, Uran Urtnasan Cozzoli, Victoria Yastrebova, Astrid Weber, Heike Wessels, Barbara Zechmeister; Aris Argiris, Derrick Ballard, Bernhard Berchtold, Clemens Bieber, Peter Bording, Stephan Boving, Daniel Brenna, Thomas Gazheli, Michael Heim, Oskar Hillebrandt, Martin Homrich, Eric Jordan, Attila Jun, Tomasz Konieczny, Christopher Lincoln, Joachim Maaß, Thomas J. Mayer, Thomas Mehnert, E. Mark Murphy, Adam Palka, Günter Papendell, Albert Pesendorfer, Matthias Rexroth, Filipe Rojas Velozo,

Mark Rosenthal, Hrólfur Saemundsson, Tobias Scharfen-berger, Jochen Schmeckenberger, Pavel Shmulevich, Marko Špehar, Richard Sveda, Matias Tosi, Johnny van Hal, Corby Welch
Gäste (Schauspieler): Ute Zehlen; Reinhard Brussmann, Maik Solbach, Mark Weigel, Tom Zahner
Tänzer(innen): Pavlina Cerná, Jessica de Fanti-Teoli, Raquel Lopéz Ogando, Carmen Mar Cañas Salvador, Svetlana Schenk, Heather Shockley, Monika Stahler; Nwarin Gad (Aalto) Jan Nicolas Bastel, Joeri Burger, Ivaldo de Castro, Maik Heinze, Justo Moret Ruiz, Claudio Gustavo Romero

■ **Opern (N)**

22.10.11	„Hoffmanns Erzählungen" von Jacques Offenbach (15) – ML: Soltesz, I: Hilsdorf, A: Leiacker
25.02.12	„Eugen Onegin" von Peter I. Tschaikowsky (9) – ML: Dinić, I: Sturminger, A: Martin/Donhauser
05.05.12	„La Traviata" von Giuseppe Verdi (10) – ML: Soltesz, I: Köpplinger, B: Leiacker, K: Mayerhofer
10.06.12	„Die Entführung aus dem Serail" von Wolfgang A. Mozart (6) – ML. Poppen, I: Mijnssen, B: Danz, K: de Vries

■ **Operette (N)**

10.12.11	„Die Fledermaus" von Johann Strauß (14) – ML: Soltesz, I: Mehmert, B: Kilian, K: Morell, Ch: Farkas

■ **Opern (WA)**

14.09.11	„L'elisir d'amore" von Donizetti (7)
17.09.11	„Madama Butterfly" von Puccini (6)
25.09.11	„Hercules" von Händel (4)
08.10.11	„Der fliegende Holländer" von Wagner (3)
12.11.11	„Der Rosenkavalier" von Strauss (3)
11.12.11	„Die Zauberflöte" von Mozart (6)
23.12.11	„Tannhäuser" von Wagner (3)
29.01.12	„Tristan und Isolde" von Wagner (3)
03.03.12	„Götterdämmerung von Wagner (2)
16.03.12	„Le nozze di Figaro" von Mozart (3)
24.03.12	„Die Walküre" von Wagner (2)
07.04.12	„Siegfried" von Wagner (2)
26.06.12	„Das Rheingold" von Wagner (1)

■ **Operette (WA)**

18.03.12	„Die Csárdásfürstin" von Kálmán (3)

■ **Sonderveranstaltungen**

Aalto-Theater

02.10.11	Tag der offenen Tür mit einem Blick hinter die Kulissen, Aktivitäten und einem bunten Programm für Jung und Alt – 19 Uhr: „Helden gesucht! – Die ungelösten Fälle des Herkules" mit Gesangssolisten/den Philharmonikern/dem United Rock Orchestra/ dem Aalto-Ballett u. a. ML: Volker Perplies/Heribert Feckler, Ch: Ben Van Cauwenbergh
16.10.11	Einführungsmatinee zur Premiere „Hoffmanns Erzählungen"
04.12.11	Einführungsmatinee zur Premiere „Die Fledermaus"
19.02.12	Einführungsmatinee zur Premiere „Eugen Onegin"
29.04.12	Einführungsmatinee zur Premiere „La Traviata"
03.06.12	Einführungsmatinee zur Premiere „Die Entführung aus dem Serail"

Cafeteria

23.09.11	Das Blaue Sofa: Marie-Helen Joël, Leiterin des Kinder- und Jugendprogramms, im Gespräch mit Dramaturg Nils Szczepanski
07.10.11	Norbert Abels, Publizist, Dozent an der Folkwang Universität und Chefdramaturg an der Frankfurter Oper, im Gespräch mit Nils Szczepanski
18.11.11	Das Blaue Sofa: Gil Mehmert, Regisseur der „Fledermaus", zu Gast bei Ina Wragge
16.12.11	Das Weihnachtssofa – Moderation und Lesung: Nils Szczepanski/Ina Wragge und Solisten
17.12.11	Swingin' Christmas (Christina Clark/ Peter Bording, Gesang, Aalto-Jazz-Trio und Andreas Laux, Saxofon), auch 18.12.
10.02.12	Das Blaue Sofa: Dirigent Srboljub Dinić („Eugen Onegin") im Gespräch mit Ina Wragge
08.03.12	Treffpunkt „Kulturelle Bildung" – World-Café zur Projektfindung Impulsreferate: Tine Bargstedt (Projektschneiderin), Norma Köhler

	(Fachhochschule Dortmund), Katja Romanski (Schülerin) – Konzeption und Moderation: Marie-Helen Joël (Aalto-Theater) und Frank Röpke (Schauspiel Essen)
20.04.12	Das Blaue Sofa: Gesangssolist Mikael Babajanyan im Gespräch mit Nils Szczepanski
25.05.12	Das Blaue Sofa: Jeske Mijnssen (Regisseurin der „Entführung aus dem Serail") im Gespräch mit Nils Szczepanski
15.06.12	Das Blaue Sofa: Martina Flößer/ Maike Daum (Maler, Plastiker, Rüstmeister) bei Ina Wragge

Foyer

14.11.11	Benefiz-Konzert für rumänische Flüchtlingskinder mit Marcel Rosca u. a.
03.02.12	Regisseur Hans Neuenfels liest aus seiner Autobiografie „Das Bastardbuch"
09.06.12	Summertime-Jazz (Margaret Russell/ Jeffrey Dowd, Gesang), Alto-Jazz-Trio, Andreas Laux (Saxofon)

Philharmonie

15.09.11	Konzert für Bürger/innen mit Behinderung Ausschnitte aus Richard Wagners „Der Ring des Nibelungen" mit Danielle Halbwachs/Jeffrey Dowd ML: Stefan Soltesz
01.01.12	Neujahrskonzert: „Populäre Klassik zum Jahreswechsel" Grieg, „Klavierkonzert a-moll" (Boris Giltburg); Gerswin, „Rhapsodie in Blue" (Boris Giltburg); Beethoven, „Leonoren-Ouvertüre Nr. 3" Suppé, Ouvertüre „Leichte Kavallerie"; Strauß, Schnellpolka „Auf der Jagd"/„Annen-Polka"/„Unter Donner und Blitz"/"An der schönen blauen Donau"; Strauß (Vater), „Radetzky-Marsch" ML: Stefan Soltesz

Kennedyplatz

18.09.11	Open-Air-Konzert: Programm wie 15.09. in der Philharmonie

Stadtgarten

23.06.12	„Ein Sommernachtstraum: Blicke nicht zurück"

Monteverdi, „Orpheus und Eurydike", ML: Thomas Hengelbrock; Balthasar-Ensemble/Freiburg
Elfriede Jelinek, „Schatten" (U) mit Johanna Wokalek
Patrick Delcroix, Ballett „Cherché, trouvé, perdu"

■ **Gastspiel**

26.02.12	Salonkonzert „Oper(r)ette sich, wer kann" – Das Ensemble Pomp-A-Dur und Stefan Lex präsentieren ein virtuoses Opern- und Operettenprogramm

Ballett

Ballettdirektor: Ben Van Cauwenbergh; *Stellvertretender Ballettdirektor und Ballettmeister:* Marek Tuma
Persönliche Mitarbeiterin des Ballettdirektors: Annette El-Leisy
Ballettmeister: Michael Kropf; *Ballettassistentin:* Alicia Olleta
Ballettpianist: Günther Plöger; *Dirigenten:* Rasmus Baumann, Wolfram-Maria Märtig, Volker Perplies
Gast-Orchester: Bochumer Symphoniker („Max und Moritz"/„Coppélia"); Band Midnight Court („Irish Soul")

Choreografen der Neuinszenierungen: Michael Kropf/Nasia Deferm; *Gäste:* Christopher Bruce, Paul Delcroix, Jiří Kylián/Paul Delcroix
Ausstatter der Neuproduktionen (Gäste): Marian Bruce, Paul Delcroix, Jiří Kylián, Friederike Singer, Kees Tjebbes, Joke Visser, Manfred Waba

Compagnie: Adeline Pastor, *Solo*
Maria Lucia Segalin, Yulia Tsoi, Nina Zaera*, *Solo mit Gruppe*
Ana Sánchez Portales, Yanelis Rodriguez, *Gruppe mit Solo*
Paula Archangelo, Xiyuan Bai*, Elisa Fraschetti, Alena Gorelcikova, Maria Pia Hernandez, Mariya Mizinskaya*, Ana Carolina Reis, Michelle Yamamoto, Elitsa Zafirova*, *Gruppe*
Breno Bittencourt, Marat Ourtaev, *Solo*

Nour Eldesouki, Davit Jeyranyan, Wataru Shimizu, Denis Untila, *Solo mit Gruppe*
Nwarin Gad, Armen Hakobyan, Dragan Selakovic, Igor Volkovskyy, *Gruppe mit Solo*
Toshiro Abbley*, Liam Blair*, Christopher Parker*, Simon Schilgen*, Olexandre Shyryayev, *Gruppe*
Praktikanten: Hanna Boelens*, Carla Colonna*

Gäste: Louisa Brebeck, Jessica De Fanti-Teoli, Raquel López Ogando, Ludmilla Nikitenko, Svetlana Schenk; Andrew Bowman, Arman Zazyan (*Solo*), Alexander Andrejev, Luke Forbes, Alexej Irmatov, Justo Moret Ruiz, Viacheslav Tyutyukin

■ **Ballette (N)**

21.01.12 *Zeitblicke*
„Petite Mort" von Jiří Kylián/Delcroix//Wolfgang Amadeus Mozart (10) – K: Visser
„End-Los" (U) von Patrick Delcroix//Jóhann Jóhannsson/Kerry Muzzey/David Lang – K: Delcroix, B: Tjebbes
„Rooster" von Chriaroph Bruce//The Rolling Stones – A: M. Bruce

31.03.12 „Max und Moritz" von Michael Kropf/Deferm (nach Edmund Gleede)//Gioacchino Rossini (13) – ML: Perplies, B: Waba, K: Singer

03.07.12 „Max und Moritz" (gekürzte Version für Kinder) von Michael Kropf/Deferm//Gioacchino Rossini (4)

■ **Ballette (WA)**

24.09.11 „Carmen/Bolero" von Van Cauwenbergh//Bizet/Rihm/Ravel 10)
07.10.11 „Irish Soul" von Van Cauwenbergh//O'Connor/Court (11+1)
26.10.11 „Tanzhommage an Queen" von Van Cauwenbergh//Queen (10+1) [07.10.: 50×]
15.12.11 „Coppélia" von Petit//Delibes (5)
19.05.12 „Leonce und Lena" von Spuck//Strauß/Donner (6)

■ **Abstecher**

– „Irish Soul" (Coesfeld 18.04.12)
– „Tanzhommage an Queen" (Hilchenbach 25.05.12)

■ **Sonderveranstaltungen**

Aalto-Theater

15.01.12 Einführungsmatinee zur Premiere „Zeitblicke"
04.02.12 Gala zur Verleihung des Deutschen Tanzpreises 2012 an Ivan Liška, Staatsballett München (Zukunftspreis: Gözde Özgür, München)
John Neumeier//Tschaikowsky, „Die Probe" aus „Der Nussknacker" (Werner Ilana, Maxim Chashchegorov/Lucia Lacarra/Cyril Pierre und Corps, München); Mats Ek//Adam, Pas de deux aus „Giselle" (Gözde Özgür/Matej Urban, München); John Cranko//Scarlatti, Pas de deux aus „Der Widerspenstigen Zähmung" (Roberta Fernandes/Lukáš Slavický, München); Jiří Kylián//Dvořák „Evening Songs" (Junior Ballett, München); Hans van Manen//J. J. Cale/Strawinsky/Mozart, „The Old Man and Me" (Ivan Liška/Judith Turos, München); John Neumeier//Chopin, Pas de deux aus „Die Kameliendame" (Lucia Lacarra/Marlon Dino, München); Nacho Duato//Bach „Vielfältigkeit. Formen von Stille und Leere" (Ensemble), daraus auch Pas de deux (Gözde Özgür/Norbert Graf, München)
25.03.12 Einführungsmatinee zur Premiere „Max und Moritz"
02.07.12 Red Dot Award Product Design 2012 – Mitwirkung des Balletts (Auszüge aus „Irish Soul")

Cafeteria

20.01.12 Das Blaue Sofa: Die Choreografen Christopher Bruce/Paul Delcroix/Jiří Kylián zu Gast bei Ben Van Cauwenbergh und Dramaturgin Ina Wragge
16.03.12 Das Blaue Sofa: Dramaturg Nils Szczepanski und Ben Van Cauwenbergh im Gespräch mit den Solisten Adeline Pastor/Breno Bittencourt/Wataru Shimziu

Stadtgarten

23.06.12 „Cherché, trouvé, perdu" von Patrick Delcroix (im Rahmen von „Ein Sommernachtstraum: Blicke nicht Zurück")

Spielzeit 2012/13

Geschäftsführer: Berger Bergmann

Musiktheater

Opernintendant: GMD Stefan Soltesz; *Persönlicher Referent des Intendanten:* Reinhard Beuth
Assistentin der Intendanz: Susanne Adam
Künstlerische Betriebsdirektorin und Stellvertreterin des Intendanten: Juliane Postberg
Künstlerische Betriebsbüro: Corinna Volke, Thomas Böckstiegel
Dramaturgen: Ina Wragge (Leitung); Nils Szczepanski; *Gäste:* Norbert Abels, Norbert Grote
Presse- und Öffentlichkeitsarbeit: Azita Mortazawi-Izadi

Dirigenten: Stefan Soltesz, GMD; Alexander Eberle, Wolf-Maria Märtig, Volker Perplies; *Gäste:* Srboljub Dinić, Heribert Feckler, Alexander Joel, Christoph Poppen, Thomas Rösner Essener Philharmoniker; *Repetitoren:* Oliver Malitius, Studienleiter; Juriko Akimoto, Boris Gurevich, Wolf-Maria Märtig, Volker Perplies, Johannes Witt*; *Chordirektor:* Alexander Eberle

Leiter der szenischen Einstudierung: Wolfgang Gruber
Regisseure der Neuinszenierungen: Marie-Helen Joël; *Gäste:* Dietrich Hilsdorf, Nikolaus Lehnhoff, Joachim Schloemer, Michael Sturminger
Ausstattungsleiter: Thorsten Macht
Ausstatter der Neuinszenierungen: Thorsten Macht, Daniel Schulz; *Gäste:* Raimund Bauer, Andreas Donhauser, Jens Kilian, Johannes Leiacker, Renate Martin, Meina Rosenbaum, Andrea Schmitt-Futterer, Nicole von Graevenitz
Technischer Direktor: Dirk Beck*

Ensemble: Liana Aleksanyan, Christina Clark, Franzcisca Devos, Marie-Helen Joël, Astrid Kropp, Olga Mykytenko, Ieva Prudnikovaite, Anja Schlosser*, Michaela Selinger, Ildiko Szönyi; Roman Astakhov, Mikael Babajanyan, Jeffrey Dowd, Michael Haag, Andreas Hermann, Günter Kiefer, Albrecht Kludszuweit, Rainer Maria Röhr, Marcel Rosca, Almas Svilpa, Heiko Trinsinger, Zurab Zurabishvili
Chorsolisten: Julia Ehlers, Kyung-Nan Kong, Michaela Sehrbrock, Marion Steingötter, Uta Schwarzkopf, Marion Thienel, Natacha Valladares, Sabina Wehlte; René Aguilar, Andreas Baronner, Peter Holthausen, Mateusz Kabala, Michael Kunze, Joo Youp Lee, Arman Manukyan, Thomas Sehrbrock, Mario Tardivo, Eduard Unruh, Sven Westfeld, Karl-Ludwig Wissmann, Ulrich Wohlleb

Gäste/Teilspielzeit: Adina Aaron, Julia Amos, Karine Babajanyan, Julia Bauer, Lioba Braun, Laura Brioli, Angela Denoke, Rebecca de Pont Davies, Martina Dike, Silvana Dussmann, Jane Dutton, Hila Fahima, Kathrin Göring, Yara Hassan, Evelyn Herlitzius, Kyung-Hae Kang, Yaroslava Kozina, Annemarie Kremer, Eleonore Marguerre, Katherina Müller, Julia Novikova, Mélissa Petit, Marina Prudenskaja, Rebecca Raffell, Maike Raschke, Alexandra Reinprecht, Hulkar Sabirova, Marie-Belle Sandis, Simona Šaturová, Stefanie Schäfer, Galina Shesterneva, Doris Soffel, Susanne Sommer, Evgeniya Sotnikova, Julie-Marie Sundal, Mirjam Tola, Uran Urtnasan-Cozzoli, Caroline Whisnant, Victoria Yastrebova; Mikhail Agafonov, Carlos Almaguer, Aris Argiris, Derrick Ballard, Bernhard Berchtold, Keith Boldt, Peter Bording, Tiziano Bracci, Daniel Brenna, Magne Fremmerlid, Cornel Frey, Gerd Grochowski, Franz Grundheber, Manuel Günther, Jun-Sang Han, Thomas Hohler, Yara Jacques Imbrailo, Tobias Kehrer, Michele Kalmandi, Vincent Le Texier, Sami Luttinen, Scott MacAllister, Daniel Magdal, E. Mark Murpgy, Günter Papendell, Laimonas Pautienius, Thomas Piffka, Tuomas Pursio, Michael Putsch, Wolfgang Schöne, Wilhelm Schwinghammer, Franz-Josef Selig, Pavel Shmulevich, Florian Simson, Aldo Tiziani, Matias Tosi, Ivan Turšić, Corby Welch, David Yim

Gäste (Schauspieler): Maik Solbach, Mark Weigel, Tom Zahner
Gäste (Tänzer/innen): Jessica de Fanti-Teoli, Raquel Lopéz-Ogando; Gino Abet, Alexander Andreyev, Yuta Hamuguchi, Ivica Novakovic, Michael Schnitzler; Nour Eldesouki, Nwarin Gad (Aalto)

■ Opern (N)

06.10.12	„Pelléas et Mélisande" von Claude Debussy (9) – ML: Soltesz, I: Lehnhoff, B: Bauer, K: Schmidt-Futterer
01.12.12	„Ariadne auf Naxos" von Richard Strauss (12) – ML: Soltesz, I: Sturminger, A: Donhauer/Martin
04.01.13	„Die Zauberträte" (U) von Marie-Helen Joël/Wolfgang Amadeus Mozart u. a. (16) – ML: Feckler, I: Joël, B: Macht/Schulz, K: Rosenbaum
17.03.13	„Parsifal" von Richard Wagner (8) – ML: Soltesz, I: Schloemer, B: Kilian, K: von Graevenitz
08.06.13	„I Masnadieri" von Giusepper Verdi (12) – ML: Soltesz, I: Hilsdorf, A: Leiacker

■ Opern (WA)

08.09.12	„La forza del destino" von Verdi (3)
23.09.12	„Die Entführung aus dem Serail" von Mozart (8)
29.09.12	„Hoffmanns Erzählungen" von Offenbach (5)
30.09.12	„La Traviata" von Verdi (7)
17.10.12	„Eugen Onegin" von Tschaikowsky (5)
11.11.12	„Die Zauberflöte" von Mozart (2)
13.12.12	„La Bohème" von Puccini (3)
19.01.13	„Hercules" von Händel (4)
30.01.13	„Tosca" von Puccini (4)
16.02.13	„Madama Btterfly" von Puccini (3)
30.03.13	„Aida" von Verdi (5)
14.04.13	„Le nozze di Figaro" von Mozart (3)
19.05.13	„Tristan und Isolde" von Wagner (2)
12.07.13	„Die Frau ohne Schatten" von Strauss (2)

■ Operette (WA)

20.10.12	„Die Fledermaus" von Strauß (5)

■ Abstecher

– Garmisch-Partenkirchen (Orchesterwerke von Richard Strauss beim Richard-Strauss-Festival, 12.06.)

■ Sonderveranstaltungen

Aalto-Theater

01.09.12	Tag der offenen Tür (19 Uhr: „100 Jahre Titanic" – Die Belle Époque und ihre Legende mit Christina Clark/Marie-Helen Joël; Albrecht Kludszuweit; Opernchor, ML: Volker Perplies
03.10.12	Einführungssoiree zur Premiere „Pelléas et Mélisande"
25.11.12	Einführungsmatinee zur Premiere „Ariadne auf Naxos"
03.03.13	Einführungsmatinee zur Premiere „Parsifal"
30.05.13	Einführungsmatinee zur Premiere „I Masnadieri"
07.06.13	Konzert für den Freundeskreis zugunsten der Orchesterakademie Strauss, „Don Quixote"/„Tills Eulenspiegels lustige Streiche"/„Rosenkavalier-Suite" ML: Stefan Soltesz, Solist: István-Alexander Gaal (Violoncello)

Cafeteria

21.09.12	Das Blaue Sofa: Nikolaus Lehnhoff („Pelléas et Mélisande") zu Gast bei Nils Szczepanski
12.10.12	Das Blaue Sofa: Mezzosopranistin Doris Soffel zu Gast bei Ina Wragge
14.12.12	Das Weihnachtssofa (Nils Szczepanski/Ina Wragge, Gesangssolisten und Philharmoniker)
18.01.13	Das Blaue Sofa: Die Trompeter der Philharmoniker im Gespräch mit Nils Szczepanski
08.02.13	Das Blaue Sofa: Regisseur Joachim Schloemer („Parsifal") im Gespräch mit Ina Wragge
22.03.13	Das Blaue Sofa: Mezzosopranistin Anja Schlosser im Gespräch mit Nils Szczepanski
17.05.13	Das Blaue Sofa: Regisseur Dietrich Hilsdorf („I Masnadieri") im Gespräch mit Ina Wragge

21.06.13	Das Blaue Sofa: Marie-Helen Joël interviewt die Dramaturgen Ina Wragge/Nils Szczepanski
10.07.13	Das Blaue Sofa: Stefan Soltesz im Gespräch mit Ina Wragge/Nils Szczepanski

Foyer

19.11.12	Benefizkonzert für rumänische Flüchtlingskinder, Moderation: Florian Schoeder
15.12.12	Swingin' Christmas (Christina Clark/Margret Russell/Jeffrey Dowd, Gesang; Aalto-Jazz-Trio, Andreas Laux, Saxofon/Florian Esch, Trompete), auch 16.12.
23.04.13	„Over my head I hear music" – Eine musikalische Reise durch die afroamerikanische Geschichte mit Christina Clark (Gesang)/Pascal Schweren (Klavier)
02.06.13	Michaela Selinger singt Werke von Schumann/Mahler/Schreker/Eisler/Albin Fries; Clemens Zeilinger (Klavier)
28.06.13	„Südländische Standarts" (Christina Clark/Jeffrey Dowd, Gesang; Aalto-Jazz-Trio; Andreas Laux, Saxofon)/Florian Esch, Trompete)
06.07.13	„Summer Dreaming" (Christina Clark/Jeffrey Dowd, Gesang); Aalto-Jazz-Trio; Andreas Laux, Saxofon)/Florian Esch, Trompete)

Philharmonie

30.08.12	Konzert für Bürger/innen mit Behinderung „Glücklich ist, wer vergisst, was doch nicht zu ändern ist" – Highlights aus der Operette „Die Fledermaus" von Johann Strauß Solisten: Yara Hassan/Annemarie Kremer/Astrid Kropp/Anja Schlosser; Daniel Brenna, Günter Kiefer/Albrecht Kludszuweit/Heiko Trinsinger ML: Stefan Soltesz; Opernchor (Alexander Eberle)
01.01.13	Neujahrskonzert: Beethoven, „9. Sinfonie" Solisten: Katherina Müller/Anja Schlosser; Jeffrey Dowd/Heiko Trinsinger ML: Jean-Claude Casadesus; Extrachor/Philharmonischer Chor (Alexander Eberle)

Philharmonie/Stadtgarten

22.06.13	Ein Sommernachtstraum: „Paradise Lost" – Werke von Mahler/Ives/Varèse/Berg/Berlioz u. a ML/Konzeption: Eberhard Kloke; Ballett-Beitrag: Delcroix, „End-Los"

Kennedyplatz

02.09.12	Opern-Air-Konzert: Programm und Mitwirkende (Peter Bording für Brenna) wie 30.08., Philh.
12.10.12	Ernennung von Heinz Wilhelm Norden (1. Violine) zum Ehrenmitglied der Theater & Philharmonie Essen

■ Gastspiel

Aalto-Foyer

17.02.13	Salonkonzert – Die Rheinnixen: Das sechsköpfige Damenensemble mit der Präsentation bekannter Film- und Fernsehmelodien

Ballett

Ballettdirektor: Ben Van Cauwenbergh; *Stellvertretender Ballettdirektor und Ballettmeister:* Marek Tuma
Persönliche Mitarbeiterin des Ballettdirektors: Annette El-Leisy
Ballettmeister: Michel Béjar*, *Ballettmeisterin:* Alicia Olleta
Ballettpianist: Alexey Shakitko*; *Dirigenten:* Wolfram-Maria Märtig, Volker Perplies
Gast-Orchester: Bochumer Symphoniker („Max und Moritz")
Dramaturgie: Nils Szczepanski

Choreografen der Neuinszenierungen: Denis Untila, Michelle Yamamoto; *Gäste:* Ohad Naharin/Rachael Osborne, Heinz Spoerli/Chris Jensen/Stanislav Jermakov
Ausstatter der Neuproduktionen (Gäste): Avi Yona Bueno, Rosa Ana Chanzá Hernández, Keso Dekker, Rakefet Levy, Hans Schavernoch, Dmitrij Simkin

Compagnie: Adeline Pastor, *Solo*

Carolina Boscán*, Marie Lucia Segalin, Yulia Tsoi, *Solo mit Gruppe*
Yanelis Rodriguez, Ana Sánchez Portales, *Gruppe mit Solo*
Paula Archangelo Cakir, Xiyuan Bai*, Carla Colonna*, Elisa Fraschetti, Alena Gorelcikova, Ana Carolina Reis, Svetlana Schenk*, Michelle Yamamoto, *Gruppe*
Breno Bittencourt, Marat Ourtaev, Sergio Torrado*, *Solo*
Artur Babajanyan*, Nour Eldesouki, Armen Hakobyan, Davit Jeyranyan, Wataru Shimizu, Denis Untila, *Solo mit Gruppe*
Nwarin Gad, Igor Volkovskyy, *Gruppe mit Solo*
Toshiro Abbley, Liam Blair, Simon Schilgen, Viacheslav Tyutyukin*, *Gruppe*
Praktikanten: Julia Schalitz*; Alexey Irmatov*

Gäste: Barbora Kohoutková (*Solo*); Katya Bourvis, Juliette Fehrenbach, Jelena Grjasnowa, Alexia Koutzis; Ordep Chacon
Schauspieler („Handwerker" im „Sommernachtstraum"): Jürgen Albrecht, Andreas Baronner, Serkan Durmus, Jeroen Engelsman, Alexander Milz, René Wedeward

■ Ballette (N)

03.11.12 „Ein Sommernachtstraum" von Heinz Spoerli/Jensen/Jermakov//Felix Mendelssohn Bartholdy/Steven Reich/Philip Glass (9) – ML: Perplies, B: Schavernoch, K: Dekker
09.02.13 „Othello" (U) von Denis Untila/Michelle Yamamoto//Max Richter/Mikis Theodorakis u. a. (13) – B: Simkin, K: Chanzá Hernandéz
27.04.13 „Deca Dance" von Ohad Naharin/Osborne//Südamerikanische und israelische Musik (11) – B: Bueno, K: Levy

■ Ballette (WA)

16.09.12 „Tanzhommage an Queen" von Van Cauwenbergh//Queen (9) [07.10.: 50×]
19.09.12 „Petite Mort" von Kylián//Mozart; End-Los" von Delcroix//Jóhannsson u. a. „Rooster" von Christopher Bruce/The Rolling Stones
23.11.12 „Carmen/Bolero" von Van Cauwenbergh//Bizet/Rihm/Ravel (6)
07.12.12 „Max und Moritz" von Kropf//Rossini (6)
18.12.12 „Max und Moritz" (gekürzte Version für Kinder) von Kropf//Rossini (13)

■ Sonderveranstaltungen
Aalto-Theater
28.10.12 Einführungsmatinee zur Premiere „Ein Sommernachtstraum"
23.11.12 Verleihung des Aalto-Bühnenpreises für junge Künstler an Denis Untila (Tänzer) und Wolfram-Maria Märtig (Dirigent) vor der Vorstellung „Carmen/Bolero"
03.02.13 Einführungsmatinee zur Premiere „Othello"
02.03.13 Gala zur Verleihung des Deutschen Tanzpreises 2013 an Ulrich Roehm (Zukunftspreis: Bundesjugendballett Hamburg; Anerkennungspreis: Tobias Ehinger)
Xin Peng Wang//Michael Nyman, Auszüge aus dem 3. Akt „Der Traum der roten Kammer" (Dortmunder Ballett); Bournonville//Hellsted/Simon Paulli, Pas de deux aus „Das Blumenfest in Genzano" (Kyoko Okuyama/Glauber Mendes Silva, Staatliche Ballettschule Berlin); Mario Goecke//Johnny Cash, „Äffi" (Marijn Rademaker, Stuttgart); Itzik Galili//Steven Reich, Pas de deux aus „Mona Lisa" (Alicia Amatriain/Jason Reilly, Stuttgarter Ballett); Denis Volpi//Elvis Presley, „Little Monsters" (Elisa Badenes/Daniel Camargo, Stuttgart); Reginaldo Oliveira//Alberto Iglesias, „Across the border" (Flavio Salamanka, Karlsruhe); Daniel Camargo//Edir Ants, „Do Outro lado" (Nicholas Jones/Robert Robinson, Stuttgart); Eric Gauthier//Jens-Peter Abele, „Air Guitar" (Eric Gauthier, Theaterhaus Stuttgart); Thiago Bordin//Villa-Lobos, Pas de quatre aus „Brasilianische Folk Songs" (Bundesjugendballett Hamburg); Van Cauwenbergh//Jacques Brel „Le Bourgeois" aus „La vie en rose" (Denis Untila, Essen); Christian Spuck/Rossini, Pas de deux nach der Ouvertüre „Die diebische

	Elster" (Alicia Amatriain/Jason Reilly, Stuttgarter Ballett); John Neumeier//Bernstein, Ausschnitte aus „Bernstein Dances" (Bundesjugendballett Hamburg)
21.04.13	Einführungsmatinee zur Premiere „Deca Dance"
01.07.13	Red Dot Award: Product Design 2013 – Mitwirkung des Balletts (Ausschnitte aus „Deca Dance")

Cafeteria

02.11.13	Das Blaue Sofa: Choreograf Heinz Spoerli im Gespräch mit Dramaturgin Ina Wragge
19.04.13	Das Blaue Sofa: Die Solisten Yulia Tsoi/Armen Hakobyan/Breno Bittencourt im Gespräch mit Ben Van Cauwenbergh und Nils Szcepanski

Grillo

25.06.13	Bunter Abend für den „Freundeskreis Theater & Philharmonie" u. a. mit dem Essener Ballett („Echad" aus „Deca Dance" von Ohad Naharin; Pas de deux aus „Othello" von Denis Untila/Michelle Yamamoto mit Yulia Tsoi/Armen Hakobyan)

Statdgarten/Philharmonie

22.06.13	„End-Los" von Patrick Delcroix (im Rahmen des „Sommernachtstraums")

RWE-Pavillon

05.07.13	Öffentliches Training des Balletts

Spielzeit 2013/14

Geschäftsführer: Berger Bergmann

Hein Mulders
Intendant 2013/14–2021/22

Hein Mulders, am 9. Oktober 1961 in Bussum/Nordholland geboren, studierte zunächst Kunstgeschichte in Paris am École du Louvre und Französisch am Institut Universitaire Catholique sowie anschließend Kunstgeschichte, Archäologie, Italienisch und Musikwissenschaft an der Universität in Amsterdam. Außerdem studierte er Klavier am Konservatorium in Utrecht. 1989 wurde er zum stellvertretenden Leiter einer niederländischen Künstleragentur ernannt; daran schlossen sich fünf Jahre als Orchesterleiter des niederländischen nationalen Jugendorchesters an. 1995 begann er seine Arbeit als Castingdirektor an der Flämischen Oper in Antwerpen/Gent; kurz darauf wurde er zum Mitglied in der Geschäftsleitung und anschließend zum Leiter für die Bereiche künstlerische Planung und Casting ernannt. Im Sommer 2006 übernahm Mulders die Position des künstlerischen Leiters an der Niederländischen Oper in Amsterdam. Auch als Jurymitglied bei zahlreichen internationalen Gesangswettbewerben wirkte er mit. (nmz, 10. Mai 2011; vdoper, 11. Mai 2011)

Am 6. Mai 2011 wurde Hein Mulders vom Aufsichtsrat der Theater und Philharmonie Essen einstimmig als Nachfolger von Stefan Soltesz zum Intendanten gewählt, und zwar für die Spielzeiten 2013/14–2017/18); gleichzeitig bestellte man ihn zum Intendanten der Philharmonie als Nachfolger von Johannes Bultmann. (Im Juli 2016 wurde sein Vertrag bis 2022/23 verlängert.)

Dass Mulders bei seiner ersten Spielzeit neben fünf Neuinszenierungen auch 13 Wiederaufnahmen aus der Soltesz-Ära ins Programm nahm, ist verständlich, aber es fällt auf, dass auch in den folgenden Jahren mehrheitlich ältere Inszenierungen wiederkehrten, während neue Produktionen oft ziemlich schnell wieder verschwanden, z. B. die Koproduktionen „La Stra-

niera" und „Manon Lescaut", aber auch die hauseigenen Einstudierungen von z. B. „Idomeneo" und „Titus". Pluspunkte konnte Mulders mit der Präsentation vergessener und moderner Werke sammeln: mit Meyerbeers „Le Prophète" und Marschners „Hans Heiling" sowie mit Ligetis „Le Grand Macabre", Reimanns „Medea" und Scarlattis Oratorium „Kain und Abel".

In dem ebenfalls ab 2013 verpflichteten Generalmusikdirektor Tomáš Netopil fand Mulders einen wichtigen und kompetenten Mitstreiter, der als Tscheche das slawische Element des Spielplans förderte: Janáčeks „Jenufa" (2014), Dvořáks „Rusalka" (2015), Martinůs „The Greek Passion" (2015), Prokofjews „Die Liebe zu den drei Orangen" (2015) und Smetanas „Die verkaufte Braut" (2017).

Mitte April 2021 wurden die Essener Opernfreunde von der Nachricht überrascht, Mulders werde das Aalto-Theater am Ende der Spielzeit 2021/22 vorzeitig verlassen und ab 2022/23 die Intendanz der Kölner Oper übernehmen. Die Reaktionen fielen unterschiedlich aus. Während Essener Kulturpolitiker den Weggang von Mulders bedauerten, meinte zum Beispiel der Kritiker Stefan Keim (Deutschlandfunk, 12.04.21): „Vor allem in der Oper hat er keine Bäume ausgerissen. Vorher unter der Leitung von Stefan Soltesz galt Essen als eines der wichtigsten Musiktheater Deutschlands, dann folgte der Absturz, auch beim Publikum. Inzwischen hat sich das Haus auf mittlerem Niveau stabilisiert und produziert gelegentlich einen Achtungserfolg … Eine künstlerische Handschrift … ist in Essen nicht zu erkennen."

Tomáš Netopil
Generalmusikdirektor 2013/14–2022/23

Tomáš Netopil, geboren am 18. Juli 1975 in Přerov/Tschechien, studierte Violine und Dirigieren in Prag sowie an der Königlichen Musikhochschule in Stockholm … 2002 gewann er den 1. Preis beim internationalen Dirigentenwettbewerb „Sir Georg Solti" in Frankfurt. In den folgenden Jahren dirigierte er als gefragter Gast Konzerte in mehreren Ländern. 2007 war er erstmals bei der Sächsischen Staatskapelle Dresden und 2010 bei den Berliner Philharmonikern zu erleben. Von 2008 bis 2012 war Netopil Musikdirektor des Prager Nationaltheaters, wo er Mozarts Opern „Die Entführung aus dem Serail", „La Finta giardiniera", „Don Giovanni" sowie „Katja Kabanova" von Janáček, „Die Jakobiner" von Dvořák, „Die Nachtigall" von Strawinsky und „Ariadne" von Martinů dirigierte.

Auch außerhalb seiner tschechischen Heimat war und ist Netopil ein gefragter Dirigent. Bereits im Oktober 2003 dirigierte er an der Volksoper Wien „Martha" von Flotow, 2004 van Beethovens „Fidelio" in Neapel, 2004/05 in Sevilla „Das schlaue Füchslein" von Janáček und in Genua Mozarts „Così fan tutte", 2006 Mozarts „Lucio Silla" in Venedig/Salzburg.

An deutschen Theatern ist er seit 2008 zu erleben, zuerst an der Semperoper, kurz darauf an der Bayerischen Staatsoper. In Dresden betreute er „Rusalka" von Dvořák, „Titus" von Mozart, „Das schlaue Füchslein" von Janáček, „Doktor Faust" von Busoni sowie „Salome" von Strauss (Wiederaufnahme). Busonis „Doktor Faust" dirigierte Netopil im Dezember 2008 auch in München, wo er außerdem Mozarts „Zauberflöte" und „Figaros Hochzeit" leitete.

In Turin gastierte er mit Mozarts „Idomeneo" (Januar 2010), in Valencia mit Mozarts „Così fan tutte (März 2009) und mit Smetanas „Die verkaufte Braut" (Februar 2010), an der Pariser Oper mit Janáčeks „Katja Kabanova" (April 2011), mit Offenbachs „Hoffmanns Erzählungen" (September 2012) und Mozarts „Titus" (Dezember 2013), an der Vlaamse Opera in Antwerpen mit Mozarts „Zauberflöte (Dezember 2012), in Dresden mit „Die Jüdin" von Halévy (Mai 2013). Im Frühjahr 2012 debütierte er in Tokio mit Wagners „Der fliegende Holländer".

Mit Beginn der Spielzeit 2013/14 übernahm Tomáš Netopil das Amt des Essener Generalmusikdirektors. Im Opernbereich betreut er zwei Neuinszenierungen und zwei bis drei Wiederaufnahmen pro Spielzeit; er kommt dabei auf knapp 30 Einsätze. (Sein Vorgänger Stefan Soltesz dirigierte z. B. in der Spielzeit 2011/12 mehr als 50×). Allerdings ist seine Präsenz in Essen höher, berücksichtigt man seine Konzerte mit den Philharmonikern und die Probenzeiten, aber dennoch ist seine Anwesenheit in Essen begrenzt.

Das hohe künstlerische Niveau der Philharmoniker hat er jedenfalls erhalten, zumal offensichtlich das Verhältnis zwischen Musikern und Generalmusikdirektor harmonisch ist.

Neben der slawischen Oper (Janáček, Dvořák, Smetana, Martinů) bevorzugt Netopil vor allem Mozart („Idomeneo", „Don Giovanni", „Figaros Hochzeit", „Titus", „Così van tutte", „La finta gardiniera"). Richard Strauss hat er mit „Salome", „Elektra", „Der Rosenkavalier" und „Arabella" abgedeckt, Richard Wagner mit „Lohengrin", „Lohengrin", „Der fliegende Holländer" und „Die Walküre". Sparsamer ist sein Umgang mit Giuseppe Verdi („Macbeth"). Auch Beethovens „Fidelio" und Webers „Freischütz" hat er in Essen geleitet.

Seine Gastspiel-Aktivitäten führen Netopil auch weiterhin an viele große Häuser. Seit 2014 dirigiert Netopil immer wieder an der Staatsoper Wien: „Rusalka" (September 2014, auch 2015/16), „Così fan tutte" (Februar 2016), „Das schlaue Füchslein" (April 2016), „Katja Kabanova" (April 2017), „Der Freischütz" (Juni 2018), „Idomeneo" (Februar 2019), „Fidelio", Urfassung, Februar 2020). In Dresden gastierte Netopil mit Halévvys „Die Jüdin" (Mai 2013), in Zürich mit „Così fan tutte" (Februar 2014), In Hamburg mit „Das schlaue Füchslein" (Januar 2015), mit Janáčeks „Die Sache Makropulos" (September 2016) und Verdis „Falstaff" an der Vlaamse Opera (Dezember 2017/Januar 2018), mit „Jenufa" in Amsterdam (Oktober 2018), mit „Die Sache Makropulos" in Brünn (November 2018), mit Smetanas „Die verkaufte Braut" in Dresden (März/Mai 2019) und mit „Die Sache Makropulos" in Genf (2020).

Musiktheater

Opernintendant: Hein Mulders*
Künstlerische Leiterin des Aalto-Theaters und Stellvertreterin des Intendanten: Juliane Postberg
Assistentin der Intendanz: Verena Forster*
Künstlerisches Betriebsbüro: Corinna Volke, Thomas Böckstiegel
Chefdramaturg: Dr. Alexander Meier-Dörzenbach*; Janina Zell*; *Gäste:* Ian Borton, Kathtin Brunner, Thomas Joningk

Presse- und Öffentlichkeitsarbeit: Christoph Dittmann* (Leiter); Maria Hilber*

Dirigenten: Tomáš Netopil*, GMD; Yannis Pouspourikas*, 1. Kapellmeister; *Gäste:* Matteo Beltrami, Srboljub Dinić, Josep Caballé Domenech, Matthew Halls, Antony Hermus, Stefan Klingele, Wolf-Maria Märtig, Sébastien Rouland, Giacomo Sagripanti, Peter Schneider

Essener Philharmoniker; *Repetitoren:* Oliver Malitius, Studienleiter; Juriko Akimoto, Boris Gurevich, Volker Perplies, Johannes Witt
Chordirektor: Alexander Eberle; *Assistent des Chordirektors und Kinderchorleiter:* Patrick Jaskolka*
Choreografie (Gast): Beate Vollack

Regisseure der Neuinszenierungen (Gäste): Robert Carsen/Maria Lamont, David Hermann, Christof Loy/Jean-François Kessler, Jim Lucassen, Carlos Wagner
Ausstattungsleiter: Thorsten Macht
Ausstatter der Neuinszenierungen Gäste):
Ben Baur, Christof Hetzer, Patrick Kinmonth, Annette Kurz, Ursula Renzenbrink, Frank Philipp Schlößmann
Technischer Direktor: Dirk Beck

Ensemble: Christina Clark, Sandra Janušaite*, Marie-Helen Joël, Katrin Kapplusch*, Ieva Prudnikovaite, Michaela Selinger, Karin Strobos*; Baurzhan Anderzhanov*, Martijn Cornet*, Jeffrey Dowd, Tijl Faveyts*, Günter Kiefer, Albrecht Kludszuweit, Abdellah Lasri*, Rainer Maria Röhr, Alexej Sayapin*, Michael Smallwood*, Almas Svilpa, Heiko Trinsinger
Chorsolisten: Christina Hackelöer, Kyung-Nan Kong, Uta Schwarzkopf, Michaela Sehrbrock, Marion Steingötter, Marion Thienel, Natacha Valladares, Julia Wietler; René Aguilar, Andreas Baronner, Mateusz Kabala, Michael Kunze, Joo Youp Lee, Arman Manukyan, Markus Seesing, Thomas Sehrbrock, Mario Tardivo, Eduard Unruh, Sven Westfeld, Ulrich Wohlleb

Gäste/Teilspielzeit: Liana Aleksanyan, Gun-Brit Barkmin, Julia Bauer, Lisette Bolle, Martina Dike, Tamara Gura, Evelyn Herlitzius, Rinnat Moriah, Katherina Müller, Rebecca Nelsen, Angela Nisi, Nidia Palacios, Olga Pasichnyk,

Marlis Petersen, Rebecca Raffell, Bettina Ranch, Simona Šaturová, Anja Schlosser, Susanne Sommer, Uran Urtnasan Cozzoli, Judith van Wanroij, Astrid Weber, Larissa Zhukova; Roman Astakhov, Tansel Akzeybek, Peter Auty, Mikael Babajanyan, Benjamin Bernheim, Fabrice Dalis, Rhomas Dolié, Bart Driessen, Ladislav Elgr, Luca Grassi, Tommi Hakala, Ante Jerkunica, Tomasz Konieczny, Liang Li, Ralf Lucas, Laimonas Pautienius, Sami Luttinen, Tobias Scharfenberger, Ivan Turšic, Merūnas Vitulskis
Gäste (Tänzerinnen): Carmen Mar Cañas Salvador, Sofia Klein Herero
Gäste (Schauspieler): Manfred Böll, Mark Weigel

■ Opern (N)

19.10.13	„Macbeth" von Giuseppe Verdi (11) – ML: Netopil, I: Hermann, A: Hetzer
30.11.13	„Werther" von Jules Massenet (12) – ML: Rouland, I: Wagner, A: Schlößmann
02.03.14	„La Straniera" von Vincenzo Bellini (10) – ML: Domenech, I: Loy, B: Kurz, K: Renzenbrink
19.04.14	„Ariodante" von Georg Friedrich Händel (12) – ML: Halls, I: Lucassen, A: Baur, Ch: Vollack
24.05.14	„Jenůfa" von Leoš Janáček (9) – ML: Netopil, I: Carsen/Lamont, A: Kimmonth

■ Opern (WA)

10.11.13	„Tristan und Isolde" von Wagner (3)
06.12.13	„La Bohème" von Puccini (3)
08.12.13	„Die Zauberflöte" von Mozart (3)
14.12.13	„Fidelio" von Beethoven (4)
05.01.14	„La Traviata" von Verdi (3)
16.01.14	„L'elisir d'amore" von Donizetti (3)
24.01.14	„Der fliegende Holländer" von Wagner (3)
30.01.14	„Eugen Onegin" von Tschaikowsky (4)
13.02.14	„Ariadne aus Naxos" von Strauss (3)
19.02.14	„Le nozze di Figaro" von Mozart (3)
31.05.14	„Carmen" von Bizet (3)
15.06.14	„Don Giovanni" von Mozart (3)
27.06.14	„Madama Butterfly" von Puccini (3)

■ Sonderveranstaltungen

Aalto

22.09.13	Tag der offenen Tür: 25 Jahre Aalto – Jahrmarkt der Illusionen
26.09.13	Galaabend: 25 Jahre Aalto-Theater Wagner, „Einzug der Gäste" aus dem 2. Aufzug „Tannhäuser"; Wagner, „Wach auf!"-Chor aus „Die Meistersinger von Nürnberg"; Wagner, Ausschnitte aus dem 1. Aufzug „Die Walküre" (Anja Kampe/Jeffrey Dowd) Ben Van Cauwenbergh//Bizet/Rihm/Ravel, Ballett „Carmen/Bolero" – ML: Tomáš Netopil; Festrede: Bundestagspräsident Norbert Lammert
04.10.13	„Macbeth" – Einführung und Probenbesuch mit Alexander Meier-Dörzenbach
13.10.13	Einführungsmatinee zur Premiere „Macbeth"
24.11.13	Einführungsmatinee zur Premiere „Werther"
23.02.14	Einführungsmatinee zur Premiere „La Straniera"
13.04.14	Einführungsmatinee zur Premiere „Ariodante"
18.05.14	Einführungsmatinee zur Premiere „Jenůfa"

Foyer

12.11.13	Silver Jubilee: „Opern-Pläne: Museumstempel und Volksarena" (Vortrag: Prof. Nike Wagner)
18.11.13	Benefizgala zugunsten des „Arbeitskreises Straßenkinder in Rumänien" Christina Linke; Stefan Lex/Marcel Rosca (Gesang); Sigrid Althoff/Hans Bruhn (Klavier); Vokalensemble DER CHOR (Stefan Lex, auch Moderation)
06.12.13	„Oper unterm Weihnachtsstern" mit Martijn Cornet/Tijl Faveyts/Abdellah Lasri//Aalto-Kinderchor (Patrick Jaskolka); Moderation: Janina Zell (Reihe „Am Fenster der Kunst")
06.12.13	„Swingin' Chistmas" (Christina Clark; Jeffrey Dowd/Florian Esch/Andreas Laux, Aalto-Jazz-Trio), auch 07.12.
09.12.13	Silver Jubilee: „Opern-Räume: Architektur des Hauses" (Vortrag: Prof. Dr. Joh. N. Schmidt)

20.01.14	Silver Jubilee: „Opern-Farbe: Blau" (Vortrag von Dr. Dietmar Schuth)
17.02.14	Silver Jubilee: „Der Essener Strauss-Zyklus von Stefan Soltesz" (Vortrag: Dr. Kerstin Schüssler-Bach)
12.03.14	Silver Jubilee: „Opern-Bilder: Bilder über Oper und Oper im Bild" (Vortrag: Dr. A. Meier-Dörzenbach)
25.03.14	„Global Player Goethe" – Johann Wolfgang von Goethe auf den Bühnen der Welt mit den Dramaturgen Marc-Oliver Krampe/Vera Ring (Grillo)/Alexander Meier-Dörzenbach (Aalto)
07.02.14	Zwei „Fliegende Holländer" (Vortrag: Markus Kiesel, Künstlerischer Leiter der Essener Philharmoniker): Richard Wagners „Holländer" und die von Markus Kiesel wiederentdeckte Oper „Le Vaisseaufantôme" von Pierre-Luois Dietsch (Reihe „Am Fenster der Kunst")
11.04.14	„Barockgesang heute" mit Christina Clark/Michael Smallwood (Gesang)/Janina Zell (Reihe „Am Fenster der Kunst")
13.06.14	„Alle im gleichen Rhythmus" – WM-Anpfiff im Aalto-Theater (Musikalische Impressionen zur Fußball-WM in Brasilien mit Marie-Helen Joël; Matthias Koziorowski/Boris Gurevich (Klavier)

Cafeteria

14.06.14	„Summertime Jazz Night" (Christina Clark; Jeffrey Dowd/Andreas Laux/Aalto-Jazz-Trio

Kennedyplatz

15.09.13	Open-Air-Konzert: Programm und Mitwirkende wie 12.09. (Philharmonie)

Philharmonie

12.09.13	Konzert für Bürger/innen mit Behinderung Rossini, Ouvertüren „Der Barbier von Sevilla"/„Die diebische Elster"/„Wilhelm Tell"; Chabrier, Rhapsodie „España"; Mendelssoohn Bartholdy, „Ouvertüre, Nocturne und Scherzo" aus „Ein Sommernachtstraum"; Gershwin, „Rhapsody in Blue" (Boris Giltburg (Klavier)
	ML: Yannis Pouspourikas; Moderation: Markus Kiesel
14.09.13	Sparda – Musiknacht: Programm wie 12.09.
31.12.13	Silvester-Gala Verdi, Ouvertüre und Gefangenenchor aus „Nabucco" (Opernchor); Strauss, Walzerfolge Nr. 2 aus „Der Rosenkavalier"; Verdi, Ballettmusik aus „Otello"; Wagner, Ouvertüre „Das Liebesverbot"; Wagner, „La Descente de la Courtille" für gemischten Chor und Orchester (Opernchor) Strauß, Ouvertüre und Auszüge aus „Die Fledermaus": Chor „Ein Souper winkt"; Duett Eisenstein/Falke „Komm mit mir zum Souper" (Rainer Maria Röhr/Martijn Cornet); Couplet der Adele „Spiel ich die Unschuld vom Lande" (Rinnat Moriah); Terzett Rosalinde/Adele/Eisenstein „O je, wie rührt mich dies" (Katrin Kapplusch/Rinnat Moriah; Rainer-Maria Röhr); Csárdás der Rosalinde „Klänge der Heimat" (Katrin Kapplusch); Finale II „Im Feuerstrom der Reben"/„Brüderlein und Schwesterlein" (Ensemble, auch Marie-Helen Joël/Orlowsky; Mateusz Kabala/Dr. Frank) ML: Friedrich Haider
01.01.14	Neujahrskonzert: Programm und Mitwirkende wie 31.12.
27.03.14	„Va pensiero" – Galakonzert der fünf Elemente Erde, Feuer, Wasser, Luft und Liebe (Konzert für den Freundeskreis zugunsten der Orchesterakademie) Verdi, Eingangschor und Kavatine des Zacharias (Arman Manukyan) aus „Nabucco"; Verdi, „Hexenchor" aus „Macbeth"; Verdi, Arie der Azucena (Ieva Prudnikovaite) aus „Der Troubadour"; Verdi, „Feuerchor" aus „Otello"; Wagner, „Matrosenchor" aus „Der fliegende Holländer"; Dvořák, „Mondarie" (Katrin Kapplusch) und Arie des Wassermanns (Almas Svilpa) aus „Rusalka"; Nicolai, Chor „O süßer Mond" aus „Die lustigen Weiber von Windsor"; Mascagni, „Intermezzo und Osterchor" aus „Cavalleria rusti-

cana"; Wagner, Vorspiel zum 3. Aufzug „Lohengrin" und Chor „Treulich geführt"; Wagner, Arie der Elisabeth „Dich, teure Halle ..." (Katrin Kapplusch) und „Einzug der Gäste" aus „Tannhäuser"; Bizet, Auftritt des Escamillo „Votre toast ..." (Almas Svilpa) und Chor „Le voici ..." aus „Carmen"; Wagner, „Wach auf!"-Chor aus „Die Meistersinger von Nürnberg"
ML/Chor: Alexander Eberle; Opern- und Extrachor/Kinderchor
Moderation: Alexander Meier-Dörzenbach/Janina Zell

12.04.14 Sparda-Musiknacht
Mozart, Ouvertüre und Arien/Duette „Figaros Hochzeit"; Mozart, „Sinfonie Nr. 38 D-Dur"
Solisten: Christina Clark/Sandra Janušaite; Martijn Cornet/Almas Svilpa
ML: Wolfram-Maria Märtig

21.06.14 Ein Sommernachtstraum: „Fêtes des Plaisirs"
Lully, Bühnenmusik zu Molières „Der Bürger als Edelmann"; Strauss, Orchestersuite „Bürger als Edelmann"; Ravel, „Le Tombeau de Couperin"; Künneke, Duett „Ach Gott, was sind wir vornehm" aus der Operette „Liselott" (Dagmar Manzel/Martijn Cornet); Offenbach: „Schwipslied" aus „La Périchole" (Dagmar Manzel)
Texte von Liselotte von der Pfalz/Heiner Müller, vorgetragen von Dagmar Manzel
ML: Roland Kluttig (Beitrag des Schauspiels: Gekürzte Fassung von Molières „Der Geizige")

Grillo-Theater
21.05.14 „Werther" – Gesprächsrunde zu den „Werther"-Inszenierungen im Schauspiel und in der Oper mit den Dramaturgen Marc-Oliver Krampe (Grillo) und Alexander Meier-Dörzenbach (Aalto) sowie dem Regisseur Karsten Dahlem

02.10.13 Ernennung von Kammersänger Marcel Rosca zum Ehrenmitglied der Theater & Philharmonie Essen

■ **Ausstellung**
Museum Folkwang
08.03.14 „Theater für die Straße – Plakate für das Theater" (25 Jahre Aalto-Theater), bis 15.06.

Ballett

Ballettdirektor: Ben Van Cauwenbergh; *Stellvertretender Ballettdirektor und Ballettmeister:* Marek Tuma
Persönliche Mitarbeiterin des Ballettdirektors: Annette El-Leisy
Ballettmeister: Michel Béjar; *Ballettmeisterin:* Alicia Olleta
Ballettpianist: Igor Savoskin*; *Dirigenten:* Volker Perplies, Yannis Pouspourikas
Gast-Orchester: Bochumer Symphoniker („Cinderella"/„Giselle"/„Max und Moritz")

Dramaturgie (Gast): Freya Vass-Rhee
Choreografen der Neuinszenierungen: Davit Jeyranyan, Dmitri Khamzin/Anna Khamzina, Julia Schalitz, Igor Volkovskyy, Michele Yakamoto/Denis Untila; *(Gäste):* Stijn Celis/David Thole, David Dawson
Ausstatter der Neuproduktionen (Gäste): Stijn Celis, Yumike Takeshoma, Catherine Voeffray, Arne Walther
Presse- und Öffentlichkeitsarbeit: Martin Siebold* (Leitung), Christine Nitschke*

Compagnie: Barbara Kohoutková*, Adeline Pastor, *Solo*
Carolina Boscán, Yanelis Rodriguez, Marie Lucia Segalin, Yulia Tsoi, *Solo mit Gruppe*
Xiyuan Bai, Elisa Fraschetti, Anna Khamzina*, Ana Sánchez Portales, *Gruppe mit Solo*
Paula Archangelo Cakir, Alena Gorelcikova, Yuki Kishimoto*, Ana Carolina Reis, Julia Schalitz, Michelle Yamamoto, *Gruppe*
Breno Bittencourt, *Solo*
Artur Babajanyan, Nour Eldesouki, Armen Hakobyan, Davit Jeyranyan, Tomáš Ottych, Wataru Shimizu, Denis Untila, *Solo mit Gruppe*

Nwarin Gad, Dmitri Khamzin*, Igor Volkovskyy,
Gruppe mit Solo
Liam Blair, Simon Schilgen, Viacheslav Tyutyukin, *Gruppe*
Praktikant: Qingbin Meng*
Adelina Nigra
Gäste/Gelsenkirchen („Giselle"): Maiko Arai, Francesca Berruto, Bridget Breiner, Nora Brown, Rita Duclos, Aidan Gibson, Ayako Kikuchi; Fabio Boccalatte, Joseph Brunn, Petar Djorcevski, Valentin Juteau, Hugo Mercier, Ordep Rodriguez Chacon
Gäste/Teilspielzeit: Isabella Bartolini, Katya Bourvis, Carla Colonna, Jelena Grjasnowa, Yusleimy Herrera Leon, Tatiana Martínez, Svetlana Schenk; Rafael Coumes-Marquet *(Solo)*
Schauspieler: Zygmunt Apostol („La vie en rose"); Jürgen Albrecht, Andreas Baronner (Aalto), Jeroen Engelsman, Serkan Durmus, Alexander Milz, René Wedeward („Ein Sommernachtstraum")

■ Ballette (N)
Aalto-Theater
02.11.13   „Cinderella" von Stijn Celis/Thole//Sergej Prokofjew (11) – ML: Pouspourikas, B: Celis, K: Voeffrey
29.03.14   „Giselle" von David Dawson//Adolphe Adam (9) – I: Pouspourikas, B: Walther, K: Takeshima *(Koproduktion mit dem Musiktheater im Revier, Gelsenkirchen)*
Grillo-Theater
26.06.14   *Ptah III (U, Junge Choreographen)* (3)
„Garb" von Igor Volkskovskyy//Nogu Svelo; „One Morning" von Anna Khamzina/Dmitry Khamzin//Ludovico Einaudi; „My Body is a Cage" von Davit Jeyranyan//Peter Gabriel; „Passacaglia" von Michele Yakamoto/Denis Untila//Johann Halvorsen; „Jo" von Michele Yamamoto/Denis Untila//Max Richter; „Im Rausch der Sinne" von Julia Schalitz//Ivan Hussey/Celloman Trio; „Embodiment" von Armen Kakobyan//Philip Glass

■ Ballette (WA)
29.09.13   „Ein Sommernachtstraum" von Spoerli//Mendelssohn/Reich/Glass (12)
12.10.13   „Tanzhommage an Queen" von Van Cauwenbergh//Queen (9)
18.12.13   „La vie en rose" von Van Cauwenbergh//Adams/französische Chansons (8)
11.05.14   „Max und Moritz" von Kropf//Rossini (5)
Ballett für Kinder
02.06.14   „Max und Moritz" von Kropf//Rossini (7)

■ Sonderveranstaltungen
Aalto-Theater
27.10.13   Einführungsmatinee zur Premiere „Cinderella"
08.03.14   Gala zur Verleihung des Deutschen Tanzpreises 2014 an Bertram Müller, Intendant des Tanzhauses NRW, Düsseldorf (Zukunftspreis: Demis Volpe, Anerkennungspreis: Nina Hümpel)
Ohad Naharin//Südamerikanische und israelische Musik, „Deca Dance" (Ballett Essen); Demis Volpi//Glass/Penderecki, Ausschnitte aus „Krabat" (David Moore/Marijn Rademaker, Stuttgarter Ballett); Richard Siegal//Oscar Peterson/Harry Bellafonte/Benny Goodman, „The new 45" (Bayerisches Juniorballett München); Martin Schläpfer//Rickie Lee Jones/Marianne Faithful u. a., „Quartz" (Marlúcia do Amaral/Alexandre Simões, Deutsche Oper am Rhein); Norbert North//Christopher Benstead, Pas de deux aus „Carmen" (Elisa Rossignoli/Alessandro Borghesani, Theater Krefeld/Mönchengladbach); Bridget Breiner//Strauß u. a., Pas de deux aus „Ruß" (Kusha Alexi/Joseph Brunn, Musiktheater im Revier); Ricardo Fernando//Pust, Pas de deux „Voices" (Ana Nené/Huy Tien Tran, Theater Hagen); Ben Van Cauwenbergh//Dumont, „Je ne regrette rien" aus „La vie en rose" (Adelina Pastor, Essener Ballett); William Forsythe/Schubert, „The Vertiginous Thrill of Exactitude" (Ballett Dortmund); Takao Baba/HipHop-Trio als „Urban Species"; Toula Limnaios/

	Ralf Olbertz/Puccini, „reading tosca" (Toula Limnaios); Israel Galván, „Flamenco-Solo" Vorschau auf „Giselle" von David Dawson//Adolphe Adam (Koproduktion Essen/Gelsenkirchen)
23.03.14	Einführungsmatinee zur Premiere „Giselle"
13.06.14	Öffentliche Ballettprobe *(Große Probebühne):* Training, anschließend Probe „Junge Choreografen" (Kulturpfadfest 2014/Reihe „Am Fenster der Kunst")
07.07.14	Red Dot Award 2014 – Mitwirkung des Balletts (Ausschnitte aus „Giselle")

Cafeteria

18.10.13	„Cinderella" – Einblicke in eine moderne Märchenwelt mit Stijn Celis (Choreograf)/Marie-Helen Joël (Theaterpädagogin)/Janina Zell (Dramaturgin) – (Reihe „Am Fenster der Kunst")
13.06.14	Junge Choreografen – Einige der jungen Choreografen geben Einblicke in den spannenden Entstehungsprozess ihrer Werke (Reihe „Am Fenster der Kunst")
21.06.14	„Plaisirs" (U) von Michel Béjar// Rameau, ML: Roland Kluttig (im Rahmen des spartenübergreifenden Abends „Ein Sommernachtstraum: Fêtes des Plaisirs")

■ Gastspiele

Aalto-Theater

26.11.13	„Frühlingsopfer" – Dreiteiliger Strawinsky-Abend von Pina Bausch mit Mitgliedern des Folkwang-Tanzstudios und Studierenden des Instituts für Zeitgenössischen Tanz der Folkwang Universität der Künste

Cafeteria

26.11.13	„Frühlingsopfer" – Einführungsgespräch mit Jo Ann Endicott/John Griffith/Vivienne Newport/Dr. Mark Wagenbach (Moderation)

Spielzeit 2014/15

Geschäftsführer: Berger Bergmann

Musiktheater

Opernintendant: Hein Mulders; *Künstlerische Leiterin des Aalto-Theaters und Stellvertreterin des Intendanten:* Juliane Postberg; *Assistentin der Intendanz:* Verena Forster
Künstlerisches Betriebsbüro: Ariane Bliss*, Thomas Böckstiegel
Chefdramaturg: Dr. Alexander Meier-Dörzenbach; Janina Zell
Presse- und Öffentlichkeitsarbeit: Christoph Dittmann

Dirigenten: Tomáš Netopil, GMD; Yannis Pouspourikas, 1. Kapellmeister; Johannes Witt;
Gäste: Martyn Brabbins, Giuliano Carella, Jonathan Cohen, Guillermo García Calvo, Friedrich Haider, Pedro Halffter, Christopher Moulds, Manuel Nawri, Ivan Repušić, Giacomo Sagripanti, Dima Slobodeniouk
Essener Philharmoniker; *Repetitoren:* Oliver Malitius, Studienleiter; Juriko Akimoto, Boris Gurevich, Volker Perplies, Johannes Witt; *Chordirektor:* Alexander Eberle; *Assistent des Chordirektors und Kinderchorleiter:* Patrick Jaskolka

Leiter der szenischen Einstudierung: Frédéric Buhr*
Regisseure der Neuinszenierungen (Gäste): Marianne Clément, Lotte de Beer, Stefan Herheim/Christian Thausing, Guy Joosten, Kay Link, Francisco Negrin
Ausstattungsleiter: Thorsten Macht
Ausstatter der Neuinszenierungen (Gäste): Clement & Sanôu, Julia Hansen, Tobias Hoheisel, Andreas Jander/Anne Koltermann (Grillo), Johannes Leiacker, Heike Scheele, Gesine Völlm
Technischer Direktor: Dirk Beck

Ensemble: Christina Clark, Sandra Janušaite, Marie-Helen Joël, Katrin Kapplusch, Ieva Prudnikovaite, Michaela Selinger, Karin Strobos; Baurzhan Anderzhanov, Martijn Cornet, Jeffrey Dowd, Tijl Faveyts, Albrecht Kludszuweit, Abdellah Lasri, Rainer Maria Röhr, Alexej Sayapin, Michael Smallwood, Almas Svilpa, Heiko Trinsinger
Chorsolisten: Christina Hackelöer, Kyung-Nan Kong, Anne Kathrin Rosensock, Uta Schwarzkopf, Michaela Sehrbrock, Younghui Seong, Marion Thienel, Julia Wietler; René Aguilar, Andreas Baronner, Michael Haag, Mateusz Kabala, Michael Kunze, Joo Youp Lee, Sang Yun Lee, Arman Manukyan, Holger Penno, Thomas Sehrbrock, Mario Tardivo, Eduard Unruh, Sven Westfeld, Harald Wittkop

Gäste/Teilspielzeit: Lindsay Ammann, Julia Amos, Inga-Britt Andersson, Karine Babajanyan, Julia Bauer, Lisette Bolle, Elizabeth Cragg, An De Ridder, Susanne Elmark, Liliana de Sousa, Tamara Gura, Yara Hassan, Melinda Heiter, Ursula Hesse von den Steinen, Magdalena Anna Hofmann, Milica Ilic, Teiya Kasahara, Sharon Kempton, Julia Kleiter, Susan McLean, Angela Nisi, Olga Pasichnyk, Katja Pellegrino, Maartje Rammeloo, Bettina Ranch, Helena Rasker, Alexandra Reinprecht, Simona Šaturová, Anja Schlosser, Galina Shesterneva, Britta Stallmeister, Marieke Steenhoek, Rebecca Teem, Judith van Wanroij; Roberto Accurso, Jake Arditti, Bernhard Berchtold, Markus Butter, Roberto Covatta, Eric Cutler, Bart Driessen, Ladislav Elgr, Frank Hawlata, Nicolai Karnolsky, Pavel Kudinov, Michael Wade Lee, Karel Ludvik, E. Mark Murphy, John Pickering, Gerard Quinn, Gaston Rivero, Yves Saelent, Egil Silins, Selçuk Hakan Tiraşoğlu
Schauspieler (Gäste): Mathias Kopetzki, Maik Solbach, Tom Zahner
Tänzer: Nawrin Gad (Aalto)

■ **Opern (N)**
Aalto-Theater
04.10.14 „Manon Lescaut" von Giacomo Puccini (12) – ML: Sagripanti, I: Herheim/Thausing, B: Scheele, K: Völlm
29.11.14 „Idomeneo, Rè di Creta" von Wolfgang Amadeus Mozart (11) – ML: Netopil, I: Negrin, A: Hoheisel
14.02.15 „Le Grand Macabre" von Györgi Ligeti (9) – ML: Slobodeniuk, I: Clément, A: Hansen
14.03.15 „Die schweigsame Frau" von Richard Strauss (10) – ML: Brabbins, I: Joosten, A: Leiacker
23.05.15 „Rusalka" von Antonín Dvořák (10) – ML: Netopil, I: de Beer, A: Clement & Sanôu

Casa Nova
01.11.14 „Into the Little Hill" von George Benjamin (4) – ML: Nawri, I: Link, A: Jander/Koltermann

■ **Opern (WA)**
14.09.14 „Nabucco" von Verdi (5)
28.09.14 „Jenůfa" von Janáček (3)
11.10.14 „Così fan tutte" von Mozart (5)
05.12.14 „Die Zauberflöte" von Mozart (4)
11.12.14 „Werther" von Massenet (3)
04.01.15 „Luisa Miller" von Verdi (3)
17.01.15 „Turandot" von Puccini (3)
24.01.15 „Die Entführung aus dem Serail" von Mozart (4)
21.02.15 „Die Walküre" von Wagner (2)
02.04.15 „La Traviata" von Verdi (4)
30.05.15 „Fidelio" von Beethoven (3)
05.06.15 „Ariodante" von Händel (2)
20.06.15 „Falstaff" von Verdi (3)

■ **Operette (WA)**
08.11.14 „Die Fledermaus" von Strauß (5)

■ **Sonderveranstaltungen**
Aalto-Theater
24.08.14 Tag der offenen Tür (u.a. „Peter und der Wolf"; öffentliches Training des Balletts; „Rockin' the Stage" mit dem United Rock Orchestra, ML: Heribert Feckler)
28.09.14 Einführungsmatinee zur Premiere „Manon Lescaut"
10.11.14 Benefiz-Gala zugunsten des „Arbeitskreises Straßenkinder in Rumänien"
02.11.14 Verleihung des Aalto-Bühnenpreises für junge Künstler des Freundeskreises Theater & Philharmonie Essen an Abdellah Lasri (im Anschluss an die Vorstellung „Manon Lescaut")
16.11.14 Einführungssoiree zur Premiere „Idomeneo"
01.02.15 Einführungsmatinee zur Premiere „Le Grand Macabre"
01.03.15 Einführungsmatinee zur Premiere „Die schweigsame Frau"
21.04.15 Gala-Abend zum 30. Jubiläum des Freundeskreises Theater & Philharmonie Essen
Verdi, Eröffnungsszene aus „Otello" (Torsten Kerl/Opern- und Extrachor); Verdi, Arie der Lady „Nel dì della vittoria" (Elena Batoukova-Kerl) aus „Macbeth"; Verdi, Arie des Alfredo „Lunge da rusticana" aus „La Traviata" (Torsten Kerl/Opernchor); Marion Eugénie Bauer, Duo für Oboe und Klarinette (Pina Mohs/Veronika Giesen); Wagner, Arie des Siegmund „Winterstürme wichen dem Wonnemond" (Torsten Kerl) aus „Die Walküre"; Ben Van Cauwenbergh//Französische Chansons, Auszug aus dem Ballett „La vie en rose" (Solisten und Corps de ballet); „Liebesweichen", Lieder und szenische Lesung zu Lotte Lenya/Kurt Weill (Marie-Helen Joël, Gesang/Jan Pröhl (Schauspieler, Grillo)/Oliver Malitius (Klavier); Puccini, Arie der Tosca „Vissi d'arte" (Elena Batoukova-Kerl) und Arie des Cavaradossi, „E lucevan le stelle" (Torsten Kerl) aus „Tosca"; Fritz Kreisler, „Liebesleid", Fassung für Streichquintett (Mitglieder der Philharmoniker); Strauß, Csárdás der Rosalinde „Klänge der Heimat" (Elena Batoukova-Kerl) aus „Die Fledermaus"; Duett Hanna/Danilo „Lippen schweigen" (Elena Batoukova-Kerl/Torsten Kerl) aus „Die lustige Witwe" Oliver Malitius/Xaver Poncette (Klavier)/Opern- und Extrachor, Solisten und Corps de ballet sowie Mitglieder

der Philharmoniker und der Orchesterakademie
ML: Alexander Eberle, Moderation: Janina Zell/Alexander Meier-Dörzenbach

17.05.15 Einführungsmatinee zur Premiere „Rusalka"

Foyer

03.11.14 Manon Lescaut: Vortrag und Lesung – Abbé Prévosts „Geschichte des Chevalier Des Grieux und der Manon Lescaut" mit Dr. h. c. Hanjo Kesting/Jan Jaroze

11.11.14 „Durch Nacht und Wind": Balladen von Loewe/Schubert/Schumann mit Martijn Cornet/Tijl Faveyts (Gesang)/Floriane Kleinpaß (Grillo)/Volker Perplies (Klavier) (Reihe „mehrmusik")

08.12.14 „Erd und Sternenzelt" mit dem Vokal-Quartett Essen (Anne Katrin Rosenstock/Marion Thienel; Michael Haag/Ulrich Wohlleb); Wolfgang Märtig (Klavier)/Andreas Schöneich (Erzähler)

14.12.14 Swingin' Christmas (Aalto-Jazz-Trio; Andreas Laux, Saxofon); Christina Clark/Jeffrey Dowd, Gesang, Gitarre) u. a., auch 21.12.

18.02.15 Einführung zur „Walküre" für den Freundeskreis mit Probenbesuch (Janina Zell)

06.05.15 Live on Stage: Gesprächsveranstaltung Freundeskreis mit Wulf Mämpel/Hein Mulders/Bürgermeister Franz-Josef Britz

11.05.15 „Liebesweichen" – Ein Lotte Lenya & Kurt Weill-Abend mit Marie-Helen Joël/Jan Pröhl/Oliver Malitius (*Kooperation mit dem Schauspiel Essen, dort 18.05.: Vorstellung für den Theaterring*)

12.06.15 Jazz Round Midnight: Aalto-Jazz-Trio and Friends mit Andreas Laux (Saxofon)/Christina Clark (Gesang/Jeffrey Dowd (Gesang, Gitarre)

22.06.15 „Claire de lune": Französisch-marokkanische Sommernacht mit Adellah Lasri (Gesang), Stefan Diekmann (Grillo), Boris Gurevich (Klavier)

Cafeteria

12.09.14 It's teatime – Die Damen laden zum Tee: „Pour le pire et pour le meilleur" – „Auf Gedeih und Verderb" mit Christina Clark/Marie-Helen Joël; Tijl Faveyts/Boris Gurevich (Klavier)

28.11.14 It's teatime – Die Damen laden zum Tee: „Mozart und die Macht der Götter" mit Christina Clark/Marie-Helen Joël; Boris Gurevich (Klavier)/Frank Schwartze (Betriebsinspektor)

19.12.14 It's Teatime – Die Damen laden zum Tee: Weihnachts-Teatime mit Christina Clark/Marie-Helen Joël sowie mit Karin Strobos; Martijn Cornet/Tijl Faveyts/Michael Smallwood; Kinderchor; Johannes Witt (Klavier)

30.01.15 It's Teatime – Die Damen laden zum Tee: „Grand Macabre – etwas Besseres als den Tod findest du überall" mit Christina Clark/Marie-Helen Joël; Jake Arditti/Jeffrey Dowd/Karel Ludwik

13.03.15 It's Teatime – Die Damen laden zum Tee: „Schweigen ist Silber, Reden ist Gold – Die schweigsame Frau" mit Christina Clark/Marie-Helen Joël und Martijn Cornet/Tijl Faveyts/Martyn Brabbins (Dirigent)/Johannes Witt (Klavier)

08.05.15 It's Teatime – Die Damen laden zum Tee: „Rusalka – die kleine „Meerjungfrau" in der Oper mit Christina Clark/Marie-Helen Joël; Boris Gurevich (Klavier)

14.06.15 Summertime Jazznight (Aalto-Jazz-Trio and Friends: Andreas Laux, Saxofon; Florian Esch, Trompete; Christina Clark, Gesang; Jeffrey Dowd, Gesang, Gitarre u. a.)

Kennedyplatz

31.08.14 Open-Air-Konzert: Essen Original Debussy, „Prélude à l'après-midi d'un faune"; Martinů, „Doppelkonzert für zwei Streichorchester"; Beethoven, „Sinfonie Nr. 3"
ML: Tomáš Netopil

Philharmonie

04.09.14 Konzert für Bürger/innen mit Behinderung (Programm wie 31.08., ML: Yannis Pouspourikas)

01.01.15	Neujahrskonzert Offenbach, Ouvertüre „La vie parisienne"; Paganini, Konzert für Violine und Orchester Nr. 1 (Nemanja Radulović); Massenet, „Médiatation" aus der Oper „Thaïs"; Ravel, „La Valse"; Dukas, „Der Zauberlehrling" ML: Yannis Pouspourikas
27.06.15	Ein Sommernachtstraum: „Modern Times" (Regie: Teresa Reiber) Wagner, „Wotans Abschied" aus „Die Walküre"; Korngold, „Pierrotts Tanzlied" aus „Die tote Stadt" (Matthias Goerne, Bariton); Lieder von Berg/Eisler („Das Lied von der belebenden Wirkung des Geldes")/Mahler/Zemlinsky (Matthias Goerne, Bariton) Auszüge aus Stummfilmmusiken zu „Berlin – Sinfonie einer Großstadt und „Die Abenteuer des Prinzen Achmed" ML: Marc Piollet Dagmar Manzel singt Chansons von Hanns Eisler („Das Vielleicht-Lied"), von Friedrich Hollaender („Illusions"/ „Wenn ich mir was wünschen dürfte" u. a.) und von Kurt Tucholsky („Die Dame mit dem Avec") Rezitationen (Texte von Brecht/Feuchtwanger/Hofmannsthal/Kafka/Lasker-Schüler/Tucholsky) Mitwirkende: Dagmar Manzel; Sabine Osthoff/Flora Pulina (Schauspiel Essen); Felix Lampert/Maximilian Strestik; Aalto-Jazz-Quartett; Henrietta Horn (Choreografie) u. a.
20.11.14	Ernennung von Hans Schippmann, dem langjährigen Vorsitzenden des Aufsichtsrates, zum Ehrenmitglied der Theater & Philharmonie Essen

Ballett

Ballettdirektor: Ben Van Cauwenbergh; *Stellvertretender Ballettdirektor und Ballettmeister:* Marek Tuma
Persönliche Mitarbeiterin des Ballettdirektors: Annette El-Leisy
Ballettmeister: Michel Béjar; *Ballettmeisterin:* Alicia Olleta
Ballettpianist: Igor Savoskin*; *Dirigenten:* Volker Perplies, Yannis Pouspourikas, Johannes Witt
Gast-Orchester: Bochumer Symphoniker („Giselle")
Dramaturgie (Gast): Giola Masala; *Presse- und Öffentlichkeitsarbeit:* Martin Siebold (Leitung), Maria Hilber*

Choreografen der Neuinszenierungen: Ben Van Cauwenbergh; *Gast:* Patrick Delcroix
Ausstatter der Neuproduktion (Gäste): Thomas Mika, Dmitrij Simkin, Kees Tjebbes, Bregje van Balen

Compagnie: Adeline Pastor, *Solo*
Carolina Boscán, Anna Khamzina, Yanelis Rodriguez, Marie Lucia Segalin, Yulia Tsoi, *Solo mit Gruppe*
Xiyuan Bai, Elisa Fraschetti, *Gruppe mit Solo*
Paula Archangel-Çakir, Carla Colonna, Alena Gorelcikova, Yusleimy Herrera Léon*, Yuki Kishimoto, Ana Carolina Reis, Julia Schalitz, Michelle Yamamoto, *Gruppe*
Breno Bittencourt, *Solo*
Nour Eldesouki, Armen Hakobyan, Davit Jeyranyan, Tomas Ottych, Wataru Shimizu, Viacheslav Tyutyukin, Denis Untila, *Solo mit Gruppe*
Nwarin Gad, Dmitriy Khamzin, Moisés Léon Noriega*, Igor Volkovskyy, *Gruppe mit Solo*
Liam Blair, Qingbin Meng*, Simon Schilgen, *Gruppe*

Musiktheater im Revier („Giselle"): Maiko Arai, Francesca Berruto, Bridget Breiner, Nora Brown, Rita Duclos, Ayako Kikuchi; Fabio Boccalatte, Joseph Brunn, Junior Demitre, Valentin Juteau, Hugo Mercier, Ordep Rodriguez Chacon, Jossé Urrutia
Gäste: Hiroko Asami, Elena Vostrotina *(Solo)*; Alba Thomas Alvarez, Marie van Cauwenbergh; Gino Abet, Armen Gregorian, Safet Mistele, Jonathan Reimann, Takahiro Tamagawa

Schauspieler: Rezo Tschchikwischwili (Grillo)

■ Ballette (N)

01.11.14	„Romeo und Julia" von Ben Van Cauwenbergh//Sergej Prokofjew (11) – ML: Pouspourikas, A: Mika
18.04.15	„Die Odyssee" von Patrick Delcroix//Ben Frost, Michael Harrison & Maya Beiser u. a. (8) B: Tjebbes, K: van Balen
24.05.15	„Queeny" *Education-Projekt für Schulklassen* (3) – Konzept/Ch/K: Van Cauwenbergh, B: Simkin

■ Ballette (WA)

06.09.14	„Cinderella" von Celis//Prokofjew (7+1)
13.09.14	„Tanzhommage an Queen" von Van Cauwenbergh//Queen (8)
07.01.15	„Giselle" von Dawson//Adam (5+6)
21.12.14	„La vie en rose" von Van Cauwenbergh//Adams/Französische Chansons (6+3)
02.05.15	„Carmen/Bolero" von Van Cauwenbergh//Bizet/Rihm/Ravel (4)

■ Abstecher

– „Cinderella" (Kanazawa/Japan, 06.12.14) „Giselle" (Koproduktion mit dem Musiktheater im Revier Gelsenkirchen, ab 12.10.15, 6×)
– „La vie en rose" (Valladoid, Teatro Calderón, 30.01./31.01./01.02.)

■ Sonderveranstaltungen

Aalto-Theater

26.10.14	Einführungsmatinee zur Premiere „Romeo und Julia"
28.03.15	Gala zur Verleihung des Deutschen Tanzpreises 2015 an Peter Breuer (Zukunftspreis: Elisa Badenes (Stuttgart); Anerkennungspreis: Ricardo Fernando, Hagen) Ben Van Cauwenbergh//Prokofjew, Pas de deux und Balkonszene aus „Romeo und Julia" (Yanelis Rodriguez/Breno Bittencourt, Essen, ML: Yannis Pouspourikas, Essen); John Cranko//Scarlatti, Pas de deux aus „Der Widerspenstigen Zähmung" (Elena Badenes/Daniel Camargo, Stuttgarter Ballett); Katarzyna Kozielska//New Tango Orchestra, „Limlight" (U, Elena Badenes); Ricardo Fernando//Bach, Ausschnitte aus „Bach tanzt" (Ballett Hagen); Ricardo Fernando//Strawinsky, Ausschnitte aus „Le sare du printemps" (Hagen); Peter Breuer//Gershwin/Bernstein, Ausschnitte aus „American Rhapsody" (Salzburger Ballett); Peter Breuer//John Adams/Liszt/Wagner, Pas de deux aus „Siegfried" (Bruna Andrade/Bledi Bejleri, Karlsruhe); Peter Breuer//Tschaikowsky, Pas de deux aus „Fatum" (Yoshito Kinoshita/Patric Palkenes, Salzburg); Peter Breuer//Ravel, „Bolero" (Salzburg Ballett, ML: Yannis Pouspourikas, Essen)
06.04.15	Einführungssoiree zur Premiere „Die Odyssee"
29.06.15	Verleihung des Red Dot Award of Design 2015 – Mitwirkung des Balletts (Ausschnitte aus „Odyssee")

Foyer

13.04.15	„Die Odyssee": Einführung in Schauspiel und Ballett mit Janina Zell, anschließend Probenbesuch
20.04.15	„Die Odyssee": Vortrag und Lesung (Grundschriften der europäischen Literatur: Homers „Odyssee" mit Dr. h. c. Hanjo Kesting (Kommentierung) und Jens Winterstein (Lesung, Grillo)

U-Bahnhof Rathaus

12.09.14	Flashmob „Bolero" mit Ballett/Orchester, ML: Pouspourikas

Spielzeit 2015/16

Geschäftsführer: Berger Bergmann

Musiktheater

Opernintendant: Hein Mulders; *Künstlerischer Leiter des Aalto-Theaters:* Joel Revelle*
Assistentin der Intendanz: Verena Forster
Künstlerische Betriebsbüro: Ariane Bliss, Thomas Böckstiegel
Dramaturgie: Christian Schröder*; Markus Tatzig*; *Gäste:* Sebastian Hanusa, Anne Oppermann
Presse- und Öffentlichkeitsarbeit: Christoph Dittmann

Dirigenten: Tomáš Netopil, GMD; Yannis Pouspourikas, 1. Kapellmeister; Johannes Witt
Gäste: Matteo Beltrami, Manlio Benzi, Giolianu Carella, Heribert Feckler, Giuseppe Finzi, Matthew Halls, Michael Hofstetter, Ralf Lange, Manuel Nawri, Gerrit Prießnitz, Sébastian Rouland, Giacomo Sagripanti, Ed Spanjaard
Essener Philharmoniker; Repetitoren: Oliver Malitius, Studienleiter; Jurika Akimoto, Christopher Bruckman*, Boris Gurevich, Johannes Witt
Chordirektor: Alexander Eberle; *Assistent des Chordirektors und Leiter des Kinderchores:* Patrick Jaskolka
Choreografie (Gäste): Laura Scozzi/Nico Weggemans

Leiter der szenischen Einstudierung: Frédéric Buhr
Regisseure der Neuinszenierungen: Marie-Helen Joël; *Gäste:* David Bösch, Jan Philipp Gloger, Jiří Herman, Laurent Pelly/Astrid van den Akker, Philipp Stölzl
Ausstattungsleiter: Thorsten Macht
Ausstatter der Neuinszenierungen (Gäste): Patrick Bannwart, Ben Baur, Alexandra Grusková, Jiří Herman, Beate Kornatowska, Ursula Kudrna, Meentje Nielsen, Laurent Pelly, Marie Roth, Dragan Stojčevski, Philipp Stölzl, Chantal Thomas, Maria Wolgast
Technischer Direktor: Dirk Beck

Ensemble: Christina Clark, An De Ridder*, Marie-Helen Joël, Katrin Kapplusch, Jessica Muirhead*, Karin Strobos, Leonie van Rheden*; Baurzhan Anderzhanov, Martijn Cornet, Jeffrey Dowd, Bart Driessen*, Tijl Faveyts, Georges Iatrou*, Albrecht Kludszuweit, Abdellah Lasri, Rainer Maria Röhr, Alexej Sayapin, Michael Smallwood, Almas Svilpa, Heiko Trinsinger; Frédéric Buhr, Matthias Koziorowski, Thorsten Krohn
Chorsolisten: Maria Ferencik, Christina Hackelöer, Kyung-Nan Kong, Michaela Sehrbrock, Younghui Seong, Marion Steingötter, Marion Thienel, Helga Wachter, Sabine Wehlte; René Aguilar, Andreas Baronner, Michael Haag, Peter Holthausen, Mateusz Kabala, Michael Kunze, Sang Yun Lee, Joo Youp Lee, Arman Manukyan, Thomas Sehrbrock, Eduard Unruh, Sven Westfeld, Karl-Ludwig Wissmann, Harald Wittkop, Ulrich Wohlleb
Gäste/Teilspielzeit: Céline Barcaroli, Kelebogile Besong, Hila Fahima, Almuth Herbst, Magdalena Anna Hofmann, Sandra Janušaite, Teiya Kasahara, Jordanka Milkova, René Morloc, Yannick-Muriel Noah, Ieva Prudnikovaite, Maartje Rammeloo, Helena Rasker, Anna Lucia Richter, Doris Soffel, Marieke Steenhoek, Rebecca Teem, Judith van Wanroij, Astrid Weber, Helena Zubanovich; Mikael Babajanyan, Juan José de León, Nikola Diskić, Luca Grassi, Tommi Hakala, Ivan Inverardi, Karel Martin Ludvik, Marko Mimica, Günter Papendell, Kai Preußker, Gaston Rivero, Luc Robert, Fritz Steinbacher, Alexander Vinogradov, Michael Wade Lee, Roland Wagenführer, Markus Weiß
Musical: Jana Shelley; Tim Hüning, Henrik Wager, Frank Winkels
Tänzer/innen: Julia Schalitz; Nour Eldesouki, Nwarin Gad (Aalto)
Gäste: Jelena Grjasnowa; Gino Abet, Juan Bockamp, Erik Constantin, Floris Dahlgrün, Ole

Driever, Nilmar Ferreira des Santos, Roberto Junior, Hong-Yi Lien, Raymond Liew, Andrew Pan Wui Min, Nielson Soares, Michael Schnizler, Victor Villarreal Solis, Mathias Wagenbach

■ Opern (N)

26.09.15	„The Greek Passion" von Bohuslav Martinů (11) – ML: Netopil, I: Herman, B: Herman/Stojčevski, K: Grusková
21.11.15	„Die Liebe zu den drei Orangen" von Sergej Prokofjew (13) – ML: Pouspourikas, I: Pelly/van den Akker, K: Pelly, B: Thomas, Ch: Scozzi/Weggemans
30.01.16	„Faust" von Charles Gounod (11) – ML: Rouland, I/B: Stölzl, K: Kudrna
19.03.16	„Elektra" von Richard Strauss (8+1) – ML: Netopil, I: Bösch, B: Bannwart/Wolgast, K: Nielsen
04.06.16	„Il barbiere di Siviglia" von Gioacchino Rossini (9) – ML: Sagripanti, I: Gloger, B: Baur, K: Roth

■ Musical (N)

18.12.15	„Die Märchenwelt zur Kur bestellt" von Heribert Feckler (8) – ML: Feckler, I: Joël, A: Kornatowska

■ Opern (WA)

Aalto-Theater

28.08.15	„Fidelio" von Beethoven (4)
05.09.15	„Madama Butterfly" von Puccini (3)
20.09.15	„Macbeth" von Verdi (3)
16.10.15	„La Bohème" von Puccini (4)
27.11.15	„Un ballo in maschera" von Verdi (4)
10.12.15	„Die Zauberflöte" von Mozart (5) [10.01.16: 80. Vorstellung]
09.01.16	„Der fliegende Holländer von Wagner (3)
06.02.16	„Aida" von Verdi (5)
20.02.16	„Tosca" von Puccini (4)
24.03.16	„La Traviata" von Verdi (4)
08.04.16	„Rusalka" von Dvořák (3)
07.05.16	„Don Giovanni" von Mozart (3)

Casa Nova

15.01.16	„Into the Little Hill" von Benjamin (3)

■ Abstecher

–	„Elektra" (Garmisch-Partenkirchen, Richard-Strauss-Festival 11.06.16)

■ Sonderveranstaltungen

Aalto

30.08.15	Tag der offenen Tür (u. a. Probe zu „Madama Butterfly" und Ballett-Probe)
20.09.15	Einführungsmatinee zur Premiere „The Greek Passion"
08.11.15	Einführungsmatinee zur Premiere „Die Liebe zu den drei Orangen"
24.01.16	Einführungsmatinee zur Premiere „Faust"
13.03.16	Einführungsmatinee zur Premier „Elektra"
17.04.16	Operettengala für den Freundeskreis Lehár, Duett Bella/Pimpinelli „Wir gehen ins Theater" (An De Ridder/Albrecht Kludszuweit) aus „Paganini"; Strauß, Ouvertüre „Der Zigeunerbaron"; Strauß; Arie der Saffi „O habet Acht" (Michaela Kaune); „Auf, vorbei ist die Nacht" (Michael Haag/Opernchor) und „Einzugsmarsch" aus „Der Zigeunerbaron"; Stolz, Lied der Comtesse Manon „Du sollst der Kaiser meiner Seele sein" (An De Ridder) aus „Der Favorit"; Lincke, Lied des Prinzen Sternschnuppe „Lose, munt're Lieder" (Albrecht Kludszuweit) aus „Frau Luna"; Künneke, Lied der Julia „Strahlender Mond" (Michaela Kaune) und „Batavia-Fox" (Michaela Kaune/An De Ridder/Leonie van Rheden; Martijn Cornet/Michael Haag/Albrecht Kludszuweit/Sven Westfeld) aus „Der Vetter von Dingsda"; Bernstein, „Westphalia Chorale" (Opernchor) und Ouvertüre „Candide"; Lehár, Lied der Giuditta „Meine Lippen, die küssen so heiß" (Michaela Kaune) aus der gleichnamigen Operette; Offenbach, Ouvertüre „Die Rheinnixen"; Offenbach, Couplet Herzogin/Paul „Die holländische Zeitung" (An De Ridder/Albrecht Kludszuweit) aus „Die Großherzogin von Gerolstein"; Schostakowitsch, „Spazierfahrt durch Moskau" aus „Moskau, Tscherjoumuschki"; Strauß, Czárdás der Rosalinde „Klänge der Heimat" (Michaela Kaune)/Finale II. Akt „Brüderlein fein"/„Im Feuer-

strom der Reben" (Michaela Kaune/ An De Ridder/Leonie van Rheden; Albrecht Kludszuweit/Martijn Cornet/Michael Haag/Opernchor) ML: Yannis Pouspourikas; Moderation: Christian Schröder/Markus Tatzig

29.05.16 Einführungsmatinee zur Premiere „Il barbiere di Siviglia"

Cafeteria

25.09.15 It's teatime – Die Damen bitten zum Tee: „The Greek Passion – Die Leidenschaft, die Leiden schafft" mit Christina Clark/Marie-Helen Joël; Georges Iatrou (Gesang)/Christopher Bruckman (Klavier); Christian Schröder/Markus Tatzig (Dramaturgen)

13.11.15 It's teatime – Die Damen laden zum Tee: „Die Liebe zu den drei Orangen – mehr als eine Fata Morgana" mit Christina Clark/Marie-Helen Joël und Astrid van den Akker (szenische Einstudierung)/Nico Weggemans (choreografische Einstudierung)/Rainer Maria Röhr (Gesang)/Christoph Bruckman (Klavier)

11.12.15 It's teatime – Die Damen laden zum Tee: „Die Märchenwelt zur Kur bestellt" – Aerobic-Kurse mit Schneewittchens Stiefmutter mit Christina Clark/Marie-Helen Joël und dem Märchenwelt-Team

29.01.16 It's teatime – Die Damen laden zum Tee: „Faust – Des Pudels Kern" mit Christina Clark/Marie-Helen Joël; Christoph Bruckman (Klavier)

18.03.16 It's teatime – Die Damen laden zum Tee: „Elektra – Frauen unter Strom" mit Christina Clark/Marie-Helen Joël; Katrin Kapplusch (Gesang); Fréréric Buhr (Regie-Assistent)/Maria Wolgast (Bühnenbild)/Boris Gurevich (Klavier) (TUP-Festtage Kunst – „Unbeschreiblich weiblich")

03.06.16 It's teatime – Die Damen laden zum Tee: „Il barbiere di Siviglia – Der italienische Frisör in Spanien" mit Christina Clark/Marie- Helen Joël/Liliana de Sousa; Tijl Faveyts (Gesang); Boris Gurevich (Klavier)

Foyer

30.11.15 Benefiz-Gala zugunsten des „Arbeitskreis Straßenkinder in Rumänien e. V."

14.12.15 „Deines Herzens Nacht" – Romantisches und Abgründiges von Schumann/Wolf/Duparc mit Martijn Cornet (Gesang); Thomas Meczele (Grillo)/Boris Gurevich (Klavier) [Reihe „mehrmusik"]

20.12.15 Swingin' Christmas: Beatles Christmas mit Christina Clark/Jeffry Dowd (Gesang) u. a.

14.03.16 „Von Feen, Hexen und bösen Stiefmüttern" – Starke und schwach werdende Frauen in Märchen und Mythen mit Karin Strobos u. a. (TUP-Festtage – „Unbeschreiblich weiblich")

20.03.16 Abschlussfest mit Live Tangomusik (TUP-Festtage Kunst – „Unbeschreiblich weiblich")

09.05.16 „Zueignung" – Spätromantische Klavierlieder von Strauss/Schönberg/ Nikolai Medtner mit Karin Kapplusch (Gesang)/Andrej Hovrin (Klavier) [Reihe „mehrmusik"]

07.06.16 „Liebesleid & Liebesfreud": Volkslieder für, über und um die Liebe mit dem Vokal-Quartett Essen (Anne Katrin Rosenstock/Marion Thienel; Michael Haag/Ulrich Wohlleb) u. a. [Reihe „mehrmusik"]

10.06.16 Aalto Blue Notes – Late Night-Jazz mit Christina Clark/Jeffrey Dowd u. a.

Seitenbühne

27.02.16 Late Night: „Geisterstunde" Strauss, „Ophelia-Lieder"; Stücke für Violoncello/Klavier; Songs von Rosenholz/Silbermond Christina Clark/Tobias Scharfenberger (Gesang); Katja Heinrich (Grillo); Florian Hoheisel (Violoncello)/Pasca Schweren (Klavier)/ Simon Camatta (Schlagzeug) [Reihe „mehrmusik"]

Philharmonie

20.08.15 Konzert für Bürger/innen mit Behinderung Gershwin, „An American in Paris"; Barber, „Adagio for Strings op. 11"; Bernstein, Tänze aus „West Side Story" ML: Yannis Pourspourikas

Kennedyplatz

23.08.15 Open-Air-Konzert: Programm wie 20.08., ML: Tomáš Netopil

Philharmonie

26.08.15 Sparda- Musiknacht
Bernstein, „Sinfonische Tänze" aus „West Side Story"; Copland, „Appalachian Spring"; Barber, „Adagio for Stings op. 11"; Gershwin, „An American in Paris"
ML: Tomáš Netopil

15.11.15 Benefizkonzert „Refugees Welcome"
Beethoven, „Sinfonie Nr. 3" („Eroica")
Philharmoniker, ML: Tomáš Netopil

01.01.16 Neujahrskonzert
Dvořák, „16 Slawische Tänze", op 46/op 72
ML: Tomáš Netopil

13.03.16 Operngala Yolonsa Auyanet [für die erkrankte Edita Gruberova] (Konzert im Rahmen von „Kunst – die TUP-Festtage 2016")
Bellini, Ouvertüre zu „Norma", Arie der Norma „Casta Diva"; Verdi, Ouvertüre zu „La forza del destino"; Verdi, Arien der Leonora „Tacea la notte placida" und „D'amor sull'ali rosee" aus „Il Trovatore"; Verdi, Ouvertüre zu „La Traviata; Arie der Violetta „Addio, del passato bei sogni ridenti"; Donizetti, Ouvertüre zu „Don Paquale"; Donizetti, Arie „O nube …" der Maria aus „Maria Stuarda"; Donizetti, Arie „Quel sangue versato" der Elisabetta aus „Roberto Devereux"
ML: Peter Valentovic

12.04.16 Sparda-Musiknacht
Lehár, Duett Bella/Pimpinelli „Wir gehen ins Theater" (An de Ridder/Albrecht Kludszuweit) aus „Paganini"; Strauß, Ouvertüre „Der Zigeunerbaron"; Lincke, Lied des Prinzen Sternschnuppe „Frohe munt're Lieder" (Albrecht Kludszuweit) aus „Frau Luna"; Künneke, Lied der Julia „Strahlender Mond" (Susanne Daum) und „Batavia-Fox" (Ensemble) aus „Der Vetter von Dingsda"; Bernstein, „Westphalia-Chorale" (Opernchor) aus „Candide; Lehár, Lied der Giuditta „Meine Lippen, sie küssen so heiß" (Susanne Daum) aus der gleichnamigen Operette; Offenbach, Duett (An de Ridder/Albrecht Kludszuweit) aus „Die Großherzogin von Gerolstein"; Schostakowitsch, Ouvertüre „Moskau Tscherjomuschki"; Strauß, Lied der Rosalinde „Klänge der Heimat" (Susanne Daum) und Finale II (Ensemble/Opernchor) aus „Die Fledermaus"
ML: Yannis Pouspourikas

25.06.16 Ein Sommernachtstraum: „Shakespeare Variationen"
Teil I: „Sommernachts(t)räume" mit Joachim Król (Rezitation)/Jake Arditti (Countertenor)/Jamie Akers (Laute)/Solisten der Philharmoniker
Kompositionen von Robert Johnson/John Danyel/Purcell/John Dowland/Matthew Locke/Thomas Campion/Thomas Morley; Rezitationen aus Shakespeare, „King Lear"/„Ein Sommernachtstraum"/„Der Sturm"/„Wie es euch gefällt"/„Cymbeline"/„Viel Lärm um nichts"/„Verlorene Liebesmüh"
Teil II: „Shakespeare-Echos": Joachim Król (Rezitation)/Philharmoniker/ML: Antony Hermus
Mendelssohn Bartholdy, Ouvertüre „Ein Sommernachtstraum"; Verdi, Ballettmusik aus „Otello"; Berlioz, Ouvertüre „Béatrice et Bénédict"; Schostakowitsch, Auszüge aus der Schauspielmusik zu „Hamlet"; Wagner, Ouvertüre „Das Liebesverbot"; Tschaikowsky, Ouvertüre „Romeo und Julia"
Rezitationen: Auszug aus Shakespeare, „Ein Sommernachtstraum"; Boito, Libretto zu „Otello"; Cosima Wagner, „Tagebuch", Eintrag vom „Sonnabend 11ten Februar 1882", Berlioz, Auszug aus „Die Erinnerungen"; Wagner, Auszug aus „Mein Leben"; Tschaikowsky, Brief an Mussorgsky, Mai 1878
Teil III: „Romeo und Julia" (Siehe Ballett)

März 2016 Ernennung von Klaus Schönlebe (Flötist) zum Ehrenmitglied der Theater & Philharmonie Essen

Ballett

Ballettdirektor: Ben Van Cauwenbergh; *Stellvertretender Ballettdirektor und Ballettmeister:* Marek Tuma
Persönliche Mitarbeiterin des Ballettdirektors: Annette El-Leisy
Ballettmeister: Michel Béjar *Ballettmeisterin:* Alicia Olleta
Ballettpianist: Igor Savoskin; *Dirigenten:* Yannis Pouspourikas, Johannes Witt
Dramaturgie; Markus Tatzig*; *Presse- und Öffentlichkeitsarbeit:* Martin Siebold, Maria Hilber

Choreografen der Neuinszenierungen: Ben Van Cauwenbergh; *Gast:* Kiří Kylián/Roslyn Anderson/Elke Schepers, Kiří Kylián/Cristina Gallofré Vargas
Ausstatter der Neuproduktionen (Gäste): Dorin Gal, Bill Krog, Kiří Kylián, Michael Simon, Joke Visser

Compagnie: Adeline Pastor, *Solo*
Carolin Boscán, Yanelis Rodriguez, Marie Lucia Segalin, Yulia Tsoi, *Solo mit Gruppe*
Xiyuan Bai, Elisa Fraschetti, Yusleimy Herera Leon, Mariya Tyurina*, *Gruppe mit Solo*
Paula Archangelo-Çakir, Carla Colonna, Alena Gorelcikova, Yuki Kishimoto, Ana Carolina Reis, Julia Schalitz, *Gruppe*
Breno Bittencourt, *Solo*
Nour Eldesouki, Armen Hakobyan, Davit Jeyranyan, Tomas Ottych, Wataru Shimizu, Viacheslav Tyutyukin, Denis Untila, Aidos Zakan*, *Solo mit Gruppe*
Nwarin Gad, Yehor Hordyenko*, Moises Léon Noriega*, Artem Sorochan*, Igor Volkovskyy, *Gruppe mit Solo*
Liam Blair, Qingbin Meng, *Gruppe*

Gäste: Gioia Masala *(Solo);* Amira Eldesouki, Jelena Grjasnowa, Anais Gullotto, Anna Helmich, Marie van Cauwenbergh; Armen Gevorgian, Jonathan Reimann, Amari Saotome, Frederik Zabel
Schauspieler: Rezo Tschchikwischwili

■ Ballette (N)

24.10.15 „Der Nussknacker" von Ben Van Cauwenbergh//Peter I. Tschaikowsky (16) – ML: Pouspourikas, B: Krog, K: Gal
23.04.16 *Archipel* (8)
„Wings of wax" von Jiří Kylián/Anderson/Schepers//Heinrich Biber/John Cage/Glass/J. S. Bach B: Kylián/Simon, K: Visser
„27'52" von Jiří Kylián/Gallofré Vargas//Dirk Haubrich – B: Kylián, K: Visser
„Petite Mort" von Jiří Kylián/Anderson/Schepers//Wolfgang A. Mozart – B: Kylián, K: Visser
„Birth-Day" (Filmfragment) – B: Kylián, K: Visser
„Sechs Tänze" von Jiří Kylián/Anderson/Schepers//Wolfgang Amadeus Mozart – A: Kylián

■ Ballette (WA)

04.09.15 „La vie en rose" von Van Cauwenbergh//Adams/Französische Chansons (4)
27.09.15 „Romeo und Julia" von Van Cauwenbergh//Prokofjew (11+4)
29.11.15 „Tanzhommage an Queen" von Van Cauwenb bergh//Queen (9)
27.02.16 „Giselle" von Dawson//Adam (4)
17.06.16 „Die Odyssee" von Delcroix//Frost (4)

■ Abstecher

– „Romeo und Julia" (Sevilla 07./08./09./10.01.16)

■ Sonderveranstaltungen

Aalto
11.10.15 Einführungsmatinee zur Premiere „Der Nussknacker"
21.10.15 „Märchen": Einführung in „Der Nussknacker" und Probenbesuch
05.03.16 Ballett-Gala zur Verleihung des Deutschen Tanzpreises 2016 an Prof. Martin Puttke

(Tanzpreis „Zukunft" an Marcos Menha, Ballett der Deutschen Oper am Rhein, und an Andrey Kaydanovsky, Wiener Staatsballett, Anerkennungspreis an Dr. med. Elisabeth Exner-Grave, Schalke, Dr. med. Liane Simmel/Dr. med. Eileen M. Wanke, Berlin)
David Dawson//Adam, „Hochzeits Pas de cinque" aus „Giselle" (Aalto-Ballett/Ballett des MIR, Gelsenkirchen); Martin Schläpfer//Skrjabin, Ausschnitt aus „verwundert seyn – zu sehn" (Marcos Menha, Deutsche Oper am Rhein); Andre Ky Kaydanovsky//Jacques Brel/Leslie Bricusse u. a., „Love Song" (Andrey Kaydanovsky/András Lukács/Mila Schmidt (Staatsballett Wien); Filmdokument (DDR, 1982) „Kinder-Kreuzzug" zur Musik „Sinfonia da Requiem" von Benjamin Britten (Choreografie: Stefan Lux); Ronald Savkovic//Fadosängerin Mariza, „Transparente" (Beatrice Knop/Ronald Savkovic, Staatsballett Berlin); Ralf Dörnen//Schubert, „Der Tod und das Mädchen" (Ballett Vorpommern); Sketch über die Gefahren des Tanzes (Anerkennungs-Preisträgerinnen); „With Love" von Isabelle Chaffaud/Jerome Mayer//Verdi (Zürcher Hochschule der Künste)

10.04.16	Einführungsmatinee zur Premiere „Archipel"
20.04.16	Vorhang auf für Kiří Kylián – Filmporträt, Gespräch und öffentliche Probe
10.06.16	Öffentliches Ballett-Training mit Ben Van Cauwenbergh und dem Ensemble (vor „Archipel")
04.07.16	Red Dot Design Preis – Mitwirkung des Balletts („Sechs Tänze" von Kylián//Mozart)

Stadtgarten

25.06.16	„Shakespeare Variationen", Beitrag des Balletts: Ausschnitte aus „Romeo und Julia" (Ball/Trio Romeo – Mercutio – Benvolio; Madrigal; Kampf Tybalt – Mercurio; Ball) Philharmoniker; ML: Antony Hermus

Spielzeit 2016/17

Geschäftsführer: Berger Bergmann

Musiktheater

Opernintendant: Hein Mulders; *Künstlerischer Leiter des Aalto-Theaters:* Joel Revelle
Assistentinnen der Intendanz: Verena Forster, Friederike Landmann*
Künstlerisches Betriebsbüro: Ariane Bliss, Moritz Reissenberger*
Dramaturgie: Christian Schröder, Markus Tatzig; *Presse- und Öffentlichkeitsarbeit:* Christoph Dittmann

Dirigenten: Tomáš Netopil, GMD; Yannis Pouspourikas, 1. Kapellmeister; Johannes Witt
Gäste: Matteo Beltrami, Franz Beermann, Felix Bender, Giolianu Carella, Daniel Carter, Robin Engelen, Heribert Feckler, Mikhail Gerts, Friedrich Haider, Robert Houssart, Francesco Lanzillotta, Modestas Pitrénas, Giacomo Sagripanti Essener Philharmoniker; *Repetitoren:* Oliver Malitius, Studienleiter; Juriko Akimoto, Christopher Bruckman, Boris Gurevich, Johannes Witt
Chordirektor: Jens Bingert*; *Assistent und Leiter des Kinderchores:* Patrick Jaskolka

Leiter der szenischen Einstudierung: Frédéric Buhr
Regisseure der Neuinszenierungen: Frédéric Buhr; *Gäste:* Vincent Boussard, Tatjana Gürbaca, Frank Hilbrich, Tobias Hoheisel, Imogen Kogge
Ausstattungsleiter: Thorsten Macht
Ausstatter der Neuinszenierungen: Thorsten Macht, Regina Weilhard; *Gäste:* Vincent Boussard, Elisabeth de Sauve5rzac, Tobias Hoheisel, Vincent Lemaire, Gabriele Rupprecht, Volker Thiele, Marc Weeger, Silke Willrett
Technischer Direktor: Dirk Beck

Ensemble: Christina Clark, Liliana de Sousa*, Marie-Helen Joël, Elbenita Kajtazi*, Katrin Kapplusch, Jessica Muirhead, Bettina Ranch*, Karin Strobos; Baurzhan Anderzhanov, Martijn Cornet, Jeffrey Dowd, Tijl Faveyts, Georgios Iatrou, Dmitry Ivanchey*, Albrecht Kludszuweit, Abdellah Lasri, Karel Martin Ludvik*, Rainer Maria Röhr, Alexej Sayapin, Michael Smallwood, Almas Svilpa, Heiko Trinsinger
Chorsolisten: Maria Ferencik, Christina Hackelöer, Kyung-Nan Kong, Astrid Pfitzner, Uta Schwartkopf, Michaela Sehrbrock, Younghui Seong, Marion Steingötter, Marion Thienel, Helga Wachter, Sabine Wehlte; Andreas Baronner, Ernesto Binondo, Michael Haag, Mateusz Kabala, Michael Kunze, Joo Youp Lee, Arman Manukyan, Stoyan Mikov, Markus Seesing, Thomas Sehrbrock, Mario Tardivo, Eduard Unruh, Swen Westfeld, Karl-Ludwig Wissmann, Harald Wittkop

Gäste: Marianne Cornetti, Elizabeth Cragg, Francisca Devos, Martina Dike, Anna Gabler, Tamara Gura, Dara Hobbs, obbs, Michaela Kaune, Danae Kontora, Christina Pasaroiu, Katia Pellegrino, Alexandra Petersamer, Elena Sancho Pereg, Bea Robein, Marie-Belle Sandis, Ulrike Schneider, Annette Seiltgen, Lynette Tapia, Rebecca Teem; Roman Astakhov, Peter Auty, Bogdan Baciu, Milen Bozhkov, Carlos Cardoso, Martial Defontaine, Quirijn de Lang, Nikola Diskić, Pierre Doyen, Bart Driessen, Gerardo Garciacano, Luca Grassi, Sebastien Guèze, Daniel Johansson, Avtandil Kaspeli, Hyojang Kim, Daniel Kluge, Jorge Lagunes, Karl-Heinz Lehner, Lucia Lucas, Tigran Martirossian, Enrico Marabelli, John Osborn, Wieland Satter, Levy Sekgapane, Insung Sim, Gianluca Terranova, Ivan Thirion, Frank van Hove
Musical (Gäste): Jana Shelley; Tim Hüning, Henrik Wager, Andreas Wolfram
Tänzer/innen (Gäste): Pavlina Cerná, Maria Einfeldt, Melanie Garbrecht, Jelena Grjasnowa, Sofia Pintzou, Carmen Mar Cañas Salvador, Heather Shockley, Marie van Cauwenbergh,

Annika Wiessner; Gino Abet, Juan Bockamp, Danilo Cordose, Floris Dahlgrün, Alexeider Abad Gonzáles, Maik Heinze, Roberto Junior, Raymond Liew, Hauke Martens, Carlos Martinez Paz, Claudio Romero, Michael Schnizler

■ Opern (N)

- 08.10.16 „Norma" von Vincenzo Bellini (12) – ML: Netopil, I: Hoheisel/Kogge, A: Hoheisel
- 04.12.16 „Lohengrin" von Richard Wagner (10) – ML: Netopil, I: Gürbaca, B: Weeger, K: Willrett
- 21.01.17 „Rigoletto" von Giuseppe Verdi (12) – ML: Beltrami, I: Hilbrich, B: Thiele, K: Rupprecht
- 09.04.17 „Le Prophète" von Giacomo Meyerbeer (9) – ML: Varella, I: Boussard, B: Lemaire, K: Boussard/de Sauverzac
- 03.06.17 „La clemenza di Tito" von Wolfgang Amadeus Mozart (9) – ML: Netopil, I: Buhr, B: Macht, K: Weilhard

■ Opern (WA)

- 10.09.16 „Hoffmanns Erzählungen" von Offenbach (5)
- 16.09.16 „Il barbiere di Siviglia" von Rossini (8)
- 15.10.16 „Le nozze di figaro" von Mozart (3) [15.10.: 50×]
- 10.12.16 „Die Liebe zu den drei Orangen" von Prokofjew (4)
- 23.12.16 „Die Zauberflöte" von Mozart (4)
- 28.01.17 „Der Rosenkavalier" von Strauss (3)
- 12.02.17 „Carmen" von Bizet (3)
- 25.02.17 „Tristan und Isolde" von Wagner (3)
- 15.04.17 „Nabucco" von Verdi (3)
- 30.04.17 „Elektra" von Strauss (2)
- 06.05.17 „L'elisir d'amore" von Donizetti (3)

■ Operette (WA)

- 11.11.16 „Die Csárdásfürstin" von Kálmán (3)

■ Musical (WA)

- 08.03.17 „Die Märchenwelt zur Kur bestellt" von Feckler (12)

■ Sonderveranstaltungen

Aalto-Theater
- 11.09.16 Unser Alltag, Ihr Fest – Theaterfest zur Spielzeiteröffnung U. a.: „Unser Spielplan" – großes Eröffnungskonzert mit dem Sänger-Ensemble, den Philharmonikern, dem Opernchor und dem Ballett
- 02.10.16 Einführungsmatinee zur Premiere „Norma"
- 27.11.16 Einführungsmatinee zur Premiere „Lohengrin"
- 15.01.17 Einführungsmatinee zur Premiere „Rigoletto"
- 02.04.17 Einführungsmatinee zur Premiere „Le Prophete"
- 28.05.17 Einführungsmatinee zur Premiere „La clemenza di Tito"

Aalto-Bühne
- 12.03.17 Tat Ort Aalto: „Von Sevilla nach Thessaloniki" – Mediterrane Klänge von Duparc/Chausson/Puccini/Toti/Ortega/Hadjidakis sowie traditionelle Volkslieder mit Georgios Iatrou (Gesang)/Yorgos Ziavras (Klavier)/Julia Schalitz (Ballett) [nach der Vorstellung „Carmen"]
- 21.05.17 Tat Ort Aalto: „Von Lissabon bis Rio de Janeiro" – Eine Reise in die musikalische Seele Portugals mit Liliane de Sousa (Gesang)/Pedro Lopes (Klavier)/Carlos Semedo (Fadogitarre) [nach der Vorstellung „L'elisir d'amore"
- 02.07.17 Tat Ort Aalto: „Von Wien bis Kosovo" – Raritäten und Bekanntes von Mozart und kosovarischen Komponisten mit Elbenita Kajtazi (Gesang)/Ardian Halimi (Klavier) [nach der Vorstellung „Titus"]

Cafeteria
- 22.09.16 It's Teatime – Die Damen laden zum Tee für den „Freundeskreis" mit Christina Clark/Marie-Helen Joël; Christopher Bruckman (Klavier)
- 25.09.16 Jazz im Aalto: Indian Summer Jazz mit Christina Clark/Jeffrey Dowd u. a.
- 07.10.16 It's Teatime – Die Damen laden zum Tee: „Norma – Casta Diva, das Schnäppchen des Tages!" mit Christina Clark/Marie-Helen Joël und ihren Gästen
- 25.11.16 It's Teatime – Die Damen laden zum Tee: „Lohengrin – Den Namen sollte man sich merken!" mit Christina Clark/Marie-Helen Joël; Carolin Stef-

	fen-Maaß (Regie-Assistentin)/Jurika Akimoto (Klavier)
16.12.16	It's Teatime – Die Damen laden zum Tee: Weihnachts-Spezial mit Marie-Helen Joël/Bettina Ranch; Tijl Faveyts/Georgios Iatrou/Karel Martin Ludvik; Philharmonischer Chor und Kinderchor (Patrick Jaskolka); Oliver Malitius (Klavier)
18.12.16	Swingin' Christmas mit Christina Clark, Jeffrey Dowd u. a., auch 19.12.
20.01.17	It's Teatime – Die Damen laden zum Tee: „Rigoletto – Sterben kann so schön sein" mit Christina Clark/Marie-Helen Joël; Frank Hilbrich (Regisseur)/Johannes Witt (Klavier)
31.03.17	It's Teatime – Die Damen laden zum Tee: „Le Prophète – Glaube, Liebe, Hoffnung" mit Marie-Helen Joël; Jens Bingert (Chordirektor)/Johannes Witt (Klavier)
04.04.17	TUP-Festtage Kunst „Glaube – Macht – Kunst", Jazz im Aalto: „Over my Head I hear Music" Spirituals und Gospels mit Christina Clark (Gesang), Pascal Schweren (Klavier)
05.04.17	TUP-Festtage Kunst „Glaube – Macht – Kunst", „Le Prophète": Edition und Konzeption; Vortrag: Prof. Matthias Brzoska (Hrsg. der Neuedition) mit Musikbeispielen; Chr. Bruckman (Klavier)
02.06.17	It's Teatime – Die Damen laden zum Tee: „Titus – gewaltig viele Noten, lieber Mozart!" mit Marie-Helen Joël/Christian Schröder (Dramaturg)/Jurika Akimoto (Klavier)
17.06.17	Jazz im Aalto – Swingin' Spring mit Christina Clark, Jeffrey Dowd u. a.

Foyer

26.09.16	„The English Rose" – Lieder von Britten mit Jessica Muirhead (Sopran)/Florian Hoheisel (Violoncello)/Christopher Bruckman (Klavier) [Reihe „mehrmusik"]
17.10.16	Benefiz-Gala zugunsten des „Arbeitskreises Straßenkinder in Rumänien e. V." Melodien aus Oper/Operette/Musical/Gospel/Jazz mit Richetta Manager; Catalin Mustata/Rafael Bruck/Marcel Rosca; Laetitia und Philip Hahn/Torben Beerboom/Hans Bruhn/Bernhard Stengel (Klavier)
14.11.16	„Wann wohl das Leid ein Ende hat?" – Lieder/Gedichte aus Theresienstadt von Ilse Weber mit Michaela Sehrbrock (Gesang und Rezitation)/Marion Steingötter (Klavier)
30.01.17	„Ein Kanadier in Essen" – Lieder von Dvořák/Brahms/Gerald Finzi/Ibert mit Karel Martin Ludvik (Gesang)/Christopher Bruckman (Klavier), [Reihe „mehrmusik"]
20.02.17	„Frühlingswasser" – Liederabend mit Karel Martin Ludwik [Reihe „mehrmusik"]
01.04.17	„Ist der Mensch, der nach dem Gott sich sehnt, nicht vernichtet?" – Jens Winterstein (Grillo) liest Richard Wagner

Café Central im Grillo

31.03.17	„Unerfüllter Sehnsucht" – Bettina Ranch singt Wagners „Wesendonck-Lieder"; Juriko Akimoto (Klavier), anschließend: Einführungsvortrag zu „Parsifal" von Wagner und „Parzifal" von Tankred Dorst mit den Dramaturgen Markus Tatzig (Aalto)/Florian Heller (Grillo)
03.04.17	Eröffnung der TUP-Festtage Kunst mit den Intendanten Hein Mulders/Christian Tombeil/Ben Van Cauwenbergh, anschließend: „Unglaublich!" – Lieder von Bach bis Mahler mit Elbenita Kajtazi/Bettina Ranch (Gesang)/René Eljabi (Oboe)/Juriko Akimoto (Klavier)

Kennedyplatz

04.09.16	Open-Air-Konzert Smetana, „Die Moldau"; Ouvertüre „Die verkaufte Braut"; Brahms, „Ungarische Tänze"; Dvořák, „Slawische Tänze" ML: Tomáš Netopil

Philharmonie

01.09.16	Konzert für Bürger/innen mit Behinderung (Programm wie beim Open-Air-Konzert)
01.01.17	Beethoven, „Sinfonie Nr. 9" Solisten: Jessica Muirhead/Katrin

	Strobos; Dmitri Ivanchey/Baurzhan Anderzhanov ML: Tomáš Netopil; Philharmonischer Chor (Patrick Jaskolka)
16.02.17	Opernabend mit Hanna-Elisabeth Müller (Sopran) Mozart, Ouvertüre „La clemenzia di Tito"; Mozart, Arie der Donna Anna „Crudele … non mi dir" aus „Don Giovanni"; Ermanno Wolf-Ferrari, Ouvertüre „La dama boba"; Donizetti, Cavatine der Norina „Quel guardo il cavaliere" aus „Don Pasquale"; Donizetti, Ouvertüre „Roberto Devereux"; Bellini, Szene der Giulietta „Eccomi in lieta vesta" aus „I Capuleti e i Montecchi"; Bizet, „Pastorale" und „Farandole" aus der „L'Arlésienne-Suite Nr. 2"; Rezitativ und Arie der Leila „Me voilà seule dans la nuit" aus „Les Pêcheurs de perles"; Massenet, Rezitativ und Arie der Manon „Allons Il le faut" aus der gleichnamigen Oper ML: Friedrich Haider
27.04.17	Sparda-Musiknacht Weber, Ouvertüre „Der Freischütz"; Smetana, „Die Moldau"; Brahms, „Ungarische Tänze 1+6; Wagner, Ouvertüre „Der fliegende Holländer"; Dvořák, „Slawische Tänze Nr. 1+2" ML: Johannes Witt

Stadtgarten (Parkfest)

07.07.17	NRW-Sommernacht (Sommerkonzert der Landesregierung NRW) Dvořák, „Slawische Tänze" op. 46/Nr. 8 g-moll; Bizet, „Habanera" der Carmen (Bettina Ranch) aus der gleichnamigen Oper; Mendelsohn Bartholdy, „Hochzeitsmarsch" aus „Ein Sommernachtstraum"; Paganini, Variationen über ein Thema aus Rossinis „Moses in Ägypten" (Norek Hakhnazaryan, Violoncello); Prokofjew, Tanz der Ritter aus „Romeo und Julia"; Puccini, Arie des Rodolfo „Che gelida manina" (Gianluca Terranova) aus „La Bohème"; Smetana, Ouvertüre „Die verkaufte Braut"; Jean-Baptiste Arban, Variationen über ein Thema aus Bellinis Oper „Norma" (Sergei Nakatiakov, Trompete); John Williams, Main Title zum Film „Stars Wars"; Saint-Saëns, „Der Schwan" aus „Der Karneval der Tiere" (Norek Hakhnazaryan, Violoncello); Rossini, Arie der Cenerentola „Non più mesta" (Bettina Ranch); Jacob Gade, „Tango jalousie"; Salvatore Cardillo, „Core 'ngrato" (Gianluca Terranova); Chatschaturjan, Walzer „Maskerade" ML: Tomáš Netopil; Moderation: Susanne Wieseler, WDR

Ballett

Ballettdirektor: Ben Van Cauwenbergh; *Stellvertretender Ballettdirektor und Ballettmeister:* Marek Tuma
Persönliche Mitarbeiterin des Ballettdirektors: Annette El-Leisy
Ballettmeister: Patrick Hinson*; *Ballettmeisterin:* Alicia Olleta
Ballettpianist: Igor Savoskin; *Dirigenten:* Wolfgang-Maria Märtig, Yannis Pouspourikas, Johannes Witt
Gast: Marcus Schönwitz
Gast-Orchester: Bochumer Symphoniker („Der Nussknacker"); Orchester der Goetheschule („Queeney")
Dramaturgie: Christian Schröder/Markus Tatzig
Presse- und Öffentlichkeitsarbeit: Martin Siebold, Maria Hilber

Choreografen der Neuinszenierungen: Armen Hakobyan, Qingbin Meng, Yanelis Rodriguez, Julia Schalitz, Denis Untila, Ben Van Cauwenbergh;, Igor Volkovskyy; *Gäste:* Kevin Durwael, Alexander Ekman/Ana Maria Lucaciu/Célia Amade/Marie-Luise Sid-Sylwander/Joakim Stephenson
Ausstatter der Neuproduktionen (Gäste): Nancy Bae, Alexander Ekman/Joke Visser, Dorin Gal, Bregje Van Balen

Compagnie: Adeline Pastor, Yanelis Rodriguez, *Solo*
Yurie Matsuura*, Marie Lucia Segalin, Yulia Tsoi, Mika Yoneyama*, *Solo mit Gruppe*

Xiyuan Bai, Elisa Fraschetti, Yusleimy Herera Leon, Yuki Kishimoto, Mariya Tyurina*, *Gruppe mit Solo*
Paula Archangelo- Çakir, Carla Colonna, Alena Gorelcikova, Ana Carolina Reis, Julia Schalitz, *Gruppe*
Wataru Shimizu, *Solo*
Armen Hakobyan, Davit Jeyranyan, Moises Léon Noriega, Tomas Ottych, Denis Untila, Aidos Zakan, *Solo mit Gruppe*
Liam Blair, Nwarin Gad, Artem Sorochan, Igor Volkovskyy, *Gruppe mit Solo*
Ige Cornelis* (ab Januar 17), Yehor Hordiyenko*, Qingbin Meng, Harry Simmons*, *Gruppe*

Gäste: Aurélie Cayla *(Solo);* Jelena Grjasnowa, Ekaterina Mamrenko, Jenny Sosa Martinez, Isabelle Ménard, Ménard, Amari Saotome, Yulia Tikka, Marie van Cauwenbergh
Lukas Timulak, Dmitry Zagrebin *(Solo);* Ige Cornelis, Armen Gevorgian, Hauke Martens, Take Okuda, Charalampos Skoupas, Lukas Timulak, Frederik Zabel
Magdy El-Leisy, Marek Tuma
Ballett-Studio Ulrich Roehm, Schüler/innen beteiligter Schulen („Queeny")

■ Ballette (N)

05.11.16	„Don Quichotte" von Ben Van Cauwenbergh//Ludwig Minkus (15) – ML: Pouspourikas, A: Gal
04.03.17	*Drei by Ekman* „Tuplet"von Boris Ekman/Lucaciu// Mikael Karlsson/Victor Feldman – K: Bae (12) „Flockwork" von Boris Ekman/ Amade//Marguerite Monnot u. a. – B: Ekman, K: Ekman/Visser „Tyll" von Boris Ekman/Sid-Sylwander/Stephenson//Mikael Karlsson – K: van Balen
15.06.17	„Queeny Unplugged" *Education-Projekt* (4) – Konzept/Ch/K: Van Cauwenbergh, B: Simkin, ML: Schönwitz

Grillo-Theater

25.05.17	*Ptah IV (Junge Choreografen)* (3) „Philia" von Julia Schalitz//Triosence – „Life is Calling" von Yanelis Rodriguez//René Aubry – „M.Selbst" von Quingbin Meng//Tan Dun „Living Waters" von Kevin Durwael a. G.//Antonio Vivaldi; „Kak Dela!?!" von Igor Volkskovskyy//Musik aus Russland und der Ukraine

Philharmonie

12.05.17	*Vibrations* „Frequencies" (U) von Armen Hakobyan//Bach/Allessandro Marcello/ Laurie Anderson/Max Richter/ Roland Maria Stangier/Glass/Claude Balbastre/Zsolt Gárdonyi/Alexandre Guilmant – A: Armen Hakobyan „Post mortem" von Denis Untila// Joh. Seb. Bach/Antonio Vivaldi/Arvo Pärt – A: Michael Liebek/Tim Waclawek; Orgel: Roland Maria Stangier

■ Ballette (WA)

17.09.16	„Tanzhommage an Queen" von Van Cauwenbergh//Queen (8) [28.10.: 92× + 8× Abstecher]
01.10.16	„Romeo und Julia" von Van Cauwenbergh//Prokofjew (5)
01.12.16	*Archipel* „Wings of Wax" von Kylián//Biber/ Cage/Glass/J. S. Bach (5) – „27'52" von Kylián//Haubrich – „Petite Mort" von Kylián//Cage – „Sechs Tänze" von Kylián//Mozart
15.12.16	„Der Nussknacker" von Van Cauwenbergh//Tschaikowsky (8)
10.06.17	„Carmen/Bolero" von Van Cauwenbergh//Bizet/Rihm/Ravel (4)

■ Sonderveranstaltungen

Aalto-Theater

30.10.16	Einführungsmatinee zur Premiere „Don Quichotte"
26.02.17	Einführungsmatinee zur Premiere „3 by Ekman"
03.07.17	Design Award Preis 2017: Mitwirkung des Balletts („Tuplet")
07.07.17	Öffentliches Training und Ballettprobe „Carmen/Bolero" (Kulturpfadfest)

Spielzeit 2017/18

Geschäftsführer: Berger Bergmann

Musiktheater

Opernintendant: Hein Mulders; *Assistentinnen der Intendanz:* Verena Forster, Friederike Landmann*
Künstlerischer Leiter des Aalto-Theaters: Joel Revelle; *KBB:* Ariane Bliss, Moritz Reissenberger
Dramaturgie: Christian Schröder, Svenja Gottsmann*
Presse- und Öffentlichkeitsarbeit: Christoph Dittmann

Dirigenten: Tomáš Netopil, GMD; Johannes Witt, 2. Kapellmeister; *Gäste:* Friedrich Haider, 1. Gastdirigent; Frank Beermann, Matteo Beltrami, Golo Berg, Heribert Feckler, Giuseppe Finzi, Georg Fritzsch, Giacomo Sagripanti, Ed Spanjaard, Fabrizio Ventura
Essener Philharmoniker, *Repetitoren:* Oliver Malitius, Studienleiter; Juriko Akimoto, Christopher Bruckman, Francis Corke*, Boris Gurevich, Johannes Witt
Chordirektor: Jens Bingert; *Assistent und Leiter des Kinderchores:* Patrick Jaskolka
Gast-Orchester: Bergwerksorchester „Consolidation" („Hans Heiling")

Leiter der szenischen Einstudierung: Daniel Witzke*
Regisseure der Neuinszenierungen: Marie-Helen Joël, Marijke Malitius; *Gäste:* Andreas Baesler, Patrice Caurier/Moshe Leiser, Marianne Clément, Bruno Klimek, Martin Kukučka, Volker Perlies, Lukáš Trpišovský
Ausstattungsleiter: Thorsten Macht
Ausstatter der Neuinszenierungen: Marie-Helen Joël, Ulrich Lott; *Gäste:* Agostino Cavalca, Martin Chocholoušek, Christian Fenouillat, Julia Hansen, Gabriele Heimann, Jens Kilian, Tanja Liebermann, Simone Rybáková, Harald B. Thor
Technischer Direktor: Dirk Beck

Ensemble: Christina Clark, Liliana de Sousa, Marie-Helen Joël, Elbenita Kajtazi, Jessica Muirhead, Bettina Ranch, Karin Strobos, Rebecca Teem*; Baurzhan Anderzhanov, Carlos Cordoso*, Marijn Cornet, Jeffrey Dowd, Tijl Faveyts, Dmitry Ivanchey, Albrecht Kludszuweit, Nikoloz Ladvilaga*, Karel Martin Ludvik, Rainer Maria Röhr, Almas Svilpa, Heiko Trinsinger
Chorsolisten: Christina Hackelöer, Kyung-Nan Kong, Astrid Pitzner, Anne Rosenstock, Uta Schwarzkopf, Michaela Sehrbrock, Younghui Seong, Marion Steingötter, Susanne Stotmeister, Marion Thienel, Helga Wachter, Sabine Wehlte; René Aguilar, Andreas Baronner, Michael Haag, Peter Holthausen, Mateusz Kabala, Norbert Kumpf, Michael Kunze, Arman Manukyan, Joos Youp Lee, Stoyan Milkov, Mario Tardivo, Sven Westfeld, Harald Wittkop, Karl-Ludwig Wissmann, Ulrich Wohlleb

Gäste/Teilspielzeit: Deirdre Angenent, Annabell Arndt, Liselotte Bolle, Anne De Ridder, Aurelia Florian, Olesya Golovneva, Yara Hassan, Almuth Herbst, Emily Hinrichs, Sandra Janušaite, Annemarie Kremer, Suzanne McLeod, Katia Pellegrino, Ieva Prudnikvaite, Elena Puszta, Anna Rajah, Simone Šaturová, Alexandra Scherrmann, Nora Sourouzian, Regine Sturm, Tuuli Takala, Carmen Topciu, Katerine Tretyakova, Sophie Witte; Michael Baba, Domenico Balzani, Rafael Bruck, Bart Driessen, Steven Ebel, Klaus Paul, Se-Hyuk Im, Giorgios Kanaris, Nicolai Karnolsky, Paul Kribbe, Jürgen Müller, Benedikt Nawrath, Sebastian Noack, Peter Pascal Pittie, Johannes Preißinger, Gaston Rivero, Richard Samek, Johannes Schwärsky, Makudupanyante Senaoano, Daniel Szeili, Dong-Won Seo, Sergey Skorokhodov, Fritz Steinbacher, Gianluca Terranova, Ivan Thirion, Frank van Hove, Michael Wade Lee, Joshua Whitener, Tito You
Tänzer: Nwarin Gad (Aalto)
Schauspieler (Gäste): Cornelia Constanze Orlow; Carl Bruchhäuser, Thorsten Krohn, Maik Solbach

■ **Opern (N)**

14.10.17 „Die verkaufte Braut" von Bedřich Smetana (11) – ML: Netopil, I: Kukučka/Trpišovský, B: Chocholoušek, K: Rybáková

05.11.17 „Hänsel und Gretel" von Engelbert Humperdinck (9) – ML: Haider, I/B: Joël, K: Lott

02.12.17 „Der Troubadour" von Giuseppe Verdi (13) – ML: Sagripanti, I: Caurier/Leiser, B: Fenouillat, K: Cavalca

24.02.18 „Hans Heiling" von Heinrich Marschner (9) – ML: Beermann, I: Baesler, B: Thor, K: Heimann

31.03.18 „Salome" von Richard Strauss (9) – ML: Netopil, I: Clément, A: Hansen

■ **Operette (N)**

03.06.18 „Eine Nacht in Venedig" von Johann Strauß (7) – ML: Witt, I: Klimek, B: Kilian, K: Liebermann

■ **Opern (WA)**

21.10.17 „Rigoletto" von Verdi (4)
11.11.17 „Die Zauberflöte" von Mozart (3)
08.12.17 „La Bohème" von Puccini (3)
19.01.18 „Norma" von Bellini (4)
02.02.18 „Turandot" von Puccini (4)
04.03.18 „Die Entführung aus dem Serail" von Mozart (3)
08.04.18 „Lohengrin" von Wagner (3)
21.04.18 „La Traviata" Verdi (3)
05.05.18 „Madama Butterfly" von Puccini (3)
06.06.18 „Die Zauberflöte" von Joël/Mozart (3)
30.06.18 „Die Walküre" von Wagner (2)

■ **Operette (WA)**

31.12.18 „Die Fledermaus" von Strauß (4)

■ **Sonderveranstaltungen**

Aalto-Theater

08.10.17 Einführungsmatinee zur Premiere „Die verkaufte Braut"
22.10.17 Einführungsmatinee zur Premiere „Hänsel und Gretel"
26.11.17 Einführungsmatinee zur Premiere „Der Troubadour"
17.02.18 Eröffnung der TUP-Festtage Kunst, Auftakt mit den Intendanten Hein Mulders/Christian Tombeil/Ben Van Cauwenbergh (vor der Aufführung „Norma", aus dem Grillo verlegt)
18.02.18 Einführungsmatinee zur Premiere „Hans Heiling"
25.03.18 Einführungsmatinee zur Premiere „Salome
27.05.18 Einführungsmatinee zur Premiere „Eine Nacht in Venedig"
22.06.18 Verleihung des Aalto-Bühnenpreises 2018 an Jessica Muirhead (im Anschluss an die Vorstellung „Hans Heiling")

Aalto-Bühne

24.11.17 *Tat Ort Aalto*
„Into the Woods" – Zwei Amerikaner verlaufen sich im Wald von Hänsel und Gretel mit Christina Clark/Jeffrey Dowd (nach der Vorstellung „Hänsel und Gretel")

14.01.18 *Tat Ort Aalto*
„Das Sopran-Ketchup-Massaker – Je größer die Tomate, desto lauter der Schrei" von Sascha Krohn nach einer Idee von George Perec (nach der Vorstellung „Die verkaufte Braut") mit Karin Strobos (Gesang)/Cornelia Constanze Orlow (Schauspiel)/Christopher Bruckman (Klavier)

18.03.18 *Tat Ort Aalto*
„Heute Abend: Lola Blau" – Musical für eine Schauspielerin von Georg Kreisler mit Marie-Helen Joël/Oliver Malitius (Klavier), I: Marijke Malitius (nach der Vorstellung „Queen"), auch 02.04.

Cafeteria

06.10.17 It's teatime – Die Damen laden zum Tee: „Die verkaufte Braut – Sonderposten aus Bedřichs Resterampe" mit Christina Clark/Marie-Helen Joël; Tijl Favyets/Karel Martin Ludvik; Boris Gurevich (Klavier)

03.11.17 It's teatime – Die Damen laden zum Tee: „Hänsel und Gretel! – geht das auch ohne Hexe?" mit Marie-Helen Joël/Michael Haag; Boris Gurevich (Klavier)

01.12.17 It's teatime – Die Herrschaften laden zum Tee: „Der Troubadour – Sänger werden ja immer gebraucht" mit Marie-Helen Joël/Michael Haag;

Ariane Bliss/Moritz Reissenberger (Betriebsbüro)/Christoph Bruckman (Klavier)

10.12.17 Swingin' Christmas (Jazz im Aalto) mit Christina Clark/Jeffrey Dowd u. a.
15.12.17 Weihnachts-Teatime – Die Herrschaften laden zum Tee: „Leise rieselt der Tee": Bettina Ranch; Jeffrey Dowd/Tijl Favyets/Michael Haag; Patrick Jaskolka/Kinderchor; Oliver Malitius (Klavier)
18.02.18 Frühschoppen: Bergmanns- und Ruhrpottlieder mit Marie-Helen Joël/Oliver Kerstan (Schlagzeug)/Heribert Feckler (Klavier)/Christian Schröder (Moderation)
23.02.18 It's teatime – Die Herrschaften laden zum Tee: „Hans Heiling- Einfach unerhört!" mit Marie-Helen Joël/Oliver Malitius (Klavier)
23.03.18 It's teatime – Die Herrschaften laden zum Tee: „Salome – Schleierhaft statt Einzelhaft" mit Christina Clark/Marie-Helen Joël/Michael Haag; Marianne Clément (Regie)/Julia Hansen (Ausstattung)/Christoph Bruckman (Klavier)
29.04.18 Spring Jazz mit Christina Clark (Gesang)/Jeffrey Dowd (Gesang, Gitarre) u. a.
25.05.18 It's teatime – Die Herrschaften laden zum Tee: „Eine Nacht in Venedig" – 7 Nächte in Essen" mit Marie-Helen Joël/Martijn Cornet/Michael Haag; Bruno Klimek (Regie)/Oliver Malitius (Klavier)
08.06.18 Fußballgesänge „Anpfiff, Anstoß, Tooor" mit Liliana de Sousa/Marie-Helen Joël; Juriko Akimoto/Heribert Feckler
17.06.18 Jazz im Aalto – Summer Jazz mit Christina Clark (Gesang), Jeffrey Dowd (Gesang, Gitarre) u. a.

Foyer (Reihe „mehrmusik")

18.12.17 „Voce & Violino" mit Dmitry Ivanchey (Gesang/Violine)/Alexey Ekimov (Sprecher)/Boris Gurevich (Klavier)
20.02.18 „Inspiration Ruhrpott" – Musik unserer Heimat von Mahler bis zum Steigerlied mit Marie-Helen Joël (Gesang)/Oliver Kerstan (Schlagzeug)/Heribert Feckler/Oliver Malitius (Klavier) u. a.
07.05.18 „Vom Lieben und Verlassen" – Liebeslieder von Bellini/Verdi/Tschaikowsky/Rachmaninow u. a. mit Baurzhan Anderzhanov (Gesang)/Harriet Lawson (Klavier)

Kennedyplatz

10.09.17 Open-Air-Konzert (im Rahmen von ESSEN:ORIGINAL)
Brahms, „Akademische Festouvertüre"; Dvořák, „Sinfonische Variationen"; Strauss, „Rosenkavalier Suite"
ML: Tomáš Netopil

Philharmonie

14.09.17 Konzert für Bürger/innen mit Behinderung (Programm wie 10.09.)
01.01.18 Neujahrskonzert
Rossini, Ouvertüre „Die diebische Elster"; Verdi, Ouvertüre „Die sizilianische Vesper"; Donizetti, Arie der Marie (Cristina Pasaroiu) aus „Die Regimentstochter"; Puccini, Arie des Rodolfo „Wie eiskalt ist dein Händchen" (Carlos Cardoso) aus „La Bohème"; Verdi, Chor der Gefangenen aus „Nabucco"; Mascagni, „Intermezzo sinfonico" aus „Cavalleria rusticana"; Leoncavallo, „Glockenchor" aus „Der Bajazzo"
ML: Matteo Beltrami; Opernchor
23.06.18 „Ein Sommernachtstraum: Heimat"
Korngold, „Der Schneemann", Pantomime in zwei Bildern (Fassung für Orchester: Alexander Zemlinsky); Erwin Schulhoff, „Lustige Ouvertüre"/„Konzert für Flöte, Klavier, zwei Hörner und Streicher op. 63" (Fassung für Orchester); Bruce Adolphe, „I will not remain silent", Konzert für Violine und Orchester" mit Daniel Hope; Strawinsky, „Die Geschichte vom Soldaten" mit Katja Riemann (Teufel)/Daniel Hope (Soldat)/Thomas Quasthoff (Erzähler); Projektchor zur „Proletenpassion" von Heinz R. Unger mit Mitgliedern des Schauspiel Essen; Christopher Hope (Vater von Daniel Hope) liest aus dem Roman „Familienstücke" seines Sohnes
ML: Jaime Martin; Regie: Tom Morris

14.09.18 Konzert für Bürger/innen mit Behinderung (Programm wie 10.09. auf dem Kennedyplatz)

Gruga (Musikpavillon)
07.07.18 Open-Air-Konzert
Mozart, „Sinfonie Nr. 40"; Bernstein, „Candide-Suite"; Copland, „Konzert für Klarinette, Streichorchester, Harfe und Klavier" (Karl Dohnal, Klarinette; Boris Gurevich, Klavier)
ML: Tomáš Netopil;

Folkwang Musikschule
07.10.17 „Auftrag Abwicklung Sonnenaufgang" – Musik-Theater-Projekt anlässlich des Jahresthemas „Schöne Aussichten – Paradiese und Utopien" des Kulturbüros Essen
ML: Christopher Bruckman; Konzeption/I: Marijke Malitius/Sascha Krohn, A: Gesa Groening, auch 08./15.10.

Ballett

Ballettdirektor: Ben Van Cauwenbergh; *Stellvertretender Ballettdirektor und Manage:* Marek Tuma
Persönliche Mitarbeiterin des Ballettdirektors: Annette El-Leisy
Ballettmeister: Patrick Hinson; *Ballettmeisterin:* Alicia Olleta
Ballettpianist: Igor Savoskin; *Gast:* Günther Plöger; *Dirigenten:* Christopher Bruckman, Friedrich Haider, Johannes Witt
Dramaturgie: Svenja Gottsmann, Christian Schröder; *Presse- und Öffentlichkeitsarbeit:* Martin Siebold, Maria Hilber

Choreografen der Neuinszenierungen: Armen Hakobyan, Denis Untila, Ben Van Cauwenbergh
Ausstatter der Neuproduktionen: Rosa Ana Chanzá Herandéz, Dorin Gal, Yoko Seyama

Compagnie: Adeline Pastor, Yanelis Rodriguez, *Solo*
Yurie Matsuura, Marie Lucia Segalin, Yulia Tsoi, Mariya Tyurina, Mika Yoneyama*, *Solo mit Gruppe*
Elisa Fraschetti, Yusleimy Herera Leon, Yuki Kishimoto, *Gruppe mit Solo*
Paula Archangelo-Cakir, Carla Colonna, Ekaterina Mamrenko*, Ana Carolina Reis, Julia Schalitz, Yulia Tikka*, Marie van Cauwenbergh*, *Gruppe*
Wataru Shimizu, *Solo*
Liam Blair, Armen Hakobyan, Davit Jeyranyan, Moises Léon Noriega, Tomas Ottych, Denuis Untila, Aidos
Zakan, *Solo mit Gruppe*
Nwarin Gad, Alexander Saveliev*, Artem Sochoran, Igor Volkovsky, *Gruppe mit Solo*
Ige Cornelis*, Yehor Hordiyenko, Qingbin Meng, Take Okuda*, Harry Simmons, *Gruppe*
Annette El-Leisy; Marek Tuma
Gäste: Sooyeon Bae, Vivian de Britto Schiller, Juliette Fehrenbach, Larissa Machado, Anna Maria Papaiacova, Amari Saotome, Sena Shirae, Arina Varentseva; Breno Bittencourt, Alexander Saleviev
Schauspieler: Rezo Tschchickwischwili

■ Ballette (N)

14.09.17 „Don Quichotte für Kinder" von Ben Van Cauwenbergh//Ludwig Minkus *(gekürzte Fassung)* (3)
27.01.18 „Schwanensee" von Ben Van Cauwenbergh/Peter I. Tschaikowsky (14) – ML: Witt, A: Gal
28.04.18 „Moving Colours" (U) von Armen Hakobyan/Denis Untila//Dirk Haubrich (10) – B: Seyama, K: Fernandéz
15.06.18 „Ten by Ben" *Jubiläumsabend zu 10 Jahren Ben Van Cauwenbergh am Aalto-Theater* (3)
Ausschnitte aus „Deca Danse"/„3 by Ekman"/„La vie en rose"/„Der Nussknacker"/„Coppélia"/„Romeo und Julia"/„Irish Soul"/„Carmen/Bolero"/„Schwanensee"/„Max und Moritz"/„Cinderella"/„Don Quichotte"/„Queen"

■ Ballette (WA)

23.09.17 „Don Quichotte" von Van Cauwenbergh//Minkus (6)
03.10.17 „Drei by Ekman" von Ekman//Monnot/Breffort u. a. (8)
14.12.17 „La vie en rose" von Van Cauwenbergh//Adams/Frz. Chansons (5)

21.12.17 „Der Nussknacker" von Van Cauwen-
bergh//Tschaikowsky (3)
18.03.18 „Tanzhommage an Queen" von Van
Cauwenbergh//Queen (4)

■ Sonderveranstaltungen
21.01.18 Einführungsmatinee zur Premiere
„Schwanensee"
15.04.18 Einführungsmatinee zur Premiere
„Moving Colours"
08.06.18 Öffentliches Training und Ballett-
probe, auch 09.06. (im Rahmen des
Kulturpfadfestes)
09.07.18 Verleihung des Red Dot Award 2018:
Mitwirkung des Balletts (2. Akt
„Schwanensee")

■ Gastspiel
15.03.18 „Kreatur" von Sasha Waltz//Sound-
walk Collective (Gastspiel im Rahmen
der Tanzplattform in Deutschland
2018)

Spielzeit 2018/19

Geschäftsführer: Berger Bergmann

Musiktheater

Opernintendant: Hein Mulders; *Künstlerischer Leiter des Aalto-Theaters:* Joel Revelle
Assistentinnen der Intendanz: Verena Forster-Schoppmeier, Friederike Landmann
Künstlerische Betriebsbüro: Ariane Bliss, Moritz Reissenberger
Dramaturgie: Christian Schröder; Svenja Gottsmann
Presse- und Öffentlichkeitsarbeit: Christoph Dittmann

Dirigenten: Tomáš Netopil, GMD; Robert Jindra*, 1. Kapellmeister; Johannes Witt, 2. Kapellmeister
Gäste: Friedrich Haider, 1. Gastdirigent; Matteo Beltrami, Marco Comin, Heribert Feckler, Chistopher Moulds, Sébastien Rouland, Andrea Sanguineti
Essener Philharmoniker; *Repetitoren:* Oliver Malitius, Studienleiter; Juriko Akimoto, Christopher Bruckman, Francis Corke, Boris Gurevich, Johannes Witt
Chordirektor: Jens Bingert; *Stellvertreter und Leiter des Kinderchores:* Patrick Jaskolka
Gast-Orchester: United Rock Orchestra („Die Märchenwelt zur Kur bestellt")

Leiter der szenischen Einstudierung: Sascha Krohn*
Regisseure der Neuinszenierungen: Sascha Krohn, Marijke Malitius; *Gäste:* Lotte de Beer, Tatjana Gürbaca, Stephen Lawless Kay, Limk, Roland Schwab
Ausstattungsleiter: Thorsten Macht
Ausstatter der Neuinszenierungen (Gäste): Frank Albert, Clement & Sanôu, Klaus Grünberg, Gabriele Rupprecht, Frank Philipp Schlößmann, Silke Willrett, Piero Vinciguerra

Ensemble: Tamara Banješević*, Christina Clark, Liliana de Sousa, Marie-Helen Joël, Gabrielle Mouhlen*, Jessica Muirhead, Bettina Ranch, Katrin Strobos; Baurzhan Anderzhanov, Carlos Cordoso, Martijn Cornet, Jeffrey Dowd, Tijl Faveyts, Dmitry Ivanchey, Albrecht Kludszuweit, Nikoloz Ladvilaga, Karel Martin Ludvik, Rainer Maria Röhr, Almas Svilpa, Heiko Trinsinger
Chorsolisten: Uta Scharzkopf, Younghui Seong, Susanne Stotmeister, Natacha Valladares, Helga Wachter; René Aguilar, Andreas Baronner, Peter Holthausen, Michael Haag, Mateusz Kabala, Michael Kunze, Joo Youp Lee, Sven Westfeld, Karl-Ludwig Wissmann

Gäste/Teilspielzeit: Claudia Barainsky, Sónia Grané, Maria del Mar Humanes, Lilian Farahani, Emily Rehlis, Hindrichs, Yuka Kakuta, Daniela Köhler, Annemarie Kremer, Katarzyna Kuncio, Jordanka Mikova, Agnieszka Amelia Scicolone; Sharleg Armasi, Ivan Brescanin, Leonardo Caimi, Sebastian Campione, Seth Carico, Ivan Drescanin, Tadas Girininkas, Günes Gürle, Thomas Jesatko, Avtandil Kaspeli, Nikolai Karnolsky, Zhive Kremshovski, Dino Lüthi, Hagen Matzeit, Sebastian Noack, Ivan Orešćanin, David Pichlmaier, Luis Fernando Piedra, Sebastian Pilgrim, Pascal Pittie, Johannes Preißinger, Gerard Quinn, Gaston Rivero, Luc Robert, Dario Russo, Dong-Won Seo, Maximilian Schmitt, Makudupanyane Senaoana, Fritz Steinbacher, Ibraham Yesiley
Opernstudio: Adam Temple Smith
Musical (Gäste): Jessica Kessler; Tim Hüning, Henrik Wager, Frank Winkels
Schauspieler (Gäste): Anne Stein; Carl Bruchhäuser, Yannik Heckmann, Benjamin Hoffmann, Jens Winterstein
Tänzerinnen (Aalto): Jelena Grjasnowa, Marie Van Cauwenbergh („Aida"); Larissa Machado, Sena Shirae („Rien ne va plus")

◼ Opern (N)

13.10.18 „Carmen" von Georges Bizet (12) – ML: Rouland, I: de Beer, A: Clement & Sanôu
08.12.18 „Der Freischütz" von Carl M. von Weber (11) – ML: Netopil I: Gürbaca, B: Grünberg, K: Willrett
02.02.19 „Otello" von Giuseppe Verdi (9) – ML: Beltrami, I: Schwab, B: Vinciguerra, K: Rupprecht
24.02.19 „Der Ring an einem Abend" (U) von Richard Wagner/Vico von Bülow (6) –ML: Jindra, I: Krohn [Szenisch nur 2 Vorstellungen, 4 weitere auf Wunsch des Studios Loriot konzertant]
(08.06.19: Nach der Vorstellung Ernennung von Jeffrey Dowd zum Kammersänger)
23.03.19 „Medea" von Aribert Reimann (6) – ML: Jindra, I: Link, A: Albert
01.06.19 „Così fan tutte" von Wolfgang Amadeus Mozart (8) – ML: Netopil, I: Lawless, A: Schlößmann

◼ Opern (WA)

20.10.18 „Aida" von Verdi (3) [20.10.: 75×]
02.11.18 „La Bohème" von Puccini (3)
16.11.18 „Die Zauberflöte" von Mozart (6)
21.12.18 „Hänsel und Gretel" von Humperdinck (3)
19.01.19 „Salome" von Strauss (3)
09.02.19 „Don Giovanni" von Mozart (3)
30.03.19 „Luisa Miller" von Giuseppe Verdi (3)
13.04.19 „Tosca" von Puccini (3)
30.04.19 „Die Märchenwelt zur Kur bestellt" von Heribert Feckler (5)
15.06.19 „Rusalka" von Dvořák (3)

◼ Operette WA)

14.09.18 „Eine Nacht in Venedig" von Johann Strauß (7)

◼ Sonderveranstaltungen

Aalto-Theater
16.09.18 „Alle in einem Boot" – 30 Jahre Aalto-Theater (TUP-Theaterfest) u. a. Konzert „Das gelbe vom Ei": Solisten der Oper und des Schauspiels/Opernchor/Philharmoniker, anschließend Ausschnitte aus „Schwanensee", ML: Witt
Am Abend: Abschluss-Show „Man soll den Tag nicht vor dem Abend loben" mit Solisten der Oper und des Schauspiels/dem Opernchor, den Philharmonikern und dem United Rock Orchestra, ML: Feckler
07.10.18 Einführungsmatinee zur Premiere „Carmen"
02.12.18 Einführungsmatinee zur Premiere „Der Freischütz"
27.01.18 Einführungsmatinee zur Premiere „Otello"
10.02.19 Einführungsmatinee zur Premiere „Der Ring an einem Abend"
17.03.19 Einführungsmatinee zur Premiere „Medea"
26.05.19 Einführungsmatinee zur Premiere „Così fan tutte"

Aalto-Bühne
28.10.18 *Tat Ort Aalto*
„Heute Abend: Lola Blau" von Georg Kreisler mit Marie-Helen Joël; Oliver Malitius (Klavier) (nach der Vorstellung „Eine Nacht in Venedig")
21.04.19 „Theater hautnah erleben" – Veranstaltung für den Freundeskreis (in der Kulisse „Don Quichotte")
„Ich brech die Herzen der stolzesten Frauen"/„In der Bar zum Krokodil"/„Auf Wiedersehen, Herr Doktor" u. a. mit Bettina Ranch/Rainer Maria Röhr (Gesang)/Juri Akimoto (Klavier); „Tütensuppe"/„Chicoree Salami", zwei Lesungen mit Janina Sachau (Schauspiel); Pas de deux zu „Whiter Shade of Pale" aus „Rock around Barock" mit Yanelis Rodriguez/Yegor Hordiyenko, und drei Mitgliedern des Orchesters
Moderation: Clemens Stahmer-Ilgner (Trompeter bei den Philharmonikern)
12.05.19 *Tat Ort Aalto*
„Rita" nach Gaëtano Donizetti mit Maria de Mar Humanes; Martijn Cornet/Albrecht Kludszuweit ML: Oliver Malitius, I: Marijke Malitius (nach der Vorstellung „Otello")

Aalto/Vorbühne
03.10.18 180 Jahre Philharmonischer Chor – Jubiläumskonzert und CD-Präsenta-

tion „Vergessene Komponisten" (Max Fiedler/Georg H. Witte/Johann W. G. Nedelmann)
Philharmonischer Chor/Philharmonischer Kammerchor; Marie Heeschen (Gesang)/Sebastian Breuning (Klavier); ML: Patrick Jaskolka, Moderation: Christian Komorowski

Foyer

24.09.18 „Songs of a Latin Lover" – Romantische Lieder in romanischen Sprachen mit Carlos Cordoso (Gesang)/Boris Gurevich (Klavier)/Janina Sachau (Grillo) [Reihe „mehrmusik"]

12.10.18 It's Teatime – Die Herrschaften bitten zum Tee: „Carmen – Auf in den Kampf!" mit Marie- Helen Joël/Michael Haag; Christoph Bruckman (Klavier)

21.11.18 „Inspiration Ruhrpott – Das Ruhrgebiet in Tönen und Dönekes" mit Marie-Helen Joël; Herbert Feckler/Oliver Kerstan/Oliver Malitius/Andreas Wolfram (Probe für den Freundeskreis)

14.12.18 It's Teatime – Die Herrschaften bitten zum Tee: Weihnachts-Teatime -„Still und starr ruht der See" mit Marie-Helen Joël; Michael Haag/Karel Martin Ludvik (Gesang)/Christopher Bruckman (Klavier)/Patrick Jaskolka (Kinderchor)/Oliver Malitius (Klavier)

17.12.18 „We wish you a merry Christmas" mit dem Vokal-Quartett Essen (Anne-Kathrin Rosenstock/Marion Thienel; Michael Haag/Ulrich Wohlleb; Andreas Schöneich (Erzähler), Wolfgang Tacke (Klavier)

12.03.19 „Geisterraunen, Elfenrauschen" – Chormusik der dunklen Romantik" mit dem Opernchor
Leitung: Jens Bingert [Reihe „mehrmusik"]

26.03.19 „Spiel mir das Lied vom Glück" – Musikalischer Themenabend zu den TUP-Festtagen mit Marie-Helen Joël (Gesang)/Oliver Kerstan (Schlagzeug)/Heribert Feckler, Oliver Malitius (Klavier)

01.07.19 „Alma potuguesa" – Von Brasilien bis Kap Verde mit Liliana de Sousa [Reihe „mehrmusik"]

Cafeteria

30.11.18 It's Teatime – Die Herrschaften bitten zum Tee: „Der Freischütz- Frei, freier, Freikugel!" mit Christina Clark/Marie-Helen Joël; Boris Gurevich (Klavier)

11.12.18 Swingin' Christmas mit Christina Clark/Liliana de Sousa (Gesang)/Jeffrey Dowd (Gesang, Gitarre) u. a., auch 23.12.

5.01.19 It's Teatime – Die Herrschaften bitten zum Tee: „Otello – Wenn man mit Eifer sucht, was Leiden schafft" mit Marie-Helen Joël/Sara Wieners (Regie-Assistentin)/Christopher Bruckman (Klavier)

03.02.19 Nachgespräch zur Aufführung „Der Freischütz" mit Svenja Gottsmann/Tamara Banješević/Sascha Krohn

15.02.19 It's Teatime – Die Herrschaften bitten zum Tee: „Der Ring an einem Abend – 15 Stunden im XS-Format" mit Marie-Helen Joël/Michael Haag

10.03.19 Spring Jazz mit Christina Clark/Jeffrey Dowd u. a., auch 19.05.

22.03.19 Eröffnung der TUP-Festtage – Auftakt mit den Intendanten Hein Mulders/Christian Tombeil/Ben Van Cauwenbergh *(„Rien ne va plus")*, anschließend:

22.03.19 It's Teatime – Die Herrschaften bitten zum Tee: „Medea – Er liebt mich, er liebt mich nicht" mit Christina Clark/Marie-Helen Joël; Hagen Matzeit (Sänger)/Juriko Akimoto (Klavier)

06.04.19 Nachgespräch zur Aufführung „Medea" mit Christian Schröder/Robert Jindra/Marie-Helen Joël

31.05.19 It's Teatime – Die Herrschaften bitten zum Tee: „Così fan Tutte – Die hohe Schule der Liebenden" mit Marie-Helen Joël/Michael Haag; Svenja Gottsmann (Dramaturgin)/Oliver Malitius (Klavier)

Philharmonie

13.09.18 Konzert für Bürger/innen mit Behinderung
Mozart, „Sinfonie Nr. 40" (Auswahl) und „Konzert für Klarinette

und Orchester A-Dur (Karl Dohnal); Tschaikowsky, „Sinfonie Nr. 4" (Auswahl)
ML: Friedrich Haider [Programm auch beim NRW-Tag auf Zollverein am 31.08.]

01.01.19 Wiener Neujahrskonzert
Rezniček, Ouvertüre zu „Donna Diana"; Josef Strauß, Polka „Brennende Liebe", „Buchstaben-Polka", „Seufzer-Galopp, Polka „Tanzende Muse"; Johann und Josef Strauß, „Pizzicato-Polka"; Strauß, Ouvertüre „Waldmeister", „Kaiserwalzer", „Freikugeln", „Frühlingsstimmen-Walzer", „Im Krapfenwald", „Tritsch-Tratsch-Polka", „Furioso-Polka", „Vergnügungszug", „Unter Donner und Blitz"; Strauß (Vater), „Seufzer-Galopp", „Radetzky-Marsch"
ML: Tomáš Netopil

31.03.19 Verdi-Gala mit Maria Agresta (Sopran)
Ouvertüre zu „Nabucco"; Arie der Leonora „Tutto ho perduto" aus „Oberto"; Ouvertüre „Die sizilianische Vesper"; Arie der Lucrezia „No mi lasciate" aus „Die beiden Foscari"; Ouvertüre „Aida; Arie der Aida „Ritorna vincitor" aus der gleichnamigen Oper; Ouvertüre zu „Die Macht des Schicksals"; Arie der Elisabeth „Tu che le vanità" aus „Don Carlos"; Ballettmusik aus „Macbeth"; Preludio aus „Otello"; „Ave Maria" der Desdemona aus „Otello"
ML: Giacomo Sagripanti

16.04.19 Sparda-Musiknacht
Rezniček, Ouvertüre zu „Donna Diana"; Josef Strauß, Polka Mazur „Brennende Liebe", Polka „Ohne Sorgen", Polka Mazur „Tanzende Muse"; Joh. Strauß (Sohn), „Kaiserwalzer, „Tritsch-Tratsch-Polka", „Freikugeln", „Frühlingsstimmen-Walzer", „Im Krapfenwald", „Furioso-Polka", Walzer „Freut euch des Lebens", „Vergnügungszug", „An der schönen blauen Donau"; Johann und Josef Strauß, „Pizzicato-Polka"; Joh. Strauß (Vater), „Seufzer-Galopp"
ML: Robert Jindra; Moderation: Thorsten Stepath

23.06.19 „Ein Sommernachtstraum: Offenbachs Erzählungen"
1. Teil: WDR-Rundfunkorchester, ML: Enrico Delamboye Ouvertüre zu „Pariser Leben"; Arie der Olympia" aus „Hoffmanns Erzählungen" (Olga Pudova); „Lied des Kleinzack" aus „Hoffmanns Erzählungen" (Julien Behr); „Barcarole aus „Hoffmanns Erzählungen" (Olga Pudova/Julien Behr); „Les heures" aus „Orpheus in der Unterwelt"; Arie der Eurydike „Ah, quelle triste destinée" (Olga Pudova); „Tanz der Fliegen"; Duett Orpheus/Eurydike„Ah, c'est ainsi" aus „Orpheus in der Unterwelt"; Ouvertüre zur Oper „Die Rheinnixen"; Valse tyrolienne der Rosita aus „Der Ehemann vor der Türr" (Olga Pudova); Arie des Paris „Au mont Ida trois déesses" (Julien Behr) und Duett Helena/Paris „Ce n'est qu'un rêve" aus „Die schöne Helena"
2. Teil: „Offenbachs Erzählungen" von Sascha Krohn mit Götz Alsmann (als Jacques Offenbach); Ingrud Domann (Schauspielerin), Carl Bruchhäuser (Schauspieler); Giulia Montanari/Bettina Ranch (Sängerinnen); Zhive Kremshovski/Erik Slik (Sänger); Christopher Bruckman (Klavier)
3. Teil: Operette „Ein Ehemann vor der Tür" von Jacques Offenbach ML: Heribert Feckler, I: Sascha Krohn, A: Friederike Külpmann; Mitglieder der Philharmoniker
Solisten: Giulia Montanari/Bettina Ranch/Zhive Kremshovski/Erik Slik
Pausenprogramm: Workshop mit Armen Hakobyan (Tanz) und mit Christopher Bruckman *(*Chorgesang); französische Salonmusik mit Slava Atanasova (Violine)/Vladislav Trukhan (Violoncello)/Shino Watanabe (Klavier)

Gruga (Pavillon)

29.06.19 Open Air Konzert (90-jähriges Jubiläum des Grugaparks)
Dvořák, „Slawischer Tanz op. 46

Nr. 8"; Schreker, „Festwalzer und Walzerintermezzo"; Lennon/McCartney, „Yesterday" (bearbeitet für vier Violoncelli); Smetana, Tanz der Komödianten aus „Die verkaufte Braut"; Saint-Saëns, „Havanaise E-Dur für Violine und Orchester" (Maria Milstein); Schostakowitsch, „Tahiti Trot für Orchester"; Puccini, Intermezzo „La Tregenda" aus der Oper „Le Villi"; Deep Purple, „Smoke on the Water (bearbeitet für vier Violoncelli); Strauß, „Frühlingsstimmen-Walzer"; Ravel, „Tzigane für Violine und Orchester" (Maria Milstein); Tschaikowsky, Polonaise aus „Eugen Onegin"; Mascagni, Intermezzo aus „Cavalleria rusticana"; Brahms, „Ungarischer Tanz Nr. 5"; Bernstein, Ouvertüre zum Musical „Candide"
ML: Tomás Netopil

Casa im Grillo
27.03.19 „Schließ deine Augen – Rien ne va plus" (U) – Ein Mehrspartenprojekt im Rahmen der TUP-Festtage Kunst 2019, auch 30.03./05.05.
„Tintagiles Tod" nach Maurice Maeterlinck, Fassung/I: Marijke Malitius; Musik: „Kinderstube", Liederzyklus für Tenor Nr. 1–4" von Modest Mussorgsky mit Anne Stein/Benjamin Hoffmann/Larissa Machado/Sena Shirae/Yannik Heckmann
„Ohne Ausnahme!" von Sascha Krohn nach Motiven von J. M. Barrie/Dennis Cooper, I: Sascha Krohn, Musik: Michael Tippett, „Boyhood's End, Cantata for Tenor, Voice and Piano"
A: Gesa Gröning, Ch: Igor Volkovskyy (beide Stücke)
Anne Stein/Yannik Heckmann (Schauspieler)/Benjamin Hoffmann (Gesang)/Larissa Machado/Sena Shirae (Tänzerinnen, Aalto-Theater)/Christopher Bruckman (Klavier, Aalto-Theater)

Welterbe Zollverein
21.11.18 „Inspiration Ruhrpott – Das Ruhrgebiet in Tönen und Dönekes" mit Marie-Helen Joël; Heribert Feckler/Oliver Malitius/Oliver Kerstan/Andreas Wolfram

Café LIVRES: (Künstler/innen und Mitarbeiter/innen lesen aus ihrem Lieblingsbuch)
04.09.18 Christopher Bruckman (Repetitor)
02.10.18 Albrecht Kludszuweit (Tenor)
06.11.18 Marie-Helen Joël (Mezzosopranistin und Theaterpädagogin)
04.12.18 Andreas Linne (Aalto-Musikbibliothekar)
08.01.19 Tijl Faveyts (Bass)
05.02.19 Patrick Jaskolka (Stellvertretender Chordirektor)
05.03.19 Sascha Krohn (Leiter der szenischen Einstudierung)
02.04.19 Christian Komorowaki (Leiter der Statisterie)
07.05.19 Ariane Bliss (Leiterin des KBB)
04.06.19 Amelie Wünsche (Stellvertretende Stimmführerin der 2. Violinen)
02.07.19 Christian Schröder (Chefdramaturg)

10.03.19 Soiree zu „Medea" von Aribert Reimann mit Kay Link (Regisseur)/Christian Schröder (Dramaturg)/Claudia Barainsky (Medea)/Alexey Ekimov (Grillo)
26.05.19 Soiree zu „Così fan Tutte von Mozart mit Svenja Gottsmann (Dramaturgin)/Martijn Cornet (Sänger)/Sara Wieners (Regie-Assistentin)

Ballett

Ballettdirektor: Ben Van Cauwenbergh; *Stellvertretender Ballettdirektor und Manager:* Marek Tuma
Persönliche Mitarbeiterin des Ballettintendanten: Annette El-Leisy
Ballettmeister: Armen Hakobyan*; *Ballettmeisterin:* Alicia Olleta
Ballettpianist: Igor Savoskin; *Dirigenten:* Johannes Witt; *Gäste:* Friedrich Haider, Heribert Feckler, Robert Jindra, Andrea Sanguineti, Marcus Schönwitz (Goetheschule),
Gast-Orchester: Rockband Mallet („Rok Around Barock"); Orchester der Goetheschule („Queeny")
Dramaturgie: Svenja Gottsmann, Christian Schröder; *Presse- und Öffentlichkeitsarbeit:* Martin Siebold, Maria Hilber

Choreografen der Neuinszenierungen: Ben Van Cauwenbergh; *Gast:* John Cranko/Agneta und Victort Valcu
Ausstatter der Neuproduktionen: Thomas Mika, Ben Van Cauwenbergh

Compagnie: Adeline Pastor, Yanelis Rodriguez, *Solo*
Yurie Matsuura, Marie Lucia Segalin, Yulia Tsoi, Mariya Tyurina, Mika Yoneyama, *Solo mit Gruppe*
Elisa Fraschetti, Yusleimy Herera Leon, Yuki Kishimoto, *Gruppe mit Solo*
Paula Archangelo-Çakir, Carla Colonna, Ekaterina Mamrenko, Julia Schalitz, Yulia Tikka, Marie van Cauwenbergh, *Gruppe*
Liam Blair, Wataru Shimizu, *Solo*
Davit Jeyranyan, Moises Léon Noriega, Artem Sorochan, Denis Untila, Aidos Zakan, *Solo mit Gruppe*
Nawarin Gad, Yehor Hordiyenko, Alexander Saveliev, *Gruppe mit Solo*
Benjamin Balasz*, Ige Cornelis, Alexandre Konarev*, Qingbin Meng, Take Okuda, Harry Simmons, *Gruppe*
Annette El-Leisy; Marek Tuma

Gäste: Sooyeon Bae, Vivian de Britto Schiller, Juliette Fehrenbach, Larissa Machado, Anna Maria Papaiacovou, Amari Saotome, Sena Shirae; Magdy El-Leisy, Armen Gevorgyan, Hendrik Hebben, Marius Ledwig, Robin Perizonius

■ Ballette (N)

10.11.18 „Onegin" von John Cranko/Agneta und Victor Valcu//Peter I. Tschaikowsky/Karl Heinz Stolze (11) – ML: Witt, A: Mika

27.04.19 „Rock Around Barock" von Ben Van Cauwenbergh//Joh. Sebastian Bach bis Beatles (15) – A: Van Cauwenbergh

26.06.19 „Queeny Unplugged" *Education-Projekt des Aalto-Ballett* (2)
Konzept und Choreografie: Ben Van Cauwenbergh, ML: Schönwitz

■ Ballette (WA)

23.09.18 „Schwanensee" von Van Cauwenbergh//Tschaikowsky (10)
14.10.18 „Tanzhommage an Queen" von Van Cauwenbergh//Queen (6)
13.12.18 „Der Nussknacker" von Van Cauwenbergh//Tschaikowsky (7)
15.02.19 „Cinderella von Celis//Prokofjew (5)
11.05.19 „Don Quichotte" von Van Cauwenbergh//Minkus (4)

■ Sonderveranstaltungen
Aalto-Theater

22.09.18 *Gala zur Verleihung des Deutschen Tanzpreises 2018 an Nele Hertling* (Herausragende Interpretin: Meg Stuart; herausragende Entwicklung im Tanz: Ballett des Staatstheaters Nürnberg, Leitung: Goyo Montero) Daniel Goldin//Ph. Glass/Ravi Shankar, Ausschnitte aus „Stimmen, brüchige Hände, Stille" (Absolventinnen des Studiengangs Tanz der Folkwang Universität der Künste); Marco Goecke//Tschaikowsky, Pas de deux „Black Swan" (NRW Juniorballett); Douglas Lee//Jurrian Andriessen, Pas de deux „Arcadia" (Alicia Amatriain/Jason Reilly, Stuttgart); Meg Stuart//Vincent Malstaf, Solo „All Songs have been exhausted"; Gerhard Bohner//Bach, Ausschnitte aus „Im (Goldenen) Schnitt 1 – durch den Raum", durch den Körper (Rekonstruktion von Cesc Gelabert Barcelona); Dore Hoyer//Dmitri Wiatowitsch, Affekte „Begierde"/„Angst" aus „Afectos Humanos" (Rekonstruktion von Susanne Linke, getanzt von Renata Graziadei); Michael Clark//David Bowie, „Sheroes" (Michael Clark Company, London); Goyo Montero//Silvio Rodriguez/Owen Belton, „Imponderable" (Nürnberger Ballett); Alexander Ekman//Mikael Karlsson/Victor Feldman, Ausschnitt aus „Tulpet" (Nürnberg)

04.11.18 Einführungsmatinee zur Premiere „Onegin"
14.04.19 Einführungsmatinee zur Premiere „Rock Around Barock"
08.07.19 Verleihung des Red Dot Award of Design 2019; Mitwirkung des Balletts (Ausschnitte aus „Tanzhommage an Queen")

Aalto-Bühne
27.01.19 *Tat Ort Bühne*
„Losing it"- Höhen und Tiefen einer Liebesbeziehung [im Bühnenbild „Salome"]
Musik: Jeffrey Dowd, Ch: Julia Schalitz (Aalto-Ballett) mit Liliana de Sousa/Jeffrey Dowd (Gesang)/Vivian de Britta-Schiller/Jelena Grjasnowa/Sofia Klein Herrero/Hendrik Hebben/Boris Randzio (Tanz)

■ **Gastspiel**

11.02.19 Shen Yun 2019 – 5.000 Jahre alte Hochkultur wieder erwacht, auch 12./13.02.

Spielzeit 2019/20

Geschäftsführer: Berger Bergmann

Musiktheater

Opernintendant: Hein Mulders; *Künstlerischer Leiter des Aalto-Theaters:* Joel Revelle
Assistentinnen der Intendanz: Verena Forster-Schoppmeier, Jennifer Rehrmann*
Künstlerisches Betriebsbüro: Ariane Bliss, Moritz Reissenberger; Christoph Grasse* (ab 01.01.20)
Dramaturgen: Christian Schröder, Chefdramaturg; Svenja Gottsmann
Presse- und Öffentlichkeitsarbeit: Christoph Dittmann

Dirigenten: Tomáš Netopil, GMD; Robert Jindra, 1. Kapellmeister; Johannes Witt, 2. Kapellmeister
Gäste: Friedrich Haider, 1. Gastdirigent; Rubén Dubrovsky, Tobias Engeli, Heribert Feckler, Giuseppe Finzi, Stefan Klingele, Robert Rizzi Brignoli, Sébastien Rouland
Essener Philharmoniker; *Repetitoren:* Oliver Malitius, Studienleiter; Juriko Akimoto, Christopher Bruckman, Boris Gurevich, Johannes Witt
Chordirektor: Jens Bingert; *Stellvertreter und Leiter des Kinderchores:* Patrick Jaskolka
Choreograf: Igor Volkkovskyy; *Gast-Orchester:* United Rock Orchestra („Yesterdate")

Leiter der szenischen Einstudierung: Sascha Krohn
Regisseure der Neuinszenierungen: Marie-Helen Joël; *Gäste:* Sabine Hartmannshenn, Dietrich Hilsdorf, Philipp Himmelmann
Ausstattungsleiter: Thorsten Macht
Ausstatter der Neuinszenierungen: Marie-Helen Joël, Ulrich Lott; *Gäste:* Lukas Kretschmer, Johannes Leiacker, Susana Mendoza, Nicola Reichert, Dieter Richter, Gesine Völlm
Technische Direktoren: Dirk Beck; ab 01.03.: Reinhard Hühne* (Oper), Jan Hugenroth* (Ballett)

Ensemble: Tamara Banješević, Christina Clark, Liliana de Sousa, Marie-Helen Joël, Gabrielle Mouhlen, Jessica Muirhead, Bettina Ranch; Baurzhan Anderzhanov, Carlos Cordoso, Martijn Cornet, Tobias Greenhalgh*, Dmitry Ivanchey, Albrecht Kludszuweit, Karl-Heinz Lehner*, Karel Martin Ludvik, Rainer Maria Röhr, Allmas Svilpa, Heiko Trinsinger
Opernstudio: Penny Sofronistov; Gerrard Farreras, Luis Fernando Piedra
Chorsolisten: Marion Thienel; Andreas Baronner, Joo Youp Lee, Arman Manuykan, Stoyan Milkov, Mario Tardivo

Gäste: Michal Doron, Daniela Gerstenmeyer, Ellena Gorshunova, Kristina Hammerström, Michaela Kaune, Sarah Kuffner, Maartje Rammeloo, Emma Posman, Helena Rasker, Lilli Wünscher; Gregor Dalal, Jeffrey Dowd, Tijl Faveyts, Cornel Fray, Philipp Mathmann, Sergey Polyakov, Benjamin Pop, Xavier Sabata, Fritz Steinbacher, Thomas Walker, Rainer Zorn
Musical (Gäste): Brigitte Oelke; Alexander Franzen, Thomas Hohler, Henrik Wager
Tänzer/innen: Natalia Lopez Toledano, Ritsuko Natsuuka, Heather Shockley, Sophia Wünsch; David Espinosa Angel, César José Guitierrez Salaa, Hendrik Hebben, Miska Tové
Schauspieler (Gast): Thorsten Krohn

■ Opern (N)
12.10.19 „Pique Dame" von Peter I. Tschaikowsky (8) – ML: Netopil, I: Himmelmann, B: Leiacker, K: Völlm
25.01.20 „Kain und Abel" von Alessandrro Scarlatti (6) – ML: Dubrovsky, I: Hilsdorf, B: Richter, K: Reichert

■ Operette (N)
07.12.19 „Das Land des Lächelns" von Franz Lehár (11) – ML: Klingele, I: Hartmannshenn, B: Kretschmer, K: Mendoza, Ch: Volkovskyy

■ **Musical-Revue (N)**

08.02.20 „Yesterdate – Ein Rendezvous mit den 60ern" von Heribert Feckler/Marie-Helen Joël (2) – ML: Feckler, I/B: Marie-Helen Joël, K: Lott

■ **Opern (WA)**

22.09.19 „Così fan tutte" von Mozart (4)
20.10.19 „Carmen" von Bizet (3)
17.11.19 „Die Zauberflöte" von Mozart (4)
13.12.19 „Hänsel und Gretel" von Humperdinck (3)
20.12.19 „La Bohème" von Puccini (3)
05.01.20 „Nabucco" von Verdi (3)
16.02.20 „Der Rosenkavalier" von Strauss (1)

■ **Sonderveranstaltungen**

Aalto-Theater

02.09.19 Einführungsmatinee zur Premiere „Pique Dame"
01.12.19 Einführungsmatinee zur Premiere „Das Land des Lächelns"
19.01.20 Einführungsmatinee zur Premiere „Kain und Abel"
02.02.20 Einführungsmatinee zur Premiere „Yesterday"
08.03.20 Einführungsmatinee zur Premiere „Don Carlo"

Tat Ort Aalto (Aalto-Bühne

27.10.19 „Rita" nach Donizettis gleichnamiger Oper mit Maria de Mar Humanes; Martijn Cornet/Albrecht Kludszuweit ML: Oliver Malitius, I: Marikje Malitius (nach der Vorstellung „Rock around Barock")
01.03.20 „Mezzo-Mix" mit Liliana de Sousa/Marie-Helen Joël (Gesang)/Oliver Malitius (Klavier) (im Rahmen der TUP-Feststage 2020, Motto: „Unendliche Geschichten")

Cafeteria

11.10.19 It's Teatime – Die Herrschaften laden zum Tee: „Pique Dame – Glück im Spiel, Pech in der Liebe" mit Marie-Helen Joël/Michael Haag; Johannes Witt/Carolin Steffen-Maaß (Regie-Assistentin)
29.11.19 It's Teatime – Die Herrschaften laden zum Tee: „Das Land des Lächelns – Geschichten aus „Far, far away" mit Marie-Helen Joël/Michael Haag; Boris Gurevich (Klavier)
24.01.20 It's Teatime – Die Herrschaften laden zum Tee: „Kain und Abel" – Wahre Geschwisterliebe" mit Marie-Helen Joël/Dietrich Hilsdorf (Regisseur)
07.02.20 It's Teatime – Die Herrschaften laden zum Tee: „Yesterdate – Rendezvous mit den 60ern" mit Christina Clark/Marie-Helen Joël/Brigitte Oelke//Henrik Wager; Heribert Feckler (Klavier)

Foyer

23.09.19 „Die Männer sind alle Verbrecher" – Eine Revue-Miniatur mit Rainer Maria Röhr (Gesang), Janina Sachau (Grillo)/Juriko Akimoto (Klavier) u. a. [Reihe „mehrmusik"]
24.11.19 „Denn deine Seele schwebet – Musik und Texte über Tod, Trauer und Hoffnung mit Marie-Helen Joël/Michaela Sehrbrock/Marion Steingötter; Ingo Senft (Kontrabass)/Oliver Malitius (Klavier)]Reihe „mehrmusik"]
30.11.19 „Hört nur, wie lieblich es schallt" – Feierliches Weihnachtskonzert aller Chöre der TUP, ML: Jens Bingert/Patrick Jaskola
18.12.19 Swingin' Christmas (Christina Clark/Jeffrey Dowd, Gesang; Andreas Laux (Saxofon), auch 19.12.
20.12.19 It's Teatime – Die Herrschaften laden zum Tee: Weihnachts-Teatime – „Süßer die Glocken nie wimmeln" mit Tamara Banješević/Marie-Helen Joël/Bettina Ranch/Michaela Sehrbrock; Albrecht Kludszuweit/Michael Haag; Aalto-Spatzen, Leitung: Irina Döhring; ML: Feckler
02.02.20 Frühschoppen rund um die „Swinging Sixties" mit Marie-Helen Joël/Brigitte Oelke; Heribert Feckler, Henrik Wager u. a.
02.03.20 „Christina Clark and Friends" mit Christina Clark/Axel Fischbacher/Michael Knippschild/Calvin Lenning (im Rahmen der TUP-Feststage 2020, Motto: „Unendliche Geschichten")
03.03.20 Das Konzept „Unendlichkeit" – Musikalischer Themenabend mit Marie-Helen Joël/Ruud van Overdijk (Gesang); Oliver Kerstan (Schlag-

zeug)/Heribert Feckler/Oliver Malitius (Klavier) (im Rahmen der TUP-Feststage 2020, Motto: „Unendliche Geschichten")

Kennedyplatz
08.09.19   Opern-Air-Konzert
           Brahms, „Ungarischer Tanz Nr. 5"; Strauß, „Frühlingsstimmen-Walzer"; Smetana, „Tanz der Komödianten" aus „Die verkaufte Braut"; Puccini, Intermezzo Nr. 2 „La Tragenda" aus „Le Villi"; Tschaikowaky, „Polonaise" aus „Eugen Onegin"; Bernstein, Ouvertüre „Candide"; Elgar, „Marsch Nr. 1" aus „Pomp and Circumstance"
           ML: Tomáš Netopil

Philharmonie
13.09.19   Konzert für Bürger/innen mit Behinderung (Programm wie auf dem Kennedyplatz)
01.01.20   Neujahrskonzert
           Beethoven, „Sinfonie Nr. 9"
           Solisten: Jessica Muirhead/Bettina Ranch; Dmitry Ivanchey/Baurzhan Anderzhanov
           ML: Tomáš Netopil; Opernchor/Philharmonischer Chor (Patrick Jaskolka)

Alte Synagoge – Haus jüdischer Kultur
24.09.19   „Liebesweichen" – Ein Abend zu Lotte Lenya/Kurt Weill mit Marie-Helen Joël (Konzept, Gesang, Rezitation)/Thomas Büchel (Rezitation)/Oliver Malitius (Klavier) – [Reihe „mehrmusik"]
           (Foyer: 20.03.20: Aufzeichnung des Programms vom WDR, ab 01.04. als Video abrufbar)

Café LIVRES (Künstler/innen und Mitarbeiter/innen lesen aus ihrem Lieblingsbuch)
03.09.19   Juriko Akimoto (Repetitorin); 01.10.19 Sara Wieners (Regie-Assistentin); 03.12.19 Verena Kögler (Teamleitung Marketing); 07.01.20 Boris Gurevich (Solo-Repetitor); 04.02.20 Jennifer Rehrmann (Assistentin des Intendanten); 03.03.20 Christoph Grasse (Künstlerisches Betriebsbüro)

Am 13. März 2020 Abbruch der Spielzeit wegen der Corona-Pandemie

Ab 05. Juni 2020 Aalto-Terrassenkonzerte unter dem Titel „Mit Abstand am besten!"
05.06.20   „Yesterdate Highlights – Die Highlights aus der Musical-Revue mit Christina Clark/Marie-Helen Joël; Thomas Hohler/Albert Kludszuweit/Heribert Feckler (Klavier), auch 06.06. und 19.06. (2×)
07.06.20   „Freunde, das Leben ist lebenswert" – Die schönsten Arien aus Oper und Operette von Mozart über Wagner bis Verdi mit Jessica Muirhead/Bettina Ranch; Baurzhan Anderzhanov/Tobias Greenhalgh/Dmitry Ivanchey/Karel Martin Ludvik/Almas Svilpa; Wolfram Maria Märtig (Klavier), Christian Schröder (Moderation), auch 12.06, je 2×
13.06.20   „Abends, wenn die Lichter glühn" mit dem Aalto-Salonorchester/Jessica Muirhead (Gesang), 2×
14.06.20   „Wein, Weib … & Cello" – Eine musikalische Reise mit Stücken von Bach über Schumann bis Saint-Saëns und mit Gedichten von Shakespeare bis zu Kästner mit Katja Heinrich (Rezitation)/Florian Hoheisel (Violincello), 2×
19.06.20   „Yesterdate Light" mit Christina Clark/Marie-Helen Joël; Thomas Hohler/Albrecht Kludszuweit; Heribert Feckler (Klavier), (2×)
20.06.20   „Wunschkonzert" mit Christina Clark/Marie-Helen Joë; (Aalto); Thomas Büchel/Alexey Ekimov (Grillo); Heribert Feckler (Klavier), 2×
21.06.20   „Dentro da noite" – Brasilianischer Abend mit Liliana de Sousa/Marie-Helen Joël (Gesang)/Boris Gurevich (Klavier)
21.06.20   „Saudade" – ein Fado-Abend mit Liliana de Sousa (Gesang)/João Luís, Ivo Guedes (Gitarre)
26.06.20   „In der Bar zum Krokodil" mit Marie-Helen Joël/Christoph Scheeben (Gesang); Christopher Bruckman (Klavier), 2×
27.06.20   „Christina Clark and Friends" – Jazz im Aalto mit Christina Clark (Gesang)/Ingo Senst (Bass)/Pascal Schweren (Klavier)/Jeffrey Dowd (Gitarre), Katja Heinrich (Grillo, Rezitation) 2×

28.06.20 „Inspiration Ruhrpott" – Musik unserer Heimat mit Marie-Helen Joël/Andreas Wolfram (Gesang); Oliver Malitius/Heribert Feckler (Klavier)/Oliver Kerstan (Schlagzeug), 2×

01.07.20 „Alma portuguesa" – Von Brasilien bis Kap Verde mit Liliana de Sousa/Instrumentalisten mit Fados und Bossa Novas

Ballett

Ballettintendant: Ben Van Cauwenbergh; *Stellvertretender Ballettintendant und Manager:* Marek Tuma
Persönliche Mitarbeiterin des Ballettintendanten: Annette El-Leisy
Ballettmeister: Armen Hakobyan; *Ballettmeisterin:* Alicia Olleta
Ballettpianist: Igor Savoskin; *Dirigenten:* Robert Jindra, *Gäste;* Heribert Feckler, Andrea Sanguineti
Gast-Orchester: Rockband Mallett („Rock Around Barock")
Dramaturgie: Christian Schröder
Presse- und Öffentlichkeitsarbeit: Martin Siebold, Maria Hilber

Choreograf der Neuinszenierung: Ben Van Cauwenbergh
Ausstatter der Neuproduktion: Dorin Gal

Compagnie: Adeline Pastor, Yanelis Rodriguez, *Solo*
Yurie Matsuura, Marie Lucia Segalin, Yulia Tsoi, Mariya Tyurina, Mika Yoneyama, *Solo mit Gruppe*
Elisa Fraschetti, Yusleimy Herera León, Yuki Kishimoto, *Gruppe mit Solo*
Carla Colonna, Larissa Machado*, Ekaterina Mamrenko, Julia Schalitz, Yulia Tikka, Marie van Cauwenbergh, *Gruppe*
Wataru Shimizu, Artem Sochoran, *Solo*
Davit Jeyranyan, Moises Léon Noriega, Denis Untila, *Solo mit Gruppe*
Ige Cornelis, Nawarin Gad, Yegor Hordiyenko, Alexandre Konarev, Alexander Saveliev, *Gruppe mit Solo*
Benjamin Balasz, William Castro Hechavarria*, Qingbin Meng, Martin Carlos Nudo*, Dale Rhodes*, Take Okuda, Harry Simmons, *Gruppe*

Gasttänzer/innen: Karina Campos Sabas, Juliette Fehrenbach, Anna Maria Papaiacovou, Amari Saatome, Sena Shirae

■ Ballett (N)
09.11.19 „Dornröschen" von Ben Van Cauwenbergh//Peter I. Tschaikowsky (11) – ML: Sanguineti, A: Gal

■ Ballette (WA)
12.09.19 „Don Quichotte für Kinder" von Van Cauwenbergh//Minkus (4)
21.09.19 „Onegin" von Cranko//Tschaikowsky/Stolze (7)
13.10.19 „Rock Around Barock" von Van Cauwenbergh//von Sebastian Bach bis zu den Beatles (9)
21.12.19 „Der Nussknacker" von Van Cauwenbergh//Tschaikowsky (5)
18.02.20 „Tanzhommage an Queen" von Van Cauwenbergh//Queen (3)

■ Sonderveranstaltungen
Aalto-Theater
19.10.19 *Gala zur Verleihung des Deutschen Tanzpreises 2019 an Gert Weigelt*
Xin Peng Wang//Camile Pepin, „Im Wald" (Bayerisches Junior Ballett, München); Isabelle Schad/Laurent Golding//Samir Simunovic, „Collective Jumps" (Auszüge); Martin Schläpfer//Ligeti, „Ramifications", Solo für Marlúcia do Amaral (Düsseldorf); Hans van Manen//Satie, „Trois Gnossiennes" (Igone de Jongh/Jozef Varga, Het Nationale Ballet, Amsterdam); Pina Bausch, „The Man I Love", Gebärdensprachen-Solo aus „Nelken" (Lutz Förster); George Balanchine//Strawinsky, „Rubies" aus „Jewels" (Iana Salenko/Daniil Simkin, Staatsballett Berlin; Essener Philharmoniker, ML: Robert Reimer); Sharon Eyal/Gai Behar//Ori Lichtik, „Half Life" (Ensemble Staatsballett Berlin)
03.11.19 Einführungsmatinee zur Premiere „Dornröschen"
15.06.20 Videoaufzeichnung „The Show Must Go On"

Spielzeit 2020/21

Geschäftsführerin: Karin Müller

Musiktheater

Opernintendant: Hein Mulders; *Künstlerischer Leiter des Aalto-Theaters:* Joel Revelle
Assistentinnen der Intendanz: Verena Forster, Dany Handschuh*
Künstlerische Betriebsbüro: Christoph Grasse, Jeannine Grüneis*
Chefdramaturg: Christian Schröder; Svenja Gottsmann
Presse- und Öffentlichkeitsarbeit: Christoph Dittmann

Dirigenten: Tomáš Netopil, GMD; Robert Jindra, 1. Kapellmeister; Johannes Witt, 2. Kapellmeister; Wolfram-Maria Märtig*; *Gäste:* Friedrich Haider, 1. Gastdirigent; Heribert Feckler Essener Philharmoniker; *Repetitoren:* Oliver Malitius (Studienleiter); Juriko Akimoto, Boris Gurevich, Wolfram-Maria Märtig*, Johannes Witt
Chordirektor: Jens Bingert; *Stellvertreter und Leiter des Kinderchores:* Patrick Jaskolka

Leiter der szenischen Einstudierung: Sascha Krohn
Regisseure der Neuinszenierungen: Paul Georg Dittrich, Bruno Klimek, Hans-Georg Wimmer
Ausstattungsleiter: Thorsten Macht
Ausstatter der Neuinszenierungen: Paul Georg Dittrich, Jens Kilian, Tanja Liebermann
Video: Vincent Stefan
Technische Direktoren: Reinhard Hühne (Oper), Jan Hugenroth (Ballett)

Ensemble: Tamara Banješević, Christina Clark, Liliana de Sousa, Marie-Helen Joël, Giulia Montanari*, Jessica Muirhead, Bettina Ranch; Baurzhan Anderzhanov, Carlos Cordoso, Tobias Greenhalgh, Dmitry Ivanchey, Albrecht Kludszuweit, Karl-Heinz Lehner, Karel Martin Ludvik, Rainer Maria Röhr, Christoph Seidl*, Almas Svilpa, Heiko Trinsinger
Chorsolisten: Marion Thienel, Sabine Wehlte, Natacha Valladares; René Aguilar, Andreas Baronner, Michael Kunze, Arman Manukyan
Tänzer/in (Video „Orfeo"): Larissa Machado/Dale Rhodes (Aalto)

Gäste: Deirde Angenent, Sophia Brommer, Saniela Köhler, Gabrielle Mouhlen, Karin Strobos; Björn Kuhn, Seth Carico, Daniel Johansson, Sergey Polyakov, Christoph Scheeben, Mark Weigel
Schauspieler (Gäste): Carl Bruchhäuser, Thorsten Krohn; Sascha Krohn (Aalto)

■ Opern (N

05.09.20 „Oh, du mein holder Abendstern" (3) Mozart, Finale 2. Akt „Figaros Hochzeit" (Christina Clark/Marie-Helen Joël/Jessica Muirhead; Baurzhan Anderzhanov/Karel Martin Ludvik/Rainer Maria Rohr/Christoph Seidl/Heiko Trinsinger); Mascagni, Arie der Santuzza „Voi lo sapete" (Deidre Angenent) aus „Cavalleria rusticana"; Verdi, Szene Philipp II./Großinquisitor/Graf Merma (Almas Svilpa/Karl-Heinz Lehner/Rainer Maria Röhr aus „Don Carlo"; Verdi, Duett Manrico/Azucena „Madre, non dormi?" (Carlos Cardoso/Deidre Angenent) aus „Il trovatore"; Wagner, Arie des Wolfram von Eschenbach „Wie Todesahnung … Oh, du mein holder Abendstern" (Heiko Trinsinger) aus „Tannhäuser"; Donizetti, Arie des Nemorino „Una furtiva lagrima" (Dmitry Ivanchey) aus „L'elisir d'amore"; Mozart, Duett Osmin/Blonde „Ich gehe, doch rate ich dir" (Christoph Seidl/Giulia Montanari) aus „Die Entführung aus dem Sereil"; Puccini, Arie des Rodolfo „Che gelida manina" (Carlos Cardodo); Arie der

Mimi; „Sì, mi chiamano Mimi" Duett Mimi/Rodolfo „O soave fanciulla" (Jessica Muirhead/Carlo Coedoso) aus „La Bohème" Boris Gurevich/ Oliver Malitius (Klavier); Christian Schröder (Moderation)

26.09.20 „Orfeo/Euridice" von Christoph Willibald Gluck (7) ML: Netopil, I/A: Dittrich, Video: Stefan

02.10.20 „Tristan KS" – Konzertante Szenen aus Richard Wagners „Tristan und Isolde" (3) ML: Netopil (Kammerfassung: Armin Terzer)

■ **Operette (WA)**

31.10.20 „Die Fledermaus" von Johann Strauß *Semikonzertante gekürzte Aufführung* (1)

Mitteilung der Theaterleitung vom 26. Oktober 2020: Erneute Einstellung des Spielbetriebs ab 2. November
(Letzte Vorstellung: „Orfeo/Euridice": 01.11.20)

Aaltomobil (Hörspielfassung)

14.12.20 „Kurzer Prozess mit Hänsel und Gretel" – Krimigeschichte von Marie-Helen Joël mit Musik aus der Oper „Hänsel und Gretel" von Engelbert Humperdinck
I: Marie-Helen Joël/Mark Weigel, ML: Heribert Feckler; Mitwirkende: Christina Clark/Karin Strobos; Björn Kuhn/Mark Weigel

Aaltomobil (Video/Livestream, Abstecher 8×)

23.03.21 „Vogelfänger im Kreuzverhör" – Krimigeschichte von Marie-Helen Joël mit Musik aus „Die Zauberflöte" von Wolfgang Amadeus Mozart
I: Marie-Helen Joël/Mark Weigel, ML: Heribert Feckler, Ch: Adelina Nigra

Aaltomobil (8)

26.05.21 „Der Ring – Ein Fall für eine Stunde" (9) - Eine musikalische Erzählung von Marie-Helen Joël nach Richard Wagners Oper „Der Ring des Nibelungen" (P: Bettina von Arnim-Haus)
Mitwirkende: Marie-Helen Joël/ Christoph Scheeben; Heribert Feckler (Klavier)

■ **Sonderveranstaltungen** *(Livestream)*
Aalto

26.02.21 Verdi-Gala
Ouvertüre „Nabucco"; Arie und Cabaletta der Abigail „Ben io t'invenni" (Gabrielle Mouhlen) aus „Nabucco"; Arie des Fiesco „A te l'estremo addio" (Karlheinz Lehner) aus „Simon Boccanegra"; Arie des Macduff „O figli miei" (Carlos Cordoso) aus „Macbeth"; Arie der Azucena „Condotta ell'era in ceppi" (Agnieszka Rehlis) aus „Il Trovatore"; Duett Amelia/Riccardo „Teco io sto" Gabrielle Mouhlen/Carlos Cordoso) aus „Un ballo in maschera"; Arie des Banco „Studia il passo, o mio figlio" (Karl-Heinz Lehner) aus „Macbeth"; Arie der Azucena „Stride la vampa" (Agnieszka Rehlis) aus „Il Trovatore"; Ballettmusik aus „Macbeth"; Quartett Gilda/Maddalena; Herzog/Rigoletto „Un di se ben rammmentomi" (Gabrielle Mouhlen/ Agnieszka Rehlis/; Carlos Cordoso/ Karl-Heinz Lehner)
ML: Friedrich Haider; Moderation: Christian Schröder

16.04.21 „Bei Anruf Aalto" mit Christina Clark/Jessica Muirhead; Karel Martin Ludwik/Rainer-Maria Röhr, auch 07.05.

Foyer

29.09.20 „Liebesweichen" – Lotte Lenya/Kurt Weill-Abend mit Marie-Helen Joël/ Thomas Büchel; Oliver Malitius (Klavier)

20.06.21 „Summer Jazz" mit Christina Clark/ Jeffrey Dowd u. a.

Gruga (Musikpavillon)

06.09.20 Park-Sinfonien (2×)
Mozart, „Eine kleine Nachtmusik"; Beethoven, „Sinfonie Nr. 5"
ML: Tomáš Netopil

Philharmonie

10.09.20 Konzert für Bürger/innen mit Behinderungen
Mozart, „Eine kleine Nachtmusik" (Auszüge); Beethoven, Höhepunkte aus seiner Sinfonik; Weber, Klarinettenkonzert Nr. 1 (Johannes Schittler)

ML: Tomáš Netopil; Moderation: Thorsten Stepath

Café LIVRES (Künstler lesen aus ihrem Lieblingsbuch
01.09.20 Christoph Dittmann (Leiter der Presse- und Öffentlichkeitsarbeit)
06.10.30 Wolfgang Tacke (Souffleur)

Wiederaufnahme des Spielbetriebs unter strengen Auflagen: Anfang Juni 2021

■ Oper (N)
03.06.21 „Der Bajazzo" von Ruggero Leoncavallo (5) – ML: Jindra, I: Schwab, B: Vincigurtta *(Fassung für reduziertes Orchester: Francis Griffin)*

■ Operette (N)
02.06.21 „Auf Ihr Wohl, Herr Blumenkohl" *(„Monsieur Chouflery restera chez lui le …")* von Jacques Offenbach in einer Fassung von Bruno Klimek (6) – ML: Haider, I: Klimek, B: Kilian, K: Liebermann

■ Sonderveranstaltungen
Aalto
23.06.21 „Oh, welche Lust … wieder gemeinsam zu singen!" – Die schönsten Opernchöre („Orfeo"/„Der Bajazzo"/ „Die lustigen Weiber von Windsor"/ „La Traviata"/„Carmen"/„Fidelio"); Leitung: Jens Bingert/Patrick Jaskolka; *Solisten:* Christoph Seidl/Albrecht Kludszuweit

Philharmonie
26.06.21 Ein Sommernachtstraum: „Tanz auf dem Vulkan"
Erwin Schulhoff, „Suite für Kammerorchester" (1921, Auswahl); Benatzky, „Ich steh' im Regen" aus dem Film „Zu neuen Ufern" (1937); Korngold, „Tänzchen im alten Stil" für Kammerorchester (1917); Ernst Toch, „Bunte Suite für Orchester op. 48 (1928); Theo Mackeben, „Frauen sind keine Engel" aus dem gleichnamigen Film (1943); Oscar Straus, „Warum soll eine Frau kein Verhältnis haben?" aus der Operette „Eine Frau, die weiß, was sie will" (1932); Mischa Spoliansky, „Morphium", Valse Boston (1920); Werner Richard Heymann, „Heut' gefall'ich mir" aus dem Film „Alraune" (1952)
ML: Felix Bender; Angela Denoke (Sopran), Rezitation: Uwe Kraus

Ballett

Ballettintendant: Ben Van Cauwenbergh; *Stellvertretender Ballettintendant und Manager:* Marek Tuma
Persönliche Mitarbeiterin des Ballettintendanten: Annette El-Leisy
Ballettmeister: Armen Hakobyan; *Ballettmeisterin:* Alicia Olleta
Ballettpianist: Igor Savoskin
Presse- und Öffentlichkeitsarbeit: Martin Siebold, Maria Hilber

Choreografen der Neuproduktionen: Ben Van Cauwenbergh, Armen Hakobyan, Denis Untila; *Gäste:* Iris Bouche, Edward Clug/Aya Misaki, David Dawson/Christiane Marchant, Jiří Kylián/ Urtzi Aranburu, Roland Petit/Luigi Bonono, Michelle Yakamoto
Ausstatter der Neuproduktionen: Ben Van Cauwenbergh; *Gäste:* Iris Bouche, Edward Clug, David Dawson, Barbara Karinska, Jiří Kylián, Yumiko Takeshima, Joke Visser, Georges Wakhévitch

Compagnie: Adeline Pastor, Yanelis Rodriguez, *Solo*
Yusleimy Herera Leon, Yurie Matsuura, Yulia Tsoi, Mariya Tyurina, Mika Yoneyama, *Solo mit Gruppe*
Elisa Fraschetti, Yuki Kishimoto, *Gruppe mit Solo*
Carla Colonna, Larissa Machado, Ekaterina Mamrenko, Julia Schalitz, Yulia Tikka, Marie van Cauwenbergh, *Gruppe*
Artem Sorochan, Wataru Shimizu, *Solo*
Davit Jeyranyan, Moises Léon Noriega, Denis Untila, *Solo mit Gruppe*
Ige Cornelis, Yegor Hordiyenko, Alexandre Konarev, Alexander Saveliev, *Gruppe mit Solo*
Benjamin Balasz, Matheus Barboza de Jesus*, Davit Bassénz*, William Emilio Castro Hecha-

varria, Martin Carlos Nudo, Dale Rhodes, Harry Simmons, Enrico Jozef Vanroose*, *Gruppe Gäste:* Sooyean Bae, Juliette Fehrenbach, Anna Maria Papaiacovou, Amari Saotome, Sena Shirae

■ Ballette (N)

24.10.20 *Keep Moving!* (2)
„Aporie" von Iris Bouche//Nina Simone; „On the Nature of Daylight" von Denis Untila/Michelle Yakamoto//Max Richter; „Many a Moon" von Armen Hakobyan//Ezio Bozzo" „Heimspiel" von Ben Van Cauwenbergh//Anton Bruckner; „Le jeune homme et la mort" von Roland Petit/Bonino///Joh. Sebastian Bach/Ottorino Respighi (B: nach Georges Wakhévitch, K: Karinska)

05.06.21 *Tütü mit Schuss* (3)
„Dinner For One" von Ben Van Cauwenbergh//Lew Pollack; „Walzer" (U) von Ben Van Cauwenbergh//Aram Chatschaturjan; Pas de deux aus „Le Corsaire" von Ben Van Cauwenbergh nach Marius Pepita//Adolphe Adam; „Les Bourgeois" von Ben Van Cauwenbergh//Jacques Brel; „Don't Worry, Be Happy" von Ben Van Cauwenbergh//Bobby McFerrin; Balkonszene aus „Romeo und Julia" von Ben Van Cauwenbergh//Sergej Prokofjew; Blumenwalzer aus „Der Nussknacker" von Van Cauwenbergh//Peter I. Tschaikowsky, „Pas comique" von Ben Van Cauwenbergh//Daniel François Esprit Auber; „Entrechat Suisse" von Ben Van Cauwenbergh//„Auf der Rossweid"; „Percussion" von Armen Hakobyan/Ben Van Cauwenbergh//Harvest Joji Hirota & The Taiko Drummers; „Eine kleine Beschwerde" von Ben Van Cauwenbergh//Leroy Anderson; Pas de deux und Finale aus „Don Quichotte" von Ben Van Cauwenbergh nach Marius Petipa//Ludwig Minkus

19.06.21 *Passions* (5)
„A Million Kisses to my Skin" von David Dawson/Marchant//Bach, B: Dawson, K: Takeshima

„Double You" von Jiří Kylián/Aranburu/Zeromska//Bach, B: Kylián, K: Visser
„Mutual Comfort" von Edward Clug/Misaki//Milko Lazar, A: Clug
„Percussion" von Ben Van Cauwenbergh/Armen Hakobyan//Joji Hirota & Taiko Drummers A: Van Cauwenbergh

■ Ballette (WA)

13.09.20 The Show Must Go On – Highlights aus dem Repertoire des Aalto Ballett Essen (5)
Ausschnitte aus „Schwanensee"/„Der Nussknacker"/„La vie en rose"/„Rock around Barock"/„Tanzhommage an Queen"/„Der sterbende Schwan"/„Tuplet" (Ekman)

25.09.20 Eine kleine Tanzhommage – Gekürzte Version der „Tanzhommage an Queen" (3)

■ Sonderveranstaltung

17.10.20 *Ballett-Gala zur Verleihung des Deutschen Tanzpreises 2020 an Raimund Hoghe* (weitere Preise an die Choreografin Antje Pfundtner „für hervorragende künstlerische Entwicklungen", an den Tänzer und Choreografen Raphael Hillebrand sowie an den Tänzer Friedemann Vogel, Stuttgarter Ballett)
„Wir sind nicht länger still" – Choreografie: Raphael Hillebrand, urbane Tänzer/innen und Performer/innen (*vor dem Aalto-Theater*)
Wubkje Kuindersma//Michael, „Two and only" von Michael Benjamin (Marijn Rademaker/Timothy van Poucke, Het Nationale Ballet, Amsterdam); Raphael Hillebrand//Eurico Ferreira Mathias, „Auf meinen Schultern" (Ausschnitt, Solo: Raphael Hillebrand); Ben Van Cauwenbergh//Gilbert Bécaud, „Nathalie" (aus „La vie en rose"); Antje Pfundner in Gesellschaft//Sven Kacirek/Niki Woernle, „Für den Anlass" (Solo: Antje Pfundner); Maurice Béjart//Ravel, „Bolero" (Friedemann Vogel/Stuttgarter Bal-

lett); Edwaard Liang//Vivaldi, „Finding Light" (Lucia Lacarra/Matthew Golding, Ballett Dortmund); Sidi Larbi Cherkaoui//Purcell, „When I am Laid in Earth" (Misako Kato/Hector Ferrer, Opera Ballet Vlandeeren); Raimund Hoghe/Charles Aznavour/Bernstein u. a., „Canzone per Ornella" (Ornella Balestra/Raimund Hoghe/Luca Giacomo Schulte); Raimund Hoghe//Tschaikowsky, „Armballett" (Ornella Balestra)

Spielzeit 2021/22

Geschäftsführerin: Karin Müller

Musiktheater

Opernintendant: Hein Mulders; *Künstlerischer Leiter des Aalto-Theaters:* Rüdiger Schillig*
Assistentinnen der Intendanz: Verena Forster-Schoppmeier, Christina Tuma*
Künstlerisches Betriebsbüro: Christoph Grasse, Jeannine Grüneis
Dramaturgie: Christian Schröder; Svenja Gottsmann; *Gäste:* Ian Burton, Juliane Schunke
Presse- und Öffentlichkeitsarbeit: Christoph Dittman

Dirigenten: Tomáš Netopil, GMD; *Gäste:* Friedrich Haider, 1. Gastdirigent; Matteo Beltrami, Roberto Rizzi Brignoli, Ouri Bronchti, Johannes Debus, Rubén Dubrovsky, Heribert Feckler, Giuseppe Finzi, Alexander Joel, Gábor Káli, Yoel Gamzou, Tianyi Lu, Lorenzo Passerini, Andreas Sanguineti
Essener Philharmoniker; *Repetitoren:* Oliver Malitius, Studienleiter; Juriko Akimoto, Boris Gurevich, Wolfram-Maria Märtig
Chordirektor: Jens Bingert; *Stellvertreter und Leiter des Kinderchores:* Patrick Jaskolka
Choreografie (Gäste): Marco Berriel, Andrea Miltnerová; Julia Schalitz (Aalto)

Leiter der szenischen Einstudierung: Sascha Krohn
Regisseure der Neuinszenierungen: Ben Baur, Robert Carsen/Jean-Michel Criqui, Paul-Georg Dittrich, Ondřej Havelka, Dietrich W. Hilsdorf, Guy Joosten, Roland Schwab
Ausstattungsleiter: Thorsten Macht
Ausstatter der Neuinszenierungen (Gäste): Ben Baur, Radu Boruzescu, Sebastian Hannak, Johannes Leiacker, Uta Meenen, Katrin Nottrodt, Petra Reinhardt, Gabriele Rupprecht, Frank Philipp Schlößmann, Piero Vinciguerra, Gesine Völlm, Jana Zbořilová

Technische Direktoren: Reinhard Hühne (Oper), Jan Hugenroth (Ballett)

Ensemble: Christina Clark, Liliana de Sousa, Lilian Farahani*, Marie-Helen Joël, Giulia Montanari, Jessica Muirhead, Bettina Ranch; Baurzhan Anderzhanov, Carlos Cordoso, Tobias Greenhalgh, Dmitry Ivanchey, Albrecht Kludszuweit, Karl-Heinz Lehner, Karel Martin Ludvik, Rainer Maria Röhr, Christoph Seidl, Almas Svilpa, Heiko Trinsinger
Opernstudio NRW: Margot Genet, Wendy Krikken, Mercy Malieloa; Jeong Daegyun, Gerard Farreras, Christopher Hochstuhl, Demian Matushevsky, Yevhen Rakhmanin
Chorsolisten: Christina Hackelöer, Stefanie Rodriguez, Uta Schwarzkopf, Michaela Sehrbrock, Iva Seidl, Younghui Seobg, Marion Thienel, Natacha Valladares, Helga Wachter, Sabine Wehlte; Andreas Baronner, Ullrich Franke, Michael Haag, Mateusz Kabala, Michael Kunze, Stoyan Milkov, Jan Schulenburg, Eduard Unruh, Sven Westfeld

Gäste/Teilspielzeit: Ilkin Alpay, Deirdre Angenent, Tamara Banješević, Lada Bocková, Sophia Brommer, Rebecca Davis, Hila Fahima, Heike Grötzinger, Julia Grüter, Barno Ismatullaeva, Alexandra Kadurina, Annemarie Kremer, Réka Kristóf, Boshana Milkov, Gabrielle Mouhlen, Talia Or, Sonia Prina, Gloria Rehm, Simona Šaturová, Barbara Senator, Nora Sourouzian, Karin Strobos, Sophia Theodorides, Framcesca Tiburzi, Olena Tokar, Anna-Katharina Tonauer, Venessa Waldhart, Anna Werle, Sophie Witte; Eduardo Aladrén, Raphael Blume, Oreste Cosimo, Jeffrey Dowd, Uwe Eikötter, Matteo Maria Ferretti, Andre Finden, Johannes Gsänger, Günes Gürle, Elias Gyungseok Han, Benjamin Hewat-Craw, Ante Jerkunica, Moritz Kallenberg, Philipp Kapeller, Jaejun Kim, Martin Koch, van Krutikov, Aljoscha Lennert, Oleh Lebedyev, Long Long, Alexander Marguerre, Philipp Mathmann, Hartmut Nasdala, Jarrett Ott, Thomas Paul, Carlos Moreno Pelizari, Sergey Poly-

akov, Andreas Elias Post, Sascha Reckert, Tim Lukas Reuter, Gaston Rivero, Erik Pousi, Xavier Sabata, Richard Samek, Santiago Sánchez, Maximiian Schmitt, Modestas Sedlevičius, Jordan Shanahan, Leonid Shoshyn, Olafur Sigurdarson, Ian Spinetti, Martin Stoschka, Kenneth Tarver, Martin Tzonev, Marcel van Dieren, Daniel Wagner, Joshua Whitener, Matthias Wippich
Gäste (Musical): Brigitte Oelke; Alexander Franzen, Thomas Hohler, Martin Sommerlatte, Ruud van Overdijk, Henrik Wager
Gäste (Schauspieler): Carl Bruchhäuser, Jens-Peter Fiedler, Carsten Keller, Jürgen Wohlleber

■ Opern (N)

02.10.21 „La finta gardiniera" („Die Gärtnerin aus Liebe") von Wolfgang Amadeus Mozart (10) – ML: Netopil, I: Havelka, B: Schlößmann, K: Zbořilová, Ch: Miltnerová
27.11.21 „Lucia di Lammermoor" von Gaëtano Donizetti (8) – ML: Finzi, I: Hilsdorf, B: Leiacker, B: Völlm
02.01.22 „Dido ans Aeneas" von Henry Purcell (3) – ML: Sanguineti, I/B: Baur, K: Meenen, Ch: Schalitz
22.01.22 „Il Trittico" (Der Mantel/Schwester Angelica/Gianni Schicchi) (9) – ML: Brignoli, I: Schwab, B: Vinciguerra, K: Rupprecht
19.02.22 „Herzog Blaubarts Burg" von Béla Bartók (6) – ML: Káli, I: Dittrich, A: Hannak
12.03.22 „Don Carlo" von Giuseppe Verdi (10) – ML: Haider, I: Carsen, B: Boruzescu, K: Reinhardt, Ch: Berriel
14.05.22 „Arabella" von Richard Strauss (8) – ML: Netopil, I: Joosten, A: Nottrodt

■ Opern (WA)

12.09.21 „Rigoletto" von Verdi *Semikonzertante Aufführungen* (5)
09.10.21 „Der Freischütz" von Weber (3)
17.12.21 „La Bohème" von Puccini (3)
26.03.22 „Kain und Abel" von Scarlatti (3)
17.04.22 „DonGiovanni" von Mozart (3) [05.06.: 50×]
20.05.22 „Il barbiere di Siviglia" von Rossini (3)

■ Operette (WA)

07.11.21 „Auf Ihr Wohl, Herr Blumenkohl" von Offenbach (4)

■ Musical (WA)

09.12.21 „Yesterdate – Ein Rendezvous mit den 60ern" von Feckler/Joël (11)

■ Abstecher

– „Der Ring – Ein Fall für eine Stunde" (Essener Justizvollzugsanstalt 28.01.22)

■ Sonderveranstaltungen

Aalto
26.09.21 Einführungsmatinee zur Premiere „La finta giardiniera"
09.11.21 „Heute Abend: Lola Blau" von Georg Kreisler mit Marie-Helen Joël; Oliver Malitius (Klavier) (Verleihung des Anerkennungspreises des Freundeskreises an Marie-Helen Joël)
21.11.21 Einführungsmatinee zur Premiere „Lucia di Lammermoor"
19.12.21 Einführungsmatinee zur Premiere „Dido and Aeneas"
16.01.22 Einführungsmatinee zur Premiere „Il Trittico"
13.02.22 Einführungsmatinee zur Premiere „Herzog Blaubarts Burg"
03.03.22 Benefizkonzert zugunsten der Betroffenen des Essener Großbrandes am 21. Februar
Weber, Ouvertüre zur Oper „Der Freischütz" und Arie des Kaspar „Schweig, damit dich niemand warnt" (Karl-Heinz Lehner); Mozart, Duett Fiordiligi/Dorabella (Jessica Muirhead/Bettina Ranch) aus „Così fan tutte"; Mozart, Arie der Nardo „A forza di martelli" (Tobias Greenhalgh) und Arie der Sandrina „Geme la tortorella" (Giulia Montanari) aus „La finta giardiniera"; Tschaikowsky, Dornröschen-Walzer aus dem Ballett „Dornröschen"; Dvořák, Arie der Rusalka „Lied an den Mond" (Jessica Muirhead) aus der gleichnamigen Oper; Puccini, Arie der Lauretta „O mio babbino caro" (Mercy Malieloa) aus „Gianni Schicchi"; Mascagni, Arie

der Santuzza „Voi lo sapete" (Deirdre Angenent) aus „Cavalleria rusticana"; Rossini, Ouvertüre zu „Il barbiere di Siviglia"; Puccini, Arie der Musetta „Quando m'en vo" (Mercy Malieloa) aus „La Bohème"; Tschaikowsky, „Schwanensee-Walzer"; Verdi, Arie des Filippo „Ella giammai m'amò" (Karl-Heinz Lehner) aus „Don Carlo"; Wagner, Isoldes Liebestod „Mild und leise" (Deirdre Angenent) aus „Tristan und Isolde"
ML: Johannes Debus; Moderation: Christian Schröder

06.03.22 Einführungsmatinee zur Premiere „Don Carlo"

27.04.22 Spielzeitpräsentation für Abonnenten Dr. Merle Fahrholz (künftige Intendantin)/Ben Van Cauwenbergh (Ballettintendant)/Karin Müller (Geschäftsführerin)/Christoph Dittmann (Presseabteilung)
Mercy Malieloa/Bettina Ranch; Heiko Trinsinger; Boris Gurevich (Klavier)

08.05.22 Einführungsmatinee zur Premiere „Arabella"

01.06.22 „E lucevan le stelle" – Abschiedsgala für Hein Mulders
Tschaikowsky, Polonaise aus „Eugen Onegin"; Donizetti, Duett Don Pasquale/Doktor Malatesta „Cheti, cheti, immantinente" (Baurzhan Anderzhanov/Tobias Greenhalgh) aus „Don Pasquale"; Mozart, Terzett Fiordiligi/Dorabella/Don Alfonso „Soav sia il vento" (Jessica Muirhead/Liliana de Sousa/Christoph Seidl) aus „Così fan tutte"; Dvořák, Arie des Wassermanns „Běda! Běda!" (Karel Martin Ludvik) aus „Rusalka"; Wagner, „Steuermann, lass die Wacht" (Herrenchor) aus „Der fliegende Holländer"; Verdi, „Patria oppressa" (Opernchor) aus „Macbeth"; Puccini, Arie des Cavaradossi „E lucevan le stelle" (Carlos Cardoso) und „Te deum" (Almas Svilpa/Opernchor) aus „Tosca"; Verdi, Arie des Herzogs „La donna è mobile" (gesungen von den drei Tenören Carlos Cordoso/Ks. Jeffrey Dowd/Dmitry Ivanchey) aus „Rigoletto"; Charpentier, Arie der Louise „Depuis le jour" (Jessica Miurhead) aus der gleichnamigen Oper; Bizet, Duett Nadir/Zurga „Au fond du temple seint" (Carlos Cordoso/Tobias Greenhalgh) aus „Die Perlenfischer"; Offenbach, „Belle nuit, – nuit d'amour" (Opernchor) aus „Hoffmanns Erzählungen"; Lehár, Lied der Ilona „Hör ich Cymbalklänge" (Liliana de Sousa) aus „Zigeunerliebe"; Künneke, „Sieben Jahre lebt' ich in Batavia" (Christina Clark/Marie-Helen Joël/Mercy Malieloa; Michael Haag/Dmitry Ivanchey/Karel Martin Ludvik/Swen Westfeld) aus „Der Vetter aus Dingsda"; Al Hoffman, „Auf Wiedersehen, my dear" (Christina Clark; Ks. Jeffrey Dowd); Mascagni, „Inno al sole" (Opernchor) aus „Iris"; Rossini, „Ah, qual colpo inaspettato" (Ensemble" aus „Die Reise nach Reims")
ML: Wolfram-Maria Märtig/Tomáš Netopil; Chorleitung: Jens Bingert/Patrick Jaskolka

Tat Ort Aalto (Aalto-Bühne)

24.04.22 „Heute Abend: Lola Blau" mit Marie-Helen Joël/Oliver Malitius (nach „Il Trittico")

Foyer

29.11.21 „Wanderlust", Lieder von Schubert/Loewe/Wolf/Saint-Saëns/Vauhham Williams mit Christoph Seidl; Maren Donner u. a. [Reihe „mehrmusik"]

13.03.22 Spring Jazz mit Christina Clark u. a.

21.03.22 „Dichterliebe" – Lieder von Schumann/Gedichte von Shakespeare mit Tobias Greenhalgh (Gesang), Wolfram-Maria Märtig (Klavier) – [Reihe „mehrmusik"]

30.05.22 „Opera meets Jazz" mit Christina Clark und Band; Berühmte Opernarien im Jazz-Stil [Reihe „mehrmusik"]

26.06.22 Summer Jazz mit Christina Clark/Jeffrey Dowd u, a,

Cafeteria

01.10.21 It's Teatime – Die Herrschaften laden zum Tee: „La finta giardiniera – Vom Mauerblümchen zur Heckenrose" mit Marie-Helen Joël/Michael Haag

26.11.21	It's Teatime – Die Herrschaften laden zum Tee: „Lucia di Lammermoor – Schottischer Adel am Rande des Wahnsinns" mit Marie-Helen Joël und Regisseur Dietrich Hilsdorf
03.12.21	It's Teatime – Die Herrschaften laden zum Tee: „Weihnachts-Teatime – Süßer die Glocken nie wimmeln" mit Sandra Paulkowsky/Patrick Jaskolka/Inka Döring (Violoncello) u. a.
20.12.21	„Swingin' Christmas" – Jazz im Aalto (Christina Clark, Gesang)/Jeffrey Dowd (Gesang/Gitarre); Andreas Laux (Saxofon) u. a., auch 21.12.
30.12.21	It's Teatime – Die Herrschaften laden zum Tee: „Dido und Aeneas- Falsche Krokodilstränen für die wahre Liebe" mit Marie-Helen Joël/Michael Haag; Oliver Malitius (Klavier)
21.01.22	It's Teatime – Die Herrschaften laden zum Tee: „Il Trittico – Puccinis flotter Dreier" mit Christina Clark/Marie-Helen Joël
22.01.22	Wulf Mämpel (Freundeskreis) im Gespräch mit Dr. Merle Fahrholz, der künftigen Intendantin des Aalto-Theaters
18.02.22	It's Teamtime – Die Herrschaften laden zum Tee: „Herzog Blaubart – Kein Buch mit sieben Siegeln" mit Christina Clark/Marie-Helen Joël und Paul-Georg Dittrich (Regisseur)
11.03.22	It's Teamtime – Die Herrschaften laden zum Tee: „Don Carlo – Eine unendliche Geschichte" mit Marie-Helen Joël/Michael Haag
13.05.22	It's Teatime – Die Herrschaften laden zum Tee: „Arabella – Eine kräftige Portion Rosenkavalier, verfeinert mit einem Esslöffel Operette und einer Prise kroatischer Volksmusik" mit Christina Clark/Marie-Helen Joël/Christpoh Seidl und Dramaturgin Svenja Gottsmann
12.06.22	Nach der Vorstellung „Arabella": Verleihung des Kammersänger-Titels an Christina Clark/Marie-Helen Joël/Rainer Maria Röhr durch Intendant Hein Mulders/Geschäftsführerin Karin Müller/Barbara Rörig, Vorsitzende des Aufsichtsrates

Philharmonie

01.01.22	„Freunde, das Leben ist lebenswert!" – Operetten-Gala Suppé, Ouvertüre zu „Dichter und Bauer"; Strauß, Arie des Blasoni „Die Rose erblüht, wenn die Sonne sie küsst" aus „Cagliostro in Wien"; Strauß, Arie der Gräfin Gabriele „Es hat dem Grafen nichts genutzt" aus „Wiener Blut" und Duett Gräfin/Graf Zedlau „Ich war ein echtes Wiener Blut"; Suppé, Ouvertüre „Leichte Kavallerie"; Lehár, Lied des Octavio „Freunde, das Leben ist lebenswert!" aus „Giuditta"; Lehár, Lied der Giuditta „Meine Lippen, sie küssen so heiß"; Heuberger, Duett Hortense/Henri „Komm mit mir ins Chambre separée" aus „Der Opernball"; Strauß, Quadrille nach Motiven der Oper „Ein Maskenball" von Verdi; Suppé, Arie des Malandrino „Ein Bandit und ein Räuber zu sein" aus „Banditenstreiche"; Luigi Arditi, Koloraturwalzer „Il bacio" („Der Kuss"); Suppé, Duett Fiametta/Boccaccio „Florenz hat schöne Frauen" aus „Boccaccio"; Oscar Straus, Lied des Leutnants Niki „Draußen im duftigen Garten" aus „Ein Walzertraum"; Kálmán, Lied der Sylvia „Heia! In den Bergen ist mein Heimatland" aus „Die Csárdásfürstin"; Strauß (Sohn), Csárdás aus „Ritter Pázmán"; Strauß, Duett Gräfin/Graf „Stoß an!" aus „Wiener Blut" Mitwirkende: Irina Simmes (Sopran)/Richard Sammek (Tenor) ML: Andrea Sanguineti
14.06.22	Sparda-Musiknacht Britten „Soirées musicales, op. 9"; Puccini, Vorspiel zum 3. Akt „Edgar"; Cherubini, Ouvertüre „Ali Baba"; Massenet, „Méditation aus „Thaïs"; Cimarosa, Ouvertüre „Il maestro di cappella"; Offenbach, „Barcarole" aus „Hoffmanns Erzählungen"; Rossini, Ouvertüre „Il Signor Bruschino"; Suppé, Ouvertüre „Leichte Kavallerie"; Schmidt, Intermezzo aus „Notre Dame"; Chatschaturjan, Walzer aus „Maskerade"; Puccini, Intermezzo

aus „Manon Lescaut"; Tschaikowsky, Polonaise aus „Eugen Onegin"; Rimsky-Korsakow, Tanz der Gaukler aus „Schneeflöckchen"
ML: Tomáš Netopil; Moderation: Thorsten Stephat

26.06.21 „Ein Sommernachtstraum – Tanz auf dem Vulkan"
Angela Denoke singt Werke von Kurt Weill (z. B. „Liebeslied", „Berlin im Licht"); Mischa Spoliansky („Lila Lied"), Werner Richard Heymann („Das gibt's nur einmal", „Raus mit den Männern aus dem Reichstag"); Uwe Kraus rezitiert Texte von Brecht/Kästner
ML: Felix Bender; Tal Balshai (Klavier) u. a.

Gruga (Pavillon)
11.06.22 Open Air im Grugapark (Programm wie 14.06. bei Sparda-Musiknacht)

Aaltomobil (Musikproduktionen für Seniorenheime, Hospize, Krankenhäuser, Justizvollzugsanstalten und Schulen)
22.11.21 „Kriminaltango mit Carmen" – Mobile Produktion von Marie-Helen Joël (Buch/Konzeption/I), Heribert Feckler (Arrangements) nach Georges Bizet (14) mit Christina Clark/Marie-Helen Joël; Björn Kuhn/Daniel Smailes/Oliver Kerstan (Schlagwerk)/Gabriel Pérez (Holzbläser), P: Bettina von Arnim-Haus
15.03.22 „Musik der 60er! Genau mein Fall!" – Revue von Marie-Helen Joël mit Musik aus den „Swinging Sixties" mit Christina Clark/Marie-Helen Joël; Thomas Hohler/Henrik Wager, ML: Feckler (9×)
(P: St. Maria Immaculata)
10.06.22 „Mozarts phonetischer Fingerabdruck" (5)
Konzept/Buch/I: Marie-Helen Joël; Mannheimer Streichquartett/ML und Sprecher: Heribert Feckler
Christina Clark/Dustin Smiles (Gesang)

Café LIVRES (Künstler/innen und Mitarbeiter/innen lesen aus ihrem Lieblingsbuch)
07.09.21 Christoph Seidl (Solist)
05.10.21 Giulia Montanari (Solistin)
02.11.21 Verena Viehmann (Mitarbeiterin „Marketing/Gestaltung")
07.12.21 Michaela Sehrbrock (Opernchor)
04.01.22 Stefan Kriegl (Leiter Kommunikation)
01.02.22 Christina Clark (Solistin)
01.03.22 Carolin Steffen-Maaß (Inspizientin und Regie-Assistentin)
05.04.22 Svenja Gottsmann (Dramaturgin)
03.05.22 Anja Gad (Mitarbeiterin Personalabteilung)
07.06.22 Konrad Elias-Trostmann (2. Violine)

Ballett

Ballettintendant: Ben Van Cauwenbergh; *Stellvertretender Ballettintendant und Manager:* Marek Tuma
Persönliche Mitarbeiterin des Ballettintendanten: Annette El-Leisy (bis 31.12.); Maria Lucia Segalin*
Ballettmeister: Armen Hakobyan; *Ballettmeisterin:* Alicia Olleta
Ballettpianist: Igor Savoskin; *Dirigenten:* Boris Gurevich, Wolfram Maria Märtig; *Gäste:* Heribert Feckler, Wolfgang Heinz, Johannes Witt; Gast-Orchester: Rockband Mallet
Presse- und Öffentlichkeitsarbeit: Maria Hilber (Ballett), Anna Lisa Oehlmann, ab 01.01.22

Choreografen der Neuinszenierung: John Cranko/Jane Bourne/Reid Anderson
Ausstatter der Neuproduktion (Gast): Elisabeth Dalton

Compagnie: Adeline Pastor, Yanelis Rodriguez, *Solo*
Yusleimy Herera Leon, Yuki Kishimoto, Yurie Matsuura, Yulia Tsoi, Mariya Tyurina, Mika Yoneyama, *Solo mit Gruppe*
Ágota Ecseki*, Elisa Fraschetti, Francesca Leone Rosa Pierro*, *Gruppe mit Solo*
Carla Colonna, Larissa Machado, Ekaterina Mamrenko, Julia Schalitz, Sena Shirae*, Yulia Tikka, Marie van Cauwenbergh, *Gruppe*
Wataru Shimizu, Artem Sorochan *Solo*

Davit Jeyranyan, Moises Léon Noriega, Denis Untila, *Solo mit Gruppe*
Ige Cornelis, Yegor Hordiyenko, *Gruppe mit Solo*
Benjamin Balasz, Matheus Barboza de Jesus, Davit Bassénz, William Emilio Castro Hechavarria, Dale Rhodes, Harry Simmons, Enrico Jozef Vanroose, *Gruppe*
Marek Tůma
Gäste: Sooyeon Bae, Charlotte Bliss James, Silvia Insalata, Leisa Martínez Santana, Benedetta Musso, Anna Maria Papaiacovou, Chloe Reynolds, Mira Seery-Speyer, Luiza Tome Salvador, Laura Werthmann
Wendel Lima de Aleantart, Marius Ledwig, Francesco Léone, Yi-En Lo, Cheng-Yang Peng, Antonio Jorges Papazis, David Saavreda Abarca, Locke Venturato

■ Ballette (N)
30.10.21 „Der Widerspenstigen Zähmung" (12) von John Cranko/Bourne/Anderson// Kurt-Heinz Stolze nach Domenico Scarlatti – ML: Heinz, A: Dalton

■ Ballette (WA)
11.09.21 „Schwanensee" von Van Cauwenbergh//Tschaikowsky (10+4)
03.10.21 *Passions* (4)
„Percussion" von Van Cauwenbergh// Hirota & Taiko Drummers; „Mutual Comfort" von Clug//Lazar
„Double You" von Kylián//Bach; „A Million Kisses to my Skin" von Dawson//Bach
Keep Moving! (4)
„Aporie" von Bouche//Simone; „On the Nature of Daylight" von Untila/ Yamamoto//Richter; „Many a Moon" von Armen Hakobyan//Ezio Bosso; „Heimspiel" von Cauwenbergh// Bruckner; „Le jeune homme et la mort" von Petit/Luigi Bonono//Bach
(03.10.21: Verleihung des Aalto-Bühnenpreises 2020/21 an Adeline Pastor)
(12.02.22: Aufgrund mehrerer Krankheitsfälle gekürzte Version: „Aporie"/ „On the Nature of Daylight"/„Mutual Comfort"/„Many a Moon"/„Heimspiel"/„Percussion")
18.02.22 „Dornröschen" von Van Cauwenbergh//Tschaikowsky (12)
24.02.22 „Rock Around Barock" von Van Cauwenbergh//von Bach bis Beatles (9) [29.05.: 30×]
18.03.22 „Tanzhommage an Queen" von Van Cauwenbergh//Queen (9)

■ Abstecher
– „Schwanensee" (Sevilla, 12.–15.01.22, 4×)

■ Sonderveranstaltungen
23.10.21 Tanz-Gala zur Verleihung des Deutschen Tanzpreises 2021
Tanzpreis an Heide-Marie Härtel (Gründerin und Leiterin des Deutschen Tanzfilminstituts Bremen); Ehrung für herausragende künstlerische Entwicklungen: Ursula Borrmann und Claire Cunningham; Ehrung als herausragender Interpret des deutschen Rechts: Adil Laraki (Aalto-Theater)
John Cranko//Tschaikowsky; „Spiegel-Pas-de-deux" aus „Onegin" (Miriam Kacerova/Roman Novitzky, Stuttgarter Ballett); Video „Claire Cunninghams Kunst" (Ausschnitte aus Aufzeichnungen von „Thank You Very Much"/„The Way You Look (at me) Tonight"/„Give me A Reason to Live"/„Evolution"); Armen Hakobyan//Bosso, „Many a Moon" (Yuki Kishimoto/Yegor Hordiyenko/weitere Mitglieder des Aaalto Ballett Theater); Video „Trailer und Zusammenfassung des Kultursalons am Vorabend im Chorforum"; Reinhild Hoffmann// Cage, „Solo mit Sofa" (Ksenia Ovsyanick, Staatsballett Berlin); Susanne Linke//Chopin, Ausschnitte aus „Écoute … Chopin!" (Susanne Linke); Henrietta Horn//Fanfare pourpour/ Fanfare Ciocarlia, Ausschnitte aus „Auftaucher" (16 Tänzer/innen, Folkwang Tanzstudio und Gäste)
24.10.21 Einführungsmatinee zur Premiere „Der Widerspenstigen Zähmung"
08.04.22 Benefiz-Vorstellung „Hommage an Queen" („Tanz für den Frieden")
20.06.22 Verleihung des Red Dot Award 2022: Mitwirkung des Balletts („Percussion")

Programme für Kinder und Jugendliche
Spielzeiten 1981/82 bis 2021/22

Spielzeit 1981/82

Grillo-Theater

29.01.82 *Konzert für junge Leute*
Prokofjew, „Symphonie classique";
Mendelssohn Bartholdy, „Konzert für Violine und Orchester e-Moll"; Strawinsky, Suite „Der Feuervogel"
Philharmonisches Orchester,
ML: Helmut Wessel-Therhorn; Solistin: Ingrid Haus (Violine); Moderation: Georg Dücker

14.03.81 *Konzert für Kinder* (2×)
Prokofjew, „Peter und der Wolf"
Philharmonisches Orchester,
ML: Helmut Wessel-Therhorn; Sprecher: Karl-Heinz Lippe, Moderation: Margret Pietzsch-Amos

23.04.82 *Konzert für junge Leute*
Beethoven „1. Sinfonie"; Dvořák „Konzert für Violoncello h-Moll" (Ciril Sterjanec)
Philharmonisches Orchester,
ML: Heinz Wallberg; Moderation: Georg Dücker

18.06.82 *Konzert für junge Leute*
Mozart, „Sinfonia concertante Es-Dur" für Klarinette, Oboe, Horn und Fagott (Liviu Varcol, Oboe), Helmut Wissler (Klarinette), Reimund Houcken (Horn), Siegfried Nickisch (Fagott)
Weber, Musik zum tragikomischen Märchen „Turandot" von Schiller nach Gozzi; Hindemith, „Sinfonische Metamorphosen über Themen von Weber
Philharmonisches Orchester,
ML: Helmut Wessel-Therhorn; Moderation: Georg Dücker

Spielzeit 1982/83

Grillo-Theater

17.10.82 *Konzert für Kinder* (4)
Prokofjew, „Peter und der Wolf"
Philharmonisches Orchester,
ML: Helmut Wessel-Therhorn; Sprecher: Karl-Heinz Lippe; Moderation: Margret Pietzsch-Amos

26.11.82 *Konzert für junge Leute*
Mozart, „Sinfonie Nr. 38 D-Dur" („Prager Sinfonie"); Bartók, „3. Klavierkonzert" (Nina Tichmann)
Philharmonisches Orchester,
ML: Helmut Wessel-Therhorn;
Moderation: Georg Dücke

14.01.83 *Konzert für junge Leute*
Wilhelm Killmayer, „Nachtgedanken"; Mauro Giuliani, „Konzert für Gitarre und Orchester A-Dur op. 30 (Michael Tröster); Maurice Ravel, „Bolero"
Philharmonisches Orchester,
ML: Helmut Wessel-Therhorn;
Moderation: Georg Dücker

17.04.83 *Konzert für Kinder* (2×)
Saint-Saëns, „Der Karneval der Tiere"
Philharmonisches Orchester,
ML: Helmut Wessel-Therhorn; Solistinnen: Edith Lindau/Heidi Schubert (Klavier); Moderation: Margret Pietzsch-Amos

29.04.83 *Konzert für junge Leute*
Mozart, „Konzert für Flöte und Harfe", KV 299 (Gunhild Klein, Flöte)/Waltraud Knape Harfe); Dvořák, „9. Sinfonie" („Aus der Neuen Welt")
Philharmonisches Orchester,
ML: Heinz Wallberg; Moderation: Georg: Dücker

Spielzeit 1983/84

Grillo-Theater

04.11.83 *Konzert für junge Leute*
J. S. Bach, „Konzert für Cembalo und Streichorchester d-Moll (Thomas Gabriel); Jazz-Arrangement: Thomas Gabriel (Klavier)/Gunnar Polansky (Bass/Martin Klusmann (Schlagzeug); Hindemith, Sinfonie „Mathis der Maler"
Philharmonisches Orchester, ML: Helmut Wessel-Therhorn; Moderation: Georg Dücker

13.11.83 *Kinder- und Jugendkonzert:* „Naturereignisse in der Musik" (2×)
Rossini, „Gewittermusik" aus „Der Barbier von Sevilla"; Beethoven. 4. Satz aus der „6. Sinfonie" („Pastorale"); Wagner, Lied des Steuermanns „Mit Gewitter und Sturm" (Walter Gabriel)) aus „Der fliegende Holländer"; Smetana, aus „Mein Vaterland"; Schubert, aus „Die schöne Müllerin" (Walter Gabriel); Haydn, aus „Die Jahreszeiten"; Bartók, aus „Ungarische Skizzen"
Philharmonisches Orchester, ML: Helmut Wessel-Therhorn; Moderation: Margret Pietzsch-Amos

27.01.84 *Konzert für junge Leute*
Redel, „Konzert für Orchester"; Beethoven, „Konzert für Violine und Orchester op. 61 (Bernhard Hartog)
Philharmoniker, ML: Helmut Wessel-Therhorn; Moderation: Georg Dücker

04.03.84 *Konzert für Kinder*
Prokofjew, „Peter und der Wolf" (2×)
Philharmonisches Orchester, ML: Wessel-Therhorn; Solist: Karl-Heinz Lippe, Moderation: Margret Pietzsch-Amos

23.03.84 *Konzert für junge Leute*
Saint-Saëns, „Konzert für Violoncello und Orchester Nr. 1" (Dieter Messlinger, Violoncello); Mussorgsky, „Bilder einer Ausstellung" in der Original- und in der Orchesterfassung von Ravel (Gary Gromis, Klavier)
Philharmonisches Orchester, ML: Heinz Wallberg; Moderation: Georg Dücker

06.05.84 *Konzert für Kinder* (2×)
Saint-Saëns, „Der Karneval der Tiere"

Spielzeit 1984/85

Grillo-Theater

02.11.84 *Konzert für junge Leute*
Wolfgang Hufschmidt, „Seligpreisung" (1969), Acht Motetten für Chor a capella; Carlo Gesualdo, „Beltà poi che t'assenti", Madrigal für fünf Stimmen; Strawinsky, „Monumentum pro Gesualdo"; Beethoven, „Klavierkonzert Nr. 1 C-Dur" (Carsten Schmidt)
Philharmoniker, ML: Helmut Wessel-Therhorn; Essener Vokalensemble, Leitung/Moderation: Georg Dücker

18.01.85 *Konzert für junge Leute*
Jürg Baur, „Sinfonischer Prolog"; Mozart, „Konzert für Horn Nr. 4 Es-Dur (Marie-Luise Neunecker); Schubert, „Sinfonie Nr. 3 D-Dur"
Philharmoniker, ML: Helmut Wessel-Therhorn; Moderation: Georg Dücker

17.03.85 *Konzert für Kinder (2×)*: „Instrumentenquiz"
Mark Lothar, „Die Geschichte vom falschen Bären" – Ein musikalisches Märchen für Sprecher/Tuba-Solo/Orchester
Philharmoniker, ML: Helmut Wessel-Therhorn; Solist: Joachim Gajewski (Tuba); Sprecher: Karl-Heinz Lippe; Moderation: Margret Pietzsch-Amos

26.04.85 *Konzert für junge Leute*
Haydn, „Sinfonia concertante B-Dur"; Brahms, „Variationen über eine Thema von Joseph Haydn"; Gershwin, „Ein Amerikaner in Paris"
Philharmoniker, ML: Helmut Wessel-Therhorn; Moderation: Georg Dücker

Casa Nova

27.03.85 *Konzert für Kinder*
David Bredfort, „With 100 Kazoos"
ML: Helmut Imig; 13 philharmonische Solisten und der Clown Paco

Spielzeit 1985/86

Grillo-Theater

08.11.85 *Konzert für junge Leute*
Beethoven „Triplekonzert" (Gary E. Gromis, Klavier/Günter Vollmer, Violine/Johannes Wohlmacher, Violoncello); Strauss, „Till Eulenspiegels lustige Streiche"
Philharmoniker, ML: Helmut Wessel-Therhorn; Moderation: Georg Dücker

24.01.86 *Konzert für junge Leute*
Franz Krommer „Konzert Es-Dur op. 2 für Klarinetten" (Toni Langen/Helmut Wissler); Beethoven, „5. Sinfonie"
Philharmoniker, ML: Helmut Wessel-Therhorn; Moderation: Georg Dücker

23.02.86 *Konzert für Kinder*
Werner Thärichen „Schlagzeug-Trio op. 52" (Bernd Blum/Reinhold Gieschke/Arno Goffing Percussion); Jean Françaix, „La Ville Mystérieuse", Fantasie für großes Orchester
Philharmoniker, ML: Robert Maxym; Moderation: Margret Pietzsch-Amos

04.03.86 *Konzert für Kinder*
Prokofjew, „Peter und der Wolf" (2×)
Philharmoniker, ML: Peter Kloke; Friedhilde Filser/Tilo Weber

18.04.86 *Konzert für junge Leute*
Borodin, „Polowetzer Tänze" aus „Fürst Igor"; Heimo Erbse, „Tango-Variationen"; Haydn, „Trompeten-Konzert Es-Dur" (Markus Stockhausen)
Philharmoniker, ML: Helmut Wessel-Therhorn; Moderation: Georg Dücker

Spielzeit 1986/87

Grillo-Theater

17.10.86 *Konzert für junge Leute*
Grieg, „Konzert für Klavier und Orchester a-Moll" (Margarita Höhenrieder); Henze, „Sinfonie Nr. 3 für großes Orchester"
Philharmoniker, ML: Matthias Aeschbacher; Moderation: Georg Dücker

23.01.87 *Konzert für junge Leute*
Chatchaturjan, „Konzert-Rhapsodie für Cello und Orchester" (Dieter Meßlinger); Mendelssohn Bartholdy, „4. Sinfonie"
Philharmoniker, ML: Xaver Poncette; Moderation: Georg Dücker

08.02.87 *Konzert für Kinder*
Stanley Weiner, „Schnuffibär und der Kontrabass", eine musikalische Geschichte für Kinder (2×), 17.05. auch im Saalbau
Philharmoniker, ML: Xaver Poncette; Franz Weser (Kontrabass); Karl-Heinz Lippe (Sprecher)
Moderation: Margret Pietzsch-Amos

26.06.87 *Konzert für junge Leute*
Ravel, „Klavier-Konzert G-Dur" (Rainer Becker, „Busoni"-Preisträger); Mozart, „Sinfonie Nr. 40"; Gerhard Wimberger, „Ausstrahlungen Mozartscher Themen"
Philharmoniker, ML: Helmut Imig; Moderation: Georg Dücker

Spielzeit 1987/88

Grillo-Theater
20.11.87 *Konzert für junge Leute:*
Thema „Liebe"
Mozart, Arie des Papageno „Ein Mädchen oder Weibchen ..." (Ted Wallström) aus „Die Zauberflöte"; Mascagni, Arie des Turiddu „Mutter, der Rote war allzu feurig" (Alexander Stevenson) aus „Cavalleria rusticana"; Puccini, Arie der Lauretta „Väterchen, teures, höre ..." (Jane Giering) aus „Gianni Schicchi"; Bizet, „Blumenarie" des Don José (Alexander Stevenson) aus „Carmen"; Strauss, Tondichtung „Don Juan"; Reznizek, Ouvertüre „Donna Diana"
Philharmoniker, ML: Ulf Schirmer; Moderation: Georg Dücker

Saalbau
29.01.88 *Konzert für junge Leute*:
Thema „Tanz"
Strawinsky, Tanz des Kaschtschei aus der „Feuervogel-Suite"; Saint-Saëns, „Danse macabre"; de Falla, Hochzeitsmarsch aus der Oper „Das kurze Leben"; Strauss, „Schleiertanz" der Salome aus der gleichnamigen Oper; Lehár, Walzer „Gold und Silber"; Dvořák, „Slawische Tänze 10 und 16"; Chatschaturjan, „Säbeltanz" aus dem Ballett „Gayaneh"
Philharmoniker, ML: Klaus Weise, Moderation: Georg Dücker

15.04.88 *Konzert für junge Leute:*
Thema „Tod"
Mahler, „Adagietto" aus der 5. Sinfonie; Wagner, Vorspiel zur Oper „Tristan und Isolde"; Beethoven, „Trauermarsch aus der 3. Sinfonie"; Reger, 3. Satz aus der Tondichtung „Die Toteninsel"; Berg, „Adagio", 5. Satz aus „Sinfonische Stücke aus der Oper Lulu"
Philharmoniker, ML: Carlos Kalmar; Moderation: Georg Dücker

Saalbau
21.02.88 *Konzert für Kinder*
Tilo Medek (Musik)/Sarah Kirsch (Text), „Die trunkene Sonne", eine musikalische Geschichte für Kinder (Text)
Philharmoniker, ML: Robert Maxym, Sprecher: Karl-Heinz Lippe, Moderation: Margret Pietzsch-Amos

Spielzeit 1988/89

Aalto-Theater

11.11.88 *Konzert für junge Leute*:
Thema „Sterne"
Händel, „Feuerwerksmusik"; Strauss, „Also sprach Zarathustra"
Philharmoniker, ML: Pierre-Dominique Ponnelle; Moderation: Georg Dücker

20.01.88 *Konzert für junge Leute*:
Thema „Magie und Wahnsinn"
Wagner, „Karfreitagszauber" aus der Oper „Parsifal"; Verdi, Beschwörungsszene der Ulrica (Jane Henschel) aus der Oper „Der Maskenball"; Donizetti, Wahnsinnsarie der Lucia (Kathleen Cassello) aus der Oper „Lucia di Lammermoor"; Ravel, „Bolero"
Philharmoniker, ML: Marie-Jeanne Dufour; Moderation: Georg Dücker

21.04.89 *Konzert für junge Leute*:
Thema „Igor"
Strawinsky, „Psalmensinfonie für Chor und Orchester"/„Le sacre du printemps"
Philharmoniker, ML: Matthias Aeschbacher; Neuer Chor Werden; Moderation/Chor: Georg Dücker

28.05.89 *Konzert für Kinder* (2)
Rolf Liebermann „Der Stier Ferdinand" – Eine musikalische Geschichte für Kinder nach einem Text von Munro Leaf
Philharmoniker, ML: Christian Fröhlich, Erzähler: Karl-Heinz Lippe, Moderation: Margret Pietzsch-Amos

Spielzeit 1989/90

Aalto-Theater

17.09.89 *Konzert für junge Leute*:
Thema „Amerika"
Bernstein, Ouvertüre zum Musical „Candide"; Samuel Barber, „Adagio für Streichorchester"; Gershwin, „Rhapsody in blue" (Kristin Merscher, Klavier); Morton Gould, „Latin-American Symphonette"
Philharmoniker, ML: James Allen Gähres; Moderation: Georg Dücker

21.01.90 *Konzert für Kinder* (2×)
Hans-Christoph Schuster, „Der Zauberturm des Großvaters" – Eine musikalische Geschichte für Kinder
Philharmoniker, ML/Moderation: Stefan Kieme; Sprecher: Karl-Heinz Lippe

02.02.90 *Konzert für junge Leute*:
Thema „Frankreich"
Debussy, „Prélude à l'après-midi d'un faune"; Ravel, „Concertino für Harfe und Streichorchester" (Gabriele Bamberger); Berlioz, Ouvertüre zur Oper „Benevenuto Cellini"
Philharmoniker, ML: Heinz Wallberg; Moderation: Georg Dücker

28.04.90 *Konzert für junge Leute*:
Thema „Ungarn"
Bartók, „Zwei Porträts für Orchester"; Kodály, „Tänze aus Galánta"/„Háry-János-Suite"
Philharmoniker, ML: Toshiyuki Kamioka, Moderation: Georg Dücker

Spielzeit 1990/91

Aalto-Theater

14.09.90 *Konzert für junge Leute:*
Thema „Italien"
Vivaldi, „Concerto grosso d-moll op. 3 Nr. 11"; Puccini, Szene des Scarpia aus dem 1. Finale der Oper „Tosca" (Károly Szilágyi/Neuer Chor Werden; Bellini, Arie der Elvira (Izabel Labuda) aus dem 2. Akt „I Puritani"; Respighi, „Pini di Roma"
Philharmoniker, ML: István Dénés; Moderation/Chor: Georg Dücker

21.12.90 *Konzert für junge Leute:*
Thema „Deutschland"
Karl Amadeus Hartmann, „Adagio für großes Orchester; Bach, Letzter Kontrapunkt aus „Die Kunst der Fuge"; Beethoven, „3. Leonoren-Ouvertüre"
Philharmoniker, ML: Stefan Kieme, Moderation: Georg Dücker

05.05.91 *Konzert für Kinder* (2)
Hans-Christoph Schuster (Komposition)/Franjo Terhart (Text), „Darina" (U)
Philharmoniker, ML: Bodo Reinke; Sprecherin: Astrid Jacob

07.06.91 *Konzert für junge Leute:*
Thema „Russland"
Glinka, Ouvertüre zur Oper „Ruslan und Ludmilla"; Mussorgsky, „Eine Nacht auf dem kahlen Berge"; Strawinsky, „Cirkus-Polka"; Tschaikowsky, Orchesterfantasie „Francesca da Rimini"
Philharmoniker, ML: Toshiyuki Kamioka, Moderation: Georg Dücker

Spielzeit 1991/92

Aalto-Theater

06.12.91 *Konzert für junge Leute:*
Thema „Österreich"
Schönberg, „Begleitmusik zu einer Lichtspielszene für Orchester op. 34"; Mozart, „Exsultate, jubilate"; Schubert, „Ouvertüre im italienischen Stil"; Strauß, Walzer „Seid umschlungen, Millionen"/„Fledermaus"-Ouvertüre
Philharmoniker, ML: Toshiyuki Kamioka; Heike Gierhardt (Gesang); Moderation: G. Dücker

23.02.92 *Konzert für Kinder* (2)
Prokofjew „Peter und der Wolf"
Philharmoniker, ML: Guido Johannes Rumstadt; Erzähler: Karl-Heinz Lippe

24.04.92 *Konzert für junge Leute:*
Thema „Tschechoslowakei"
Smetana, „Die Moldau"; Julius Fučík, „Der alte Brummbär", Polka comique für Fagott und Orchester" (Ilka Wagner); Dvořák, Sinfonie Nr. 9 „Aus der neuen Welt"
Philharmoniker, ML: Olaf Henzold; Moderation: Georg Dücker

26.06.92 *Konzert für junge Leute:*
Thema „England"
Delius, Zwischenspiel aus der Oper „Romeo und Julia auf dem Dorfe"; Britten, „The Young Person's Guide to the Orchestra"; Tippett, „Praeludium für Blechbläser, Glocken und Schlagzeug"; Purcell, Zwei Suiten aus „The Fairy Queen"
Philharmoniker, ML: Christopher Bell, Moderation: Georg Dücker

Spielzeit 1992/93

Aalto-Theater

18.12.92 *Konzert für junge Leute:*
Thema „Turandot"
Busoni „Turandot-Suite"; Beethoven, „Romanzen für Violine und Orchester F-Dur/G-Dur" (Birgit Seibt); Hindemith, „Symphonische Metamorphosen über ein Thema von Carl Maria von Weber
Philharmoniker, ML: Alexander Rumpf; Moderation: Georg Dücker

19.02.93 *Konzert für junge Leute:*
Thema „Till"
Beethoven, „Konzert für Klavier und Orchester Nr. 2 (Frauke Rochlitzer); Strauss, „Till Eulenspiegels lustige Streiche"
Philharmoniker, ML: Toshiyuki Kamioka; Moderation: Georg Dücker

21.03.93 *Konzert für Kinder* (2×)
Stanley Weiner, „Arche Noah", eine Geschichte für Orchester und Erzähler
Philharmoniker, ML: Dieter Roßberg; Erzähler: Karl-Heinz Lippe

30.04.94 *Konzert für junge Leute:*
Thema „Titan"
Mahler, Sinfonie Nr. 1 („Der Titan")
Philharmoniker; ML: Christian Ehwald; Moderation: Georg Dücker

Spielzeit 1993/94

Aalto-Theater

15.10.93 *Konzert für junge Leute:*
Thema „Schurken"
Liszt, „Mephisto-Walzer Nr. 1"; Smetana, „Sinfonische Dichtung „Richard III."; Puccini, Arie der Tosca (Teresa Erbe) aus der gleichnamigen Oper; Verdi, Arie des Jago (Károly Szilágyi), aus „Otello"
Philharmoniker, ML: Carlos Spierer; Moderation: Georg Dücker

18.02.94 *Konzert für junge Leute:*
Thema „Ritter"
Arien aus Weber, „Euryanthe" und Wagner, „Lohengrin" (Robert Künzli); Strauss, Sinfonische Dichtung „Don Quixote" (Niklas Schwarz, Viola; Armin Fromm, Violoncello)
Philharmoniker, ML: Toshiyuki Kamioka; Moderation: Georg Dücker

17.04.94 *Konzert für Kinder* (2×)
Saint-Saëns, „Karneval der Tiere" (Silke Thora-Matthies/Christian Köhn (Klavier)
Philharmoniker, ML: Stefan Blunier; Moderation: Georg Dücker

13.05.94 *Konzert für junge Leute*:
Thema „Romanzen"
Schumann, „Konzertstück für vier Hörner und Orchester" (Clara-Christine Hohorst/Dietmar Degen/Klaus Gößmann/Alfred Schneider); Bruch, „Violinkonzert" (Mila Georgiewa); Prokofjew, Ballettsuite „Romeo und Julia"
Philharmoniker, ML: Matthias Aeschbacher

Spielzeit 1994/95

Aalto-Theater

30.09.94 *Konzert für junge Leute*
„Percussion total" mit dem Düsseldorfer Schlagzeug-Ensemble
Schlagzeugmusik von Rag bis Avantgarde

23.11.94 *Konzert für junge Leute*
Mussorgsky/Ravel, „Bilder einer Ausstellung" Philharmoniker, ML/Moderation: Wolf-Dieter Hauschild

24.02.95 *Konzert für junge Leute*
Mozart, „Der Schauspieldirektor" (P)
Philharmoniker, ML: Toshiyuki Kamioka, I: Jürgen Schwalbe, B: Manfred Gruber, K: Richard Pitsch; Solisten: Marina Ivanova/Rachel Robins; Rainer Maria Röhr; Carlo Lauber (Kinder- und Jugendtheater); Thomas Krause (Gast)

12.03.95 *Konzert für Kinder* (2×, auch 30.04.)
Hans-Christian Schuster (Musik)/Franjo Terhart (Text), „Darina"
Philharmoniker, ML: Michael Korth, Sprecherin: Astrid Jacob

Spielzeit 1995/96

Aalto-Theater

27.10.95 *Konzert für junge Leute*
Mendelssohn Bartholdy, Ouvertüre „Ein Sommernachtstraum"; Strauss, „1. Hornkonzert" (Stefan Dohr)
Landesjugendorchester NRW,
ML: Welisar Gentscheff; Moderation: Reiner Neumann

23.02.96 *Konzert für junge Leute*
Beethoven, „5. Sinfonie"
Philharmoniker, ML/Moderation: Wolf-Dieter Hauschild

19.05.96 *Konzert für Kinder* (2×)
Poulemc, „Babar, der kleine Elefant"
Philharmoniker, ML: Toshiyuki Kamioka; Erzähler: Dirk Schortemeier (WDR)

07.06.96 *Konzert für junge Leute* (auch 24.06.)
Mozart, „Don Giovanni"
Solisten: Susanne Blattert/Teresa Erbe/Heike Gierhardt; Juha Kotilainen/Joachim Maaß-Geiger/James McClean/Michael Nelle
Philharmoniker, ML: Michael Korth; Moderation: Herbert Feuerstein

Spielzeit 1996/97

Aalto

18.10.96 *Konzert für junge Leute:*
Thema „Zaubereien"
Weber, Ouvertüre zur Oper „Oberon"; Dukas, „Der Zauberlehrling"
Philharmoniker, ML: Christian Gansch; Sprecher: Hans Kemner

19.01.97 *Konzert für Kinder* (2×)
Telemann, „Der Ritter und sein dicker Diener"
Philharmoniker, ML/Moderation: Heinrich Klug

16.02.97 *Familienkonzert (Die Philharmoniker stellen junge Künstler vor)*
Nielsen, „Klarinettenkonzert" (Harald Hendrichs); Schubert, „Deutsche Tänze", für Orchester, gesetzt von Anton Webern; Strawinsky, „Le sacre du printemps"
Philharmoniker, ML: Matthias Aeschbacher

21.02.97 *Konzert für junge Leute*
„Don't shoot the banjo-player"
Musik für Blech-Bläser und mehr …
mit dem Ensemble „bach, blech & blues"
Moderation: Rainer Neumann

02.05.97 *Konzert für junge Leute:*
„Von Schwänen und launigen Nächten"
Mozart, „Eine kleine Nachtmusik"; Hindemith, „Der Schwanendreher", Konzert für Bratsche (Tanja Schneider)
Philharmoniker, ML/Moderation: Wolf-Dieter Hauschild

Spielzeit 1997/98

Aalto

05.12.97 *Konzert für junge Leute:*
Puccini, „La Bohème"
Solisten: Galina Simkina; Gedvidas Lazauskas/Richard Medenbach/Claudio Otelli/Francesco Petrozzi/Almas Svilpa
Philharmoniker, ML: Myron Romanul; Moderation: Michael Schulz

20.02.98 *Konzert für junge Leute*
„Wie entsteht eine Operninszenierung?" – Konzert zur Inszenierung der Oper „Gespräche der Karmeliterinnen" von Francis Poulenc
ML: Myron Romanul; Moderation: Michael Schulz (Regisseur)

20.03.98 *Konzert für junge Leute*
„Geschichte und Geschichten der Oper" – Von den Anfängen bis zur Gegenwart, Highlights von Händel bis Verdi und bis zum 20. Jahrhundert („Crashkurs Oper")
Solisten: Laura Alonso/Zuzsanna Baszinka/Heike Gierhardt/Marie-Helen Joël; Richard Curtin/Jeffrey Dowd/Dario Schmunck/Gedvidas Lazauskas
Philharmoniker, ML: Myron Romanul; Moderation: Michael Schulz

24.05.98 *Konzert für Kinder* (4)
Prokofjew, „Peter und der Wolf"
(auch 14. und 21.06.)
Philharmoniker, ML: Alexander Eberle; Erzählerin: Cornelia Froboess

Spielzeit 1998/99

Aalto

11.09.98 *Konzert für junge Leute:*
„Voller Klang und volle Bühne – Der Opernchor"
Der Opernchor und der Extrachor singen, begleitet von den Philharmonikern, Ausschnitte aus „La Traviata"/ „Figaros Hochzeit"/„Fidelio"/„Carmina burana" u. a.
Chordirektor: Dietrich D. Gerpheide
Moderation: Michael Schulz

30.10.98 *Konzert für junge Leute:*
„Tingel-Tangel und Tralala? Die Operette"
Philharmoniker, ML: Myron Romanul; Moderation: Michael Schulz

14.02.99 *Konzert für Kinder*
Herbert Chappell, „Paddington Bär geht ins Konzert" (2×, auch 20.06.)
Philharmoniker, ML: Alexander Eberle, Sprecher: Wolfgang Völz

19.03.99 *Konzert für junge Leute*
Exercice an der Stange und im Raum; „1 + 0 = 1" von Giuseppe Bucci// Michel Portal; „Pas de quatre" von Anton Dolin//Pugni; „N'TOUM" von Jeremy Leslie Spinks//Afrikanische Volksmelodien/Schlagwerkmusik (Auschnitte aus „Visitenkarte V") und „El Canto de Despedida" von Maryse Delente//D'Auri/Paco Peña
Lynne Charles/Jeremy Leslie-Spinks/ Martin Puttke erläutern und demonstrieren verschiedene Formen und Sprache des Tanzes und geben Einblicke in die Berufswelt des Tanzes

Spielzeit 1999/2000

Aalto

24.09.99 *Konzert für junge Leute:*
„Viva Verdi! oder: Die Liebe zur Melodie" mit Ausschnitten aus „Nabucco"/ „Rigoletto"/„Der Troubadour"/„La Traviata"/„Don Carlos"/„Otello"/ „Aida")
Solisten: Olatz Saitua-Iribar/Galina Simkina/Ildiko Szönyi; Mario Carrara/Marcel Rosca/Károly Szilágyi
Philharmoniker, ML: Christoph Campestrini; Moderation: Michael Schulz

10.12.99 *Konzert für junge Leute:*
„Der Nussknacker oder: Märchenzauber ohne Worte" – Ausschnitte aus dem Ballett mit dem Ensemble und den Philharmonikern
ML: Patrik Ringborg, Moderation: Ballettdirektor Martin Puttke

03.03.00 *Konzert für junge Leute:*
„Tonjongleur und Orchesterdompteur – Was macht eigentlich ein Dirigent?"
Mozart, Ouvertüre zu „Figaros Hochzeit"; Strauß, Couplet der Adele „Spiel ich die Unschuld vom Lande" (Olatz Saitua-Iribar) aus „Die Fledermaus"; Mozart, „Jupitersinfonie"; Borodin, „Polowetzer Tänze" aus der Oper „Fürst Igor"
Philharmoniker, ML: Christoph Campestrini; Moderation: Michael Schulz

02.04.00 *Kinder- und Familienkonzert*
Clowntrio Extra-Nix mit einer lustigen „Carmen-Extra", unterstützt von den Philharmonikern
ML: Patrik Ringborg

Spielzeit 2000/01

Burkhard Lücking
Referat für Theaterpädagogik 2000 bis 2011

Zwar begann Burkhard Lücking nach dem Abitur zunächst ein Studium zum Chemie-Ingenieur, landete dann aber nach einer Stelle in der Erwachsenenbildung und als pädagogischer Mitarbeiter eines Schweizer Musikfestivals als Betreuer der Schülerstatisterie, Gast-Dramaturg und Regieassistent am Hagener Theater – und schließlich in Essen. „Besonders beeindruckt bin ich von den einzelnen Fachabteilungen hier im Haus, die trotz ihrer hohen Arbeitsbelastung engagiert dabei mitwirken, jungen Menschen Theater mit allen Facetten nahezubringen."

Einen Schwerpunkt seiner hiesigen Arbeit sieht Lücking darin, die Faszination des Musiktheaters weiterzugeben: „Das kann man nicht erklären, man muss es erleben." Und so soll die praktische Theaterarbeit mit Kindern und Jugendlichen einen großen Platz in seinem pädagogischen Angebot einnehmen. „Ein großer Wunsch wäre es außerdem, genügend Ressourcen zu haben, um einmal eine Oper für Kinder zu produzieren." (theater & philharmonie essen, Theaterzeitung November 2000)

Lückings Wunsch erfüllte sich schon in der Spielzeit 2003/04, als „Das Traumfresserchen" von Wilfried Hiller herauskam. Während seiner Amtszeit gab es mit „Bastien und Bastienne" von Mozart (2005/06) und „Aladin und die Wunderlampe" von Nino Rota (2006/07) zwei weitere Produktionen. Besonders erfolgreich waren auch die Kinder- und Jugendkonzerte.

Aalto

03.11.00 *Konzert für junge Leute:*
„Bachs Krönung light" – Werke von Johann Sebastian Bach,
„Konzert a-Moll für vier Cembali";
„Air", „Quodlibet „Was sind das für große Schlösser?" „Kaffeekantate" („Schweigt stille, plaudert nicht")
Gesang: Sylvia Koke/Marie-Helen Joël; Herbert Hechenberger/Károly Szilágyi; Juriko Akimoto (Klavier), Bernhard Buttmann (Orgel)
Philharmoniker, ML: Rasmus Baumann; Moderation: Burkhard Lücking

03.03.01 *Konzert für junge Leute:*
„Malen mit Musik – Wie Komponisten mit Tönen Bilder schaffen"
Honegger, „Pacific 231"; Beethoven, „Wut über den verlorenen Groschen"; Rossini, Ouvertüre zur Oper „Wilhelm Tell"; J. S. Bach, Arie „Erbarme dich" aus der „Matthäus-Passion" (Gritt Gnauck); Prokofjew, Sterbeszene aus dem Ballett „Romeo und Julia"; Puccini, Vorspiel zum 3. Akt der Oper „Tosca"; Strauß, „Ägyptischer Marsch"
Philharmoniker, ML: Christoph Campestrini; Moderation: Burkhard Lücking/Michael Schulz

25.02.01 *Kinder- und Familienkonzert* (2)
Saint-Saëns, „Karneval der Tiere"
Philharmoniker, ML: Christoph Campestrini, Sprecher: Uwe Schönbeck (auch 03.07.)

05.06.01 *Jugendkonzert*
„Krass, aber Kult – Keine Angst vor moderner Oper"
Gesangssolisten: David Cordier/Dieter Hönig/Thomas Möwes; Moderation: Aribert Reimann (Komponist der Oper „Lear")/Michael Schulz (Regisseur)
Philharmoniker, ML: Patrik Ringborg

Spielzeit 2001/02

Referat für Theaterpädagogik: Burkhard Lücking

Aalto

23.11.01 *Konzert für junge Leute*
„Pantomimositäten" mit Elmar Gehlen (Regisseur)/Theodor Ross/Wilhelm Bruck (Gitarre)

25.01.02 *Konzert für junge Leute*
Ballett „Die Brüder Karamasow" von Boris Eifman//Rachmaninow/Wagner/Mussorgsky
Vorstellung der Choreografie und Erläuterung interessanter Hintergründe
Moderation: Prof. Martin Puttke, Ballettdirektor

15.03.02 *Konzert für junge Leute*
„Skywalker meets Harry Potter" – Berühmte Filmmusiken
Korngold, „The Sea Hawk"; Rota, „Der Pate"; Hans Zimmer, „Can you feel the Love tonight" aus „Der König der Löwen"; John Williams, „Schindlers Liste"/„Harry Potter"/„Star Wars"
Gesang: Astrid Kropp/Marie-Helen Joël/Marion Thienel; Peter Bording
Philharmoniker, ML: Patrik Ringborg

28.04.02 *Kinder- und Familienkonzert*
„Eine Schulstunde bei Vivaldi" (2×, auch 02.06.)
Philharmoniker, ML: Patrik Ringborg; Herbert Hechenberger (Tenor); Moderation: Patrik Ringborg/Burkhard Lücking

Spielzeit 2002/03

Referat für Theaterpädagogik: Burkhard Lücking

Aalto
11.10.02 *Konzert für junge Leute*
Oscar-prämierte oder nominierte Filmmusiken und Filmsongs aus berühmten Spiel- und Zeichentrickfilmen
Menken, „Arielle, die Meerjungfrau"; Menken, „Aladdin"; Kamen, „Robin Hood"; Rota, „La dolce vita"; Schifrin, „Mission Impossible"; Steiner/Hupfeld, „As Time Goes By" aus „Casablanca"; Mancini, „Moon River" aus „Frühstück bei Tifany"; Miklas Rósza, Parade aus „Ben Hur"; Williams, Parade aus „Return oft the Jedi" u. a.
Christina Clark/Marie-Helen Joël/Michaele Kaune/Marion Thienel/Helga Wachter; Peter Bording (Gesang); Rasmus Baumann (Klavier) Philharmoniker, ML: Patrik Ringborg; Moderation: Burkhard Lücking/Michael Schulz

17.01.03 Making of „Freischütz" – Unterhaltsamer Abend mit Ausschnitten und Geschichten über die Entstehung der „Freischütz"-Inszenierung
Philharmoniker, ML: Ringborg; Moderation: Martin Schulz

02.03.03 *Kinder- und Familienkonzert* (2)
„Musik und Tanz erzählen Geschichten; Die Moldau und die kleine Schwäne"
Philharmoniker, ML: Rasmus Baumann; Moderation: Burkhard Lücking (auch 15.06., ML: Bendix Dethleffsen)

07.03.03 *Konzert für junge Leute*
„Maschinenmusik – Musikmaschinen" – Beethoven, 2. Satz aus der „Sinfonie Nr. 8"; Anderson, „The Typewriter"; Mossolow, „Die Eisengießer"; Offenbach, Arie der Olympia (Sylvia Kohl) aus „Hoffmanns Erzählungen"; Arthur Honegger, „Pacific 231"; Liebermann, „Les Échanges"; Ravel, „Bolero"
Philharmoniker, ML: Rasmus Baumann; Moderation: Burkhard Lücking/Kerstin Schüssler

Foyer
16.12.02 *Nah dran!* (7)
„Alles Blech!" – Das Blechbläserquintett der Philharmoniker

10.02.03 *Krabbelkonzert*
Francis Poulenc, „Babar, der kleine Elefant"
Boris Gurevich (Klavier), Burkhard Lücking (Sprecher)

Spielzeit 2003/04

Referat für Theaterpädagogik: Burkhard Lücking

Aalto-Theater

05.12.03 *Konzert für junge Leute*:
Making of „Zauberflöte" von Mozart
Solisten: Claudia Braun/Christina Clark/Marie-Helen Joël/Marion Thienel/Uransetseg Urtnasan/Anja Vincken; Michael Haag/Herbert Hechenberger/Thomas Piffka/Rainer Maria Röhr/Almas Svilpa/Heiko Trinsinger
Philharmoniker, ML: Bendix Dethleffsen; Moderation: Michael Schulz

13.02.04 *Konzert für junge Leute:*
Thema „Klassik und Werbung"
Rossini, Ouvertüre zur Oper „Der Barbier von Sevilla"; Verdi, „Triumphmarsch" aus „Aida"; Ponchielli, „Tanz der Stunden" aus „La Gioconda"; von Reznicek, Ouvertüre zur Oper „Donna Diana"; Catalani, Arie der „Wally" (Francesca Patané) aus der gleichnamigen Oper; Chatchaturjan, „Säbeltanz" aus dem Ballett „Gajaneh"; Prokofjew, „Die Montagues und die Capulets" aus der 2. Ballett-Suite „Romeo und Julia"; Grieg, „Morgenstimmung" aus „Peer Gynt"; Delibes, „Valse lente" aus dem Ballett „Coppélia"; Vivaldi, „Der Herbst" aus dem Konzert „Die vier Jahreszeiten"
Philharmoniker, ML: Pietro Rizzo; Moderation: Burkhard Lücking/Kerstin Schüssler

14.05.04 *Konzert für junge Leute*
Making of „Le sacre du printemps" von Strawinsky – Ballett des Aalto-Theaters
Bergische Symphoniker, ML: Pietro Rizzo; Moderation: Martin Puttke/Burkhard Lücking

04.07.04 *Kinder- und Familienkonzert* (2×)
„Wie ein Sinfonieorchester funktioniert"
Britten, „A Young Person's Guide to the Orchestra"; Gregory Smith, „Mr. Smith komponiert"
Philharmoniker, ML: Rasmus Baumann; Moderation: Günther Weißenborn

Foyer

08.03.04 *Nah dran!* (20)
„Der Teddy und die Tiere" – Eine Geschichte mit viel Musik von Michael Ende/Werner Thomas-Mifune mit Ulrich Mahr (Violoncello)/Bendix Dethleffsen/Renate Poncette (Klavier)
Burkhard Lücking (Erzähler); Ausstattung: Doris Kallmeyer-Rauh

Freie Waldorfschule

28.09.03 „Das Traumfresserchen" Oper von Wilfried Hiller (14)
Solisten: Sylvia Koke/Astrid Kropp; Michael Haag/Rainer Maria Röhr; Sabine Brunke-Proll/Michaela Cenkier/Susanne Kohnke; Martin Endrös/Thomas Sehrbrock/Sven Westfeld
Philharmoniker, ML: Bendix Dethleffsen, I: Wolfgang Gruber, B: Thorsten Macht, K: Nicola Baumann

Spielzeit 2004/05

Referat für Theaterpädagogik: Burkhard Lücking

Aalto-Theater
12.09.04 Wilfried Hiller, „Das Traumfresserchen" (WA 9+3× Konzert für Kinder 29./26.06./03.07.)
Solisten: Astrid Kropp/Margarita Turner; Günter Kiefer/Albrecht Kludszuweit; Sabine Brunke-Proll/Michael Cenkier/Susanne Kohnke; Thomas Sehrbrock/Sven Westfeld (Chorsolisten)
2. Vorstellung: Marie-Helen Joël/Anne Kathrin Rosenstock; Michael Haag/Rainer Marie Röhr; Marion Thienel/Helga Wachter/Sabina Wehlte; Andreas Baronner/Harald Wittkop/Ulrich Wohlleb (Chorsolisten)
Philharmoniker, ML: Bendix Dethleffsen
19.11.04 *Konzert für junge Leute*
Making of „Romeo und Julia", Ballett von Maillot//Prokofjew
Philharmoniker, ML: Pietro Rizzo, Moderation: Martin Puttke/Ina Wragge
22.04.05 *Konzert für junge Leute*
„Die Tageszeiten" – Ein Konzert rund um die Uhr
Debussy, „Von der Morgendämmerung bis zum Mittag auf dem Meer" aus „La mer"; Mussorgsky, „Tuilerien" aus „Bilder einer Ausstellung"; Wagner, Nachtwächter aus „Die Meistersinger von Nürnberg" (Diogenes Randes); Mozart, „Eine kleine Nachtmusik"; Mussorgsky, „Eine Nacht auf dem kahlen Berge"
Philharmoniker, ML: Pietro Rizzo, Moderation: Burkhard Lücking
01.07.05 *Konzert für junge Leute*
Making of „A Midsummer Night's Dream" von Britten
Solisten: Christina Clark/Gritt Gnauck/Astrid Kropp/Ildiko Szönyi; Kenneth Bannon/Peter Bording/Thomas Diestler/Rüdiger Frank/Albrecht Kludszuweit/Tor Lind/Diogenes Randes/Marcel Rosca/Marwan Shamiyeh/Almas Svilpa; Sabine Prunke-Proll/Stefanie Rodriguez/Anne Kathrin Rosenstock/Helga Wachter (Chorsolisten)
Philharmoniker, ML: Pietro Rizzo, Moderation: Michael Schulz

Foyer
02.03.05 *Nah dran!* (18)
Prokofjew „Peter und der Wolf" in einer Bearbeitung für Bläserquintett (Kerstin Holstein, Flöte/Karla Müller, Oboe/Ralf Ludwig, Klarinette/Ilka Wagner, Fagott/Klaus Gößmann, Horn); Moderation: Burkhard Lücking

Spielzeit 2005/06

Referat für Theaterpädagogik: Burkhard Lücking

Aalto-Theater
18.02.06 *Konzert für junge Leute*:
„Balkan-Bilder"
Enescu, „Rumänische Rhapsodie A-Dur"; Kodály, „Hary János-Suite"; Ligeti, „Atmosphères"
Philharmoniker, ML: Stefan Soltesz; Solist: Ernest Bango (Zimbal); Moderation: Günther Weißenborn

05.05.06 *Konzert für junge Leute*:
„Happy Birthday, Amadeus!"
Ouvertüre zu „Die Hochzeit des Figaro"; Arie des Figaro (Diogenes Randes); Duett Susanna Figaro (Christina Clark/Diogenes Randes); „Serenata notturno"; 1. Satz aus der „Sinfonie Nr. 1 Es-Dur"; „Sinfonie Nr. 41" („Jupitersinfonie)"
Philharmoniker, ML: Pietro Rizzo, Moderation: Günther Weißenborn

15.06.06 *Kinder-und Familienkonzert*
Grieg, „Peer Gynt bei den Trollen" – Szenisches Konzert für die ganze Familie mit dem Schauspieler Siegfried W. Maschek, den Puppenspielern Ursula und Günther Weißenborn und den Philharmonikern, ML: Rasmus Baumann

23.06.06 *Konzert für junge Leute*:
„Russische Märchen"
Strawinsky, „Feuervogel"-Suite; Rimsky-Korsakow, „Der Hummelflug"; Mossolow, „Die Eisengießerei"; Tschaikowsky, Ballett „Der Nussknacker" (Ausschnitte)
Philharmoniker, ML: Rizzo; Moderation: Günther Weißenborn

Foyer
07.03.06 *Nah dran!* (18)
„Himmlische Musik" – Geschichten rund um die Harfe und Flöte mit Gabriele Bamberger (Harfe)/Klaus Schönlebe (Flöte), Burkhard Lücking (Erzähler)

15.05.06 *Krabbel-Konzert* (WA 9)
„Babar der Elefant" – Eine Geschichte für Erzähler und Klavier von Francis Poulenc/Jean de Brunhoff mit Boris Gurevich (Klavier)/Burkhard Lücking (Erzähler)

Grillo-Theater (Casa Nova)
16.01.06 „Bastien und Bastienne" von Mozart (19) *(Koproduktion Schauspiel Essen/Aalto-Theater)*
Mitwirkende: Francisca Devos; Andreas Hermann/Diogenes Randes (Aalto); Sarah Viktoria Frick/Katja Heinrich/Sierk Radzei (Grillo)
Philharmoniker, ML: Bendix Dethleffsen, I: Carsten Kirchmeier; B: Thorsten Macht, K: Silke Rekort

Spielzeit 2006/07

Referat für Theaterpädagogik: Burkhard Lücking

Aalto-Theater
26.01.07 *Konzert für junge Leute*
„Von der Hofkapelle zum Sinfonieorchester" – Die Entwicklung des Orchesters in einer musikalischen Zeitreise von Bachs „Brandenburgischen Konzerten" bis Ravels „Bolero", (auch Beethoven, „Egmont-Ouvertüre"; Dvořak, „Slawische Tänze") Philharmoniker, ML: Marco Comin (Weimar), Moderation: Burkhard Lücking

09.03.07 *Konzert für junge Leute*
„Da da da daaaah!" – Die Musik zum Klingelton: Beethoven, „5. Sinfonie" Philharmoniker, ML: Stefan Soltesz; Moderation: Juri Tetzlaff

08.06.07 *Konzert für junge Leute*:
„Making of Don Giovanni" Mozarts Meisterwerk, präsentiert in Ausschnitten aus der Essener Inszenierung von Stefan Herheim Solisten: Bea Robein/Simone Schneider; Andreas Hermann/Marcel Rosca/Almas Svilpa/Matias Tosi Philharmoniker, ML: Pietro Rizzo, Moderation: Christian Schruff

Foyer
08.03.07 *Nah dran!* (22)
„Der Streicherzoo" – Geschichten mit Wissenswertem rund um Bogen, Saiten, Schnecke und Knopf mit Mari Suzuki/Artur Podlyesniy (Violine)/Niklas Schwarz (Viola)/Armin Fromm (Violoncello)/Franz Weser (Kontrabass); Moderation: Burkhard Lücking

22.05.07 *Krabbel-Konzert* (8)
„Babar der Elefant" – Eine Geschichte für Erzähler und Klavier von Francis Poulenc/Jean de Brunhoff mit Bendix Dethleffsen (Klavier); Burkhard Lücking (Erzähler)

Grillo-Theater
02.12.06 „Aladin und die Wunderlampe" von Nino Rota (20)
Mitwirkende: Sarah Dierkes/Marie-Helen Joël/Hyun-Seung Oh; Andreas Baronner/Philippe Ducloux/Michael Haag; Siegfried Gressl/Rezo Tschchikwischwili Grillo) Philharmoniker, ML: Florian Ziemen, I: Henning Bock, B: Jörg Kiefel, K: Katharina Meintke
(Koproduktion Schauspiel Essen/Aalto-Musiktheater/Folkwang Hochschule Essen)

Spielzeit 2007/08

Referat für Theaterpädagogik: Burkhard Lücking
*Leiterin des neuen „Jungen Opern Treff Aalto"
(JOTA):* Marie-Helen Joël

Aalto-Theater
21.09.07 *Konzert für junge Leute*:
„Oper – Magie der Geschichten"
Auf der Suche nach Geistern, Elfen, Zauberlampen und Prinzessinnen in der Opernliteratur
Nino Rota, „Aladin und die Wunderlampe (Andreas Baronner als Geist); Dvořák, Mondarie der „Rusalka" (Francisca Devos); Britten, „A Midsummer Night's Dream" (Rüdiger Frank als Puck/Diogenes Randes als Bottom); Alan Menken, Lied der Arielle „Part of Your World" aus dem Film „The Little Mermaid" (Claudia Dilay Hauf); Mozart, Arie des Tamino „Dies Bildnis ist bezaubernd schön" (Andreas Hermann) und Marie Helen Joël, 2. Dame/Marion Thienel, 3. Dame) aus, „Die Zauberflöte"; Humperdinck, Hexen-Szene mit Albrecht Kludzuweit aus „Hänsel und Gretel"; Britten, Soloelfen Sabine Brunke/Stefanie Rodriguez/Michaela Sehrbrock/Helga Wachter aus „A Midsummer Night's Dream"
Philharmoniker, ML: Heribert Feckler/Florian Ziemen, Moderation: Marie-Helen Joël/Rüdiger Frank
04.11.08 *Kinder- und Familienkonzert* (2)
Saint-Saëns „Karneval der Tiere"
Philharmoniker, ML: Volker Perplies; Moderation: Juri Tetzlaff
25.01.08 *Konzert für junge Leute:*
„Russische Seelen"
Strawinsky, Russischer Tanz aus dem Ballett „Petruschka"; Tschaikowsky, „Polonaise" aus „Dornröschen"; Thoss//Tschaikowsky, Szene Odette/Siegfried aus dem Ballett „Zwischen Mitternacht und Morgen: Schwanensee" (Taciana Cascelli/Marat Ourtaev); Tschaikowsky, 3. Satz aus der „Sinfonie Nr. 4"; Rachmaninow, Lied „Flieder", Transkription für Klavier solo (Boris Gurevich) und 1. Satz aus dem „Klavierkonzert Nr. 2" (Boris Gurevich); Strawinsky, Introduktion und Danse infernale aus der „Feuervogel-Suite" (1919); Prokofjew, „Romeo und Julia-Szene" aus der Orchestersuite Nr. 1; Schostakowitsch, Lied des Iwan (Albrecht Kludzuweit) aus der Oper „Die Nase" und Polka aus dem Ballett „Das goldene Zeitalter"; Borodin, „Polowetzer Tänze" aus der Oper „Fürst Igor"
Philharmoniker, ML: Volker Perplies; Christian Kiefer (Balalaika)
Moderation: Burkhard Lücking
06.06.08 *Konzert für junge Leute:*
„Bilder in Tönen"
Mussorgksy/Ravel, „Bilder einer Ausstellung"
Philharmoniker, ML: Noam Zur; Christian Kiefer (Balalaika); Moderation: Juri Tetzlaff

Foyer
07.11.07 *Nah dran!* (25)
„Der Tastensalat" – Juriko Akimoto (Klavier); Moderation: Burkhard Lücking
29.11.07 *Krabbelkonzert* (14)
„Das Märchen vom Dornröschen" – eine Geschichte zu Peter I. Tschaikowskys Musik, erzählt von Burkhard Lücking; Boris Gurevich (Klavier), Desar Suleymani (Klavier, 4×)

*JOTA – Junger Opern Treff Aalto (Foyer),
Moderation:* Marie-Helen Joël
Foyer
17.10.07 Crash-Kurs für angehende Opern-Freaks: Was ziehe ich an? Was bekomme ich zu hören? Wann darf ich klatschen?
19.12.07 „Unsterblich verliebt! – Die Liebe und der Tod in der Oper" mit Marie-Helen Joël/Rüdiger Frank; Heribert Feckler/Klavier)

20.02.08	„Spanische Leidenschaft in deutscher Kneipe mit französischer Aussprache – Hallo?"
16.04.08	„Untergangsstimmung? – Null Bock auf nix?" – „Aufstieg und Fall der Stadt Mahagonny"
18.06.08	Casting bei Sängern – Was ist beim Casting für Sänger zu beachten? Mit Marie-Helen Joël/Marion Thienel/Helga Wachter; Christian Komorowski/Matthias Koziorowski; Boris Gurevich (Klavier)

Spielzeit 2008/09

Referat für Theaterpädagogik: Burkhard Lücking
Leiterin des „Jungen Opern Treff Aalto" (JOTA): Marie-Helen Joël

Aalto-Theater

19.09.08 *Konzert für junge Leute*
Holst, „Die Planeten" – ein Ausflug in die unendlichen Weiten des Weltraums
Philharmoniker, ML: Noam Zur
Moderation: Juri Tetzlaff

07.11.08 *Konzert für junge Leute*
(„Very British – Last Night of the Proms")
„God Save the Queen"; Elgar, „Pomp and Circumstance, Marsch Nr. 1"; Arne, „Rule Britannia"; Purcell, Ausschnitte aus der Oper „King Arthur"; Britten „The Young Person's Guide to the Orchestra"; Arnold, „Grand Overture für drei Staubsauger, einen Bodenpolierer und Orchester"; Elgar, „Sea Pictures"; Henry Wood, „Fantasy on British Sea Songs"; Parry, „Jerusalem"; Händel, „Halleluja" aus dem Oratorium „Messias"
Philharmoniker, ML: Florian Ziemen; Philharmonischer Chor; Moderation: Burkhard Lücking

14.11.08 Ballett „Dornröschen für Kinder" von Stefan Lux//Tschaikowsky (5)

27.02.09 *Konzert für junge Leute:*
Idée fixe – Sinfonische „Stories"
Ausschnitte aus Berlioz, „Symphonie fantastique"; Mozart, „Klavierkonzert Nr. 21"; Dvořák, „Der Wassermann"; Mussorgsky, „Eine Nacht auf dem Kahlen Berge"; Copland, „Hoe Down" aus „Rodeo"; Villas-Lobos, „O trenzinho do caipira" aus „Bachianas brasileiras"
Philharmoniker, ML: Volker Perplies; Boris Gurevich (Klavier); Moderation: Marie-Helen Joël

08.03.09 *Konzert für Kinder*
„Peter und der Wolf", Prokofjews Klassiker neu erzählt von Juri Tetzlaff
Philharmoniker, ML: Noam Zur (auch 15.03.)

Foyer

24.11.08 *Nah dran!* (21)
„Die Reise mit dem Atemzug" (Am Bahnhof im Foyer halten viele Atemzüge) mit Mitgliedern des Opernchors (Christiane Kühner/Marion Steingötter; Andreas Baronner/Heinz Potzal/Ulrich Wohlleb; Inna Batyuk (Klavier); Moderation: Burkhard Lücking

08.02.09 *Krabbelkonzert* (10)
„Das Märchen vom Dornröschen" – eine Geschichte zu Tschaikowskys Musik, erzählt von Burkhard Lücking
Boris Gurevich (Klavier)

JOTA – Junger Opern Treff Aalto, Moderation: Marie-Helen Joël

Foyer

20.10.08 „Scacchia – Chess – Schach" (zur Musical-Neuproduktion „Chess")

15.12.08 „Kreativ müsste man sein ..." – Maler und Plastiker: In diesem Beruf sind Ideenreichtum und Vielseitigkeit gefordert (Probebühne 1)

16.02.09 „Aufbrezeln in der Oper – maskiert oder demaskiert?" Die Aufgabe der Kostüm- und Maskenbildner wird genauer unter die Lupe genommen.

20.04.09 „Vom Couchpotato zum Opernstar?" – Ausschnitte aus dem Alltag eines Sängers; Profis erzählen über ihr Dasein als vermeintliche „Hobby-Jobber"

RWE-Pavillon

15.06.09 „Wagner – Oh my goodness!" – Wie war das noch mal mit dem „Ring"? Wer mit wem und warum?
Marie-Helen Joël (Heldensoubrette und Requisite)/Christoph Scheeben (Kavallerietenor und Reparaturbariton)/Wolf Geuer (Erzähler und Heldencanzonist); Volker Perplies (Klavier)

Aalto-Theater

07.02.09 *JOTA Spezial*
Zwölf Workshops, anschließend: „As you like it – Wie es euch gefällt" – Das etwas andere Konzerterlebnis: Rock, Pop, klassische Musik und die Ergebnisse des Workshop-Tages
Smetana, Ouvertüre „Die verkaufte Braut"; Richard O'Brien, „I'm just A Sweet Transvestite" aus dem Musical „The Rocky Horror Show"; Herman Hupfeld, „As Time Goes By" aus dem Film „Casablanca"; Smetana, Arie des Wenzel „Ma-Ma …Mütterlein" aus „Die verkaufte Braut"; Mozart, Arie des Papageno „Ein Mädchen oder Weibchen wünscht Papageno sich" aus „Die Zauberflöte"; Alan Menken, „Jetzt hast du mich, Seymour" aus dem Musical „Der kleine Horrorladen"; Huey Lewis, „Hip To Be Square" (Arrangement: Heribert Feckler); Humperdinck, „Eine Hex', steinalt" aus „Hänsel und Gretel"; Mozart, „Der Hölle Rachen" und „In diesen heil'gen Hallen" aus „Die Zauberflöte"; Bernstein, „Maria" aus dem „West Side Story"; Queen, „We Will Rock You" (Arrangement: Feckler); Queen, „Love Of My Life"; Lehár, „Weibermarsch" aus der Operette „Die lustige Witwe"; Mozart, Register- Arie aus „Don Giovanni"; Lehár, „Das ist der stille Zauber der Häuslichkeit" aus „Die lustige Witwe"; Mozart, „Alles fühlt der Liebe Freuden" aus „Die Zauberflöte"; Tom Jones, „Sex Bomb" (Arrangement: Feckler); Bizet, „Habanera" aus der Oper „Carmen" (Arrangement: Feckler); Lehár, „Wie eine Rosenknospe" aus „Die lustige Witwe"; Menken, „Gib's mir, Seymour" aus „Der kleine Horrorladen"; Bernstein, „Balcony Scene" aus „West Side Story"; Elton John, „Can You Feel the Love Tonight" aus „Der König der Löwen"
Mitwirkende: Christina Clark/Francisca Devos/Marie-Helen Joël; Andreas Hermann/Michael Haag/Günter Kiefer/Albrecht Kludszuweit (Oper); Claudia Hauf/Karin van Sijda; Rüdiger Frank/Henrik Wager (Musical); Yulia Tsoi/Tomas Ottych (Tanzsolisten)
Schülerinnen des Fachbereichs Tanz am Gymnasium Essen-Werden
Philharmoniker/United Rock Orchestra, ML: Heribert Feckler/Volker Perplies; Choreografie: Nadja de Ferm/Ben Van Cauwenbergh/Karin van Sijda; Moderation: Marie-Helen Joël/Rüdiger Frank

Maschinenhaus Zeche Carl

24.06.09 „Brundibär", Oper von Hans Krasa/„Die wundersame Reise nach Esmir" von Matthias Bonitz (4) mit dem Kinder- und Jugendchor des Aalto-Theaters (Alexander Eberle)

■ Gastspiel

Aalto-Theater

27.06.09 Camille van Lunen, „Der Felsenjunge" mit dem Kinderchor der Oper Bonn
ML: Sibylle Wagner (Theater Bonn) im Rahmen des 1. Kinder-Opern-Festivals
Leitung: Alexander Eberle

Spielzeit 2009/10

Referat für Theaterpädagogik: Burkhard Lücking; Marie-Helen Joël (Projektmanagerin)

Aalto-Theater

30.10.09 *Konzert für junge Leute:* „Kino für die Ohren"
Zauberer, Abenteurer und Agenten – Melodien berühmter TV-Serien und Filme
Monty Norman, „James Bond"; Henry Mancini, „Pink Panther", John Williams, „Star Wars", Klaus Doldinger, „Das Boot"
Philharmoniker, ML: Noam Zur
Moderation: Juri Tetzlaff

22.01.10 *Konzert für junge Leute:* „Herzschlag der Musik"
Metrik, Tempo und Dynamik – Ausschnitte aus Haydn, „Sinfonie Nr. 101" und Beethoven, „7. Sinfonie"; Dvořák, ein „Slawischer Tanz"; Strauß, Walzer „An der schönen blauen Donau"/ „Tritsch-Tratsch-Polka"; Puccini, Arie „Keiner schlafe" aus „Turandot"; Bernstein, „America" aus „West Side Story"; Arvo Pärt, „Cantus in memoriam Benjamin Britten"; John Adams, „Short Ride in a Fast Machine"
ML: Florian Ziemen; Michael Haag/ Albrecht Kludszuweit (Gesang); Moderation: B. Lücking

23.04.10 *Konzert für junge Leute*
„Donnerwetter!" – Ein musikalisches Spiel mit dem Klima
Rossini, „Gewittermusik" aus „Der Barbier von Sevilla"; Debussy „Tanzender Schnee" aus der „Children's Corner-Suite"; Grieg, „Morgenstimmung" aus der „Peer-Gynt-Suite"; Ferde Grofé, „Grand-Canon-Suite"; Strauß, Schnellpolka „Unter Donner und Blitz"
Philharmoniker, ML: Volker Perplies; Anne Katrin Rosenstock; Rainer Maria Röhr (Gesang); Damenopernchor; Moderation: Marie-Helen Joël

26.05.10 *Ballett für junge Leute*
Making of „La vie en rose"/„Tanzhommage an Queen" – Ballettdirektor Ben Van Cauwenbergh führt mit Mitgliedern seines Ensembles Ausschnitte aus beiden Werken vor

Foyer

02.11.09 *Krabbelkonzert* (14)
„Der Frosch hüpft auf der Geige" – Eine „tierische" Geschichte rund um die Geige mit Burkhard Lücking (Erzähler), Birgit Seibt/Christoph Danne (Violine)

24.11.09 *Oper Kleinlaut* (20)
„Spieglein, Spieglein an der Wand, wer geht mit dir ins Opernland?" – Märchenlieder von Engelbert Humperdinck mit Christina Clark/Marie-Helen Joël; Volker Perplies (Klavier)

18.01.10 *Nah dran!* (20)
„Wetterschlag auf Zeche Kunstwerk" – Wetterschlag, Paukenschlag und Trommelwirbel präsentieren Tomislav Talesvski und Lorris Dath, die beiden Schlagzeuger und Pauker der Philharmoniker; Moderation: Burkhard Lücking

02.03.09 *Ballett für Kinder* (18)
„Der Zoo tanzt" mit der Musik „Karneval der Tiere" von Saint-Saëns
Choreografie: Deniz Cakir; Tänzerin: Paula Archangelo; Erzähler: Burkhard Lücking

JOTA – Junger Opern Treff Aalto, Moderation: Marie-Helen Joël
Foyer

05.10.09 „Wellness für die Sinne" (Probebühne 2) mit Marie-Helen Joël

14.12.09 „Die schönsten Opernchöre der Welt…" – Mitglieder des Opernchors, Leitung: Alexander Eberle

01.02.10 „Rockoper – zwei Welten prallen aufeinander!" mit Marie-Helen Joël/Peti van der Velde/Marco Billep/Henrik Wager

12.04.10 „Wer hat Angst vor Neuer Musik?" – Begleitprogramm zur Aufführung der Oper „Elegie für junge Liebende" von Hans Werner Henze

	Tomislav Talevski/Lorris Dath spielen moderne Stücke für Schlagwerk; Marie-Helen Joël/Michael Haag singen Auszüge aus „Elegie"
14.06.10	„… alles ins rechte Licht gerückt!" – Marie-Helen Joël stellt die Beleuchtungsabteilung vor
21.02.10	*JOTA Spezial – Das etwa andere Theatererlebnis* – Workshops Die Jugendlichen bereiten eine Ausstellung und ein Vorprogramm zur abendlichen Vorstellung der Rockoper „Jesus Christ Superstar" vor

Spielzeit 2010/11

Referat für Theaterpädagogik: Burkhard Lücking; Marie-Helen Joël (Musiktheaterpädagogin)

Aalto-Theater

19.11.10 *Konzert für junge Leute*
Richard Wagners „Ring" an einem Abend! – Wünschenswert wonnig und umwerfend wirksam
Philharmoniker, ML: Volker Perplies; Solisten: Christina Clark/Francisca Devos/Marion Thienel; Jeffrey Dowd/Rainer-Maria Röhr/Almas Svilpa; Moderation: Marie-Helen Joël

11.02.11 *Konzert für junge Leute*
„Musik-Erfindungen – Eine Zeitreise durch das tönende Patentamt" mit Werken von Schreker/Haydn/Beethoven/Britten/Schönberg/Gershwin
Chorsolisten: Stefanie Rodriguez/Marion Thienel/Helga Wachter; Michael Haag/Sven Westfeld/Ulrich Wohlleb; ML/Klavier: Wolfram-Maria Märtig; Moderation: Burkhard Lücking

16.02.11 *Oper Vorlaut* (14)
„Die Zeitmaschine" (U) von und mit Marie-Helen Joël (Gesang/Erzählung/Idee)/Christina Clark/Rainer Maria Röhr; Musik: Bach/Mozart/Irving Berlin
Philharmoniker, ML/Klavier: Wolfram-Maria Märtig, I: Marie-Helen Joël, B: Thorsten Macht

03.04.11 *Konzert für junge Leute*
„Helden gesucht! – Die ungelösten Fälle des Herkules"
Bizet, Ouvertüre „Carmen"; Kálmán, Duett Mariza/Tassilo „Einmal möcht' ich wieder tanzen" aus „Gräfin Mariza"; Stromae, Song „Alors on danse"; Jurmann, „Du bist nicht die Erste" aus dem Film „Ihre Majestät, die Liebe"; Verdi, Arie des Oscar „Saper vorreste" aus „Ein Maskenball"; Offenbach, „Rondeau des métamorphoses" aus „Orpheus in der Unterwelt"; Wildhorn, Song des Henry Jekyll „Das ist die Stunde" aus dem Musical „Jekyll & Hyde"; Kálmán, Duett Boni/Feri „Die Mädis von Chantant" aus „Die Csárdásfürstin"; Steinman/Pitchford, „Holding Out For A Hero" aus dem Film „Footloose"; Mozart, Arie des Tamino „Dies Bildnis ist bezaubernd schön" aus „Die Zauberflöte"; Queen, „The Show Must Go On"
Aubry, Parade aus „La révolte des enfants"; Queen, „Love of My Life"; Leigh, Lied des Don Quixote „The Impossible Dream" aus „Der Mann von La Mancha"; Herman, Song der Mabel „Wherever He Ain't" aus dem Musical „Mack & Mabel"; Händel, Arie des Jupiter „Where'er You Walk" aus dem Oratorium „Semele"; Wagner, „Einzug der Gäste" aus „Tannhäuser"; Menken, Duett Aladdin/Jasmin, „A Whole New World" aus dem Film „Aladdin"; Puccini, Arie der Musette „Quando m'en vo" aus „La Bohème"; Kálmán, Duett Stasi/Boni „Das ist die Liebe" aus „Die Csárdásfürstin"; Menken, Song des Hercules „Go the Distance" aus dem Film „Hercules"
Herkules (Albrecht Kludzuweit), Jane Richardson (Marie-Helen Joël), Hephaistos (Henrik Wager), Mnemosyne (Claudia Dilay Hauf), Perseus (Uwe Stickert), Hermes (Günter Kiefer), Aphrodite (Christina Clark)
Buch/Konzept: Marie-Helen Joël; szenische Umsetzung: Marie-Helen Joël/Carolin Steffen-Maaß; B: Thorsten Macht; Philharmoniker/United Rock Orchestra, ML: Volker Perplies/Heribert Feckler; Opernchor (Alexander Eberle)
Ballett: „Carmen"/„Alors on danse"/„Parade" (Yoo-Jin Jang; Igor Volkskovskyy/Wataru Shimizu; Schülerinnen und Schüler der Frida-Levy-Gesamtschule/Erich-Kästner-Gesamtschule/Bertha-Grupp-Realschule/Großenbruchschule

	Schulprojektleitung/Ch: Ben Van Cauwenbergh/Nadia Deferm; Choreografie der „Queen-Songs": Ben Van Cauwenbergh; Philharmoniker/Mitglieder des United Rock Orchestra ML: Volker Perplies/Heribert Feckler, Moderation: Marie-Helen Joël
08.05.11	*Familienkonzert* Strawinsky, „Die Geschichte vom Soldaten" mit den Philharmonikern Angela Bard (Violine)/Patrick Fuchs (Kontrabass)/Federico Aluffi (Fagott)/Harald Hendrich (Klarinette)/Jörg Lopper (Trompete)/Andreas Hebeler (Posaune)/Tomislav Talevski (Schlagzeug); Erzähler: Bernhard Bauer; Ch: Denis Untila, Tänzerin: Michelle Yamamoto

Foyer

05.09.10	*Oper Kleinlaut* (19) „Hänsel ohne Hexe?" mit Ausschnitten aus Engelbert Humperdincks Oper mit Christina Clark/Marie-Helen Joël; Matthias Koziorowski Philharmoniker, ML: Heribert Feckler; Wolfram-Maria Märtig (7×)
04.10.10	*Nah dran!* (3) „Wetterschlag auf Zeche Kunstwerk" – Wetterschlag, Paukenschlag und Trommelwirbel präsentieren Tomislav Talevski und Lorris Dath, die beiden Schlagzeuger und Pauker der Philharmoniker; Moderation: Burkhard Lücking
16.11.10	*Nah dran!* (2) „Himmlische Musik – Harfe und Flöte" mit Gabriele Bamberger (Harfe)/Klaus Schönlebe (Flöte); Burkhard Lücking (Erzähler)
08.11.10	*Ballett für Kinder* (WA 15) „Der Zoo tanzt" mit der Musik „Karneval der Tiere" von Saint-Saëns Choreografie: Deniz Cakir; Tanz: Paula Archangelo/Simon Schilgen; Erzähler: Burkhard Lücking
22.11.10	*Nah dran!* (8) Prokofjew, „Peter und der Wolf" mit den Philharmonikern Karla Müller (Oboe)/Kerstin Holstein (Flöte)/Ralf Ludwig (Klarinette)/Ilka Wagner (Fagott)/Klaus Gößmann (Horn) Moderation: Burkhard Lücking
12.12.10	*Nah dran!* (9) „Der Streicherzoo" mit Lucja Madziar/Clemens Ratajszak (Violine)/Niklas Schwarz (Viola)/Armin Fromm (Violoncello)/Franz Weser (Kontrabass); Moderation: Burkhard Lücking
19.12.10	*Nah dran!* (7) „Alles Blech!" mit dem Blechbläserquintett der Philharmoniker; Moderation:Burkhard Lücking
18.01.11	*Kinderoper* (4) „Die wundersame Reise nach Esmir" von Matthias Bonitz mit Mitgliedern der Aalto-Spatzen/dem Mannheimer Streichquartett; Erzähler: Aydin Işık Solisten: Dominik Eberle/Diego Holtmeier (Kinder, alternierend); Klaus-Peter Hennig/Christian Komorowski/Manuel Schmitt ML/Chor: Alexander Eberle; szenische Einrichtung: Wolfgang Gruber
23.01.11	*Krabbelkonzert* (16) „Der Frosch hüpft auf der Geige" – Eine „tierische" Geschichte rund um die Geige mit Birgit Seibt/Christoph Danne (Violine, 4×), auch Pianowski (März, 4×)/Nicole Zinner (Mai, 8×) Burkhard Lücking (Erzähler)
23.05.11	*Nah dran!* (4) „Tastensalat" mit Juriko Akimoto (Klavier)/Burkhard Lücking

JOTA – Junger Opern Treff Aalto, Moderation: Marie-Helen Joël
Foyer

20.09.10	„Der lange Weg zur Premiere" – Beteiligte berichten vom Entstehungsprozess einer Musiktheaterproduktion – Wolfgang Gruber (Regisseur)/Volker Perplies (Dirigent)
08.11.10	„Opernstories: Wie entsteht eine Opernproduktion?" mit Volker Perplies/Theaterpädagoge Frank Röpke (Schauspiel Essen)
10.01.11	„Der individuelle Aalto-Statist" – Matthias Koziorowski (Leiter der Statisterie)
16.05.11	„Was bitteschön ist eine „Operette?" – Uta Schwarzkopf (Chor); Albrecht

	Kludszuweit/Matthias Koziorowski/Marcel Rosca (Sänger); Wolfgang Gruber (Leiter der szenischen Einstudierung); Reinhard Beuth (Presse- und Öffentlichkeitsarbeit); Boris Gurevich (Klavier)
04.07.11	„Der Entschluss steht fest: Ich werde Regisseur! … und was nun?" – Christina Clark/Marijke Malitius (Regieassistentin)/Juriko Akimoto (Repetitorin)

Cafeteria

14.03.11	„Die Musik von Giacomo Puccini – einfach unwiderstehlich!" – Mit Marie-Helen Joël; Volker Perpiles (Klavier)
03.04.11	*JOTA-Spezial – Das etwas andere Theatererlebnis …* Workshops zur Vorbereitung der „Olympischen Eröffnungsfeier" 17 Uhr: Ausstellungseröffnung

Spielzeit 2011/12

Marie-Helen Joël

Die Aachenerin Marie-Helen Joël studierte zunächst Schulmusik, dann Gesang in Köln. In der Spielzeit 1993/94 wechselte sie vom Theater Bonn ans Aalto-Theater, wo sie zunächst im Opernchor wirkte, aber schon bald auch solistisch eingesetzt wurde. Seit 1999/00 ist sie Solistin. 2009 absolvierte sie ihren Master of Music-Education in Detmold, sodass sie ab 2009/10 neben ihrem Engagement als Sängerin auch im theaterpädagogischen Bereich als Projektmanagerin tätig wurde. 2011/12 wurde Marie-Helen Joël Leiterin der Musiktheaterpädagogik. Dort tritt sie in den von ihr konzipierten und inszenierten Kinderprogrammen auf, organisiert Workshop-Tage und moderiert Familienkonzerte.

Für die Aalto-Bühne inszenierte sie die Uraufführung ihres Familienmusicals „Die Märchenwelt zur Kur bestellt" (2015), Humperdincks Märchenoper „Hänsel und Gretel" (2017) und die Musical-Revue „Yesterday" (2020). Seit der Spielzeit 2014/15 moderiert sie einmal im Monat mit ihrer Kollegin Christina Clark in der Cafeteria des Aalto-Theaters die Reihe „It's teatime – Die Damen laden zum Tee".

In der Spielzeit 2021/22 erfuhr Marie-Helen Joël gleich zwei Auszeichnungen: Am 9. November 2021 erhielt sie den „Anerkennungspreis" des Freundeskreises Theater & Philharmonie, und am 12. Juni 2022 wurde sie zur Kammersängerin ernannt. (Informationen: Aalto-Theater)

Theaterpädagogik: Marie-Helen Joël* (Leitung)

Aalto-Theater

02.10.11 *Tag der offenen Tür*
„Helden gesucht! – Die ungelösten Fälle des Herkules"
Solisten: Christina Clark; Michael Haag/Albrecht Kludszuweit/Henrik Wager/Uwe Stickert; Ballett-Mitglieder/Opernchor/Philharmoniker/United Rock Orchestra
ML: Volker Perplies/Heribert Feckler, Moderation: Marie-Helen Joël [Programm: Siehe 03.04.11]

26.10.11 *Oper Vorlaut* (5)
„Die Zeitmaschine" (WA) von Marie-Helen Joël
Solisten: Christina Clark/Marie-Helen Joël; Rainer Maria Röhr
Philharmoniker, ML: Wolfram-Maria Märtig

11.11.11 *Abenteuer Konzert*
„Mit lustigen Streichen in die fünfte Jahreszeit!"
Liszt, „Mephisto-Walzer"; Strauss, „Till Eulenspiegels lustige Streiche"
Philharmoniker, ML: Stefan Soltesz; Moderation: Christina Clark/Marie-Helen Joël

11.03.12 *Abenteuer Konzert*
„Der Zauberlehrling"von Paul Dukas – Magische Musik für die ganze Familie
Philharmoniker, ML: Wolfram-Maria Märtig; Oliver Malitius (Klavier)
Moderation: Juri Tetzlaff

29.04.12 *Abenteuer Konzert*
Idee/Konzept/Moderation: Marie-

Helen Joël; B: Daniel Schulz
„100 Jahre Titanic – Die Belle Époque und ihre Legende"
Choral „Näher, mein Gott, zu dir"; Fauré, „Cantique de Jean Racine"; Sibelius, 3. Satz (Alla Marcia) aus der „Karelia-Suite"; Satie, 1. und 4. Satz aus dem Ballett „La belle excentrique"; Wolf, „Der Feuerreiter"; Leo Fall, „Und der Himmel hängt voller Geigen" aus der Operette „Der liebe Augustin"; Webern, „Drei kleine Stücke für Violoncello und Klavier op. 11; Puccini, „Summchor" aus „Madama Butterfly"; Ives „Universe Symphony"; Ives, 5. Satz aus der „Sinfonie Nr. 5"; James Horner, „My Heart Will Go On", Titelsong aus dem Film „Titanic"
Mitwirkende: Christina Clark/Marie-Helen Joël; Albrecht Kludszuweit; Florian Hoheisel (Violoncello); Opernchor (Alexander Eberle); Philharmoniker, ML: Volker Perplies

03.07.12 *Aalto Ballett für Kinder* (4)
„Max und Moritz" von Michael Kropf//Gioacchino Rossini (*Gekürzte Version*)

Foyer

11.09.11 *Oper Kleinlaut* (17)
„Donnerröschen und der Forscherkönig", Buch und Konzept: Marie-Helen Joël
Christina Clark/Marie-Helen Joël; Matthias Koziorowaki (Gesang)
Philharmoniker, ML: Wolfram-Maria Märtig

18.09.11 *Abenteuer Vorlaut* (6)
„Frühstart mit Mozart" – Eine Spurensuche mit dem Mannheimer Streichquartett und Marie-Helen Joël

24.10.11 *Ferienabenteuer Vorlaut*
„Die Zeitmaschine in der Werkstatt" (3 Tage)

21.11.11 *Abenteuer Kleinlaut* (8)
„Horch, was ist da drinnen los? – Vom Klang der Häuser" mit Christina Clark/Marie-Helen Joël; Boris Gurevich (Klavier)

13.12.11 *Abenteuer Kleinlaut* (8)
„Arche Aalto" mit Marie-Helen Joël/Heribert Feckler; Thomas Meyer (Posaune)

29.01.12 *Abenteuer Kleinlaut* (8)
„Im Sturm erOpert" mit Marie-Helen Joël/Stefanie Rodriguez; Juriko Akimoto (Klavier)

16.04.12 *Abenteuer Vorlaut* (6)
„Wenn die bunten Fahnen wehen" mit Christina Clark/Marie-Helen Joël/Stefanie Rodriguez; Matthias Koziorowski (Gesang); Heribert Feckler (Klavier)

17.06.12 *Abenteuer Kleinlaut* (8)
„Kladderadatsch – Was klingt denn da?" mit Marie-Helen Joël; Lorris Dath (Pauke)/Juriko Akimoto (Klavier)

JOTA – Junger Opern Treff Aalto

Foyer

10.10.11 „Mitgrölen unerwünscht?" – Der neue Opern-Knigge mit Christina Clark/Marie-Helen Joël/Katharina und Marion Thienel; Albrecht Kludszuweit; Wolfgang Gruber (Leiter der szenischen Einstudierung), Volker Perplies (Solorepetitor)

13.02.12 „Hilfe! Ich bekomme mein Kleid nicht zu!" mit Marie-Helen Joël und den Ankleiderinnen Christina Graw/Angelika Pothmann

18.06.12 „Bässe wie Sand am Meer – aber keiner wie der andere!" mit Marie-Helen Joël/Michael Haag

Cafeteria

12.12.11 „Gut gerüstet auf die Bühne!" – Rüstmeister Volker Wuttke und Plastikerin Martina Flößer stellen ihre Arbeit vor; Moderation: Marie-Helen Joël

23.04.12 „Idee, Entwurf und … Wow! – Die Entstehung eines Bühnenbildes" mit Marie-Helen Joël und Konstrukteurin Astrid Kirchholtes

JOTA Spezial

29.04.12 Workshop zur Vorbereitung der Ausstellung „Mythos Titanic"

RWE-Pavillon (2)

08.02.12 „Hexe Kleinlaut verirrt sich in der Philharmonie" mit Christinna Clark/Marie-Helen Joël (Gesang); Wolfram-Maria Märtig (Klavier)

Spielzeit 2012/13

Theaterpädagogik: Marie-Helen Joël (Leitung)

Aalto-Theater
01.09.12 *Tag der offenen Tür*
 „100 Jahre Titanic – Die Belle Époche und ihre Legende"
 Christina Clark/Marie-Helen Joël; Albrecht Kludszuweit; Opernchor
 Philharmoniker, ML: Volker Perplies
 Moderation: Marie-Helen Joël [Programm wie 29.04.12]
18.12.12 *Aalto-Ballett für Kinder* (9)
 „Max und Moritz" von Michael Kropf//Gioacchino Rossini (*Gekürzte Version*)
04.01.13 *Oper Vorlaut* (16)
 „Die Zaubertröte" von Marie-Helen Joël/Wolfgang Amadeus Mozart
 Mitwirkende: Christina Clark/Marie-Helen Joël; Michael Haag/Thomas Hohler/Matthias Koziorowski
 Philharmoniker, ML: Heribert Feckler, I: Marie-Helen Joël, B: Thorsten Macht/Daniel Schulz, K: Melina Rosenbaum
19.04.13 *Abenteuer Konzert*
 „Ein brillanter Fehlschlag – Tschaikowskys „5. Sinfonie"
 Philharmoniker, ML: Clemens Schuldt; Moderation: Marie-Helen Joël
12.05.13 *Abenteuer Konzert*
 Strawinsky, „Petruschka" – Jahrmarkt der Illusionen
 Philharmoniker, ML: Volker Perplies; Moderation: Marie-Helen Joël

Foyer
09.09.12 *Oper Kleinlaut* (26+1)
 „Petrosinella, lass dein Haar herunter!" von Marie-Helen Joël
 mit Christina Clark/Marie-Helen Joël; Matthias Koziorowski; ML: Heribert Feckler
04.11.12 *Abenteuer Vorlaut* (8)
 „Musik nach Zahlen" mit Christina Clark/Marie-Helen Joël; Florian Hoheisel (Violoncello)/Daniel Klein (Klavier)
09.12.12 *Abenteuer Kleinlaut* (8)
 „Eine musikalische Schneeballschlacht" mit Christina Clark/Marie-Helen Joël; Boris Gurevich (Klavier)
20.01.13 *Abenteuer Kleinlaut* (8)
 „Tierisch gute Musik" mit Marie-Helen Joël/Stefanie Rodriguez; Boris Gurevich (Klavier)
24.02.13 *Abenteuer Vorlaut* (7)
 „Alles tanzt nach meiner Flöte" mit Marie-Helen Joël; Marion Steingötter (Blockflöte)/Juriko Akimoto (Klavier)
07.04.13 *Abenteuer Vorlaut* (8)
 „Frühstart mit Mozart" mit Marie-Helen Joël und dem Mannheimer Streichquartett (8)
16.06.13 *Abenteuer Kleinlaut* (8)
 „Abgetaucht! Im Spaßbad der Musik" mit Christina Clark/Marie-Helen Joël; Oliver Kerstan (Schlagzeug)/Heribert Feckler (Klavier)

Malsaal/Beleuchtungsabteilung
16.10.12 *Ferienabenteuer Vorlaut*
 „Drei auf einen Streich" (3 Tage), abschließend: „Kinder"-Performance (Probebühne 2)

JOTA – Junger Opern Treff Aalto
Foyer
24.09.12 „Wie wäre es mit Eugen Onegin?" – Marie-Helen Joël/Francisca Devos; Matthias Koziorowski/Marcel Rosca (Gesang); Boris Gurevich (Klavier)
05.11.12 „Wo gehobelt wird, fallen Späne" – Marie-Helen Joël im Gespräch mit Peter Cornelis (Vorarbeiter Schreinerei)

Cafeteria
21.01.13 „Die Schöne und das Biest – Schminken leicht gemacht" mit Marie-Helen Joël und den Aalto-Maskenbildnern
27.05.13 „Wagner feiert Geburtstag!" mit Christina Clark/Marie-Helen Joël; Albrecht Kludszuweit/Matthias Koziorowski/Marcel Rosca (Gesang), ML: Volker Perplies

Foyer/Probebühne 2
24.06.13 „Szene – Werkstatt" mit Christina Clark/Marie-Helen Joël; Volker Perplies (Klavier)

Garderobenhalle
18.03.13 „Jahrmarktgefühle? – Hier ist der Bär los" mit Marie-Helen Joël u. a.

JOTA-Spezial
12.05.13 Workshop zur Vorbereitung von „Petruschka – Jahrmarkt der Illusionen"

■ **Abstecher**
– „Petrosinella, lass dein Haar herunter!" (Mülheim 04.12.12)

Spielzeit 2013/14

Theaterpädagogik: Marie-Helen Joël (Leitung)

Aalto-Theater
01.12.13 *Abenteuer Konzert* (2)
Prokofjew, „Peter und der Wolf"
Philharmoniker, ML: Yannis Pouspourikas; Erzähler: Thomas Weber-Schallauer; Moderation: Marie-Helen Joël
08.01.14 *Oper Vorlaut* (WA 10+2)
„Die Zaubertröte" von Marie-Helen Joël (Buch/Konzept)/Wolfgang Amadeus Mozart u. a. (Arrangements: Heribert Feckler)
Mitwirkende: Christina Clark/Marie-Helen Joël; Michael Haag/Thomas Hohler/Matthias Koziorowski
Philharmoniker, ML: Heribert Feckler
03.06.14 *Aalto-Ballett für Kinder* (7)
„Max und Moritz" von Michael Kropf//Gioacchino Rossini (*gekürzte Version*)
22.06.14 *Abenteuer Konzert (zum Abschluss des Workshops)*
„Rockin' the Stage – Musik macht müde Maschinen munter"
Konzept: Marie-Helen Joël
Solisten: Christina Clark/Jasmin Dommen/Claudia Hauf/Marie-Helen Joël; Thomas Hohler/Björn Kuhn/Henrik Wager/Andreas Wolfram
United Rock Orchestra, ML: Heribert Feckler

Foyer
15.09.13 *Oper Kleinlaut* (14)
„Rumpeldipumpel! – Ein Stilzchen kommt selten allein!" von Marie-Helen Joël (Buch/Konzept)
Christina Clark/Marie-Helen Joël; Thomas Hohler/Matthias Koziorowski/Andreas Wolfram
ML: Heribert Feckler
28.10.13 *Ferienabenteuer Vorlaut*
„Es war dreimal …!" Workshop (bis 30.10.)
17.11.13 *Abenteuer Kleinlaut* (8)
„Auf dem Mond ist alles besser" mit Marie-Helen Joël; Niklas Schwarz (Viola)/Juriko Akimoto (Klavier)
15.12.13 *Abenteuer Vorlaut* (8)
„Mein lieber Scholli, der Pott klingt flott!" mit Claudia Hauf/Marie-Helen Joël; Heribert Feckler (Klavier)
13.01.14 *Abenteuer Kleinlaut* (8)
„Die Bremer Stadtmusikanten und andere Spinner" mit Marie-Helen Joël/Heribert Feckler
16.02.14 *Abenteuer Vorlaut* (8)
„Einatmen, ausatmen – Das ist der Trick" mit Marie-Helen Joël und den Aalto-Krainern (Klarinette/Trompete/Tuba)
06.04.14 *Abenteuer Vorlaut* (8)
„Alle im gleichen Rhythmus" – die Fußball-Weltmeisterschaft 2014 mit Marie-Helen Joël/Matthias Koziorowski; Boris Gurevich (Klavier)/Olaf Kerstan (Schlagzeug)
04.05.14 *Abenteuer Kleinlaut* (8)
„Ohren auf im Straßenverkehr" mit Marie-Helen Joël/Stefanie Rodriguez; Johannes Witt (Klavier)

JOTA – Junger Opern Treff Aalto
Foyer
11.11.13 „Fünfundzwanzig Jahre Aalto – wir feiern die Feste, wie sie fallen!" mit Marie-Helen Joël/Matthias Koziorowski
22.06.14 JOTA Spezial: Workshop-Tag in Verbindung mit „Rockin' the Stage"

Cafeteria
27.01.14 „Die Joppe und der Janusarm – Fachjargon für Kostüm-Spezialisten" – Marie-Helen Joël und Mitarbeiter der Kostümabteilung
24.03.14 „Der Pizzatenor und die Sopranpraline" mit Marie-Helen Joël; Alexey Sayapin (Tenor)/Johannes Witt (Klavier)
12.05.14 „Anpfiff, Anstoß, Toooooooooooor! – Die WM 2014"
Marie-Helen Joël/Matthias Koziorowski; Johannes Witt (Klavier)

Philharmonie (Alfried Krupp Saal)
01.03.14 *Abenteuer Konzert*
         Saint-Saëns, „Der Karneval der Tiere", neu erzählt von Juri Tetzlaff
         Philharmoniker, ML: Wolfram Maria Märtig; Juriko Akimoto/Boris Gurevich (Klavier)

RWE-Pavillon
07.10.14 *Konzert für Kinder* (2)
         „Tschingderassa Bumm" mit Marie-Helen Joël; Lorris Dath (Schlagzeug)/ Boris Gurevich (Klavier)
22.05.14 *Konzert für Kinder*
         Strawinsky, „Die Geschichte vom Soldaten" – Suite für Kammerensemble mit Marie-Helen Joël/7 Philharmonikern/Mark Weigel (Schauspieler)

■ **Abstecher**
– „Die Zaubertröte" (Zeche Zollverein 02.03.14, 2×)

Spielzeit 2014/15

Theaterpädagogik: Marie-Helen Joël (Leitung)

Aalto-Theater

24.08.14 *Tag der offenen Tür*
Prokofjew, „Peter und der Wolf"
(auch 26.12., 2×; 06.04.15)
Konzept/Moderation: Marie-Helen Joël; Sprecher: Rainer Maria Röhr
Philharmoniker, ML: Johannes Witt

24.08.14 *Tag der offenen Tür*
„Rockin' the Stage – Musik macht müde Maschinen munter"
Konzept: Marie-Helen Joël
Christina Clark, Jasmin Dommen/Claudia Hauf/Marie-Helen Joël;
Björn Kuhn/Henrik Wager/Andreas Wolfram; United Rock Orchestra,
ML: Heribert Feckler

08.02.15 *Abenteuer Konzert*
„Filmklassiker – Die Aalto-Nacht der Filmmusik"
Coulais/Barratier, „Die Kinder des Monsieur Mathieu"; Store, „Bollywood" (Tanz)/„Herr der Ringe"; Norman, „James Bond"; John Williams, „Star Wars"; Mancini, „Pink Panther"; Badelt/Zimmer, „Fluch der Karibik"; Williams, „Superman"; Silvestri, „Forrest Gump"; Zimmer, „Der Gladiator"; Desplat, „The King's Speech"
Philharmoniker, ML: Yannis Pouspourikas; Moderation: Marie-Helen Joël

03.05.15 *Abenteuer Konzert*
Mussorgsky, „Bilder einer Ausstellung"
Philharmoniker, ML: Yannis Pouspourikas; Boris Gurevich (Klavier); Moderation: Marie-Helen Joël

24.05.15 *Education-Projekt des Aalto-Balletts für Schulkassen* (3)
„Queeny" von Ben Van Cauwenbergh (Konzept/Ch) Einstudierung: Marina Dzhigauri/Nour Eldesouki/Ben van Cauwenbergh
Mitwirkende: Schüler/innen regionaler Schulen sowie des Fachbereichs Tanz des Gymnasiums Essen-Werden und Mitglieder des Aalto Ballett Theater

Foyer

31.08.14 *Oper Kleinlaut* (24+2)
„Donnerröschen und der Forscherkönig" von Marie-Helen Joël/Engelbert Humperdinck mit Christina Clark/Marie-Helen Joël; Matthias Koziorowski (Gesang); Boris Gurevich (Klavier)

13.10.14 *Ferienabenteuer Vorlaut*
„Holla, die Waldfee!" (mit Abschlusspräsentation am bis 15.10.)

18.11.14 *Abenteuer Vorlaut* (3)
„Joseph Haydn – Seine Sprache versteht die ganze Welt" mit Marie-Helen Joël/Matthias Koziorowski; Philharmoniker; ML: Johannnes Witt

11.01.15 *Abenteuer Kleinlaut* (8)
„Die Launen der Natur" mit Christina Clark/Marie-Helen Joël; Thomas Meyer (Posaune)

22.02.15 *Abenteuer Vorlaut* (8)
„Von Füchsen, Hexen und auch Helden …" mit Alice Brie (Flöte)/Johannes Schittler (Klarinette)/Ilka Wagner (Fagott)/Juriko Akimoto (Klavier); Marie-Helen Joël

20.04.15 *Abenteuer Kleinlaut* (8)
„Ins gemachte Bett gesetzt" mit Marie-Helen Joël; Heribert Feckler (Klavier)

22.05.15 *Abenteuer Vorlaut*
„Ein Amerikaner in Paris – Let's Fall in Love!"
Philharmoniker, ML: Tomáš Netopil; Moderation: Marie-Helen Joël; Oliver Malitius (Klavier)

08.06.15 *Abenteuer Kleinlaut* (8)
„Wer hat an der Uhr gedreht?" mit Marie-Helen Joël/Anne Rosenstock; Christopher Bruckman (Klavier)/Konzertmeister Florian Geldsetzer (Geige)

JOTA – Junger Opern Treff Aalto
Foyer
08.02.15 JOTA-Spezial in Verbindung mit „Filmklassiker – Die Aalto-Nacht der Filmmusik" (Workshop)
18.05.15 „Rusalka – Unsere kleine Meerjungfrau" mit Marie-Helen Joël/Matthias Koziorowski

Cafeteria
15.09.14 „Die „zwünf" besten Tipps für die Spielzeit 2014/15" mit Marie-Helen Joël; Matthias Koziorowski/Marcel Rosca u. a.; Oliver Malitius (Klavier)
19.01.15 „Film ab – Musik an!" mit Marie-Helen Joël/Matthias Koziorowski
16.03.15 „Aus dem Leben eines Tänzers" mit Marie-Helen Joël/Matthias Koziorowski; Adelina Nigra (ehemalige Tänzerin)/Michelle Yamamoto/Denis Untila (Ballett)

Probe-Bühne 1
24.11.14 „150 Jahre Toulouse Lautrec und unsere Bühnenmaler" mit Marie-Helen Joël und Theatermalerin Maike Daum

Zollverein
12.12.14 „Hexe Kleinlaut und die Abstürzende Weihnachtsgans" von Marie-Helen Joël (2)
mit Marie-Helen Joël/Matthias Koziorowski (Gesang); Heribert Feckler (Klavier)/Lorris Dath (Schlagzeug)
15.02.15 „Donnerröschen und der Forscherkönig" (2)
10.05.15 „Donnerlüttchen, dat is abber ne Glanzleistung" von Marie-Helen Joël (2)
mit Dilay Hauf/Marie-Helen Joël (Gesang); Heribert Feckler (Klavier)
23.06.15 „Lauschangriff Zollverein" von und mit Marie-Helen Joël (Gesang); Heribert Feckler (Klavier)/Oliver Kerstan (Schlagzeug) (2)

Philharmonie (Alfried Krupp Saal)
21.09.14 *Konzert für Kinder*
„Spielt auf, ihr Pfeifen!" mit Marie-Helen Joël; Jörg Lopper (Trompete)/Roland Maria Stangier (Orgel)
09.12.14 *Familienkonzert*
Britten, „The Young Person's Guide tot he Orchestra"
Das junge Orchester NRW, ML: Ingo Ernst Reihl; Moderation: Juri Tetzlaff
21.03.15 *Abenteuer Konzert*
Holst, „Die Planeten"
Damen des Philharmonischen Kammerchors (Leitung: Alexander Eberle)/Mädchen des Aalto-Jugendchors (Leitung: Patrick Jaskolka) Philharmoniker, ML: Clemens Schuldt; Moderation: Klaus Kauker

RWE Pavillon
07.12.14 *Konzert für Kinder*
„Knecht Ruprecht, Frau Holle und der Weihnachtsbaum" mit Marie-Helen Joël/Matthias Koziorowski (Gesang); Heribert Feckler (Klavier)/Lorris Dath (Pauke), auch 08.12.
12.02.15 *Konzert für Kinder* (2)
„Kostümalarm" – Tierischer Maskenball mit Marie-Helen Joël; Niklas Schwarz (Viola)/Boris Gurevich (Klavier)

Spielzeit 2015/16

Theaterpädagogik: Marie-Helen Joël (Leitung)
Dramaturgie: Sandra Paulkowsky*

Aalto-Theater
18.12.15 *Abenteuer Musiktheater* (8)
„Die Märchenwelt zur Kur bestellt"
von Marie-Helen Joël (Text)/Heribert Feckler (Musik)
Mitwirkende: Christina Clark/Marie-Helen Joël/Jana Shelley; Tim Hüning/Henrik Wager/Frank Winkels
United Rock Orchestra, ML: Heribert Feckler, I: Marie-Helen Joël, A: Beate Kornatowska, Ch: Michelle Yamamoto

20.11.15 *Abenteuer Konzert*
„Film-Klassiker"
Zimmer, „Barbarian Horde"/„The Battle"/„Earth" aus „Gladiator"; Rota, „Sinfonia Sopra una canzone d'amore", 4. Satz; Custer (Arrangeur), „Themes from 007"; Mancini, „The Pink Panther"; Store, „Sinfonische Suite aus „Herr der Ringe"; Williams, „Harry Potter and the sorcerer's stone", Williams, Suite für Orchester „Star Wars" (III. The Imperial March/I. Main Title); Schifrin, „Mission Impossible Theme"; Williams, „The Flight to the Neverland" aus „Hook"
Philharmoniker, ML: Johannes Witt; Christopher Bruckman (Klavier); Moderation: Marie- Helen Joël

05.02.16 „Very British!" – *First Night of the Proms*
„Greensleeves"; Händel, „Halleluja" aus dem Oratorium „Messias"; Morley, Madrigal „Now is the Month of Maying"; Britten, „Sunday Morning" aus „Four Sea Interludes" („Peter Grimes"); McCarthy, „Yesterday" (Arrangement: Feckler); Verdi, Chor „Patria oppressa" aus „Macbeth"; Deep Purple, „Smoke on the Water" (Arrangement: Feckler); „God Save the Queen"; Ralph V. Williams, „Sea Songs"; Thomas Arne, „Rule Britannia"; Elgar, „Pomp and Circumstance Nr. 1"; Sir Hubert Perry, „Jerusalem"; Rodgers, „You'll Never Walk Alone" (Arrangement: Feckler) aus dem Musical „Carousel"
Philharmoniker/Opernchor;
ML: Yannis Pouspourikas; Patrick Jaskolka (Chor/Cembalo)
Moderation: Christina Clark/Marie-Helen Joël

Foyer
23.08.15 *Oper Kleinlaut* (14+2)
„Hänsel ohne Hexe" von Marie-Helen Joël/Engelbert Humperdinck
mit Christina Clark/Marie-Helen Joël; Matthias Koziorowski; Boris Gurevich (Klavier)

05.10.15 *Ferienabenteuer Vorlaut*
„Jetzt wird kräftig in die Hände gespuckt" (4 Tage, Abschlussperformance: 08.10.)
Christina Clark/Marie-Helen Joël/Sandra Paulkowsky; Adelina Nigra (Tanz)/Laura Lenz (Maske)

02.11.15 *Abenteuer Kleinlaut* (8)
„Im Dunklen ist gut Munkeln" mit Marie-Helen Joël/Michael Haag; Boris Gurevich (Klavier)

11.01.16 *Abenteuer Kleinlaut* (8)
„Bei Rot bleib' ich steh'n – Bei Grün darf ich geh'n" mit Marie-Helen Joël/Michael Haag; Boris Gurevich (Klavier)

21.02.16 *Abenteuer Vorlaut* (8)
„Unterwegs mit allen fünf Sinnen" mit Christina Clark/Marie-Helen Joël; Heribert Feckler (Klavier)/Thomas Meyer (Keyboard)

11.04.16 *Abenteuer Kleinlaut* (8)
„Die singenden Saurier" mit Christina Clark/Marie-Helen Joël; Heribert Feckler (Klavier)

04.05.16 *Abenteuer Vorlaut* (5)
„Joseph Haydn – Seine Sprache versteht die ganze Welt" mit Christina Clark/Marie-Helen Joël
Philharmoniker, ML: Johannes Witt; Bernd Puschmann (Cembalo)

06.06.16 *Abenteuer Vorlaut* (8)
„Super Victor – Ran an den Ball!" mit Marie-Helen Joël/Matthias Koziorowski; Christopher Bruckman (Klavier)

JOTA – Junger Opern Treff-Aalto
Foyer
28.09.15 „Der Mond ist aufgegangen – Die totale Mondfinsternis 2015!" mit Marie-Helen Joël; Christian Schröder/Markus Tatzig (Dramaturgen); Boris Gurevich (Klavier)
18.01.16 Crash-Kurs im Dirigieren mit Marie-Helen Joël/Sandra Paulkowsky; Francis Corke

Cafeteria
23.11.15 „Grazie, Giuseppe!" – Jugendliche entdecken Leben und Werk Giuseppe Verdis mit Marie-Helen Joël/Sandra Paulkowsky; Matthias Koziorowski; Boris Gurevich (Klavier)
23.05.16 „Waschen, Föhnen, Legen! – Rossinis „Barbier von Sevilla" mit Marie-Helen Joël/Sandra Paulkowsky
19.06.16 JOTA-Spezial (Workshop im ganzen Haus; Präsentation im Foyer)

Aalto-Bühne
27.06.16 „Die Bühnen-Technik – Unser Opernstar Nr. 1" mit Marie-Helen Joël/Sandra Paulkowsky; Frank Schwartze (Technischer Betriebsinspektor)

Abenteuer Aalto auf Zollverein
20.10.15 „Kerl, wat'n Wetter" mit Christina Clark/Marie-Helen Joël; Heribert Feckler (Klavier) (2)
06.03.16 „Hänsel ohne Hexe" von Marie-Helen Joël, Musik: Engelbert Humperdinck (2) mit Christina Clark/Marie-Helen Joël/Matthias Koziorowski; Boris Gurevich (Klavier)
15.05.16 Prokofjew, „Peter und der Wolf" (2) mit den Philharmonikern Celina Holz (Flöte)/Sandra Schumacher (Oboe)/Johannes Schittler (Klarinette)/Federico Aluffi (Fagott)/Genevieve Clifford (Horn); Marie-Helen Joël

Philharmonie (Alfred Krupp Saal)
02.12.15 *Schulkonzert*
Beethoven, „Eroica", 3. Sinfonie Philharmoniker, ML: Yannis Pouspourikas; Moderation: Markus Kiesel
29.04.16 Brahms, „Haydn-Variationen" Philharmoniker, ML: Yannis Pouspourikas; Moderation: Christian Schröder
21.05.16 *Abenteuer Konzert*
Smetana, „Die Moldau" Philharmoniker, ML: Johannes Witt; Moderation: Juri Tetzlaff

RWE-Pavillon
24.01.16 *Philharmonie entdecken – Konzert für Kinder* (2)
„Wie klingt der Winter?" mit Marie-Helen Joël (Gesang); Angelo Bard (Violine)/Boris Gurevich (Klavier)
23.04.16 *Philharmonie entdecken – Konzert für Kinder* (2)
„Mozart – Jeder Satz ein Schatz" mit Marie-Helen Joël/Streichquartett

Spielzeit 2016/17

Theaterpädagogik: Marie-Helen Joël (Leitung)
Dramaturgin: Sandra Paulkowsky

Aalto-Theater
08.03.17 „Die Märchenwelt zur Kur bestellt" von Marie-Helen Joël/Heribert Feckler (WA, 4) mit Christina Clark/Marie-Helen Joël/Jana Stelley; Tim Hüning/Henrik Wager/Andreas Wolfram
10.05.17 „European Music Contest" (Reihenfolge der Titel nach der Abstimmung) Bizet, „Danse Bohème" aus der „Carmen-Suite Nr. 2"; Strauß, Polka „Éljen a Magyar"; Schostakowitsch, „The Bureaucrat" aus dem Ballett „The Bolt"; Sibelius, „Valse triste"; Dvořák, „Slawischer Tanz op. 46/1"; Brahms, „Ungarischer Tanz Nr. 1"; Rossini, „Soldaten-Tanz" aus der Oper „Wilhelm Tell"; Grieg, „Anitras Tanz" aus der „Peer-Gynt-Suite Nr. 1"; Vaugham Williams, „Christmas Dance" aus der „Suite für Viola und Orchester" (Sebastian Bürger)
Philharmoniker, ML: Johannes Witt; Moderation: Marie-Helen Joël/Moritz Reissenberger
25.06.17 „Fantasia-Aalto" (Konzept: Marie-Helen Joël)
Tschaikowsky, „Schneeflocken-Walzer" aus dem Ballett „Der Nussknacker"; Grieg, „In der Halle des Bergkönigs" aus der „Peer-Gynt-Suite Nr. 1"; Humperdinck, „Eine Hex' steinalt" aus „Hänsel und Gretel"; Weber, „Wolfsschlucht-Szene" aus „Der Freischütz"; Humperdinck, „Sandmännchen"/„Abendsegen" und „Pantomime" aus „Hänsel und Gretel"; Menken, „Part of Your World" aus dem Film „The Little Mermaid"; Dvořák, „Lied an den Mond" aus „Rusalka"; Mozart, 1. Auftritt der drei Damen aus „Die Zauberflöte"; Menken, „A Whole New World" aus dem Film „Aladdin"
Christina Clark/Franciska Devos/ Marie-Helen Joël/Elbenita Kajtazi/ Marion Thienel; Michael Haag/Rainer Maria Röhr
Philharmoniker, ML: Robert Jindra; Aalto-Kinderchor (Patrick Jaskolka)

Foyer
03.09.16 *Oper Kleinlaut* (13+2)
„Rotkäppchen und der Aufschneider" von Marie-Helen Joël/Heribert Feckler mit Christina Clark/Marie-Helen Joël; Michael Haag (Gesang); Heribert Feckler (Klavier)
10.10.16 *Ferienabenteuer Vorlaut* (3 Tage, Abschlussperformance: 12.10.) „Vom Schneemann, der die Sonne liebt" mit Marie-Helen Joël/Sandra Paulkowsky/Adelina Nigra (Choreografie)/Laura Lenz (Maske); Christopher Bruckman (Klavier)
13.11.16 *Abenteuer Vorlaut* (5)
„Advent, Advent – Wer hat's verpennt?" mit Christina Clark/Marie-Helen Joël; Christopher Bruckman (Kl)
10.02.17 *Abenteuer Vorlaut*
Prokofjew, „Peter und der Wolf" Philharmoniker, ML: Johannes Witt; Marie-Helen Joël (Sprecherin)
12.02.17 *Abenteuer Kleinlaut* (8)
„Narrenfreiheit für die Hexe" mit Marie-Helen Joël; Boris Gurevich (Klavier)
03.04.17 *Abenteuer Kleinlaut* (6)
„Hier das grüne Wunder erleben" mit Marie-Helen Joël; Heribert Feckler (Klavier)
14.05.17 *Abenteuer Vorlaut* (6)
„Schumanns Schelmenpaar" mit Marie-Helen Joël; Werner Pecl (Violine)/Juriko Akimoto (Klavier)
09.07.17 *Abenteuer Kleinlaut* (8)
„Abgetaucht – Ich bin dann mal weg!" mit Christina Clark/Marie-Helen Joël; Heribert Feckler (Klavier)/Oliver Kerstan (Schlagzeug)

JOTA – Junger Operntreff Aalto
Foyer
05.09.16 „Gut gerüstet auf die Bühne!" – Der Beruf des Rüstmeisters mit Marie-Helen Joël/Sandra Paulkowsky; Martina Flößer (Rüstmacherin)
07.11.16 „Idee, Entwurf und …Wow!" – Die Entstehung des Bühnenbildes mit Marie-Helen Joël/Sandra Paulkowsky; Andreas Schwark (Produktionsleiter)

Cafeteria
16.01.17 „Rigoletto in Szene gesetzt" – Ein Blick in die Probenarbeit mit Marie-Helen Joël/Sandra Paulkowsky
25.06.17 JOTA Spezial (Workshoptag, Probebühne 1-2/Werkstätten; Präsentation im Foyer)
06.03.17 „Die Kleinigkeiten der Märchenwelt" – Der Beruf des Requisiteurs mit Sandra Paulkowsky und Stefanie Vortkamp (Requisite)
08.05.17 „Klassisch oder Rock und Pop" – Der Beruf des Sängers mit Marie-Helen Joël/Sandra Paulkowsky; Heribert Feckler (Klavier)

Zeche Zollverein (Abenteuer Aalto)
02.12.16 „Morgen Kinder wird's was geben" (2) mit Marie-Helen Joël; Florian Geldsetzer (Violine)/Boris Gurevich (Klavier)
20.02.17 „Die schönste Zeche der Welt" (2) mit Christina Clark/Marie-Helen Joël; Heribert Feckler (Klavier)
26.03.17 „Rotkäppchen und der Aufschneider" von Marie-Helen Joël/Heribert Feckler (2) mit Christina Clark/Marie-Helen Joël; Michael Haag (Gesang); Heribert Feckler (Klavier)
21.05.17 „Die Bremer Stadtmusikanten und andere Spinner" (2) mit Marie-Helen Joël; Heribert Feckler (Klavier)

Philharmonie
01.07.17 „Very British!"- *Essens First Night of the Proms*
Händel, „Halleluja" aus dem Oratorium „Messias"; Ralph Vaughan Williams, „Christmas Dance & Greensleaves"; Madrigale „Mistress Face" von Thomas Morley und „The Shower" von Elgar; „Yesterday" von Paul McCartney und „Smoke on the Water" von Deep Purple (Bearbeitung für vier Violoncellisten); „God Save the Queen"; Elgar, „Land of Hope and Glory"; Mahler, Chor aus der 8. Sinfonie („Sinfonie der Tausend"); Elgar, „Pomp and Circumstance" Philharmoniker, ML: Yannis Pouspourikas; Opernchor/Philharmonischer Chor (Patrick Jaskolka); Moderation: Christina Clark/Marie-Helen Joël

Philharmonie (RWE-Pavillon)
04.11.16 *Philharmonie entdecken – Konzert für Kinder* (2)
„Von Beethoven bis Elise" mit Marie-Helen Joël/Florian Geldsetzer (Violine)/Boris Gurevich (Klavier)
19.03.17 *Konzert für Kinder* (2)
„Zwischen Rhythmus und Pulsschlag" mit Marie-Helen Joël; Lorris Dath (Schlagzeug)/Christopher Bruckman (Klavier)

Spielzeit 2017/18

Theaterpädagogik: Marie-Helen (Leitung)
Dramaturgin: Sandra Paulkowsky

Aalto-Theater
14.09.17 „Don Quichotte für Kinder" – Ballett von Ben Van Cauwenbergh//Ludwig Minkus (3)
05.11.17 „Hänsel und Gretel" – Oper von Engelbert Humperdinck (9) Mitwirkende: Christina Clark/Liliana de Sousa/Elbenita Kajtazi/Karin Strobos/Rebecca Teem; Albrecht Kludszuweit/Heiko Trinsinger Philharmoniker, ML: Friedrich Haider, I: Marie-Helen Joël, K: Ulrich Lott, Ch: Michelle Yamamoto
06.06.18 *Oper Vorlaut* (WA 3) „Die Zauberträte" von Marie-Helen Joël/Mozart u. a. (Arrangements: Heribert Feckler) Christina Clark/Marie-Helen Joël; Michael Haag/Paul Kribbe/Rainer Maria Röhr Philharmoniker, ML: Heribert Feckler

Foyer
10.09.17 *Oper Kleinlaut* (WA, 14+2) „Petrosinella, lass dein Haar herunter!" von Marie-Helen Joël, Musik: Heribert Feckler u. a. mit Christina Clark/Marie-Helen Joël; Michael Haag; Oliver Malitius (Klavier)
12.12.17 *Abenteuer Kleinlaut* (8) „Dreimal darfst du dir was wünschen" mit Marie-Helen Joël/Stefanie Rodriguez; Oliver Malitius (Klavier)
09.01.18 *Abenteuer Kleinlaut* (3) „Musikanten mit tausend Beinen" mit Marie-Helen Joël; Oliver Kerstan (Schlagzeug)/Heribert Feckler (Klavier)
04.02.18 *Abenteuer Kleinlaut* (8) „Sonne, Mond und Sterne" mit Marie-Helen Joel; Niklas Schwarz (Viola)/Juriko Akimoto (Klavier)
22.02.18 *Sonder-Abenteuer Vorlaut* (2+2) „Zollverein – Die schönste Zeche der Welt" mit Marie-Helen Joël; Oliver Kerstan (Schlagzeug)/Heribert Feckler (Klavier)
01.03.18 *Abenteuer Vorlaut* (4) „Mozart – Jeder Satz ein Schatz" mit Marie-Helen Joël/Michael Haag und Philharmonikern
03.04.18 *Ferienabenteuer Vorlaut* (06.04.: Abschlusspräsentation) „Rettung naht! – Ritter und Rüstungen – Drachen und Prinzessinnen"
22.04.18 *Abenteuer Kleinlaut* (8) „April, April, der macht, was er will" mit Marie-Helen Joël; Thomas Meyer (Posaune)/Heribert Feckler (Klavier)
15.05.18 *Abenteuer Vorlaut* (6+2) „WM 2018 – Wer schießt die meisten Tore?" mit Marie-Helen Joël; Boris Gurevich (Klavier)

JOTA – Junger Opern Treff Aalto
25.09.17 „Hänsel ohne Gretel?" – Märchenhafte Opernwelt mit Marie-Helen Joël/Sandra Paulkowsky
20.11.17 „Gut maskiert ist halb gewonnen" – Der Beruf des Maskenbildners mit Marie-Helen Joël/Sandra Paulkowsky und Laura Lenz (Maskenbildnerin)
15.01.18 „Geheimnisse der Unterwelt – Hans Heiling und die Kohle" mit Marie-Helen Joël/Sandra Paulkowsky und Chefdramaturg Christian Schröder
19.03.18 „Der Inspizient – Der Kapitän des Opernschiffs" mit Marie-Helen Joël/Sandra Paulkowsky und den Inspizientinnen Margrit Nickel/Constanze Zur-Kohls
14.05.18 „Fußballgesänge – Lust auf Nationalhymnen?" mit Joël/Sandra Paulkowsky; Boris Gurevich (Klavier)
24.06.18 JOTA Spezial – 2018: Workshop (Thema: „Butterfly")
02.07.18 „Licht ins Dunkle gebracht" – Der Beruf des Beleuchters mit Marie-Helen Joël/Sandra Paul-Kowsky und Tim Waclawek (Beleuchtungsmeister)

Zeche Zollverein
05.12.17 „Petrosinella lass dein Haar herunter!" (2)

25.02.18	„Zollverein – Die schönste Zeche der Welt" (2)
17.06.18	„WM 2018 – Wer schießt die meisten Tore?" (2)

Philharmonie (Alfried Krupp Saal)

08.10.17 *Familienkonzert*
"Der Grüffelo" von Julia Donaldson mit Musik von Mozart/Verdi/Webern/Schostakowitsch/Rossini u. a. Philharmoniker, ML: Johannes Witt; Violine/Moderation: Daniel Hope

Philharmonie (RWE-Pavillon)

21.01.18 *Konzert für Kinder* (2)
"Von Hexen, Wittchen und auch Röschen" mit Marie-Helen Joël; Niklas Schwarz (Viola)/Oliver Malitius (Klavier)

04.03.18 *Konzert für Kinder* (2)
Prokofjew, "Peter und der Wolf" (Fassung für Bläserquintett) mit Marie-Helen Joël; Celina Holz (Flöte)/Andrea Gosling (Oboe)/Johannes Schittler (Klarinette)/Federico Aluffi (Fagott)/Tobias Huber (Horn)

29.04.18 "Ring frei! Wagners Ring in einer Stunde
Moderation/Gesang: Marie-Helen Joël/Christoph Scheeben (Gesang); Christopher Bruckman (Klavier)

Spielzeit 2018/19

Theaterpädagogik: Marie-Helen Joël (Leitung)
Dramaturgin: Sandra Paulkowsky

Aalto

21.12.18 „Hänsel und Gretel" von Engelbert Humperdinck (WA, 3×)
Tamara Banješević/Christina Clark/Marie-Helen Joël/Gabrielle Mouhlen/Karin Strobos; Albrecht Kludszuweit/Rainer Maria Röhr/Heiko Trinsinger
Philharmoniker, ML: Friedrich Haider

30.04.19 „Die Märchenwelt zur Kur bestellt" von Marie-Helen Joël/Heribert Feckler (WA, 5)
Mitwirkende: Christina Clark/Marie-Helen Joël/Jessica Kessler; Tim Hüning/Henrik Wager/Frank Winkels
United Rock Orchestra, ML: Heribert Feckler

09.05.19 *Abenteuer Konzert* (auch 06.06.)
„Very British!" – Musik und Geschichten aus England zum Zuhören und Mitsingen
Vaughan Williams, „Fantasia on Greensleaves" aus der Oper „Sir John in Love"; Händel, „Zadok the Priest", Coronation Anthem; Dowland, „Come Again; Parry, „Music, When Soft Voices Die; Gilbert & Sullivan, „Major-General's Song" aus „The Pirates Of Penzance"; Paul McCarthy, „Yesterday" (Arrangement: Heribert Feckler für 4 Celli); Verdi, Chor „Fuoco di Gioia" aus der Oper „Otello; John Williams, „Flight to Neverland" aus dem Film „Hook"; Deep Purple, „Smoke on the Water" (Arrangement: Heribert Feckler); Elgar, „God Save the Queen" (Arrangement); Vaughan Williams, „Quick March aus „Sea Songs"; Arne, „Rule, Britannia!"; Elgar, „Pomp and Circumstance, March No. 1"; Hubert Parry, „Jerusalem; Rodgers, „You'll Never Walk Alone" aus dem Musical „Carousel" (Arrangement: Heribert Feckler); „Auld Lang Syne" (Arrangement: Heribert Feckler)

Philharmoniker, ML: Johannes Witt, Ch: Patrick Jaskolka; Christina Clark/Marie-Helen Joël; Martijn Cornet; Opernchor/Philharmonischer Chor/Schüler(innen) der S-Klasse der Folkwang Musikschule

26.06.19 „Queeny Unplugged" – Education Projekt des Aalto Ballett Theater von Ben Van Cauwenbergh
ML: Marcus Schönwitz, Chor und Orchester der Goethe-Schule, Schüler und Schülerinnen von Essener Schulen und des Fachbereichs Tanz des Gymnasiums Essen-Werden sowie die Compagnie des Aalto Ballett Theater (3)

Foyer

23.09.18 *Abenteuer Kleinlaut* (8)
„Im Sturm erOpert – Die große Geburtstagssause" (30 Jahre Aalto-Theater) mit Marie-Helen Joël/Stefanie Rodriguez; Oliver Malitius (Klavier)

22.10.18 *Ferienabenteuer Vorlaut* (Probebühne I und II; 25.10.: Abschlusspräsentation im Foyer)
„Knusper, Knusper, Knäuschen, wir bauen uns ein Häuschen!"

30.10.18 *Oper Kleinlaut* (16+2× Zollverein+1 Abstecher)
„Ruckedigu, da fehlt doch ein Schuh" (U) von Marie-Helen Joël (Buch)/Heribert Feckler (Musik) mit Christina Clark/Marie-Helen Joël; Michael Haag (Gesang); Oliver Malitius (Klavier)

20.11.18 *Abenteuer Vorlaut* (5)
„Ist das Kunst oder kann das weg?" mit Marie-Helen Joë; Oliver Kerstan/Fabian Gesell (Schlagzeug)/Heribert Feckler (Klavier)

11.12.18 *Abenteuer Kleinlaut* (8)
„Der verflixte Jahresputz" mit Marie-Helen Joël; Florian Hoheisel (Violoncello)/Oliver Malitius (KLavier)

25.02.19 *Abenteuer Kleinlaut* (8)
„Sprichst Du Jeckisch? Das ABC des Karnevals" mit Christina Clark/

	Marie-Helen Joël; Boris Gurevich (Klavier)
02.04.19	*Abenteuer Vorlaut* (5) „Ohren auf im Tageslauf" mit Christina Clark/Marie-Helen Joël; Heribert Feckler (Klavier)
28.05.19	*Abenteuer Vorlaut* (4) „Bach – Der Himmel lacht, die Erde jubiliert!" mit Marie-Helen Joël/Michael Haag; Patrick Jaskolka Philharmoniker

JOTA – Junger Opern-Treff Aalto
Foyer

01.10.18	„Carmen – Wenn spanische Folklore auf französische Sprache trifft" – Marie-Helen Joël/Sandra Paulkowsky
03.12.18	„Der Freischütz – Eine romantische Horrorgeschichte" mit Marie-Helen Joël/Paulkowsky/Heribert Feckler u. a.
08.04.19	„Musicals im Opernhaus – Der Kniff mit dem Sound" mit Heribert Feckler
03.06.19	„Very British – Man muss die Feste feiern, wie sie fallen" mit Marie-Helen Joël/Jessica Kessler/Sandra Paulkowskiý; Heribert Feckler (Klavier)

Cafeteria

04.02.19	„Der Ring – Magische Kräfte in Film und Oper" mit Marie-Helen Joël/Sandra Paulkowsky
07.07.19	*JOTA Spezial 2019 – „Wasser"* Workshop-Tag rund um „Rusalka" (7 Arbeitskreise, abschließend: Präsentation)

Zeche Zollverein

18.11.18	„Ruckedigu, da fehlt doch ein Schuh" (2)
05.02.19	„Die singenden Saurier" mit Marie-Helen Joël; Heribert Feckler (2)
17.03.19	„Bei Rot bleib ich steh'n – bei Grün darf ich geh'n" mit Marie-Helen Joël/Stefanie Rodriguez; Heribert Feckler (2)

Philharmonie (RWE-Pavillon)

08.12.18	*Konzert für Kinder* (2) „Fröhliche Weihnacht überall!" mit Marie-Helen Joël; Florian Hoheisel (Violoncello)/Oliver Malitius (Klavier)
05.05.19	*Philharmonie entdecken – Konzert für Kinder* „Mit allen Wassern gewaschen" mit Marie-Helen Joël; Celina Holz (Flöte)/Boris Gurevich (Klavier)

■ **Abstecher**
– „Ruckedigu, da fehlt doch ein Schuh" (Hamburger Laeiszhalle 11.05.19)

Spielzeit 2019/20

Theaterpädagogik: Marie-Helen Joël (Leitung)
Dramaturgin: Sandra Paulkowsky

Aalto
12.09.19 „Don Quichotte für Kinder" – Ballett von Ben Van Cauwenbergh//Ludwig Minkus (4)
13.12.19 „Hänsel und Gretel" von Engelbert Humperdinck (WA, 3×) Mitwirkende: Tamara Banješević/Christina Clark/Liliana de Sousa/Marie-Helen Joël//Rainer Maria Röhr/Heiko Trinsinger; ML: Friedrich Haider
08.02.20 „Yesterdate" – Musical-Revue von Marie-Helen Joël/Heribert Feckler (2) mit Christina Clark, Marie-Helen Joël/Brigitte Oelke; Alexander Franzen/Thomas Hohler/Albrecht Kludszuweit/Karl Martin Ludwik/Martin Sommerlatte/Henrik Wager United Rock Orchestra, ML: Heribert Feckler, I/B: Marie-Helen Joël, K: Ulrich Lott

Foyer
07.09.19 *Oper Kleinlaut* (7) „Rotkäppchen und der Aufschneider" von Marie-Helen Joël, Musik: Heribert Feckler mit Christina Clark/Marie-Helen Joël; Michael Haag; Heribert Feckler (Klavier)
05.11.19 *Abenteuer Vorlaut* (5) „Zwischen Rhythmus und Pulsschlag" von und mit Marie-Helen Joël; Heribert Feckler (Klavier)/Oliver Kerstan (Schlagzeug)
08.12.19 *Abenteuer Kleinlaut* (8) „10 kleine Weihnachtsmänner" mit Marie-Helen Joël/Michael Haag; Oliver Malitius (Klavier)
23.01.20 *Abenteuer Vorlaut* (2) „Von Beethoven für Elise" von und mit Marie-Helen Joël; Philharmoniker, ML: Christopher Bruckman
18.02.20 *Abenteuer Kleinlaut* (7) „Tierischer Karneval" mit Marie-Helen Joël; Oliver Kerstan (Schlagzeug)/Heribert Feckler (Klavier)

Abenteuer Aalto auf Zollverein
18.12.19 „Rabatz unterm Weihnachtsbaum" (2) mit Marie-Helen Joël; Thomas Meyer (Posaune)/Heribert Feckler (Klavier)
01.03.20 „Musikanten mit tausend Beinen" (2) von und mit Marie-Helen Joël; Oliver Kerstan (Schlagzeug)/Heribert Feckler (Klavier)

JOTA – Junger Opern Treff Aalto
Foyer
30.09.19 „Pique Dame – Die Oper zum Spiel" – Marie-Helen Joël/Sandra Paulkowsky
20.01.20 Mit „Yesterday in die Sixties" – Marie-Helen Joël/Sandra Paulkowsky

Cafeteria
18.11.19 „Szene Werkstatt – Der Regisseur" – Marie-Helen Joël/Sandra Paulkowsky

Philharmonie (RWE-Pavillon)
30.11.19 *Konzert für Kinder* (auch 01.12.) „Rabatz unterm Weihnachtsbaum" mit Marie-Helen Joël; Thomas Meyer (Posaune)/Heribert Feckler (Klavier)
08.03.20 *Konzert für Kinder* (2) „Die Zeit – Eine unendliche Geschichte" mit Christina Clark/Marie-Helen Joël; Niklas Schwarz (Viola)/Oliver Malitius (Klavier)

13. März 2020: Abbruch der Spielzeit wegen der Corona-Pandemie

Spielzeit 2020/21

Theaterpädagogik: Marie-Helen Joël (Leitung)
Dramaturgin: Sandra Paulkowsky

Foyer
05.09.20 *Oper Kleinlaut* (2)
„Donnerröschen und der Forscherkönig" von Marie-Helen Joël (Buch)/Humperdinck
Mitwirkende: Christina Clark/Marie-Helen Joël; Michael Haag; Oliver Malitius (Klavier)
04.10.20 *Abenteuer Kleinlaut* (2)
„Buntes Herbstgeraschel" mit Marie-Helen Joël; Thomas Meyer (Posaune)/Heribert Feckler (Klavier)

JOTA – Junger Opern Treff Aalto
07.09.20 „Orpheus – Höllenhits aus Griechenland" *(online)*

02.11.20: Erneute Einstellung des Spielbetriebs wegen der Corona-Pandemie

31.03.21 Online-Singen mit der Hexe Kleinlaut (Zehnminütiges Video-Treffen)
Marie-Helen Joël; Heribert Feckler (Klavier), auch 07.04./29.04, jeweils von 10–16 Uhr

Anfang Juni 2021: Wiederaufnahme des Spielbetriebs unter strengen Auflagen

Foyer
07.06.21 *Oper Kleinlaut* (5) „Donnerröschen und der Forscherkönig" von Marie-Helen Joël (Buch)/Heribert Feckler (Musik)
Mitwirkende: Christina Clark/Marie-Helen Joël/Michael Haag; Heribert Feckler (Klavier)

Spielzeit 2021/22

Theaterpädagogik: Marie-Helen Joël (Leitung)
Dramaturgin: Sandra Paulkowsky

Aalto

09.12.21 „Yesterdate – Ein Rendezvous mit den 60ern" von Marie-Helen Joël/Heribert Feckler
Mitwirkende: Christina Clark/Marie-Helen Joël/Brigitte Oelke; Alexander Franzen, Thomas Hohler, Albrecht Kludszuweit/Martin Sommerlatte/Henrik Wager
United Rock Orchester, ML: Heribert Feckler

11.04.22 „Wie aus dem Ei gepellt" – Ferienabenteuer Vorlaut, bis 14.4. (Abschluss-Perfomance, Foyer)

Foyer

04.09.21 *Oper Kleinlaut* (WA, 7+3)
„Donnerröschen und der Forscherkönig" von Marie-Helen Joël (Buch)/Musik: Engelbert Humperdinck u. a. mit Christina Clark/Marie-Helen Joël/Michael Haag; Heribert Feckler (Klavier)

03.10.21 *Abenteuer Kleinlaut* (8)
„Buntes Herbstgeraschel" – Konzept: Marie-Helen Joël mit Christina Clark/Marie-Helen Joël; Thomas Meyer (Posaune)/Heribert Feckler (Klavier)

14.11.21 *Abenteuer Vorlaut* (6)
„Der Ritter im Gewitter" – Konzept: Marie-Helen Joël mit Marie-Helen Joël; Oliver Kerstan (Schlagzeug)/Heribert Feckler (Klavier)

12.12.21 *Abenteuer Kleinlaut* (8)
„Der verrückte Weihnachtsbaum" – Konzept: Marie-Helen Joël mit Marie-Helen Joël/Michael Haag; Oliver Malitius (Klavier)

01.02.22 *Abenteuer Vorlaut* (4)
„Gewaltig viele Noten, lieber Mozart!" mit Marie-Helen Joël; Mannheimer Streichquartett

20.02.22 *Abenteuer Kleinlaut* (5)
„Narrenfreiheit für die Hexe" mit Marie-Helen Joël; Boris Gurevich (Klavier)

04.04.22 *Abenteuer Kleinlaut* (8)
„Hier das grüne Wunder erleben" mit Marie-Helen Joël; Heribert Feckler (Klavier)

29.05.22 *Abenteuer Vorlaut* (5)
„Raus in die Welt" mit Marie-Helen Joël/Michael Haag; Oliver Malitius (Klavier)

Abenteuer Aalto auf Zollverein

17.12.21 „Hexe Kleinlaut und die abstürzende Weihnachtsgans" (2) – Konzept: Marie-Helen Joël mit Marie-Helen Joël; Oliver Kerstan (Schlagzeug)/Heribert Feckler (Klavier)

27.02.22 „Donnerröschen und der Forscherkönig" (2) mit Christina Clark/Marie-Helen Joël; Michael Haag; Heribert Feckler (Klavier)

05.06.22 „Der Sommer wird bunt" (1) mit Marie-Helen Joël; Heribert Feckler (Klavier)

JOTA – JUNGER OPERN TREFF AALTO
Cafeteria

20.09.21 „Tausendsassa Mozart" mit Marie-Helen Joël/Sandra Paulkowsky

22.11.21 „Gut gerüstet – Der Beruf der Rüstmeisterin mit Marie-Helen Joël/Sandra Paulkowsky und Marina Flößer (Rüstmeisterin)

24.01.22 „Aus dem Leben eines Tänzers" mit Sandra Paulkowsky und Elisa Fraschetti (Tänzerin)

23.05.22 „Der Opernknigge" mit Marie-Helen Joël/Sandra Paulkowsky

Philharmonie (RWE-Pavillon)

19.12.21 „Peterchens Raumfahrt" mit Marie-Helen Joël; Niklas Schwarz (Viola)/Oliver Malitius (Klavier)

12.03.22 „Flower Power" (2) mit Christina Clark (Gesang); Oliver Kerstan (Schlagzeug)/Heribert Feckler (Klavier); Marie-Helen Joël (Moderation)

■ Abstecher

– „Donnerröschen und der Forscherkönig" (Castrop-Rauxel 05.09.21; Laeizhalle Hamburg 27.03.22, 2×)

Schauspiel im Aalto-Theater (1988/89–1989/90) und im Grillo-Theater (ab 1990/91)
Spielzeiten 1988/89 bis 2021/22

Spielzeit 1988/89

Geschäftsführer: Hermann Hartwich

Schauspieldirektor: Hansgünther Heyme; *Stellvertretender Schauspieldirektor:* Bernd Bruns
Künstlerisches Betriebsbüro: Margarete Kerkhoff*, *Leiterin*
Dramaturgie: Hanns-Dietrich Schmidt, *Chefdramaturg*; Ute Gartmann*, *Dramaturgin*
Schauspielmusik: Alfons Nowacki; *Gäste:* Peter Raben, Günter Sopper
Choreografie (Gast): Rhys Martin; *Fechten (Gast):* Klaus Figge

Regisseure der Neuinszenierungen: Bernd Bruns, Hansgünther Heyme; *Gäste:* Christina Crist, Annette Dabs, Barbara Esser, Jürgen Esser, Lukas Hemmleb, Herbert König, Paul Schalich
Ausstatter der Neuinszenierungen: Gudrun Flaskämper, Andreas Jander, Wolfgang Münzner, Gerda Nuspel; *Gäste:* Cécile Bouchet, Christina Crist, Didier Payen, Dorothee Schröder, Susanne Thaler
Technischer Direktor: Michael Niehörster*

Ensemble: Margit Carstensen, Susanne Flury, Renate Heuser*, Brigitte Horn, Juliane Janzen, Gabriele Marti, Marina Matthias, Ute Zehlen; Volker K. Bauer, Alfred Böckel, Gerd Braese, Rudolf Cornelius, Sebastian Dominik, Michael Enk, Friedrich Gröndahl, Peter Kaghanowitsch, Volker Lippmann, Wolfgang Robert, Klaus von Mirbach, Ulrich Wiggers, Klaus Peter Wilhelm
Gäste/Teilspielzeit: Roswitha Ballmer, Marita Breuer, Kim Collis, Dagmar Cron, Kerstin Jahnke, Claudia-Sofie Jelinek, Jacqueline Kornmüller, Ingeborg Losch, Gabriele Marti, Marie-Lu Sellem, Anita Walter, Sylvia Weithe; Dietrich Adam, Dominik Castell, Wolff Lindner, Karl-Heinz Pelser, Roland Reber, Ole Schlosshauer, Jan Schütte

Gäste („Orestie", Mitglieder der Folkwang Hochschule): Kerstin Jahnke, Jacqueline Kornmüller, Florence Lienhard, Katharina Linder, Cornelia Popken, Marie-Lou Sellem; Matthias Beck, Peter Espeloer, Bernd Grawert, Daniel Hajdu, Martin Lindow, Jörg Menke-Peitzmeyer
Gäste („Cleopatra", Mitglieder der Folkwang Hochschule): Karoline Eichhorn, Jacqueline Kornmüller, Katharina Linder, Cornelia Popken, Gudrun Skupin; Paul Dorn, Peter Espeloer, Bernd Grawert, Daniel Hajdu, Martin Lindow, Jörg Menke-Peitzmeyer, Frank Müller, Torsten Schade, Frank Watzke
Gäste („Die Ilias des Homer"): Sabine Berg; Wolfgang Arps, Peter Glass, Hans-Georg Gregor, Bernd Hahn, Christoph Quest, Dietmar Saebisch, Joachim Schweizer (Düsseldorfer Schauspielhaus)
Tanja Haller, Kerstin Jahnke, Claudia-Sofie Jelinek, Elisabeth Kopp, Ingrid Peters, Marie-Lou Sellem, Gudrun Skupin, Lil von Essen, Anne Weber; Helmut Büchel, Dominik Castell, Peter Espeloer, Daniel Hajdu, Thomas Kappen, Nikolaus Kinski, Thomas Lang, Jean-François Le Moign, Martin Lindow, Roland Reber, Jan Schütte, Peter Senner

■ Schauspiele (N)
Aalto-Theater
26.11.88 „Orestie" von Aischylos (11+4) – I: Heyme, A: Münzner, M: Nowacki (Chöre)
15.12.88 „Amphitryon" von Heinrich von Kleist (6+2) – I: Heyme, A: Münzner
Rathaus-Theater
24.09.88 „Gerettet" von Edward Bond (16+2) – Leitung: Barbara und Jürgen Esser *(Jugendclub Kritisches Theater)*
06.11.88 „Himmel und Erde" von Gerlind Reinshagen (17) – I: Bruns, A: Jander
17.12.88 „Cleopatra" von Daniel Caspar von Lohenstein (5) – I: Schalich, B: Münzner, K: Nuspel, M: Nowacki (Präsentation der Folkwang Hochschule zusammen mit dem Schauspiel Essen)
29.12.88 „Das Schönste an der Liebe ist die Liebe! (21)
Freche Chansons und Gedichte von

	und mit Renate Heuser/Anita Walter/ Günter Sopper (ML)
25.02.89	„Yerma" von Federico Garcia Lorca (20) – I/B: König, K: Thaler
22.04.89	„Dame Kobold" von Pedro Calderón de la Barca (21+1) – I: Hemmleb, B: Payen, K: Bouchet, Fechtszenen: Figge

Casa Nova II

20.11.88	„Dora" (DsprE) von Hélène Cixous (11) – I/B: Crist, K: Schröder
26.01.89	„Kein Ort. Nirgends" von Christa Wolf/Martin Braucks *Szenische Lesung* (8) – I: Dabs, A: Jander
09.04.89	„Ein Gespräch im Hause Stein über den abwesenden Herrn von Goethe" von Peter Hacks (19) – I/B: Bruns, K: Flaskämper

Düsseldorfer Schauspielhaus

29.04.89	„Die Ilias des Homer" (Koproduktion Düsseldorfer Schauspielhaus/Schauspiel Essen) – I: Heyme, A: Münzner, Musik: Raben, Chöre: Nowacki, Ch: Martin (10× Teile I/II, 5× Teil I, 5× Teil II, alle Vorstellungen in Düsseldorf)

■ **Schauspiel (WA)**

Casa Nova

20.12.88	„Das Trauerspiel des Heinrich von Kleist: Penthesilea" (2)

■ **Abstecher**

– „Amphitryon" (Ludwigsburg 22.01., Grugapark 12.05.89)
– „Dame Kobold" (Aachen, Theatertreffen NRW 05.06.89)
– „Die Odyssee/Lesung" (Neuss 08.05.89)
– „Die Orestie" (Leverkusen 06.12.88, Ludwigsburg 21.01., Düsseldorfer Landtag, Ausschnitte 13.06., Delphi 29.06.89)
– „Gerettet" (Zeche Carl, 07./08.01.89)

■ **Sonderveranstaltungen**

Aalto-Theater

17.09.88	Ein Theater öffnet sich
	Probebühne
	11.00: „Der Störfall" von Christa Wolf; 13.15: „Gerettet" (Szenen) von Edward Bond (Jugendclub Kritisches Theater); 14.45: „Mauser" von Heiner Müller; 17.00: „Der Kontrabass" von Patrick Süskind
	Montagesaal
	15.00: Rezitation Sebastian Dominik 18.00: Rezitation Gerd Braese
18.09.88	Ein Theater öffnet sich
	Probebühne
	13.30: „Der Störfall" von Christa Wolf; 15.30: „Gerettet" (Szenen) von Edward Bond (Jugendclub Kritisches Theater); 17.30: „Der Kontrabass" von Patrick Süskind; 20.00: „Penthesilea" von Heinrich von Kleist
	Montagesaal
	17.00: Rezitation Sebastian Dominik; Ralph Richey (Klavier); 19.00: Rezitation Gerd Braese; Xaver Poncette (Klavier)

Aalto-Theater

15.10.88	„Kultur ist der Motor jeder Kultur" (Abschlussveranstaltung „Kultur 90") mit Hansgünther Heyme (Leitung), Mitgliedern des Ensembles und des „Jugendclub Kritisches Theater"

Aalto-Foyer

04.09.88	Die Kettwichte
12.10.88	Autorenlesung: Raymond Federman, USA
24.10.88	Autorenlesung: Jürg Laederach
06.11.88	Rolf Berg Rezitiert Heinrich Heine „Deutschland ein Wintermärchen"
28.11.88	Autorenlesung: Christoph Ransmayr
09.01.89	Autorenlesung: Oskar Pastior
27.02.89	Autorenlesung: Urs Widmer
13.03.89	Autorenlesung: Wilhelm Genazino
24.04.89	Autorenlesung: John Hawkes, USA
22.05.89	Tucholsky-Abend mit Rolf Berg
05.06.89	Autorenlesung: Eckhard Henscheid

Grillo (Neue Probebühne)

08.10.88	Life auf der Probebühne: Der „Jugendclub Kritisches Theater" unter Leitung von Barbara und Jürgen Esser stellt sich vor

Casa Nova

25.09.88	Essener Szene (Talkshow mit Jochem Schumann), weitere 9×
17.12.88	Weihnacht der Poeten – Lesung des literarischen Zentrums Essen
18.06.89	Lesung zum 5. Todestag von Ilka Boll mit Gabriele Marti/Gerd Braese/

　　　　　Hansgünther Heyme/Klaus-Peter
　　　　　Wilhelm
Rathaus-Theater
08.11.88　„9. November – Reichskristall-
　　　　　nacht" – zum November-Pogrom in
　　　　　Essen mit Hansgünther Heyme (Lei-
　　　　　tung), Mitgliedern des „JKTh" und der
　　　　　Folkwang-Musikschule
26.02.89　Zum Tode von Thomas Bernhard
　　　　　mit Renate Heuser/Marina Matthias;
　　　　　Sebastian Dominik/Hansgünther
　　　　　Heyme/Klaus-Peter Wilhelm
23.03.89　Gegen Rechtsradikalismus in Essen
　　　　　mit Marina Matthias/Hansgünther
　　　　　Heyme/Peter Kaghanovitch/Volker
　　　　　Lippmann/Alfons Nowacki/Karl-
　　　　　Hheinz Pelser/Thomas Rother u. a.

■ Ausstellung
Rathaus-Foyer
06.09.88　Dokumentation „Theater Essen 1933–
　　　　　1945" (Essener Theaterring/Thea-
　　　　　ter-Rampe der AWO, Kreisverband
　　　　　Essen), bis 20.09.

■ Gastspiele
Aalto-Theater
07.12.88　„Schuld sind immer wir andern"
　　　　　(Münchner Lach- und Schießgesell-
　　　　　schaft), auch 09.12.
08.03.89　„Reineke Fuchs" von Johann Wolf-
　　　　　gang von Goethe – Rezitation: Lutz
　　　　　Görner
Casa Nova
18.05.89　Schul- und Amateurtheatertreffen
　　　　　1989 (bis 31.05, auch Humboldaula)
Rathaus-Theater
20.11.88　„Jankele" – Eine jüdische Revue (Text-
　　　　　und Musikcollage der Gruppe ESPE)
03.06.89　„Die Bacchen" von Euripides (attis
　　　　　Theater Athen)
04.06.88　„Medea-Material" von Heiner Müller
　　　　　(attis Theater Athen)
24.06.90　„Jahrhundertrevue" (Freies Werkstatt
　　　　　Theater Köln), auch 25.06.

Spielzeit 1989/90

Geschäftsführer: Hermann Hartwich

Schauspieldirektor: Hansgünther Heyme; *Stellvertretender Schauspieldirektor:* Bernd Bruns
Mitarbeit-Leitung: Hanns-Dietrich Schmidt; *Künstlerisches Betriebsbüro:* Margarete Kerkhoff
Chefdramaturg: Hanns-Dietrich Schmidt; *Dramaturgin:* Ute Gartmann; *Gast:* Simone Kranz
Schauspielmusik: Alfons Nowacki; *Gäste:* Diether de la Motte, Caspar Richter/Gernot Sahler
Choreografie: Krisztina Horváth

Regisseure der Neuinszenierungen: Volker K. Bauer, Bernd Bruns, Annette Dabs, Hansgünther Heyme, Günter Overmann; *Gäste:* Christina Crist, Herbert König, Michael Ritz
Ausstatter der Neuinszenierungen: Volker K. Bauer, Hansgünther Heyme, Andreas Jander, Wolf Münzner, Gerda Nuspel; *Gäste:* Hans Brosch, Randell Greenlee, Didier Payen, Dorothee Schröder, Beatrice von Bomhard, Wolf Vostell
Technischer Direktor: Michael Niehörster

Ensemble: Sylvia Gerlich*, Renate Heuser, Juliane Janzen, Gabriele Marti, Marina Matthias; Volker K. Bauer, Alfred Böckel, Gerd Braese, Rudolf Cornelius, Sebastian Dominik, Christian Maria Goebel, Hansgünther Heyme, Peter Kaghanovitch, Cornelius Knüpffer, Martin Lindow*, Wolfgang Robert, Hans Schulze, Klaus-Peter Wilhelm
Gäste/Teilspielzeit: Manuela Alphons, Margit Carstensen, Diana Gaede, Conny Diem, Ilona Grandke, Sabine Herken, Claudia-Sofie Jelinek, Krause, Renate Krößner, Katharina Linder, Nicola Saussen; Dietrich Adam, Gerd Braasch, Stefan Gubser, Frank Heuel, Jochen Horst, Paul Hubschmid, Bernd Jeschek, Hans Walter Klein, Volker König, Wolff Lindner, Dirk Nawrocki, Günter Overmann, Karl-Heinz Pelser, Peter Schell, Jan Schütte, Günter Sopper
Gäste/Düsseldorf („Empedokles"): Manuela Alphons; Ulrich Beseler, Helmut Büchel, Thomas Höhne, Klaus-Henner Russius

Gäste/Sänger („Der Mensch ist frei …?"): Eliseda Dumitru, Eun-Hee Lee, Susanne Merle, Andreas Rochholl, Klaus Ronck, Raimund Urbanski, Jürgen Wörner

■ **Schauspiele (N)**
Aalto-Theater
15.12.89 „Kabale und Liebe" von Friedrich Schiller (15+7) – I: Heyme, A: Münzner, M: Nowacki
(Premiere: 25.11.89 in der Stadthalle Mülheim, 4×)
10.02.90 „König Lear" von William Shakespeare (15) – I: Heyme, B: Brosch, K: von Bomhard

Rathaus-Theater
21.09.89 „Halbe Wahrheiten" von Alan Ayckbourn (22) – I: Overmann, A: Greenlee
06.10.89 „Der Mensch ist frei …?" (U) von Hg. Heyme/Caspar Richter/H.-D. Schmidt (15+5) – I: Heyme, ML: Richter/Stahler, A: Münzner, Ch: Horváth
(Coproduktion Berliner Festspiele/Schauspiel Essen in Zusammenarbeit mit der Folkwang Hochschule, 1. Premiere: 24.09.89 im Hebbel-Theater-Berlin, 5×)
30.12.89 „Das Kaffeehaus" von Rainer Werner Faßbinder nach Goldoni (21) – I: Dabs, B: Jander, K: Nuspel, M: Nowacki
04.03.90 „Der Tod des Empedokles" von Friedrich Hölderlin (8+2) – I: Heyme, A: Vostell
(1. Premiere am 31.01.90 am Düsseldorfer Schauspielhaus)
18.05.90 „Der offene Brief" von Brian Clark (17) – I: Ritz, B: Jander, K: Nuspel

Casa Nova
09.09.89 „Glück auf!" *Texte – Lieder – Texte aus dem Revier* mit Gerd Braese (13+3 RH+2) – ML: Nowacki, A: Jander

26.11.89 „Quartett" von Heiner Müller (12) – I/A: Bauer
17.12.89 „Über die Schädlichkeit des Tabaks"/ „Der Heiratsantrag"/„Der Bär" von Anton Tschechow – I:/B: Christ, K: Schröder, M: de la Motte/Sahler (21)

mobil

27.08.89 „Bezahlt wird nicht" von Dario Fo (1+16 mobil+2) – I/A: Heyme *(P: Haus Stachels)*

■ **Abstecher**

– „Bezahlt wird nicht" (Gladbeck 08.05., Pulheim 06.06.90)
– „Der Mensch ist frei …?" (Hebbel-Th. Berlin, ab 24.09., 5×)
– „Der Tod des Empedokles" (Düsseldorf 31.01., Duisburg 06.05.90)
– „Freut euch des Lebens" (Marl 30.01.90)
– „Geschichte Gottfriedens von Berlichingen" (Recklinghausen, 25.04.90, 10×)
– „Glück auf!" (Rostock 04.04., Berlin 08.04.90)
– „Kabale und Liebe" (Mülheim 25./26./27./28.11.89, Witten 02.02., Ludwigsburg 06.03., Leverkusen 09.03.90)
– „Kein Ort. Nirgends" (Tübingen 11.03.90)
– „Mauser"/„Bildbeschreibung" (Frankfurt 31.05.90)

■ **Beiprogramme**

Eisenbahntunnel Nöggerathstraße

26.11.89 Texte zu Krieg und Gefangenschaft mit Ute Gartmann/Claudia-Sofie Jelinek; Gerd Braese/Martin Lindow/Alfons Nowacki

Stadthalle Mülheim

26.11.89 „Nicht der Mörder, der Ermordete ist schuldig" von Franz Werfel (Leitung: Elke Burkhardt, B: Andreas Jander, K: Gerda Nuspel, Darsteller: Peter Kaghanovitch)

Aalto (Foyer)

17.12.89 „Nicht der Mörder, der Ermordete ist schuldig" von Franz Werfel, auch 14.01./25.02./18./25.03.90 (Beiprogramm zu „Kabale und Liebe")

Casa Nova

10.06.90 Nachdenken über Deutschland – zum Tag der deutschen Einheit (Leitung: Günter Overmann, Raum: Andreas Jander, Programm: Ute Gartmann; mit Mitgliedern des „Jugendclub Kritisches Theater")

■ **Sonderveranstaltungen**

Aalto-Theater

27.08.89 Tag der offenen Tür
25.01.90 Festival der Musik- und Kunsthochschulen NRW, auch 26./27.01.
04.03.90 Lutz Görners Reziteater: „Deutschland – Ein Wintermärchen" von Heinrich Heine
27.05.90 Lutz Görners Reziteater: „Das Poesiealbum" – 27 Meisterwerke deutscher Lyrik von Goethe bis Fried

Foyer des Aalto-Theaters

09.10.89 Autorenlesung: Jacques Roubaud
06.11.89 Autorenlesung: Cees Notteboom
04.12.89 Autorenlesung: Günter Grass
06.01.90 Autorenlesung: Norbert Wehr („Schreibheft")
29.01.90 Autorenlesung: Uli Becker
05.03.90 Autorenlesung: Gerhard Rühm
12.03.90 Friedrich Schiller, rezitiert von Rolf Berg mit musikalischer Begleitung von Thomas Zentawer
26.03.90 Autorenlesung: Adolf Endler
14.05.90 Goethe-Lesung mit Margrit Straßburger/Thomas Böttger (Klavier)
28.05.90 Autorenlesung: Klaus Modick

Casa Nova

24.09.89 Sonntagabend (Talkshow mit Jochem Schumann), weitere 5×

Volkshochschule

06.12.89 „Kabale und Liebe" – Podiumsgespräch mit Hansgünther Heyme und Schauspielern

■ **Gastspiele**

Aalto-Theater

28.10.89 „Fracksausen" (Münchner Lach- und Schießgesellschaft), auch 29.10.
16.04.90 „Frühere Verhältnisse" von Johann Nestroy/„Der Selbstmörder" von Arkadij Awertschenko mit Fritz Muliar (Tourneeproduktion Euro Studio Landgraf)
17.05.90 „Über-Lebenszeit" (Kabarett „Herkuleskeule", Dresden) auch 18.05.

Casa Nova
04.05.90 Schul- und Amateurtheatertreffen
         (bis 12.05.)
Rathaus-Theater
25.10.89 Hsiao Hsi-Yuan – Chinesisches
         Handpuppen-Theater
17.01.90 Kabarett „Die Arche", auch 19.01.

Spielzeit 1990/91

Geschäftsführer: Hermann Hartwich

Schauspieldirektor: Hansgünther Heyme; *Stellvertretender Schauspieldirektor:* Bernd Bruns
Künstlerisches Betriebsbüro: Monika Eickelkamp*, Margarete Kerkhoff
Chefdramaturg: Franz Peschke*; *Dramaturgen:* Simone Kranz*, Hanns-Dietrich Schmidt; *Gäste:* Sabine Behrends, Ute Gartmann, Willi Händler; *Jugendclub Kritisches Theater:* Inge Winkler*
Presse und Werbung: Heidemarie Wenke*
Schauspielmusik: Alfons Nowacki; *Gäste:* Tony Glaser, Peer Raben; *Choreografie:* Olimpia Scardi

Regisseure der Neuinszenierungen: Inge Andersen, Günter Overmann, Hansgünther Heyme
Gäste: Tony Glaser, Lukas Hemmleb, Johannes Klaus, Herbert König, Peter Kühn, Brian Michaels
Ausstatter der Neuinszenierungen: Andreas Jander, Wolf Münzner; *Gäste:* Roland Aeschlimann, Anna Eiermann, Gerd Friedrich, Tony Glaser, Jeanette Holzer, Franz Koppendorfer, Peter Kühn, Béatrice Leppert, Mitra Nadjmabadi, Gerda Nuspel, Didier Payen, Joachim Peter, Nina Reichmann, Inge Winkler
Technischer Direktor: Michael Niehörster

Ensemble: Diana Gaede*, Renate Heuser, Juliane Janzen, Karin Klein*, Gabriele Marti, Marina Matthias; Dietrich Adam, Gerd Braese, Rudolf Cornelius, Sebastian Dominik, Christian Maria Goebel, Frank Heuel, Thomas Höhne*, Peter Kaghanovitch, Cornelius Knüpffer, Martin Lindow, Wolfgang Robert, Hans Schulze, Klaus-Peter Wilhelm
Gäste/Teilspielzeit: Cordula Bachl-Eberl, Greta Bahrmann, Margit Carstensen, Sylvia Gerlich, Ilona Grandke, Sabine Herken, Brigitte Janner, Claudia-Sofie Jelinek, Renate Krößner, Katharina Linder, Petra Redinger, Nicola Saussen, Susanne Tremper, Isabelle Werenfels, Ingeborg Wolff; Volker K. Bauer, Kurt Beck, Jean-Pierre Cornu, Gerd David, Helge Degel, Sebastian Fikus, Stefan Gubser, Mathias Herrmann, Thomas Höhne, Bernd Jeschek, Laszlo Kish, Heinz Kloss, Peter Kollek, Heinrich Kraus, Wolf Lindner, Manuel Molina, Volker Lippmann, Ronald J. Marx, Nikolaus Neureiter, Götz Olaf Rausch, Roland Reber, Reent Reins, Hans Richter, Marcus Vick, Jan Schütte, Meinhard Zanger

■ **Schauspiele (N)**
Grillo
23.09.90   „Ein Sommernachtstraum" von William Shakespeare (28, einschließlich der GP) – I: Heyme, A. Münzner, M: Nowacki, Ch: Scardi
(22.09.90: Eröffnung des renovierten Grillo-Theaters, geschlossene Vorstellung)
12.10.90   „Geschichte Gottfriedens von Berlichingen mit der eisernen Hand, dramatisiert" von Johann Wolfgang Goethe (17) – I: Heyme, A: Münzner, M: Raben
(1. Premiere am 25.04.90 bei den Ruhrfestspielen in Recklinghausen)
19.12.90   „Der zerbrochene Krug" von Heinrich von Kleist (22+1) – I: Heyme, A: Münzner
23.02.91   „Tartuffe" von Molière (17) – I: König, B: Koppendorfer, K: Leppert
18.05.91   „Die schöne Fremde" (U) von Klaus Pohl (6+5) – I: Klaus, A: Friedrich
(1. Premiere am 12.05.91 bei den Ruhrfestspielen in Recklinghausen)
01.07.91   „Moskauer Gold" (DsprE) von Tariq Ali/Howard Brenton (2+6) – I: Heyme, A: Münzner, M: Nowacki

Studio
30.09.90   „Biedermann und die Brandstifter" von Max Frisch (28) – I: Overmann, B: Jander, K: Nuspel, M: Nowacki
14.10.90   „Butterbrot" von Gabriel Barylli (31) – I: Andersen, A: Nadjmabadi
23.12.90   „Der Spieler" von Nikolai Gogol (16) – I: Hemmleb, B: Payen, K: Eiermann

03.03.91 „Tona Clusters"/„Nackt steh ich vor euch" (DsprE) von Joyce Carol Oates (15) – I: Michaels, A: Aeschlimann

Rang im Grillo
12.05.91 „Heldengedenktag" (DsprE) von Donald Freed (5) – I/A: Kühn, M: Nowacki

Humboldtaula
16.10.90 „Der Park" von Botho Strauß (3 + 3 RH + 4 Zeche Carl+2) – I/M: Glaser, B: Peter, K: Glaser/Holzner/Winkler *(Jugendclub Kritisches Theater)*

mobil
14.12.90 „Die schmutzigen Hände" von Jean-Paul Sartre (15+3) – I: Overmann, B: Jander, K: Jander/Reichmann, M: Nowacki *(P: Gaststätte „Zum Annental")*

■ **Schauspiele (WA)**
18.01.91 „Kabale und Liebe" von Schiller (3)
27.02.91 „Bezahlt wird nicht" von Fo (2)
04.05.91 „Glück auf!" (4)

■ **Abstecher**
– „Der zerbrochene Krug" (Witten 21.04.91)
– „Der Park" (Recklinghausen 2×)
– „Die schmutzigen Hände" (Mülheim 01.02., 10./11.04.91)
– „Die schöne Fremde" (Recklinghausen ab 12.05., 4×, NRW-Theatertreffen Neuss 10.06.91)
– „Moskauer Gold" (Recklinghausen, ab 17.05.91, 6×)

■ **Sonderveranstaltungen**
Grillo
15.09.90 Kultur-Fest zur Eröffnung des neuen Grillo-Theaters (Programmauswahl) „Schöne Magelone" von Johannes Brahms mit Wolfgang Holtmair (Bariton)/Thomas Palm Klavier)/Hansgünther Heyme (Sprecher); Liedermacher Konstantin Wecker (Hauptbühne)
„Bezahlt wird nicht" von Dario Fo; „Ich, Feuerbach" von Tankred Dorst (Studio);
„Ach, wie mich das aufregt", Chansons mit Renate Heuser/Alfons Nowacki (Probebühne)
„Wiener und Berliner Kaffeehausmusik" mit dem Salonorchester Essen/„Dixieland-Musi" mit den Disharmonikern (Kennedyplatz)
„Trommeln in der Nacht" von Bertolt Brecht/„Der Sturm", Puppentheater von und mit Dieter Malzacher; „Im Theater ist nix los", Chansons mit Petra Lamy (Casa Nova)

16.09.90 Kultur-Fest zur Eröffnung des neuen Grillo-Theaters (Programmauswahl) Essener Philharmoniker mit Werken von Johann Strauß (Sohn), u. a. „Kaiser-Walzer"/„Tritsch-Tratsch-Polka"; „Fledermaus-Ouvertüre", ML: Heinz Wallberg
Öffentliche Probe des Essener Balletts; Rock'n Roll Kabarett mit Ringswandl; „Wie werde ich reich und glücklich", Lieder, Texte, Chansons mit Ortrud Beginnen/Alfons Nowacki (Hauptbühne); „Nicht der Mörder, der Ermordete ist schuldig" von Franz Werfel (Lesung mit Peter Kaghanovitch; „Blamier mich nicht, mein schönes Kind", Heinrich-Heine-Abend, Theater Erfurt (Studio);
„Geld, Heyme und Moneten" – Gesprächsrunde mit Hansgünther Heyme/Architekt Werner Ruhnau/Kammersänger Karl-Heinz Lippe/Burkhard, Theaterring/Dr. Ernst Schmidt und Alfons Wafner, AWO; „Stille Wasser" von Anne Huwaert//Y. Suyman, Folkwang Hochschule, Studiengang Tanz (Theaterplatz); „Ruhrgebietslieder" mit Tana Schanzara/Alfons Nowacki (Kennedyplatz)

06.02.91 AWO-Projekt „Kennen Sie den Sommernachtstraum?" – Talkshow mit Hansgünther Heyme und Friedel Hanster/Theaterring, Moderation: Ernst Schmidt/Alfons Wafner (AWO)

02.03.91 „Wie werde ich reich und glücklich?" – Lieder, Texte, Chansons mit Ortrud Beginnen/Alfons Nowacki

Studio
18.10.90 Autorenlesung: Bodo Hell
22.11.90 Autorenlesung: Michael Krüger

06.12.90	Autorenlesung: Urs Allemann
20.01.91	Lesung: „Nicht der Mörder, der Ermordete ist schuldig" von F. Werfel mit Peter Kaghanovitch Leitung: Elke Burkhardt, B: Jander, K: Nuspel (Vorher: Stadthalle Mülheim 26.11.89)
24.01.91	Autorenlesung: Wilhelm Genazino
28.01.91	Lesung: „Konjunktur" von Leo Lania
21.02.91	Lesung: Aus „Zettels Traum" von Arno Schmidt mit Jan Philipp Reemtsma/Joachim Kersten/Bernd Rauschenbach
15.03.91	Autorenlesung: Mircea Dinescu
16.05.91	Autorenlesung: Harry Mathews
17.05.91	„Das Schlimmste kommt noch oder fast eine Jugend" von Charles Bukowski mit Werner Koj
21.05.91	„Herr Berger moderiert" – Pantomime und Maskenspiel von und mit Demian, auch 22.05.
13.06.91	Autorenlesung: Thomas Kling
20.06.91	Russische Absurde: Peter Urban stellt vor: Daniel Charms/Vladimir Kazakow u. a.

Rang im Grillo

02.06.91	„Variationen über Narziss" von Christina Crist/Werner Sprenger, auch 03.06., 2× (Lesung mit Marina Matthias/Hansgünther Heyme/Peter Kaghanovitch)

Casa Nova

25.11.90	Sonntagabend (Talkshow mit Jochem Schumann), weitere 4×

Café Central

Mehrfach Einzeltermine	Musikalische Konversation
03.01.91	„Seelenarbeit" von Martin Walser – Szenisches Solo mit Heinz Kloss, auch 18.02.
03.02.91	„Affengeil" – Eine Show von und mit Lotti Huber
11.03.91	„Ein Bericht für eine Akademie" von Franz Kafka – Es spielt Ralf Gottesleben, auch 13.05.
05.05.91	Matinee: T(h)ree On(e) Music
25.06.91	„TestamEnd" – Kabarett-Programm mit Michael Wilke

Alte Probebühne

26.04.91	Autorenlesung: Hartmut Geerken

Buchhandlung im Grillo

13.11.90	Pieke Biermann liest aus „Violetta"
26.11.90	Emine Sevgi Özdamar liest aus „Mutterzunge"
04.02.91	Lesung: „Über das Marionettentheater" von Heinrich von Kleist/„Der Seiltänzer" von Jean Genet mit Christian Maria Goebel/Karin Klein
20.02.91	Einführungs-Soiree: „Zettels Traum" von Arno Schmidt mit Jörg Drews
04.03.91	„Amort" – Lyrische Prosa aus Paris mit Nina Ranalter/Peter Kaghanovitch
15.05.91	Krimiabend mit Autoren aus dem Revier: Conny Lens/Reinhard Junge/Leo P. Ard
27.05.91	Ariadne-Krimireihe mit Kim Engels
17.06.91	Juliane Janzen/Dietrich Adam lesen Ausschnitte aus Werken von Majakowski/Lorca/Pound

Eisenbahntunnel Nöggerathstraße

26.11.90	Texte zu Krieg und Gefangenschaft mit Ute Gartmann/Claudia-Sofie Jelinek; Gerd Braese/Martin Lindow; Alfons Nowackki

■ Gastspiele

Grillo

05.01.91	„Das Käthchen von Heilbronn" von H. von Kleist (Th. an der Ruhr/Mülheim), auch 06.01.
10.01.91	„Dantons Tod" von Georg Büchner (Theater an der Ruhr/Mülheim), auch 11.01.
12.01.91	„Kaspar" von Peter Handke (Theater an der Ruhr/Mülheim), auch 13.01.
14.03.91	„Der Kroatische Faust" von Slobodan Snajder (Th. an der Ruhr/Mülheim), auch 15.03.
16.03.91	„Leonce und Lena" von Georg Büchner (Theater an der Ruhr/Mülheim), auch 17.03.
12.04.91	„Drei Schwestern" von Anton Tschechow (Theater an der Ruhr/Mülheim), 5×
27.06.91	„Ritter, Dene, Voss" von Thomas Bernard (Burgtheater Wien), auch 28./29.06. *(Theater der Welt Essen 1991)*

01.07.91 „Moskauer Gold" von Tariq Ali/H. Brenton, auch 02.07. [Essener Beitrag zum *Theater der Welt*]
03.07.91 Marianne Hoppe liest „In hora mortis" *(Theater der Welt Essen 1991)*
06.07.91 „Erniedrigte und Beleidigte" nach Dostojewski/Tolstoi mit Texten von Lenin/Solschenizyn (Staatliches Drama-Theater Omsk/Russland), auch 07.07 *(Theater der Welt Essen 1991)*
09.07.91 „Hermaphroditus", 12. Szene: Massenkundgebung von Ivan Stanev (Bulgarien), auch 10.07. *(Theater der Welt Essen 1991)*
12.07.91 „Selbstbildnis eines Künstlers mit Bart und Zylinder" von José Ignacio Cabrujas (Grupa Theja/Venezuela), auch 13.07. *(Theater der Welt Essen 1991)*

Foyer
11.07.91 „Die wilde Jagd" – Szenen über Terror, auch 12./13.07. [Essener Beitrag zum *Theater der Welt*]

Casa
03.07.91 „Paso de Dos – Mein Schweigen ist dein Gefängnis" von Eduardo Pavlovsky (Compania Pavlovsky/Argentinien), auch 04.07. *(Theater der Welt Essen 1991)*
06.07.91 „Potestad – Die geraubten Kinder" von Eduardo Pavlovsky (Compania Pavlovsky/Argentinien), auch 07.07. *(Theater der Welt Essen 1991)*
08.07.91 „Studies in Fantasy" und „The 7 deadly sins" (Stuffed Puppet Theatre), je 1× *(Theater der Welt)*
09.07.91 „Manipulator" und „Underdog", je 1× (Stuffed Puppet Theatre), je 1× *(Theater der Welt)*
10.07.91 „Rooms 5", 2× (Stuffed Puppet Theatre), je 1× *(Theater der Welt)*
12.07.91 „Ohgu – Ritual des Todes" von Yoon-Teak Lee (Goripae/Korea), auch 13./14.07. *(Theater der Welt)*

Studio
19.10.90 „Ich, Feuerbach" von Tankred Dorst (Folkwang) auch 20.10./16./17.11.
21.06.91 „Hallo und Adieu" von Athol Fugard

Rathaus-Theater
18.09.90 Heinrich Heine-Abend (Theater Erfurt)
19.09.90 Franz Kafka-Abend (Theater Erfurt)
20.09.90 „Der Kontrabass" von Patrick Süskind (Theater Erfurt)
28.06.91 „Columbus – Die neue Weltordnung" von Peter Schumann (Bread and Puppet Theatre/USA), auch 29.06. *(Theater der Welt Essen 1991)*
30.06.91 „Einfach kompliziert" von Thomas Bernhard (Burgtheater Wien), auch 01.07. *(Theater der Welt Essen 1991)*
02.07.91 „Beton – Ein Selbstgelächter" von Thomas Bernhard mit Peter Fitz (Burgtheater Wien) *(Theater der Welt Essen 1991)*
04.07.91 „Die versprochene Welt" (Theatre de la Marmaille/Kanada) auch 05./06.07., 5× *(Theater der Welt Essen 1991)*
07.07.91 „Mary Stuart – Gefangensein fern vom Leben" von Denise Stoklos (Brasilien), auch 08.07. *(Theater der Welt Essen 1991)*
11.07.91 „Ein Mann namens Macbeth" von Takeshi Kawamura (Daisan Erotica/Japan) auch 12./13.07. *(Theater der Welt Essen 1991)*

Humboldtaula
05.07.91 „Auf der Mauer, auf der Lauer" von Volker Ludwig/Reiner Lücker (Grips Theater Berlin), auch 06.07. *(Theater der Welt Essen 1991)*
11.07.91 „Die Perlen des Mundes" von Flora Lauten (Teatro Buendia/Kuba), auch 12.07. *(Theater der Welt Essen 1991)*
13.07.91 „Ein Elefant braucht viel Platz" von Laura Devetach (Teatro Buendia/Kuba), auch 14.07.

Aalto-Theater
27.06.91 „Metros" – Que Paso con las Magdalenas, auch 28.06. *(Theater der Welt Essen 1991)*
01.07.91 „Heldenplatz" von Thomas Bernhard (Burgtheater Wien), auch 02.07. *(Theater der Welt)*
06.07.91 „Furka E. Mistersme" (Albanisches Drama Theater), auch 07.07. *(Theater der Welt Essen)*

Spielzeit 1991/92

Geschäftsführer: Hermann Hartwich

Schauspieldirektor: Hansgünther Heyme; *Stellvertretender Schauspieldirektor:* Bernd Bruns
Künstlerisches Betriebsbüro: Monika Eickelkamp
Chefdramaturg: Franz Peschke; *Dramaturgin:* Maren Lehmann*; Hanns-Dietrich Schmidt; *Gäste:* Wilhelm Händler, Stefanie Waszerka; *Jugendclub Kritisches Theater:* Inge Winkler
Presse und Werbung: Heidemarie Wenke*
Schauspielmusik: Alfons Nowacki; *Gäste:* Arni Arnold, Alan Bern, Volker Blumenthaler, Joachim Gutschke, Peer Raben; *Choreografie (Gäste):* Peter Morin, Vivienne Newport, Irina Pauls, Joachim Schäfer; Helge Degel (Essen)

Regisseure der Neuinszenierungen: Inge Andersen, Hansgünther Heyme, Günter Overmann; *Gäste:* Gila Maria Becker, Tony Glaser, Joshua Sobol, Friedrich Karl Waechter, Ingeborg Wald
Ausstatter der Neuinszenierungen: Wolf Münzner; Gaby Frey, Michael Hälker, Judith Holste, Andreas Jander, Bert Kistner, Christiane Marx, Mitra Nadjmabadi, Nikolaus Porz, Gerda Nuspel, Ina Schott, Birgit Voß, Friedrich Karl Waechter
Technischer Leiter: Michael Niehörster

Ensemble: Sylvia-Verena Gerlich*, Juliane Janzen, Karin Klein, Gabriele Marti, Marina Matthias, Julia Wolff*; Dietrich Adam, Gerd Braese, Rudolf Cornelius, Sebastian Dominik, Thomas Höhne, Peter Kaghanovitch, Andreas Keller*, Thomas Klenk*, Heinz Kloss, Cornelius Knüpffer, Volker Lippmann, Dirk Plönissen, Wolfgang Robert, Hans Schulze, Klaus-Peter Wilhelm
Gäste/Teilspielzeit: Cordula Bachl-Eberl, Geta Bahrmann, Astrid Breidbach, Imke Brügger, Margit Carstensen, Isabel Dörfler, Susi Eisenkolb, Claudia Fenner, Diana Gaede, Julia Gartzke, Sylvia Gerlich, Renate Heuser, Gudrun Landgrebe, Anja Niederfahrenhorst, Verena Reichhardt, Susanne Tremper, Kirsten Ungerathen, Nadja Varga, Ursula Vincent, Doina Weber, Isabelle Werenfels, Ingeborg Wolff

Arni Arnold, Gerd Braasch, Jean-Pierre Cornu, Marcello de Nardo, Michael Evers, Sebastian Fikus, Giovanni Früh, Stefan Gubser, Carlos Gundermann, Martin Hirner, Laszlo Kish, Peter Kollek, Michael Letmathe, Wolff Lindner, Martin Lindow, Robert Makowitzki, Ronald J. Marx, Nikolaus Neureiter, Götz Olaf Rausch, Roland Reber, Reent Reins, Hans Richter, Hartwig Rudolz, Sebastian Rüger, Heinz Henner Russius, Klaus Seiffert, Meinhard Zanger, Andreas Zaron
Gäste (Musical, Schauspieler und Tänzer): Aischa Al Zobeidi, Imke Brügger, Claudia Capriles, Stephanie Löber; Björn Dömkes, Axel Friese, Peter Morin, Alexander Schottky

■ Schauspiele (N)
Grillo
19.09.91 „Moskauer Gold" von Tariq Ali/ Howard Brenton (11) – I: Heyme, A: Münzner, M: Nowacki
09.10.91 „Zwei Herren aus Verona" von William Shakespeare (17+1) – I: Overmann, B: Jander, K: Nuspel, M: Blumenthaler, Ch: Degel
07.11.91 „King Kongo" (U) von Gaston Salvatore (14+1) – I. Heyme, A: Münzner, Ch: Pauls, M: Nowacki
16.01.91 „Die Tochter der Luft" (U) von Hans Magnus Enzensberger nach Calderon (21+1) – I: Heyme, A: Münzner, M: Raben
14.03.92 „Ghetto" von Joshua Sobol (11) – I: Sobol, A: Münzner, Ch: Newport, ML: Bern
09.05.92 „Lysistrate" frei nach Aristophanes *Jugendclub Kritisches Theater* (7) – I: Glaser, B: Hälker, K: Schott, M: Gutschke, Ch: Schäfer
Studio
25.09.91 „Der Hausmeister" von Harold Pinter (22) – I: Andersen, A: Nadjmabadi
17.10.91 „Vielleicht dein Lebensglück …?!" Tucholsky-Abend mit Gerd Braese (12) – ML: Nowacki, B; Jander

13.11.91	„Luzi"/„Armer Yorik" (U) von Friedrich K. Waechter (25) – I/B: Waechter, K: Marx, M: Arnold
22.01.92	„Genau"/„Noch einen Letzten"/„Party Time" (DEA) von Harald Pinter (14) – I: Kühn, A: Voß
05.04.92	„Killerfische" (U) von Manfred Karge (9) – I: Overmann, B: Jander, K: Nuspel, M: Nowacki
21.05.92	„Wer hat Angst vor Virginia Woolf …?" von Edward Albee (18) – I: Becker, B: Nadjmabadi, K: Holste

Rang im Grillo-Theater

30.11.91	„Das letzte Band" von Samuel Beckett (6) – I: Waldherr, A: Porz *(Coproduktion mit der Folkwang Hochschule)*

■ Musical (N)

Grillo

10.06.92	„Kiss me, Kate" von Cole Porter (20+20) – I: Heyme, ML. Nowacki, B: Kistner, K: Frey, Ch: Morin *(Coproduktion mit den Ruhrfestspielen Recklinghausen in Zusammenarbeit mit der Folkwang Hochschule, P: 02.05.)*

■ Schauspiele (WA)

04.10.91	„Der zerbrochene Krug" von Kleist (7)
16.11.91	„Die schöne Fremde" von Klaus Pohl (6)
06.02.92	„Ein Sommernachtstraum" von Shakespeare (7)

■ Abstecher

– „Die Tochter der Luft" (Leverkusen 31.03.92)
– „King Kongo" (Ludwigsburg 21.02.92)
– „Kiss me, Kate" (Ruhrfestspiele Recklinghausen, ab 02.05.92, 20×)
– „Zwei Herren aus Verona" (Mülheim 23.02.92)

■ Sonderveranstaltungen

Grillo
Regelmäßig: Jazz im Grillo
Einzeltermine

07.09.91	Internationales Kulturfest
22.05.92	Lange Nacht der Literatur – Eine Reise durch die Nacht der Romantik über andere Erdteile bis ins Schaurige und Erotische mit Ensemblemitgliedern und einem Überraschungsgast

Casa Nova

21.10.91	Max Goldt liest „Dramatische Miniaturen"
24.11.91	Sonntagabends (Talkshow mit Jochem Schumann), weitere 4×
20.02.92	Bert Papenfuß-Gorek/Sascha Anderson lesen aus ihren neuesten Gedichtbänden

Studio

03.10.91	Dieter H. Stündel stellt seine „ÜbelSätZung" von James Joyce's „Finnegans Wake" vor
21.11.91	Tilan Spengler liest aus „Lenins Hirn"
12.12.91	Ror Wolf liest aus „Nachrichten aus der bewohnten Welt"
27.01.92	Peter Urban liest Schauspielergeschichten und Humoresken von Anton Tchechov
29.01.92	Peter Rühmkopf liest neue Gedichte
08.03.92	Lesung: Josua Sobol
26.03.93	Lesung: Durs Grünbein
27.04.92	Lesung: Paul Auster
26.05.92	Lesung: Günter Herburger
01.06.92	Wilhelm Genazino liest „Leise singende Frauen"
25.06.92	Lesung: Vladimir Sorokin

Café Central

14.10.91	„Playtexts – mit Maschinen reden" – Ein Gaukelspiel hebt ab (Theaterforum Köln nach Raymond Federmann), auch 20.10.
12.11.91	„Confusion Sucks" – Eine Band ohne Schublade und Klassifikation
14.11.91	„TestamEnd" – Kabarettprogramm mit Michael Wilke
18.11.91	Ingomar von Kieseritzky liest aus „Der Frauenplan. Etüden für Männer"
18.03.92	„Partiell pathologisch" – Kabarettprogramm mit Skylla und Charabdis
26.03.93	„Zurück zu Keule!" – Satirespiel mit Michael Wilke
13.04.92	„Songs und Satire", von und mit Achim Amme
17.05.92	„Herr Holm – keiner für alle" – Kabarett mit Dirk Bielefeldt
18.05.92	„Schauspiel ist Bewegungskunst" – Gespräch mit Roberto Ciulli/Erinnya

Wolf/Fritz Schediwy/Rabim Burhan/
Nada Kokotovic

Buchhandlung

02.10.91	Hans-Jürgen Heinrich liest „Fichte"
07.10.91	Jörg Walesch liest Texte von Joseph von Westphalen
04.11.91	Thomas Rosenlöcher liest aus „Die Wiederentdeckung des Gehens beim Wandern"
11.11.91	Ilse Kibgis (Gelsenkirchen) liest aus „Meine Stadt ist kein Knüller im Reisekatalog"
25.11.91	Matthias Haase liest Pasolini-Briefe
02.12.91	Rudolf Cornelius (Schauspiel-Ensemble) liest Weihnachtsgeschichten
03.02.92	Thomas Höhne liest
09.03.92	Julia Wolff/Dirk Plönissen lesen „Love Letters"
02.04.92	Ralf Rothmann liest aus seinem Roman „Stier"
06.04.92	„Nadja – Briefe aus Russland" von Vera N. Wodin, ausgesucht und gelesen von Renate Heuser
04.05.92	Dmitri Prigor liest aus „Poet ohne Persönlichkeit"

■ **Gastspiele**

Grillo

15.05.92	„Endspiel" von Samuel Beckett *(Düsseldorfer Schauspielhaus),* auch 16./17.05.
19.05.92	„König Ödipus" von Sophokles I: Robert Ciulli *(Theater an der Ruhr/Mülheim, mit Fritz Schediwy),* auch 20.05.
23.05.92	„Nachtasyl" von Maxim Gorki/„Die Ausnahme und die Regel" von Bertolt Brecht *(Theater an der Ruhr/Mülheim),* auch 24./25.05

Café Central

09.12.91	„Play Strindberg" von Friedrich Dürenmatt (Schauspielschule Nadia Gruhn), auch 16.12.

Spielzeit 1992/93

Geschäftsführer: Otmar Herren*
(Interimsspielzeit mit Gastspielen und Koproduktionen)

Jürgen Bosse
Schauspielintendant 1992–2005

Jürgen Bosse, am 4. November 1939 in Quakenbrück/Niedersachsen geboren, studierte zunächst Agrarwissenschaften; seine Theaterlaufbahn begann er in Berlin als Regieassistent bei Fritz Kortner in Berlin. Seine erste Regie führte er 1970 in Wuppertal bei Rainer Werner Fassbinders „Katzelmacher". 1975 holte ihn Claus Leininger ans Nationaltheater Mannheim, wo er u. a. „Cyankali" von Friedrich Wolf und „Die Bergbahn" von Ödön von Horváth inszenierte. In seiner Zeit als Schauspieldirektor in Mannheim (1977–1988) zeichnete er u. a. verantwortlich für die Uraufführung von Volker Brauns „Guevara oder Der Sonnenstaat" (1978); mit seiner Inszenierung „Vatermord" von Arnolt Bronnen (1979) gastierte das Theater Mannheim 1980 beim Berliner Theatertreffen. 1980 betreute er die Uraufführung von Rolf Hochhuths „Ärztinnen". Es folgten u. a. Wedekinds „Lulu" (1981), Millers „Der Tod des Handlungsreisenden" (1983) und Shakespeares „Hamlet" (1986). Dazu schrieb C. Bernd Sucher in der Süddeutschen Zeitung: „Jürgen Bosse bietet mit seiner Inszenierung keine aufsehenerregende neue, keine skandalsuchende unkonventionelle, schon gar keine gewaltsame Interpretation. Die Aufführung ist mit noblem Understatement schlicht." Am Wiener Burgtheater war er mit zwei Arbeiten vertreten, und zwar mit Brechts „Im Dickicht der Städte" (1982) und mit Havels „Largo desolato" (1985).

Von 1988 bis 1993 war Bosse Schauspielintendant am Staatsschauspiel Stuttgart, wo er von der lokalen Presse teilweise sehr kritisch beurteilt wurde, auch wenn ihm „besondere Sorgsamkeit" bescheinigt wurde und „sein Spielplan stets ausgewogen zwischen Modernität und literarischem Erbe" gewesen sei (NRZ, 01.08.1991).

Noch vor Beginn von Heymes letzter Essener Spielzeit präsentierte die vom Aufsichtsrat eingesetzte Findungskommission bereits Ende Juli 1991 dessen Nachfolger Jürgen Bosse, der allerdings noch bis 1993/94 vertraglich an Stuttgart gebunden war. So kam es, dass er die Jubiläums-Spielzeit 1992/93 (100 Jahre Grillo-Theater) notgedrungen als Interimsspielzeit weitgehend mit Gastspielen und Koproduktionen organisieren musste, die aber dank ihrer Vielfältigkeit und Qualität Respekt verdienten. Aus Stuttgart stammten „Karate-Billi kehrt zurück" von Klaus Pohl, „Der Raub der Sabinerinnen" von Franz und Paul Schönthan" und „The Comedian Harmonists"; Düsseldorf war mit Elfriede Jelineks Stück

„Clara S." vertreten. Und nicht zufällig hatte das Berliner Schiller-Theater Anfang Oktober 1992 den Gastspiel-Reigen mit Lessings „Minna von Barnhelm" eröffnet, denn mit diesem Lustspiel war das Grillo-Theater am 16. September 1892 eröffnet worden.

Jürgen Bosses Spielplan bot stets eine gelungene Mischung aus klassischen und zeitgenössischen Werken. Dabei zeigte sich seine Vorliebe für englischsprachige Autoren. Neben drei deutschen Erstaufführungen gab es fünfzehn deutschsprachige Premieren und immerhin drei Uraufführungen. Allerdings geriet die erste (17.04.1994) zum Fiasko, sodass auf „Manni Ramm I" kein „Manni Ramm II" folgte. Obwohl Regisseur Bosse von der Qualität des Stücks überzeugt war, reagierte die Kritik negativ, die sich mehr auf den Text als auf die Regie bezog. Johannes K. Glauber (NRZ, 19. April) meinte: „Tatsächlich können einem die Tränen kommen, wenn man bedenkt, was aus dem einst hochgeschätzten Autor Klaus Pohl geworden ist … Mit ‚Manni Ramm!' schoss Pohl eine Eigentor."

Umstritten waren auch zwei Arbeiten von David Bösch (Goethes „Iphigenie auf Tauris") und vor allem von Johann Kresnik („Everyman"). Rolf Finkelmeier (RN, 21.09.99) meinte: „Volker Lösch in Essen kann man nur Versagen auf breiter Front bescheinigen. Wer kein Verhältnis zu einem Stück hat, das von der Sprache lebt, sollte Sprache nicht inszenieren wollen … Man kann nur warnen. Diese ‚Iphigenie' ist extrem schlechtes Theater." Nicht besser erging es Johann Kresnik mit seinem „Everyman", einem Jedermann-Projekt nach Hofmannsthal. „Everyman – Eine Schlamm- und Blut-Orgie" titelte „theater Pur" (Februar 2003), dessen Rezensent Rolf Finkelmeier zwar trotz allem eine gelungene Inszenierung gesehen hatte, aber ob diese „ein Erfolg wird, wird sich zeigen müssen. Das Essener Publikum ist von seinem Intendanten jedenfalls ein völlig anderes Theater gewohnt". Daher entschloss sich Friedel Hanster, Vorsitzender des Theaterrings, der eine „spannende Aufführung und ein tolles Bühnenbild" gesehen hatte, „nicht jedem der über 5700 Mitglieder seiner Besucher-Organisation … den ‚Jedermann' … zu empfehlen." (WAZ, 14.01.2003) Insgesamt jedoch fällt die Bilanz der Bosse-Ära durchaus poditiv aus. „In Essen geht mit Jürgen Bosse ein Mann, der nie polarisierte, sondern integrierte, der sein Ensemble im wahrsten Sinne des Wortes pflegte." (Dirk Aschendorf, WAZ, 04.07.05).

Und Wulf Mämpel resümierte (in: „13 Jahre Theaterarbeit für Essen", S. 3): „Das Publikum honorierte die ‚Ära Bosse', diesen Mix aus aktuellen Stoffen und klassischen Hits … Bosse rannte nicht jeder neuen Mode hinterher, das ehrt ihn. Das machte ihn bei seine Schauspielerinnen und Schauspielern so beliebt. So gewann er auch ein junges Publikum. Ein Prinzipal mit Prinzipien. Nun geht er in den Un-Ruhestand: Aufrecht, geachtet, beliebt. Ein Theatermacher der alten Schule, doch mit einem neugierigen, jungen Herzen für alles Neue."

Intendant: Jürgen Bosse*; *Stellvertretende Intendantin und Chefdramaturgin:* Susanne Abbrederis*
Gast: Helmut Postel; *Disponentin und Leiterin KBB:* Monika Eickelkamp
Öffentlichkeitsarbeit: Rosi Ulrich*

Schauspielmusik: Alfons Nowacki, Leiter; *Gäste:* Hans-Jörn Brandenburg, Michael Haase, Petri Ikonen, Anton Prestele, Johannes Roloff, Valentino Skenderovski, Wolfgang von Henko, Serge Weber, Wilfried Weber, Franz Wittenbrink

Regisseure der Neuinszenierungen: Daniel Danzer, Reinhard Göber, Jürgen Gosch, Matthias Kniesbeck/Michael Seewald
Ausstatter der Neuinszenierungen/Koproduktionen: Dorin Kroll, Martin Kukulies, Ulrike Kutschera, Karoline Markwart, Elisabeth-Anna-Maria Strauß
Technischer Leiter: Rüdiger Klahr*

Ensemble: Vita Kowala*, Uta Krause*, Gabriele Marti; Gerd Braese, Rudolf Cornelius, Harald Koch*, Klaus-Peter Wilhelm
Gäste/Teilspielzeit: Susanne Bredehöft, Jele Brückner, Tatjana Clasing, Barbara de Koy, Margarete Dobirr, Christina Graefe, Maria Hartmann, Katja Hensel, Dietlinde Hillebrecht, Hanne Hiob, Eleonor Holder, Juliane Janzen, Britta Jarmers, Juliane Koren, Elisabeth Krejcir, Hedi Kriegeskotte, Petra Kuhles, Stephanie Lang, Christiane Lemm, Katharina Linder, Jennifer Minetti, Iris Minich, Dorothea Müller,

Barbara Nüsse, Sabine Orléans, Anita Pages, Karin Probst, Anne Riedl, Judith Riehl, Jacqueline Rousety, Tana Schanzara, Angela Schmidt-Burgk, Karin Schroeder, Anke Schubert, Eva Schuckardt, Joana Schumel, Hanna Seiffert, Özlem Soldan, Nicole A. Spiekermann, Bernadette Vonlanthen, Sabine Weithöner; Günter Alt, Thomas Anzenhofer, Axel Bassermann, Andrea Bettini, Georg-Martin Bode, Claus Boysen, Peter Brombacher, Peter Ebert, Hanno Friedrich, Hans Matthias Fuchs, Michael Fuchs, Ivan Gallardo, Hansjürgen Gerth, Thomas Goritzki, Siegfried Gressl, Hans-Martin Groß, Hermann Große-Berg, Thomas Goritzki, Uli Gutscher, Hubert Hegele, Arno Herrmann, Paul Herrmann, Bernhard Howe, Wolfgang Hübsch, Stefan Hufschmidt, Andreas Hutzel, Heinz Jörnhoff, Matthias Kniesbeck, Martin Kukulies, Peter Lohmeyer, Leonard Mader, Michael Maertens, Rolf Mautz, Stefan Merkl, Wolfgang Michael, Bernhard Minetti, Dieter Oberholz, Martin Olbertz, Carsten Otto, Peter Prager, Dieter Prochnov, Christoph Quest, Michael Reimann, Peter Roggisch, Klausjürgen Rost, Eckhard Rühl, Peter Rühring, Matthias Scheuring, Lorenz Schirren, Andreas Schneider, René Schnoz, Joachim Schönfeld, Jürgen Sebert, Rainer Sellien, Johannes Silberschneider, Luciano Simioni, Hartmut Stanke, Bernd Stegemann, Walter Sittler, Dietz-Werner Steck, Oliver Stern, Georg Vietje, Markus Völlenklee, Felix Vörtler, Jens Wachholz, Germain Wagner, Guntbert Warns, Ulrich Wiggers, Steffen Wink, Thomas Wittmann, Franz Xaver Zach, Jeffrey Zach

- **Gastspiele (Schauspiel)**

Grillo

03.10.92 „Minna von Barnhelm" von Gotthold Ephraim Lessing (3) – I: Katharina Thalbach, A: Igael Tumarkin (Schiller Theater, Berlin)

21.10.92 „Gaudeamus" nach einer Novelle von Sergeij Kaledin (5) (Maly Drama Theater, St. Petersburg)

08.11.92 „Alone Together" – Chansons und Songs von Judy Garland/Edith Piaf (5) mit Tatjana Clasing und Franz Wittenbrink/Klavier (Staatstheater Stuttgart)

26.11.92 „Prinz Friedrich von Homburg" von Heinrich von Kleist (8) – I: Klaus Weise, B: Robert Ebeling, K: Dorothea Wimmer (Theater Oberhausen)

02.12.92 „Ratvale Bijava – Bluthochzeit" von Federico Garcia Lorca (4) – I: Burhan (Roma Theater Pralipe, Mülheim, in Romanes)

17.12.92 „Märchen in Deutschland" – Bernhard Minetti erzählt Grimmsche Märchen (3) Leitung: Alexander Lang, A: Marcel Keller (Schiller-Theater Berlin)

25.12.92 „Reineke Fuchs" von Johann Wolfgang von Goethe (6) – I: Michael Bogdanov, A: Chris Dyer, M: Michael Haase (Schauspielhaus Hamburg)

02.01.93 „Heimatlos, Wirtshausoper in einem Rausch" von Reinhard P. Gruber/Anton Prestele – I: Stephan Barbarino, ML: Hans-Jörn Brandenburg, A: Heinz Hauser (Hamburg))

07.01.93 „Karate Billi kehrt zurück" von Klaus Pohl (7) – I: Jürgen Bosse, B: Arno Breuers, K: Martina Müller, M: Franz Wittenbrink (Staatsth. Stuttgart)

11.01.93 „Schanzara in Essen" von und mit Tamara Schanzara –ML: Nowacki (Schauspiel Bochum)

14.01.93 „Der Streit" von Pierre Carlet de Chamblain Marivaux (4) –I: Gerd Wameling, B: Hanna Zimmermann, K: Birgit Kniep (Hochschule der Künste, Berlin)

03.02.93 „Haifische und andere Menschen" – Deutsch-deutsche Geschichten mit Hanne Hiob & Ensemble, München (2)

06.02.93 „Clara S." von Elfriede Jelinek (2) – I/A: Kazuko Watanabe, M: Wilfried Weber (Düsseldorfer Schauspielhaus)

10.02.93 „Endspiel" von Samuel Beckett (2) – I: Jürgen Gosch, A: Johannes Schütz (Schauspielhaus Bochum)

11.02.93 „Othello" von William Skakespeare (3) – I: Rahim Burkan, B: Marina Cuturilo, K: Gralf-Edzard Habben, M: Valentino Skenderovski (Roma-Theater Pralipe, Mülheim)

26.02.93 „Turmiolan Tommi" Sozial-Farce von Jorma Kairimo (3) – I: Pentti Kotkaniemi, B: Pekka Korpiniitty, K: Annukka Pykäläinen, M: Petri Iko-

nen
(Tampereen Työväen Teatteri, Finnland)

01.03.93 Die Bar „Zum Krokodil" – Lieder der Zwanziger Jahre (2) – I: Deutsch, ML: Nowacki, B: Dieter Teßmann, K: Ulrike Obermüller (Schauspielhaus Bochum)

11.03.93 „Heute weder Hamlet von Rainer Lewandowski (2) – I: Fred Berndt, mit Wolfgang Hübsch (Volkstheater Wien)

20.03.93 „Überall ist Wunderland" – Literarisch-musikalisches Kabarett (2) mit Texten von Ringelnatz mit Klaus Henner Russius/Georg Vietje/Andreas Privou, Klavier (Düsseldorf)

15.04.93 „Macbeth" von William Shakespeare (4) – I: Michael Bogdanov, B: Claire Lyth, K: Westfallen (English Shakespeare Company, London)

22.04.93 „Die Geschwister Pfister" – Melodien fürs Gemüt, Songs aus den 40er bis 70er Jahren (4) Johannes Roloff, Klavier (Berlin)

06.05.93 „Sieben gegen Theben"/„Antigone" von Aischylos/Sophokles – Roma-Theater Pralipe (4) – I: Rahim Burhan, B: Marina Cuturilo, K: Elena Donceva (Koproduktion des Theaters an der Ruhr und des Düsseldorfer Schauspielhauses)

13.05.93 „Othello – Der Mohr von Venedig" von William Shakespeare (4) – I: Klaus Weise, B: Klaus Baumeister, K: Dorothea Wimmer (Theater Oberhausen)

20.05.93 „Raub der Sabinerinnen von Franz und Paul von Schönthan (3) – I: Jürgen Bosse, B: Matthias Kralj, K: Erika Landertinger, Musik: Franz Wittenbrink (Stuttgart)

12.06.93 „Velvet Jahresfest": Tatjana Clasing und Franz Witenbrink präsentieren Chansons aus „Alone Together"

Studio

18.02.93 „Der Herr Karl" von Carl Merz/Helmut Qualtinger (2) – I: Oliver Stern, A: Ariane Klunker (Werkstatt des Schiller-Theaters Berlin)

Café Central

28.05.93 „The Comedian Harmonists", auch 29.05. – I: Katharina Kreuzhage, ML: Franz Wittenbrink (Staatstheater Stuttgart)

■ **Gastspiele (Tanztheater/Ballett)**

Grillo

08.10.92 „dah-dah-sko-dah-dah" – Tanztheater aus Japan mit Saburo Teshigawara und der KARAS-Company, Tokio (3)

30.10.92 „Delirium of a Childhood" von Ismael Ivo (3)) Solo-Tanzabend mit Ismael Ivo, Musik: Gustav Mahler/Afrikanische Folklore

05.11.92 „Les Ballets Maliens" – Es tanzt das Ensemble aus Bamako, Mali (3)

12.11.92 „Ballet du Lac Tumba" – Es tanzt das Ensemble aus Kinshasa, Zaire (3)

19.11.92 „Soyikwa/Dance Theatre of Soweto" – Zwei führende Tanzgruppen aus Johannesburg (3)

20.02.93 „Ukrike Meinhof" Choreografisches Theater von Johann Kresnik (2) R/Ch:Hans Kresnik, A: Penelope Wehrli, Musik: Serge Weber u. a. (Bremer Theater)

02.05.93 „20 Jahre Ballett-Studio Ulrich Roehm (4)

■ **Gastspiele (Musiktheater)**

Grillo

19.01.93 „Don Giovanni" von Wolfgang Amadeus Mozart (6) – ML: Paul Bateman, I: Nick Broadhurst, A: Simon Higlett, Ch: Anita Griffin (Music Theatre London)

22.01.93 „Figaros Hochzeit" von Wolfgang Amadeus Mozart (6) – ML: Paul Bateman, I: Nuck Broadhurst, A: Simon Higlett, Ch: Anita Griffin (Music Theatre London)

28.04.93 „Kagel Variété Concert – Spectacle" für Artisten und Musiker mit dem Ensemble Modern (3) Mauricio Kagel/Werner Herzog/Maurizio Baló (Hebbel-Theater Berlin)

23.05.93 „Das Säk'sche Obernbuch" – Im Rahmen des Rheinischen Musikfestes 1993 Salonorchester Cölln, Sprecher: Gerd Westphal

▪ Schauspiel
Grillo (Koproduktionen)

15.10.92 „Glaube Liebe Hoffnung" von Ödön von Horváth *(mit dem Theater Oberhausen)* (7+4) – I: Göber, B: Kukulies, K: Strauß, M: Nowacki

01.04.93 „Oedipus-Projekt" – Texcollage nach Sophokles (in georgischer Sprache) (6)
Koproduktion mit Schauspielern des Theaters Rustaweli und des Mardschanischwili, Tbilissi/Georgien – I: Kniesbeck/Seewald, B: Kukulies, K: Markwart

Studio

09.03.93 „Amphitryon" – Tragikomisches Endspiel aus Deutschland nach Heinrich von Kleist (4) – I: Göber, A: Kutschera

05.05.93 „Seid nett zu Mr. Sloane" von Joe Orton (5) – I: Danzer, A: Kroll

Café Central

10.12.92 „So oder so ist das Leben" – Wedekind-Abend, mit Songs und satirischen Texte von Friedrich Hollaender und anderen bösen Buben (12) – ML: Nowacki

▪ Schauspiel (WA)
Studio

27.10.92 „Vielleicht dein Lebensglück …?! Tucholsky-Abend mit Gerd Braese (16)

mobil

04.06.93 „Glück auf!" mit Gerd Braese/Alfons Nowacki – Zeche Zollverein, Bullmannsaue/Kunstschacht Katernberg (5)

▪ Sonderveranstaltungen/Gastspiele
Grillo
Mehrfach: Jazz in Essen
Einzeltermine

16.09.92 Festakt 100 Jahre Grillo-Theater
Reden: Rolf Holtkamp (Vorsitzender des Aufsichtsrates)/Annette Jäger (Oberbürgermeisterin)/Dr. Friedrich Besch (Staatsminister im Kultusministerium NRW) und Festvortrag von Prof. Arno Wüstenhöfer; Programm-Beitrag „Alone Together" mit Tatjana Clasing/Franz Wittenbrink
Eröffnung der Ausstellung „100 Jahre Grillo-Theater"

17.11.92 2. Lange Literaturnacht „Was gibt's denn da zu lachen?" – Abstruses, Abseitiges und Absurdes mit Schauspielern des Ensembles und Gästen
23.00: „Das Röcheln der Mona Lisa" von Ernst Jandl *(Gastspiel des stattheaters Fassungslos, Dresden)*

02.12.92 „Theater gegen Gewalt" (Gesprächsrunde nach der Vorstellung „Bluthochzeit") mit Roberto Ciulli (Mülheim)/Rahim Burhan (Regisseur) u. a. (auch 03.12.)

31.12.92 Silvester im Grillo: „The Best of Jango Edwards"

24.02.93 Jazz in Essen: Edward Vesala Group *(Finnische Woche)*

26.02.93 Turmiolan Tommi Sozial-Farce von Jorma Kairimo *(Finnische Woche)* (2)

03.06.93 3. Lange Literaturnacht: „Die Heimat ist fern – die Ferne nicht Heimat"
Foyer: „Fremd ist der Fremde nur in der Fremde" von Karl Valentin mit zwei Mitgliedern der Theaterwerkstatt „Sturm und Drang" (Einführung: Beate Scherzer)
Vorderbühne: „Die Flucht" von und mit Fahimeh Farsaie; Lesung aus „Goethe – ein Fremdwort" von Nichael Boiron, gelesen von Harald Koch
Hinterbühne: Deutsche Exil-Literatur, z. B. „Emigrantenchoral" von Walter Mehring, gelesen von Juliane Janzen; Lesung aus einem Roman von Herdan-Zuckmayer, gelesen von Gisela Rening; Vita Kowala/Uta Krause lesen Texte von Ludwig Marcuse/Georg Kreisler/Alfred Polgar
Ab 22.30 Uhr: Parallele Lesungen auf der Hinterbühne, im Studio und auf dem Rang: Werke von Franz Kafka über Reinhard P. Gruber bis zu Jurek Becker; Film „Drachenfutter" von Jan Schütte
Ausklang im Café: Jiddische Klezmer-Musik mit der Gruppe „Salomon Klezmorin"

Studio
07.10.92 Autorenlesung: Lyriker Gennadi Agi
11.10.02 „Verdammt schlechte Laune" – Kabarett mit Werner Koj
04.11.92 Autorenlesung: Lev Rubinstein
10.11.92 Beiprogramm zu „Glaube Liebe Hoffnung": „Das Fräulein bei Ödön von Horvath" (Schauspieler des Ensembles lesen verschiedene Texte)
09.12.92 Autorenlesung: Anselm Glück mit neueren Arbeiten
14.12.92 Peter Schneider liest aus seinem neuen Roman „Paarungen"
23.02.93 Finnische Lyrik des 20. Jahrhunderts vorgestellt von Peter Hein *(Finnische Woche)*
25.02.93 Laulusi Elää, Brel Jacques Brel-Abend *(Finnische Woche)*, 3×
16.03.93 Thomas Hettche liest aus seinem Buch „Inkubation"
25.03.93 Von Rustaveli bis Gamsachurdia: Lesung georgischer Literatur mit Mitgliedern des Ensembles aus Tbilissi
25.05.93 Autorenlesung: Jiří Gruša liest aus seinen Werken

Café Central
26.10.92 Autorenlesung: Don DeLillo mit Ausschnitten aus seinem Roman „Mao II"
02.11.92 Beiprogramm „Schwarzer Tanz" „Dialog der Kontinente" mit Ausschnitten aus Ismael Ivos Solo-Performance „Die kreisrunden Ruinen" und „Dance Theatre of Harlem" (Video-Film)
30.11.92 Hans Henny Jahnn-Abend mit Tom Mega und dem Ab Art Trio
28.03.93 Tbilissi in Essen – Ein Gespräch mit dem Ensemble über die politische und kulturelle Situation in Georgien
04.04.93 Giwi Margwelaschwili liest aus seinen Werken; Ekkehard Maaa singt Lieder von Bulat Okudshawa
26.04.93 Siri Hustvedt liest aus ihrem Roman „Die unsichtbare Frau"

Heinrich-Heine-Buchhandlung
24.03.93 Schönes und Schauriges – Geschichten der 90er Jahre von Coraghessan Boyle/Anita Albus/Susanne Tamaro u. a., gelesen von Astrid Horst/Beate Scherzer

04.05.93 Birgit Vanderbeke liest aus „Fehlende Teile"
02.06.93 Erich Holbein liest aus „Die vollbesetzte Bildungslücke" und anderen Werken

Zentralbibliothek
10.05.93 „Lyrik gegen das Vergessen" (Eröffnung der Veranstaltungsreihe „Brandspuren")
Texte für Menschenrechte, gelesen von Walter Köpping/Thomas Rother/Ernst Schmidt/Herbert Somplatzki

Alte Synagoge
21.06.93 Abschluss der Veranstaltungsreihe „Brandspuren" zum 60. Jahrestag der Bücherverbrennung in Essen; Motto: „Dass nimmer mehr los kommt der große Krebs" (Walter Mehring) „Wacht auf, denn eure Träume sind schlecht" von Günter Eich und „Der Spitzel" von Bertolt Brecht aus „Furcht und Elend des Dritten Reiches" mit Christiane Heinicke/Carlo Lauber/Clemens Richert (Junges Theater)
„Gegen die Verführung", Lieder und literarische Texte von Bert Brecht/Friedrich Holländer/Kurt Tucholsky u. a. mit Juliane Janzen/Gerd Braese/Alfons Nowacki (Schauspiel)

■ **Ausstellungen**
16.09.92 „100 Jahre Grillo-Theater" (bis Ende November 1992)
23.02.93 Fotos über die Geschichte des Theaters von Tampere und die Partnerstadt selbst mit ihrer Kultur und Wirtschaft (im Rahmen der Finnischen Woche), bis 28.02.

Spielzeit 1993/94

Geschäftsführer: Otmar Herren

Intendant: Jürgen Bosse; *Stellvertretende Intendantin/Chefdramaturgin:* Susanne Abbrederis
Dramaturg: Eilhard Jacobs*; *Öffentlichkeitsarbeit/Dramaturgie-Assistentinnen:* Ellen Brüwer*, Heike Langensiepen*
Disponentin und Leiterin KBB: Monika Eickelkamp; *Theaterpädagogin:* Bärbel Gayk*
Schauspielmusik: Alfons Nowacki; *Gäste:* Willi Haselbek, Franz Wittenbrink

Regisseure der Neuinszenierungen: Katharina Kreuzhage, *Oberspielleiterin;* Jürgen Bosse; Alfons Nowacki; Jürgen Reifschneider; *Gäste:* Olaf Bockemühl, Jörg Fallheier, Bernd Köhler, Albert Lubbers, Antoine Uitdehaag
Ausstatter der Neuinszenierungen: Axel Holst, Alfons Nowacki, Jürgen Reifschneider; *Gäste:* Rien Bekkers, Monika Gora, Ulrike Kutschera, Erika Landertinger, Judith Lansink, Wolf Münzner, Achim Römer, Gabriele Rupprecht, Nicola Stahl, Reinier Tweebeeke, Birgit Voss
Technischer Leiter: Rüdiger Klahr

Ensemble: Tatjana Clasing*, Katja Hensel*, Juliane Janzen, Uta Krause*, Gabriele Marti, Anika Pages*, Margret Tasch*; Gerd Braese, Rudolf Cornelius, Thomas Goritzki, Siegfried Gressl*, Hermann Große-Berg*, Alxel Holst*, Matthias Kniesbeck*, Harald Koch*, Soeren Langfeld*, Carsten Otto, Peter Rühring*, Michael Schütz*, Klaus-Peter Wilhelm
Gäste/Teilspielzeit: Natascha Bonnermann, Carmen Dalfogo, Margarete Dobirr, Katharina Hofmann, Brigitte Janner, Vita Kowala, Jennifer Minetti, Janin Roeder, Karin Schroeder; Hans-Jörg Assmann, Alexander Bassermann, Claus Boysen, Michael Fuchs, Roland Jankowsky, Heinz Jörnhoff, Heribert Sasse, Helmut Schulte, Walter Sittler, Berthold Toetzke, Franz Wittenbrink, Dirk Zalm

■ **Schauspiele (N)**
Grillo
24.09.93 „Tod eines Handlungsreisenden" von Arthur Miller (20) – I: Uitdehaag, B: Römer, K. Landertinger, M: Nowacki
14.10.93 „Oleanna" (DE) von David Mamet (13) – I: Kreuzhage, B: Voss, K: Rupprecht
20.11.93 „Angels in America" von Tony Kushner (24) – I: Bosse, B: Lansink, K: Landertinger
21.01.94 „Hase Hase" von Coline Serreau (17+2 VA) – I: Kreuzhage, B: Römer, K: Rupprecht, M: Haselbek
13.02.94 „Was ihr wollt" von William Shakespeare (17) – I: Bosse, A: Münzner, M: Wittenbrink
17.04.94 „Manni Ramm I" (U) von Klaus Pohl (10+1) – I: Bosse, B: Münzner, K: Landertinger, M: Haselbek
20.05.94 „Kasimir und Karoline" von Ödön von Horváth (8) – I: Lubbers, A: Bekkers/Tweebeeke, M: Nowacki
Studio
31.03.94 „Mistero Buffo oder Das erste Wunder vom Jesuskind" von Dario Fo (8) – I: Reifschneider, A: Holst/Reifschneider
22.04.94 „Der Herr Karl" von Carl Merz/Helmut Qualtinger (7) – I: Kreuzhage, A: Gora
29.05.94 „Furcht und Elend der BRD" von Franz Xaver Kroetz (4) – I: Bockemühl, B: Kutschera, K: Stahl, M: Nowacki
Café Central
03.11.93 „Ein Bericht für eine Akademie" von Franz Kafka (7+1) – I: Köhler
13.11.93 „Deutschland – Ein Wintermärchen" nach Heinrich Heine (9) – ML/A: Nowacki

■ **Musical (N)**
Grillo
03.06.94 „Heute Abend: Lola Blau" von Georg Kreisler (3) – I: Fallheier, ML: Nowacki, A: Stahl

■ **Schauspiele (WA)**
Grillo
29.09.93 „Karate-Billi kehrt zurück" von Pohl (8)
30.10.93 „Der Raub der Sabinerinnen" von Schönthan (12)
12.11.93 „Alone Together" *mit Tajana Clasing* (8)
Studio
06.10.93 „Vielleicht dein Lebensglück …?!" *Tucholsky-Abend* (13)
12.10.93 „Seid nett zu Mr. Sloane" von Orton (6)
Café Central
16.10.93 „So oder so ist das Leben" *Wedekind-Abend* (6)

■ **Abstecher**
– „Ein Bericht für eine Akademie" (Leverkusen 14.03.94)
– „Manni Ramm I" (Köln, NRW-Theatertreffen 02.06.94)

■ **Sonderveranstaltungen**
Grillo
Mehrfach: Jazz in Essen
Einzeltermine
24.10.93 Tag der offenen Tür
14.06.94 Prof. Hans Mayer liest aus seinem Buch „Der Widerruf"
Café Central
04.09.93 Internationales Kulturfest 1993 – Veranstaltung des Kulturamtes und des Ausländerbeirates der Stadt Essen in Kooperation mit dem Schauspiel Essen
10.10.93 Literarische Matinee: Maxim Gorki, ein Vortrag – Prosa – Russische Prosa
18.10.93 Wolfgang Hilbig liest aus seinem neuen Roman „Ich"
09.11.93 Jan Ph. Reemtsma/Joachim Kersten/Bernd Rauschenbach lesen aus Arno Schmidts Dialogroman „Abend mit Goldrand"
28.11.93 Peter Bichsel liest aus seinem Buch „Zur Stadt Paris"
20.02.94 „Eins und Eins macht Zwei" – Liebesgedichte von Brecht/Gernhardt/Goethe/Hölderin mit Tatjana Clasing/Thomas Goritzki; Uta Goritzki (Klavier)
13.03.94 Blanche Kommerell liest Marina Zwetajewa
14.03.94 Buch-Premiere: „Untermenschen-Obermenschen, eine Reportage aus Deutschland" von Thomas Rother
20.03.94 Harald Koch/Peter Rühring lesen Briefe und Prosa von Oscar Wilde bis James Baldwin (Beiprogramm zur Inszenierung „Angels in America")
18.04.94 Informationen und Diskussion zur Inszenierung „Manni Ramm I"
16.05.94 Szenische Lesung: Nadia Gruhn/Ruprecht Droege/Jörg Hentschel/Giampiero Piria lesen Texte von Dietmar Borse
Studio
28.09.83 Marcel Beyer liest aus seinem neuen Roman „Flughunde"
24.01.94 Jan V. Faktor liest aus „Köpertexte"
15.03.94 Oskar Pastior liest aus seinem neuen Buch „Eine kleine Kunstmaschine"
19.04.94 Bora Ćosíc liest aus „Die Rolle meiner Familie in der Weltrevolution"
23.04.94 „Unheilbar deutsch" von Peter Sichrovsky – Rechte Schicksale und Lebensläufe, gelesen von Margret Tasch/Claus Boysen/Axel Holst/Soeren Langfeld
26.05.94 Robert Coover liest aus seinem neuen Roman „Pinocchio in Venedig"
20.06.94 Marina Sandel (Aalto-Theater) singt die „Adorno-Lieder"; Benedikt Wehr (Klavier)/Achim Diehr (Moderation)
Heine-Buchhandlung im Grillo
20.12.93 Claus Boysen liest aus „Holzfällen" von Thomas Bernhard
07.02.94 Bernd Rauschenbach liest „Ursonate" von Kurt Schwitters
08.02.94 Axel Holst liest Stories von Tom C. Boyle/Charles Bukowski
20.02.94 „Texte über die Liebe" von Brecht/Gernhardt/Goethe/Hölderlin, vorgetragen von Tatjana Clasing/Thomas Goriztki

07.03.94	Harald Koch liest drei Briefe und bisher für verschollen gehaltene Erzählungen von Herman Melville
11.04.94	Carsten Otto liest Erich Kästner
03.05.94	Margret Tasch liest eine Erzählung und Lyrik von Ingeborg Bachmann
11.05.94	„Ich umarme Sie in großer Sehnsucht" – 4. Lange Literaturnacht zum Thema „Briefe" mit Mitgliedern des Ensembles und Gästen, z. B. Karl Valentin, „Liebesbrief"; Erich Kästner, „Brief an Muttchen"; Erika Mann, Brief an die Eltern; Film „Tatis Schützenfest"
06.06.94	„Kann eine doppelt beschichtete Bratpfanne erotisch wirken?" – Klaus-Joachim Schaier liest Techno-Prosa
21.06.94	Hermann Große-Berg liest aus Ödön von Horváths Roman „36 Stunden"

Casa Nova

24.10.93	Sonntagabend (Talkshow mit Jochem Schumann), weitere 6×

■ Gastspiele

Grillo

03.10.93	„Die Leiden des jungen Werther" von J. W. Goethe (Lesung mit Herbert Sasse), 7×
26.04.94	„Ursli Pfister – a pure joy", auch 26.04.

Café Central

08.10.93	„The Comedian Harmonists" (Staatstheater Stuttgart), 14×

Spielzeit 1994/95

Geschäftsführer: Otmar Herren

Intendant: Jürgen Bosse; *Stellvertretende Intendantin und Chefdramaturgin:* Susanne Abbrederis
Dramaturg: Eilhard Jacobs; *Öffentlichkeitsarbeit/Dramaturgie-Assistentin:* Ellen Brüwer
Disponentin und Leiterin KBB: Monika Eickelkamp
Schauspielmusik: Alfons Nowacki; *Gäste:* Jaap de Weijer, Martin Vonk, Frank Weise, Franz Wittenbrink

Regisseure der Neuinszenierungen: Katharina Kreuzhage, Oberspielleiterin; Jürgen Bosse, Andrea Heller, Eilhard Jacobs, Matthias Kniesbeck, Jürgen Reifschneider; *Gast:* Antoine Uitdehaag
Ausstatter der Neuinszenierungen: Wolf Münzner, Monika Gora, Nicola Stahl; *Gäste:* Norbert Bellen, Anna Holub, Martin Kukulies, Erika Landertinger, Karoline Markwart, Daniel Roskamp, Tom Schenk, Katharina Weissenborn
Technischer Leiter: Rüdiger Klahr

Ensemble: Sigrid Burkholder*, Tatjana Clasing, Katja Hensel, Juliane Janzen, Uta Krause, Gabriele Marti, Anita Pages, Margret Tasch; Arved Birnbaum*, Claus Boyen*, Gerd Braese, Rudolf Cornelius, Thomas Goritzki*, Siegfried Gressl, Hermann Große-Berg, Axel Holst, Matthias Kniesbeck, Harald Koch, Soeren Langfeld, Carsten Otto, Michael Schütz, Rezo Tschchikwischwili*, Klaus-Peter Wilhelm
Gäste/Teilspielzeit: Natalie Bonnermann, Jennifer Caron, Carmen Dalfogo, Catrin Flick, Barbara Hermans, Katharina Hofmann, Vita Kowala, Jennifer Minetti, Tatjana Pasztor, Janin Roeder, Karin Schroeder, Carolin Weber, Helga Ziaja; Hans-Jörg Assmann, Alexander Bassermann, Matthias Eberth, Heinz Jörnhoff, Denis Petkovic, Peter Rühring, Hajo Schüler, Helmut Schulte, Walter Sittler, Bernd Toetzke, Franz Wittenbrink, Dirk Zalm, Luca Zamperoni

■ **Schauspiele (N)**
Grillo
16.09.94 „Woyzeck" von Georg Büchner (22) – I: Bosse, A: Münzner, M: Nowacki
07.10.94 „Minna von Barnhelm" von Gotthold Ephraim Lessing (22) – I: Kreuzhage, B: Roskamp, K: Weissenborn
26.11.94 „Groß und klein" von Botho Strauß (14) – I: Uitdehaag, B: Schenk, K: Landertinger, M: Vonk/de Weijer
22.12.94 „Ollys Gefängnis" von Edward Bond (12+1) – I: Bosse, B: Münzner, K: Weissenborn
11.03.95 „Victor oder Die Kinder an der Macht" von Roger Vitrac (10) – I: Kreuzhage, B: Roskamp, K: Rupprecht, M: Weise
01.04.95 „Die Geisel" von Brendan Behan (12) – I: Kniesbeck, B: Kukulies, K: Markwart, M: Haselbek
24.06.95 „Im Dickicht der Städte" von Bertolt Brecht (4) – I: Bosse, B: Münzner, K: Landertinger, M: Nowacki

Studio
28.09.94 „Talk Radio" von Eric Bogosian (21) – I: Reifschneider, B: Gora, K: Stahl
15.11.94 „Unser Dorf soll schöner werden" von Klaus Chatten (15) – I: Heller, A: Bellen, M: Nowacki
19.05.95 „Klassen Feind" von Nigel Williams (7) – I: Reifschneider, B: Gora, K: Stahl

Café Central
07.02.95 „Über die Verführung von Engeln" *Lieder und Gedichte von Bertolt Brecht* (11) Leitung: Bosse/Jacobs, ML: Nowacki, A: Holub
28.04.95 „Ce Soir Je Bois" *Französische Chansons* (5) – Leitung: Kreuzhage, ML: Nowacki

■ **Schauspiele (WA)**
Grillo
23.09.94 „Kasimir und Karoline" von Horváth (9)

24.09.94	„Alone Together" *Songs und Chansons von Judy Garland/Edith Piaf* (2)
01.10.94	„Was ihr wollt" von Shakespeare (19+2)
15.10.94	„Angels in Amerika" von Kushner (3)
20.10.94	„Manni Ramm I" von Pohl (9+3)

Studio

21.10.94	„Der Herr Karl" von Qualtinger/Merz (10)
22.10.94	„Mistero Buffo" von Fo (5)
01.11.94	„Furcht und Elend der BRD" von Kroetz (6)
08.10.94	„Vielleicht dein Lebensglück" *Tucholsky-Abend* (6)

Cafe Central

19.11.94	„The Comedian Harmonists" (3×, 1× Grillo 25.05.95)

■ **Abstecher**
- „Manni Ramm I" (Ludwigshafen 06./07./08.01.95)
- „Was ihr wollt" (Wuppertal 26.10.94, Leverkusen 02.02.95)
- „Ollys Gefängnis" (Bochum, Theatertreffen NRW, 10.06.95)

■ **Sonderveranstaltungen**

Grillo
Mehrfach: Jazz in Essen
Einzeltermine

04.09.94	Tag der offenen Tür
06.11.94	Aalto-Bühnenpreis für Junge Künstler – Preisträger: Manami Sano (Klavier)/Torsten Kerl (Tenor) und die Schauspielerin Tatjana Clasing
08.05.95	50 Jahre Kriegsende und kein Frieden auf der Welt: „Nur jenes Erinnern ist fruchtbar, das zugleich auch erinnert, was noch zu tun ist" (Ernst Bloch) Eine Veranstaltung mit Beiträgen des Schauspielensembles/des Jungen Theaters Casa Nova/der Buchhandlung im Grillo
01.07.95	Weltmusiktage 95: „Ning" – Werke von del Monaco/Sharman/Wallin u. a. mit dem Cikada-Ensemble Oslo, Leitung: Christian Eggen
01.07.95	5. Lange Literaturnacht: „Kulissenzauber" mit Mitgliedern des Ensembles und mit den Gästen Friedrich-Carl Praetorius (Ausschnitte aus seinem Buch „Sein oder Nichtsein"), Frank Goosen/Jochen Malmsheimer (mit Ausschnitten aus ihrem Programm „Alles Theater") und dem Zauberkünstler Harald Landefeld (Essen)

Studio

05.12.94	„Wo Europa anfängt …" – Europäische Lyriker und ihre Übersetzer mit Yoko Tawada/Michael Hamburger/Peter Waterhouse (8. Essener Literaturtage)
06.12.94	„Wo Europa anfängt …" – Europäische Lyriker und ihre Übersetzer mit Mircea Dinescu/Werner Söllner/Inger Christensen/Hanno Grössel (8. Essener Literaturtage)
21.02.95	Ivan Wernisch liest aus „Ausgewählte Schriften", Dialog mit seinem Übersetzer Peter Urban
09.03.95	Viktor Jerofejew stellt aus der von ihm herausgegebenen Anthologie „Tigerliebe" die wichtigsten Autoren einer zügellosen russischen Literatur vor
09.05.95	„Unheilbar Deutsch" – Rechte Schicksale und Lebensläufe von Peter Sichrovsky mit Margret Tasch/Claus Boysen/Axel Holst/Soeren Langfeld
23.05.95	„Abziehbilder, heimgeholt" von Jacques Roubaud & Schuldt, Thema: Literatur – Sprache – nationale Identität

Casa
Mehrfach: Sonntagabends (Talkshow mit Jochem Schumann), 5×
Einzeltermine

18.01.95	Dubravka Ugresic (Zagreb) liest aus ihrem neuesten Buch „My American Fictionary"

Café Central

11.10.94	Reinhard Lettau liest aus seinem neuen Roman „Flucht vor Gästen"
25.10.94	„I Remember" – Musicalsongs von Steven Sondheim mit Janin Roeder/Johann Kirschniok
13.11.94	„Eins und Eins macht zwei" – Frühstücksmatinee über die Liebe mit Tatjana Clasing/Thomas Goritzki; Uta Schlichtig (Klavier), auch 29.01.95
16.11.94	Margriet de Moor liest aus ihrem neuesten Roman „Der Virtuose"

11.12.94	„Heimweh nach Georgien" – Georgische Lieder mit Arved Birnbaum/Matthias Kniesbeck/Rezo Tschickwischwili/Maria und Juri Dadiani, auch 22.01./23.04./21.05.
12.02.95	„The Comedian Harmonists" – Frühstücksmatinee
19.03.95	„?Ich dich ewig" – Adele Sandrock gegen Arthur Schnitzler – Ein Schriftwechsel mit Imogen Kogge; Gerd Wameling/Rolf Hammermüller (Frühstücksmatinee)
28.03.95	Harald Hurst liest „De Rieslingtrinker", Mundartgeschichten
30.04.95	„Blödsinnsverse und andere Wichtigkeiten" von, aber ohne Karl Valentin mit Günther Neubauer/Roland Brunner (Frühstücksmatinee)
18.06.95	„Nicht Traum. Traum": Performancevortrag Neue Musik von Gerhard Stäbler

Buchhandlung im Grillo

22.09.94	Peter Urban liest „Reiterarmee" von Isaak Babel (in seiner neuen Übersetzung)
17.10.94	Beate Scherzer liest aus „Hundeherz" von Michael Bulgakow
08.11.94	Casten Otto liest Heinrich Heine
13.12.94	Harald Koch liest aus „Lenz" von Georg Büchner
31.01.95	Helga Ziaja liest Shakespeares „Wintermärchen", nacherzählt von Franz Fühmann
06.02.95	Alena Wagnerová liest aus ihrer Biografie „Milena Jesenská"
15.02.95	Axel Holst liest „Blut auf dem Mond", Stories von James Ellroy
10.04.95	Arved Birnbaum liest Amüsantes aus vier Jahrhunderten
25.04.95	Beate Scherzer/Norbert Wehr lesen beispielhafte Gedichte; Joachim Satorius stellt seine Anthologie „Atlas der neuen Poesie" vor
19.06.95	Katja Hensel liest aus „Die Letzten ihrer Art" von Douglas Adams

■ **Gastspiele**

Grillo

08.10.94	„Ein deutsches Requiem" von Joh. Brahms – Ballett Schindowski (Tanzmesse NRW)
26.10.94	„Iphigenie auf Tauris" von Johann Wolfgang von Goethe (Wuppertaler Bühnen)
18.11.94	„Francis Bacon" – Regie: Johann Kresnik, Ch: Ismael Ivo//Paul Chagas (Theaterhaus Stuttgart)
02.05.95	„Il Volto Di Aria" von Raffaella Giordano//Britten/Ligeti (Folkwang Tanzstudio)

Spielzeit 1995/96

Geschäftsführer: Otmar Herren

Intendant: Jürgen Bosse; *Stellvertretende Intendantin und Chefdramaturgin:* Susanne Abbrederis
Dramaturg: Eilhard Jacobs; *Öffentlichkeitsarbeit/Dramaturgie-Assistentin:* Ellen Brüwer
Disponentin und Leiterin KBB: Monika Eickelkamp; *Gast:* Gabriele Siegfarth
Schauspielmusik: Alfons Nowacki; *Gäste:* Willi Haselbek, Franz Wittenbrink

Regisseure der Neuinszenierungen: Katharina Kreuzhage, *Oberspielleiterin*; Jürgen Bosse, Andrea Heller, Matthias Kniesbeck, Lars Wernecke; *Gast:* Antoine Uitdehaag
Ausstatter der Neuinszenierungen: Ulrike Altegoer, Wolf Münzner, Nicola Stahl, Birgit Stoessel; *Gäste:* Norbert Bellen, Monika Gora, Matthias Kralj, Erika Landertinger, Karoline Markwart-Homola, Tom Schenk
Technischer Leiter: Rüdiger Klahr

Ensemble: Sigrid Burkholder, Tatjana Clasing, Juliane Janzen, Gabriele Marti, Margret Tasch; Arved Birnbaum, Claus Boysen, Gerd Braese, Rudolf Cornelius, Uwe Eichler*, Siegfried Gressl, Hermann Große-Berg, Alexander Holst, Matthias Kniesbeck, Harald Koch, Soeren Langfeld, Carsten Otto, Denis Petcovic*, Michael Schütz, Rezo Tschchikwischwili, Klaus-Peter Wilhelm
Gäste/Teilspielzeit: Ingrun Allwinn, Catrin Flick, Johanna-Christine Gehlen, Katja Hensel, Anja Herden, Vita Kowala, Uta Krause, Tatjana Pasztor, Karina Schieck, Karin Schroeder, Bettina Schulze-Bisping, Heide Simon, Imke Trommler, Sabine Weithöner, Helga Ziaja; Mirsad Asani, Hans-Jörg Assmann, Andrea Bettini, Bernd Gnann, Thomas Goritzki, Alberto Heller, Joachim Nimtz, Peter Rühring, Heinrich Sauer, Martin Schmitz, Hajo Schüler, Helmut Schulte, Jubril Sulaimon, Bernd Toetzke, Luca Zamperoni

▪ Schauspiele (N)
Grillo
20.10.95 „Top Girls" von Caryl Churchill (15) – I: Kreuzhage, A: Münzner
02.11.95 „Kunst" von Yasmina Reza (21+1) – I: Bosse, B: Gora, K: Stahl
18.11.95 „Hamlet" von William Shakespeare (22) – I: Bosse, A: Münzner, M: Nowacki
13.01.96 „Die Dreigroschenoper" von Bertolt Brecht/Kurt Weill (28) – I: Uitdehaag, ML: Nowacki, B: Schenk, K: Landertinger
02.02.96 „Meine Nacht mit Reg" von Kevin Elyot (15) – I: Bosse, B: Kralj, K: Landertinger
20.04.96 „Der Diener zweier Herren" von Carlo Goldoni (14) – I: Kniesbeck, B: Gora, K: Markwart-Homola, M: Haselbek
Studio
28.09.95 „Lärm im Spiegel" *Ein Erich-Kästner-Abend* (24) – ML: Nowacki, A: Gora
13.10.95 „Lederfresse" von Helmut Krausser (16) – I: Wernecke, B: Gora, K: Altegoer
12.01.96 „Rottweiler" von Thomas Jonigk (17) – I: Heller, A: Bellen
08.06.96 „Pterodactylus" von Nicky Silver (4) – I: Wernecke, B: Gora, K: Stahl
Café Central
06.10.95 „Dreck" von Robert Schneider (3+11 Europahaus+1) – I: Heller, A: Bellen
27.04.96 „Viva l'Amore" *Italienische Liebeslieder* (5+1 Grillo) – I: Kniesbeck, ML: Haselbek, B: Stoessel, K: Markwart-Homola

▪ Schauspiele (WA)
Grillo
23.09.95 „Die Geisel" von Behan (7+1)
02.10.95 „Im Dickicht der Städte" von Brecht (9)
15.10.95 „Woyzeck" von Büchner (3)
16.12.95 „Was ihr wollt" von Shakespeare (5)

Studio
19.10.95 „Klassen Feind" von Nigel Williams (17+1)
22.10.94 „MIstero Buffo" von Fo (5)
30.11.95 „Talk Radio!" von Bogosian (7+2)
10.02.96 „Ce Soir je Bois" – *Chansons* (1 +5 CC+2 EH)
Café Central
15.10.95 „Über die Verführung von Engeln" von Brecht (5+2 Europahaus)

■ **Abstecher**
– „Die Geisel" (Leverkusen 13.12.95)
– „Dreck" (Bensheim 19.05.96, Woche junger Schauspieler)
– „Klassen Feind" (Bensheim 19.05.96 Woche junger Schauspieler)
– „Kunst" (Düsseldorf, Theatertreffen NRW, 14.05.96)
– „Talk Radio" (Leverkusen 09.03., Ludwigshafen 10.03.96)

■ **Sonderveranstaltungen**
Grillo
Mehrfach: Jazz in Essen
Einzeltermine
10.06.96 Peter Handke liest aus „Gerechtigkeit für Serbien"
21.06.96 6. Lange Literaturnacht *[auf allen Bühnen des Theaters]*: „Die Stadt Essen und ihre Geschichte in der Literatur" – Ensemblemitglieder und „Special guests" mit Texten von Joseph Roth bis Rolf Dieter Brinkmann
Café Central
08.10.95 „Des Luftschiffers Giannozzo Seebuch" von Jean Paul, gelesen und mit Musik versehen von Thomas Lang (Frühstücksmatinee)
10.10.95 Walter Wehner/Hans-Peter Karr stellen ihren Krimi „Rattensommer" vor
22.10.95 „Über die Verführung von Engeln" von Bertolt Brecht (Frühstücksmatinee), auch 14.01.96
23.10.95 H. C. Artmann liest (Reihe „Literatur aus Österreich in NRW 1995")
05.11.95 „Virginia Woolf, Tania Blixen & Co" – Eine Theaterlesung mit Regina Bode/ Edith Börner nach dem Roman „Der elfte Tag" von Enel Melberg (Frühstücksmatinee)

03.12.95 „Wo andre gehen, da muss ich fliegen" von Klabund – Musikalisch-literarische Hommage mit Sylvia Anders (Gesang)/Matthias Wegner (Lesung)/ Justus Noll (Klavier)
21.01.96 „Ich schreibe Ihnen mit rohem Blut" – Michael Quast liest Briefe von Cyrano de Bergerac, Stefan Maass spielt französische Lautenmusik des 17. Jahrhunderts (Frühstücksmatinee)
13.02.96 „Wer nicht lesen will, muss hören" mit Frank Goosen/Jochen Malmsheimer (Tresenlesen)
28.04.96 Frank Meyer liest „Frauen fallen aus dem Fenster" von Daniil Charms (Frühstücksmatinee)
25.05.96 „Mir geht's gut" – Liebeslieder von Wedekind bis Georgette Dee mit Helga Ziaja/Alberto Heller
Studio
24.10.95 Minidramen mit dem Figurentheater Graz („Literatur aus Österreich in NRW 1995")
25.10.95 „Absolut Homer" – Es lesen Kurt Neumann/Ferdinand Schmatz/Sabine Scholl
Moderation: Walter Grond („Literatur aus Österreich in NRW 1995")
26.10.95 Gerhard Rühm liest („Literatur aus Österreich in NRW 1995")
27.10.95 Anselm Glück liest (Reihe „Literatur aus Österreich in NRW 1995")
06.11.95 Literatur ohne Grenzen I: Kurdische, türkische und persische Literatur mit Sigrid Burkholder/Arved Birnbaum/ Axel Holst
14.11.95 „Homer" – II. Station, Moderation: Norbert Wehr (9. Essener Literaturtage/Reihe „Literatur aus Österreich in NRW 1995")
15.12.95 „Absolut Homer" – III. Station, Moderation: Walter Grond, Graz (9. Essener Literaturtage, „Literatur aus Österreich in NRW 1995")
29.01.96 Literatur ohne Grenzen II: Polnische, russische und bosnische Literatur mit Sigrid Burkholder/Margret Tasch; Denis Petkovic/Rezo Tschchikwischwili
28.02.96 Franzobel liest aus „Die Krautflut" und anderen Texten

18.03.96	Literatur ohne Grenzen III: Persische und ceylonesische Märchen mit Ensemblemitgliedern
23.04.96	Imre Kertész liest aus seinem „Roman eines Schicksallosen"
13.05.96	„Portugiesische Briefe" – Die Briefe der Marianna Alcoforado, übertragen von Rainer Maria Rilke, gelesen von Margret Tasch
17.06.96	A. F. Th van der Hejden liest aus „Der Anwalt der Hähne"

Casa

Mehrfach:	Sonntagabend (Talkshow mit Jochem Schumann), 6×

Buchhandlung

11.12.95	Claus Boysen liest aus „Alte Meister" von Thomas Bernhard
09.01.96	Burkhard Spinnen liest aus seinem neuen Roman „Langer Samstag"
12.03.96	Thomas Gruber „Sprachinstallationen"
03.06.96	Amanda Aizpuriete (Riga) liest Gedichte „Lass mir das Meer"

■ Gastspiele

Grillo

29.09.95	Christine Brunel//Axel Vent, „Cambré" („Harmonie")/Koproduktion mit dem Tanzensemble „Theatre Provincial", Ekaterinburg: „Petit Pierre" *(im Rahmen Meeting Neuer Tanz NRW '95)*
01.10.95	Daniel Goldin//Musikcollage: Thomas Wacker mit Musik von Bruch/Mendelssohn Bartholdy/Orff/Smetana/Weill u. a., „Papirene Kinder" (Meeting Neuer Tanz NRW '95)

Spielzeit 1996/97

Geschäftsführer: Otmar Herren

Intendant: Jürgen Bosse; *Stellvertretende Intendantin und Chefdramaturgin:* Susanne Abbrederis
Dramaturg: Eilhard Jacobs; *Disponentin und Leiterin KBB:* Monika Lader-Eickelkamp
Öffentlichkeitsarbeit: Nicola Thoms*
Schauspielmusik: Alfons Nowacki, Leiter; *Gäste:* Willi Haselbek, Het Paleis van Boem, Franz Wittenbrink

Regisseure der Neuinszenierungen: Susanne Abbrederis, Jürgen Bosse, Matthias Kniesbeck, Nicola Thoms*; *Gäste:* Katharina Kreuzhage, Jürgen Reifschneider, Karsten Schiffler, Antoine de Uidehaag, Lars Wernicke
Ausstatter der Neuinszenierungen: Anja Müller, Wolf Münzner; *Gäste:* Monika Gora, Rüdiger Klahr, Erika Landertinger, Karoline Markwart-Homola, Miriam Möller, Tom Schenk, Nicola Stahl, Birgit Stoessel
Technischer Leiter: Rüdiger Klahr

Ensemble: Sigrid Burkholder, Tatjana Clasing, Marie-Therese Futterknecht*, Gabriele Marti, Karin Schroeder, Margret Tasch; Claus Boysen, Rudolf Cornelius, Siegfried Gressl, Hermann Große-Berg, Axel Holst, Matthias Kniesbeck, Soeren Langfeld, Benjamin Morik*, Carsten Otto, Denis Petkovic, Michael Schütz, Reso Tschchikwischwili, Klaus-Peter Wilhelm
Gäste/Teilspielzeit: Ingrun Allwinn, Heike Bänsch, Katrin Brockmann, Jennifer Caron, Catrin Flick, Katja Hensel, Anja Herden, Juliane Janzen, Vita Kowala, Tatjana Pasztor, Sandra Pfeiffer, Anja Röhl, Karina Schieck, Bettina Schulze-Bisping, Sylvia Schwietering, Sabine Weithöner, Helga Ziaja; Mirsad Asani, Hans-Jörg Assmann, Andrea Bettini, Arved Birnbaum, Alfred Böckel, Gerd Braese, Lorenz Claussen, Rudolf Cornelius, Uwe Eichler, Dirk Fenselau, Harald Koch, Manfred Meihöfer, Joachim Nimtz, Heinrich Sauer, Volker Spahr, Jubril Sulaimon, Berthold Toetzke, Stefan Walz, Luca Zamperoni

■ Schauspiele (N)
Grillo

15.09.96 „Hanglage Meerblick" von David Mamet (14) – I: Bosse, B: Münzner, K: Landertinger

19.10.96 „Leonce und Lena" von Georg Büchner (18) – I: Kniesbeck, B: Gora, K: Markwart-Homola, M: Haselbek

09.11.96 „Translations" von Brian Friel (16) – I: Kreuzhage, A: Münzner

20.12.96 „The Beauty Queen of Leenane" (DtsprE) von Martin McDonagh (15+1) – I: Bosse, B: Münzner, K: Landertinger

18.01.97 „Die Goldberg-Variationen" von George Tabori (15) – I: Uitdehaag, B: Schenk, K: Landertinger, M: van Boem

21.03.97 „Hexenjagd" von Arthur Miller (11) – I: Bosse, A: Münzner

31.05.97 „Shakespeares gesammelte Werke (leicht gekürzt)" (DsprE) von Adam Long/Daniel Singer/Jess Winfield (5) – I: Bosse, B: Gora, K: Stahl

Studio

02.10.96 „Du bist meine Mutter" von Joop Admiraal (17) – I: Schiffler, A: Stoessel

10.01.97 „Die Stühle" von Eugène Ionesco (14) – I: Reifschneider, A: Stoessel

13.03.97 „Die Zofen" von Jean Genet (10) – I: Wernecke, B: Gora, K: Müller

Café Central

22.10.96 „Muschelkalk" *Ein Ringelnatz-Abend mit Carsten Otto* (12) Leitung: Abbrederis, ML: Nowacki, B: Klahr

15.05.97 „Ol Moon of Alabama" *Songs & Poetry von Bertolt Brecht & Kurt Weill* (4) Leitung: Abbrederis/Thoms, ML: Nowacki, A: Möller

■ Schauspiele (WA)
Grillo

21.09.96 „Die Dreigroschenoper" von Brecht/Weill (22)

26.09.96	„Kunst" von Reza (12)
28.09.96	„Der Diener zweier Herren" von Goldoni (19)
13.10.96	„Hamlet" von Shakespeare (8)
28.11.96	„Meine Nacht mit Reg" von Elyot (3+1)
15.04.97	„Woyzeck" von Büchner (4)
19.06.97	„Was ihr wollt" von Shakespeare (2)

Studio

24.09.96	„Klassen Feind" von Nigel Williams (17)
26.09.96	„Pterodactylus" von Nick Silver (8)
09.04.97	„Vielleicht dein Lebensglück …?!" – *Tucholsky-Abend* (5)

Café Central

28.09.96	„Vive l'Amore" *Italienische Liebeslieder* (19)
18.10.96	„Ce Soir Je Bois" *Franz. Chansons* (5)
06.11.96	„Heute Abend: Lola Blau" von Georg Kreisler (9)

■ Abstecher

– „Dreck" (Marktkirche 25.09.96)
– „Meine Nacht mit Reg" (Leverkusen 30.01.97)
– „The Beauty Queen of Leenane" (Bonn, Theatertreffen NRW, 13.06.97)

■ Sonderveranstaltungen

Grillo
Mehrfach: Jazz in Essen
Einzeltermin

08.09.96	Tag der offenen Tür (u. a. Ensemblemitglieder singen ihre Lieblingssongs aus „Ce Soir Je Bois"/„Lola Blau"/ „Viva l'amore")

Casa
Mehrfach: Sonntagabend (Talkshow mit Jochem Schumann), 4×
Einzeltermin

22.10.96	Libuše Moníková liest „Treibeis"/„Prager Fenster"/„Verklärte Nacht"

Studio

28.10.96	Literatur ohne Grenzen IV: Geschichten und Gedichte vom Mittelmeer, gelesen von Ensemblemitgliedern
29.10.96	Vladimir Arsenijević liest „Cloaca Maxima" – Ein Punkroman aus Belgrad
28.01.97	Hanns Zischler liest „Kafka geht ins Kino"
17.04.97	Alexandru Vona liest aus seinem Roman „Die vermauerten Fenster"
21.04.97	Literatur ohne Grenzen V: „Die Kröte ist der Onkel des Himmelskaisers" – Märchen, Erzählungen und Gedichte aus Asien, gelesen von Ensemblemitgliedern

Café Central

10.11.96	„Go in Green" – Variationen zu Texten von Gertrude Stein mit Gabriele Hasler, Gesang/Roger Hanschel, Saxofon; Thomas Gruber, Rezitation (Frühstücksmatinee)
01.12.96	„Easy Street", Jazz Ballads mit Christiane Weber/Volker Niehusmann
09.12.96	„Rohes Fest" mit Texten von Peter Frankenfeld über Otto Wiener bis Robert Gernhardt, gelesen von Frank Goosen/Jochen Malmsheimer (Tresenlesen)
12.01.97	„Tucholsky und Genossen" mit Claus Boysen/Rainer Abraham (Frühstücksmatinee)
14.02.97	Harry Rowohlt liest irische Autoren und aus seiner Kolumne „Pooh's Corner"
05.03.97	„Weib ohne Wein, Mann ohne Maß" – Alkohol in der Weltliteratur mit Frank Goosen/Jochen Malmsheimer (Tresenlesen)
16.03.97	„WolkenPelzTier" – von Hysterie und Größenwahn mit Tina Teuber/ Michael Reuter (Klavier)
27.04.97	„Klabund und Carola Neher" – Matthias Wegner liest au seinem Buch über das Künstlerpaar, unterstützt durch spannende Ton-Dokumente

Buchhandlung

29.10.96	Vladimir Arsenijević liest
03.12.96	Margret Tasch liest aus „Durch einen Spiegel, in einem dunklen Wort" von Jostein Gaarder
24.02.97	Barbara Köhler liest aus „Blue Box" und neue Gedichte
14.04.97	Michael Schütz liest aus „Lenz" von Georg Büchner
05.05.97	Denis Petkovic liest aus „Betrachtungen über das Feigenblatt" von George Tabori
21.05.97	Raoul Schrott liest aus seinem Roman „Finis Terrae"

November 96
: Ernennung von Gerd Braese zum Ehrenmitglied der Theater & Philharmonie Essen

■ **Gastspiele**

Grillo

11.02.97 „Penelope" – Barbara Nüsse spielt den Monolog der Molly Bloom aus „Ulysses" von James Joyce (Kampnagel Fabrik Hamburg)
19.05.97 „Die Ermittlung", Oratorium von Peter Weiss (Schillertheater NRW, Gelsenkirchen)
23.06.97 Ballett-Studio Roehm stellt sich vor, auch 24.06.

Spielzeit 1997/98

Geschäftsführer: Otmar Herren

Intendant: Jürgen Bosse; *Stellvertretende Intendantin und Chefdramaturgin:* Susanne Abbrederis
Dramaturg: Eilhard Jacobs; *Disponentin und Leiterin KBB:* Monika Lader-Eickelkamp; *Disponent und Organisationsleiter Junges Theater:* Wolfgang Erwig*; *Öffentlichkeitsarbeit:* Gesine Schmidt*
Schauspielmusik: Alfons Nowacki, Leiter; *Gäste:* Willi Haselbek, Het Paleis van Boem, Franz Wittenbrink
Choreografie: Wolf-Werner Wolf

Regisseure der Neuinszenierungen: Jürgen Bosse, Matthias Kniesbeck; *Gäste:* Nikolaus Büchel, Susanne Enk, Katharina Kreuzhage, Volker Lösch, Claudia Oberleitner, Erich Sidler
Ausstatter der Neuinszenierungen: Wolf Münzner, Miriam Möller, Anja Müller; *Gäste:* Dirk Becker, Monika Gora, Kerstin Hägele, Erika Landertinger, Karoline Markwart-Homola, Gerti Rindler-Schantl, Annette Ruppelt, Tom Schenk, Nicola Stahl, Birgit Stoessel
Technischer Leiter: Rüdiger Klahr

Ensemble: Katrin Brockmann*, Sigrid Burkholder, Tatjana Clasing, Marie-Therese Futterknecht, Karin Schroeder, Margret Tasch; Claus Boysen, Siegfried Gressl, Thomas Goritzki, Hermann Große-Berg, Matthias Kniesbeck, Benjamin Morik, Carsten Otto, Denis Petkovic, Michael Schütz, Rezo Tschchikwischwili, Klaus-Peter Wilhelm
Gäste/Teilspielzeit: Ingrun Allwinn, Heike Bänsch, Jennifer Caron, Katja Degebrodt, Valentina Farcas, Katja Hensel, Juliane Janzen, Florence Kasumba, Jana Kozewa, Isis Krüger, Gabriele Marti, Tereza Luiza Matos, Sylvia Sander, Karin Sieredzki, Irmelin Sloman, Gabriele Weber, Helga Ziaja; Mirsad Asani, Hans-Jörg Assmann, Siegfried Bast, Eckhard Beger, Andrea Bettini, Alfred Böckel, Lorenz Claussen, Rudolf Cornelius, Dennis Durant, Uwe Eichler, Dirk Fenselau, Johannes Groß, Axel Holst, Harald Koch, Soeren Langfeld, Manfred Meihöfer, Michael Prelle, Volker Spahr, Jubril Sulaimon, Berthold Toetzke, Stefan Walz, Thomas Wischer, Luca Zamperoni

■ **Schauspiele (N)**
Grillo
06.09.97 „Die Ratten" von Gerhart Hauptmann (19) – I: Kreuzhage, A: Münzner
09.10.97 „Enigma" von Eric-Emmanuel Schmitt (16) – I: Oberleitner, A: Schenk
31.10.97 „Der Kirschgarten" von Anton Tschechov (15) – I: Bosse, A: Münzner, M: Nowacki
23.01.98 „Bullets over Broadway" von Woody Allen (16) – I: Kniesbeck, B: Gora, K: Markwart-Homola, M: Haselbek, Ch: Wolf
14.03.98 „Kampf des Negers und der Hunde" von Bernard-Marie Koltès (9) – I: Bosse, B: Münzner, K: Landertinger, M: van Boem
03.04.98 „Clavigo" von Johann Wolfgang Goethe (8) – I: Sidler, B: Becker, K: Ruppelt
22.05.98 „Meisterklasse" von Terrence McNally (4) – I: Büchel, B: Schenk, K: Rindler-Schantl
Studio
01.10.97 „Mein Kampf" von George Tabori (23) – I: Lösch, B: Möller, K: Hägele, M: Nowacki
18.12.97 „Educating Rita" von William Russell (26) – I: Enk, B: Möller, K: Müller
13.03.98 „Die Präsidentinnen" von Werner Schwab (10) – I: Lösch, B: Möller, K: Müller
04.06.98 „Emigranten" von Slavomir Mrozek (4) – I: Oberleitner, B: Möller, K: Müller
Café Central
30.12.97 „Männerschmerz" Liederabend (17) – Leitung: Kniesbeck, ML: Haselbek, B: Gora, K: Müller

27.02.98 „Schütz singt Schütz" *Liederabend* (8) – Leitung: Kreuzhage, ML: Nowacki

■ Schauspiele (WA)

Grillo
13.09.97 „Was ihr wollt" von Shakespeare (5+2)
18.09.97 „Shakespeares Sämtliche Werke (leicht gekürzt)" von Long/Singer/Winfield (22+2)
20.09.97 „Die Goldberg-Variationen" von Tabori (7)
27.09.97 „Hexenjagd" von Miller (14+2)
06.11.97 „Die Dreigroschenoper" von Brecht/Weill (9)
19.11.97 „Der Diener zweier Herren" von Goldoni (5)
29.01.98 „Kunst" von Reza (6)
Studio
08.10.97 „Die Stühle" von Ionesco (5)
18.10.97 „Du bist meine Mutter" von Admiraal (5+1)
10.11.97 „Klassen Feind" von Nigel Williams (5)
27.11.97 „Die Zofen" von Genet (4)
Café Central
19.09.97 „Ol' Moon of Alabama" *Songs & Poetry von Brecht & Weill* (11+1)
08.11.97 „Heute Abend: Lola Blau" von Kreisler (7)
19.11.97 „Viva l'amore" *Italienische Liebeslieder* (6)

■ Abstecher

– „Du bist meine Mutter" (Leverkusen 15.11.97)
– „Hexenjagd" (Duisburg 10./11.06.98)
– „Ol' Moon of Alabama" (Dorsten, Mitte Februar 98)
– „Shakespeares Sämtliche Werke" (Duisburg 20./21.04.98)
– „Was ihr wollt" (Duisburg 24./25.11.97)

■ Sonderveranstaltungen

Grillo
Mehrfach: Jazz in Essen
Einzeltermine
31.08.97 Tag der offenen Tür
12.06.98 Vom Glück des Reisens? – 7. Lange Literaturnacht zu Lande, zu Wasser und in der Luft mit Mitgliedern des Ensembles und Gästen, z.B. Tresenlesen

Casa
Einzeltermine
28.09.97 Sonntagabend (Talkshow mit Jochem Schumann)
05.10.97 Aleksandar Tišma liest aus seinem Roman „KAPO"
15.03.98 Autoren aus der Türkei: Nazli Eray
06.05.98 Autoren aus der Türkei: Erdal Öz
Studio
17.10.97 Margret Tasch liest aus „Portugiesische Briefe der Mariana Alcoforado", herausgegeben und übersetzt von Rainer Maria Rilke
03.11.97 Inger Christensen liest aus ihren Werken
17.11.97 „Sohn ihres Vaters" – Befreiungsversuche von Frauen aus islamischen Kulturen (Zornige Romane und zarte Romanzen von und über Scheherazades moderne Schwestern im 20. Jahrhundert (Literatur ohne Grenzen VI)
14.12.97 Einführungsmatinee zur Premiere „Educating Rita"
13.01.98 Martin R. Dean liest „Die Ballade von Billie und Joe" (Poet in residence, Uni Essen)
04.02.98 Charlotte Mutsaers liest aus ihrem Roman „Rachels Röckchen"
30.03.98 Mircea Cărtărescu liest aus seinem Zyklus „Nostalgia"
21.04.98 Brigitte Oleschinski liest aus ihrem Gedichtband „Your Passport is Not Guilty"
11.05.98 Hans-Joachim Schädlich liest aus seinem neuen Roman „Trivialroman"
Café Central
21.09.97 „Aus dem Leben einer geliebten Radautüte" – Lieder und Chansons von Claire Waldoff, interpretiert von Maegie Koreen (Musikalische Frühstücksmatinee)
24.09.97 „?Ich dich ewig!" – Adele Sandrock gegen Arthur Schnitzler – Ein Briefwechsel, gelesen, gespielt und gesungen von Imogen Kogge/Gerd Wameling
26.10.97 „Verzeihen Sie, ich bin eine Stricknadel" – Frank Meyer liest und spielt Hermann Harry Schmitz (Frühstücksmatinee)

30.11.97	„Und grüß mich nicht unter den Linden" – Elke Schmitter liest und kommentiert Heinrich Heine (Frühstücksmatinee)
25.01.98	„Das Händchen, das die Mutter schlägt …" – Das ultimative Mutter-Kind-Solo mit der Schauspielerin und Kabarettistin Cornelia Niemann Inszenierung: Birgitta Linde
22.02.98	„Konsequenzen des Herzens" von Mascha Kaléko: Lyrik und Lieder, gelesen und gesungen von Renate Heuser/Graziella Rossi; Helmut Vogel (Klavier)
29.03.98	„Die Seele, das ist so ein Ding …" – Russisches und Deutsches von Mussorgsky bis Alexandra singen und erzählen Stephanie Lang/Martin Lüker (Frühstücksmatinee)
24.05.98	Ulrich Wildgruber liest „Die Aufzeichnungen des Malte Laurids Brigge" von Rainer Maria Rilke (Literarische Frühstücksmatinee)

Oberes Seitenfoyer

04.05.98	Soiree: „Meisterklasse" von Terrence McNally – Einführung in das Stück

Buchhandlung

16.09.97	„Immer feste druff!" – Meagie Koreen liest aus ihrer Claire-Waldoff-Biografie
09.02.98	Rolf Boysen liest aus „Holzfällen" von Thomas Bernhard

■ Gastspiele

Grillo

04.10.97	Mark Sieczkarek//Daniel Smith, „Drops of Rain in perfect Days of June"; Mark Sieczkarek//Funky Drummer, „Funky Drummer" (Folkwang Tanzstudio im Rahmen der Tanzmesse NRW)
05.10.97	Urs Dietrich//Collage „Da war plötzlich …" (Tanzmesse NRW)
29.04.98	„Höchste Eisenbahn" von Fitzgerald Kusz mit den Missfits Gerburg Jahnke/Stephanie Überall
08.05.98	Schultheatertage (bis 20.05.)
2.06.98	25 Jahre Ballett-Studio Roehm: Tänze & Choreografien aus 25 Jahren, auch 23.06.

Spielzeit 1998/99

Geschäftsführer: Otmar Herren

Intendant: Jürgen Bosse; *Stellvertretende Intendantin und Chefdramaturgin:* Susanne Abbrederis *Dramaturg:* Michael Steindl*; *Gast:* Eilhard Jacobs
Disponentin und Leiterin KBB: Monika Lader-Eickelkamp; *Disponent und Organisator Junges Theater:* Wolfgang Erwig; *Öffentlichkeitsarbeit:* Andrea Faschina*; *Theaterpädagogin:* Ulla Gilbert*
Schauspielmusik: Alfons Nowacki; *Gäste:* Willi Haselbek, Franz Wittenbrink; *Choreografie:* Sergey Gordyenko (Aalto); *Gast:* Marvin A. Smith

Regisseure der Neuinszenierungen: Jürgen Bosse, Matthias Kniesbeck, Kathrin Sievers, Michael Steindl*; *Gäste:* Susanne Enk, Peter Hilton Fliegel, Natascha Kalmbach, Eduardo Kapsch, Katharina Kreuzhage, Susanne Neuhoff, Thomas Stich, Antoine Uitdehaag
Ausstatter der Neuinszenierungen: Wolf Münzner; Britta Meier, Miriam Möller, Anja Müller; Gäste: Monika Gora, Sven Hanson, Erika Landertinger, Dieter Malzacher, Karoline Markwart-Homola, Tom Schenk, Birgit Stoessel
Technischer Leiter: Michael Lüdiger*

Ensemble: Katrin Brockmann, Tatjana Clasing, Marie-Therese Futterknecht, Seraphine Rastl*, Karin Schroeder, Margret Tasch; Eckhard Beger, Wolfram Boelzle*, Claus Boysen, Siegfried Gressl, Hermann Große-Berg, Jörn-Udo Kortmann, Benjamin Morik, Carsten Otto, Denis Petcovic, Michael Schütz, Reso Tschchikwischwili, Klaus-Peter Wilhelm
Gäste: Sigrid Burkholder, Kata Degebrodt, Valentina Farcas, Catrin Flick, Stephanie Gossger, Silke Haupt, Christine Knecht, Isis Krüger, Agnes Lampkin, Tatjana Pasztor, Hannah Schröder, Karin Sieredzki, Irmelin Sloman, Frauke Steiner, Gabriele Weber, Ute Zehlen; Christoph Althoff, Mirsad Asani, Folker Banik, Alfred Böckel, Simon Alexander Boos, Rudolf Cornelius, Dirk Fenselau, Steffen Gangloff, Thomas Goritzki, Johannes Groß, Axel Holst, Matthias Kniesbeck, Harald Koch, Soeren Langfeld, Dieter Malzacher, Christian Schürmann, Berthold Toetzke, Stefan Walz, Christoph Wiatr, Thomas Wischer, Luca Zamperoni
Gäste (Musical, Tänzerinnen): Stephanie Blömer, Ana Maria Villa Franca Cervera, Pascale Chevroton, Mireille Gebbink, Claudia Hauf, Judith Jakob, Teresa Luzia Matos, Sonja Weinert

■ Schauspiele (N)

Grillo

04.09.98 „Hautnah" von Patrick Marber (20+2) – I: Bosse, B: Münzner, A: Münzner/Müller
11.10.98 „Die Lissabonner Traviata" von Terrence McNally (18) – I: Bosse, A: Münzner
23.10.98 „Die Schneekönigin" von Jewgenij Schwarz (34) – I: Bosse, B: Schenk, K: Landertinger, Ch: Gordiyenko
15.01.99 „Romeo und Julia" von William Shakespeare (19) – I: Kniesbeck, B: Gora, K: Markwart-Homola, M: Haselbek
10.04.99 „Belgrader Trilogie" von Biljana Srbijanović (9) – I: Bosse, B: Gora, J: Landertinger
05.06.99 „Kopenhagen" von Michael Frayn (3) – I: Bosse, A: Münzner

Studio

29.09.98 „Die Zoogeschichte" von Edward Albee (17) – I: Sievers, B: Möller, K: Müller
08.01.99 „Yard Girl" (DsprE) von Rebecca Prichard (19+1) – I: Enk, A: Stoessel
26.03.99 „Frozen" (DsprE) von Bryony Lavery (12) – I: Fliegel, B: Hansen, K: Müller

Casa Nova

06.09.98 „Bezahlt wird nicht" von Dario Fo (23+1) – I: Kreuzhage, A: Gora
11.09.98 „Balthasar, der Zauberlehrling" (U) von und mit Dieter Malzacher (145) – I: Neuhoff, A: Malzacher

29.01.99 „Mr. Bach, Mr. Bach" von Toon Tellegen (35) – I: Kalmbach, B: Möller, K: Müller
17.04.99 „Der Kreidekreis" von Klabund (10) – I: Kapsch/Stich, A: Meier *(Jugendclub „Spieltrieb")*
Cafe Central
30.12.98 „Love 'N' Death" *Liederabend* (11) – Leitung: Kniesbeck, ML: Haselbek, B: Gora, K: Müller
03.03.99 „Wild zuckt der Blitz" *Balladenabend* (8) – Leitung: Bosse/Steindl, A: Müller

■ Musical (N)
Grillo
19.03.99 „Cabaret" von John Cander (11) – I: Uitdehaag, ML: Nowacki, B: Schenk, K: Landertinger, Ch: Smith

■ Schauspiele (WA)
Grillo
05.09.98 „Meisterklasse" von McNally (13)
12.09.98 „Bullets over Broadway" von Allen (7+2)
08.10.98 „Clavigo" von Goethe (8)
07.11.98 „Shakespeare's Sämtliche Werke – leicht gekürzt" von Long/Dinger/Winfield (13)
20.11.98 „Enigma" von Eric-Emmanuel Schmitt (1+2)
02.12.98 „Kunst" von Reza (9)
Studio
08.09.98 „Educating Rita" von Russell (17)
14.09.98 „Klassen Feind" von Nigel Williams (8)
05.09.98 „Emigranten" von Mrozek (9)
22.02.99 „Die Präsidentinnen" von Schwab (9)
Café Central
12.09.98 „Männerschmerz" *Liederabend* (15)
19.05.99 „Schütz singt Schütz" (2)

■ Abstecher
– „Bezahlt wird nicht" (Hagen 07.05.99)
– „Bullets over Broadway" (Duisburg 10./11.06.99)
– „Enigma" (Duisburg, 25./26.11.98)
– „Hautnah" (02./03.02.99)
– „Yard Girl" (Konstanz 11.04., Bensheim, Woche junger Schauspieler, 25.05.99)

■ Sonderveranstaltungen
Grillo
30.08.98 Tag der offenen Tür – Am Abend: Das Beste aus den Liederabenden des Schauspiels
03.05.99 Mitgliederversammlung des „Freundeskreis Theater & Philharmonie" Beitrag des Schauspiels: „Viva l'amore", *italienische Liebeslieder*
Casa
16.08.98 „Fußball und Literatur" – Gespräch über Fußball mit Manfred Breukmann, WDR; Jürgen Roth, Autor (Frühstückstheater)
27.09.98 „Fliesen für ein kleines, schwarzes Gemach" – Klavierstücke, Lieder und „verborgene Texte" von Erik Satie mit Gabriele Dietle (Gesang)/Reinhard Gagel (Klavier)/Gitta Martens, Sprecherin (Frühstückstheater)
25.10.98 „Die Gehaltserhöhung" von Georges Perec mit Cornelia Niemann/Annemarie Roelofs (Frühstückstheater)
29.10.98 Imre Kertész liest aus seinem neuen Buch „Ich – ein anderer"
06.11.98 „Forever Young" (Vorträge, Musik), bis 08.11.
16.11.98 „Things Fall Apart" – Das Alte stürzt: Lebensgeschichten aus Nigeria (Literatur ohne Grenzen VII)
22.11.98 Frühstückstheater: „Nur da nicht weich werden" – Ein Morgen mit Liedern und Texten von Bertolt Brecht mit René Rosenburg (Gesang)/Patricia Martin (Klavier)
13.12.98 „Weihnachten voll und Gans": Szenische Lesung, Gedichte, Geschichten, Satiren und Lieder von Kästner/Loriot/Polz/Molnár/Treeck u.a. mit Kriszti Kiss/Stefan Keim/Dieter Treeck (Frühstückstheater)
10.01.99 „Himmelhoch jauchzend – zu Tode verliebt", Chansons mit Christiane Weber/Timm Beckmann, Klavier (Frühstückstheater)
16.02.99 „Die Reise nach Petuschki" von Wenedikt Jerofejew – Die größte literarische Sauftour, gelesen von Harry Rowohlt und Tresenlesen (Frank Goosen/Jochen Malmsheimer)

21.02.99	„Nachtwut – Wir reißen alte Wunden auf" mit Tina Teubner (Frühstückstheater)
14.03.99	„Entre deux âges" von und mit Myrtil Haefs/Andreas Binder, Klavier (Frühstückstheater)
16.03.99	Marcus Ingendaay liest aus „Die Fälschung der Welt" von William Gaddis
09.05.99	„Die Liebe dauert oder dauert nicht" – Ein Brecht-Programm mit Karin Harff/Jens-Uwe Günther (Frühstückstheater)
20.05.99	Felicitas Hoppe liest aus ihrem Roman „Pigafetta"

Studio

15.09.98	Hans Ulrich Treichel liest aus seinem Roman „Der Verlorene"
02.11.98	Sibylle Lewitscharoff liest aus ihrem neuen Buch „Pong"
02.12.98	Günter Ohnemus liest aus seinem Roman „Der Tiger auf deiner Schulter"
14.01.99	Thomas Meinecke liest aus seinem Buch „Tomby" (poet in residence, Uni Essen)
20.04.99	Jörg Uwe Sauer liest aus seinem Roman „Uniklinik"

Café Central

20.09.98	Dorothea Klein liest aus „Die wahre Geschichte der Effi B." (Frühstücksmatinee)
11.10.98	„Konsequenz des Herzens" von Mascha Kaléko mit Renate Heuser/Graziella Rossi/Helmut Vogel (Frühstücksmatinee)
20.10.98	Funny van Dannen liest aus seinem neuen Buch „Komm in meine Arme"
15.11.98	„Die Stunde des Teufels und andere seltsamen Geschichten" von Fernando Pessoa mit Frank Henseleit, Text); Thomas Wagner (Klavier)/Michael Peters, Schlagzeug (Frühstücksmatinee)
06.12.98	„Darf ich's Ihnen einschlagen?" – Buchhändlers Weihnacht mit den Buchhändlerinnen der Literatur-Buchhandlung im Grillo-Theater (Frühstücksmatinee)
17.01.99	„Poesie & Musik" von Rose Ausländer (1901–1988) mit Alicia Fassel; Eva-Susanne Rudolf, Violoncello (Frühstücksmatinee)
07.02.99	„Charlotte, Emily und Anne Brontë Leben in Harworth" – Vortrag in Bildern: Sabine und Michael van Ahlen (Frühstücksmatinee)
21.03.99	Rolf Vollmann liest aus „Ein Roman-Verführer"/„Roman-Navigator" (Frühstücksmatinee)
25.04.99	„Es ist Zeit, dass der Stein sich zu blühen bequemt" – Paul Celan/Ingeborg Bachmann – Eine dichterische Auseinandersetzung, vorgestellt von Blanche Kommerell/Matthias Hejlik, Violonello (Frühstücksmatinee)
11.05.99	Lesung: Der Briefwechsel Gustave Flaubert/Guy de Maupassant, gelesen von Dert Haffmans/Joachim Kersten
06.06.99	„Ich kam und Sahara" von Giampiero Piria – Surrealistisch-dadaistische Wortkunst (Frühstücksmatinee)
09.06.99	Autorenlesung: Alexander Puschkin zum 200. Geburtstag – Peter Urban stellt die Neuübersetzung der Erzählungen vor

Buchhandlung im Grillo

15.03.99	Claus Boysen liest aus „Der Untergeher" von Thomas Bernhard

■ Gastspiele

Casa

11.12.98	„Sofie oder Was das Leben zu bieten hat" (Theater en gros et en détail, Zürich)
17.12.98	„Das Ungefähr" (Theater en gros et en détail, Zürich)
10.01.99	„Des Kaisers Nachtigall" nach Hans Christian Andersen (Theater Kontra Punkt), auch 11.01.
21.02.99	„Frau Meier, die Amsel" von Wolf Erlbruch (Krokodil Theater Tecklenburg), auch 22.02.
13.03.99	„Prinzessin Bammel" (AGORA-Theater, Belgien)
19.03.99	Essener Schul- und Amateurtheatertage, bis 26.03., 26.05.–02.06.

Spielzeit 1999/2000

Geschäftsführer: Otmar Herren

Intendant: Jürgen Bosse; *Stellvertretende Intendantin und Chefdramaturgin:* Susanne Abbrederis
Dramaturgen: Michael Steindl, Dr. Almuth Voß*; *Gäste:* Eilhard Jacobs, Thomas Milz
Disponentin und Leiterin KBB: Monika Lader-Eickelkamp; *Disponent und Organisator Junges Theater:* Wolfgang Erwig
Presse- und Öffentlichkeitsarbeit: Andrea Faschina; *Theaterpädagogin:* Ulla Gilbert
Schauspielmusik (Gäste): Andreas Breitscheid, Philipp Danzeisen, Matthias Flake, Willi Haselbek, Eckhard Manz, Alfons Nowacki, Dirk Raulf, Het Paleis van Boem, Thomas Wegner
Choreografie: Lynn Charles, Sergej Gordiyenko (beide Aalto); *Gast:* Marvin A. Smith

Regisseure der Neuinszenierungen: Jürgen Bosse; *Gäste:* Nikolaus Büchel, Susanne Enk, Peter Hilton Fliegel, Eduardo Kapsch, Matthias Kniesbeck, Katharina Kreuzhage, Volker Lösch, Susanne Neuhoff, Kathrin Sievers, Thomas Stich, Antoine Uitdehaag
Ausstatter der Neuinszenierungen: Wolf Münzner; Sven Hansen, Verena Maier, Tina Miyake
Gäste: Monika Gora, Anja Imig, Erika Landertinger, Karoline Markwart-Homola, Miriam Möller, Anja Müller, Tom Schenk, Birgit Stoessel
Technischer Leiter: Michael Lüdiger

Ensemble: Marie-Therese Futterknecht, Stephanie Gossger*, Seraphine Rastl, Hannah Schröder*, Karin Schroeder, Ute Zehlen*; Wolfram Boelzle, Claus Boysen, Hannes Fischer*, Steffen Gangloff*, Siegfried Gressl, Benjamin Morik, Casten Otto, Denis Petcovic, Michael Schütz, Rezo Tschchikwischwili, Klaus-Peter Wilhelm
Gäste: Katrin Brockmann, Verena Bukal, Tatjana Clasing, Anuk Ens, Catrin Flick, Sheri Hagen, Josefin Hagen, Verena Held, Juliane Janzen, Isis Krüger, Agnes Lampkin, Tatjana Pasztor, Claudia Rohnefeld, Frauke Steiner, Margret Tasch; Folker Banik, Andreas Beck, Daniel Berger, Kai Bettermann, Alfred Böckel, Daniel Borgwardt, Rudolf Cornelius, Dennis Durant, Markus Eberl, Hassan El Maged, Hermann Große-Berg, Axel Holst, Arno Kempf, Matthias Kniesbeck, This Maag, Dieter Malzacher, Alessandro A. Palmitessa, Thomas Schweins, Jubril Sulaimon, Tibor Taylor, Berthold Toetzke, Stefan Walz, Luca Zamperoni
Gäste (Musical, Tänzerinnen): Claudia M. Acedo-Arnela, Stephanie Blömer, Pascale Chevroton, Susanna Daufeldt, Claudia M. Erkelenz, Mireille Gebbink, Claudia Hauf, Teresa Luzia Matos, Ana Maria Villafranca Cervera, Sonja Weinert

■ Schauspiele (N)
Grillo

17.09.99 „Iphigenie auf Tauris" von Johann Wolfgang Goethe (10) – I: Lösch, A: Münzner, M: Breitscheid
08.10.99 „Mephisto" von Ariane Mnouchkine (20) – I: Uitdehaag, B: Schenk, K: Landertinger, M: van Boem
16.10.99 „Das Ende vom Anfang" von Sean O'Casey (18+1) – I: Bosse, B: Gora, K: Müller, M: Haselbek
30.10.99 „Der Zauberer von Oss" nach Lyman Frank Baum (42) – I: Bosse, B: Schenk, K: Landertinger, M: Flake
30.12.99 „Cyrano de Bergerac" von Edmond Rostand (18) – I: Kniesbeck, B: Gora, K: Markwart-Homola, M: Haselbek
21.01.00 „Der Judaskuss" (DsprE) von David Hare (15+1) – I: Bosse, A: Münzner, Ch: Charles
01.04.00 „Kampfhunde" (U) von Laurent Gaudé (9) – I: Bosse, A: Münzner, M: Raulf

Studio

10.09.99 „Die Umarmung des Skorpions" (U) von Véronique Olmi (28) – I: Büchel, B: Möller, K: Müller
06.11.99 „Schädelstätte oder Die Bekehrung der heiligen Maria" (DE) von Andreas Erdmann (14+1) – I: Enk, A: Hansen

15.01.00 „Kochen mit Elvis" (DsprE) von Lee Hall (27+1) – I: Sievers, B: Hansen, K: Müller, M: Flake, Ch: Gordiyenko
23.03.00 „südwärts" (U) von Roger Lille (11) – I: Enk, B: Hansen, K: Maier, M: Danzeisen

Casa Nova

19.09.99 „Die Tankstelle der Verdammten" von Georg Ringsgwandl (36) – I: Kreuzhage, A: Gora, M: Haselbek
25.09.99 „Lenchens Geheimnis" (U) von Dieter Malzacher nach Michael Ende (140) – I: Neuhoff
12.02.00 „Besuch bei Katt und Fredda" von Ingeborg von Zadow (23+1) – I: Fliegel, B: Imig, K: Maier
06.05.00 „Die Reise" (U) von Lothar Trolle (19) – Leitung: Kapsch/Stich, A: Miyake, M: Wegner (*Jugendclub „Spieltrieb"*)

■ Schauspiele (WA)

Grillo

18.09.99 „Kopenhagen" von Frayn (9+2)
04.11.99 „Kunst" von Reza (7)
10.11.99 „Belgrader Trilogie" von Srbljanović (4)
12.11.99 „Lissabonner Traviata" von McNally (1+2)
24.02.00 „Romeo und Julia" von Shakespeare (10)
12.04.00 „Shakespeares gesammelte Werke – kurz gefasst" von Long/Dinger/Winfield (8)

Studio

22.09.99 „Frozen" von Lavery (11)
25.09.99 „Yard Girl" von Prichard (22+2)

Café Central

01.10.99 „Wild zuckt der Blitz" *Balladenabend* (7)
15.10.99 „Love 'N' Death" *Liederabend* (9)
23.10.99 „Männerschmerz" *Liederabend* (13+1 Grillo +1)

■ Musical (WA)

23.11.99 „Cabaret" von John Kander (16)

■ Abstecher

– „Besuch bei Katt und Fredda" (Krefeld 16.05.00)
– „Das Ende vom Anfang" (Duisburg 10.03.00)
– „Der Judaskuss" (Münster, Theatertreffen NRW 18.06.00)
– „Kochen mit Elvis" (Bensheim, Woche junger Schauspieler, 31.05.00)
– „Kopenhagen" (Duisburg 27./28.01.00)
– „Lissabonner Traviata" (Duisburg 16./17.11.99)
– „Männerschmerz" (Münster, Theatertreffen NRW 17.06.00)
– „Schädelstätte" (Evangelische Kreuzeskirche am Weberplatz 21.04.00)
– „Yard Girl" (AAK im E-WERK Freiburg 01.11.99, Konstanz 11.04.00)

■ Sonderveranstaltungen

Grillo

12.09.99 Tag der offenen Tür; am Abend: Highlights aus den Liederabenden des Schauspiels
02.06.00 9. Lange Literaturnacht: „Gefangen in Mattos Reich" – Friedrich Glauser zu Ehren
Lesungen aus den „Wachtmeister-Studer"-Krimis, Erzählungen und Briefe (Veranstaltung im Rahmen der CRIMINALE 2000)

Casa

15.08.99 Rolf Dieter Brinkmann/Nicolas Borns „Spuren in Essen" (Frühstückstheater)
12.09.99 Tag der offenen Tür: u. a. „Lenchens Geheimnis" (Schauspiel Essen), „Sonne, Mond und Sterne" (Studiobühne), „Hohenfels" (Theatergruppe der Folkwang Musikschule), Schauspieler lesen aus „Der Zauberer von Oss"
17.10.99 Kabarett/Comedy „Guckt ja keiner …" von und mit Francesca De Martin (Frühstückstheater)
04.11.99 Jan Kjaerstad (Autor)/Angelika Gundlach (Übersetzerin) lesen aus „Der Verführer"
08.11.99 Literatur aus Afrika. II: Kenia – Ghana mit Mitgliedern des Ensembles
21.11.99 „20 Jahre brettern!" – Jubiläumsprogramm von und mit Petra Afontin (Frühstückstheater)
12.12.99 „Frohlocken mit Petra Afontin und Joachim Luger" – Weihnachtslesung 1999 (Frühstückstheater)

30.01.00	Frühstückstheater: „Ich bin etwas schief ins Lebens gebaut" – Ein Ringelnatz-Vormittag mit Heinz Keller; Erik Schmid (Klavier)
17.02.00	Norbert Hummelt liest „singtrieb" und andere Gedichte
09.03.00	Reinhard Jirgl liest aus seinem Roman „Die atlantische Mauer"
12.03.00	„Wie wird man heut' ein Star?" – Programm zum Thema „Stars, Sternchen, Seifenopern" mit Karin Harff (Gesang)/Jens-Uwe Günther (Klavier)
02.04.00	Matinee zu „Kampfhunde" von Laurent Gaudé in Anwesenheit des Autors
05.04.00	Dzevad Karahasan liest aus seinem neuen Roman „Sara und Serafina"
02.05.00	Alexander Nitzberg liest „Gedichte des russischen Futurismus" von Wladimir Majakowski
04.06.00	Das kriminelle Frühstück: Ausblicke, Einblicke, Durchblicke – Es lesen und diskutieren Uwe Erichsen (Kerpen)/Monika Helmecke (Genthin)/Hartwig Liedke (Köln), Moderation: Walter Wehner

Studio

20.09.99	Christiane Vulpius und J. W. von Goethe: Szenische Lesung mit Stephanie Gossger/Claus Boysen
04.10.99	László Krasnahorkai liest aus seinem Roman „Krieg und Krieg"
13.12.99	Thomas Kapielski liest aus „Davor kommt noch. Gottesbeweise IX–XIII" (1998) und „Danach war schon. Gottesbeweise I–VIII" (1999)
17.01.00	Inka Parei liest aus ihrem Roman „Die Schattenboxerin"

Café Central

19.09.99	„West-Östlicher Diwan oder Auf Hafis Spuren ins Morgenland" von J. W. von Goethe mit Mohammad-Ali Behboudi/Claus Boysen (Frühstücksmatinee)
24.10.99	„Ur Jazz Sonate" – Ein Philipp Danzeisen Projekt (Frühstücksmatinee)
28.11.99	„Es ist an der Zeit, dass der Stein sich zu blühen bequemt", Paul Celan/Ingeborg Bachmann – Eine dichterisch-musikalische Auseinandersetzung, vorgestellt von Blanche Kommerell/Edgar Lösch; Musik: Wolfgang Bender, Violine (Frühstücksmatinee)
19.12.99	„Süßer die Kassen nie Klingeln" – Buchhändlers Weihnacht (Frühstücksmatinee)
06.02.00	Else Lasker-Schüler – Wort & Musik mit Alice Fassel/Eva Susanne Ruoff (Frühstücksmatinee)
19.03.00	„Leben lohnt immer" – Hommage an Ilse Langner mit Cornelia Niemann/Brigitta M. Schulte (Frühstücksmatinee)
09.04.00	„Loch doch" – Das Duo „Poröse Dichtung" präsentiert Gedichte von Erich Jandl, vorgetragen von Maria Wolf/Thaddäus Zech (Frühstücksmatinee)
14.05.00	„Frauen fallen aus dem Fenster" – Frank Meyer liest Daniil Charms (Frühstücksmatinee)

Buchhandlung im Grillo

25.10.99	Markus Eberl liest aus „Schloss Gripsholm" – Eine Sommergeschichte" von Kurt Tucholsky
15.11.99	Marie-Theres Futterknecht liest „Fräulein Else" von Arthur Schnitzler
28.02.00	Rudolf Cornelius liest „Wanderung" von Hermann Hesse
20.03.00	Karin Schroeder liest „Der treue Freund" und andere Märchen von Oscar Wilde
09.05.00	Wolfgang Bölzle/Hannes Fischer lesen aus „De Profundis" von Oscar Wilde

■ Gastspiele

Grillo

25.09.99	„Gopf" von Gregor Metzger/Martin Zimmermann/Dimitri de Perrot (Meeting Neuer Tanz NRW)
26.09.99	„Tormented Cry of Infinite Sadness", Ch: Tony Vezich, Temper Temper Dance Company (Meeting Neuer Tanz NRW)
12.03.00	„Bären auf dem Weg", ein musikalisches Abenteuer (Schauburg München)
10.06.00	„El Canto de Despedida" von Maryse Delente//Gino D'Auri/Paco Peño „Le sacre du printemps" von Maryse

	Delente//Igor Strawinsky (Ballet du Nord)
11.06.00	„Hinter der Nacht" von Daniel Goldin//Thomas Wacker, Collage (Tanztheater Münster)
10.06.00	„Le sacre du printemps" von Maryse Delente//Igor Strawinsky (Intern. Tanzmesse NRW)
26.06.00	Ballett-Studio Roehm zeigt „Ballett-Jazz-Step", auch 27.06.

Casa Nova

09.10.99	„Orientalischer Tanzabend", Leitung: Magdy El-Leisy
19.10.99	„Sonne, Monde und Sterne" von Dieter Malzacher (Studiobühne Essen), 4×
29.10.99	„Himmelhoch jauchzend – zu Tode verliebt" – Chanson- Programm von und mit Christiane Weber/Timm Beckmann
21.11.99	„Wasserkind" von Tina Dücker u. a. (Theater Marabu, Bad Honnef), auch 22.11.
17.12.99	„Kein Aschenputtel" – Modernes Tanzmärchen (Theater Dansend Hart, Utrecht), 3×
21.01.00	„Hin und Weg", Tanztheater (Theaterwerkstatt Pilkentafel, Flensburg), 2×
18.02.00	„Konzert ohne Ski" mit Thomas & Lorenzo*
19.02.00	„Clownerien": Kinderprogramm mit Clown Linaz*
19.02.00	„Clownsgala I + II" mit Bonbon & Tiina/Les Roosyann/Tito Lester*
20.02.00	„Magic for Monsters" – Zaubern lernen mit Ted Lesley (Kinderprogramm)*
20.02.00	„Mit den Augen eines Clowns" – Literaturwettbewerb, ausgewählte Beiträge, gelesen von Mitgliedern des Ensembles*
20.02.00	„Magie & Mind": Hexerei mit Hindernissen, Gala mit dem Zauberer Ted Lesley* *(* Clownsfestival)*
11.03.00	„Vom Fischer und seiner Frau" von Ph. O. Runge (Th. Feuer und Flamme, Braunschweig)
15.03.00	„Himmelsmechanik": Musiktheaterstück von John Cage/Friedl & Mattick/Mauricio Kagel/Schnebel/Stahmer (Thalia Theater, Halle)
16.03.00	„Moby Dick" nach Herman Melville (Theater Triebwerk, Hamburg), 2×
18.03.00	„FlussPferde" von Ameli Mäkelä (Theater Junge Generation, Dresden)
02.04.00	Essener Schul- und Amateurtheatertage 2000, bis 10.04. und 19. bis 28.05.

Spielzeit 2000/01

Geschäftsführer: Otmar Herren

Intendant: Jürgen Bosse; *Stellvertretende Intendantin und Chefdramaturgin:* Susanne Abbrederis
Dramaturgen: Michael Steindl, Dr. Almuth Voß; *Gast:* Eilhard Jacobs
Disponentin und Leiterin: Monika Lader-Eickelkamp; *Disponent und Organisator Junges Theater*: Wolfgang Erwig; *Leiter Jugendclub-Projekt:* Jörn-Udo Kortmann*; *Theaterpädagogin:* Ulla Gilbert
Presse- und Öffentlichkeitsarbeit: Maria Hilber*
Schauspielmusik-Musik (Gäste): Michael Barfuß, Matthias Flake, Willi Haselbek, Dirk Raulf, Het Paleis van Boem; *Choreografie (Gast):* Marco Santi

Regisseure der Neuinszenierungen: Jürgen Bosse, Christine Knecht, Jörn-Udo Kortmann; *Gäste:* Peter Hilton Fliegel, Natascha Kalmbach, Jos van Kan, Matthias Kniesbeck, Katharina Kreuzhage, Tina Miyake, Susanne Neuhoff, Kathrin Sievers, Antoine de Uitdehaag
Ausstatter der Neuinszenierungen: Wolf Münzner; Sven Hansen, Verena Maier; *Gäste:* Monika Gora, Anja Imig, Erika Landertinger, Dieter Malzacher, Karoline Markwart-Homola, Tina Miyake, Anja Müller, Tom Schenk
Technischer Leiter: Michael Lüdiger

Ensemble: Sabine Osthoff*, Seraphine Rastl, Anja Schiffel*, Hannah Schröder, Ute Zehlen; Eckhard Beger, Wolfram Boelzle, Claus Boysen, Hannes Fischer, Steffen Gangloff, Siegfried Gressl, Benjamin Morik, Carsten Otto, Michael Schütz, Tibor Taylor*, Rezo Tschchikwischwili, Klaus-Peter Wilhelm
Gäste/Teilspielzeit: Hannelore Albus, Renate Becker, Tatjana Clasing, Anuk Ens, Catrin Flick, Marie-Therese Futterknecht, Ruzica Hajdari, Verena Held, Anja Herden, Juliane Janzen, Anja Kleinhans, Christine Knecht, Agnes Lampkin, Susanne Reifenrath, Karin Schroeder, Uta-Maria Schütze, Dagmar Schwarz, Marianne Sonneck, Antje Temler, Heike Trinker, Ulrike Volkers; Hans-Jörg Assmann, Andreas Beck, Daniel Berger, Kai Bettermann, Alfred Böckel, Rudolf Cornelius, Philipp Danzeisen, Carlo Ghiradelli, Maximilian Giermann, Willi Haselbek, Max Haupt, Axel Holst, Arno Kempf, Heinz Kersten, Matthias Kniesbeck, Jörn-Udo Kortmann, This Maag, Dieter Malzacher, Alessandro Palmitessa, Denis Petcovic, Benedikt Schörnig, Berthold Toetzke, Stefan Walz

■ Schauspiele (N)
Grillo

17.09.00	„Maria Stuart" von Friedrich Schiller (23+1) – I: Bosse, A: Münzner
05.10.00	„Der Lebkuchenmann" von David Wood (33) – I: Fliegel, B: Schenk, K: Landertinger, ML: Flake, Ch: Santi
20.10.00	„Terroristen" (U) von Andreas Erdmann (12) – I: Kreuzhage, A: Gora
24.11.00	„Rose" von Martin Sherman (13) – I: Bosse, A: Münzner
30.12.00	„Herr Puntila und sein Knecht Matti" von Bertolt Brecht (16) – I: Kniesbeck B: Gora, K: Markwart-Homola, M: Haselbek
20.01.01	„Brassed off – Mit Pauken und Trompeten" (DsprE) von Mark Herman/ Paul Allen (21) – I: Bosse, B: Münzner, K: Landertinger, ML: Haselbek
02.02.01	„That's Life mit Tatjana Clasing & Band (6+1 Tag der offenen Tür) – ML: Barfuß, A: Gora
17.03.01	„Onkel Wanja" von Anton Tschechow (11) – I: Uitdehaag, B: Schenk, K: Landertinger, M: van Boem
01.04.01	„Drei Mal Leben" von Yasmina Reza (11+2) – I: Bosse, B: Münzner, K: Landertinger

Studio

21.09.00	„Der Scheiterhaufen" (U) von Jeff Tapia (17) – I: Knecht, B: Imig, K: Maier

12.10.00	„Untermieter gesucht" (DsprE) von Paul Tucker (21) – I: Kortmann, B: Hansen K: Maier
23.03.01	„Magic Afternoon" von Wolfgang Bauer (14) – I: Sievers, B: Hansen, K: Maier
26.05.01	„Das letzte Band" von Samuel Beckett (4) – I: Fliegel, A: Miyake

Casa

15.09.00	„Ab heute heißt du Sara" von Volker Ludwig/Detlef Michel (35+2) – I: van Kan, B: Schenk, K: Landertinger, M: Flake
23.09.00	„Brüderchen und Schwesterchen" nach den Brüdern Grimm (106) – I: Neuhoff, A und Puppen: Dieter Malzacher
07.12.00	„Vom Jungen, der in ein Buch fiel" (DsprE) von Alan Ayckbourn (39) – I: Kalmbach, B: Schenk, K: Müller, M: Raulf
28.04.01	„Das brennende Dorf" von Rainer Maria Fassbinder (10+1) – I: Kortmann, A: Miyake *(Jugendclub „Spieltrieb")*

Café Central

06.04.01	„Männerschmerz, Vol. II" *Liederabend* (13) – Leitung: Kniesbeck, M: Haselbek, B: Gora, K: Müller

■ Schauspiele (WA)

Grillo

30.09.00	„Mephisto" von Mnouchkine (5+3)
01.10.00	„Cyrano de Bergerac" von Rostand (7)
15.10.00	„Das Ende vom Anfang" von O'Casey (3)
28.10.00	„Männerschmerz I" *Liederabend* (2+5 CC +1 Tag der offenen Tür)
23.02.01	„Der Judaskuss" von Hare (7)
09.05.01	„Shakespeares Sämtliche Werke – kurz gefasst" von Long/Singer/Winfield (4)
16.05.01	„Kunst" von Reza (2+1)

Studio

26.09.00	„Kochen mit Elvis" von Hall (19+1)
25.10.00	„südwärts" von Lille (4)

■ Abstecher

– „Ab heute heißt du Sara" (Duisburg 08./09.12.00)
– „Das brennende Dorf" (Mainz 12.06.01)
– „Drei Mal Leben" (Duisburg 14./15.06.01)
– „Kochen mit Elvis" (Leverkusen 08.11.00)
– „Kunst" (Folkwang-Museum 31.10.00)
– „Maria Stuart" (Bielefeld, NRW-Theatertreffen 08.06.01)
– „Mephisto" (Leverkusen 07.11.00, Duisburg 25./26.01.01)

■ Sonderveranstaltungen

Grillo
Mehrfach: Jazz im Grillo
Einzeltermin

10.09.00	Tag der offenen Tür: „That's Life – Songs über das Leben" mit Tatjana Clasing und Band, ML: Barfuß; „Männerschmerz Special, Leitung: M. Kniesbeck, ML: Haselbek

Casa Nova

03.09.00	Literarische Matinee im Rahmen von „Essen Original" – Lesungen und Gitarrenmusik baroque bis modern mit dem Gitarrenduo Quodlibet u. a., Moderation: Dr. Walter Wehner
18.09.00	„Sie blieben im Schatten" – Ein Denkmal für „stille" Helden von Inge Deutschkron Autorenlesung und Gespräch mit Inge Deutschkron, auch 21.09.
22.09.00	Der Essener Theaterring begegnet Inge Deutschkron
10.10.00	James Hamilton-Paterson liest aus seinem Roman „Der Traum des Gerontius"
17.10.00	Anna Bolecka liest aus „Lieber Franz", Geschichten von Franz Kafka in fiktiven Briefen
26.10.00	Erika Fischer liest aus ihrem Buch „Die Liebe der Lena Goldnadel"
08.11.00	„Stationen nach Deutschland" – Jelena Jeremejewa (Kiew): Auf Spurensuche jüdischer Vergangenheit mit Arno Kempf; Leitung: Siegrid Becker/Jörn-Udo Kortmann
21.11.00	„Dialog der Generationen" – Diskussion mit dem Zeitzeugen Egon Kornblum
04.01.01	„Lichter in der Finsternis – Jüdische Schicksale in Essen" – Widerstand und Verfolgung In Essen 1933–1945, Autorenlesung mit dem Essener Historiker Dr. Ernst Schmidt

31.01.01	„Adressat unbekannt" – Ein Briefwechsel von Kressmann Taylor, gelesen von Claus Boysen/Siegfried Gressl
18.02.01	„Durch die Rippen zwerchfellein über Stock und Gallenstein …" (Frühstückstheater) Ein Georg-Kreisler-Abend mit Petra Afontin/Frank Meyer Simone Witt (Klavier)
20.02.01	Barbara Honigmann liest aus ihrem Briefroman „Alles, alles Liebe!"
28.02.01	„Suche nach M." von Doren Rabinovici, neuere Prosa und Texte zur Lage in Österreich
26.03.01	„Stimmen aus dem Ghetto" – Zweisprachige Lesung von Tagebüchern aus jüdischen Ghettos im besetzten Polen mit Magda Gwizdalski (Polen)/Alexander Malyschew (Ukraine)/Benjamin Morik/Hannah Schröder (Schauspiel Essen)
30.04.01	„Vater hat Lager", nach einer Erzählung von Carl Friedmann mit Gilla Cremer
11.05.01	Jörg Uwe Sauer liest aus seinem neuen Roman „Das Traumpaar"
27.05.01	Inge Deutschkron stellt ihr neues Buch „Das verlorene Glück des Leo H." vor

Studio

10.09.00	Tag der offenen Tür: Programm für Kinder – Dieter Malzacher zeigt Ausschnitte aus seiner neuen Produktion „Brüderchen und Schwesterchen"; Ute Zehlen/Hannes Fischer
23.11.00	Autorenlesung: „Von Liebhabern & Kandidaten" von Birgit Kempker/Barbara Bongartz – Möglichkeiten und Grenzen des biografischen Erzählens
16.01.01	Herta Müller liest „Im Haarknoten wohnt eine Dame"
28.03.01	„Aus dem Bleistiftgebiet" – Die Mikrogramme von Robert Walser, vorgestellt von Bernhard Echte
26.06.01	Volker Braun liest neue Texte

Café Central

22.10.00	Beate Scherzer/Jan Ochalski lesen und spielen „Ferdydurke" von Witold Gombrovicz in Deutsch und Polnisch (Frühstücksmatinee)
12.11.00	„Der Schatten des Orpheus" – Texte von Rainer Maria Rilke/Ingeborg Bachmann/Gottfried Benn u. a., gelesen von Hannah Schröder; Johanna Seitz, Harfe (Frühstücksmatinee)
17.12.00	„Noch sieben Türchen" – Buchhändlers Weihnacht (Frühstücksmatinee)
22.01.01	„Wenn Worte reden könnten oder 14 Tage im Leben einer Stunde" von Jochen Malmsheimer
28.01.01	„Bitterböse Bagatellen – Schwarze Szenen, satanische Satiren" Szenische Lesung des HamLeT (Hamburger Lesetheater) mit Texten von Max Goldt/Franziska Polanski/Joachim Ringelnatz u. a. (Frühstücksmatinee)
14.02.01	Frank Goosen liest aus seinem Roman „Liegen lernen"
25.02.01	„Liebe Nuuna – Briefe aus dem Schweigen" – Aus dem Briefwechsel (1932–1935) Hedwig Müller/Kurt Tucholsky, gelesen von Ute Zehlen/Claus Boysen (Frühstücksmatinee)
18.03.01	„Champagnerherz", Dialog einer Liebe: Olga Knipper und Anton Tschechow – Szenische Lesung von und mit Eva Scheurer/Rudolf Kowalski (Frühstücksmatinee)
22.04.01	„talk oder Eine Lektion in Poesie wird vorbereitet" – Gedichte von Ernst Jandl/H. C. Artmann, gelesen von Andreas Beck/Steffen Gangloff (Frühstücksmatinee)
13.05.01	„Im Atemhaus wohnen" von Rose Ausländer mit Renate Heuser/Claudia Nickel (Frühstücksmatinee)
17.06.01	Hermann Schulz liest aus seinem neuen Roman „Sonnennebel" (Frühstücksmatinee)

Buchhandlung im Grillo

02.10.00	„Das ist noch nicht das Ende" – Claus Boysen liest Satiren von Slawomir Mrzozek
06.11.00	Seraphine Rastl liest „Das dreißigste Jahr" von Ingeborg Bachmann
15.01.01	Dagmar Schwarz liest Texte von Anton Kuh/Woody Allen/Fritz Grünbaum u. a.

05.02.01	Christine Knecht liest aus „Avantgarde" von Marieluise Fleißer
19.03.01	Beate Scherzer liest aus den frühen Erzählungen von Anton Tschechow
24.04.01	Rudolf Cornelius liest aus „Liebesfluchten" von Bernhard Schlink
22.05.01	Anja Schiffel liest Erzählungen von Feridun Zaimoglu/Selim Özdogan u. a.
25.06.01	Berthold Toetzke liest „Eine Verzweiflung" von Yasmina Reza

■ Gastspiele

Casa

17.10.00	„Kleine Engel", poetisches Traumspiel von Marco Ballani (Studio-Bühne Essen), 6×
27.10.00	„Orientalischer Tanzabend", präsentiert von Magdy El-Leisy
11.11.00	„Der Traum vom roten Eisberg" – Geschichten von Toon Telegen, 2×
25.01.01	„Himmel ist oben" – Chansonabend mit Christiane Weber/Timm Beckmann
09.02.01	„Rizoma – wider die Schwerkraft" (Zirkus-Varieté-Theater aus Kiew), 6×
10.02.01	„Eine Clowns-Lieder-Reise durch den Regen" – Musikalischer Spiel-Spaß mit zwei Clowns und Kinderliedern aus aller Welt (Carrousel-Theater an der Parkaue, Berlin), 3×.
18.02.01	„Ein Freund für Löwe Boltan" von Eric Schäffler/Uwe Schade (Theater Triebwerk, Hamburg), 2×
18.03.01	„Moby Dick" von Eric Schäffler (Theater Triebwerk, Hamburg), auch 19.02.
12.05.01	Essener Schultheatertage, bis 21.05.

Spielzeit 2001/02

Geschäftsführer: Otmar Herren

Intendant: Jürgen Bosse; *Stellvertretende Intendantin und Chefdramaturgin:* Susanne Abbrederis
Dramaturgen: Michael Steindl, Dr. Almuth Voß; *Gast:* Eilhard Jacobs
Disponentin und Leiterin KBB: Monika Lader-Eickelkamp; *Disponent und Organisator Junges Theater:* Wolfgang Erwig; *Theaterpädagogin:* Ulla Gilbert; *Leiter Jugendclub-Projekt:* Jörn-Udo Kortmann
Presse- und Öffentlichkeitsarbeit; Maria Hilber
Schauspielmusikmusik (Gäste): Michael Barfuß, Willi Haselbek, Dirk Raulf
Choreografie: Sergey Gordiyenko, Jeremy Leslie-Spinks (beide Aalto)

Regisseure der Neuinszenierungen: Jürgen Bosse, Anja Brunsbach, Jörn-Udo Kortmann; *Gäste:* Rüdiger Burbach, Natascha Kalmbach, Matthias Kniesbeck, Katharina Kreuzhage, Susanne Neuhoff, Christian Schlüter, Volker Schmalöer
Ausstatter der Neuinszenierungen: Wolf Münzner; Tina Miyake, Marcus Römer; *Gäste:* Monika Gora, Sven Hansen, Volker Hintermeier, Pia Janssen, Jessica Karge, Erika Landertinger, Dieter Malzacher, Anja Müller, Ulrike Obermüller, Tom Schenk
Technischer Leiter: Michael Lüdiger

Ensemble: Katharina Bohny*, Sabine Osthoff, Anja Schiffel, Ute Zehlen; Eckhardt Beger, Ingo Biermann*, Wolfram Boelzle, Claus Boysen, Hannes Fischer, Steffen Gangloff, Maximilian Giermann*, Siegfried Gressl, Carsten Otto, Michael Schütz, Tibor Taylor, Rezo Tschickwischwili, Klaus-Peter Wilhelm
Gäste/Teilspielzeit: Hannelore Albus, Katrin Bernhardt, Tatjana Clasing, Anuk Ens, Catrin I'lick, Ruzica Haydari, Christine Knecht, Christina A. Kühnreich, Karin Nennemann, Seraphine Rastl, Susanne Reifenrath, Heide Simon, Hannah Schröder, Uta-Maria Schütze, Dagmar Schwarz, Mirjam Slamar, Krista Stadler, Heike Trinker, Ulrike Volkers, Constanze Weinig; Hans-Jörg Assmann, Andreas Beck, Michael Beuth, Alfred Böckel, Marc Oliver Bögel, Rudolf Cornelius, Max Haupt, Axel Holst, Arno Kempf, Heinz Kersten, Matthias Kniesbeck, This Maag, Dieter Malzacher, Volker Matzen, Jean-Claude Mawila, Benjamin Morik, Christian Schürmann, Nino Shatberashwili, Bernd Toetzke, Stefan Walz, Frank Wessiepe

■ **Schauspiele (N)**
Grillo
21.09.01 „Glaube Liebe Hoffnung" von Ödön von Horváth (19) – I: Bosse, B: Münzner, K: Landertinger, M: Raulf
05.10.01 „Die Schneekönigin" von Jewgenij Schwarz (38) – I: Bosse/Neu: Kortmann, B: Schenk, K: Landertinger, Ch: Gordiyenko
09.11.01 „blau/orange" (DsprE) von Joe Penhall (18+3) – I: Bosse, B: Münzner, K: Landertinger
11.01.02 „Geliebte Aphrodite" von Woody Allen (19) – I: Kniesbeck, B: Gora, K: Müller, M: Haselbek
12.04.02 „Die Jungfrau von Orleans" von Friedrich Schiller (9) – I: Schmalöer, B: Janssen, K: Obermüller, M: Raulf
27.04.02 „Hummelflug" (DsprE) von Charlotte Jones (9) – I: Bosse, B: Münzner, K: Landertinger

Studio
22.09.01 „A. ist eine Andere" von Andreas Sauter/Bernhard Studlar (13) – I: Burbach, B: Hansen, K: Karge
27.10.01 „Der Gitarrenmann" (DE) von Jon Fosse (17) – I: Schlüter, A: Römer, M: Raulf
17.01.02 „Kiss me!" (DsprE) von Chris Chibnall (23+1) – I: Kortmann, B: Schenk, K: Miyake, Ch: Leslie-Spinks
01.02.02 „Vom Heinrich Hödel und seinem nassen Hund" (U) von Felicia Zeller (10) – I: Brunsbach, A: Römer

Casa

19.09.01	„Die Werkstatt der Schmetterlinge" (DsprE) von Gioconda Belli/Silvia Andringa (64) – I: Kalmbach, B: Hansen, K. Müller, M: Raulf
26.09.01	„Opas Irrfahrten" frei nach der „Odyssee" von Homer (92) – I: Neuhoff, A und Puppen: Malzacher
21.10.01	„Das Käthchen von Heilbronn" von Heinrich von Kleist (25) – I: Kreuzhage, A: Hintermeier, M: Haselbek
13.04.02	„out of paradise" nach Imre Madách (10+1) – I: Kortmann, A: Miyake, Ch: Leslie-Spinks *(Jugendclub „Spieltrieb")*
26.05.02	„Vom Däumling" von und mit Dieter Malzacher (20)

■ Schauspiele (WA)

Grillo

22.09.01	„Drei Mal Leben" von Reza (9)
29.09.01	„Kunst" von Reza (6)
13.10.01	„Maria Stuart" von Schiller (8+2)
20.10.01	„That's Life" *Big Band Abend mit Tatjana Clasing & Band* (4)
07.11.01	„Herr Puntila und sein Knecht Matti von Brecht (8)
17.11.01	„Brassed Off – Mit Pauken und Trompeten" von Herman/Allen (18+1)
31.01.02	„Onkel Wanja" von Tschechow (6+2)

Studio

29.09.01	„Das letzte Band" von Beckett (7)
06.10.01	„Untermieter gesucht" von Tucker (6)
20.11.01	„Magic Afternoon" von Bauer (6)
12.04.02	„Kochen mit Elvis" von Hall (11)

Café Central

16.09.01	„Männerschmerz II" (30+2)

■ Abstecher

– „blau/orange" (Duisburg 13./14.06., Neuss 15.06.02)
– „Brassed Off" (Leverkusen 05.12.01)
– „Kiss me!" (Leverkusen 18.03.02)
– „Männerschmerz II" (Open-Air Kennedyplatz 01.09., Baden Baden 23.09.01)
– „Maria Stuart" (Duisburg 07./08.05.02)
– „Onkel Wanja" (Duisburg 21./22.03.02)
– „out off paradise" (Jena 18.06.02)

■ Sonderveranstaltungen

Grillo
Mehrfach: Jazz im Grillo
Einzeltermine

16.09.01	Tag der offenen Tür: Musikalische Programme, szenische Lesungen u. a., am Abend: Männerschmerz, Vol. II
11.03.02	„Entre Flamenco – Die Begegnung der Geschlechter"/Flamenco-Show mit der Compañia Maria Serrano
09.06.02	Danke-Schön-Matinee für den Freundeskreis (150 Jahre Theaterförderung in Essen): „That's Life" mit Tatjana Clasing & Band, ML: Barfuß

Casa

02.09.01	„Das komische Ding mit dem Rad" – Geschichten im Ruhrgebiet (Literatur-Matinee im Rahmen von „essen.original"), Moderation: Dr. Walter Wehner/Christa Toemer
22.10.01	Thomas Hettche liest aus seinem Roman „Der Fall Arbogast"
04.11.01	Matinee zu „Das Käthchen von Heilbronn": „Heinrich von Kleist – Der Kampf mit dem Dämon", ein Dichterbildnis von Stefan Zweig, Lesung mit Bernd Toetzke
26.11.01	Péter Esterházy liest aus seinem Roman „Harmonia Cælestis"
02.12.01	„Glückliche Liebe gibt es nicht" von Elsa Triolet mit Susanne Nadolny, Text/Ingeborg Wunderlich, Gesang/Oleg Bordo, Klavier/Rita Fonotova, Violonello (Frühstückstheater)
04.12.01	Alban Nicolai Herbst liest aus seinem Roman „Buenos Aires. Anderswelt"
27.01.02	„Bevor ich gehe, bleibe ich" – Ein Chanson-Programm um Liebe, Tod und Trauer von und mit Petra Afontin; Simone Witt, Klavier (Frühstücksmatinee)
16.02.02	„Moi j'aime pas la mer" nach Françoise Xenakis – Szenische Lesung in französischer Sprache mit Nathalie Cellier
24.02.02	„Vida Loca" – Tango, spanische Lieder, Songs und mehr mit René Roseburg, Gesang/Thomas Hanz, Gitarre (Frühstücksmatinee)
07.03.02	„Vater hat Lager" nach der Erzählung „Vater" von Carl Friedman – Eine

	Soloproduktion von und mit Gilla Cremer, Regie: Michael Heicks, 8×
14.03.02	Inge Deutschkron liest aus „Emigranto", vom Überleben in fremden Sprachen, auch 15.03.
23.04.02	Lange Literaturnacht am Tag des Buches: Zum 100. Geburtstag des isländischen Literatur-Nobelpreisträgers Halldór Laxness mit Mitgliedern des Ensembles
15.05.02	Ulrich Peltzer liest aus seinem Roman „Bryant Park"
09.06.02	Matinee: „Das Bildnis des Dorian Gray", szenisches Projekt nach dem Roman von Oscar Wilde I: Brunsbach, A: Miyake

Studio

16.09.01	Tag der offenen Tür: Programme für Kinder – Ausschnitte aus „Opas Irrfahrten" von Dieter Malzacher; Märchenlesungen u. a.
30.10.01	Lesung im Rahmen von Horváth, „Glaube Liebe Hoffnung": „Sechsunddreißig Stunden" – „Die Geschichte von Fräulein Pollinger" mit Mitgliedern des Ensembles
21.11.01	Lesung im Rahmen von „Glaube Liebe Hoffnung" – „Horváths Figuren – Kinder ihrer Zeit" mit Christine Knecht/Sabine Osthoff/Steffen Gangloff
09.12.01	Lesung im Rahmen von „Glaube Liebe Hoffnung" – „Wer war dieser Ödön von Horváth?" Lesung anlässlich seines 100. Geburtstages mit Katharina Bohny/Hannes Fischer
18.03.02	Sascha Anderson liest Sascha Anderson, Einführung: Norbert Wehr
09.04.02	Lesung im Rahmen von „Glaube Liebe Hoffnung" – „Geschichten aus dem Diesseits und dem Jenseits", Texte von Ödön von Horváth/Franz Molnár, gelesen von Mirjam Slamar/Rudolf Cornelius/Arno Kempf
22.04.02	Michael Lentz liest aus seinem Buch „Muttersterben", Einführung: Beater Scherzer

Café Central

16.09.01	Tag der offenen Tür
23.09.01	„Kleine Odyssee durch die griechische Lyrik der Moderne" – Rezitation und Musik: Ioannis Karathanasis (Frühstücksmatinee)
07.10.01	„Anne Brontë – Schwester im Schatten" – Eine viktorianische Matinee (Frühstücksmatinee) mit Gabriele Droste/Sabine von Ahlen (Rezitation/Vortrag), Michael Mikolaschek (Musik)
01.11.01	„Duell der weißen Wale" – Norbert Wehr über Herman Melvilles Roman „Moby Dick" (Frühstücksmatinee)
25.11.01	„Die Wunde zwischen Gestern und Morgen" – Gedichte und Briefe von Nelly Sachs/Paul Celan, gelesen von Dagmar Schwarz (Frühstücksmatinee)
09.12.01	„Es ist alles wahr und nicht gelogen" – Anuschka Gutowski erzählt unbekanntere Märchen der Brüder Grimm (Frühstücksmatinee)
13.01.02	„Die Lebensbeschreibung der Erzbetrügerin und Landstörzerin Courasche" nach dem Roman von Grimmelshausen mit Jutta Seifert (Frühstücksmatinee)
21.01.01	„Lilienthal 1801 oder Die Astronomen" von Arno Schmidt, gelesen von Joachim Kersten/Bernd Rauschenbach (Arno-Schmidt-Stiftung)
03.02.02	„TELGTE", ein Treffen von Wort & Musik nach „Das Treffen von Telgte" von Günter Grass mit Ralf Gottesleben, Rezitation; Volker Niehusmann, Laute (Frühstücksmatinee)
03.03.02	„Eros trifft Thanatos" – Swanhild Kruckelmann/Martin Ennulat rezitieren und interpretieren Texte von Inge Bachmann/Gioconda Belli/Paul Celan u. a. (Frühstücksmatinee)
14.04.02	„Hundeherz", eine bewegte Lesung nach einer Erzählung von Michail Bulgakow mit Beate Scherzer, Lesung; Eugen Bednarek, Video (Frühstücksmatinee)
16.04.02	Wladimir Kaminer liest aus „Russendisko" und „Militärmusik"
23.04.02	Lange Literaturnacht am Tag des Buches
12.05.02	„Ich verzeihe keinem" von Claire Goll mit Gabriele Droste, Rezitation;

	Thomas Bocklenberg, Gitarre (Frühstücksmatinee) berg,
16.06.02	„Heimkehr ins Wort" – Lyrik und Prosa von Hilde Domin, gelesen von Judith Meyer-Borchert/Veronika Rother; Musik: Susanne Zanker, Violoncello (Frühstücksmatinee)

Buchhandlung im Grillo
19.09.01	Dieter Malzacher liest Märchen für Erwachsene
24.09.01	„Kommen und gehen, manchmal bleiben" – Christoph Peters liest neue Geschichten
13.11.01	Claus Boysen liest „Fluchten" von Mischa Bach
06.02.02	Karin Nennemann liest „Susanna", eine Erzählung von Gertrud Kolmar
19.02.02	Ulrike Draesner liest aus ihrem Roman „Mitgift", Einführung: Norbert Wehr
07.03.02	Stefan Walz liest „Die heilige Cäcilie oder Die Gewalt der Musik" von Heinrich von Kleist
23.04.02	Lange Literaturnacht am Tag des Buches: Siehe Casa!
13.05.02	„Mein Mann" – Sabine Osthoff liest Erzählungen von Dacia Maraini
18.06.02	Leila Aboulela liest aus „Die Übersetzerin", Übersetzung: Kirsten Fenner

Kennedyplatz
01.09.01	Open-Air-Konzert: „Männerschmerz"

Aalto
07.06.02	Festabend „150 Jahre Theaterförderung in Essen", u. a. Verleihung des „Aalto-Bühnenpreis für junge Künstler" an Sabine Osthoff/Anja Schiffel

■ Gastspiele

Casa
17.02.02	„Der kleine Herr Wintestein" von Jojo Ludwig u. a. (Theater Laboratorium, Oldenburg), 10×
03.03.02	„Moby Dick" von Erik Schäffler (Theater Triebwerk, Hamburg), 3×
05.05.02	„Das Wasserkind" von Tina Jücker/ Claus Overkamp/Marcel Cremer (Th. Marabu, Bad Honnef), 2×
24.05.02	Essener Schultheatertage, bis 07.06.

Spielzeit 2002/03

Geschäftsführer: Otmar Herren

Intendant: Jürgen Bosse; *Stellvertretende Intendantin und Chefdramaturgin:* Susanne Abbrederis
Dramaturgen: Michael Steindl, Dr. Almuth Voß; *Gäste:* Eilhard Jacobs, Christoph Klimke
Disponentin und Leiterin KBB: Monika Lader-Eickelkamp; *Disponent und Organisator Junges Theater:* Wolfgang Erwig; *Theaterpädagogin:* Ulla Gilbert; *Leiter Jugendclubprojekt:* Michael Steindl
Presse- und Öffentlichkeitsarbeit: Maria Hilber

Schauspielmusik (Gäste): Thomas Bloch-Bonhoff, Matthias Flake, Willi Haselbek, Dirk Raulf, Livio Tragtenberg; *Choreografie (Gast):* Claudia Lau; Jeremy Leslie-Spinks (Aalto)

Regisseure der Neuinszenierungen: Jürgen Bosse, Anja Brunsbach, Melanie Delvos, Michael Steindl, Stefanie Stüber
Gäste: Rüdiger Burbach, Christian Ewald, Peter Hilton Fliegel, Natascha Kalmbach, Johann Kresnik, Katharina Kreuzhage, Matthias Kniesbeck, Susanne Neuhoff, Jörg-Udo Kortmann, Volker Schmalöer, Martin Schulze, Jos van Kan
Ausstatter der Neuinszenierungen: Wolf Münzner; Asim Brkić, Marcus Römer, Silke Rekort; *Gäste:* Sabine Böing, Marion Eiselé, Monika Gora, Bernhard Hammer, Volker Hintermeier, Pia Janssen, Erika Landertinger, Diieter Malzacher, Stefanie Mertel, Anja Müller, Jan Ros, Nicola Stahl, Tom Schenk, Stefanie Mertel, Annette Wolf
Technischer Leiter: Michael Lüdiger

Ensemble: Katharina Bohny, Sabine Osthoff, Anja Schiffel, Ute Zehlen; Ingo Biermann, Wolfgang Boelzle, Claus Boysen, Hannes Fischer, Steffen Gangloff, Siegfried Gressl, Johannes Oliver Hamm*, Nico Link*, Carsten Otto, Max Ruhbaum*, Michael Schütz, Bernd Toetzke, Rezo Tschchikwischwili

Gäste/Teilspielzeit: Hannelore Albus, Isabella Bartdorff, Kathrin Bernhardt, Tatjana Clasing, Anuk Ens, Catrin Flick, Simona Furlani, Marie-Therese Futterknecht, Katja Hiller, Katharina Hofmann, Isis Krüger, Christina Kühnreich, Karin Nennemann, Illi Oehlmann, Bettina Scheuritzel, Hannah Schröder, Karin Schroeder, Uta-Maria Schütze, Heide Simon, Mirjam Slamar, Krista Stadler, Carolin Weber, Constanze Weinig, Anne Weinknecht; Volker Banik, Andreas Beck, Michael Beuth, Oliver Mark Bögel, Stephan Bürgi, Maximilian Giermann, Carlo Ghirardelli, Jürgen Haug, Max Haupt, Axel Holst, Jürgen-Christoph Kamcke, Arno Kempf, Heinz Kersten, Matthias Kniesbeck, Georg B. Lenzen, This Maag, Dieter Malzacher, Volker Matzen, Jean-Claude Mawila, Benjamin Morik, Nikolaus Okonkwo, Krzysztof Raczkowski, Markus Rührer, Reinhard Sannemann, Falilou Seck, Nino Shatberashwili, Tibor Taylor, Stefan Walz, Klaus-Peter Wilhelm, Sascha von Zambelly

■ Schauspiele (N)
Grillo

05.10.02	„Der jüngste Tag" von Ödön von Horváth (13) – I: Bosse, B: Münzner, K: Landertinger, M: Raulf
25.10.02	„Passion Play" (DsprE) von Peter Nichols (18) – I: Ewald, B: Janssen, K: Eiselé, M: Raulf
13.11.02	„Der Lebkuchenmann" von David Wood (28) – I: Fliegel/Brunsbach, ML: Flake, B: Schenk, K: Landertinger, Ch: Leslie-Spinks
11.01.03	„Everyman", Jedermann-Projekt nach von Hugo von Hofmannsthal (14) – I: Kresnik, B: Hammer, K: Landertinger, M: Tragtenberg
25.01.03	„Der nackte Wahnsinn" von Michael Frayn (19) – I: Kniesbeck, B: Gora, K: Müller
28.03.03	„Elling" von Axel Hellstenius/Ingvar Ambjørnsen (14) – I: van Kan, B: Ros, K: Landertinger, Ch: Lau

26.04.03 „Das Gefangenendilemma" (DsprE) von David Edgar (9) – I: Bosse, B: Münzner
20.06.03 „Zärtlich" (DsprE) von Abi Morgan (5) – I: Schmalöer, A: Böing, M: Raulf

Studio
27.09.02 „Gagarin Way" (DsprE) von Gregory Burke (20+1) – I: Burbach, A: Römer
17.10.02 „Die Glasmenagerie" von Tennessee Williams (30) – I: Schulze, B: Römer, K: Rekort
16.01.03 „Mercedes" von Thomas Brasch (13) – I: Stüber, B: Brkić, K: Rekort
20.03.03 „Preparadise sorry now" von Rainer Maria Fassbinder (8) – I: Kortmann, B: Brkić, K: Rekort

Casa
25.09.02 „Eine Woche voller Samstage" von Paul Maar (67) – I: Kalmbach, A: Wolf
03.10.02 „Die Schöne und das Tier" nach Madame Leprince de Beaumont (84) – I: Neuhoff, A und Puppen: Malzacher
03.05.03 „2022" vom „Jugendclub Spieltrieb" (9) – I: Kortmann/Steindl, B: Römer, K: Mertel, M: Raulf
17.05.03 „Vom häßlichen Entlein" von und mit Dieter Malzacher (25)

Café Central
23.11.02 „Ol' Blue Eyes" *Frank-Sinatra-Abend* (13) – Leitung: Haselbek, A: Müller
05.02.03 „Diva" *Lieder, Songs, Chansons* (14) – I: Delvos, ML: Bloch-Bonhoff

■ Operette (N)
Casa
08.11.02 „Die Blume von Hawaii" von Paul Abraham (44) – I: Kreuzhage, ML: Haselbek, B: Hintermeier, K: Stahl, Ch: Lau

■ Schauspiele (WA)
Grillo
28.09.02 „Hummelflug" von Jones (7)
12.10.02 „blau/orange" von Penhall (4)
17.10.02 „Geliebte Aphrodite" von Allen (6)
21.11.02 „Die Jungfrau von Orleans" von Schiller (12+3)
11.02.03 „Brassed Off – Mit Pauken und Trompeten" von Herman/Allen (10+2)
16.05.03 „Kunst" von Reza (4)

Casa
05.10.02 „Vom Däumling" von und mit Dieter Malzacher (52)

Studio
29.10.02 „Kiss me!" von Chibnall (19)
08.04.03 „Kochen mit Elvis" von Hall (3)

Café Central
22.09.02 „Männerschmerz II" *Liederabend* (24+1)

■ Abstecher
– „Brassed Off" (Duisburg, 09./10.07.03)
– „Die Jungfrau von Orleans" (Leverkusen 26.11.02, Duisburg 11./12.04.03)
– „Gagarin Way" (Aachen, NRW Theatertreffen, 22.06.03)
– „Männerschmerz II" (Kennedyplatz 30.08.02)
– „That's Life" (Zeche Zollverein, 08.10.02)

■ Sonderveranstaltungen
Kennedyplatz
30.08.02 Männerschmerz II (Open-Air-Konzert) im Rahmen von „essen.original"

Grillo
Mehrfach: Jazz im Grillo
Einzeltermin
22.09.02 Tag der offenen Tür (u. a. „Männerschmerz II")

Casa
01.09.02 Asnide – Essen: Geschichten aus einer Stadt im Laufe der Jahrhunderte *(Lesung im Rahmen von essen.original)*
18.09.02 Dieter M. Gräf liest aus seinem Lyrikband „Westrand", Einführung: Norbert Wehr
04.11.02 Alina Wituchnowskaja liest Gedichte und Prosa aus ihrem Buch „Schwarze Ikone"
10.11.02 Ismail Kadare liest aus seinem Roman „Die Brücke mit den drei Bögen"
13.01.03 Kathrin Schmidt liest aus ihrem Roman „Koenigs Kinder"
15.01.03 Literatur ohne Grenzen – Türkisch-deutsche Lebenswege zwischen Herkunft und Ankunft mit Meryem Gögdagöz und Ensemblemitgliedern des Grillo-Theaters
18.02.03 Paulus Böhmer liest „Kaddish I–X"

17.03.03 Eric-Emmanuel Schmitt liest aus „Monsieur Ibrahim und die Blumen des Koran"

18.03.03 Paul Ingendaay über Patricia Highsmith, Lesung: Beate Scherzer, Einführung: Norbert Wehr

06.04.03 „Kein Land des Lächelns" – Barbara Deutscher/Helmut Peschina lesen aus der Biografie über Fritz Löhner-Beda (1883–1942), den Librettisten von „Die Blume von Hawaii" mit Steffen Gangloff; Willi Haselbek (Klavier)

08.04.03 Katja Lange-Müller liest aus ihren Erzählungen

10.04.03 Inge Deutschkron liest „13 Monate und ein Leben, die Geschichte des Varian Fry"

18.05.03 „Ich habe das Glück gehabt, dass es mich gibt" – Petra Afonin singt/ Georg Paulmichl spielt
Thomas Goritzki, Regie/Susanne Hinkelbein, Komposition; Simone Witt, Klavier (Frühstückstheater)

20.06.03 „Mit meinem Blau male ich Sterne" – Prosa/Lyrik/Musik zur blauen Stunde Einrichtung: Beate Scherzer/Julia Reich (Kulturpfadfest)

Studio

22.09.02 Programm für Kinder: „Die Schöne und das Tier" und „Vom Däumling – Geschichten aus dem Koffer", Dieter Malzacher zeigt Ausschnitte aus seinen neuen Stücken
Lesung „Eine Woche voller Samstage" von Paul Maar (Tag der offenen Tür)

22.10.02 Arnold Stadler liest aus seinem neuen Roman „Sehnsucht"

27.04.03 Hans Christoph Buch liest „Die neue Weltordnung am Beispiel Tschetscheniens"

22.05.03 A. F. Th. van der Heijden liest aus „Die zahnlose Zeit", Einführung: Norbert Wehr

05.06.03 Der tschechische Lyriker Apti Bisultanov liest gemeinsam mit Isis Krüger aus seinem Gedichtzyklus „Schatten eines Blitzes" und Teile seines Poems „Was in Chaibach geschah"
Einführung: Ekkehard Maaß

12.06.03 Hinrich Schmidt-Henkel über Louis-Ferdinand Célines „Reise ans Ende der Nacht"

Café Central

29.09.02 „Mistero Buffo"/„Obszöne Fabeln" von Dario Fo mit Francesca De Martin
Regie: Alvaro Solar (Frühstücksmatinee)

08.10.02 „Piccante d'Italia" – Literarisch-lukullische Reise durch Italien mit Texten von Umberto Eco/Dario Fo u. a., gelesen von Carlo Ghirardelli, eingerichtet von Anja Brunsbach

27.10.02 „Don Quichote – Im Kampf gegen die Windmühlen" mit Peter Lieck, Wort/ Franziska Hahn, Gesang/Carsten Link, Gitarre (Frühstücksmatinee)

24.11.02 „Auf der Suche nach dem verlorenen Hugo" – Text-Bild-Ton-Collage zum 200. Geburtstag von Victor Hugo mit Jörg W. Rademacher/Claire Brosset-Bronstering (Rezitation) und den Musikern „Partikelgestöber" (Frühstücksmatinee)

15.12.02 „Europa im Märchen zur Winterzeit" – Ingeborg Bitterer erzählt aus ihrem reichen Märchenschatz; Carsten Link, Gitarre (Frühstücksmatinee)

19.01.03 „Das weiße Haus und andere Winterträume" mit Alicia Fassel, Wort/Eva-Susanne Ruoff, Violoncello (Frühstücksmatinee)

21.01.03 Jörg Bartel (NRZ) liest aus seinen „katzenpsychologischen" Glossen

09.02.03 „Tango macht Geschichten" – Folker Banik liest Gedichte und Erzählungen rund um den Tango (Frühstücksmatinee)

16.03.03 „Give me schnell a kiss" – Ein alleinstehendes Operettenkabarett mit Cornelia Niemann
Regie: Vivienne Newport; Andreas Moschner, Klavier (Frühstücksmatinee)

23.03.03 Christiane Kohl liest aus ihrem Buch „Villa Paradiso – Als der Krieg in die Toscana kam" (Frühstücksmatinee)

29.06.03 „300 Jahre St. Petersburg" – Literarisch-musikalische Hommage an die

Stadt der „Weißen Nächte" mit Beate Scherzer/Rezo Tschchikwischwili; Angelika Papadopoulos Akkordeon)/ David Orievski, Geige (Frühstücksmatinee)

Buchhandlung
28.10.02	„Fremde Bräute" – Beate Scherzer liest Erzählungen über Frauen von Elena Lappin/Jane Bowles/Natalia Ginzburg/Lorrie Moore
26.11.02	Rudolf Cornelius liest eine Erzählung des Literatur-Nobelpreisträgers V. S. Naipaul
06.01.03	„Die Krokodilgasse" – Claus Boysen liest Erzählungen von Bruno Schulz
03.02.03	„Wörtersse"/„Kippfigur" – Berthold Toetzke liest Prosa und Lyrik von Robert Gernhardt
05.05.03	„Elling" – Siegfried Gressl liest aus den Romanen von Ingvar Ambjørnson

■ Gastspiele

Grillo
21.07.03	Jubiläumsaufführung: 30 Jahre Ballett-Studio Roehm, auch 22.07.

Casa
30.03.03	„Wenn ich wieder klein bin" von Janusz Korczak (Theater „Laboratorium", Oldenburg), 7×
19.05.03	Schultheatertage 2003, bis 22.05, und 23.–26.06

Spielzeit 2003/04

Geschäftsführer: Otmar Herren

Intendant: Jürgen Bosse; *Stellvertretende Intendantin und Chefdramaturgin:* Susanne Abbrederis
Dramaturgen: Michael Steindl, Dr. Almuth Voß; *Dramaturgie-Assistentin:* Julia Reich*; *Gäste:* Eilhard Jacobs, Christoph Klimke
Disponentin und Leiterin KBb: Monika Lader-Eickelkamp; *Disposition und Organisation Junges Theater:* Wolfgang Erwig; *Theaterpädagogik:* Ulla Gilbert; *Leiter Jugendclubprojekt:* Michael Steindl
Presse- und Öffentlichkeitsarbeit: Maria Hilber

Schauspielmusik (Gäste): Thomas Bloch-Bonhoff, Willi Haselbek, Dirk Raulf, Christian Schürmann
Choreografie: Jeremy Leslie-Spinks (Aalto)

Regisseure der Neuinszenierungen: Jürgen Bosse, Melanie Delvos, Stefanie Stüber; *Gäste:* Rüdiger Burbach, Natascha Kalmbach, Matthias Kniesbeck, Katharina Kreuzhage, Jörg-Udo Kortmann, Susanne Neuhoff, Martin Schulze, Andreas von Studnitz
Ausstatter der Neuinszenierungen: Wolf Münzner; Asim Brkić, Silke Rekort, Marcus Römer; *Gäste:* Claudia Billourou, Stephan Fernau, Monika Gora, Volker Hintermeier, Erika Landertinger, Dieter Malzacher, Stefanie Mertel, Anja Müller, Tom Schenk, Nicola Stahl, Annette Wolf
Technischer Leiter: Michel Lüdiger

Ensemble: Charis Nass*, Sabine Osthoff, Anja Schiffel, Ute Zehlen; Ingo Biermann, Wolfgang Boelzle, Hannes Fischer, Steffen Gangloff, Siegfried Gressl, Johannes Oliver Hamm, Nico Link, Carsten Otto, Max Ruhbaum, Rezo Tschchickwidchwili
Gäste/Teilspielzeit: Sigrid Burkholder, Tatjana Clasing, Catrin Flick, Natalie Forester, Katharina Hofmann, Nadja Karasjew, Isis Krüger, Christina Kühnreich, Kathrin Künstler, Dorothee Lindner, Karin Nennemann, Illi Oehlmann, Iris Pickard, Sibylla Rasmussen, Seraphine Rastl, Hannah Schröder, Karin Schroeder, Uta-Maria Schütze, Carolin Weber, Constanze Weinig, Anne Weinknecht; Andreas Beck, Eckhard Beger, Mark Oliver Bögel, Claus Boysen, Kai Brecklinghaus, Maximilian Giermann, German Gorst, Jürgen Haug, Max Haupt, Axel Holst, Jürgen-Christoph Kamcke, Christoph Kammer, Matthias Kniesbeck, Georg B. Lenzen, Dieter Malzacher, Nikolaus Okonkwo, Hendrik Pape, Michael Schütz, Berthold Toetzke, Tobias Voigt, E. A. Wachholz, Stefan Walz, Klaus Wildermuth, Klaus-Peter Wilhelm

■ Schauspiele (N)
Grillo
11.10.03 „Endspiel" von Samuel Beckett (16) – I: Bosse, B: Münzner, K: Landertinger
14.11.03 „Die Möwe" von Anton Tschechow (14) – I: Burbach, B: Fernau, K: Müller
27.11.03 „Die Schneekönigin" von Jewgenij Schwarz (21) – I: Bosse/Stüber, B: Schenk, K: Landertinger, M: Haselbek
16.01.04 „Maria Magdalena" von Friedrich Hebbel (14+3) – I: Studnitz, A: Billourou
07.02.04 „Amadeus" von Peter Shaffer (19) – I: Bosse, B: Münzner, K: Landertinger, M: Haselbek
08.04.04 „Der zerbrochene Krug" von Heinrich von Kleist (10) – I: Kniesbeck, A: Gora
30.04.04 „Kasimir und Karoline" von Ödön von Horváth (9) – I: Kreuzhage, B: Hintermeier, K: Stahl

Studio
10.10.03 „Vier Tänze" (DsprE) von Albert Espinosa (18) – I: Schulze, B: Römer, K: Rekort, M: Haselbek, Ch: Leslie-Spinks
31.10.03 „Sechs Tanzstunden in sechs Wochen" von Richard Alfieri (31+1) – I: Bosse, B: Römer, K: Rekort, Ch: Leslie-Spinks

29.01.04	„Lilys Haus" (DsprE) von Lydia Stryk (18) – I: Stüber, B: Brkić, K: Rekord

Casa

02.10.03	„Viola und Zinnober" von Melanie Peter (58) – I: Kalmbach, A: Wolf, M: Raulf
04.10.03	„Pinocchio" von und mit Dieter Malzacher nach Carlo Collodi (78) – I: Neuhoff, A und Puppen: Malzacher
07.11.03	„Mann ist Mann" von Bertolt Brecht (21) – I: Kortmann, B: Brkić, K: Mertel, M: Haselbek
24.04.04	„Der Doktor und die Teufel" von Dylan Thomas (8+1) – I: Delvos, B: Brkić, K: Rekort, Puppen: Malzacher *(Jugendclub „Spieltrieb")*
15.05.04	„Vom Wolf und den 7 Geißlein"-Geschichten aus dem Koffer" von und mit Dieter Malzacher (2)

Café Central

24.01.04	„Jenseits vom Leben" *Ein Schlagerabend* (13) – Leitung/Orgel: Christian Schürmann, A: Rekort, M: Schürmann

■ Schauspiele (WA)

Grillo

04.10.03	„Elling" von Hellstenius/Ambjørnsen (18+2)
16.10.03	„Das Gefangenendilemma" von Edgar (6)
25.10.03	„Zärtlich" von Morgan (12)
29.11.03	„Der nackte Wahnsinn" von Frayn (11)
08.05.04	„Brassed Off – Mit Pauken und Trompeten" von Herman/Allen (5)
36.06.04	„Kunst" von Reza (2)

Casa

11.10.03	„Vom hässlichen Entlein" Geschichten aus dem Koffer von und mit Dieter Malzacher (11)

Studio

04.10.03	„Die Glasmenagerie" von Williams (15+1)

Café Central

03.10.03	„Diva" *Lieder, Songs, Chansons* (11)
25.10.03	„Ol' Blue Eyes" *Frank Sinatra-Abend* (4)
29.11.03	„Männerschmerz II" *Liederabend* (11)

■ Abstecher

– „Der Doktor und die Teufel" (Schauspielhaus Bochum/Theater unter Tage 07.05.04)
– „Die Glasmenagerie" (Leverkusen 29.09.03)
– „Elling" (Duisburg 14./15.10.03)
– „Maria Magdalena" (Duisburg 10./11.02., Leverkusen 03.05.04)
– „6 Tanzstunden in 6 Wochen" (Mönchengladbach, NRW-Theatertreffen, 16.07.04)

■ Sonderveranstaltungen

Grillo

Mehrfach Jazz in Essen
Einzeltermine

03.10.03	Tag der offenen Tür
03.05.04	Mitgliederversammlung des Freundeskreises Wulf Mämpel (21.04.04: Ernennung des langjährigen Vorsitzenden des Freundeskreises zum Ehrenmitglied der Theater & Philharmonie Essen) Musikalischer Beitrag: „Revue" mit Sabine Osthoff/Anja Schiffel/Konstanze Weinig; Willi Haselbek (Klavier)
18.07.04	Verleihung der Ehrenmitgliedschaft an Friedel Hanster, den Vorsitzenden des Essener Theater-Rings (im Rahmen der Vorstellung „Brassed off")

Casa

05.10.03	Tatjana Tolstaja liest aus ihrem ersten Roman „Kys"
15.10.03	Norbert Gstrein liest aus „Das Handwerk des Tötens", Einführung: Beate Scherzer
05.11.03	Autorenlesung: „Das Buch der Unruhe" – Peter Hamm über Fernando Pessoa
13.11.03	Pawel Huelle liest „Mercedes Benz"
19.01.04	Lutz Seiler liest aus seinem neuen Lyrikband „vierzig kilometer nacht"
22.03.04	Ruth Weiss liest „Meine Schwester Sara"
23.03.04	Autorenlesung: „Mein verwundetes Herz" von Martin Doerry – Das Leben der Lilly Jahn 1900–1944, gelesen von Isis Krüger/Nico Link
24.03.04	Inge Deutschkron liest „Logik eines Lebens" (Gustav Heinemann 1899–1976)

25.03.04	„Nachlass eines Massenmörders" – Serdar Somunco auf Lesereise mit „Mein Kampf"

Studio

03.10.03	Tag der offenen Tür: Programm für Kinder (Dieter Malzacher stellt seine neuen Stücke „Pinocchio" und „Vom hässlichen Entlein" vor
10.11.03	Marko Leino liest „Was ein Mann tun muss"
02.02.04	Autorenlesung: Karl Corino über Robet Musil
29.04.04	Peter Kurzeck liest „Ein Kirschkern im März"
06.05.04	Georg Klein („poet in residence" an der Uni Essen) liest „Die Sonne scheint in uns"

Café Central

14.09.03	„Ritas Leute" – Eine „Singlesung" über eine deutsch-russische Familien-Geschichte mit Ulla Lachauer, Autorin/Rita Pauls, Protagonistin und Sängerin (Frühstücksmatinee)„
23.09.03	Wilhelm Genazino Best liest „Eine Frau, eine Wohnung, ein Roman"
30.09.03	Hörn se ma: Gerburg Jahnke liest was vor
13.10.03	Hörn se ma: Joachim Malmsheimer liest „Ich bin kein Tag für eine Nacht"
19.10.03	„Wozu brauchen Engel Flügel?" mit Dagmar Schwarz, Wort/Monika Stadler, Harfe (Frühstücksmatinee)
02.11.03	„Die Wut des Niesens", ein Schauspiel in 31 Gedichten oder „Der Kampf der Vokale" mit Julia Torres y Soria, Wort/Anke Göntgen, Kontrabass (Frühstücksmatinee)
24.11.03	Hörn se ma: Wiglaf Droste liest aus „Der infrarote Korsar"
04.12.03	Hörn se ma: „Weihnachten und andere Verbrechen" – Drei Essener Autorinnen lesen Kriminelles zum Advent mit Mischa Bach/Gesine Schulz/Gabriele Valerius
14.12.03	„Sprache. Stimme. Stimme. Klang" mit Oskar Pastior/Duo Gabriele Hasler, Gesang/Roger Hanschel, Saxofon (Frühstücksmatinee)
11.01.04	„Einmal ist genug" – Irmgard Keun in Leben und Werk mit Heike Beutel/Anna Barbara Hagin (Frühstücksmatinee)
18.02.04	Hörn se ma: „Mein Ich und sein Leben" – Frank Goosen liest Erzählungen und Glossen
29.02.04	„Zur Heimat erkor ich mir die Liebe" – Renate Heuser spielt und liest Mascha Kaléko (Frühstücksmatinee)
02.03.04	Hörn se ma: „Die schärfsten Kritiker der Elche waren früher selber welche" – F. W. Bernstein liest Gedichte
28.03.04	„Weiter lesen" – Die Literaturhändlerinnen empfehlen und lesen vor (Frühstücksmatinee)
18.04.04	„Drei Frauen", „De Amsel" und kleine Geschichten – Beate Scherzer/Thomas Krause lesen Texte von Robert Musil (Frühstücksmatinee)
21.04.04	Hörn se ma: „Für Katastrophen ist man nie zu alt" – Fanny Müller liest Geschichten und Kolumnen
10.05.04	Mischa Bach liest „Der Tod ist ein langer, trüber Fluss"
26.05.04	Hörn se ma: Thea Dorn liest aus ihrem neuen Krimi „Die Brut"
18.06.04	Kulturpfadfest 2004: „Vielleicht auch träumen …" – Traumtexte für Nachtschwärmer von Mascha Kaléko/Isaac B. Singer/Walter Serner u. a., gelesen von Mitgliedern des Ensembles und mit Musik der Gruppe „Di Galitzyaner Klezmorim" aus Krakau
05.07.04	Autorenlesung: Peter Urban über Anton Čechov

Buchhandlung im Grillo

20.11.03	Karin Nennemann liest „Beim Räumen von Herzländern" von Ingeborg Bachmann, auch 11.02.04
08.12.03	Anja Schiffel liest „Geschichten aus der Murkelei" von Hans Fallada
26.01.04	Johannes Oliver Hamm liest aus „31 Songs" von Nick Horny
19.04.04	Claus Boysen liest „Das mechanische Klavier" von William Gaddis
17.05.04	„Aus dem poetischen Hirnkasten" – Steffen Gangloff liest W. A. Mozart
07.06.04	Georg B. Lenzen liest „Sabbaths Theater" von Philip Roth

■ **Gastspiele**
Casa
15.03.04   „Engel mit nur einem Flügel" von Franz Josef Fendt/Ralf Kiekhöfer (Erinnerungen aus der Kindheit des jüdischen Jungen Robert Goldstein (Töfte Theater), 5×
24.05.04   Essener Schultheatertage, bis 16.06.

Spielzeit 2004/05

Geschäftsführer: Otmar Herren

Intendant: Jürgen Bosse; *Stellvertretende Intendantin und Chefdramaturgin:* Susanne Abbrederis
Dramaturgen: Michael Steindl, Dr. Almuth Voß; *Dramaturgie-Assistentin:* Julia Reich
Disponentin und Leiterin KBB: Monika Lader-Eickelkamp; *Disposition und Organisation Junges Theater:* Wolfgang Erwig; *Theaterpädagogik:* Ulla Gilbert; *Presse- und Öffentlichkeitsarbeit:* Maria Hilber
Schauspielmusik (Gäste): Willi Haselbek, Christian Schürmann; *Choreografie:* Jeremy Leslie-Spinks (Aalto); *Gast:* Claudia Lau

Regisseure der Neuinszenierungen: Jürgen Bosse, Melanie Delvos, Christian Schürmann; *Gäste:* Jörg Fallheier, Gerhard Fehn, Matthias Fontheim, Natascha Kalmbach, Jörn-Udo Kortmann, Katharina Kreuzhage, Erika Landertinger, Wolf Münzner, Ingmar Otto, Martin Schulze, Martin Schulze
Ausstatter der Neuinszenierungen: Wolf Münzner; Jürgen Bosse, Asim Brkić, Silke Rekort, Marcus Römer, Ariane Scherpf; *Gäste:* Monika Gora, Erika Landertinger, Susanne Maier-Staufen, Dieter Malzacher, Tom Schenk, Nicola Stahl, Annette Wolf
Technischer Leiter: Michael Lüdiger

Ensemble: Charis Nass, Sabine Osthoff, Anja Schiffel, Ute Zehlen; Eckhard Beger, Ingo Biermann, Wolfgang Boelzle, Claus Boysen, Steffen Gangloff, Siegfried Gressl, Johannes Oliver Hamm, Carsten Otto, Max Ruhbaum, Rezo Tschchickwischwili, Stefan Walz
Gäste/Teilspielzeit: Christiane Athmer, Sigrid Burkholder, Andrea Dewell, Mareike Dudek, Catrin Flick, Katja Hiller, Nadja Karasjew, Julia Kreusch, Mariam Kurth, Isis Krüger, Christina Kühnreich, Antje Mairich, Patricia Nowack, Illi Oehlmann, Gaby Pochert, Sibylla Rasmussen, Bettina Scheuritzel, Hannah Schröder, Uta-Matia Schütze, Susanne Szell, Leila Vallio, Britta Walther, Carolin Weber, Constanze Weinig; Folker Banik, Andreas Beck, Alfred Böckel, Marc Oliver Bögel, Martin Breitschneider, Hannes Fischer, Carlo Ghirardelli, Maximilian Giermann, Jürgen Haug, Axel Holst, Max Haupt, Heinz Kersten, Georg B. Lenzen, Matthias Kniesbeck, Dieter Malzacher, Fabian Sattler, Heinz Schubert, Michael Schütz, Berthold Toetzke, Tobias Voigt, E. A. Wachholt, Klaus-Peter Wilhelm

■ **Schauspiele (N)**
Grillo
06.11.04 „Livesendung" (DsprE) von Michel Vinaver (14) – I: Bosse, B: Münzner, K: Landertinger
18.11.04 „Die Schneekönigin" von Jewgenij Schwarz (27) – I: Bosse/Fallheier, G: Schenk, K: Landertinger, M: Haselbek
14.01.05 „Country Music" (DsprE) von Simon Stephens (14) – I: Fontheim, A: Maier-Staufen
19.02.05 „Kabale und Liebe" von Friedrich Schiller (21) – I: Bosse A: Bosse/Brkić, K: Rekort
07.05.05 „Ein spanisches Stück" von Yasmina Reza (9) – I: Bosse, B: Maier-Staufen, K: Landertinger

Studio
01.10.04 „Riverside Drive" (DsprE) von Woody Allen (14) – I: Kortmann, B: Römer, K: Rekort
07.10.04 „15 Sekunden" (DsprE) von François Archambault (21+5) – I: Schulze, B: Scherpf, K: Rekort
23.10.04 „Die Kopien" von Caryl Churchill (16) – I: Schürmann, B: Brkić, K: Rekort
20.01.05 „Meschugge" (DsprE) von Kenneth Lonergan (18) – I: Ensemble, B: Scherpf, K: Rekort
10.03.05 „Tapetenwechsel – Auf Tournee mit Hildegard Knef" (U) von Ingmar Otto (11) – I: Otto, A: Scherpf
14.04.05 „Fräulein Julie" von August Strindberg (11) – I: Schürmann, B: Brkić, K: Rekort

05.05.05 „Das kunstseidene Mädchen" nach Irmgard Keun (8) – I: Delvos, A: Scherpf

Casa
30.09.04 „Schule mit Clowns" von Friedrich Karl Waechter (46) – I: Kalmbach, A: Wolf
02.10.04 „Schneewittchen" nach den Brüdern Grimm (67) – I: Fehn, A und Puppen: Malzacher
09.04.05 „Der Pirat" von Aphra Behn (11) – I: Delvos, B: Brkić, K: Rekort *(Jugendclub „Spieltrieb")*

Café Central
05.11.04 „Männerschmerz – Good Bye!" *Liederabend (*1) – Leitung: Kniesbeck/Haselbek, A: Gora

schREINerei
29.10.04 „Heimatlos" *Wirtshausoper in einem Rausch* – von Reinhard P. Gruber (Text)/Anton Prestele (Musik) (20 + 1 Casa = P) – I: Kreuzhage, ML: Haselbek, B: Scherpf, K: Stahl, Ch: Lau
20.04.05 „4 Millionen Türen" von Martin Heckmanns/Thomas Melle (9) – I: Kreuzhage, B: Scherpf, K: Stahl

■ **Operette (N)**
Grillo
09.10.04 „Im weißen Rössl" von Ralph Benatzky (29) – ML: Haselbek, I: Bosse, B: Münzner, K: Landertinger, Ch: Leslie-Spinks

■ **Schauspiele (WA)**
Grillo
15.10.04 „Kasimir und Karoline" von Horváth (5)
23.10.04 „Der zerbrochene Krug" von Kleist (6+2)
27.11.04 „Elling" von Hellstenius/Ambjörnsen (4)
02.12.04 „Amadeus" von Shaffer (16+3)
20.05.05 „Brassed Off – Mit Pauken und Trompeten" von Allen/Herman (5)
02.06.05 „Kunst" von Reza (3)

Studio
09.11.04 „Sechs Tanzstunden in sechs Wochen" von Alfieri (28)
01.12.04 „Lilys Haus" von Stryk (5)

Casa
03.10.04 „Vom Wolf und den sieben Geißlein" von und mit Dieter Malzacher (14+1)

Café Central
30.10.04 „Diva" *Lieder, Songs, Chansons* (8)
20.11.04 „Jenseits vom Leben" *Ein Schlagerabend* 10+1 Grillo +1)

■ **Abstecher**
– „Amadeus" (Duisburg 09./12.02., Forum Leverkusen 23.02.05)
– „Der zerbrochene Krug" (Duisburg 27./28.01.05)
– „15 Sekunden" (Duisburg 14./15.03., Recklinghausen 09./10.05., Bentheim 24.05.05)
– „Jenseits vom Leben" (Europahaus 04.12.04)
– „Vom Wolf und den sieben Geißlein" (Klinikum Essen 16.12.04)

■ **Sonderveranstaltungen**
Grillo
Mehrfach: Jazz in Essen
Einzeltermine
03.10.04 Tag der offenen Tür
14.03.05 Autorenlesung: „Schiller oder Die Erfindung des Deutschen Idealismus" – Rüdiger Safranski stellt seine Schiller-Biografie vor

Casa
03.10.04 Tag der offenen Tür: u. a. „Schule mit Clowns"/„Vom Wolf und den sieben Geißlein"/„Schneewittchen"
12.10.04 Richard Wagner liest aus seinem neuen Roman „Habseligkeiten"
14.11.04 „Innozenz und Franziskus" von Reinhold Schneider – Szenische Lesung anlässlich der Essener Uraufführung vor 50 Jahren (Tagung der Reinhold-Schneider Gesellschaft) Mitwirkende: Ensemblemitglieder; Einrichtung: Ingmar Otto/Christian Schürmann; Einführung: Prof. Dr. Karl-Josef Kuschel

Studio
08.10.04 Lesung und Diskussion mit François Archambault, dem Autor von „15 Sekunden"
15.11.04 Bora Cosić liest aus seinem Roman „Das Land Null"
26.01.05 Katharina Born über Nicolas Born

21.02.05	Autorenlesung: „Ich, Einar Schleef aus Sangerhausen" – Hans-Ulrich Müller-Schwefe über den Künstler und sein Tagebuch
09.05.05	Lesung: „Ein genialer Kopf – Odyssee posthum", zum 200. Todestag von Friedrich Schiller
21.06.05	„Überseezungen", Lesung von Yoko Tawada (poet in residence)

Café Central

07.09.04	Autorenlesung: „Der Tod ist ein langer, trüber Fluss" und andere Geschichten rund ums Wasser, gelesen von Mischa Bach/Beate Scherzer/Claus Boysen
10.09.04	Hörn se ma: „Das Glück wird niemals alt" – Bettina Böttinger im Gespräch mit Katrin Saß
24.09.04	„Über Theater", Übersetzer Peter Urban liest aus Anton Čechovs Werk
17.10.04	Geschichten aus „Tausendundeine Nacht", gelesen von Isis Krüger (Frühstücksmatinee)
17.11.04	Ralf Rothmann liest aus „Junges Licht"
28.11.04	„Ich lebe nicht, ich liebe" – Leben und Schreiben der Claire Goll mit Susanne Nadolny/Ingeborg Wunderlich/Marco Rudolph; Oleg Bardo, Klavier (Frühstücksmatinee)
12.12.04	„Und auf einmal ist Weihnachten …" – Buchhändlers Weihnacht IV mit Regina Kraus/Beate Scherzer/Ute Uehren; Boris Gurevich, Klavier (Frühstücksmatinee)
24.01.05	Hörn se ma: „Chaos, Katzen und Kolumbus" – Jörg Bartel liest, was das Leben schrieb
30.01.05	Gustav-Peter Wöhler liest „Bartleby" von Herman Melville (Frühstücksmatinee)
27.02.05	„Das gespaltene Herz" – Hommage an Marcel Schwab mit Gernot Krämer u. a. (Frühstücksmatinee)
10.04.05	„Eine Welt habe ich Ihnen zu sagen" – Szenisch-musikalische Lesung aus Eduard von Keyerlings schönsten Romanen mit Isis Krüger/Patricia Harrison (Lesung)/Stefan Baumgärtl (Bariton); Boris Gurevich, Klavier (Frühstücksmatinee)
01.05.05	Lange Männerschmerz-Nacht (Männerschmerz I–III) mit Wolfram Boelzle/Claus Boysen/Matthias Kniesbeck/Jörn-Udo Kortmann/Benjamin Morik/Denis Petkovic/Michael Schütz/Rezo Tschchikwischwili/Stefan Walz und „Spezial Guests", ML: Willi Haselbek
22.05.05	„Der fliegende Koffer", zum 200. Geburtstag von Hans Christian Andersen mit Beate Scherzer/Anja Schiffel/Max Ruhbaum (Frühstücksmatinee)
17.06.05	„Der Letzte macht das Licht aus" – Texte und Musik zu später Stunde mit Mitgliedern des Ensembles (Kulturpfadfest 2005)

SchREINerei

04.11.04	Olga Tobarczuk liest, Lesung auf Polnisch und Deutsch
02.05.05	Uwe Tellkamp liest aus seinem Roman „Der Eisvogel"

Literatur Buchhandlung

04.10.04	Andreas Beck liest Alfred Polgar
23.02.05	„Meine drei Chinesen" – Max Ruhbaum liest Erzählungen von Haruki Murakami
08.03.05	„Hat nichts zu tun mit Liebe" – Anja Schiffel liest A. L. Kennedy
18.04.05	Renate Heuser liest „Der alte Garten" von Marie Luise Kaschnitz
26.04.05	Marion Poschmann liest aus ihrem neuen Gedichtband
03.05.05	Sabine Osthoff liest „Fast ganz die Deine" von Marcelle Sauvageot

Deutsch-französisches Kulturzentrum

06.11.04	Michel Vinaver im Gespräch – Einführungsveranstaltung mit dem Autor zu „Livesendung"

Ringlokschuppen

19.05.05	„Der Teufel ist für alle da" von Fabrice Melquiot/„Weißer Mann, schwarzer Mann" von Jaime Rocha (Szenische Lesungen im Rahmen der Mülheimer Theatertage „Stücke 2005")

■ Gastspiel

Café Central

01.04.05	„John … about Lennon" – Ein Abend mit Musik von Till Löffler (Schauspiel Graz), auch 02.04.
08.05.05	Essener Schultheatertage (bis 24.05.)

Spielzeit 2005/06

Geschäftsführer: Otmar Herren

Anselm Weber
Schauspielintendant 2005–2010

Anselm Weber, 1963 in München geboren, studierte seit 1984 Fotografie an der Staatlichen Fachakademie für Fotodesign, danach Germanistik, Philosophie und Anglistik in Berlin. 1985/86 schuf er den Kinderfilm „Die Abenteuer des Tobias Schraube", den er 1987 auf der Berlinale vorstellte. Von 1986 bis 1989 war er Regieassistent an den Münchner Kammerspielen bei Dieter Dorn und Heinz Lietzau. Im dortigen Werkraumtheater erhielt Weber 1989 mit „Die Minderleister" von Peter Turrin die Gelegenheit zu seiner ersten Inszenierung, für die er den Regiepreis der Bayerischen Theatertage 1990 erhielt.

Als freier Regisseur arbeitete Anselm Weber zunächst in Bonn und Berlin, bis er 1991 Hausregisseur am Schauspiel Frankfurt wurde, wo er u. a. Schillers „Die Jungfrau von Orleans", „Antigone" von Sophokles" und die Uraufführung von Wolfgang Schwabs „Die Präsidentinnen" inszenierte. Ab 1993 bis 2000 wirkte er unter der Intendanz von Frank Baumhauer am Hamburger Schauspielhaus, wo er u. a. Lessings „Nathan der Weise" (1994), Schillers „Don Carlos" (1995) und Fassbinders „Katzelmacher" (1998) inszenierte. Inzwischen war er auch als Gastdozent an der Universität Hamburg für den Studiengang „Schauspielregie" tätig. 1997 erarbeitete er am Residenztheater München Kleists „Käthchen von Heilbronn" und 1999 „Don Juan und Faust" von Grabbe.

Erste Bekanntschaft mit Essen machte Weber 1999, als er auf Einladung von Stefan Soltesz am Aalto-Theater mit Verdis „Rigoletto" sein Debüt als Opernregisseur gab. Es folgten die Opern „Lohengrin" (2000) und „Die Meistersinger von Nürnberg" (2003) von Richard Wagner und „Der Rosenkavalier" von Richard Strauss (2004). Aber auch in Wien war man auf ihn aufmerksam geworden: 2000 inszenierte er am dortigen

Volkstheater „Blut" von Sergej Beibel, 2003 „Der Kissenmann" von Martin McDonagh am Akademietheater und 2004 „Zu ebener Erde und erster Stock" von Nestroy am Burgtheater.

Von 2001/02 bis 2002/03 war Weber als Oberspielleiter am Schauspiel Frankfurt engagiert, aber er inszenierte auch danach weiterhin dort, z. B. 2004 Grabbes „Scherz, Satire und tiefere Bedeutung". Und auch in Frankfurt durfte er sich im Opernbereich bewähren, und zwar mit „Katja Kabanova" von Janáček (2004). (schauspielfrankfurt.de)

Von 2005 bis 2010 war Anselm Weber schließlich Intendant am Grillo-Theater, wo er nicht nur als Regisseur erfolgreich war, sondern auch jungen Kollegen Chancen gab, die sie zu nutzen wussten. Die Rede ist von David Bösch (z. B. „Ein Sommernachtstraum" und „Leonce und Lena", beide 2005; „Liliom" und „Woyzeck", 2007; „Was ihr wollt", 2008) und Roger Vontobel (z. B. „Das goldene Vlies", 2007; „Die Orestie",

2008; „Peer Gynt", 2010). Gleich in seiner ersten Spielzeit wartete Anselm Weber mit einer Uraufführung auf, nämlich mit „Ambrosia" von Roland Schimmelpfennig. Mehrere Uraufführungen galten Lutz Hübner: „Ehrensache" (2005), „Blütenträume" (2007), „Dream Team" (2009) und „Nachtgeschichte" (2009).

Ein besonders Anliegen war es Weber, in jeder Spielzeit „Stadtprojekte" vorzustellen. „Als Grenzgänger wagten er und sein Team den Schritt aus der Mitte auch in den Norden und den Süden der Stadt. Sie preschten vor in Gegenden, in denen Theater bislang keine Rolle spielte … Weber, seine Dramaturgen und Regisseure bewegten sich raus aus ihrem Kunstturm in die tagesaktuelle Realität der Stadt, gingen zu auf Jugendarbeiter und Flüchtlingsberater, Mitarbeiter der Polizei und des städtischen Zuwandererausschusses. Den Begriff Stadttheater haben sie ernst gekommen." (Sarah Heppekausen: Das Stadttheater als glücklicher Ort, in: Schauspiel Essen 2005–2010, S. 136 f.)

Trotz seiner insgesamt erfolgreichen fünfjährigen Arbeit am Grillo-Theater bewarb sich Anselm Weber als Nachfolger von Elmar Goerden als Intendant am Bochumer Schauspielhaus, was in Essen Bedauern, teilweise auch Unverständnis hervorrief.

Intendant: Anselm Weber*; *Künstlerischer Betriebsdirektor:* Stephan Wasenauer*
Chefdisponentin und persönliche Referentin des Intendanten: Birgit Egger*; *Mitarbeiterin KBB:* Beate Fröchte*; *Organisation/Disposition Junges Schauspiel*: Wolfgang Erwig; *Theaterpädagogin:* Ulla Gilbert *Dramaturgie:* Thomas Laue*; Olaf Kröck*, Gwendolyne Melchinger*, Sabine Reich*, Susanne Wagner*
Presse- und Öffentlichkeitsarbeit: Christine Hoenmanns*

Schauspielmusik (Gäste): Vivan Bhatti, Frank Böhle, Bendix Dethleffsen (Aalto), Matthias Funke, Biber Gullatz, Willi Haselbek, Manfred Heinen, Nils Imhorst, Dietmar Loeffler, Burkhard Niggemeier, Karsten Riedel, Wolfgang Siuda; *Kampfszenen (Gast):* Klaus Figge

Regisseure der Neuinszenierungen: David Bösch*, Anselm Weber*; *Gäste:* Henning Bock, Nuran David Calis, Gerhard Fehn, Elias Perrig, Maik Priebe, Annette Pullen, Stephanie Sewella, Sebastian Schlösser, Sandy Tomsits, Mirjam Strunk, Roger Vontobel, Werner Wölbern
Technischer Leiter Schauspiel: Michael Lüdiger; *Ausstattungsleiter:* Jörg Kiefel*
Ausstatter der Neuinszenierungen: Monika Diensthuber, Jörg Kiefel, Barbara Aigner, Patrick Bannwart, Cordula Körber, Katja Lillih Leinenweber, Thorsten Macht, Ansgar Silies; *Gäste:* Thomas Dreißigacker, Werner Fritz, Nadine Grellinger, Wolf Gutjahr, Dieter Malzacher, Katharina Meintke, Nicole Pleuler, Silke Rekort, Claudia Rohner, Marcus Römer, Anna Siegrot, Dirk Thiele, Gesine Völlm
Technischer Leiter: Michael Lüdiger

Ensemble: Anja Boche*, Bettina Engelhardt*, Sarah Viktoria Frick*, Katja Heinrich*, Nadja Robiné*, Jutta Wachowiak*, Judith van der Werff*; Fritz Fenne*, Christoph Finger*, Günter Franzmeier*, Lukas Graser*, Siegfried Gressl, Andreas Grothgar*, Sebastian König*, Raiko Küster*, Nicola Mastroberardino*, Dominic Oley*, Carsten Otto, Sierk Radzei*, Friedemann Thiele*, Rezo Tschchik-wischwili
Gäste: Philine Bührer, Tatjana Clasing, Anuk Ens, Britta Firmer, Sonja Hausséguy, Leslie Malton, Sabine Orléans, Sabine Osthoff, Elisabeth Rath, Henriette Thimig, Victorias Voss, Ute Zehlen; Guntram Brattia, Sascha Göpel, Philipp Hochmair, Benjamin Höppner, Dietmar Loeffler, Dieter Malzacher, Daniel Montoya, Rainer Maria Röhr (Aalto), Philipp Sponbiel, Werner Strenger, Felix von Manteuffel, Dietrich Mattausch, Norbert Schwientek, Volker Weidlich
Gäste („Bastien und Bastienne"): Anja-Nina Bahrmann, Christina Clark, Francisca Delvos; Andreas Hermann, Albrecht Kludszuweit, Diogenes Randes (Aalto-Theater)
Gäste („Die Katze auf dem heißen Blechdach", Schauspiel Hannover): Sibylle Brunner, Klaus-Peter Haase, Dieter Hufschmidt, Wolfgang Michalek, Anne Ratte-Polle, Clemens Schick, Oda Thormeyer
Gäste („Katzelmacher", Folkwang Hochschule): Anne Berg, Katharina Brankatschk, Nicolas Deutscher, Walid El Sheikh, Daniel Flieger, Antje-Kristina Härle, Alexandra Lowygina, Kinga Prytula, Franz-Josef Strohmeier, Matthias Thömmes

■ Schauspiele (N)

Grillo

22.09.05 „Ein Sommernachtstraum" von William Shakespeare (25+7) – I: Bösch, B. Thiele, K: Aigner, M: Riegel

24.09.05 „Ambrosia" (U) von Roland Schimmelpfennig (13) – I: Weber, B: Kiefel, K: Völlm, M: Loeffler

01.10.05 „Die Vollbeschäftigten" Ein musikalischer Arbeitsvermittlungsversuch (21+2) – I: Bock, M: Loeffler, B: Kiefel, K: Meintke

16.10.05 „Eldorado" von Marius von Mayenburg (10) – I: Vontobel, B: Rohner, K: Grellinger

13.11.05 „Die Brüder Löwenherz" von Astrid Lindgren (41) – I: Schlösser, B: Siegrot, K: Pleuler, M: Heinen/Imhorst, Kampfszenen: Figge

17.12.06 „Acht Frauen" von Robert Thomas (18) – I: Perrig, B: Gutjahr, K: Fritz, M: Gullatz/Haselbek, Kampfszenen: Figge

18.02.06 „Die Nibelungen" von Friedrich Hebbel (13) – I: Weber, B: Dreißigacker, K: Völlm, M: Siuda, Kampfszenen: Figge

18.03.06 „Volksvernichtung oder Meine Leber ist sinnlos" *Radikalkomödie* von Werner Schwab (9) – I: Bösch, A: Bannwart

22.04.06 „Die Räuber" von Friedrich Schiller (10) – I: Pullen, B: Kiefel, K: Aigner, M: Böhle

20.05.06 „Die Wildente" von Henrik Ibsen (5) – I: Weber, K: Kiefel, K: Völlm, M: Siuda
(Koproduktion mit dem schauspielfrankfurt)

Casa

21.10.05 „Stier" (U) nach dem Roman von Ralf Rothmann, Fassung: Annette Pullen/Olaf Kröck (16) – I: Pullen, B: Kiefel, K: Aigner

09.12.05 „Ehrensache" (U) von Lutz Hübner (16+2) – I: Sewella, B: Silies, K: Grellinger, M: Funkr/Silies

17.03.06 „Katzelmacher" von Rainer Maria Fassbinder (9) – I: Wölbern, A: Siegrot
(In Zusammenarbeit mit der Folkwang Hochschule)

23.04.06 „Klamms Krieg" von Kai Hensel (7) – I: Weber, A: Körber

11.05.06 „Alte Helden" von und mit dem Theaterclub für Menschen ab 60 (5) – Leitung: Strunk, A: Körber

20.05.06 „Ca. 30 verkrampfte Nippel oder Don Amok haut alles zusammen" (Theater-Jugendclub des Schauspiel Essen), Leitung: Sebastian König/Dominic Oley

21.05.06 „Stau" (Theater-Jugendclub des Schauspiel Essen), Leitung: Lukas Graser/Nicola Mastroberardino/Friedemann Thiele

Box

26.11.05 „Peter Pan" von J. M. Barrie (51) – I: Fehn, Puppen und Spiel: Malzacher

19.01.06 „tränen aus blut: Medea" – Eine Reise in den Mythos von der Antike bis in die Gegenwart (7) – I: Priebe

26.03.06 „Geschichten aus dem Koffer: Vom Rotkäppchen" nach den Brüdern Grimm (3) – Puppen und Spiel: Malzacher

12.05.06 „Schlafengehn" (U) von Gerhild Steinbuch (5) – I: Vontobel, A: Rohner

20.05.06 „ZAP!" – Leitung: Körber/Leinenweber (Theater-Jugendclub des Schauspiel Essen)

20.05.06 „Missing Pozzo" (Theater-Jugendclub des Schauspiel Essen), Leitung: Sandy Tomsits

21.05.06 „90 Grad" (Theater-Jugendclub des Schauspiel Essen), Leitung: Fabian Alder/Finger

■ Oper (N)

Casa

15.01.06 „Bastien und Bastienne" von Wolfgang Amadeus Mozart (22) – ML: Dethleffsen, I: Kirchmeier, B: Macht, K: Rekort
(Koproduktion mit dem Aalto-Theater)

■ Übernahmen

Grillo

20.10.05 „Iphigenie" von Goethe, Prosafassung (7) mit Jutta Wachowiak
(Deutsches Theater Berlin)

Casa

29.10.05 „Leonce und Lena – A better Day" von Georg Büchner (16+2) – I: Bösch, B: Diensthuber, K: Kiefel (Theater an der Sihl/Zürich)

Heldenbar

17.11.05 „Rum und Wodka" von Conor McPershon (11) mit Raiko Küster *(Theater Bremen)*

Stadt Wald Welt
Stadtprojekte 2005/06

Casa

11.02.06 „Homestories – Geschichten aus der Heimat" (U) von und mit Jugendlichen aus Essen-Katernberg und Nuran David Calis (16+2) – I: Calis, B: Diensthuber, K: Rekort; M: Bhatti

27.04.06 „Auf der Suche nach der verschwundenen Stadt: Safari zum roten Segeroth" mit dem Theater-Kollektiv „Schauplatz International", Treffpunkt und Start: Theatervorplatz (7)

Ausflugslokal „Heimliche Liebe"

25.05.06 „Heimliche Liebe" – Traumspiel am Baldeneysee von Thomas Laue/Sabine Reich/Ensemble – I: Nübling, A: Körber, ML: Niggemeier (3)

■ Schauspiel (WA)

Grillo

26.10.05 „Sechs Tanzstunden in sechs Wochen" von Alfieri (14)

Box

03.12.05 „Vom Wolf und den 7 Geißlein", Puppentheater mit Dieter Malzacher (8)*

■ Abstecher

– „Die Vollbeschäftigten" (Duisburg 03./04.01.06)
– „Ehrensache" (Düsseldorf, Kindertheatertreffen NRW 02.05.; Münster, Theatertreffen NRW, 11.06.06)
– „Ein Sommernachtstraum" (Volksth. München 29.04., Hannover 01./02./15./16.06., Duisburg 21./22.06.06)
– „Homestories" (Mülheim, Unruhe-Festival, 08.03., Zeche Zollverein, „Tag des Weltkulturerbe", 06.06.06)
– „Leonce und Lena" (Duisburg 23./25.03.06)

■ Sonderveranstaltungen

Grillo

Mehrfach: Jazz in Essen; Stadtgespräch

Einzeltermine

17.09.05 Alles auf Anfang! – Eröffnungsfest (alle Spielstätten)

14.10.05 Zwischen der Welt und dem Ich befindet sich die Stadt – Ein Essener Symposium „Die Zukunft der Stadt zwischen Schrumpfen und Wiedergeburt – Vorträge: Dr. Walter Prigge (Dessau)/Prof. Walter Siebel (Oldenburg), Moderation: Frauke Burgdorff

11.11.05 Frank Goosen liest aus seinem Roman „Pink Moon" mit Swing & Jazz von Juliano Rossi

16.12.05 Otto Sander liest Nachdenkliches und Skurriles von Joachim Ringelnatz

22.01.06 Rohrbeck – Wawrczeck – Fröhlich: Die Synchronsprecher der „Drei ???" lesen Geschichten von Edgar Allen Poe/Ambrose Bierce/Guy de Maupassant

03.02.06 Frank Goosen: „Echtes Leder – Geschichten aus der Tiefe des Raumes", auch 30.04.

14.03.06 Manni Breukmann: „Mein Leben als jugendlicher Draufgänger" – Ein Radioreporter erzählt seine Jugend

05.05.06 Wir sagen DANKE – Ein Dankeschön an den Freundeskreis von Oper/Schauspiel/Ballett Mitwirkende: Marie-Helen Joël/Astrid Kropp; Michael Haag/Rainer Maria Röhr; Mitglieder des Schauspiels; Moderation: Ina Wragge

17.05.06 „Mein Hund – Mein Mönch" – Briefwechsel von Anton Tschechow/Olga Knipper, gelesen von Leslie Malton/Felix von Manteuffel

06.06.06 Anselm Weber stellt den neuen Spielplan vor

Heldenbar

Mehrfach: Goldene Zeiten: Clubnacht/Tanzhaus des Westens; Ruhm Service (Gemischte Musik zum Tanzen vom Plattenteller); Heldenpop; Kröcks Kapitale Kritik

Einzeltermine

29.09.05	Meine Helden: Schauspieler Andreas Grothgar trifft Uwe Seeler/John Lennon/George Best
30.09.05	Helden unserer Jugend: „Fünf Freunde" treffen „Hanni und Nanni"
05.10.05	Juri Andruchowytsch liest aus seinem Roman „Zwölf Ringe"
07.10.05	Die Krubbs – Gesetze der kommunizierenden Röhren – Die Theater-Soap, Folge 1: „Der Pilot"
14.10.05	„Megacities", Film von Michael Glawogger (CH/A)
19.10.05	Ralf Rothmann liest und spricht über seine Arbeit und das Leben im Ruhrgebiet
20.10.05	Essener Songtage-Revival – Ein Hippie-Trainingslager mit Musik vom Band und bewegten Bildern
26.10.05	Meine Helden: Tatjana Clasing trifft Judy Garland/Edith Piaf/Eartha Kitt
29.10.05	Helden unsere Jugend: „Die ???"
03.11.05	„Die Frau wird schöner mit jedem Glas Bier" – Win „Truckshop"-Abend mit Fabian Gebhardt/Burkhard Niggemeier
05.11.05	„Dreigroschenkrimi: Schwester Ernas Lieben und Leiden" – Die Groschenromane des Schweizer Autors Peter Stamm, gelesen und gespielt von Ensemblemitgliedern
10.11.05	Meine Helden: Sebastian König/Dominic Oley treffen Frank Sinatra in Begleitung der Folkwang-Hochschul-Band
12.11.05	Erika Mann zum 100. Geburtstag – Ute Zehlen/Siegfried Gressl lesen Texte von und über Klaus und Erika Mann
18.11.05	Die Krubbs – Die erste Essener Theater-Soap, Folge 2: „Der Kuseng aus Patagonien"
24.11.05	Günter Franzmeier liest aus dem druckfrischen Roman „Afterdank" von Haruki Murakami
01.12.05	Helden unserer Jugend: Winnetou – Schauspieler lesen und spielen das Leben und Sterben des größten Indianers aus Deutschland
02.12.05	Meine Helden: Anselm Weber im Gespräch mit Stefan Soltesz über die Helden des GMD
08.12.05	Lesung: „Scha'uls Lächeln" – Israelische Episoden über die Liebe aus Texten von Ruth Almog/Edgar Keret/Hanoch Levin/Mira Magen/Meir Shalev mit Guntram Brattia/Katja Heinrich/Friedemann Thiele, anschließend Konzert mit der Kiezmerband „Klezcetera"
16.12.05	Die Krubbs: Die Theater-Soap, Folge 3: „Herrengedeck"
21.12.05	Sing selber: Karaoke – Rock- und Pophits nach Wunsch als Solo, im Duett und Chor schmettern
22.12.05	„Lueget von Berg und Tal" – Schweizer Volkslieder mit Schweizer Ensemblemitgliedern
23.12.05	„Angstfrei Singen" – Das Weihnachtslieder-Auffrischungsseminar
31.12.05	„Die Nacht ist nicht allein zum Schlafen da", Silvesterparty
12.01.06	Turboprop Literaturshow mit dem Autor Tilmann Rammstedt – Ein bunter Abend aus Berlin mit Lesung, Live-Lektorat, Talk, Schreibaufgaben für das Publikum und Musik vom Plattenteller
13.01.06	Helden unserer Jugend: Miss Marple – Agatha Christies berühmte Hobby-Detektivin ermittelt
19.01.06	Dean Baxter und die Star Fuckers – Ein Abend mit Dominic Oley und Gästen, auch 08.06.
20.01.06	Die Krubbs: Die Theater-Soap, Folge 4: „Gute Vorsätze sind schnell vergessen"
26.01.06	Meine Helden: Schauspieler und ihre Idole – Sascha Göpel spricht über seine Helden: die Beatles/Udo Jürgens/Paul Gascoigne/Peter O'Toole
02.02.06	Helden unserer Jugend: „Die ???" – Schauspieler lesen Geschichten aus guten alten Zeiten
03.02.06	Helden der Romantik – Siegfried Gressl/Sierk Radzei/Nadja Robiné/Judith van der Werff lesen Gedichte von Eichendorff/Mörike/Novalis/Heine
09.02.06	Meine Helden: Weihbischof Franz Grawe im Gespräch über Helden, Vorbilder und andere besonders beeindruckende Menschen

16.02.06	Heldenkino: „Die Nibelungen" von Fritz Lang
17.02.06	Die Krubbs: Die Theater-Soap, Folge 5: „Sex, Drugs und Volksmusik"
01.03.06	„In allen vier Ecken soll Liebe drin stecken!" – Sebastian König/Sarah Viktoria Frick lesen die besten Briefe des Liebesbriefwettbewerbs, anschließend Preisverleihung
08.03.06	„Komm, Schwester, trinken wir auf unsere Brüste" – Eine musikalische Betriebsfeier zum internationalen Kampftag der Frauen mit unseren ostdeutschen Kameradinnen Nadja Robiné/Anja Broche, mit Pfefferminzlikör & Ki-Whi Kirschwhisky
23.03.06	Meine Helden: Jutta Wachowiak im Gespräch über die Heldinnen und Helden ihres bewegten Schauspielerinnen-Lebens
24.03.06	Die Krubbs: Die Theater Soap, Folge 6. „Liebling, lass das Morden sein"
25.03.06	Lesung: „Schneeweiß und Russenrot" – Schauspieler lesen aus dem Bestseller-Roman der jungen polnischen Autorin Dorota Maslowska
29.03.06	Helden unserer Jugend: Von den Schweizer Alpen sind Heidi, der Geißenpeter und der Alm-Öhi in die Heldenbar abgestiegen, anschließend Konzert von „Die drei Tatzen", schräge, komische Live-Musik und Videos der Schweizer Ensemblemitglieder
30.03.06	„'nen ruhigen Abend" – Klavierkabarett mit Matthias Reuter
06.04.06	Held des Expressionismus: Carsten Otto liest Novellen/Gedichte des Dichters und Arztes G. Benn
07.04.06	Meine Helden: Der Essener Historiker Dr. Ernst Schmidt im Gespräch über sein Leben als „Staatsfeind und Stadthistoriker"
08.04.06	„The Wiglyfighters" – Stars in Switzerland, Nobodies in Germany
13.04.06	„Warten auf Sam" – zum 100. Geburtstag von Samuel Beckett, Schauspieler lesen aus dem Werk des „Godfather" des Absurden Theaters
27.04.06	Texas Boys und Elvis Gang – Premierenparty zum „Segeroth-Projekt"
29.04.06	Helden unserer Jugend: TKKG – Schauspieler treffen Tarzan, Karl, Klößchen und Gabi
04.05.06	„Stürmen und Drängen" – Schauspieler lesen Lyrik der Helden des „Sturm und Drang"
05.05.06	„Den Pudding an die Wand nageln" – Ein Weltmeisterinnen-Abend mit Bettina Engelhardt/Tanja Clasing über das runde Leder und was Frauen den Männern darüber zu sagen haben
07.05.06	Segeroth-Talk: Mythen und Geschichten des verschwundenen Essener Arbeiterviertels von damals und heut
10.05.06	„Von Minsk nach Manhattan – Polnische Reportagen" in Deutsch und Polnisch, vorgestellt von Martin Pollack/Pawel Smolenski
18.05.06	Helden unserer Jugend: „Die Biene Maja" – Ein Wiedersehen mit der bekanntesten Biene der Welt und ihren Freunden
25.05.06	„Suche des Nichts nach dem Etwas" – Carsten Otto liest Texte von Morgenstern
31.05.06	„Kicker It Like Beckham" – Zum Mitmachen: Das erste Heldenbar-Kickerturnier
01.06.06	„I hang my head and die" – Eine musikalische Hommage an Johnny Cash
02.06.06	Helden unserer Jugend: „Pippi Langstrumpf" – Pippi, Tommi und Annika in der Heldenbar
06.06.06	Katharina Hacker liest aus ihrem neuen Roman „Die Habenichtse"
22.06.06	„Vom Alpenglühn" – Ein Schweizer Liederabend von und mit Sarah Viktoria Frick/Lukas Graser/Nicola Mastroberardino
23.06.06	Abschlussparty des Kultupfadfestes/16 Jahre Café Central mit Musik und Tanz in die Mittsommernacht (auch im Café Central)

Café Central
Mehrfach: Stadtgespräch
Einzeltermine

09.09.05	Willkommen! Die Saison 2005/06 – Anselm Weber stellt den Spielplan vor
23.09.05	„Was wollt ihr mehr" – Frank Günther spricht über seine Shakespeare-Übertragungen
29.11.95	Attila Bartis liest aus seinem Roman „Die Ruhe"
04.12.05	Post von Georg Büchner – Andreas Grothgar liest aus Briefen des Dichters
12.12.05	Guy Helminger liest aus seinem Erzählband „etwas geht immer"
31.12.05	„Die Nacht ist nicht allein zum Schlafen da", Silvesterparty
17.01.06	Daniil Charms zum 100. Geburtstag – Gudrun Lehmann liest „Die Trisektion des Winkels"
05.02.06	Post von Friedrich Hebbel – Sebastian König liest aus Briefen des Dichters
02.04.06	Post von Friedrich Schiller – Dominic Oley/Friedemann Thiele lesen aus Briefen des Dichters
30.04.06	Tanz in den Mai – Tanztee und Live-Musik mit den „Schrittmachern"
07.05.06	Marion Poschmann liest aus „Schwarzweißroman"

Casa

17.09.05	Alles auf Anfang! – Eröffnungsfest
19.11.05	Alexa Hennig liest aus ihrem neuen Roman „Warum so traurig?"
08.02.06	Daniel Kehlmann liest aus seinem neuen Roman „Die Vermessung der Welt"
07.05.06	„Szpital Polski – Spital Polen" – Mystery Show mit Mariola Brillowska, Ensemble und Gästen

Box
Mehrfach: Demokratie & Konsum

Probebühne Schreinerei

15.10.05	„Älter, bunter, jünger, weniger …" – Ausblicke auf das Revier von morgen: Arbeitsgespräch über den Wandel in der Region mit Dr. Rainer Danielzyk (Dortmund)/Susanne Tatj (Bielefeld)/Prof. Dr. Detlev Ipsen (Kassel)/Klaus Wermker (Essen); Moderation: Andreas Kahler

Buchhandlung im Grillo

20.03.06	Mirko Bonné liest aus seinem Roman „Der eiskalte Himmel"

Katernberg, Neuhof 28

15.10.05	„Vor den Toren der Stadt: Das Leben nach der Zeche" – Der Stadtteil Essen-Katernberg zwischen Weltkultur und sozialem Trauma mit Michel Preis/Karin Neuhaus (Katernberg), Nuran Calis (Autor und Regisseur), Malte Friedrich (Journalist, Berlin), Burak Copur (Essen) und Holger Bergmann (Moderator „Stadt der Kulturen"); Moderation: Holger Krüssmann
15.10.05	„Aus den Bergen unter Tage" – Das Fremde in Sicht: Eine lecture performance über Katernberg mit dem Schweizer Theaterkollektiv „Schauplatz international"
15.10.05	„Homestories – Geschichten aus der Heimat: Start des Theaterprojekts mit Nuran David Calis

■ Gastspiele
Grillo

17.11.05	„Die Schöne und das Biest", Musikalisches Märchen für Kinder ab 7 und für Erwachsene von Teresa Ludovico *(Teatro Kismet, Bari/Italien)*
01.06.06	„Die Katze auf dem heißen Blechdach" von Tennessee Williams (4) – I: Christian Paulhofer, B: Alexander Harb, K: Anna-Sofie Tuma *(Produktion des schauspiel hannover)*

Casa

14.10.05	Westend – Ein Sprechchorstück über das Ruhrgebiet von und mit Studierenden der Uni Bochum Leitung.: Gotthard Lange
05.11.05	„Werther" nach Johann Wolfgang Goethe von und mit Philipp Hochmair (Burgtheater Wien), 9×
13.05.06	Essener Schultheatertage (bis 25.05.)

Box

16.12.05	„Körper sprechen" – Die Studierenden des Studiengangs „Pantomime" der Folkwang Hochschule Essen zeigen eigene Stücke, auch 17.12.
17.12.05	„Bohuwatohu oder schneewitzl, schneewatzl und schneewutzl" – Ein märchnehaft mörderisches Stück für Kinder und deren Kinder (Studiengangs „Pantomime" der Folkwang Hochschule Essen), auch 22.12.

Spielzeit 2006/07

Geschäftsführer: Otmar Herren

Intendant: Anselm Weber; *Künstlerischer Betriebsdirektor:* Stephan Wasenauer
Chefdisponentin und persönliche Referentin des Intendanten: Birgit Egger; *Mitarbeiterin KBB:* Sabrina Wagner; *Organisation/Disposition Junges Schauspiel*: Wolfgang Erwig; *Theaterpädagogin:* Ulla Gilbert
Dramaturgen: Thomas Laue, Chefdramaturg; Olaf Kröck, Gwendolyne Melchinger, Sabine Reich
Presse- und Öffentlichkeitsarbeit: Christine Hoenmanns

Schauspielmusik (Gäste): Vivan Bhatti, Katem Bhatti, Cornelius Borgolte, Andreas Celona, Ingo Günther, Dirk Hermeyer, Karsten Riedel, Wolfgang Siuda, Tobias Vethake; *Musikalische Leitung:* Florian Ziemen (Aalto)
Regisseure der Neuinszenierungen: Fabian Alder, David Bösch, Sandy Tomsits*, Anselm Weber
Gäste: Henning Bock, Cilli Drexel, Gerhard Fehn, Ines Habich, Hannah Hofmann, Matthias Kaschig, Sven Lindholm, Gil Mehmert, Brian Michaels, Annette Pullen, Rafael Sanchez, Stephanie Sewella, Oxana Smilková, Mirjam Strunk, Roger Vontobel, Barbara Weber, Nikolaus Wolcz
Ausstattungsleiter: Jörg Kiefel
Ausstatter der Neuinszenierungen: Monika Diensthuber, Jörg Kiefel, Cordula Körber, Silke Rekort, Ansgar Silies, Sandy Tomits*; *Gäste:* Barbara Aigner, Patrick Bannwart, Raimund Bauer, Julia Borchert, Thomas Dreißigacker, Dagmar Fabisch, Werner Fritz, Sara Valentina Giancane, Alex Harb, David Hohmann, Alissa Kolbusch, Ursula Leuenberger, Dieter Malzacher, Katharina Meintke, Meentje Nielsen, Claudia Rohner, Peter Schickart, Anna Siegrot, Dirk Thiele, Annelies Vanlaere, Heike Vollmer, Charlotte Sonja Willi
Technischer Leiter: Michael Lüdiger

Ensemble: Anja Boche, Bettina Engelhardt, Sarah Viktoria Frick, Katja Heinrich, Nadja Robiné, Jutta Wachowiak, Judith van der Werff; Fritz Fenne, Christoph Finger, Günter Franzmeier, Lukas Graser, Siegfried Gressl, Andreas Grothgar, Sebastian König, Holger Kunkel*, Raiko Küster, Nicola Mastroberardino, Dominic Oley, Carsten Otto, Sierk Radzei, Roland Riebeling*, Friedemann Thiele, Rezo Tschchikwischwili, Martin Vischer*
Gäste: Maja Beckmann, Natalya Bogdanis, Anne-Marie Bubke, Philine Bührer, Marina Busse, Andrea Casabianchi, Tatjana Clasing, Martina Eitner-Acheampong, Anuk Ens, Britta Firmer, Sonja Hausségguy, Barbara Hirt, Leslie Malton, Sabine Orléans, Sabine Osthoff, Stefanie Rüffer, Nicoline Schubert, Eva Spott, Henriette Thimig, Victoria Voss, Ute Zehlen; Guntram Brattia, Sascha Göpel, Jost Grix, Philipp Hochmair, Martin Horn, Dietrich Mattausch, Daniel Montoya, Gabriel Torres Morandi, Max Müller, Mike Müller, Rainer Maria Röhr (Aalto), Krunoslav Šebrek, Phillip Sponbiel, Alexander Rossi, Norbert Schwientek, Felix von Manteuffel, Michael Weber, Volker Weidlich

Gäste („Aladin und die Wunderlampe"): Marie-Helen Joël; Michael Haag (beide Aalto); Philippe Ducloux, Meike Albers, Sarah Dierkes, Hyun Seong Oh, Dorin Rahardja; Roland Goroll, Artur Gywatzik (alle Studierende des Folkwang Hochschule)
Gäste („Die Katze auf dem heißen Blechdach", Schauspiel Hannover): Sibylle Brunner, Klaus-Peter Haase, Dieter Hufschnidt, Wolfgang Michalek, Anne Ratte-Polle, Clemens Schick, Oda Thormeyer
Gäste („Hedda Gabler", Schauspiel Hannover): Johanna Banzer, Sibylle Brunner, Christian Erdmann, Bernd Geiling, Wolfgang Michalek, Oda Thormeyer
Gäste („Creeps", Folkwang Hochschule/Studiengang Schauspiel Bochum): Ines Kurenbach, Sarah Sandeh, Hanna Schwab

Gäste („The Killer in me is the Killer in You my Love", in Zusammenarbeit mit der Folkwang Hochschule Essen): Andrea Casabianchi, Moritz Gabriel, Tim Mackenbrock, Alessandro Nania, Simin Soraya
Gäste („Séancen", Freies Theater FFT, Düsseldorf): Roland Görschen, Mirjam Orlowsky, Rosh Shogaziba, Matthias Tzrowski, Uta Wallstab
Mitwirkende nicht erfasst: Komödie der Irrungen (Shakespeare-Festival), Cico Cico (Theaterclub für Menschen ab 60), Liebe (Jugendliche aus Essen-Katernberg und Alte Helden des Schauspiels Essen)

■ **Schauspiele (N)**

Grillo

08.09.06	„Othello" von William Shakespeare (17) – I: A. Weber, B: Bauer, K: Fritz, M: Siuda
06.10.06	„Das Käthchen von Heilbronn" von Heinrich von Kleist (16+3) – I: Bösch, B: Thiele, K: Aigner, M: Riedel
05.11.06	„Some Girl(s)" (DE) von Neil LaBute (12+1) – I: Pullen, B: Hohmann, K: Vanlaere
11.11.06	„Bluthochzeit" von Federico Garcia Lorca (11+1) – I: Sanchez, B: Dreißigacker, K: Leuenberger, M: Borgolte
20.01.07	„Das goldene Vliess" von Franz Grillparzer (13) – I: Vontobel, B: Rohner, K: Fabisch, M: Hermeyer
17.03.07	„Liliom" von Franz Molnár (8+4) – I: Bösch, B: Bannwart, K: Nielsen, M: Riedel
09.04.07	„Der Theatermacher" von Thomas Bernhard (9) – I: Mehmert, A: Kolbusch
21.04.07	„Wer hat Angst vor Virginia Woolf?" von Edward Albee (8) – I: A. Weber, B: Kiefel, K: Rekort

Casa

22.09.06	„Creeps" von Lutz Hübner (20) – I: Alder, B: Silies, K: Rekort *(In Zusammenarbeit mit der Folkwang Hochschule, Studiengang Schauspiel Bochum)*
24.11.06	„Das Leben ist Traum" von Calderón de la Barca (6+2) – I: B. Weber, A: Giancane, M: Günther
19.01.07	„Emilia Galotti" von Gotthold Ephraim Lessing (17) – I: Kaschig, B: Kiefel, K: Meintke, M: Vethake
23.02.07	„The Killer in Me is the Killer in You My Love" von Andri Beyeler (10) – I: Drexel, B: Diensthuber, K: Borchert, M: Celona
07.05.07	„Einer wie ich würde mich vom Springen auch nicht abhalten" (U) von Reto Finger (4) I: Pullen, B: Körber, K: Vanlaere
10.05.07	„Cico Cico" – Eine Hommage an Ferderico Fellini (2) *von und mit dem Theaterclub für Menschen ab 60* – I/B: Tomsits, K: Diensthuber
16.06.07	„Bazzelohna" – Jugendliche zwischen A und B (Theater-Jugendclub Spieltrieb) Leitung: Lukas Graser/Nicola Mastroberardino/Friedemann Thiele (1)

Box

16.09.06	„Café Europa" (U) von Nuran David Calis (10+2) – I: Sewella, B: Vollmer, K: Meintke, M: Bhatti
21.10.06	„Der kleine Muck" von Wilhelm Hauff (47) – R: Fehn, Puppen und Spiel: Malzacher
21.02.07	„Nipple Jesus" von Nick Hornby (7) – I: Kaschig, A: Korber/Silies *(Übernahme vom Staatsschauspiel Stuttgart)*
20.04.07	„Der Tod und das Mädchen: Prinzessinnendramen I–III" von Elfriede Jelinek (5) – I: Tomsits, A: Diensthuber
22.04.07	„Der Märchenarzt erzählt: Vom Hänschen Klein" von und mit Dieter Malzacher (1)
16.06.07	„Ein Haufen Mädels und die Schokowürfel in sechs knackigen Sorten" (Theater-Jugendclub Spieltrieb), Leitung: Philine Bührer/Andrea Casabianchi (1)

Heldenbar

20.10.06	„I Hang My Heard and Die" *Eine musikalische Hommage an Jonny Cash* (4) Einrichtung: Gwendolyne Melchinger (3 Vorstellungen im Café Central)
13.12.06	„Wolken ziehen vorüber "von Aki Kaurismäki (8) – I: Sewella, B: Silies, K: Rekort

**Glaube Liebe Hoffnung
Stadtprojekte 2006/07**

Casa

27.01.07	„Séancen – Versuche zur Aufhebung der Schwerkraft" (U) von Hannah Hofmann/Sven Lindholm – I: Hofmann/Lindholm, B: Schickart (4+4) *(Koproduktion mit dem Forum Freies Theater FFT, Düsseldorf)*
16.03.07	„Liebe – Eine gemeinsame Gefühlssache" von und mit Jugendlichen aus Essen-Katernberg und den Alten Helden des Schauspiels Essen (10) – I: Habich/Strunk, A: Körber
18.05.07	„U(topie)18: Duismülsen – Entdeckungsreise in eine neue Stadt", Ausgangspunkt: Hirschlandplatz – Ein Projekt von raumlaborberlin, Koproduktion mit dem Schauspiel Essen/Ringlokschuppen Mülheim, auch 19./24./26.05.
20.05.07	„U(topie)18: Der Film" – Anwohner und Nutzer, U-Bahnfahrer und -planer erzählen von ihren Träumen und Hoffnungen für die U18

■ **Musiktheater**

Grillo

02.12.06 „Aladin und die Wunderlampe" von Nino Rota (21) – ML: Ziemen, I: Bock, B: Kiefel, K: Meintke *(Koproduktion mit dem Aalto-Theater und der Folkwang Hochschule Essen)*

■ **Schauspiel (WA)**

Grillo

09.09.06	„Ein Sommernachtstraum" von Shakespeare (8)
15.09.06	„Sechs Tanzstunden in sechs Wochen" von Alfieri (7)
17.09.06	„Die Räuber" von Schiller (7)
20.09.05	„Die Wildente" von Ibsen (4)
22.09.06	„Acht Frauen" von Thomas (6)
29.09.06	„Volksvernichtung oder Meine Leber ist sinnlos" von Schwab (3)
10.10.06	„Die Nibelungen" von Hebbel (3+2)
14.10.06	„Die Vollbeschäftigten" (5)
18.10.06	„Die Brüder Löwenherz" von Lindgren (15+1)
16.11.06	„Iphigenie" von Goethe (1)

Casa

27.09.06	„Alte Helden" (3+1)
29.09.06	„Homestories – Geschichten aus der Heimat" von Calis (7+4)
17.10.06	„Klamms Krieg" von Hensel (6)
21.10.06	„Ehrensache" von Hübner (6+2)
24.10.06	„Leonce und Lena – A Better Day" von Büchner (3+5)
19.11.06	„Werther" von Goethe (2)

Box

30.09.06	„Schlafengehn" von Steinbuch (4)
28.10.06	„Geschichten aus dem Koffer: Rotkäppchen" von Malzacher (8)
07.11.06	„tränen aus blut: MEDEA" – Eine Reise durch den Mythos on der Antike bis heute (6)
13.01.07	„Peter" Pan von Barrie (8)

Heldenbar

15.09.06 „Rum und Wodka" von McPherson (3)

■ **Abstecher**

– „Bluthochzeit" (Volkstheater München 05.05.07)
– „Café Europa" (Bern 29./30.04.07)
– „Das Käthchen von Heilbronn" (Duisburg 28.02./27./28.03.07)
– „Das Leben ist Traum" (Berlin, Theater Hebbel am Ufer, 17./18.05.07)
– „Die Brüder Löwenherz" (Duisburg 18.12.06)
– „Die Nibelungen" (Duisburg 15./16.11.06)
– „Ehrensache" (Leverkusen 19./20.04.07)
– „Homestories" (Stuttgart 11.10.06, Berlin, Thalia-Theater Hamburg 10.02., Theater Hebbel am Ufer, 03./04.03.07)
– „Leonce und Lena" (Duisburg 01.02., Hannover 16./17.04. und 04./05.06.07)
– „Liliom" (Hannover 11./13./16.05, 01.06.07)
– „Séancen" (Düsseldorf, FFT Juta, 01/02./03./04.03.07)
– „Some Girl(s)" (Leverkusen 02.05.07)

■ **Sonderveranstaltungen**

Grillo

Mehrfach: Jazz in Essen; Sparkassen-Terzett
Einzeltermine

04.05.07	Anselm Weber stellt den neuen Spielplan vor
24.05.07	„Wir sagen DANKE" – Sonderveranstaltung für den Freundeskreis mit Anja Boche/Nadja Robiné/Siegfried Gressl/Raiko Küster/Sierk Radzei/

	Rezo Tschchikwischwili (Schauspiel); Astrid Kropp/Ildiko Szönyi; Albrecht Kludszuweit/Károly Szilágyi (Aalto); Taciana Cascelli/Marat Ouratev/Raimondo Rebeck u. a. (Ballett); Boris Gurevich (Klavier) Moderation: Martin Puttke, Anselm Weber, Ina Wragge
09.06.07	„Die Geisteswissenschaften, ABC der Menschheit", Eröffnungs-Schauspiel des Wissenschafts-Sommers 2007 in Essen, auch 10.06.
02.09.06	Das Fest (Tag der offenen Tür im und ums Grillo-Theater)
30.10.06	„Home, Sweet Home" mit den Geschwistern Pfister, begleitet vom Jo Roloff Trio
07.11.06	Suchers Leidenschaften: Sunnyi Melles liest Texte von Federico Garcia Lorca
17.12.06	Otto Sander liest „Mit Thomas Mann ins Theater"
17.01.07	Jochen Malmsheimer/Uwe Rössler – „Zwei Füße für ein Halleluja", Kabarett in Deh-Dur
19.01.07	„Dein Hund – Dein Mönch" – Briefwechsel von Anton Tschechow/Olga Knipper, szenische Lesung mit Leslie Malton/Felix von Manteuffel
03.02.07	Dorky Park/Constanza Macras aus Berlin: Scratch Neukölln – Breakdance Performance und Pop-Revue aus dem Stadtteil Berlin-Neukölln (Streetlife Festival)
13.03.07	Suchers Leidenschaften: Senta Berger liest Arthur Schnitzler
28.03.07	Pe Werner in Concert: „Eine Nacht voller Seligkeit", eine Schlagerette
14.04.07	Der Kabarettist Hagen Rether präsentiert sein neues Programm „Liebe"
17.04.07	Suchers Leidenschaften: Martina Gedeck liest Thomas Bernhard
04.05.07	Anselm Weber stellt den neuen Spielplan vor
10.05.07	Alfred Biolek: „Mein Theater mit dem Fernsehn" mit Special Guest Dr. Oliver Scheytt
17.05.07	Georg Ringsgwandl „Der schärfste Gang"
24.05.07	Siehe oben, Grillo auch 09.06.
03.06.07	Frank Goosen mit seinem neuen Programm „A40 – Geschichten von hier"
09.06.07	„Die Geisteswissenschaften, ABC der Menschheit" – Eröffnungs-Schauspiel des Wissenschafts-Sommers 2007 in Essen, auch 10.06.
22.06.07	Stefan Stoppok und Worthy – Folk, Rock und Country

Heldenbar

Mehrfach	Tanznacht; Nelsons Soul Loft; Köcks Kapitale Kritik; Politischer Salon; Neues aus dem Trainingslager; Mittwochsjazz; Spardosen-Terzett

Einzeltermine

02.09.06	Tag der offenen Tür
28.09.06	Meine Helden: Anselm Weber im Gespräch
29.09.06	Sabine Osthoff/Andreas Grothgar lesen aus dem Roman „Nacht des Orakels" von Paul Auster
26.10.06	Helden unserer Jugend: „Die ???" – Die spannendsten Abenteuer von Julius, Peter und Bob aus Rocky Beach
27.10.06	„Ein Lied von der Erde" mit Rezo Tschchikwischwili – Ein literarisch-musikalischer Abend mit Liedern und Texten von Wladimir Wyssozki, auch 09.11.06/17.01./30.03./25.05./22.06.
10.11.06	Reto Finger: „Il pesce cannibale" – Der Autor und Dramatiker liest mit Schauspielern aus seinen Texten und spricht über seine Arbeit
16.11.06	Helden unserer Jugend: Siegfried Gressl liest „Hercule Poirot" von Agatha Christie
21.11.06	Felicitas Hoppe liest aus ihrem neuen Roman „Johanna"
30.11.06	„Die Herbstzeitlosen – Frauen am Rande des Nervenzusammenbruchs" mit Tatjana Clasing/Bettina Engelhardt
15.12.06	Helden unserer Jugend: Harry Potter – Schauspieler zaubern und lesen in der Hogwarts Bar
22.12.09	Das zweite Weihnachtslieder-Auffrischungsseminar
11.01.07	Meine Helden: Die Musiker Karsten Riedel/Florian Ziemen im Gespräch
12.01.07	Helden unserer Jugend: „Jerry Cotton" – Schauspieler ermitteln

26.01.07	„Hey Joe, schließ den Laden auf!" – Ein Western-Abend von Katharina Weishaupt und Studenten der Folkwang Hochschule
31.01.07	„Sagt Lila" – Ensemblemitglieder lesen aus dem Roman von Chimo
02.02.07	Manuel Andrack trifft Victor Calen. Der Chefredakteur der Harald-Schmidt-Show trifft seinen besten Freund
08.02.07	„Pollenflug, Hypochonder und echte Probleme" mit Tatjan Clasing/Bettina Engelhardt
15.02.07	Helden unserer Jugend: „Knight Rider" – mit intelligenten Superautos durch die Heldenbar
16.02.07	„Dodo Aut Lit – Zwischen Schlafen und Wachen" – Ein Abend mit Dominic „Dodo" Oley
28.03.07	Dean Baxter and the Kingfish Orchestra
08.03.07	„So was Schönes machst du nie mit mir" – Ein musikalisches Roadmovie zum internationalen Frauentag mit Anja Boche/Nadja Robiné; Fritz Fenne
09.03.07	„Aber bitte mit Sahne" – Lukas Graser/Burkhard Niggemeier mit Liedern von Udo Jürgens
15.03.07	„Soundtrack of my life – Kapitel L. A.", Friedemann Thiele singt Songs aus seiner Zeit in Kaliforniern
22.03.07	Meine Helden: Der künstlerische Betriebsdirektor Stephan Wasenauer spricht über seine Helden Luis Trenker/Richard Strauss/Luke Skywalker
29.03.07	Schauspieler lesen aus dem Roman „Sommerdiebe" von Truman Capote
13.04.07	Helden unserer Jugend: „Der Fluch der Karibik" – Schauspieler spielen die Abenteuer von Jack Sparrow und der Black Pearl
19.04.07	Jürgen Lodemann liest aus seinem Krimi „Anita Drögemöller und Die Ruhe an der Ruhr"
11.05.07	Helden unserer Jugend: „Die Drei ???" – Ensemblemitglieder ermitteln in der Heldenbar
18.05.07	Carsten Otto liest aus Stefan Zweigs Textsammlung „Sternstunden der Menschheit"
24.05.07	Bhatti und Hauser live – Eine musikalische Reise von Tango über Kletzmer bis Techno mit Vivan Bhatti (Musiker von „Liebe" und „Homestories")/ Alban Hauser (Klarinette)
01.06.07	Helden unserer Jugend: TKKG – Ein neuer Fall für die Profis in spe
07.06.07	„Die Frau wird schöner mit jedem Glas Bier" – Ein „Truck Stop" mit Fabian Gerhardt/Burkhard Niggemeier

Café Central

Mehrfach: Neues aus Vogelheim: Das Spardosen-Terzett; Reden von Morgen

Einzeltermine

12.09.06	Peter Stamm liest aus seinem neuen Roman „An einem Tag wie diesem"
22.10.06	„Jiddisch ist wie gurrende Tauben im Herzen" mit Texten von Itzik Manger/Eliezer Steinbarg
23.10.06	Thomas Glavinic liest aus seinem neuen Roman „Die Arbeit der Nacht"
21.11.96	Ensemblemitglieder lesen aus den Novellen von Thomas Mann
01.12.06	„Dean Baxter and the Star Fuckers" mit Dominic Oley/Swing-Sextett der Folkwang Hochschule
05.12.06	Frank Goosen liest aus seinem Roman „Sechs silberne Saiten" und redet darüber
10.12.06	Weihnachtsgeschichten, ausgesucht und gelesen von Buchhändlerinnen des Grillo-Theaters
23.01.07	„Auf welches Instrument sind wir gespannt", Briefwechsel Rainer Maria Rilke/Lou Andreas-Salomé, gelesen von Andreas Grothgar
02.02.07	Podiumsgespräch: Integration durch Theaterarbeit mit Constanza Macras (Choreografin, Berlin), Thomas Kufen (Integrationsbeauftragter NRW) u. a., (Streetlife Festival)
04.02.07	„Die Nase", Novelle von Nikolai Gogol, gelesen von Thomas Goritzki (deutsch)/Rezo Tschchikwischwili (russisch), begleitet von Boris Gurevich (Klavier)
06.02.07	Hans-Ulrich Teichel stellt seinen neuesten Gedichtband vor

19.03.07	Judith van der Werff liest die Erzählung „Fräulein Else" von Arthur Schnitzler
29.04.07	„Es schneit in meinem Kopf" – Sabine Osthoff/Jutta Wachowiak; Siegfried Gressl lesen Geschichten vom Alter und vom Altern
15.05.07	„Wild zuckt der Blitz. In fahlem Lichte steht ein Turm" – Ensemblemitglieder lesen Balladen von Schiller/Goethe/Eichendorff/Heine/Meyer/Wedekind/Brecht/Kästner
19.05.07	„Dean Baxter and The Kingfish Orchestra", Swing Standarts und Jazz, auch 09.06.
22.06.07	Abschlussparty des Kulturpfadfestes mit Musik und Tanz

Casa
Mehrfach: Reden von Morgen
Einzeltermine

28.10.06	La Maison nach „La Vie matérielle" von Marguerite Duras (zum 10. Todestag)
31.01.07	Streetlife – Ein Festival über das junge Leben in der Stadt (Eröffnung mit Thomas Krüger, Bundeszentrale für politische Bildung/Anselm Weber, anschließend „Hajusom aus Hamburg: Holiday Inn" – Karl Marx rappt für die Utopie einer besseren Gesellschaft" mit Hamburger Jugendlichen aus Afrika, Afghanistan und Iran
01.02.07	Compagnie A feu douX aus Roubaix/Frankreich: Un Civilité – Mulimediaoper für eine Sopranngeigerin, zwei Hip Hop-Tänzer, einen Musiker (Streetlife Festival)
02.02.07	Kino: „Hass – La Haine" von Mathieu Kassovitz (1995), Kultfilm über jugendliche Gangs in den Vorstädten (Streetlife Festival)
30.03.07	„Essen meets Europe: Kultur findet Stadt" – Symposium der Heinrich-Böll-Stiftung NRW in Zusammenarbeit mit dem Schauspiel Essen mit Dr. Oliver Scheytt/Anselm Weber u.a.
22.06.07	Szenen und Songs aus „Liebe" – Eine gemeinsame Gefühlssache mit Jugendlichen aus Katernberg und den „Alten Helden" des Schauspiel Essen

Box
02.02.07	Teatr Bretoncaffe aus Warzsawa/Polen: Slam Off – Poetry Battle mit Tanz, Theater, Hip Hop (Streetlife Festival)

Buchhandlung im Grillo
25.09.06	Mischa Bach liest aus ihrem neuen Roman „Stimmengewirr"
17.10.06	Wolfgang Welt liest aus seinem Roman „Buddy Holly auf der Wilhelmshöhe"
22.01.07	Saša Stanišić liest aus seinem neuen Roman „Wie der Soldat das Grammofon repariert"
26.03.07	Navid Kermani liest aus seinem neuen Roman „Kurzmitteilung"
23.04.07	Lesezeichen: Hannes Krauss/Steffen Richter über literarische Neuerscheinungen
21.05.07	Martin von Arndt liest aus seinem Roman „ego shooter"
11.06.07	Antje Rávic liest aus ihrem neuen Roman „Kältere Schichten in der Luft"
14.06.07	Hommage an Paul Klinger – Lesung mit Enkelin Bettina Klinger/Schauspieler Mikós Herváth

■ Gastspiele

Grillo
30.10.06	Geschwister Pfister: „Home Sweet Home!", begleitet vom Jo Roloff Trio
24.03.07	„Die Katze auf dem heißen Blechdach" von Tennessee Williams (schaupielhannover), 2× – I: Christina Paulhofer, B: Alex Harb, K: Anna-Sodue Tuma
11.05.07	„Hedda Gabler" von Henrik Ibsen – I: Christina Paulhofer, B: Alex Harb, K: Charlotte Sonja Willi (schaupielhannover), 6×

Casa
05.10.06	„Komödie der Irrungen" von William Shakespeare, I: Brian Michaels, gespielt von Studierenden der Folkwang-Hochschule, auch 07./08.10.*
09.10.06	„Comedy of Errors" von William Shakespeare, I: Nikolaus Wolcz, gespielt von Studierenden der Columbia University, New York, auch 10.10.*

11.10.06	„Komedija zmešnjav" von William Shakespeare, I: Oxana Smilková, gespielt von Studierenden der Janáček-Akademie Brünn/Tschechien*
13.10.06	Gemeinsame Aufführung „Komödie der Irrungen" dreisprachige Aufführung, auch 14./15.10* (*Shakespeare – Three in One, ein Festival der Folkwang-Hochschule und des Schauspiel Essen)
21.05.07	Essener Schultheatertage (bis 25.05.)
07.06.07	„Ritter Rost und das Gespenst" – Musical-AG der Meisenburgschule/ Musikschule Ten Art

Spielzeit 2007/08

Geschäftsführer: Otmar Herren

Intendant: Anselm Weber; *Künstlerischer Betriebsdirektor:* Stephan Wasenauer
Chefdisponentin und persönliche Referentin des Intendanten: Birgit Egger; *Mitarbeiterin KBB:* Sabrina Wagner; *Organisation/Disposition Junges Schauspiel:* Wolfgang Erwig; *Theaterpädagogin:* Ulla Gilbert
Chefdramaturg: Thomas Laue; *Dramaturgen:* Olaf Kröck, Gwendolyne Melchinger, Sabine Reich
Presse- und Öffentlichkeitsarbeit: Christine Hoenmanns
Schauspielmusik (Gäste): Henning Beckmann, Vivan Bhatti, Frank Böhle, Cornelius Borgolte, Willi Haselbek, Karsten Riedel, Wolfgang Siuda, Stefan Soltesz (Aalto), Katrin Vellrath, Tobias Vethake, Hajo Wiesemann
Choreografie (Gast): Kati Farkas

Regisseure der Neuinszenierungen: Fabian Alder, David Bösch, Kajta Lillih Leinenweber, Anselm Weber
Gäste: Henning Bock, Nuran David Calis, Lina Christensen, Cilli Drexel, Gerhard Fehn, Katja Fillmann, Jan Philipp Gloger, Henner Kallmeyer, Matthias Kaschig, Schirin Khodadaian, Gil Mehmert, Brian Michaels, Annette Pullen, Rafael Sanchez, Mark Saunders, Mirjam Strunk, Sandy Tomsist, Nikolaus Wolcz
Ausstatter der Neuinszenierungen: Cordula Körber, Ansgar Silies, Karoline Zorbas; *Gäste:* Barbara Aigner, Irina Bartels, Patrick Bannwart, Raimund Bauer, Julia Borchert, Margret Burneleit, Monika Diensthuber, Thomas Dreißigacker, Sabine Ebner, Werner Fritz, Ernst Herlitzius, Pia Janssen, Jörg Kiefel, Alissa Kolbusch, Eefke Kretzmer, Ursula Leuenberger, Dieter Malzacher, Katharina Meintke, Silke Rekort, Irina Schicketanz, Michael Sieberock-Serafimowitsch, Dirk Thiele, Gesine Völlm, Johanna von Gehren, Bettina Walter
Technischer Leiter: Michael Lüdiger

Ensemble: Bettina Engelhardt, Sarah Viktoria Frick, Katja Heinrich, Barbara Hirt*, Nadja Robiné, Judith van der Werff, Jutta Wachowiak; Fritz Fenne, Christoph Finger, Lukas Graser, Siegfried Gressl, Andreas Grothgar, Holger Kunkel*, Raiko Küster, Nicola Mastroberardino, Dominik Oley, Carsten Otto, Sierk Radzei, Werner Strenger*, Friedemann Thiele, Rezo Tschchikwischili, Martin Vischer
Gäste/Teilspielzeit: Alessandra Ehrlich, Anja Boche, Natalya Bogdanis, Philine Böhrer, Anne-Marie Bubke, Tatjana Clasing, Martina Eitner-Achaempong, Alessandra Ehrlich, Anuk Ens, Brigitte Firmer, Marina Frenk, Sonja Hausseguy, Ines Kurenbach, Katharina Linder, Sabine Orléans, Luisa Ortu, Sabine Osthoff, Kristina-Maria Peters, Sarah Sandeh, Lucia Schelling, Hanna Schwab, Eva Spott, Erika Taplick, Henriette Thimig, Ute Zehlen; Peter Becker, Ismail Deniz, Günter Franzmeier, Jost Grix, Michael Hanemann, Dieter Hufschmidt, Thorsten Krohn, Florian Lange, Tim Mackenbrock, Andreas Maier, Dieter Malzacher, Roland Riebeling, Alexander Rossi, Heiko Ruprecht, Krunoslav Šebrek, Stephan Ullrich, Atef Vogel, Mark Weigel, Michael Weber
Gäste („Jugend ohne Gott", Folkwang Hochschule, Studiengang Schauspiel Bochum): Kristina-Maria Peters; Pascal Fligg, Bastian Heidenreich, Tim Mackenbrock, Alexander Ritter, Gregor Weisgerber
Gäste („Fucking Åmål", Folkwang Hochschule, Studiengang Schauspiel Essen): Anastasia Gubareva, Jennifer Lorenz, Anna Stab, Alice von Lindenau; Matthias Eberle, Marina Frenk, Sebastian Ganzert, Matthias Thömmes
Gäste („Frühlings Erwachen", Schauspiel Hannover): Sonja Beißwenger, Mila Dargies, Holger Bülow, Christoph Franken, Bernd Geiling, Philippe Goos, Picco von Groote, Sven Mattke, Martina Struppek, Rafel „Spatz" Szulc, Svenja Wasser
Gäste („Stunde null", Koproduktion Schauspiel Köln/Theater Duisburg): Peter Becker, Theres

Dürrenberger, Omar El-Saeidi, Ralf Harster, Laura Sundermann
Gäste („The Killer in me is the killer in you my love", *Folkwang Hochschule, WA*): Andrea Casabianchi, Moritz Gabriel, Tim Mackenbrock, Alessandro Nania, Simon Doraya
Gäste („Oper „Die arabische Nacht"*):* Franziska Hösli, Cathrin Lange, Alexandra Lubchansky; Bea Robein, Stefanie Rodriguez; Andreas Hermann, Albrecht Kludszuweit, Tomas Möwes (Aalto-Theater)

Mitwirkende nicht erfasst („Der Sturm", Shakespeare Festival; „Flüchtlinge im Ruhestand", Projekt von Mirjam Strunk; „Bello e brutto – Ein Dorf wandert", Theatralische Recherche)

■ **Schauspiele (N)**
Grillo
07.09.07 „Endstation Sehnsucht" von Tennessee Williams (15) – I: Khodadadian, B: Silies, K: Janssen, M: Vellrath
16.09.07 „Blütenträume" (U) von Lutz Hübner (17+10) – I: Weber, B: Dreißigacker, K: Völlm
06.10.07 „Woyzeck" von Georg Büchner (15+5) – I: Bosch, A: Bannwart, M: Riedel
01.11.07 „Ronja Räubertochter" von Astrid Lindgren (41+1) – I: Kaschig, B: Körber, K: Sieberock-Serafimowitsch, M: Vethake
01.12.07 „Die Comedian Harmonists" – Fassung von Gottfried Greiffenhagen/Franz Wittenbrink (19+2) – I: Mehmert, ML: Wiesemann, B: Kolbusch, K: Fritz, Ch: Farkas
19.01.08 „Die heilige Johanna der Schlachthöfe" von Bertolt Brecht (8) – I: Gloger, B: Kiefel, K: Rekort
23.02.08 „Anatomie Titus Fall of Rome" von Heiner Müller nach William Shakespeare (7) – I: Weber, B: Bauer, K: Walter, M: Siuda
28.03.08 „Antigone" von Sophokles (7) – I: Bösch, B: Thiele, K: Ebner, M: Riedel
27.05.08 „Tartuffe" von Molière (5) – I: Sanchez, B: Dreißigacker, K: Leuenberger
Casa
21.09.07 „Jugend ohne Gott" von Ödön von Horváth (16) – I: Pullen, B: Körber, K: Aigner
(In Zusammenarbeit mit der Folkwang Hochschule, Studiengang Schauspiel Bochum)
30.11.07 „Der Kick" von Andreas Veiel/Gesine Schmidt (13) – I: Leinenweber, B: Zorbas, K: Herlitzius
25.01.08 „Fucking Åmål"von Lukas Moodysson (11) – I: Kallmeyer, A: Körber
(In Zusammenarbeit mit der Folkwang Hochschule/Studiengang Schauspiel Essen)
29.03.08 „Schmelzpunkt" (U) von Jan Neumann (6) – I: Bock, B: Kiefel, K: Meintke
22.05.08 „Heiter weiter! Die Alten-WG" – Eine Wohngemeinschaft mit dem Theaterclub für Menschen ab 60 (1) – Leitung: Christensen
Box
16.09.07 „Max und Moritz" von Wilhelm Busch (70) – I: Fehn, Puppen und Spiel: Malzacher
21.11.07 „Paradies" (U) nach dem Roman von A. L. Kennedy (12) – I: Alder, B: Silies, K: Rekort, M: Beckmann
30.01.08 „Das Meerschweinchen" (U) von Kai Hensel (9) – I: Drexel, B: Diensthuber, K: Borchert
24.05.08 „Der Märchenonkel erzählt: Von Hänsel und Gretel" nach den Brüdern Grimm (2)
Café Central
15.09.07 „Buona sera signorina"! *Ein italienischer Liederabend mit Rezo Tschchikwischwili* (13)
Einrichtung: Sandy Tomist, ML: Haselbek, B: von Gehren, K: Kretzmer

■ **Musiktheater**
Grillo
26.04.08 „Die arabische Nacht" (U) von Christian Jost (8) – I: Weber, ML: Soltesz, B: Kiefel, K: Bartels
(Koproduktion mit dem Aalto-Theater)

▪ Schwärme – Stadtprojekte 2007/08
Casa
07.03.08 „Flüchtlinge im Ruhestand" (U) – Ein Projekt von Mirjam Strunk mit Transitexperten aus Bosnien, Burma, Deutschland, Indien, Kongo, Ruanda und Russland (7) – I: Strunk, A: Körber, M: Frank Böhle
20.04.08 „Bello e brutto – Ein Dorf wandert" (U) Eine theatralische Recherche zwischen Deutschland und Italien (3) – I: Fillmann, A: Burneleit
08.05.08 „Stunde null – Vol. I-III" – *Ein Stück über Einwanderer* von Nuran David Calis (8+13) – I: Calis, B: Schicketanz, K: Rekort, M: Bhatti (Koproduktion mit dem Schauspiel Köln, 29.04.)

▪ Schauspiele (WA)
Grillo
08.09.07 „Der Theatermacher" von Bernhard (7+1)
11.09.07 „Das Käthchen von Heilbronn" von Kleist (4)
12.09.07 „Wer hat Angst vor Virginia Woolf?" von Albee (9)
13.09.07 „Ein Sommernachtstraum" von Shakespeare (3+1)
09.10.07 „Bluthochzeit" von Garcia Lorca (2)
13.10.07 „Liliom" von Molnár (4)
03.11.07 „Othello" von Shakespeare (4+2)
Casa
29.09.07 „Einer wie ich würde mich vom Springen auch nicht abhalten" von Finger (2)
16.10.07 „The Killer in me is the killer in you my love" von Beyeler (3)
19.10.07 „Homestories – Geschichten aus der Heimat" von Calis (4)
24.10.07 „Creeps" von Hübner (6)
27.10.07 „Liebe" mit Jugendlichen und den „Alten Helden" (6)
06.11.07 „Ehrensache" von Hübner (5)
Box
22.09.07 „Der kleine Muck" von Hauff (2)
03.10.07 „Cico Cico" – Eine Hommage an Fellini (2)
10.10.07 „Nipple Jesus" von Hornby (4)
13.10.07 „Der Tod und das Mädchen: Prinzessinnendramen I-III" von Jelinek (6)
20.10.07 „Der Märchenonkel erzählt: Vom Hänschen Klein" (4)
Heldenbar
27.09.07 „Wolken ziehen vorüber" von Kaurismäki (13+4)
Café Central
01.11.07 „I hang my dead and die" – Eine Hommage an Johnny Cash (2)

▪ Abstecher
– „Blütenträume" (Hannover 25./26.02., 27/28.02., 06./07./28./29.04., 29./30.05.08)
– „Der Theatermacher" (Leverkusen 17.10.07)
– „Die Comedian Harmonists" (Duisburg 18./19.06.08)
– „Die Stunde Null" (Köln 29.04., 19./20./21./22.05., 02/03./04./15./16./17.06.08; Duisburg 29./30.05.08)
– „Ein Sommernachtstraum" (Ludwigsburg 28.02.08)
– „Leonce und Lena" (Friedrichshafen 10.10.07)
– „Othello" (Bozen/Meran 12./13.03.08)
– „Ronja Räubertochter" (Duisburg 17.12.07)
– „Wolken ziehen vorüber" (Tampere/Finnland 09./10.08.07; Duisburg 28./30.05.08)
– „Woyzeck" (Bonn, NRW Theatertreffen, 24.02.; Duisburg 03./04.04., Graz 14./15.06.08)

▪ Sonderveranstaltungen
Grillo
Mehrfach: Jazz in Essen; Spardosen-Terzett (2×; 1× HB)
Einzeltermine
01.09.07 Das Fest/Tag der offenen Tür
20.09.07 Dietrich Mattausch liest „Krisis – Ein Stück Tagebuch" von Hermann Hesse
22.11.07 Suchers Leidenschaften: Thomas Mann – Es liest Charles Brauer
17.12.07 Senta Berger liest aus ihrer Autobiografie „Ich hab ja gewusst, dass ich fliegen kann"
23.01.08 Suchers Leidenschaften: Anton Tschechow – Es liest Angelika Winkler
20.02.08 Pe Werner in Concert präsentiert „Dichtungen aller Art"
28.02.08 Jan Plewka singt Rio Reiser – Eine Hommage an den „König von Deutschland"

12.03.08	Suchers Leidenschaften: Christian Morgenstern – Es liest Otto Sander
22.03.08	Der Kabarettist Hagen Rether präsentiert sein Programm „Liebe"
03.04.08	Porträtkonzert Christian Jost – Moderation: Ina Wragge
20.04.08	Einführungssoiree zur Uraufführung „Die arabische Nacht" mit dem Komponisten Christian Jost/dem Dirigenten/Stefan Soltesz/dem Regisseur Anselm Weber/den Mitwirkenden
28.05.08	„Roberto Fonseca Group" – Die Sensation aus Kuba
20.06.08	Jochen Malmsheimer präsentiert seine unverwechselbare Kunst der Komik

Heldenbar

Mehrfach	Helden Nächte; Heldenkonzert; Held des Tages; Köcks Kapitale Kritik; Nelsons Soul Loft; KWI mit Gästen: Zeit- und Streitfragen; Neues aus dem Trainingslager

Einzeltermine

13.09.07	„Schuld und Sühne" – Folge I: Der Student Raskolnikow – Carsten Otto/Judith van der Werff lesen den Roman von Dostojewski
15.09.07	„Soundtrack of my Life – Kapitel L. A." – F. Thiele singt Songs aus seiner Zeit in Kalifornien
20.09.07	Das Schreibheft wird 30 – Geburtstagsfeier und Lesung mit Herausgeber Norbert Wehr und den Autoren Anselm Glück/Ivana Sajko; Laudatio: Oliver Scheytt, Moderation: Ina Hartwig
28.09.07	Helden unserer Jugend: „Die Biene Maja" mit Katja Heinrich; Florian Hoheisel (Violonello)
15.10.07	Ungarischer Akzent 2007: Lászlo Darvasi liest aus seinen Werken
18.10.07	„Schuld und Sühne" – Folge II: Judith van der Werff liest aus dem Roman von Dostojewski
19.10.07	Turboprop – Literaturshow mit Jochen Schmidt. Eine Autorenlesung der etwas anderen Art mit den Gastgebern Graebel & Nießen
26.10.07	Helden unserer Jugend: Lange Harry Potter Nacht – Lesung und Einstimmung auf den letzten Harry Potter Band
02.11.07	„Schuld und Sühne" – Folge III: Carsten Otto liest aus dem Roman von Dostojewski
06.11.07	„Der Reiseführer durchs Universum" – Hommage an die skurril-absurden Weltraum-Reiseabenteuer der 70er und 80er Jahre mit Katja Lillih Leinenweber u. a.
23.11.07	Musikalische Grüße aus Moskau: Die Moskauer Sopranistinnen Polina und Angelina mit Werken von Tschaikowsky/Mendelssohn/Mozart u. a.
29.11.07	Poesie zum Jazz – Deutsch-Norwegische Kulturnacht zu den Essener Lichtwochen
06.12.07	Heldenweiber 8 ½ – Ein besinnlicher Märchenabend mit Bettina Engelhardt/Tatjansa Clasing und Ute Zehlen als Gast
14.12.07	„Die Frau wird schöner mit jedem Glas Bier" – Hommage an „Truck Stop", die deutscheste aller Country-Bands mit Fabian Gerhardt/Burkhard Niggemeier
21.12.07	Weihnachtslieder-Auffrischungsseminar – Zum 3. Mal gilt die Devise „Angstfrei singen!"
27.12.07	Helden unserer Jugend: „Fluch der Karibik – Die Brust des toten Mannes"
28.12.07	„Schuld und Sühne" – Folge IV: Judith van der Werff liest aus dem Roman von Dostojewski
31.12.07	Große Silvester-Party – House & Disco mit Thomas Geier (Ex-Rote Liebe)
09.01.08	„Schuld und Sühne" – Folge V: Judith van der Werff liest aus dem Roman von Dostojewski
10.01.08	Manuel Andrack trifft seinen besten Freund, den Schauspieler Victor Calero, zu Bier, Dias und Geschichten, auch 05.06.
18.01.08	Helden unserer Jugend: „Asterix und Obelix" – Schauspieler lesen und spielen die Abenteuer der berühmtesten Gallier der Welt
24.01.08	Annette Pehnt liest aus ihrem neuen Roman „Mobbing"

08.02.08	Soulbrothers: Ein musikalischer Abend mit Friedemann Thiele/Nelson Müller
14.02.08	Helden unserer Jugend I: Lex Barker – Schauspieler lesen und spielen die Abenteuer des größten Old-Shatterhand-Darstellers aller Zeiten
21.02.08	„Schuld und Sühne" – Folge VI: Carsten Otto liest aus dem Roman von Dostojewski
06.03.08	„Shoes and the City": Ein Abend für Mädchen mit Schuhtick und anderen Lastern
14.03.08	Heldenweiber 8 ½: „Männer, Weiber, Sensationen" mit Bettina Engelhardt/Tatjana Clasing
20.03.08	Helden unserer Jugend: „Urmel auf dem Eis" – Schauspieler spielen und sprachfehlerlesen die Abenteuer von Urmel und Co. auf der Insel Titiwu
27.03.08	„Mozart goes to Graceland" – Ein raffiniert-komischer Abend von Amadeus bis Elvis mit dem Multi-Instrumentalisten „Zarter Anschlag"
28.03.08	„Schuld und Sühne" – Folge VII: Judith van der Werff liest aus dem Roman von Dostojewski
03.04.08	Helden unserer Jugend: „Die Drei ???"
10.04.08	„Die Tigerin – eine absonderliche Liebesgeschichte" – Die Schauspieler Stephan Ullrich/Angelika Bartsch mit Texten des Dada-Künstlers Walter Serner und bewegten Bildern aus dem Paris der 60er Jahre
24.04.08	Helden unserer Jugend II: „007 – Mein Vater, der Spion" – Die ganze Wahrheit und ein paar Songs über James Bond mit „Comedian Harmonists"-Sänger Andreas Maier und „Ronja" – Musiker Gregor Schwellenbach
25.04.08	„Schuld und Sühne" – Folge VIII: Carsten Otto liest aus dem Roman von Dostojewski
02.05.08	Helden unserer Jugend I: Lex Barker – Sarah Viktoria Frick/Fritz Fenne lassen den Super-Star des deutschen Kinos der 60er Jahre auferstehen
09.05.08	„Schuld und Sühne" – Folge IX: Judith van der Werff liest aus dem Roman von Dostojewski
15.05.08	„Pulp Fiction – leicht gekürzt", eine Hommage an das Kino der 90er Jahre
30.05.08	Helden der Heimat: Schüler der UNESCO-Schule stellen gemeinsam mit Ensemblemitgliedern die literarischen Helden ihrer Heimat vor
12.06.08	Helden unserer Jugend: „Fluch der Karibik I–III (in aller Kürze)" – Schauspieler lesen und spielen alle Abenteuer von Captain Jack Sparrow und der Black Pearl
13.06.08	Turboprop-Literaturshow mit dem Autor Clemens Meyer: Eine Autorenlesung der etwas anderen Art mit den Gastgebern Graebel & Nießen
18.06.08	„Someone is sleeping in my pain" von Michael Roes – Vorführung des Films (2001)
27.06.08	„Schuld und Sühne" – Folge X: Carsten Otto liest aus dem Roman von Dostojewski

Café Central
Mehrfach: Politischer Salon
Einzeltermine

14.10.07	Three Hours – Literaturmatinee: „Neues zur Poesie und Radikalität weiblichen Schreibens" mit Marlene Streeruwitz/Angelika Krauß u. a.; Moderation: Katty Salié
22.10.07	„Die Wahlverwandtschaften" von J. W. Goethe, gelesen von Holger Kunkel/Nadja Robiné/Werner Strenger/Jutta Wachowiak
05.11.07	Peter Stamm liest aus seinem noch unveröffentlichten Erzählband „wir fliegen"
14.11.07	Frank Goosen liest aus seinem neuen Roman „So viel Zeit"
09.12.07	Weihnachtsgeschichten, ausgesucht und gelesen von den Buchhändlerinnen des Grillo-Theaters
31.12.07	Große Silvester-Party – Musik und Tanz mit DJ Marque
28.01.08	Philine Bührer/Werner Strenger/Martin Vischer lesen „Effi Briest" von Theodor Fontane
09.02.08	Dean Baxter and The Kingfish Orchestra – Swing Standards und Jazz mit Dominic Oley und Band, auch 13.06.

17.02.08 „Deiner Stimme Schatten" – Zum 20. Todestag von Rose Ausländer – Es lesen, musizieren und erzählen Renate Heuser/Sabine Osthoff; Katharina Deserno (Cello); Moderation: Helmut Braun

06.04.08 „Grenzgänge" – Texte und Musik zu Lieben, Altern und Sterben mit „Cantadoras" Adriana Kocijan/Janine Roeder

14.04.08 Lesung: „Der Sandmann" – Matthias Eberle/Kristina Peters lesen aus der Erzählung von E. T. A. Hoffmann

Casa

Mehrfach: WAZ-Talk mit Wulf Mämpel

Einzeltermin

06.04.08 „Ersatzbank is nich" – Ein Abend über all das, was größer ist als du selbst, mit dem Theater-Jugendclub, Leitung: Sarah Viktoria Frick/Ines Habich

Buchhandlung im Grillo

12.11.07 „Stefan George: „Die Entdeckung des Charisma" – Thomas Karlauf stellt die erste George- Biografie in deutscher Sprache vor

19.11.07 Lesezeichen: Hannes Krauss/Steffen Richter über literarische Neuerscheinungen

03.12.07 Oswald Egger liest aus „nihilum album", Gedichte und Lieder

12.02.08 Ulrich Peltzer liest aus seinem neuen Roman „Teil der Lösung"

21.04.08 Jenny Erpenbeck liest aus ihrem neuen Roman „Heimsuchung"

23.04.08 Welttag des Buches: Dauerlesung für Kinder des 4./5. Schuljahres mit Überraschungen

26.05.08 Lesezeichen: Hannes Krauss und sein Gast sprechen über literarische Neuerscheinungen

17.06.08 Michael Roes liest aus seinem neuen Roman „Ich weiß nicht mehr die Nacht"

■ Gastspiele

Grillo

11.10.07 „Peer Gynt" – Musiktheater nach Henrik Ibsen mit der Musik von Edward Grieg/Harald Sæverud (Folkwang Musikschule), auch 12.10./14.10. (2×)

05.04.08 „Frühlings Erwachen" in einer Bearbeitung von Nuran David Celis nach Frank Wedekind (4) – I: Calis, B: Schicketanz, K: Rekort (Schauspiel Hannover)

14.06.08 „Alice" nach Lewis Carroll in einer Bearbeitung von Roland Schimmelpfennig – I: Viktot Bodo (Schauspielhaus Graz), auch 15.06.

17.06.08 „Coppélia & Showcase" – Klassisches Ballett, Jazz u. a. (Ballett Studio Roehm), auch 19.06.

Casa

06.10.07 „Die Entführung der Sonne und des Mondes" (Puppenspiel Figurina; Ungarischer Akzent 2007), auch 07.10. (2×)

15.03.08 „Hedda Gabler" von Henrik Ibsen (Folkwang Hochschule)

30.05.08 „Der Sturm" von William Shakespeare (Studierende der Folkwang Hochschule – I: Brian Michaels, auch 31.05./01.06.*

02.06.08 „The Tempest" von William Shakespeare (Studierende der Royal Scottish Academy for Music and Dramatic Art, Glasgow), I: Mark Saunders, auch 03.06.*

04.06.08 „The Tempest" von William Shakespeare Studierende der Columbia University, Theatre Arts Division, New York – I: Nikolaus Wolcz, auch 05.06.*

07.06.08 Three in One: Der gemeinsame „Sturm" von William Shakespeare, zweisprachig, auch 08.06.
(* Shakespeare – Three in One Again, Festival der Folkwang Hochschule/ Schauspiel Essen)

17.06.08 Essener Schultheatertage (bis 20.06.)

Spielzeit 2008/09

Geschäftsführer: Berger Bergmann*

Intendant: Anselm Weber; *Künstlerischer Betriebsdirektor:* Stephan Wasenauer
Chefdisponentin und persönliche Referentin des Intendanten: Birgit Egger; *Mitarbeiterin KBB:* Sabrina Wagner; *Organisation/Disposition Junges Schauspiel:* Wolfgang Erwig; *Theaterpädagogin:* Ulla Gilbert
Chefdramaturg: Thomas Laue; *Dramaturgen:* Olaf Kröck, Gwendolynne Melchinger, Sabine Reich
Presse- und Öffentlichkeitsarbeit: Christine Hoenmanns
Schauspielmusik (Gäste): Henning Beckmann, Vivan Bhatti, Frank Böhle, Stephan Kanyar, Matthias Mohr, Karsten Riedel, Martin Schütz, Wolfgang Siuda, Hajo Wiesemann

Regisseure der Neuinszenierungen: Thomas Ladwig, Anselm Weber; *Gäste:* Henning Bock, David Bösch, Nuran David Calis, Cordula Däuper, Cilli Drexel, Gerhard Fehn, Christoph Frick, Jan Philipp Gloger, Henner Kallmeyer, Schirin Khodadadian, Katja Lauken, Katja Lillih Leineweber, Stephanie Sewella, Mirjam Strunk, Robert Vontobel
Ausstatter der Neuinszenierungen: Karoline Zorbas; Gäste: Patrick Bannwart, Irina Bartels, Raimund Bauer, Julia Borchert, Franziska Bornkamm, Franziska Gebhardt, Nadine Grellinger, Pia Janssen, Vera Knab, Cordula Körber, Beata Kornatowska, Jan Liesegang, Dieter Malzacher, Katharina Meintke, Christina Mrosek, Meentje Nielsen, Alice Nierentz, Silke Rekort, Matthias Rick, Isabel Robson, Claudia Rohner, Irina Schicketanz, Viva Schudt, Yvette Schuster, Ansgar Silies, Patricia Talacko, Dirk Thiele, Kathrine von Hellermann
Technischer Leiter: Michael Lüdiger

Ensemble: Therese Dörr*, Bettina Engelhardt, Katja Heinrich, Barbara Hirt, Kristina Peters*, Nadja Robiné, Judith van der Werff; Matthias Eberle*, Fritz Fenne, Christoph Finger, Lukas Graser, Siegfried Gressl, Andreas Grothgar, Raiko Küster, Holger Kunkel, Thomas Marx, Nicola Mastroberardino, Carsten Otto, Roland Riebeling*, Krunoslav Šebrek*, Werner Strenger, Reto Tschchikwischwili, Martin Vischer
Gäste: Anne-Marie Bubke, Tatjana Clasing, Alessandra Ehrlich, Anuk Ens, Marina Frenk, Sarah Viktoria Frick, Christina Geiße, Anastasia Gubareva, Evelyne Gugolz, Cornelia Kempers, Monika Kloos, Anna König, Marieke Kregel, Ines Kurenbach, Katharina Linder, Ines Lutz, Jennifer Lorenz, Sabine Osthoff, Wanda Colombina Perdelwitz, Sarah Sandeh, Lucia Schelling, Franziska Schlaghecke, Hanna Schwab, Katja Stockhausen, Erika Taplik, Henriette Thimig, Alice von Lindenau, Jutta Wachowiak, Ute Zehlen; Peter Becker, Ismail Deniz, Günter Franzmeier, Jost Grix, Jonas Gruber, Jürgen Hartmann, Dieter Hufschmidt, Thorsten Krohn, Florian Lange, Tim Mackenbrock, Andreas Maier, Dieter Malzacher, Georg Marin, Thomas Marx, Dominik Oley, Sierk Radzei, Heiko Ruprecht, Friedemann Thiele, Matthias Thömmes, Stephan Ullrich, Atef Vogel, Mark Weigel
Gäste ("Tod eines Handlungsreisenden", Austauschproduktion mit dem Schauspiel Hannover): Christian Erdmann, Wolf List, Matthias Neukirch, Henning Stober, Oda Thormeyer
Gäste ("An der Arche um acht", Folkwang Hochschule, Studiengang Schauspiel Essen): Mona Kloos, Ines Lutz, Franziska Schlaghecke, Katja Stockhausen, Marieke Kregel
Mitwirkende nicht erfasst: „Glücksritter", Projekt von Mirjam Strunk; „Eichbaumoper"

■ Schauspiele (N)
Grillo
13.09.08 „Die Orestie" von Aischylos (16) – I: Vontobel, B: Rohner, K: Grellinger
20.09.08 „Der Held der westlichen Welt" (U) von David Gieselmann nach John M. Synge (12) – I: Weber, B: Knab, K: Nielsen, M: Wiesemann

10.10.08	„Was ihr wollt" von William Shakespeare (19+1) – I: Bösch, B: Talacko/Thiele, K: Nielsen, M: Riedel
07.11.08	„Effi Briest" von Theodor Fontane (19) – I: Drexel, B: Mrosek, K: Borchert
06.12.08	„Don Carlos" von Friedrich Schiller (15) – I: Weber, B: Bauer, K: Bartels, M: Beckmann
07.02.09	„Krankheit der Jugend" (U) – Fassung von Nuran David Calis frei nach Ferdinand Bruckner (9+2) – I: Calis, B: Schicketanz, K: Rekort, M: Bhatti
06.03.09	„Ein Volksfeind" von Henrik Ibsen (9) – I: Ladwig, B: Bornkamm, K: Nierentz, M: Mohr
17.04.09	„Lulu – Die Büchse der Pandora", *eine Monstertragödie* von Frank Wedekind (8) – I: Khodadadian, B: Silies, K: Janssen, M: Kanyar

Casa

14.09.08	„Wir sind immer oben" (U) von Dirk Laucke (13+1) – I: Bock, B: Silies, K: Meintke
11.10.08	„An der Arche um acht" von Ulrich Hub (38) – I: Leinenweber, A: Zorbas, M: Beckmann *(in Zusammenarbeit mit der Folkwang Hochschule, Studiengang Schauspiel Essen)*
09.01.09	„Dream Team" (U) von Lutz Hübner (17) – I: Lauken, B: von Hellermann, K: Schuster
20.02.09	„Barbelo, von Hunden und Kindern" (DsprE) von Biljana Srbljanovic (11) – I: Weber, B: Bannwart, K: Nielsen, M: Siuda
23.04.09	„Harald und Maude" von Colin Higgins (6) – I: Kallmeyer, A: Gebhardt

Box

26.09.08	„Stolz und Ehre der Parnell Street" (DsprE) von Sebastian Barry (14) – I: Sewella, A: Robson
08.11.08	„Alice im Wunderland" von Lewis Carroll (20) – I: Fehn; Puppen und Spiel: Malzacher
05.05.09	„Der Märchentierarzt erzählt: Es stinkt im Märchenwald" (3 *Voraufführungen*) Puppenspiel von und mit Dieter Malzacher
10.05.09	„Der Märchentierarzt erzählt: Vom Schneewittchen" (1) Puppenspiel von und mit Dieter Malzacher

Café Central

19.09.08	„Ein Wiener Abend" *Siegfried Gressl und seine „Schrammeln" mit Wiener Spezialitäten* (12) – ML: Wiesemann
25.04.09	„Hit Me Baby After Midnight" – *Ein popmusikalischer Abend* mit Cello, Bratsche, Klavier, Percussion und Katja Heinrich – A: Zorbas (3)

▌ Glückliche Orte Stadtprojekte 2008/09

Casa

15.05.09	„Glücksritter – Eine Stadt erobert sich selbst" – Ein Projekt von Mirjam Strunk (5) – I: Strunk, A: Körber, M: Böhle
24.06.09	„Die Eichbaumoper" (U) Eine Standortbestimmung in drei Zügen (5) „Entgleisung", eine Kammeroper von Ari Benjamin Meyers (Musik)/Bernadette La Hengst (Libretto); „Simon der Erwählte" von Isidora Žebeljan (Musik)/Borislav Čičovački (Libretto); „Fünfzehn Minuten Gedränge" von Felix Leuschner (Musik)/Reto Finger (Libretto) – I: Däuper, ML: Askan Geisler/Bernhard Stengel/Clemens Jüngling, B: Liesegang/Rick, K: Kornatowska; Mitwirkende: Gesangssolisten des Musiktheaters im Revier/Grillo- Schauspieler (Ein Projekt von raumlaborberlin mit dem Schauspiel Essen, dem Musiktheater im Revier Gelsenkirchen und dem Ringlokschuppen Mülheim)

■ Schauspiele (WA)

Grillo

14.09.08	„Die Comedian Harmonists" von Greiffenhagen/Wittenbrink (9+2)
16.09.08	„Anatomie Titus Fall of Rome" von Heiner Müller (2)
17.09.08	„Tartuffe" von Molière (9)
21.09.08	„Woyzeck" von Büchner (4+4)
04.10.08	„Endstation Sehnsucht" von Williams (3)
11.10.08	„Blütenträume" von Hübner (5+8)

11.10.08	„Antigone" von Sophokles (10+2)
14.10.08	„Ronja Räubertochter" von Lindgren (23)
03.01.09	„Sechs Tanzstunden in sechs Wochen" von Alfieri (3)

Casa

17.09.08	„Liebe" – Eine gemeinsame Gefühlssache von Jugendlichen und den „Alten Helden" (2+1)
18.09.08	„Flüchtlinge im Ruhestand" – Projekt von Mirjam Strunk (4+1)
20.09.08	„Bello e brutto" – Ein Dorf wandert (2+3)
27.09.08	„Schmelzpunkt" von Neumann (6)
18.11.08	„Fucking åmål" von Moodysson (2)
03.03.09	„Creeps von Hübner (2)
25.03.09	„Leonce und Lena – A Netter Day" von Büchner (3)
09.04.09	„Jugend ohne Gott" von Horváth (1+3)

Box

31.10.08	„Das Meerschweinchen" von Hensel (9)
16.11.08	„Der Märchenonkel erzählt: Von Hänsel und Gretel" (4)
07.01.09	„Der Tod und das Mädchen: Prinzessinnendramen I–III" von Jelinek (5)
07.02.09	„Das Paradies" nach A.L. Kennesy (3)

Heldenbar

09.10.08	„Wolken ziehen vorüber" von Kaurismäki (8+2)

■ **Abstecher**
- „Antigone" (Duisburg 28./29.10.08)
- „Blütenträume" (Leverkusen 22.10., Hannover 22./23.11.08, Bozen/Meran 25./26.03., Ludwigsburg 29.04., Duisburg 27./28.05.09)
- „Bello e brutto" (Viterbo/Italien 29.09.–02.10.)
- „Jugend ohne Gott" (Südtirol 05.–08.05.09)
- „Flüchtlinge im Ruhestand" (Hamburg, Dt. Schauspielhaus, 04.10.08)
- „Krankeit der Jugend" (Hannover 10/11.03.09)
- „Liebe" (Zeche Zollverein 28.09.08)
- „The Comedian Harmonists" (Duisburg 22.12.08)
- „Wir sind immer oben" (Hamburg, Thalia-Theater, 29.04.09)
- „Wolken ziehen vorüber" (Duisburg 25./26.02.09)
- „Woyzeck" (Bobigny/F 05.10.08, Ludwigsburg 17.01., Siegen 24./25.04.09)

■ **Sonderveranstaltungen**

Grillo
Mehrfach: Jazz in Essen; Das Spardosen-Terzett
Einzeltermine

06.09.08	Das Fest/Tag er offenen Tür
21.09.08	Verleihung des Aalto-Bühnenpreises 2008 an Nadja Robiné/Nicola Mastroberardino (nach der Vorstellung „Woyzeck")
17.10.08	Tage der Generationen – Junge Bilder vom Alter (Eröffnung und Auftakt mit Minister Armin Laschet, u. a. mit dem Stadterkundungsprojekt „Glücksritter")
22.10.08	„Nie wieder 80" von und mit Dieter Hildebrandt – Kabarettistische Lesung
12.11.08	„Du mich auch" – Musikkabarett mit Christiane Weber/Timm Beckmann, auch 29.04
17.01.09	Jochen Malmsheimer: „Flieg Fisch, lies und gesunde! Oder: Glück, wo ist dein Stachel?"
20.02.09	„Ich bin etwas schief ins Leben gewickelt" – Ein Ringelnatz-Abend mit Otto Sander
27.02.09	„Sage mir Muse!" Die Lange Nacht der Odyssee – Ein Prolog in 12.110 Versen zur „Odyssee Europa", gelesen von Schauspielern, Prominenten und Menschen aus der Stadt
28.02.09	Jubiläumsfest der Theatergemeinde Essen – Zusammen mit den „Comedian Harmonists" feiert die Besucherorganisation ihr 25-jähriges Bestehen
10.03.09	Max Goldt liest „Viel Neues und vielleicht ein bisschen was Altes"
11.03.09	„Wenn ich mir was wünschen dürfte" von und mit Judy Winter
05.05.09	Wir sagen DANKE! – Alle Sparten bedanken sich beim Freundeskreis Theater und Philharmonie mit einem vielseitigen Programm
07.05.09	Der Kabarettist Hagen Rether präsentiert sein Programm „Liebe"
21.05.09	Jan Plewka singt Rio Reiser, Hommage an den „König von Deutschland"

27.05.09	Der Kabarettist Kai Magnus Sting präsentiert sein neues Programm „Theaterschlachten"
01.06.09	„Ich bin, wie ich bin …" von und mit Angelika Milster

Heldenbar

Mehrfach: Helden Nächte; Heldenkonzert; Held des Tages; Petry Slam; Neues aus dem Trainingslager; Kröcks Kapital Kritik

Einzeltermine

20.10.08	„Rock'n Roll und Domingos letzte Worte" – Die baskischen Autoren Aingeru Espaltza/Anjel Lertxundi lesen aus ihren Büchern; deutscher Text: Petra Elser
23.10.08	Helden unserer Jugend: „Die Drei ???" – Schauspieler spielen und lesen ein weiteres Abenteuer der drei Detektive aus Rocky Beach
30.10.08	„Schuld und Sühne" – Folge XI: Holger Kunkel liest aus dem Roman von Dostojewski
13.11.08	„Der heisere Kettenhund – ein Abend über Alternativen (ohne Öko)" – Solo mit Märchen und Sarah Viktoria Frick
20.11.08	Helden unserer Jugend: „Dracula" – Schauspieler spielen und lesen ein blutrünstiges Abenteuer aus Transsylvanien
23.11.08	Das Architekturkollektiv „raumlabor berlin" („Die Eichbaumoper") stellt sich vor
28.11.08	„Schuld und Sühne" – Folge XII: Judith van der Werff liest aus dem Roman von Dostojewski
05.12.08	Helden unserer Jugend: „Dirty Dancing" – Schauspieler erinnern an die Tanzhelden der 80er
18.12.08	Weihnachtslieder-Auffrischungsseminar – Devise: „Angstfrei singen!"
31.12.08	Große Silvester-Party
14.01.09	„Kannibalen": Ein appetitlicher Abend über Grenzerfahrungen – von Mensch zu Mensch, eingerichtet von Christina Pfrötschner, auch 29.04.
15.01.09	Helden unserer Jugend: Bibi Blocksberg – Schauspieler spielen und lesen eine magische Geschichte der kleinen Hexe
29.01.09	„Schutt" von Dennis Kelly in einer Fassung für eine Frau mit Sarah Viktoria Frick
30.01.09	„Die 13 ½ Leben des Käpt'n Blaubär": Zwergpirat und Klabautergeister
13.02.09	„Die 13 ½ Leben des Käpt'n Blaubär, Teil 2: Von der Moloch zur Gourmetica Insularis"
19.02.09	„Sauerstoff" – Ein atemloser Text aus Russland von Iwan Wyrypajew, eingerichtet von Claudia Bühn mit Matthias Eberle/Kristina Peters, auch 13.05.; 19.06.: Stadtgarten
26.02.09	Helden unserer Jugend: „Bud Spencer und Terence Hill" – Schauspieler spielen und lesen ein schlagkräftiges Abenteuer der Männer mit den vier Fäusten
25.03.09	„Flower, Mauer, Adenauer" – Roland Riebeling/Nicole Kersten mit deutschen Schlagern zu 40 Jahren Bonner Republik, auch 22.05./26.06.
26.03.09	„Ihrkönntmichmal" – Nachruf auf Robert Gernhardt, auch 05.06.09
27.03.09	Helden unserer Jugend: „Wickie und die starken Männer" – Schauspieler begeben sich lesend und spielend auf eine abenteuerliche Wikinger-Reise
03.04.09	„Die 13 ½ Leben des Käpt'n Blaubär", Teil 3: Vulkananzug und Selsillendusche
09.04.09	Helden unserer Jugend: „Die Muppets" – Ein Kermit-Grüner Donnerstag mit Miss Piggy & Co
16.04.09	„Die 13 ½ Leben des Käpt'n Blaubär", Teil 4: Durch das Dimensionsloch in die Süße Wüste
30.04.09	Helden unserer Jugend: „Der Herr der Ringe" – Auf queeren Hobbit-Füßen durchs Auenland
14.05.05	„Backpacker Europa: Frankreich" – Von Bohèmiens und Banlieues, ein Abend unter Nachbarn zum Sehen, Hören und Schmecken
15.05.09	„Die 13 ½ Leben des Käpt'n Blaubär", Teil 5: Unter Haselhexen, Fossegrims, und rasende Mänaden
29.05.09	Helden unserer Jugend: „Der Räuber Hotzenplotz" – Ein Wiedersehen mit Kasperl und Sepperl, Petrosilius Zwa-

	ckelmann und dem wilden Räuber mit der Pfefferpistole
11.06.09	Helden unserer Jugend: „Der kleine Vampir" – Ein Abenteuer mit Anton/Rüdiger & Co
18.06.09	„Die 13 ½ Leben des Käpt'n Blaubär, Teil 6: Das Lügenduell
19.06.09	Abschlussparty des Kulturpfadfestes
25.06.09	Helden unserer Jugend: Best of 2008/09 – Die Helden der vergangenen Spielzeit lesen und spielen sich mit einer spannenden Spezialausgabe in die Sommerpause
26.06.09	„Backpacker: Polen": Eine Expedition in den ganz nahen Osten mit Texten und Überraschungen – aus dem zweitgrößten Nachbarland
03.07.09	„Die 13 ½ Leben des Käpt'n Blaubär, Teil 6 ¾: Die Uhr des Lebens

Café Central

Mehrfach: Politischer Salon; KWI mit Gästen – Zeit- und Streitfragen; Funk & Flavour: Soul und Funk, live mit Nelson und Gästen; LesartSpezial

Einzeltermine

17.10.08	Café-Jazz, anschließend Dean Baxter and The Klingfish Orchestra
26.10.08	„Zerstörte Schönheit": Hans Siemsen – Leben und Werk eines Flaneurs
10.11.08	Schauspieler lesen aus „Die Verwandlung" von Franz Kafka
18.11.08	Kulturstaat: Bodo Hombach (WAZ Mediengruppe)/Oliver Scheytt: Buchvorstellung und Diskussion, Moderation: Claus Leggewie
21.12.08	Weihnachtsgeschichten, ausgesucht und gelesen von den Buchhändlerinnen des Grillo-Theaters
31.12.08	Große Silvester-Party
03.02.09	„Wegbereiter der Wende": Buchvorstellung mit Wolfgang Herles (ZDF Aspekte)/Joachim Jauer (Journalist) – Vorgestellt wird u. a. „Deutschlands beste Jahre kommen noch" von Norbert Röttgen; Moderation: Michael Gerwarth
20.04.09	Ensemblemitglieder lesen aus „Unordnung und frühes Leid" von Thomas Mann
26.04.09	Anatol Regnier liest aus seiner Biografie über Frank Wedekind und singt dessen Balladen
19.06.09	Abschlussparty des Kulturpfadfestes

Casa

Mehrfach: WAZ-Talk mit Wulf Mämpel

Einzeltermine

18.10.08	Literatürk: Murathan Mongan – Eröffnungslesung des deutsch-türkischen Literaturfestivals mit dem Autor von „Palast des Ostens"
26.10.08	„Quo vadis Italia?" Diskussion mit dem Autor Gian Maria Cervo u. a.
25.02.09	Schulkultur-Tag: Informationsbörse über Kulturangebote für Schulen mit Szenen, Diskussionen und Kontakten
28.02.09	„Peymann von A–Z": Der Regisseur und Theaterleiter Claus Peymann liest aus seinem Buch, diskutiert mit dem Publikum und signiert

Buchhandlung im Grillo

29.09.08	Marcel Beyer liest aus seinem neuen Roman „Kaltenburg"
13.10.08	Ulf Stolterfoht liest aus seinem Gedichtband „holzrauch über heslach"
21.10.08	Hannes Krauss/Rolf Kuhlmann (Radio Essen) sprechen über literarische Neuerscheinungen
24.10.08	Der Autor Leonardo Padura signiert „Der Nebel von Gestern"
03.11.08	Dietmar Dath liest aus seinem neuen Roman „Die Abschaffung der Arten"

Theatervorplatz des Grillo-Theaters

April 2009	Das Tojanische Pferd (Unterwegs zur „Odyssee Europa") Die Theater Bochum/Dortmund/Essen/Moers/Mülheim/Oberhausen laden zusammen mit RUHR 2010 Autoren ein, die „Odyssee" neu zu erzählen. Zum Auftakt ist das Trojanische Pferd als mobile Installation unterwegs von Theater zu Theater. Vor den Vorstellungen im Grillo-Theater senden die beteiligten Theater Grüße und Botschaften: Schauspielhaus Bochum (02.04.), Schauspiel Dortmund (03.04.), Schlosstheater Moers (18.04.), Theater an der Ruhr Mülheim (09.04.), Theater Oberhausen (30.04.)

U18– Haltestelle Eichbaum
08.05.09   Helden unserer Jugend Spezial: „Lucky Luke und Billy the Kid" – Ein Outdoor-Western Showdown an Eichbaum von Ines Habich, u. a. mit Nicola Mastroberardino/Hannes Klock (Banjo)

Stadtgarten
19.06.09   „Shakespeare vor dem Sturm": Eine traumhafte Sommernachtsperformance, eingerichtet von Carola Bühn

■ Gastspiele
Grillo
22.11.08   „Gaff Aff" – Zimmermann & De Perrot (Zürich) – Der junge Buster Keaton und sein virtuoser DJ (Internationales Tanzfestival NRW 2008/Drei Wochen mit Pina Bauch)
23.11.08   „Le Petit Travers" – Collectiv Petit Travers (Toulouse): Kleiner Zirkus zwischen Absurdität und Melancholie (Internationales Tanzfestival NRW 2008/Drei Wochen mit Pina Bauch)
18.01.09   „Tod eines Handlungsreisenden" von Arthur Miller (8) – I: Christoph Frick, A: Viva Schudt, M: Martin Schütz (Produktion des schauspielhannover)

Heldenbar
21.11.08   „Meow Meow" – Beyond Glamour (New York/Sydney): Chanson und Cabaret – wild und chaotisch (Internationales Tanzfestival NRW 2008/Drei Wochen mit Pina Bausch)

Casa
18.01.09   „Ritter Rost macht Urlaub"/Musical-AG der Meisenburgschule/Musikschule TON ART
16.06.09   Essener Schultheatertage (bis 19.06.)

Box
25.10.08   „Il tempo libero" von Gian Maria Cervo („Quastieri dell'Arte", Viterbo/Italien), 3×

Spielzeit 2009/10

Geschäftsführer: Berger Bergmann

Intendant: Anselm Weber; *Künstlerischer Betriebsdirektor:* Stephan Wasenauer *Chefdisponentin und persönliche Referentin des Intendanten:* Birgit Egger; *Mitarbeiterin KBB:* Sabrina Wagner; *Organisation/Disposition Junges Schauspiel:* Wolfgang Erwig; *Theaterpädagogin:* Ulla Gilbert
Chefdramaturg: Thomas Laue; *Dramaturgen:* Anna Haas*, Olaf Kröck, Sabine Reich; *Gäste:* Rita Czapka, Reto Finger; *Presse- und Öffentlichkeitsarbeit:* Christine Hoenmanns

Schauspielmusik (Gäste): Anton Berman, Cornelius Borgolte, Piotr Dominski, Jacek Grudzien, Johannes Hofmann, Andy Manndorff, Stephan Kanyar, Burkhard Niggemeier, Ansgar Silies, Hajo Wiesemann, Lars Wittershagen

Regisseure der Neuinszenierungen: Thomas Ladwig, Anselm Weber; *Gäste:* David Bösch, Carola Bühn, Cilli Drexel, Heike M. Götze, Ines Habich, Grzegorz Jarzyna, Henner Kallmeyer, Schirin Khodadadian, Katja Lillih Leinenweber, Dieter Malzacher, Brian Michaels, Susanne Neuhoff, Jan Neumann, Radu-Alexandru Nica, Antú Romero Nunes, Lisa Nielebock, Sebastian Nübling, Mark Saunders, Roger Vontobel
Ausstatter der Neuinszenierungen: Henriette Barniske, Julia Scheurer; *Gäste:* Patrick Bannwart, Julia Borchert, David Bösch, Jens Burde, Franziska Gebhardt, Muriel Gerstner, Thomas Goerge, Helga Göllner, Nadine Grellinger, Hugo Gretler, Inge Gill Klossner, Vera Knab, Eefke Kretzmer, Dieter Malzacher, Magdalena Maciejewska, Christina Mrosek, Meentje Nielsen, Julia Plickat, Silke Rekord, Claudia Rohner, Kathrin Schlecht, Julia Ströder, Johanna von Gehren, Charlotte Sonja Willi, Karoline Zorbas
Technischer Direktor: Michael Lüdiger

Ensemble: Friederike Becht*, Therese Dörr, Bettina Engelhardt, Katja Heinrich, Barbara Hirt, Kristina-Maria Peters, Nadine Robiné, Judith van der Werff, Jutta Wachowiak; Matthias Eberle, Fritz Fenne, Christoph Finger, Lukas Graser, Siegfried Gressl, Andreas Grothgar, Jürgen Hartmann*, Holger Kunkel, Raiko Küster, Nicola Mastroberardino, Roland Riebeling, Dimtrij Schaad*, Krunoslav Šebrek, Werner Strenger, Rezo Tschchikwischili
Gäste: Katharina Brenner, Tatjana Clasing, Sarah Viktoria Frick, Katarzyna Herman, Cornelia Kempers, Anna König, Sandra Korzeniak, Katharina Linder, Hadewych Minis, Sabine Orléans, Sabine Osthoff, Frieda Pittoors, Verena Schulze, Henriette Thimig, Ute Zehlen; Emre Aksizoglu, Roland Bayer, Matthias Buss, Marcin Czarnik, Roeland Fernhout, Jost Grix, Jonas Gruber, Max Hemmersdorfer, Dieter Hufschmidt, Thorsten Krohn, Florian Lange, Andreas Maier, Dieter Malzacher, Georg Marin, Thomas Marx, Dietrich Mattausch, Thomas Müller, Dominik Oley, Carsten Otto, Jan Peszek, Alwin Pulinckx, Sirk Radzei, Heiko Ruprecht, Friedemann Thiele, Stephan Ullrich, Martin Vischer, Leon Voorberg, Mark Weigel
Gäste („Sinn", Folkwang Hochschule Essen): Elmira Bahrami, Simon Breuer, Raphael Fülöp, Jessica Maria Garbe, Henriette Fee Grützner, Max Hemmersdorfer, Karolina Horster, Zeljko Marovic
Gäste („An der Arche um acht", Folkwang Hochschule Essen): Mona Kloos, Marieke Kregel, Ines Lutz, Franziska Schlaghecke

■ Schauspiele (N)
Grillo
19.09.09 „Romeo und Julia" von William Shakespeare (19) – I: Drexel, B: Mrosek, K: Borchert, M: Berman
26.09.09 „Nachtgeschichte" (U) von Lutz Hübner (15) – I: Weber, B: Knab, K: Nielsen
09.10.09 „Dunkel lockende Welt" von Händl Klaus (13) – I: Khodadadian, B: Gretler, K: Willi, M: Kanyar

08.11.09	„Die kleine Hexe" von Otfried Preußler (36+2) – I: Kallmeyer, B: Gebhardt, K: Rekort, ML: Niggemeier
05.12.09	„Die Ziege oder Wer ist Sylvia?" von Edward Albee (18) – I: Kallmeyer, B: Schlecht, K: Ströder
22.01.10	„Peer Gynt" von Henrik Ibsen (15) – I: Vontobel, B: Rohner, K: Grellinger
27.02.10	„Odyssee Europa: Areteia" (U) von Grzegorz Jarzyna (8) – I: Jarzyna, A: Maciejewska, M: Grudzien/Manndorff/Dominski („Areteia": Koproduktion mit dem Theater TH Warzawa in Warschau; „Odyssee Europa": Gemeinsames Projekt der Schauspielhäuser Bochum/Dortmund/Essen/Moers/Mülheim/Oberhausen sowie des raumlaborberlin und der Kulturhauptstadt Europas RUHR 2010)
16.04.10	„Ubu" (U) von Alfred Jarry/Simon Stephens (9) – I: Nübling, A: Gerstner, M: Wittershagen (5) *(Koproduktion mit Toneelgroep Amsterdam, ab 02.06.)*
15.05.10	„Nathan der Weise" von Gotthold Ephraim Lessing (7) – I: Nielebock, B: Schlecht, K: Ströder

Casa

27.09.09	„Blick zurück im Zorn" von John Osborne (12) – I: Götze, B: Burde, K: Klossner
24.10.09	„Die Leiden des jungen Werther" von Johann W. Goethe (15+1) – I: Neumann, A: Goerge
13.11.09	„Terminator (U)" von Christoph Nußbaumeder (12) – I: Habich, B: Barniske, K: Zorbas
21.01.10	„Transit" nach dem Roman von Anna Seghers in einer Bearbeitung von Reto Finger (12) – I: Weber, B: Bannwart, K: Nielsen, M: Borgolte
20.03.10	„Sinn" von Anja Hilling (9) – I: Nunes, A: Plickat, M: Hofmann
17.04.10	„Liebe ist ein hormonell bedingter Zustand" (U) von Jakob Hein (11) – I: Bösch, B: Scheurer/Bösch, K: Scheurer

Box

11.10.09	„Indien" von Joseph Hader/Alfred Dorfer (20) – I: Leinenweber, A: Göllner, ML: Wiesemann
20.11.09	„Der Kaiser von China" (U) von Tilman Rammstedt (15) – I: Ladwig, B: Scheurer, K: Kretzmer
29.11.09	„Es stinkt im Märchenwald" von Dieter Malzacher (9) – Puppen + Spiel: Malzacher
13.12.09	„Zwerg Nase" – Puppenspiel nach Wilhelm Hauff von und mit Dieter Malzacher (9) – I: Neuhoff
26.03.10	„Orlando" von Virginia Woolf (8) – I: Bühn, A: von Gehren, M: Silies

Autoverwertung Franz Maag

30.06.10	„Alles außer abhauen" – Ein Stück aus, über und für Altendorf von Ines Habich (I) und Jugendlichen aus dem Stadtteil (5)

■ Schauspiele (WA)

Grillo

20.09.09	„Don Carlos" von Schiller (8)
10.10.09	„Ein Volksfeind" von Ibsen (3)
16.10.09	„Lulu" von Wedekind (3)
17.10.09	„Tartuffe" von Molière (1+3)
18.10.09	„Was ihr wollt" von Shakespeare (6+1)
23.10.09	„Die Comedian Harmonists" von Greiffenhagen/Wittenbrink (5+1)
29.10.09	„Effi Briest" von Fontane (7+4)
14.11.09	„Woyzeck" von Büchner (3+5)
29.12.09	„Blütenträume" von Hübner (1)
18.04.10	„Antigone" von Sophokles (2+4)

Casa

28.09.09	„Dream Team" von Hübner (9)
07.10.09	„Harald und Maude" von Higgins (9)
10.10.09	„Flüchtlinge im Ruhestand" – Projekt von Mirjam Strunk (1+1)
20.10.09	„Glücksritter" – Projekt von Mirjam Strunk (2)
18.11.09	„An der Arche um acht" von Hub (16+5)
10.02.10	„Barbelo, von Hunden und Kindern" von Srbljanovic (1)

Heldenbar

29.10.09	„Wolken ziehen vorüber" von Kaurismäki (3)

Box

29.10.09	„Stolz und Ehre der Parnell Street" von Barry (3+2)

Café Central

22.09.09	„Hit me baby after midnight" *Popmusikalischer Abend* (3)

■ **Abstecher**
- „An der Arche um acht" (Südtirol 01.–05.02.10)
- „Antigone" (Siegen 11.02., Marl 03.03., Liechtenstein 27./28.05.10)
- „Die Comedian Harmonists" (Duisburg 28.12.09)
- „Die kleine Hexe" (Duisburg 12.11.09)
- „Die Leiden des jungen Werher" (Marl 19.11.09)
- „Effi Briest" (Marl 04.11.09, Duisburg 25./28.01., Leverkusen 07.03.10)
- „Flüchtlinge im Ruhestand" (Leverkusen 01.10.09)
- „Glück Auf, 2010" – Eröffnungsfest der Kulturhauptstadt auf Zeche Zollverein 09./10.01.10
- „Helden unserer Jugend: Star Wars" (Hattingen 12.05.10)
- „Stolz und Ehre der Parnell Street" (Duisburg 11./12.03.10)
- „Tartuffe" (Siegen 24./25./27.10.09)
- „Was ihr wollt" (Bobigny bei Paris 03.10.09)
- „Woyzeck" (Bobigny bei Paris 06./07.02., Siegen 17.03., Straßburg 20./21.04.10)

■ **Sonderveranstaltungen**

Grillo
Mehrfach: Jazz in Essen
Einzeltermine
12.09.09 Spielzeit-Eröffnungsfest (u. a. Helden unserer Jugend: „Star Wars I")
30.01.10 „Next Generation: Der Kick-Off" – Start des großen Jugendprojektes zur Kulturhauptstadt, am Abend große Bühnenshow zum Projektstart
12.03.10 Dankeschön-Abend – Theaterring und Freundeskreis begrüßen ihre neuen Mitglieder
03.07.10 Großes Abschiedsfest

Heldenbar
Mehrfach: Helden Nächte; Heldenkonzert; Poetry Slam; Köcks Kapitale Kritik; Neues aus dem Trainings-lager (Folkwang Hochschule); Helden des Tages; Zeit- und Streitfragen; Next Generation
Einzeltermine
24.09.09 Helden unserer Jugend Spezial: „Star Wars II: Das Imperium schlägt zurück"
25.09.09 Helden unserer Jugend Spezial: „Star Wars III: Die Rückkehr der Jedi-Ritter"
13.10.09 Herta Müller liest aus ihrem neuen Roman „Atemschaukel"
16.10.09 Helden unserer Jugend: „Karlsson vom Dach"
22.10.09 „Backpacker Europa: Spanien"- Ein Abend aus der Heimat von Garcia Lorca/Goya/Almodóvar
30.10.09 „Hoffnungsträger: An-Ecken: Von der Liebe als Schlachtfeld (Christine Pfrötschner)
02.11.09 Köcks Kapital Kritik – Gast: Festivaldirektorin Frie Leysen (Theater der Welt)
03.11.09 Terézia Mora liest aus ihrem Roman „Der einzige Mann auf dem Kontinent"
12.11.09 Helden unserer Jugend: „Hui Buh" – Ein Besuch auf Schloss Burgeck bei dem Gespenst mit der rostigen Rasselkette
25.11.09 Ein Abend mit Händl Klaus – Der Autor von „Dunkel lockende Welt" liest und spricht über seine Arbeit, die Schwere des Lebens und die Schönheit von Marillenmarmelade
26.11.09 „Geld und Leben" – Ein Rio-Reiser-Abend mit Karsten Riedel, solo am Klavier, auch 26.02.10
27.11.09 „Backpacker Europa: Irland" – Eine Reise auf die grüne Insel
11.12.09 Helden unserer Jugend: „Das Christkind": Ein Krippenspiel in gewohnt anderer Helden-Manier
14.12.09 „Grasblätter" von Walt Whitman, vorgestellt von Übersetzer Jürgen Brôcan
17.12.09 „Backpacker Europa: Österreich" – Das Land der Sachertorte, Sonderlinge und Skifahrer
18.12.09 „Weihnachten fällt aus" – Eine Lesung mit satirisch-kritischen Texten zur Weihnacht
20.12.09 Das Weihnachtslieder-Auffrischungsseminar – Devise „Angstfrei singen!"
27.12.09 Schauspieler lesen aus „Der satanarchäolügenialkohöllische Wunschpunsch" von Michael Ende

08.01.10	„Backpacker Europa: Italien": Ausflug in ein Land, in dem nicht nur die Zitronen blühen
29.01.10	Helden unserer Jugend: „Bezaubernde Jeannie" – Schauspieler spielen und lesen eine magische Geschichte mit dem blinzelnden Flaschengeist
05.02.10	Helden unserer Jugend: „Emmanuelle trifft Schulmädchenreport" – Züchtig collagiert von Henner Kallmeyer mit Kristina-Maria Peters/Judith van der Werff/Matthias Eberle
11.02.10	„Flower, Mauer, Adenauer": Roland Riebeling/Nicole Kersten mit deutschen Schlagern zu 40 Jahren Bonner Republik
18.02.10	Held des Tages: Altendorf-Trilogie, Teil I: Eindrücke und Geschichten eines Tages in Essen-Altendorf von und mit Matthias Ebele/Ines Habich
12.03.10	Helden unserer Jugend: „Tim und Struppi"
25.03.10	Helden unserer Jugend: „Ödipus" – Eine erhabene Detektivgeschichte sehr frei nach Sophokles mit Lukas Graser/Krunoslav Šrebek
08.04.10	Held des Tages: Altendorf-Trilogie, Teil II: Eindrücke uns Geschichten eines Tages in Essen-Altendorf von und mit Kristina-Maria Peters/Ines Habich
29.04.10	Aus dem Leben eines Bücherschranks. Ein Abend über Bücher, Leser und den offenen Bücherschrank der Stiftung Mercator vor dem Grillo-Theater
15.04.10	Helden unserer Jugend: „Die Gummibärenbande" – Lasst euch verzaubern von ihrem Geheimnis, der Saft bringt die Kraft, das Abenteuer lacht!
05.05.10	„In allen vier Ecken soll Liebe drin stecken!" – Schauspieler lesen die besten Briefe des Liebesbriefwettbewerbs, anschließend Preisverleihung
14.05.10	Helden unserer Jugend: „Die Adams Family" – Ein Abend mit der normalsten Familie der Film- und Fernsehgeschichte
20.05.10	Laduuuuuuma! Fußballfieber im Ruhrgebiet – Zur WM-Vorbereitung ein sportlicher Theaterabend über Fußballfieber in Afrika und im Ruhrgebiet
21.05.10	Lesung aus dem neuen Roman „Der Tod des Bunny Monroe" von Nick Cave
10.06.10	Wir waren Helden/Ein Abschiedsfestival – Tag 1: u. a. Helden unserer Jugend („Emmanuelle trifft Schulmädchen-Report")
11.06.10	Wir waren Helden/Ein Abschiedsfestival – Tag 2: u. a. „Backpacker Europa"
12.06.10	Wir waren Helden/Ein Abschiedsfestival – Tag 3: Helden unserer Jugend („Winnetous Tod")
18.06.10	Kulturpfadfest „Lange Kulturnacht": „Die Ziege oder Wer ist Sylvia?" von Edward Albee

Café Central

Mehrfach:	Lesart (Aktuelle Sachbücher in der Diskussion); Politischer Salon; Zeit- und Streitfragen

Einzeltermine

05.10.09	Ensemblemitglieder lesen aus „Der Ausflug der toten Mädchen" von Anna Seghers
29.11.09	Weihnachtsgeschichten, ausgesucht und gelesen vom Team der Buchhandlung Proust
31.12.09	Silvesterparty mit DJan
06.03.10	„100 Bücher – 100 Städte" – Schauspieler lesen vorab aus Texten des 8. WDR 5 Literatur-Marathons
15.03.10	Matthias Eberle liest aus der Novelle „Lenz" von Georg Büchner
18.06.10	Kulturpfadfest „Lange Kulturnacht": Abschlussparty

Casa

Mehrfach:	Next Generation

Einzeltermine

01.11.09	LiteraTürk: Can Dündar – Gespräch mit dem türkischen Autor; Moderation: Murat Bayraktar
23.11.09	Ruhr-Institut e. V aktuell: Podiumsdiskussion mit Moderator Wulf Mämpel
31.01.10	Jonathan Meese, „Die Erfindung der Freiheit", Exegese eines Epos in Reden und Gesprächen Moderation: Thomas Oberender (Gesprächsreihe „Odyssee Europa")

17.02.10 „Schulkultur-Tag" – Informationsbörse über Kulturangebote für Schulen mit Szenen, Diskussionen und Kontakten

Box
18.06.10 Kulturpfadfest „Lange Kulturnacht": „Der Kaiser von China" (U) von Tilman Rammstedt

■ Gastspiele
Grillo
25.10.09 „Aspects of Andrew Lloyd Webber" – Die Musical-Welterfolge (Voices/Konzertreihe)
04.11.09 Der Kaberettist Werner Schneyder präsentiert sein Programm „Ich bin konservativ"
04.12.09 „Jauchzet, Frohlocket!" von Jochen Malmsheimer, musikalisch begleitet von Uwe Rössler und seinem Tiffany-Ensemble
21.12.09 „Ein Abend im Dezember" mit Pia Douwes/Annika Bruhns; Marina Komissartchik (Klavier)
28.01.10 Der Multikünstler Georg Ringsgwandl präsentiert sein neues Programm „Untersendling"
11.02.10 „Perlen und Säue" von und mit der Kabarettistin Nessi Tausendschön
05.03.10 Der Kabarettist Richard Rogler präsentiert sein Programm „Stimmung"
17.03.10 Hagen Rether liest „Liebe"
28.04.10 „Schöne Aussicht auf Theater der Welt" (Vorschau auf das Festival)
24.05.10 Die Musicals von Michael Kunze/Sylvester Levay (Voices)
26.05.10 „Das Honolulu-Prinzip" von und mit Christiane Weber – Die Kleinkunstpreisträgerin singt sich durch einen Abend voller Songs und rettet die Welt
08.07.10 „Birds with Skymirrors" (U) – Eine choreografierte Entzauberung von Lemi Ponifasio (Samoa/Auckland), auch 09./10.07. (Theater der Welt)
12.07.10 „Loin … – Weit …" (DE) – Zwiegespräch für einen Tänzer von Rachid Ouramdane (Paris), auch 13.07. (Theater der Welt)
15.07.10 „Der Mann ohe Eigenschaften I" (DE) nach dem Roman von Robert Musil von Guy Cassiers (Antwerpen), auch 16./17.07. (Theater der Welt)

Casa
14.10.09 Festival-Eröffnung: „638 Kilo Tanz", anschließend „Lignes parallèles" von Paolo Fossa; „The urgency oft he color red" von Tom Baert/Compagnie Urto; „Hardt to do", Tanzeintopf mit Emely Welther; „on the rocks" von Jelena Ivanovic
15.10.09 „Berühren – Zerreißen" von Britta Lieberknecht; „No me digas?" von Linda Magnifico
03.01.10 „Krümelmucke" – Konzert für Kinder mit Christiane Weber/Marcus Kötter, auch 25.04.
15.05.10 „Richard III." von William Shakespeare (Folkwang Universität, I: Brians Michael), auch 16.05.
17.05.10 „Richard III." von William Shakespeare (Studierende der Royal Scottish Academy for Music and Dramatic Art Glasgow, I: Mark Daunders), auch 18.05.
19.05.10 „Richard III." von William Shakespeare (Studierende der Schauspielhochschule der Lucian Blaga Universität Sibiu, I: Radu-Alexandru Nica), auch 20.05.
22.05.10 „Richard III." von William Shakespeare – Mehrsprachige Aufführung, auch 23.05. (Shakespeare-Festival – „Three in One")
08.06.10 Essener Schultheatertage 2010 (bis 11.06.)
09.07.10 „Schloss der Träume" (EE) – Gesellschaftsanalyse ohne Worte von Daisuke Miura (Tokio), auch 11./11./12.07. (Theater der Welt)

Heldenbar
10.07.10 „My Name is I Love You" – Pop-Liebesgeschichte aus der Zukunft von FaiFai (Tokio), auch 11./12./13.07. (Theater der Welt)

Box
22.05.10 „Kick & Rush" von Andri Beyeler (5) I: David Bösch (eine Produktion des Theaters an der Sihl, Zürich)

Spielzeit 2010/11

Geschäftsführer: Berger Bergmann

Christian Tombeil
Schauspielintendant 2010–2023

Der 1965 in Oberfranken (in der Nähe von Hof) geborene Christian Tombeil studierte nach einer Ausbildung zum Tänzer Germanistik und Kunstgeschichte in Stuttgart. Bereits während seiner Zivildienst- und Studienzeit sammelte er erste Theatererfahrungen am Staatstheater Stuttgart unter Generalintendant Hans Peter Doll, unter dem er auch bei den Festspielen in Wunsiedel als Regieassistent arbeitete. Seinem Studium folgten Regieassistenzen u. a. bei Ruth Berghaus, Robert Wilson, Axel Manthey, Dietrich Hilsdorf und Christof Loy. Als persönlicher Referent und Assistent des Regisseurs, Bühnen- und Kostümbildners Achim Freyer war Tombeil an der Realisierung diverser Theater- und Filmprojekte beteiligt. Ab 1990 war er als Regisseur für Schauspiel und Musiktheater sowie als Lightdesigner unter anderem in Wien, Stuttgart, Düsseldorf und Brüssel tätig. Von 1994 bis 1997 war er unter der Intendanz von Wolf-Dieter Hauschild am Aalto-Theater für die Organisation des szenischen Betriebs (Leiter der szenischen Einstudierung), Organisation und Beratung bei der Spielplandisposition und Koordination der internationalen Gäste zuständig. In dieser Zeit führte Tombeil als Künstlerischer Leiter und Chefregisseur das von ihm zusammen mit Matthias Nitsche gegründete freie Projekt „off opera", das es sich zur Aufgabe gemacht hatte, spezielle Orte – u. a. die Zeche Zollverein und die Zeche Carl – der sich im größten Strukturwandel der Geschichte befindlichen Region des mittleren Ruhrgebiets mit ausgewählten Opernproduktionen neu zu beleben. Diverse Lehraufträge führten Christian Tombeil an die Folkwang Hochschule in Essen, an die Universität Witten/Herdecke sowie an die Musikhochschule Köln.

Ab der Spielzeit 1997/98 war Tombeil Stellvertretender Generalintendant und Künstlerischer Betriebsdirektor an den Vereinigten Bühnen Krefeld/Mönchengladbach tätig. Dort trat er auch als Regisseur in Erscheinung. Er inszenierte die Opern „Tamerlano" [Händel] und Mozarts „Così fan tutte", die Kinderopern „Papageno spielt auf der Zauberflöte" von Eberhard Streul (November 2006) und „Aschenputtel" von Gioacchino Rossini (gekürzte Fassung, Oktober 2009), das spartenübergreifende Projekt „Verschollen" und den Doppelabend „Dido und Aeneas"/„Erwartung" (Purcell bzw. Schönberg), der überregionale Aufmerksamkeit erregte. Direkt vor seinem Wechsel nach Essen standen seine Inszenierungen der Philip Glass-Oper „Der Untergang des Hauses Usher" und „Viva la Mamma" von Donizetti auf dem Spielplan des niederrheinischen Gemeinschaftstheaters. (Theater und Philharmonie Essen)

Am Schauspiel Essen beschränkte sich seine Tätigkeit als Regisseur fast ausschließlich auf Werke für das Kindertheater: „Anton, das Mäusemusical" von Gertrud und Thomas Pigor" (November 2013, auch 2015/16); „Ein König zu viel" von Gertrud Pigor (Februar 2017); „Jupp – ein Maulwurf auf dem Weg nach oben" von Getrud Pigor (November 2017). Für das Erwachsenen-Theater inszenierte er 2010 „Abgesagt – Eine musikalische Leerstellenkompensation" und im November 2019 Florian Zellers „After Midnight" (gekürzte Wiederaufnahme im Oktober 2020).

Tombeils Anspruch lautete bis zum Schluss, „auch die dunklen Seiten unserer Gesellschaft ans Licht zu rücken".

Alfons Wafner, der Vorsitzende des Essener Theaterrings, lobt Tombeil: „Neben Schauspielklassikern lag ein deutlicher Schwerpunkt auf Inszenierungen, die Nachdenklichkeit über gesellschaftliche Wandlungen, Reflexionen über Ereignisse und Entwicklungen der jüngeren Vergangenheit und Reaktionen auf politische und soziale Veränderungen auf die Bühne brachten." (Spielzeitheft Schauspiel 2022/23, S. 4/5)

Intendant: Christian Tombeil*; *Persönliche Referentin des Intendanten:* Monika Miemitz*
Künstlerische Betriebsdirektorin: Birgit Egger; *Mitarbeiterin im KBB:* Sabrina Wagner
Chefdramaturgin und Mitglied der künstlerischen Leitung: Vera Ring*; *Dramaturgin und Mitglied der künstlerischen Leitung:* Carola Hannusch*; *Dramaturgen:* Judith Heese*, Marc-Oliver Krampe*
Theaterpädagogik: Ulla Gilbert, Ines Habich*, Frank Röpke*
Presse- und Öffentlichkeitsarbeit: Martin Siebold*

Schauspielmusik (Gäste): Henning Beckmann, Ryan Dutton, Matthias Flake, Willi Haselbek, Markus Maria Jansen, Bernd Jestram, Stephan Kanyar, Andrej Melita, Ari Benjamin Meyers, Barbata Morgenstern, Alexander Paeffgen, Felix Reisel, Andreas Schneider; *Choreografie (Gast):* Bernd Paffrath

Regisseure der Neuinszenierungen: Siegfried Hopp, Moritz Peters, Christian Tombeil; *Gäste:* Samir Akika, Anna K. Becker, Donald Berkenhoff, Katja Blaskiewski, Karsten Dahlem, Martina Eitner-Acheampong, Elina Finkel, Reinhard Friese, Tilman Gersch, Christian Hockenbrink, Henner Kallmeyer, Marc-Oliver Krampe, Thomas Krupa, Thomas Ladwig, Katja Lillih Leinenweber, Alexander May, Christoph Roos, Frank Röpke, Jens Pesel, Caroline Stolz, Florian von Hoermann, Sebastian Zarzutzki

Leitender Bühnen- und Kostümbildner: Andreas Jander* (auch Mitglied der künstlerischen Leitung)
Ausstatter der Neuinszenierungen: Asima Amriko, Christina Hillinger, Andreas Jander, Elena Ortega, Lisa Marie Rohde; *Gäste:* Sonja Albartus, Conni Brückner, Ines Burisch, Mascha Deneke, Henrike Engel, Franziska Gebhardt, Carolin Hanf, Günter Hellweg, Kati Kolb, York Landgraf, Annette Mahlendorf, Tsvetelina Marinova, Alexander May, Jan Hendrik Neidert, Diana Pähler, Silke Rekort, Petra Schlüter-Wilke, Yvette Schuster, Peter Scior, Lorena Díaz Stephens, Jan Steigert, Inga Timm, Kristin Weißenberger
Technischer Leiter: Michael Lüdiger

Ensemble: Ingrid Domann*, Lisa Jopt*, Laura Kiehne*, Floriane Kleinpaß*, Ines Krug*, Bettina Schmidt*, Silvia Weiskopf*; Stefan Diekmann*, Tom Gerber*, Gerhard Hermann*, Holger Kunkel, Jörg Malchow*, Jannik Nowak*, Jens Ochlast*, Jan Pröhl*, Sven Seeburg*, Johann David Talinski*, Sebastian Tessenow*, Rezo Tschchikwischwili
Gäste: Claudia Frost, Cornelia Niemann, Laura Hänsel, Risa Kojima, Laura Quarg, Lisa Quarg, Imke Trommler; Wolfgang Boelzle, Alexander Gier, Ragna Guderian, Wolfgang Jaroschka, Martin Lüdke, Andreas Maier, Radovan Matijek, Alexander Ritter, Andreas Schneider, Chris Schulze, David Simon, Bastian Thurner, Tobias Wessler, Halil Yavuz
Gäste ("Critical Mess"): Katrin Banse, Ulrike Reinbott, Nora Ronge, Rosh Zeeba; Pablo Botinelli, Joscha Hendricksen, Sebastian Kim, Stefan Kirchhoff, Patrick Seebacher
Gäste ("Balls"): Anni Silber, Rita Silber; Jan Birkemeyer, Dennis Heisterkamp, Torsten Knippertz, Martin Sablonsky, Roland Sauskat

■ Schauspiele (N)

Grillo

30.09.10 „Prinz Friedrich von Homburg" von Heinrich von Kleist (24+1) – I: Hockenbrink, B: Deneke, K: Kolb, M: Paeffgen

02.10.10 „Jede Menge Kohle" – *Eine Aussteigerkomödie* (U) nach dem Film von A. Winkelmann (20) Bühnenfassung: Caroline Stolz/Carola Hannusch – I: Stolz, ML: Beckmann, A: Stephens/Neidert

16.10.10 „Shockheaded Peter" – *Junk-Oper* von Phelim McDermott/Julian Crouch/Martyn Jacques – I: Friese, ML: Haselbek, B: Hellweg, K: Mahlendorf, Ch: Paffrath (20+1)

07.11.10 „Die kleine Meerjungfrau" von Jörg Schade nach dem Märchen von Hans Christian Andersen – I: Eitner-Acheampong, ML: Flake, B: Steigert, K: Schuster (35+2)

03.12.10 „Abgesagt!" *Eine musikalische Leerstellenkompensation* (9) – ML: Kanyar, I: Tombeil, B: Ortega, K: Amriko

29.01.11 „25 Sad Songs" (U) *Revue* von Thomas Krupa/Ari Benjamin Meyers (13) – I: Krupa, ML: Kanyar (M: Meyers), B: Jander, K: Burisch

26.02.11 „Buddenbrooks" von Thomas Mann/John von Düffel (16) – I: Roos, B: Scior, K: Albartus, M: Jansen

26.03.11 „Headspin Critical Mess" (U) *Hip Hop-Projekt* von Samir Akika/Anna K. Becker/Sebastian Zarzutzki (10) – I: Zarzutzki/Akika/Becker, A: Hanf/aaron.st

21.05.11 „Das Bergwerk" (DsprE) von Michal Walczak (7) – I: Gersch, A: Engel, M: Jestram/Morgenstern

Casa

01.10.10 „Osama der Held" (DsprE) von Dennis Kelly (12) – I: May, B: May/Weißenberger, K: Weißenberger

17.10.10 „Die Grönholm-Methode" von Jordi Galceran (20) – I: Pesel, A: Pähler *(Übernahme vom Theater Krefeld/Mönchengladbach)*

03.12.10 „Die fetten Jahre sind vorbei" nach dem gleichnamigen Film von Hans Weingartner, für die Bühne eingerichtet von Gunnar Dreßler (19) – I: Kallmeyer, B: Gebhardt, K: Rekort

05.02.11 „Choke" (DtsprE) von Cathleen Rootsaert (13) – I: Finkel, A: Landgraf

07.04.11 „Corpus delicti" von Juli Zeh (5) – I: von Hoermann, B: Brückner/Schlüter-Wilke, K: Brückner, M: Melita

18.06.11 „Balls – Fußball ist unser Leben!" (U) Ein Abend über das, was uns verbindet – Ein Projekt von Marc-Oliver Krampe (4) – I: Krampe, B: Ortega/Rohde, K: Amriko/Hillinger, M: Reisel

Box

03.10.10 „Pounding Nails in the Floor with my Forehead" (DtsprE) von Eric Bogosian (17+1 Heldenbar+3) I: Berkenhoff *(Kooperation mit dem Staatstheater Karlsruhe und arts in dialog)*

24.10.10 „Die Zweite Prinzessin" von Gertrud Pigor (35) – I: Leinenweber, A: Gebhardt, M: Schneider

14.05.11 „Angstmän" Ein panisches Kammerspiel von Hartmut El Kurdi (12) – I: Dahlem, A: Timm

Café Central

20.05.11 „Warum nich'?" – Tribute to Bodo Wartke" mit Jannitz Nowak/Hajo Wiesemann (Klavier)/Tobias Sykora (4)

■ Abstecher

– „Die kleine Meerjungfrau" (Duisburg 28./29.11.10)
– „Prinz Friedrich von Homburg" (Oberhausen 31.05.11)
– „Pounding Nails" (Duisburg 06.04., Wuppertal NRW Theatertreffen, 24.06.11)
– „Shockheaded Peter" (Duisburg 20.01.11)

■ Sonderveranstaltungen

Grillo

Mehrfach: Jazz in Essen

Einzeltermine

03.10.10 „Es ist angerichtet!" – Theaterfest zur Eröffnung der Spielzeit

30.01.11 Lesepröbchen: Reihe „Das versteckte Zimmer, interaktives Lese-Abenteuer mit Schauspielerin Laura Kiehne/Theaterpädagoge Frank Röpke; Raum: Elena Ortega, auch 13.02.

20.06.11 „Wir sagen Danke!" – Alle Sparten bedanken sich beim Freundeskreis mit einem vielseitigen Programm Mitwirkende: Francisca Devos/Marie-Helen Joël; Albrecht Kludszuweit (Gesang); Alena Gorelcikova/Yulia Tsoi/Michelle Yamamoto; Denis Untila/Igor Volkskovskyy (Ballett); Kinder- und Jugendchor (Leitung: Patrick Jaskolka); Boris Gurevich (Klavier); 8 Mitglieder der Philharmoniker; Moderation: Ina Wragge

Heldenbar
Mehrfach: Helden Nächte; Heldenkonzert; Poetry Slam; Backstage/Lehrertreffen; Essen ist fertig!
Held des Tages
Einzeltermine
30.10.10 Junges Blut: Die Kick-Off-Party 1
05.11.10 „TrashKantine", Folge 1: Gruselig, übersinnlich und kurios mit Schauspielern und schaurigen Gästen
05.12.10 Lesepröbchen: Laura Kiehne liest Geschichten von Astrid Lindgren
08.12.10 „Sie hören von uns" – Schauspieler lesen noch nicht verfilmte Drehbücher („Heissa, dann ist Weihnachtstag" von Peter Schäfer)
12.12.10 Leseprobe: Bettina Schmidt liest „Weihnachten bei den Buddenbrooks" von Thomas Mann
16.12.10 „Lachsfieber", ein moralischer Monolog von Moritz Peters – I: Peters, A: Rohde, auch 04.03.11 (Reihe „Freischuss")
17.12.10 „TrashKantine", Folge 2: Dezemberblues (Weihnachts-Special) mit Schauspielern und Gästen
24.01.11 Konzert der Tom Waits Coverband „Waits 4 Devil" (nach der Vorstellung „Pouding Nails")
14.01.11 „Pounding Nails ..." Theater und Konzert der Tom Waits Coverband „Waits 4 Devils"
30.01.11 „Das versteckte Zimmer" mit Laura Kiehne, auch 13.02./20.03./10.04./22.05.
16.02.11 „Sie hören von uns" – Schauspieler lesen noch nicht verfilmte Drehbücher („NDEUP" von Thomas Huber)

25.02.11 „TrashKantine", Folge 3: Sex in der City mit Schauspielern und scharfen Gästen
06.03.11 Lesepröbchen: „Lafcadio. Ein Löwe schießt zurück" von Shel Silverstein, auch 03./10.07.
10.03.11 „Der Mars lacht" von Siegfried Hopp (I) mit Silvia Weiskopf, auch 08.07. (Reihe „Freischuss")
17.03.11 Leseprobe: „Alle meine Pfade rangen mit der Nacht" von Jakob van Hoddis (1887–1942), szenische Lesung mit Moritz Peters, Musik: Ryan Dutton, auch 21.04.
18.03.11 „TrashKantine", Folge 4: „Glück!" mit Schauspielern und glücklichen Gästen
08.04.11 „Sie hören von uns" – Schauspieler lesen noch nicht verfilmte Drehbücher
14.04.11 „IchLeistung" zum Thema Leistung und Identität – Konzept/szenische Einrichtung: Moritz Peters, A: Lisa Marie Rohde (Reihe „Freischuss"), auch 15.07.
19.04.11 „Rausch" – ein toxischer Abend, I: Blaszkiewitz, A: Hillinger (Reihe „Freischuss")
26.05.11 „TrashKantine", Folge 5: „Querdenken!" mit Schauspielern und eigensinnigen Gästen

Café Central
Mehrfach: Lesart Spezial; Politischer Salon
Einzeltermine
22.09.10 Salon der Weltliteratur: Autoren aus aller Welt lesen aus eigenen und fremden Werken
Gast: Mahmud Doulatabadi (Iran), Gastgeber: Navid Kermani/Claus Leggewie
05.11.10 „Mehr Licht! Die europäische Aufklärung weiter gedacht" – Robert Menasse liest aus „Permanente Revolution der Begriffe" (Vorträge zur Kritik der Aufklärung)
17.11.10 Der Literarische Salon: Péter Esterházy zu Gast bei Navid Kermani/Claus Leggewie
28.11.10 Matinee zur Premiere „Die fetten Jahre sind vorbei"
31.12.10 Silvesterparty

12.01.11	Der Literarische Salon: Peter Maar zu Gast bei bei Navid Kermani/Claus Leggewie
16.01.11	Matinee zur Premiere „25 Sad Songs"
23.01.11	Matinee zur Premiere „Choke"
20.02.11	Matinee zur Premiere „Buddenbrooks"
13.03.11	Matinee zur Uraufführung „Headspin Critical Mess"
16.03.11	WDR 5 Literaturmarathon-Preview (Vorab-Lesung mit Ensemblemitgliedern)
20.03.11	Matinee zur Premiere „Corpus delicti"
23.03.11	Der Literarische Salon: Brigitte Kronauer zu Gast bei Navid Kermani/Claus Leggewie
15.05.11	Matinee zur Premiere „Das Bergwerk"
18.05.11	Der Literarische Salon: A. L. Kennedy zu Gast bei Navid Kermani/Claus Leggewie
05.06.11	Matinee zur Uraufführung „Balls – Fußball ist unser Leben!"

Casa

03.10.10	„Es ist angerichtet!" – Theaterfest zur Eröffnung der Spielzeit
26.03.11	„Quizoola!" von Tim Etchells mit Tom Gerber (Konzept) und Ensemblemitgliedern sowie Handwerkern, Malern, Bildhauern und Musikern (Eine Nacht zum Welttheatertag), auch *Box*
28.05.11	„Wir vermessen die Welt" – Junge Forscher demonstrieren, wie aus dem Nichts das Chaos und daraus ein Stück entstehen kann; Leitung: Laura Kiehne/Frank Röpke (Theaterlabor)
28.05.11	„Wie Du mir, so ich ihm. Oder ihr": Eine szenische Untersuchung über Machtspielchen von Leuten ab 14 Jahren; Leitung: Laura Kiehne/Frank Röpke (Theaterlabor)
28.05.11	„Ungehorsam" – Sprech- und Bewegungschor mit jungen Performern; Leitung: Lisa Balzer (Folkwang)/Marie-Helen Joël (Aalto)/Daniel Matheus/Frank Röpke/Anja Signitzer (Theaterlabor)

Kulissenlager

28.01.11	„Solo" mit Silvia Weiskopf – I: Thomas Ladwig (Reihe „Freischuss")
20.04.11	„Solo" – ein Abend für zwei Schauspieler (Silvia Weiskopf/Jannik Nowak); I: Ladwig, K: Amriko

Stadtgarten (Parkfest), wegen regnerischen Wetters in der Philharmonie

25.05.11	„Der Streit" von Marivaux – I: Philippe Arlaud, K: Elena Ortega

■ **Gastspiele**

Grillo

07.10.10	„Wir geben alles – gelacht wird nicht!": Kabarettkonzert mit Timm Beckmann/Tobias Janssen
31.10.10	Musical-Tenors, live in concert, präsentiert von Sound Of Music-Concerts, auch 08.12.
18.11.10	„Das Honolulu-Prinzip" – Musikkabarett mit Christiane Weber
13.12.10	„Alle Jahre Bieber" mit Andreas Bieber – Weihnachtstreffen mit Freunden
21.12.10	STOPPOK plus WORTHY – Grundblues 2.1 – Stefan Stoppok/Reggie Worthy mit neuen Stücken und Songs aus vergangenen Alben
12.03.11	„ABBA JETZT!" – Die unverschämte Hommage an die schwedischen Popgötter
02.04.11	„Das Interview", für die Bühne adaptiert von Stephan Lack *(Theater Neumarkt Zürich)*, auch 03.04.
12.04.11	„Als wir Menschen waren" – Ein theatrales Zukunftslaboratorium; I: Thomas Krupa *(Theater Freiburg)*
31.05.11	„Carmen" von Georges Bizet, Adaption von Oto Beatus/Rüdiger Bering/Joan Anton Rechi – ML: Otto Beatus, I: Joan Anton Rechi *(Theater Oberhausen)*, auch 01.06.
17.06.11	„Ptah II", Junge Choreografen des Aalto-Theaters, auch 30.06./10.07.

Casa

31.10.10	„Krümelmucke" – Musik für die Kleinsten mit Christiane Weber (Gesang)/Marcus Kötter (Gitarre)
04.11.10	„638 Kilo Tanz und weitere Delikatessen" – Festival für zeitgenössischen Tanz Alfredo Zinola/Hyun Jin Lim//Kim Yoon u. a. „Sushi"; Irene Ebel, „Oun-

	ba's Irene"; Yaron Shamir//Alva Noto, „Frozen"; Chikako Kaido, „Schattenlinien"
05.11.10	„638 Kilo Tanz und weitere Delikatessen" – Festival für zeitgenössischen Tanz Paul Hess//Odessa Yodel, „Gegen Grenzen Atmen"; Eun Sik Park, „The Wedding"; Maura Morales//Michio Weirgardt, „Hypochonder"
05.07.11	Essener Schultheatertage (bis 09.07.)

Heldenbar

17.06.11	khm + klanghammer präsentieren „Nase abschneiden!" – Eine filmische Performance: Karl-Heinz Mauermann zeigt einen Film voller Grausamkeit, Morbidität und Erotik Musikalische Untermalung: Christoph Kammer (Bassist)

Spielzeit 2011/12

Geschäftsführer: Berger Bergmann

Intendant: Christian Tombeil; *Persönliche Referentin des Intendanten:* Monika Miemitz
Künstlerische Betriebsdirektorin/Chefdisponentin: Birgit Egger; *Mitarbeiterin im KBB:* Sabrina Wagner
Chefdramaturgin und Mitglied der künstlerischen Leitung: Vera Ring; *Dramaturgin und Mitglied der künstlerischen Leitung:* Carola Hannusch; *Dramaturgen:* Judith Heese, Marc-Oliver Krampe; *Gast:* Tilman Neuffer
Konzeptionelle Mitarbeit „Stück auf!" (Gast): Ulrike Gondorf; *Theaterpädagogik:* Katharina Feuerhake*, Frank Röpke; *Presse- und Öffentlichkeitsarbeit:* Martin Siebold
Schauspielmusik (Gäste): Simon Camatta, Matthias Flake Achim Gieseler, Willi Haselbek, Markus Maria Jansen, Roman Keller, Mark Polscher, Thomas Sykora, Hajo Wiesemann

Regisseure der Neuinszenierungen: Katja Blaszkiewitz, Siegfried Hopp*, Moritz Peters; *Gäste:* Karoline Behrens, Martina Eitner-Acheampong, Hartmut El Kundi, Reinhard Friese, Tom Gerber, Ulf Goerke, Henner Kallmeyer, Bruno Klimek, Thomas Krupa, Thomas Ladwig, Konstanze Lauterbach, Michael Mertins, Jana Milena Polasek, Jens Pesel, Christoph Roos, Sylvia Sabottka, Hermann Schmidt-Rahmer

Leitender Bühnen- und Kostümbildner: Andreas Jander (auch Mitglied der künstlerischen Leitung)
Ausstatter der Neuinszenierungen: Asima Amriko, Christina Hillinger, Andreas Jander, Anne Koltermann, Lisa Marie Rohde; *Gäste:* Jan Brandt, Johanna Denzel, Jana Findeklee, Kathrin Frosch, Franziska Gebhardt, Tom Gerber, Simone Grieshaber, Christine Haller, Kathrin Hauer, Günter Hellweg, Christina Hillinger, Jürgen Höth, Markus Maria Jansen, Bruno Klimek, Annette Mahlendorf, Johanna Meyer, Nora Müller, Natalia Nordheimer, Elena Ortega, Diana Pähler, Mirjam Pajakowski, Silke Rekort, Thilo Reuther, Lisa Marie Rohde, Yvette Schuster, Peter Scior, Michael Sieberock-Serafimowitsch, Karen Simon, Jan Steigert, Joki Tewes, Eunsung Yang
Technischer Leiter: Michael Lüdiger

Ensemble: Ingrid Domann, Lisa Jopt, Laura Kiehne, Floriane Kleinpaß, Ines Krug, Bettina Schmidt, Silvia Weiskopf; Stefan Diekmann, Tom Gerber, Gerhard Hermann, Holger Kunkel, Jörg Malchow, Jannik Nowak, Jens Ochlast, Jan Pröhl, Sven Seeburg, Johann David Talinski, Rezo Tschchikwischwili
Gäste: Claudia Amm, Jele Brückner, Anna Döing, Claudia Frost, Cornelia Kempers, Eva Kurowski, Melanie Lüninghöner, Karin Moog, Sibylle Mumenthaler, Laura Quarg, Lisa Quarg, Monika Stahler;
Wolfram Boelzle, Stephan Brauer, Matthias Breitenbach, Frank Buchwald, Claus Dieter Clausnitzner, Clemens Giebel, Alexander Gier, Wolfgang Jaroschka, Christian Kerepeszki, Andreas Maier, Alexander Ritter, Tobias Roth, David Simon, Sebastian Tessenow, Adrian Thomser, Bastian Thurner, Eric van der Zwaag
Gäste („Stück Auf!"): Lisa Förster, Mechthild Grabner, Tina Wilhelm; Achim Dillenberger, Bernhard Schmidt-Hachenberg, Adrian Thomser Zora Klostermann
Gäste („Heim.Spiel.Essen"): Ruth Aetzler, Gabriele Andreani, Adelheid Baumann, Amalía Conenna-Meier, Julia Eichinger, Barbara Pieroncyk, Ulla Roseburg, Larissa Zhukova Pedram Dastyari, Klais Greib, Alfred Hollerbach, Volker Laube, Willi Nienhaus, Jakob Schmidt, Theo Schmich

■ Schauspiele (N)
Grillo
01.10.11 „Coriolanus" von William Shakespeare (7) – I: Krupa, A: Jander/Findeklee/Tewes, M: Camatta
21.10.11 „Ulrike Maria Stuart" von Elfriede Jelinek (15+1) – I: Schmidt-Rahmer,

06.11.11 „Benefiz – Jeder rettet einen Afrikaner" von Ingrid Lausund (17) – I: Ladwig, B: Höth, K: Amriko, M: Wiesemann

03.12.11 „The Black Rider" *Musical* von Tom Waits (18) – I: Friese, ML: Haselbek, B: Hellweg, K: Mahlendorf

03.02.12 „Graf Öderland" von Max Frisch (10) – I: Lauterbach, B: Frosch, K: Simon, M: Gieseler

24.03.12 „Kabale und Liebe" von Friedrich Schiller (10) – I: Eitner-Acheampong, B: Steigert, K: Schuster

15.04.12 „Richtig alt, so 45" (DE) von Tamsin Oglesby (9) – I: Pesel, A: Pähler *(im Rahmen der Veranstaltungen „Stück auf!")*

24.05.12 „Die Ästhetik des Widerstands" (U) nach dem Roman von Peter Weiss, für die Bühne bearbeitet von Thomas Krupa/Tilman Neuffer (5) – I: Krupa, A: Findeklee/Jander/Tewes, M: Polscher

Casa

14.10.11 „Satt" von Marianna Salzmann (20) – I: Peters, B: Rohde, K: Hillinger

02.12.11 „Michael Kohlhaas" nach der Novelle von Heinrich von Kleist (11) – I: Roos, A: Scior, M: Jansen

20.01.12 „Holger, Hanna und der ganze kranke Rest" (DE) von Jan Demuth (12) – I: Kallmeyer, B: Gebhardt, K: Rekort

23.03.12 „Heim.Spiel.Essen" (U) Geschichten von und mit Menschen dieser Stadt (8) – I/B: Gerber, K: Haller

02.06.12 „supernova" („wie gold entsteht") von Philipp Löhle (4) – I: Blaskiewiz, A: Hauer/Hillinger, M: Keller

Stück Auf! – Autorentage am Schauspiel Essen 13.–15. April 2012

Casa Nova

13.04.12 Eröffnungsparty, Moderation: Ulrike Gondorf

14.04.12 „Stück auf!"-Marathon: 8 szenische Lesungen und Vorstellung der Autoren; am Abend Preisverleihung „Wir schweigen wieder" von Charlotte Roos – I: Behrens, B: Pajakowski, K: Amriko

„Die Totalvernutzung der Welt" von Sandra Gugic – I: Ladwig, A: Denzel/Grieshaber/Ortega

„Sprengsätze" von Roland Hüve – I: Mertins, B: Brandt, K: Brandt/Koltermann

„Wild weht der Wind oder Quadrophenia II" von Nikolaus Günter – I: Polasek, B: Brandt, K: Amriko

„2Pacamaruhector" von Enno Stahl/Stefan Filipiak – I: Goerke, B: Müller/Ortega, K: Nordheimer

„Verpiss dich gewiss" von Hartmut Musewald – I: Hopp, A: Benzel/Meyer

„Abwasser" von Nora Schüssler – I: Peters, A: Hillinger/Rohde

„Am Leben werden wir nicht scheitern" von Mario Salazar – I: Sabottka, A: Pajakpeski/Yang (Mitwirkende: Ensemblemitglieder/Studenten und Absolventen der Folkwang Universität der der Künste)

Box

02.10.11 „Das Fieber" von Wallace Shawn (11) – I/A: Klimek

09.10.11 „Johnny Hübner greift ein" Mobiles Theaterabenteuer von Hartmut El Kurdi (16+mobil) I: Hartmut El Kurdi

Heldenbar

23.03.12 „Lafcadio. Ein Löwe schießt zurück" von Shel Silverstein (8+1× Box) – I: Ladwig, B: Ortega, K: Amriko

■ Schauspiele (WA)

Grillo

02.10.11 „Das Bergwerk" von Walczak (3)

08.10.11 „Jede Menge Kohle" von Stolz/Hannusch (3)

22.10.11 „Prinz Friedrich von Homburg" von Kleist (8)

26.10.11 „Buddenbrooks" von Mann/Düffel (9)

03.11.11 „Die Grönholm-Methode" von Galceran (7)

11.11.11 „Die kleine Meerjungfrau" von Schade (29)

Casa

13.10.11 „Die Zweite Prinzessin" von Pigor (9)

21.10.11 „Balls" von Krampe (1)

25.10.11 „Die fetten Jahre sind vorbei" von Dreßler (7)

08.11.11	„Corpus delicti" von Zeh (7)

Box

05.10.11	„Pounding Nails in the Floor with my Forehead" von Bogosian (7+1)
16.10.11	„Angstmän von El Kurdi (19+1)

Café Central

18.10.11	„Warum nich? Tribute to Bodo Wartke" (5+1Casa)

■ Abstecher

- „Angstmän" (Studio des Landestheaters Paderborn, NRW-Kindertheatertreffen „westwind", 19.05.12)
- „Pounding Nails" (Ingolstadt, Januar 12)
- „Ulrike Maria Stuart" (Oberhausen, NRW Theatertreffen, 12.06.12)

■ Sonderveranstaltungen

Grillo

24.09.11	Theaterfest (auch in den anderen Spielstätten)
17.11.11	Treffpunkt „Kulturelle Bildung" – Diskussionsrunde mit Experten aus Kultur/Politik/Bildung Thema: „Qualitätskriterien in der Vermittlungsarbeit, u. a. mit TheaterpädagogInnen der Ruhrgebietstheater, Moderation: Frank Röpke (Schauspiel Essen)/Marie-Helen Joël (Aalto)

Heldenbar

Mehrfach:	Helden Nächte; Heldenkonzert; Held des Tages; Poetry Slam; Essen ist fertig!; Lottes Laden

Einzeltermine

08.10.11	Young Experts: Kick-off-Party für Theaterlabor-Projekte
13.10.11	Lesung: „Teheran im Bauch – Wie meines Vaters Land mich fand" von und mit Mathias Kopetzki
10.11.11	TrashKantine, Folge 6: „Das aktuelle Sportstudio" mit Lisa Jopt/Jan Pröhl/ „The Platzwarts" und sportlichen Gästen
24.11.11	„Ich unaussprechlicher Mensch" – Szenische Lesung zum 200. Todestag Heinrich von Kleists Konzept und Einrichtung: Moritz Peters, A: Lisa Marie Rohde, auch 02.03./01.07.
18.12.11	„Seligkeitsdinge" – Weihnachtslesung für Kinder ab 4 Jahren mit Ingrid Domann
22.12.11	TrashKantine, Folge 7: „Weihnachten bei Grillos" mit Schauspielern und festlichen Gästen
29.01.12	„Das versteckte Zimmer", neu entdeckt von Regisseur Thomas Ladwig mit Mitgliedern des Ensembles, szenische Lesung für Kinder ab 4 Jahren, auch 18.03.
17.02.12	Leseprobe: „Erinnerungen an Bert Brecht" – Floriane Kleinpaß/Ines Krug lesen Max Frisch
24.02.12	TrashKantine, Folge 8: „Mit Grillos durch den Dschungel – Ruhrpott-Abend mit Ensemblemitgliedern und Überraschungsgästen
10.05.12	„Der Ästhet des Widerstands" – Zum 30. Todestag des Schriftstellers Peter Weiss
16.05.12	„Die neuen Lieder des jungen Werther" – Ein musikalischer Egotrip – Szenische Einrichtung: Ines Habich (Reihe „Freischuss")
03.06.12	„Das versteckte Zimmer" – Szenische Lesung für Kinder ab 4 Jahren mit Mitgliedern des Ensembles, Einrichtung: Siegfried Hopp
20.06.12	Leseprobe: „Zwischen Gosse und Sternen" – Auf den Spuren Oscar Wildes, Konzept und Einrichtung: Anna Gerchen, mit Ines Krug/Jens Ochlast

Café Central

18.09.11	Matinee zur Premiere „Coriolanus"
21.09.11	Der Literarische Salon: Mathias Énard zu Gast bei Navid Kermani/Claus Leggewie
27.09.11	Lesung und Gespräch: „Dein Name" von Navid Kermani mit dem Autor/ Claus Leggwie/Martin Mosebach/ Cem Özdemir; es liest Flriane Kleinpaß (Schauspiel Essen)
29.09.11	Columbus: Spielplanpräsentation für Lehrer mit Vera Ring und Ensemblemitgliedern
09.10.11	Matinee zur Premiere „Satt"
16.10.11	Matinee zur Premiere „Ulrike Maria Stuart"

30.10.11	Matinee zur Premiere „Benefiz – Jeder rettet einen Afrikaner"
15.11.11	Lesart Spezial: „Arabische Welt", Moderation: Claus Leggewie
20.11.11	Matinee zur Premiere „The Black Rider"
23.11.11	Der Literarische Salon: Michael Krüger zu Gast bei Navid Kermani/Claus Leggewie
27.11.11	Matinee zur Premiere „Michael Kohlhaas"
15.01.12	Matinee zur Premiere „Holger, Hanna und der ganze kranke Rest"
22.01.12	Matinee zur Premiere „Graf Öderland"
25.01.12	Der Literarische Salon: Antje Rávic Strubel zu Gast bei Navid Kermani/Claus Leggewie
04.03.12	Lesung „Bin nebenan" – Silvia Weiskopf/Sven Seeburg mit Monologen von Ingrid Lausund, auch 17.03.
11.03.12	Matinee zur Uraufführung „Heim. Spiel.Essen"
18.03.12	Matinee zur Premiere „Kabale und Liebe"
28.03.12	Der Literarische Salon: Michail Schischkin zu Gast bei Navid Kermani/Claus Leggewie
01.04.12	Matinee zur Premiere „Richtig alt, so 45"
09.05.12	Der Literarische Salon: A. L. Kennedy zu Gast bei Navid Kerami/Claus Leggewie
13.05.12	Matinee zur Uraufführung „Die Ästhetik des Widerstands"
20.05.12	Matinee zur Premiere „supernova (wie gold entsteht)"
23.05.12	„Um die Wahrheit zu finden, muss man diskutieren" – Gunilla Weiss über ihren langjährigen Lebens- und Arbeitsgefährten Peter Weiss und die Entstehung von „Die Ästhetik des Widerstands"
17.06.12	„Schöne neue Welt/Spielzeit 2012/13" – Intendant Tombeil und die Dramaturgen stellen die nächste Spielzeit vor

■ **Spielschau Essen**

Festival mit den Young Experts und Alten Helden zur Präsentation der Projekte aus dem Theaterlabor

Casa

11.05.12	„Ein klassisches Drama" – Junge Performer hinterfragen das Theater, G8, die Liebe und warum Frösche in den Teich hüpfen, auch 13./16.05./28.06.

Casa-Foyer

11.05.12	„Lass'n wa uns ma begrüßen!" – Offizielle Eröffnung durch Intendant Tombeil
12.05.12	„Am Anfang is nix – ma gucken was dann" – Improvisationstheater auf Zuruf des Publikums mit jungen Menschen ab 12 Jahren, auch 13.05.

Box

12.05.12	„Vor dem Spiel ist nach dem Spiel" – Die Alten Helden erzählen von ihren ersten Malen und bitten Shakespeare zum Tanz; Leitung: Feuerhake/Röpke, auch 14.05.
12.05.12	„Bevor ich die Welt rette, geh ich nochma' eben aufs Klo!" – Junge Zauberer spielen mit den Mitteln des Theaters, auch 13/14.05.

Kantine

12.05.12	„Sprech'n wa ma drüber!" – Ensemblemitglieder diskutieren mit den Bühnenakteuren des Spielschau-Festivals über ihre Erarbeitungen
13.05.12	„Mach'n wa uns ma locker!" – Anleitung zum Nichtstun mit den Young Experts und Alten Helden

Heldenbar

13.05.12	„Lottes Laden Spezial" – Lottes Osombel und Bühnenakteure des Spielschau-Festivals – wie immer von und mit Leonie Burgmer

■ **Gastspiele**

Grillo

30.10.11	„Turteltaub" – Pop, Chansons, Jazz und Klassik von und mit Pe Werner
16.12.11	Musical-Tenors – Live in Concert
17.02.12	„Lampenfieber Tour 2012" mit Jan Ammann, Live Band & Special Guests
20.03.12	„Briefe an Julia" – The duke's delight präsentieren Elvis Costellos „Juliet letters"

04.05.12 Thomas Borchert: If I sing
05.05.12 „AltArmArbeitslos – Die Bremer Stadtmusikanten" *(Theater Bremen)* I: Volker Lösch
Casa
30.10.11 „Krümelmucke" – Musik für die Kleinsten mit Christiane Weber (Gesang)/Marcus Kötter (Git.)
03.11.11 „638 Kilo Tanz" … und weitere Delikatessen (Festival für Zeitgenössischen Tanz), auch 04.11.
10.11.11 Sin Distancia: „Soleado" mit Manuel Delgado (Flamenco Guitar)/Ralf Siedhoff (Guitar)/Ernesto Martinez (Ethno Percussion)
19.06.12 Essener Schultheatertage (bis 23.06.)

- **11. Unruh-Festival der Jugendtheatergruppen der Schauspielhäuser im Ruhrgebiet**

Casa
28.06.12 „Ein klassisches Drama" (Theater Essen, siehe Casa 11.05.)
29.06.12 „Virtueller Wahnsinn – mein Leben im Internet" (Eigenproduktion KJT Dortmund)
29.06.12 „E-Motion :-) Was bewegt Dich?" (Eigenproduktion Junges Schauspiel Bochum)
30.06.12 „Fahrenheit 451" von Ray Bradbury (Produktion Theater Oberhausen)
30.06.12 „Ein Labyrinth"/„Vorstellung" (Werkstattproduktionen nach Motiven von Michael Ende/Daniil Charms (Junges Theater an der Ruhr Mülheim)
30.06.12 „Am Anfang is' nix – ma gucken was dann" – Teilnehmer des Theaterlabors laden die Akteure der anderen Ensembles zur Impro-Party auf die Bühne
01.07.12 „anders aber anders" (Eigenproduktion Schauspiel Dortmund)
01.07.12 „Generation Porno: We are the dirty wasted youth" (Eigenproduktion Westfälisches Landestheater Castrop-Rauxel)
01.07.12 „Jetzt ich, oder wie?" (Eigenproduktion Theater Duisburg)
Heldenbar
29.06.12 Lottes Laden: Junge Musiker aus den Jugend-Ensembles der Ruhrtheaterhäuser in der Hedenbar, vorgestellt von Leonie Burgmer
Philharmonie
23.06.13 „Schatten" (U) von Elfriede Jelinek mit Johanna Wokalek (im Rahmen „Sommernachtstraum")

Spielzeit 2012/13

Geschäftsführer: Berger Bergmann

Intendant: Christian Tombeil; *Stellvertretende Intendantin:* Vera Ring
Persönliche Referentin des Intendanten: Monika Miemitz; *Künstlerische Betriebsdirektorin/Chefdisponentin:* Anna Mülhöfer*; *Mitarbeiterin KBB:* Sabrina Wagner
Chefdramaturgin und Mitglied der künstlerischen Leitung: Vera Ring; *Dramaturgin und Mitglied der künstlerischen Leitung:* Carola Hannusch; *Dramaturgen:* Judith Heese, Marc-Oliver Krampe; *Gäste:* Tilman Neuffer, Susanne Nowack, Beate Seidel
Theaterpädagogik: Kathrin Feuerhake, Frank Röpke; *Presse- und Öffentlichkeitsarbeit:* Martin Siebold

Schauspielmusik (Gäste): Samirah Al-Amrie, Patrick Hengst, Willi Haselbek, Markus Maria Jansen, Stephan Kanyar, Burkhard Niggemeier, Mark Polscher, Dirk Raulf, Tobias Schütte, Tobias Sykora, Johann David Talinski, Tobias Vethake
Chorleitung (Gast): Bernd Freytag; *Choreografie (Gäste):* Vivien Feld, Veruschka Hall

Regisseure der Neuinszenierungen: Katja Blaskiewitz, Marc-Oliver Krampe, Moritz Peters, Katha Trykowski; *Gäste:* Jasper Brandis, Karsten Dahlem, Wolfgang Engel, Ines Habich, Siegfried Hopp, Henner Kallmeyer, Matthias Kaschig, Kerstin Krug, Thomas Krupa, Thomas Ladwig, Volker Lösch, Christoph Roos, Hermann Schmidt-Rahmer, Martin Schulze, Anne Spaeter, Caroline Stolz

Leitender Bühnen- und Kostümbildner: Andreas Jander (auch Mitglied der künstlerischen Leitung)
Ausstatter der Neuinszenierungen: Christina Hillinger, Andreas Jander, Anne Koltermann, Natalia Nordheimer, Lisa Marie Rohde; *Gäste:* Sonja Albartus, Asima Amriko, Jan Brandt, Johanna Denzel, Franziska Gebhardt, Simone Grieshaber, Janine Hoffmann, Jürgen Höth, Yanjun Hu, Zwinki Jeannée, Ulrich Leitner, Fabian Lüdicke, Sabina Moncys, Jan Hendrik Neidert, Ulrike Obermüller, Elena Ortega, Mirjam Pajakowski, Silke Rekort, Carola Reuther, Thilo Reuther, Teres Rinn, Sarah Roßberg, Daniel Roskamp, Peter Scior, Michael Sieberock-Serafimowitsch, Lorena Diaz Stephens, Wiebke Strombeck, Fivos Theodosakis, Inga Thimm, Eunsung Yang
Technischer Leiter: Michael Lüdiger

Ensemble: Ingrid Domann, Lisa Jopt, Laura Kiehne, Floriane Kleinpaß, Ines Krug, Bettina Schmidt, Silvia Weiskopf; Stefan Diekmann, Tom Gerber, Holger Kunkel, Jörg Malchow, Jens Ochlast, Jan Pröhl, Tobias Roth*, Sven Seeburg, Johann David Talinski, Rezo Tschchikwischwili
Gäste: Dagny Dewath, Anna Döing, Lisa Förster, Claudia Frost, Maelle Giovanetti, Mechthild Grabner, Verena Held, Barbara Hirt, Katharina Knap, Eva Kurowski, Antonia Labs, Melanie Lüninghöner, Annika Martens, Elisabeth Müller, Beatrice Reece, Claudia Renner, Monika Stahler Elisabeth Wolle; Wolfram Boelzle, Stephan Brauer, Matthias Breitenbach, Daniel Breitfelder, Daniel Christensen, Armin Dillenberger, Clemens Giebel, Glenn Goltz, Andreas Grothgar, Urs Peter Halter, Wolfgang Jaroschka, Nico Kambeck, Christian Kerepeszki, Felix Lampert, Andreas Maier, Jannik Nowack, Alexander Ritter, Markus Rührer, Thiemo Schwarz, Krunoslav Šrebek, David Simon, Heiner Stadelmann, Eric van der Zwaag, Picco von Groote
Nicht erfasst: Laiendarsteller in „Rote Erde"/ „Die Erschaffung der Welt", „Pornoladen"

▪ Schauspiele (N)
Grillo
26.09.12 „Rote Erde" (U) nach dem Roman von Peter Stripp, Bühnenfassung: Beate Seidel/Volker Lösch (18+1) – I: Lösch, B: C. Reuther, K: Roßberg
29.09.12 „Kaspar Häuser Meer" von Felicia Zeller (15) – I: Ladwig, B: Leitner, K: Koltermann

21.10.12	„Hiob" nach dem Roman von Joseph Roth in einer Fassung von Koen Tachelet (14) – I: Engel, B: Jander, K: Jeannée, ML: Schütte
11.11.12	„Peter Pan" von James M. Barrie (35) – I: Kallmeyer, B: Gebhardt, K: Rekort, M: Niggemeier/Hengst
15.12.12	„Die Erschaffung der Welt" – Das Musical (U) – von Stephan Kanyar (Musik), Thomas Gsella (Text)/ Maren Scheel (Buch) (15) – I: Stolz, ML: Kanyar, A: Stephens/Neidert, Ch: Hall
02.03.13	„Faust I + II" von Johann Wolfgang Goethe (9) – I: Roos, B: Scior, K: Albartus, M: Jansen
07.04.13	„Clockwork Orange" von Anthony Burgess (10) – I: Schmidt-Rahmer, B: Th. Reuther, K: Sieberock-Serafimowitsch
24.05.13	„Pornoladen – Aus dem Unterleib der Stadt" (U) – Bürgerprojekt von Marc-Oliver Krampe (7) – I: Krampe, A: Hillinger/Rohde, M: Al-Amrie/ Talinski, Ch: Feld
01.06.13	„Wie es euch gefällt" von William Shakespeare (7) – I: Schulze, B: Roskamp, K: Obermüller, M: Raulf

Casa

05.10.12	„Wir alle für immer zusammen" von Guus Kuijes für die Bühne bearbeitet von Philipp Besson/Sylke Hachmeister (14) – I: Hopp, B: Lüdicke, K: Ortega
07.12.12	„Nichts. Was im Leben wichtig ist" von Janne Teller (12) – Bühnenfassung von Andreas Erdmann I: Dahlem, A: Timm
05.04.13	„Verpiss dich gewiss" (U) von Hartmut Musewald (7) – I: Kaschig, A: Höth, M: Vethake *(Siegerstück der Essener Autorentage „Stück auf!" 2012)*
06.04.13	*Stück Auf! – Autorentage m Schauspiel Essen* „Der Optimierte" von Tilla Lingenberg – I: Blaskiewitz, B: Strombeck, K: Denzel „Fluktus – ein prekäres Trauerspiel" von Christian Winkler – I: Peters, B: Rohde „Fluchtversuchen" von Anne Rabe – I: Habich, B: Theodosakis, K: Pajakowski „Wolkenkratzer bauen" von Achim Stegmüller – I: Krug, B: Grieshaber, K: Rinn „Monster zertrampeln Hochhäuser" – Stück in sieben Stufen von Lukas Holliger – I: Spater, B: Hu, K: Anne Koltermann „Eine Blume als Gegenwehr" von Katja Wachter – I: Ladwig, B: Brandt, K: Ortega „Gertrud Goes Korea oder: Doktor Robertson and How Anika Learned to Stop Worrying and Love the Bomb von Ekat Cordes" – I: Kallmeyer, B: Yang, K: Nordheimer

Box

30.09.12	„Ente, Tod und Tulpe" nach dem Buch von Wolf Erlbruch (Bühnenfassung: Nora Dirisamer) – I: Spaeter, A: Hoffmann, M: Sykora (23)
30.11.12	„Die Präsidentinnen" von Werner Schwab (11) – I: Brandis, A: Amriko
17.05.13	„Die Wanze" – Ein Insektenkrimi von Paul Shipton (2) – I: Ladwig, A: Leitner, M: Sykora

Tanzschule Maxstraße 56

01.02.13	„Skin Deep Song" (U) von Noah Haidle (7) – I: Krupa, B: Jander, K: Moncys, M: Polscher

■ Spielschau Essen

Casa-Foyer

14.06.13	„Ich sehe was, was Du nicht siehst!" Anna eröffnet ihre Ausstellung – Fotografische Blicke hinter die Kulissen des Schauspiel Essen

Casa

14.06.13	„En Pom Pi – eine Geschichte über Freundschaft, Abschied und Ankommen mit Menschen zwischen 11 und 35 Jahren
15.06.13	„Nichts für Warmduscher" – Ansagen von 13- bis 17-jährigen Mädchen am alle Jungs und diejenigen, die sich ebenfalls nichts vormachen lassen
15.06.13	„Ich bau mir eine Rakete" – Die Alten Helden heben ab und freuen sich auf schöne neue Welten (auch 16.06.)

19.06.13 Young Experts diskutiert: „Selbst Theater machen – was bringt's? – Diskussionsrunde mit Intendant Christian Tombeil, den Theaterpädagogen Katharina Feuerbach/Frank Röpke, den Young-Experts, den Alten Helden u. a.

Heldenbar
14.06.13 „Lottes Laden" – Junge Musiker, präsentiert von Daniel Senzek/Markus Uhle
16.06.13 „Ich hab Dich" – Bewegungstheater für Kinder ab 4 Jahren (Reihe „Das versteckte Zimmer")

Box
15.06.13 „Tschüss Familie" – 12- bis 18-jährige Mitstreiter befragen sich und ihr Publikum, wann Schluss ist mit lustig (auch 16./17.06)

Kantine
16.06.13 „Feedbackrunde" – Mitglieder des Schauspielensembles diskutieren mit den Bühnenakteuren des Spielschau-Festivals über die gesehenen Aufführungen

■ Schauspiele (WA)
Grillo
27.09.12 „The Black Rider" von Waits (2)
11.10.12 „Die Grönholm-Methode" von Galceran (5)
27.10.12 „Ulrike Maria Stuart" von Jelinek (3)
02.11.12 „Kabale und Liebe" von Schiller (8)
20.12.12 „Die Buddenbrooks" von Mann/Druffel (4)
09.01.13 „Graf Öderland" von Frisch (3)
05.02.13 „Prinz Friedrich von Homburg" von Kleist (2)
18.04.13 „Die Ästhetik des Widerstands" von Weiss/Krupa/Neuffert (2)

Casa
28.09.12 „supernova (wie gold entsteht)" von Löhle (3)
13.02.13 „Michael Kohlhaas nach der Novelle von Kleist (5)

Box
09.11.12 „Das Fieber" von Shawn (1)
26.01.13 „Angstmän" von El Kurdi (2)

■ Abstecher
– „Em Pom Pi" (Duisburg, Unruh-Festival 2013, Ende Mai)
– „Rote Erde" (Bielefeld, Theatertreffen 28.06.13)

■ Sonderveranstaltungen
Grillo
Mehrfach: Jazz in Essen; Voices! Die Konzertreihe im Grillo
Einzeltermine
08.09.12 Theaterfest im und um das Grillo-Theater
23.06.13 Musical-Gottesdienst „Die Erschaffung der Welt", ML: Stephan Kanyar
25.06.13 Bunter Abend für den „Freundeskreis Theater & Philharmonie" u. a. mit dem Essener Ballett („Echad" aus „Deca Dance" von Ohad Naharin; Pas de deux aus „Othello" von Denis Untila/Michelle Yamamoto mit Yulia Tsoi/Armen Hakobyan
Weitere Mitwirkende: Christina Clark/Marie-Helen Joël; Marcel Rosca (Gesang); Juri Akimoto Heribert Feckler (Klavier); Isabelle Le Boulanger (Violoncello)/Nora Baldini (Harfe)
Moderation: Ina Wragge/Christian Tombeil/Ben Van Cauwenbergh

Heldenbar
Mehrfach: Helden Nächte; Poetry Slam; Lottes Laden
Einzeltermine
17.02.13 „Wenn du nicht da bist …" – Bewegungstheater für Kinder ab 4 von und mit Lisa Balzer/Sindy Tscherrik („Das versteckte Zimmer") – Adaption der Diplominszenierung „Gefriergetrocknet" (ausgezeichnet mit dem Folkwangpreis 2012)
21.02.13 „Zwischen Gosse und Sternen" – Auf den Spuren Oscar Wildes mit Ines Krug/Jens Ochlast (Konzept und Einrichtung: Anna Gerchen)
03.04.13 TrashKantine – Folge 9: Neues aus dem „Pornoladen": Musikalisches und Menschliches aus dem Unterleib der Produktion
11.04.13 „Happy-End" – Ein Feenmärchen von Jakob Arjouni, gelesen von Ines Krug

19.06.13	„Ein anarchistischer Bankier" von Fernando Pessoa (I: Katha Trykowski) mit Rezo Tschchikwischwili (Reihe „Freischuss")

Café Central

Mehrfach:	Lesart Spezial (Aktuelle Sachbücher in der Diskussion); Tango-Schnupperkurs/Tango-Salon

Einzeltermine

16.09.12	Matinee zur Premiere „Kaspar Häuser Meer"
19.09.12	Der Literarische Salon: Juri Androwytsch zu Gast bei Navid Kermani/Claus Leggewie
23.09.12	Matinee zur Uraufführung „Rote Erde"
14.10.12	Matinee zur Premiere „Hiob"
15.10.12	Lesung „Istanbuler Geschichten – Istanbul Oyküleri" – Der Istanbuler Schriftsteller Ayse Sarisaym zu Gast bei Prof. Dr. Emel Huber
25.11.12	Matineee zur Premiere „Präsidentinnen"
29.11.12	Der Literarische Salon: Shariar Mandanipur zu Gast bei Navid Kermani/Claus Leggewie
02.12.12	Matinee zur Premiere „Nichts, was im Leben wichtig ist"
09.12.12	Matinee zur Uraufführung „Die Erschaffung der Welt
12.01.13	„Für mich soll's rote Rosen regnen" – Wunschkonzert mit Mitgliedern des Schauspielensembles und Hajo Wiesemann (Klavier), auch 22.03.13
27.01.13	Matinee zur Uraufführung von „Skin Deep Song"
24.02.13	Matinee zur Premiere „Faust I+II"
17.03.13	Matinee zur Uraufführung „Verpiss dich gewiss"
24.03.13	Matinee zur Premiere „Clockwork Orange"
22.05.13	Der Literarische Salon: F.C. Delius zu Gast bei Navid Kermani/Claus Leggewie
12.05.13	Matinee zur Uraufführung „Pornoladen – Aus dem Unterleib der Stadt"
26.05.13	Matinee zur Premiere „Wie es euch gefällt" von William Shakespeare
16.06.13	Die Spielzeit 2013/14 – Intendant Christian Tombeil stellt den Spielplan der neuen Saison vor

■ Gastspiele

Grillo

31.10.12	Musical Tenors mit Jan Ammann/Christian Alexander Müller/Mark Seibert/Patrick Stanke I/Ch: Paul Kribbe
16.11.12	Stoppok Solo
16.12.12	Andreas Bieber „Alle Jahre Bieber …"
01.02.13	Alexander Klaws: „Dir gehört mein Herz …" – Musicalabend
05.03.13	„Brave New World" von Aldous Huxley (American Drama Group Europe), 2×
24.03.13	„Antigona Oriental" von Sophokles-Lösch-Morena mit Texten von ehemals politisch inhaftierten Frauen aus Uruguay – Theaterproduktion von Volker Lösch und dem Goethe-Institut Uruguay
06.06.13	„Staying Alive" – Theaterprojekt über Organtransplantation I: Barbara Wachendorff, A: Birgit Angele

Casa

18.10.12	638 Kilo Tanz … und weitere Delikatessen (Festival für zeitgenössischen Tanz), auch 19.10. „Six Princesses and a Fog" von Company Mu Terminal, Ungarn; „About You" von Lea Moro/Desirée Meul, Berlin; „Zäune" von Tim Gerhards, Essen; mit Margaux Marielle-Tréhouart, Grenoble; „tru d'amour" von Diane Gemsch; „Aurora" von Meykal Blanaru, Israel

u. a.

08.06.13	Kuk Tanz Award: Die lange Nacht der kurzen Tanzstücke
02.07.13	Schultheatertage, bis 06.07.

Spielzeit 2013/14

Geschäftsführer: Berger Bergmann

Intendant: Christian Tombeil; *Stellvertretende Intendantin:* Vera Ring
Persönliche Referentin des Intendanten: Monika Mimietz; *Künstlerische Betriebsdirektorin/Chefdisponentin:* Anna Mülhöfer; *Mitarbeiterin KBB:* Sabrina Wagner
Chefdramaturgin und Mitglied der künstlerischen Leitung: Vera Ring; *Dramaturgin und Mitglied der künstlerischen Leitung:* Carola Hannusch; *Dramaturgen:* Anna Sophia Güther*, Marc-Oliver Krampe
Gast: Judith Heese; *Theaterpädagogik:* Kathrin Feuerhake, Frank Röpke
Presse- und Öffentlichkeitsarbeit: Martin Siebold, Maria Hilber*
Musik (Gäste): Arturo Annecchino, Achim Gieseler, Mark Polscher, Dirk Raulf, Tobias Schütte, Tobias Sykora, Hajo Wiesemann; *Choreografie (Gäste):* Katja Buhl, Marcus Grolle

Regisseure der Neuinszenierungen: Sarah Mehlfeld, Christian Tombeil, Katha Trykowski; *Gäste:* Jean-Claude Berutti, Jasper Brandis, Karsten Dahlem, Wolfgang Engel, Katharina Feuerhake, Falko Garbisch, Tom Gerber, Tilman Gersch, Thomas Goritzki, Siegfried Hopp, Maximilian Immendorf, Lisa Jopt, Henner Kallmeyer, Matthias Kaschig, Thomas Krupa, Thomas Ladwig, Konstanze Lauterbach, Katarzyna Maria Noga, Moritz Peters, Jana Milena Polasek, Franz Röpke, Hermann Schmidt-Rahmer, Marius Wolf

Leitender Bühnen- und Kostümbildner: Andreas Jander (auch Mitglied der künstlerischen Leitung)
Ausstatter der Neuinszenierungen: Noemi Baumblatt, Andreas Jander, Anne Koltermann, Lena Holt-hinrichs, Natalie Nordheimer; *Gäste:* Andreas Auerbach, Katrijn Baeten, Ines Burisch, Johanna Denzel, Katharina Dietschy, Carla Friedrich, Adrian Ganea, Franziska Gebhardt, Tom Gerber, Thomas Goerge, Stefanie Grau, Ann Heine, Christina Hillinger, Zwinki Jeannée, Konstanze Lauterbach, Ulrich Leitner, Saskia Louwaard, Johanna Meyer, Anna Möhrke, Heiko Mönnich, Melinka Pixis, Lisa Marie Rohde, Rudy Sabounghi, Berit Schlog, Inga Timm, Gabriele Wasmuth, Ralph Zeger
Technischer Leiter: Michael Lüdiger

Ensemble: Ingrid Domann, Laura Kiehne, Floriane Kleinpaß, Ines Krug, Janina Sachau*, Anne Schirmacher*, Silvia Weiskopf; Thomas Büchel, Stefan Diekmann, Tom Gerber, Jörg Malchow, Jens Ochlast, Jan Pröhl, Tobias Roth, Sven Seeburg, Johann David Talinski, Rezo Tschchikwischwili, Jens Winterstein*
Gäste: Lisa Balzer, Kerstin Brix, Jele Brückner, Dagny Dewath, Claudia Frost, Elisabeth Fügemann, Lisa Jopt, Eva Kurowski, Annika Martens, Karin Moog, Evamaria Salcher, Lissa Schwerm, Sindy Tscherrig, Irina Wrona; Wolfgang Boelzle, Matthias Breitenbach, Daniel Breitfelder, Daniel Christensen, Michael Del Coco, Gregor Henze, Axel Holst, Wolfgang Jaroschka, Andreas Maier, Markus Schneider, Thiemo Schwarz, David Simon, Maximilian Strestik, Tobias Sykora

■ Schauspiele (N)
Grillo

28.09.13	„Macbeth" von William Skakespeare (14+1) – I: Engel, B. Jander, K: Jeannée, M: Schütte
18.10.13	„Der Prozess" nach dem Roman von Franz Kafka – Bühnenfassung von Moritz Peters (17+1) – I: Peters, B: Rohde, K: Hillinger; M: Schütte
01.11.13	„Die neuen Abenteuer des Don Quichote" (U) von Tariq Ali (8) – I: Berutti, A: Sabounghi, Ch: Buhl
16.11.13	„Anton, das Mäusemusical" von Gertrud und Thomas Pigor/Jan-Willem Fritsch (35+2) – I: Tombeil, ML: Wiesemann, A: Wasmuth, M: Annecchino, Ch: Grolle
29.12.13	„Der Geizige" von Molière (14) – I: Brandis, A: Baeten/Louwaard

28.02.14	„Medea" von Euripides (9) – I/K: Lauterbach, A: Heine, M: Gieseler
27.04.14	„Manderlay" von Lars von Trier (5) – I: Schmidt-Rahmer, A: Goerge, M: Wiesemann
20.06.14	„Anna Karenina" nach dem Roman von Tolstoi – I: Krupa, B: Jander, K: Burisch, M: Polscher (2) (Bühnenfassung von Armin Petras)

Casa

29.09.13	„Die Opferung von Gorge Mastromas" von Dennis Kelly (11) – I: Ladwig, A: Leitner
15.12.13	„Tschick" von Wolfgang Herrndorf – I: Polasek, B: Grau, K: Nordheimer (18) (Bühnenfassung von Robert Koall)
23.02.14	„Die Leiden des jungen Werther" nach dem Roman von Joh. W. Goethe (5+2 Grillo) – I: Dahlem, A: Timm (Bühnenfassung: Karsten Dahlem/Marc-Oliver Krampe)
25.04.14	„Eine Blume als Gegenwehr" (U) von Katja Wachter (5) – I: Gersch, A: Auerbach *(Siegerstück der Essener Autorentage 2013)*
26.04.14	„Stück auf!-Marathon" – Sieben szenische Lesungen und Vorstellung der Autoren „Die schweizer Krankheit" von Uta Bierbaum – I: Peters, B: Meyer, K: Möhrke „O Tannenbaum" von Jan-Christoph Hauschild – I: Trykowski, A: Nordheimer „Hiroshimaplatz" von Georg Münzel – I: Kallmeyer, B: Schlog, K: Dietschy „Herr Metitsch" von Karin Strauß – I: Mehlfeld, A: Baumblatt „Von der langen Reise auf einer heute überhaupt nicht mehr weiten Strecke", Bühnentext für fünf Frauen von Henriette Sushe – I: Ladwig, A: Friedrich/Koltermann „Grenzgänger oder: Das Lied vom bösen Spiel" von Christian Maly-Motta – I: Noga, A: Holthinrichs „Drei Finger für das Glück" von Achim Stegmüller – I: Hopp, A: Denzel/Pixis
22.06.14	„Lucky Happiness Golden Express" von Noah Haidle (3) – I: Gerber, B: Zeger/Gerber, K: Zeger, M: Raulf

Box

20.12.13	„Misery" von Simon Moore nach dem Roman von Stephen King (11) – I: Goritzki, A: Mönnich
27.02.14	„Ein Schaf fürs Leben" nach dem Bilderbuch von Maritgen Matter (9) – I: Hopp A: Koltermann, M: Wiesemann

Heldenbar

12.10.13	„Als das Wünschen noch geholfen hat … oder: Wo ist denn mein Ring?" – Hommage an die Brüder Grimm von Falko Garbisch (I) mit Janina Sachau *(Übernahme vom Jungen Schauspiel Düsseldorf)*, auch 16.10.13, 25.01./09./15.02./05.04.14
31.01.14	„Lottes Laden" – Junge Musiker, präsentiert von Krysztina Winkel/Victoria Schulte (Theaterlabor)

■ **Schauspiele (WA)**

Grillo

03.10.13	„Faust I + II" von Goethe (6)
05.10.13	„Wie es euch gefällt" von Shakespeare (4)
13.10.13	„Die Grönholm-Methode" von Galceran (5)
23.11.13	„Clockwork Orange" von Burgess (5)
14.01.14	„Kabale und Liebe" von Schiller (4)
29.01.14	„Hiob" von Tachelet (3)
19.03.14	„Buddenbrooks" von Mann/Düffel (2)

Box

06.10.13	„Die Wanze" – Ein Insektenkrimi von Shipton (11)

Casa

11.11.13	„Em Pomp Pi"/Theaterlabor (3+6)

■ **Abstecher**

– „Anton, das Mäusemusical" (Duisburg 18.12.13, 2×)
– „Bang. Busch. Bäng"/Theaterlabor (Oberhausen, Unruh-Festival, 28.02.–02.03.14)
– „Der Prozess" (Dortmund, NRW Theatertreffen 2014, 15.06.14)
– „Em Pom Pi"/Theaterlabor (Musiktheater im Revier 08.02., Grend 12.03., Zeche Carl 20.03., Katakomben-Theater 27.03., Jugend-

haus Wichernhaus 04.04., Jugendhaus Nord 11.04.14)

■ **Sonderveranstaltungen**

Grillo
Mehrfach: Jazz in Essen; Offener Workshop für alle
Einzeltermine
21.09.13 Theaterfest und Tag der offenen Tür
27.10.13 „Everyday I'm chapulling" (Abschluss der Buchmesse RUHR)
05.03.14 Regisseur Moritz Peters/Schauspielerin Floriane Kleinpaß lesen Auszüge aus dem Brief-Wechsel von Franz Kafka an Milena Jesenská sowie aus den Briefen von Milena Jesenská an Max Brod (im Anschluss an die Vorstellung „Der Prozess")

Heldenbar
Mehrfach: Poetry Slam; Helden Nächte; Lottes Laden
Einzeltermine
12.11.13 „Ich hab Dich!" – Szenische Einrichtung: Franz Röpke/Katharina Feuerhake – A: Koltermann (Reihe „Das versteckte Zimmer"), auch 10.12.13, 21.01./11.02./23.04.14
22.11.13 „Zweier ohne" von Dirk Kurbjuweit – I: Mehlfeld, M: Schütte, auch 23.03.
01.12.13 „Finnisch" von Martin Heckmanns – I: Noga, A: Koltermann (Reihe „Freischuss"), auch 04.03.
31.01.14 „Lottes Laden" mit „Voucoustic" und mit Texten von „Castroppraucksel" (Theaterlabor)
27.03.14 „Tigermilch" von Stefanie de Velasco – I: Hopp, A: Koltermann (Reihe „Freischuss")
09.04.14 „Der stumme Diener" von Harold Pinter – I: Jopt, A: Hillinger/Rohde (Reihe „Freischuss")
07.06.14 „Monologe im Führerhauptquartier" nach den Aufzeichnungen von Henry Picker/Heinrich Heim mit Jens Ochlast/Tobias Roth – I: Wolf (Reihe „Freischuss")
12.06.14 „Ich hab da mal ʼne Frage" von Tobias Heil/Maximilian Immendorf (I)/Linn Müller („Freischuss")

Café Central
Mehrfach: Politischer Salon; Tango-Schnupperkurs; Lesart Spezial, KlassikLounge
Einzeltermine
08.09.13 Matinee zur Premiere „Macbeth"
11.09.13 Der literarische Salon: Aris Fioretos zu Gast bei Navid Kermani/Claus Leggewie
15.09.13 Matinee zur Premiere „Die Opferung von Gorge Mastromas"
02.10.13 „Das Lied vom FrauSein" von Gülten Akin mit Janin Roeder (Lesung und Gesang) u. a.
13.10.13 Matinee zur Premiere „Der Prozess"
24.10.13 „Tango Istanbul" – Deutsch-türkische Lesung: Esmahan Aykol zu Gast bei Prof. Dr. Emel Huber
27.10.13 Matinee zur Uraufführung „Die Abenteuer des Don Quijote"
04.11.13 „Die erfundene Wahrheit": Giuseppe Verdis Theaterwelten als Welttheater (Vortrag: Dr. Alexander Meier-Dörzenbach – Lesung ausgewählter Schriften: Jens Ochlast)
05.11.13 Autorenlounge: Tariq Ali – „Don Quijote heute", Impulsvortrag von Prof. Dr. Angela Martini (Uni Witten/Herdecke); anschließend Gespräch Claus Leggewie mit dem Autor Tariq Ali über sein Werk „Die neuen Abenteuer des Don Quijote"
06.11.13 „Macbeth": Nachgespräch mit Wolfgang Engel (Regisseur), Marc-Oliver Krampe (Dramaturg Schauspiel Essen)/Dr. A. Meier-Dörzenbach (Chefdramaturg Aalto-Theater)
20.11.13 „Für mich soll's rote Rosen regnen": Wunschkonzert mit dem Ensemble/Hajo Wiesemann (Klavier), auch 25.03./01.07.14
27.11.13 Der literarische Salon: Joanna Bator zu Gast bei Navid Kermani/Claus Leggewie
01.12.13 Matinee zur Premiere „Misery"
08.12.13 Matinee zur Premiere „Tschick"
15.12.13 Matinee zur Premiere „Der Geizige"
31.12.13 Silvesterparty
26.01.14 „Liebes Leben" von Alice Munro: Jele Brückner liest Erzählungen der Nobelpreisträgerin 2013, auch 14.03./13.06.

11.02.14	„Werther": Einführung in Oper und Schauspiel mit Marc-Oliver Krampe (Grillo)/Dr. Alexander Maier-Dörzenbach (Aalto)
16.02.14	Matinee zur Premiere „Die Leiden des jungen Werther"
23.02.14	Matinee zur Premiere „Medea"
06.04.14	Matinee zur Premiere „Manderlay"
13.04.14	Matinee zur Uraufführung „Eine Blume als Gegenwehr"
08.05.14	„Das sind Volks- und Staatsfeinde!" – Gedenkveranstaltung und Lesung für die 1936 im Rahmen der NS-Aktion gegen Homosexuelle verfolgten Mitglieder der Essener Bühnen Zur Erinnerung an den Schauspieler, Sänger und Regisseur Otto Zedler und weitere Opfer lesen Ensemblemitglieder aus Gestapo-Vernehmungsprotokollen
21.05.14	„Werther": Gesprächsrunde zu den „Werther"-Inszenierungen im Schauspiel und in der Oper mit Marc-Oliver Krampe/Alexander Meier-Dörzenbach sowie mit Regisseur Karsten Dahlem
01.06.14	Matinee zur Premiere „Anna Karenina"
13.06.14	„Liebes Leben" von Alice Nunro: Jele Brückner liest Erzählungen der Nobelpreisträgerin 2013 (Szenische Einrichtung: Moritz Peters); Kulturpfadfest im Schauspiel Essen
15.06.14	Matinee zur Premiere „Lucky Happiness Golden Express"
29.06.14	Matinee: Die Spielzeit 2014/15, vorgestellt von Intendant Christian Tombeil

Casa Nova
Mehrfach: Tango Argentino; Lesart Spezial (Aktuelle Sachbücher in der Diskussion)
Einzeltermine

22.10.13	„Die bösen Weiber, die (Zauber)knoten bespucken" – Deutsch-türkische Lesung: Die Schriftstellerin Ece Temelkuran zu Gast bei Dr. Hannes Krauss
01.02.14	„Spiel um dein Leben" (Theaterlabor)
20.02.13	„Em Pom Pi", Leitung: Röpke (Theaterlabor)

Box

31.01.14	„Bäng. Busch. Bäng": Hochpolitischer absurder Western mit Menschen und Objekten zwischen 9 und 26 Jahren; Leitung: Feuerhake, auch 01./02.02.14 (Theaterlabor-Projekt) Vorher: Eröffnung des 3. Spielschau-Festivals mit Intendant Tombeil
07.06.14	„Ein ganz alltägliches Geheimnis" nach dem Roman „Momo" von Michael Ende für junge und junggebliebene Leute ab 12 Jahren, I: Mehlfeld, A: Holthinrichs (Theaterlabor: Alte Helden), auch 14./15.06.

■ Gastspiele
Grillo

05.12.13	Pia Douwes – Ein Abend im Dezember
19.01.14	Hollywood Nights! – Die schönsten Filmhits aller Zeiten …!
02.03.14	„Jan Amman: Farbenblind" (Sound of Music Concerts)
04.03.14	Frank Goosen stellt sein neues Buch „Raketenmänner" vor
03.05.14	„Mark Seibert – With vou …!" – More Muicalballads unplugged
24.05.14	Duda Paiva: „Bastard!" – Soloperformance
26.06.14	Ptah III – Junge Choreografen des Aalto-Theaters, auch 29.06./04.07.

Casa

07.11.13	„638 Kilo Tanz … und weitere Delikatessen" – Festival für zeitgenössischen Tanz, Leitung: Jelena Ivanovic/Sabina Stücker, auch 08.11. Choreografien von Josep Caballero Garciá, „Sacres"; Ursula Nill, „Where I End"; Gao Shan/Viviano Defazio)/Sarah Waelchi, „Polly & Me"; Polymer DMT = Deborah Gassmann/Hyunjin Kim/Fang-Yun L, „The Others"; Yaron Shamir, „Dream.F.H"
31.05.14	„KuK Award – Die lange Nacht der kurzen und knappen Choreografien im Rahmen der Projektreihe „638 Schritte Tanz" Frederico Zapata/Luis Viana//Ravel, „Arrojo"; Alejandra Jenni Palma, „Wille"; Marie-Lena Kaiser, „Glü-

| 16.06.14 | hendes Orange"; Charlotte Virfill, „Schwarzbach 79"; 13 weitere Beiträge Schultheatertage 2015, bis 20.06. |

Westwind 2014
30. Theatertreffen NRW für junges Publikum am Schauspiel Essen

Willy-Brand-Platz
| 12.05.14 | „Transports exceptionnels – Pas de deux mit einem Bagger" mit der Compagnie Beau Geste/F |

Grillo
12.05.14	Eröffnung des Festival: „ROSES einsam.gemeinsam" mit De Dansers/NL, SZENE BUNTE WÄHNE/A, Theater Strahl/D, auch 13.05. (außer Konkurrenz)
13.05.14	„Fatih Tag" von und mit Fatih Çevikkollu (außer Konkurrenz)
14.05.14	„Die Goldbergs" von Sabine Seume nach der Musik von J. S. Bach (Ensemble Düsseldorf)
14.05.14	„Die Leiden des jungen Werther" nach Goethe (Schauspiel Essen, außer Konkurrenz)
16.05.14	„Robinson Crusoe" nach Daniel Defoe (Theater an der Ruhr, Mülheim)
16.05.14	„Tschick" von Wolfgang Herrndorf/Robert Koall (Theaterkohlenpott Herne)
17.05.14	„Papas Arme sind ein Boot" von Stein Erik Lunde/Øyvind Torseter (pulk fiction, Köln)
18.05.14	„Too cold" (Tiyatro BeReZe, Türkei)
18.05.14	Preisverleihung: „Westwind 2014"

Casa
13.05.14	„Der Gärtner" von Mike Kenny (Junges Schauspiel Bochum)
14.05.14	„Hasenland" von Reihaneh Youzbashi Dizaji (COMEDIA Theater Köln)
15.05.14	„Bremer Stadtmusikanten" nach den Brüdern Grimm (Theater Marabu Bonn)
15.05.14	„Das fremde Kind" nach E. T. A. Hoffmann (Junges Schauspielhaus Düsseldorf)
15.05.14	„Poli, der schräge Vogel" von Estelle Charlier/Romuald Collinet (Compagnie La Pendue, Frankreich, außer Konkurrenz)), auch 16.05.
17.05.14	„Die Durstigen" von Wajdi Mouawad (Theater Bielefeld)
18.05.14	„Em Pom Pi" (Schauspiel Essen/Theaterlabor, außer Konkurrenz)

Box
| 13.05.14 | „Zigeuner-Boxer" von Rike Reiniger (Westfälisches Landestheater Castrop-Rauxel), auch 14.05. |
| 17.05.14 | „Wie erzählt man das?" (Tiyatrotem, Türkei), auch 18.05. |

Spielzeit 2014/15

Geschäftsführer: Berger Bergmann

Intendant: Christian Tombeil; *Stellvertretende Intendantin:* Vera Ring; *Persönliche Referentin des Intendanten:* Monika Mimietz; *Künstlerische Betriebsdirektorin und Chefdisponentin:* Anna Mülhöfer; *Mitarbeiterin:* Sabrina Wagner *Chefdramaturgin und Mitglied der künstlerischen Leitung:* Vera Ring; *Dramaturgin und Mitglied der künstlerischen Leitung:* Carola Hannusch; *Dramaturgen:* Florian Heller*, Jana Zipse*; *Gäste:* Anna Sophia Güther, Marc-Oliver Krampe, Stefan Schnabel; *Theaterpädagogik:* Esther Aust*, Kathrin Feuerhake; *Presse- und Öffentlichkeitsarbeit:* Martin Siebold, Maria Hilber

Schauspielmusik (Gäste): Cornelius Borgolte, Dominik Dittrich, Frank Cifarelli, Johannes Kühn, Mark Polscher, Dirk Raulf, Daniel Schmitt, Tobias Schütte, Markus Stollenwerk, Hajo Wiesemann
Choreografie (Gäste): Stephan Brauer, Jelena Ivanovic; Denis Untia (Aalto)

Regisseure der Neuinszenierungen: Katarzyna Maria Noga; *Gäste:* Reinhard Friese, Bernd Freytag, Robert Gerloff, Jelena Ivanovic, Thomas Krupa, Thomas Ladwig, Volker Lösch, Moritz Peters, Mark Polscher, Hermann Schmidt-Rahmer, Martin Schulze, Anne Spaeter, Katha Trykowski, Ivna Žic

Leitender Bühnen- und Kostümbildner: Andreas Jahnder (auch Mitglied der künstlerischen Leitung)
Ausstatter der Neuinszenierungen: Emine Güner, Andreas Jander, Anne Koltermann; *Gäste:* Johanna Bajohr, Noemi Baumblatt, Adrian Ganea, Franziska Gebhardt, Christine Goittschalk, Günter Hellweg, Christina Hillinger, Johanna Hlawica, Nina Hofmann, Anita Könning, Ulrich Leitner, Maximilian Lindner, Fabian Lüdicke, Annette Mahlendorf, Martina Mahlknecht, Natalia Nordheimer, Sophie Reble, Silke Rekort, Carola Reuther, Lisa Marie Rohde, Daniel Roskamp, Michael Sieberock-Serafimowitsch, Helene Spät
Technischer Leiter: Michael Lüdiger

Ensemble: Ingrid Domann, Alina Grzeschik, Uta Holst-Ziegeler, Floriane Kleinpaß, Ines Krug, Janina Sachau, Anne Schirmacher, Stephanie Schönfeld*, Silvia Weiskopf; Thomas Büchel, Stefan Diekmann, Axel Holst*, Jörg Malchow, Thomas Meczele*, Jan Pröhl, Sven Seeburg, Johann David Talinski, Rezo Tschchikwischwili, Jens Winterstein
Gäste: Dagny Dewath, Julia Goldberg, Stefanie Köhm, Florentine Kühne, Marieke Kregel, Lisan Lantin, Eva Löser, Hella-Birgit Mascus, Flora Pulina, Karen Müller, Stefanie Rösner, Evamaria Salcher, Miriam Anna Schwan, Lissa Schwerm, Sandra Selimović, Simonida Selimović, Melanie Joschla Weiß, Alessandra Wiesemann, Irina Wrona; Matthias Breitenbach, Daniel Christensen, Michael Del Coco, Gregor Henze, Max Immendorf, Jan Jaroszek, Sebastian Klein, Felix Lampert, Paul Lücke, Nebošja Markovic, Slaviša Markovic, Faton Mistele, Philipp Noack, Philipp Nowicki, Jan Rogler, Tobias Roth, David Simon, Tobias Sykora, Leopold von Verschuer

■ Schauspiele (N)
Grillo

19.09.14 „Die Odyssee oder „Lustig ist das Zigeunerleben" (U) nach Homer mit Texten von Roma, Sinti und Gadsche (14) – I: Lösch, A: Reuther

18.10.14 „Eine Jugend in Deutschland – Krieg und Heimkehr 1914/2014" (U) Projekt von Moritz Peters/Carola Hannusch nach Ernst Toller (9) – I: Peters, B: Rohde, K: Hillinger, M: Schütte

15.11.14 „Jim Knopf und Lukas der Lokomotivführer" nach dem Kinderbuch von Michael Ende (45) – I: Spaeter, B: Lüdicke, K: Nordheimer, M: Dittrich

28.02.15 „Verbrennungen" von Wajdi Mouawad (10) – I: Schulze, B: Roskamp, K: Sieberock-Serafimowitsch, M: Raulf
25.04.15 „Wir sind die Guten" (Shoot/Get Treasure/Repeat) von Mark Ravenhill (6) – I: Schmidt-Rahmer, B: Ganea, K: Sieberock-Serafimowitsch
13.06.15 „Der Sturm" von William Shakespeare (3) – I: Krupa, B: Jander, K: Hofmann, M: Polscher, Ch: Untila

Casa
09.10.14 „Leb Dein Leben" *Liederabend von und mit Rezo Tschchikwischwili* (6) – ML: Stollenwerk
01.11.14 „Into the Little Hill", Lyrische Erzählung von George Benjamin (3) ML: Manuel Nawri, I: Kay Link, A: Koltermann/Jander *(Gemeinschaftsproduktion Aalto-Theater/Philharmoniker/Schauspiel)*
18.12.14 „Die lächerliche Finsternis" nach einem Hörspieltext von Wolfgang Lotz (10) – I: Gerloff, B: Lindner, K: Hlawica, M: Borgolte
01.03.15 „Wolken.Heim." von Elfriede Jelinek (7) – I: Freytag/Polscher, B: Gottschalk, K: Hillinger
19.04.15 „Alles ist erleuchtet" nach dem Roman von von Jonathan Safran Foer (5) – I: Ladwig, B: Leitner, K: Könning
14.06.15 „Von der langen Reise auf einer heute überhaupt nicht mehr weiten Strecke" (U) Bühnentext für fünf Frauen von Henriette Dushe (2) – I: Žic, B: Mahlknecht, K: Reble, M: Kühn *(Siegerstück der Autorentage „Stück auf" 2014)*

Box
06.12.14 „Am Horizont" von Petra Wüllenweber (15) – I: Trykowski, A: Baumblatt
16.01.15 „Ein ganz alltägliches Geheimnis" nach dem Roman „Momo" von Michael Ende (3) – I: Mehlfeld, A: Hillinger *(„Alte Helden")*
26.04.15 „Ich rufe meine Brüder" von Jonas Hassen Khemiri (5) – I: Noga, A: Koltermann, M: Cifarelli

Heldenbar
29.11.14 „Als das Wünschen noch geholfen hat … oder: Wo ist denn mein Ring?" – Eine Hommage an die Brüder Grimm von Falko Garbisch (1) *(Übernahme vom Jungen Schauspielhaus Dsseldorf)*

■ **Musical (N)**
Grillo
13.12.14 „Cabaret" von Joe Masterhoff/John Kander/Fed Ebb (22) – I: Friese, ML: Wiesemann, B: Hellweg, K: Mahlendorf, Ch: Brauer

■ **Schauspiele (WA)**
Grillo
27.09.14 „Anna Karenina" von Tolstoi (13)
21.10.14 „Die Leiden des jungen Werther" von Goethe (8)
25.10.14 „Medea" von Euripides (2)
06.11.14 „Der Prozess" von Kafka (5+7)
25.03.15 „Manderlay" von van Trier (5)
Casa
26.09.14 „Lucky Happiness Golden Express" von Haidle (4)
20.10.14 „Tschick" von Herrndorf (11)
Box
06.09.14 „Die Wanze" von Shipton (9)
30.09.14 „Misery" von Moore (11)

■ **Abstecher**
– „Der Prozess" (Iserlohn 19./20.11., Siegen 25./26.11., Gütersloh 03./04.02., Marl 11.03.15)

■ **Sonderveranstaltungen**
Grillo
Mehrfach: Jazz in Essen; Offener Workshop für alle
Einzeltermine
06.09.14 Theaterfest/Tag der offenen Tür (in allen Spielstätten)
08.11.14 Ece Temelkuran liest aus „Was nützt mir die Revolution, wenn ich nicht tanzen kann?" Floriane Kleinpaß (Lesung der deutschen Übersetzung); Moderation: Hannes Krauss
08.05.15 „Denn jetzt ist alles Zukunft" (Nachtlesung zu 70 Jahren Kriegsende mit Vertreterinnen und Vertretern aus politischen, religiösen und kulturellen Institutionen der Stadt Essen)

Heldenbar

Mehrfach: Helden Nächte; Poetry Slam; Lottes Laden (junge Musiker)

Einzeltermine

20.01.15 „Was? Nein! Doch! Oh!" – Die ganze Wahrheit über Jim Knopf (Lesung und Konzert mit den Dramaturgen und der Hamburger Band „Tante Polly" (Reihe „Freischuss")

30.01.15 „nicht brennen – Ein Monolog bewegt sich" mit Silvia Weiskopf, Ch: Jelena Ivanovic, auch 20.05.

13.02.15 „Hirn" – Lesung aus Texten von Rainald Goetz, Einrichtung: Thomas Büchel

18.03.15 Gedichte und Songs vom Ende der Couch: Lyrik von Shakespeare bis Bukowski und feine Musik von Uta Holst-Ziegeler mit Axel Holst/Uta Holst-Ziegeler (Reihe „Freischuss")

12.06.15 „Fernweh – Wo ich nicht bin, verpasse ich, was ist" von Margarete Rosenbohm mit Max Immendorf/ Alessandra Wiesemann, A: Johanna Bajohr

17.06.15 „Enigma" von Eric-Emmanuel Schmitt; Einrichtung: Helene Spät/ Emine Güner („Freischuss")

Café Central

Mehrfach: Lesart Spezial; Reden von Morgen; Politscher Salon; Tango-Schnupperkurs; KlassikLounge

Einzeltermine

14.09.14 Matinee zur Uraufführung „Die Odyssee"

17.09.14 Der literarische Salon: Clemens J. Setz zu Gast bei Navid Kermani/Claus Leggewie

04.10.14 Lesung und Gespräch mit Irina Brezna: „Die undankbare Fremde", danach: „Oy Trabzon; Emscher-Karadeniz-Express" mit Ralf Thenior & Kulturtechniker

12.10.14 Matinee zur Uraufführung „Eine Jugend in Deutschland" – Krieg und Heimkehr 1914/2014 Projekt von Moritz Peters/Carola Hannusch nach Ernst Toller

03.11.14 Ein Abend voller Hop-Çiki-Yaya: Mehmet Murat Somer liest aus „Die Propheten-Morde"

Lesung und Gespräch in deutscher und türkischer Sprache – Moderation: Ulrich Noller (WDR)

05.11.14 Der literarische Salon: Felicitas Hoppe zu Gast bei Navid Kermani/ Claus Leggewie

30.11.14 Matinee zur Premiere „Cabaret"

07.12.14 Matinee zur Premiere „Die lächerliche Finsternis"

27.01.15 „Wann wohl das Leid ein Ende hat" – Lieder und Gedichte aus Theresienstadt von Ilse Weber mit Michaela Sehrbrock (Gesang/Rezitation)/ Marion Steingötter (Klavier)

08.02.15 Matinee zur Premiere „Verbrennungen"

11.02.15 „Für mich soll's rote Rosen regnen" – Wunschkonzert mit dem Ensemble; Hajo Wiesemann (Klavier)

22.02.15 Matinee zur Premiere „Wolken.Heim."

10.03.15 „Es gibt nicht genug Kartoffeln, es gibt nur Hunger" – Leben und Überleben im besetzten Europa 1939–1945 (Szenische Lesung mit Publikumsgespräch; Anette Daugardt liest aus Originaldokumenten; anschließend Diskussion, Moderation: Peter Haslinger, Gießen)

29.03.15 Matinee zum Premiere „Alles ist erleuchtet"

30.03.15 „Die Lieder des jungen Werther" – Alte und neue Stücke von den „Werther-Boys" und Johann David Talinski (Werther-Darsteller)

02.04.15 Matinee zur Premiere „Ich rufe meine Brüder"

19.04.15 Matinee zur Premiere „Wir sind die Guten"

08.05.15 Lesung: „Zeitenwende 1914" (Künstler/Dichter/Denker im I. Weltkrieg) mit Steffen Bruendel

31.05.15 Matinee zur Premiere „Der Sturm"

07.06.15 Matinee zur Premiere (U) „Von der langen Reise …"

21.06.15 Matinee zur Vorstellung der Spielzeit 2015/16

Casa

16.06.15 Schultheatertage (bis 20.06.)

09.05.15 „Hurra, wie zweifeln!"/„Pustekuchen", auch 10.05.

■ Spielschau Essen

4. Festival zur Präsentation der Theaterlabor-Projekte

Casa-Foyer

08.05.15 „Festival-Fade In" – Intendant Christian Tombeil begrüßt alle Mitwirkenden und das Publikum

09.05.15 „Festival-Fieber" – Fiebrige Vorbereitungen auf die nächsten Premieren mit Anti-Schwitz-Propellern, Lampenfieber-Drops und pinken Beruhigungscocktails

Casa

08.05.15 „Scampis fischen" – Ein(e) Projekt(ion) des Theatercampus zu Inszenierungen am Schauspiel Essen, der ständigen Frage, was Theater ist, kann und sollte sowie die Feststellung, dass es immer eine Message gibt, auch wenn es keine ist, auch 10.05.

Box

08.05.15 „Lottes Laden Spezial" – Junge Musiker, u. a. mit Audible Light und Projekt001

09.05.15 „Hurra, wir zweifeln!" – Sechs Suchende zwischen 13 und 20 Jahren baden genüsslich in Fragen um den Sinn des Lebens, der Suche nach Antworten und dem Hund, auch 10.05.

09.05.15 „Pustekuchen" – Eine Geburtstagsfeier mit 10- bis 18-jährigen Gastgeberinnen zu Ehren der ewigen Kindheit. Mit viel Kuchen, Spiel und Spaß. Bis einer weint, auch 10.05.

■ Gastspiele

Casa

16.10.14 638 Kilo Tanz ... und weitere Delikatessen – Festival für zeitgenössischen Tanz
Mandy Huo//Tim Kienecker u. a., „Mélange"; Darwin Diaz/Study 3, „The Circle"; Eun Sik Park//Michael Nyman, „I Dream 1.0"; Paul Hess, „Totilas"

17.10.14 638 kg Tanz ... und weitere Delikatessen – Festival für zeitgenössischen Tanz THEGARDEN/Performing arts, „As the Dark Wave Swells"; Marja-Lena Hirvonen & Markus Tomszyk, „Zweisamkeit"; Philline Herrlein & Jennifer Döring, „Whiteout"; Marie-Lena Kaiser, „Glühendes Orange"; Saša Pavic, „Rabbit in Human Habit"; Raymon Liew Jin Pin//Ólafur Arnalds, „Pluck it Before it Fades"; Yves Miranda & Tim Cecatka//Rodrigo y Gabriela, „Tri Bu"

14.02.15 Mark Seibert – The Best of Musicalballads Unplugged (Sound of Music Concerts)

15.03.15 Thomas Borchert – The Frank Wildhorn Songbook (Sound of Music Concerts)

06.04.15 „Germany ... 12 Points" – Die 45 schönsten Grand Prix-Hits aller Zeiten

Spielzeit 2015/16

Geschäftsführer: Berger Bergmann

Intendant: Christian Tombeil; *Stellvertretende Intendantin:* Vera Ring; *Persönliche Referentin des Intendanten:* Monika Mimietz; *Künstlerischer Betriebsdirektor und Chefdisponent:* Andreas Jander* (Mitglied der künstlerischen Leitung); *Mitarbeiterin KBB:* Sabrina Wagner *Chefdramaturgin und Mitglied der künstlerischen Leitung:* Vera Ring; *Dramaturgin und Mitglied der künstlerischen Leitung:* Carola Hannusch; *Dramaturgen:* Florian Heller, Jana Zipse; *Gäste:* Anna Sophia Güther, Marc-Oliver Krampe; *Theaterpädagogik:* Esther Aust, Kathrin Feuerhake
Presse- und Öffentlichkeitsarbeit: Martin Siebold, Maria Hilber

Schauspielmusik (Gäste): Hajo Wiesemann; Helena Daehler, Jan-Willem Fritsch, Markus Maria Jansen, Christoph König, Andreas Niegl, Mark Polscher, David Rimsky-Korsakow, Heiko Schnurpel, Tobias Schütte, Rezo Tschchikwischwili, Moritz Vontobel; *Choreografie (Gäste):* Stephan Brauer, Marcus Grolle, Jelena Ivanovic

Regisseure der Neuinszenierungen: Tobias Dömer, Philipp Noack, Katarzyna Maria Noga, Marieke Sophie Werner; *Gäste:* Anna Bergmann, Katja Blaszkiewitz, Katharina Feuerhake, Robert Gerloff, Tim Hebborn, Henner Kallmeyer, Thomas Krupa, Sarah Mehlfeld, Moritz Peters, Jana Milena Polasek, Christoph Roos, Elena Rottmann, Gustav Rueb, Hermann Schmidt-Rahmer, Anne Spaeter, Christian Tombeil, Katha Trykowski

Ausstattungsleiterin: Anne Koltermann
Ausstatter der Neuinszenierungen: Johanna Bajohr, Johanna Denzel, Milena Keller, Anne Koltermann, Marieke Sophie Werner, Mara Zechendorff; *Gäste:* Noemi Baumblatt, Florian Etti, Carla Friedrich, Franziska Gebhardt, Claudia González Espíndola, Stefanie Grau, Emine Güner, Kanade Hamawaki, Christina Hillinger, Johanna Hlawica, Susanne Hoffmann, Dorothee Joisten, Thomas Krupa, Valentin Kruse, Stella Lennert, Feng Li, Maximilian Lindner, Fabian Lüdicke, Lisa Natalia Nordheimer, Moritz Peters, Melinka Pixis, Thilo Reuther, Laura Robert, Lisa Marie Rohde, Daniel Roskamp, Peter Scior, Michael Sieberock-Serafimowitsch, Gabriele Wasmuth, Mara Zechendorff
Technischer Leiter: Michael Lüdiger

Ensemble: Ingrid Domann, Floriane Kleinpaß, Ines Krug, Janina Sachau, Anne Schirmacher, Stephanie Schönfeld, Silvia Weiskopf; Thomas Büchel, Stefan Diekmann, Axel Holst, Jörg Malchow, Thomas Meczele, Philipp Noack*, Jan Pröhl, Sven Seeburg, Rezo Tschchikwischwili, Jens Winterstein
Gäste: Kerstin Brix, Pia Engelhard, Julia Goldberg, Alina Grzeschik, Lisa Heinrici, Nadja Karasjew, Laura Kiehne, Stefanie Köhm, Marieke Kregel, Florentine Kühne, Lisan Lantin, Eva Löser, Raphaela Möst, Maren Müller, Flora Pulina, Stefanie Rösner, Elena Rottmann, Miriam Anna Schwan, Sindy Tscherrig; Thomas Anzenhofer, Stephan Brauer, Matthias Breitenbach, Daniel Christensen, Mateusz Dopieralski, Alexey Ekimov, Karl-Louis Frodemann, Gregor Henze, Sebastian Klein, Felix Lampert, Nico Link, Philipp Nowicki, Jan Rogler, Tobias Roth, David Simon, Markus Staab, Joachim David Talinski, Leopold von Verschuer

■ Schauspiele (N)
Grillo
19.09.15 „Frankenstein" (DsprE) von Nick Dear nach dem Roman von Mary Shelley (11) – I: Rueb, B: Roskamp, K: Joisten, M: Schnurpel
03.10.15 „Ich habe nichts zu verbergen – Mein Leben mit Big Data" (U) – I: Schmidt-Rahmer, B: Reuther, K: Sieberock-Serafimowitsch (14)
(*Ein Projekt von Hermann Schmidt-Rahmer*)

10.10.15 „Kunst" von Yasmina Reza (18) – I: Spaeter, A: Lüdicke, M: Jansen

26.02.16 „Top Dogs" von Urs Widmer (12) – I: Roos, B: Scior, K: Koltermann, M: Jansen

29.04.16 „Der gute Mensch von Sezuan" von Bertolt Brecht (7) – I: Peters, B: Rohde/Peters, K: Hillinger, M: Schütte

25.06.16 „Maria Stuart" von Friedrich Schiller (3) – I: Bergmann, B: Etti, K: Espíndola

Casa

02.10.15 „Das beste aller möglichen Leben" (U) von Noah Haidle (10) – I/B: Krupa, K: Denzel

04.12.15 „Caspar Hauser" nach dem Roman von Jakob Wassermann (12) – I: Polasek, B: Grau, K: Nordheimer, M: Daehler/Vontobel *(Bühnenfassung und Konzeption: polasek&grau)*

05.03.16 „*Stück auf!*" – Marathon Autorentage am Schauspiel Essen
Acht szenische Lesungen und Vorstellungen der Autorinnen und Autoren
„Totschlagen" von Rinus Silzle – I/A: Moritz Peters, A: Li
„Wir trauern um Bonn Park" – *Eine-Tür-auf-Tür-zu-Boulevard-Revue* von Bonn Park I: Noga, A: Nordheimer/Robert
„Das E-Wort" von René Braun – I: Dömer, A: Baumblatt/Hoffmann; M: Niegl
„(Berggrün) oder Der Turnaround" von Charlotte Roos – I: Hebborn, A: Friedrich/Güner
„Der letzte Mensch auf dem Mars" von Christiane Kalss – I: Werner, A: Bajohr/Keller, M: Rimsky-Korsakow
„Bekenner" von Andreas Erdmann – I: Trykowski, A: Kamawaki/Kruse
„Umständliche Rettung" von Martina Clavadetscheva – I: Blaszkiewitz, A: Lennert/Pixis, M: König
„Freier Wille? – Short Cuts" von Jürgen Neff – I: Mehlfeld, A: Denzel/Zechendorff

30.04.16 „Konrad oder Das Kinde aus der Konservendose" von Christine Nöstlinger (8) – I: Kallmeyer, B: Gebhardt, K: Koltermann, M: Tschchikwischwili

Box

16.10.15 „Ein ganz alltägliches Geheimnis" nach dem Roman „Momo" von Michael Ende (3) – I: Mehlfeld, A: Hillinger (Alte Helden)

03.02.16 „Die Kopien" von Caryl Churchill (9) – I: Mehlfeld, A: Hillinger (Alte Helden)

20.02.16 „Ein König zu viel" – Theaterstreit für Kinder ab 4 Jahren von Gertrud Pigor (14) – I: Tombeil, A: Friedrich, M: Fritsch/Wiesemann

27.05.16 „Alle Jahre wieder …" Weihnachten: Ein Gesellschaftsspiel (4) – I: Mehlfeld, A: Hillinger (Alte Helden)

■ Musicals (N)

15.11.15 „Anton, das Mäusemusical" von Gertud und Thomas Pigor/Jan-Willem Fritsch (27) – ML: Wiesemann, I: Tombeil, A: Wasmuth, Ch: Grolle *(P der Wiederaufnahme)*

05.12.15 „My Fair Lady" von Frederick Loewe (21) – ML: Wiesemann, I: Gerloff, B: Lindner, K: Hlawica, Ch: Brauer

■ Schauspiele/Musical (WA)

Grillo

14.10.15 „Wir sind die Guten" von Ravenhill (5)

17.10.15 „Cabaret" von Kander (12+2)

20.10.15 „Die Leiden des jungen Werther" von Goethe (4+3)

31.10.15 „Der Sturm" von Shakespeare (6)

23.01.16 „Der Prozess" von Kafka (4)

Casa

26.09.15 „Von der langen Reise auf einer heute überhaupt nicht mehr weiten Strecke" von Dushe (5)

25.10.15 „Alles ist erleuchtet" von Foer (10)

06.10.15 „Tschick" von Herrndorf (12)

Box

29.08.15 „Die Wanze" von Shipton (10)

09.10.15 „Ich rufe meine Brüder" von Jonas Khemiri (5)

■ Abstecher

– „Cabaret" (Duisburg 19./20./21.12.16)
– „Werther" (Lippstadt 28.10., Siegen, Apollo-Th., 19.11.15, Marl 26.01.16)

■ **Sonderveranstaltungen**

Grillo

Mehrfach: Offener Workshop für alle; Jazz in Essen

Einzeltermine

29.08.15 Theaterfest – Tag der offenen Tür (in allen Spielstätten)
19.10.15 Theaterberufe hautnah: Dieses Mal mit Intendant Christian Tombeil
05.11.15 „The Rest is Noise" von Alex Ross 1. Etappe: Ensemblemitglieder des Grillo-Th./Sachiko Hara (Piano)/Bochumer Philharmoniker (Gemeinsame Lesereihe der Ruhrtriennale mit dem Schauspiel Dortmund/Schauspiel Essen/Schauspiel Bochum/Schlosstheater Moers/Theater an der Ruhr/Theater Oberhausen)
14.12.15 Theaterberufe hautnah: Dieses Mal mit dem Schauspieler Philipp Noack
15.02.16 Theaterberufe hautnah: Diese Mal mit dem Regisseur Moritz Peters
16.03.16 „Für mich soll's rote Rosen regnen" – Wunschkonzert mit dem Ensemble, ML: Hajo Wiesemann, A: Bajohr/Zechendorff; Moderation: Ines Krug (TUP-Festtage Kunst), auch 04.04.

Heldenbar

Mehrfach: KlassikLounge; Poetry Slam; Lottes Laden

Einzeltermine

08.11.15 „Die wartende Prinzessin" nach einer Erzählung von Roberto Bolaño Szenische Einrichtung: Dömer, A: Denzel, M: Niegl (Reihe „Freischuss")
13.11.15 „nicht brennen" nach Sarah Suttners Roman „Wachstumsschmerz" mit Silvia Weiskopf; Ch: Ivanovic, A: Koltermann (Reihe „Freischuss"), auch Café Livres 23./24./25.05.16
26.11.15 „no love story" – Ein Solo für das Alleinsein, auch 21.02./25.05.16 Szenische Einrichtung: Werner, A: Baumblatt (Reihe „Freischuss")
13.12.15 „Bei Hempels unterm Sofa" – Ein Chaos-Stück von und mit Josefine Habermehl/Pia Wagner (Reihe „Das versteckte Zimmer"), auch 14./17.12.
22.12.15 „Back to No Future" – Eine Propagandaktion des Kommandos „Marty McFly" Szenische Einrichtung: Dömer/Heller (Reihe „Freischuss")
27.01.16 „cross-border-beats: hip-hop polski" mit Mateusz Dopieralski u.a. (Reihe „Freischuss")
13.02.16 „Der Lindwurm und der Schmetterling oder Der seltsame Tausch" von Michael Ende – I: Noga, A: Bajohr/Zechendorff (Reihe „Freischuss")
13.03.16 „Soundlabor" von und mit Anja Plonka/Nina Weber (Reihe „Das versteckte Zimmer"), 3×
18.03.16 „Pussy Riots" – Floriane Kleinpaß/Lisan Lantin/Stephanie Schönfeld lesen Texte von Judith Butler/Simone de Beauvoir/Euripides/Frida Kahlo/Heinrich von Kleist/Lady Bitch Ray/Charlotte Roche/Sophokles u.a. (TUP-Festtage Kunst „Unbeschreiblich weiblich")
24.04.16 „Drei Farben" – Eine experimentell-mediale Performance von und mit Christiane Holtschulte/Manuel Loos/Jasper Schmitz (Reihe „Das versteckte Zimmer"), auch 26./27.04.
21.05.16 „Kreis vs. Dreieck", aufbauend auf einer Idee aus Roberts Gwisdeks Roman „Der unsichtbare Apfel" – Szenische Einrichtung: Rottmann, A: Keller/Zechendorff (Reihe „Freischuss")
03.06.16 Lottes Laden-Spezial mit jungen Menschen, u.a. Julian Gerhard (Spielschau Essen, 5. Festival zur Präsentation der Theaterlabor-Projekte)

Café Central

Mehrfach: Lesart (Aktuelle Bücher in der Diskussion); Politischer Salon; Tango Argentino; Reden von Morgen; KlassikLounge

Einzeltermine

02.09.15 Autor Fadhil al-Azzawi zu Gast bei Navid Hermani/Claus Leggewie (Literarischer Salon)
06.09.15 Matinee zur Premiere „Frankenstein"
13.09.15 Matinee zur Uraufführung „Ich habe nichts zu verbergen – Mein Leben mit Big Data"
27.09.15 Matinee zur Uraufführung „Das beste aller möglichen Leben"

04.10.15	Matinee zur Premiere „Kunst"
02.11.15	„Für mich soll's rote Rosen regnen" – Wunschkonzert mit Ensemble-Mitgliedern – ML: Hajo Wiesemann, Moderation: Ines Krug
10.11.15	Ulrich Peltzer liest aus seinem Roman „Das bessere Leben"
15.11.15	Matinee zur Premiere „Caspar Hauser"
22.11.15	Matinee zur Premiere „My Fair Lady"
24.01.16	Matinee zur Premiere „Die Kopien"
21.02.16	Matinee zur Premiere „Top Dogs"
21.03.16	Nino Haratischwili liest aus ihrem Roman „Das achte Leben", Moderation: Beate Scherzer
17.04.16	Matinee zur Premiere „Der gute Mensch von Sezuan"
11.05.16	„Heute waren sie wieder da – die Geister!" – Silvia Weiskopf/Axel Holst lesen Texte von Ödön von Horváths (Prosa und Selbstzeugnisse), szenische Einrichtung: Noga, B: Denzel
19.06.16	Matinee zur Permiere „Maria Stuart"
03.07.16	Matinee: Christian Tombeil stellt das Programm für die Spielzeit 2016/17 vor

Casa

Mehrfach:	Essen Jazz Orchestra (Zeitgenössische Kompositionen für Big Band); KlassikLounge

Einzeltermine

06.09.15	Theaterhäppchen: 14 freie Theater zeigen kleine Kostproben aus ihrem Programm
12.09.15	„Unter Welten" – Ein Abend, drei Städte, drei junge Theaterkollektive (Produktion der Ruhrtriennale in Kooperation mit dem Rinlokschuppen Ruhr/Schauspiel Essen/Theater Oberhausen „Unter Welten" – Essen: „Triggers and Thresholds – THE BLOGPERA", ein Projekt von Jens Maurits Orchestra, auch 13.09.
11.04.16	Theaterberufe hautnah: Die Requisite überrascht mit einer Pyroshow und plaudert aus dem Nähkästchen
03.06.16	„Mit toten Hasen spielt man nicht?" – Eine multimediale Live-Untersuchung des Theatercampus zum Thema „Provokation", Leitung: Feuerhake, A: Hillinger, auch 05.06. (Voraufführung: 06.05.) 5. Festival zur Präsentation der Theaterlabor-Projekte
04.06.16	„Verzerrungen" – Eine szenische Collage über die Schablonen unserer Zeit, auch 05.06. Leitung: Noack, A: Hillinger (Spielschau Essen, 5. Festival zur Präsentation der Theaterlabor-Projekte)

Box

06.09.15	Theaterhäppchen: 14 freie Theater zeigen kleine Kostproben aus ihrem Programm
04.05.16	„Die Glückskonferenz" – Fünf junge Expert/innen debattieren über den richtigen Weg zum Glück, auch 05.06. (Spielschau Essen, 5. Festival zur Präsentation der Theaterlabor-Projekte)
04.06.16	„Alle Jahre wieder – Weihnachten" – Ein Gesellschaftsspiel den Alten Helden – I: Mehlfeld, A: Hillinger (Spielschau Essen, 5. Festival zur Präsentation der Theaterlabor-Projekte, auch 10.06. beim Kulturpfadfest)

■ Gastspiele

Grillo

20.09.15	„Die taube Zeitmaschine" – Eine Zeitreise durch zwei Galaxien, Leitung: Michael Caspar Texte nach Improvisationen der Gruppe in Gebärdensprache, lautsprachbegleitenden Gebärden und Lautsprache (Possible World e. V. in Kooperation mit dem Ballhaus Ost)
13.01.16	STOPPOK SOLO, auch 13.02.16
03.05.16	„Memed mein Falke" nach Yaşar Kemal von Hans Zimmer *(Klecks-Theater Hannover)*, 2× 06.05 16: Deutsch-türkische Lesung im Rahmen der Buchmesse RUHR
08.05.16	„Georges Méliès letzter Trick" (Theater Drak aus Hradec Králové, Tschechien), auch 09.05.

Casa

05.11.15	„638 Kilo Tanz und weitere Delikatessen" – Festival für zeitgenössischen Tanz PolymerDMT/Fang Yun Lo, „Interface"; Özlen Alkis//Rafael Nasi, „Dust

	Devil"; Shan Gao, „Virtual Cycle"; Céline Bellut/Charlotte Virgile, „Sakado"
06.11.15	„638 Kilo Tanz und weitere Delikatessen" – Festival für zeitgenössischen Tanz Marie-Lena Kaiser, „Eva"; Rossella & Luca Canciello, „The Sound of Sight"; Yara Eid „The Noise of the Soul"; Hartmannmüller, „Melodien zum Träumen"
28.11.15	„Noah und der große Regen" – Eine Regenbogen-Bootshaus-Geschichte von Franziska Steiof (Studio-Bühne Essen), auch 29.11.
03.05.16	„Memed mein Falke" nach einem Buch von Yaşar Kemal von Hans Zimmer im Rahmen der Buchmesse RUHR (Gastspiel des Klecks-Theaters Hannover), 2×
08.05.16	„Vom Lamm, das vom Himmel fiel" (Puppentheater Naivní Divadlo aus Liberec, Tschechien, auch 09.05.
28.06.16	Essener Schultheatetage (bis 02.07.)

Café Central

11.10.15	„Stranger in the Night" – Jacques Brel trifft auf New York und träumt von Berlin: Songs & Chansons mit René Roseburg/Robert Bonsmann (Klavier), auch 30.04.16
18.10.15	„Gegenwart und Zukunft des Alterns" – „Lohntütenball" (Ruhrpott-Revue)

Spielzeit 2016/17

Geschäftsführer: Berger Bergmann

Intendant: Christian Tombeil; *Stellvertretende Intendantin:* Vera Ring; *Persönliche Referentin des Intendanten:* Monika Mimietz; *Künstlerischer Betriebsdirektor und Chefdisponent:* Andreas Jander (Mitglied der künstlerischen Leitung); *Mitarbeiterin KBB:* Sabrina Wagner *Chefdramaturgin/Mitglied der künstlerischen Leitung:* Vera Ring; *Dramaturgin/Mitglied der künstlerischen Leitung:* Carola Hannusch; *Dramaturgen:* Florian Heller, Jana Zipse; *Gäste:* Jana Hykes, Dr. Ulf Schmidt; *Theaterpädagogik:* Esther Aust, Kathrin Feuerhake
Presse- und Öffentlichkeitsarbeit: Martin Siebold, Maria Hilber

Musik (Gäste): Dominik Dittrich, Achim Gieseler, Eric Schaefer, Tobias Schütte, Hajo Wiesemann, Anke Wisch; *Choreograf:* Stephan Brauer; *Tänzerin:* Yara Eid

Regisseure der Neuinszenierungen: Magz Barrawasser, Philipp Noack; *Gäste:* Jörg Buttgereit, Karsten Dahlem, Sascha Flocken, Tilman Gersch, Thomas Ladwig, Konstanze Lauterbach, Volker Lösch, Gustav Rueb, Hermann Schmidt-Rahmer, Anne Spaeter

Ausstattungsleiterin: Anne Koltermann
Ausstatter der Neuinszenierungen: Johanna Denzel, Gesa Gröning*, Anne Koltermann, Friederike Külpmann*; *Gäste:* Claudia Florian Barth, Charlotte Burchard, Ines Burisch, Jens Dreske, Henrike Engel, Ann Heine, Christina Hillinger, Dorothea Joisten, Fabian Lüdicke, Susanne Priebs, Martina Stoian, Carola Reuther, Michael Sieberock-Serafimowitsch, Inga Timm
Technischer Leiter: Michael Lüdiger

Ensemble: Ingrid Domann, Floriane Kleinpaß, Ines Krug, Jaëla Carlina Probst*, Janina Sachau, Stephanie Schönfeld, Silvia Weiskopf; Thomas Büchel, Stefan Diekmann, Alexey Ekimov*, Axel Holst, Thomas Meczele, Philipp Noack, Jan Pröhl, Sven Seeburg, Rezo Tschchikwischwili, Jens Winterstein
Gäste: Canthia Cisima Ehrhardt, Katharina Leonore Goebel, Laura Kiehne, Gro Swantje Kohlhof, Lisan Lantin, Anne Schirmacher, Aless Wiesemann; Thomas Anzenhofer, Stephan Brauer, Daniel Christensen, Gregor Henze, Sebastian Klein, Jan Rogler, Harald Rosanowski. Tobias Roth, Joachim Davis Talinski, Oliver Urbanski, Linus Twardon

■ **Schauspiele (N)**
Grillo
01.10.16 „Das Prinzip Jago" (U) nach Motiven von William Shakespeare von Volker Lösch/Oliver Schmaering/Ulf Schmid (18+1) – I: Lösch, A: Reuther
22.10.16 „Parsifal" nach Richard Wagner und „Parzifal" von Tankred Dorst, Musik: Eric Schaefer (11) – I: Rueb, ML: Schaefer, B: Barth, K: Joisten
26.11.16 „Der satanarchäolügenialkohöllische Wunschpunsch" – Zauberposse nach dem Roman von Michael Ende, (42) – I: Spaeter, B: Lüdicke, K: Koltermann, M: Dittrich
03.03.17 „Sophia, der Tod und ich" (U) nach dem Roman von Theo Uhlmann (13+1) – I: Gersch, A: Engel – (Bühnenfassung: Tilman Gersch/Jana Zipse)
29.04.17 „Dämonen" nach dem Roman von Fjodor Dostojewski (7) – I: Schmidt-Rahmer, B: Sieberock-Serafimowitsch, M: Burisch
24.06.17 „Leben des Galilei" von Bertolt Brecht (4) – I: Lauterbach, B: Heine, K: Burchard, ML: Gieseler
Casa
10.12.16 „Superhero" nach dem Roman von Anthony McCarten (15) – I: Dahlem, A: Timm, M: Wiesemann (Bühnenfassung: Karsten Dahlem/Carola Hannusch)

04.03.17	„Die lebenden Toten oder: Monsters of Reality" von Christian Lollike mit Textfragmenten von Tanja Diers/Mads Madsen (8) – I: Buttgereit, A: Priebs
28.04.17	„Umständliche Rettung" (U) von Martina Clavadetscher (8) – I: Ladwig, A: Stoian *(Siegerstück der 4. Essener Autorentage „Stück auf 2016")*

Box

02.10.16	„Ichglaubeaneineneinzigengott (credoinunosolodio)" Monolog von Stefano Massini (13) – I: Flocken, A: Dreske
17.12.16	„reTURN" von Jelena Ivanovic nach dem Roman „Wie der Soldat das Grammofon repariert" von Sasa Stanisic (6) – I/Ch: Ivanovic mit Yasa Eid (Tanz)/Sylvia Weiskopf (Schauspiel)
05.05.17	„Schicht im Schacht um Mitternacht" – Live-Hörspiel mit den Alten Helden (4) – I: Mehlfeld, A: Hillinger
15.06.17	„Pussy Riots" (U) Aufstand in drei Akkorden (5) – Fassung: Magz Barrawasser/Florian Heller I: Magz Barrawasser, A: Denzel, M: Wisch

Café Central

01.11.16	„Musikalische Europareise" mit Rezo Tschchikwischwili (Gesang, Klavier)/Nino Wijnbergen-Shatberashvili (Gesang/Gitarre, Trommel) (7)

■ **Schauspiele/Musical (WA)**

Grillo

15.10.16	„My Fair Lady" von Loewe (17)
27.10.16	„Maria Stuart" von Schiller (7+2)
04.11.16	„Top Dogs" von Widmer (7+2)
12.11.16	„Kunst" von Reza (6)
11.01.17	„Der Prozess" von Kafka/Peters (5)
26.01.17	„Der gute Mensch von Sezuan" von Brecht (4)
07.03.17	„Die Leiden des jungen Werther" von Goethe (3)

Casa

05.10.16	„Tschick" von Herrndorf/Koali (15)
06.11.16	„Konrad oder Das Kind in der Konservenbüchse" von Nöstlinger (8)

Box

10.09.16	„Ein König zu viel" vor Pigor (12)
23.10.16	„Die Wanze" von Shipton (5)
04.11.16	„Die Kopien" von Churchill (7)

■ **Abstecher**
– „Das Prinzip Jago" (Detmold 24.05.17)
– „Maria Stuart" (Duisburg 17./18.05.17)
– „Sophia, der Tod und ich" (Ludwigshafen 28.05.17)
– „Top Dogs" (Duisburg 13.11.16, Marl 07.02.17)

■ **Sonderveranstaltungen**

Grillo

Mehrfach: Jazz in Essen; Offener Workshop für alle; Theaterberufe hautnah

Einzeltermine

10.09.16	Theaterfest (u. a. Kostproben aus „Musikalische Europareise"; Wunschkonzert „Für mich soll's rote Rosen regnen"; am Abend: Ausschnitte aus Stücken der neuen Saison
03.12.16	Offener Workshop für alle SPEZIAL – Dieses Mal zum Thema „Wie entsteht eine Theateraufführung?" am Beispiel von „Der satanarchäolügenialkohöllische Wunschpunsch" (Regie: Anne Spaeter)
08.12.16	„Helden der Gegenwart. Zur Poetik aktuellen Schreibens" (Litarischer Salon extra)
09.12.16	„Für mich soll's rote Rosen regnen" – Wunschkonzert mit dem Ensemble, Weihnachtsspecial Moderation: Christian Tombeil, auch 22.12.
21.01.17	Ulrich Tukur & Die Rhythmus Boys – Das „beswingte" Neujahrskonzert
10.02.17	Dankeschön – Ein Abend für die Mitglieder des Theaterrings
07.03.17	Verleihung des Aalto-Bühnenpreises 2017 an Silvia Weiskopf (nach der Vorstellung „Werther")
21.05.17	„Anadolu Ezgileri" -„Stimmen aus Anatolien 4" mit dem Birlik Chor

Heldenbar

Mehrfach: Poetry Slam, Lottes Laden (Junge Musiker in der Heldenbar)

Einzeltermine

10.09.16	Theaterfest: u. a. „Drei Farben"
29.10.16	„Drei Farben" – Eine experimentellmediale Performance ab 2 Jahren, auch 04.12./19.02.17

04.02.17	„Bestätigung" von Chris Thorpe: Szenische Einrichtung: Werner, A: Külpmann („Freischuss")
09.02.17	„Flucht und Vertreibung bei Goethe" – Vortrag: Dr. Volkmar Hansen
09.03.17	„Eigentlich ein Hund, dieser Goethe" – Gottfried Benn zwischen Ablehnung und Verehrung Goethes, Vortrag: Dr. Bertold Heizmann, Vorsitzender der Goethe-Gesellschaft Essen
21.03.17	„Alles doof bis auf ich!" – Axel Holst liest Texte von Dietmar Wischmeyer, auch 01.07.
29.03.17	„Queen Edward II./Die Angekommenen" nach Christopher Marlowe Konzeption – I: Sascha Krohn (Aalto), A: Gröning (Reihe „Freischuss"), auch 13.07.
27.04.17	„Rinaldo Rinaldini und Konsorten" – Andere Klassiker der Goethezeit, Vortrag: Prof. Dr. Alexander Košenina (Hannover)
12.05.17	„Lass ma lauschen" – Lottes Laden mit Tim Eiddle/David Aenzek (6. Festival zur Präsentation der Theaterlabor-Projekte)
18.05.17	Julia da Silva Bruhns – Die starke Brasilianerin hinter der Schriftstellerfamilie Mann, Vortrag: Dr. Dieter Strauss
29.06.17	„Schwierige Geschichte" – Bilder der Frühzeit in Goethes Werk; Vortrag: Prof. Dr. Jörg Wesche (Uni Duisburg-Essen)

Café Central

Mehrfach
    Lesart (Aktuelle Sachbücher in der Diskussion); KlassikLounge; Politscher Salon

Einzeltermine

18.09.16	Matinee zur Uraufführung „Das Prinzip Jago"
25.09.16	Matinee zur Premiere „Ichglaubeaneineneinzigengott"
09.10.16	Matinee zur Premiere „Parsifal"
23.10.16	„Stranger in the Night" – Jacques Brel trifft auf New York und träumt von Berlin Songs & Chansons mit René Roseburg; Robert Bonsmann (Klavier)
03.11.16	„Vom Glück der Freundschaft" – Wilhelm Schmid/Tami Bora im Dialog, Moderation: Sabine Adatepe (im Rahmen des Literatürk Festivals 2016)
27.11.16	Matinee zur Premiere „Superhero"
12.02.17	Matinee zur Uraufführung „Sophia, der Tod und ich"
17.02.17	„Das Tier entwendet dem Herrn die Peitsche …" – Ein Franz Kafka-Abend mit Uwe Neubauer
18.02.17	Matinee zur Premiere „Die lebenden Toten oder Monsters of Reality"
31.03.17	„Unerfüllte Sehnsucht" – Bettina Ranch (Aalto-Theater) singt Richard Wagners „Wesendonck Lieder", Juriko Akimoto (Klavier)
03.04.17	„(Un)glaublich" – Lieder von Bach bis Mahler mit Bettina Ranch; Juriko Akimoto (Klavier)
09.04.17	Matinee zur Premiere „Dämonen"
23.04.17	Matinee zur Uraufführung „Umständliche Rettung"
24.04.17	„Das Debüt 2016" – Bürgerpreis für Literatur: Preisverleihung, Lesung und Gespräch mit Shida Bazyar/Philip Krömer, Moderation: Bozena Anna Badura
02.07.17	Matinee: Die Spielzeit 2017/18, vorgestellt von Christian Tombeil

Casa

Mehrfach: Essener Jazz Orchestra

Einzeltermine

10.09.16	Theaterfest: u.a. „Verrenkungen"
17.09.16	Zwischen Welten – Ein Abend, drei Städte, drei junge Theaterkollektive (Ruhrtriennale/Ringlokschuppen Ruhr/Schauspiel Essen/Schauspiel Bochum) Zwischen Welten – Essen: „In Limbo – Zur Archäologie der Autobahnraststätte" (Projekt des Theater-Kollekivs roda/born), auch 18.09.
25.09.16	Theaterhäppchen 2016 – 14 freie Essener Theater geben Kostproben aus ihren Programmen
20.10.16	Brieffreundschaft im Hexenkessel – Journalistinnen im Gespräch: Karin Krüger/Dilek Zaptçıoğlu (im Rahmen des Literatürk Festivals 2016)

12.05.17 „Lass ma starten!"- 6. Festival zur Präsentation der Theaterlabor-Projekte, Eröffnung mit Intendant Christian Tombeil, anschließend: „Die Verwandlung" nach Franz Kafka mit Jugendlichen ab 14 Jahren, auch 14.05. I: Noack, A: Hillinger
13.05.17 „Weil, wenn jemand da ist" – Poetisches Materialtheater über Annäherungen – ein Experiment des Theatercampus (Präsentation der Theaterlabor-Projekte), auch 14.05. Leitung: Feuerhake, A: Külpmann
14.05.17 „Lass ma plaudern!" – Festival-Abschluss mit allen kritischen Köpfen

Box
25.09.16 TheaterHäppchen 2016–14 freie Essener Theater geben Kostproben aus ihren Programmen
20.10.16 „Dunkelheit" – Szenische Einrichtung: Markus Schmiedel; A: Koltermann/Külpmann (Reihe „Freischuss")
13.05.17 „Schicht im Schacht um Mitternacht" (Live-Hörspiel mit den Alten Helden, im Rahmen des 6. Festivals zur Präsentation der Theaterlabor-Projekte), auch 14.05.
13.05.17 „Die STUHL-Gang – eine Collage über zerbrochene Freundschaften mit Leuten zwischen 8 und 12 Jahren (6. Festival zur Präsentation der Theaterlabor-Projekte), auch 14.05.

Stadtraum
08.06.17 „Der Spalt" – Ein mixed reality game von Christiane Hütter/Sebastian Quack – I/Story: Christiane Hütter (Spielphase bis bis 30.06.)

■ Gastspiele

Grillo
21.05.17 „Anadolu Ezgileri" – Stimmen aus Anatolien 4 mit dem Birlik Chor
25.05.17 Ptah IV – Junge Choreografen des Aalto-Balletts (3)
08.07.17 „Lebensraum" von Jakop Ahlbom (Maschinenhaus Essen/Folkwang Universität)

Casa
10.11.16 638 Kilo Tanz und weitere Delikatessen – Festival für zeitgenössischen Tanz, Leitung: Jelena Ivanovic/Sabina Stücker
Lea Moro//Igor Strawinsky, „Le sacre du printemps, a ballet for a single body"; Deborah Gassmann/Hyun Jin Kim//Philipe Burrell (Performance-Kollektiv soom), „Die Jagd"
11.11.16 Reut Shemesh//Simon Bauer, „Leviah"; Özlem Alkis//Axel A. Pulgar, „Camouflage"
27.06.17 Essener Schultheatertage (bis 30.06.)

Spielzeit 2017/18

Geschäftsführer: Berger Bergmann

Intendant: Christian Tombeil; *Stellvertretende Intendantin:* Vera Ring; *Persönliche Referentin des Intendanten:* Monika Miemitz; *Künstlerischer Betriebsdirektor und Chefdisponent:* Andreas Jander (Mitglied der künstlerischen Leitung); *Mitarbeiterin:* Sabrina Wagner
Chefdramaturgin und Mitglied der künstlerischen Leitung: Vera Ring; *Dramaturgin und Mitglied der künstlerischen Leitung:* Carola Hannusch; *Dramaturg:* Florian Heller; *Gäste:* Christine Lang, Jana Zipse
Theaterpädagogik: Esther Aust, Marguerite Windblut*
Presse- und Öffentlichkeitsarbeit: Martin Siebold, Maria Hilber
Musik (Gäste): Achim Gieseler, Hajo Wiesemann; Jan-Willem Fritsch, Andreas Niegl, Thomas Osterhoff, Hannes Strobl, Tobias Sykora, Asita Tamme

Regisseure der Neuinszenierungen: Esther Aust, Tobias Dömer, Henriette Hölzel, Tabea Schattmaier, Christian Tombeil, Marguerite Windblut; *Gäste:* Bernd Freytag, Thomas Krupa, Thomas Ladwig, Volker Lösch, Sarah Mehlfeld, Miriam Michel, Jan Neumann, Mark Polscher, Katha Trykowski, Nils Voges, Marieke Werner

Ausstattungsleiterin: Anne Koltermann
Ausstatter der Neuinszenierungen: Gesa Gröning, Anne Koltermann, Friederike Külpmann, Lena Natt
Gäste: Ines Burisch, Bernd Freytag, Carla Friedrich, Cary Gayler, Christina Hillinger, Ulrich Leitner, Mark Polscher, Carola Reuther, Thilo Reuther, Vanessa Rust, Nini von Selzam, Greta Stauch, Michael Konstantin Wolke
Technischer Leiter: Michael Lüdiger

Ensemble: Ingrid Domann, Henriette Hölzel*, Floriane Kleinpaß, Ines Krug, Janina Sachau, Stephanie Schönfeld, Silvia Weiskopf; Thomas Büchel, Stefan Diekmann, Alexey Ekimov, Axel Holst, Stefan Migge*, Philipp Noack, Jan Pröhl, Sven Seeburg, Rezo Tschchikwischwili, Jens Winterstein
Gäste: Cynthia Cosima Erhardt, Katharina Leonore Goebel, Gro Swantje Kohlhof, Lisan Lantin, Denise Matthey, Miriam Michel, Kerstin Pohle, Jaëla Carlina Probst, Anke Stedingk, Aless Wiesemann; Mateusz Dopieralski, Gregor Henze, Thomas Meczele, Tobias Roth, Tobias Sykora, Joachim Davis Talinski, Halil Yavuz
Nicht erfasst: Laiendarsteller„Der Prinz, der Bettelknabe und das Kapital"/„Proletenpassion"/„zeitweise"

■ Schauspiele (N)
Grillo

29.09.17	„Der Besuch der alten Dame" von Friedrich Dürrenmatt (23) – I: Krupa, B: Th. Reuther, K: Burisch, M: Strobl
11.11.17	„Jupp – Ein Maulwurf auf dem Weg nach oben" (U) von Gertrud Pigor (41) – I: Tombeil, ML: Wiesemann, B: Friedrich, K: Koltermann, M: Fritsch
01.12.17	„Willkommen" von Lutz Hübner/Sarah Nemitz (16) – I: Ladwig, A: Leitner
20.02.18	„Der Prinz, der Bettelknabe und das Kapital" (U) – *Märchen von der sozialen Gerechtigkeit* von Christine Lang/Volker Lösch frei nach Mark Twain (13) – I: Lösch, A: C. Reuther
21.04.18	„Der Fall der Götter" nach dem Film „Die Verdammten" von Luchino Visconti (8) – I: Neumann, B: Gayler, K: von Selzam, M: Osterhoff (Bühnenbearbeitung: Hans Peter Fischer)
10.05.18	„Proletenpassion" von Heinz R. Unger und den „Schmetterlingen", Bearbeitung: Bernd Freytag/Mark Polscher (9) – I/A: Freytag/Polscher, A (Mitarbeit): Hillinger

Casa

23.02.18	„Metropolis" nach Thea von Harbau/Fritz Lang von Nils Voges (sputnic),

Live Animationsfilm (10) – I: Voges, B: Wolke, K: Rust

Box
30.09.17 „Unter Wasser" von Andréanne Joubert/Jean-François Guilbault (16+1) – I: Werner, A: Külpmann, Musik: Tamme
03.02.18 „Die erstaunlichen Abenteuer der Maulina Schmitt" nach dem Buch von Finn-Ole Heinrich
Theaterfassung: Tobias Dömer/Carola Hannusch (14) – I: Dömer, A: Gröning, M: Niegl

Heldenbar
27.02.18 „KleineMenschenLachen" – Eine interaktive Forschungs-Theater-Produktion (4+mobil) Konzept: Esther Aust/Miriam Michel u. a., A: Koltermann (Reihe „Das versteckte Zimmer")

Stadtraum
08.06.18 „Der Spalt – Ein mixed reality game" von Christoph Hütter/Sebastian Quack (bis 30.06.)

■ **Schauspiele (WA)**

Grillo
06.10.17 „Leben des Galileo Galilei" von Brecht (9)
12.10.17 „Dämonen" von Dostojewski/Schmidt-Rahmer (5)
20.10.17 „Sophia, der Tod und ich" von Uhlmann/Gersch/Zipse (8+2)
09.12.17 „Kunst" von Reza (4)
09.01.18 „Der Prozess" von Kafka/Peters (4)
10.03.18 „Top Dogs" von Widmer (3+1)

Casa
20.10.17 „Die lebenden Toten oder: Monsters of Reality" von Lollike (5+1)
18.10.17 „Tschick" von Herrndorf/Koali (11)
09.12.17 „Das beste aller möglichen Leben" von Haidle (5)
19.01.18 „Superhero" von McCarten/Dahlem/Hannusch (3+1)
07.03.18 „Die Verwandlung" nach Kafka/Theaterlabor-Projekt (1)

Box
06.10.17 „Pussy Riots" von Barrawasser/Heller (6+1)
31.10.17 „Ichglaubeaneineneinzigengott" von Massini (8)

12.11.17 „Ein König zu viel" von Pigor (8)
19.11.17 „Die Wanze" von Shipton (3)

■ **Abstecher**
– „Der Fährmann vom Baldeneysee" mit den Alten Helden (Gelsenkirchen, Consol Theater, 01.06.18)
– „Die lebenden Toten oder: Monsters of Reality" (Ludwigshafen 06.12.17)
– „Herr der Fliegen"/Theaterlabor (Duisburg 12.05.18)
– „Pussy Riots" (Heidelberger Stückemarkt 22.04.18)
– „Sophia, der Tod und ich" (Ludwigshafen 06./07.03.18)
– „Superhero" (Marl 27.02.18)
– „Top Dogs" (Duisburg 28.04.18)
– „Unter Wasser" (Kinder- und Jugendtheatertreffen in Köln 17.05.18)
– „Wo kommt eigentlich das Lachen her"/Forschendes Theater (Grips Podewil Berlin 26.01.18, 2×)

■ **Sonderveranstaltungen**

Grillo
Mehrfach: Jazz in Essen; Offener Workshop für alle; Spielen & Staunen (Workshop zu einzelnen Inszenierungen); Theaterberufe hautnah

Einzeltermine
15.09.17 Die Weihe des Hauses, Festakt „125 Jahre Grillo-Theater"
Beethoven, Ouvertüre „Die Weihe des Hauses", Philharmoniker, ML: Tomaš Netopil
Grußworte: Ministerpräsident Arnim Laschet und Oberbürgermeister Thomas Kufen
Carl Maria von Weber, Ouvertüre „Der Freischütz"; Arie des Ännchen; Jägerchor (Elbenita Kajtazi/Opernchor (Herren)/Philharmoniker, ML: Netopil
Festvortrag: Ulrich Grillo (BDT-Vizepräsident)
Auszug aus dem Ballett „La vie en rose" von Ben Van Cauwenbergh mit dem Ballett-Ensemble/Rezo Tschchikwischwili (Grillo)/Boris Gurevich (Klavier)
Historisches Weihfestspiel anlässlich

der Eröffnung des Grillo-Theaters 1892 von H. Héoumont mit Jens Winterstein (Vater Rhein)/Ingrid Domann (Tochter Ruhr)/Floriane Kleinpaß (Die Kunst)/Axel Holst (Friedrich Grillo); I: Tombeil, A: Koltermann
Geburtstagssong für das Grillo-Theater: Tante Polly/Ensemble und Mitarbeiter/innen des Schauspiels Essen, Komposition: Dominik Dittrich
Anschließend im Café Central: Eröffnung der Fotoausstellung „Auf Fotos sehen wir immer jünger aus" zu 125 Jahre Grillo-Theater durch Christian Tombeil/Wulf Mämpel

16.09.17 „So jung kommen wir nicht mehr zusammen" – Geburtstagsfest aller Sparten für die ganze Familie
Programm (u. a.): „Für mich soll's rote Rosen regnen" – Wunschkonzert mit dem Ensemble, Moderation: Stefan Diekmann; „Rote Socken singen tote Lieder" (Songs aus der DDR)
„Eat the Rich" – Balladen vom Fressen und Gefressen werden mit Ensemble-Mitgliedern
„Musikalische Europareise" mit Rezo Tschchikwischwili
„Heiteres aus Oper und Operette" mit Mitgliedern des Aalto-Theaters und dem Opernchor; Jens Bingert (Chodirektor); Boris Gurevich (Klavier); Moderation: Christian Schröder/Svenja Gottsmann (Dramaturgie)
„Petrosinella, lass dein Haar herunter" – Märchenstunde mit Hexe Kleinlaut (Marie-Helen Joël)
„Salonmusik vom Feinsten" mit dem Streichquintett der Philharmoniker;
„Höhepunkte der Wiener Klassik" mit dem Bläser-Oktett der Philharmoniker
Philharmonischer Chor und Aalto-Kinderchor
Auszüge aus den Balletten „La vie en rose" und „Carmen/Bolero" von Ben Van Cauwenbergh mit dem Ballett/Rezo Tschchikwischwili und den Philharmonikern, ML: Christopher Bruckman

21.10.17 Europäischer Salon! – Ein Fest für Europa mit Nora Dossong (D)/Aris Fioretos (Schweden)/Esther Kinsky (D)/Fiston Mwanza Mujila (Demok. Republik Kongo)/Dubravka Ugrešić (Kroatien)/Olga Takarczuk (Polen); Moderation: Claus Leggewie/Daniel Medin
17.06.18 „Afrika hilft sich selbst" (Benefiz-Matinee), Versteigerung zeitgenössischer afrikanischer Kunstwerke zugunsten von Cap Anamur/Deutsche Not-Ärzte e. V.
28.06.18 „Sag beim Abschied leise Servus" – Wunschkonzert mit Ingrid Domann und dem Ensemble
30.06.18 Abschluss-Communiqué und After Game Lounge zu „Der Spalt"

Heldenbar
Mehrfach: Poetry Slam
Einzeltermine
07.09.17 „Goethe und 1001 Nacht" – Vortrag: Hartmut Heinze, M. A. (Berlin)
12.09.17 „Theaterbauten im Kaiserreich": Von Kiel bis Freiburg i. Br., von Rostock bis Essen, Heinrich Seeling (1852–1932) und sein Werk, Vortrag: Dr. Irmhild Heckmann (Passau)
26.09.17 „Kulturimmobilien in Essen" – Eine Erzählung vom Wandel zur Kulturmetropole
Vortrag: Prof. Oliver Scheytt, Kulturmanager
12.10.17 „Frei wie Wolken, fühlt was Leben sei!" – Wolken als Sinnbild bei Goethe
Vortrag: Martin Blum (Görlitz/Ingolstadt)
21.10.17 „Alle doof …bis zum Schluss!" (Reihe „Freischuss"), auch 10.02./18.05.18
Axel Holst liest Texte von Dietmar Wischmeyer bis zum bitteren Ende
16.11.17 „Die Göttin der Schönheit sollte gar keine Falten haben" – Wieland als erotischer Schriftsteller
Vortrag: Dr. Egon Freitag (Weimar)
12.12.17 „Das Grillo-Theater 1950" – Die Architekten Wilhelm Seidensticker und Johannes Dorsch und die Stadt im Bild der Zeit, Vortrag: Peter Brdenk (Architekt BDA Essen)

27.01.18	„cross border beats hip hop polski vol. 2" mit Mateusz Dopieraski (Reihe „Freischuss")	31.12.17	Silvesterparty
30.01.18	Werne Ruhnaus Spielräume der Moderne – Das Grillo-Theater 1990, Vortrag: Georg Ruhnau (Architekt BDA Essen)	04.02.18	Matinee zur Inszenierung „Der Prinz, der Bettelknabe und das Kapital"
		17.02.18	Eröffnung der TUP-Festtage Kunst, Auftakt mit den Intendanten Hein Mulders/Christian Tombeil/Ben Van Cauwenbergh
01.02.18	„Ach, Freund, wohin ist Goethe gesunken!" – Ein Theaterskandal im klassischen Weimar und das Scheitern des Projekts „Romantisierung der Antike", Vortrag: Dr. Bertold Heizmann (Essen)	18.02.18	Matinee zur Inszenierung „Metropolis"
		15.04.18	Matinee zur Inszenierung „Der Fall der Götter"
		29.04.18	Matinee zur Inszenierung „Proletenpassion"

Casa
Mehrfach: Essen Jazz Orchestra; WDR 3 Campus Jazz
Einzeltermine

15.03.18	„Vor Sonnenaufgang" – Der „Struwwelpeter"-Autor Heinrich Hoffmann als Psychiater Eine musikalisch-literarische Aufführung von Nina Weniger/Johanna Hessenberg, Berlin
26.04.18	„Ich denke und spreche nichts als von Goethen" – Über den Schriftsteller und Adlatus Johann Peter Eckermann, Vortrag: Dr. Heiko Postma, Hannover
16.05.18	„zeitweise" von Katha Trykowski (Realisierung) mit Jan Pröhl/Janina Sachau („Freischuss")
17.05.18	„Für die Großherzogin einige Blumen ausgeschnitten" – Karl August Varnhagen von Ense am Hof der Maria Pawlowna und sein Plan zur Gründung einer Goethe-Gesellschaft Vortrag: Dr. Nikolaus Gatter, Köln
01.06.18	„Who the Fuck Is …?" – Szenische Lesung nach dem Roman „Who the Fuck Is Kafka?" von Lizzie Doron, Leitung: Schattmaier (Reihe „Freischuss")
07.06.18	Johann Gottfried Herders Betrachtungen zur Musik; Vortrag: Barbara Kiem (Freiburg) *Forum Kunst & Architektur*
24.10.17	Das Grillo-Theater im Wandel der Zeit – Vortrag: Christian Tombeil

Café Central
Mehrfach: Politischer Salon; Lesart (Aktuelle Sachbücher in der Diskussion); KlassikLounge
Einzeltermine

24.09.17	Matinee zur Inszenierung „Der Besuch der alten Dame"
19.11.17	Matinee zur Inszenierung von „Willkommen"

10.09.17	Theater-Häppchen 2017–17 freie Essener Theater geben Kostproben
19.09.17	„Wie viel Event verträgt die Literatur?" – Podiumsdiskussion zur Festivalisierung der Stadtkultur am Beispiel der Literatur Ruhr, Moderation: Michael Köhler (WDR)
07.11.17	„Nach der Flucht" – Lesung und Gespräch mit Ilija Trojanow, Moderation: Karin Yeşilada
17.12.17	„Rote Socken singen tote Lieder" – „Wir sind überall" mit Ensemble-Mitgliedern/Ralph Alda/Boris Gurevich (Klavier), auch 18.03.18
27.04.18	„Fass mich (nicht) an!" – Eine theatrale Suche nach (eigenen) Körper(Grenze)n Leitung: Aust/Windblut, A: Gröning, auch 29.04.*
28.04.18	„Herr der Fliegen" nach dem Roman von William Golding von Nigel Williams Leitung: Hölzel/Schattmaier, A: Stauch, auch 29.04.*
28.04.18	„Der Fährmann vom Baldeneysee" – Ein neues Live-Hörspiel mit den Alten Helden Leitung: Mehlfeld, A: Külpmann, auch 29.04*

(*Spielschau Essen, 7. Festival zur Präsentation der Theaterlabor-Projekte)

Box

10.09.17	Theater-Häppchen 2017 – 17 freie Essener Theater geben Kostproben

■ **Gastspiele**

Grillo

13.05.18 „Loderndes Leuchten in den Wäldern der Nacht" von Mariano Pensotti (Text/Regie) Grupo Marea/Buenos Aires

21.01.18 „Moby Dick" – Eine literarisch-misikalische Lesung des gewaltigen Epos von Herman Melville mit Ulrich Tukur/Echo-Preisträger Sebastian Knauer (Klavier)

Casa

10.01.18 „Erinnerungen" von Moritz Brandner (Gehörlosenverein Dortmund)

19.06.18 Schultheatertage (bis 22.06.)

Spielzeit 2018/19

Geschäftsführer: Berger Bergmann

Intendant: Christian Tombeil; *Stellvertretende Intendantin:* Vera Ring; *Persönliche Referentin des Intendanten:* Monika Miemitz; *Chefdisponentin:* Sabrina Wagner*; *Disponentin:* Josephine Hofmann*
Chefdramaturgin und Miglied der künstlerischen Leitung: Vera Ring; *Dramaturgin:* Carola Hannusch (auch Mitglied der künstlerischen Leitung); *Dramaturgin:* Judith Heese*; *Theaterpädagogik:* Aline Bosselmann*, Marguerite Windblut
Presse- und Öffentlichkeitsarbeit: Martin Siebold, Maria Hilber
Musik (Gäste): Christopher Bruckman (Aalto), Dominik Dittrich, Stefan Paul Goetsch, Philipp Zdebel
Choreograf: Igor Volkskovskyy

Regisseure der Neuinszenierungen: Felicia Daniel*, Christopher Fromm, Tabea Schattmaier, Marguerite Windblut; *Gäste:* Magz Barrawasser, Aline Bosselmann, Alice Buddeberg, Karsten Dahlem, Paula Emmrich, Janis Heldmann, Thomas Jäkel, Sascha Krohn (Aalto), Thomas Ladwig, Marijke Malitius (Aalto), Tobias Materna, Sarah Mehlfeld, Miriam Michel, Gustav Rueb, Hermann Schmidt-Rahmer, Anne Spaeter

Ausstatter der Neuinszenierungen: Friederike Külpmann, Ausstattungsleiterin; Gesa Gröning, Lena Natt, Franziska Schweiger; *Gäste:* Christina Hillinger, Thomas Jäkel, Dorothee Joisten, Anne Koltermann, Till Kuhnert, Martina Küster, Peter Lehmann, Ulrich Leitner, Fabian Lüdicke, Sarah Mehlfeld, Natalia Nordheimer, Thilo Reuther, Sandra Rosenstiel, Michael Sieberock-Serafimowitsch, Rabea Stadthaus, Greta Stauch, Inga Timm
Technischer Leiter: Michael Lüdiger

Ensemble: Henriette Hölzel, Floriane Kleinpaß, Ines Krug, Sabine Osthoff*, Janina Sachau, Stephanie Schönfeld, Silvia Weiskopf; Thomas Büchel, Stefan Diekmann, Alexey Ekimov, Stefan Migge, Philipp Noack, Jan Pröhl, Sven Seeburg, Rezo Tschchikwischwili, Jens Winterstein
Gäste: Monika Bujinski, Julia Friede, Clara Gohmert, Henrike Hahn, Min-Ju Kim, Melanie Lüninghöner, Denise Matthey, Miriam Michel, Kerstin Pohle, Jaëla Carline Probst, Anne Stein, Aless Wiesemann; Daniel Christensen, Michael Del Coro, Yannik Heckmann, Gregor Henze, Axel Holst, Tobias Roth, Linus Twardon, Halil Yavuz, Micael Zier
Nicht erfasst: Laiendarsteller in den Bühnenprojekten

■ Schauspiele (N)
Grillo
05.10.18 „Die Hauptstadt" (DE) nach dem Roman von Robert Menasse, Bühnenfassung: Hermann Schmidt-Rahmer (18) – I: Schmidt-Rahmer, B: Reuther, K: Sieberock-Serafimowitsch
12.10.18 „Biografie: Ein Spiel" von Max Frisch (15) – I: Ladwig, A: Leitner
10.11.18 „Der Zauberer von Oz" von Lyman Frank Baum/Anne Spaeter (44) – I: Spaeter, ML: Dittrich, B: Lüdicke, K: Koltermann
01.12.18 „Ein großer Aufbruch" von Magnus Vattrodt nach seinem gleichnamigen Film (13) – I: Rueb, B: Lehmann, K: Joisten
02.03.19 „Cash – Und ewig rauschen die Gelder" von Michael Cooney (10) – I: Materna, B: Kuhnert, K: Nordheimer
04.05.19 „Der Kirschgarten" von Anton Tschechow (6) – I: Buddeberg, B: Rosenstiel, K: Küster, M: Goetsch
Casa
06.10.18 „Auerhaus" nach dem Roman von Bov Bjerg von Karsten Dahlem/Judith Heese (14) – I: Dahlem, A: Timm, M: Zdebel

30.11.18 „≈[ungefähr gleich]" von Jonas Hassan Khemiri (12) – I: Barrawasser, B: Külpmann, K: Stadthaus
27.03.19 „Schließ deine Augen – Rien ne va plus!" Nach Motiven von Maurice Maeterlinck/J. M. Barrie/Dennis Cooper – I: Krohn/Malitius, ML: Bruckman, A: Gröning, Ch: Volkovskyy (3) *(Ein Mehrspartenprojekt im Rahmen der TUP-Festtage „Kunst" 2019)*
25.05.19 „Stromer" nach dem Bilderbuch von Sarah V./Claude K. Dubois (2) – I: Mehlfeld, A: Jäkel/Hillinger *(Koproduktion mit dem Theater am Kästnerplatz, Saarbrücken)*

Box
23.02.19 „Am Boden" von George Brant (8) – I: Daniel, A: Gröning
26.04.19 „Der stumme Diener" von Harold Pinter (5) – I: Schattmaier, A: Külpmann

■ Schauspiele (WA)
Grillo
20.10.18 „Der Besuch der alten Dame" von Dürrenmatt (15)
27.10.18 „Der Fall der Götter" von Visconti/Litscher (4)
20.12.18 „Willkommen" von Hübner (9+1)
Casa
12.10.18 „Metropolis" von Voges (9)
05.12.18 „Tschick" von Herrndorf (4+1)
Box
27.10.18 „Ein König zu viel" von Pigor (7)
10.11.18 „Die erstaunlichen Abenteuer der Maulina Schmitt" von Dömer/Hannusch (5)
18.01.19 „Unter Wasser" von Andréanne Joubert (4)

■ Abstecher
– „Nichtsnutze voller Tatendrang" (Essen, Gerhard-Kesting-Haus 18.05.19)
– „Tschick" (Marl 31.01.19)
– „Willkommen" (Marl 21.03.19)

■ Sonderveranstaltungen
Grillo
Mehrfach: Jazz in Essen: Theaterberufe hautnah; Öffentlicher (Schau)Spielworkshop; Osterferien-Theaterworkshop (3×)
Einzeltermine
30.12.18 Jazz in Essen: „Eine Weihnachtsgeschichte" von Charles Dickens
27.06.19 They Work Hard For The Money – Wunschkonzert mit dem Ensemble ML: Hajo Wiesemann, Moderation: Christian Tombeil
Heldenbar
Mehrfach: Poetry Slam (Poeten ringen um die Gunst des Publikums)
Einzeltermine
06.09.18 Begegnungen mit der Antike: Klopstock, Wieland, Voß und Goethe Vortrag: Prof. Dr. Hans-Joachim Kertscher (Halle)
11.10.18 „Verlorene Söhne, verlorene Töchter": Bemerkungen zu Karl Mays Kolportageroman „Der verlorene Sohn", Vortrag: Dr. Jürgen Klose (Dresden)
15.11.18 „Faust ist einer von uns oder: Zum Teufel komm raus" – Teufelspakt und Erlösung bei Goethe/Thomas und Klaus Mann; Vortrag: Dr. Dieter Strauss (München)
15.12.18 „KleineMenschenLachen"/WA (Reihe „Das versteckte Zimmer"), auch 16.03./22.06.
24.01.19 Goethe-Kitsch: Ein kulturwissenschaftlicher Streifzug durch die Vermarktung eines Dichterfürsten; Vortrag: Prof. Dr. Sabine Wienker-Piepho (Freiburg/Jena)
16.02.19 „Drei Farben"/WA (Reihe „Das versteckte Zimmer"), auch 25.05./08.06.
21.02.19 „Männer, Männer, sie machen uns glücklich und elend …" – Ein Abend über die Frauen um Goethe mit ersonnenen Weiberworten, wo Quellen fehlen … von und mit Vicki Spindler (Berlin)/Matthias Mertens (Stralsund)
21.03.19 „Im Schatten Goethes: August von Kotzebue"; Vortrag: Dr. Bertold Heizmann (Essen)
11.04.19 „Goethe und die Kinder"; Vortrag: Prof. Dr. Volker Hesse (Berlin)
10.05.19 „Beatnik's not dead" – Ein immersiver Theaterabend von Fromm (I), A: Gröning („Freischuss")
16.05.19 „Kolossalerfolge jammervoller Dümmlinge" – Fontane und der

populäre Roman seiner Zeit, Vortrag: Prof. Dr. Christian Grawe (Melbourne)

29.05.19 „Gedankengefangene" – Ein Abend mit Musik und (Alltags-)Poesie von und mit Silvia Weiskopf/Alexandra Danshova (Klavier)

14.06.19 „Ich umarme dich hundertmal, Verräterin" – Liebesbriefe aus 9 Jahrhunderten, szenische Einrichtung: Emmrich, A: Natt, Mitwirkende: Alexey Ekimov/Silvia Weiskopf (Reihe „Freischuss")

27.06.19 „Überall und nirgends: Heinrich Heines Denkmäler"; Vortrag: Christian Liedke (Düsseldorf)

Café Central
Mehrfach: Lesart; Politischer Salon; Klassik-Lounge
Einzeltermine

01.10.18 Fremde Literaturwelten? Literatur Georgiens: Prof. Manana Tandaschwili, Ehrengast der Frankfurter Buchmesse, im Gespräch mit Dr. Bozena Badura

06.10.18 Theo Jörgensmann/Bottop (Klarinette): WDR-Fernsehdokumentation von Christoph Hügner aus dem Jahr 1986 (zur Einstimmung auf die „Jazz Pott"-Verleihung)

21.11.18 Lesung & Gespräch mit Mark Terkessidis (Literatürk Festival 2018)

27.02.19 Fremde Literaturwelten? Die Literatur Tschechiens: Tomáš Kubiček, Ehrengast der Leipziger Buchmesse2919, im Gespräch mit Dr. Bozena Badura

Casa
Mehrfach: Essen Jazz Orchestra; WDR 3 Campus: Jazz
Einzeltermine

23.09.18 Theaterhäppchen 2018: 17 freie Essener Bühnen geben Kostproben

22.10.18 Herbstferien-Theaterwerkshop für Kinder von 7 bis 10 Jahren, auch 23./24.10.

10.11.18 Lesung: „Die Katze und der General" von Nino Haratiischwili

18.11.18 Lesung & Gespräch mit Barbaros Şansal; Moderation/Übersetzung: Sabine Adatepe

26.01.19 Bühnenprojekt: „Wer bin ich?" – Eine tänzerische Experimentierwerkstatt zur eigenen Identität, Leitung: Heldmann/Michel, A: Schweiger, auch 01.02.

06.04.19 Bühnenprojekt: „Scheißvieh" – Theatrale Abgründe und Begegnungen, Leitung: Windblut, A: Stauch, auch 13.04./30.05.

Box

26.01.19 Bühnenprojekt: „Von Sternschnuppen und Mauern" – Verschiedene Generationen nebeneinander – und miteinander? – Leitung: Bosselmann, A: Natt, auch 01.02./01.03./13.04.

06.04.19 Bühnenprojekt: „Nichtsnutze voller Tatendrang" – Ein Spiel, das den eigenen Alltag unter die Lupe nimmt und dabei die Zeit verlässt, Leitung: Bosselnann, A: Natt
auch 30.05., 18.05: Gerhard Kersting-Haus

10.05.19 Bühnenprojekt: „Die Geisterjäger von Werden" (Folge 3) – Ein neues Live-Hörspiel mit den Alten Helden, Leitung: Mehlfeld, A: Külpmann, auch 11./31.05./01.06.

■ **Gastspiele**

Grillo

30.09.18 „Ein Sommernachtstraum" (Produktion von Possible World Kooperation mit dem Ballhaus Ostberlin, in Kooperation mit dem Diakoniewerk Essen)

11.11.18 Jubiläumskonzert: 30 Jahre Folkwang Jazz

26.01.19 „Tante Polly" – Seeräuberswing, Polkajazz und Lieder zum Heulen aus Hamburg St. Pauli mit Dominik Dittrich (Klavier) u. a.

Spielzeit 2019/20

Geschäftsführer: Berger Bergmann

Intendant: Christian Tombeil; *Stellvertretende Intendantin:* Vera Ring; *Persönliche Referentin des Intendanten:* Monika Miemitz; *Chefdisponentin:* Sabrina Wagner; *Chefdisponent (Elternzeitvertretung):* Andreas Jander*; *Disponentin:* Josephine Hofmann
Chefdramaturgin und Mitglied der künstlerischen Leitung: Vera Ring; *Dramaturgin und Mitglied der künstlerischen Leitung:* Carola Hannusch; *Dramaturgin:* Judith Heese; *Dramaturg (Elternzeitvertretung):* Simon Meienreis*; *Gast:* Florian Heller
Theaterpädagogik: Aline Bosselmann, Marguerite Windblut; *Gäste:* Sarah Mehlfeld, Miriam Michel
Presse- und Öffentlichkeitsarbeit: Martin Siebold, Maria Hilber
Musik (Gäste): Dominik Dittrich, Marc Eisenschink, Christoph König, Kerstin Pohle, Michel Schallenberg, Hajo Wiesemann, Hannes Strobl; *Choreografie (Gast):* Christine Stehno

Regisseure der Neuinszenierungen: Christian Tombeil, Marguerite Windblut; *Gäste:* Karsten Dahlem, Elina Finkel, Malte Jehmlich, Thomas Krupa, Thomas Ladwig, Miriam Michel, Moritz Peters, Yves Regenass, Tabea Nora Schattmaier, Anne Spaeter, Nils Voges

Ausstatter der Neuinszenierungen: Friederike Külpmann, Ausstattungsleiterin; Franziska Schweiger, Marguerite Windblut; *Gäste:* Nehle Balkhausen, Norbert Bellen, Johanna Denzel, Arianna Fantin, Gesa Gröning, Jessica Karge, Thomas Krupa, Anne Kolterann, Ulrich Leitner, Fabian Lüdicke, Anita Noormann, Vanessa Rust, Franziska Sauer, Ivonne Theodora Storm, Michael Konstantin Wolke
Technischer Leiter: Michael Lüdiger

Ensemble: Lene Dax*, Floriane Kleinpaß, Ines Krug, Sabine Osthoff*, Janina Sachau, Stephanie Schönfeld, Sabine Osthoff, Silvia Weiskopf; Thomas Büchel, Stefan Diekmann, Alexey Ekimov, Stefan Migge, Philipp Noack, Jan Pröhl, Sven Seeburg, Rezo Tschchikwischwili, Jens Winterstein
Gäste: Lea Beie, Anne Eigner, Clara Gohmert, Henrike Hahn, Laura Kiehne, Minju Kim, Julia-Mareen Korte, Kerstin Pohle, Olga Prokot, Josephine Raschke, Bahareh Sadafi, Aless Wiesemann; Philipp Alfons Heitmann, Gregor Henze, Axel Holst, Benjamin Leibbrand, Julius Ohlemann, Tobias Roth, Benno Schulz, David Simon, Martin Schnippa, Michael Zier

■ Schauspiele (N)
Grillo

20.09.19	„Biedermann und die Brandstifter" von Max Frisch (12) – I: Peters, B: Balkhausen, K: Fantin, M: Eisenschink
26.10.19	„Der Stein" (U) von Marius von Mayenburg (8) – I: Finkel, B: Bellen, K: Karge
19.11.19	„Hinter verzauberten Fenstern" – *Eine geheimnisvolle Adventsgeschichte* von Cornelia Funke Bühnenfassung von Vera Ring/Anne Spaeter (38) – I: Spaeter, B: Lüdicke, K: Kolterann, M: Dittrich, Ch: Stehno
14.12.19	„After Midnight" – *Ein tiefer Blick in Gläser und Abgründe* von Florian Heller (8) – I: Tombeil, ML: Wiesemann, A: Storm
28.02.20	„Kleiner Mann – was nun?" nach dem Roman von Hans Fallada (2) – I: Ladwig, B: Leitner, K: Noormann (Bühnenfassung: Thomas Ladwig/Vera Ring)

Casa

14.11.19	„Der Ruhrfaust" von Gordon K. Strahl, I: Schattmaier, A: Gröning (Produktion des Theaters Freudenhaus in Kooperation mit dem Schauspiel Essen und dem Literatürk Festival 2019)

13.12.19	„Peer Gynt" von Henrik Ibsen (6) – I: Dahlem, A: Sauer, M: König
18.01.20	„Du musst fröhlich sein!" – Eine intergenerative Betrachtung verschiedener Höllen (3) (StadtEnsemble „Die Interzonen"), Leitung: Michel, A: Schweiger
29.02.20	„INFerno" (U) – Live Animation Cinema von sputnic nach Dantes „Die göttliche Komödie" (2) Künstlerische Leitung: Voges/ Jehmlich, Text/I: Nils Voges, B: Wolke, K: Rust, M: Pohle/ Schallenberg

Box

21.09.19	„Der Reichsbürger" von Annalena und Konstantin Küspert (13) – I/A: Krupa, M: Strobl
18.01.20	„Love and Light" (StadtEnsemble „Die Queerspekten") (3)

Maxstraße 54

28.09.19	„Sign Here – Ein theatrales Adventure-Game" von machina eX (U) – I: Regenass, K: Denzel (17) (Konzept und Gamedesign: machine eX, Text: Clara Ehrenwerth)

■ Schauspiele (WA)

Grillo

27.09.19	„Der Kirschgarten" von Tschechow (3)
12.10.19	„Cash – Und ewig rauschen die Gelder" von Cooney (5)
20.12.19	„Biografie" von Frisch (4)
31.01.20	„Der Besuch der alten Dame" von Dürrenmatt (2)

Casa

06.11.19	„Tschick" von Herrndorf (6)

Box

27.09.19	„Der stumme Diener" von Pinter (10)
05.10.19	„Ein König zu viel" von Pigor (10) [14.12.: 50×]
12.10.19	„Am Boden" von Brant (5)
20.10.19	„Stromer" nach dem Bilderbuch von Sarah V./K. Dubois (8)

■ Sonderveranstaltungen

Grillo

Mehrfach: Jazz in Essen; Theaterberufe hautnah; Öffentlicher (Schau-)Spielworkshop

Einzeltermin

14.09.19	TUP-Theaterfest im Grillo (aus dem Programm) *Vor dem Grillo:* Songs aus „After Midnight" mit Thomas Büchel/Jan Pröhl/Jens Winterstein/Hajo Wiesemann u. a. *Box:* „Ein König zuviel" von Gertrud Pigor (für Kinder) mit Janina Sachau/ Aless Wiesemann *Casa:* Probe zu „Die Männer sind alle Verbrecher" mit Rainer Maria Röhr (Gesang)/Juriko Akimoto (Klavier) *Heldenbar:* Künstler lesen: Lene Dax/ Stefan Migge/Philipp Noack (Grillo); Ariane Bliss/Sascha Krohn (Aalto); Deniz Utlu (Autor); Moderation: Carola Hannusch; Wunschkonzert „Für mich soll's rote Rosen regnen" mit Janina Sachau/Silvia Weiskopf;Thomas Büchel/Alexey Ekimov/ Rezo Tschchikwischwili (Grillo); Marie-Helen Joël/Albrecht Kludszuweit (Aalto) Band: Oliver Malitius/ Bastian Ruppert/Hajo Wiesemann/ Philipp Zdebel; Moderation: Sabine Osthoff *Cafe Central:* „Intendanten-Talk" mit Christian Tombeil/Hein Mulders/ Marek Tuma (stellvertretender Ballettintendant), Moderation: Christoph Dittmann; Probe „Liebesweichen" (Lotte Lenya/Kurt Weill-Abend) mit Marie-Helen Joël/Thomas Büchel; Oliver Malitius (Klavier) *Am Abend (Grillo):* Trailershow/Vorschau auf die neue Spielzeit Ouvertüre; Mozart, Arie de Figaro „Non più andrai" (Baurzhan Anderzhanov) aus „Figaros Hochzeit"; Pas de deux aus Minkus, „Don Quixote" (Yusleimy Herrera Léon/Davit Jeyranyan); Tschaikowsky, Arie der Polina aus „Pique Dame" (Liliana de Sousa); Probe zu Max Frisch, „Biedermann und die Brandstifter"; Verdi, „Gefangenenchor" aus „Nabucco" (Opernchor); Gounod, Walzer aus „Faust" (Opernchor); Probe zu „Der Stein" von Marius von Mayenburg; Lehár, Arie des Sou-Cho „Dein ist mein ganzes Herz" (Carlos Cordoso) aus

„Das Land des Lächelns; „Pas de deux aus „Rock Around Barock" (Yanelis Rodriguez/Yegor Hordyenko; Ch: Ben Van Cauwenbergh); Songs aus „After Midnight" mit Thomas Büchel/Jan Pröhl/Jens Winterstein; Hajo Wiesemann u. a.)
Vor dem Grillo: „Tante Polly" – Die Hamburger Kultband live mit Dominik Dittrich/Benjamin Leibrand/Lutz Seitz/Frank Wöhst
Philharmoniker; ML: Johannes Witt; Moderation: Marie-Helen Joël/Christian Tombeil

Heldenbar
Mehrfach: Poetry Slam
Einzeltermine
12.09.19 „Goethe und die Mythologie"; Vortrag: Prof. Dr. Stefan Matuschek (Jena)
10.10.19 „Der Ilmenauer Bergbau unter der Leitung Goethes"; Vortrag: Dr. W. Pollert (Augsburg)
21.11.19 „Johanna Sebus – Tod am Niederrhein"; Vortrag: Dr. Hans Ulrich Foertsch (Recklinghausen)
21.12.19 „Gedankengefangene" – Ein Abend mit Musik und (Alltags-) Poesie von und mit Silvia Weiskopf Alexandra Danshova, Klavier (Reihe Freischuss")
30.01.20 „Für 10 Mark kommt man in die beste Gesellschaft" – Die Gründung der Goethe-Gesellschaft im Kaiserreich; Vortrag: Arin Haideri (Bielefeld)
27.02.20 „Sympathy for the Devil" – Die künstlerische Bewältigung des Bösen am Beispiel von J. W. Goethe und Mick Jagger; Vortrag: Prof. Dr. Rainer Holm-Hadulla (Heidelberg)

Café Central
Mehrfach: Politischer Salon; Lesart; KlassikLounge
Einzeltermine
17.11.19 „Heimat – eine Besichtigung des Grauens" – Ein Anti-Heimatabend von und mit Thomas Ebermann/Thorsten Mense Im Rahmen des Literatürk Festivals 2019)
02.03.20 „Die Literatur Südosteuropas" – Fokus der Leipziger Buchmesse 2020 Hans Stojić im Gespräch mit Dr. Bozena Badura (in der Reihe „Fremde Literaturwelten?")

Casa
Mehrfach: Essen Jazz Orchestra
Einzeltermine
08.09.19 „Theaterhäppchen 2019": 16 freie Theater geben Kostproben aus ihren Programmen
Moderation: Gordon K. Strahl
12.11.19 „Eure Heimat ist unser Alptraum" – Lesung und Gespräch mit Hengameh Yaghoobifarah u. a. (Im Rahmen des Literatürk Festivals 2019)

■ **Gastspiele**
Grillo
24.01.20 „Tante Polly" – Seeräuberswing, Polkajazz und Lieder zum Heulen aus Hamburg St. Pauli mit Dominik Dittrich (Gesang/Klavier) u. a.

Casa
07.03.20 Frauentreff – Eine Theaterproduktion des Gehörlosen Theatervereins Dortmund e. V. I: Sabine Feuerbaum

13. März 2020: Abbruch der Spielzeit 2019/20 wegen der Corona-Pandemie
Anfang Juni: Provisorische Wiederaufnahme des Spielbetriebs (mit eingeschränkter Besucherzahl)
Grillo
18.06.20 „Der Stein" von Marius von Mayenburg
26.06.20 „Biedermann und die Brandstifter" von Max Frisch, auch 27.06.

Spielzeit 2020/21

Geschäftsführerin: Karin Müller

Intendant: Christian Tombeil; *Stellvertretende Intendantin:* Vera Ring; *Persönliche Referentin des Intendanten:* Monika Miemitz *Chefdisponenten:* Andreas Jander, Sabrina Wagner; *Disponentin:* Josephine Hofmann *Dramaturgie:* Vera Ring, Chefdramaturgin und Mitglied der künstlerischen Leitung; *Dramaturgin und Mitglied der künstlerischen Leitung*: Carola Hannusch; *Dramaturgen:* Judith Heese, Simon Meienreis
Gäste: Silke Merzhäuser, Piotr Rudzki, Charlotte Weidinger
Theaterpädagogik: Aline Bosselmann, Marguerite Windblut
Presse- und Öffentlichkeitsarbeit: Martin Siebold, Maria Hilber
Musik (Gäste): Hauke Beck, Gilbert Handler, Insa Rudolph, Hajo Wiesemann; *Choreografie (Gast):* Helen Wendt

Regisseure der Neuinszenierungen: Aline Bosselmann Christopher Fromm, Sophie Östrovsky; *Gäste:* Karsten Dahlem, Susanne Lietzow, Miriam Michel, Damian Popp, Julia Roesler, Hermann Schmidt-Rahmer

Ausstatter der Neuinszenierungen: Friederike Külpmann, Ausstattungsleiterin; *Gäste:* Lea Dietrich, Aurel Lenfert, Marie-Luise Lichtenthal, Marlene Lücker, Pia Maria Mackert, Lena Natt, Thilo Reuther, Viva Schuldt, Franziska Schweiger, Inga Timm
Technischer Leiter: Michael Lüdiger

Ensemble: Lene Dax, Floriane Kleinpaß, Ines Krug, Sabine Osthoff, Janina Sachau, Beatrix Strobel*, Silvia Weiskopf; Dennis Bodenbinder*, Thomas Büchel, Stefan Diekmann, Alexey Ekimov, Stefan Migge, Philipp Noack, Jan Pröhl, Sven Seeburg, Rezo Tschchikwischwili, Jens Winterstein
Gast: Jürgen Hartmann

■ **Schauspiele (N)**
Grillo
09.10.20 „Wer hat Angst von Virginia Woolf?" von Edward Albee (2) – I: Dahlem, A: Timm, M: Wiesemann
Casa
19.09.20 „Die Marquise von O." nach der Novelle von Heinrich von Kleist (4) – Bühnenfassung: Christopher Fromm I: Fromm, B: Külpmann, K: Schweiger, M: Beck, Ch: Wendt
10.10.20 „Gift. Eine Ehegeschichte" von Lot Vekemans (3) – I: Östrovsky, A: Natt

■ **Schauspiele (WA)**
Grillo
24.09.20 „Biedermann und die Brandstifter" von Frisch (3)
15.10.20 Best of „After Midnight" nach dem Stück von Heller (3)

02.11.20 Erneute Einstellung des Spielbetriebs wegen der Corona-Pandemie

Online-Veranstaltungen
26.01.21 „reality check" – Digitales Wahrnehmungsspiel (Live-Szenen und filmische Elemente) (5+1) – I: Bosselmann/StadtEnsemble „Die Positronen"
29.01.21 „Heimliche Vorgänge" – Ein Hörspaziergang – I: Michel, Mitarbeit: Joshua Liesenhoff; dramaturgische Beratung: Marti Soofipour Omam (StadtEnsemble „Die Interzonen")

Anfang Juni 2021: Wiederaufnahme des Spielbetriebs unter strengen Auflagen

■ **Schauspiele (N)**
Grillo
21.05.21 „Früchte des Zorns" nach John Steinbeck von Hermann Schmidt-Rahmer (5) – I: Schmidt-Rahmer, B: Reuther,

	K: Mackert (*Video On-Demand/ Stream*)
05.06.21	„Bunbury – Ernst ist das Leben" von Oscar Wilde/Elfriede Jelinek (6) – I: Lietzow, B: Lenfert, K: Lichtenthal, M: Handler

Casa
03.06.21 „Fünf gelöschte Nachrichten" von Falk Richter (8) – I: Popp (Abschlussinszenierung), A: Lücker (in Kooperation mit der Folkwang Universität der Künste)

■ WA
Grillo
16.06.21 Best of „After Midnight" nach dem Stück von Heller (4)
Virtual Reality
06.05.21 „Der Reichsbürger (360°)" von Annalena und Konstantin Küspert (32)

■ Abstecher
– „Arbeiterinnen" – Ein dokumentarisches Portrait von drei Frauengenerationen aus Arbeiterfamilien im Ruhrgebiet und in Niederschlesien von werkgruppe2 (Digitales Festspielhaus Recklinghausen 27.05.21) – I: Roesler, ML: Rudolph, A: Dietrich/Schuldt
– „reality check" (Dortmund, Festival UnruhR 13.05.21) [Essener Premiere: 30.10.21]

■ Sonderveranstaltung
Casa
04.06.21 „Nie hab ich mich dir so nah gefühlt", Kurzfilm von Rebecca E. Bednarzyk/ Franka Siegmund (2)

Spielzeit 2021/22

Geschäftsführerin: Karin Müller

Intendant: Christian Tombeil; *Stellvertretende Intendantin:* Vera Ring; *Persönliche Referentin des Intendanten:* Monika Miemitz; *Chefdisponenten:* Andreas Jander, Sabrina Wagner; *Disponentin:* Josephine Hofmann
Chefdramaturgin und Mitglied der Künstlerischen Leitung: Vera Ring, *Dramaturgin und Mitglied der Künstlerischen Leitung:* Carola Hannusch; *Dramaturgin:* Judith Heese; *Gäste:* Christine Lang, Silke Märzhäuser, Simon Meienreis, Piotr Rudzki, Ulf Schmidt, Charlotte Weidinger
Theaterpädagogik: Aline Bosselmann, Marguerite Windblut; *Gäste:* Minju Kim, Joshua Liesenhoff, Sarah Mehlfeld, Miriam Michel, Amansa Romero Canepa, Amelie von Godin
Presse- und Öffentlichkeitsarbeit: Maria Hilber (Leiterin); Anna Lisa Oehlmann* (ab 01.01.22)

Schauspielmusik (Gäste): Hauke Beck, Dominik Dittrich, Hanns Eisler, Gilbert Handler, Benjamin Leibbrand, Jochen Kilian, Ulrich Reuter, Hannes Strobl, Hajo Wiesemann

Regisseure der Neuinszenierungen: Aline Bosselmann, Aisha Abo Mostafa, Marguerite Windblut; *Gäste:* Karsten Dahlem, Elina Finkel, Christina Hillinger, Thomas Jäkel, Minju Kim, Thomas Krupa, Thomas Ladwig, Joshua Liesenhoff, Volker Lösch, Sarah Mehlfeld, Miriam Michel, Julia Rösler, Gustav Rueb, Hermann Schmidt-Rahmer, Anne Spaeter, Zafer Tursun, Amelie von Godin

Ausstatter der Neuinszenierungen: Friederike Külpmann, Ausstattungsleiterin; Lena Natt; *Gäste:* Daniel Angermayr, Norbert Bellen, Leo Dietrich, Moni Gora, Teresa Grosser, Vesna Hiltmann, Claudia Kalinski, Anne Koltermann, Thomas Krupa, Peter Lehmann, Ulrich Leitner, Fabian Lüdicke, Pia Maria Mackert, Ella Mordas, Anita Noormann, Thilo Reuther, Viva Schudt

Technischer Leiter: Michael Lüdiger

Ensemble: Lene Dax, Floriane Kleinpaß, Ines Krug, Sabine Osthoff, Janina Sachau, Trixi Strobel, Silvia Weiskopf; Dennis Bodenbinder, Thomas Büchel, Stefan Diekmann, Alexey Ekimov, Stefan Migge, Philipp Noack, Jan Pröhl, Sven Seeburg, Rezo Tschchikwischwili, Jens Winterstein
Gäste/Teilspielzeit: Anna Bardavelidze, Bożena Baranowska, Monika Bujinski, Indrid Domann, Sophie Eichelberg, Luzie Juckenburg, Minju Kim, Annika Martens, Denise Matthey, Sarah Mehlfeld, Olga Prokot, Josephina Raschke, Fine Sendel, Laura Sundermann, Joana Tscheinig, Amelie von Godin, Laura Louise van Meurs, Marie von Reibnitz, Aless Wiesemann, Janka Woźnicka, Marta Zięba; Thomas Anzenhofer, Jürgen Hartmann, Gregor Henze, Axel Holst, Benno Schulz

■ Schauspiele (N)
Grillo

10.09.21 „Die Rundköpfe und die Spitzköpfe oder Reich und reich gesellt sich gern" (7) Ein Greuelmärchen nach Bertolt Brecht (Essener Fassung) – I: Schmidt-Rahmer, B: Angermayr, K: Mackert, M: Hanns Eisler

17.09.21 „Früchte des Zorns" nach dem Roman von John Steinbeck (6) – Bühnenfassung: Schmidt-Rahmer
I: Schmidt-Rahmer, B: Reuther, K: Mackert

23.10.21 „Der Zauberer von Oz" von Lyman Frank Baum/Anne Spaeter (41)
I: Spaeter, ML: Dittrich, B: Lüdicke, K: Koltermann

30.10.21 „Arbeiterinnen"/Pracujące Kobiery" – Filmvorführung mit Live-Musik (3) Ein dokumentarisches Porträt von drei Frauengenerationen aus Arbeiterfamilien im Ruhrgebiet und in Niederschlesien von „werkgruppe 2" im Rahmen von „Zehn X Freiheit"

Regie: Roesler; A: Dietrich/Schudt, Drehbuch: Silke Merzhäuser/Julia Roesler,
Musikalisches Konzept: Insa Rudolph, Musik: Esra Dalfidan/Katrin Mickiewicz/Ina Rudolph

17.12.21 „Aufruhr" (U) von Christiane Lang/Volker Lösch/Ulf Schmidt (17) – I: Lösch, B: Külpmann, K: Grosser, M: Reuter

07.05.22 „Das achte Leben (für Brilka)" nach dem Roman von Nino Haratischwili (5) – I: Finkel, B: Bellen, K: Hiltmann (Bühnenfassung: Emilia Linda Heinrich/Julia Lochte/Jette Steckel)

Casa

25.09.21 „Endspiel" von Samuel Beckett (8) – I: Rueb, A: Lehmann

24.10.21 „Der Mann, der eine Blume sein wollte" nach dem Kinderbuch von Anja Tuckermann/Mehrdad Zaeri/Uli Krappen (9) – Konzept/I: compagnie toit végétal (Hillinger/Jäkel/Mehlfeld), M: Kilian (Kooperation: compagnie toit vegetal/Rotondes Luxemburg/Schauspiel Essen/Schaubühne Berlin/TAK Theater Liechtenstein)

18.12.21 „Nathan der Weise" von Gotthold Ephraim Lessing (22) – I: Dahlem, A: Kalinski, M: Wiesemann

04.03.22 „Extrem laut und unglaublich nah" nach dem Roman von Jonathan Safran Foer (10) – Bühnenfassung/I: Ladwig, B: Leitner, K: Noormann

16.04.22 „Klingt fast wie Sterne" (StadtEnsemble „Die Positronen"), 4× – I: Bosselmann, A: Natt

16.04.22 „Total Eclipse of the Gay" – A microdrama (StadtEnsemble „Die Queerspekten"), 3× – I: Windblut, A: Natt

21.05.22 „Sandstürme im Akkord" (StadtEnsemble „Interzonen"), 3× – I: Michel A: Mordas/Külpmann

Heldenbar

02.10.21 „Look at me. Schau mich an!" Theater für die Allerkleinsten (3)
Produktion und Performance: Bosselmann/von Godin/Kim/Liesenhoff/Windblut

Cafe Central

25.03.22 „Lammkeule" von Roald Dahl (Reihe „Freischuss") – I: Mostafa (1×)

Box

21.05.22 „Eine neue Stückentwicklung" (StadtEnsemble „Alte Helden"), 3× – I: Mehlfeld, A: Mordas

Virtual Reality

02.06.22 „Die Wand (360°) nach dem Roman von Marlen Haushofer (VR-Fassung: Thomas Krupa) I/B: Krupa, K: Gora, M: Strobl (15)

■ **Schauspiele (WA)**

Grillo

24.09.21 „Bunbury – Ernst ist das Leben" von Wilde (12)

08.10.21 „Wer hat Angst vor Virginia Woolf?" von Albee (12)

23.10.21 „Der Zauberer von Oz" von Baum/Spaeter (41)

19.11.21 „Best of After Midnight" nach dem Stück von Heller (13)

28.01.22 „Der Besuch der alten Dame" von Dürrenmatt (8)

24.02.22 „Biedermann und die Brandstifter" von Frisch (4)

Casa

11.09.21 „Fünf gelöschte Nachrichten" von Richter (7)

09.10.21 „Die Marquise von O." nach der Novellevon Kleist (3)

14.10.21 „Gift. Eine Ehegschichte" von Vekemans (11)

Box

05.01.22 „Ein König zuviel" von Pigor (13)

VR-Aufführung (Digitale Bühne)

16.09.21 „Der Reichsbürger (360°)" von Annalena/Konstantin Küspert (41) *vor dem Grillo*

21.09.21 „Sprechraum – Performance" von cindy+cate (1)

■ **Sonderveranstaltungen**

Grillo

Mehrfach: Jazz in Essen; Theaterberufe hautnah; Fortbildung für Lehrer/innen; Ferienworkshop „Queertowns"

Einzeltermine

14.10.21 Öffentlicher Workshop zur Inszenierung „Gift. Eine Ehegeschichte" mit anschließendem Besuch der Vorstellung

10.02.22 Öffentlicher Workshop zur Inszenierung „Aufruhr" mit anschließendem Besuch der Vorstellung

Heldenbar

23.09.21 „Die Utopie von der vernünftigen Lust" – Zur erotischen Literatur des 18. Jahrhunderts; Vortrag: Prof. Dr. Uwe Hentschel (Chemnitz)

28.10.21 „Die Fortsetzung folgt ..." – Friedrich Schiller und sein Roman „Die Geisterseher"; Vortrag: Dr. Heiko Postma (Hannover)

Box

27.04.22 „Draußen vor den Türen: Nach Wolfgang Borchert" (Reihe „Freischuss"), 2×
Ein Solidaritätsabend für alle, die fliehen und hoffen anzukommen
Konzept/szenische Einrichtung: Zafer Tursun

21.05.22 „Eine neue Stadtentwicklung" („Alte Helden"), 3× – I: Mehlfeld, A: Mordas

Café Central
Mehrfach: Lesart
Einzeltermine

25.05.22 „Dort", Lesung über Verlust, Trauer und Hoffnung mit Silvia Weiskopf/Sven Seeburg
Konzept und Einrichtung: Carolin von Ohle

12.06.22 Spielzeitprogramm 2022/23, auch 19.06.

Casa
Mehrfach: Lesart; KlassikLounge
Einzeltermine

06.10.21 „Coverings", eine Kurzgeschichte von Karen Jennings (Südafrika)
Autorinnenlesung – und -gespräch (im Rahmen des Projekts „Blick in die Zukunft – Gegen das Vergessen")

14.11.21 „Die Erfindung des Dosenöffners" – Lesung und Gespräch mit Tarkan Bagci

Proust-Buchhandlung

06.04.22 „Unmöglich zu schweigen" – Ein literarischer Abend der Solidarität mit allen, die der Krieg zu fressen droht: Gemeinsame Aktion von VHS/Schauspiel Essen/Buchhandlung Proust/Correctiv/Literarische Gesellschaft Ruhr; Renate Heuser/Ines Krug/Beate Scherzer/Silvia Weiskopf; Rezo Tschchikwischwili/Jens Winterstein u. a. lesen Texte aus der Ukraine/Belarus/Russland

■ Gastspiele

Grillo

26.03.22 „Vögel" – Eine Spielanordnung zu Demokratie, Verführbarkeit der Massen und Tierethik (Possible World, Berlin, in Kooperation mit dem Ballhaus Ost, Berlin)

Casa Nova

05.05.22 „Die verlorene Ehre des (…)" von Camilla Gerstner, inspiriert von Heinrich Bölls Erzählung „Die verlorene Ehre der Katharina Blum" – I/B: Camilla Gerstner, K: Lea Westhues (auch 06.05.)

07.06.22 Schultheatertage (bis 09.06.)

Kinder- und Jugendtheater 1980–1998

(Ab 01. Januar 1980 selbstständige Sparte)

Spielzeit 1979/80

Hildegard Bergfeld
Leiterin des Kinder- und Jugendtheaters
1. Januar 1980–1986/87,
1987/88–1988/89 kommissarisch

Geboren wurde Hildegard Bergfeld in Oberfranken; in Erlangen ging sie zur Schule, in Nürnberg begann sie zunächst Musik (Gesang und Klavier) zu studieren, heiratete dann, bekam zwei Söhne und experimentiert heute, so sagt sie, „lieber mit Worten als mit Noten": So war sie also schon „gestandene Hausfrau und Mutter", als sie nach einer Nebentätigkeit als Übersetzerin amerikanischer und schwedischer Kinderbücher ihr Studium der Dramapädagogik und Literaturwissenschaft an der Universität Uppsala aufnahm. Danach leitete sie Workshops, Seminare und Arbeitskreise in Schulen, Freizeiteinrichtungen, Strafanstalten in Deutschland und Schweden, arbeitete ebenfalls in Schweden bei Theatern, freien Gruppen und beim Schulfunk mit. Mit dieser umfassenden Ausbildung und ihrer weitreichenden Erfahrung hatte Hildegard Bergfeld es nicht allzu schwer, in Essen „ihre Truppe", die nahezu geschlossen gleichzeitig mit ihr neu anfing, für ihre Ideen und Vorstellungen von Kinder- und Jugendtheater zu begeistern. „Wir verstehen uns eigentlich mehr als freie Gruppe", sagt Hildegard Bergfeld, „aber schon eingebunden ins Theater, um auch die Technik und den Apparat einer solchen Institution nutzen zu können, andererseits auch den manchmal etwas hinderlichen bürokratischen Bestandteilen dieses Apparates ausgesetzt zu sein."

[Bilanz nach einer Spielzeit]: „Mit dem Besuch sind wir sehr zufrieden, es besteht offenbar ein Bedarf an Kinder- und Jugendstücken." Dabei verwahrt sie sich energisch dagegen, Kindertheater als eine Mini-Ausgabe des Erwachsenentheaters zu betrachten: „Wir müssen mit ganz anderen Mitteln arbeiten, hier kommt es mehr auf Körperlichkeit an, auf Theater zum Anfassen, auf Spontaneität und nicht so sehr auf Perfektion, glanzvolle Dekorationen und schönen Schein.

Kinder wollen merken, dass sie ernst genommen werden." (Doris Linden, Essener Revue 4/1981)

Leiterin: Hildegard Bergfeld*; *Dramaturg:* Wolfgang Erwig
Ensemble: Lieselotte M. Hilbig, Heide Reinhold; Achim Brock*; *Gäste/Teilspielzeit:* Peter Klocke, Thomas Moench

■ *Casa Nova*
25.04.80 „Junge ist das Leben schön" (DE) von Claude Morand (42+mobil) – I: Maya Tångeberg, A: Ekkehard Kröhn/Maya Tångeberg

Spielzeit 1980/81

Leiterin: Hildegard Bergfeld: *Dramaturg:* Wolfgang Erwig
Technik: Eckehard Schardt; *Inspizienz:* Stephan Weinert* (beide auch Darsteller)
Ensemble: Lieselotte M. Hilbig, Marion Schüller*, Heide Reinhold; Achim Brock, Werner Schön*, Thomas Moench*, Peter Voellmy*
Gäste/Teilspielzeit: Jutta Menzel, Regula Steiner; Eduardo Kapsch, Peter Klocke, Metin Yenal

Casa Nova
27.09.80   „Prinz Ohnetrauer" (DsprE) von Per Lysander/Suzanne Osten (13+46 mobil)
I/A: Maya Tångeberg, Musik: Gunnar Edander
05.04.81   „Jutta und die Trolle" (DsprE) von Stefan Westerberg (8+44 mobil)
I: Rüdiger Trappmann, A: Peter Ketturkat

Humboldt-Aula
27.11.80   „Der Drachenbeißer" (U) von Maya Tångeberg (44) – I: Maya Tångeberg, A: Stefan Dan Sloboda
30.04.81   „Die Geschichte von der verlassenen Puppe oder Der kleine Kreidekreis" von Alfonso Sastre – I/A: Maya Tångeberg (Premiere: VHS, mobil 51×)

■ **Sonderveranstaltungen**
Straßenaktion
16.08.80   „Clown-Sketche" („Sprung vom Matterhorn"/„Frisiersalon"/„Im Restaurant") – I: Maya Tångeberg

Spielzeit 1981/82

Leiterin: Hildegard Bergfeld; *Dramaturg:* Wolfgang Erwig
Technik: Eckehard Schardt; *Inspizienz:* Stephan Weinert
Ensemble: Jutta Menzel*, Marion Schüller; Erik Besseling*, Eduardo Kapsch*, Thomas Moench, Werner Schön, Peter Voellmy
Gäste/Teilspielzeit: Claudia Howard, Dagmar Dibowski; Gyan Shivpuri

Zeche Carl (N)
26.09.81 „Alice in der Zeche Karl" mit Texten von Lewis Carroll" (13)
Ein Theaterabenteuer zum Sehen, Hören, Riechen, Schmecken und Tasten – I/A: Maya Tångeberg, Ch: „Katakali" von Sri Krishnan (Kerala/Südindien) und „Topeng Tua" von Pandé Putu Martha (Bali)

Humboldtaula (N)
21.11.81 „Limo, Dartanjang und Negerkuss" (DsprE) von Barbro Lindgren (49) – I/A: Maya Tångeberg, A: Sorin Haber, M: Gyan Shivpuri
13.03.82 „Ich und Du und der Himalaja" – Gruppenprojekt von Maya Tångeberg/Dagmar Dibowski/Claudia Howard (46) – I: Maya Tångeberg (P: Beisingschule)
28.03.82 „Der Ballon platzt"/„Der Schädel dröhnt" (DsprE) von Christina Nilsson in Zusammenarbeit mit Bo Bergstrand/Gustav Johnsson (50) – I: Hildegard Bergfeld, A: Ulrich Kötter, M: Lasse Dahlberg/Alfons Nowacki
14.04.82 „Das Lied der Mutter Erde" *Erzählung mit Figuren und Musik* (35) nach einer Geschichte von Tony Shearer (P: Jugendhaus Heisingen) (Gruppenprojekt mit Thomas Moench/Eduardo Kapsch/Werner Schön)
05.06.82 „Ein Fremder" (DsprE) von Leif Sundberg (15) – I/A: Georg Malvius, M: Eckard Koltermann

■ **WA**
Humboldtaula (auch mobil)
01.02.82 „Die Geschichte von der verlassenen Puppe oder Der kleine Kreidekreis" von Sastre (40×)

■ **Gastspiel**
Humboldtaula
18.06.82 „Prinzessin Apfelputzen und Prinz Steifhals" (Teatro del Sole, Mailand)

Spielzeit 1982/83

Leiterin: Hildegard Bergfeld; *Disposition:* Wolfgang Erwig
Technik: Eckehard Schardt; *Inspizienz:* Stephan Weinert (auch Mitwirkende)
Ensemble: Jutta Menzel, Marion Schüller; Erik Besseling, Christoph Finger*, Eduardo Kapsch, Thomas Moench, Werner Schön
Gäste/Teilspielzeit: Barbara Englert; Eckard Koltermann, Christian Olsen

Humboldtaula (N)
25.09.82 „Gilgamesch und Engidu" von Tilo Prückner/Roland Teubner (mobil+8) – I: John Martin, A: Hannah Feldhammer
24.11.82 „Der verzauberte Prinz" (DsprE) von Ninne Olsson nach den Brüdern Grimm (43+6) – I: Otto Schnelling, A: Hannah Feldhammer, M: Eckard Koltermann
20.04.83 „Eine lustige halbe Stunde" (DsprE) von Per Christian Jersild (mobil) – I/A: Roland Klockare
27.04.83 „Das Ei und die Puppe" (DsprE) von Morand (4+mobil) – I: Roland Klockare, A: Charles Koroly
19.05.83 „Der kleine Prinz von Dänemark" (DsprE) von Torsten Letser (mobil) – I: Leif Norinder, A: Charles Koroly
Casa Nova (WA)
11.01.83 „Ein Fremder" von Sundberg (16+1)

■ Abstecher
– „Ein Fremder" (Villach, 10.06.83 im Rahmen des Spectrums '83)
– „Der verzauberte Prinz" (Duisburg 05./06./07.12.82, je 2×)
– „Gilgamesch und Engidu" (Siegen 04./05.10.82, 4×; Bochum, Juni 83, 2× im Rahmen des 2. Treffens der Theater NRW; Villach 06.06.83, 2× im Rahmen des Spectrums '83)

■ Gastspiel
VHS
16.06.83 „Die Stadt der Tiere" (Teatro del Sole, Mailand)

Spielzeit 1983/84

Leiterin: Hildegard Bergfeld; *Disposition:* Wolfgang Erwig; *Dramaturgie/Theaterpädagogik:* Cornelia Naumann-Witt*
Technik: Eckehard Schardt; *Inspizienz:* Stephan Weinert (auch Mitwirkende)
Ensemble: Barbara Englert*, Minu Ghedina*, Annette Schnek*, Helga Siemens*; Erik Besseling, Eduardo Kapsch, Martin Leßmann*, Tedyan Rüdiger Volkmar*
Gäste/Teilspielzeit: Christina Blum, Astrid Reinkens, Sabine Seume (Tänzerin); Christian Dieterle, Martin Guesnet, Wolf Meissner

Humboldtaula (N)
24.09.83 „Medeas Kinder" (DsprE) von Per Lysander/Suzanne Osten (63+2) – I: Mirjana Erceg, A: Irene Edenhofer, M: Alfons Nowacki, Ch: Franz Hujer
26.11.83 „Die wilden Schwäne" von Sara Lidman/Fred Hjelm nach Hans Christian Andersen (53) – I: Mirjana Erceg, A: Ekkehard Kröhn, M: Alfons Nowacki, Ch: Franz Hujer
10.03.84 „Schule mit Clowns" von Friedrich K. Wächter (mobil+1) – I/A: Jürgen Schwalbe
28.04.84 „David und Lisa" (DsprE) von Theodore Isaac Rubin (5+10 mobil+1) – I/A: Georg Malvius, M: Eckard Koltermann/Kai Kanthak

mobil (N)
23.09.83 „Erzähl mir nicht das Ende" (DsprE) von Pierre Léaud (9+Schulen+8) – I: Jindra Puhony, A: Vladimir Puhony (P: VHS)

■ **WA**
– „Eine lustige halbe Stunde" (mobil, ab März 84)

■ **Abstecher**
– „Erzähl mir nicht das Ende" (Saint-Denis/Paris 8.–14.10, 7×; Essener Justizvollzugsanstalt 24.10.83)
– „Medeas Kinder" (Kiel 30./31.03.84, Deutsch-Schwedisches Kindertheater-Treffen)
– „David und Lisa" (Paderborn 13.06.84, 3. Theater-Treffen NRW)
– „Schule mit Clowns" (Wuppertal, Volksbühnentag 15.06.84)

■ **Gastspiel**
05.12.83 „Fugue en mineur" („Erzähl mir nicht das Ende") von P. Léaud, Aula der ehemaligen PH), 8×

Spielzeit 1984/85

Leiterin: Hildegard Bergfeld; *Disposition:* Wolfgang Erwig; *Dramaturgie/Theaterpädagogik:* Cornelia Neumann-Witt
Technik: Eckehard Schardt; *Inspizienz:* Stephan Weinert (auch Mitwirkende)
Ensemble: Minu Ghedina, Annette Schnek; Martin Guesnet*, Eduardo Kapsch, Martin Leßmann
Gäste/Teilspielzeit: Christina Blum, Ursula Groote, Ute Rauwald; Christian Dieterle, Uwe Hoppe, Andreas Klein, Martin Kreidt, Dirk Morgner, Lutz Mundthal, Hartwig Patrick Peters, Stefan Preiss, Johannes Simons, Kai Sturm

Humboldt-Aula (N)
16.09.84 „Carmelos Träume" (DsprE) von Leif Sundberg (mobil; 18.04.85: 100. Vorstellung) – I: Jindra Puhony, A: Vladimir Puhony, Musik: Lars Eric Brossner (Einstud.: Heinz Sosnitza)
04.11.84 „Der 35. Mai" von Erich Kästner (48+1) – I: Peter Dirschauer, A: Maria Persson
16.02.85 „Das Mädchen im Espenbaum" (DsprE) von Staffan Göthe (1+mobil) – I: Mauro Guindani, A: Angela Fiege/Katrin Brose
15.03.85 „Suppenkaspar friss!" Ein Experiment über das Essen von Martin Leßmann (14) – Projektleitung und A: Martin Leßmann
23.05.85 „Woyzeck" von Georg Büchner (9+1) – I: Georg Malvius, A: Georg Malvius/Ekkehard Kröhn, M: Kalle Mews

Humboldtaula (WA)
20.09.84 „David und Lisa" von Rubin (11+1)

■ **Abstecher**
– „Carmelots Träume" (Oberhausen ab 04.03.85, 25×)
– „Das Mädchen im Espenbaum" (Düsseldorf, 1. NRW-Kinder- und Jugendtheatertreffen, 06.06.85)
– „David und Lisa" (München 25.04.85, Theater der Jugend, Internationales Kinder- und Jugendtheater-Treffen)
– „Der 35. Mai" (Paderborn 20.02.85)
– „Woyzeck" (Düsseldorf 1. NRW-Kinder- und Jugendtheatertreffen, 05.06.85)

■ **Sonderveranstaltungen**
16.02.85 WDR-Film über das Essener Kinder- und Jugendtheater mit Ausschnitten aus „David und Lisa" (Sendung „Landesspiegel")
Gesamtschule Gladbeck
29.05.85 Dramaturgin Cornelia Naumann-Will und drei Schauspieler mit Texten und Musik zur Einführung in die Inszenierung „Woyzeck"

■ **Gastspiel**
Casa Nova
08.03.85 „Du bist meine Mutter" von Joop Admiraal (tip-Theater Oberhausen), 10×

Spielzeit 1985/86

Leiterin: Hildegard Bergfeld; *Dramaturgie/Disposition:* Wolfgang Erwig; *Dramaturgie/Theaterpädagogik:* Cornelia Neumann-Witt
Ensemble: Ute Rauwald*, Barbara Wachendorff*; Eduardo Kapsch, Martin Kreidt*, Dirk Morgner*, Stefan Preiss*, Johannes Simons*
Gäste/Teilspielzeit: Minu Ghedina, Ursula Groote, Lore Seichter, Viktoria Meienburg, Antje Schrader, Marion Schüller; Markus Becker, Thomas Krause, Carlo Lauber, Jan See

Humboldtaula (N)
29.09.85 „Die drei Wünsche" (DsprE) von Birgit Hageby/Lars Rudolfsson (14+2VHS+1) – I/A: Hildegard Bergfeld
01.12.85 „Der Bärenhäuter" von Wilfried Grote nach den Brüdern Grimm (44) – I: Ralph-Jürgen Misske, A: Irene Edenhofer, M: Jan See
19.04.86 „Kein Feuer ohne Kohle" von Peter Hathazy (HA 12×, Casa 2×) – I: Claus Vinçon, A: Claudius Rudek (P: Gesamtschule Bockmühle, auch 23./25.04.)
27.04.86 „Die Geschichte vom Onkelchen" von Thomas von Brömssen nach Barbro Lindgren – I/A: Eduardo Kapsch, M: Erik Brossner (HA 2×, VHS 6× + mobil + 1)

Casa Nova (N)
21.09.85 „Picknick im Felde" von Fernando Arrabal (22) – I: Jürgen Schwalbe, A: Mark Gläser, M: Achim Gieseler
22.02.86 „Der verschwitze Tiger" (DsprEA) Kabarett für junge Erwachsene nach Margareta Garpe/Börje Lindström u. a. (17+1) – I: Werner Koj, A: Mark Gläser, M: Gunnar Edander

Casa Nova (WA)
17.10.85 „Woyzeck" von Büchner (11×, HA 4× +4)

■ **Abstecher**
– „Die drei Wünsche" (Stuttgarter Theaterhaus, Kinder- und Jugendtheaterfestival 01.06.86)
– „Die Geschichte von Onkelchen" (Rheinberg beim Kinder- und Jugendtheatertreffen NRW 20.06.86)
– „Der verschwitzte Tiger" (Dinslaken 21.06.86 beim Kinder- und Jugendtheatertreffen NRW)
– „Woyzeck" (Mannheim 07.05.; München 15./16.05.86 beim 2. Internat. Kinder- und Jugend-Theatertreffen „Schau Spiele 86"; Stuttgarter Theaterhaus, Kinder- und Jugendtheaterfestival 01.06.86)

■ **Sonderveranstaltungen**
VHS (Frühstückstheater mit Musik)
20.10.85 Begleitprogramm zur Inszenierung „Picknick im Felde" von Fernando Arrabal
17.11.85 Tanzgruppe „Kairos" und Kwasi-Ankermann-Ensemble
15.12.85 Märchen zum Lauschen und Sehen, u.a., Ausschnitte aus „Der Bärenhäuter", gelesen von Prof. Jannings (Deutsche Märchengesellschaft)
19.01.86 Musik und Kabarett mit Felix Janosa und seinem Jazz-Trio
16.02.86 Die Essener Gruppe Hiob spielt Indiomusik aus den Anden. Theater Maskelin zeigt Ausschnitte aus seinem Programm „Schneller, höher, weiter"
02.03.86 Die „Kettwichte" mit Auszügen aus dem aktuellen Programm „Geh aus, mein Herz, und suche Freud ..." sowie einige Nummern aus der Casa-Produktion „Der verschwitzte Tiger"
13.04.86 Theater Till und das „Masken Musik Theater"
11.05.86 Theater-AG des Ratsgymnasiums Gladbeck mit dem Musical „Curtains up" und Theatergruppe „die kulisse" mit „Der Trauschein" von Ephraim Kishon

01.06.86 Theater „Szenarium" und die Rockgruppe „Poss und Band"
06.07.86 Theater „Wackelkontakt" mit „Der Froschkönig" und das „Kollapstheater" mit „Die Maultrommel"

Schloss Borbeck
27.10.85 „Mord(s)geplauder" – Lieder und Texte zu Frieden und Krieg (Beiprogramm zu „Picknick im Felde")

■ Ausstellung

Casa Nova
– Dezember 1985: „Was ist los hinter der Bühne?"

Spielzeit 1986/87

Leiterin: Hildegard Bergfeld; *Dramaturgie und Disposition:* Wolfgang Erwig; *Dramaturg:* Dieter Klinge*; *Theaterpädagogin:* Ulla Gilbert*
Inspizienz/Technik Ekkehart Schardt, Stephan Weinert (auch Mitwirkende)

Ensemble: Dagmar Dibowski*, Christiane Heinicke*, Ute Rauwald; Martin Kreidt, Dirk Morgner, Dinu Neagoe*, Stefan Preiss, Jean-Michel Raeber*
Gäste/Teilspielzeit: Silke Bake, Ute Einhaus, Barbara Kratz, Dorothée Kerstiens; Helmut Jakobi, Carlo Lauber, Michael Seyfried (Grillo)
Tänzerinnen („Trafford Tanzi"): Petra Esfeld, Carmen Fenselau, Beate Fröchte, Anja Kolacek, Lucia Lambach, Sonja Servaty (Ballett-Studio Ulrich Roehm)

Humboldtaula (N)
28.09.86   „Oh, wie schön ist Panama" nach Janosch von Dieter Klinge/Eduardo Kapsch – I/A: Eduardo Kapsch, Puppen/Figuren: Ute Einhaus (HA, VHS und mobil 103)
05.10.86   „Hans mein Igel" (U) von Wilfried Grote (16+mobil 20+2) – I: Hildegard Bergfeld/Margaretha Pollak, A: Stefan Ahrens
07.12.86   „Der Vogelkopp" (Bundesdeutsche EA) von Albert Wendt (40) – I: Carl-Hermann Risse, A: Martin Gläser, M: Nina Wurman
24.05.87   „Die Zauberperle" (DsprE) nach einem vietnamesischen Märchen von Rolf Holmgren/Stefan Rylander (4+mobil) – I: Susanna Kartusch, A: Ilona Schwab

Casa (N)
28.02.87   „Die Trafford Tanzi Show" (DsprE) von Claire Luckham (18+2) – I: Jean Grädel, A: Mark Gläser, M: Eddy Teger, Ch: John Trent Gray
05.03.87   „Sauber Träumen" (U) von und mit Michael Seyfried (10+5) – Szenische Beratung: Dieter Klinge, M: Remy Filipovitch
30.05.87   „Der Kuss der Spinnenfrau" von Manuel Puig (7) – I: Maria Schüller, A: Mark Gläser

Casa Nova (WA)
23.09.86   „Der verschwitzte Tiger" nach Garpe/Lindström u. a. (5)

■ **Abstecher**
– „Hans mein Igel" (Mülheim 16.11.86, 2×)
– „Sauber träumen" (Gewerbliche Schulen der Stadt Essen, Schule Ost (Anfang Juli 86, 5×)
– „Die Trafford Tanzi Show" (Castrop-Rauxel 23.05. beim 3. Festival der Kinder- und Jugendtheater NRW; Velbert 26.06.87)

■ **Sonderveranstaltungen**
Casa Nova
21.02.87   „Texte und Boxen" – mit Essener Amateurboxern, dazwischen liest der Essener Autor Herbert Somplatzki aus eigenen Werken. Ensemblemitglieder tragen vor, wie sich der Kampfsport bei Autoren der letzten 4.000 Jahren literarisch niedergeschlagen hat
22.02.87   Frühstückstheater: Beiprogramm zur Inszenierung „Die Trafford Tanzi Show"
22.03.87   Frühstückstheater: Gruppe „Thankerpexus" („Tisch 'n' Clips") und Theater der Jugend (Ausschnitte aus „Besuchszeit" von Felix Mitterer)
10.05.87   Frühstückstheater: Theater Maskelin mit clowneskem Spiel und die Theatergruppe „Verspätung" mit einer szenischen Collage „Frauen und Kinder zuerst?"
28.06.87   Frühstückstheater: Der Musiker Helmut Poss singt und spielt Ausschnitte aus seinem Programm „Segmente '87"; „Vom Himmel auf die Erde fall'n sich die Engel tot" (Caliban-Theater, Düsseldorf)

VHS (Frühstückstheater mit Musik)
23.11.86 „Sterbe ich, dann lass den Balkon nur offen …" – Autobiografisches und Gedichte zum 50. Todestag von Federico Garcia Lorca (Städtische Bühnen Wuppertal)
14.12.86 „die Kulisse" spielt den Einakter „Die Wahrsagung" von Wolf Schmidt
25.01.87 Kabarett mit Felix Janosa und der Gruppe „Vitamin C"

■ Gastspiele

Casa Nova
17.10.86 „Erinnerung an das Vergessen" (Theater „La Orta Orilla")

Essener Hauptbahnhof/Gleis 24
08.05.87 „Reise ins Glück" von Franz Xaver Kroetz (Jugendtheater Dortmund), auch 09./10.05.

Spielzeit 1987/88

Leiterin: Hildegard Bergfeld (kommissarisch); *Stellvertretender Leiter und Disponent:* Wolfgang Erwig *Dramaturgie:* Dieter Klinge; *Theaterpädagogin:* Ulla Gilbert

Ensemble: Dagmar Dibowski, Christiane Heinicke, Barbara Kratz*; Helmut Jacobi*, Christian Kaiser*, Carlo Lauber*, Dinu Neagoe, Jean-Michel Raeber
Gäste/Teilspielzeit: Valeria Borbonus, Gabriele Förster, Christina Sartori, Marion Schüller; Rudolf Cornelius, Thomas Engel, Norbert Fairley, Stefan Preiss
Tänzerinnen („Trafford Tanzi"): Petra Esfeld, Carmen Fenselau, Beate Fröchte, Lucia Lambach, Sonja Servaty (Ballett-Studio Ulrich Roehm)

Casa Nova (N)
19.09.87 „König Ubu" von Alfred Jarry (14) – I: Jürgen Schwalbe, A: Mark Gläser, M: Achim Gieseler
11.10.87 „Der kleine Häwelmann" von Reinhard Knoll (20+mobil+7; 14.01.87: 100. Vorstellung) – I: Eva Kuttner, A: Mark Gläser
05.03.88 „Kasimir und Karoline" von Ödön von Horváth (23) – I/A: Mark Gläser
29.04.88 „Metamorphose" (DsprE) von Nils Gredevy nach Ovid (1+mobil) – I: Susanna Kartusch, A: Stefan-Dan Sloboda
30.04.88 „Rothschilds Geige" (DsprE) von Lars Rudolfsson nach Anton Tschechow (15+1) – I: Dieter Klinge, A: Jacomo Hollinger, M: Nina Wurman
01.06.88 „Heute Abend Lola Blau" von Georg Kreisler (5) – I: Dagmar Bedbur, A: Mark Gläser, ML: David Levi

Humboldtaula (N)
21.11.87 „Die Katze" von Horst Hawemann (55) – I: Marcelo Diaz, A: Stefan Dan Sloboda, M: Nina Wurman

Casa Nova (WA)
23.09.87 „Der Kuss der Spinnenfrau" von Puig (18+2)
01.10.87 „Die Trafford Tanzi Show" von Luckham (5)

■ **Abstecher**
– „Häwelmann" (Duisburg 04.11., 2×; Gruga 14.11.87, Velbert 07./08./11.01., Gruga 13./27.02.88)
– „Der Kuss der Spinnenfrau" (Duisburg, Studio M der Mercatorhalle 20./21.10.87)
– „Metamorphose" (Gruga 12./23.05./04.06.88)
– „Rothschilds Geige" (Dortmund, Mai 88)

■ **Sonderveranstaltungen**
Casa Nova
10.10.87 Theaterfest für junge Leute – Überraschungsprogramm anlässlich des Einzugs des Kinder- und Jugendtheaters in die Casa Nova
11.10.87 Frühstückstheater: Ausschnitte aus Curt-Goetz-Stücken (Theatergruppe „die kulisse")
15.11.87 Frühstückstheater mit den Gruppen „Chic Aurora"/„Show + Schall"/ „Cöppoubelle", Unna
13.12.87 Frühstückstheater: Ausschnitt aus „Die Katze"; Zauberer Pedro Bolzano
17.01.88 Frühstückstheater: Kabarett Felix Janosa und Musikgruppe „13 ½"
28.02.88 Frühstückstheater: „Weizen auf der Autobahn" von Felix Mitterer (Theater der Jugend, Essen); Texte von Ödön von Horváth (zur Inszenierung „Kasimir und Karoline")
10.04.88 Frühstückstheater: „The Sunny Side oft the Street" mit dem Show-Ensemble „Collis Age Zero" und einem Ausschnitt aus dem neuen Programm „Wisch und Weg" der Kabarett-Gruppe „Kabarettich"

19.06.88	Frühstückstheater: Jugendvarieté „Larifari" und das Mimen-Duo „Habbet & Meik"

Casa (Kindergeschichten)

31.01.88	Mirjam Pressler liest aus ihren Büchern
13.03.88	Willi Fährmann liest aus seiner „Geschichtenkiste"
17.04.88	Josef Guggenmos liest aus seinen Büchern
29.05.88	Nikolaus Heidelbach liest aus seinen Büchern
12.06.88	Christa Zeuch liest aus ihren Bücher

■ **Gastspiele**

Casa Nova

18.11.87	„Tisch 'n' Clips" (Thankerpexus)
22.11.87	„Bett'n machen" (Thankerpexus)
06.12.87	„Montags geschlossen" (Kabarett HÄNDEL & GREUEL), auch 09.12.
16.01.88	„Blutsband" von Athol Fugard (Theatergruppe „Schaffner & Lehmann", Frankfurt/Main), auch 17.01.: Zeche Carl)
27.02.88	Musikgruppe „13 ½", Leiter: Rüdiger Beckemeier
25.06.88	Mimen- und Maskenspiel mit „Habbet & Meik"

4. Kinder- und Jugendtheatertreffen NRW (04.–20.05.88)

Casa

04.05.88	„Kasimir und Karoline" von Ödön von Horváth (Essen)
06.05.99	„Heißhunger" (Freie Werkstatt-Theater Köln)
07.05.88	„Rothschilds Geige" von Lars Rudolfsson (Essen)
07.05.88	„Geschichte von der verlassenen Puppe" von Alfonso Saraste (Jugendtheater Düsseldorf)
08.05.88	„Kissing God" von Phil Young (Theater Bielefeld)
09.05.88	„Eine Nacht im Februar" von Staffan Göthe (Avanti-Theater Aachen)
10.05.99	„Der kleine Prinz" nach Antoine de Saint-Exupéry (Theater „Die Kugel", Köln)
12.05.88	„Voll auf der Rolle" von Leonie Ossowski (Theater Hagen)
13.05.88	„Hexenlied" von Angelika Bartram (Ömmes und Oimel, Köln)
13.05.88	„Draußen vor der Tür" von Wolfgang Borchert (Wolfgang-Borchert-Theater, Münster)
16.05.88	„Pauline auf dem Lande" von Edelgard Hansen (Schauspiel Bochum)
17.05.88	„Lyssi", Jugendstück mit Musik von Wilfrid Grote (Musiktheater im Revier, Gelsenkirchen)
19.05.88	„Sassabumm" von Annelore Saubach (Schauspielhaus Bochum)
20.05.88	Theaterfest

Rathaus-Theater

06.05.88	„Gibt es Tiger im Kongo? Oder Stell Dir vor, Du hast AIDS" von Bengt Ahlfors/John Bargum (Burghofbühne Dinslaken)
08.05.88	„Konrad oder Das Kind aus der Konservendose" von Christine Nöstlinger (Theater Krefeld/Mönchengladbach)
10.05.88	„Dicke Luft und tote Fische" von Volker Ludwig/Reiner Lücker (Theater der Jugend, Köln)
11.05.88	„Schneeweißchen und Rosenrot" nach den Brüdern Grimm (Theater „Der Keller", Köln)
12.05.88	„Brüderchen und Schwesterchen" von Peter Bochardt (Theater Münster)
14.05.88	„Linie 1", Musikalische Revue von Volker Ludwig/Birger Heymann (Theater Castrop-Rauxel)
15.05.88	„Stärker als Superman" von Roy Kift (Theater Aachen)
17.05.88	„Die Abenteuer vom dicken Schwein in Amazonien", Musical von Jérôme Savary (Burghofbühne Dinslaken)
19.05.88	„Ausflug der Gartenzwerge", Musical von David Wood (Kammerspiele Paderborn)

Humboldtaula

04.05.88	Eröffnung des Kinderfestes
06.05.88	„Die Stunde der Geister", Figurenspiel/Schauspiel (Kindertheater Töfte, Recklinghausen)
08.05.88	„Wasser im Eimer" von Stefan Reisner/Reiner Lücker (Rheinisches Landestheater Neuss)
11.05.88	„Biribi", Handpuppenspiel von Max Kommerell (Theater Kefka, Köln)

13.05.88 „Mensch, ich lieb dich doch" von Helena Fehrmann/Holger Franke u. a. (Landestheater Neuss)

15.05.88 „Gerettet" von Edward Bond (Theater Oberhausen)

18.05.88 „Die Geschichte vom Onkelchen", Stück mit Musik von Thomas Drömssen/Lars-Erik Brossner (Musiktheater im Revier, Gelsenkirchen)

20.05.88 Abschlussfest mit der Aufführung einer ausländischen Theatertruppe

Jugendzentrum Papestraße

05.05.88 „Karagöz auf Traumreise" von Mehmet Fistik (Mehmet Fistik, Köln)

16.05.88 „Der verschwitzte Tiger", Kabarett für junge Erwachsene („Trotz-Alledem-Theater", Bielefeld)

19.05.88 „Sartolo, der Puppenspieler" von Gerhart Imbsweiler („Trotz-Alledem-Theater", Bielefeld))

Zeche Carl

07.05.88 „A Bloody English Garden" von Nick Fisher (Kinder- und Jugendtheater Dortmund)

14.05.88 „Belmonte und Konstanze", Singspiel von Bernd Damovsky (Musiktheater Dortmund)

Bürgerhaus Oststadt

05.05.88 „Der kleine Soldat" von Martin Burkert (Westfälisches Landestheater Castrop-Rauxel)

Evgl. Kirchengemeindesaal, Langenberger Str.

09.05.88 „Kunterbunt", Mitmachstück (Freies Werkstatttheater Köln)

Gymnasium Grashofstraße

10.05.88 „Der kleine Prinz" nach Antoine de Saint-Exupéry (Kinder- und Jugendtheater Dortmund)

Gustav Heinemann Gesamtschule

13.05.88 „Aids mich nicht an!" („Die fantastischen Vier", Dortmund)

Hauptschule an der Bichoffstraße

11.05.88 „Eine lustige halbe Stunde" von Per Christian Jersild (Theater Dilldopp, Köln)

Gruga

07.05.88 „Käpt'n Schröder kriegt die Motten", eine Spielplatzaktion (Kinder- und Jugend-Theater Pampelacke, Wetter)

12.05.88 „Metamorphose" von Nils Gredeby (Essen)

18.05.88 „Ein Fall für Don Quijote", Mitspielstück von Eberhard Möbius (Landestheater Detmold)

Spielzeit 1988/89

▪ *(Kinder- und Jugendtheater (ab 01.01. 1989: Junges Theater Casa Nova)*

Künstlerische Leitung: Hildegard Bergfeld (kommissarisch); *Stellvertretender Leiter und Disponent:* Wolfgang Erwig; *Künstlerische Ensemble-Betreuung:* Prof. Dr. Jürgen Schwalbe*
Dramaturgie: Diana Anders*; *Theaterpädagogin:* Ulla Gilbert

Ensemble: Dagmar Dibowski, Christiane Heinicke, Barbara Kratz; Helmut Jakobi, Christian Kaiser, Carlo Lauber, Dino Neagoe, Reinhold Pluschke*
Gäste/Teilspielzeit: Katja Bechtolf; Martin Breuer, Dieter Klinge, Dieter Malzacher, Eduardo Kapsch, Martin Neubauer, Jan Schütte

Casa Nova (N)
02.10.88 „Mein Freund Karlknut" von Barbro Lindgren/Cecilia Torudd (9+mobil) – I: Jörg Gade, A: Stefan Dan Sloboda, M: Nina Wurman
08.10.88 „Die Kleinbürgerhochzeit" von Bertolt Brecht (31) – I: Carl-Hermann Risse, B: Ralf Pfeiffer, K: Martina Mogilka
04.12.88 „Der Prinz von Portugal" von Joachim Knauth (46) – I: Jürgen Schwalbe, A: Stefan Dan Sloboda, M: Achim Gieseler
26.02.89 „Robinson & Crusoe" (DsprE) von Nino d'Introna/Giacomo Ravicchio (5+mobil+1) – I: Susanna Kartusch, A: Stefan Dan Sloboda, M: David Levi
11.03.89 „Stan und Ollie" in Deutschland von Urs Widmer (16) – I: Jürgen Schwalbe, B: Mark Gläser, K: Eva Weber, M: Eberhard Geyer
30.04.89 „… und der August, das bist du!" (2+mobil+3) – Idee und I: Rita Hladik, B: Manfred Hentschel, K: Martina Mogilka

09.06.89 „Offene Zweierbeziehung" von Franca Rame/Dario Fo (6) – I: Rüdiger Wandel, A: Manfred Hentschel
Casa Nova (WA)
21.08.88 „Rothschilds Geige" von Rudolfsson (15)
06.01.89 „Heute abend: Lola Blau" von Georg Kreisler (21+1)
Mobil (WA)
20.08.88 „Metamorphose" von Gredeby (9 mobil+4)

▪ **Abstecher**
– „Metamorphose" (Rodt/Weinstr. 20.08., Theater der Freundschaft, Ost-Berlin, 12./13.10., Bochum 11.12.88)
– „Heute Abend: Lola Blau" (Marl 08.05.89)
– „Robinson & Crusoe" (Gruga 15.04.89)
– „… und der August, das bist du!" (Oberhausen 18.05., Gruga/Orangerie 20.05./17.06.89)

▪ **Sonderveranstaltungen**
17.09.88 Ein Theater öffnet sich (Aalto-Theater, ohne Außenaktivitäten)
Orchesterprobenraum
11.00: „Die Kleinbürgerhochzeit" von Bertolt Brecht (offene Probe)
15.00: „Metamorphose" von Nils Gredeby
16.30: „Rothschilds Geige" von Lars Rudolfsson nach Antonin Tschechow
18.09.88 Ein Theater öffnet sich (Aalto-Theater, ohne Außenaktivitäten)
Orchesterprobenraum
14.00: „Metamorphose" von Nils Gredeby
16.00 Schauspieler lesen „Kindergeschichten"

▪ **Sonderveranstaltungen**
Casa Nova (Fruhstuckstheater)
25.09.88 Klangorchester Unna
23.10.88 Ausschnitte aus „Die Kleinbürgerhochzeit" von Bertolt Brecht,

	anschließend singt und spielt Helmut Poss seine neuesten Lieder
13.11.88	1. Kinderliederfestival mit Liedermachern aus der BRD und dem Zauberer Pedro Bolzano
11.12.88	Lieder und Geschichten jüdischer Schriftsteller
31.12.88	Attraktionen, Mutationen, Explosionen: Silvester-Programm des Kinder- und Jugendtheaters
22.01.89	Felix Janosa singt Lieder des amerikanischen Kabarettisten Tom Lehrer; die Theatergruppe „Theater Thesth" zeigt drei Szenen aus „Der tollste Tag" von Turrini
19.02.89	Theatergruppe „die kulisse" mit einem Stück von Curt Goetz/Musikgruppe „Chili Lillies"
04.03.89	Lange Filmnacht zu „Stan & Ollie mit Live-Musik und Talkshow
16.04.89	Kindertheatergruppe Unna zeigt „Prinzessin Koslowski und die 12er Nuss"
07.05.89	Theatergruppe „Monteure", Düsseldorf, zeigt „Wie kommt der Fisch ins Ei?"
11.06.89	„Caliban"-Theater, Düsseldorf, spielt „Lady Macbeth"

Casa Nova (Kindergeschichten)

16.10.88	Ursula Fuchs liest aus ihren Büchern
20.11.88	Tilman Röhrig, Schauspieler, Regisseur und Schriftsteller, liest aus seinen Büchern
11.12.88	Boy Lornsen liest aus seinen Büchern
15.01.89	Achim Bröger liest aus seinen Büchern

Alte Synagoge

13.11.88	„Wir Waisen, wir klagen der Welt …" Lieder und Geschichten jüdischer Schriftsteller (Lesung des Kinder- und Jugendtheaters)

■ Gastspiel

Casa Nova

14.11.88	„Glücklich kaputt" nach dem Roman „Commedia" von Gerold Späth (Theatergruppe der Gesamtschule Bockmühle)
18.05.89	Schul- und Amateur-Theatertreffen 1989, bis 31.05.

Spielzeit 1989/90

Jürgen Schwalbe
Leiter des Kinder- und Jugendtheater
1989/90–1996/97

Jürgen Schwalbe, Jahrgang 1942, erhielt seine künstlerische Ausbildung zum Schauspieler und modernen Tanz in Paris. Parallel dazu studierte er Theaterästhetik an der Sorbonne. Nach seiner Rückkehr nach Deutschland und Promotion in Literaturwissenschaft an der Universität Freiburg im Breisgau wurde er 1972 für zwei Spielzeiten Deutschlands jüngster Intendant am Theater Reutlingen „Die Tonne". Von 1976 bis 1988 hatte er eine Professur an der Hochschule für Musik und Theater in Hannover mit dem Schwerpunkt Kinder- und Jugendliteratur. Daneben inszenierte er an vielen Theatern des In- und Auslands. In Essen inszenierte er in der Spielzeit 1987/88 „König Ubu" von Alfred Jarry. Bei dieser Gelegenheit lernte er Ensemble und Leitung des Essener Kinder- und Jugendtheaters kennen und schätzen. Ihn reizte der Gedanke, die neue Spielstätte in der Casa Nova voll zu nutzen und zusammen mit einem leistungsfähigen Ensemble bestimmte theaterästhetische Vorstellungen in die Tat umzusetzen.

Das Ziel seiner Arbeit in Essen ist, lebendiges und sinnenfreudiges Theater für junge Leute und Junggebliebene zu machen. Er bevorzugt dramaturgische Strukturen, die dem besonderen Rezeptionsvermögen von Kindern und Jugendlichen Rechnung tragen. Dazu gehören die Stücke des Volkstheaters, z. B. die der Commedia dell'arte, der vorshakespearischen Dramaturgie oder Stücke, die sich heute dieser Strukturen bedienen. (Hartmann & Stauffacher Verlag; Essener Theatermagazin, Dezember 1988)

Künstlerische Leitung: Prof. Dr. Jürgen Schwalbe*; *Dramaturgie:* Diana Anders; *Disposition:* Wolfgang Erwig; *Theaterpädagogik und Dramaturgie:* Ulla Gilbert; *Öffentlichkeitsarbeit und Disposition:* Andreas Linne*

Ensemble: Dagmar Dibowski, Christiane Heinicke, Barbara Kratz; Helmut Jakobi, Carlo Lauber, Dinu Neagoe, Martin Neubauer*, Reinhold Pluschke
Gäste/Teilspielzeit: Katja Bechtolf, Petra Lamy, Heike Wittlieb; Gerhart Hasler, Helmut Löwentraut-Matschull, Dieter Malzacher, Frank Schröder, Jan Schütte

Casa Nova (N)
01.09.89 „Freut euch des Lebens" *Lieder und Texte über den Krieg* (14+1) Leitung: Diana Anders, M: Eberhard Geyer
16.09.89 „Bruder Lustig" nach den Brüdern Grimm von und mit Dieter Malzacher (22) – I/A: Dieter Malzacher
11.11.89 „Der grüne Vogel" (DE) von Jürgen Schwalbe nach den Brüdern Grimm (34) – I: Lutz Göpffarth, B: Stefan Dan Sloboda, K: Martina Mogilka, Masken: Dieter Malzacher, M: Achim Gieseler
24.02.90 „Der kleine Horrorladen" von Howard Ashman/Alan Menken (30) – I: Jürgen Schwalbe, ML: Achim Gieseler, A: Manfred Hentschel, Ch: Olivia Rüdinger
28.04.90 „Die Abenteuer des kleinen Däumling" von Joh. Merkel/Bremer Theater Pompoffel – I: Susanna Kartusch, A: Joachim Bendel (5+mobil+1)

Casa Nova (WA)
20.08.89 „Robinson & Crusoe" von d'Introna/Ravicchio (2+5)
27.08.89 „… und der August, das bist du!" nach einer Idee von Rita Hladik (3+mobil)
09.09.89 „Offene Zweierbeziehung" von Rame/Fo (24)
29.09.89 „Die Kleinbürgerhochzeit" von Brecht (16)

▪ **Abstecher**
– „Die Abenteuer des kleinen Däumling" (Neuss, Kinder- und Jugendtheatertreffen NRW, 21.05.90)

– „Freut euch des Lebens" *Lieder und Texte über den Krieg* (Marl 29.01.90)
– „Robinson & Crusoe" (Bottrop 04.10., 2×, 05.10., Frankfurt 14./15.12)

▪ **Sonderveranstaltungen**
Grillo
27.08.89 Tag der offenen Tür: Ausschnitte aus „Freut euch des Lebens"
Casa Nova (Frühstückstheater)
24.09.89 „Freut euch des Lebens" – Lieder und Texte über den Krieg
15.10.89 „Wie der Schmutz ins Wasser kommt" mit Plitsch und Platsch
19.11.89 „Die Schwiegersöhne", Kabarettgruppe, Hagen
10.12.89 „Familie Langenbein" – Theatergruppe „Show und Schall", Unna
14.01.90 Stilübungen „Autobus S" von Raymond Queneau mit Petra Afontin/Barbara Hagin/Kristzi Kiss; danach: Liedermacher Burkhard Weber (Essen) singt seine neuesten Lieder
11.02.90 „Herbert Knebels Affentheater", Musikkabarett
01.04.90 Musikrobat „Der große Bagatello"; Einakter „Audienz" von Václav Havel (Theater der Jugend)
13.05.90 „Piccolo" (Kindertheatergruppe des Theater der Jugend, Essen)
10.06.90 „Paco, der Clown" von und mit Paco Gonzales, A: Hans-Peter Schubert
Casa Nova
26.08.89 Casa-Fest mit der Rock-Gruppe „Camaleo" und Joanni Bassi (Ein-Frau-Show „Die Lehrerin") Übergabe der Geschäfte von *Hildegard Bergfeld* an *Jürgen Schwalbe*
31.12.89 Silvesterfest: „Musik – Magie – Musikakrobatik"
30.04.90 Mai-Schwof

▪ **Gastspiele**
Casa Nova
14.12.89 „Hans im Märchen"/„Schlau, Schlauer, Schläuerlein"/„Schneewittchen" (Theater der Freundschaft/Berlin, 2×)
09.06.90 „Paco, der Clown" von und mit Paco Gonzales, auch 11./12.06., je 2×

Spielzeit 1990/91

Künstlerische Leitung: Prof. Dr. Jürgen Schwalbe; *Disposition;* Wolfgang Erwig; *Dramaturgie:* Diana Anders; *Dramaturgie und Theaterpädagogik:* Ulla Gilbert; *Dramaturgie und Öffentlichkeitsarbeit:* Andreas Linne

Ensemble: Dagmar Dibowski, Christiane Heinicke, Barbara Kratz; Helmut Jacobi, Carlo Lauber, Dinu Neagoe
Gäste/Teilspielzeit: Katja Bechtolf, Petra Lamy, Esther Schweizer, Susanne Walbaum, Anita Walter; Eberhard Geyer, Paco Gonzales, Gerhard Hasler, Holger Hauer, Eduardo Kapsch, Johannes Kindler, Helmut Löwentraut-Motschull, Dieter Malzacher, Martin Neubauer, Reinhold Pluschke Stephan Pritz, Stefan Staudinger

Casa Nova (N)

08.09.90 „Trommeln in der Nacht" von Bertolt Brecht (24) – I: Lutz Göpffarth, A: Manfred Hentschel
15.09.90 „Der Sturm" – Erzählspiel nach Shakespeare von und mit Dieter Malzacher (22+37× mobil+6) – I: Jürgen Schwalbe, A/Puppen: Dieter Malzacher
03.11.90 „Kein schöner Land in dieser Zeit" – Eine deutsche Nacht von Diana Anders (14) – I: Diana Anders, Raum: Manfred Henschel, M: Eberhard Geyer, Ch: Jacky Savage-Kapsch
10.11.90 „Das tapfere Schneiderlein" von Reiner Gerlach (32) – I: Rita Hladik, A: Una Bliemel
17.11.90 „Frank & Stein" von Ken Campbell (35+1) – I: Gunther Möllmann, A: Regina Schill, Ch: Jacky Savage-Kapsch
09.01.91 „Robinsons andere Insel" von George Isherwood (2+1× Frühstückstheater+9) – I: George Isherwood, B: Roberto Rosas, K: Harriet Metzger *(Gemeinschaftsproduktion mit dem Schauspiel Bochum, dortige Premiere: November 90)*
23.02.91 „Das Wintermärchen" von William Shakespeare (20) – I: Jürgen Schwalbe, A: Manfred Hentschel, M: Jörg Kinzius
20.04.91 „Aufzeichnungen eines Wahnsinnigen" von Nikolai Gogol (17) – I: Wassilka Hentsch, A: Eva Stengel

Casa Nova (WA)

26.08.90 „Die Abenteuer des kleinen Däumling" von Merkel/Bremer Theater Pompoffel (41+11)
05.10.90 „Der kleine Horrorladen" von Menken (33)
20.10.90 „Freut euch des Lebens" (2+5)
25.10.90 „Offene Zweierbeziehung" von Rame/Fo (21)
07.12.90 „Der grüne Vogel" von Goldoni (7)
20.03.91 „Die Kleinbürgerhochzeit" von Brecht (10)

■ **Abstecher**

– „Der Sturm" (Pulheim, 03./04.04.91; Münster, Halle je 1×, Recklinghausen 2×)
– „Die Abenteuer des kleinen Däumling" (Rodt 20.04.91)
– „Frank & Stein" (Münster, 7. Kinder- und Jugendtheatertreffen NRW, Juni 91)
– „Robinsons andere Insel" (Frankfurt 14./15.12.90, Finnland, 7×)

■ **Sonderveranstaltungen**

Casa Nova (Frühstückstheater)

23.09.90 „Mini-Dramatick" – 25 Mini-Dramen mit Petra Afontin/Barbara Hagin/Esther Buess
21.10.90 „The Lady is a Vamp" – Kabarettshow mit Myrtil Haefs (Freiburg)/Michael Mark (Klavier)
25.11.90 „Polterabend" mit dem Kölner Frauenkabarett „Mamma Grappa"
16.12.90 Peter Schell interpretiert Balladen und Improvisationen am Hackbrett von Erik Kross

20.01.91	„Robinsons andere Insel" (Bochum/Essen)
10.02.91	„Die Bremer Stadtmusikanten" (Schattenspiele) mit der Gruppe „Zinnober", Berlin
17.03.91	„Ohne Fehl und Adel" mit dem Clowntheater „Die Unbestechlichen"
26.05.91	„Die Beckett-Wanderung" von und mit Michael Altmann
23.06.91	„Endlich wat Neues" – Herbert Knebels „Affentheater"

Casa Nova

14.03.91	Autor im Gespräch; „Neues aus dem Revier" mit Jürgen Schwalbe/Dagmar Dibowski/Carlo Lauber und dem Autor Michael Klaus
30.04.91	Mai-Schwof

■ Gastspiele

Casa Nova

15.09.90	„Im Theater ist nix los" mit Petra Lamy
16.09.90	„Heavy Scene 3D"/„The Movie" (Action Theatre London)

Humboldtaula

19.10.09	„Das neue Land" von Ad de Bont (Kindertheater Amsterdam)

Rathaus-Theater

30.04.91	„Murlin Murlo" von Nikolai Koljada (Moskauer Theater „Sowremennik")

Spielzeit 1991/92

Künstlerische Leitung: Prof. Dr. Jürgen Schwalbe; *Disposition;* Wolfgang Erwig; *Dramaturgie:* Diana Anders; *Dramaturgie und Öffentlichkeitsarbeit:* Andreas Linne; *Theaterpädagogik:* Ulla Gilbert

Ensemble: Christiane Heinicke, Maren Thurm*; Rolf Frey*, Helmut Jakobi, Carlo Lauber, Dinu Neagoe
Gäste/Teilspielzeit: Dagmar Dibowski, Sandra Gensbichler, Barbara Kratz, Petra Lamy, Bettina Römer, Susanne Walbaum; Hartmut Ehrenfeld, Gerhart Hasler, Eduardo Kapsch, Johannes Kindler, Dieter Malzacher, Tilo Nest, Martin Neubauer, Thomas Rascher, Michael Rath, Stefan Staudinger
Gäste (Starmania): Annika Bruhns, Pamela Falcon (Oona), Marion Hägele, Gundula Bartsch, Andrea Weiss; Oliver Betke, Erwin Bruhn, René-Pierre Chiata, Heaven, Trevard Hodge, Paul Kribbe, Uwe Kröger

Casa Nova (N)
28.09.91 „Die Geschichte vom Anzug" von Johannes Merkel (53) – I: Klaus Adam, A: Klaus Adam/Dieter Malzacher
05.10.91 „Ein Kranich im Schnee" von Wolfgang Mehring (52+3) – I: Jürgen Schwalbe, A: Regina Schill, M: Achim Gieseler
20.12.91 „Murlin Murlo" (DE) von Nikolai Koljada (12) – I: Galina Woltschek, A: Wladimir Makuschenko
26.01.92 „Efeu und die Dicke" (U) – Clownstück von Mauro Guindani (15) – I: Mauro Guindani, A: Rosas und Ensemble *(Koproduktion mit dem Schauspiel Bochum, P: 18.01.)*
29.03.92 „Die Mausefalle" von Agatha Christie (21) – I: Lutz Göpffarth, A: Andreas Szalla

Aalto-Theater (N)
14.02.92 „Starmania" (DE) – Rockoper von Michel Berger (20) – I: Jürgen Schwalbe, ML: Achim Gieseler, A: Robert Ebeling, Ch: Jürgen Schwalbe/Saba Pedük *(Koproduktion des Aalto-Theaters und des Jungen Theaters Casa Nova)*

Casa Nova (WA)
07.09.91 „Der kleine Horrorladen" von Menken (8)
11.10.91 „Frank & Stein" von Campbell (41)
23.10.91 „Aufzeichnungen eines Wahnsinnigen" von Gogol (12)
18.02.92 „Der Sturm" von und mit Dieter Malzacher (7)
13.05.92 „Offene Zweierbeziehung" von Rame/Fo (11)

▪ Abstecher
– „Ein Kranich im Schnee" (Leverkusen 06.03., 2×; Dortmund, Festival „Traumspiele", 09.03.92)

▪ Sonderveranstaltungen
Casa Nova (Frühstückstheater)
20.10.91 „… und es geht weiter" (Theater Mülheimer Spätlese)
24.11.91 Clown-Theater Mika und Rino
12.01.92 „Fidel und Hyazint", ein Märchen über Müll (Theatertill)
16.02.92 „Nichts haut mich um – aber Du?" – Kabarettshow mit Myrtil Haef/Michael Mark (Klavier)
15.03.92 „NON-SENSO" von und mit Mario Michalak – Ein phonomimischer Morgen
10.05.92 Francesco de Mario spielt „Tre Miracoli" („Drei Wunder") von Dario Fo
21.06.92 Mamma Grappa: „Auslaufmodelle oder: Fritz darf nicht sterben"

Casa Nova
31.12.79 Silvester in der Casa Nova; Musical-Show mit Oona/Paul Kribbe mit Ausschnitten aus „Starmania

Spielzeit 1992/93

Künstlerische Leitung: Prof. Dr. Jürgen Schwalbe; *Künstlerisches Betriebsbüro und Disposition:* Wolfgang Erwig; *Chefdramaturgin:* Diana Anders; *Dramaturgie und Öffentlichkeitsarbeit:* Andreas Linne; *Theaterpädagogik:* Ulla Gilbert

Ensemble: Christiane Heinicke, Bettina Römer; Carlo Lauber, Clemens Richert*
Gäste/Teilspielzeit: Joanna Bouchi, Claudia Jauß, Erika Skrotzki, Maren Thurm, Sabine Wegmann; Dietrich Adam, Thomas Dempfle, Rolf Frey, Helmut Jakobi, Eduardo Kapsch, Johannes Kindler, Dinu Neagoe, Michael Rath, Thomas Rascher, Daniel Werner

Casa Nova (N)
26.09.92 „Der Arzt wider Willen" von Molière (27) – I: Jürgen Schwalbe, A: Herbert Buckmiller, M: Achim Gieseler
03.10.92 „Geschichten von der Entdeckung" der Erde (U) – Ein mimischer Bilderbogen von und mit Thomas Rascher (62) – I: Jürgen Schwalbe, A: Thomas Rascher
06.11.92 „Shirley Valentine oder Die Heilige Johanna der Einbauküche" von Willy Russell (44) – I/A: Ulrike Bliefert
22.11.92 „Das blaue Ungeheuer" (DE) Fantastisches Märchen von Carlo Goldoni (13) – I: Eddy Vereycken, A: Andreas Szalla, M: Olaf Normann
27.02.93 „Die Schleuder" (DE) von Nikolai Koljada (12+1) – I: Sylvia Richter, A: Ric Schachtebeck
30.04.93 „Das Mündel will Vormund sein" von Peter Handke (7) – I/M: Andreas von Studnitz, A: Petra Korink

Casa Nova (WA)
12.09.92 „Frank & Stein" von Campbell (35) [13.03.93: 100. Vorstellung]
14.10.92 „Ein Kranich im Schnee" von Mehring (29)
08.01.93 „Die Mausefalle" von Christie (24)
02.02.93 „Murlin Murlo" von Koljada (8+1)

■ **Abstecher**
– „Murlin Murlo" (Theater Sowremennik/Moskau 19.05.93)
– „Die Schleuder" (12.Theaterteffen NRW, Stadthalle Mülheim 19.06.93)

■ **Sonderveranstaltungen**
Casa Nova (Frühstückstheater)
08.11.92 Jan Burdenski liest „Himmelflüge – Höllenstürze" von François Villon
13.12.92 „Ätschibätsch – ein clowneskes Stück" von und mit Demian Dökel
31.01.93 Gruppe „Ballhaus" (Köln) präsentiert musikalisch-theatralische Geschichten
14.02.93 Balladen für Kinder mit Tine Seebohm/Andreas Debatin
21.03.93 „Don Quixote" mit Erwi und Alvi
23.05.93 „Verdammt schlechte Laune" – Absurdes, alltäglich Normales und Abstruses mit Werner Koj

Casa Nova
31.12.92 Silvester in der Casa: Musical-Show mit Oona/Paul Kribbe

Alte Synagoge
21.06.93 „Brandspuren" (Motto: „Dass nimmer mehr los kommt der große Krebs", Walter Mehring) – „Gegen die Verführung", Lieder von Bertolt Brecht/Friedrich Holländer/Kurt Tucholsky u. a. mit Juliane Janzen/Gerd Braese/Alfons Nowacki (Schauspiel Essen) Lesung „Der Spitzel" aus „Furcht und Elend des Dritten Reiches" von Bertolt Brecht und „Wacht auf, denn eure Träume sind schlecht" von Günter Eich" mit Christiane Heinicke/Carlo Lauber/Clemens Richert (Junges Theater)

■ **Gastspiel**
17.05.93 „Columbus verrückt die Welt", Textcollage von Petra Schuff/Manfred Künster/Frank Soehnle (Theaterhaus Alpenrod), 8×

Spielzeit 1993/94

Künstlerische Leitung: Prof. Dr. Jürgen Schwalbe; *Künstlerisches Betriebsbüro und Disposition:* Wolfgang Erwig; *Chefdramaturgin:* Diana Anders; *Dramaturgie und Öffentlichkeitsarbeit:* Andreas Linne; *Theaterpädagogik:* Ulla Gilbert

Ensemble: Christiane Heinicke, Sabine Wegmann*; Carlo Lauber, Clemens Richert
Gäste/Teilspielzeit: Carolin Fortenbacher, Ulrike Frank, Thea Schnering, Erika Skrotzki, Maren Thurm; Dietrich Adam, David Baalke, Andreas Bieber, Erwin Bruhn, Martin Huber, Helmut Jacobi, Johannes Kindler, Thomas Krause, Dieter Malzacher, Thomas Rascher, Olaf Schürmann, Frank Vockroth

Casa Nova (N)
19.09.93 „Ein Pfund abheben" von Sean O'Casey und „Irische Lieder" (58) [11.06.: 50×] – I: Andreas von Studnitz, A: Herbert Buckmiller, M: Carlo Lauber (Klavier)
26.09.93 „Jimmy Dean" (DsprE) – Rockoper von Michel Berger (52+14) – I: Jürgen Schwalbe, ML: Achim Gieseler, A: Andreas Szalla, Ch: Paul Kribbe
30.10.93 „Die Nachtigall" nach Andersen von Dieter Malzacher/Jürgen Schwalbe (60+mobil) – I: Jürgen Schwalbe, A: Dieter Malzacher
07.11.93 „Die verzauberten Brüder" von Jewgenij Schwarz (45) – I: Rita Hladik, A: Herbert Buckmiller, M: Andrej Oelschlägel
26.02.94 „Genoveva oder Die weiße Hirschkuh" von Julie Schrader (10) – I/A: Ulrike Bliefert
23.04.94 „Fräulein Julie" von August Strindberg (13) – I: Peter Hathazy, A: Günter Hellweg, M: Ach im Gieseler

Casa Nova (WA)
12.11.93 „Shirley Valentine" von Russell (22) [14.11.: 50×]
08.01.94 „Die Schleuder" von Koljada (7)
05.02.94 „Der Arzt wider Willen" von Molière (10)

■ **Abstecher**
– „Jimmy Dean" (Zeche Zollverein, ab 08.06.94, 14×)
– „Die verzauberten Brüder" (Castrop-Rauxel, 10. Treffen der NRW-Kinder/Jugendtheater, 12.05.94)

■ **Sonderveranstaltungen**
Casa Nova (Frühstückstheater)
24.10.93 Lieder und Texte von Tucholsky mit Tine Seebohm/Andreas Debatin
21.11.93 „Unverschämt heilig", 3 Geschichten nach Dario Fo („Das erste Wunder vom Jesuskind"/„Hochzeit zu Kanaa"/„Bonifaz VIII") mit Margot Müller
12.12.93 „Herzreise" – Lieder und Geschichten mit Ingeborg Wunderlich
30.01.94 „Förhoppningsvis", Clown-Varieté mit Kaspar & Gaya
20.02.94 „Nach Freiheit strebt der Mann, das Weib nach Sitte" – Literarisch-musikalisches Programm mit Petra Afontin/Joachim Luger; Simone Witt (Klavier)
10.04.94 „Der Lenz ist da" – Lieder, Szenen, Texte von Wedekind/Tucholsky/Max Goldt u. a. mit Juliane Koren/Ulrich Wiggers; Alfons Nowacki (Klavier)
15.05.94 „Das Kästner-Projekt", musikalisch-satirisches Programm mit Peter Böving/Frank Heuel
26.06.94 „Die Frau auf dem Drahtseil" mit Erika Skrotzki
Casa Nova
30.04.94 Maischwof

■ **Gastspiele**
Grillo
15.03.94 „Rotkäppchen" von Jewgenij Schwarz – Kindermusical mit Musik von Floh de Cologne (Carrousel-Theater an der Parkaue, Berlin)

16.03.94 „Hallo Monster!" von Pauline Mol (Junges Theater Konstanz)

Casa Nova

09.11.93 „Columbus verrückt die Welt" mit Petra Schuff/Manfred Künster/Frank Soehnle (Theaterhaus Alpenrod), 2×

[11.–20.03.: „Traumspiele"]

11.11.93 „Klaviertheater" von und mit Michael Gees, 3×

11.03.94 „Das war der Hirbel" von Peter Härtling (Heidelberger Jugendtheater)

13.03.94 „Das Schätzchen der Piratin" von Heiner Kondschak (Theater In der Tonne, Reutlingen)

13.03.94 „Die Papageienjacke" von Ad de Bont (Volkstheater Rostock)

15.03.94 „Waschtag" (Theaterwerkstatt Pilkentafel, Flensburg)

16.03.94 „Käthi B." von Beat Fäh (Theater im Marienbad, Freiburg)

17.03.94 „Das ertrunkene Land" von Ad de Bont (Theaterwerkstatt Hannover)

18.03.94 „Kind unterm Tisch" von Anne Frank (Theater Waidspeicher, Erfurt)

19.03.94 „Stärker als Superman" von Roy Kift (Grips-Theater, Berlin)

20.03.94 Abschlussveranstaltung des Kindertheaterfestivals „Traumspiele", gestaltet vom Willem Breuker-Kollektief

25.05.94 „Aus Tränen muss ein Lächeln werden" – Lieder und Musik aus Südamerika mit Manuelcha Prado (Gesang und Gitarre)

01.06.94 Essener Schul- und Amateurtheatertreffen (bis 06.06.)

Jugendzentrum Papestraße und Aalto-Theater
(alle drei Produktionen im Rahmen der „Traumspiele")

17.03.94 „Wie fange ich einen Vogel?" von Carmen Blazejewski (Theater Junge Generation, Dresden)

19.03.94 „Nichts für Kinder", Rote Grütze (Theater der Stadt Senftenberg)

Aalto

14.03.04 „Die Ballade von Robert Nackendick"/„Der Lindwurm und der Schmetterling"/„Der hungrige Wolf", Opern für Kinder und Erwachsene von Wilfried Hiller/Michael Ende (Prinzregententheater München/Münchener Tournee)

Spielzeit 1994/95

Künstlerische Leitung: Prof. Dr. Jürgen Schwalbe; *Künstlerisches Betriebsbüro und Disposition:* Wolfgang Erwig; *Chefdramaturgin:* Diana Anders; *Dramaturgie und Öffentlichkeitsarbeit:* Andreas Linne; *Theaterpädagogik:* Ulla Gilbert

Ensemble: Suzanne Andres*, Christiane Heinicke; Carlo Lauber, Michael Ophelders*, Frank Schmidtke*, Olaf Schürmann*
Gäste/Teilspielzeit: Carolin Fortenbacher, Eva Skrotzki, Maren Thurm; Dietrich Adam, Andreas Bieber, Erwin Bruhn, Markus Dietz, Georg Fijala, Alexander Franzen, Jens Henselewski, Hans Hisleiter, Dirk Höhner, Klaus Karpinski, Andreas Koekoek, Thomas Krause, Paul Kribbe, Dieter Malzacher, Frank Oppermann, Thomas Rascher

Casa Nova (N)
17.09.94 „Wachträume" (U) von Rita Hladik/Thomas Rascher (56) – I: Rita Hladik, A: Thomas Rascher, M: Jörg Seebold
25.09.94 „Der Mann von La Mancha" – Musical von Mitch Leigh (49) – I: Jürgen Schwalbe, ML: Achim Gieseler, B: Manfred Gruber, K: Irene Suhr, Choreografische Mitarbeit: Andreas Bieber/Edgardo Lattes
06.11.94 „Bola" nach Jorge Amado von und mit Dieter Malzacher (7+mobil) [Voraufführungen: 31.08. Jugendzentrum, 03.09.94 Grillo, Tag der offenen Tür]
19.11.94 „Bremer Freiheit" von Rainer Maria Fassbinder (20) – I/A: Ulrike Bliefert, M: Jutta Kausch
17.12.94 „Bartsch, Kindermörder" – Eine Selbstdarstellung, zusammengestellt von Oliver Reese – I: Christine Gülland, A: Tilo Steffens (9+1)
21.01.95 „Die Eisprinzessin" von Friedrich K. Waechter (24) – I: Jürgen Schwalbe, A: Gerrit Schulze Uphoff, M: Philip Glass/Peter Gabriel
25.03.95 „Die Goldtopfkomödie" von Plautus (12) – I: Axel Tröger, A: Johannes Schlack

Casa Nova (WA)
02.10.94 „Ein Pfund abheben" von O'Casey und Irische Lieder (20)
25.11.94 „Die verzauberten Brüder" von Schwarz (19)
28.12.94 „Shirley Valentine" von Russell (17)
03.03.95 „Die Schleuder" von Koljada (3+2)

■ **Abstecher**
– „Bartsch, Kindermörder" (Castrop-Rauxel 03.05.95)
– „Die Schleuder" (Jekaterinburg, 03./04.12.94)

■ **Sonderveranstaltungen**
Casa Nova (Frühstückstheater)
16.10.94 „Mahagonny" nach Kurt Weill – eine Theateroperette mit Andreas Debatin/Tine Seebohm, I: Pavel Mikulastik (Wortmusik Theater Köln)
20.11.94 „Telefonfluch" – Ein Liedprogramm mit Marie Helle
11.12.94 „Der kleine Prinz" nach Antoine de Saint-Exupéry (Poetisches Erzähltheater, präsentiert von Alexander Finkel)
08.01.95 „Die Memoiren einer Pfütze", ungarische Grotesken von Kriszti Kiss
12.02.95 „K. u. k. Kaiser- und Küchenlieder" mit Ilse Scheer/Rudolf Stodola (Theater Manufaktur, Berlin)
12.03.95 „Blut ist immer noch rot" – Lieder von Paul Dessau/Kurt Tucholsky sowie Texte von Jacques Prévert/Boris Vian/Erich Fried („Gruppe Kaleidoskop")
23.04.95 „Große Sehnsucht Nr. 7" mit Myrtil Haefs – Lieder von Hildegard Knef/Helen Vita/Jacques Brel/Friedrich Hollaender/Fifi Brix; Andreas Binder (Klavier)

09.05.95 Fünfzig Jahre Kriegsende: Sabine Wegmann liest aus „Das große Heft" von Agota Kristof, auch 10.05.

18.06.95 „Aufrecht leben" – Chansons von Jacques Brel mit Maegie Koreen/Hans Keller

Casa Nova

10.12.94 Gedenkfeier für Hildegard Bergfeld (†21.11.94)

■ Gastspiele

17.10.94 „Wer fürchtet sich vorm schwarzen Mann" von Lars Frank (Theater Waidspeicher Erfurt, 12×, weitere 12× im Dezember)

05.03.95 „Zwölf Stühle" nach Ilja Ilf/Jewgenij Petrow mit Schülern des deutschrussischen Zweiges des Gymnasiums Essen-Überruhr, auch 16.05.

07.03.95 „Für Dich" von Nikolai Koljada (Theater für junge Leute, Jekaterinburg), I: Sylvia Richter
(Im Anschluss an die Vorstellung vom 08.03: Publikumsgespräch mit dem Autor, Theaterdirektorin Nina Kadotschnikowa, Dramaturg Oleg Lojewski, Sylvia Richter und Ensemble)

10.03.95 „Zaubereien im Sieb" (Puppentheater Nishnij Nowgorod)

18.03.95 „Hexen", Musical von Danny Ashkenasi/Peter Lund (Witchkraft-Ensemble), weitere 12×

23.06.95 18. Schul- und Amateurtheatertreffen (bis 02.07.95)

Spielzeit 1995/96

Künstlerische Leitung: Prof. Dr. Jürgen Schwalbe; *Disposition:* Wolfgang Erwig; *Dramaturgie:* Diana Anders: *Dramaturgie und Öffentlichkeitsarbeit:* Andreas Linne; *Theaterpädagogik:* Ulla Gilbert

Ensemble: Christiane Heinicke, Salome Staehelin*; Hans-Dieter Heiter*, Carlo Lauber, Frank Schmidtke, Kai Frederic Schrickel*, Olaf Schürmann
Gäste/Teilspielzeit: Carolin Fortenbacher, Julia Hansen, Juliane Koren, Tanja Kuntze; Markus Dietz, Joe Hense-lewski, Dirk Höhner, Klaus Karpinski, Paul Kribbe, Dieter Malzacher, Schiemann, Helmut Wuszow

Casa Nova (N)
16.09.95 „Zwerg Nase" nach Wilhelm Hauff von und mit Dieter Malzacher (81+mobil) – I: Susanne Neuhoff, A und Puppen: Dieter Malzacher
29.10.95 „Fletsch" – Musical von Marc Schubring/Holger Hauer (43) – I: Jürgen Schwalbe, ML: Heribert Feckler, A: Irene Suhr
26.01.96 „Die Polonaise von Oginski" von Nikolai Koljada (8) – I: Nikolai Koljada, A: Wladimir Krawzew
04.05.96 „George Dandin" von Molière (7) – I: Jörg Friedrich, A: Andreas Szalla, M: Achim Gieseler
18.05.96 „Der Heiratsantrag" von Anton Tschechow/„Kuprijanow und Natascha" von Alexander Vvedenskij/Russische Lieder (8) – I: Günther Möllmann, A: Regine Schill, M: Heribert Feckler
01.06.96 „Die Tigergeschichte" von Dario Fo (4) – I: Angela Khuon-Siefert

Casa Nova (WA)
08.09.95 „Der Mann von La Mancha" von Leigh (26)
26.10.95 „Die Eisprinzessin" von Waechter (16)

16.11.95 „Bartsch, Kindermörder" – Eine Selbstdarstellung, zusammengestellt von Oliver Reese (20)
02.12.95 „Die Goldtopfkomödie" von Plautus (9)

■ **Sonderveranstaltungen**
Casa Nova (Frühstückstheater)
15.10.95 „Cellulita, die Königin der Nachtcremes", Kabarett mit Petra Afontin/Simone Witt (Klavier)
12.11.95 „Live": Musik aus dem Bauch, Musik für die Seele mit Uli Wewelsiep/Thomas Brill
10.12.95 „HerzGeschichten – Lieder, Texte, Herztöne": Musikalisch-literarische Revue mit der Gruppe Kaleidoskop
07.01.96 Weltmusik aus dem Kohlenpott mit der Gruppe „Der Vorstand"
11.02.96 „Komm zu mir, schöner Knabe" – Lieder von Georg Kreisler mit Sabine Wackernagel (Gesang)/Christine Weghoff (Klavier)
10.03.96 „Argentinische Tangos" mit Antonia Ponti (Gesang); Trio Porteno
21.04.96 Chansons aus Kabarett und Musikhall mit Maegie Koreen
19.05.96 „Nur wer die Sehnsucht kennt …" – Ein musikalisches Reisefieber mit Petra Afontin/Joachim Luger

■ **Gastspiele**
Casa Nova
15.10.95 „Ungeduscht, geduzt und ausgebuht" – Szenen von Max Goldt und Lieder der Zwanziger Jahre mit Juliane Koren/Ulrich Wiggers; Alfons Nowacki (Klavier), auch 17./18.10.
21.10.95 Broadway-Musicals im Ruhrgebiet: Joseph – Les Miserables – Starlight-Express – Der Mann von La Mancha *(Die Sparkasse zum 10-jährigen Bestehen der Theaterpassage)*, auch 22.10.

14.11.95	„Der kleine Onkel" von Lars Frank (Theater Waidspeicher, Puppentheater Erfurt) (12×)
12.12.95	„Jeda, der Schneemann" von Mark Wetter/Paul Steinmann, Puppentheater Erfurt (12×)
29.02.96	„Frank & Stein" von Ken Campbell, auch 01./02.03., 04./08./09.04. (Mitwirkende: Kai Frederic Schrickel/Essen und Olaf Reichle/Leipzig; Leipziger Produktion)
06.06.96	„Girl meets boy" – Pantomimenabend mit Olinka Feldekova/Björn Leese, auch 07./22.06.
08.06.96	Schul- und Amateurtheatertreffen (bis 20.06.)

Spielzeit 1996/97

Künstlerische Leitung: Prof. Dr. Jürgen Schwalbe; *Künstlerische Betriebsbüro und Disposition:* Wolfgang Erwig; *Chefdramaturgin:* Diana Anders; *Dramaturgie und Öffentlichkeitsarbeit:* Andreas Linne; *Theaterpädagogik:* Ulla Gilbert

Ensemble: Christiane Heinicke, Salome Staehelin; Hans-Dieter Heiter, Carlo Lauber, Olaf Schürmann
Gäste/Teilspielzeit: Tanja Kuntze, Karin Matthes; Kay Bohlen, Alexander Franzen, Peter Götz, Jerzy Kosin, Dieter Malzacher, Frank Schmidtke, Kai Frederic Schrickel, Dietrich Trapp

Casa Nova (N)
15.09.96 „Hannes Strohkopp und der unsichtbare Indianer" von und mit Dieter Malzacher (61) – I: Susanne Neuhoff, A und Puppen: Dieter Malzacher
21.09.96 „König Hirsch", ein tragikomisches Märchen von Carlo Gozzi (32) – I: Rita Hladik, A: Andrea Szalla
16.11.96 „Mr. Pilks Irrenhaus" von Ken Campbell (31) – I: Jürgen Schwalbe, A: Irene Suhr, M: Heribert Feckler
30.11.96 „Rose und Regen, Schwert und Wunde" – Ein Sommernachtstraum von William Shakespeare/ Beat Fäh (10) – I: Günther Möllmann, A: Marion Strohschein; M: Gerd Kappelhoff
11.01.97 „Das kleine wilde Tier" von Med Reventberg (31) – I: Andreas Gruhn, A: Irene Suhr, M: Jürgen Jaeger
01.03.97 „Ur-Faust" Eine musikalische Legende nach Johann Wolfgang Goethe (22) – I: Jürgen Schwalbe, B: Manfred Gruber, K: Irene Suhr, ML: Achim Gieseler, Ch: Paul Kribbe

Casa Nova (WA)
28.09.96 „Bartsch, Kindermörder" von Reese (7)
13.10.96 „Die Tigergeschichte" von Fo (22)
19.04.97 „Der Heiratsantrag" von Tschechow/ „Kuprijanow und Natascha" von Vvedenskij (10)

■ **Sonderveranstaltungen**
Casa Nova (Frühstückstheater)
06.10.96 Michael Koschorreck: „Mondo Funk Guitar" – Flamenco, Jazz, Soul, Rock
10.11.96 „Der Brühwürfel ist gefallen!" – Petra Afontin als Kassandra Kächele; Simone Witt (Klavier)
08.12.96 „Und muss Euch sagen, es weihnachtet sehr" – Heitere und besinnliche Texte und Musik zur Weihnachtszeit mit Angelika Sedelmeier (Lesung)/ Michaela Schmidt (Violoncello)
05.01.97 „Easy Street": Jazz Ballads mit Christine Weber/Volker Niehusmann
16.02.97 „Einmal Blauer Engel und zurück" – Eine musikalische Reise mit der Gruppe Kaleidoskop
23.03.97 „Nanu, denk ich, ich denk: nanu" – Kabarett mit Sabine Wackernagel/ Christiane Weghoff
19.04.97 „mond-verrückt" mit Henkel & Söhnlein
25.05.97 „Das Leben ist ein Gedichte" – Eine Liebeserklärung an Friederike Kempner, das Genie der unfreiwilligen Komik, von und mit Barbara Kratz

Casa Nova
28.10.96 Autorenlesung: Ahmed Altan, Türkei
18.11.96 Autorenlesung: Vedat Türkali, Türkei
02.12.96 Autorenlesung: Mario Levi
14.12.96 „Leider nicht eine der besten Lagen …" – Polnische Lyrik und Jazz, Christiane Heinicke/Salome Staehelin/Olaf Schürmann lesen Literatur unseres östlichen Nachbarn
Musik mit dem Jazz-Trio „unfinished business"
17.02.97 Autorenlesung: Umit Kivanc, Türkei
07.03.97 Autorenlesung: Füruzan, Türkei

◼ Gastspiele
Casa Nova

29.10.96	„Die Bremer Stadtmusikanten" – Ein musikalisches Spiel mit Schatten nach den Brüdern Grimm (Kammer- und Puppentheater Wismar), 12×
03.04.97	„Kopf unterm Arm" – Eine Revue (Folkwang Hochschule), auch 04./05./06.04.
08.05.97	„Pantomime und so weiter" (Folkwang Hochschule, Leitung: Peter Siefert)
01.06.97	Schul- und Amateurtheatertreffen (bis 15.06.)

Spielzeit 1997/98

Künstlerische Leitung: Wolfgang Erwig (*kommissarisch*); *Künstlerisches Betriebsbüro und Disposition:* Wolfgang Erwig; *Chefdramaturgin:* Diana Anders; *Dramaturgie und Öffentlichkeitsarbeit:* Andreas Linne; *Theaterpädagogik:* Ulla Gilbert

Ensemble: Christiane Heinicke, Alexandra Schnaubelt*; Hans-Dieter Heiter, Carlo Lauber, Olaf Schür-mann
Gäste/Teilspielzeit: Olinka Feldekova, Salome Staehelin, Bettina Zobel; Jerzy Kosin, Björn Leese, Dieter Malzacher, Markus Michalowski

Casa Nova (N)
13.09.97 „Der Wolf und die sieben Geißlein" von Dieter Malzacher/Susanne Neuhoff nach den Brüdern Grimm (58) – I: Susanne Neuhoff, A und Puppen: Dieter Malzacher
14.09.97 „Glückspeters Reise" von August Strindberg (31) – I: Renate-Louise Frost, A: Dieter Klaß, M: Patrick Schimanski
03.10.97 „Das Glas Wasser" von Eugène Scribe (25) – I: Andreas Gruhn, A: Anita Rask Nielsen
20.12.97 „Scherz, Satire und tiefere Bedeutung" von Christian Dietrich Grabbe (15) – I: Peter Siefert, A: Irene Edenhofer, M: Reinhard Karga
15.02.98 „Frag nicht, warum" – *Musikalische Revue* von Diana Anders/Renate Heuser (9) – I: Renate Heuser, ML: Peter Pichler, A: Silke Barzik, Ch: Stefan Hilterhaus
Casa Nova (WA)
28.10.97 „Das kleine wilde Tier" von Reventberg (10)

■ **Sonderveranstaltungen**
Casa Nova (Frühstückstheater)
31.08.97 „Wort und Totschlag": Krimi-Programm von Karr & Wehner
19.10.97 „Opera Puffo" – Eine musikalische Inszenierung ohne Akte mit Dorothea Walther, B: Margot Güttinger
23.11.97 „Wolken, Pelz, Tier" – Von Hysterie und Größenwahn mit Tina Teubner; Michael Reuter (Klavier)
11.01.98 „Können Männer denken?" mit Uta Rotermund
08.02.98 „Aber liegend gern" – Ein musikalischer Kabarett-Morgen mit Petra Afontin/Simone Witt (Klavier)
08.03.98 „Toscanische Nacht" – Bernadette Vonlanthen liest anlässlich des Internationalen Frauentages Texte von Wedekind/Kästner u. a. und erzählt mit ihren Chansons ganze Geschichten
19.04.98 „Wenn ich mir was wünschen dürfte ..." – Lieder und Chansons von Friedrich Hollaender mit Ingeborg Wunderlich
03.05.98 „Das Leben ist ein Gedichte" – Eine Liebeserklärung von Barbara Kratz an Friederike Kempner
17.05.98 „Nach Freiheit strebt der Mann, das Weib nach Sitte" mit Petra Afontin/Joachim Luger
15.03.98 Autorenlesung: Nazli Eray, Türkei

■ **Gastspiele**
Casa Nova
06.11.97 „Reisen, das ist Leben" – Eine Reise durch die Dichtung Hans-Christian Andersens mit Christian Steffensen
25.11.97 „Das Feuerzeug" nach Hans-Christian Andersen (Theater Waidspeicher, Erfurt), 12×
13.01.98 „Fräulein Tong Tong oder Verliebt, verlobt, verheiratet" nach einer Idee von Holger Friedrich von Stefan Wey/Tomas Mielentz (Theater Waidspeicher, Erfurt), 12×
Kindertheaterfestival „Metamorphosen"
21.04.98 „Der kleine Herr Winterstein" (Theater Laboratorium, Oldenburg)

22.04.98	„Lenox – ein Ausflug mit drei Flügeln" (Puppentheater Meiningen)
23.04.98	„Don Quijote" (Dorftheater Siemitz, Kammer- und Puppentheater Wismar)
25.04.98	„Mama Muh schaukelt" (Theaterwerkstatt Pilkentafel, Flensburg)
26.04.98	„Götterspeise" mit Barbara Kratz/ Christian Kaiser, auch 27.04.
28.04.98	„Der Mann aus Spa" (Max Vandervorst, Brüssel)
29.04.98	„Mister Bach, Mister Bach" (MOKS-Theater, Bremen) (Essener Beiträge: 24.04. „Glückspeters Reise"; 26.04. „Der Wolf und die sieben Geißlein")
26.05.98	„Gurken und andere Törtchen" von Ksenia Dragunskaja (Nishnij Nowogorod)
27.05.98	„Das geteilte Glück" (Nishinij Nowogorod)

Opas Oper ist nicht tot
Es war ein langer Weg vom Aalto-Entwurf zu den „Meistersingern"
Philharmonie zählt zu den besten Konzerthäusern Europas

Von Wulf Mämpel

Wenn man heute die ebenfalls älter gewordenen „Gegner von einst" im Foyer des Opernhauses trifft und sie geradezu schwärmend verkünden, in welch „fulminantem Opernhaus" sie sich doch befänden, dann werden Erinnerungen wach. Erinnerungen an einen „Dreißigjährigen Kampf" um die Aalto-Oper, an das „Theater ums Theater" und viele dumme Worte, die damals die Runde machten. Die Essener Lokalpolitiker taten sich schwer mit den genialen, preisgekrönten Entwürfen des finnischen Star-Architekten Alvar Aalto. Ich erinnere mich noch sehr gut an die Debatten, die Parteitage, die Ausschusssitzungen, die zum Teil bissigen bzw. wohlwollenden, fordernden Kommentare in den beiden Essener Tageszeitungen und den überregionalen Blättern.

Essen wurde in dieser Zeit oft belächelt, zumal der Bau des „größten deutschen Rathauses" Vorrang hatte vor dem Bau der Oper, über dessen Notwendigkeit allerdings ein Großteil der Politiker aller Parteien und der Bürger überzeugt war. Männer wie der damalige Oberbürgermeister Horst Katzor (SPD), der mächtige SPD-Fraktionsvorsitzende Robert Malone, der CDU-Fraktionsvorsitzende und Parteichef Norbert Königshofen, der agile junge FDP-Bundestagsabgeordnete Klaus Beckmann und eine Reihe weiterer „Kämpfer" aus der Stadtgesellschaft für das neue Opernhaus bewirkten durch einen langen Atem, dass schließlich doch – nach Fertigstellung des Rathauses – die Realisierung des neuen Opernhauses nach den Plänen des renommierten Finnen mit dem Spatenstich am 15. November 1983 begann. Es war der Startschuss für ein Jahrhundertbauwerk.

Schon 1963 hatte Oberbürgermeister Wilhelm Nieswandt zum Jahreswechsel erklärt: „Ich hoffe, dass der Rat der Stadt im Jahre 1963 für Essens Theaterpläne grünes Licht geben und nicht die rote Signalkelle zum Zwecke einer Bremsung bedienen wird. Ich glaube, dass im neuen Jahr für den Theaterneubau die Voraussetzungen geschaffen werden, dass der fahrplanmäßige Ablauf der Dinge festgelegt werden kann. Essen sollte innerhalb eines absehbaren Zeitraumes erhalten, was sich diese Stadt meiner Meinung nach verdient hat und was gefördert werden kann." Das Urgestein Wilhelm Nieswandt erlebte die Eröffnung der Aalto-Oper nicht mehr. Doch der Oberbürgermeister setzte durch, dass 1966 der Rat im Etat eine erste Rücklage für den Theaterneubau in Höhe von 750.000 D-Mark beschließt.

Oberstadtdirektor Dr. Ernst Finkemeyer sagte im August 1981 – wenige Tage vor seinem tragischen Unfalltod in den Alpen: „Es gehört auch zum Selbstverständnis einer so großen Stadt wie Essen, dass sie ihren Horizont erweitert, dass sie nicht nur an Bäder, neue Straßen und Sporthallen denkt. Sie sind sicher wichtig, aber die Kultur und ihre Bedürfnisse gehören genauso ins Bild." Essen lebe 1981 bereits zu über 60 Prozent vom tertiären Sektor, also von Dienstleistungen, meinte er. Und: „In diesem Sektor arbeiten Menschen, die bestimmte Bildungs-, Kultur- und Freizeitansprüche haben. Aus diesem Grund halte ich den Aalto-Bau für unverzichtbar. Das neue Theater hat eine unbestreitbare Wirkung auf den Rang dieser Stadt. Und das hat mit einem Prestige-Denken nichts zu tun."

Als der Oberstadtdirektor diese Sätze öffentlich formulierte, waren über 20 Jahre nach dem Startschuss zum neuen Theater vergangen. Immer wieder hatte es offene Kritik („Größenwahn in der Provinz"), vehementes Bekennen („Aalto – jetzt oder nie!") und stupide Gleichgültigkeit in den politischen Lagern gegeben. Finkemeyer damals: „Wenn man die letzten beiden Jahre zurückgeht, jedes einzelne Jahr prüft und dann fragt: Wann wäre der richtige Zeitpunkt für einen Bau des Theaters gewesen, dann müsste man feststellen: Es gibt immer gute Gründe dagegen und gute Gründe dafür. Ein Theater muss man wie ein Rathaus auf einige Jahrzehnte hinsehen. Auch die Frage, ob Aaltos Entwürfe noch zeitgerecht seien, kann ich nur beantworten: Ein solcher Entwurf und die Entscheidung der Stadt dürfen nicht von Tagesfragen abhängig sein."

Bis am 15. November 1983 der damalige beliebte Oberbürgermeister Horst Katzor (SPD) bei starkem Schneefall im Beisein der Aalto-Witwe, Prof. Elissa Aalto, der 1981 die künstlerische Beratung für den Gesamtentwurf ihres Mannes übertragen worden war, den ersten Spatenstich und die Grundsteinlegung für den neuen Theaterbau vollziehen konnte. Es waren exakt 25 Jahre vergangen, seit die Gesellschaft zur Förderung des Theaterneubaus, die sich am 20. November 1955 gegründet hatte, 1958 den internationalen Ideen-Wettbewerb ausschrieb. Motor der von vielen aktiven Bürgern und der Wirtschaft mitgetragenen Aktion war der Essener Kaufmann Willi G. Saeger. Er hatte die Vision und besaß das Durchsetzungsvermögen, die neue Oper ins Rollen zu bringen. Es war eine langwierige Prozedur: Dennoch können die Theaterbau-Fördergesellschaft und ihre Akteure als die Urheber des neuen Theaters gelten, wenngleich die verantwortliche Entscheidung Sache der Politik war. Und die ließ sich Zeit. Denn erst 1982 haben zwei Parteitage der CDU und SPD den Neubau nach heftigen Wortgefechten (bei der SPD) das ehrgeizige Projekt endgültig auf den Weg gebracht.

Obwohl in Essen als eine der ersten Städte des Landes nach dem Krieg im wiederaufgebauten „Grillo-Theater" sich recht schnell der Vorhang hob: Das Problem der Enge, der doch eher kleinstädtischen Theater-Verhältnisse, was nichts mit der künstlerischen Leistung zu tun hatte (Namen wie Erich Schuhmacher, Ilka Boll, Ulrich Brecht, Hansgünther Heyme, Gustav König, Heinz Wallberg, Boris Pilato) schrieben nach 1945 dort Theatergeschichte), ist Anfang der 50er Jahre deutlicher denn je aufgefallen: Die Metropole des Reviers benötigte ein neues Theater.

Seit am 17. August 1959 der erste Preis des Theaterneubau-Wettbewerbs Alvar Aalto zugesprochen wurde, vergingen knapp 30 Jahre, bis sich im neuen Opernhaus 1988 der Vorhang zu Richard Wagners „Die Meistersinger von Nürnberg" heben konnte. Es sind 30 Jahre der heftigen politischen Auseinandersetzung, innerer Machtkämpfe, ideologisch geführter Dispute und eine deutlich erkennbare Profilierungssucht einiger Politiker, die immer wieder den Bereich Kultur gegen das Soziale ausspielten. Das Jahrhundertbauwerk wird zu einer schwierigen Geburt. Gerade auch finanziell. Immerhin geben die engagierten Theaterbau-Förderer nicht nur ideelle Schützenhilfe, sondern unterstützen den Neubau mit über zweieinhalb Millionen D-Mark.

Nach der Wettbewerbsentscheidung im Jahre 1959 vergehen erst einmal zehn Jahre, bis der Rat sein grundsätzliches Einverständnis zum Bau eines Musiktheaters an der Huyssenallee am Rande des Stadtgartens erteilt und die Verwaltung beauftragt, den Vorentwurf von Aalto zu baureifen Plänen fortzuführen. Am 4. Februar 1970 empfiehlt der städtische Kulturausschuss die Bereitstellung von 2,4 Millionen D-Mark Planungsgeldern. Im Januar 1976 folgt die Fertigstellung der baureifen Pläne, bei der sich der Essener Architekt Horst Loy große Verdienste erwirbt. Vier Monate später stirbt Alvar Aalto.

Mit seinem Tod ist die Diskussion über das Für und Wider des neuen Theaters nicht beendet. Denn gar so klar ist immer noch nichts entschieden. Im Gegenteil: Die Frage nach den kommunalpolitischen Prioritäten wird erneut gestellt. Am 19. Juni 1979 erst erfolgt der Grundsatzbeschluss des Rates, erst nach der Fertigstellung des 200 Millionen D-Mark teuren Rathauses das Opernhaus zu errichten. In diesen Essener Tagen kommt es immer wieder zu heftigen Diskussionen, ob die Entwürfe noch zeitgemäß seien. Politiker und Beamte des Rathauses sind sich aber jedoch über die Bedeutung einer solch erneuten Diskussion im Klaren: Wenn nicht Aalto, dann überhaupt kein neues Theater! Allen Beteiligten ist deutlich geworden, dass der Beginn einer neuen Prozedur das Ende für ein neues Theater bedeuten würde. Ja, der Startschuss würde dann wohl erst nach 2000 erfolgen – wenn überhaupt.

■ Wildes Durcheinander

Als die Theaterbau-Förderer 1958 den Ideenwettbewerb ausschrieben, herrschte zunächst große Euphorie in der Stadt. Und die kluge und mutige Jury wurde wegen ihrer Wahl allgemein gelobt. Der ebenso weltberühmte Architekt Mies van der Rohe nennt den Entwurf Alvas Aaltos „genial" und stellt fest: „Das Theater wird die Jahrzehnte, ja, die Jahrhunderte überdauern." Doch auf den allgemeinen Taumel folgt das lange Warten. Niemand scheint in der Lage zu sein, „die dicken Bretter zu durchbohren". Andere kommunale Aufgaben haben Vorrang. Zwischendurch gibt es immer wieder neue Meldungen rund um das Theaterprojekt. So 1966: damals heißt es, die geplante Alto-Oper sei für das aufstrebende Essen – damals 710.000 Einwohner – nicht mehr ausreichend! Neue Standorte wurden diskutiert: neben dem Platz am Stadtgarten auch der Grugapark. Immer neue Kostenberechnungen machen die Runde.

Als Alvar Aalto 1970 aus Helsinki zu einem Arbeitsbesuch erneut nach Essen kommt, ist der Bau seines Theaters noch nicht in greifbare Nähe gerückt. „In zwei Jahren", so der damalige Baudirektor Stotz und der mit der „Planungsreife" beauftragte Essener Architekt Loy, „kann mit dem Bau begonnen werden." Das wäre 1972 gewesen. Kurz darauf wird die „kleine Aalto-Oper" ins Gespräch gebracht, weil den Stadtvätern die Kosten davonlaufen und die Kohle- und Stahlkrise keine optimistischen Prognosen erlauben. Der Essener Generalintendant Dr. Erich Schuhmacher, dem das neue Haus seit langem versprochen worden war (wie dem international renommierten Generalmusikdirektor Prof. Heinz Wallberg ebenso), geht in Pension, noch bevor überhaupt fertige Pläne auf dem Tisch liegen. An Beteuerungen der Stadtspitze, dass das neue Haus gebaut werde, mangelt es in den folgenden Jahren nicht. Nur: Die Prioritäten werden neu bestimmt. Erst das Rathaus, dann die Oper!

Um zu zeigen, dass dies ernst gemeint ist, werden in den 60er Jahren entsprechende Mittel als Grundstock in den Haushaltsplänen veranschlagt. Das soll die Gemüter beruhigen. Das kühne Vorhaben verschwindet so nie ganz aus der allgemeinen Diskussion, obwohl es manchmal recht still wird um das „Jahrhundertbauwerk". Es gibt aber auch zunehmend warnende Stimmen, die das ganze Projekt wegen der nicht zu beziffernden Folgekosten wieder generell in Frage stellen.

Da die Kosten die Stadtväter immer wieder kräftig drücken, schließlich müssen für das neue Rathaus 200 Millionen D-Mark aufgebracht werden, suchen Rat und Verwaltung nach neuen Auswegen. Einmal sollte sogar das Land beteiligt werden, ein anderes Mal sollte das neue Opernhaus als Gemeinschaftsaufgabe der gesamten Region deklariert werden. Wieder andere wollte das Grillo-Theater zur Spielbank umfunktionieren, um so die Kosten für die neue Oper zu minimieren. Mitte der 70er Jahre gehen Rat und Verwaltung mutig daran, Luft aus dem Entwurf zu lassen. Der Aalto-Plan wird kräftig abgespeckt. Das Platzangebot von zunächst 1.400 Plätzen wird auf 1.100 reduziert. Das von Alvar Aalto unter dem gleichen Dach entworfene Studio-Theater ersatzlos gestrichen. An den Kostenvoranschlag, der 1965 bei rund 50 Millionen D-Mark lag, wagt niemand mehr zu denken. Es werden schließlich 150 Millionen D-Mark – im Vergleich zu heutigen Preisen bei aktuellen Bauvorhaben ein geradezu „günstiger Kurs".

Die Diskussion in diesen Tagen reißt nicht ab, das „Theater um das Theater" macht die Runde auch im deutschen Blätterwald. Pläne werden verworfen, Standorte wieder diskutiert, ein erneuter Architekten-Wettbewerb ins Gespräch gebracht. Die Oper ist zu einem kommunalpolitischen Dauerbrenner geworden, über den sich Bundesdeutschland die Hände reibt. Als der Grundsatzbeschluss des Rates endlich 1979 erfolgt und die mittelfristige Finanzplanung steht, ist das Eis gebrochen. Der Weg für das neue Opernhaus ist frei: Am 15. November 1983 rammt Oberbürgermeister Horst Katzor den Spaten in den gefrorenen Boden des Stadtgartens.

Solisten des Philharmonischen Orchesters spielen fröstelnd auf der kleinen Baustelle an der Huyssenallee/Ecke Rolandstraße Melodien von Henry Purcell und flotte Märsche, die Schauspieler Rudolf Cornelius, Günther Gräfenberg und Friedrich Gröndahl sprechen das Vorspiel „Auf dem Theater" aus Goethes „Faust". Auf diese Weise werden die 300 Zuschauer dieses bedeutenden Akts auf den Spatenstich eingestimmt.

Als der Oberbürgermeister das Werk Aaltos und die Entschlossenheit der Stadt, dieses neue Musiktheater mit großen finanziellen Anstrengungen zu errichten, noch einmal bekräftigt, formiert sich vor dem Podium eine kleine Gruppe von Gegnern des Theaterneubaus und versucht, die Veranstaltung mit Trillerpfeifen, einem Lachsack und Knallfröschen zu stören. Polizeibeamte, die diese Szene beobachten, nehmen schließlich drei der Demonstranten vorläufig fest.

Den Zwischenrufern, die auf das Problem der hohen Arbeitslosigkeit aufmerksam machen, begegnet OB Horst Katzor mit den Worten: „Wir wollen dafür sorgen, dass unsere Bauarbeiter bei Arbeit und Brot und guter Laune bleiben", wobei er auf die zahlreichen Arbeitsplätze anspielt, die durch den Opern-Neubau erhalten bzw. erst geschaffen werden. Die große Mehrheit der Versammelten reagiert darauf mit lautem Beifall und Bravorufen und quittiert mit Genugtuung Katzors Hinweis, dass in diesem Jahr bei der Grundsteinlegung Rechenschaft darüber abgelegt werde, dass die Planung „gut" gewesen sei.

Fast zwei Jahre später – am 15. August 1985 – hat sich die Essener Szene total verändert: Beim Richtfest können die staunenden Anwesenden einen ersten Blick in den riesigen Rohbau werfen und einen Eindruck von den imposanten Dimensionen der neuen Oper gewinnen. Es ist keine Übertreibung: Viele der Ehrengäste stehen stumm staunend im unmöblierten Parkett und betrachten die Bühnenmaße mit spöttischer Skepsis: „Das sollen unsere Künstler bespielen?" Dennoch ist die Stimmung wie bei einer vorgezogenen Premiere. Die meisten Gäste erahnen, was die neue Oper für die Stadt und die Region bedeuten wird. Stolz mischt sich aber mit Zweifel: Wird die Stadt diesem Haus die nötigen Finanzmittel bewilligen, damit das Aalto-Theater nicht zu einem internationalen Gespött wird?

Beifall brandet auf, Hoch- und Bravorufe erschallen, aber auch der sprichwörtliche Theaterdonner zur rechten Zeit fehlt nicht, für den allerdings Petrus sorgt. Doch machen die Regentropfen, die durch das noch nicht geschlossene Dach plätschern, der Stimmung keinen Abbruch. Oberbürgermeister Peter Reuschenbach (SPD), ein begeisterter Opernliebhaber, geht in seiner sehr engagierten Rede auf das Für und Wider um den Theaterneubau ein und stellt fest, dass nun mehr als 25 Jahre bis zur Verwirklichung des preisgekrönten Entwurfs von Alvar Aalto vergangen seien. Unter den vielen ungeduldig Drängenden dieser langen Zeit erwähnt er den verstorbenen Vorsitzenden der Theaterbau-Fördergesellschaft, Willi G. Saeger. Für die Einhaltung des Zeit- und Kostenplans dankt er der Theaterbaugesellschaft, dem Architektur-Büro von Prof. Harald Deilmann (Münster) und den beteiligten Firmen ebenso wie der Witwe des Architekten, Prof. Elissa Aalto.

Indem er auf den Einsatz des damaligen Intendanten Manfred Mützel (der aber die Eröffnung nicht mehr erleben sollte, da er bereits 1985 entlassen wurde), von Generalmusikdirektor Prof. Heinz Wallberg und Verwaltungsdirektor Hermann Hartwich (dem späteren Oberstadtdirektor) baut, verspricht der Oberbürgermeister auch, dass die Stadt in den gegebenen Grenzen ihren Beitrag leisten werde, künstlerische Leistungssteigerungen zu ermöglichen. Er würdigte zugleich neue Anläufe, Bürgersinn und Mäzenatentum zugunsten des Theaters zu wecken und zu stärken. In diesem Sinne werde das Theater- und Kulturleben der Stadt Essen im sich neu gegründeten „Freundeskreis Theater und Philharmonie e. V." unter dem neuen Vorsitzenden und WAZ-Lokalchef Wulf Mämpel (Vorgängerin war die Theaterbau-Fördergesellschaft mit Willi G. Saeger an der Spitze) eine kräftige Stütze haben.

Reuschenbach appellierte an die Essener Theater- und Opernliebhaber, die Chancen des Theaterrings unter der damaligen Leitung von Friedel Hanster zu nutzen, und plädierte in diesem Zusammenhang für die Gründung eines neuen Jugendkulturrings. Der Oberbürgermeister wörtlich: „Dieses Haus wird dazu beitragen, den Ruf des Reviers als eine der reichsten Kulturlandschaften und Essens Anziehungskraft zu stärken." Freundeskreis-Vorsitzender Wulf Mämpel meinte: „Aalto steht für Qualität. Ich habe Hoffnung, dass der Inhalt des Hauses dem entspricht, was der Neubau erwarten lässt. Der Freundeskreis wird seinen Beitrag dazu leisten."

Auf die vorbildliche Mannschaftsleistung und die hervorragende Zusammenarbeit am Bau weist Hoch- und Tiefbaudirektor Günter Meisert hin, der allen am Bau Beteiligten eine Einladung zu den ersten Aufführungen im neuen Haus verspricht. Zum symbolhaften Einschlag des letzten Nagels bittet er Oberbürgermeister Peter Reuschenbach, den Aufsichtsratsvorsitzenden der

Theaterbaugesellschaft, Bürgermeister Fritz Kinnigkeit, und den höchst engagierten Geschäftsführer der Baugesellschaft, Werner Jurkat, auf die Bühne. Und zum krönenden Abschluss, bevor es zu Erbsensuppe und Bier übergeht, werden vor dem Theatereingang 500 Luftballons mit Gutscheinen für eine Aufführung im Grillo-Theater aufgelassen: Der aufwendige Innenausbau kann beginnen. Reuschenbach euphorisch: „Ein neues Haus für eine erneuerte Stadt."

■ Das Gerangel geht weiter

Es ist wirklich eine schwierige Geburt – das neue Opernhaus. Denn selbst nach Fertigstellung des Rohbaus gehört das Gerangel um das Theater nicht auf. Hinzu kommen interne Dissonanzen: Intendantenkrisen, Skandale, personelle Fehlentscheidungen und künstlerisches Mittelmaß. Über allem aber schwebt wie ein Damoklesschwert die finanzielle Lage: Essen, immer gerne von der Politik als „Weißer Rabe an der Ruhr" beneidet, hat 1987 zum ersten Mal in der Nachkriegsgeschichte einen defizitären Haushalt. Sinkende Steuereinnahmen bei gleichzeitiger Steigerung der Soziallasten. Wer möchte da dem Theater immer neue Millionen zuweisen. Das Gespenst der „Umnutzung" geht um: Theatergegner schlagen vor, das neue Opernhaus zu einem Kongresszentrum umzufunktionieren. Oberbürgermeister Peter Reuschenbach macht diesem Ansinnen am 25. Oktober 1987 ein Ende. Öffentlich erklärt er: „Den Aalto-Bau für Kongresse zu nutzen halte ich für eine Schnapsidee." Auch der Plan, wegen der angespannten Finanzlage den Termin der Eröffnung zu verschieben, weist er weit von sich: „Die Förderung des Theaters, der Musik und der Kunst hat in Essen eine lange Tradition. Wenn der Industrielle Friedrich Grillo Essen zum ersten Opernhaus verhalf, so hilft heute die Kruppstiftung mit 1,6 Millionen D-Mark beim Umbau des Grillo-Theaters zu einem Raumtheater für das Essener Schauspiel. Die Theaterbauförderer haben in den letzten 30 Jahren weit mehr als zwei Millionen an Vorleistungen für das Aalto-Theater erbracht und damit großen Bürgersinn im Hinblick auf wichtige städtische Belange gezeigt."

Anlass der Rede ist die Eröffnung der Straßenlotterie des „Freundeskreises Theater und Philharmonie", die übrigens einen Reinerlös von 150.000 D-Mark ergab. OB Reuschenbach noch einmal deutlich: „Die Idee, das Theater anderen Zwecken zuzuführen, ist völlig absurd. Es ist dazu völlig ungeeignet. Bei einer Nutzung als Kongress-Zentrum würden auch die steuerlichen Vorteile, die wir beim Aalto-Bau erreicht haben, entfallen. Was zusätzlich zu Verlusten von vielen Millionen führt." Das Gewerbeaufsichtsamt habe schon vor Jahren erklärt, dass das Grillo-Haus wegen zahlreicher Sicherheitsmängel nur noch bis zu dem Zeitpunkt genutzt werden dürfe, an dem das neue Opernhaus bespielbar sei. Eine Fremdnutzung würde also zwangsläufig zu einer Schließung des Grillo-Theaters führen. Das würde während der notwendigen Sanierung für eineinhalb Jahre bedeuten: Essen hätte überhaupt keine Spielstätte mehr, die Personalkosten müssten weitergezahlt und Verträge bereits verpflichteter Solisten erfüllt werden. Was wiederum viele Millionen kosten würde ...

Neben dem Oberbürgermeister – „Jeder Bürger sollte ein Theaterförderer sein" – appellieren auch Schauspielintendant Hannsgünther Heyme und Generalmusikdirektor Heinz Wallberg an die Essener Bürger, das Theaterleben kräftig zu unterstützen. Theater sei immer aus dem Volk für das Volk entstanden. „Bilden Sie eine Art Mafia in Sachen Theater." Dennoch reißt die Kette der dramatischen Ereignisse nicht ab. Zu Beginn des Jahres 1988, dem Jahr der Eröffnungsspielzeit im neuen Haus, bringen die angedrohten Kürzungen im Theaterbereich, auf einem Parteitag der SPD beschlossen, die Künstler auf die Barrikaden. Das Wort vom „Theatertod an der Ruhr" macht die Runde. Es kommt zu Demonstrationen, hämischer Berichterstattung und vielerlei Aufregungen, bis sich die Wogen wieder glätten: Statt der fünf Millionen sollen in Essen nur noch zwei Millionen ab der Spielzeit 1989/90 gekürzt werden.

Die Eröffnungspremiere mit einer grandiosen Produktion von Wagners „Die Meistersinger", unterstützt der ebenso erfolgreich gestartete Freundeskreis Theater und Philharmonie e. V. mit Einhunderttausend D-Mark. Die Erfolgsgeschichte der „Aalto-Oper" hat begonnen.

■ Musik lag in Essen schon lange in der Luft

Als die Musiker des Orchesters murrten und androhten „dort nicht mehr zu spielen", fiel bei den Essener Politikern der Groschen: Der Alte Saalbau hatte in seiner damaligen Form ausgedient. Das ramponierte Gebäude, in dem so viele große Künstler aus aller Welt aufgetreten waren, hatte seine Schuldigkeit getan. Doch nun begann wieder eine heftige Diskussion: Abriss, Neubau, Totalsanierung – vom Saalbau zur Philharmonie. Schließlich erhielt der Kölner Architekt Prof. Peter Busmann den Zuschlag:

Für den Umbau des alten Konzerthauses – immerhin mit 1.900 Plätzen des größten im ganzen Ruhrgebiet – zu einem modernen Aufführungsbau war ein Architektenwettbewerb ausgeschrieben worden, bei dem der Entwurf der Kölner Busmann + Haberer als Realisierungsgrundlage ausgewählt wurde.

Der Umbau des Konzerthauses mit drei Sälen und zeitgemäßer technischer Ausstattung sollte die Stellung des Hauses in der Musikszene langfristig sichern. Der Entwurf folgt dem Konzept des „Inneren Umbaus": Der Kuppelsaal wird im Inneren als modifizierter Rechteckraum neu erstellt. Die Ergänzung des Hauptzugangs mit einem Eingang im Stadtgarten zum benachbarten Aalto-Theater hin, bewirkt eine Aufwertung der städtebaulichen Situation und ermöglicht zudem eine Verbesserung der Gebäudeerschließung. Im Schnittpunkt des L-förmigen Baukomplexes liegt das alte Foyer, ergänzt durch ein allseitig verglastes „Gartenfoyer" mit Blick in den angrenzenden Stadtgarten. Der Alfried-Krupp-Saal mit seiner hervorragenden Akustik bietet 1.906 Besuchern Platz und ist vielseitig einsetzbar, ergänzt wird er durch den RWE Pavillon mit seinen 350 Plätzen. Neben der kulturellen Nutzung dient die Philharmonie als vielfältig verwendbare Veranstaltungsstätte. Die Räume eignen sich für Tagungen, Kongresse, Messen, Bälle und Feste.

Ein Blick zurück: Die Philharmonie Essen – der frühere Saalbau – hat eine wechselvolle Geschichte: 1904 leitete Richard Strauss das Eröffnungskonzert, zwei Jahre später dirigierte hier Gustav Mahler die Uraufführung seiner 6. Sinfonie. Ein erstes Konzert- und Veranstaltungshaus an gleicher Stelle, der damals so genannte Stadtgartensaal, wurde bereits im Jahr 1864 fertiggestellt. Die Initiative zur Errichtung eines solchen Bauwerks, der Grundstückserwerb und die Finanzierung, beruhte auf privatem, bürgerschaftlichem Engagement. In einem Fachwerkgebäude war ein großer Festsaal untergebracht, der durch ein schlichtes Restaurationsgebäude in Massivbauweise ergänzt worden war. Immer waren es Bürger und engagierte Bürger in Unternehmen, die hilfreich der Stadt zur Seite standen. Was 1904 noch hochmodern war, wurde im Lauf der Zeit zu einer hochbetagten „alten Dame". Ende der 90er war es dann so weit: Nachdem die Essener Philharmoniker unter Protest den alten Saalbau verließen, war man zum Handeln gezwungen. Bei der Entscheidung zwischen Neubau oder Renovierung hielt man es mit der alten Dame und renovierte, allerdings im großen Stil. 75 Millionen Euro wurden verwendet, um den Saalbau zu renovieren. Er besitzt nun eine moderne technische Ausstattung. Die finanziellen Mittel für die Renovierung wurden größtenteils durch Beiträge aus der Wirtschaft, besonders durch die Alfried Krupp von Bohlen und Halbach-Stiftung ermöglicht. Das Land NRW beteiligte sich mit acht Millionen Euro. Der Umbau macht sich bereits im Eingangsbereich des Saalbaus bemerkbar. Ein Teil des Gebäudes orientiert sich an dem Zustand, in dem der Saalbau in den 50er Jahren war, darunter der Eingangsbereich und die Wandelhalle. Am Haupteingang befinden sich Kassenhäuschen und an der Decke sieht man noch historische Leuchter.

Der Alfried-Krupp-Saal ist die größte Räumlichkeit der Philharmonie. Er wurde nicht direkt an den anderen Sälen gebaut, damit man sie akustisch isolieren kann. Das helle Holz, die roten Sitzplätze und die tiefblaue Decke lassen den Saal gemütlich wirken, sodass Publikum und Künstler sich wohlfühlen. Die roten Stahlelemente im Saal deuten auf das Unternehmen Krupp hin. Der Alfried-Krupp-Saal kann sich auf verschiedenste Weise der Größe der Veranstaltung anpassen. Höhenverstellbare Kreissegmente und ein Parkettbereich, den man bis zum Balkon anheben kann, ermöglichen die Verwendung des Saals für einen Ball oder für eine Aktionärsversammlung. Das Klangsegel an der Decke kann man an kleinere Veranstaltungen anpassen, indem man es herabsenkt. Die große Kuhn-Orgel im Alfried-Krupp-Saal entstand gegen Ende des Umbaus. Kommentar von Pultstar Lorin Maazel, als er mit den New Yorker Philharmonikern in der Philharmonie zum Abschluss des Konzertes 2005 sagte: „Meine Damen und Herren, Sie haben einen der schönsten Konzertsäle Europas."

Der Energiekonzern RWE sponserte einen mit Licht durchfluteten Pavillon, der für kleinere Veranstaltungen genutzt werden kann. An den Seiten des Pavillons aus Glas- und Metallteilen befinden sich große Vorhänge, die den Klang optimieren und schall- und blickdicht sind. Im Saalbau ist zudem ein Festsaal, der eine edle Wandverkleidung aus Mahagoni und Birnbaumholz besitzt. Mit einer kleinen Bühne und einer Garderobe für die Künstler ist er vor allem für Bankette und für Veranstaltungen mit Tanz geeignet. Zum Saalbau gehören drei bunte Säle: ein weißer, ein gelber und ein grüner Saal. Der weiße Saal zeichnet sich durch eine Keramikwand mit Bildern aus Märchen und klassischer Musik aus. Der gelbe Saal besitzt Wänden mit Zitronenholzfurnier, und im grünen Saal sind die Wände mit Birnbaumfurnier ausgestattet. Der Stadtgarten ist durch die Fenster zu sehen. Alle Säle können durch die großen Flügeltüren miteinander verbunden werden.

Chefdirigenten der Essener Philharmoniker waren:
1871–1911   Georg Hendrik Witte
1911–1916   Hermann Abendroth
1916–1933   Max Fiedler
1933–1936   Johannes Schüler
1936–1943   Albert Bittner
1943–1975   Gustav König
1975–1991   Heinz Wallberg
1991–1997   Wolf-Dieter Hauschild
1997–2013   Stefan Soltesz
2013–2023   Tomáš Netopil

Grillo-Theater Essen
Umbau zum multifunktionalen Spielraum in 1990, Architekt Prof. Werner Ruhnau
Von Georg Ruhnau

Mit dem vom Industriellen Friedrich Grillo gestifteten Theater entstand aus dem Gemeinwohl-Gedanken heraus das erste Stadttheater des Reviers. Das Haus im Herzen der Essener Innenstadt sollte dem Wunsch seines Gönners folgend ein veritables Volkstheater sein.

Die eigens gebildete Kommission zur Förderung der Theaterbauangelegenheiten schrieb einen Wettbewerb aus, den der Berliner Architekt Heinrich Seeling für sich entscheiden konnte. Der scheinbar sachlich betitelte Entwurf „Cubikmeter 18,15 Mark" machte aber auch publik, dass der vom Auslober angesetzte Kostenrahmen nicht einzuhalten wäre.

Der im Jahr 1892 eröffnete neobarocke Theaterbau mit dem Innenraum im Stil des Fin de Siècle war als Dreispartenhaus angelegt. Er wurde in Folge der als Wiener „Ringtheaterbrand" in die Geschichte eingegangenen Katastrophe im Jahr 1881 nach damals neuesten Brandschutzbestimmungen, jedoch mit konventioneller Bühnentechnik ausgestattet.

Im Zweiten Weltkrieg wurde das Gebäude, vor allem der Zuschauerraum und die Fassade, weitgehend zerstört. Die Architekten Johannes Dorsch und Wilhelm Seidensticker wurden mit dem Wiederaufbau beauftragt, sie vergrößerten das Bauwerk mit zwei neuen Treppenhäusern in Richtung Kettwiger Straße und öffneten es in die Stadt hinein. Die heute noch bestehende Hauptfassade wurde im Stil der 1940er Jahre realisiert. Innen entstand ein zeitgemäßer Zuschauerraum mit 600 Plätzen. Das Grillo-Theater wurde weiterhin als Dreispartenhaus genutzt. Der Wiederaufbau von 1950 war allerdings nicht unumstritten, da das Haus bereits seit der Jahrhundertwende als Dreispartenhaus zu klein war – der Wunsch nach dem Neubau eines Opernhauses kam auf.

In den 1980er Jahren wurde die Frage nach der Zukunft des technisch überalterten und sanierungsbedürftigen, aus Sicherheitsmängeln vor der Schließung stehenden Grillo-Theaters schließlich virulent. Der seit 1959 geplante Bau des Aalto-Theaters war nach fast drei Jahrzehnten endlich realisiert; 1988 wurde das primär dem Musiktheater und Ballett gewidmete Aalto-Theater eröffnet. Das Grillo-Theater konnte somit zum reinen Schauspielhaus umgenutzt werden.

Der Piscator-Schüler Hansgünther Heyme, seit einem Jahr Intendant des Grillo-Theaters, legte 1986 mit dem „Essener Modell" ein schlüssiges und vielbeachtetes Konzept vor, in dem er sich für den Umbau des Grillo-Theaters zu einem variablen Raumtheater aussprach, das sowohl als Raumtheater als auch als Guckkastenbühne genutzt werden könnte, und sich durch einen Ensuite-Theaterbetrieb mit weniger Personalkosten amortisieren könnte.

Heyme waren die Ideen Werner Ruhnaus hinsichtlich der Gestaltung variabler Spielräume seit seiner Studienzeit vertraut. Der in Essen lebende Ruhnau hatte bereits in den 1950er Jahren mit der Schaffung der ersten modernen Nachkriegs-Theaterneubauten in Münster und Gelsenkirchen internationale Bekanntheit erlangt.

Werner Ruhnaus Ideen zum variablen Spielraum wurden wiederum initialisiert durch die Begegnung mit Claus Bremer, dem damaligen Chefdramaturgen des Landestheaters Darmstadt, der ihn 1955 auf der Münsteraner Baustelle besuchte und mit Kritik zum konventionellen Spielraum überraschte und auf variable Spielräume wie das 1911 eröffnete Festspielhaus Hellerau oder den Entwurf eines Licht- und Raumklaviers von Walter Gropius mit Erwin Piscator 1927 verwies. Bremer hatte ihm aufgezeigt, dass Theater mit dem fixierten Gegenüber von Spielern und Besuchern lediglich eine Sonderform des Darstellenden Spiels sei. Ruhnau erfasste, dass man in variablen Spielräumen sehr wohl auch Theater spielen könne, in einem konventionellen Theaterbau aber andere Spielformen nur schwer möglich wären.

Ruhnaus Konzeption der offenen Spielräume stimmte mit den Vorstellungen Hansgünther Heymes überein: Offene Spielräume für offene Gesellschaften. Ein ihm wichtiger Aspekt war die Integration, die Aufhebung der traditionellen Trennung von Bühnen- und Zuschauerraum, Foyer und Außenbereich, wie sie durch das barocke Hoftheater – so auch im Grillo-Theater 1892 umgesetzt – vorgegeben war. Seine Entwurfsgedanken waren stets von Immaterialität, Aufhebung von Grenzen und Integration der Kunst durchzogen.

Hansgünther Heyme und Werner Ruhnau konnten Politik und Verwaltung überzeugen. Die große Umbaulösung als Bürgertreff mit Restaurant, Bibliothek und Ausstellungsräumen fiel allerdings Einsparmaßnahmen zum Opfer. Realisiert wurden durch die spätere Bereitstellung von Landesmitteln ein Studiotheater und ein neues Café als Kommunikationszentrum. Auch das Raumtheater konnte verwirklicht werden, allerdings erst durch die Bereitstellung zusätzlicher Mittel durch die Stadt Ende 1988. Die gestiegenen Umbaukosten waren jedoch nicht Werner Ruhnau anzulasten, wie der damalige Baudezernent Heiko Schulte ausdrücklich konstatierte.

1990 wurde das Grillo-Theater als reines Sprechtheater mit einem multifunktionalen, 400 Plätze bietenden Spielraum wiedereröffnet. Neue Beleuchterbrücken im Zuschauerraum und auf der Bühne, Theatertechnik auf neuestem Stand sowie eine neue Akustikdecke waren nur einige der technischen und architektonischen Neuerungen. Die Essener Künstlerinnen Doris Schöttler-Boll und Monika Günter erhielten Aufträge zur Neugestaltung der beiden Seitenfoyers auf Parkettebene.

Im Erdgeschoss befand sich eine Buchhandlung und im 1. Stock das Café Central, das mit seinen über den Spielbetrieb weit hinausgehenden Öffnungszeiten ein Ort der Begegnung mit den KünstlerInnen des Hauses sein sollte. Das zentral gelegene Theater wollte sich für die Stadtgesellschaft öffnen und die Theatergemeinde sich in das städtische Geschehen integrieren. Es sollte laut Werner Ruhnau eine „Werkstatt für Darstellendes Spiel" sein.

Ein Grundgedanke im Werk Ruhnaus ist das Spielerische als sozialkulturelle Konstante. Ruhnau berief sich dabei auf den niederländischen Kulturhistoriker Johan Huizinga, der in seiner gleichlautenden Schrift aus dem Jahr 1939 den Begriff des Homo ludens, den des spielenden Menschen und des Spiels als Grundkategorie menschlichen Verhaltens, prägte. Während Huizinga die Entwicklung der Kulturen vor allem unter sprachlichen Aspekten betrachtete, konzentrierte sich Werner Ruhnau auf die humanökologische Beziehung von Mensch und Umwelt.

Ruhnau entwickelte ein Konzept für das Darstellende Spiel. Um mehr Mitbestimmung zu ermöglichen, konzipierte er variable Spielräume. Auch als Architekt verstand er sich als Mitspieler im Kreis anderer Spielender. Neben den Sonderfachleuten für die technischen Gewerke bezog er auch KünstlerInnen als „Sonderfachleute für Gestaltung" ein, zur Ausformung der visuellen, taktilen, auditiven und szenischen Gestaltung der Außen- und Innenräume. „Dabei lernte ich, dass die Choreografie eines Bauwerks oder Platzes wichtiger ist als dessen visuelle Erscheinung." Raum würde nur durch dessen Begehen erfahrbar. Diese Gedanken durchziehen Werner Ruhnaus Gesamtwerk: „Nicht nur im, sondern auch mit dem Raum spielen!", lautete sein Credo.

1958, in Weiterführung der von Adolphe Appia für Hellerau entworfenen Praktikablen, entwickelte Werner Ruhnau für das Theater in Bonn das „Podienklavier", ein Instrument für das Spiel im und mit dem Raum.

Die von Adolphe Appia erfundenen Praktikablen finden sich im Grillo-Theater wieder, nämlich als variable Topografie. Auch der zur Philharmonie umgebaute Saalbau Essen wurde von Ruhnau mit einem variablen Saalboden mittels Reihenpodien ausgestattet. Variable Spielräume bieten neben dem klassischen Guckkastentheater auch die Möglichkeit des Raumtheaters oder des mobilen Spiels auf mehreren Flächen. Diese Idee von Variabilität, erstmals 1959 im Kleinen Haus im Musiktheater in Gelsenkirchen umgesetzt, zieht sich leitmotivisch durch das gesamte weitere Schaffen Ruhnaus.

Grillo-Theater Essen
Umbau der Heldenbar zum variablen Theaterraum in 2023, Architekt Georg Ruhnau

Der Rat der Stadt Essen hatte sich im August 2020 für die Veräußerung der städtischen Anteile an der Immobilie Rathenaustraße 2–4 „Theaterpassage" ausgesprochen. Mit der Entscheidung ging auch einher, dass die Nutzung der Immobilie durch die Theater- und Philharmonie Essen (TUP) mit der Casa Nova und der Casa Box im Dezember 2023 enden sollte. Nach Ratsbeschluss sollten die Räumlichkeiten der ehemaligen Heldenbar im Grillo-Theater mit Ende der Nutzung der TUP-Spielstätte in der Theaterpassage für die „Casa Box" hergerichtet und genutzt werden.

Damit wurde entschieden, im Grillo-Theater eine vollständige neue Spielstätte einzurichten, welche allen Erfordernissen an Baurecht, Technik sowie zeitgenössischer Raumkunst und Aufenthaltsqualität entsprechen sollte. Der Architekt Georg Ruhnau erhielt hierfür im Sommer 2021 den Planungsauftrag von der Stadt Essen.

Die „Heldenbar" war in die Jahre gekommen, die sichtbare Theatertechnik, aber vor allem auch die unsichtbare Haustechnik stark sanierungsbedürftig. Auch fiel die mangelhafte Akustik für die hauptsächlich angedachte Sprechtheaternutzung bei den ersten Begehungen auf.

In den Planungsprozessen entwickelten die TUP, der Intendant des Theaters, Christian Tombeil, die Theaterbaubetriebe der Stadt Essen als Bauherr sowie der Architekt Georg Ruhnau gemeinsam Ideen für einen neuen Theaterraum.

Die im Grillo-Theater Essen auf Ranggeschossebene befindliche „Heldenbar" wurde entkernt und zum variablen Theaterraum umgestaltet. Die Holzeinbauten, Möblierungen, Theke sowie kleine Bühne wurden entfernt. Zutage trat eine höchst disparate Bausubstanz, mit Überraschungen aus mittlerweile drei Jahrhunderten Bautätigkeiten. Die über 12 Meter freitragende Betonempore wurde abgebaut, eine neue Empore als Stahlkonstruktion ergab eine deutliche Erhöhung des darunter befindlichen Raumes.

Die bis dato genehmigte Nutzung als Versammlungsstätte für bis zu 160 Personen im Saal und im Umgang blieb unverändert. Zusätzlich wurde Bauantrag für die neuen Bestuhlungsvarianten sowie für die neue Fensterfassaden im Café Central und für die ehemalige Heldenbar gestellt. Die gesamte Haustechnik in diesen Bereichen wie Elektroinstallationen, die Lüftungszentrale im Dach, sowie die bühnen- und szenentechnischen Anlagen wurden erneuert.

Um die Lasten der neuen Lüftungszentrale im Dach aufzunehmen, wurde die Betondecke der Heldenbar mit Stahlträgern im Dachraum statisch ertüchtigt. Alle Planungen beinhalteten die Ertüchtigung der angefassten Bereiche nach neuesten brandschutztechnischen Bestimmungen. Die Maßnahme wurde durch das renommierte Akustikplanungsbüro Graner + Partner begleitet. Auch die medien-, bühnen- und szenentechnischen Gewerke wurden nach den Wünschen und Vorgaben der TUP komplett erneuert.

Die Türanlage in der Mitte des Umgangs wurde entfernt, die T30-Stahltüren und die Wand im Umgang gegen T30 Glastüranlagen in einer neuen Trennwand in der „Bauart Brandwand" ersetzt. Der Raum wurde mit variablen Hubpodesten ausgestattet, daraus bedingt erfolgte eine Anhebung des Bodens um ca. 20 cm gegenüber dem Bestand. Dieser Höhenunterschied wurde durch barrierefreie Rampen in den Umgängen ausgeglichen. Die Lüftungsanlage wurde erneuert und auf den technisch aktuellen Stand gebracht, inkl. Kühlung. Die Heldenbar sowie das Café Central erhielten eine neue Fassadenanlage.

Der neue aufgeständerter Boden mit höhenverstellbaren Hubpodesten ermöglicht nun acht verschiedene Bestuhlungsvarianten für bis zu 80 Personen. Die Kassettierung sowie die Topografie der höhenverstellbaren Podeste wurden vom Büro Ruhnau in enger Kooperation mit der Technischen Leitung des Grillo-Theaters entworfen. Mittels Gasdruckfedern können nun die Scherenhubpodien stufenweise herausgezogen werden, um so die verschiedenen Bestuhlungsvarianten realisieren zu können: vom klassischen Guckkastentheater über u-förmige Bestuhlungen mit Mittelbühne bis hin zu einem „Catwalk" mit Längsbestuhlung sind alle einer zeitgenössischen Veranstaltung gemäßen Raumsituationen möglich. Eine neue den Erfordernissen des neuen variablen Theaterraumes entsprechende Bestuhlung für die bis zu 80 Sitzplätze, je nach Bestuhlungsvariante, wurde abgeschafft.

Abkürzungen

A	Ausstattung
B	Bühnenbild
BM	Ballettmeister
Ch	Choreografie
DE	Deutsche Erstaufführung
DsprE	Deutschsprachige Erstaufführung
EE	Europäische Erstaufführung
GMD	Generalmusikdirektor
I	Inszenierung
K	Kostüme
Kl	Klavier
ML	Musikalische Leitung
M	Musik
N	Neuinszenierung
o. D.	ohne Datum
P	Premiere
VA	Voraufführung
WA	Wiederaufnahme
//	Choreograf//Komponist
*	Neuverpflichtung bzw. neue Funktion

Quellenverzeichnis

Veröffentlichungen
- Theater in Essen 1974, 1978–1978 – Eine Dokumentation, hrsg. Die Bühnen in Essen, 1978
- Boris Pilato und das Essener Ballett 67–81, hrsg. von Dr. Ilka Boll, Essen 1981
- Herbert Somplatzki, Ilka Boll: Theater-Brennpunkt Essen, Essen 1989
- Schauspiel Essen 1985–1992 – Die Spielzeiten unter der Direktion von Hansgünther Heyme, hrsg. Schauspiel Essen 1992
- Jürgen-Dieter Waidelich, Essen spielt Theater, Bd. 2, Düsseldorf 1994
- Johannes K. Glauber/Wulf Mämpel, Heinz Wallberg, Düsseldorf 1997
- Metamorphosen – 25 Jahre Kinder- und Jugendtheater in Essen (1998)
- Werner Sommer, Adele Zurhausen – Tänzerin und Pädagogin, Essen 2003
- 13 Jahre Theaterarbeit für Essen unter Jürgen Bosse von 1992 bis 2005, hrsg. Theater und Philharmonie Essen 2005
- Stefan Soltesz: 10 Jahre Intendant und Generalmusikdirektor 1997–2007, hrsg. Theater und Philharmonie Essen 2007
- Martin Puttke – Ballettdirektor 1995–2008, hrsg. Theater und Philharmonie Essen 2008
- Schauspiel Essen 2005–2010 [Anselm Weber]
- 25 Jahre Aalto-Theater, Theater und Philharmonie Essen (2013)
- Wulf Mämpel, 25 Jahre Aalto-Theater: Vorhang auf! (2013)
- E liucean le stelle – Intendanz Hein Mulders 2013–2022, Essen 2022
- Bühnenjahrbücher ab 1967

Archiv des Aalto-Theaters
Spielzeit-Broschüren, Programmhefte, Besetzungszettel; Abendbesetzungen 1973/74; Musiktheater/Schauspiel: 1984/85 Musiktheater; 1988/89/90; alle Sparten ab 1990/91: Musiktheater/Ballett); 1977/78 – 1989/90: sog. Regiebücher (Proben- und Aufführungsübersicht aller Sparten); 1990/91 – 1996/97: Regiebücher (Musiktheater/Ballett) ab 1995/96 Vorstellungsberichte (Musiktheater/Ballett); ab 2003/04: Probenpläne (Musiktheater/Ballett); Gäste-Listen, Kritiken Zeitungs-Artikel (NRZ = Neue Ruhr Zeitung; RN = Ruhrnachrichten; WAZ = Westdeutsche Allgemeine Zeitung)